Die juristischen Handschriften der Codices Palatini Latini in der Vatikanischen Bibliothek
(Cod. Pal. lat. 621–813)

Kataloge der Universitätsbibliothek Heidelberg

Band XIII

Die juristischen Handschriften der Codices Palatini Latini in der Vatikanischen Bibliothek (Cod. Pal. lat. 621–813)

Beschrieben von

Thorsten Huthwelker, Wolfgang Metzger und Christoph Winterer

Herausgegeben von

Karin Zimmermann

UNIVERSITÄTS-
BIBLIOTHEK
HEIDELBERG

Bibliografische Information der Deutschen Nationalbibliothek
Die Deutsche Nationalbibliothek verzeichnet diese Publikation in der Deutschen Nationalbibliografie; detaillierte bibliografische Daten sind im Internet über http://dnb.dnb.de abrufbar.

UNIVERSITÄTS-
BIBLIOTHEK
HEIDELBERG

Publiziert bei heiBOOKS, 2024

Universität Heidelberg/Universitätsbibliothek
heiBOOKS
Grabengasse 1, 69117 Heidelberg
https://books.ub.uni-heidelberg.de/heibooks

Die Online-Version dieser Publikation ist auf heiBOOKS, der E-Book-Plattform der Universitätsbibliothek Heidelberg, https://books.ub.uni-heidelberg.de/heibooks, dauerhaft frei verfügbar (Open Access).
URN: urn:nbn:de:bsz:16-heibooks-book-1113-0
DOI: https://doi.org/10.11588/heibooks.1113

Umschlagbild: Ausschnitt aus Vatikan, BAV, Pal. lat. 742, 195r, DOI: https://doi.org/10.11588/diglit.9729#0415

ISSN (Print) 2942-867X
ISSN (Online) 2942-8688

ISBN 978-3-948083-76-2 (PDF)
ISBN 978-3-948083-78-6 (Hardcover)

Inhaltsverzeichnis

Geleitwort

Die Publikation dieses Katalogbandes, der die lateinischsprachigen juristischen Codices der Bibliotheca Palatina beschreibt, stellt eine weitere wichtige Etappe bei der Erschließung dieser herausragenden historischen Bibliothek dar.

Vergewissern wir uns zunächst über das, was bisher geleistet wurde. Die erste Phase der modernen Erschließung begann um 1970 und setzte auf den bereits 1886 erschienenen Katalog von Enrico STEVENSON auf, der für die ersten 920 Signaturen der Codices Palatini Latini eine knappe, inzwischen überholte Erschließung vorgelegt hatte. Eine besondere Herausforderung lag für die Heidelberger Bearbeiter damals darin, dass die lateinischen Handschriften auf der Basis von Filmen und Fotokopiebänden katalogisiert werden mussten, während die Originale in der Biblioteca Apostolica Vaticana verwahrt werden. Als Früchte dieser ersten Phase legte Ludwig SCHUBA seine Kataloge der medizinischen Handschriften (1981) und der Quadriviums-Handschriften (1992) vor. Es folgten die Kataloge der historischen und philosophischen Handschriften von Dorothea WALZ (1999) sowie der humanistischen, Triviums- und Reformationshandschriften aus der Feder von Wolfgang METZGER (2002). Für die Klassiker-Handschriften kam ergänzend der Katalog von Colette JEUDY (1982) hinzu. In ihrer Summe decken diese fünf modernen Kataloge die Codices Latini mit der Signaturenfolge 921–1914 ab. Zusammen mit den 920 (Kurz)Katalogisaten von STEVENSON boten die neuen Kataloge Erschließungen zum Gros der Codices Palatini Latini. Es blieb vorläufig ein Rest von 116 unkatalogisierten lateinischen Handschriften (Signaturen 1915–2030) mit historischen Buchinventaren, Katalogen, Schreibkalendern, Stammbüchern etc., die einer späteren Katalogisierung harrten.

Denn inzwischen hatte die Universitätsbibliothek Heidelberg der Erschließung der 1816 aus dem Vatikan nach Heidelberg zurückgekehrten Codices Palatini Germanici den Vorrang eingeräumt, da diese Handschriften mit dem Codex Manesse an der Spitze ihren wertvollsten eigenen historischen Bestand darstellten. Mit der Publikation von fünf Katalogbänden, die überwiegend von Matthias MILLER und Karin ZIMMERMANN erarbeitet wurden, und 2003, 2005, 2007, 2014 und 2016 erschienen sind, waren nach fast zwanzigjähriger Arbeit erstmals alle in Heidelberg verwahrten deutschsprachigen Codices der Bibliotheca Palatina wissenschaftlich erschlossen.

Daneben trat als erstes großes Projekt des seit 2002 aufgebauten Heidelberger Digitalisierungszentrums die dann 2009 abgeschlossene Digitalisierung aller 848 Codices Palatini Germanici. Durch diese beiden komplementären Projekte der Katalogisierung wie der Digitalisierung konnte die Universitätsbibliothek Heidelberg die wichtigste aus dem Mittelalter überkommene geschlossene Sammlung deutschsprachiger Texte nach den Prinzipien des Open Access für jedermann orts- und zeitunabhängig verfügbar machen. Die dabei gemachten Erfahrungen ermutigten uns danach zu einem noch weit ehrgeizigeren Projekt.

2010 bezog ein Team der Universitätsbibliothek Heidelberg für knapp zehn Jahre zunächst ein, später zwei Digitalisierungsstudios in der Biblioteca Vaticana. Gegenstand dieses internationalen Kooperationsprojektes war, beginnend mit denjenigen Palatina-Codices, die ursprünglich aus dem Kloster Lorsch stammten, die Digitalisierung aller im Vatikan vorhandenen lateinischen, griechischen, hebräischen und orientalischen Palatina-Handschriften. Das Ziel der virtuellen Zusammenführung der Bibliotheca Palatina, die 1623 von Heidelberg nach Rom überführt worden und in ihrem deutschsprachigen Teil 1816 nach Heidelberg zurückgekehrt war, wurde 2019 erreicht. Das Portal zur virtuellen Palatina findet sich heute unter dem DOI https://doi.org/10.11588/library.bpd.

Die steten, im Internet jederzeit nachvollziehbaren Fortschritte der Heidelberger Digitalisierungsaktivitäten überzeugten die Deutsche Forschungsgemeinschaft davon, in den Jahren 2014–2023 die Neu- bzw. Erstkatalogisierung all jener lateinischen Handschriften zu fördern, die entweder lediglich in den Kurzbeschreibungen Enrico Stevensons vorlagen oder zu denen noch jede Erschließung fehlte. Seit Projektbeginn 2014 sind knapp 800 lateinische Handschriften auf modernem Niveau katalogisiert worden. Die verbleibenden 100 Codices werden nach Auslaufen des DFG-Projektes in den nächsten zwei Jahren aus Eigenmitteln bearbeitet.

Während jedem Handschriften-Digitalisat seine wissenschaftliche Beschreibung gleich nach seiner Erstellung zugeordnet und damit sukzessive über das Palatina-Portal öffentlich zugänglich wurde, ist der nun vorliegende Katalogband der juristischen Handschriften (die Signaturen der Codices Palatini Latini 621–813) die erste Katalogpublikation seit 2002. Wir halten damit an unserer Überzeugung fest, dass die kontinuierliche Lektüre oder auch das Blättern in einem Buchkatalog einen komplementären Mehrwert gegenüber dem punktuellen Suchen darstellt, das in der Regel von einer spezifischen Fragestellung ausgeht. Deshalb werden nun noch weitere Katalogbände folgen.

Für die Universitätsbibliothek Heidelberg und für die Leser der Katalogisate ist es ein großes Glück, dass für dieses Projekt mit Dr. Thorsten Huthwelker (141 Katalogisate), Dr. Wolfgang Metzger (23) und Dr. Christoph Winterer (23) drei überaus erfahrene und kompetente Wissenschaftler gefunden werden konnten. Die Güte ihrer Beschreibungen spricht für sich und stellt, um mit dem großen griechischen Historiker Thukydides zu sprechen, „einen Besitz für immer“ dar.

Die aus Heidelberger Perspektive betriebene virtuelle Wiedergewinnung der Palatina ist seit ihren Anfängen in den 70er Jahren des 20. Jahrhunderts quasi ein Jahrhundertunternehmen, bei dem die wesentlichen Etappen inzwischen abgeschlossen sind. Neben der kompletten Digitalisierung ist die Katalogisierung der Palatini Germanici längst fertig; der Abschluss der Latini ist in Sichtweite; und auch die Katalogisierung der Graeci ist perfekt. Arrondiert wurden diese Arbeiten durch die Digitalisierung der Wasserzeichen aller Papierhandschriften sowie durch die kunsthistorische Erschließung aller Miniaturen der deutschsprachigen und lateinischen Handschriften.

Ein so vielfältiges und langwieriges Projekt wäre ohne die geduldige Unterstützung zahlreicher Förderinstitutionen nicht möglich gewesen. Umso größer ist der Dank, der zuerst der Deutschen Forschungsgemeinschaft abzustatten ist. Sie hat über Jahrzehnte hinweg das Gros der Katalogisierung, so auch der hier vorliegenden juristischen Codices, finanziert. Den größten Teil der Digitalisierung in Heidelberg und in der Biblioteca Vaticana, so wiederum auch der juristischen Codices, hat dankenswerterweise die Manfred Lautenschläger Stiftung ermöglicht. Für die Finanzierung der Digitalisierung und Katalogisierung von Teilbeständen wie die Handschriften Lorscher Provenienz konnte das Hessische Wissenschaftsministerium, für die Palatini Graeci die britische Polonsky Foundation gewonnen werden. Die kunsthistorische Erschließung der Illustrationen verdankt die Universitätsbibliothek der Förderung durch die Stiftung Kulturgut Baden-Württemberg. All diesen Institutionen sind wir für ihre Bereitschaft zutiefst dankbar, sich mit ihrer Förderung an dieser Hercules-Aufgabe zu beteiligen. Freilich zeigt sich gerade darin auch die hohe Dignität des Gesamtprojektes. Für mich persönlich unvergessen bleibt die großzügige Kooperationsbereitschaft der Biblioteca Vaticana mit ihrem Präfekten Monsignor Caesare Pasini an der Spitze, ohne welche all dies nicht möglich gewesen wäre.

Zum Erfolg des Projektes, der sich in jährlich über 2,5 Millionen Seitenaufrufen manifestiert, haben über die bereits Genannten hinaus die folgenden Kolleginnen und Kollegen in leitender Funktion beigetragen: Alexandra Büttner, Clara Holler, Vera Schulz (nacheinander Projektleitung in Rom), Dr. Maria Effinger (Projektmanagement), Dr. Margit Krenn (kunsthistorische Erschließung), Dr. Thomas Wolf (Gesamtleitung der Digitalisierung), Dr. Karin Zimmermann (Projektmanagement).

Heidelberg, im September 2023

Dr. Veit Probst
Direktor der Universitätsbibliothek Heidelberg

Einleitung

Vor 400 Jahren wurden in den Wirren des Dreißigjährigen Kriegs die Bücher der Heidelberger Bibliotheken als Kriegsbeute nach Rom geführt, um dort in der Biblioteca Apostolica Vaticana als Bibliotheca Palatina aufgestellt zu werden. Für die Wissenschaft war dieser Raub ein großes Glück. Denn die Bibliotheken hätten wohl kaum die kriegerischen Stürme des 17. Jahrhunderts überstanden, die in der Folge über die Universitätsstadt hereinbrechen sollten. Darüber hinaus ging die Bibliotheca Palatina für Heidelberg auch nicht für alle Zeiten verlustig. 1816 konnten im Zuge der Neuordnung Europas und der Rückführung geraubter Kulturgüter zumindest die 847 deutschsprachigen Handschriften wieder über die Alpen, vom Tiber an den Neckar gelangen. Aus Paris kamen zudem 39 Codices, die während der Revolutionskriege in die französische Nationalbibliothek gelangt waren.[1] Weiteren Forderungen nach Rückgabe der noch im Vatikan verbliebenen griechischen, hebräischen und lateinischen Handschriften wurde nicht stattgegeben.

Mit der Beschreibung der 2030 Signaturen umfassenden lateinischen Handschriften begann man in Rom. Beauftragt wurde damit Enrico Stevenson, der immerhin mit kurzen Beschreibungen bis zur Nummer Pal. lat. 920 gelangte. Um rechtzeitig zum Universitätsjubiläum von 1886 einen fertigen Katalog vorweisen zu können, standen seine Arbeiten unter starkem Zeitdruck.[2] Auf Heidelberger Seite wartete man noch fast ein Jahrhundert mit entsprechenden Anstrengungen. Aber unter Hilfe von Mitteln der DFG folgten von 1981 bis 2002 in mehreren Etappen die Beschreibungen zu den Bänden Pal. lat. 921–1914.[3]

Die griechischsprachigen Handschriften waren bereits in einer ersten Beschreibung von Enrico Stevenson senior, dem Vater des Beschreibers der lateinischen Handschriften, im Jahr 1885 erschienen.[4] Diese wurden nun zeitgleich zu den lateinischen Handschriften ein weiteres Mal deutlich tiefer in einem Katalog erschlossen, der parallel zu vorliegendem erscheinen soll. Die deutschsprachigen Bände der Bibliotheca Palatina wurden in zwei Kata-

1 Vgl. Christine Maria Grafinger, Die Rückgabe der deutschen Handschriften der Bibliotheca Palatina an die Heidelberger Universität, in: Bibliothek und Wissenschaft 33 (2000), S. 33–49.

2 Dies., Inventarisierung und Katalogisierung der Bibliotheca Palatina, ein historischer Überblick von den ersten Inventaren bis zu den gedruckten Katalogen, in: Nuovi Annali della Scuola Speciale per Archivisti e Bibliotecari 22 (2008), S. 67–80, hier S. 70 ff. Der dazugehörige Katalog: Stevenson, Latini.

3 Schuba, Kat. UB Heidelberg 1; Ders., Kat. UB Heidelberg 2; Walz, Kat. UB Heidelberg 3; Metzger, Kat. UB Heidelberg 4.

4 Codices manuscripti Palatini Graeci Bibliothecae Vaticanae, bearb. von Enrico Stevenson, Rom 1885.

logen von 1887 und 1903 beschrieben[5], die Früchte einer deutlich ausführlicheren Erschließung konnten 2003–2016 erscheinen.[6]

Da nun die deutschsprachigen Bände der Bibliotheca Palatina mit dem neuen Jahrtausend nicht nur umfassend wissenschaftlich erschlossen, sondern auch digitalisiert wurden, war es ein Anliegen von Heidelberger Seite, die bereits von STEVENSON kurz abgehandelten Handschriften sowie die noch gänzlich unbearbeiteten Signaturen Pal. lat. 1915–2030 der vatikanischen Bibliothek umfassender zu erschließen und dabei den aktuellen Forschungsstand abzubilden, gleichzeitig aber auch durch das Digitalisieren der Handschriften der Bibliotheca Palatina die alten Heidelberger Bestände zumindest virtuell wieder zu vereinen und mit einer Tiefenerschließung komplett für die Wissenschaft fruchtbar zu machen.[7] Seit 2011 konnte nun die Digitalisierung in Angriff genommen werden, seit 2012 finanziert durch die Manfred Lautenschläger-Stiftung. Die durch ein Heidelberger Team in Rom angefertigten Scans wurden in der Universitätsbibliothek Heidelberg bearbeitet und darauf im Internet zur Verfügung gestellt. Parallel dazu konnte mit Geldern der DFG ab 2014 ein weiteres Projekt angeschoben werden, das die bereits digitalisierten Handschriften mit Beschreibungen versah. Nun sollen Letztere, die bisher nur digital vorlagen, nach und nach auch im Druck erscheinen, um den seit 1981 begonnenen Reigen der Handschriftenkataloge der lateinischen Handschriften der Bibliotheca Palatina zu komplettieren. Den Anfang werden die juristischen Handschriften machen. Dass gerade die Signaturen Pal. lat. 621–813 den ersten neuen Band seit nunmehr zwei Jahrzehnten konstituieren, ist kein Ausdruck der Bevorzugung oder Benachteiligung eines bestimmten Sachgebiets, sondern allein den Arbeitsabläufen geschuldet. In eben jene thematischen Gruppen unterteilt, die den Bibliothekaren bei der Aufstellung der Bände im Rom des 17. Jahrhunderts als Leitfaden ihres Handelns dienten[8], sollen auch die in den nächsten Jahren zu druckenden Kataloge erscheinen.

5 BARTSCH, Handschriften; Die deutschen Pfälzer Handschriften des XVI. und XVII. Jahrhunderts der Universitätsbibliothek Heidelberg, bearb. von Jakob WILLE, Heidelberg 1903.

6 Die Codices Palatini germanici in der Universitätsbibliothek Heidelberg (Cod. Pal. germ. 1–181), bearb. von Karin ZIMMERMANN unter Mitwirkung von Sonja GLAUCH / Matthias MILLER / Armin SCHLECHTER, Wiesbaden 2003 (Kataloge der Universitätsbibliothek Heidelberg 6); Die Codices Palatini germanici in der Universitätsbibliothek Heidelberg (Cod. Pal. germ. 182–303), bearb. von Matthias MILLER / Karin ZIMMERMANN, Wiesbaden 2005 (Kataloge der Universitätsbibliothek Heidelberg 7); Die Codices Palatini germanici in der Universitätsbibliothek Heidelberg (Cod. Pal. germ. 304–495), bearb. von Karin ZIMMERMANN / Matthias MILLER, Wiesbaden 2007 (Kataloge der Universitätsbibliothek Heidelberg 8); Die Codices Palatini germanici in der Universitätsbibliothek Heidelberg (Cod. Pal. germ. 496–670), bearb. von Pamela KALNING / Matthias MILLER / Karin ZIMMERMANN unter Mitarbeit von Lennart GÜNTZEL, Wiesbaden 2014 (Kataloge der Universitätsbibliothek Heidelberg 11); Die Codices Palatini germanici in der Universitätsbibliothek Heidelberg (Cod. Pal. germ. 671–848), bearb. von Pamela KALNING / Matthias MILLER / Karin ZIMMERMANN, Wiesbaden 2016 (Kataloge der Universitätsbibliothek Heidelberg 12).

7 Veit PROBST, Digitization at the Heidelberg University Library. The Digital *Bibliotheca Palatina* Project, in: Digital Philology. A Journal of Medieval Cultures, S. 213–233 (DOI: https://doi.org/10.1353/dph.2017.0011).

8 S. die Übersicht bei WALZ, Kat. UB Heidelberg 3, S. XIII.

Inhalte und Charakteristika

Bei der Inventarisierung der juristischen Handschriften in Rom folgte man grob einer Aufteilung in Kanonisches (Pal. lat. 621–730) und Römisches Recht (Pal. lat. 731–813), wobei uns aus heutiger Sicht diese Trennung äußerst holzschnitthaft erscheint und in den einzelnen Bereichen Codices zu finden sind, die aus aktueller bibliothekarischer Sicht wohl kaum unter das Sammelgebiet der Jurisprudenz fallen würden, wie beispielsweise die Briefsammlung des Johannes Trithemius (Pal. lat. 730).

Die Handschriften des Kanonischen Rechts beginnen mit einer Ordnung, wie sie das Corpus iuris canonici vorgibt: Auf die Handschriften mit dem Decretum Gratiani (Pal. lat. 621–626) bzw. einer Vorlesung darüber (Pal. lat. 627), folgen die Handschriften zum Liber extra (Pal. lat. 628–635), zum Liber sextus (Pal. lat 636–641 und Pal. lat. 650) und den Clementinen (Pal. lat. 642–644). Die im Rechtsunterricht ebenfalls zu lesenden Kommentare zu den eben genannten Texten folgen, wenn sie nicht bereits in obigen Handschriften der Glosse beigegeben sind, unter den folgenden Signaturen (Pal. lat. 645–676). Zwischen sie eingereiht sind aber auch weitere Rechtstexte wie Summen, u. a. auch zu den Dekretalen, oder solche, die im Kontext der großen Konzilien entstanden. Auch wenn hier ein Schwerpunkt auf den Auslegungen der autoritativen Rechtsnormen lag, folgt die Zusammenstellung nur einem groben inhaltlichen Raster. Durch die in dieser Signaturenfolge enthaltenen zusammengesetzten Handschriften und Sammelhandschriften wird dieser Charakter des Zusammengewürfelten freilich noch verstärkt. Dieser setzt sich auch in der Folge weiter fort, es gruppieren sich allerdings Schwerpunkte um die Gebiete Häresie (Pal. lat. 677–681), Prozessrecht (Pal. lat. 683–689), Beichte und Buße (Pal. lat. 692–720), umrahmt vor allem von Summen und Repertorien, die gewisse größere Bereiche des Kanonischen Rechts erschließen. Mit den Handschriften zur Beichte und Buße würden wir heute wahrscheinlich spätestens das Kanonische Recht beschließen. Vielleicht dachten dies auch die Bibliothekare in Rom, als sie die Bände inventarisierten. Denn es folgt ein Zwischenteil, der geprägt ist von Fürstenspiegeln und Gesellschaftslehren (Pal. lat. 722–Cod. Pal. lat. 729). An diesen schließt sich das Römische Recht an.

In Analogie zur Ordnung der Kanonischen Handschriften gemäß dem Corpus iuris canonici wurden jene zum Römischen Recht in der vatikanischen Bibliothek orientiert am Corpus iuris civilis inventarisiert. Auf das Digestum vetus (Pal. lat. 731–741) folgen das Infortiatum (Pal. lat. 742–746), das Digestum novum (Pal. lat. 747–756), der Codex Iustinianus (Pal. lat. 757–764) und die Institutiones (Pal. lat. 765–771). Es schließen sich Rechtssammlungen an, die Lombarda, die Lex Ribuaria und die venezianischen Statuten (Pal. lat. 772–774). Darauf folgt eine Abteilung mit gemischten Inhalten, in erster Linie Texte zum Prozessrecht, Vorlesungen, Summen und Kommentare zu den autoritativen Texten des Corpus iuris civilis beinhaltend, aber auch kürzere Texte zu einzelnen konkreten Rechtsfragen, wie beispielsweise Traktate zum Interdikt, die in erster Linie in Sammelhandschriften überliefert sind, geben hier ihr Stelldichein (Pal. lat. 777–799). In diesem Abschnitt enthalten sind auch drei Formularsammlungen und eine Kanonistische Sammelhandschrift mit zahlreichen Urkundenabschriften aus dem Besitz des am Reichskammergericht in Speyer tätigen Johannes Adler (Pal. lat. 685, 775–776, 783). Die abschließende Sektion ist schließlich den Rechtswörterbüchern gewidmet, in der Regel alphabetisch geordnete Nachschlagewerke von Rechtsbegriffen (Pal. lat. 800–813).

Die hier beschriebenen Handschriften, die bereits durch den Katalog von Stevenson der Forschung in groben Zügen bekannt waren, können dementsprechend kaum mit neuen Sensationen die Forschungsgemeinschaft in Staunen versetzen. Am ehesten trifft dies auf das in Pal. lat. 762 befindliche Fragment zu. Es enthält in zeitgenössischer Abschrift die Konstitution ‚Imperialem decet sollertiam' Friedrich Barbarossas, die er 1154 auf den Roncaglischen Feldern promulgieren ließ. Jenes Lehensgesetz war in dieser frühen Form bisher lediglich in zwei Handschriften bekannt. Über diesen Fund hinausgehend förderten die Beschreibungen allerdings viele neue Erkenntnisse zu Tage. Bisher von der Forschung nur wenig wahrgenommen, für die Rezeption und Auslegung des Kanonischen wie Römischen Rechts dennoch von Bedeutung sind die Vorlesungen eines Peter von Andlau (Pal. lat. 669), Prosdocimo Conti (Pal. lat. 784), Sebald Münsterer (Pal. lat. 785), Éguiner-François Baron (Pal. lat. 790) oder Henning Göde (Pal. lat. 795). Aus Heidelberger Perspektive stellt die Vorlesung des Nikolaus Petri von Bettemburg zum Decretum Gratiani ein Schlaglicht dar (Pal. lat. 627), gibt sie doch Einblick in die Arbeitsweise eines Heidelberger Gelehrten und dank der Marginalien Informationen zum Lebenslauf des Juristen. Unterschiedliche Schriften aus dem Heidelberger Lehrbetrieb bietet Pal. lat. 724. Unter ihnen stechen die Principia hervor, Eröffnungsvorträge, die angehende Magister vor der gesamten Universität zu halten hatten. Pal. lat. 681 beinhaltet ein Handbuch für Inquisitoren, das dem Heidelberger Professor Johannes von Frankfurt gehörte, der eben auch als Inquisitor wirkte und eigenhändige Anmerkungen zum Thema nachtrug. Für die Heidelberger Musikgeschichte von Relevanz ist die Liturgie der Schlosskapelle, wie sie der am Hof als Altist bestallte Michael Gass 1533 in Pal. lat. 716 niederschrieb, der damit auch einen Einblick in das religiöse Leben am Heidelberger Hof vor der Durchsetzung der Reformation konservierte.

Die meisten der hier versammelten Handschriften entstanden jedoch in den Regionen, die im Mittelalter die Zentren für die Entstehung und Ausbildung des gelehrten Rechts in Europa darstellten, in Oberitalien und Frankreich. Auf die Bedeutung der großen Rechtsschulen und Universitäten für die Rezeption und Lehre des Kanonischen wie Römischen Rechts muss an dieser Stelle nicht eigens eingegangen werden. Leicht lässt sich nachvollziehen, dass auch das Gros der hier versammelten juristischen Codices in den Zentren Bologna und Paris entstand. Das gilt insbesondere für die autoritativen Texte. Aber auch Südfrankreich, mit seinen zahlreichen bedeutenden Rechtsschulen, ist hinreichend vertreten. Die hier versammelten kleineren juristischen Abhandlungen, die insbesondere in Sammelhandschriften überliefert sind, wurden vor allem im 15. Jahrhundert an den mitteleuropäischen Universitäten kopiert. Auch hier ist naheliegend, dass einige dieser Handschriften in Heidelberg ausgeführt wurden.

Die große Bedeutung der Universitäten für das gelehrte Recht zeigt sich auch quantitativ. Das Gros der in diesem Katalog beschriebenen Werke setzt mit der Entstehung bzw. der Etablierung der großen Rechtsschulen im 12. Jahrhundert ein. Da verwundert es kaum, dass sich in diesem Bestand zahlreiche Handschriften befinden, die im Peciensystem entstanden, das insbesondere an den italienischen und französischen Hochschulen gepflegt wurde. Zu nennen wären hier Pal. lat. 623, 626, 629, 631–632, 636–637, 727, 731–734, 739, 742–743, 747, 750–751, 753, 759–765, 780, 787, 792.

Vorprovenienzen: Die Heidelberger Bibliotheken bis 1622

Wollen wir mehr über die Vorbesitzer der Handschriften wissen, müssen wir uns langsam zurücktasten. Bekanntlich schrieb Leone Allacci, der Gesandte des Papstes, dass er nach Heidelberg geschickt wurde, um eine Bibliothek abzuholen und nun mit drei Bibliotheken zurückkäme.[9] Um welche, diesen neuen Fond konstituierenden Bibliotheken es sich dabei handelte, soll zuerst geklärt werden.

Die Geschichte der Bibliotheken, die an der Universität vor 1622 angesiedelt waren, ist komplex und kann hier nur in ganz groben Zügen skizziert werden. Vier Jahre nach Gründung der Universität 1386 hören wir vom ersten Bücherlegat des Konrad von Gelnhausen († 1390) zugunsten der Alma Mater. Zahlreiche weitere Legate sollten folgen. Eine erste Bibliothek wird in den Quellen 1396 explizit genannt, die im Artistenkollegium untergebracht war. Sie dürfte die Bücher der Artistenfakultät umfasst haben, denn wir wissen auch um Bücher der oberen Fakultäten, die demnach wohl in einer eigenen Bibliothek untergebracht waren. Klarer werden die Verhältnisse mit dem von 1441 bis 1443 erfolgten Bau der ersten Universitätsbibliothek zwischen Heu- und Augustinergasse. In dem zweistöckigen Bau befand sich im unteren Stockwerk die Bibliothek der Artistenfakultät, im oberen jene der oberen Fakultäten.[10]

Die Bibliothek des Heiliggeiststifts dürfte in seinen Ursprüngen aus dem Buchbestand der Heiliggeistkirche hervorgegangen sein. Leider kennen wir diesen nicht, was aus der dünnen Quellenlage zur frühen Geschichte der Kirche resultiert. Allerdings mit Gründung der Universität 1386 wurde die Heiliggeistkirche zur Kirche der Universität, 1400 zum Stift erhoben und 1413 das Stift mit der Universität vereint. Seitdem fließen die universitären Quellen und wir wissen auch seit 1391 von einem ‚armarium' im Stift[11], das sich in dem oberen, gewölbten Raum der Sakristei befunden haben muss. Die Initialzündung zum Aufbau einer umfassenden Bibliothek in der Kirche der Universität erfolgte durch Kurfürst Ludwig III. Er kündigte in seinem Testament von 1421 eine Bücherschenkung zugunsten der Universität an, die er kurz vor seinem Tod 1436 in einer weiteren letztwilligen Verfügung konkretisieren sollte. Zwei Jahre später wurden der Universität die 163 Handschriften übergeben. Sie befassten sich vorwiegend mit den Themenbereichen Theologie, Jura und Medizin, einige wenige bezogen sich auf das Quadrivium. Die Auswahl der Lektüre zeigt bereits, dass hier die vier Fakultäten der Universität berücksichtigt wurden und damit von Anbeginn offensichtlich an eine Verwendung der Bücher zum Studium gedacht worden war. Dementsprechend hatte Ludwig III. bereits in seinem Testament von 1436 nicht das Stift als Empfänger des Legats vorgesehen, sondern das *Studio zu heydelberg*. Auch baulich fand dies seine Entsprechung. Der Plan der im Bau befindlichen Heiliggeistkirche wurde dahingehend geändert, dass die Verlängerung des zu diesem Zeitpunkt bereits stehenden Hallenchors nicht als Halle weitergeführt wurde, stattdessen erhielt das Langhaus Emporen, auf denen nach Fertigstellung die Bibliothek ihren Platz erhalten sollte, so die allgemein in der Forschung angenommene Schlussfolgerung.[12] Wichtige Zugänge erfuhr diese Bibliothek insbesondere im 16. Jahrhundert. 1553 ließ Ottheinrich (1502–1559) seine Privatbibliothek hier aufstellen, 1556 die Schlossbibliothek. 1569 folgte die Büchersammlung des Augsburger Bibliophilen Ulrich Fugger, die nach seinem Tod 1584 aufgrund testamentarischer Verfügung in das Eigentum des Kurfürsten überging, aber an Ort und Stelle in der Heiliggeistkirche verblieb.[13] Zudem legt die Besitzgeschichte der

9 Ausst.-Kat. Palatina, S. 459.

10 Hermann Weisert, Geschichte der Universitätsbibliothek Heidelberg. Überblick 1386–1975, in: Bibliothek und Wissenschaft 20 (1986), S. 191–230, hier S. 191–196.

11 Rektorbücher 1, Nr. 133, S. 192.

12 Hanselmann, Bücherschenkung, S. 95–105.

13 Weisert, wie Anm. 10, S. 197 f.

Sammelhandschrift Pal. lat. 686 nahe, dass die Handschriften der während der Reformationszeit aufgehobenen geistlichen Institutionen wohl in die Bibliothek der Heiliggeistkirche eingingen.

Neben dieser Stiftsbibliothek – auch Bibliotheca Palatina genannt – und der eigentlichen Universitätsbibliothek verfügte die Universität allerdings noch über weitere Büchereien in den Kollegien bzw. Bursen. Zu nennen wären hier das Collegium Dionysianum, das Collegium artistarum oder auch Collegium principis genannt, das Collegium sapientiae und die Bursa nova, auch als Katharinenburse bezeichnet.[14] Von den hier behandelten Manuskripten lässt sich allerdings keines nachweisen, das sich in einer der letztgenannten Bibliotheken befand, was allerdings eine solche Herkunft nicht ausschließt.

Neben den universitären Bücherhorten gab es noch einen weiteren wichtigen – er befand sich im kurfürstlichen Schloss. Seit Kurfürst Ruprecht I. (1309–1390) wissen wir von einem stetigen Interesse des pfalzgräflichen Hauses an Büchern. Eine Büchersammlung ist deshalb bereits für das 14. Jahrhundert anzunehmen.[15] Wie oben ausgeführt wurde diese unter Ottheinrich in der Heiliggeistkirche aufgestellt. Offenbar verblieben aber auch Bücher im Schloss. Zudem zeugen jüngere Kataloge davon, dass bald wieder auf einen ausgiebigen Buchbestand zurückgegriffen werden konnte.

Vorprovenienzen: Personen und Institutionen

Der bedeutendste Zuträger zum Bestand der juristischen Handschriften der Bibliotheca Palatina war zweifelsohne Ulrich Fugger (1526–1584).[16] Aus dem berühmten Augsburger Handelshaus stammend, verbrachte er seine Studienzeit in den 1540er Jahren in Bologna und Bourges, ehe er sich – ganz in der Familientradition stehend – als Kaufmann versuchte. Er begann diese Laufbahn in für den Handel und auch die Stadt Augsburg schwierigen Zeiten und ging schließlich bankrott. Ulrich konzentrierte sich fortan auf seine Studien und Bücher, eine Leidenschaft, die er freilich nie aufgegeben hatte. In einem europäischen Gelehrtennetzwerk stehend, verfügte er über weiträumige Kontakte. Der in Bourges wirkende Jurist Éguiner-François Baron (1495–1555), der Fugger aus Verbundenheit sein Werk ‚De nobilitate' widmete und bereits dem jungen Augsburger Studenten nahe stand, dürfte über den wissenschaftlichen Austausch hinaus den Bibliophilen mit Büchern versorgt haben. Sicherlich stammen einige der zahlreichen französischen Rechtshandschriften mit der Fuggersignatur aus dieser Quelle, mit hoher Wahrscheinlichkeit Pal. lat. 790, Barons Digestenvorlesung, wahrscheinlich ein Autograf, das durch die Witwe des französischen Gelehrten in die Stadt am Lech gelangt sein dürfte. Eine weitere Verbindung nach Frankreich stellt der Drucker Henri Estienne (1531–1598) dar. Er fand die Unterstützung Fuggers und wurde nicht nur mit Geld, sondern auch mit zahlreichen Handschriften versorgt, welche die Vorlage seiner Druckerzeugnisse boten. Im Gegenzug dürfte er auch als Agent in Sachen Bucherwerbungen für seinen Geldgeber gewirkt haben. Sein Wirkungskreis war aber keinesfalls auf Frankreich beschränkt, auch aus Italien scheint er seinen Patron bedient zu haben. Ihm ist wohl die Signatur *hen.* zuzuweisen (s. dazu die Einleitung des Katalogs zu den griechischen Handschriften

14 Weisert, wie Anm. 10, S. 199f.

15 Backes, Leben, S. 99ff.; Weisert, wie Anm. 10, S. 199f.

16 Lehmann, Fuggerbibliotheken 1, S. 73–192.

der Bibliotheca Palatina. LEHMANN hatte die Signatur auf Erwerbungen durch den schottischen Büchersammler und Juristen Henry Scrimge[o]r bezogen).[17] Demnach zeichnete er innerhalb der Gruppe der juristischen Handschriften für die Erwerbung von vieren verantwortlich (Pal. lat. 740, 754, 755, 774). Über Estienne dürften auch zwei Handschriften aus der Bibliothek des venezianischen Gelehrten und Philologen Giovanni Battista Cipelli (1478–1553), bekannt unter dem Namen Egnatius, nach Augsburg gelangt sein. Aus seinem Nachlass stammen offenbar ein Digestum novum (Pal. lat. 755) und die Statuten der Republik Venedig (Pal. lat. 774). In Italien müssen aber auch weitere Agenten tätig geworden sein. Deren Anstrengungen ist der Erwerb zahlreicher Bücher aus der Hinterlassenschaft des Florentiner Humanisten und Diplomaten Giannozzo Manetti (1396–1459) zuzuschreiben. An juristischen Werken stammen eine zusammengesetzte Handschrift mit dem Decretum Gratiani (Pal. lat. 622), ein Digestum vetus (Pal. lat. 739) und ein Codex mit den Institutiones Iustiniani (Pal. lat. 771) aus dieser Provenienz.

Bei der Signaturengruppe *seors.* vom Lateinischen ‚seorsum' scheint es sich wohl weniger um schlichtweg Buchkäufe französischer bzw. italienischer Provenienz zu handeln, wie von LEHMANN vermutet, sondern, wie von ihm ebenfalls angedacht, wird das ‚seorsum' eher im Sinne von ‚separatim' als gesondert aufgestellt bzw. „abgesondert von den großen Fonds erworbene Mss." zu verstehen sein. Damit hätten wir eine eigene Gruppe mit Einzelkäufen vor uns (Pal. lat. 637, 646, 711, 715, 718, 720, 732–733, 741, 743–745, 747, 750, 752–753, 758, 760–762, 766, 769, 782, 786–787).[18] Die erworbenen Werke befassen sich vorwiegend mit dem Römischem Recht. Unter ihnen befinden sich zahlreiche hochkarätige Manuskripte, wie sie stellvertretend für das Profil jenes ambitionierten Sammlers stehen.

Vom Theologen Matthias Flacius Illyricus (1520–1575), mit dem Fugger einen engen Kontakt unterhielt, bezog er nachweislich Handschriften, von denen eine auch unter den juristischen vertreten ist. Die Sammelhandschrift bietet die ältesten erhaltenen Annalen der Stadt Florenz und ist ein bedeutender Überlieferungszeuge für die Roncalischen Gesetze Friedrich I. Barbarossa (Pal. lat. 772).

Des Weiteren sind Pal. lat. 685 und 781 durch die einschlägigen Signaturen als Bücher aus der Bibliothek des Augsburger Büchersammlers identifizierbar, gleichwohl führen sie keine Signatur, die für einen bestimmten Bestand stehen würde. Zuletzt soll nicht unerwähnt bleiben, dass zahlreiche weitere Bände aus guten Gründen aus der Fuggerschen Provenienz stammen dürften. Es ist hier allerdings nicht der Platz, sie einzeln vorzustellen und ihre Herkunft zu diskutieren.

Warum nun die Handschriften des Ulrich Fugger ihren Weg gerade in die Bibliotheca Palatina fanden, liegt in der Konfession des Augsburger Bibliophilen begründet. Aus katholischem Haus stammend, bekannte er sich ab 1553 zum evangelischen Glauben. Trotz seiner Schulden stiegen in den Jahren 1546–1553 seine Ausgaben für Bücher und verschiedene Projekte mit Gelehrten und Buchdruckern auf 126 000 Gulden[19], sodass die Stadt Augsburg ihn unter Kuratel stellte und seinen Besitz verkaufte – seine Bibliothek blieb wohl davon ausgenommen. Der Pfälzer Kurfürst Friedrich III. (1515–1576) konnte ihn schließlich dazu bewe-

17 LEHMANN, Fuggerbibliotheken 1, S. 122–138.

18 LEHMANN, Fuggerbibliotheken 1, S. 140–144, das Zitat findet sich S. 141.

19 Für diese Summe kauften zum Vergleich seine Verwandten die Grundherrschaft über mehrere Dörfer oder eine ganze Grafschaft. Vgl. Robert MANDROU, Die Fugger als Grundbesitzer in Schwaben, 1560–1618, Göttingen 1997 (Veröffentlichungen des Max-Planck-Instituts für Geschichte 136), S. 47–58.

gen, ins reformierte Heidelberg überzusiedeln. 1567 wurden seine Bücher vom Lech an den Neckar transportiert, zwei Jahre später erhielt die Sammlung einen eigenen Raum in der Heiliggeistkirche. Völlig klamm kann Ulrich Fugger allerdings nicht in Heidelberg angekommen sein, konnte er doch noch die eine oder andere Büchersammlung ankaufen und darüber hinaus 10 000 Gulden für Stipendien der Alma Mater stiften[20] – die am reichsten dotierte Stipendienstiftung an der Universität im 16. Jahrhundert. Mit seinem Ableben 1584 ging seine Bibliothek in das Eigen des Kurfürsten über.[21]

Eng verbunden mit Ulrich Fugger scheinen die Formularsammlungen des am Reichskammergericht tätigen Johannes Adler (* 1510) zu sein, von denen drei unter die juristischen Handschriften eingeordnet wurden (Pal. lat. 775, 776, 783). Dazu gesellt sich ein Manuskript des Johannes Spenlin von Rottenburg († 1459), das neben Urkunden auch noch einen Clementinenkommentar enthält (Pal. lat. 685), sich später im Besitz Adlers befand und auch eine Fuggersignatur aufzuweisen vermag[22], was bei weiteren Handschriften des Juristen der Fall ist, weshalb auch die vier hier genannten Exemplare als ehemaliger Fuggerbesitz einzuschätzen sind.

Eine der prominentesten Vorprovenienzen stellt jene der pfalzgräflichen Nebenlinie Pfalz-Mosbach dar. Von Relevanz sind hier die Brüder Otto II. (1435–1499), Ruprecht (1437–1465), Albrecht (1440–1506) und Johann (1443–1486), welche die letzten legitimen männlichen Nachkommen ihres Familienzweigs darstellten. Sicher nachweisen lassen sich Handschriften aus dem Nachlass Ruprechts, der als designierter Bischof von Regensburg wohl Bücher als Eigen zu seinem Amtssitz mitgebracht hatte. Wie wir aus einem Vergleich vom 28. Juli 1483 zwischen seinem Amtsnachfolger Heinrich IV. von Absberg (1409–1492) und Ruprechts Bruder Johann wissen, erhielt Johann nach Ruprechts Ableben Bücher aus dessen Nachlass. Offenbar waren aber sechs Bände nicht darunter, die Ruprecht wohl zuvor Heinrich überlassen hatte und um die sich ein Rechtsstreit entwickelte[23], der zwischenzeitlich dermaßen eskaliert war, dass Johann dem Bischof von Regensburg die Fehde erklärt hatte.[24] Otto II. konnte den Streit dahingehend schlichten, dass von den sechs Büchern das Decretum Gratiani dem Bischof von Regensburg zustehen sollte und die

20 Stipendienstiftungen und Stipendiaten vom Ende des 15. Jahrhunderts bis zum Beginn des Dreißigjährigen Krieges, bearb. von Gerhard Merkel, Heidelberg 2008, S. 163–168.

21 Lehmann, Fuggerbibliotheken 1, S. 166–190.

22 Unter den medizinischen Handschriften befinden sich zwei Exemplare des Johannes Spenlin, Pal. lat. 1170 und 1304, die womöglich über denselben Weg in die Bibliotheca Palatina gelangten. Schuba meinte zwar, dass Spenlin sie Friedrich I. geschenkt haben dürfte (Schuba, Kat. UB Heidelberg 1, S. XXXV), was sich aber kaum mit dem Eintrag im Rektorbuch übereinbringen lässt, der von der Schenkung einer *Venacio mistica studencium reformatiua* spricht (vgl. auch Beschreibung zu Pal. lat. 685). Deshalb scheint doch wahrscheinlicher, dass auch diese zwei Bände über Adler an Fugger gingen.

23 HStA München, Hochstift Regensburg Urkunden 1861 (Aussteller ist Otto II. von Pfalz-Mosbach-Neumarkt): *So der gedacht vnnser Bruder* [i.e. Ruprecht] *an den genannten vnnsern frunde* [i.e. Heinrich IV. von Absberg] *Sechß Pucher halb Nemlich eins Decretals, Sext, Decret, Speculator einer Coronic von den herrn von Beyern Vnd Waltheri de Amore gethan die dann weylnd der Erwirdig in gott vnd hochgeboren Furst vnnser lieber Bruder herre Ruprecht Administrator des Stifts zw Regennsburg et cetera loblicher gedechtnuss zw vermelltem Stift sol bracht Vnd Jme* [i.e. Johann] *vormals mit anndern nit vbergeben sein sollen gehallten haben* (in diplomatischer Transkription, ohne diakritische Zeichen).

24 Ebenda: *Darumb er* [i.e. Johann] *dann dem gedachten vnnsim frunde* [i.e. Heinrich IV. von Absberg] *ein Vehdliche verwarung zugeschriben.*

Handschriften mit dem Liber extra, Liber sextus und Speculum iudiciale an Johann gehen sollten. Die beiden übrigen Bücher, eine Chronik der Herren von Bayern und die Drei Bücher über die Liebe des Andreas Capellanus, waren zum Zeitpunkt des Vergleichs weder in Händen des Bischofs noch des Domkapitels. Falls sie wieder aufgefunden würden, sollte sie Johann übertragen bekommen. Im Fall der Chronik der Herren von Bayern könnte dies auch tatsächlich geschehen sein.[25]

Für die Frage der Vorprovenienzen der Bibliotheca Palatina sind für uns folgende Dinge relevant: Offenbar hatte Ruprecht letztwillig über seine Bibliothek verfügt und diese seinem Bruder Johann zugesprochen, schließlich hatte dieser ja im Vorfeld des Streits Bücher erhalten. Johann selbst verfügte ebenfalls über eine eigene Bibliothek. Zu seinen Lebzeiten könnte sich diese bei seinem regierenden Bruder in Neumarkt / Oberpfalz befunden haben, der Haupt- und Residenzstadt des Territoriums Pfalz-Mosbach-Neumarkt. Denn in Bezug auf die oben genannte Übergabe der drei Handschriften an Johann heißt es in der Urkunde, dass ebenjene ihm nach Neumarkt gebracht werden sollten.[26] Freilich ist Neumarkt nicht weit von Regensburg entfernt und es könnte sich schlichtweg um ein Entgegenkommen Johanns handeln. Da derselbe aber mit zahlreichen Kanonikaten an verschiedenen Orten ausgestattet war[27], die zumindest zeitweise seine Anwesenheit voraussetzten, muss er viel gereist sein. Eine Aufstellung seiner zahlreichen Bücher an einem für ihn zentralen Ort muss sich deshalb angeboten haben, was für eine Verwahrung in Neumarkt spricht. Was mit Johanns Bibliothek nach seinem Tod geschah, wissen wir nicht im Detail. Da allerdings Bücher von Ruprecht und Johann im Fond der Bibliotheca Palatina nachweisbar sind, kann man annehmen, dass sie nach Johanns Tod an seinen Bruder Otto II. gingen und wohl in Neumarkt verblieben.

Mit großer Sicherheit aus der Bibliothek Ruprechts stammen die Bände Pal. lat. 645, 654, 660–662, 665–666. Es handelt sich dabei um die Dekretalensumme des João de Deus und die Vorlesung des Nicolaus de Tudeschis zum Liber extra in insgesamt sechs Bänden – beides grundlegende Werke des Kanonischen Rechts und damit eine hilfreiche Handreichung für einen Kirchenfürsten. Sie geben sich teilweise anhand des illuminierten Wappens als seine Bücher zu erkennen und förderten zudem nach weiteren Nachforschungen die Devise Ruprechts zutage. Diese lässt sich aus Pal. lat. 645 und 665 erschließen: Neben einem *Rbd* findet sich in Pal. lat. 665 die Buchstabenfolge NMAMN. Das *Rbd* kann analog zur bereits bekannten Sigle seines Bruders Johann von Pfalz-Mosbach (*Jo ba dux* bzw. *Jo b dux* für ‚Johannes Bavariae dux') mit ‚Rupertus / Robertus Bavariae dux' aufgelöst werden. Mit einem Blick auf Pal. lat. 645 schließlich gibt sich das NMAMN als Abkürzung von ‚Nisi mors adimet mihi nemo' zu erkennen, als Abwandlung eines Zitats des antiken Komödiendichters Terenz, *hanc nisi mors mi adimet nemo*[28], mit dem Pamphilus in dem Werk Andria seinen Gefühlen zu seiner Geliebten Glycerium Ausdruck verleihen möchte.

Ebenfalls über die Devise geben sich die Handschriften Johanns eindeutig als solche zu erkennen. Das bereits genannte *Jo ba dux* bzw. *Jo b dux* wird von der Spruchdevise *DCA* für

25 Cod. Pal. germ. 96, die Chronik von den Fürsten zu Bayern des Andreas von Regensburg beinhaltend, wurde Mitte des 15. Jhs. in Süddeutschland kopiert und könnte als *Coronic von den herrn von Beyern* in Frage kommen.

26 Ebenda: *vnd Ime* [i.e. Johann] *die alhere gein Newenmargkt zu schicken.*

27 S. dazu Reinle, Lebensentwurf, S. 169–175.

28 Frei übersetzt: Niemand wird mir diese wegnehmen, außer der Tod.

dii, coeptis aspirate[29] begleitet. Damit lassen sich Pal. lat. 677 und der in Heidelberg liegende Cod. Pal. lat. 729 als seine Handschriften identifizieren.[30] Nicht so eindeutig zuzuordnen sind Pal. lat. 657, 663–664, 703, 788, 799–801, 807. Allerdings haben sie mit den Handschriften Ruprechts ähnliches Papier, vergleichbares Layout und zuweilen dieselben Schreiber gemein. Zurückzuführen ist dies auf den Aufenthalt der drei geistlich gewordenen Brüder an der Universität Pavia in den Jahren 1458/61. Ruprecht ließ hier von seinen Familiaren offenbar Bücher im Stil zeitgenössischer italienischer universitärer Handschriften kopieren (s. dazu die oben genannten Werke aus seinem Besitz). Dass es seine Brüder ihm wahrscheinlich gleich taten, das suggerieren die Bände Pal. lat. 663 und 664 mit der Vorlesung des Nicolaus de Tudeschis zum zweiten Buch des Liber extra. Denn diese haben ihre Entsprechung in Ruprechts Handschriften Pal. lat. 654 und 661. Damit ist anzunehmen – da Ruprecht dasselbe Werk wahrscheinlich nicht zweimal kopieren ließ – dass einer seiner Brüder Pal. lat. 663 und 664 in Auftrag gab. Schließlich studierten Albrecht und Johann beide Jura und mussten als Kleriker an einer Auslegung des Kirchenrechts interessiert sein. Auffallend in den Bänden ist das Fehlen der für Johanns Bücher typischen Devise. Sie könnte sich jedoch auf den Vorsatzblättern befunden haben, die beim Transport der Handschriften 1623 nach Rom mitunter entfernt wurden. Deshalb kommen beide Brüder als Besitzer der beiden letztgenannten Handschriften in Frage, alle drei Brüder als Vorbesitzer der übrigen, nicht eindeutig zuordenbaren.[31] Johanns Bücher dürften nach seinem Tod an seinen Bruder Otto II. gefallen sein. Dieser hatte bereits zu Lebzeiten den Übergang seines Territoriums an die Kurpfalz für den Fall seines erbenlosen Ablebens vertraglich fixieren lassen, was 1499 auch eintrat.[32] Mit dem Ende des Pfalz-Mosbach-Neumarkter Territoriums dürften die Büchersammlungen Ruprechts, Johanns und Ottos II. aus Neumarkt in die Heidelberger Schlossbibliothek überführt worden sein. Falls auch Bücher im Fond der Bibliotheca Palatina von Albrecht stammen sollten, wären diese nach seinem Ableben von der Kurlinie zurückgefordert worden, bzw. auf testamentarischen Wunsch nach Heidelberg gelangt.

Aber die Brüder ließen während ihres Aufenthalts in Pavia offenbar nicht nur Bücher kopieren, sondern betätigten sich womöglich auch als Agenten. Schließlich wurde in ebenje-

29 Frei übersetzt: Götter, seid meinen Unternehmen gewogen. Hier bediente sich Johann offenbar der Metamorphosen des Ovid: ... *di, coeptis (nam uos mutastis et illa) aspirate meis* ... (P. Ovidi Nasonis Metamorphoses, hrsg. von R. J. Tarrant, Oxford 2004, S. 1). An dieser Stelle sei erwähnt, dass sich in Pal. lat. 677 eine weitere Devise befindet, die sich auf Johann beziehen dürfte (s. die entsprechende Beschreibung).

30 Zu Johann als Buchbesitzer Reinle, Lebensentwurf, S. 179–187. Nach unserem bisherigen Kenntnisstand sind Johann neben den oben genannten Büchern des Weiteren zuzuweisen: Heidelberg, UB, Cod. Pal. germ. 11, 83, 117 (ohne Besitzeintrag), 286, 502, 806/I; Stuttgart, WLB, Cod. theol. et phil. 2° 91 (Provenienz aus Johanns Eigentum fraglich); Vatikanstadt, Pal. lat. 53–54, 134, 1066, 1170, 1271, 1285–1286, 1330, 1332, 1335, 1404, 1409, 1459/II, 1789 (kein Besitzeintrag), 1792, 1880/XI (kein Besitzeintrag), 1892/VI (kein Besitzeintrag, Provenienz aus Johanns Eigentum fraglich); Weimar, HAAB, Cod. Fol. 328 (Teil); Wolfenbüttel, HAB, Cod. Guelf. 19.19 Aug. 4°.

31 Theoretisch würde auch ihr Bruder Otto II. dafür in Frage kommen. Da allerdings die drei in Pavia Jura studierten und Kleriker waren, passen diese kirchenrechtlichen Werke eher in ihr Leseprofil (RAG, Ruprecht von Pfalz-Mosbach; Johannes von Pfalz-Mosbach; Albrecht von Pfalz-Mosbach).

32 Backes, Leben, S. 166. S. dazu den in Kürze erscheinenden Aufsatz von Stefan Holz, in: Im Schatten der Großen. Fürstliche Nebenlinien im spätmittelalterlichen Südwesten, hrsg. von Stefan Holz / Thorsten Huthwelker / Benjamin Müsegades.

ner Zeit ihres Aufenthalts in Pavia Pal. lat. 642 ausgeführt, eine schmuckvolle Ausgabe der Clementinen mit Glossa ordinaria. Das Wappen deutet auf Mechthild von der Pfalz (1419–1482) als Auftraggeberin hin. Doch können wir eine kirchenrechtliche Handschrift in der Bibliothek einer Fürstin erwarten? Womöglich irrte sich auch der Maler bei der Ausführung der Miniatur und stellte im vermeintlich österreichischen Wappen den Balken nicht korrekt dar und es war eigentlich der Schild des Hochstifts Regensburg gemeint? In diesem Fall hätte Ruprecht diesen Codex für sich in Auftrag gegeben.

Alle diese Bände der Brüder aus dem Haus Pfalz-Mosbach – wie auch letztgenannte Handschrift, unabhängig davon, für wen sie auch geschaffen wurde – dürften Eingang in die Schlossbibliothek gefunden haben.

Auch einige zumindest der Forschung bekannte Privatpersonen lassen sich mitunter als Vorbesitzer identifizieren. Mit Adam Nicolai Wannemacher aus Arheilgen († zwischen 1466 und 1472) haben wir einen Gelehrten, welcher der Heidelberger Alma Mater als deren Alumnus nahestand. Nicht ausgeschlossen ist es in diesem Fall, dass die von seiner Hand stammende, wohl in Padua angefertigte Vorlesungsmitschrift zum Liber extra (Pal. lat. 784) vielleicht auch über den Heidelberger Gelehrten Johannes von Albig in den Bestand der Universität gelangte. Ein Leipziger Professor, Konrad Donekorb mit Namen, gab allem Anschein nach Pal. lat. 668 in Auftrag. Bei diesem Codex ist allerdings völlig unklar, wie er an den Oberrhein gelangte. Aus der Bibliothek des Mainzer Übersetzers Konrad Humery stammt eine in Bologna rezipierte Vorlesung zum Liber extra (Pal. lat. 672). Ebenfalls einen Bezug nach Mainz kann Pal. lat. 697 aufweisen. Der Codex gehörte Peter Ugelheimer, der denselben von seinem Freund, dem Buchdrucker Nicolas Jenson, erhalten hatte. Ursprünglich war er auf Veranlassung des Francesco Barbari angefertigt worden. Die Sammelhandschrift Pal. lat. 719 besaß Johann Volprecht von Wimpfen, Diener und Sekretär Kaiser Friedrichs III., Pal. lat. 722 Peter Hawindorn, Kaplan in Dingolfing, der als Schreiber weiterer Handschriften bekannt ist, Pal. lat. 723 Guillermus Gayandi, Dekan in Aigueperse, Pal. lat. 731, 742 und 759 Cosimo Veronesi, Gelehrter an der Universität Padua, Pal. lat. 753 Francesco Cappello, venezianischer Patrizier, Pal. lat. 745, 760, 786 und vielleicht auch 732 Francesco Angiolello, der ab 1454 in Padua studierte und womöglich später auch lehrte. Über den Kreis der Handschriften- sowie Gelehrtenforschung hinaus dürfte Johannes Trithemius (1462–1516) bekannt sein, der mit einer Briefsammlung, einem Autograf, vertreten ist (Pal. lat. 730).

Im Vergleich zu den eben vorgestellten Privatpersonen, die als Vorbesitzer auszumachen sind, nimmt sich die Anzahl der aus Kirchen und Klöstern übernommenen Bücher als eher gering aus. Sie dürften fast ausnahmslos während der Reformationszeit nach Heidelberg – wahrscheinlich in die Bibliothek in der Heiliggeistkirche – gekommen sein. Im Fall des Cyriakusstifts von Neuhausen bei Worms gingen wohl noch vor der Aufhebung des Stifts verschiedene Bände an den Büchersammler Pfalzgraf Ottheinrich, noch bevor dieser die Kurwürde antreten konnte (Pal. lat. 675–676). Beide Manuskripte vereint die Beschäftigung mit dem Basler Konzil und die gemeinsame Herkunft aus dem Besitz desselben, bisher noch nicht identifizierten Klerikers. Mit Beichte und Buße beschäftigen sich die überlieferten Bücher aus dem Servitenkloster Germersheim (Pal. lat. 702, 704), Augustinerchorherrenstift Kirschgarten bzw. Groß-Frankenthal (Pal. lat. 717, Faszikel II) und Zisterzienserkloster Eußerthal, wobei es im letzteren Fall wahrscheinlicher ist, dass dessen Pfleger in Mechtersheim Pal. lat. 705 besaß. Ein breiteres inhaltliches Spektrum, wenn auch ebenfalls auf das Kanonische Recht beschränkt, behandeln die Werke aus dem Zisterzienserkloster Schönau (Pal. lat. 621, 658, 678, 687, 695, 707) und dem Liebfrauenstift in Neustadt an der Weinstraße (Pal. lat. 651, 686).

Zur selben Zeit, aber auf anderem Wege, kamen die drei Bände aus der Dombibliothek Mainz (Pal. lat. 697, 727, 798) nach Heidelberg. Den Hintergrund bietet der Zweite Markgrafenkrieg (1552–1554), während dem die Truppen des Albrecht II. Alcibiades (1522–1557) auch Mainz heimsuchten und die Bibliothek des Domstifts plünderten. Da der bibliophile Kurfürst Ottheinrich der Stiefvater des Markgrafen von Brandenburg-Kulmbach war, gelangten genannte Handschriften wahrscheinlich über ihn in die Schlossbibliothek.

Die übrigen Bände, die nicht aus einer der zuvor skizzierten Provenienzen stammen, dürften mehrheitlich in den Bibliotheken der Heidelberger Universität ihren Platz gehabt haben. Dies kann mit großer Sicherheit von den Manuskripten angenommen werden, die von Gelehrten der Alma Mater im Zuge eines Legats vermacht wurden, sofern sich die Handschrift eindeutig zuweisen lässt. Dem ersten Inhaber der Heidelberger Dekretalenprofessur, Johannes van de Noet von Brüssel (vor 1360–1432), dürfte Pal. lat. 670 gehört haben, die Novella des Johannes Andreae zum ersten Buch des Liber extra. Weniger sicher ist, ob die Compilatio prima des Bernhard von Pavia (Pal. lat. 652) über Marsilius von Inghen (1335/1340–1396) an die Universität gelangte. Noch fraglicher ist, ob sich die Summa confessorum des Johannes von Freiburg (Pal. lat. 708) dem Legat des Gerhard von Emelisse († vor Febr. 1396) oder des Gerhard von Hohenkirchen († 1448) zuweisen lässt. Eindeutiger sind da schon jene Manuskripte, die durch Einträge, Wappen oder Devisen von ihrem vorherigen Besitzer künden: Die Vorlesung zum Decretum Gratiani (Pal. lat. 627) des Nikolaus Petri von Bettemburg († 1420), die über Johannes Sartoris von Weinheim († spätestens 1438) in den Bestand der Universität gelangt sein dürfte, das Handbuch für Inquisitoren des Nicolaus Eymerich (Pal. lat. 681) aus dem Eigentum des Theologieprofessors und an Ketzerprozessen beteiligten Johannes von Frankfurt († 1440), die Clementinenvorlesung des Francesco Zabarella (Pal. lat. 648), die Johannes von Albig († 1451/52) sein Eigen nannte und der Fürstenspiegel des Aegidius Romanus (Pal. lat. 726) des Theologen Friedrich Motter († 1444).

Damit haben wir mindestens 44 Bände aus Fuggerscher Provenienz, wenn wir die vier des Johannes Adler dazuzählen, Ruprecht und Johann von Pfalz-Mosbach steuerten mit Sicherheit neun bei, neun weitere können mit großer Sicherheit ihnen oder ihrem Bruder Albrecht zugewiesen werden, 17 stammen aus Klöstern oder Stiften, zwei aus der Schlossbibliothek, der an dieser Stelle bisher noch nicht erwähnte Fürstenspiegel des Michael von Prag (Pal. lat. 725), der wahrscheinlich für den später zum König gewählten Pfalzgrafen Ruprecht III. geschaffen wurde, und die zusammengesetzte Handschrift Pal. lat. 674.[33] Genannte Bücher gelangten erst in der zweiten Hälfte des 16. Jahrhunderts in das Heiliggeiststift. Stellt man in Rechnung, dass diese ungefähr ein Drittel der juristischen Handschriften ausmachen, demnach aus der Universität nicht mehr als knapp über 100 Manuskripte stammen können, dann wird deutlich, wie ungeheuer groß die Verluste an Büchern in der Alma Mater gewesen sein müssen. Denn die noch erhaltenen Quellen aus der Universität bieten zahlreiche Bücherlegate, teils mit Nennung der Titel, teils ohne. Zieht man die ersten drei Bücherlegate mit juristischen Werken zu Rate, so haben wir jenes des Konrad von Gelnhausen († 1390) mit 33, des Marsilius von Inghen († 1396) mit zehn und das des Colinus († 1401) mit 45 Handschriften.[34] Im Vermächtnis des Konrad von Gelnhausen ist bei vielen Werken das Incipit von folio 2 beigegeben. Dennoch ließ sich keines einem hier beschriebenen Manuskript zuordnen. Über-

33 Sehr wahrscheinlich dürfte sich auch Pal. lat. 770 dazugesellen.

34 Rektorbücher 1, Nr. 456, 457, 469. Die Bücher des 1392 verstorbenen Konrad von Worms widmeten sich der Theologie, ebenda, Nr. 455.

haupt ist kaum eines dieser fast 100 Werke mit Sicherheit im Fond der juristischen Handschriften der Bibliotheca Palatina nachweisbar und in den Folgejahren sollten noch zahlreiche Legate folgen. Alleine jenes des Jakob von Gottesheim († 1543) umfasste 167 Bücher, fast ausschließlich juristischen Inhalts.[35] Auch von diesen lässt sich keines mit Sicherheit einem heute noch im Vatikan erhaltenen zuordnen.

Neben diesen genannten Vermächtnissen verfügen wir über zahlreiche Kataloge als Quellen zu den ehemaligen Heidelberger Beständen. Untersucht man allein den der Heidelberger Bibliotheken von 1466, dann fällt auf, dass das Gros der genannten juristischen Werke schlichtweg nicht unter den hier beschriebenen Handschriften zu finden ist, was beispielsweise auch für das Legat des Jakob Gottesheim gilt. Somit lässt sich nicht nur ein extremer Bücherschwund konstatieren[36]; dieser scheint auch nicht zeitlich an die Frühzeit der Universität gebunden zu sein, wie sich mancherorts lesen lässt.

Angesichts dieser über Jahrhunderte betrachtet hohen Fluktuation an Büchern in den Beständen insbesondere der Universität, müssen die Zuweisungen von Provenienzen der meisten Handschriften allein anhand von Bücherverzeichnissen dieser Art als ungeheuer schwierig erscheinen und können nur in wenigen konkreten Einzelfällen erfolgen. Alleine in den beiden Vermächtnissen zugunsten der Universität von Konrad von Gelnhausen und Colinus finden sich fünf Exemplare des Speculum iudiciale des Wilhelm Durand.[37] Erhalten geblieben sind im Fond der Palatini latini lediglich drei Exemplare, Pal. lat. 780, 792 und 793, wobei sich die beiden Exemplare aus dem Nachlass des Konrad von Gelnhausen – identifizierbar durch das Incipit auf folio 2 – nicht darunter befinden. Da dieses im Mittelalter überaus weit verbreitete Werk in den zahlreichen noch folgenden Legaten – insbesondere von Juristen – noch vielfach an die Universität gelangte, ist der Aussagewert dieser Vermächtnisse, zumindest für die Bestimmung der Provenienz häufig verbreiteter Werke, als eher gering einzuschätzen. Deshalb wurden in den Beschreibungen nur bei weniger häufig kursierenden Werken ein Abgleich mit den genannten Bücherlisten vorgenommen. Berücksichtigt wurden dabei in erster Linie der Katalog zu den Heidelberger Bibliotheken von 1466[38], der Katalog zu den Büchern, die unter Ottheinrich von der Schlossbibliothek in die Heiliggeistkirche überführt[39] und zwischen ca. 1555 und 1560 erfasst wurden[40], der Katalog zur Biblio-

35 Zur Person s. RAG, Jakob von Gottesheim, zum Legat s. Heidelberg, Universitätsarchiv, RA 658, fol. 330r–335v, 340v–341r, 346r–350v (Auflistung der Bücher), DOI: https://doi.org/10.11588/diglit.49619#0671. Von den 167 Bänden lassen sich zwei eindeutig als Drucke nachweisen.

36 Selbst von der Bücherschenkung für das Heiliggeiststift lassen sich von den 163 im Jahr 1438 übergebenen Bänden im Katalog von 1466 nur noch 136 nachweisen, obgleich lediglich Ludwig IV., später der Kurfürst Bücher ausleihen durfte und der Kreis an Besitzern von Schlüsseln für die Bibliothek auf einzelne, ausgewählte Personen beschränkt war (Hanselmann, Bücherschenkung, S. 97 f., 104; Urkundenbuch der Universitaet Heidelberg, Bd. 1, Urkunden, hrsg. von Eduard Winkelmann, Heidelberg 1886, Nr. 98).

37 Weitere beispielsweise im Katalog der Bibliothek Ottheinrichs, um 1555–1560, Pal. lat. 1944, 126r.

38 Heidelberg, UB, Heid. Hs. 47. Ausführlicher zum Katalog in Ausst.-Kat. Palatina, S. 10 f.

39 Dass es sich dabei um eine bewusste Entscheidung Ottheinrichs im Sinne des Aufbaus einer umfassenden gelehrten Bibliothek zur Förderung des protestantischen Bekenntnisses ging, legt Wolfgang Metzger, Die Bibliothek Ottheinrichs von der Pfalz und die ‚Bibliotheca Palatina', in: Bibliothek und Wissenschaft 39 (2006), S. 73–96 nahe.

40 Pal. lat. 1944. S. die Beschreibung von Urla Rasch (DOI: https://doi.org/10.11588/diglit.10609) sowie den Beitrag zum historiografisch-kosmografischen Teilkatalog in Ausst.-Kat. Palatina, S. 453 f.

thek der Heiliggeistkirche von 1581[41] und das Allacci-Register, welches der päpstliche Gesandte in Heidelberg im Rahmen des Abtransports der Bücher nach Rom erstellte.[42]

Anlage der Beschreibungen

Um der Masse an Handschriften begegnen zu können, die im Rahmen des Projekts seit 2014 zu bearbeiten sind, wurde eine kompaktere Form der Beschreibung gewählt. Diese Kompakterschließung ist in der Beschreibung der äußeren Merkmale kürzer gehalten als jene, welche die Richtlinien der DFG vorgibt. Da dem Nutzer die Digitalisate der Manuskripte zur Verfügung stehen, erübrigen sich hier raumgreifende Erläuterungen. Entsprechend galt es auch im inhaltlichen Teil zu reduzieren. Ausführungen zu Autorschaft und Textgenese werden nur im Ausnahmefall geboten, angegeben wird in der Regel das ‚Incipit' und das ‚Explicit', die Aufnahme weiterer Initien ist auf Einzelfälle beschränkt. Dabei wurde bei der Transkription eine diplomatische Wiedergabe gewählt, wobei Eingriffe in dem Sinne Anwendung fanden, dass Wörter prinzipiell in Kleinschreibung wiedergegeben und lediglich Eigennamen großgeschrieben werden. Auch die Interpunktion entspricht heutigen Gepflogenheiten. Im Register hingegen werden die Initien in normierter Form ausgegeben.

Bei der Ansetzung der Personennamen wurde versucht, dem entsprechenden Gebrauch in der Forschungsliteratur zu folgen. Dem Namensgebrauch, wie er im Deutschen üblich ist, wurde dabei der Vorrang gegeben. Bei Personen, die in der deutschen Forschungsliteratur mit keinem deutschen oder eingedeutschten Namen vertreten sind, wurde dem jeweils landeseigenen Gebrauch Rechnung getragen: Personen italienischer Herkunft wurden getreu dem DBI vereinheitlicht, alle französischen Juristen der Ansetzung der BnF angepasst.

Hier nicht beschrieben wurden jene Signaturen, die bereits zuvor in zwei weiteren Projekten bearbeitet worden waren. Eines erfasste die klassischen lateinischen Texte in der Vaticana und erschloss in diesem Rahmen die juristischen Handschriften Pal. lat. 709–710[43]; Michael Kautz deckte die Signaturen Pal. lat. 635, 643, 653 in seinem umfassenden Katalog zu den Handschriften des Klosters Lorsch ab.[44]

Erstellt wurden die Beschreibungen in der Universitätsbibliothek Heidelberg auf Grundlage der Digitalisate.

TH

41 Pal. lat. 1945. S. die Beschreibung von Urla Rasch (DOI: https://doi.org/10.11588/diglit.10610) sowie in Ausst.-Kat. Palatina, S. 454 f.

42 Pal. lat. 1949. S. die Beschreibung in Ausst.-Kat. Palatina, S. 475.

43 Les manuscrits classiques latins de la Bibliothèque Vaticane, Bd. 2.2, Les manuscrits classiques latins de la Bibliothèque Vaticane. Fonds Palatin, Rossi, Ste-Marie Majeure et Urbinate, beschr. von Jeannine Fohlen / Colette Jeudy / Élisabeth Pellegrin / Yves-François Riou, Paris 1982.

44 Bibliothek und Skriptorium des ehemaligen Klosters Lorsch. Katalog der erhaltenen Handschriften, bearb. von Michael Kautz, 2 Bde., Wiesbaden 2016.

Literatur

ABBONDANZA, Arsendi	Roberto ABBONDANZA, Art. Rainiero Arsendi, in: DBI, Bd. 4, Rom 1962, S. 333–339
ABBONDANZA, Baldovini	Roberto ABBONDANZA, Art. Baldovini, Iacopo, in: DBI, Bd. 5, Rom 1963, S. 521–525
AfkKR	Archiv für katholisches Kirchenrecht
AH	Analecta hymnica medii aevi, hrsg. von Guido Maria DREVES / Clemens BLUME / Henry Marriott BANNISTER, 55 Bde., Leipzig 1886–1922; 2 Registerbde., hrsg. von Max LÜTOLF, Bern / München 1978
Ausst.-Kat. Palatina	Bibliotheca Palatina. Katalog zur Ausstellung vom 8. Juli bis 2. November 1986, Heiliggeistkirche Heidelberg, Text- u. Bildbd., hrsg. von Elmar MITTLER, Heidelberg 1986
Authenticum, hrsg. von Heimbach	Authenticum. Novellarum constitutionum Iustiniani versio vulgata, 2 Bde., hrsg. von Gustav Ernst HEIMBACH, Leipzig 1846/51
BACKES, Leben	Martina BACKES, Das literarische Leben am kurpfälzischen Hof zu Heidelberg im 15. Jahrhundert. Ein Beitrag zur Gönnerforschung des Spätmittelalters, Tübingen 1992 (Hermaea N. F. 68)
BALDANI, La Pittura	Renato BALDANI, La Pittura a Bologna nel seccolo XIV, in: Documenti e studi 3 (1909), S. 373–485
BARTSCH, Handschriften	Karl BARTSCH, Die altdeutschen Handschriften der Universitäts-Bibliothek in Heidelberg, Heidelberg 1887 (Katalog der Handschriften der Universitäts-Bibliothek in Heidelberg 1)
BATTELLI, Ricerche	Giulio BATTELLI, Ricerche sulla pecia nei codici del „Digestum Vetus“, in: Studi di paleografia, diplomatica, storia e araldica in onore di Cesare Manaresi, Mailand 1953, S. 309–330 (Wiederabdr. in: Giulio BATTELLI, Scritti scelti. Codici, documenti, archivi, Rom 1975, S. 149–170)
BERNAL PALACIOS, El profesor	Arturo BERNAL PALACIOS, El profesor, Antonio de Gentilibus, y su ‚Repertorium alphabeticum iuris‘, in: Bulletin of Medieval Canon Law 19 (1989), S. 33–50
BERTRAM, Abdankung	Martin BERTRAM, Die Abdankung Papst Cölestins V. (1294) und die Kanonisten, in: ZRG KA 56 (1970), S. 1–101
BERTRAM, Handschriften	Martin BERTRAM, Dekorierte Handschriften der Dekretalen Gregors IX. (Liber Extra) aus der Sicht der Text- und Handschriften-

	forschung, in: Marburger Jahrbuch für Kunstwissenschaft 35 (2008), S. 31–43, 45–65
BERTRAM, Kanonisten	Martin BERTRAM, Kanonisten und ihre Texte (1234 bis Mitte 14. Jh.). 18 Aufsätze und 14 Exkurse, Leiden 2013 (Education and Society in the Middle Ages and Renaissance 43)
BERTRAM, Signaturenliste	Martin BERTRAM, Signaturenliste der Handschriften der Dekretalen Gregors IX. (Liber Extra). Neubearbeitung April 2014 (Online-Publikationen des Deutschen Historischen Instituts in Rom) (http://www.dhi-roma.it/bertram_extrahss.html)
BETHMANN, Nachrichten	Ludwig Konrad BETHMANN, Nachrichten über die von ihm für die „Monumenta Germaniae historica" benutzten Sammlungen von Handschriften und Urkunden Italiens, aus dem Jahre 1854, in: Archiv der Gesellschaft für ältere deutsche Geschichtskunde 12 (1874), S. 201–426
BioBib Jurists	Bio-Bibliographical Guide to Medieval and Early Modern Jurists (https://amesfoundation.law.harvard.edu/BioBibCanonists/HomePage_biobib2.php)
BLOOMFIELD, ILWVV	Morton W. BLOOMFIELD u. a., Incipits of Latin Works on the Virtues and Vices, 1100–1500 A.D., Cambridge, MA 1979 (The Mediaeval Academy of America 88); Richard NEWHAUSER / István BEJCZY, A Supplement to Morton W. BLOOMFIELD et al., Incipits of Latin Works on the Virtues and Vices, 1100–1500 A.D., Turnhout 2008 (Instrumenta patristica et mediaevalia. Research on the Inheritance of Early and Medieval Christianity 50)
BMCL	Bulletin of Medieval Canon Law
BRENKMAN, Historia	Henrik BRENKMAN, Historia Pandectarum, seu fatum exemplaris Florentini, Utrecht 1722
BRIQUET, Les filigranes	Charles-Moïse BRIQUET, Les filigranes, 4 Bde., Nachdruck Amsterdam 1968
CAGNI, Manetti	Giuseppe M. CAGNI, I codici Vaticani Palatino-Latini appartenuti alla biblioteca di Giannozzo Manetti, in: La Bibliofilía 62 (1960), S. 1–43
CALASSO, Criteri	Francesco CALASSO, Criteri e primi risultati di una palingenesia della Glossa di Accursio, in: Atti del Convegno Internazionale di Studi Accursiani, Bologna, 21–26 ottobre 1963, Bd. 2, hrsg. von Guido ROSSI, Mailand 1968, S. 493–509
CALASSO, Sassoferrato	Francesco CALASSO, Art. Bartolo da Sassoferrato, in: DBI, Bd. 6, Rom 1964, S. 640–669
CALMA	Compendium auctorum Latinorum medii aevi (500–1500), begr. von Claudio LEONARDI / Michael LAPIDGE, Florenz 2000 ff. (https://sip.mirabileweb.it)
CAPRIOLI, Belvisi	Severino CAPRIOLI, Art. Belvisi, Giacomo, in: DBI, Bd. 8, Rom 1966, S. 89–96
CAPRIOLI, Satura	Severino CAPRIOLI, Satura Lanx, 8: Notizie preaccursiane. 9: Detti e contradetti sulle copie, ovvero limiti d'una stemmatica, in: Studi medievali 18 (1977), S. 217–225

Caprioli, Tre capitoli	Severino Caprioli, Tre capitoli intorno alla nozione di „Regula iuris“ nel pensiero dei glossatori, in: Annali di Storia del diritto 5/6 (1961/1962), S. 221–385
CCL	Corpus Christianorum. Series Latina, Turnhout 1953 ff.
Codex, Lyon 1627	Codicis dn. Ivstiniani sacratissimi imp. pp. Avgvsti, repetitæ prælectionis libri duodecim, Lyon 1627 (https://doi.org/10.11588/diglit.1979)
Colophons	Colophons de manuscrits occidentaux des origines au XVIe siècle, hrsg. von d. Bénédictins du Bouveret, 6 Bde., Freiburg / Schweiz 1965–1982 (Spicilegii Friburgensis subsidia 2–7)
Consuetudines, hrsg. von Lehmann	Consuetudines feudorum, hrsg. von Karl Lehmann, Nachdruck Aalen 1971 (Bibliotheca rerum historicarum, Neudrucke 1)
Corpus iuris canonici 1	Corpus iuris canonici, Bd. 1, Decretum magistri Gratiani hrsg. von Emil Ludwig Richter / Emil Friedberg, Leipzig 1879
Corpus iuris canonici 2	Corpus iuris canonici, Bd. 2, Decretalium collectiones. Decretales Gregorii P. IX, hrsg. von Emil Ludwig Richter / Emil Friedberg, Leipzig 1881
Cortese, La norma	Ennio Cortese, La norma giuridica. Spunti teorici nel diritto comune classico, 2 Bde., Mailand 1962–1964
Cortese, La summula	Ennio Cortese, La „summula placuit“ piacentiana e le aggiunte di Giovanni nel ms. parigino 4546, in: Studi economico-giuridici della Facoltà di Giurisprudenza di Cagliari 44 (1963–1964), S. 339–355
CPL	Clavis patrum Latinorum, bearb. von Eligius Dekkers / Aemilius Gaar (†), 3., verm. und verb. Aufl. Steenbrugge 1995 (Corpus christianorum. Series Latina)
Crescenzi, Testo	Victor Crescenzi, Testo ed esegesi. Note critiche sulla Glossa di Poppi 3, 784, in: Bullettino dell'Istituto Storico Italiano per il medioevo e Archivio Muratoriano 95 (1989), S. 271–296
DA	Deutsches Archiv für die Erforschung des Mittelalters
D'Amelio, Transazione	Giuliana D'Amelio, Transazione e „auctoritas iudicialis“ nella giurisprudenza del Regno di Sicilia, in: Annali di storia del diritto 12–13 (1968–1969), S. 161–255
DBI	Dizionario Biografico degli Italiani, hrsg. v. Istituto della Enciclopedia Italiana 1960 ff. (https://www.treccani.it/biografico/)
Derolez, Palaeography	Albert Derolez, The Palaeography of Gothic Manuscript Books. From the Twelfth to the Early Sixteenth Century, Cambridge 2003 (Cambridge Studies in Palaeography and Codicology 9)
Devoti, Un rompicapo	Luciana Devoti, Un rompicapo medievale: l'architettura della pagina nei manoscritti e negli incunaboli del codex di Giustiniano, in: La fabbrica del codice. Materiali per la storia del libro nel tardo medioevo, hrsg. von Paola Busonero u. a., Rom 1999 (I libri di Viella 14), S. 141–206
Digestum novum, Lyon 1627	Digestum Nouum, sev Pandectarvm Ivris Civilis tomvs tertivs. Ex Pandectis Florentinis, quoad eius fieri potuit, repræsentatus, Lyon 1627 (https://doi.org/10.11588/diglit.2603)

Digestum vetus, Lyon 1627	Codex Ivris Civilis Ivstinianei […] Tomus hic primus Digestum Vetus continet, Lyon 1627 (https://doi.org/10.11588/diglit.1977)
Distelbrink, Bonaventurae scripta	Balduin Distelbrink, Bonaventurae scripta authentica, dubia vel spuria critice recensita, Rom 1975 (Subsidia scientifica Franciscalia 5)
Dolezalek, Verbreitung	Gero R. Dolezalek, Die handschriftliche Verbreitung von Rechtsprechungssammlungen der Rota, in: ZRG KA 89 (1972), S. 1–106
Dolezalek / Weigand, Geheimnis	Gero R. Dolezalek / Rudolf Weigand, Das Geheimnis der roten Zeichen. Ein Beitrag zur Paläographie juristischer Handschriften des zwölften Jahrhunderts, in: ZRG KA 69 (1983), S. 143–199
Dondorp, Review	Harry Dondorp, Review of Papal Rescripts in the Canonists' Teaching. Part II, in: ZRG KA 77 (1991), S. 32–110
Drüll, Gelehrtenlexikon	Dagmar Drüll, Heidelberger Gelehrtenlexikon 1386–1651, Berlin u. a. 2002
Dydynski, Beiträge	Theodor von Dydynski, Beiträge zur handschriftlichen Überlieferung der Justinianischen Rechtsquellen, Berlin 1891
Evan-Ezra, Lines	Ayelet Even-Ezra, Lines of Thought. Branching Diagrams and the Medieval Mind, Chicago/London 2021
Feenstra, Quelques remarques	Robert Feenstra, Quelques remarques sur le texte de la glose d'Accurse sur le Digeste vieux, in: La critica del testo, Florenz 1971 (Atti del secondo Congresso Internazionale della Società Italiana di Storia del Diritto), S. 205–225
Fowler-Magerl, Ordo	Linda Fowler-Magerl, Ordo iudiciorum vel ordo iudiciarius. Begriff und Literaturgattung, Frankfurt am Main 1984 (Ius commune, Sonderhefte 19)
Franz, Magister	Adolph Franz, Der Magister Nikolaus Magni de Jawor. Ein Beitrag zur Literatur- und Gelehrtengeschichte des 14. und 15. Jahrhunderts, Freiburg 1898
Fried, Rezeption	Johannes Fried, Die Rezeption Bologneser Wissenschaft in Deutschland während des 12. Jahrhunderts, in: Viator. Medieval and Renaissance Studies 21 (1990), S. 103–145
García y García, Laurentius	Antonio García y García, Laurentius Hispanus. Datos biográficos y estudio crítico de sus obras, Rom / Madrid 1956 (Cuadernos del Instituto Juridico Español 6)
Gargan, L'enigmatico ‚conduxit'	Luciano Gargan, L'enigmatico ‚conduxit'. Libri e dogana a Padova fra Tre e Quattrocento, in: Quaderni per la storia dell'Università di Padova 16 (1983), S. 1–42
Gargan, Nuovi codici	Luciano Gargan, Nuovi codici ‚condotti' a Padova nel Tre e Quattrocento, in: Quaderni per la storia dell'Università di Padova 22–23 (1989–1990), S. 1–58
Gibbs, Illustration	Robert Gibbs, The Development of the Illustration of Legal Manuscripts by Bolognese Illuminators between 1241 and 1298, in: Juristische Buchproduktion im Mittelalter, hrsg. von Vincenzo Colli, Frankfurt am Main 2002 (Studien zur europäischen Rechtsgeschichte 155), S. 173–218

Glorieux, Maîtres	Palémon Glorieux, Répertoire des maîtres en théologie de Paris au XIIIe siècle, 2 Bde., Paris 1933–1934 (Études de philosophie médiévale 17–18); Victorin Doucet, Maîtres franciscains de Paris. Supplément au „Répertoire des maîtres en théologie de Paris au XIIIe siècle“ de M. le Chan. P. Glorieux, in: Archivum Franciscanum historicum 26 (1933), S. 206–214; 27 (1934), S. 531–564, 585–589
Groh, Personal	Günther Groh, Das Personal des Reichskammergerichts in Speyer (Besitzverhältnisse), Ludwigshafen 1971
Gugumus, Erforschung	Johannes Emil Gugumus, Zur Erforschung der Bibliotheca Palatina in Rom, in: Blätter für pfälzische Kirchengeschichte und religiöse Volkskunde 40 (1973), S. 124–141
Gugumus, Groß-Frankenthal	Johannes Emil Gugumus, Die Bibliothek des Augustiner-Chorherrenstiftes Groß-Frankenthal, in: Frankenthal einst und jetzt 1 (1972), S. 9–17
GW	Gesamtkatalog der Wiegendrucke, hrsg. von d. Kommission für den Gesamtkatalog der Wiegendrucke u. a., Leipzig u. a. 1925 ff. (erweiterte Online-Ausgabe: https://www.gesamtkatalogderwiegendrucke.de)
Hanselmann, Bücherschenkung	Jan F. Hanselmann, Die Bücherschenkung des pfälzischen Kurfürsten Ludwigs III. an die Heidelberger Universität. Mit Edition der Urkunde Generallandesarchiv Karlsruhe 43 Nr. 2987, in: Palatina-Studien. 13 Arbeiten zu Codices Vaticani Palatini latini und anderen Handschriften aus der alten Heidelberger Sammlung, hrsg. von Walter Berschin, Vatikanstadt 1997 (Miscellanea Bibliothecae Apostolicae Vaticanae 5; Studi e testi 365), S. 95–127
Infortiatum, Lyon 1627	Infortiatum, sev Pandectarvm Ivris Civilis tomvs secvndvs, Lyon 1627 (https://doi.org/10.11588/diglit.1978)
Institutiones, Lyon 1627	Institutionum, sive primorvm totivs ivrisprudentiae elementorum libri quatvor, Lyon 1627 (https://doi.org/10.11588/diglit.2602)
Jakobs, Or signori	Horst Heinrich Jakobs, Or signori! – Die accursische Glosse als *apparatus joannis et azonis* in Odofredus’ Lectura super Digesto veteri, in: ZRG RA 117 (2000), S. 311–423
Jeudy, Handschriften	Colette Jeudy, Die Handschriften des Magisters Johannes de Albich, alias de Alzeya, und ihre Übergabe an die Heidelberger Universitätsbibliothek (9.I.1452), in: Bibliothek und Wissenschaft 15 (1981), S. 1–10
Jeudy, Manuscrits achetés	Colette Jeudy, Manuscrits achetés à Paris en 1420 par Louis III, Comte palatin du Rhin, in: Bibliothek und Wissenschaft 16 (1982), S. 31–40
Kaeppeli, Scriptores OP	Thomas Kaeppeli, Scriptores Ordinis Praedicatorum Medii Aevi, 4 Bde., Rom 1970–1993 [Bd. 4: T–Z. Praemissis addendis et corrigendis ad volumina I–III, hrsg. von Thomas Kaeppeli (†) / Emilio Panella]

Krämer, Handschriftenerbe	Sigrid Krämer, Handschriftenerbe des deutschen Mittelalters, 2 Teile, München 1989 (Mittelalterliche Bibliothekskataloge Deutschlands und der Schweiz. Ergänzungsbd. 1.1–2)
Kristeller, Iter Italicum	Paul Oskar Kristeller, Iter Italicum. A Finding List of Uncatalogued or Incompletely Catalogued Humanistic Manuscripts of the Renaissance in Italian and Other Libraries, 6 Bde., London 1963–1992
Kuttner, Date	Stephan Kuttner, The Date of the Constitution ‚Saepe', the Vatican Manuscript, and the Roman Edition of the Clementines, in: Mélanges Eugène Tisserant, Bd. 4, Vatikanstadt 1964 (Studi e testi 234), S. 427–452
Kuttner, Repertorium	Stephan Kuttner, Repertorium der Kanonistik (1140–1234). Prodromus Corporis Glossarum 1, Vatikanstadt 1937 (Studi e testi 71)
Kuttner / Smalley, Glossa Ordinaria	Stephan Kuttner / Beryl Smalley, The ‚Glossa Ordinaria' to the Gregorian Decretals, in: The English Historical Review 60 (1945), S. 97–105
Laurin, Introductio	Franz Laurin, Introductio in corpus juris canonici: Cum appendice brevem introductionem in corpus juris civilis continente, Freiburg im Breisgau / Wien 1889
Lefèbre, Pillius	Charles Lefèbre, Art. Pillius de Medicina, in: Dictionnaire de droit canonique 6 (1957), S. 1499–1502
Lehmann, Fuggerbibliotheken	Paul Lehmann, Eine Geschichte der alten Fuggerbibliotheken, 2 Bde., Tübingen 1956–1960 (Veröffentlichungen der Schwäbischen Forschungsgemeinschaft bei der Kommission für Bayerische Landesgeschichte. 4. Reihe 3, 5; Studien zur Fugger-Geschichte 12, 15)
Lehmann, Lehnrecht	Karl Lehmann, Das Langobardische Lehnrecht. Handschriften, Textentwicklung, ältester Text und Vulgattext nebst den capitula extraordinaria, Göttingen 1896
L'Engle, Illumination	Susan L'Engle, The Illumination of Legal Manuscripts in Bologna, 1250–1350. Production and Iconography, Diss. New York University 2000
LMA	Lexikon des Mittelalters, hrsg. von Norbert Angermann / Robert Auty / Robert-Henri Bautier, 10 Bde., München (u. a.) 1980–1999
Maffei, La donazione	Domenico Maffei, La donazione di Constantino nei giuristi medievali, Mailand 1964
Mancuso, Per la datazione	Fulvio Mancuso, Per la datazione e l'ordine di realizzazione degli apparati accursiani. Due testimonianze, in: Studi senesi 112 (2000), S. 350–360
Mansi	Giovanni Domenico Mansi u. a., Sacrorum conciliorum nova et amplissima collectio, 31 Bde., Florenz / Venedig 1758–1798
Manuscripta juridica	Manuscripta juridica (http://manuscripts.rg.mpg.de/)
Metzger, Kat. UB Heidelberg 4	Wolfgang Metzger, Die humanistischen, Triviums- und Reformationshandschriften der Codices Palatini Latini in der Vatikanischen Bibliothek (Cod. Pal. Lat. 1461–1914), mit Beitr. von Veit

	Probst, Wiesbaden 2002 (Kataloge der Universitätsbibliothek Heidelberg 4) (https://doi.org/10.11588/diglit.3299)
MGH	Monumenta Germaniae Historica
	Capit. — Capitularia regum Francorum
	Const. — Constitutiones et acta publica imperatorum et regum
	DD — Diplomata
	Fontes iuris — Fontes iuris Germanici antiqui in usum scholarum separatim editi
	LL — Leges
	SS — Scriptores
Migne PL	Patrologia Latina, hrsg. von Jacques-Paul Migne, 221 Bde., 1. Aufl. Paris 1844–1864
Migne PLS	Patrologiae Latina. Supplementum, hrsg. von Adalbert Hamman, 5 Bde., Paris 1958–1974
Mohan, Initia	Gaudens E. Mohan, Initia operum Franciscalium (XIII–XV S.), in: Franciscan Studies 35 (1975), S. 1–92; 36 (1976), S. 92–177; 37 (1977), S. 178–375; 38 (1978), S. 375–498
Montuschi, Dai duchi	Claudia Montuschi, Dai duchi di Borgogna a Heidelberg e da Heidelberg a Roma. Del Pal. Lat. 1989, di alcuni manoscritti francesi e della loro inventariazione in Biblioteca Vaticana, in: Miscellanea Bibliothecae Apostolicae Vaticanae 16 (2009), S. 229–257
Montuschi, Le biblioteche	Claudia Montuschi, Le biblioteche di Heidelberg in Vaticana: i fondi palatini, in: La Vaticana nel Seicento (1590–1700): una biblioteca di biblioteche, hrsg. von Claudia Montuschi, Vatikanstadt 2014 (Storia della Biblioteca Apostolica Vaticana 3), S. 279–335
Murano, Imperialem decet sollertiam	Giovanna Murano, Le const. ‚Imperialem decet sollertiam' e ‚Pacis' di Federico Barbarossa in una miscellanea bolognese, in: Archivio storico italiano 168 (2010), S. 761–772
Murano, L'exemplar	Giovanna Murano, L'exemplar cum additionibus delle Distinctiones Hugolini (Chigi E VII 218), in: Scriptorium 51/1 (1997), S. 25–29
Murano, Opere	Giovanna Murano, Opere diffuse per *exemplar* e pecia, Turnhout 2005 (Textes et études du moyen âge 29)
Murano, The List	Giovanna Murano, The List of paleae in MS Pal. lat. 622, in: Sacri canones editandi. Studies on Medieval Canon Law in Memory of Jiří Kejř, hrsg. von Pavel Otmar Krafl, Brünn 2017 (=Ius canonicum medii aevi 1), S. 147–175
Nardi, Studi	Paolo Nardi, Studi sul banchiere nel pensiero dei glossatori, Mailand 1979
OVL	OPACVATLIB (https://opac.vatlib.it/)
Pace, Cosmas	Giacomo Pace, „Cosmas de Veronisiis de Sicilia" studente a Padova, in: Rivista internazionale di diritto comune 1 (1990), S. 193–199

PACE, ‚Garnerius Theutonicus'	Giacomo PACE, ‚Garnerius Theutonicus'. Nuove fonti su Irnerio e i ‚quattro dottori', in: Rivista internazionale di diritto comune 2 (1991), S. 123–133
PACE, Riccardo	Giacomo PACE, Riccardo da Saliceto. Un giurista bolognese del Trecento, Rom 1995 (Collana I libri di Erice 9)
PACE, Storia	Valentino PACE, Storia dell'arte e della miniatura (secoli V–XIV), in: La Biblioteca Apostolica Vaticana luogo di ricerca al servizio degli studi. Atti del Convegno Roma, 11–13 novembre 2010, hrsg. von Marco BUONCORE / Ambrogio M. PIAZZONI, Vatikanstadt 2011 (Studi e testi 468), S. 213–272
PADOA SCHIOPPA, Appello 2	Antonio PADOA SCHIOPPA, Ricerche sull'appello nel diritto intermedio, 2 Bde., Mailand 1967–1970 (Università degli studi di Milano. Pubblicazioni della Facolta di giurisprudenza. Serie 2: Studi di storia del diritto 2 u. 4)
PARADISI, La diffusione	Bruno PARADISI, La diffusione europea del pensiero di Bartolo e le esigenze attuali della sua conoscenza, in: Studia et documenta historiae et iuris 26 (1960), S. 1–70
PATETTA, Studi	Federico PATETTA, Studi sulle fonti giuridiche medievali, Turin 1967
PENNINGTON, Lectura	Kenneth PENNINGTON, Panormitanus's Lectura on the Decretals of Gregory IX, in: Fälschungen im Mittelalter. Internationaler Kongreß der Monumenta Germaniae Historica, München 16.-19. September 1986, Teil 2, Gefälschte Rechtstexte, Der bestrafte Fälscher, Hannover 1988 (Schriften der MGH 33), S. 363–373
PENNINGTON, Nicholaus	Kenneth PENNINGTON, Nicholaus de Tudeschis (Panormitanus), in: Niccolò Tedeschi (Abbas Panormitanus) e i suoi Commentaria in Decretales, hrsg. von Orazio CONDORELLI, Rom 2000, S. 9–36
PETR, Soupis	Stanislav PETR, Soupis rukopisných bohemik ve vatikánské knihovně Palatina, 2 Bde., Prag 2016 (Studie o rukopisech. Monographia 20)
Pfälzisches Klosterlexikon	Pfälzisches Klosterlexikon, hrsg. von Jürgen KEDDIGKEIT et. al., 5 Bde., Kaiserslautern 2014–2019 (Beiträge zur pfälzischen Geschichte 26,1–5)
POWITZ, Textus	Gerhardt POWITZ, Textus cum commento, in: Codices manuscripti 5 (1979), S. 80–89
QUAGLIONI, La justice	Diego QUAGLIONI, La justice et la modernité, in: À une déesse inconnue. La conception pré-moderne de la justice, Paris 2003, S. 103–112 (https://doi.org/10.4000/books.psorbonne.19981)
QUAGLIONI, Pietro del Monte	Diego QUAGLIONI, Pietro del Monte a Roma: La tradizione del Repertorium utriusque iuris (c. 1453). Genesi e diffusione della letteratura giuridico-politica in eta umanistica, Rom 1984 (Studi e Fonti per la storia dell'Universita di Roma 3)
RAG	Repertorium Academicum Germanicum (https://rag-online.org/datenbank/)
RDC	Revue de droit canonique

Reinle, Lebensentwurf	Christine Reinle, „Id tempus solum". Der Lebensentwurf Herzog Johanns von Mosbach-Neumarkt († 1486) im Spannungsfeld von dynastischem Denken, kirchlicher Karriere und gelehrten Interessen, in: Der Pfälzer Löwe in Bayern. Zur Geschichte der Oberpfalz in der kurpfälzischen Epoche, hrsg. von Hans-Jürgen Becker, Regensburg 1997 (Schriftenreihe der Universität Regensburg 24), S. 157–199
Rektorbücher 1	Die Rektorbücher der Universität Heidelberg, Bd. 1, 1386–1410, hrsg. von Jürgen Miethke, bearb. von Heiner Lutzmann / Hermann Weisert, Heidelberg 1986–1999 (Acta Universitatis Heidelbergensis 1)
Rektorbücher 2	Die Rektorbücher der Universität Heidelberg, Bd. 2, hrsg. von Jürgen Miethke, bearb. von Heiner Lutzmann, Heidelberg 2001–2003 (Die Amtsbücher der Universität Heidelberg, Reihe A)
Rep. font.	Repertorium fontium historiae medii aevi, [hrsg. von d. Istituto Storico Italiano per il Medio Evo u. d. Unione Internazionale degli Istituti di Archeologia, Storia e Storia dell'Arte in Roma], 11 Bde., Rom 1962–2007
RI	Regesta Imperii (http://www.regesta-imperii.de)
Röhle, Rekonstruktion	Robert Röhle, Zur Rekonstruktion von D. 9.3.5.1, in: Ivra. Rivista internazionale di diritto romano e antico 30 (1979), S. 86–89
Röhle, Vulgatahandschriften	Robert Röhle, Die Vulgathandschriften der Göttinger Digestenausgabe von 1776, in: Labeo 22 (1976), S. 364–368
Salmon, Mss. liturgiques	Pierre Salmon, Les manuscrits liturgiques latins de la Bibliothèque Vaticane, 5 Bde., Vatikanstadt 1968–1972 (Studi e testi 251, 253, 260, 267, 270)
SC	Sources Chrétiennes, Paris 1943 ff.
Scano, manoscritti	Gaetana Scano, I manoscritti del decreto di graziano conservati nella Biblioteca Apostolica Vaticana, in: Studia Gratiana 7 (1959), S. 1–68
Schadt, Darstellungen	Hermann Schadt, Die Darstellungen der Arbores Consanguinitatis und der Arbores Affinitatis. Bildschemata in juristischen Handschriften, Tübingen 1982
Schaller / Könsgen	Dieter Schaller / Ewald Könsgen unter Mitwirkung von John Tagliabue, Initia carminum Latinorum saeculo undecimo antiquiorum. Bibliographisches Repertorium für die lateinische Dichtung der Antike und des frühen Mittelalters, Göttingen 1977; Suppl.-Bd. (mit bibliographischen Ergänzungen) von Thomas Klein, Göttingen 2005
Schneider, Paläographie	Karin Schneider, Paläographie und Handschriftenkunde für Germanisten. Eine Einführung, 3. Aufl., Berlin 2014 (Sammlung kurzer Grammatiken germanischer Dialekte B, Ergänzungsreihe 8)
Schneyer	Johannes Baptist Schneyer, Repertorium der lateinischen Sermones des Mittelalters für die Zeit von 1150–1350, 9 Bde. u.

	2 Reg.-Bde., Münster/Westf. 1969–1990 (Beiträge zur Geschichte der Philosophie und Theologie des Mittelalters 43.1–11)
SCHNEYER / HÖDL / KNOCH	Repertorium der lateinischen Sermones für die Zeit von 1350–1500, nach den Vorarbeiten von Johannes Baptist SCHNEYER hrsg. von Ludwig HÖDL / Wendelin KNOCH, Ruhr-Universität Bochum, CD-ROM, Münster / Westf. 2001
SCHÖNBERGER, RETM	Rolf SCHÖNBERGER u. a. (Hrsg.), Repertorium edierter Texte des Mittelalters aus dem Bereich der Philosophie und angrenzender Gebiete, 4 Bde., 2., völlig überarb. u. erw. Aufl., Berlin 2011
SCHUBA, Kat. UB Heidelberg 1	Ludwig SCHUBA, Die medizinischen Handschriften der Codices Palatini Latini in der Vatikanischen Bibliothek, Wiesbaden 1981 (Kataloge der Universitätsbibliothek Heidelberg 1) (https://doi.org/10.11588/diglit.12917)
SCHUBA, Kat. UB Heidelberg 2	Ludwig SCHUBA, Die Quadriviums-Handschriften der Codices Palatini Latini in der Vatikanischen Bibliothek, Wiesbaden 1992 (Kataloge der Universitätsbibliothek Heidelberg 2) (https://doi.org/10.11588/diglit.12918)
SCHULTE, GQ	Johann Friedrich VON SCHULTE, Die Geschichte der Quellen und der Literatur des Canonischen Rechts, 3 Bde., Stuttgart 1875–1880
SCHUNKE, Einbände	Ilse SCHUNKE, Die Einbände der Palatina in der Vatikanischen Bibliothek, 2 Bde., Vatikanstadt 1962 (Studi e testi 216–218)
SECKEL, Beiträge	Emil SECKEL, Beiträge zur Geschichte beider Rechte im Mittelalter, Bd. 1, Zur Geschichte der populären Literatur des römischen kanonischen Rechts, Tübingen 1898
SELLA, Sigle	Pietro SELLA, Sigle di giuristi medievali, in ispecie dello Studio Bolognese, tratte dai codici vaticani, in: L'archiginnasio. Bollettino della Biblioteca Comunale di Bologna 27 (1932), S. 177–203
SOETERMEER, Due tradizioni	Frank P. W. SOETERMEER, Due tradizioni testuali francesi dell'Apparatus Digesti Novi di Accursio, in: Rivista internazionale di diritto comune 8 (1997), S. 77–127
SOETERMEER, Famille de copistes	Frank P. W. SOETERMEER, A propos d'une famille de copistes. Quelques remarques sur la librairie à Bologne aux XIIIe et XIVe siècles, in: Studi medievali 30 (1989), S. 425–478
SOETERMEER, La Carcerazione	Frank P. W. SOETERMEER, La carcerazione del copista, in: Rivista internazionale di diritto comune 6 (1995), S. 153–189
SOETERMEER, Origin	Frank P. W. SOETERMEER, The Origin of ms. d'Ablaing and the *transmissio* of the Clementines to the Universities, in: Tijdschrift voor Rechtsgeschiedenis 54 (1986), S. 101–112
SOETERMEER, Utrumque ius	Frank P. W. SOETERMEER, Utrumque ius in peciis. Die Produktion juristischer Bücher an italienischen und französischen Universitäten des 13. und 14. Jahrhunderts, Frankfurt am Main 2002 (Studien zur Europäischen Rechtsgeschichte 150)
SPECIALE, Acursius	Guiseppe SPECIALE, *Acursius fuit de Certaldo* ..., in: Rivista internazionale di diritto comune 1 (1990), S. 111–120

SPECIALE, La memoria	Guiseppe SPECIALE, La memoria del diritto comune. Sulle tracce d'uso del Codex di Giustiniano (secoli XII–XV), Rom 1994 (*Collana*, I libri di Erice 10)
SPECIALE, Libri	Guiseppe SPECIALE, Libri legales a Padova: note sul ms London, British Library, Arundel 433, in: Quaderni per la storia dell'Università di Padova 31 (1998), S. 77–90
STEGMÜLLER, RB	Friedrich STEGMÜLLER, Repertorium biblicum medii aevi, 11 Bde., Madrid 1940–1980
STEVENSON, Latini	Enrico STEVENSON Iun., Codices Palatini Latini Bibliothecae Vaticanae, Bd. 1, Rom 1886 (https://doi.org/10.11588/diglit.3041)
TARRANT, Manuscripts	Jacqueline TARRANT, The Manuscripts of the Constitutiones Clementinae. Part II: Napoli to Zwettl, in: ZRG KA 71 (1985), S. 76–146
TOEPKE, Matr. Heidelberg	Gustav TOEPKE, Die Matrikel der Universität Heidelberg von 1386 bis 1662, Bd. 1, Heidelberg 1884 (https://doi.org/10.11588/diglit.4059)
TORELLI, Scritti	Pietro TORELLI, Scritti di storia del diritto italiano, Mailand 1959 (Pubblicazioni del Seminario Giuridico della Università di Bologna 21)
TPMA	Thesaurus proverbiorum medii aevi. Lexikon der Sprichwörter des romanisch-germanischen Mittelalters, 13 Bde., Berlin / New York 1995–2002
TvR	Tijdschrift voor Rechtsgeschiedenis
VAN DE WOUW, Kleinschriften	Johannes A. C. J. VAN DE WOUW, Twee „Kleinschriften" uit de vroege decretistiek, in: Mededeelingen van het Nederlandsch Historisch Instituut te Rome 34 (1969), S. 113–133
VAN DEN BERGH / STOLTE, The Unfinished	G. C. J. J. VAN DEN BERGH / Bernard H. STOLTE, The Unfinished Digest Edition of Henrik Brenkman (1681–1736), A Pilot-Survey and Edition of Digest 9,2 ad legem Aquilam, in: Tijdschrift voor Rechtsgeschiedenis 45 (1977), S. 227–306
VERNET, L'histoire	André VERNET, L'histoire de la bibliothèque des Fugger, in: Scriptorium 15 (1961), S. 302–307
VERONESE CESERACCIU / ZEN BENETTI, Bibliografia	Emilia VERONESE CESERACCIU / Francesca ZEN BENETTI, Bibliografia retrospettiva e corrente (dal 1921), in: Quaderni per la storia dell'Università di Padova 36 (2003), S. 285–331
VL	Die deutsche Literatur des Mittelalters. Verfasserlexikon, 2., völlig neu bearb. Aufl., hrsg. von Kurt RUH u.a., 14 Bde., Berlin / New York 1978–2008
Volumen, Lyon 1627	Volumen legum paruum, quod vocant, in qvo hæc insvnt: Tres posteriores libri Codicis d. Iustiniani sacratissimi principis, Lyon 1627 (https://doi.org/10.11588/diglit.2601)
WALTHER, IC	Hans WALTHER unter Benutzung d. Vorarb. von Alfons HILKA, Initia carminum ac versuum medii aevi posterioris Latinorum. Alphabetisches Verzeichnis der Versanfänge mittellateinischer Dichtungen, 2., durchges. u. erg. Aufl. Göttingen 1969 (Carmina medii aevi posterioris Latina 1)

WALTHER, Prov.	Hans WALTHER (Hrsg.), Proverbia sententiaeque Latinitatis medii aevi. Lateinische Sprichwörter und Sentenzen des Mittelalters in alphabetischer Anordnung, 6 Bde., Göttingen 1963–1969 (Carmina medii aevi posterioris Latina 2.1–6); Paul Gerhard SCHMIDT (Hrsg.) aus d. Nachlass v. Hans WALTHER, Proverbia sententiaeque Latinitatis medii ac recentioris aevi. Nova Series. Lateinische Sprichwörter und Sentenzen des Mittelalters und der frühen Neuzeit in alphabetischer Anordnung. Neue Reihe, 3 Bde., Göttingen 1982–1986 (Carmina medii aevi posterioris Latina 2.7–9)
WALZ, Kat. UB Heidelberg 3	Dorothea WALZ, Die historischen und philosophischen Handschriften der Codices Palatini Latini in der Vatikanischen Bibliothek (Cod. Pal. Lat. 921–1078), hrsg. von Veit PROBST / Karin ZIMMERMANN, Wiesbaden 1999 (Kataloge der Universitätsbibliothek Heidelberg 3) (https://doi.org/10.11588/diglit.24102)
WEIGAND, Glossen 3/4	Rudolf WEIGAND, Die Glossen zum Dekret Gratians. Studien zu den frühen Glossen und Glossenkompositionen, Teil 3 und 4, Rom 1991 (Studia Gratiana 26)
WEIGAND, Naturrechtslehre	Rudolf WEIGAND, Die Naturrechtslehre der Legisten und Dekretisten von Irnerius bis Accursius und von Gratian bis Johannes Teutonicus, München 1967 (Münchener theologische Studien 3, Kanonistische Abteilung 26)
WEIMAR, Handschriften	Peter WEIMAR, Die Handschriften des Liber feudorum und seiner Glossen, in: Rivisita internazionale di diritto commune 1 (1990), S. 31–98
WELTER, L'exemplum	Jean-Thiébaut WELTER, L'exemplum dans la littérature religieuse et didactique du Moyen Age, Paris / Toulouse 1927
ZGO	Zeitschrift für die Geschichte des Oberrheins
ZRG GA	Zeitschrift der Savigny-Stiftung für Rechtsgeschichte, Germanistische Abteilung
ZRG KA	Zeitschrift der Savigny-Stiftung für Rechtsgeschichte, Kanonistische Abteilung
ZRG RA	Zeitschrift der Savigny-Stiftung für Rechtsgeschichte, Romanistische Abteilung
ZUMKELLER, Mss. OESA	Adolar ZUMKELLER, Manuskripte von Werken der Autoren des Augustiner-Eremitenordens in mitteleuropäischen Bibliotheken, Würzburg 1966 (Cassiciacum 20)

Allgemeine Abkürzungen

BAV	Biblioteca Apostolica Vaticana
BnF	Bibliothèque nationale de France
Bl. / Bll.	Blatt / Blätter
BL	British Library
Clem.	Clementinae
Cod.	Codex Iustinianus
Dig.	Digesta Iustiniani
gez.	gezählt
Hs. / Hss.	Handschrift / Handschriften
Inst.	Institutiones Iustiniani
Jh.	Jahrhundert
Nov.	Novellae Iustiniani
SB	Staatsbibliothek
UB	Universitätsbibliothek
ungez.	ungezählt
VI	Liber sextus
Wz. / Wzz.	Wasserzeichen
X	Liber extra

Autorensiglen

CW	Christoph Winterer
TH	Thorsten Huthwelker
WM	Wolfgang Metzger

Katalog

Vatikan, Biblioteca Apostolica Vaticana, Pal. lat. 621

Decretum Gratiani cum glossa

Pergament · 3, 349, 2 Bll. · 32,8 × 23 cm · Oberrhein (?) · 1. Viertel 13. Jh.

Entstehungsort: Oberrhein (?).
Entstehungszeit: 1. Viertel 13. Jh.

Typus (Überlieferungsform): Codex.
Beschreibstoff: Pergament.
Umfang: 3, 349, 2 Bll.
Format (Blattgröße): 32,8 × 23 cm.
Zusammensetzung (Lagenstruktur): $(\text{I-1})^{1a} + \text{I}^{3a} + 1^{4a} + 43\ \text{IV}^{344} + \text{II}^{348} + 1^{349*} + (\text{I-1})^{350*}$. Vorderspiegel Gegenbl. von 1a, Hinterspiegel Gegenbl. von 350*.
Seiten-, Blatt- und Lagenzählung: Römische Foliierung des 17. Jhs. (*1–348*). Vor- und Nachsatzbll. ungez., weshalb hier Zählung der Digitialisate übernommen wird (1a–4a, 349*–350*). Keinerlei Reklamanten oder Kustoden. 169a sowie nach 313v, 319v, 330v, 335v, 337v und 344v beschriebenes bzw. illuminiertes Pergament mit Schrift von jüngerer Hand als Falzverstärkung eingebunden.
Zustand: Guter Erhaltungszustand, wenige Flecken, auf den ersten Seiten Wurmfraß. Einige Löcher und Risse, die sich bereits vor der Niederschrift im Pergament befanden. Die Risse wurden in der Regel genäht. 348 leichter Wasserschaden.

Schriftraum: 23,6 × 15–18 cm.
Spaltenanzahl: 2 Spalten.
Zeilenanzahl: 37–43 Zeilen.
Angaben zu Schrift / Schreibern: Bei der Schrift handelt es sich, bezogen auf das Oberrheingebiet, um ein frühes Beispiel einer Textualis, die in diesem Fall von zwei Händen ausgeführt wurde. Die Buchstaben sind bereits gebrochen und drängen ins Vertikale, das Mittelband wird betont. Die Schaftanfänge sind noch in einer Dreieckform, die untere Schlaufe des g ist bereits geschlossen.
Buchgestaltung: Zeilengerüst mit Metallstift vorgezogen. Der Text ist zweispaltig angelegt, begleitet von kurzen Marginal- und Interlinearglossen. Die Einführung beginnt mit einer

Bildeinschlussinitiale, jeder der drei Teile des eigentlichen Decretum mit einer Ornamentinitiale. Im ersten und im dritten Teil sind die Anfänge einer jeden Distinctio mit einer D–Majuskel und der dazugehörigen lateinischen Ziffer auf dem Rand kenntlich gemacht. Die Capitulumsüberschriften sind rubriziert, jeder Anfang eines Capitulums ist mit einer Versalie kenntlich gemacht. Im ersten Teil ist die Synthese Gratians zudem mit einem Paragrafenzeichen hervorgehoben. Im zweiten Teil steht in der Kopftitelzeile auf der Versoseite ein rotes C als Abkürzung für ‚Causa', auf der Rectoseite ist der Causa an gleicher Stelle die jeweilige lateinische Ziffer in Rot zugeordnet. Zudem ist im Fließtext der Anfang einer jeden Causa mit einer reich verzierten Initiale gekennzeichnet, von denen manche mit einem grünen Gewebe geschützt sind. Die Paragrafenzeichen in Blau leiten Gratians Synthese ein. Die Versalien und Paragrafenzeichen sind alternierend in Blau und Rot im ersten Teil, im dritten durchgängig in Blau gehalten. Zuweilen sind Passagen auf Rasur geschrieben.

Buchschmuck: Die Miniatur auf 88v zeigt ein Schema mit Säulenrahmung, darin das lateinische und griechische Alphabet samt entsprechenden Zahlen, in Blau, Gelb, Grau und Rot. Die äußeren Säulen werden von schlangenähnlichen Wesen umschlungen, an deren Basis sich ein weiteres Tier befindet. Die Miniatur auf 322v zeigt einen Arbor consanguinitatis, ausgeführt in Blau, Braun, Gelb und Rot. Das Stemma wird dabei von einem bekrönten Herrscher gehalten, der mit einem roten, hermelingefütterten Mantel angetan ist. S. auch die Bildbeschreibung in heidICON. Ferner beginnen die Anfänge der drei Teile sowie im zweiten Teil jede Causa mit einer illuminierten Initiale, darunter befinden sich bewohnte Initialen, Bildeinschlussinitialen bzw. historisierte Initialen mit Figuren, Tieren und Fabelwesen oder Rankeninitialen mit Oktopusblättern.

Nachträge und Benutzungsspuren: Marginal- und Interlinearglosse des 13. Jhs. Von weiterer Hand Seitentitel von 14v bis 65r nachgetragen. Auf 4a in gotischer Kursive kurze inhaltliche Zusammenfassung in Hexametern mit Datierung 1474. 348vb metrisch verfasste Inhaltsangabe.

Einband: Pappe mit weißem Pergament überzogen, auf dem Rücken rotes Schild mit aktueller Signatur, zwei blaue aufgeklebte Schildchen mit aktueller Signatur sowie die Wappenstempel in Gold von Papst Pius XII. und dem Kardinal und Bibliothekar Giovanni Mercati (1866–1957), gefertigt in Rom zwischen 1939 und 1957 (Schunke, Einbände 2.2, S. 846).

Provenienz: Worms / Zisterzienserkloster Schönau / Heidelberg.

Geschichte der Handschrift: Auf 1r Capsa-Nummer: *C. 69.* Auf Vorderspiegel blaues Schildchen mit aktueller Signatur und Titel der Handschrift *DECRETVM GRATIANI* auf kleinem Pergamentstreifen, der wohl aus dem alten Buchrücken herausgeschnitten wurde. Alte Signaturen auf 3ar *747* sowie auf 4ar *1960* [durchgestrichen] und *611.* Auf 4ar Hinweis auf Vorbesitzer: *Eberhardus de Hirzberg, canonicus sancti Petri Wormatiensis, dedit Sconaugie.* Es handelt sich dabei um einen Eberhard aus der Familie derer von Hirschberg mit ihrem Stammsitz auf der Hirschburg bei Leutershausen an der Bergstraße, wahrscheinlich um jenen, der zwischen 1200 und 1216 als Domherr zu Worms belegt ist (Johann Friedrich Schannat, Historia Episcopatus Wormatiensis, Frankfurt am Main 1734, Bd. 1, S. 103; ebd., Bd. 2, S. 94). Er könnte mit der Entstehung des Codex in Verbindung stehen. Dieser war es zumindest, der den Codex dem Zisterzienserkloster Schönau bei Heidelberg schenkte. Auf einen Verbleib in Schönau weisen auch die Besitzeinträge auf 1ra und 348rb hin: *Iste liber est beate Marie uirginis in Schonaugia, Cisterciensis ordinis, Wormaciensis dyocesis.* Bei der

Säkularisation des Klosters 1557/58 kam dessen Bibliothek an Kurfürst Ottheinrich und damit in die Bibliotheca Palatina.

Faksimile: https://digi.ub.uni-heidelberg.de/diglit/bav_pal_lat_621

Literatur: BioBib Jurists, Gratianus (a242); Die gotischen Handschriften der württembergischen Landesbibliothek Stuttgart, Teil 1, Vom späten 12. bis zum frühen 14. Jahrhundert, bearb. von Christine SAUER, Stuttgart 1996 (Katalog der illuminierten Handschriften der Württembergischen Landesbibliothek Stuttgart 3), S. 11, 76; FRIED, Rezeption, hier S. 119; GUGUMUS, Erforschung, S. 139; HANSELMANN, Bücherschenkung, S. 125; KRÄMER, Handschriftenerbe 1.2, S. 715; KUTTNER, Repertorium, S. 4, 56; Titus LENHERR, Arbeiten mit Gratians Dekret, in: AfkKR 151 (1982), S. 140–166, hier S. 165 f.; NARDI, Studi, S. 46 A. 65; OVL, Pal.lat.621; PACE, Storia, S. 235 A. 93; Johanna PETERSMANN, Die kanonistische Überlieferung des Constitutum Constantini bis zum Dekret Gratians, in: DA 30 (1974), S. 356–449, hier S. 409–411; SCANO, I manoscritti, S. 21 f.; SCHADT, Darstellungen, S. 153, 164, 170, 172, 192; SCHMUGGE, Dekretale, S. 59 A. 75, 66 A. 119; SOETERMEER, Utrumque ius, S. 303 A. 37; SCHUNKE, Einbände 2.2, S. 846; STEVENSON, Latini, S. 224; Rudolf WEIGAND, Frühe Glossen zu D. 11 pr. c. 6 des Dekrets Gratians, in: ZRG KA 95 (1978), S. 73–94, hier S. 75–91; WEIGAND, Glossen 4, S. 963 f.

1) 1ra–14rb

Titel: In prima parte agitur.

Angaben zum Text: Nach den Anfangsworten benannte Einführung zum Decretum Gratiani.

Rubrik: 1ra ›*Incipiunt capitula decretorum a Gratiano in ordine redactorum et primum prime partis humanum genus duobus regitur*‹.

Incipit: 1ra ›*In prima parte*‹ *agitur de iusticia naturali et positiua tam constituta quam inconstituta, que cui preponatur* ...

Explicit: 14rb ... *In tricesima vi. causa De raptoribus agitur qui sint raptores et que penitencia sit imponenda et an rapte post rapinam purgatam raptoribus suis licite copulari ualeant.*

Edition: Die Einleitung des Texts ist ediert bei Carlos LARRAINZAR, Notas sobre las introducciones *In prima parte agitur y Hoc opus inscribitur*, in: Medieval Church Law and the Origins of the Western Legal Tradition. A Tribute to Kenneth PENNINGTON, hrsg. von Wolfgang P. MÜLLER / Mary E. SOMMAR, Washington, D.C. 2006, S. 134–153, hier S. 151–153.

2) 14rb–348rb

Verfasser: GRATIAN.

Titel: Decretum cum glossa.

Angaben zum Text: Text mit sehr frühen Interlinear- und Marginalglossen (KUTTNER, Repertorium, S. 56; WEIGAND, Glossen 4, S. 963 f.): (14rb–114vb) Teil I; (114vb–326ra) Teil II; (326ra–348rb) Teil III.

Incipit: 14rb ›*Humanvm*‹ *genus duobus regitur, naturali videlicet iure et moribus* ...

Explicit: 348rb ... *Cui simile et de se ipso saluator ait: Sicut audio et iudico, et alibi: Non potest filius a se facere quicquam, nisi quod uiderit patrem facientem.*

Edition: Corpus iuris canonici 1, Sp. 1–1424; Zu den Interlinear- und Marginalglossen existiert keine Edition.

TH

Vatikan, Biblioteca Apostolica Vaticana, Pal. lat. 622

Zusammengesetzte juristische Handschrift

Pergament · 1, 263, 1 Bll. · 38,5–39,5 × 24,5–25 cm · Südfrankreich / Nordfrankreich / Frankreich · Ende 13. Jh. / 3. Viertel 12. Jh.

Typus (Überlieferungsform): Codex.
Beschreibstoff: Pergament.
Umfang: 1, 263, 1 Bll.
Format (Blattgröße): 38,5–39,5 × 24,5–25 cm.
Zusammensetzung (Lagenstruktur): Hs. aus 3 Faszikeln zusammengesetzt (I. Bl. I–XVI; II. Bl. XVII–XXIV; III. Bl. 1–263). $(I\text{-}1)^{1a}$ + ... + $(I\text{-}1)^{264^*}$. Vorderspiegel Gegenbl. von 1a, Hinterspiegel Gegenbl. von 264*.
Seiten-, Blatt- und Lagenzählung: Beginnt mit Foliierung in lateinischen Ziffern *(I–XXIV)*, gefolgt von Foliierung in arabischen Ziffern (*1–262*), wobei letztere wohl im 17. Jh. in Rom vorgenommen wurde. Bei Zählung mit lateinischen Ziffern wurde XII zweimal nacheinander vergeben und dabei XIII ausgelassen. Vor- und Nachsatzbl. ungez., weshalb hier Zählung der Digitialisate übernommen wird (1a, 264*). Bl. I falsch herum eingebunden.

Einband: Pappe mit weißem Pergament überzogen, gefertigt in Rom um 1780 (Schunke, Einbände 2.2, S. 846). Rücken beschädigt, an Kopf und Fuß ausgerissen, Rückentitel: *DECRETUM.*
Provenienz: Florenz / Augsburg / Heidelberg.
Geschichte der Handschrift: Auf Vorderspiegel blaues Schildchen mit aktueller Signatur aufgeklebt. Auf 1a alte Signaturen *671* und *710* [beide durchgestrichen] neben der aktuellen, weitere Altsignatur *743* [durchgestrichen] auf 1v sowie *N. 613* auf IIr. Die einzelnen Faszikel der Handschrift entstanden im 12. und 13. Jh. in Frankreich. Nähere Auskunft über einen früheren Besitzer geben Iv und XXIVv: *dominus Arnaldus de Ruheria monachus textus Decreti.* Ein Arnaldus de Ruheria ließ sich nicht ermitteln, aber ein Berengarius de Ruheria oder Laruhere ist in den Rechnungen der Agenten des Thibaud de Castillon († 1356), Bischof von Bazas, Sainte und Lissabon, im Jahr 1357 als Händler in Montpellier nachweisbar (s. https://amesfoundation.law.harvard.edu/DossierFinal4.pdf, S. 177 f.). Dass sich deshalb die Hs. im Besitz des Bischofs befunden haben könnte, wie Giovanna Murano mutmaßt (Murano, The List, S. 148 f.), ist als reine Spekulation einzuschätzen. Der Begriff *Ruheria* bezieht sich auf ein Toponym, wofür in erster Linie Ruère in Betracht kommt, ein Ortsname, der fast ausschließlich im westlichen Teil der heutigen Region Bourgogne-Franche-Comté vorkommt, d. h. der Landschaft Burgund. Hier könnte ein Mönch namens Arnaldus die ersten beiden Faszikel besessen haben, schließlich finden wir seinen Besitzeintrag zu Beginn und zum Ende des zweiten Faszikels. Vielleicht hatte er aber auch schon alle drei Faszikel vereint, worauf in diesem Fall das *textus Decreti* zu beziehen wäre. Ohnehin deutet die thematische Zusammenstellung der Texte darauf hin, dass die Vereinigung der einzelnen Faszikel zu einem Kompendium von einem Gelehrten vorgenommen wurde. Zudem verweist die Capsa-Nummer *C. 47* auf IIr darauf, dass die Hs. offenbar schon in dieser Bindung in Heidelberg vor dem Abtransport nach Rom vorlag. Ob die Hs. in der Zwischenzeit dem 1453 verstorbenen portugiesischen Juristen Velasco gehörte, wie Giuseppe B. Cagni angenommen hat, muss offen bleiben. Zumindest ist das Interesse des späteren

Besitzers, des Florentiner Humanisten und Diplomaten Giannozzo Manetti (1396–1459), an schönen Rechtshss. mit Glosse aus dem Besitz Velascos anhand eines Briefs belegt, weshalb vorliegende Hs., wie auch Pal. lat. 739, über Velasco in die Bibliothek Manettis gelangt sein könnte. Dass Manetti Vorbesitzer war, zeigt der Vermerk auf IIr: *Decret. 13. Manet.* Nach 1529 wurde Manettis Handschriftensammlung von Ulrich Fugger (1526–1584) erworben, der mit seiner Bibliothek nach Heidelberg migrierte. Nach dessen Tod ging diese an den Pfälzer Kurfürsten über und schließlich in die Bibliotheca Palatina ein (s. Einleitung).

Faksimile: https://digi.ub.uni-heidelberg.de/diglit/bav_pal_lat_622
Literatur: BioBib Jurists, Gratianus (a242); Giuseppe B. Cagni, Vespasiano da Bisticci e il suo epistolario, Rom 1969 (Temi et testi 15), S. 134 A. 1; Dolezalek / Weigand, Geheimnis, S. 145, 182–185, 190, 191; Hanselmann, Bücherschenkung, S. 125; Kuttner, Repertorium, S. 4, 6, 11 f., 56 f., 273, 276; Peter Landau, Rechtsfortbildung im Dekretalenrecht. Typen und Funktionen der Dekretalen des 12. Jahrhunderts, in: ZRG KA 86 (2000), S. 86–131, hier S. 121 A. 140; Lehmann, Fuggerbibliotheken 2, S. 479 f.; Titus Lenherr, Arbeiten mit Gratians Dekret, in: AfkKR 151 (1982), S. 140–166, hier S. 165 f.; Manuscripta juridica, Pal. lat. 622; McManus, An Interpolation, S. 55 A. 4; Murano, The List, S. 147–175; OVL, Pal.lat.622; Pace, Storia, S. 235 A. 93; Scano, I manoscritti, S. 23 f., Schadt, Darstellungen, S. 153, 164; Schmugge, Dekretale, S. 59 A. 75, 66 A. 119; Schunke, Einbände 2.2, S. 846; Soetermeer, Utrumque ius, S. 303 A. 37; Stevenson, Latini, S. 224; Rudolf Weigand, Frühe Glossen zu D. 11 pr. c. 6 des Dekrets Gratians, in: ZRG KA 95 (1978), S. 73–94, hier S. 75–91; Rudolf Weigand, Zur Handschriftenliste des Glossenapparats ‚Ordinaturus Magister', in: BMCL 8 (1978), S. 41–47, hier S. 42; Rudolf Weigand, Romanisierungstendenzen im frühen kanonischen Recht, in: ZRG KA 100 (1983), S. 200–249, hier S. 201, 227–228; Weigand, Glossen 4, S. 964–966; Hartmut Zapp, Paleae-Listen des 14. und 15. Jahrhunderts, in: ZRG KA 90 (1973), S. 83–111, hier S. 84, 88 A. 23, 91–108.

Faszikel I (Bl. I–XVI)

Sachtitel / Inhalt: Bartholomäus von Brescia, Historiae super libro decretorum; Paleae decretorum.

Entstehungsort: Südfrankreich.
Entstehungszeit: Ende 13. Jh.

Typus (Überlieferungsform): Faszikel.
Beschreibstoff: Pergament.
Umfang: 16 Bll.
Format (Blattgröße): 38,5–39,5 × 24,5–25 cm.
Zusammensetzung (Lagenstruktur): $(VI+4)^{XVI}$.
Seiten-, Blatt- und Lagenzählung: Bl. I wohl vorgebunden. Foliierung der Bll. mit lateinischen Ziffern. Reklamant auf falsch gezähltem XIIv (müsste eigentlich XIIIv heißen) auf Fußsteg rechts.
Zustand: I mit Wasserschaden, II mit zahlreichen Flecken, im ersten Teil des Faszikels am Seitensteg Wasserschaden, ansonsten kleinere Gebrauchsspuren.

Schriftraum: 27,5–28,2 × 18,3–18,5 cm.
Spaltenanzahl: 2 Spalten.
Zeilenanzahl: 64 Zeilen.
Angaben zu Schrift / Schreibern: Beide Texte wurden von einer Hand geschrieben. Die Schrift zeigt Elemente der südfranzösischen Textura.
Buchgestaltung: Zeilengerüst des zweispaltigen Texts mit Metallstift vorgezogen. Der eigentliche Text auf IIr beginnt mit reich verzierter Fleuronnéinitiale, zur Untergliederung des Texts Lombarden alternierend in Blau und Rot mit Konturbegleitstrichen und Fadenausläufern in Gegenfarbe.

Nachträge und Benutzungsspuren: Auf Ir–IXv zahlreiche Verweise.

Provenienz: Florenz / Augsburg / Heidelberg.

1) IIra–IXvb
Verfasser: Bartholomäus von Brescia.
Titel: Historiae super libro decretorum.
Angaben zum Text: Ir–Iv Kleintexte zur Kanonistik, Federproben, 13.–14. Jh.
Rubrik: IIra ›*Incipiunt hystorie decretorum*‹.
Incipit: IIra ›*Licet*‹ *merita scientie non respondeant nec opus aliquod sufficit adimplere ...*
Explicit: IXvb ... *Qui mensis apud Hebreos Nisan appellatur apud nos vero Aprilis.* ›*Expliciunt ystorie decretorum*‹.

2) IXvb–XVIrb
Titel: Paleae decretorum.
Angaben zum Text: Katalog von ‚Paleae', d. h. jüngeren Ergänzungen zum Decretum Gratiani. – XVIv leer.
Rubrik: IXvb ›*Incipiunt Palee decretorum*‹.
Incipit: IXvb ›*Distinctione*‹ *v. ante capitulum quod incipit Si mulier inserenda est sequens palea ...*
Explicit: XVIrb ... *Si qua mulier ad secundas transierit nuptias et filios aut filias ad secundum maritum genuerit non debere eos seu eas nepotibus prioris mariti coniungi sacra Romana prorsus inhibuit. Expliciunt Palee decretorum.*
Edition: Transkribiert sind die Incipits und Explicits der Paleae mit entsprechender Zuordnung in: Murano, The List, S. 150–175.

Faszikel II (Bl. XVII–XXIV)

Sachtitel / Inhalt: Einführung zum Decretum Gratiani.

Entstehungsort: Nordfrankreich.
Entstehungszeit: 3. Viertel 12. Jh.

Typus (Überlieferungsform): Faszikel.
Beschreibstoff: Pergament.
Umfang: 8 Bll.

Format (Blattgröße): 38,5–39,5 × 24,5–25 cm.
Zusammensetzung (Lagenstruktur): IV^{XXIV}.
Seiten-, Blatt- und Lagenzählung: Fortgeführt von Faszikel I. Foliierung der Bll. mit lateinischen Ziffern.
Zustand: Leichte Benutzungsspuren, zu Beginn stockfleckig.

Schriftraum: 27,5–28,2 × 18,3–18,5 cm.
Spaltenanzahl: 2 Spalten.
Zeilenanzahl: 52 Zeilen.
Angaben zu Schrift / Schreibern: Die Schrift zeigt Elemente der Textura, wie sie in Nordfrankreich gepflegt wurde.
Buchgestaltung: Zeilengerüst mit Metallstift vorgezogen. Der zweispaltige Text wird von einer Bildeinschlussinitiale eingeläutet. Die Anfänge sind rubriziert, zudem mit Versalien in Rot, Grün, Blau und Braun verziert.

Nachträge und Benutzungsspuren: Nach dem Haupttext inseriert sind eine zeitgenössische Distinctio, d. h. eine grafische Darstellung der Didaxe dienend, sowie ein ‚Lusus satyricus de octo filiabus diaboli' von einer Hand des 15. Jhs.

Provenienz: Florenz / Augsburg / Heidelberg.

3) XVIIra–XXIVrb
Titel: In prima parte agitur.
Angaben zum Text: Nach den Anfangsworten benannte Einführung zum Decretum Gratiani. – XXIVv leer.
Rubrik: XVIIra ›*Prima pars*‹.
Incipit: XVIIra ›*In prima*‹ *parte agitur de iusticia naturali et positiua tam constituta quam inconstituta, que cui preponatur …*
Explicit: XXIVrb … *In xxxvi. causa De raptoribus agitur qui sint raptores et que penitencia sit eis imponenda et an rapte post rapinam purgatam raptoribus suis licite copulari valeant.*
Edition: Die Einleitung des Texts ist ediert bei Carlos *Larrainzar*, Notas sobre las introducciones *In prima parte agitur y Hoc opus inscribitur*, in: Medieval Church Law and the Origins of the Western Legal Tradition. A Tribute to Kenneth Pennington, hrsg. von Wolfgang P. Müller / Mary E. Sommar, Washington, D.C. 2006, S. 134–153, hier S. 151–153.

Faszikel III (Bl. 1–263)

Sachtitel / Inhalt: Gratian, Decretum cum glossa.

Entstehungsort: Frankreich.
Entstehungszeit: 3. Viertel 12. Jh.

Typus (Überlieferungsform): Faszikel.
Beschreibstoff: Pergament.
Umfang: 263 Bll.
Format (Blattgröße): 38,5–39,5 × 24,5–25 cm.

Zusammensetzung (Lagenstruktur): 32 IV^{256} + $(III+1)^{263}$.
Seiten-, Blatt- und Lagenzählung: Römische Foliierung des 17. Jhs. (*1–262*). Kustoden, mittig auf dem Fußsteg, meist durch Beschnitt verloren gegangen.
Zustand: Einige Gebrauchsspuren. Zahlreiche überschriebene Rasuren. 115r eingeschnitten.

Schriftraum: 25–25,7 × 13–13,5 cm.
Spaltenanzahl: 2 Spalten.
Zeilenanzahl: 52 Zeilen.
Angaben zu Schrift / Schreibern: Die Schrift, von einer Hand geschrieben, ist ein typisches Beispiel einer frühen nordfranzösischen Textura.
Buchgestaltung: Zeilengerüst mit Metallstift vorgezogen. Der Text ist zweispaltig angelegt, begleitet von kurzen Marginal- und Interlinearglossen. Alle Capitulumsüberschriften sind durchgängig rubriziert, jeder Anfang eines Capitulums mit einer Versalie alternierend in Blau und Rot kenntlich gemacht. Im ersten und im dritten Teil rubrizierte Paragrafenzeichen auf Bund- und Seitensteg, den Anfang einer Distinctio anzeigend, mit Nennung derselben. Im ersten Teil rubrizierte Kolumnentitel, nicht durchgängig, mit Angaben der jeweiligen Distinctio. Der Text beginnt mit einer Ornamentinitiale. Synthese Gratians mit Paragrafenzeichen hervorgehoben. Im zweiten Teil steht in der Kopftitelzeile auf der Versoseite ein rotes *C* als Abkürzung für ‚Causa', auf der Rectoseite ist der Causa an gleicher Stelle die jeweilige lateinische Ziffer in Rot zugeordnet. Der Text beginnt mit einer Bildeinschlussinitiale. Der Anfang jeder Causa ist mit einer reich verzierten Initiale gekennzeichnet. Rubrizierte Paragrafenzeichen auf Bund- und Seitensteg, den Anfang einer Quaestio anzeigend, mit Nennung derselben. Im dritten Teil ist als Seitentitel auf der Versoseite ein *DE*, auf der Rectoseite ein *CON* als Abkürzung für ‚De consecratione' angebracht. Der Text beginnt mit einer Ornamentinitiale.
Buchschmuck: Auf 240v Arbor consanguinitatis als Illustration ausgeführt. Dabei hält ein vollbärtiger, mit einem knielangen Gewand mit goldener Borte, goldenen Oberarmreifen und verziertem Schuhwerk angetaner Mann das Stemma zu den Graden der Blutsverwandtschaft, das auf einer Säule mit Kapitell ruht. S. auch die Bildbeschreibung in heidICON.

Nachträge und Benutzungsspuren: Interlinear- und Marginalglossen sowie Korrekturen von mehreren Händen. An den Rändern etwas unbeholfene, senkrechte Schrift aus der ersten Hälfte des 13. Jhs. ausradiert. Zahlreiche Verweiszeichen und Distinctiones als grafische Darstellungen der Didaxe dienend.

Provenienz: Florenz / Augsburg / Heidelberg.

4) 1ra–263vb
Verfasser: Gratian.
Titel: Decretum cum glossa.
Angaben zum Text: Text mit frühen Interlinear- und Marginalglossen (Kuttner, Repertorium, S. 56f.; Wiegand, Glossen 4, S. 964–966): (1ra–59ra) Teil I; (59ra–241vb) Teil II; (242ra–263ra) Teil III. – 263r–263v Kleintexte, u. a. Palea ‚Duobus modis dicitur fides'.
Rubrik: 1ra ›*Concordia discordantium canonum ac primum de iure nature et constitutionis*‹.
Incipit: 1ra ›*Hvmanvm genvs dvobvs regitvr, natvrali videlicet ivre et moribvs* ...‹.

Explicit: 263vb ... *Cui simile et de se ipso saluator ait: Sicut audio, iudico, et alibi: Non potest filius a se facere quicquam, nisi quod uiderit patrem facientem. ›Si quis alicui mulieri consensus fidem fecerit non licet illi aliam ducere. Augustinus de fide pactionis et consensus‹.*
Edition: Corpus iuris canonici 1, Sp. 1–1424. Zu den Interlinear- und Marginalglossen existiert keine Edition.

TH

Vatikan, Biblioteca Apostolica Vaticana, Pal. lat. 623

Decretum Gratiani cum Glossa ordinaria

Pergament · 1, 367, 1 Bll. · 49,2 × 30,2 cm · Bologna · 1335–1345

Entstehungsort: Bologna.
Entstehungszeit: 1335–1345.

Typus (Überlieferungsform): Codex.
Beschreibstoff: Pergament.
Umfang: 1, 367, 1 Bll.
Format (Blattgröße): 49,2 × 30,2 cm.
Zusammensetzung (Lagenstruktur): $(I-1)^{1a}$ + 10 V^{99} + II^{103} + 18 V^{282} + IV^{290} + 7 V^{360} + 5 $(?)^{365}$ (unklar, da Bindung defekt) + $(I-1)^{366*}$. Vorderspiegel Gegenbl. von 1a, Hinterspiegel Gegenbl. von 366*. Zählfehler: nach 49 und 120 ungez. Bl.
Seiten-, Blatt- und Lagenzählung: Die letzte Lage ist unklar, da die Bindung an dieser Stelle defekt ist. Römische Foliierung des 17. Jhs. (*1–365*). Vor- und Nachsatzbl. ungez., weshalb hier, wie bei den ungez. Bll. nach 49 und 120, Zählung der Digitalisate übernommen wird (1a, 49a, 120a, 366*). Reklamanten durchgängig mittig auf dem Fußsteg, Kustoden fast durchgängig, unter den Reklamanten platziert.
Zustand: Am Kopfsteg Wasserschaden, der sich ab 360 über das ganze Bl. zieht; wenige Gebrauchsspuren, ansonsten gut erhalten. Riss auf 339 mit Klebeband restauriert.

Schriftraum: 32,5 × 17 cm (Legaltext); 40 × 24 cm (Klammerglosse).
Spaltenanzahl: 4 Spalten.
Zeilenanzahl: 40–70 Zeilen.
Angaben zu Schrift / Schreibern: Bei der Schrift handelt es sich um ein typisches Beispiel der Littera Bononiensis. Entsprechend dem reichen Buchschmuck ist auch die Schrift kalligrafisch anspruchsvoll gestaltet und zeigt nur wenige Korrekturen auf. Aufgrund der Standardisierung der Schrift ist eine Händescheidung kaum möglich.
Buchgestaltung: Zeilengerüst mit Metallstift vorgezogen. Der zweispaltig mittig angelegte Legaltext wird von der Klammerglosse umflossen, die über das ganze Werk betrachtet sehr präzise in ihrer Aufteilung berechnet wurde. Jeder Teil beginnt mit einer Miniatur, dazwischengeschaltet auf 291r weitere Miniatur. Alle Capitulumsüberschriften sind durchgängig rubriziert. An jedem Anfang eines Capitulums steht eine Bildeinschlussinitiale mit Person, meist im Schulterstück, oder eine blaue Lombarde mit rotem Fleuronné. Synthesen Gratians bzw. Zitate Gelehrter werden mit Paragrafenzeichen, alternierend in Blau und Rot, eingeführt, im zweiten und dritten Teil mit einer Satzmajuskel. In der Klammerglosse Rankeni-

tialen, Lombarden oder Paragrafenzeichen. Im ersten Teil steht in der Kopftitelzeile ein P auf der Versoseite und die Ziffer *I* auf der Rectoseite, als Abkürzung für ‚Pars I'. Der Beginn einer Distinctio wird mit einem *d* und der entsprechenden Ziffer in der Klammerglosse sowie als Kolumnentitel angegeben. Im zweiten Teil steht in der Kopftitelzeile ein *CA* für ‚Causa' auf der Versoseite, die entsprechende Ziffer auf der Rectoseite. Die Initialen zu den Anfängen der Causae wurden beim Anlegen des Texts eingeplant, aber nicht ausgeführt. Im dritten Teil als Seitentitel ein *DE* auf der Versoseite und ein *CO* auf der Rectoseite, den Titel ‚De consecratione' abkürzend.

Buchschmuck: Der Meister des B 18 (2. Meister von San Domenico) fertigte die Miniaturen auf 1rb–c und 104rb–c, wobei auf 1rb–c der thronende Christus dargestellt ist, auf der oberen Darstellung umgeben von sechs Heiligen, darunter umgeben vom Papst auf der einen Seite und einem weltlichen Herrscher auf der anderen Seite, die jeweils verschiedene Personen ihres geistlichen bzw. weltlichen Standes in ihrer Entourage haben. Auf 104r bieten zwei durch ihre Mitren als Bischöfe Dargestellte zwei thronenden Personen, der eine von ihnen ist mit einer Tiara als Papst kenntlich gemacht, ihre Bücher dar. Im Hintergrund stehen Geistliche, gekennzeichnet durch ihre Tonsur. Stefano Azzi werden die Miniaturen auf 291rb–c und 333vb–c zugeschrieben. Auf 291r predigt eine mit einer Mitra als Bischof kenntlich gemachte Person auf einer Kanzel dem Volk, während unter einer baldachinartigen Architektur zwei Franziskanermönche ihren seelsorgerischen und priesterlichen Aufgaben nachkommen. Auf 333vb–c zelebriert ein durch eine Mitra als Bischof Dargestellter, umgeben von verschiedenen Personen, eine Messe. Auf 1r, 291r und 333v ist zudem ein Wappen, wahrscheinlich des Auftraggebers, ausgeführt: Im Schildhaupt zwei silberne Sterne auf blauem Grund, darunter ein silberner Schrägbalken auf rotem Grund, als Helmzier ein rotbezungter goldener Drachenkopf mit das Wappen wiederholender Helmdecke. Des Weiteren ist der gesamte Text mit zahlreichen Bildeinschluss- und Rankeninitialen ausgeschmückt. S. auch die Bildbeschreibung in heidICON.

Nachträge und Benutzungsspuren: Korrekturen ober- bzw. unterhalb des Textblocks nachgetragen. Marginalglossen von Huguccio von Pisa († 1210) (9r, 13r, 19r–166v), Johannes de Phintona (2. Hälfte 13. Jh.) (19r, 21r), Guglielmo Caneti (Bischof von Pavia um 1256–1272) (19v), Guido da Baisio (um 1250–1313) (20r, 37v, 40v, 53r, 112r, 204r), Iacopo da Albenga (13. Jh.) (21r, 41r), João de Deus (um 1190–1267) (38v, 43r, 104r–292r), Raimund von Peñafort (um 1175–1275) (49r) (vgl. OVL). Ferner zahlreiche Verweiszeichen.

Einband: Pappe mit weißem Pergament überzogen, auf dem Rücken rotes Schild und blaues aufgeklebtes Schildchen mit aktueller Signatur sowie die Wappenstempel in Gold von Papst Leo XIII. und dem Kardinal und Bibliothekar Jean-Baptiste Pitra (1812–1889). Gelb-kupferfarbenes Kapital. Angefertigt in Rom zwischen 1878 und 1889 (widersprüchliche Angaben bei Schunke, Einbände 2.2, S. 846).

Provenienz: Heidelberg.

Geschichte der Handschrift: Auf Vorderspiegel blaues aufgeklebtes Schildchen mit aktueller Signatur. Ältere Signatur *523* auf 1r. Hergestellt wurde die Hs. an der Universität Bologna. Dafür spricht neben dem Buchschmuck und der Schrift die für die Hochschule typische Herstellung im Peciensystem, was z. B. auf dem Bundsteg von 5vd ersichtlich wird: *cor* des Korrektors für *correxi* bzw. *correcta*, darunter *finitur prima pecia*. Weitere Pecienvermerke finden sich beispielsweise auf 9rb, 11vc, 12rd. Der Codex könnte von Kurfürst Ludwig III. 1420 in Paris erstanden worden sein und wäre in diesem Fall 1438 durch seine letztwillige Verfügung an das Heiliggeiststift und auf diesem Weg in die Bibliotheca Palatina gelangt. Auch Pal. lat. 624, 625, 626 kommen theoretisch dafür in Frage, sie sind allerdings schlichter gestaltet, weshalb die aufgebrachten 86 Gulden am ehesten mit Pal. lat. 623 in Verbindung zu bringen sind (Hanselmann, Bücherschenkung, S. 125; Jeudy, Manuscrits achetés, S. 38). Aufgrund des großen Verlusts an Büchern innerhalb der Bestände der Universität (s. Einleitung) ist diese Provenienz als eine Möglichkeit unter vielen anzusehen.

Faksimile: https://digi.ub.uni-heidelberg.de/diglit/bav_pal_lat_623

Literatur: Baldani, La Pittura, hier S. 406 f.; BioBib Jurists, Gratianus (a242); Paola Elena Boccalatte, Il decretum Gratiani ms. I.I.8 tra Bologna, Lombardia e Piemonte, in: Annali della Scuola Normale Superiore di Pisa. Classe di lettere e filosofia 7, 1 (2002), S. 203–233, hier S. 217 A. 34; Conti, La miniatura, S. 86; García y García, Laurentius, S. 21 f., 29–41, 61, 65; Hanselmann, Bücherschenkung, S. 125; Jeudy, Manuscrits achetés, S. 38; Kuttner, Repertorium, S. 115, 118 f.; Stephan Kuttner, Master of B 18, the Roermond Volumen Parvum, and Early Fourteenth-Century Illumination in Bologna, in: Codices manuscripti 52/53 (2005), S. 1–20, hier S. 10; L'Engle, Illumination, S. 300; Murano, Opere, S. 346, 353; Félix Olivier-Martin, Manuscrits bolonais du décret de Gratien conservés à la bibliothèque Vaticane, in: Mélanges de l'école française de Rome 45 (1928), 215–257, hier S. 252 f.; Paul Ourliac, Sur un manuscrit du Décret de Gratien, in: Studia Gratiana 20 (1976), S. 255–268, hier S. 264 A. 41; OVL, Pal.lat.623; Pace, Storia, S. 235 A. 93; Scano, I manoscritti, S. 24–26; Schunke, Einbände 2.2, S. 846; Soetermeer, Famille de copistes, S. 469 A. 226; Soetermeer, Utrumque ius, S. 307, 346 A. 16; Stevenson, Latini, S. 225.

1) 1rb–365rc

Beteiligte Personen: Johannes Teutonicus / Bartholomäus von Brescia / Laurentius Hispanus.

Titel: Decretum cum Glossa ordinaria.

Angaben zum Text: Text mit der Glossa ordinaria des Johannes Teutonicus (um 1170–1245) in der Überarbeitung des Bartholomäus von Brescia (um 1200–1258) nach dem Typus des Laurentius Hispanus (1180–1248) (Kuttner, Repertorium, S. 115, 118 f.): (1rb–103rc) Teil I; (103v) leer; (104rb–290rc) Teil II, beginnend mit Causa II, bis zu C. 33 q. 2, c. 19; (290v) leer; (291rb–323rc) zweite Hälfte von Teil II, beginnend mit ‚De poenitentia' (D. 1, c. 1 de poen.); (333vb–365rc) Teil III.

Rubrik: 1rb ›*Incipit concordia discordantium canonum ac primum de iure* [Füllzeichen] *nature et humane constitutionis*‹.

Incipit: 1rb ›*Hvmanum*‹ *genus duobus regitur, naturali uidelicet iure et moribvs* ...

Explicit: 365rc ... *Cui simile est quod de semetipso saluator ait: Sicut audio et iudico, et alibi: Non potest filius a se facere quicquam, nisi quod uiderit patrem facientem. Explicit textus Decreti domini Gratiani.*

Edition: Corpus iuris canonici 1, Sp. 1–1424; Die Glossa ordinaria des Johannes Teutonicus liegt in der Bearbeitung des Bartholomäus von Brescia in verschiedenen Wiegendrucken vor (GW 11351–11390).

TH

Vatikan, Biblioteca Apostolica Vaticana, Pal. lat. 624

Decretum Gratiani cum Glossa ordinaria

Pergament · 1, 332, 1 Bll. · 39,2 × 24 cm · Südfrankreich (?) · Mitte 13. Jh.

Entstehungsort: Südfrankreich (?).
Entstehungszeit: Mitte 13. Jh.

Typus (Überlieferungsform): Codex.
Beschreibstoff: Pergament.
Umfang: 1, 332, 1 Bll.
Format (Blattgröße): 39,2 × 24 cm.
Zusammensetzung (Lagenstruktur): $(I-1)^{1a}$ + 2 IV^{16} + VI^{28} + 13 IV^{132} + 2 II^{140} + 4 IV^{172} + 2 V^{192} + 2 IV^{208} + 10 V^{308} + 2 VI^{332} + $(I-1)^{333*}$. Vorderspiegel Gegenbl. von 1a, Hinterspiegel Gegenbl. von 333*.
Seiten-, Blatt- und Lagenzählung: Fehlerhafte römische Foliierung des 17. Jhs. (*1–325*) mit brauner Tinte, jüngere Foliierung für bestimmte Teile mit Bleistift, ebenfalls fehlerhaft, dritte Foliierung unten rechts gestempelt, nach der sich auch die Digitalisate und die Beschreibung richten. Vor- und Nachsatzbl. ungez., weshalb hier Zählung der Digitalisate übernommen wird (1a, 333*). Fast durchgängig Reklamanten auf dem Fußsteg der letzten Seite der Lage mittig, selten rechts, teilweise durch Beschnitt verloren gegangen.
Zustand: Wasserschaden auf den ersten Folii; viele, auch durch Feuchtigkeit entstandene Flecken. Risse vor dem Anlegen der Schrift genäht, neuere mit Klebeband restauriert. Einige Löcher, zuweilen zugeklebt. Seitenränder mitunter abgegriffen. Schrift, v. a. des Legaltexts, z. T. verblasst. Viele Gebrauchsspuren.

Schriftraum: 37,5 × 23,8 cm (Legaltext); 37,5 × 23,8 cm (Klammerglosse).
Spaltenanzahl: 4 Spalten.
Zeilenanzahl: 49–56 Zeilen.
Angaben zu Schrift / Schreibern: Der Legaltext dürfte um die Mitte des 13. Jhs. begonnen worden sein und wurde von mehreren Händen geschrieben. Der auffallende Wechsel im Duktus sowie bei der Buchstabengestaltung, wobei sich Elemente der nordeuropäischen Textura und der südeuropäischen Rotunda finden lassen, sprechen für eine Niederschrift in Südfrankreich. Die Glosse wurde von einer Hand ausgeführt, die, nur unwesentlich jünger als die Hände des Legaltexts, eine markante Betonung der Oberlängen zu eigen war, welche von der diplomatischen Minuskel beeinflusst sein dürfte.
Buchgestaltung: Der mittig in zwei Spalten angelegte Legaltext wird von der Klammerglosse umflossen. Das Zeilengerüst ist mit Metallstift vorgezogen. Der Anfang eines jeden Teils sowie jede Causa im zweiten Teil ist mit einer Initialgruppe überschrieben. Alle Capitulumsüberschriften sind durchgängig rubriziert, jeder Anfang eines Capitulums mit einer Lombarde kenntlich gemacht. Zitate Gelehrter mit Satzmajuskel eingeführt. Synthese Gratians mit Paragrafenzeichen hervorgehoben. Lombarden, Satzmajuskeln und Paragrafenzeichen alternierend in Blau und Rot. Lombarden mit Fadenausläufern und zuweilen mit der Andeutung einer Silhouette, mitunter auch mit Palmettenfleuronné, in Gegenfarbe. Im ersten Teil sind die Bll. mit einem *P* auf der Versoseite und einer *I* auf der Rectoseite in der Kopftitelzeile überschrieben. Paragrafenzeichen mit *d* als Abkürzung für ‚Distinctio' mit

entsprechender Ziffer als Satzmajuskeln in Klammerglosse, den Anfang einer neuen Distinctio anzeigend. Im zweiten Teil steht in der Kopftitelzeile auf der Versoseite ein rotes *CA* als Abkürzung für ‚Causa', auf der Rectoseite ist an gleicher Stelle der Causa die jeweilige lateinische Ziffer zugeordnet. Paragrafenzeichen mit *Q* als Abkürzung für ‚Quaestio' mit entsprechender Ziffer als Satzmajuskeln in Klammerglosse, den Anfang einer neuen Quaestio anzeigend. Im dritten Teil ist als Seitentitel auf der Versoseite ein *DE*, auf der Rectoseite ein *CO* als Abkürzung für ‚De consecratione' angebracht.

Buchschmuck: s. Buchgestaltung.

Nachträge und Benutzungsspuren: Zahlreiche Interlinearglossen und Anmerkungen am Seitenrand von unterschiedlichen Händen des 14. und 15. Jhs. Scano sah gelegentlich rote Schrift aus der ersten Hälfte des 13. Jhs. auf dem Fußsteg durchschimmern (vgl. Scano, manoscritti, S. 27). Viele Abschnitte auf Rasur. Zahlreiche grafische Verweiszeichen und Distinctiones.

Einband: Pappe mit weißem Pergament überzogen, auf dem Rücken rotes Schild und blaues aufgeklebtes Schildchen mit aktueller Signatur sowie die Wappenstempel in Gold von Papst Leo XIII. und dem Kardinal und Bibliothekar Jean-Baptiste Pitra (1812–1889). Gelb-kupferfarbenes Kapital. Angefertigt in Rom zwischen 1878 und 1889 (Schunke, Einbände 2.2, S. 846).

Provenienz: Heidelberg.

Geschichte der Handschrift: Auf 1r Capsa-Nummer *C. 100.*, daneben die Allacci-Signatur *1782*, ferner Altsignatur *524* sowie weitere mit *7074* auf 332v. Die Hs. entstand dem Schriftbefund nach wahrscheinlich in Südfrankreich.

Faksimile: https://digi.ub.uni-heidelberg.de/diglit/bav_pal_lat_624

Literatur: BioBib Jurists, Gratianus (a242); BioBib Jurists, Johannes Teutonicus (a303); Pier Virginio Aimone-Braida, Il Purgatorio nella decretistica, in: Proceedings of the Ninth International Congress of Medieval Canon Law, Munich, 13–18 July 1992, hrsg. von Peter Landau / Jörg Müller, Vatikanstadt 1997, S. 997–1009, hier S. 999 A. 7, 1006 A. 33, 1007 A. 37, 1009 A. 43; Bertram, Abdankung, S. 25 A. 69, 27 A. 75, A. 78, A. 80, 28 A. 82, 87, 99, 101; Even-Ezra, Lines, S. 109–111, 113; García y García, Laurentius, S. 21, 28–42, 65, 70 f., 91; Hanselmann, Bücherschenkung, S. 125; Jeudy, Manuscrits achetés, S. 38; Kuttner, Repertorium, S. 46, 71–74, 79 A. 4, 80 A. 1, A. 2, 93 A. 3, 99; Stephan Kuttner, Universal Pope or Servant of God's Servants: The Canonists, Papal Titles, and Innocent III, in: RDC 31 (1981), S. 109–149, hier S. 142; McManus, An Interpolation, S. 55 A. 4, 56 A. 6; OVL, Pal.lat.624; Pace, Storia, S. 235 A. 93; Johanna Petersmann, Die kanonistische Überlieferung des Constitutum Constantini bis zum Dekret Gratians, in: DA 30 (1974), S. 356–449, hier S. 409; Scano, I manoscritti, S. 26 f.; Bernhard Schimmelpfennig, ‚Mitbestimmung' in der Römischen Kirche unter Innozenz III., in: Proceedings of the Eighth International Congress of Medieval Canon Law, San Diego, University of California at La Jolla, 21–27 August 1988, hrsg. von Stanley Chodrow, Vatikanstadt 1992, S. 455–470, hier S. 465 A. 48; Schmugge, Kanonistik und Geschichtsschreibung, S. 247 A. 117; Schunke, Einbände 2.2, S. 846; Soetermeer, Utrumque ius, S. 303; Stevenson, Latini, S. 225; Weigand, Glossen 4, S. 966 f.

1) 1rb–332rc
Verfasser: GRATIAN.
Weitere beteiligte Personen: JOHANNES TEUTONICUS / LAURENTIUS HISPANUS.
Titel: Decretum cum Glossa ordinaria.
Angaben zum Text: Text mit der Glossa ordinaria des Johannes Teutonicus (um 1170–1245), Glossen zum Traktat ‚De poenitentia' von Laurentius Hispanus (1180–1248): (1rb–73rb) Teil I; (73rb–305vb) Teil II; (305vb–332rc) Teil III; (332v) Distinctiones.
Rubrik: 1rb ›*Jncipit concordia discordantium canonum ac primum de iure constitutionis nature diuine et humane*‹.
Incipit: 1rb ›*Humanum genus*‹ *duobus regitur naturali uidelicet iure et moribus ...*
Explicit: 332rc ... *Cui simile est quod de semetipso saluator* [übergeschrieben: *ait*]*: Sicut audio et iudico, et alibi: Non potest filius a se facere quicquam, nisi quod uiderit patrem facientem.*
Edition: Corpus iuris canonici 1, Sp. 1–1424; Die Glossa ordinaria des Johannes Teutonicus liegt zumindest in der Bearbeitung des Bartholomäus von Brescia in verschiedenen Wiegendrucken vor (GW, 11351–11390); die Glossen des Laurentius Hispanus zum Traktat ‚De poenitentia' aus Teil 2 sind nach der Vorlage von Pal. lat. 624 ediert in: GARCÍA Y GARCÍA, Laurentius, S. 93–148.

TH

Vatikan, Biblioteca Apostolica Vaticana, Pal. lat. 625

Zusammengesetzte juristische Handschrift

Pergament · 4, 252, 5 Bll. · 38 × 24 cm · England / Nordfrankreich / England · 1. Hälfte 13. Jh. / 1170er Jahre

Typus (Überlieferungsform): Codex.
Beschreibstoff: Pergament.
Umfang: 4, 252, 5 Bll.
Format (Blattgröße): 38 × 24 cm.
Zusammensetzung (Lagenstruktur): Hs. aus 2 Faszikeln zusammengesetzt (I. Bll. 1–4; II. Bll. 5–252). $(II-1)^{3a} + 1^{4a} + ... + 1^{253*} + 1^{254*} + (II-1)^{257*}$. Vorderspiegel Gegenbl. von 3a, Hinterspiegel Gegenbl. von 255*.
Seiten-, Blatt- und Lagenzählung: Fehlerhafte römische Foliierung des 17. Jhs. (*1–242*), weitere Foliierung gestempelt auf dem Fußsteg rechts (*1–252*), nach der sich auch die Digitalisate und die Beschreibung richten. Vor- und Nachsatzbll. ungez., weshalb hier Zählung der Digitalisate übernommen wird (1a–4a, 253*–257*). Durchgängig Reklamanten und Kustoden auf der letzten Versoseite der Lage auf dem Fußsteg mittig, teilweise durch Beschnitt verloren gegangen.
Zustand: Viele Löcher, v. a. zu Beginn, die sich mitunter bereits vor der Niederschrift im Pergament befanden, zudem auf den vordersten und hintersten Bll. Wurmfraß, hin und wieder sind die Seiten eingerissen. Viele Gebrauchsspuren, Seiten abgegriffen. Wasserschaden auf den letzten Folia.

Einband: Weißes Pergament, auf dem Rücken blaues aufgeklebtes Schildchen mit aktueller Signatur sowie geprägt in Schwarz die aktuelle Signatur sowie die Wappenstempel von

Papst Paul VI. und vom Kardinal und Bibliothekar Antonio Samoré (1905–1983), angefertigt wohl im März 1974 (s. Geschichte der Handschrift). Rücken des alten Einbands auf Vorderspiegel geklebt (zum alten Einband SCHUNKE, Einbände 2.2, S. 846).

Provenienz: Padua / Heidelberg.

Geschichte der Handschrift: Auf 1r Capsa-Nummer *C. 133*, darunter Allacci-Signatur *1591* sowie Altsignatur *342*, ebensolche auch auf 4ar, *693* und *728*. Auf dem Hinterspiegel aufgeklebtes Schildchen der Restaurierungswerkstatt, datiert auf den 2. März 1974. Dem Decretum Gratiani ist ein Faszikel vorgebunden, welcher verschiedene Arbores consanguinitatis et affinitatis enthält. Manche davon stammen aus dem 12. Jh., der Kern allerdings dürfte in der ersten Hälfte des 13. Jhs. hergestellt worden sein und mit der Abfassung der Glossa ordinaria des Decretum Gratiani in Verbindung stehen. Wahrscheinlich wurden die beiden Faszikel zu dieser Zeit zusammengebunden. HANSELMANN und JEUDY zählen den Codex zum Corpus der potentiell von Kurfürst Ludwig III. im Jahr 1420 in Paris erstandenen Bücher, die er schließlich dem Heiliggeiststift vermachte, das die Bände 1438 erhielt (HANSELMANN, Bücherschenkung, S. 125; JEUDY, Manuscrits achetés, S. 38). Dagegen spricht der Zollvermerk auf 5ra, *1438 die v Aprilis Johannes subscripsi.* Vermerke dieser Art wurden auf Hss. angebracht, die im Gepäck von Studenten nach Padua gelangten, da diese Bücher gebührenfrei einführen konnten (GARGAN, L'enigmatico ‚conduxit', S. 2–12, mit Nennung der Hs.). Demnach muss sich vorliegender Band zu besagter Zeit in Oberitalien befunden haben.

Faksimile: https://digi.ub.uni-heidelberg.de/diglit/bav_pal_lat_625

Literatur: BERTRAM, Abdankung, S. 25 A. 69, 27 A. 75, A. 78, A. 80, 28 A. 82, 87, 99, 101; Martin BERTRAM, Die Dekretalensammlung Papst Nikolaus' III. (1280), in: ZRG KA 90 (2004), S. 60–76, hier S. 74f.; BioBib Jurists, Gratianus (a242); BioBib Jurists, Johannes Fauentinus (a294); BioBib Jurists, Johannes Teutonicus (a303); BioBib Jurists, Ordinaturus Magister (a365); BioBib Jurists, Damasus (a176); Cristina Bukowska GORGONI, Art. Giovanni da Faenza, in: DBI, Bd. 56, Rom 2001, S. 15–17, hier S. 16; Mary Clemente DALVIN, A Genius-Kynde Illustration in Codex Vaticanus Palatinus latinus 629, in: Manuscripta. A Journal for Manuscript Research 23 (1979), S. 149–158, hier S. 151 A. 10; GARCÍA Y GARCÍA, Laurentius, S. 70; GARCÍA Y GARCÍA, Glosas de Juan Teutónico, Vicente Hispano y Dámaso Húngaro a los Arbores Consanguinitatis et Affinitatis, in: ZRG KA 99 (1982), S. 153–185, hier S. 155f., 158, 160–175, 184f.; GARGAN, L'enigmatico ‚conduxit', S. 11f.; GARGAN, Nuovi codici, S. 42; Linda FOWLER-MAGERL, Innocent Uselessness in Civilian and Canonist Thought, in: ZRG KA 89 (1972), S. 107–165, hier S. 152 A. 207; HANSELMANN, Bücherschenkung, S. 125; JEUDY, Manuscrits achetés, S. 38; KUTTNER, Repertorium, S. 4, 8, 10f., 57, 93 A. 3, 99, 115, 370; Stephan KUTTNER, Johannes Teutonicus, das vierte Laterankonzil und die Compilatio Quarta, in: Miscellanea Giovanni Mercati, Bd. 5, Vatikanstadt 1946 (=Studi e Testi 125), S. 608–634, hier S. 627 A. 22; Stephan KUTTNER, Universal Pope or Servant of God's Servants: The Canonists, Papal Titles, and Innocent III, in: RDC 31 (1981), S. 109–149, hier S. 143; Gerhart B. LADNER, Medieval and Modern Understanding of Symbolism: a Comparison, in: Speculum. A Journal of Medieval Studies 54, 1979, S. 223–256, hier S. 246; Laurent MAYALI, Note on the Legitimization by Subsequent Marriage from Alexander III to Innocent III, in: The Two Laws. Studies in Medieval History Dedicated to Stephan Kuttner, hrsg. von Laurent MAYALI / Stephanie A.J. TIBBETTS, Washington 1990 (Studies in Medieval and Early Modern Canon Law 1), S. 55–75, hier S. 70 A. 56; MCMANUS, An Interpolation, S. 55 A. 4; OVL, Pal.lat.625; PACE, Storia, S. 235 A. 93; SCHADT, Darstellungen, S. 145, 163, 165, 170, 183f.,

202 A. 44, 204 A. 63, 231 A. 236, 233, 256, 268, 284; SCHUNKE, Einbände 2.2, S. 846; SOETERMEER, Utrumque ius, S. 303; STEVENSON, Latini, S. 225; Alfons M. STICKLER, Zur Entstehungsgeschichte und Verbreitung des Dekretapparats ‚Ordinaturus Magister Gratianus', in: Studia Gratiana 12 (1967), S. 111–141, hier S. 133; Rudolf WEIGAND, Frühe Glossen zu D. 11 pr. c. 6 des Dekrets Gratians, in: ZRG KA 95 (1978), S. 73–94, hier S. 75–91; Rudolf WEIGAND, Die frühen kanonistischen Schulen und die Dekretabbreviatio Omnebenes, in: AfkKR 155 (1986), S. 72–91, hier S. 83; WEIGAND, Glossen 4, S. 967–970.

Faszikel I (Bl. 1–4)

Sachtitel / Inhalt: Arbores consanguinitatis et affinitatis; kanonistische Texte.

Entstehungsort: England / Nordfrankreich.
Entstehungszeit: 1. Hälfte 13. Jh.

Typus (Überlieferungsform): Faszikel.
Beschreibstoff: Pergament.
Umfang: 4 Bll.
Format (Blattgröße): 38 × 24 cm.
Zusammensetzung (Lagenstruktur): 2 I^4.
Seiten-, Blatt- und Lagenzählung: S. zum Codex.

Schriftraum: 31 × 23 cm.
Spaltenanzahl: 2 Spalten.
Zeilenanzahl: bis zu 80 Zeilen.
Angaben zu Schrift / Schreibern: Texte von mehreren Händen. Die Schriften enthalten Elemente nordfranzösischer bzw. englischer Buchschriften aus der ersten Hälfte des 13. Jhs. (s. auch die Anmerkung zur Klammerglosse des Texts in Faszikel II unten), während 1v–2r in das 12. Jh. und 3r mit den älteren gotischen Kursiven ins 14. Jh. verweisen.
Buchgestaltung: Verschieden gestaltete Arbores consanguinitatis et affinitatis mit beigegebenem Kommentar, teilweise im Schema integriert, teilweise außerhalb desselben. Dem Typus nach verweisen sie nach Italien.
Buchschmuck: Sechs Arbores consanguinitatis et affinitatis in unterschiedlichen Ausgestaltungen: Ein vollbärtiger, behelmter Mann mit einem langen Gewand, das Schema haltend, in Rot und Schwarz; zwei Christusdarstellungen mit Schema, unter diesen jeweils ein vollbärtiger Mann, einmal mit, einmal ohne Krone, mit weiterem Stemma, in Blau, Braun, Gelb, Gold, Orange, Purpur, Rot und Schwarz. Zudem ein Mann und eine Frau, die ein herzförmiges Gebilde mit Oktopusblättern halten, das in Bändern ausläuft, woran sich das Stemma aufreiht, mit zwei kleineren Halbfiguren in Rot und Schwarz. Ferner zwei Baumdarstellungen in Gelb, Grün und Rot. S. auch die Bildbeschreibung in heidICON.

Nachträge und Benutzungsspuren: Wenige zeitgenössische Anmerkungen.

Provenienz: Heidelberg.

1) 1r–3r
Titel: Kleintexte.
Angaben zum Text: (1r–2v) Arbores consanguinitatis et affinitatis; (3r) Paleae zu D. 9, c. 1 pr.: *Imperatores quando pro falsitate – et corriguntur intelligentes*, § 2: *Nam et temporibus prophetarum omnes reges – cum domo sua penitus interiret*; D. 9, c. 2: *Iustum est principem legibus optemperare suis – sibi licere non paciatur*, und D. 15, c. 3 §§ 17–82: *Item gesta sanctorum martirum – Item dominica prima mensis Octobris ponunt* (Ausschnitt aus Lib. 3, Cap. CCXIX–CCXXII, der ‚Decretorum Libri XX' des Burchard von Worms, ediert bei Migne PL 140, Sp. 537–1058, hier Sp. 718–721; zu den Paleae s. Giovanna Murano, The List, S. 150).
Edition: Migne PL 140, Sp. 537–1058, hier Sp. 718–721.

2) 3va–3vb
Verfasser: Johannes Teutonicus.
Titel: Glossae in arborem consanguinitatis.
Angaben zum Text: Text mit Schema eines Arbor consanguinitatis.
Incipit: 3va *Quod arboris pictura sit auctentica probatur xxxv. q. v Ad sedem circa* [*un* expungiert] *finem* ....
Explicit: 3vb ... *illa equalitas refertur ad equale impedimentum matrimonii non ad equalitatem successionis.*
Edition: García y García, Glosas, S. 163–171.

3) 3v
Verfasser: Damasus Hungarus.
Titel: Glossae in arborem consanguinitatis.
Angaben zum Text: Text mit Schema eines Arbor consanguinitatis.
Incipit: 3v *Consanguinitas est atinentia* [!] *unius persone ad aliam* ...
Explicit: 3v ... *Quando inequaliter quoto gradu remotior distat a communi stipite toto gradu attinent inter se. D.* [später hinzugefügt: *Jo*].
Edition: García y García, Glosas, S. 184 f.

4) 4ra–4rb
Verfasser: Johannes Teutonicus.
Titel: Glossae in arborem affinitatis.
Angaben zum Text: Text mit Schema eines Arbor affinitatis.
Incipit: 4ra *Affinitas est propinquitas, proueniens in nobis carnali commixtione parentum nostrorum* ...
Explicit: 4rb ... *uel dicatur quod puplica honestas in omnibus sit sublata preter quam in sponsa de futuro. Jo.*
Edition: García y García, Glosas, S. 171–175.

Faszikel II (Bl. 5–252)

Sachtitel / Inhalt: Gratian, Decretum cum glossa.

Entstehungsort: England.

Pal. lat. 625

Entstehungszeit: 1170er Jahre.

Typus (Überlieferungsform): Faszikel.
Beschreibstoff: Pergament.
Umfang: 248 Bll.
Format (Blattgröße): 38 × 24 cm.
Zusammensetzung (Lagenstruktur): 31 IV^{252}.
Seiten-, Blatt- und Lagenzählung: S. zum Codex.

Schriftraum: 31 × 23 cm.
Spaltenanzahl: 4 Spalten.
Zeilenanzahl: Legaltext: 52–55 Zeilen; Klammerglosse: bis zu 113 Zeilen.
Angaben zu Schrift / Schreibern: Der Legaltext stammt offenbar von einer Hand, der die Verwendung des runden s am Wortanfang und im Wortinnern zu eigen ist, was recht selten und von englischen Schreibern überliefert ist (Derolez, Palaeography, S. 92 f.). Zu Anfang zeigt die Schrift bereits die für die gotische Minuskel typischen Brechungen der Schäfte. In ihrem Verlauf wird die Schrift zunehmend gebrochener. Die Glosse hingegen wurde von einer anderen Hand, wohl in der ersten Hälfte des 13. Jhs. geschrieben. Charakteristisch ist die betonte Oberlänge des d, was von der diplomatischen Minuskel beeinflusst sein dürfte.
Buchgestaltung: Das Zeilengerüst ist mit Metallstift vorgezogen. Der mittig in zwei Spalten angelegte Legaltext wird von der Klammerglosse umflossen. Der Anfang eines jeden Teils sowie jede Causa im zweiten Teil ist mit einer reich verzierten Initiale überschrieben. Alle Capitulumsüberschriften sind durchgängig rubriziert, jeder Anfang eines Capitulums ist mit einer Lombarde kenntlich gemacht. Zitate Gelehrter und Synthese Gratians werden mit Paragrafenzeichen und Satzmajuskel eingeführt. Lombarden, Satzmajuskeln und Paragrafenzeichen in Blau und Rot. Im ersten Teil sind die Bll. mit einem *P* auf der Versoseite und einer *I* auf der Rectoseite in der Kopftitelzeile überschrieben, ‚Pars I' abkürzend. *D* bzw. *DIS* als Abkürzung für ‚Distinctio' mit entsprechender Ziffer als Satzmajuskeln in Klammerglosse, den Anfang einer neuen Distinctio anzeigend, sowie in kleinerer Ausführung mit einem rubrizierten *d.* und der jeweiligen Ziffer in der Kopftitelzeile. Im zweiten Teil steht in der Kopftitelzeile auf der Versoseite ein rotes *CA* als Abkürzung für ‚Causa', auf der Rectoseite ist an gleicher Stelle der Causa die jeweilige lateinische Ziffer zugeordnet. Paragrafenzeichen mit *Q* als Abkürzung für ‚Quaestio' mit entsprechender Ziffer als Satzmajuskeln in Klammerglosse, den Anfang einer neuen Quaestio anzeigend, sowie in kleinerer Ausführung mit einem rubrizierten *Q* und der jeweiligen Ziffer in der Kopftitelzeile. Im dritten Teil ist als Seitentitel auf der Versoseite ein *DE*, auf der Rectoseite ein *CO* als Abkürzung für ‚De consecratione' angebracht. *D* als Abkürzung für ‚Distinctio' mit entsprechender Ziffer als Satzmajuskel in Klammerglosse, den Anfang einer neuen Distinctio anzeigend, sowie ein weiteres Mal in verschiedenen Ausformungen in der Kopftitelzeile. In der Klammerglosse zuweilen rubrizierte Initialmajuskeln und Paragrafenzeichen.
Buchschmuck: 5rb und 64vb Rankeninitialen mit Oktopusblättern in Blau, Gelb, Grün, Rosa und Rot auf blauem Feld mit goldenem Rand, die in die 1170er Jahre datiert werden können (freundliche Auskunft von Dr. Margit Krenn). Aus der Initiale auf 64vb treten zudem drei Figuren heraus, von denen eine mit einer Mitra als Bischof gekennzeichnet ist. Die Initialen zu den Causaanfängen sind reich mit Palmettenfleuronné und floralem Binnenornament verziert. Ferner findet sich auf 252v ein Arbor consanguinitatis in Rot, bei dem das Schema von einem vollbärtigen Mann mit langem Gewand gehalten wird.

Nachträge und Benutzungsspuren: Unterschiedliche Glossenschichten in Form von Interlinear- und Marginalglossen, darunter nachweisbar Huguccio von Pisa († 1210) (7r, 8v, 78r, 86r), Hostiensis (um 1200–1271) (7v), Guido da Baisio (um 1250–1313) (7v, 8r, 8v–231r, passim), Giovanni da Faenza († 1191) (11r, 12r–v, 13v–19v, passim), Johannes Bassianus († 1197) (58r–v, 59v, 61v), Vincentius Hispanus (13. Jh.) (61r), Raimund von Peñafort (um 1175–1275) (64v, 209v, 214v, 224r), Bertrandus (13. Jh.) (76r, 82r), Laurentius Hispanus (1180–1248) (93r), Lodoycus (13. Jh.) (134v), Albertus (12.–13. Jh.) (203r), Petrus (204v, 205r, 208v, 213v) (vgl. OVL). Darüber hinaus Anmerkungen, die von verschiedenen Händen in gotischer Minuskel sowie Kursive im 13. und 14. Jh. geschrieben wurden. Viele Rasuren. Zahlreiche grafische Verweiszeichen.

Provenienz: Heidelberg.

5) 4vc–252rd
Verfasser: GRATIAN.
Weitere beteiligte Personen: JOHANNES TEUTONICUS / BARTHOLOMÄUS VON BRESCIA.
Titel: Decretum cum glossa.
Angaben zum Text: Text mit unterschiedlichen Glossenschichten, beginnend mit den ersten überlieferten, zudem auch mit der Glossa ordinaria des Johannes Teutonicus (um 1170–1245) in der Überarbeitung des Bartholomäus von Brescia (um 1200–1258), die allerdings nicht vollständig übernommen wurde. Zu den inserierten Kleintexten s. WEIGAND, Glossen 4, S. 967–970. Der Text beginnt auf der letzten Seite des vorgebundenen Faszikels: (4vc–64rc) Teil I; (64vb–233vb) Teil II; (233vb–252rb) Teil III. – 252v Arbor consanguinitatis.
Rubrik: 4vc *›Incipit concordia discordantium canonum ac primum de iure constitutionis nature‹.*
Incipit: 5ra *›Humanum genus duobus regitur‹ naturali uidelicet iure et moribus …*
Explicit: 252rb *… Cui simile de se ipso saluator ait: Sicut audio et iudico, et alibi: Non potest filius a se facere quicquam, nisi quod uiderit patrem facientem. Deo gratias, set sicut audit et loquitur.*
Edition: Corpus iuris canonici 1, Sp. 1–1424. Die Glossa ordinaria des Johannes Teutonicus liegt in der Bearbeitung des Bartholomäus von Brescia in verschiedenen Wiegendrucken vor (GW 11351–11390).

TH

Vatikan, Biblioteca Apostolica Vaticana, Pal. lat. 626

Decretum Gratiani cum Glossa ordinaria

Pergament · 1, 206, 1 Bll. · 45,2 × 30,5 cm · Nordfrankreich · 4. Viertel 13. Jh.

Entstehungsort: Nordfrankreich.
Entstehungszeit: 4. Viertel 13. Jh.

Typus (Überlieferungsform): Codex.
Beschreibstoff: Pergament.
Umfang: 1, 206, 1 Bll.

Format (Blattgröße): 45,2 × 30,5 cm.
Zusammensetzung (Lagenstruktur): $(I-1)^{1a}$ + I^{B} + 25 IV^{225} + II^{229} + $(I-1)^{230*}$. Vorderspiegel Gegenbl. von 1a, Hinterspiegel Gegenbl. von 230*. Es fehlen die Bll. 137–144, 202–217.
Seiten-, Blatt- und Lagenzählung: Von dem wohl nachträglich vorgebundenen Unio ist nur das erste Bl. mit einem *A* foliiert. Auf A folgt ungez. Blatt, hier folglich als B bezeichnet. Die heutige zweite Lage fängt mit Bl. 2 an, Bl. 1 wurde herausgerissen, gehörte aber vermutlich nicht zu dieser Lage, sondern zu einer weiteren Lage, die offenbar entfernt wurde. Ferner fehlen die Bll. 137–144 (19. Lage) und 202–217 (27. und 28. Lage). Die Foliierung beginnt auf 2r mit arabischen Ziffern (*2–228, 229* später nachgetragen) aus vorrömischer Zeit. Auf 2r und 3r womöglich Anfang einer weiteren Zählung. Vor- und Nachsatzbl. ungez., weshalb hier wie bei dem ungez. Bl. Zählung der Digitalisate übernommen wird (B, 1a, 230*). Durchgängig Reklamanten und Kustoden auf der letzten Versoseite der Lage auf dem Fußsteg, teilweise durch Beschnitt verloren gegangen, ebenso Kustoden auf der ersten Rectoseite der Lage auf dem Fußsteg.
Zustand: Bll. zuweilen löchrig, eingeschnitten, stockfleckig und abgegriffen. Einige Löcher waren bereits vor Niederschrift im Pergament vorhanden. Zahlreiche Benutzungsspuren.

Schriftraum: 44 × 26 cm.
Spaltenanzahl: 4 Spalten.
Zeilenanzahl: Legaltext: 56 Zeilen; Klammerglosse: bis zu 110 Zeilen.
Angaben zu Schrift / Schreibern: Der Legaltext wurde in der Littera Parisiensis abgefasst, weshalb eine Entstehung an der Pariser Universität anzunehmen ist. Das zuweilen verwendete aufrechte d aus der karolingischen Minuskel oder der obere, noch nicht geschlossene Bogen des doppelstöckigen a verweisen in das ausgehende 13. Jh. (Derolez, Palaeography, S. 84, 87). Die in etwa zeitgleich niedergeschriebene Klammerglosse zeigt ebenfalls typische Charakteristika der Littera Parisiensis bei der Ausführung der Buchstaben. Allerdings ist ihr ein breiterer Duktus zu eigen, sie ist wesentlich runder in den Schwüngen und zuletzt weisen die Füße des Buchstaben m keinerlei Quadrangeln auf, wobei der letzte Schaft leicht abgespreizt wird, was typische Elemente der Rotunda sind (Derolez, Palaeography, S. 102–104). Diese südlichen Einflüsse könnten darauf hindeuten, dass der Schreiber eine prägende Zeit seines Lebens auf der iberischen Halbinsel, in Südfrankreich oder in Italien verbrachte, bzw. er sich von der Rotunda beeinflussen ließ.
Buchgestaltung: Das Zeilengerüst ist mit Metallstift vorgezogen. Der mittig in zwei Spalten angelegte Legaltext wird von der sorgsam angelegten Klammerglosse umflossen. Alle Capitulumsüberschriften sind durchgängig rubriziert, jeder Anfang eines Capitulums mit einer Lombarde, verziert mit Palmettenfleuronné, kenntlich gemacht. Synthese Gratians wird mit Paragrafenzeichen und Satzmajuskel eingeführt, Zitate Gelehrter mit Satzmajuskel. Lombarden und Satzmajuskeln alternierend in Blau und Rot. Im ersten Teil sind die Bll. mit einem *P* auf der Versoseite und einer *I* auf der Rectoseite im Interkolumnium versehen, ‚Pars I' abkürzend. Paragrafenzeichen mit *D* als Abkürzung für ‚Distinctio' mit entsprechender Ziffer als Satzmajuskeln in Klammerglosse, den Anfang einer neuen Distinctio anzeigend, sowie die Ziffer alleine in der Kopftitelzeile. Im zweiten Teil steht im Interkolumnium auf der Rectoseite ein rotes *CA* als Abkürzung für ‚Causa', auf der Versoseite ist an gleicher Stelle der Causa die jeweilige lateinische Ziffer zugeordnet, bis diese Anordnung ab 74r umgedreht wird. Paragrafenzeichen mit *Q* als Abkürzung für ‚Quaestio' mit entsprechender Ziffer als Satzmajuskeln in Klammerglosse sowie in der Kopftitelzeile, den Anfang einer neuen Quaestio anzeigend. Jede Causa im zweiten Teil ist mit einer reich ver-

zierten Knospenfleuronnéinitiale überschrieben. Im dritten Teil ist im Interkolumnium auf der Versoseite ein *DE*, auf der Rectoseite ein *CO* als Abkürzung für ‚De consecratione' angebracht. *D* als Abkürzung für Distinctio mit entsprechender Ziffer als Satzmajuskeln in Klammerglosse, den Anfang einer neuen Distinctio anzeigend, sowie ein weiteres Mal in der Kopftitelzeile, auf der Versoseite ein *D*, auf der Rectoseite die entsprechende Ziffer. In der Klammerglosse sind die Abschnitte mit Lombarden unterteilt.

Buchschmuck: s. Buchgestaltung und die Bildbeschreibung in heidICON.

Nachträge und Benutzungsspuren: Zahlreiche Marginal- und Interlinearglossen von mehreren jüngeren Händen in unterschiedlichen Schrifttypen, darunter nachweisbar: Guido da Baisio (um 1250–1313) (2r–v, 3r–v, 4v, 5r–228r), João de Deus (um 1190–1267) (3v, 27v, 28r–157r), Johannes Andreae (um 1270–1348) (11v, 15v, 91r–227v), Huguccio von Pisa († 1210) (12v, 15r), Giovanni da Faenza († 1191) (31r), Guglielmo Caneti (Bischof von Pavia um 1256–1272) (34r), Bartholomäus von Brescia (um 1200–1258) (65v, 123v, 165r) (vgl. OVL). Viele Unterstreichungen, mannigfaltige grafische Verweiszeichen. Auffallend sind die vielen verschiedenartigen bizarren Köpfe und auch Wesen, oftmals mit beigegebenen Stichworten.

Einband: Römischer Einband, um 1780, Pappe mit weißem Pergament überzogen (Schunke, Einbände 2.2, S. 846). Gelb-kupferfarbenes Kapital. Rückentitel: *Decreta et statuta pontificales.* Darüber zwei blaue Schildchen mit aktueller Signatur aufgeklebt. Oberer Buchdeckel war wohl vom Buchrücken abgetrennt und wurde wieder angenäht.

Provenienz: Paris / Heidelberg.

Geschichte der Handschrift: Auf Vorderspiegel blaues Schildchen mit aktueller Signatur. Auf Ar Capsa-Nummer *C. 182*, darunter Allacci-Signatur *1162*, weitere Altsignaturen auf 1ar, *673* und *712* [beide durchgestrichen], und 229v *1795.* Auch wenn keine Pecienvermerke notiert wurden, entstand die Hs. wohl im Peciensystem (Soetermeer, Utrumque ius, S. 304), weshalb ihre Entstehung im universitären Umfeld verortet werden kann. Die verwendete Schriftart schließlich verweist uns an die Pariser Universität. Die beiden in etwa zeitgleich mit dem Legaltext und der Klammerglosse entstandenen metrischen Abbreviaturen, wobei die erste etwas jünger zu sein scheint, wurden nachträglich vor und nach dem Haupttext angebunden. Der Kolophon auf 228r, beginnend mit einer Geheimschrift, endend mit *M°.CCC°.XIIII. circa Kallendis* [!] *Septembris*, dürfte von einer Hand stammen, die den Text mit verschiedenen Anmerkungen versah. Dafür sprechen neben der Schrift die charakteristische Form der Einrahmung, mit der die Randnotizen und auch der Kolophon umzogen wurden, wie auch die verwendete Feder.

Faksimile: https://digi.ub.uni-heidelberg.de/diglit/bav_pal_lat_626

Literatur: BioBib Jurists, Gratianus (a242); Dondorp, Review, S. 89; García y García, Laurentius, S. 70; Hanselmann, Bücherschenkung, S. 125; Jeudy, Manuscrits achetés, S. 38; Kuttner, Repertorium, S. 115; Michele Maccarrone, Ubi est papa, ibi est Roma, in: Aus Kirche und Reich. Studien zu Theologie, Politik und Recht im Mittelalter, Festschrift für Friedrich Kempf zu seinem fünfundsiebzigsten Geburtstag und fünfzigjährigen Doktorjubiläum, hrsg. von Hubert Mordek, Sigmaringen 1983, S. 371–382, hier S. 376 A. 29; OVL, Pal.lat.626; Pace, Storia, S. 235 A. 93; Schmugge, Dekretale, S. 56, 58, 66 A. 119; Ludwig Schmugge, Leo IX – XL 4269: An Attempt at an Edition, in: The Two Laws. Studies in Medieval Legal History Dedicated to Stephan Kuttner, hrsg. von Laurent Mayali / Stephanie A. J. TIBBETTS, Washington D. C. 1990 (Studies in Medieval and Early Modern Canon Law 1), S. 31–39, hier S. 34; SCHUNKE, Einbände 2.2, S. 846; SOETERMEER, Utrumque ius, S. 304; STEVENSON, Latini, S. 225; WALTHER, IC, Nr. 4541 (fälschlicherweise als Pal. lat. 621 bezeichnet), 10283; Franz Josef WORSTBROCK, Libri pauperum. Zu Entstehung, Struktur und Gebrauch einiger mittelalterlicher Buchformen der Wissensliteratur seit dem 12. Jahrhundert, in: Der Codex im Gebrauch. Akten des Internationalen Kolloquiums 11.–13. Juni 1992, hrsg. von Christel MEIER / Dagmar HÜPPER / Hagen KELLER, München 1996 (Münstersche Mittelalter-Schriften 70), S. 41–60, hier S. 47 A. 38, S. 48 A. 38.

1) 2ra–228rd

Verfasser: GRATIAN.

Weitere beteiligte Personen: JOHANNES TEUTONICUS / BARTHOLOMÄUS VON BRESCIA.

Titel: Decretum cum Glossa ordinaria.

Angaben zum Text: Text mit der Glossa ordinaria des Johannes Teutonicus (um 1170–1245) in der Überarbeitung des Bartholomäus von Brescia (um 1200–1258): (2rb–54rb) Teil I, der Text beginnt mit D. 4 c. 6; (54rb–201vc) Teil II, auf 136v endet der Text in C. 22 q. 4, c. 23, fortgesetzt auf 145r in C. 23 q. 4, c. 46., auf 201v endet der Text in D. 6, c. 1 de poen.; (218rb–228rb) Teil III, beginnt in D. 2 c. 97 de cons. – Av–Br metrische Abbreviatur. – Bv leer. – 229r metrische Abbreviatur. – 229v Notizen.

Incipit: 2rb ... [reli]*gione precellant.* ›*De*‹ *ipsa uero die dominica hesitamus ...*

Explicit: 228rb ... *Cui simile eciam de se ipso saluator loquitur: Sicut audio et iudico, et alibi: Non potest filius a se facere quicquam, nisi quod uiderit patrem facientem.*

Edition: Corpus iuris canonici 1, Sp. 1–1424. Die Glossa ordinaria des Johannes Teutonicus liegt in der Bearbeitung des Bartholomäus von Brescia in verschiedenen Wiegendrucken vor (GW 11351–11390).

TH

Vatikan, Biblioteca Apostolica Vaticana, Pal. lat. 627

Zusammengesetzte kanonistische Handschrift

Papier, Pergament · 3, 202, 1 Bll. · 21,5 × 15,5 cm · Heidelberg / Heidelberg (?) · 1400–1416 / 1. Viertel 15. Jh.

Typus (Überlieferungsform): Codex.

Beschreibstoff: Papier / Pergament.

Umfang: 3, 202, 1 Bll.

Format (Blattgröße): 21,5 × 15,5 cm.

Zusammensetzung (Lagenstruktur): Hs. aus 2 Faszikeln zusammengesetzt (I. Bll. 1–146; II. Bll. 147–202). $(I-1)^{1a}$ (inkl. Spiegel) + 1^{A} + 1^{B} + ... + $(I-1)^{203*}$. Vorderspiegel Gegenbl. von 1a, Hinterspiegel Gegenbl. von 203*.

Seiten-, Blatt- und Lagenzählung: Römische Foliierung des 17. Jhs. (*1–202*). *A* und *B* später nachgetragen. Vor- und Nachsatzbl. ungez., weshalb hier Zählung der Digitalisate übernommen wird (1a, 203*).

Wasserzeichen: Aufgrund zu geringer Größe der Hs. nicht aufgenommen.

Einband: Pappe mit weißem Pergament überzogen, auf dem Rücken rotes Schild und blaues aufgeklebtes Schildchen mit aktueller Signatur sowie die Wappenstempel in Gold von Papst Pius IX. und dem Kardinal und Bibliothekar Jean-Baptiste Pitra (1812–1889). Blau-schwarz-purpurfarbenes Kapital. Angefertigt in Rom zwischen 1869 und 1878 (Schunke, Einbände 2.2, S. 846).
Provenienz: Heidelberg.
Geschichte der Handschrift: Auf Vorderspiegel blaues Schildchen mit aktueller Signatur, auf Ar Capsa-Nummer *C. 37.*, darunter Allacci-Signatur *1936*. Wie der Kolophon auf 30v ausweist, entstand der erste Faszikel in Heidelberg: ›*Hic*‹ *est finis aliquarum glossarum Iohannis Theutonici et Bartholomei Brixiensis, excerptarum per magistrum Nycolaum de Bettemberch, inter doctores decretorum doctor nouissimus, in felici studio Heidelbergensi, regnante domino Roberto duce Bauarie, dicto Clem, electo in regem Romanorum anno domini 1400, 5. Nouembris hora 6 de mane.* Nikolaus Petri von Bettemburg († 1420), immatrikulierte sich 1392 an der Universität Heidelberg, wo er 1395 den Grad eines Magister artium erhielt. Zwischen 1397 und 1400 wurde er bei einem auswärtigen Studienaufenthalt promoviert. Von 1402 bis zu seinem Tod hielt er die Vorlesung zum Decretum Gratiani an der Juristischen Fakultät der Universität Heidelberg und war ab ca. 1404 auch königlicher bzw. kurfürstlicher Rat (Drüll, Gelehrtenlexikon, S. 404). Der erste Faszikel enthält das eigenhändige Skript des Nikolaus für seine Vorlesung zum Decretum Gratiani. Der zweite Faszikel, mit dem ersten in inhaltlichem Zusammenhang stehend, könnte bereits zu Lebzeiten mit diesem verbunden gewesen sein. Schließlich dienten sie beide der wissenschaftlichen Beschäftigung mit dem Decretum Gratiani, haben ein ähnliches Layout und Format und dürften auch in etwa zeitgleich entstanden sein. Ob Nikolaus auch der Schreiber des zweiten Faszikels war, lässt sich schwerlich sagen, da unterschiedliche Schriftarten Verwendung fanden. Bereits zu Lebzeiten hatte Nikolaus wohl sein Haus und seine Hinterlassenschaft der Universität überschrieben (Rektorbücher 2, S. 24). Womöglich war der erste Faszikel, die gesamte Hs. oder auch seine gesamte Bibliothek davon ausgenommen. Denn spätestens nach seinem Tod befand sich der Codex oder ein Teil dessen in Händen des kurfürstlichen Protonotars Johannes Sartoris von Weinheim, wie der Vermerk auf Bv suggeriert: *Ex legatione domini Johannis Winheim*, der seine Bücher der Universität Heidelberg vermachte. Spätestens 1438 dürfte er verstorben sein, 1445 übergaben die Erben der Universität die Bände (Rektorbücher 2, S. 433, 555). Im Katalog von 1466 ist die Hs. in der Bibliothek der oberen Fakultäten nachweisbar: *Lectura Petri super Decreto in pergameno* (Heidelberg, UB, Heid. Hs. 47, 11v, Buchstabe D). Der Beschreibstoff ist allerdings Pergament und Papier.

Faksimile: https://digi.ub.uni-heidelberg.de/diglit/bav_pal_lat_627
Literatur: OVL, Pal.lat.627; Schunke, Einbände 2.2, S. 846; Stevenson, Latini, S. 225.

Faszikel I (Bl. 1–146)

Sachtitel / Inhalt: Nikolaus Petri von Bettemburg, Lectura super Decretum Gratiani Gratiani.

Entstehungsort: Heidelberg.
Entstehungszeit: 1400–1416.

Typus (Überlieferungsform): Faszikel.
Beschreibstoff: Papier.
Umfang: 146 Bll.
Format (Blattgröße): 21,5 × 15,5 cm.
Zusammensetzung (Lagenstruktur): III^{6} + $(IV-2)^{12}$ + 2 VI^{36} + IV^{44} + 4 VI^{92} + $(VI-4)^{100}$ + 3 VI^{136} + V^{146}.
Seiten-, Blatt- und Lagenzählung: S. o. Unregelmäßig Reklamanten auf der letzten Versoseite der Lage rechts auf dem Fußsteg.
Zustand: Bll. an den Rändern etwas vergilbt. Einige kleinere Flecken. Risse mit Klebeband restauriert. Schrift zuweilen etwas verblasst.

Schriftraum: 16,8 × 11,5 cm.
Spaltenanzahl: 1 Spalte.
Zeilenanzahl: bis zu 38 Zeilen.
Angaben zu Schrift / Schreibern: Wie der Kolophon (s. Geschichte des Faszikels) ausweist, handelt es sich hier um die Hs. des Nikolaus Petri von Bettemburg, der sich einer ausgeschriebenen, aber trotzdem relativ gut lesbaren jüngeren gotischen Kursive bediente.
Buchgestaltung: In Kopfzeile nicht durchgängig Verweis auf die jeweilige Distinctio oder Causa, welcher der Vorlesungstext zugeordnet ist. Abschnittsanfänge mit rubrizierter Initialmajuskel und erstem Wort bzw. ersten Wörtern mit vergrößerten Buchstaben in gotischer Minuskel. Rubrizierte Paragrafenzeichen zur Unterteilung der Sinnabschnitte. Schlagwörter auf Bund- bzw. Seitensteg.
Buchschmuck: s. Buchgestaltung.

Nachträge und Benutzungsspuren: Anmerkungen von der Hand des Nikolaus Petri von Bettemburg. Zahlreiche grafische Verweiszeichen, vor allem in Form von Zeigehänden.

Provenienz: Heidelberg.
Geschichte des Faszikels: Bei vorliegendem Faszikel handelt es sich um Nikolaus' eigenes Exemplar seiner Vorlesung zum Decretum Gratiani, worauf nicht nur die Bilddevise mit den Initialen NB auf 2r und 144r hindeutet, sondern auch die Bemerkung auf 1r, die ausführt, welche Teile er 1418/1419 las. Darüber hinaus finden sich Anmerkungen mit Daten, die Auskunft über seine Vorlesungstermine geben, so auf 1r, *1400, 26. Octobris*, auf 137r, *1406, 3. Aprilis*, oder auf 144r, *Anno domini M.cccc.xvi. vigilia Thome apostoli.* Zwar war Nikolaus im April 1397 für drei Jahre von der Residenzpflicht an der Universität Heidelberg befreit worden und ist dort erst im Juli 1401 wieder nachweisbar, nachdem er zum Doktor promoviert worden war (Drüll, Gelehrtenlexikon, S. 404). Wie jedoch der oben zitierte Kolophon ausweist, scheint er bereits am 5. November 1400 wieder in Heidelberg gewesen zu sein. Da nicht anzunehmen ist, dass er nur wenige Tage zuvor seine Vorlesung an einer anderen Universität hielt, kann angenommen werden, dass er bereits im Oktober mit Beginn des Wintersemesters wieder in Heidelberg weilte und dort auch spätestens mit der Niederschrift begann.

1) 1r–144r
Verfasser: Nikolaus Petri von Bettemburg.
Titel: Lectura super Decretum Gratiani.

Angaben zum Text: Von Nikolaus Petri von Bettemburg gehaltene Vorlesung zum Decretum Gratiani, basierend auf der Glossa ordinaria des Johannes Teutonicus (um 1170–1245) in der Überarbeitung des Bartholomäus von Brescia (um 1200–1258): (2r–30v) Teil I; (31r–124r) Teil II; (124v) leer; (125r–144r) Teil III. – 1r–1v: Nicht in das Textcorpus eingeordnetes Bl. mit Vorlesung zur Distinctio 3 und Notizen. – 144v–146v leer.
Rubrik: 2r ›*Assit sancta trinitas*‹.
Incipit: 2r ›*Humanum genus*‹: *Nota quod jus naturale est antiquius et dignius alijs in glossa J.* ›*Humanum*‹ ...
Explicit: 144r ... *Anno domini M.cccc.xvi. vigilia Thome apostoli. Nycolaus Bettemburg.*

Faszikel II (Bl. 147–202)

Sachtitel / Inhalt: Merkverse und Zusammenfassungen zum Decretum Gratiani.

Entstehungsort: Heidelberg (?).
Entstehungszeit: 1. Viertel 15. Jh.

Typus (Überlieferungsform): Faszikel.
Beschreibstoff: Papier / Pergament (zur Verstärkung als äußeres Doppelblatt der Lage).
Umfang: 55 Bll.
Format (Blattgröße): 21,5 × 15,5 cm.
Zusammensetzung (Lagenstruktur): 2 III^{158} + 3 VI^{194} + $(V-2)^{202}$.
Seiten-, Blatt- und Lagenzählung: S. o. Reklamant lediglich auf 158v rechts auf dem Fußsteg.
Zustand: Bll. an den Rändern etwas vergilbt. Auf einigen Bll. Ecken herausgeschnitten, teilweise restauriert. Risse mit Goldschlägerhaut verschlossen. Wenige Flecken.

Schriftraum: 16,8 × 11,5 cm.
Spaltenanzahl: 1 Spalte.
Zeilenanzahl: bis zu 38 Zeilen.
Angaben zu Schrift / Schreibern: Obgleich Schriftgröße und Duktus variieren, scheinen die Texte doch von einer Hand geschrieben worden zu sein.
Buchgestaltung: Schriftspiegel mit Metallstift bzw. Tinte vorgezogen. 152v–155r im Kopfsteg Verweise in Form von rubrizierten Ziffern auf die jeweilige Causa. Überschriften rubriziert oder in Textura geschrieben, zur Hervorhebung der Sinneinheiten wurden rubrizierte Anfangsbuchstaben und Paragrafenzeichen verwendet. 161r rubrizierte Initialmajuskel.
Buchschmuck: s. Buchgestaltung.

Nachträge und Benutzungsspuren: Wenige Benutzungsspuren.

Provenienz: Heidelberg (?).

2) 147r–155r
Titel: Merkverse zum Decretum Gratiani.
Angaben zum Text: Merkverse zum Decretum Gratiani: (147r–148v) Merkverse zu Teil I; (148v–154v) Merkverse zu Teil II; (155r) Merkverse zu Teil III.

Rubrik: 147r ›*Incipiunt versus super distinctionibus decretorum quorum quilibet successiue est super vna distinctione*‹.
Incipit: 147r *Lex naturalis differt a iure forensi / Leges ciuiles dicuntur iura quiritum* ...
Explicit: 155r ... *Conformat decet officio ieiunia sancit / Jnformat monachum sub sacro flagmine animat.*

3) 155v–161r
Titel: Traktat zum Decretum Gratiani.
Incipit: 155v *Tractaturus igitur Gratianus de jure canonico. Primo incipit a simplicioribus secundum naturam* ...
Explicit: 161r ... *Qui est benedictus in secula seculorum. Amen. Et cetera* ›*et cetera et cetera* [...]‹.

4) 161r–202v
Titel: Casus Decreti.
Angaben zum Text: Casus zum Decretum Gratiani.
Rubrik: 161r ›*Humanum genus denique*‹.
Incipit: 161r *Denique casus a quinquagesima ieiunium sumant clerici* ...
Explicit: 202v ... *Non mediocriter non prodest corpora ieiunare si a vicijs non cessamus.* ›*Expliciunt casus Decreti*‹.

TH

Vatikan, Biblioteca Apostolica Vaticana, Pal. lat. 628

Liber extra

Pergament · 1, 238, 2 Bll. · 39,7 × 23,4 cm · Südfrankreich (?) · 2. Hälfte 13. Jh.

Entstehungsort: Südfrankreich (?).
Entstehungszeit: 2. Hälfte 13. Jh.

Typus (Überlieferungsform): Codex.
Beschreibstoff: Pergament.
Umfang: 1, 238, 2 Bll.
Format (Blattgröße): 39,7 × 23,4 cm.
Zusammensetzung (Lagenstruktur): $(I-1)^{1a}$ + 29 IV^{232} + III^{238} + $(I-1)^{239*}$ + I^{240*}. Vorderspiegel Gegenbl. von 1a, Hinterspiegel Gegenbl. von 240*.
Seiten-, Blatt- und Lagenzählung: Römische Foliierung des 17. Jhs. (*1–238*), Vorsatzbl. und Nachsatzbll. ungez., weshalb hier Zählung der Digitalisate übernommen wird (1a, 239*–240*).
Zustand: Zahlreiche Gebrauchsspuren, Ränder abgegriffen, teilweise fleckig. Größtenteils Fleisch- und Haarseite des Pergaments deutlich erkennbar. Mehrere Löcher im Pergament, die allerdings schon vor Einfügen des Texts vorhanden gewesen sein müssen; mehrere Bll. eingerissen, aber z. T. restauriert. Schrift stellenweise verblasst. Seitentitel teilweise beschnitten.

Schriftraum: 23,2 × 13,5 cm.
Spaltenanzahl: 2 Spalten.
Zeilenanzahl: 37–41 Zeilen.
Angaben zu Schrift / Schreibern: Der Text wurde von einer Hand in einer Textualis geschrieben, bei der die Schäfte häufig ungebrochen auf der Grundlinie aufsetzen, wie es in der Rotunda üblich ist, wenngleich die Brechungen der Buchstaben atypisch für eine Rotunda sind. Diese Fusion von nord- und südeuropäischer Textura ist für den südfranzösischen Raum typisch. Weitere paläografische Kriterien, die für eine Herkunft aus Südfrankreich sprechen, wie die Verwendung des runden wie des langen s am Ende des Wortes (Derolez, Palaeography, S. 116f.), sind allerdings nicht eindeutig genug, um eine exakte Zuweisung vorzunehmen.
Buchgestaltung: Liniierung mit Metallstift. Auf der Versoseite ein *L* als Abkürzung für ‚Liber', auf der Rectoseite die jeweilige lateinische Ziffer zum entsprechenden Buch als Seitentitel. Erstes Wort eines Buchs als Initialgruppe mit Rankenschmuck und blauen sowie roten, zum Anfang auch mit einem goldenen Buchstaben ausgeschmückt. Tituli rubriziert, Anfänge der Capitula mit abwechselnd roten und blauen Lombarden mit einfachem Fleuronné und Fadenausläufern in Gegenfarbe hervorgehoben. In alternierender Farbe im Satz zuvor Anfangsbuchstabe jener Person oder Institution hervorgehoben, auf deren Anfrage hin die Dekretale formuliert wurde. Rubrizierte Paragrafenzeichen.
Buchschmuck: s. Buchgestaltung.

Nachträge und Benutzungsspuren: Korrekturen von mindestens zwei Händen, wobei die eine Hand mit der des Schreibers übereinstimmen dürfte, meist über die Zeilen geschrieben, selten am Rand neben dem Schriftraum. Die eine davon, wohl aus dem 14. Jh., verglich die Hs. offenbar mit einer oder mehreren anderen Ausgaben des Liber extra und leitete mit den Abkürzungen *ad* für ‚aliud' und *s* für ‚scilicet' Textvarianten ein. Grafische Verweiszeichen.

Einband: Römischer Einband, um 1780, Pappe mit weißem Pergament überzogen, Schunke, Einbände 2.2, S. 846. Gelb-kupferfarbenes Kapital. Am unteren Ende des Rückens und am oberen Ende des Hinterdeckels Teile des Pergaments abgerissen. Rückentitel: *Decretales.* Auf Buchrücken Aufkleber mit aktueller Signatur, nebst aufgeschriebener Signatur.
Provenienz: Heidelberg.
Geschichte der Handschrift: Ältere, durchgestrichene römische Signaturen auf 1ar: *672* und *711* [beide Signaturen durchgestrichen]. Auf Vorderspiegel Aufkleber mit der aktuellen Signatur. Der paläografische Befund lässt eine Entstehung der Hs. in der zweiten Hälfte des 13. Jhs. als wahrscheinlich erscheinen.

Faksimile: https://digi.ub.uni-heidelberg.de/diglit/bav_pal_lat_628
Literatur: Bertram, Signaturenliste; Hanselmann, Bücherschenkung, S. 125; Jeudy, Manuscrits achetés, S. 38f.; OVL, Pal.lat.628; Schunke, Einbände 2.2, S. 846; Stevenson, Latini, S. 225.

1) 1ra–238r
Beteiligte Personen: Gregor IX.
Titel: Liber extra.
Angaben zum Text: Auf Veranlassung Papst Gregor IX. kompilierte Dekretalensammlung: (1ra–b) Gregor IX., Promulgationsbulle ‚Rex pacificus', adressiert an die Universität von

Bologna; (1rb–59vb) Liber I; (59vb–113ra) Liber II; (113ra–167ra) Liber III; (167ra–184vb) Liber IV; (185ra–238rb) Liber V.

Rubrik: 1ra ›*Incipiunt decretales compilate a Gregorio papa nono*‹.

Incipit: 1ra ›*Gregorius*‹ *episcopus seruus seruorum dei dilectis filiis doctoribus et scolaribus* [übergeschrieben: *aliud uniuersis*] *Bononie comorantibus salutem et apostolicam benedictionem. Rex pacificus ...*

Explicit: 238rb ›*... Indignum*‹ *est et a Romane ecclesie consuetudine alienum, ut pro spiritualibus facere quis homagium compellatur.* ›*Expliciunt decretales Gregoriane*‹. *Expliciunt decretales Gregoriane.*

Edition: Corpus iuris canonici 2, Sp. 1–928.

TH

Vatikan, Biblioteca Apostolica Vaticana, Pal. lat. 629

Kanonistische Sammelhandschrift

Pergament · 1, 295, 1 Bll. · 46,5–46,7 × 28,7–29,2 cm · Bologna · 1280–1298

Entstehungsort: Bologna.
Entstehungszeit: 1280–1298.

Typus (Überlieferungsform): Codex.
Beschreibstoff: Pergament.
Umfang: 1, 295, 1 Bll.
Format (Blattgröße): 46,5–46,7 × 28,7–29,2 cm.
Zusammensetzung (Lagenstruktur): $(I-1)^{1a}$ + $(V+1)^{11}$ + 24 V^{251} + IV^{259} + I^{261} + 2 VI^{285} + V^{295} + $(I-1)^{296^*}$. Vorderspiegel Gegenbl. von 1a, Hinterspiegel Gegenbl. von 296*.
Seiten-, Blatt- und Lagenzählung: Römische Foliierung des 17. Jhs. (*1–295*), Vor- und Nachsatzbl. ungez., weshalb hier Zählung der Digitalisate übernommen wird (1a, 296*). Reklamanten unten rechts auf der Versoseite des letzten Blatts der Lage, teilweise durch Beschnitt verloren gegangen.
Zustand: Schrift auf den ersten beiden Seiten verblasst, Miniaturen abgeklatscht.

Schriftraum: 4,5–25,7 × 9–14,5 cm (Legaltext); 14,7–42,1 × 20–25,5 cm (mit Klammerglosse).
Spaltenanzahl: 4 Spalten.
Zeilenanzahl: 34–46 Zeilen (286r–295r: 9–10 Zeilen).
Angaben zu Schrift / Schreibern: Die Schrift ist die Ende des 13. Jhs. in Bologna ausgebildete Littera Bononiensis. Aufgrund der werkstattinternen Standardisierung der Buchstaben ist eine Unterscheidung der Hände nur schwer möglich. Die Schrift ist entsprechend dem anspruchsvollen Buchschmuck kalligrafisch aufwändig gestaltet, zeigt nur wenige Korrekturen auf und weist bereits ins 14. Jh., weshalb zuweilen – nicht zuletzt auch aufgrund kunsthistorischer Kriterien – Jacopino da Reggio als Schreiber angenommen wird (Gibbs, Illustration, S. 201, 208).
Buchgestaltung: Liniierung mit Metallstift. Der zweispaltige mittige Textblock mit dem eigentlichen Gesetzestext ist von der dazugehörigen Glosse umgeben. Zu Beginn eines Titulus Halbfigur in der Initiale, daneben zwischen den Kolumnen eine stehende Ganzfigur

(nicht im Text 260v–261v). Die betreffende Stelle in der Glosse ist mit einer quadratischen Initiale ohne Figur mit Rankenausläufern geschmückt. Zu Beginn eines Capitulums wechseln sich rote und blaue, mit dichtem Fleuronné besetzte Lombarden ab, die in der Glosse weniger aufwändig ausgeführt sind. Miniaturen stehen bei den Dekretalen Gregors IX. vor den Buchanfängen. Überschrieben sind die Dekretalen Gregors IX. (1v–259v) mit einem *L* auf der Versoseite und der dem jeweiligen Buch zugeordneten Ziffer auf der Rectoseite in der Kopfzeile, die Constitutiones novellae Innozenz' IV. (262r–273r) mit einem *L* auf der Versoseite und einem *NOVE* auf der Rectoseite, die Konstitutionen des Konzils von Lyon und die Dekretalen Gregors X. (274r–285r) mit einem *L* auf der Versoseite und einem *GREGO* auf der Rectoseite. Die Arbores consanguinitatis et affinitatis (260v–261v) sowie die Konstitutionen Nikolaus' III. (286r–295r) kommen ohne Seitentitel aus. Kleine Verweisbuchstaben stellen Zuordnung des Legaltexts zur Glosse her.

Buchschmuck: Neben den typischen Bologneser Rankenbordüren in den Randspalten und im Interkolumnium, enthält der Codex 39 Miniaturen. Die Illumination wie auch die Schreibarbeit werden mitunter Jacopino da Reggio zugeschrieben (Gibbs, Illustration, S. 201 f.), was Burkhart relativiert (Burkhart, Dekretalenhandschrift, S. 34). Die Ausstattung legt die Verwandtschaft mit zahlreichen Hss. nahe. S. auch die Bildbeschreibung in heidICON.

Nachträge und Benutzungsspuren: Korrekturen am Textrand, bei Dekretalen Gregors IX. später angebrachte abgekürzte Tituli auf der Rectoseite oben rechts. Einige Marginal- und Interlinearglossen, als deren Autoren identifizierbar: Innozenz IV. (18v, 60v, 61v), Johannes Andreae (um 1270–1348) (18v, 60v–189r), Cyno da Pistoia (um 1270–1336/37) (25r, 60v, 61r–194v), Hostiensis (um 1200–1271) (60v, 61r–v, 121v, 189r), Dino del Mugello (um 1254–um 1300) (62r) (vgl. OVL).

Einband: Halblederband, rot-braun gefärbtes Leder auf Holzdeckeln, widersprüchliche Angaben dazu bei Schunke, Einbände 2.2, S. 846. Spiegelbll. und Schließen wahrscheinlich bei der Restaurierung 1969 erneuert. Auf Rücken Papierschildchen mit der aktuellen Signatur.

Provenienz: Heidelberg.

Geschichte der Handschrift: Ältere römische Signatur auf 1r: *527.* Auf Vorderspiegel Papierschildchen mit der aktuellen Signatur, auf Hinterspiegel Stempel mit Hinweis auf Restaurierung von 1969. Die Gestaltung der Hs. wie auch die Schrift zeugen von Bologna als Entstehungsort, einem der mittelalterlichen Zentren der Rechtswissenschaft. Dafür spricht auch die bei juristischen Hss. an der dortigen Hochschule gepflegte Herstellung im Peciensystem, worauf beispielsweise das *finit viij* auf 44vc hinweist, womit das Ende der achten Pecia angezeigt wurde. Diesem Codex diente demnach wohl dieselbe Pecia als Vorlage wie Vat. Lat. 3980 (Battelli, Osservazioni, S. 118). Darüber hinaus stehen neben manchen Reklamanten Ziffern (181v, 231v, 241v, 251v), die wohl den verwendeten Pecien entsprechen. Alle im Codex versammelten Texte dürften in derselben Werkstatt entstanden sein, wobei die beiden letzten in der Kolumnenbreite von den vorherigen abweichen. Sie entstanden womöglich etwas später (Gibbs, Illustration, S. 201 A. 67).

Faksimile: https://digi.ub.uni-heidelberg.de/diglit/bav_pal_lat_629

Literatur: Ausst.-Kat. Palatina, S. 52 f.; Giulio Battelli, Osservazioni sull'Exemplar, in: La production du livre universitaire au Moyen Âge. Exemplar et pecia, Actes du symposium tenu au Collegio S. Bonaventura de Grottaferrata en mai 1983, hrsg. von Louis-Jacques Bataillon / Bertrand-Georges Guyot / Richard Hunter Rouse, Paris 1988, S. 115–123; Gabriella Bernardi, Una scheda per le Decretali manoscritto Palatino latino 629 della Biblioteca Apostolica Vaticana, in: Arte a Bologna 6 (2007), S. 119–128 (mit weiterführender Literatur); Berschin, Palatina, S. 77; Bertram, Handschriften, S. 33, 37, 40, 53 A. 33; Bertram, Signaturenliste; BioBib Jurists, Bernardus Parmensis (a062); BioBib Jurists, Johannes de Deo (a292); Peter Burkhart, Die Dekretalenhandschrift Vat. Pal. Lat. 629 und die Bologneser Buchmalerei am Ende des XIII. Jahrhunderts, in: Miscellanea Bibliothecae Apostolicae Vaticanae 5 (1997), S. 33–51 (mit weiterführender Literatur); CALMA, Bd. 2, Florenz 2008, S. 350f.; Gibbs, Illustration, S. 181, 201f., 208–211, 215; Hanselmann, Bücherschenkung, S. 125; Jeudy, Manuscrits achetés, S. 38f.; Peter-Josef Keßler, Untersuchungen über die Novellen-Gesetzgebung Papst Innozenz' IV., 1. Teil: Ein Beitrag zur Geschichte der Quellen des kanonischen Rechts, in: ZRG KA 31 (1942), S. 142–320, hier S. 278, 280; Stephan Kuttner, Decretalistica, in: ZRG KA 26 (1937), S. 436–470, hier S. 438 A. 7, 450, 456 A. 1; Ders, Medieval Councils, Decretals, and Collections of Canon Law. Selected Essays, Farnham [2]1992, XI S. 73 A. 7, 82ff.; Murano, Opere, S. 360, 366, 368; Giovanna Murano, La tradizione delle opere di Iohannes de Deo ed il ms Roma, Biblioteca Casanatense 1094 (A.II.10), in: Mediaevalia. Textos e estudos 26 (2007), S. 7–80, hier S. 35–37; OVL, Pal.lat.629; Schadt, Darstellungen, S. 205f., 256, 259f., 267, 271–274; Schunke, Einbände 2.2, S. 846; Stevenson, Latini, S. 225f.; Susanne Wittekind, Ut hanc tantum compilatione universi utantur in iudiciis et in scholis. Überlegungen zu Gestaltung und Gebrauch illuminierter Handschriften der Dekretalen Gregors IX., in: Lesevorgänge. Prozesse des Erkennens in mittelalterlichen Texten, Bildern, und Handschriften, hrsg. von Eckart Conrad Lutz / Martina Backes / Stefan Matter, Zürich 2010 (Medienwandel – Medienwechsel – Medienwissen 11), S. 89–128, hier S. 105f., 117, 120, 124, 127.

1) 1va–259vd

Beteiligte Personen: Gregor IX. / Bernhard von Parma.

Titel: Liber extra cum Glossa ordinaria.

Angaben zum Text: Auf Veranlassung Papst Gregor IX. kompilierte Dekretalensammlung mit der Glossa ordinaria des Bernhard von Parma in der 4. Redaktionsstufe von 1263–66 (Kuttner / Smalley, Glossa Ordinaria, S. 98 A. 4): (1vb–c) Gregor IX., Promulgationsbulle ‚Rex pacificus', adressiert an die Universität Bologna; (2rb–71vc) Liber I; (72rb–131vc) Liber II; (132rb–188vc) Liber III; (189rb–207vc) Liber IV; (208rb–259vc) Liber V.

Incipit: 1vb ›*Gregorius*‹ *episcopus seruus seruorum dei dilectis filiis doctoribus scolaribus uniuersis Bononie commorantibus salutem et apostolicam benedictionem.* ›*Rex*‹ *pacificus …*

Explicit: 259vc … *Indignum est et a Romane ecclesie consuetudine alienum, ut pro spiritualibus facere quis homagium compellatur. Secunda pars decretalium finitur.*

Edition: Corpus iuris canonici 2, Sp. 1–928. Zur Glossa ordinaria des Bernhard von Parma existiert keine moderne Edition, sie ist aber bereits in zahlreichen Inkunabeln seit 1468/71 überliefert (GW 11450–11502) und auch in jüngeren frühneuzeitlichen Drucken (Laurin, Introductio, S. 230f.).

2) 260va–261vb

Verfasser: João de Deus.

Titel: Arbor consanguinitatis et affinitatis.

Angaben zum Text: Glosse des João de Deus zum Arbor consanguinitatis et affinitatis.

Rubrik: 260va ›*Ad honorem summe trinitatis et indiuidue trinitatis patris et filij et spiritus sancti* [...]‹.
Incipit: 260va ›*Principio*‹ *nostro sit presens uirgo Maria, cum circa computationem arboris diuersi diuersa sensissent* ...
Explicit: 261v ... *Teneas istas regulas et expone eas diligenter et non errabis. Alia autem superflua sunt de quibus non est curandum quantum extenditur impedimentum consanguinitatis et affinitatis, cum sint connexa extra de constitutione translato.*
Edition: Es existiert keine moderne Edition, die Glosse ist aber bereits in einer Inkunabel von 1489 überliefert (siehe GW M13481).

3) 262ra–273vd
Beteiligte Personen: Innozenz IV. / Bernhard von Compostela der Jüngere.
Titel: Collectio novellarum III cum Glossa ordinaria.
Angaben zum Text: Dekretalen Innozenz' IV. mit der Glossa ordinaria des Bernhard von Compostela.
Incipit: 262rb *Innocentius iiii. in concilio Lugdunensi. Innocentius episcopus seruus seruorum dei dilectis filiis uniuersitatis magistrorum et scolarium Bononie commorantibus salutem et apostolicam benedictionem. Cum nuper in concilio Lugdunensi* ...
Explicit: 273vc ... *Per declarationem autem huiusmodi nolumus aliis defensionibus seu iuribus partium derogari.*
Edition: Justus Henning Böhmer, Corpus iuris canonici, Bd. 2, Appendix III, Sp. 351–368; Mansi 23, Sp. 651–674.

4) 274ra–285rd
Beteiligte Personen: Gregor X. / Garsias Hispanus.
Titel: Constitutiones novissimae cum Glossa ordinaria.
Angaben zum Text: Novellen Gregors X. mit der Glossa ordinaria des Garsias Hispanus.
Incipit: 274rb *Gregorius episcopus seruus seruorum dei dilectis filiis et uniuersitati magistrorum et scolarium Bononie salutem et apostolicam benedictionem. Cum nuper in generali concilio Lugdunensi* ...
Explicit: 285rc ... *Qui autem in eadem sententia permanserint duorum mensium spatio extunc ab ea non possunt nisi per sedem apostolicam absolutionis benefitium obtinere. Datum Lugduni Kalendis Nouenbris, pontificatus nostri anno tertio.*
Edition: Mansi 24, Sp. 81–102.

5) 286ra–295rd
Beteiligte Personen: Nikolaus III. / Garsias Hispanus.
Titel: Konstitution ‚Cupientes'.
Angaben zum Text: Von Nikolaus III. publizierte Konstitution ‚Cupientes' mit der Glosse des Garsias Hispanus.
Incipit: 286rb *Nicholaus episcopus seruus seruorum dei ad perpetuam rei memoriam. Cupientes ecclesiarum uacationibus* ...
Explicit: 295rb–c ... *Porro in singulis casibus supradictis in recuperandis uel reddendis in expensis eligentium electorum postulantium et etiam postulati illud seruari decernimus qoud iustum fuerit et equitas canonum iudicabit. Data Rome apud sanctum Petrum Ydus Decembris pontificatus in nostri anno secundo.*

Edition: Corpus iuris canonici 2, Sp. 954–956.

TH

Vatikan, Biblioteca Apostolica Vaticana, Pal. lat. 630

Liber extra cum Glossa ordinaria

Pergament · 1, 169, 1 Bll. · 39,2 × 25,6 cm · Nordfrankreich, Paris (?) · 2. Hälfte 13. Jh.

Entstehungsort: Nordfrankreich, Paris (?).
Entstehungszeit: 2. Hälfte 13. Jh.

Typus (Überlieferungsform): Codex.
Beschreibstoff: Pergament.
Umfang: 1, 169, 1 Bll.
Format (Blattgröße): 39,2 × 25,6 cm.
Zusammensetzung (Lagenstruktur): $(I-1)^{1a}$ + 9 IV^{72} + III^{78} + 6 IV^{126} + $(II+1)^{131}$ + 4 IV^{163} + III^{169} + $(I-1)^{170^*}$. Vorderspiegel Gegenbl. von 1a, Hinterspiegel Gegenbl. von 170*.
Seiten-, Blatt- und Lagenzählung: Römische Foliierung des 17. Jhs. (*1–169*), Vor- und Nachsatzbl. ungez., weshalb hier Zählung der Digitalisate übernommen wird (1a, 170*). Reklamanten durchgängig unten rechts, Kustoden unten mittig auf der letzten Versoseite der Lage, teilweise durch Beschnitt beeinträchtigt oder verloren gegangen.
Zustand: Zahlreiche Benutzungsspuren, Flecken, Löcher und viele, meist genähte Risse. Häufige Korrekturen über Rasuren. Wasserschaden am oberen Rand von 6r bis 7v. Seiten zum Teil an den Rändern eingerissen.

Schriftraum: 20,4 × 11 cm (Legaltext); 24–33,5 × 21–25,3 cm (mit Klammerglosse); 16,8 × 21,5 cm (Fragment 131r).
Spaltenanzahl: 2 Spalten; 4 Spalten auf 1r–8r, 43v–73r, 118v–131r.
Zeilenanzahl: 54–55 Zeilen.
Angaben zu Schrift / Schreibern: Der Legaltext zeigt Charakteristika der Littera Parisiensis und dürfte in der zweiten Hälfte des 13. Jhs. in Nordfrankreich hergestellt worden sein, womöglich in Paris. Mehrere, in etwa zeitgleich schreibende Hände fertigten die Glosse an, in einer etwas flüchtigeren Schrift.
Buchgestaltung: Liniierung mit Metallstift relativ grob vorgezogen. Als Seitentitel auf der Versoseite ein *L* als Abkürzung für ‚Liber', auf der Rectoseite die jeweilige lateinische Ziffer zum entsprechenden Buch in Gegenfarbe. Erstes Wort eines Buchs als Initialgruppe mit roten und blauen Majuskeln ausgeschmückt. Tituli rubriziert, Anfänge der Capitula mit abwechselnd roten und blauen Lombarden hervorgehoben, verziert mit Palmettenfleuronné, die verlängerten Fadenranken in Gegenfarbe. In alternierender Farbe im Satz zuvor Anfangsbuchstabe jener Person oder Institution hervorgehoben, auf deren Anfrage hin die Dekretale formuliert wurde. Zuweilen rote und blaue Paragrafenzeichen. Tituli des Öfteren senkrecht in das Interkolumnium bzw. den Seitensteg gezogen. Zahlreiche Verweiszeichen, zwei Piktogramme (79vb, 146vb). Text der Glosse nur teilweise ausgeführt (1r–8r, 43v–73r, 118v–131r).
Buchschmuck: s. Buchgestaltung.

Nachträge und Benutzungsspuren: Zahlreiche Korrekturen von verschiedenen Händen, in erster Linie im Interkolumnium oder wo keine Klammerglosse steht am Seitenrand. Die größeren Eingriffe am Legaltext dürften vom Schreiber der Klammerglosse stammen, es gibt aber auch weitere, jüngere Hände. Von jüngerer Hand abgekürzte Tituli auf der Rectoseite oben rechts als Seitentitel. Zuweilen zu Beginn auch Majuskelbuchstaben im Seitentitel. In den Glossen weitere zahlreiche Korrekturen und Anmerkungen.

Einband: Römischer Einband, um 1780, Pappe mit weißem Pergament überzogen (Schunke, Einbände 2.2, S. 846). Gelb-kupferfarbenes Kapital. Auf Buchrücken Aufkleber mit der aktuellen Signatur, sowie Reste einer Altsignatur. Rückentitel: *DECRETALES cum glossa.*
Provenienz: Heidelberg.
Geschichte der Handschrift: Blaues Schildchen mit aktueller Signatur auf Vorderspiegel. Capsa-Nummer auf 1r: *C. 173* (durchgeschlagen auf 1a). Ältere, durchgestrichene römische Signaturen auf 1ar: *677* und *716* [beide Signaturen durchgestrichen]. Mögliche weitere Signaturen auf 1r: *2048* [durchgestrichen] und *533*. Auf Vorderspiegel Aufkleber mit der aktuellen Signatur. Ausgehend vom Text der Promulgationsbulle, deren Grußadresse an die Pariser Universität gerichtet ist, und dem Charakter der Schrift ist die Entstehung der Hs. an der Universität Paris oder deren Umfeld anzunehmen.

Faksimile: https://digi.ub.uni-heidelberg.de/diglit/bav_pal_lat_630
Literatur: Bertram, Signaturenliste; Hanselmann, Bücherschenkung, S. 125; Jeudy, Manuscrits achetés, S. 38f.; OVL, Pal.lat.630; Schunke, Einbände 2.2, S. 846; Stevenson, Latini, S. 226.

1) 1ra–169ra
Beteiligte Personen: Gregor IX. / Bernhard von Parma.
Titel: Liber extra cum Glossa ordinaria.
Angaben zum Text: Auf Veranlassung Papst Gregor IX. kompilierte Dekretalensammlung, stellenweise mit der Glossa ordinaria des Bernhard von Parma versehen: (1ra) Gregor IX., Promulgationsbulle ‚Rex pacificus', adressiert an die Universität von Paris; (1rb–43vb) Liber I (Glosse von 1ra–8ra, bricht dann ab); (43vb–78vb) Liber II (Glosse von 43va–73rd); (79ra–118vc) Liber III (ohne Glosse); (118vc–130vd) Liber IV (Glosse von 118vd–131rc); (132ra–169ra) Liber V (ohne Glosse). – 169r–169v Anmerkungen von jüngeren Händen.
Rubrik: 1rb ›*Incipit prologus decretalium*‹.
Incipit: 1rb ›*Gregorius*‹ *episcopus seruus seruorum dei dilectis filiis doctoribus scolaribus uniuersis Parisius commorantibus salutem et apostolicam benedictionem. Rex pacificus ...*
Explicit: 169ra *... Indignum est et a Romane ecclesie consuetudine alienum, ut pro spiritualibus facere quis homagium compellatur.* ›*Explicit liber v*‹.
Edition: Corpus iuris canonici 2, Sp. 1–928. Zur Glossa ordinaria des Bernhard von Parma existiert keine moderne Edition, sie ist aber bereits in zahlreichen Inkunabeln seit 1468/71 überliefert (GW 11450–11502) und auch in jüngeren frühneuzeitlichen Drucken (Laurin, Introductio, S. 230f.).

TH

Vatikan, Biblioteca Apostolica Vaticana, Pal. lat. 631

Liber extra cum Glossa ordinaria

Pergament · 1, 323, 2 Bll. · 47,6 × 29 cm · Bologna · 1330–1340

Entstehungsort: Bologna.
Entstehungszeit: 1330–1340.

Typus (Überlieferungsform): Codex.
Beschreibstoff: Pergament.
Umfang: 1, 323, 2 Bll.
Format (Blattgröße): 47,6 × 29 cm.
Zusammensetzung (Lagenstruktur): $(I\text{-}1)^{1a}$ + I^{2} + $(V\text{-}1)^{11}$ + 7 V^{81} + IV^{89} + 23 V^{319} + $(II+1)^{324^*}$ + $(I\text{-}1)^{325^*}$. Vorderspiegel Gegenbl. von 1a, Hinterspiegel Gegenbl. von 325*.
Seiten-, Blatt- und Lagenzählung: Römische Foliierung des 17. Jhs. (*2–323*), mit Bleistift nachgetragen (*1–241*). Vorsatzbl. und Nachsatzbll. ungez., weshalb hier Zählung der Digitalisate übernommen wird (1a, 324*–325*). Verzierte Reklamanten durchgängig auf der letzten Versoseite der Lage auf dem Fußsteg mittig (bis auf 2v, 89v, 169v). 168v–169v leer, jedoch gez. und 168v sowie 169r mit Seitentitel.
Zustand: Schrift zuweilen etwas verblasst, wenige Stockflecken, Benutzungsspuren, ab 318 leichter Wasserschaden.

Schriftraum: 20,3 × 14,5 cm (Legaltext); 37,2 × 23 cm (mit Klammerglosse).
Spaltenanzahl: 4 Spalten.
Zeilenanzahl: 22–44 Zeilen.
Angaben zu Schrift / Schreibern: Bei der Schrift handelt es sich um ein typisches Beispiel der in Bologna ausgeprägten Littera Bononiensis. Aufgrund der Standardisierung der Schrift sind Aussagen über unterschiedliche Hände kaum möglich. Die Schrift ist entsprechend dem anspruchsvollen Buchschmuck kalligrafisch aufwändig gestaltet und zeigt nur wenige Korrekturen auf, die am Kopf oder Fuß der Kolumne nachgetragen wurden.
Buchgestaltung: Linien mit feinem Metallstift vorgezogen. Seitentitel mittig mit einem *L* auf der Versoseite und der dem jeweiligen Buch zugeordneten Ziffer auf der Rectoseite. Mittig und zweispaltig angelegter Text ist von Klammerglosse umflossen. Jedes Buch beginnt mit einer Miniatur, jeder Titulus mit einer Bildeinschlussinitiale mit Person im Schulterstück, zuvor genannte Tituli rubriziert, jedes Capitulum mit einer abwechselnd roten oder blauen Lombarde mit grafischen Verzierungen in Gegenfarbe. In alternierender Farbe im Satz zuvor Anfangsbuchstabe jener Person oder Institution hervorgehoben, auf deren Anfrage hin die Dekretale formuliert wurde. Abwechselnd rote und blaue Paragrafenzeichen. Immer wieder Zeilenfüller mit Aneinanderreihung von Schäften. Initialen in der Glosse ohne Bildeinschluss, aber in denselben Farben.
Buchschmuck: Meister der Kreuzigung D zugeschrieben. Eingangsminiaturen zu jedem Buch. Die Ausstattung legt eine Verwandtschaft mit Paris, BnF, Lat. 3960 sowie Vatikanstadt, BAV, Vat. lat. 1366 und Pal. lat. 623 nahe (Baldani, La Pittura, S. 405–407). Ferner zeigen sich bildgestalterische Gemeinsamkeiten mit Pal. lat. 759 (s. auch die Bildbeschreibungen in heidICON).

Nachträge und Benutzungsspuren: Von einer zweiten zeitgenössischen Hand, in einer gotischen Minuskel, aber nicht in Rotunda wie der Haupttext, kurze Inhaltsangaben zu den einzelnen Capitula im Interkolumnium. Von jüngerer Hand in gotischer Kursive angebrachte abgekürzte Tituli auf der Rectoseite oben rechts. Kürzere Nachträge von weiteren Händen aus dem 14. bzw. 15. Jh. Einfache grafische Verweiszeichen im Text (im rechten Winkel aufeinander zulaufende Striche) und auch komplexere an Rändern, z.B. auf 101rc, Zeigehände, z.B. auf 117rd, rubriziert auf 194vd.

Einband: Römischer Einband, Pappe mit weißem Pergament überzogen, in Rom zwischen 1879 und 1889 gebunden, auf dem Rücken ein rotes Schild mit aktueller Signatur und den Wappen Papst Leo XIII. und des Kardinals Jean-Baptiste Pitra (1812–1889) golden gestempelt, SCHUNKE, Einbände 2.2, S. 846. Auf Buchrücken blaues aufgeklebtes Schildchen mit der aktuellen Signatur. Gelb-kupferfarbenes Kapital.

Provenienz: Heidelberg.

Geschichte der Handschrift: Auf 1r neben der aktuellen Signatur die Capsa-Nummer: *C. 100*, darunter die Allacci-Signatur *1777*, ferner Altsignaturen *532* sowie *2072* [durchgestrichen]. Auf Vorderspiegel blaues aufgeklebtes Schildchen mit der aktuellen Signatur. Die Hs. wurde im Peciensystem hergestellt, wie dies beispielsweise auf 5rd ersichtlich ist, wo das Ende einer Pecia auf dem Seitenrand verzeichnet wurde: *finis i. pecie prime partis*, darüber stehend das *cor* des Korrektors für *correcta* oder *correxi*. Weitere Pecienvermerke finden sich z.B. auf 8vd oder 19vd. Nicht nur die für die Universität von Bologna typische Herstellung, auch der Buchschmuck sowie die Schrift sprechen für die Entstehung des Codex in besagter oberitalienischer Metropole.

Faksimile: https://digi.ub.uni-heidelberg.de/diglit/bav_pal_lat_631

Literatur: BALDANI, La Pittura, hier S. 405–407; BERTRAM, Signaturenliste; BioBib Jurists, Bernardus Parmensis (a062); Robert GIBBS, The Imagery to Book III: Part II of Illuminated Copies of the Decretales Gregorii IX, in: Decretales pictae. Le miniature nei manoscritti delle Decretali di Gregorio IX (Liber Extra). Atti del colloquio internazionale tenuto all'Istituto Storico Germanico Roma 3–4 marzo 2010, hrsg. von Martin BERTRAM / Silvia DI PAOLO, Rom 2012, S. 79–131, hier S. 125; HANSELMANN, Bücherschenkung, S. 125; JEUDY, Manuscrits achetés, S. 38f.; L'ENGLE, Illumination, S. 247 A. 215 und 216, 264 A. 265, 300; Susan L'ENGLE, Picturing Gregory: The Evolving Imagery of Canon Law, in: Decretales pictae (s.o.), S. 23–44, hier S. 37 A. 33, 38 A. 35, 41; OVL, Pal.lat.631; SCHUNKE, Einbände 2.2, S. 846; STEVENSON, Latini, S. 226.

1) 1va–323vd

Beteiligte Personen: GREGOR IX. / BERNHARD VON PARMA.

Titel: Liber extra cum Glossa ordinaria.

Angaben zum Text: Auf Veranlassung Papst Gregor IX. kompilierte Dekretalensammlung mit der Glossa ordinaria des Bernhard von Parma (von STEVENSON fälschlicherweise Johannes Andreae zugeschrieben) in der 4. Redaktionsstufe, 1263–66 (KUTTNER / SMALLEY, Glossa Ordinaria, S. 98 A. 4): (1vb–2rc) Gregor IX., Promulgationsbulle ‚Rex pacificus', adressiert an die Universität von Bologna; (2vb–89vc) Liber I; (90rb–168rc) Liber II; (168v–169v) leer; (170rb–236vc) Liber III; (237rb–261rc) Liber IV; (261vb–323vc) Liber V.

Incipit: 1vb ›*Gregorius*‹ *episcopus seruus seruorum dei dilectis filijs doctoribus et scolaribus uniuersis Bononie comorantibus salutem et apostolicam benedictionem.* ›*Rex*‹ *pacificus* ...

Explicit: 323vc ... *Indignum est et a Romane ecclesie consuetudine alienum ut pro spiritualibus facere quis homagium conpellatur. Explicit liber v. textus decretalilium* [!]. *Et est finis. Deo gratias.*

Edition: Corpus iuris canonici 2, Sp. 1–928; zur Glossa ordinaria des Bernhard von Parma existiert keine moderne Edition, sie ist aber bereits in zahlreichen Inkunabeln seit 1468/71 (GW 11450–11502) und auch in jüngeren frühneuzeitlichen Drucken (Laurin, Introductio, S. 230 f.) überliefert.

TH

Vatikan, Biblioteca Apostolica Vaticana, Pal. lat. 632

Liber extra cum Glossa ordinaria

Pergament · 1, 263, 1 Bll. · 47 × 29 cm · Bologna · 1290–1300

Entstehungsort: Bologna.
Entstehungszeit: 1290–1300.

Typus (Überlieferungsform): Codex.
Beschreibstoff: Pergament.
Umfang: 1, 263, 1 Bll.
Format (Blattgröße): 47 × 29 cm.
Zusammensetzung (Lagenstruktur): $(I-1)^{1a}$ + I^{B} + 12 V^{120} + IV^{128} + 12 V^{248} + VI^{260} + I^{262} + $(I-1)^{262a}$. Vorderspiegel Gegenbl. von 1a, Hinterspiegel Gegenbl. von 262*.
Seiten-, Blatt- und Lagenzählung: Römische Foliierung des 17. Jhs. (*1–260*, *A* und *B* nachgetragen), Vorsatzbl. und Nachsatzbll. ungez., weshalb hier Zählung der Digitalisate übernommen wird (1a, 261*–262*). Auf 261*r eingeklebtes Fragment, gezählt als 260a. Reklamanten durchgängig auf der letzten Versoseite der Lage auf dem Fußsteg rechts, zuweilen Ziffern neben den Reklamanten, die auf Kustoden hinweisen dürften.
Zustand: Benutzungsspuren, Tinte zuweilen ein wenig verblasst, manche Bll. eingeschnitten, mitunter Ränder bestoßen. Fragment (260a) mit Wasserschaden.

Schriftraum: 18 × 15,5 cm (Legaltext); 42,4 × 26 cm (mit Klammerglosse).
Spaltenanzahl: 4 Spalten (bis auf Av–Br: 3 Spalten).
Zeilenanzahl: Legaltext: 34–47 Zeilen; Klammerglosse: 88–100 Zeilen.
Angaben zu Schrift / Schreibern: Die Schrift ist ein typisches Beispiel der in Bologna gepflegten Littera Bononiensis. Aufgrund ihrer Standardisierung sind Aussagen über verschiedene Hände kaum möglich. Die Schrift ist entsprechend dem anspruchsvollen Buchschmuck kalligrafisch aufwändig gestaltet und zeigt wenige Korrekturen auf, die an den Seitenrändern bzw. am Kopf oder Fuß der Kolumne nachgetragen wurden.
Buchgestaltung: Seitentitel mittig mit einem *L* auf der Versoseite und der dem jeweiligen Buch zugeordneten Ziffer auf der Rectoseite, nebst Nennung des rubrizierten Titulus. Mittig und zweispaltig angelegter Text ist von Glosse umflossen. Jedes Buch beginnt mit einer Miniatur, jeder Titulus mit einer Bildeinschlussinitiale mit Person, meist im Schulterstück, bzw. Rankeninitiale, jedes Capitulum mit einer Lombarde mit Knospenfleuronné in Rot und Blau alternierend. Im Satz zuvor Anfangsbuchstabe jener Person oder Institution mit Satz-

majuskel hervorgehoben, auf deren Anfrage hin die Dekretale formuliert wurde. Satzmajuskeln ebenfalls farblich alternierend wie auch Paragrafenzeichen. Kleine Verweisbuchstaben stellen Zuordnung des Legaltexts zur Glosse her. In der Klammerglosse zu Beginn eines Titulus Rankeninitialen. Lombarden mit weniger als im Legaltext verziertem Fleuronné in Gegenfarbe. Alternierend rote und blaue Paragrafenzeichen.

Buchschmuck: Modenese Grisolfi zugeschrieben, der die Eingangsminiatur von Pal. lat. 629 kopierte. Eingangsminiaturen zu jedem Buch. S. auch die Bildbeschreibung in heidICON.

Nachträge und Benutzungsspuren: Von jüngerer Hand Kurzzusammenfassungen der Capitula neben den Kapitelanfängen nachgetragen (endet 10rc, wieder aufgenommen im Liber V, 208rb–214vc). Weitere Anmerkungen und auch Korrekturen im Interkolumnium, am Seitenrand oder über der Zeile; solches auch von mindestens einer weiteren Hand in einer gotischen Kursive. Auf 143vb Kopf eines Geistlichen als Piktogramm.

Einband: Römischer Einband, Pappe mit weißem Pergament überzogen, in Rom um 1780 gefertigt (SCHUNKE, Einbände 2.2, S. 846). Gelb-kupferfarbenes Kapital. Auf dem leicht eingerissenen Buchrücken zwei blaue aufgeklebte Schildchen mit der aktuellen Signatur. Rückentitel: *DECRETALES.*

Provenienz: Heidelberg.

Geschichte der Handschrift: Auf Ar Capsa-Nummer *C. 173.*, darunter Allacci-Signatur *1508*, ferner Altsignatur *2069* [letztere beiden Signaturen durchgestrichen]. Auf Vorderspiegel blaues aufgeklebtes Schildchen mit der aktuellen Signatur. Die Herstellung der Hs. erfolgte im Peciensystem, was beispielsweise auf 81va ersichtlich wird, wo das Ende einer Pecia auf dem Seitenrand verzeichnet wurde: *finitur pecia xxvi ij partis*, darüber stehend das *cor* des Korrektors für *correcta* bzw. *correxi.* Aber nicht nur das an der Universität von Bologna gepflegte Peciensystem, auch der Buchschmuck und die Schrift sprechen für die Entstehung der Hs. in besagter oberitalienischer Metropole, die L'ENGLE, Illumination, S. 300, in das letzte Jahrzehnt des 13. Jhs. datiert. Dafür, dass sich der Codex wahrscheinlich in der Mitte des 15. Jhs. bereits in Heidelberg befand, spricht das Fragment 260a, auf welchem Nikolaus von Mindelheim auf den Einfall des polnischen Königs in Ungarn hinweist. Erstgenannter dürfte mit *Nicolaus Sartoris de Mindelhem* gleichzusetzen sein, der sich 1448 an der Universität Heidelberg immatrikulierte (TOEPKE, Matr. Heidelberg, S. 255).

Faksimile: https://digi.ub.uni-heidelberg.de/diglit/bav_pal_lat_632

Literatur: BERSCHIN, Palatina, S. 77; BioBib Jurists, Bernardus Parmensis (a062); CONTI, La miniatura, S. 45 A. 22; Adalbert VON ERBACH-FÜRSTENAU, La miniatura bolognese nel trecento, in: L'Arte 14 (1911), S. 1–12, 107–117, hier S. 8; Michele FEO, „Sì che pare a' lor vivagni". Il dialogo col libro da Dante a Montaigne, in: Agnolo Poliziano poeta, scrittore, filologo. Atti del Convegno internazionale di studi, Montepulciano 3–6 novembre 1994, hrsg. von Mario MARTELLI / Vincenzo FERA, Florenz 1998, S. 245–294, hier S. 248; GIBBS, Illustration, S. 179, 202–208; HANSELMANN, Bücherschenkung, S. 125; JEUDY, Manuscrits achetés, S. 38f.; L'ENGLE, Illumination, S. 55 A. 52, 115 A. 60, 116 A. 62, 247 A. 214, 300; Susan L'ENGLE, Picturing Gregory: The Evolving Imagery of Canon Law, in: Decretales pictae. Le miniature nei manoscritti delle Decretali di Gregorio IX (Liber Extra). Atti del colloquio internazionale tenuto all'Istituto Storico Germanico Roma, 3–4 marzo 2010, hrsg. von Martin BERTRAM / Silvia DI PAOLO, Rom 2012, S. 23–44, hier S. 33 A. 22, 38 A. 35, 41; OVL, Pal.lat.632; SCHUNKE, Einbände 2.2, S. 846; STEVENSON, Latini, S. 226.

1) Ava–260a
Beteiligte Personen: Gregor IX. / Bernhard von Parma.
Titel: Liber extra cum Glossa ordinaria.
Angaben zum Text: Auf Veranlassung Papst Gregor IX. kompilierte Dekretalensammlung mit der Glossa ordinaria des Bernhard von Parma (von Stevenson fälschlicherweise Johannes Andreae zugeschrieben) in der 4. Redaktionsstufe, 1263–66 (Kuttner / Smalley, Glossa Ordinaria, S. 98 A. 4): (Ava–Bra) Inhaltsverzeichnis mit alphabetisch geordneten Tituli; (1rb–1vb) Gregor IX., Promulgationsbulle ‚Rex pacificus', adressiert an die Universität von Bologna; (1vb–68vc) Liber I; (69rb–128vc) Liber II; (129rb–187vc) Liber III; (188rb–207vc) Liber IV; (208rb–260vc) Liber V; (260a) Schreiben des Nikolaus von Mindelheim.
Incipit: 1rb ›*Gregorius*‹ *episcopus seruus seruorum dei dilectis filiis doctoribus et scolaribus uniuersis Bononie conmorantibus salutem et apostolicam benedictionem.* ›*Rex*‹ *pacificus* ...
Explicit: 260vc ... *Indignum est et a Romane ecclesie consuetudine alienum, ut pro spiritualibus facere quis homagium compellatur. Explicit decretales.*
Edition: Corpus iuris canonici 2, Sp. 1–928; zur Glossa ordinaria des Bernhard von Parma existiert keine moderne Edition, sie ist aber bereits in zahlreichen Inkunabeln seit 1468/71 (GW 11450–11502) und auch in jüngeren frühneuzeitlichen Drucken (Laurin, Introductio, S. 230 f.) überliefert.

TH

Vatikan, Biblioteca Apostolica Vaticana, Pal. lat. 633

Liber extra cum Glossa ordinaria

Pergament · 1, 244, 1 Bll. · 44,5 × 25,7 cm · Südfrankreich (?) · um 1300

Entstehungsort: Südfrankreich (?).
Entstehungszeit: um 1300.

Typus (Überlieferungsform): Codex.
Beschreibstoff: Pergament.
Umfang: 1, 244, 1 Bll.
Format (Blattgröße): 44,5 × 25,7 cm.
Zusammensetzung (Lagenstruktur): $(I-1)^{1a}$ + 2 I^{4} + 15 VI^{184} + V^{194} + 4 VI^{242} + 2^{244*} + $(I-1)^{245*}$. Vorderspiegel Gegenbl. von 1a, Hinterspiegel Gegenbl. von 245*.
Seiten-, Blatt- und Lagenzählung: Römische Foliierung des 17. Jhs. (*1–243*). Vorsatzbl. und Nachsatzbll. ungez., weshalb hier Zählung der Digitalisate übernommen wird (1a, 244*–245*). Durchgängig Reklamanten auf der letzten Versoseite der Lage auf dem Fußsteg rechts, wobei in der Regel nicht nur das erste Wort der neuen Lage aus dem Legaltext, sondern auch aus der Glosse genannt wird.
Zustand: Ausgeprägte Benutzungsspuren. Einige Löcher, die mehrheitlich bereits vor der Niederschrift des Texts existierten, sowie Risse, Bll. abgegriffen.

Schriftraum: 24 × 13,5 cm (Legaltext); 42,3 × 24 cm (mit Klammerglosse).
Spaltenanzahl: 4 Spalten (1r–4r: 2 Spalten; 4v: 3 Spalten).
Zeilenanzahl: Legaltext: 46 Zeilen; Klammerglosse: 80–103 Zeilen; 1r–4v: 75–99 Zeilen.

Angaben zu Schrift / Schreibern: Der Legaltext des Liber extra und die Glosse wurden von jeweils einer Hand verfasst, wobei die Schrift der Glosse etwas jünger zu sein scheint. Der breite Duktus der Schrift und die runden Formen, die auf eine Entstehung in Südeuropa hindeuten, wurden mit diversen Elementen gepaart, die typisch für weiter nördlich gelegene Regionen sind, sodass Südfrankreich als Herstellungsort als wahrscheinlich erscheint (vgl. DEROLEZ, Palaeography, S. 116 f.). Aus derselben Zeitstufe, aber von anderer Hand, dürfte der Apparatus zum Arbor consanguinitatis et affinitatis des Johannes Andreae stammen. Von jüngerer Hand, die sich einer älteren gotischen Kursiven bedient, sind das Inhaltsverzeichnis und die Texte von 1r–2v.
Buchgestaltung: Liniierung mit Metallstift. Seitentitel mittig mit einem *L* auf der Versoseite und der dem jeweiligen Buch zugeordneten Ziffer auf der Rectoseite. Mittig und zweispaltig angelegter Text ist von Glosse umflossen. Jedem Buch ist eine Initiale mit Goldschmuck und Knospenfleuronné vorangestellt, jedem Titulus eine Initiale mit Knospenfleuronné, jedem Capitulum eine Lombarde alternierend in Blau und Rot, mit Fadenausläufern in Gegenfarbe. Im Satz zuvor Anfangsbuchstabe jener Person oder Institution mit Satzmajuskel hervorgehoben, auf deren Anfrage hin die Dekretale formuliert wurde. Satzmajuskeln ebenfalls farblich alternierend wie auch Paragrafenzeichen. Tituli rubriziert. In der Klammerglosse lediglich leicht verzierte Lombarden sowie Paragrafenzeichen.
Buchschmuck: Vor jedem Buchanfang ist etwas Platz ausgespart, wohl für eine nicht ausgeführte Miniatur. 3v–4r Arbores consanguinitatis et affinitatis: einfache Darstellung anhand von roten Kreisen und halbkreisförmigen Bogenverbindungen.

Nachträge und Benutzungsspuren: Anmerkungen, Ergänzungen, Korrekturen und Interlinearglossen von mindestens vier jüngeren Händen im Interkolumnium, an den Seitenrändern sowie an Kopf und Fuß der Seite. Eine Hand dürfte jene gewesen sein, die 1r–2v sowie 4v beschrieb. Auch der jeweilige Titulus auf der Rectoseite auf dem Kopfsteg rechts wurde nachgetragen. Zahlreiche und verschiedene grafische Marginalien. Wörter oder Ausdrücke in der Glosse rot unterstrichen. Merkverse auf 12rb, 31va, 32rb, 39ra, 44vd, 47vb, 97va, 132vb, 138rd, 139rd, 155rd, 159va, 161va, 167va, 174r–175r, 208rd, 229r.

Einband: Römischer Einband, Pappe mit weißem Pergament überzogen, in Rom um 1780 gebunden (SCHUNKE, Einbände 2.2, S. 846). Gelb-kupferfarbenes Kapital. Auf dem leicht beschädigten Buchrücken zwei blaue aufgeklebte Schildchen mit der aktuellen Signatur. Rückentitel: *DECRETALIUM LIBRI V.*
Provenienz: Heidelberg.
Geschichte der Handschrift: Auf Vorderspiegel blaues Schildchen mit aktueller Signatur. Auf 1a neben der aktuellen Signatur ältere römische Signaturen *682* und *720* [beide durchgestrichen], auf 1r Capsa-Nummer *C. 138*, darunter Allacci-Signatur *412* [durchgestrichen], ferner Altsignatur *535* auf dem Fußsteg. Der paläografische Befund macht eine Entstehung der Hs. in Südfrankreich wahrscheinlich.

Faksimile: https://digi.ub.uni-heidelberg.de/diglit/bav_pal_lat_633
Literatur: BERTRAM, Handschriften, S. 54 A. 48, 57 A. 90; BERTRAM, Signaturenliste; BioBib Jurists, Bernardus Parmensis (a062); HANSELMANN, Bücherschenkung, S. 125; JAKOBS, Or signori, S. 311–423; JEUDY, Manuscrits achetés, S. 38 f.; OVL, Pal.lat.633; SCHUNKE, Einbände 2.2, S. 846; STEVENSON, Latini, S. 226 f.

1) 1ra–4r
Titel: Kleintexte.
Angaben zum Text: Mehrere Kleintexte, nach Stevenson, Latini: (1ra–1va) Johannes Andreae (1270–1348), Kommentar zum Capitulum ‚Nobis de iure patronatus' (beginnt 2v); (1va–b) Repertorium super materia iuris patronatus; (2ra) Adnotatio brevis de dispensatione; (2ra) De scrutinio in electionibus; (2rb–2vb) Johannes Andreae, Kommentar über das Capitulum ‚Ex parte de testibus extraneis'; (3ra–4ra) Johannes Andreae, Lectura super arboribus consanguinitatis et affinitatis.
Edition: Johannes Andreae, Lectura super arboribus consanguinitatis et affinitatis, ist ediert in: Corpus iuris canonici 1, Sp. 1427–1436.

2) 4v–242v
Beteiligte Personen: Gregor IX. / Bernhard von Parma / Innozenz IV.
Titel: Liber extra cum Glossa ordinaria.
Angaben zum Text: Auf Veranlassung Papst Gregor IX. kompilierte Dekretalensammlung mit der Glossa ordinaria des Bernhard von Parma, adressiert an die Universität Paris, in der 4. Redaktionsstufe, 1263–66 (Kuttner / Smalley, Glossa Ordinaria, S. 98 A. 4). Offenbar wurden in den Text des Liber extra Novellen aus der Collectio I, II und III Papst Innozenz IV. inseriert, die 1245–53 veröffentlicht wurden, ebenso die zwei Extravaganten ‚Perlectis litteris' sowie ‚Gravis et dolore', deren Erscheinungsdatum unbekannt ist, s. dazu Peter-Josef Keßler, Untersuchungen über die Novellen-Gesetzgebung Papst Innozenz' IV., 1. Teil: Ein Beitrag zur Geschichte der Quellen des kanonischen Rechts, in: ZRG KA 31 (1942), S. 142–320; hier S. 206, 271, 284 f., 290, 2. Teil: Ein Beitrag zur Geschichte der Literatur des kanonischen Rechts in: ZRG KA 32 (1943), S. 300–383, hier S. 305, 308. – (4va–c) Inhaltsverzeichnis; (5rb–65rb) Liber I; (65rb–116vc) Liber II; (116vc–167vb) Liber III; (167vb–184rc) Liber IV; (184vb–242vc) Liber V.
Incipit: 5rb ›*Gregorius*‹ *episcopus seruus seruorum dei dilectis filijs doctoribus et scolaribus uniuersis Parisius et ubicumque commorantibus salutem et apostolicam benedictionem.* ›*Rex*‹ *pacificus ...*
Explicit: 242vc ... *Indignum est et a Romane ecclesie consuetudine alienum, ut pro spiritualibus facere quis homagium compellatur. Explicit liber quintus.* ›*Explicit expliceat ludere scriptor eat*‹.
Edition: Corpus iuris canonici 2, Sp. 1–928; zur Glossa ordinaria des Bernhard von Parma existiert keine moderne Edition, sie ist aber bereits in zahlreichen Inkunabeln seit 1468/71 (GW 11450–11502) und auch in jüngeren frühneuzeitlichen Drucken (Laurin, Introductio, S. 230 f.) überliefert.

TH

Vatikan, Biblioteca Apostolica Vaticana, Pal. lat. 634

Liber extra cum Glossa ordinaria

Pergament · 1, 223, 1 Bll. · 40 × 29,2 cm · Nordfrankreich, Paris (?) · Mitte 13. Jh.

Entstehungsort: Nordfrankreich, Paris (?).
Entstehungszeit: Mitte 13. Jh.

Typus (Überlieferungsform): Codex.
Beschreibstoff: Pergament.
Umfang: 1, 223, 1 Bll.
Format (Blattgröße): 40 × 29,2 cm.
Zusammensetzung (Lagenstruktur): $(I-1)^{1a}$ + I^{2} + 4 VI^{50} + V^{60} + 8 VI^{155} + $(II-2)^{157}$ + VIII^{173} + 4 VI^{221} + I^{223} + $(I-1)^{224v}$. Vorderspiegel Gegenbl. von 1a, Hinterspiegel Gegenbl. von 224. Zählfehler: Auf 75 folgt ungez. Bl., nach 156 wurde Bl. herausgeschnitten.
Seiten-, Blatt- und Lagenzählung: Römische Foliierung des 17. Jhs. (*1–224*). Vorsatzbl. ungez., weshalb hier, wie beim ungez. und herausgeschnittenen Bl., Zählung der Digitalisate übernommen wird (1a, 75a, 156a).
Zustand: Ausgeprägte Benutzungsspuren, Seiten abgegriffen, braun nachgedunkelt und beschnitten, zahlreiche Flecken. Der Anfang des Liber extra fehlt. Der Text setzt im 2. Capitulum des 1. Titulus ein. Initialen der Anfänge zu den Büchern 4 und 5 wurden herausgeschnitten (Bll. 158 und 174), ebenso Schnittspuren auf 131, die Seite 156a wurde ganz herausgeschnitten.

Schriftraum: 20,6 × 12,5 cm (Legaltext); 38 × 26,5 cm (mit Klammerglosse).
Spaltenanzahl: 4 Spalten (1r–1v: 9 Spalten; 2r: 10 Spalten; 3r: 2 Spalten; 222r–223v: 2 Spalten; 59r–60r: 5–6 Spalten; 60v: 2 Spalten).
Zeilenanzahl: 41 Zeilen.
Angaben zu Schrift / Schreibern: Die Schrift zeigt Charakteristika der Littera Parisiensis und dürfte Mitte des 13. Jhs. in Nordfrankreich, wahrscheinlich im Umfeld der Universität Paris niedergeschrieben worden sein. Die Klammerglosse wurde etwas flüchtiger ausgeführt, weshalb es schwierig zu entscheiden ist, ob sie, im Unterschied zum Legaltext, von einer anderen Hand stammt.
Buchgestaltung: Liniierung mit Metallstift. Seitentitel mittig mit einem *L* auf der Versoseite und der dem jeweiligen Buch zugeordneten Ziffer auf der Rectoseite. Mittig und zweispaltig angelegter Text ist von Klammerglosse umflossen. Im Legaltext beginnt jedes Buch mit einer Initiale mit Goldschmuck (61r, 108r bewohnte Initialen), wobei die Initialen zu den Büchern 1, 4 und 5 herausgeschnitten wurden. Tituli rubriziert. Jedem Capitulum Lombarde vorangestellt, alternierend in Blau und Rot, mit Fadenausläufern in Gegenfarbe. Im Satz zuvor Anfangsbuchstabe jener Person oder Institution mit farblich alternierender Satzmajuskel hervorgehoben, auf deren Anfrage hin die Dekretale formuliert wurde. In der Klammerglosse lediglich Paragrafenzeichen in Blau und Rot, darüber hinaus unterschiedliche Rubrizierungen in Form von Strichelungen und Unterstreichungen zur Hervorhebung von Sinnabschnitten. Rubrizierte Verweisbuchstaben stellen Zuordnung des Legaltexts zur Glosse her.
Buchschmuck: 157rb–c Miniatur mit Schaubild zu einem Arbor affinitatis: Auf einer Architektur, die das Verwandtschaftsschema aus roten Kreisen in sich aufnimmt, stehen ein Mann und eine Frau. Beide haben einen goldenen Reif im Haar, er trägt ein braunes, sie ein rotes Obergewand, darüber sind beide mit einem grünen Umhang angetan. Beide fassen nach einem herzförmigen Gebilde, das aus den Rankenausläufern besteht (s. auch die Bildbeschreibung in heidICON).

Nachträge und Benutzungsspuren: Tituli als Seitentitel von anderer Hand nachgetragen. In erster Linie Ergänzungen der Glosse von mehreren jüngeren Händen, darunter identifizierbar Marginal- und Interlinearglossen von Egidio Foscarari († 1289) (5r, 6v, 8v, 9r–v, 11r,

13r, 14r, 15r, 18r–v, 19v, 21r, 22v, 24v, 40v, 43v, 45r, 55r, 71r–v, 73v, 82v, 83v, 133v, passim) (vgl. OVL). Zahlreiche und verschiedene grafische Marginalien, darunter der Versuch von Distinctiones, wobei ihr Schöpfer deren Prinzip offenbar nicht verstanden hatte (Evan-Ezra, Lines, S. 73). Ferner unterschiedliche Kleintexte von mehreren zeitgenössischen Händen.

Einband: Römischer Einband, Pappe mit weißem Pergament überzogen, in Rom um 1780 gebunden (Schunke, Einbände 2.2, S. 846). Gelb-kupferfarbenes Kapital. Auf dem Buchrücken zwei blaue aufgeklebte Schildchen mit der aktuellen Signatur, darunter handschriftlich der Rückentitel: *DECRETALIUM LIBER cum glossa ordinaria.*

Provenienz: Heidelberg.

Geschichte der Handschrift: Vorderspiegel mit blauem Signaturschildchen. Auf 1ar neben der aktuellen Signatur zwei alte römische Signaturen *687* und *794* [beide durchgestrichen]. Auf 1r Capsa-Nummer *C. 173*, darunter Allacci-Signatur *1514*, ferner Altsignatur *534* auf dem Fußsteg. Auf Hinterspiegel Schildchen mit Hinweis auf 1975 vorgenommene Restaurierung.

Faksimile: https://digi.ub.uni-heidelberg.de/diglit/bav_pal_lat_634

Literatur: Bertram, Handschriften, S. 54 A. 39; Bertram, Kanonisten, S. 174, 527; Bertram, Signaturenliste; BioBib Jurists, Bernardus Parmensis (a062); CALMA, Bd. 2, Florenz 2008, S. 58f., 350f.; Dondorp, Review, S. 74, 87; Evan-Ezra, Lines, S. 73; Hanselmann, Bücherschenkung, S. 125; Jakobs, Or signori, S. 311–423; Jeudy, Manuscrits achetés, S. 38f.; Francesco Migliorino, La remissione dell'infamia fra 'ius proprium' e 'ius commune': A proposito di una decretale di Innocenzo III (X 2.27.23), in: Proceedings of the Eighth International Congress of Medieval Canon Law, San Diego, University of California at La Jolla, 21–27 August 1988, hrsg. von Stanley Chodorow, Vatikanstadt 1992 (Monumenta Iuris Canonici, Series C, Subsidia 9), S. 429–453, hier S. 444f.; OVL, Pal.lat.634; Schadt, Darstellungen, S. 208 A. 90, 240, 247; Schunke, Einbände 2.2, S. 846; Stevenson, Latini, S. 227.

1) 1ra–223vb

Beteiligte Personen: Gregor IX. / Bernhard von Parma / Egidio Foscarari.

Titel: Liber extra cum Glossa ordinaria.

Angaben zum Text: Auf Veranlassung Papst Gregor IX. kompilierte Dekretalensammlung mit der Glossa ordinaria des Bernhard von Parma in der 1. Redaktionsstufe, 1234–ca. 1241 (Kuttner / Smalley, Glossa Ordinaria, S. 98–102), samt Ergänzungen zur Glossa ordinaria des Egidio Foscarari († 1289) (Bertram, Kanonisten, S. 5 A. 13). – (1ra–2vd) Inhaltsverzeichnis; (3ra–b) Kleintexte; (3v) leer; (4rb–58vc) Liber I, beginnend im 2. Capitulum des 1. Titulus; (59ra–60rc) Inhaltsverzeichnis des Codex Iustinianus; (60va–b) Kleintexte, darunter Dictinctiones des Pierre de Sampson; (61rb–107vc) Liber II; (108rb–156rc) Liber III; (156v) leer; (156a) herausgeschnitten; (157ra–b) Magister Raimund, ‚Quia tractare intendimus'; (157v) leer; (158rb–174rc) Liber IV; (174rc–221vc) Liber V; (222ra–223vb) Kleintexte, darunter eine kurze Summe zum Decretum Gratiani.

Incipit: 4rb ... *populus, et multi fideles una ecclesia, juxta illud: Multitudinis credentium erat cor unum et anima una* ...

Explicit: 223vb ... *Indignum est et a Romane ecclesie consuetudine alienum, vt pro spiritualibus facere quis homagium compellatur.* ›*Explicit liber qvintvs*‹.

Edition: Corpus iuris canonici 2, Sp. 1–928; zur Glossa ordinaria des Bernhard von Parma existiert keine moderne Edition, sie ist aber bereits in zahlreichen Inkunabeln seit 1468/71 (GW 11450–11502) und auch in jüngeren frühneuzeitlichen Drucken (Laurin, Introductio, S. 230 f.) überliefert.

TH

Vatikan, Biblioteca Apostolica Vaticana, Pal. lat. 636

Liber sextus cum Glossa ordinaria

Pergament · 2, 130, 2 Bll. · 45,7–45,8 × 28,6–28,8 cm · Bologna · 1340–1350

Entstehungsort: Bologna.
Entstehungszeit: 1340–1350.

Typus (Überlieferungsform): Codex.
Beschreibstoff: Pergament.
Umfang: 2, 130, 2 Bll.
Format (Blattgröße): 45,7–45,8 × 28,6–28,8 cm.
Zusammensetzung (Lagenstruktur): $(I-1)^{1a}$ + $(V+1)^{10}$ + 12 V^{130} + 1^{131^*} + $(I-1)^{132^*}$ Vorderspiegel Gegenbl. von 1a, Hinterspiegel Gegenbl. von 132*.
Seiten-, Blatt- und Lagenzählung: Römische Foliierung des 17. Jhs. (*1–130*). Ältere Foliierung durch Beschnitt verloren gegangen. Vorsatzbll. und die beiden letzten Nachsatzbll. ungez., weshalb hier Zählung der Digitalisate übernommen wird (1a–2a, 131*–132*). Reklamanten durchgängig auf der letzten Versoseite der Lage mittig auf dem Fußsteg.
Zustand: Ränder zuweilen leicht abgegriffen. Trotz leichter Wasserschäden auf 109v und 117v sowie einiger weniger Flecken befindet sich die Hs. in einem ausgezeichneten Zustand.

Schriftraum: 1,8–24,5 × 13–13,3 cm (Legaltext); 24,7–37,3 × 22,1–22,5 cm (mit Klammerglosse).
Spaltenanzahl: 4 Spalten.
Zeilenanzahl: bis zu 50 Zeilen.
Angaben zu Schrift / Schreibern: Die Schrift ist ein typisches Beispiel der in Bologna gepflegten Littera Bononiensis. Aufgrund ihrer Standardisierung sind Aussagen über verschiedene Hände kaum möglich. Die Schrift ist entsprechend dem anspruchsvollen Buchschmuck kalligrafisch aufwändig gestaltet und weist keinerlei Korrekturen auf.
Buchgestaltung: Zeilengerüst mit Metallstift vorgezogen. Mittig und zweispaltig angelegter Legaltext von Klammerglosse umflossen. Im Legaltext zu Beginn eines Titulus Bildeinschlussinitiale mit Person, meist im Schulterstück, zuweilen mit Ranken versehen. Zuvor genannte Tituli rubriziert. Jedes Capitulum mit blauen Lombarden mit rotem Knospenfleuronné hervorgehoben. Im Satz zuvor Anfangsbuchstabe jener Person mit roter Satzmajuskel hervorgehoben, welche die Dekretale formulierte. Paragrafenzeichen in Blau und Rot alternierend. In der Klammerglosse zu Beginn eines Titulus Rankeninitiale. Lombarden in Rot mit weniger als im Legaltext verziertem Fleuronné in Gegenfarbe. Ferner alternierend rote und blaue Paragrafenzeichen.

Buchschmuck: Meister von 1346 bzw. seiner Werkstatt zugeschrieben. Eingangsminiatur auf 1r zeigt Marienkrönung, wobei Maria und Christus vor einem goldenen Bildfeld auf einem Thron sitzen. Letzterer, in einem rosafarbenen Obergewand, krönt die mit einem blauen Gewand angetane Maria. Fünf Engel halten im Hintergrund einen Brokatvorhang, zwei beten Maria und Christus an, zwei spielen ein Lauteninstrument bzw. eine Fidel, zwei weitere befinden sich auf der Architektur, welche die Szenerie umgibt. Unterhalb der Architektur, quasi noch als Teil der Miniatur, beginnt der Text mit der Initialgruppe ›*Bonifacius*‹ (s. auch die Bildbeschreibungen in heidICON).

Nachträge und Benutzungsspuren: Wenige Anmerkungen von verschiedenen Händen in Textualis, Bastarda und gotischer Kursive der zweiten Hälfte des 14. Jhs. sowie des 15. Jhs. Unterschiedliche grafische Verweiszeichen.

Einband: Römischer Einband, Pappe mit weißem Pergament überzogen, in Rom um 1780 gefertigt (Schunke, Einbände 2.2, S. 846). Gelb-kupferfarbenes Kapital. Kopf und Schwanz des Buchrückens ausgerissen. Rückentitel: *Sextus DECRETALES Iohannes Andreae.* Ferner auf dem Rücken ein *P* in blauer Farbe. Reste zweier blauer aufgeklebter Schildchen mit der aktuellen Signatur.
Provenienz: Heidelberg.
Geschichte der Handschrift: Capsa-Nummer auf 2ar: *C. 160*, darunter Allacci-Signatur *1781* [durchgestrichen]. Weitere Altsignaturen auf 1ar *679* und *714* [beide durchgestrichen], auf 1r *528* sowie auf 131*v *2071*. Der Bildschmuck, die verwendete Schrift und die Gestaltung der Hs. machen deren Entstehung in Bologna wahrscheinlich, die Herstellung im Peciensystem verengt den Ort der Produktion auf die dortige Universität, was beispielsweise auf dem Seitenrand von 29rd ersichtlich wird, wo das Ende einer Pecia vermerkt wurde: *finit VIIIJ*. Weitere Pecienvermerke finden sich beispielsweise auf 32vb, 50vb, 95rb, 116rd. Die Anmerkungen späterer Benutzer machen deutlich, dass der Codex sich bereits Ende des 14. Jhs. nördlich der Alpen befunden haben muss, wie beispielsweise der Nachtrag auf 116rb *prorsus exclusis* [später nachgetragen: *sed*] *interdictis* in Textura nahelegt, die in dieser gebrochenen Form für Italien untypisch ist. Lehmann hat diese Hs. fälschlicherweise der Bibliothek Ulrich Fuggers (1526–1584) zugeordnet, diese allerdings mit Pal. lat. 637 verwechselt (Lehmann, Fuggerbibliotheken 2, S. 480; Beschreibung zu Pal. lat. 637).

Faksimile: https://digi.ub.uni-heidelberg.de/diglit/bav_pal_lat_636
Literatur: Ausst.-Kat. Palatina, S. 53; Baldani, La Pittura, S. 408 f.; Conti, La miniatura, S. 91, 94; Alessandro Conti, Rezension zu E. Cassee, The Missal of Cardinal Bertrand de Deux: A Study in Fourteenth Century Bolognese Miniature Painting, Florenz 1980, in: Prospettiva 24 (1981), S. 72–82, hier S. 78 A. 27; Gibbs, Illustration, S. 639; Lehmann, Fuggerbibliotheken 2, S. 480; L'Engle, Illumination, S. 72, 73 A. 83, 300; OVL, Pal.lat.636; Emma Pirani, Aspetti della miniatura emiliana dalle origini a tutto il sec. XIV, in: Accademie e Biblioteche d'Italia 23 (1955), S. 247–262, hier S. 261; Schunke, Einbände 2.2, S. 846; Stevenson, Latini, S. 227.

1) 1ra–129vc
Beteiligte Personen: Bonifaz VIII. / Johannes Andreae.
Titel: Liber sextus cum Glossa ordinaria.

Angaben zum Text: Auf Veranlassung Papst Bonifaz VIII. kompilierte Dekretalensammlung mit der Glossa ordinaria des Johannes Andreae (um 1270–1348) und Grußadresse an die Universität Bologna: (1rb–2vb) Bulle ‚Sacrosanctae Romanae ecclesiae'; (2vb–50rb) Liber I; (50rb–65vb) Liber II; (65vb–93rc) Liber III; (93rc–94vb) Liber IV; (94vb–118rc) Liber V; (118rc–129vb) ‚De regulis iuris'.

Incipit: 1rb ›*Bonifacius*‹ *episcopus seruus seruorum dei dilectis filijs doctoribus et scolaribus uniuersis Bononie commorantibus salutem et apostolicam benedictionem.* ›*Sacrosancte*‹ *Romane ecclesie ...*

Explicit: 129vb ... *Datum Rome apud sanctum Petrum quinto Nonas Martij pontificatus nostri anno quarto.*

Edition: Corpus iuris canonici 2, Sp. 929–1124; zur Glossa ordinaria des Johannes Andreae existiert keine moderne Edition, sie ist aber bereits in zahlreichen Inkunabeln seit 1465 überliefert (GW 4848–4905).

TH

Vatikan, Biblioteca Apostolica Vaticana, Pal. lat. 637

Zusammengesetzte juristische Handschrift

Pergament · 1, 109, 1 Bll. · 39,6 × 25,5 cm · Neapel (?) / Ferrara (?) · um 1305–1330 / Ende 14. Jh.

Typus (Überlieferungsform): Codex.

Beschreibstoff: Pergament.

Umfang: 1, 109, 1 Bll.

Format (Blattgröße): 39,6 × 25,5 cm.

Zusammensetzung (Lagenstruktur): Hs. aus 2 Faszikeln zusammengesetzt (I. Bll. 1–107; II. Bll. 108–109). $(I\text{-}1)^{1a}$ + ... + $(I\text{-}1)^{110^*}$. Vorderspiegel Gegenbl. von 1a, Hinterspiegel Gegenbl. von 110*.

Seiten-, Blatt- und Lagenzählung: Vor- und Nachsatzbl. ungez., weshalb hier Zählung der Digitalisate übernommen wird (1a, 110*). Reklamanten durchgängig auf der letzten Versoseite der Lage auf dem Fußsteg mittig, auf 99v hingegen rechts. Reklamant fehlt auf 107v.

Einband: Römischer Einband, Pappe mit weißem Pergament überzogen, in Rom um 1780 gefertigt (Schunke, Einbände 2.2, S. 846). Gelb-kupferfarbenes Kapital. Kopf des Buchrückens eingerissen, Rückentitel: *DECRETALIUM Liber VI. cum Iohannes Andreae annotationibus.* Reste eines blauen aufgeklebten Schildchens mit der aktuellen Signatur.

Provenienz: Padua / Augsburg / Heidelberg.

Geschichte der Handschrift: Blaues Schildchen mit aktueller Signatur auf Vorderspiegel. Altsignaturen auf 1ar *685* und *723*, auf 1r *529, 16., duc.2332., 983* und Capsa-Nummer *C. 92*, sowie Fugger-Signatur *p 60 F n°48.* Dem paläografischen Befund entsprechend dürfte der erste Faszikel im angevinischen Königreich Sizilien entstanden sein. Darüber hinaus macht die Grußadresse der einführenden Bulle zum Liber sextus, gerichtet an die Universität Neapel, die Entstehung an genannter Hochschule wahrscheinlich, zumal der Text im Peciensystem hergestellt wurde (s. 4r: *finit i. pecia*), was eine Eigenheit universitärer Buchproduktion darstellte. Darüber hinaus versammeln die zeitnah an den Liber sextus angefügten Texte

Inhalte, die allesamt das Königreich Sizilien betreffen. In Neapel dürfte der Faszikel noch eine Zeit geblieben sein, wie zumindest eine Hand nahelegt, die den Text des Liber sextus mit Anmerkungen versah. Zu Ende des 14. Jhs., spätestens im 15. Jh., dürfte der Codex in Oberitalien gewesen sein. Schließlich steht der zweite Faszikel mit Ferrara in Verbindung. Dass dieser abgeschrieben wurde ist aufgrund der Schrift eher unwahrscheinlich, wahrscheinlicher ist doch, dass dieser direkt aus einem Amtsbuch entnommen wurde. Ein weiterer Verweis auf Oberitalien ist der Zollvermerk auf 3rd: *1451 die xvi Octobris Johannes subscripsi*, wie er beispielsweise in vergleichbarer Form auch in Pal. lat. 625, 5ra zu finden ist. In Padua war es Studenten erlaubt, Bücher zollfrei einzuführen, wobei diese mit einem solchen Eintrag versehen wurden (Gargan, L'enigmatico ‚conduxit', S. 11 f., ohne Nennung vorliegender Hs.). Im 16. Jh. befand sich die Hs. endlich im Besitz von Ulrich Fugger (1526–1584). Sie führte die Signatur *198. seors.* (Lehmann, Fuggerbibliotheken 2, S. 480, hier verwechselt mit Pal. lat. 636), wie auf 1ra zu sehen ist. Er dürfte die Hs. aus oberitalienischer Provenienz erworben haben. Fugger migrierte 1564 nach Heidelberg (s. Einleitung). Gemäß seinem letzten Willen ging sie schließlich nach seinem Tod in das Eigentum des Kurfürsten über.

Faksimile: https://digi.ub.uni-heidelberg.de/diglit/bav_pal_lat_637
Literatur: Gargan, L'enigmatico ‚conduxit', S. 11 f.; Lehmann, Fuggerbibliotheken 2, S. 480; Murano, Opere, S. 374; OVL, Pal.lat.637; Schunke, Einbände 2.2, S. 846; Stevenson, Latini, S. 227 f.; Tarrant, Manuscripts, S. 142.

Faszikel I (Bl. 1–107)

Sachtitel / Inhalt: Liber sextus cum Glossa ordinaria.

Entstehungsort: Neapel (?).
Entstehungszeit: um 1305–1330.

Typus (Überlieferungsform): Faszikel.
Beschreibstoff: Pergament.
Umfang: 107 Bll.
Format (Blattgröße): 39,6 × 25,5 cm.
Zusammensetzung (Lagenstruktur): $(VI-1)^{11} + 12\ IV^{107}$.
Seiten-, Blatt- und Lagenzählung: s. zum Codex.
Zustand: An den Rändern abgegriffen, Schrift zuweilen verblasst, zahlreiche Flecken, Risse und Knicke, Bll. nachgedunkelt. Großflächige Rasur auf 1r, Wasserschaden auf 103 und 104.

Schriftraum: 34,4 × 23,9 cm.
Spaltenanzahl: 4 Spalten (1r–1v: 1 Spalte; 2r–2v, 96r–107v: 2 Spalten; 1r: 3 Spalten).
Zeilenanzahl: Legaltext: 36 Zeilen; Klammerglosse: bis zu 112 Zeilen.
Angaben zu Schrift / Schreibern: Die Hand, welche den Legaltext kopierte, verwendete eine Textura, die Elemente der Rotunda mit Elementen der nördlich der Alpen gebräuchlichen Form verband, wie es für die Schriften im angevinischen Teil des Königreichs Sizilien typisch war. Der Schreiber der Klammerglosse scheint wesentlich stärker durch nordfranzösische Buchschriften, insbesondere die Littera Parisiensis, geprägt zu sein. Sein Fortsetzer

ab 68r hingegen pflegte einen wesentlich runderen Duktus. Die Annalen des Königreichs Sizilien stammen von einer weiteren Hand, die sich einer älteren gotischen Buchkursive bediente. Die Schreiber der nachfolgenden Texte waren hingegen wieder der Textura verpflichtet und bedienten sich ebenfalls der oben beschriebenen Mischform.

Buchgestaltung: Zeilengerüst mit Metallstift vorgezogen. Mittig und zweispaltig angelegter Legaltext des Liber sextus von Klammerglosse umflossen. Im Legaltext des Liber sextus Buchanfänge durch Lombarde mit Knospenfleuronné hervorgehoben, Tituli rubriziert, jedes Capitulum beginnt mit Lombarde, alternierend in Blau und Rot, wenig verziert mit Konturbegleitstrichen und Fadenausläufern in Gegenfarbe. Im Satz zuvor zur grafischen Unterteilung Anfangsbuchstabe jener Person mit Satzmajuskel in Gegenfarbe hervorgehoben, welche die Dekretale formulierte, des Weiteren Paragrafenzeichen in Blau und Rot alternierend zur Einteilung in Sinnabschnitte. In der Klammerglosse Lombarden und Paragrafenzeichen alternierend in Blau und Rot. Verweisbuchstaben stellen die Zuordnung des Legaltexts zur Glosse her. Bei den nachfolgenden Texten zweispaltige Aufteilung der Seite, zuweilen Lombarden wie im Liber sextus bzw. ohne Farbe ausgeführt, zuweilen Platz für Initialen freigelassen.

Buchschmuck: s. Buchgestaltung.

Nachträge und Benutzungsspuren: Anmerkungen und Notizen von mehreren Händen in unterschiedlichen Schriften, wobei die ausführlichsten Annotationen zum Liber sextus von einer Hand stammen die eine dem Legaltext und der Klammerglosse vergleichbare Schrift wählte, demnach wohl zeitgenössisch im Königreich Sizilien wirkte. Ferner zahlreiche grafische Verweiszeichen.

Provenienz: Padua / Augsburg / Heidelberg.

1) 1ra–103va

Beteiligte Personen: Bonifaz VIII. / Johannes Andreae.

Titel: Liber sextus cum Glossa ordinaria.

Angaben zum Text: Auf Veranlassung Papst Bonifaz VIII. kompilierte Dekretalensammlung mit der Glossa ordinaria des Johannes Andreae (um 1270–1348) und Grußadresse an die Universität Neapel: (1ra) Quaestio ‚Numquid episcopus possit conferre beneficium de camera'; (1ra–c) Inhaltsverzeichnis zum Liber sextus; (1v–2rb) Kleintexte; (2va–3vc) Bulle ‚Sacrosanctae Romanae ecclesiae'; (3vc–36vc) Liber I; (36vc–48vb) Liber II; (48vb–73vb) Liber III; (73vb–74vb) Liber IV; (74vb–95vb) Liber V; (96rb–103va) ‚De regulis iuris'.

Incipit: 3rb *Bonifacius episcopus seruus seruorum dei dilectis filijs doctoribus et scolaribus vniuersis Neapoli commorantibus salutem et apostolicam benedictionem. Sacrosancte Romane* [Füllzeichen] *ecclesie ...*

Explicit: 103va ... *Lectum est, quod is committit in legem, qui, uerba legis complectens, contra legem nittitur voluntatem.*

Edition: Corpus iuris canonici 2, Sp. 929–1124. Zur Glossa ordinaria des Johannes Andreae existiert keine moderne Edition, sie ist aber bereits in zahlreichen Inkunabeln seit 1465 überliefert (GW 4848–4905).

2) 104ra–104rb

Titel: Annalen des Königreichs Sizilien von 1187 bis 1314.

Angaben zum Text: Annalen des Königreichs Sizilien von 1187 bis 1314. – 104v leer.

Incipit: 104ra *Rex Rogerius auus jmperatoris Frederici fuit filius comitis Rogerij et comitisse Adelayde sicut continetur in priuilegio pactensis ecclesie ...*
Explicit: 104rb ... *anno M°.CCC.XIIII° jndictione XIIIe obijt dominus Philippus rex Francorum.*

3) 105ra–106r
Beteiligte Personen: Gerardo Bianchi.
Titel: Konstitutionen.
Angaben zum Text: Von Gerardo Bianchi, Bischof von Sabina, als Regent und päpstlichem Gesandten für das Königreich Sizilien am 8. Mai 1298 erlassene Konstitutionen.
Rubrik: 105ra *Incipiunt constitutiones, edite per dominum Gerardum Sabinensem episcopum, in regno Sicilie apostolice sedis legatum.*
Incipit: 105ra *Uniuersis presentes litteras jnspecturis. Gerardus, miseracione diuina Sabinensis episcopus, apostolice sedis legatus, salutem in domino sempiternam ...*
Explicit: 106rb ... *Data Canelli VIII° Maij anno domini M.* [!] *M^o. CC. nonagesimo VIII. indictione X. pontificatus.*

4) 106va–106va
Beteiligte Personen: Gerardo Bianchi / Bernardo Berardi.
Titel: Transsumpt vom 26. April 1290.
Angaben zum Text: Transsumpt vom 26. April 1290, eine Urkunde des Gerardo Bianchi, Bischof von Sabina, bestätigend, gerichtet an Bernardo Berardi († 1291), Bischof von Palestrina, vom 10. November 1289.
Rubrik: 106va ›*Transsumptum de suspensione pene constitutionis contra concubinaciones*‹.
Incipit: 106va *In nomine domini. Amen. Anno a natiuitate domini M^o. CC. XC. indictione III^a. pontificatus domini Nicolai IIII. anno III. mense Aprilis die xxvi. eiusdem ...*
Explicit: 106va ... *Data Rome aput basilicam sanctorum duodecim apostolorum die x^o. Nouembris jndictione III^a.*

5) 106va–107rb
Beteiligte Personen: Bonifaz VIII.
Titel: Bulle ‚Olim Celestinus papa quintus‘.
Angaben zum Text: Bulle, mit welcher Bonifaz VIII. am 8. April 1295 die Verfügungen seines Amtsvorgängers Coelestin V. aufhob.
Rubrik: 106va ›*Bonifacius papa viij^us*‹.
Incipit: 106va [O]*lim Celestinus papa v^us. predecessor noster deuictus instancia et ambicione nimia plurimorum ...*
Explicit: 107rb ... *Datum in Lateranensi iii^o. Nonas Maij anno primo.*
Edition: Les registres de Boniface VIII. Recueil des bulles de ce pape, Bd. 1, bearb. von Georges Digard / Maurice Faucon / Antoine Thomas, hrsg. von Antoine Thomas, Paris 1884 (Bibliothèque des écoles françaises d'Athènes et de Rome, Série 2, IV, I), Nr. 770.

6) 107v
Beteiligte Personen: Bonifaz VIII.
Titel: Bulle ‚Antiquorum habet fida relatio‘.
Angaben zum Text: Bulle, mit der Papst Bonifaz VIII. am 22. Februar 1300 ein Jubeljahr ausrief.
Rubrik: 107va ›*Jdem* [=Bonifaz VIII.]‹.

Incipit: 107va *Antiquorum habet fida relacio, quod accedentibus ad honorabilem basilicam principis apostolorum de urbe, concesse sunt remissiones magne et indulgencie peccatorum ...*
Explicit: 107va ... *Siquis autem hoc acceptauerit et cetera.*
Edition: Corpus iuris canonici 2, Sp. 1303 f.

7) 107vb
Beteiligte Personen: JOHANNES XXII.
Titel: Bulle ‚Quoniam nulla iuris ratio'.
Angaben zum Text: Prooemium zu den Clementinen vom 25. Oktober 1317.
Incipit: 107vb *Iohannes episcopus seruus servorum dei dilectis filijs doctoribus et scolaribus uniuersis Avinioni commorantibus salutem et apostolicam benedictionem. Quoniam nulla iuris sanctio ...*
Explicit: 107vb ... *Data Avinioni Kalendas Nouembris pontificatus nostri anno ij°.*
Edition: Corpus iuris canonici 2, Sp. 1129–1132.

Faszikel II (Bl. 108–109)

Sachtitel / Inhalt: Liste, der unter dem Podestà von Ferrara, Andreasio Cavalcabò, Verurteilten.

Entstehungsort: Ferrara (?).
Entstehungszeit: Ende 14. Jh.

Typus (Überlieferungsform): Faszikel.
Beschreibstoff: Pergament.
Umfang: 2 Bll.
Format (Blattgröße): 39,6 × 25,5 cm.
Zusammensetzung (Lagenstruktur): 2^{109}.
Seiten-, Blatt- und Lagenzählung: Römische Foliierung des 17. Jhs. (*158* und *109*) sowie ältere Foliierung (*CCCCIIII* und *CCCCIII* bzw. *CCCCVII*), die auf Verwendung in anderem Codex hindeutet.
Zustand: Fleckig und abgegriffen, an den Rändern eingerissen und bestoßen.

Schriftraum: 34,4 × 23,9 cm.
Spaltenanzahl: 1 Spalte.
Zeilenanzahl: 25 Zeilen.
Angaben zu Schrift / Schreibern: Die ersten zehn Zeilen sind in einer gotischen Kanzleikursive verfasst, die von einer ausgeschriebenen, flüchtigen jüngeren gotischen Kursiven abgelöst wird.
Buchgestaltung: Flüchtig angelegter Text ohne ausgeprägte gestalterische Intention, wie es für Verwaltungsschriftgut typisch ist.
Buchschmuck: Beginnt mit schlichter Initialgruppe ohne Farbschmuck, ansonsten keinerlei weitere Ausschmückungen.

Nachträge und Benutzungsspuren: An der Rändern Nachträge von mindestens einer weiteren zeitgenössischen Hand.

Provenienz: Padua / Augsburg / Heidelberg.

8) 108r–109v
Titel: Liste, der unter dem Podestà von Ferrara, Andreasio Cavalcabò, Verurteilten.
Angaben zum Text: Liste, der unter dem Podestà von Ferrara, Andreasio Cavalcabò (vor 1350–1406), Markgraf von Viadana, seit 1383 Verurteilten.
Incipit: 108r ›*Hec*‹ *sunt condempnationes facte per nobilem et potentem militem, dominum Andreaxium marchionem de Caualcabobus, honestum potestatem ciuitatis Ferrarie et districtus* ...
Explicit: 109v ... *dandis et solvendis massario communis Ferrarie nomine et vicario ipsius communis recipiendis sedentibus pro tribunali in hiis sempiternis sententiis condempnationis.*

TH

Vatikan, Biblioteca Apostolica Vaticana, Pal. lat. 638

Kanonistische Sammelhandschrift

Pergament · 4, 123, 4 Bll. · 26 × 18 cm · Mitteleuropa · 2. Hälfte 14. Jh.

Entstehungsort: Mitteleuropa.
Entstehungszeit: 2. Hälfte 14. Jh.

Typus (Überlieferungsform): Codex.
Beschreibstoff: Pergament.
Umfang: 4, 123, 4 Bll.
Format (Blattgröße): 26 × 18 cm.
Zusammensetzung (Lagenstruktur): $(I\text{-}1)^{1a} + 3^{4a} + 1^{1} + 13\ IV^{104} + V^{114} + (V\text{-}1)^{123^*} + 3^{126^*} + (I\text{-}1)^{127^*}$. Vorderspiegel Gegenbl. von 1a, Hinterspiegel Gegenbl. von 127*. Zählfehler: auf 34 folgte ungez. Bl., später als 34bis nachgetragen.
Seiten-, Blatt- und Lagenzählung: Römische Foliierung des 17. Jhs. (*1–122*). 34bis mit Blei nachgetragen. Vor- und Nachsatzbll. ungez., weshalb hier Zählung der Digitalisate übernommen wird (1a–4a, 123*–127*). Ab 9v durchgängig auf der letzten Versoseite der Lage Reklamanten auf dem Fußsteg rechts (bis 88v, fehlt auf 80v), Kustoden auf dem Fußsteg mittig. Ab 73r Kustoden auch mittig auf dem Fußsteg der ersten Rectoseite der Lage.
Zustand: Zuweilen Löcher im Pergament, die sich allerdings schon vor der Niederschrift darin befunden haben müssen. Einige Flecken, wenige Stockflecken. Bei manchen Bll. wurde an Rändern Pergament abgeschnitten. Wenige Benutzungsspuren.

Schriftraum: 17,5 × 12 cm.
Spaltenanzahl: 2 Spalten.
Zeilenanzahl: 33 Zeilen.
Angaben zu Schrift / Schreibern: Bei der Schrift handelt es sich um eine Textura, die in der Gestaltung der Buchstabenformen in ihrer Entstehung nach Mitteleuropa verweist. Gleichwohl ist ihr, gerade in der Behandlung der Schäfte bei u, m und n, ein recht runder Duktus zu eigen. Dies könnte auf Einflüsse der in Italien gepflegten Rotunda zurückzuführen sein, war doch das in der Grußadresse des Liber sextus (s. Text 1) genannte Bologna ein äußerst

beliebtes Ziel deutschsprachiger Rechtsstudenten. Auffallend sind ferner die zahlreich verwendeten Abkürzungen.

Buchgestaltung: Zeilengerüst mit Metallstift vorgezogen. Text des Liber sextus mit einem *L* auf der Versoseite und der dem jeweiligen Buch zugeordneten Ziffer auf der Rectoseite im Seitentitel. Buchanfänge im Liber sextus mit zweifarbigen, relativ schlichten Silhouetteninitialen in Blau und Rot mit Kopfstempelform, die Leisten in Keilform (anstelle des ersten Buchs Anfang der vorgeschalteten Bulle ‚Sacrosanctae Romanae ecclesiae' mit Initiale versehen). Den Clementinen ist Fleuronnéinitiale, ebenfalls in Blau und Rot, mit Perlenbesatz vorangestellt. Im Liber sextus sowie in den Clementinen Tituli rubriziert, jedem Capitulum Lombarde, alternierend in Blau und Rot, vorangestellt. Im Satz zuvor Person mit rubrizierter Satzmajuskel hervorgehoben, welche die Dekretale formulierte. Ferner farbige Paragrafenzeichen bzw. Rubrizierungen zur Kennzeichnung von neuen Sinnabschnitten.

Buchschmuck: s. Buchgestaltung.

Nachträge und Benutzungsspuren: Von weiterer Hand wurden die letzten 16 ‚Regulae iuris' auf 1ra nachgetragen, die normalerweise dem Liber sextus angehängt sind, hier aber fehlen. Im Liber sextus sehr selten Korrekturen von der Hand des Schreibers der Hs., sowie von anderer, wohl etwas jüngerer Hand. In den Clementinen wenige Anmerkungen und Korrekturen von zeitgenössischen Händen. Insgesamt nur wenige grafische Verweiszeichen.

Einband: Römischer Einband, Pappe mit weißem Pergament überzogen, in Rom um 1940 gefertigt (Schunke, Einbände 2.2, S. 847). Teil des ursprünglichen Rückens auf Vorderspiegel geklebt, darauf ehemaliger Rückentitel: *Decretalium liber vi.*

Provenienz: Heidelberg.

Geschichte der Handschrift: Altsignaturen auf 2ar *756* und *467* [beide durchgestrichen], auf 1r Capsa-Nummer *C. 109.*, darunter Allacci-Signatur *1836*, weitere Altsignatur auf 123* *1758*. Blaues Schildchen mit aktueller Signatur auf Vorderspiegel. Offenbar wurden zwischen dem Liber sextus und den Clementinen drei ursprüngliche Lagen wieder entfernt, denn nach Lage X (endet mit fol. 80) folgt Lage XIIII (endet mit fol. 88). Hanselmann bringt den Codex mit den von Kurfürst Ludwig III. 1420 in Paris erworbenen und 1438 dem Heiliggeiststift nach dessen Tod auf testamentarischen Wunsch hin übertragenen Büchern in Verbindung (Hanselmann, Bücherschenkung, S. 125). Allerdings deutet der paläografische Befund auf eine Entstehung in Mitteleuropa hin, weshalb Hanselmanns Überlegungen nicht grundsätzlich abzulehnen, aber doch als eher unwahrscheinlich einzustufen sind. Dass Kuttner die Hs. als eine universitäre einstuft, sei an dieser Stelle erwähnt, muss allerdings aufgrund fehlender Pecienvermerke oder anderer Indizien Vermutung bleiben.

Faksimile: https://digi.ub.uni-heidelberg.de/diglit/bav_pal_lat_638

Literatur: Hanselmann, Bücherschenkung, S. 125; Kuttner, Date, S. 437; OVL, Pal.lat.638; Schunke, Einbände 2.2, S. 847; Soetermeer, Origin, S. 109 A. 50; Stevenson, Latini, S. 228; Tarrant, Manuscripts, S. 116, 140.

1) 1ra–80v

Beteiligte Personen: Bonifaz VIII.

Titel: Liber sextus.

Angaben zum Text: Auf Veranlassung Papst Bonifaz VIII. von Wilhelm von Mandagout († 1321), Berengar Frédol dem Älteren (um 1250–1323) und Richard Petronius von Siena (1250–1314) kompilierte Dekretalensammlung mit Grußadresse an die Universität Bologna: (1ra) ‚De regulis iuris' (unvollständig, nur die letzten 16 ‚Regulae iuris' vorhanden); (1v) leer; (2ra–2vb) Bulle ‚Sacrosanctae Romanae ecclesiae'; (2vb–31ra) Liber I; (31ra–39vb) Liber II; (39vb–61rb) Liber III; (61rb–62ra) Liber IV; (62ra–80va) Liber V, Text bricht in 5.12.3 ab.

Rubrik: 2ra ›*Incipit liber sextus decretalium domini Bonifacij pape VIII.*‹

Incipit: 2ra ›*Bonifacius*‹ *episcopus seruus seruorum dei dilectis filiis doctoribus et scolaribus vniuersis Bononie commorantibus salutem et apostolicam benedictionem.* ›*Sacrosancte*‹ *Romane ecclesie …*

Weiteres Initium: 1ra Factum legitime retractari non debet licet casus postea veniat a quo non liceat incohari.

Explicit: 80va ›*… Exiit*‹, *qui seminat, seminare semen suum, et cetera. Hoc scriptum est longum et est declaratio domini Nycolai pape III. in regulam fratrum Minorum. Ideo hic omittitur, quia apud fratres in suis conuentibus scriptum totaliter reperitur.*

Edition: Corpus iuris canonici 2, Sp. 929–1109.

2) 81ra–121rb

Beteiligte Personen: Clemens V. / Johannes XXII.

Titel: Clementinae.

Angaben zum Text: Von Papst Clemens V. kompilierte Konstitutionen, revidiert und promulgiert von Johannes XII.: (81ra–b) Bulle ‚Quoniam nulla iuris sanctio'; (81rb–86ra) Liber I; (86ra–93ra) Liber II; (93ra–105va) Liber III; (105va–b) Liber IV; (105vb–121rb) Liber V.

Incipit: 81ra ›*Iohannes*‹ *episcopus seruus seruorum dei dilectis filiis doctoribus et scolaribus vniuersis Bononie commorantibus salutem et apostolicam benedictionem. Quoniam non* [!] *nulla iuris sanctio …*

Explicit: 121rb … *Si tamen in premissis casibus sollempniis ordo iudiciarius in toto vel in parte non contradicentibus partibus obseruetur: non erit processus propter hoc irritus, nec etiam irritandus. Expliciunt constituciones noue edite a domino Clemente papa quinto. Finis adest operis intercedere posco laboris.*

Edition: Corpus iuris canonici 2, Sp. 1125–1200.

TH

Vatikan, Biblioteca Apostolica Vaticana, Pal. lat. 639

Liber sextus cum glossa

Pergament · 1, 84, 1 Bll. · 41 × 25,5 cm · England · 1. Hälfte 14. Jh.

Typus (Überlieferungsform): Codex.

Beschreibstoff: Pergament.

Umfang: 1, 84, 1 Bll.

Format (Blattgröße): 41 × 25,5 cm.

Zusammensetzung (Lagenstruktur): Hs. mit beigebundenem Fragment (I. Bl. 1; II. Bll. 2–84). (I-1)[1a] + ... + (I-1)[85*]. Vorderspiegel Gegenbl. von 1a, Hinterspiegel Gegenbl. von 85*.
Seiten-, Blatt- und Lagenzählung: Römische Foliierung des 17. Jhs. (*1–84*). Vor- und Nachsatzbl. ungez., weshalb hier Zählung der Digitalisate übernommen wird (1a, 85*).

Einband: Römischer Einband, Pappe mit weißem Pergament überzogen, in Rom um 1780 gefertigt (SCHUNKE, Einbände 2.2, S. 847). Gelb-kupferfarbenes Kapital. Rückentitel: *DECRETALES*. Ferner zwei blaue aufgeklebte Schildchen mit aktueller Signatur.
Provenienz: Heidelberg.
Geschichte der Handschrift: Altsignaturen auf 1ar, *692* und *727* [beide durchgestrichen], sowie 1r, *2016* [durchgestrichen], ebenso Capsa-Nummer *C. 176*, darunter Allacci-Signatur *1742*. Blaues Schildchen mit aktueller Signatur auf Vorderspiegel. Die Schrift des vorgebundenen Fragments verweist bereits ins England der ersten Hälfte des 14. Jhs. Auch der darauf folgende Text des Liber sextus dürfte in etwa zeitgleich dort, wenn nicht entstanden, so doch zumindest bearbeitet worden sein. Dafür sprechen die in Frankreich und England favorisierte Glosse des Jean Lemoine, die in England mit den Kommentaren des Johannes Andreae und Guido da Baisio ergänzt wurde, wobei diese in der Regel dem Text in weiteren Faszikeln hintangestellt wurden (vgl. Tilmann SCHMIDT, Die Rezeption des Liber Sextus und der Extravaganten Papst Bonifaz' VIII., in: Stagnation oder Fortbildung? Aspekte des allgemeinen Kirchenrechts im 14. und 15. Jahrhundert, hrsg. von Martin BERTRAM, Tübingen 2005 [Bibliothek des Deutschen Historischen Instituts in Rom 108], S. 51–64, hier S. 54 f.). Dies ist hier freilich nicht der Fall, dafür wurden die Kommentare der beiden letztgenannten Juristen als Marginalglossen ergänzt. Auch der paläografische Befund der jüngeren Nachträge spricht dafür, dass der Codex sich noch einige Zeit in England befunden haben dürfte.

Faksimile: https://digi.ub.uni-heidelberg.de/diglit/bav_pal_lat_639
Literatur: Charles H. LOHR, Medieval Latin Aristotle Commentaries: Authors A–F, in: Traditio 23 (1967), S. 313–413, hier S. 347; SCHUNKE, Einbände 2.2, S. 847; STEVENSON, Latini, S. 228.

Fragment (Bl. 1)

Sachtitel / Inhalt: Albert von Orlamünde, Philosophia pauperum.

Entstehungsort: England.
Entstehungszeit: 1. Hälfte 14. Jh.

Typus (Überlieferungsform): Fragment.
Beschreibstoff: Pergament.
Umfang: 1 Bl.
Format (Blattgröße): 41 × 25,5 cm.
Zusammensetzung (Lagenstruktur): 1^1.
Seiten-, Blatt- und Lagenzählung: s. zum Codex.
Zustand: Pergament stockfleckig und am Rand etwas abgegriffen.

Schriftraum: 36,1 × 25 cm.
Spaltenanzahl: 2 Spalten.
Zeilenanzahl: 61–79 Zeilen.
Angaben zu Schrift / Schreibern: Der Text ist in Anglicana niedergeschrieben, die in England gebräuchliche Form der älteren gotischen Kursive. Die Buchstaben sind wenig ligiert und unterstreichen dadurch den Charakter einer Buchschrift. Die kursiven Buchstabenformen sind dessen ungeachtet bereits voll ausgeprägt.
Buchgestaltung: Zeilengerüst mit Metallstift vorgezogen, darin zweispaltig angelegter Text. Initiale wurde nicht ausgeführt. Korrekturen und inhaltliche Verweise von ausführender Hand in Randspalte nachgetragen.

Nachträge und Benutzungsspuren: Zwei grafische Verweiszeichen in Form von Kreuzen.

Provenienz: England.

1) 1ra–1vb
Verfasser: Albert von Orlamünde.
Titel: Philosophia pauperum.
Angaben zum Text: (1r–1v) Anfang von Teil I ‚Physicorum' der früher Albertus Magnus (um 1200–1280) zugeschriebenen Schrift (auch ‚Summa naturalium' oder ‚Isagoge in libros Aristotelis physicorum, de coelo et mundo, de generatione et corruptione, de meteoris et de anima'), als deren Verfasser mittlerweile Albert von Orlamünde (1182–1245) angenommen wird. Bricht etwa in der Mitte des ersten Teils ab, in Alberti Magni opera omnia, Bd. 5, S. 454.
Rubrik: 1ra ›*Incipit breue compendium naturalis philosophie editum a fratre Alberto et primo de principiis rerum naturalium primo de natura*‹.
Incipit: 1ra *Philosophia diuiditur in 3 partes, videlicet in logicam, ethicam et phisicam, siue rationalem, moralem et naturalem ...*
Explicit: 1vb ... *violentus in principio intensus et in fine remissus. Motum violentum...*
Edition: B. Alberti Magni Ratisbonensis episcopi, ordinis prædicatorum, opera omnia, hrsg. von Auguste Borgnet, Bd. 5, Paris 1890, S. 445–536.

Faszikel (Bl. 2–84)

Sachtitel / Inhalt: Liber sextus cum glossa.

Entstehungsort: England.
Entstehungszeit: 1. Hälfte 14. Jh.

Typus (Überlieferungsform): Faszikel.
Beschreibstoff: Pergament.
Umfang: 83 Bll.
Format (Blattgröße): 41 × 25,5 cm.
Zusammensetzung (Lagenstruktur): 6 VI^{73} + $(VI\text{-}1)^{84}$.
Seiten-, Blatt- und Lagenzählung: Reklamanten auf der letzten Versoseite der Lage, teilweise durch Beschnitt verloren gegangen.

Zustand: Pergament teilweise gebräunt und durchscheinend. An den Rändern abgegriffen, mitunter bestoßen, Ecken umgeknickt. Auf den letzten Bll. Feuchtigkeitsschaden und Wurmfraß.

Schriftraum: 36,1 × 25 cm.
Spaltenanzahl: 4 Spalten.
Zeilenanzahl: Legaltext: 6–48 Zeilen; Klammerglosse: bis zu 95 Zeilen.
Angaben zu Schrift / Schreibern: Legaltext wie Klammerglosse wurden in Textualis geschrieben, wobei in der Klammerglosse zwei Hände erkennbar sind (Handwechsel von 56r auf 56v).
Buchgestaltung: Zeilengerüst mit Metallstift vorgezogen. Zweispaltig angelegter Legaltext wird von Klammerglosse umflossen. Textblock mit einem *L* auf der Versoseite und der dem jeweiligen Buch zugeordneten Ziffer auf der Rectoseite im Seitentitel überschrieben. Buchanfänge zu Liber III–V mit zweifarbigen, relativ schlichten Silhouetteninitialen in Blau und Rot mit Segmentbögen (Initiale zur Bulle ‚Sacrosanctae Romanae ecclesiae' auf 2r nicht ausgeführt). Tituli rubriziert, jedem Capitulum Lombarde vorangestellt, im Legaltext blau, in Klammerglosse rot gehalten. Im Satz zuvor Person mit rubrizierter Satzmajuskel hervorgehoben, welche die Dekretale formulierte. Ferner farbige Paragrafenzeichen bzw. Rubrizierungen zur Kennzeichnung von Sinnabschnitten.
Buchschmuck: s. Buchgestaltung.

Nachträge und Benutzungsspuren: Zahlreiche Anmerkungen, Notizen und Marginalglossen von späteren Händen, darunter auch solche in Anglicana, was auf einen englischen Besitzer hinweist. Als nachgetragene Autoren sind identifizierbar: Johannes Andreae (um 1270–1348) (4v, 5r–v, 6r), Guida da Baisio (um 1250–1313) (3v) (vgl. OVL). Viele Unterstreichungen in der Klammerglosse. Mannigfache grafische Verweiszeichen, auch in Form von Piktogrammen, insbesondere in Form von Köpfen. Auf 2rb und 34ra Verse.

Provenienz: England.

2) 2ra–84v
Beteiligte Personen: Bonifaz VIII. / Jean Lemoine.
Titel: Liber sextus cum glossa.
Angaben zum Text: Auf Veranlassung Papst Bonifaz VIII. kompilierte Dekretalensammlung mit der Glosse des Jean Lemoine (1250–1313) und Grußadresse an die Universität Paris: (2rb–3rc) Bulle ‚Sacrosanctae Romanae ecclesiae'; (3rc–33vb) Liber I; (33vb–42rc) Liber II; (42rc–60vc) Liber III; (60vc–61vb) Liber IV; (61vb–80vb) Liber V; (81rb–84vc) ‚De regulis iuris'.
Incipit: 2rb [B]*onifacius episcopus seruus seruorum dei dilectis filiis doctoribus et scolaribus uniuersis Parisius commorantibus salutem et apostolicam benedictionem. ›Sacrosancte‹ Romane ecclesie …*
Explicit: 84vb–c … *Certum est, quod is committit in legem, qui, uerba legis amplectens, contra legis nititur uenire uoluntatem. Explicit textus sexti libri decretalium.*
Edition: Corpus iuris canonici 2, Sp. 929–1124; zur Glosse des Jean Lemoine existiert keine moderne Edition, sie ist aber bereits in frühneuzeitlichen Drucken seit 1535 überliefert: Johannes Monachus, Glossa aurea nobis priori loco super Sexto decretalium libro addita

cum additionibus Philippi Biturici et in supremo Parisiensi senatu advocati, Paris 1535 (ND Aalen 1968).

TH

Vatikan, Biblioteca Apostolica Vaticana, Pal. lat. 640

Liber sextus cum Glossa ordinaria

Pergament · 1, 126, 1 Bll. · 38,8 × 26,3 cm · Frankreich / Südfrankreich, Avignon (?) / Frankreich · 1. Hälfte 14. Jh. / Mitte 14. Jh. / 2. Hälfte 13. Jh.

Typus (Überlieferungsform): Codex.
Beschreibstoff: Pergament.
Umfang: 1, 126, 1 Bll.
Format (Blattgröße): 38,8 × 26,3 cm.
Zusammensetzung (Lagenstruktur): Hs. mit zwei Fragmenten (I. Bll. 1–2; II. Bll. 3–124; III. Bll. 125–126). (I-1)^{1a} + ... + (I-1)^{127*}. Vorderspiegel Gegenbl. von 1a, Hinterspiegel Gegenbl. von 127*.
Seiten-, Blatt- und Lagenzählung: Römische Foliierung des 17. Jhs. (*1–127* [*127* durchgestrichen]). Vor- und Nachsatzbl. ungez., 2a wohl Falzverstärkung, in römischer Foliierung nicht mitgezählt, weshalb hier Zählung der Digitalisate übernommen wird (1a, 2a, 127*).

Einband: Römischer Einband, Pappe mit weißem Pergament überzogen, in Rom um 1780 gefertigt (Schunke, Einbände 2.2, S. 847). Gelb-kupferfarbenes Kapital. Rückentitel: *IOHANNES ANDREÆ in constitutiones pape in librum sextum decretalium*, ferner ein blaues aufgeklebtes Schildchen mit der aktuellen Signatur sowie Reste eines weiteren blauen Schildchens.
Provenienz: Padua / Heidelberg.
Geschichte der Handschrift: Vorderspiegel mit blauem Signaturschildchen. Altsignaturen auf 1ar *769* [durchgestrichen], 1r *345*, Capsa-Nummer *C. 84*, darunter die Allacci-Signatur *472*, auf 3r *536*. Aufgrund des Buchschmucks ist davon auszugehen, dass der Liber sextus in Südfrankreich entstand, wahrscheinlich in Avignon (freundliche Auskunft von Dr. Margit Krenn, s. auch die Bildbeschreibung), obgleich in der Grußadresse Bologna erscheint, was allerdings auf Rasur geschrieben wurde. Wann der Liber sextus mit den beiden Fragmenten vereinigt wurde, ist ungewiss. Offenbar befand sich der Liber sextus ohne die beigebundenen Teile in der ersten Hälfte des 15. Jhs. in Oberitalien, worauf zwei Zollvermerke auf 3rd hindeuten, die aus Padua überliefert sind, wo die Einfuhr von Büchern für Studenten von Gebühren befreit war (Gargan, L'enigmatico ‚conduxit', S. 2–12, ohne Nennung der Handschrift): *1419 26 Junii* [...] sowie *MCCCCXXXV die primo Decembris Paulus subscripi.* Vielleicht wurde auch erst in dieser Zeit das Wort *Bononie* in der Grußadresse anstelle einer anderen Universitätsstadt eingefügt. Ursprünglich war wohl 124v mit einem Buchdeckel verklebt worden, ehe noch das Fragment aus einer Hs. mit dem Codex Iustinianus angefügt wurde. Wann dies geschah, ist unklar. In der zweiten Hälfte des 15. Jhs. scheint der Liber sextus zumindest nördlich der Alpen gewesen zu sein. Verschiedene Nachträge entstanden in Schriftarten, die nach Mitteleuropa oder nach Nordfrankreich verweisen. Womöglich

war für den alpinen Transfer ein gewisser Nikolaus verantwortlich, sofern man den Eintrag auf 124v als Kaufvermerk interpretieren möchte: *D. Nicolaus de Alamania ducatis 6* [...].

Faksimile: https://digi.ub.uni-heidelberg.de/diglit/bav_pal_lat_640
Literatur: OVL, Pal.lat.640; SCHUNKE, Einbände 2.2, S. 847; STEVENSON, Latini, S. 228.

Fragment (Bl. 1–2)

Sachtitel / Inhalt: Kommentar zum Liber sextus (Fragment).

Entstehungsort: Frankreich.
Entstehungszeit: 1. Hälfte 14. Jh.

Typus (Überlieferungsform): Fragment.
Beschreibstoff: Pergament.
Umfang: 2.
Format (Blattgröße): 38,8 × 26,3 cm.
Zusammensetzung (Lagenstruktur): $(II-2)^2$.
Seiten-, Blatt- und Lagenzählung: s. zum Codex.
Zustand: Stockfleckig mit Wurmfraß. Leichter Wasserschaden. Schrift auf 1r teilweise verloren gegangen. Auf 2v Textverlust durch zu enges Beschneiden der Ränder.

Schriftraum: 28,5 × 21,7 cm.
Spaltenanzahl: 2 Spalten (2r–2v: 4 Spalten).
Zeilenanzahl: Haupttext: 92–95 Zeilen; Klammerglosse: 80–94 Zeilen.
Angaben zu Schrift / Schreibern: Die Schrift des Haupttexts vereint Elemente, wie sie für die nordfranzösischen Formen der Textualis typisch sind, so beispielsweise das lange s, das die Form eines verlängerten c annimmt, wie es in der Littera Parisiensis gebraucht wurde (s. DEROLEZ, Palaeography, S. 100), aber auch Formen, die eher in den Süden verweisen, wie das mit ungebrochenen Schäften auf der Zeile aufsetzende m. Die Hand hingegen, welche die Glosse ausführte, verwendete eine Textura, wie sie für südfranzösische Hss. typisch ist.
Buchgestaltung: Zweispaltig und mittig angelegter Haupttext wird von Klammerglosse umflossen, die allerdings nur teilweise und wenn dann nur unvollständig ausgeführt wurde. Capitula des Haupttexts von rubrizierten Lombarden eingeleitet, zur Markierung der Sinnabschnitte rubrizierte Paragrafenzeichen.
Buchschmuck: s. Buchgestaltung.

Nachträge und Benutzungsspuren: Anmerkungen von verschiedenen Händen. Grafische Verweiszeichen.

Provenienz: Heidelberg.

1) 1ra–2vc
Titel: Kommentar zum Liber sextus (Fragment).

Angaben zum Text: Glossierter Kommentar zum Liber sextus, unter Berücksichtigung der Glossa ordinaria des Johannes Andreae (um 1270–1348), beginnend wahrscheinlich in 1.14.1 und endend im Absatz zu 1.14.12.
Incipit: 1ra ... [di]*plomate viri autem monitum...*
Explicit: 2vc ... *Prouintia: Ergo non requirimus quod beneficium sit certum sufficit quod sit persona, licet ...*

Faszikel (Bl. 3–124)

Sachtitel / Inhalt: Liber sextus cum Glossa ordinaria.

Entstehungsort: Südfrankreich, Avignon (?).
Entstehungszeit: Mitte 14. Jh.

Typus (Überlieferungsform): Faszikel.
Beschreibstoff: Pergament.
Umfang: 122 Bll.
Format (Blattgröße): 38,8 × 26,3 cm.
Zusammensetzung (Lagenstruktur): 8 VI^{98} + VII^{112} + VI^{124}.
Seiten-, Blatt- und Lagenzählung: Reklamanten durchgängig auf der letzten Versoseite der Lage mittig auf dem Fußsteg.
Zustand: Auf den ersten Bll. leichter Wasserschaden. Teilweise leichte Feuchtigkeitsschäden und Bräunungen des Pergaments. Schrift des Legaltexts auf den ersten Bll. etwas verblasst.

Schriftraum: 28,5 × 21,7 cm.
Spaltenanzahl: 4 Spalten.
Zeilenanzahl: Legaltext: 3–51 Zeilen; Klammerglosse: bis zu 89 Zeilen.
Angaben zu Schrift / Schreibern: Die Schrift entspricht der Textualis, wie sie in Südfrankreich zur Mitte des 14. Jhs. gepflegt wurde. Am augenscheinlichsten ist dies am breiten und auch relativ runden Duktus, v. a. des Legaltexts, nachzuvollziehen. Obgleich die Schrift des Legaltexts und der Klammerglosse einen recht standardisierten Eindruck ergeben, könnten sie doch von unterschiedlichen Händen stammen. Selten wurden Korrekturen am Seitenrand angefügt, dafür wurde häufiger auf Rasuren zurückgegriffen.
Buchgestaltung: Zeilengerüst mit Metallstift vorgezogen. Zweispaltig angelegter Legaltext von Klammerglosse umflossen. Legaltext beginnt mit Eingangsminiatur und Initiale, für die Buchanfänge ist Platz für Initialen ausgespart (bis auf 4rb und 69rc), diese wurden aber nicht ausgeführt. Tituli rubriziert, vor jedem Capitulum Lombarde in Blau und Rot mit schlichtem Fleuronné in Gegenfarbe. Im Satz zuvor Person mit Satzmajuskel hervorgehoben, welche die Dekretale formulierte. Ferner farbige Paragrafenzeichen zur Kennzeichnung von Sinnabschnitten. Satzmajuskeln und Paragrafenzeichen alternierend in Blau und Rot. In der Klammerglosse Lombarden und Paragrafenzeichen zur Unterteilung des Texts.
Buchschmuck: Eingangsminiatur auf 3rb stellt den Papst mit Tiara auf dem Haupt, Kreuzstab in der Rechten und Buch in der Linken, auf der Cathedra sitzend dar, umgeben von drei Kardinälen und drei weiteren Personen. Darunter rosa Rankeninitiale auf Goldgrund mit blauen und roten Dornblättern im Binnenfeld, ablaufende goldene Dornblätter. Auf 79vc und 113rb rote Lombarde mit blauen Dreiblattranken im Binnenfeld und blauem Fleu-

ronnéperlenbesatz; auf 100rb Initiale vorgezeichnet, aber nicht vollendet (s. auch die Bildbeschreibung in heidICON).

Nachträge und Benutzungsspuren: Tituli auf den Rectoseiten in der Kopfzeile rechts nachgetragen. Zahlreiche Anmerkungen und Notizen von verschiedenen jüngeren Händen, v. a. in jüngerer gotischer Kursive aus der Mitte bzw. zweiten Hälfte des 15. Jhs. Die Kursiven könnten in Mitteleuropa, wahrscheinlicher aber doch in Frankreich entstanden sein. Ferner viele grafische Verweiszeichen, v. a. Zeigehände.

Provenienz: Padua / Heidelberg.

2) 3ra–123rd
Beteiligte Personen: Bonifaz VIII. / Johannes Andreae.
Titel: Liber sextus cum Glossa ordinaria.
Angaben zum Text: Auf Veranlassung Papst Bonifaz VIII. kompilierte Dekretalensammlung mit der Glossa ordinaria des Johannes Andreae (um 1270–1348) und Grußadresse an die Universität Bologna: (3rb–4rb) Bulle ‚Sacrosanctae Romanae ecclesiae'; (4rb–53vb) Liber I; (53vb–69rc) Liber II; (69rc–93vb) Liber III; (93vb–94vb) Liber IV; (94vb–112vc) Liber V; (113rb–123rc) ‚De regulis iuris'. – 123va–124v Kleintexte zur Kanonistik, Federproben und Notizen.
Incipit: 3rb ›*Bonifacius*‹ *episcopus seruus seruorum dei dilectis filiis doctoribus et scolaribus vniuersis Bononie comorantibus salutem et apostolicam benedictionem.* ›*Bonifacius*‹: *Sacrosancte Romane ecclesie ...*
Explicit: 123rb–c ... *decretalium domini Bonifacii pape octaui. Amen. Qui scripsit scribat semper cum domino viuat jstum.*
Edition: Corpus iuris canonici 2, Sp. 929–1124. Zur Glossa ordinaria des Johannes Andreae existiert keine moderne Edition, sie ist aber bereits in zahlreichen Inkunabeln seit 1465 überliefert (GW 4848–4905).

Fragment (Bl. 125–126)

Sachtitel / Inhalt: Codex Iustinianus cum Glossa ordinaria (Fragment).

Entstehungsort: Frankreich.
Entstehungszeit: 2. Hälfte 13. Jh.

Typus (Überlieferungsform): Fragment.
Beschreibstoff: Pergament.
Umfang: 2 Bll.
Format (Blattgröße): 38,8 × 26,3 cm.
Zusammensetzung (Lagenstruktur): I^{126}.
Seiten-, Blatt- und Lagenzählung: s. zum Codex.
Zustand: Mannigfache Benutzungsspuren. Auf 125 Textverlust durch zu enges Beschneiden der Ränder, 126v stark ausgeblichen mit Textverlust.

Schriftraum: 28,5 × 21,7 cm.

Spaltenanzahl: 4 Spalten.
Zeilenanzahl: Legaltext: 43–46 Zeilen; Klammerglosse: bis zu 90 Zeilen.
Angaben zu Schrift / Schreibern: Die Schrift des Legaltexts zeigt typische Elemente der in Südfrankreich gepflegten Textualis. Die Hand, welche die Glosse niederschrieb, zeigt hingegen verstärkt Charakteristika der nordfranzösischen Textura.
Buchgestaltung: Zeilengerüst mit Metallstift vorgezogen. Legaltext wird von Klammerglosse umflossen. Tituli rubriziert. Inskriptionen werden mit Versalie, Konstitutionen mit Satzmajuskel eingeleitet. Versalien und Satzmajuskeln in Blau und Rot alternierend. Verweiszeichen stellen Zuordnung der Glosse zum Legaltext her.
Buchschmuck: s. Buchgestaltung.

Nachträge und Benutzungsspuren: Anmerkungen von mehreren Händen.

Provenienz: Heidelberg.

3) 125ra–126vd
Beteiligte Personen: Justinian I. / Accursius.
Titel: Codex Iustinianus cum Glossa ordinaria.
Angaben zum Text: Von Kaiser Justinian I. in Auftrag gegebene Rechtssammlung mit der Glossa ordinaria des Accursius (um 1185–1263): (125rb–126vc) Text beginnt in Cod. 8.17.3, endet auf 125vc in Cod. 8.21.2, beginnt auf 126rb in Cod. 8.47.2 und endet mit Cod. 8.48.1.
Incipit: 125rb … [ante]*quam rei publice obligaretur, sicut prior es tempore, ita pocior iure …*
Explicit: 126vc … *Si lex municipii, in quo te pater emancipauit, potestatem duumuiris dedit,* [ut eciam] *alienigene liberos suos emancipare possint, id quod a patre factum est suam obtinet firmitatem …*
Edition: Codex, Lyon 1627, Sp. 2117–2251.

TH

Vatikan, Biblioteca Apostolica Vaticana, Pal. lat. 641

Kanonistische Sammelhandschrift

Papier · 2, 215, 3 Bll · 30,4–30,7 × 21,7–22 cm · Hain (?) · um 1410

Entstehungsort: Hain (?).
Entstehungszeit: um 1410.

Typus (Überlieferungsform): Codex.
Beschreibstoff: Papier.
Umfang: 2, 215, 3 Bll.
Format (Blattgröße): 30,4–30,7 × 21,7–22 cm.
Zusammensetzung (Lagenstruktur): $(I-1)^{1a} + (VI+1)^{11} + 17\ VI^{214} + (II-1)^{217}$. Zählfehler: auf 146 folgt ungez. Bl. Vorderspiegel Gegenbl. von 1a, Hinterspiegel Gegenbl. von 215*.
Seiten-, Blatt- und Lagenzählung: Foliierung in arabischen Ziffern (*1–214*). Bll. B und C nachträglich foliiert. Weitere Vor- und Nachsatzbll. ungez., weshalb hier, wie beim ungez. Bl., Zählung der Digitalisate übernommen wird (1a, 146a, 215*–217*). Zuweilen Kustode auf

der letzten Versoseite der Lage auf Fußsteg rechts und auf erster Rectoseite der Lage auf Fußsteg links, zum ersten Mal auf 59v/60r, zum letzten Mal auf 95v/96r.

Zustand: Auf den ersten Bll. Wasserschaden an der oberen Ecke. Leichte Gebrauchsspuren.

Wasserzeichen: Glocke ohne Beizeichen, Glockenkörper ohne Schulter, Glockenmund einkonturig, ohne Joch, mit Klöppel, in zwei Varianten, auf Bll. 1, 3, 4, 13–21, 30–31, vergleichbar mit Wzz. von Papieren, die laut WZIS in der 2. Hälfte des 15. Jhs. in Deutschland Verwendung fanden, DE4860-Ms1199_114, auf Bll. 2, 6, 16, 23–27, 33, vergleichbar mit Wzz. von Papieren, die laut WZIS 1406 in München beschrieben wurden, DE5925-PO-40134; Ochsenkopf mit Augen und rundem Kinn, mit einkonturiger Stange und sechs Blütenblättern als Oberzeichen, in sechs Varianten, auf Bl. 35, vergleichbar mit Wzz. von Papieren, die 1409 beschrieben wurden, DE7320-PO-67423, auf Bll. 108, 133–134, 145, 147, 157–158, 161–167, 185–188, 194 sowie auf 118–132, 137, 140, 146, 156 sowie auf 139, 159, 169, 175, 202, ohne Übereinstimmung mit WZIS, auf Bll. 114–116, 204–205, 209 vergleichbar mit Wzz. von Papieren, die laut WZIS zwischen 1401 und 1425 im Raum Nürnberg Verwendung fanden, DE0510-CodI32_5_XXXX, auf Bll. 172, 174, 192, ähnlich Wzz. von Papieren, die 1409 in Nürnberg verwendet wurden, DE6405-PO-65380; Horn, senkrecht / schräg, ohne Beizeichen, mit einfachem Band, Band nur oberhalb des Horns sichtbar, Schallbecher zweidimensional, in drei Varianten, auf Bll. 36, 44, 59, 64–72, 80–81, 93–102, 105, ähnlich Wzz. von Papieren, die 1411 in Regensburg beschrieben wurden, DE7125-PO-119778, auf Bll. 40, 84, 106, annähernd identisch mit Wzz. von Papieren, die 1411 in Regensburg Verwendung fanden, DE7125-PO-119778, auf Bll. 45–56, 60–63, 76–78, 82, 87–89, 104, annähernd identisch mit Wzz. von Papieren, die 1411 in Regensburg verwendet wurden, DE7125-PO-119777.

Schriftraum: 19,2–24,4 × 11,2–15,4 cm.

Spaltenanzahl: 2 Spalten.

Zeilenanzahl: 35–49 Zeilen.

Angaben zu Schrift / Schreibern: Die beiden Haupttexte stammen nach Auskunft des Kolophons, das den letzten Text abschließt, und einem Vergleich der beiden Texte von der Hand des Nikolaus Ylow. Er bediente sich der jüngeren gotischen Kursive. Der Duktus der Schrift variiert, dennoch lässt sich allgemein die Betonung des Vertikalen in der Form der Buchstaben als Charakteristikum feststellen, die dadurch relativ hoch und schmal wirken. Darüber hinaus verwendete Nikolaus Ylow zahlreiche Kürzungen.

Buchgestaltung: Schriftspiegel mit Metallstift vorgezogen. Im Liber sextus Tituli rubriziert, jedem Capitulum rote Lombarde vorangestellt. Im Satz zuvor Person mit roter Satzmajuskel hervorgehoben, welche die Dekretale formulierte. Ferner farbige Paragrafenzeichen zur Kennzeichnung von Sinnabschnitten. Im Ordo iudiciarius Unterteilung der Sinnabschnitte anhand von Rubrizierungen, Lombarden und Paragrafenzeichen.

Buchschmuck: Initialen auf 108ra erinnern an Fleuronnéinitialen, mit gewelltem Buchstabenkörper und Perlenbesatz.

Nachträge und Benutzungsspuren: Offenbar versah Nikolaus Ylow die beiden Haupttexte mit Korrekturen, Ergänzungen und Anmerkungen. Die juristischen Kleintexte zwischen den beiden Haupttexten wurden offenbar später, ebenfalls in jüngerer gotischer Kursive, aber von einer anderen Hand, nachgetragen. Im Liber sextus wurden nachträglich die Tituli in die Kolumnentitel und die Ziffern zum jeweiligen Kapitel auf dem Seitensteg, im Ordo iudiciarius die Ziffern, welche die einzelnen Teile anzeigen, im Seitentitel, zuweilen auch

Verweise auf die Tituli, eingefügt. Zudem finden sich diverse grafische Verweiszeichen, v. a. in Form von Zeigehänden.

Einband: Römischer Einband, Pappe mit weißem Pergament überzogen, in Rom um 1780 gefertigt (SCHUNKE, Einbände 2.2, S. 847). Gelb-kupferfarbenes Kapital. Rückentitel: *In VI. decretalium et Tancredi de ordine iudiciario*, ferner zwei blaue aufgeklebte Schildchen mit der aktuellen Signatur.

Provenienz: Borna / Heidelberg.

Geschichte der Handschrift: Vorderspiegel mit blauem Signaturschildchen. Altsignaturen auf 1ar *785* [durchgestrichen], auf Br Capsa-Nummer *C. 64*, darunter Allacci-Signatur *1679*, auf Cr *500* [durchgestrichen]. Wie der Kolophon auf 214rb nahelegt, wurde die Hs. im Februar 1410 von Nikolaus Ylow vollendet: ›*Scripta*‹ [durchgestrichen: *et finita*] *anno domini M. CCCC° decimo, prima die mensis Februarij, finita per manus Nicolay Ylow de Prittin, Missensis dyocesis, presbyteri Heinensis daret* [?] *Iohanni de Madala nunc archipresbyteri sedis Bornensis cui idem Nicolaus Ylow seruiuit et scripsit.* Nikolaus Ylow, gebürtig aus Prettin (Lkr. Wittenberg), immatrikulierte sich 1414 an der Universität Leipzig. Zwischen 1429–1439 ist er als Kanoniker und Kustos des Kollegiatstifts St. Petri zu Bautzen nachweisbar (Das Kollegiatstift St. Petri zu Bautzen von der Gründung bis 1569, bearb. von Hermann KINNE, hrsg. von der Akademie der Wissenschaften zu Göttingen unter der Leitung von Hedwig RÖCKELEIN, Berlin 2014 [Germania sacra 3,7. Die Bistümer der Kirchenprovinz Magdeburg, Das (exemte) Bistum Meißen 1], S. 848 f.). Offenbar hatte er zuvor als Priester, wahrscheinlich zu Hain (abgegangen, Lkr. Leipzig), den Liber sextus sowie den Ordo iudiciarius des Tankred von Bologna für einen gewissen Johannes von Magdala, Erzpriester, wahrscheinlich zu Borna (Lkr. Leipzig), kopiert. Später dürften die Kleintexte auf den Bll. zwischen diesen beiden Werken ergänzt worden sein. 1447 schließlich wurde der Codex von einem gewissen Thoman de Gunteten erworben (Cr): *Emptus fuit iste liber pro duobus Florinensi* [!] *per me magistrum Thoman de Gunteten anno domini m cccc xlvii.* Ein weiterer Eintrag aus dem 15. Jh. auf derselben Seite steht mit dem Domstift Meißen in Zusammenhang.

Faksimile: https://digi.ub.uni-heidelberg.de/diglit/bav_pal_lat_641

Literatur: Martin BERTRAM / Marguerite DUYNSTEE, ‚Casus legum sive Suffragia monachorum'. Legistische Hilfsmittel für Kanonisten im späteren Mittelalter, in: TvR 51 (1983), S. 317–363, hier S. 332 A. 92; OVL, Pal.lat.641; SCHUNKE, Einbände 2.2, S. 847; STEVENSON, Latini, S. 228 f.

1) 1ra–102ra

Beteiligte Personen: BONIFAZ VIII.

Titel: Liber sextus.

Angaben zum Text: Auf Veranlassung Papst Bonifaz VIII. kompilierte Dekretalensammlung mit der Grußadresse an die Universität Bologna: (1ra–1vb) Bulle ‚Sacrosanctae Romanae ecclesiae'; (1vb–31vb) Liber I; (31vb–42ra) Liber II; (42ra–65va) Liber III; (65va–66va) Liber IV; (66va–100va) Liber V; (100va–102ra) ‚De regulis iuris'. – Cr Inhaltsverzeichnis. – Cv leer. – 102ra–102vb Inhaltsverzeichnis zum Liber sextus.

Rubrik: 1r *Jncipit liber sextus.*

Incipit: 1ra ›*Bonifacius*‹ *episcopus seruus seruorum dei dilectis filijs doctoribus et scolaribus vniuersis Bononie commorantibus* ›*salutem*‹ *et apostolicam benedictionem.* ›*Sacro*‹ *sancte Romane ecclesie ...*
Explicit: 102ra ... *Certum est, quod is committit in legem, qui, legis uerba conplectens, contra legis nititur voluntatem.* [D]*ate sunt he Rome* [...] *v. Nonas Maetij* [!] *pontificatus nostri anno quarto.*
Edition: Corpus iuris canonici 2, Sp. 929–1124.

2) 103ra–107rb
Titel: Kleintexte.
Angaben zum Text: Kleintexte juristischen Inhalts. – 107v leer.
Rubrik: 103r *De causa possessionis et proprietatis pastoralis adipiscende. G.*
Incipit: 103ra *Nota: Triplex est iudicium possessorium ...*
Explicit: 107rb ... *intelliguntur de hiis que populum non habeant.*

3) 108ra–214rb
Verfasser: Tankred von Bologna.
Titel: Ordo iudiciarius.
Angaben zum Text: Ordo iudiciarius mit ‚Casus legum super ordinarium' (s. Bertram / Duynstee, Legistische Hilfsmittel, S. 332 A. 92): (108ra–129rb) Pars I; (129rb–164ra) Pars II; (164ra–196va) Pars III; (196va–214rb) Pars IV; (214va–b) Inhaltsverzeichnis.
Incipit: 108ra *Assiduis petitionibus me, socij mei karissimi iam dudum inducere studuistis ...*
Explicit: 214rb ... *Hec tam de in integrum restitutionibus, quam de ceterum articulum, in presenti opusculo comprehensum, ad rudicum instructionem breuiter dixisse sufficiant.* ›*Explicit*‹ *summa magistri Tancredi canonici Bononiensis. Orate pro eo.* [Es folgt der Kolophon, welcher oben in der ‚Geschichte der Handschrift' zitiert wird].
Edition: Pillii, Tancredi, Gratiae. Libri de iudiciorum ordine, hrsg. von Friedrich C. Bergmann, Göttingen 1842 (ND 1965), S. 87–316.

TH

Vatikan, Biblioteca Apostolica Vaticana, Pal. lat. 642

Clementinae cum Glossa ordinaria

Pergament · 2, 57, 1 Bll. · 40,1 × 27,8 cm · Pavia · 1460

Entstehungsort: Pavia.
Entstehungszeit: 1460.

Typus (Überlieferungsform): Codex.
Beschreibstoff: Pergament.
Umfang: 2, 57, 1 Bll.
Format (Blattgröße): 40,1 × 27,8 cm.
Zusammensetzung (Lagenstruktur): $(I-1)^{1a} + 1^{2a} + 5\ V^{50} + (IV-1)^{57} + (I-1)^{58*}$. Vorderspiegel Gegenbl. von 1a, Hinterspiegel Gegenbl. von 58*.

Seiten-, Blatt- und Lagenzählung: Römische Foliierung des 17. Jhs. (*1–57*). Vor- und Nachsatzbl. ungez., weshalb hier Zählung der Digitalisate übernommen wird (1a, 58*). Durchgängig Reklamanten auf der letzten Versoseite der Lage mittig in der Fußzeile, teilweise durch Beschnitt verloren gegangen.
Zustand: Einige Bräunungen, wenige Gebrauchsspuren, Abklatsch der Buchmalerei auf 2av. Insgesamt sehr gut erhalten.

Schriftraum: 35,7 × 24 cm.
Spaltenanzahl: 4 Spalten.
Zeilenanzahl: Legaltext: 7–44 Zeilen; Klammerglosse: 65–69 Zeilen.
Angaben zu Schrift / Schreibern: Die Hand, welche den Legaltext und auch die Glosse ausführte, bediente sich der in Italien typischen Rotunda. Dafür sprechen die runden Bögen und die ungebrochen auf der Grundlinie aufsetzenden Schäfte von m und n. Zuweilen finden sich auch Einflüsse der Goticoantiqua, wie Serifen an den Enden der Schäfte (s. Derolez, Palaeography, S. 103f., 177f.). Allerdings sind einige Buchstaben für eine Rotunda ungewöhnlich stark gebrochen. Womöglich nahm der Schreiber in diesem Fall Rücksicht auf die Lesegewohnheiten seiner transalpinen Auftraggeber.
Buchgestaltung: Zeilengerüst mit Metallstift vorgezogen. Mittig und zweispaltig angelegter Legaltext von Klammerglosse umflossen. Jedes Buch beginnt mit einer Initiale, jeder Titulus mit einer rubrizierten Überschrift und einer dreizeiligen Lombarde, jedes Capitulum mit einer zweizeiligen Lombarde. Person mit Satzmajuskel hervorgehoben, welche die Dekretale formulierte. Paragrafenzeichen zur Unterteilung von Sinnabschnitten. Lombarden, Satzmajuskeln und Paragrafenzeichen alternierend in Blau und Rot, wenngleich Reihenfolge nicht immer eingehalten wurde.
Buchschmuck: Dem Text ist eine purpurfarbene I–Initiale mit Rankenabläufen auf einem blau-goldenen Feld vorangestellt. In dem Feld befinden sich auf grünem Grund zwei Wappen, ein gevierter Schild mit einem rotbekrönten, steigenden goldenen Löwen in Schwarz in 1 und 4 sowie blau-silberne Wecken in 2 und 3, im heraldisch linken Schild ein silberner Balken auf rotem Grund. Darüber Quadratmuster in Rot-Gold, bzw. Blau-Gold. Von der Initiale gehen Leisten in Blau, Gold und Purpur mit Dornblattranken aus, die sich über das Interkolumnium bis auf den Fußsteg ausbreiten. Die Initialen zu den Tituli zeigen im goldenen Feld einen purpurnen Buchstaben, in dessen Binnenfeld sich Dornblattranken bzw. Akanthusblätter in Blau, Grün, Purpur und Rot befinden und der mit Akanthusrankenleisten in eben genannten Farben abläuft (s. auch die Bildbeschreibungen in heidICON).

Nachträge und Benutzungsspuren: Von zwei weiteren Händen wurden die Tituli als Kolumnentitel nachgetragen, wobei die Einträge von der einen Hand zuweilen durch Beschnitt verloren gegangen sind. Ansonsten lediglich kurze Nachträge von 3va–4vd.

Einband: Römischer Einband, Pappe mit weißem Pergament überzogen, in Rom um 1780 gefertigt (Schunke, Einbände 2.2, S. 847). Gelb-kupferfarbenes Kapital. Rückentitel: *CLEMENTINÆ*, ferner drei blaue aufgeklebte Schildchen mit aktueller Signatur.
Provenienz: Rottenburg am Neckar (?) / Heidelberg.
Geschichte der Handschrift: Blaues Schildchen mit aktueller Signatur auf Vorderspiegel. Altsignaturen auf 1ar *684* und *722* [beide durchgestrichen], 2ar *2003* [durchgestrichen], 1r *537* nebst Capsa-Nummer *C. 100*, darunter Allacci-Signatur *1783*. Die in der Eingangsminiatur dargestellten Wappen der Häuser Wittelsbach und Habsburg sowie die Datierung im

Kolophon auf 56vb, *Papie. M°CCCC°LX°. XI°. Augusti*, legen den Schluss nahe, dass die Hs. von Mechthild (1419–1482), geborene Pfalzgräfin bei Rhein und verheiratete Gräfin von Württemberg sowie Erzherzogin von Österreich, in Pavia in Auftrag gegeben wurde. Als Agenten könnten ihre Verwandten Ruprecht (1437–1465), Albrecht (1440–1506) und Johann (1443–1486) gedient haben, die drei Söhne Ottos I. von Pfalz-Mosbach (1390–1461). Sie hielten sich 1458 und 1460/61 an der Universität Pavia auf und ließen für den eigenen Gebrauch mehrere Hss. anfertigen (s. dazu die Einleitung). In zweiter Ehe mit Albrecht VI. von Österreich (1418–1463) verheiratet, hielt sich Mechthild offenbar bereits zu Lebzeiten ihres Gatten vornehmlich auf ihrem späteren Witwensitz in Rottenburg am Neckar auf. Hier etablierte sie einen humanistischen Musenhof, der sich zu einem literarischen Zentrum entwickelte. Sie selbst verfügte im Jahr 1462 über eine Bibliothek mit 94 Büchern, über deren Verbleib bisher nur spekuliert werden kann. Von den 21 bekannten Titeln aus der Sammlung tauchen einige in den Beständen der Bibliotheca Palatina auf. Zuletzt wies jedoch Backes nach, dass die meisten der genannten Werke, allesamt der deutschsprachigen höfischen Dichtung zuzuordnen, nicht aus dem Besitz Mechthilds stammen können. Ferner vermutet sie, dass Mechthilds Bibliothek in jener ihres Sohnes und Haupterben Eberhard im Bart (1445–1496) aufging, welche später zerstreut wurde (vgl. Backes, Leben, S. 185–190). Womöglich hatte Mechthild, die in Heidelberg verstarb, anlässlich des Aufenthalts in ihrer Geburtsstadt einige Hss., darunter auch vorliegenden Codex, bei sich, die dort nach ihrem Tod verblieben und über die kurfürstliche Bibliothek in die Bibliotheca Palatina gelangten. Allerdings ist auch nicht auszuschließen, dass dem Illustrator ein kleiner Fehler unterlief und er bei der Ausführung des Wappens einen waagrechten Balken anstelle eines Schrägbalkens darstellte. In diesem Fall würde es sich um das Wappen des oben genannten Ruprecht als designierter Bischof von Regensburg handeln, zu dessen Interessensprofil als Jurastudent eine solche Hs. besser passen würde.

Faksimile: https://digi.ub.uni-heidelberg.de/diglit/bav_pal_lat_642

Literatur: Emma Catarci, Le vicende di un testo relativo all'incoronazione imperiale nel secolo decimoquarto, in: Cultura e società nell'Italia medievale. Studi per Paolo Brezzi, Rom 1988 (Istituto Storico Italiano per il Medio Evo 1), S. 171–196, hier S. 180 A. 30; Kuttner, Date, S. 441; OVL, Pal.lat.642; Schunke, Einbände 2.2, S. 847; Soetermeer, Origin, S. 109 A. 50, 111 A. 70; Stevenson, Latini, S. 229; Tarrant, Manuscripts, S. 116, 140.

1) 1ra–56vb

Beteiligte Personen: Clemens V. / Johannes XXII. / Johannes Andreae.

Titel: Clementinae cum Glossa ordinaria.

Angaben zum Text: Von Papst Clemens V. kompilierte Konstitutionen, revidiert und promulgiert von Johannes XXII., mit der Glossa ordinaria des Johannes Andreae: (1rb–1vc) Bulle ‚Quoniam nulla iuris sanctio'; (2rb–12vc) Liber I; (12vc–22vb) Liber II; (22vb–40rc) Liber III; (40rc–40vb) Liber IV; (40vb–52rc) Liber V; (52rc–56vb) Konstitution ‚Exivi de paradiso'.

Rubrik: 1rb ›*Jncipiunt constituciones Clementis pape quinti*‹.

Incipit: 1rb ›*Iohannes*‹ *episcopus seruus seruorum dei dilectis filiis doctoribus et scolaribus uniuersis Parisius commorantibus salutem et apostolicam benedictionem. Quoniam nulla iuris sanccio …*

Explicit: 56vb ... *Si quis autem hoc attemptare presumpserit: indignacionem omnipotentis dei et beatorum Petri et Pauli apostolorum eius se nouerit incursurum. Deo gracias. Papie. M°CCCC °LX°. XI°. Augusti.*
Edition: Corpus iuris canonici 2, Sp. 1125–1200. Zur Glossa ordinaria des Johannes Andreae existiert keine moderne Edition, sie ist aber bereits in zahlreichen Inkunabeln seit 1460 überliefert (GW 4864, 4888–4905, 7077–7117).

TH

Vatikan, Biblioteca Apostolica Vaticana, Pal. lat. 644

Clementinae cum Glossa ordinaria

Pergament · 3, 85, 3 Bll. · 37,7 × 25 cm · Südfrankreich / Frankreich · 1. Hälfte 14. Jh. / Mitte 14. Jh.

Typus (Überlieferungsform): Codex.
Beschreibstoff: Pergament.
Umfang: 3, 85, 3 Bll.
Format (Blattgröße): 37,7 × 25 cm.
Zusammensetzung (Lagenstruktur): Hs. mit Fragment (I. Bll. 1–2; II. Bll. 3–84). $(II-1)^{3a}$ + ... + $(II-1)^{88*}$. Vorderspiegel Gegenbl. von 3a, Hinterspiegel Gegenbl. von 86*.
Seiten-, Blatt- und Lagenzählung: Römische Foliierung des 17. Jhs. (*1–84*). Bei ungez. Bll. folgt die Beschreibung dem Digitalisat (1a-3a, 85*-88*).

Einband: Römischer Einband, Pappe mit weißem Pergament überzogen, in Rom um 1780 gefertigt (SCHUNKE, Einbände 2.2, S. 847). Gelb-kupferfarbenes Kapital. Rückentitel: *Iohannes Andreæ in Clementinas*, ferner zwei blaue aufgeklebte Schildchen mit der aktuellen Signatur.
Provenienz: Bologna / Padua / Heidelberg.
Geschichte der Handschrift: Blaues Schildchen mit aktueller Signatur auf Vorderspiegel. Altsignaturen auf 2ar *767*, darüber geschrieben *770* [beides durchgestrichen], auf 1r *1209* [durchgestrichen], *621*, Capsa-Nummer *C. 138.*, darunter die Allacci-Signatur *414* [durchgestrichen]. Dem Schriftbild nach dürfte der Text mit den Clementinen im 14. Jh. in Frankreich entstanden sein. Da sich unter den Händen, die den Text mit Nachträgen versahen, eine ältere gotische Kursive nachweisen lässt, die wohl nicht lange nach der Mitte des 14. Jhs. niedergeschrieben wurde, muss der eigentliche Clementinentext spätestens in der Mitte des Jhs. entstanden sein. Dies geschah wahrscheinlich nicht in Paris, wofür die Grußadresse spricht, die sich an die Universität von Bologna richtet. Auch das vorgebundene Fragment, das der Schrift nach wohl etwas früher in Südfrankreich entstand, könnte für eine Herstellung außerhalb der Hauptstadt sprechen. Zumindest die Konstitutionen befanden sich zu Beginn des 15. Jhs. in Padua. Studenten war es erlaubt, Bücher zollfrei in die die Stadt einzuführen (GARGAN, L'enigmatico ‚conduxit', S. 2–12), was durch Vermerke, wie auf dem Fußsteg von 3rb, festgehalten wurde: *de Bolons conduxit in Paduam 7 Nouembris 1410; M subscripsi.* Bei dem Wort *Bolons* könnte es sich um eine Verballhornung der Stadt Bologna handeln. In diesem Fall wäre der Besitzer der Hs. aus Bologna kommend nach Padua eingereist.

Faksimile: https://digi.ub.uni-heidelberg.de/diglit/bav_pal_lat_644
Literatur: OVL, Pal.lat.644; GARGAN, L'enigmatico ‚conduxit', S. 2–12; KUTTNER, Date, S. 441; SCHUNKE, Einbände 2.2, S. 847; SOETERMEER, Origin, S. 109 A. 50; STEVENSON, Latini, S. 229; TARRANT, Manuscripts, S. 117, 140.

Fragment (Bl. 1–2)

Sachtitel / Inhalt: Digestum novum.

Entstehungsort: Südfrankreich.
Entstehungszeit: 1. Hälfte 14. Jh.

Typus (Überlieferungsform): Fragment.
Beschreibstoff: Pergament.
Umfang: 2 Bll.
Format (Blattgröße): 37,7 × 25 cm.
Zusammensetzung (Lagenstruktur): I^2.
Seiten-, Blatt- und Lagenzählung: s. zum Codex.
Zustand: Bll. verschmutzt, Bl. 1 geknickt.

Schriftraum: 29,5 × 19,5 cm.
Spaltenanzahl: 2 Spalten.
Zeilenanzahl: 41 Zeilen.
Angaben zu Schrift / Schreibern: Der gedrungene und breite Duktus der Schrift, die Mischung aus Elementen der Textualis, wie sie in Nordfrankreich geschrieben wurde, und der in den Mittelmeerländern gepflegten Rotunda (s. DEROLEZ, Palaeography, S. 116 f.) legen nahe, die Entstehung der Schrift in Südfrankreich zu verorten.
Buchgestaltung: Zweispaltig angelegter Text mit freiem Raum für Initiale und Satzmajuskeln.
Buchschmuck: Initiale und Satzmajuskeln nicht ausgeführt.

Nachträge und Benutzungsspuren: Korrekturen und Ergänzungen von mehreren Händen. Grafische Verweiszeichen. Zahlreiche Federproben.

Provenienz: Bologna / Padua / Heidelberg.

1) 1ra–2vb
Beteiligte Personen: JUSTINIAN I.
Titel: Digestum novum.
Angaben zum Text: Von Kaiser Justinian I. in Auftrag gegebene Rechtssammlung, beginnend in Dig. 43.31.1 und endend in Dig. 44.2.7pr.
Incipit: 1ra … *agitur, maiore part*[e h]*uius anni fuit, quo minus is eum du*[cat], *uim fieri ueto …*
Explicit: 2vb … *Et quidem ita diffiniri potest totiens eandem rem agi, quotiens apud …*
Edition: Digestum novum, Lyon 1627.

Faszikel (Bl. 3–84)

Sachtitel / Inhalt: Clementinae cum Glossa ordinaria.

Entstehungsort: Frankreich.
Entstehungszeit: Mitte 14. Jh.

Typus (Überlieferungsform): Faszikel.
Beschreibstoff: Pergament.
Umfang: 81 Bll.
Format (Blattgröße): 37,7 × 25 cm.
Zusammensetzung (Lagenstruktur): 6 VI^{74} + $(VI\text{-}1)^{85*}$.
Seiten-, Blatt- und Lagenzählung: s. zum Codex. Durchgängig Reklamanten auf der letzten Versoseite der Lage in der Fußzeile rechts (fehlt auf 74v).
Zustand: Bräunungen des Pergaments. Wenige Risse, in der Regel genäht, und Löcher, die bereits vor Niederschrift des Texts vorhanden waren. Schrift zuweilen ausgeblichen.

Schriftraum: 29,5 × 19,5 cm.
Spaltenanzahl: 4 Spalten.
Zeilenanzahl: Legaltext: 3–38 Zeilen; Klammerglosse: bis zu 70 Zeilen.
Angaben zu Schrift / Schreibern: Die Hand, welche den Legaltext ausführte, schrieb auch die Klammerglosse, wobei sie sich einer französischen Textura bediente. Das fast c-förmig gebogene s wurde gerne in der Littera Parisiensis verwendet (Derolez, Palaeography, S. 100), wenngleich die hier gewählte Schrift nicht als ein typischer Vertreter dieser Schriftart bezeichnet werden kann. Ferner finden sich einige Rasuren.
Buchgestaltung: Zeilengerüst mit Metallstift vorgezogen. Mittig und zweispaltig angelegter Legaltext von Klammerglosse umflossen. Jedem Buch zugeordnete Ziffer als Seitentitel der Rectoseite. Jeder Titulus beginnt mit einer rubrizierten Überschrift, gefolgt von einer blauen Lombarde mit Fleuronnébesatz, jedes Capitulum mit einer Lombarde, zuweilen ebenso mit Fleuronnébesatz, der in unterschiedlichen Formen ausgeführt wurde. Paragrafenzeichen zur Unterteilung von Sinnabschnitten. Lombarden wie auch Paragrafenzeichen alternierend in Blau und Rot.
Buchschmuck: Eingangsinitiale zur Klammerglosse mit gewellt und gezacktem, blau-rot gespaltenen Buchstabenkörper mit Margeritenornamentik, Ornamentband und Perlenbesatz; ablaufende Fleuronnéleisten in Blau und Rot. Eingangsinitiale zum Legaltext mit gewellt-gespaltenem blau-roten Buchstabenkörper mit Kleeblattornamentik und Perlenband sowie reichem Perlenbesatz.

Nachträge und Benutzungsspuren: Tituli auf der Rectoseite in der Kopfzeile rechts nachgetragen. Kommentare, Ergänzungen und Korrekturen von mehreren Händen, die sich in erster Linie gotischer Kursiven bedienten. Darüber hinaus finden sich zahlreiche grafische Verweiszeichen.

Provenienz: Bologna / Padua / Heidelberg.

2) 3rb–83vc

Beteiligte Personen: Clemens V. / Johannes XXII. / Johannes Andreae / Wilhelm von Montlaudun / Jesselin de Cassagnes / Paolo Liazari.

Titel: Clementinae cum Glossa ordinaria.

Angaben zum Text: Von Papst Clemens V. kompilierte Konstitutionen, revidiert und promulgiert von Johannes XXII., mit der Glossa ordinaria des Johannes Andreae und Glossenzusätzen des Wilhelm von Montlaudun († 1342), Jesselin de Cassagnes († 1334) und Paolo Liazari († 1356): (3rb–4rb) Bulle ‚Quoniam nulla iuris sanctio'; (4rb–18vc) Liber I; (18vc–34vc) Liber II; (34vc–63vb) Liber III; (63vb–64rc) Liber IV; (64rc–83vc) Liber V. – 84r leer. – 84v Kleintexte zum Kanonischen Recht.

Incipit: 3rb ›*Johannes*‹ *episcopus seruus seruorum dei dilectis filijs doctoribus et scolaribus uniuersis Bononie commorantibus salutem et apostolicam benedictionem.* ›*Quoniam*‹ *nulla iuris sanctio* ...

Explicit: 82vc–83vc ... *Si tamen in premissis casibus sollempnis ordo iudiciarius in toto uel in parte non contradicencibus partibus obseruetur: non erit processus propter hoc irritus, nec eciam irritandus. Deo gratias condigne et in ewangelium toto conamine referamus.* ›*Finito libro sit laus et gloria Christo*‹. *Expliciunt Clementine cum apparatu domini Johannis Andree.* ›*Amen*‹.

Edition: Corpus iuris canonici 2, Sp. 1125–1200; zur Glossa ordinaria des Johannes Andreae existiert keine moderne Edition, sie ist aber bereits in zahlreichen Inkunabeln seit 1460 überliefert (GW 4864, 4888–4905, 7077–7117).

TH

Vatikan, Biblioteca Apostolica Vaticana, Pal. lat. 645

João de Deus, Summa super certis casibus decretalium

Pergament · 4, 190, 4 Bll. · 24,5 × 17 cm · Südfrankreich (?) · um 1300

Entstehungsort: Südfrankreich (?).
Entstehungszeit: um 1300.

Typus (Überlieferungsform): Codex.
Beschreibstoff: Pergament.
Umfang: 4, 190, 4 Bll.
Format (Blattgröße): 24,5 × 17 cm.

Zusammensetzung (Lagenstruktur): $(II-1)^{3a}$ + 1^{4a} + 23 IV^{184} + $(IV-2)^{190}$ + $(II-1)^{193*}$. Vorderspiegel Gegenbl. von 3a, Hinterspiegel Gegenbl. von 191*. Zählfehler: zwischen Bl. 31 und 32 ungez. Fragment. 191* und 192* miteinander verklebt?

Seiten-, Blatt- und Lagenzählung: Römische Foliierung des 17. Jhs. (*1–190*). Vor- und Nachsatzbll. ungez., weshalb hier, wie beim Fragment, Zählung der Digitalisate übernommen wird (1a–4a, 31a, 191–193*). Durchgängig bis 168v Reklamanten auf der letzten Versoseite der Lage mittig auf dem Fußsteg (mit Ausnahme von 8v), auf 96v durch Beschnitt verloren gegangen.

Zustand: Schrift zuweilen etwas verblasst. Wenige Benutzungsspuren. Bl. 180 Fußsteg abgetrennt.

Schriftraum: 16,2 × 12,5–15,3 cm.
Spaltenanzahl: 2 Spalten.
Zeilenanzahl: 37–40 Zeilen.
Angaben zu Schrift / Schreibern: Die Hand, welche den Haupttext ausführte, verfügte über eine sehr gleichmäßige Textura, welche nur wenige Eigenheiten aufzeigt, die Anhaltspunkte für eine geografische Einordnung des Herstellungsortes ergeben. Dennoch könnte die Mischung von Elementen der südeuropäischen Rotunda mit den weiter nördlich gepflegten Formen für eine südfranzösische Hand sprechen, so einerseits das a, welches oben mit einem waagrechten Strich abgeschlossen wird, oder die Schäfte der Oberlängen, die meist ohne Brechung oder ungespalten auslaufen, andererseits der unter die Grundlinie gezogene Bogen des h, der unter die Grundlinie gezogene Haarstrich beim runden r oder das c-förmige Aussehen des langen s, wie es in der Littera Parisiensis gebräuchlich war (Derolez, Palaeography, S. 116 f.). Auf 163r übernimmt eine andere Hand die Textniederschrift, die sich allerdings in der Gestaltung der Buchstaben kaum von der ersten Hand unterscheidet.
Buchgestaltung: Zeilengerüst mit Metallstift vorgezogen. Textblock mit einem *L* auf der Versoseite und der dem jeweiligen Buch zugeordneten Ziffer auf der Rectoseite als Seitentitel überschrieben, wobei die Zählung mitunter fehlerhaft ist. Die einzelnen Bücher beginnen mit einer blau-rot gespaltenen Initiale mit Knospenfleuronnébesatz und ablaufenden Leisten z. T. in Keil- oder Kreissegmentform. Überschriften sind rubriziert, die einzelnen Kapitel mit einer Lombarde, Sinnabschnitte mit Paragrafenzeichen hervorgehoben, Lombarden wie Paragrafenzeichen alternierend in Blau und Rot. Rubrizierungen nicht immer ausgeführt.
Buchschmuck: s. Buchgestaltung.

Nachträge und Benutzungsspuren: Anweisungen für den Rubrikator noch vorhanden, der wohl die Lombarden und Rubrizierungen ausführte. Von weiteren, unwesentlich jüngeren Händen nachgetragen wurden neben wenigen Korrekturen am eigentlichen Text die Überschriften in der Kopfzeile, das Fragment 31a, Ergänzungen auf 82rb–82vb und 121ra–123vb (da sich die Bll. 121–123 am Anfang der Lage befinden, dürfte der Text auf diesen drei Folii unwesentlich älter sein als der Haupttext).

Einband: Römischer Einband, Pappe mit weißem Pergament überzogen, in Rom um 1780 gefertigt (Schunke, Einbände 2.2, S. 847). Gelb-kupferfarbenes Kapital. Rückentitel: *Casus Decretalium.* Ferner zwei blaue aufgeklebte Schildchen mit aktueller Signatur.
Provenienz: Heidelberg.
Geschichte der Handschrift: Blaues Schildchen mit aktueller Signatur auf Vorderspiegel. Altsignaturen auf 1ar *731* und *459* [beide durchgestrichen], auf 4ar Capsa-Nummer *C. 11.* sowie *913* und *1734* [alle drei durchgestrichen]. Die Hs. gibt nur wenige Anhaltspunkte hinsichtlich eines möglichen Entstehungsortes. Der paläografische Befund lässt Südfrankreich als nicht unwahrscheinlich erscheinen. Späterhin dürfte sich der Codex im Besitz des Ruprecht von Pfalz-Mosbach (1437–1465) befunden haben, des Regensburger Bischofselekten, wie seine Devise auf 1r ausweist: *RBD* für ‚Rupertus Bavarie dux' sowie sein Wahlspruch *Nisi mors adimet mihi nemo*, in Abwandlung eines Zitats von Terenz: *hanc nisi mors mi adimet nemo* (Andria IV,2, vgl. P. Terenti Afri Comoediae, hrsg. von Sextus Prete, Heidelberg 1954, S. 94), mit welchem Pamphilus seiner Liebe zu seiner Geliebten Glycerium Nachdruck verleiht. Über Ruprechts Bruder Johann (1443–1486), dessen Hand auf 1va–b, 189va–b und

190v zu erkennen ist, dürfte die Büchersammlung nach dessen Tod an den regierenden Bruder Otto II. (1435–1499) gefallen sein, nach dessen Ableben an den Pfälzer Kurfürsten (vgl. dazu auch die Einleitung), sodass die Hs. wohl über die Schlossbibliothek in die Bibliotheca Palatina gelangte.

Faksimile: https://digi.ub.uni-heidelberg.de/diglit/bav_pal_lat_645
Literatur: BioBib Jurists, Johannes de Deo (a292); Antonio Domingues de Sousa Costa, Presenza di Alessandro di Hales e di Vincentius Hispanus al I Concilio di Lione, in: Antonianum 59 (1984), S. 71–218, hier S. 181 A. 1234; OVL, Pal.lat.645; Rektorbücher 1, Nr. 469; Schunke, Einbände 2.2, S. 847; Stevenson, Latini, S. 229.

1) 2ra–189v
Verfasser: João de Deus.
Titel: Summa super certis casibus decretalium.
Angaben zum Text: Auch bekannt unter den Titeln ‚Casus super Decreto', ‚Casus decretalium cum canonibus concordati' bzw. ‚Liber casuum decretalium': (2ra–38vb) Liber I; (39ra–82vb) Liber II; (83r–83v) leer; (84ra–120vb) Liber III; (121ra–123vb) Einschub: Johannes Andreae (um 1270–1348), Summa de sponsalibus et matrimonio (Anfang der Summe fehlt hier); (124ra–132rb) Fortsetzung Liber III; (132v–133r) leer; (133va–148vb) Liber IV; (149r) leer; (149va–189vb) Liber V. – 1r–1v Kleintexte, darunter Merkvers zu Dekretalen, beginnend *prima fides consti* (Walther, IC, Nr. 14575). – 189va–190v Kleintexte und Federproben.
Incipit: 2ra ›*Ad*‹ *honorem summe trinitatis et indiuidue unitatis* [...] *incipit liber libri casuum decretalium ad nostro papae Gregorio ix. compilatarum de aliis voluminibus a magistro Iohanne de Deo Yspano sacerdote compilatus ...*
Explicit: 189vb ... *Expliciunt casus decretalium. Qui scripsit scribat et longo ipse uiuat. Amen.*
Edition: Die eingeschobene ‚Summa de sponsalibus et matrimonio' ist ediert in: Tractatus illustrium in utraque tum pontificii, tum caesarei iuris facultate iurisconsultorum, Bd. 9, Venedig 1584, 2r–3v.

TH

Vatikan, Biblioteca Apostolica Vaticana, Pal. lat. 646

Jean Lemoine, Glossa aurea

Pergament · 3, 86, 1 Bll. · 40,2 × 27 cm · Frankreich · 1. Hälfte 14. Jh.

Entstehungsort: Frankreich.
Entstehungszeit: 1. Hälfte 14. Jh.

Typus (Überlieferungsform): Codex.
Beschreibstoff: Pergament.
Umfang: 3, 86, 1 Bll.
Format (Blattgröße): 40,2 × 27 cm.
Zusammensetzung (Lagenstruktur): $(I-1)^{I}$ + 1^{Ia} + 1^{II} + 7 IV^{56} + I^{58} + V^{68} + IV^{76} + V^{86} + $(I-1)^{87*}$. Vorderspiegel Gegenbl. von I, Hinterspiegel Gegenbl. von 87*.

Seiten-, Blatt- und Lagenzählung: Römische Foliierung des 17. Jhs. (*1–86*). Vorsatzbll. nachträglich mit Blei foliiert (*I–II*). Ungez. Fragment und Nachsatzbl. folgen Zählung der Digitalisate (Ia, 87*). Reklamanten durchgängig auf der letzten Versoseite der Lage auf dem Fußsteg rechts (40v mittig).
Zustand: Zahlreiche Gebrauchsspuren, Blattränder zuweilen abgeschnitten, einige Flecken, die mitunter auch von Feuchtigkeit stammen dürften. Löcher und genähte Risse waren bereits vor Niederschrift vorhanden.

Schriftraum: 30,7 × 21 cm.
Spaltenanzahl: 2 Spalten.
Zeilenanzahl: 65–67 Zeilen.
Angaben zu Schrift / Schreibern: Möchte man wegen der häufigen Wechsel der Buchstabenformen und des Schriftduktus nicht davon ausgehen, dass ein Schreiber unterschiedliche Schriftformen gebrauchte, so muss man verschiedene Hände bei der Abschrift des Texts in Textura annehmen. Als Beleg dessen finden wir beispielsweise alle denkbaren Formen des a, vom einstöckigen zum doppelstöckigen, darunter das noch nicht geschlossene, das rechteckige und auch das Köpfchen-a. Eine Hand schrieb noch häufig ein langes s am Wortende, ein Usus, der in Frankreich in der ersten Hälfte des 14. Jhs. verschwindet (s. Derolez, Palaeography, S. 92). Eine weitere Hand verwendete Elemente der in Südfrankreich gepflegten Form der Rotunda mit ihrem breiten Duktus, den typischen Haarstrichen beim runden r, langes und rundes s am Wortende, m und n ohne Quadrangeln auf der Grundlinie aufsetzend (s. Derolez, Palaeography, S. 116 f.). Die genannten Hände nahmen auch zahlreiche Ergänzungen bzw. Korrekturen auf dem Bund- und Seitensteg vor.
Buchgestaltung: Zeilengerüst mit Metallstift vorgezogen. Textblock mit einem blauen *L* auf der Versoseite und der dem jeweiligen Buch zugeordneten Ziffer in Rot bzw. Blau und Rot auf der Rectoseite als Seitentitel. Jedes Capitulum beginnt mit einer blauen oder roten Lombarde mit jeweils unterschiedlichem Fleuronné in Gegenfarbe (Initialen auf 1ra und 86vb nicht ausgeführt, Anweisungen für den Rubrikator vorhanden). Zur Unterteilung in Sinnabschnitte Paragrafenzeichen alternierend in Blau und Rot. Auf 4ra Titulus sowie auf 60vb und 61va Buchanfänge rubriziert. Verweise auf Textstellen des kommentierten Liber sextus durch Unterstreichungen kenntlich gemacht. Diese waren womöglich farblich unterlegt, woher die Verfärbungen der unterstrichenen Wörter herrühren könnten.
Buchschmuck: s. Buchgestaltung.

Nachträge und Benutzungsspuren: Bei den Nachträgen ist wegen der vielen verwendeten Buchstabenformen des eigentlichen Texts kaum auszumachen, ob sie von einer der Hände des Haupttexts stammen oder von einer weiteren Hand stammen könnten. Alleine Kommentare von einer älteren gotischen Kursiven lassen sich eindeutig davon ausnehmen, die nur unwesentlich jünger als der Haupttext und spätestens in der Mitte des 14. Jhs. niedergeschrieben sein dürften, wenn man in Rechnung stellt, dass auch diese in Frankreich entstanden. Grafische Verweiszeichen, v. a. in Form von Zeigehänden.

Einband: Römischer Einband, Pappe mit weißem Pergament überzogen, in Rom um 1780 gefertigt (Schunke, Einbände 2.2, S. 847). Gelb-kupferfarbenes Kapital. Rückentitel: *IN DECRETALIVM LIBRI VI. apparatus.* Ferner zwei blaue aufgeklebte Schildchen mit aktueller Signatur.
Provenienz: Augsburg / Heidelberg.

Geschichte der Handschrift: Blaues Schildchen mit aktueller Signatur auf Vorderspiegel. Altsignaturen auf Ir *479* (?) und *717* [beide durchgestrichen], auf IIr *Call. 92* und *530*, auf 1r *530*, Fugger-Signatur *P. 60. F. No 48.* LEHMANN verortete die Herstellung der Hs. in Italien (LEHMANN, Fuggerbibliotheken 2, S. 480). Der paläografische Befund spricht allerdings für eine Entstehung in Frankreich. Da die Schrift von Elementen der südfranzösischen Textura durchsetzt ist, könnte sie dort auch entstanden sein, allerdings ist der paläografische Befund in dieser Hinsicht nicht eindeutig. Des Weiteren spricht für eine Entstehung in Frankreich der vorgebundene Palimpsest, welcher unter der Rasur einen französischen Text des 14. oder 15. Jhs. erkennen lässt. Ende des 14. Jhs. oder im 15. Jh. könnte sich die Hs. in den Niederlanden befunden haben. Denn aus dieser Zeit dürfte der Eintrag *Padbroec* auf IIv stammen. Bei dem Vermerk handelt es sich wahrscheinlich um einen Besitzvermerk. Der Ort Padbroek ist mittlerweile in der Gemeinde Cuijk, in der niederländischen Provinz Nordbrabant, aufgegangen. Entweder bezieht sich das Toponym auf eine Person, die als Herkunftsbezeichnung ein ‚von Padbroek' im Namen führte oder um ein Mitglied der Niederadelsfamilie, die sich nach diesem Ort zubenannte, wie Arnoldus Padbroeck, von 1383 bis 1389 als Dekan des Stifts zu Grave in der Provinz Nordbrabant belegt (Ludwig Henrich Christian SCHUTJES, Geschiedenis van het Bisdom 'S Hertogenbosch, Bd. 3, St. Michiels-Gestel 1872, S. 794). Im 16. Jh. schließlich ist die Hs. im Besitz des Augsburgers Ulrich Fugger (1526–1584) nachweisbar, worauf die Signatur auf IIv *124. seors* hindeutet (s. Einleitung). Gemäß seinem letzten Willen ging sie schließlich nach seinem Tod in das Eigentum des Kurfürsten über.

Faksimile: https://digi.ub.uni-heidelberg.de/diglit/bav_pal_lat_646

Literatur: LEHMANN, Fuggerbibliotheken, Bd. 2, S. 480; OVL, Pal.lat.646; SCHUNKE, Einbände 2.2, S. 847; STEVENSON, Latini, S. 229; Sever J. VOICU, Note sui palinsesti conservati nella Biblioteca Apostolica Vaticana, in: Miscellanea Bibliothecae Apostolicae Vaticanae 16 (2009), S. 445–454, hier S. 454.

1) 1ra–86vb

Verfasser: JEAN LEMOINE

Titel: Glossa aurea.

Angaben zum Text: Kommentar zum Liber sextus: (1ra–1vb) Vorwort; (1vb–2va) Bulle ‚Sacrosanctae Romanae ecclesiae'; (2va–37v) Liber I; (37vb–48vb) Liber II; (48vb–60vb) Liber III; (60vb–61va) Liber IV; (61va–79ra) Liber V; (79ra–86vb) ‚De regulis iuris'. – Iar–Iav Fragment mit Resten eines lateinischen Texts aus dem 13. oder 14. Jh. – IIr Palimpsest, zuweilen französischer Text in Kursive des 14. oder 15. Jhs. erkennbar. – IIv leer.

Rubrik: 1ra ›*Incipit apparatus sexti libri decretalium, editus et promulgatus per reuerendum patrem et dominum Johannem Monachum, ecclesie beatorum Marcellini et Petri presbyterem*‹.

Incipit: 1ra [I]*n dei nomine. Amen. Secundum philosophum scire est rem per causam cognoscere* ...

Explicit: 86vb ›... [C]*ertum est*‹ *pone causa supra hoc li. de electione auaricie et supra de contrahendo emptione ad nostram c. De agricolis et censitis quemadmodum li. XI. et nota ff. De legibus l. Contra legem et l. Sequentem et supra de privilegio quanto et XIIIJ. q. III. Plerique. Johannes cardinalis.* ›*Explicit apparatus sexti libri decretalium*‹.

Edition: Zur Glosse des Jean Lemoine existiert keine moderne Edition, sie ist aber bereits seit 1535 in frühneuzeitlichen Drucken überliefert: Johannes MONACHUS, Glossa aurea nobis priori loco super sexto decretalium libro addita cum additionibus Philippi Biturici et in supremo Parisiensi senatu advocati, Paris 1535 (ND Aalen 1968).

TH

Vatikan, Biblioteca Apostolica Vaticana, Pal. lat. 647

Kuriale Kanzleiregeln / Sitzungsberichte des Basler Konzils

Papier · 1, 341, 1 Bll. · 29 × 21,3 cm · Basel (?) · um 1438

Entstehungsort: Basel (?).
Entstehungszeit: um 1438.

Typus (Überlieferungsform): Codex.
Beschreibstoff: Papier.
Umfang: 1, 341, 1 Bll.
Format (Blattgröße): 29 × 21,3 cm.
Zusammensetzung (Lagenstruktur): $1^{\text{Vorderspiegel}}$ + 14 VI^{156} + V^{166} + $(\text{VI-1})^{177}$ + V^{187} + 2 $(\text{V-1})^{205}$ + 4 VI^{259} + V^{263} + VI^{275} + V^{285} + 2 VI^{309} + 2 V^{329} + $1^{\text{Hinterspiegel}}$. Vorder- und Hinterspiegel sind jeweils Einzelbll.
Seiten-, Blatt- und Lagenzählung: Zeitgenössische Foliierung in lateinischen Ziffern (*I–CCCXXXIX*), beginnend auf IIr der Digitalisate. Römische Foliierung des 17. Jhs. (*1–329*), *I–XII* mit Blei nachgetragen, welcher auch die Digitalisate sowie die Beschreibung folgen. Reklamanten durchgängig auf der letzten Versoseite der Lage auf dem Fußsteg rechts (fehlen auf 187v, 196v, 205v, 319v, durch Beschnitt beeinträchtigt auf 229v, 259v).
Zustand: Papier leicht stockfleckig, im Schriftraum nachgedunkelt. Wenige Benutzungsspuren.
Wasserzeichen: Weintraube in 2 Varianten: Traube, Stiel zweikonturig mit hinten geführter Ranke, Bll. 4, 7, 12–13, 16, 25–26, 31, 33–34, 37–39, 41, 59, 68–70, 72, 80, 82, 85, 87, 92, 98, 101, 103, 109–110, 113, 121–123, 126, 133, 138, 140–145, 147–148, 161–169, 174–175, 179, 198, 205, annähernd identisch mit Wzz. von Papieren, die laut WZIS 1438 beschrieben wurden, DE2730-PO-129312, Bll. 8, 10–11, 14–15, 17–18, 32, 40, 42, 54, 56–58, 60, 67, 71, 79, 81, 83–84, 86, 88, 90, 97, 99–100, 111, 115, 117, 124–125, 146, 149–150, 157–159, 173, 178, 185, annähernd identisch mit Wzz. von Papieren, die laut WZIS 1441 Verwendung fanden, DE2040-PO-129096. Ochse in 7 Varianten: Ochse ohne Beizeichen, waagrecht, Hörner zweikonturig, ohne Nasenlöcher, Schwanzquaste hängend, Bl. 319, identisch mit Wzz. von Papieren, die laut WZIS 1438 in Worms verwendet wurden, DE2730-PO-86060, Bl. 311, keine Übereinstimmung mit WZIS, Bll. 206, 216, 222–223, 229, 267, 279, 283–284, 293–295, 304–305, keine Übereinstimmung mit WZIS, Bll. 208–214, 226–228, 230, 242–246, 250–254, 264–266, 268, 281, 286–291, 298–301, vergleichbar mit Wzz. von Papieren, die laut WZIS 1440 wahrscheinlich in Erfurt beschrieben wurden, DE8580-HAAB_Q_78_118, Bl. 247, keine Übereinstimmung mit WZIS, Bl. 260, keine Übereinstimmung mit WZIS, Bl. 258, ähnlich wie Wzz. von Papieren, die laut WZIS 1437 in Bischofsheim Verwendung fanden, DE2730-PO-85974. Krone ohne Bügel, mit Kleeblatt als Beizeichen, Bll. 234, 236–240, 262, 270, vergleichbar mit Wzz. von Papieren, die laut WZIS im 15. Jh. verwendet wurden, DE1710-Hs1413_25. Engel mit einkonturigem Kreuz mit Nimbus als Beizeichen, Bl. 285, keine Übereinstimmung mit

WZIS. Anker in 2 Varianten: Anker mit einkonturigem Kreuz als Beizeichen, Bll. III, IV, VI, XII, 181, 202, 313, 317, 327–329, vergleichbar mit Wzz. von Papieren, die laut WZIS 1438 in Basel beschrieben wurden, DE2730-PO-117778, Bl. VIII, XI, 183, 189, 196, 200, 314, 324–326, annähernd identisch mit Wzz. von Papieren, die laut WZIS im 15. Jh. Verwendung fanden, DE4860-ms_1316_441.

Schriftraum: 19,4 × 19 cm.
Spaltenanzahl: 1 Spalte.
Zeilenanzahl: 30–37 Zeilen.
Angaben zu Schrift / Schreibern: Die erste Hand bediente sich einer schleifenlosen Bastarda. Markant an ihr ist die unverbundene Aneinanderreihung von Schäften bei m, n und u. Auf 180v wechselt die Hand. Ab 185r entwickelt sich die Schrift zu einer jüngeren gotischen Kursive. Auf 206r übernahm eine weitere Hand in einer schleifenlosen Bastarda, die nur wenige Brechungen der Buchstaben vornahm und sehr selten Haarstriche verwendete, wodurch die Schrift der jüngeren gotischen Kursive sehr nahesteht. Allmählich schlichen sich Schleifen beim d ein. 256r–261v führte eine weitere Hand den Text in einer jüngeren gotischen Kursive fort.
Buchgestaltung: Schriftspiegel mit Metallstift vorgezogen. Neben einspaltigem Text bei den päpstlichen Konstitutionen auf Seitensteg mitunter Betreffe als Marginalien. Rote, nicht immer vollendete Lombarden, Initialmajuskeln, Paragrafenzeichen und Unterstreichungen sowie Rubrizierungen zur Strukturierung des Texts.
Buchschmuck: s. Buchgestaltung.

Nachträge und Benutzungsspuren: Grafische Verweiszeichen. Mitunter Betreffe als Marginalien, 168r–168v sowie 197r–198v von jüngerer Hand in jüngerer gotischer Kursive nachgetragen. Kaum Benutzungsspuren.

Einband: Pappe mit grünem Pergament überzogen, auf Vorderdeckel im Zentrum goldgeprägter Plattenstempel mit dem Wappen Papst Urbans VIII., auf Hinterdeckel im Zentrum gestempeltes Wappen des Kardinals und Bibliothekars Francesco Barberini (1597–1679) in Gold. Gefertigt in Rom zwischen 1626 und 1633 (Schunke, Einbände 2.2, S. 847). Gelbes Kapital. Auf dem Rücken blaues Schildchen mit aktueller Signatur sowie gestempelte Bienen in Gold.
Provenienz: Heidelberg.
Geschichte der Handschrift: Blaues Schildchen mit aktueller Signatur auf Vorderspiegel. Altsignaturen auf Ir *763* und *1731* [beide durchgestrichen], neben der aktuellen Signatur und der Capsa-Nummer *C. 76.* Auf 2r ausgeschnittenes Schildchen mit der Aufschrift *Constitutiones pontificum* aufgeklebt. Ein weiteres Mal von Hand des 17. Jhs. auf 1r auf dem Kopfsteg rechts nachgetragen. Titel auf Ir: *Regule cancellarie plurium summorum pontificum et sessiones seu decreta concilii Basiliensis.* Die Hs. vereint eine Sammlung päpstlicher Konstitutionen mit Sitzungsberichten des Basler Konzils. Während die jüngste der hier zusammengestellten Kanzleiregeln 1431 veröffentlicht wurde, datiert der jüngste Sitzungsbericht in das Jahr 1436. Die Wzz. der verwendeten Papiere deuten darauf hin, dass die Texte wahrscheinlich um 1438 in Basel – demnach also während des Konzils (1431–1449) – kopiert wurden.

Faksimile: https://digi.ub.uni-heidelberg.de/diglit/bav_pal_lat_647

Literatur: Extrauagantes Iohannis XXII, hrsg. von Jacqueline TARRANT, Vatikanstadt 1983 (Monumenta iuris canonici, Series B: Corpus collectionum 6), S. 3 A. 4; OVL, Pal.lat.647; PETR, Soupis, S. 271–290; SCHUNKE, Einbände 2.2, S. 847; STEVENSON, Latini, S. 229–231; John E. WEAKLAND, Administrative and Fiscal Centralization Under Pope John XXII, 1316–1334, in: Catholic Historical Review 54, 2 (1968), S. 285–310, hier S. 303 A. 127.

1) 1ra–198v

Beteiligte Personen: JOHANNES XXII. / BENEDIKT XII. / GREGOR XI. / CLEMENS VI. / INNOZENZ VI. / URBAN V. / GREGOR XI. / URBAN VI. / BONIFAZ IX. / INNOZENZ VII. / GREGOR XII. / ALEXANDER V. / JOHANNES XXIII. / BONIFAZ VIII. / BENEDIKT XI. / CLEMENS V. / MARTIN V. / EUGEN IV.

Titel: Kuriale Kanzleiregeln.

Angaben zum Text: (1r–5v) Papst Johannes XXII., Bulle ‚Ratio iuris exigit' (Edition von Andreas MEYER, https://www.uni-marburg.de/de/fb06/mag/institut/prof-dr-andreas-meyer/kanzleiregeldateien/johannes22.pdf, S. 49–78); (6r–8v) Papst Benedikt XII., Bulle ‚Decens et necessarium' (MEYER, https://www.uni-marburg.de/de/fb06/mag/institut/prof-dr-andreas-meyer/kanzleiregeldateien/benedikt12.pdf, S. 79–98); (9r–10r) Papst Gregor XI., Bulle ‚Quamvis a felicis' (MEYER, https://www.uni-marburg.de/de/fb06/mag/institut/prof-dr-andreas-meyer/kanzleiregeldateien/gregor11.pdf, S. 105–113); (10v–13v) Papst Johannes XXII., Kanzleiregeln (MEYER, https://www.uni-marburg.de/de/fb06/mag/institut/prof-dr-andreas-meyer/kanzleiregeldateien/johannes22.pdf, S. 1–46); (14r–15r) Papst Benedikt XII., Kanzleiregeln (MEYER, https://www.uni-marburg.de/de/fb06/mag/institut/prof-dr-andreas-meyer/kanzleiregeldateien/benedikt12.pdf, S. 1–4); (15v) Papst Clemens VI., Kanzleiregeln (MEYER, https://www.uni-marburg.de/de/fb06/mag/institut/prof-dr-andreas-meyer/kanzleiregeldateien/clemens6.pdf, S. 2–20); (16r) Papst Innozenz VI., Kanzleiregeln (MEYER, https://www.uni-marburg.de/de/fb06/mag/institut/prof-dr-andreas-meyer/kanzleiregeldateien/innozenz6.pdf, S. 1–7); (16v–22r) Papst Urban V., Kanzleiregeln (MEYER, https://www.uni-marburg.de/de/fb06/mag/institut/prof-dr-andreas-meyer/kanzleiregeldateien/urban5e.pdf, passim); (22r–28r) Papst Gregor XI., Kanzleiregeln (MEYER, https://www.uni-marburg.de/de/fb06/mag/institut/prof-dr-andreas-meyer/kanzleiregeldateien/gregor11.pdf, S. 1–96); (28v–31v) Papst Urban VI., Kanzleiregeln (MEYER, https://www.uni-marburg.de/de/fb06/mag/institut/prof-dr-andreas-meyer/kanzleiregeldateien/urban6.pdf, S. 2–45); (31v–44v) Papst Bonifaz IX., Kanzleiregeln (MEYER, https://www.uni-marburg.de/de/fb06/mag/institut/prof-dr-andreas-meyer/kanzleiregeldateien/bonifaz9.pdf, S. 1–44); (44v–45v) Papst Innozenz VII., Kanzleiregeln (MEYER, https://www.uni-marburg.de/de/fb06/mag/institut/prof-dr-andreas-meyer/kanzleiregeldateien/innozenz7.pdf, S. 1–7); (46r) Papst Gregor XII., Kanzleiregeln (MEYER, https://www.uni-marburg.de/de/fb06/mag/institut/prof-dr-andreas-meyer/kanzleiregeldateien/gregor12.pdf, S. 1–3); (46r–47r) Papst Alexander V., Kanzleiregeln (MEYER, https://www.uni-marburg.de/de/fb06/mag/institut/prof-dr-andreas-meyer/kanzleiregeldateien/alexander5.pdf, S. 15–19); (47r–66r) Papst Johannes XXIII., Kanzleiregeln (MEYER, https://www.uni-marburg.de/de/fb06/mag/institut/prof-dr-andreas-meyer/kanzleiregeldateien/johannes23edition.pdf, S. 1–83); (66v–67v) Papst Benedikt XII., Bulle ‚Ad regimen ecclesiae generalis' (Corpus iuris canonici 2, Sp. 1266 f.); (67v–68r) Papst Benedikt XII., Declaratio constitutionis ad regimen (Magnum oecumenicum Constantiense concilium de universali ecclesiæ reformatione, unione et fide, Bd. 6, hrsg. von Hermann VON DER HARDT, Frankfurt am Main / Leipzig 1700, Sp. 1042–1045); (68r–69v) Papst Johannes XXII., Bulle ‚Execrabilis' (Extrauagantes, S. 190–198); (69v–71v) Kurzzusammenfassungen von Dekretalen Papst Johannes XXII. (Extrauagantes, S. 143–287); (71v–72v) Kurzzusammenfassungen von Dekretalen Papst Bonifaz VIII. (Corpus iuris canonici 2, Sp. 1237–1312); (72v) Kurzzusammenfassungen von Dekretalen Papst Benedikt XI. (Corpus iuris canonici 2, Sp. 1237–1312); (72v–73r) Kurzzusammenfassungen von Dekretalen Papst Clemens V. (Corpus iuris canonici 2, Sp. 1237–1312); (73r–74v) Kurzzusammenfassungen von Dekretalen Papst Benedikt XII. (Corpus iuris canonici 2, Sp. 1237–1312); (75r–81v) Papst Martin V., Bulle ‚In apostolicae dignitatis' (Die päpstlichen Kanzleiordnungen von 1200–1500, hrsg. von Michael Tangl, Innsbruck 1894, S. 133–145); (81v–83r) Papst Martin V., Bulle ‚Quoniam nociva plerumque' (Meyer, https://www.uni-marburg.de/de/fb06/mag/institut/prof-dr-andreas-meyer/kanzleiregeldateien/martin5.pdf, S. 237–240); (83r–83v) Papst Martin V., Bulle ‚Quod antidota' (Meyer, https://www.uni-marburg.de/de/fb06/mag/institut/prof-dr-andreas-meyer/kanzleiregeldateien/martin5.pdf, S. 150 f.); (83v–84v) Papst Martin V., Bulle ‚Damnabile scelus execrande pravitatis' (Meyer, https://www.uni-marburg.de/de/fb06/mag/institut/prof-dr-andreas-meyer/kanzleiregeldateien/martin5.pdf, S. 241); (84v–85r) Papst Johannes XXIII., Bulle ‚Rationi congruit' (Meyer, https://www.uni-marburg.de/de/fb06/mag/institut/prof-dr-andreas-meyer/kanzleiregeldateien/johannes23edition.pdf, S. 123 f.); (85r–85v) Papst Martin V., Bulle ‚Romanum decet pontificem' (Meyer, https://www.uni-marburg.de/de/fb06/mag/institut/prof-dr-andreas-meyer/kanzleiregeldateien/martin5.pdf, S. 227–229); (85v) Constitutio Pisana pro possessoribus; (86r–93v) Papst Martin V., Bulle ‚Romani pontificis' (Tangl, S. 146–160); (94r–99r) Papst Martin V., Bulle ‚Frequentibus intra' (Meyer, https://www.uni-marburg.de/de/fb06/mag/institut/prof-dr-andreas-meyer/kanzleiregeldateien/martin5.pdf, S. 205–218); (99v–103r) Capitula Narbonensia (Codex germaniæ diplomaticus, hrsg. von Johann Christian Lünig, Frankfurt am Main / Leipzig 1732, S. 409–424); (103r–105v) Sitzungsbericht des Konstanzer Konzils, Sessio XXXVI–XXXVII (Conciliorum generalium ecclesiae catholicae, Bd. 4, Rom 1612, S. 264–267); (105v–108v) Sitzungsbericht des Konstanzer Konzils, Sessio XXXIX (Magnum oecumenicum Constantiense concilium de universali ecclesiæ reformatione, unione et fide, Bd. 4, hrsg. von Hermann von der Hardt, Frankfurt am Main / Leipzig 1699, Sp. 1435–1442); (108v–111r) Sitzungsbericht des Konstanzer Konzils, Sessio XLIII (ebenda, Sp. 1535–1541); (111r–111v) Sitzungsbericht des Konstanzer Konzils, Sessio XLIV (ebenda, Sp. 1546–1548); (111v–115r) Konkordat mit der französischen Konzilsnation (Raccolta di concordati su materie ecclesiastiche tra la Santa Sede e le autorità civili, Bd. 1, hrsg. von Angelo Mercati, Rom 1954, S. 150–157, nach vorliegender Hs.); (115r–120r) Konkordat mit der deutschen Konzilsnation (ebenda, S. 157–165, nach vorliegender Hs.); (120v–122v) Konkordat mit der spanischen Konzilsnation (ebenda, S. 144–150, nach vorliegender Hs.); (122v–123v) Konkordat mit der englischen Konzilsnation (ebenda, S. 165–168, nach vorliegender Hs.); (124r–151v) Papst Martin V., Kanzleiregeln (Meyer, https://www.uni-marburg.de/de/fb06/mag/institut/prof-dr-andreas-meyer/kanzleiregeldateien/martin5.pdf, S. 1–70); (151v–152v) Papst Martin V., Bulle ‚Dum in mente nostra' (Meyer, https://www.uni-marburg.de/de/fb06/mag/institut/prof-dr-andreas-meyer/kanzleiregeldateien/martin5.pdf, S. 70–73); (152v–169v) Papst Martin V., Kanzleiregeln (Meyer, https://www.uni-marburg.de/de/fb06/mag/institut/prof-dr-andreas-meyer/kanzleiregeldateien/martin5.pdf, S. 73–129); (170r–176r) Papst Eugen IV., Kanzleiregeln (Meyer, https://www.uni-marburg.de/de/fb06/mag/institut/prof-dr-andreas-meyer/kanzleiregeldateien/eugen4.pdf, S. 1–23); (176r–188v) Papst Eugen IV., Kanzleiregeln (Meyer, https://www.uni-marburg.de/de/fb06/mag/institut/prof-dr-andreas-meyer/kanzleiregeldateien/eugen4.pdf, S. 24–54, 17–21); (189r–196v) leer; (197r–198r) Johannes XXII., Bulle ‚Execrabilis quorundam tam religiosorum' (Meyer, https://www.uni-marburg.de/de/fb06/mag/institut/prof-dr-andreas-meyer/kanzleiregeldateien/johannes22. pdf, S. 165–176); (198r–198v) Papst Benedikt XII., Bulle ‚Ad regimen' (Corpus iuris canonici 2, Sp. 1266 f.). – Ir–XIIv leer. – 199r–205v leer.

Rubrik: 1r ›*Constituciones Johannis xxii. circa curiales et officia eorundem*‹.

Incipit: 1ra ›*Johannes*‹ *episcopus seruus seruorum dei. Ad perpetuam rei memoriam. Ratio iuris exigit* ...

Explicit: 198v ... *Datum Avinione, iii Idus Februarii* [durchgestrichen] *Januarii*.

Edition: s. Angaben zum Inhalt, unter Berücksichtigung vorliegender Hs.

2) 206r–311r

Titel: Sitzungsberichte des Basler Konzils.

Angaben zum Text: (206r–207v) Sessionsordo (ed. Bernhard Schimmelpfennig, in: Quellen und Forschungen aus italienischen Archiven und Bibliotheken 49 [1969], S. 273–292, hier S. 288–292); (207v–226v) Sessio I (Mansi 29, Sp. 3–21); (226v–228r) Sessio II (Mansi 29, Sp. 21–23); (228r–231v) Sessio III (Mansi 29, Sp. 23–27); (231v–233v) Sessio IV (Mansi 29, Sp. 32–34); (234r–236r) Sessio V (Mansi 29, Sp. 36–39); (236r–239r) Sessio VI (Mansi 29, Sp. 39–42); (239r–240v) Sessio VII (Mansi 29, Sp. 42 f.); (240v–244r) Sessio VIII (Mansi 29, Sp. 43–47); (244r–245r) Sessio IX (Mansi 29, Sp. 47 f.); (245r–248r) Sessio X (Mansi 29, Sp. 49–52); (248r–250v) Sessio XI (Mansi 29, Sp. 52–56); (250v–258v) Sessio XII (Mansi 29, Sp. 56–64); (258v–261v) Sessio XIII (Mansi 29, Sp. 67–71); (261v–263r) Sessio XIV (Mansi 29, Sp. 72–74); (263r–266v) Sessio XV (Mansi 29, Sp. 74–77); (266v–278v) Sessio XVI (Mansi 29, Sp. 78–89); (278v–279v) Sessio XVII (Mansi 29, Sp. 90); (279v–280r) Sessio XVIII (Mansi 29, Sp. 91); (280r–288v) Sessio XIX (Mansi 29, Sp. 92–101); (288v–291r) Sessio XX (Mansi 29, Sp. 101–103); (291r–294r) Sessio XXI (Mansi 29, Sp. 104–108); (294r–295v) Sessio XXII (Mansi 29, Sp. 108–110); (295v–306r) Sessio XXIII (Mansi 29, Sp. 110–121); (306r–311r) Sessio XXIV (Mansi 29, Sp. 128–133). – 311v–329v leer.

Incipit: 206r *Primo in loco vbi tenetur sessio celebratur missa solempnis per cardinalem uel alium prelatum adhoc deputatum* ...

Explicit: 311r ... *Datum in sessione publica in ecclesia Basiliensi xviii Kalendas Maij anno domini M° CCCC° xxxvi.*

Edition: s. Angaben zum Text.

TH

Vatikan, Biblioteca Apostolica Vaticana, Pal. lat. 648

Francesco Zabarella, Lectura super Clementinas

Papier · 3, 599, 2 Bll. · 29 × 20 cm · Heidelberg (?) · 1438

Entstehungsort: Heidelberg (?).
Entstehungszeit: 1438.

Typus (Überlieferungsform): Codex.
Beschreibstoff: Papier (Bl. B aus Pergament).
Umfang: 3, 599, 2 Bll.
Format (Blattgröße): 29 × 20 cm.

Zusammensetzung (Lagenstruktur): (I-1)^{1a} + 1^{B} + 1^{2a} + 12 VI^{144} + V^{154} + 6 VI^{226} + 2 VII^{254} + 28 VI^{590} + (VI-1)^{601*} + 1^{Hinterspiegel}. Vorderspiegel Gegenbl. von 1a, Hinterspiegel ist ein Einzelbl.

Seiten-, Blatt- und Lagenzählung: Römische Foliierung des 17. Jhs. (*B, 1–599*). Bei ungez. Bll. richtet sich die Zählung nach den Digitalisaten (1a, 2a, 600*–601*). Bl. 564 fälschlicherweise als 164 bezeichnet. Reklamanten durchgängig auf der letzten Versoseite der Lage in der Fußzeile rechts, Lagenfoliierung auf der Rectoseite unten rechts, teilweise durch Beschnitt beeinträchtigt oder verloren gegangen.

Zustand: Etwas stockfleckig. Wenige Gebrauchsspuren. Wurmfraß bis Bl. 153 und ab Bl. 570.

Wasserzeichen: Traube, Stiel zweikonturig, Ranke hinten geführt, in zwei Varianten, auf Bll. 1–3, 5–13, 16–23, 28, 39, 41, 50–52, 54, 67–68, 70–71, 80, 82, 91–92, 94, 97–99, 102–109, 111–113, 123–127, 129, 132, 140, 144–146, 150–156, 162, 172–174, 176–185, 187, 189–197, 200, 202, 212–214, 223, 228–234, 236–249, 254, 260, 267, 274–275, 286–289, 294–301, 304, 306–307, 317, 322, 330–333, 336–339, 343–344, 356, 362–363, 365–369, 375, 383–385, 389–395, 404, 410–421, 425, 427, 434–436, 439, 453–456, 465–466, 468–470, 473, 490–491, 495–500, 513, 516–517, 528, 536–538, 541, 543–549, 551, 553–555, 562, 564, 578, 586–587, 589, 592–593, annähernd identisch mit Wzz. von Papieren, die laut WZIS 1440 in Köln beschrieben wurden, DE2730-PO-129318, auf Bll. 4, 15, 25–27, 29–38, 40, 42–49, 53, 58, 69, 72–79, 81, 83–84, 93, 95–96, 100–101, 110, 114, 128, 131, 139, 141–143, 147–148, 161, 163–164, 175, 186, 188, 198–199, 201, 209–211, 221–222, 224–226, 235, 250–253, 255–259, 265, 268–273, 285, 290–293, 302–303, 305, 308–316, 318–321, 327, 334, 340–342, 354–355, 360–361, 364, 370–371, 381–382, 388, 398–403, 409, 424, 426, 429, 437–438, 441, 457–458, 467, 471–472, 474–489, 492–494, 503, 514–515, 518–527, 529–530, 539–540, 542, 550, 552, 556–561, 563, 573–577, 585, 588, 590, 594–596, ähnlich Wzz. von Papieren, die laut WZIS 1442 und 1447 womöglich im St. Kastorstift zu Koblenz, DE4440-701.221_297, oder 1436 in Arnhem, NL0360-PO-129227, Verwendung fanden.

Schriftraum: 20 × 12,5 cm.

Spaltenanzahl: 1 Spalte.

Zeilenanzahl: 40–42 Zeilen.

Angaben zu Schrift / Schreibern: Geschrieben wurde der Text von Michael de Gennynck (s. Geschichte der Handschrift). Er bediente sich einer schleifenlosen Bastarda, die in ihrer flüchtigen Ausführung der jüngeren gotischen Kursive sehr nahekommt. Nur wenige Korrekturen wurden auf dem Seitensteg vermerkt.

Buchgestaltung: Schriftspiegel mit Metallstift vorgezogen. Tituli auf der Rectoseite in der Kopfzeile rechts. Auf dem Seitensteg Angabe der jeweiligen Quaestio und Opinio (bis 270r). Im Text Tituli rubriziert. Capitulumsanfänge mit roten Lombarden (Buchstabenkörper z. T. gespalten mit Schaftaussparungen) und erstem Wort bzw. ersten Wörtern mit vergrößerten Buchstaben in gotischer Minuskel hervorgehoben, bei Verweisen auf Textstellen innerhalb des Capitulums anstelle der Lombarde rotes Paragrafenzeichen mit einem v für ‚vide'. Ferner Paragrafenzeichen und Unterstreichungen sowie Rubrizierungen zur Unterteilung des Texts in Sinnabschnitte.

Buchschmuck: Auf Bv Wappen des Johannes von Albig: Im gespaltenen Schild rechts auf silbernem Grund ein schwarzer Schrägbalken zwischen zwei sechsstrahligen roten Sternen, links schwarzer Grund geteilt von einem dreimal gezinnten goldenen Balken, darüber fünf (2:1:2), darunter sechs goldene (3:2:1), in der Mitte durchbrochene Kreuze.

Nachträge und Benutzungsspuren: Wenige Anmerkungen und Korrekturen von einer zeitgenössischen Hand unter Verwendung einer jüngeren gotischen Kursive. Kaum grafische Verweiszeichen.

Einband: Römischer Einband, Pappe mit weißem Pergament überzogen, in Rom um 1780 gefertigt (SCHUNKE, Einbände 2.2, S. 847). Gelb-kupferfarbenes Kapital. Rückentitel: *SVPER DECRETALES*. Ferner zwei blaue aufgeklebte Schildchen mit aktueller Signatur.
Provenienz: Alzey / Heidelberg.
Geschichte der Handschrift: Blaues Schildchen mit aktueller Signatur auf Vorderspiegel. Altsignaturen auf 1ar *696* und *729* [beide durchgestrichen], nebst aktueller Signatur, auf Br *593* und Capsa-Nummer *C. 55*. Im Jahr 1438 vollendet, wurde die Hs. von Michael de Gennynck geschrieben, wie der Kolophon auf 599r ausweist: *Explicit lectura domini Francisci de Zaborellis vtriusque juris doctoris famosissimi super Clementinas scripta et finita per Mychaelem de Gennynck de Lyntris, clerici Leodiensis diocesis, anno 1438*. Genannter Schreiber hatte sich im Frühjahr 1435 an der Universität Heidelberg immatrikuliert (TOEPKE, Matr. Heidelberg, S. 206). Er dürfte aus einem der Orte bei Tienen (Tirlemont) in der belgischen Provinz Flämisch-Brabant stammen, die ein Linter im Namen tragen. Da er das Werk 1438 vollendete und er aufgrund dessen Umfangs durchaus längere Zeit daran arbeiten musste und es sich wenig später im Besitz des Johannes von Albig befand, dürfte es in Heidelberg entstanden sein. Auffallend ist, dass er ein weiteres kopierte, welches sich ebenfalls in der Bibliothek des Johannes von Albig nachweisen lässt (Pal. lat. 1730, s. JEUDY, Handschriften, S. 7). Dass Johannes von Albig der spätere Besitzer war, ergibt sich aus dessen Wappen auf Bv (s. Buchschmuck) sowie dem darunter geschriebenen Vermerk: *Hunc librum legauit magister Johannes de Albich in decretis licentiatus ad liberariam Heydelbergensem*. Offenbar wurde das Bl. B nachträglich hinzugebunden. Johannes von Albig († 1451/52), wohl aus dem Geschlecht derer von Albig stammend, welche sich nach ihrem Stammsitz in der Nähe von Alzey zubenannten, wurde von König Ruprecht 1405 als Kaplan angenommen. Zuvor war er bereits Kanoniker im Cyriakusstift zu Neuhausen bei Worms gewesen. 1423 immatrikulierte er sich an der Universität Heidelberg, wo er das Lizentiatenexamen 1428 an der Artistenfakultät und nach einem Rechtsstudium 1433 auch im Kanonischen Recht an der Juristischen Fakultät ablegte. Zuletzt ist er als Pfarrer zu Alzey nachweisbar (DRÜLL, Gelehrtenlexikon, S. 266; Dietmar WILLOWEIT, Das juristische Studium in Heidelberg und die Lizentiaten der Juristenfakultät von 1386 bis 1436, in: Semper Apertus. Sechshundert Jahre Ruprecht-Karls-Universität Heidelberg, 1386–1986, Bd. 1, Mittelalter und Frühe Neuzeit, 1386–1803, hrsg. von Wilhelm DOERR u. a., Berlin u. a. 1985, S. 85–135, hier S. 112). Nach seinem Tod fielen seine Bücher aufgrund testamentarischer Verfügung an die Universität (JEUDY, Handschriften, S. 1–5). Im Katalog der Heidelberger Bibliotheken von 1466 in der Bibliothek der oberen Fakultäten nachweisbar unter *Franciscus de Zaberellis super Clementinas in papiro* (Heidelberg, UB, Heid. Hs. 47, 13r).

Faksimile: https://digi.ub.uni-heidelberg.de/diglit/bav_pal_lat_648
Literatur: JEUDY, Handschriften, S. 1, 4, 6 f.; OVL, Pal.lat.648; SCHUNKE, Einbände 2.2, S. 847; STEVENSON, Latini, S. 231.

1) 1r–599r
Verfasser: FRANCESCO ZABARELLA.
Titel: Lectura super Clementinas.

Angaben zum Text: Kommentar zu den Konstitutionen Papst Clemens V.: (1r–2r) Vorrede; (2v–5r) Bulle ‚Quoniam nulla iuris sanctio'; (5v–169r) Liber I; (169v–271r) Liber II; (271v–453r) Liber III; (453v–458v) Liber IV; (458v–598v) Liber V. – 1a–Br leer. – Bv Auf dem Kopf stehender Text eines Zeugenverhörs aus einem Erbrechtsprozess, geschrieben in einer Bastarda der ersten Hälfte des 15. Jhs., darüber gemalt Wappen des Johannes von Albig. – 2ar–2av leer. – 599v–601*v leer.
Incipit: 1r ›*Nouum*‹ *nichil esse vna est omnium fere sentencia que ut in eternis vera est ita in hijs que corrumpuntur prorsus non vera …*
Explicit: 598v … *Ipsum ergo suscipite scolastici vestrique instancia ut fructus afferat uberes moliamini ad laudem indiuidue trinitatis.* ›*Amen*‹ [gefolgt vom Kolophon auf 599r].
Edition: Es existiert keine moderne Edition, der Text, erstmals gedruckt um 1468/70, liegt in mehreren Inkunabeln vor (GW M51981–M51996).

TH

Vatikan, Biblioteca Apostolica Vaticana, Pal. lat. 649

Kanonistische Sammelhandschrift

Papier · 4, 295, 3 Bll. · 33,9–34 × 24–24,5 cm · Padua (?) · 1440er Jahre

Entstehungsort: Padua (?).
Entstehungszeit: 1440er Jahre.

Typus (Überlieferungsform): Codex.
Beschreibstoff: Papier.
Umfang: 4, 295, 3 Bll.
Format (Blattgröße): 33,9–34 × 24–24,5 cm.
Zusammensetzung (Lagenstruktur): $1^{\text{Vorderspiegel}}$ + I^{2a} + $(V+2)^{10}$ + 17 V^{180} + $(VI+1)^{193}$ + 9 V^{283} + $(VI+2)^{297*}$ + $(I-1)^{298*}$. Vorderspiegel ist ein Einzelbl., Hinterspiegel Gegenbl. von 298*.
Seiten-, Blatt- und Lagenzählung: Römische Foliierung des 17. Jhs. (*1–295*), *296* durchgestrichen. Vor- und Nachsatzbll. ungez., weshalb hier Zählung der Digitalisate übernommen wird (1a–4a, 297*–298*). Reklamanten auf der letzten Versoseite der Lage auf dem Fußsteg rechts, meist durch Beschnitt verloren gegangen, wie auch Kustoden auf der Rectoseite auf dem Fußsteg rechts.
Zustand: Erste Bll. an Rand ein wenig ausgerissen, mit leichtem Wurmfraß. Leicht stockfleckig. Wenige Benutzungsspuren. In gutem Zustand.
Wasserzeichen: Dreiberg, als Beizeichen einkonturige Stange mit einkonturigem Kreuz, in zwei Varianten, Bll. 3, 18–25, 30, 35–47, 56–64, 68, 86–88, 91–104, 115–119, 137–139, 146–154, 160, 166–169, 176–180, 187–193, 196–197, 204–209, 222–226, 240–244, 246, 250–258, 264–265, 268–277, 286, ähnlich Wzz. von Papieren, die laut WZIS um 1450 in Oberitalien (Padua) Verwendung fanden, DE5580-Clm6585_II, Bll. 5–15, 27–29, 31–34, 50–54, 66, 69–75, 89–90, 106–114, 123–135, 142–144, 155, 161, 173, 182–185, 194, 199–202, 212–219, 229–239, 245, 248, 261–263, 266–267, 279–282, 287–299, annähernd identisch mit Wzz. von Papieren, die laut WZIS um 1444/1449 in Padua beschrieben wurden, DE5580-Clm6573_144a.

Schriftraum: 23,5–23,7 × 13,2–13,5 cm.

Spaltenanzahl: 1 Spalte.
Zeilenanzahl: 43–47 Zeilen.
Angaben zu Schrift / Schreibern: Der Schreiber bediente sich einer schleifenlosen Bastarda, obgleich zuweilen das d mit einer Schleife versehen ist. Auffallend ist ferner das markante Schluss-s. Die Schrift zeigt die Tendenz, die Schäfte von m, n und u nicht zu ligieren, sondern einzeln auszuführen, oft sogar unverbunden nebeneinander zu setzen. Korrekturen wurden auf dem Seitenrand bzw. auf dem Fußsteg nachgetragen.
Buchgestaltung: Schriftspiegel mit Metallstift vorgezogen. Tituli als Überschriften in vergrößerten Buchstaben in gotischer Minuskel, rot umrandet. Capitulumsanfänge mit roten Lombarden (Buchstabenkörper z. T. gespalten mit Schaftaussparungen, blaue Lombarde auf 25v) und erstem Wort bzw. ersten Wörtern mit vergrößerten Buchstaben in gotischer Minuskel hervorgehoben, dazu rot umrandet. Ferner Paragrafenzeichen sowie Strichelungen zur Unterteilung des Texts in Sinnabschnitte. Glossenanfänge unterstrichen.
Buchschmuck: s. Buchgestaltung.

Nachträge und Benutzungsspuren: Ausführlichere Anmerkungen einer zeitgenössischen Hand auf 20v, 98v, 295r. Auf 44r Marginalglosse, Angelo da Castro (um 1404–nach 1477) zitierend, von jüngerer Hand. Grafische Verweiszeichen.

Einband: Römischer Einband, Pappe mit weißem Pergament überzogen, in Rom um 1780 gefertigt (Schunke, Einbände 2.2, S. 847). Gelb-kupferfarbenes Kapital. Rückentitel: *LECTVRÆ CIVILES.* Ferner zwei blaue aufgeklebte Schildchen mit aktueller Signatur.
Provenienz: Heidelberg.
Geschichte der Handschrift: Blaues Schildchen mit aktueller Signatur auf Vorderspiegel. Altsignaturen auf 2ar neben der aktuellen Signatur *738*, auf 3ar Capsa-Nummer *C. 116.*, darunter die Allacci-Signatur *1458*, auf 1r *582*, auf 297*v *1624*. Die Nachträge, welche von einer Hand stammen, suggerieren, dass die einzelnen Texte bereits ursprünglich als eine gebundene Hs. vorlagen. Diese könnte den Wzz. nach während der 1440er Jahre in Padua entstanden sein, dafür spricht auch die Aufnahme eines Textes von Francesco Capodilista, der zu besagter Zeit in Padua lehrte (Luigi Trenti, Art. Capodilista, Francesco, in: DBI, Bd. 18, Rom 1975, S. 633 f.). Denkbar wäre beispielsweise ein deutscher Student oder Gelehrter als ausführende Kraft. Dafür spricht die eigentümliche Zusammenstellung der Texte, welche nicht Werke in Gänze wiedergeben, sondern lediglich einzelne thematische Teile, weshalb die Entstehung und Nutzung im universitären Zusammenhang anzunehmen ist.

Faksimile: https://digi.ub.uni-heidelberg.de/diglit/bav_pal_lat_649
Literatur: OVL, Pal.lat.649; Schunke, Einbände 2.2, S. 847; Stevenson, Latini, S. 231.

1) 1r–256v
Verfasser: Antonio da Budrio.
Titel: Super secundo libro decretalium, pars II.
Angaben zum Text: Der Text beginnt mit dem Kommentar zu X 2.14.6 und endet mit X 2.30.9: (1r–7r) Titulus XIV, Capitulum VI–X; (7r–11r) Titulus XV; (11v–14r) Titulus XVI; (14r–16r) Titulus XVII; (16v–20v) Titulus XVIII; (21r–42r) Titulus XIX; (42r–81r) Titulus XX; (81r–85v) Titulus XXI; (85v–100r) Titulus XXII; (100r–106v) Titulus XIII; (106v–

134r) Titulus XXIV; (134r–147v) Titulus XXV; (147v–162v) Titulus XXVI; (162v–188v) Titulus XXVII; (189r–250r) Titulus XXVIII; (250r–250v) Titulus XXIX; (250v–256v) Titulus XXX.
Incipit: 1r ›*Cum dilecti*‹: *Contumax condemnatur in expensis factis a tempore citationis emisse* ...
Explicit: 256v ... *In glossa non colligentur generalia non cause eterniter. Hoc sit finis libri laudemusque omnipotentem deum patrem filium et spiritum sanctum. Amen.*
Edition: Antonius De Butrio, Super secundo libro decretalium, 2,1, Venedig 1503, fol. 180v–2,2, fol. 199v.

2) 257r–v
Titel: Zusammenfassungen der Kommentare zu Clem. 1.1.1. bis Clem. 1.3.4.
Angaben zum Text: 258r–263v leer.
Incipit: 257r–257v *Glosse scriptarum infra scriptarum et in Clementinas atque sunt notabiles atque sinceres* ...
Explicit: 257v ... *Glossa in uerbo prouisio ponit significatum uerbi prouidere quod est latissimum.*

3) 264r–283r
Titel: Kommentar zu X 3.19.5.
Angaben zum Text: 283v–284v leer.
Incipit: 264r ›*Quesitum*‹: *Solemne et utile solitum est reputari propter vim suam utilem difficilem et cottidianam* ...
Explicit: 283r ... *et per hoc remanebat expedita tota ista materia.* ›*Laus deo Amen*‹.

4) 285r–295r
Verfasser: Francesco Capodilista.
Titel: Kommentar zu Clem. 5.11.2.
Incipit: 285r ›*Sepe contingit*‹: *Ista Clementina famosa et utilis non eget commendacione* ...
Explicit: 295r ... *Hoc est ipse deus cum ad illam redibimus per intercessionem virginis gloriose nos collocabit in eterna gaudia.* ›*Amen*‹.

TH

Vatikan, Biblioteca Apostolica Vaticana, Pal. lat. 650

Liber sextus cum Glossa ordinaria

Pergament · 2, 102, 1 Bll. · 31,8 × 23,5 cm · Mittel- / Westeuropa · um 1310–um 1350

Entstehungsort: Mittel- / Westeuropa.
Entstehungszeit: um 1310–um 1350.

Typus (Überlieferungsform): Codex.
Beschreibstoff: Pergament.
Umfang: 2, 102, 1 Bll.
Format (Blattgröße): 31,8 × 23,5 cm.

Zusammensetzung (Lagenstruktur): $(II-1)^{2a}$ + 8 V^{82} + IV^{90} + $(VI+2)^{104}$ + $(I-1)^{105*}$. Vorderspiegel Gegenbl. von 2a, Hinterspiegel Gegenbl. von 105*. Zählfehler: 76 und 77 übersprungen.
Seiten-, Blatt- und Lagenzählung: Vorrömische Foliierung (*1–104*). Bei ungez. Bll. folgt Beschreibung dem Digitalisat (1a-2a, 105*). Reklamanten auf der letzten Versoseite der Lage auf dem Fußsteg rechts.
Zustand: Feuchtigkeitsschäden, v. a. auf den ersten und letzten Bll. Zahlreiche Löcher im Pergament, die allerdings schon vor Niederschrift des Texts vorhanden waren. Zahlreiche Benutzungsspuren.

Schriftraum: 26,2 × 21,5 cm.
Spaltenanzahl: 4 Spalten.
Zeilenanzahl: Legaltext: 19–31 Zeilen; Klammerglosse: 66–80 Zeilen.
Angaben zu Schrift / Schreibern: Der Legaltext wie auch die Glosse wurden von einer Hand geschrieben, die sich einer Textura bediente, wie sie nördlich der Alpen verwendet wurde. Der Schaft des t geht nur selten über das Mittelband hinaus, im Gegensatz zum a, das zuweilen bis zu den Oberlängen heraufragt. Schaft- und Fußstrich, beispielsweise beim b, sind noch nicht im rechten Winkel miteinander verbunden. Demnach kann die Niederschrift in der ersten Hälfte des 14. Jhs. angenommen werden.
Buchgestaltung: Zeilengerüst mit Metallstift vorgezogen. Legaltext von Klammerglosse umflossen. Im Legaltext Tituli rubriziert, jedes Capitulum mit roter Lombarde hervorgehoben (Buchstabenkörper z. T. gespalten mit Schaftaussparungen). Person mit roter Satzmajuskel hervorgehoben, welche die Dekretale formulierte. Zur Unterteilung in Sinnabschnitte rote Paragrafenzeichen und Strichelungen. In Klammerglosse Tituli rubriziert, jedes Capitulum mit roter Lombarde eingeleitet. Ferner Strichelungen zur Unterteilung von Sinnabschnitten.
Buchschmuck: s. Buchgestaltung.

Nachträge und Benutzungsspuren: Tituli als Seitentitel nachgetragen. Zahlreiche Korrekturen und Anmerkungen von jüngeren Händen, darunter auch in älterer gotischer Kursive, Unterstreichungen und grafische Verweiszeichen.

Einband: Römischer Einband, Pappe mit weißem Pergament überzogen, in Rom um 1780 gefertigt (SCHUNKE, Einbände 2.2, S. 847). Gelb-kupferfarbenes Kapital. Rückentitel: *Iohannes Andreae in decretales*, darunter in Blau: *P.* Ferner zwei blaue aufgeklebte Schildchen mit aktueller Signatur.
Provenienz: Heidelberg.
Geschichte der Handschrift: Blaues Schildchen mit aktueller Signatur auf Vorderspiegel. Altsignaturen auf 1r *566* und auf 2ar *745* [durchgestrichen], ebendort neben aktueller Signatur Capsa-Nummer *C. 79*, darunter Allacci-Signatur *1870* [durchgestrichen]. Der Schreiber hatte offenbar Schwierigkeiten, für Legaltext und Glosse den jeweils benötigten Raum einzuplanen, um eine Parallelität der beiden Texte zu gewährleisten, wodurch immer wieder Seiten alleine mit der Glosse gefüllt werden mussten. Das spricht für einen Schreiber, der ungeübt im Kopieren von glossierten Texten war. Im 15. Jh. befand sich die Hs. offenbar im deutschsprachigen Raum, wie die volkssprachliche Anmerkung auf 19rd nahelegt.

Faksimile: https://digi.ub.uni-heidelberg.de/diglit/bav_pal_lat_650

Literatur: Martin BERTRAM, Die Dekretalensammlung Papst Nikolaus' III. (1280), in: ZRG KA 90 (2004), S. 60–76, hier S. 74f.; OVL, Pal.lat.650; SCHUNKE, Einbände 2.2, S. 847; STEVENSON, Latini, S. 231.

1) 1ra–104r
Beteiligte Personen: BONIFAZ VIII. / JOHANNES ANDREAE.
Titel: Liber sextus cum Glossa ordinaria.
Angaben zum Text: Auf Veranlassung Papst Bonifaz VIII. kompilierte Dekretalensammlung mit der Glossa ordinaria des Johannes Andreae (um 1270–1348) und Grußadresse an die Universität Bologna: (1rb–1vb) Bulle ‚Sacrosanctae Romanae ecclesiae'; (1vc–39vb) Liber I; (39vb–51vc) Liber II; (51vc–80vb) Liber III; (80vb–81vb) Liber IV; (81vc–103vb) Liber V; (103vb–104rb) ‚De regulis iuris'.
Rubrik: 1rb ›*Prohemium*‹.
Incipit: 1rb ›*Bonifacius*‹ *episcopus seruus seruorum dei dilectis filiis doctoribus et scolaribus vniuersis Bononie commorantibus salutem et apostolicam benedictionem.* ›*Sacrosancte*‹ *Romane ecclesie ...*
Explicit: 104rb ›*... Datum*‹ *Rome aput sanctum Petrum v. Nonas Marcii pontificatus nostri anno quarto.* ›*Explicit*‹ *sextus liber decretalium.*
Edition: Corpus iuris canonici 2, Sp. 929–1124; zur Glossa ordinaria des Johannes Andreae existiert keine moderne Edition, sie ist aber bereits in zahlreichen Inkunabeln seit 1465 überliefert (GW 4848–4905).

2) 104va–b
Beteiligte Personen: INNOZENZ IV. / NIKOLAUS III.
Titel: Kleintexte.
Angaben zum Text: Kleintexte, darunter Innozenz IV., Konstitution ‚Statuimus ut' (Corpus iuris canonici 2, Sp. 915f.); Nikolaus III., Konstitution ‚Fundamenta' (Les registres de Nicolas III (1277–1280), hrsg. von Jules GAY, Paris 1898–1938, Nr. 296).

TH

Vatikan, Biblioteca Apostolica Vaticana, Pal. lat. 651

Kommentare zum Liber sextus

Papier · 3, 399, 2 Bll. · 30,8 × 21,5 cm · Süddeutschland · um 1430

Entstehungsort: Süddeutschland.
Entstehungszeit: um 1430.

Typus (Überlieferungsform): Codex.
Beschreibstoff: Papier.
Umfang: 3, 399, 2 Bll.
Format (Blattgröße): 30,8 × 21,5 cm.
Zusammensetzung (Lagenstruktur): $(II-1)^{3^*}$ + VII^{14} + VI^{26} + VII^{40} + 7 VI^{124} + $(VI+1)^{137}$ + 21 VI^{390} + V^{400} + $[(I-1)+1]^{401^*/402^*}$. Vorderspiegel Gegenbl. von 3*, Hinterspiegel Gegenbl. von 401*. 401* und 402* zusammengeklebt. Zählfehler: 288 übersprungen, 312 doppelt gez.

Ungez. Fragmente nach 1, 2, 11, 29, 57, 83, 138, 158, 235, 340, 350, 359. Deren Gegenbll. nach 3, 12, 13, 37, 81, 148, 152, 243, 332, 361 ebenfalls ungez. 128 gez. Fragment, dessen Gegenbl. nach 134 ungez.

Seiten-, Blatt- und Lagenzählung: Römische Foliierung des 17. Jhs. (*1–400*). Vor- und Nachsatzbll. ungez., weshalb hier, wie bei den Fragmenten, Zählung der Digitalisate übernommen wird (1*–3*, 1a–3a, 11a–13a, 29a, 37a, 57a, 81a, 83a, 134a, 138a, 148a, 152a, 158a, 235a, 243a, 332a, 340a, 350a, 359a, 361a, 401*, 402*). Durchgängig Kustoden auf der letzten Versoseite der Lage auf dem Fußsteg rechts, in arabischen und lateinischen Ziffern, teilweise im Falz verschwunden.

Zustand: Wenige Bll. leicht stockfleckig. Zuweilen Tinte etwas verblasst.

Wasserzeichen: Ochsenkopf mit Augen, als Oberzeichen einkonturige Stange mit Blume, daran fünf runde Blütenblätter, in drei Varianten, Bll. 2–4, 9, 14, 18–30, 32–34, 48–49, 59–61, 67, 93–94, annähernd identisch mit Wzz. von Papieren, die laut WZIS 1435 in Schwäbisch Hall Verwendung fanden, DE7575-PO-65238, Bll. 7, 10, 16–17, 31, 42–46, 52–55, 63–66, 70–73, 92, 98–100, annähernd identisch mit Wzz. von Papieren, die laut WZIS 1429 in Esslingen beschrieben wurden, DE2610-PO-65242, Bl. 396, annähernd identisch mit Wzz. von Papieren, die laut WZIS 1430 in Nürnberg verwendet wurden, DE2040-PO-65246; Ochsenkopf mit Augen, als Oberzeichen einkonturige Stange mit Blume, daran sieben Blütenblätter, in zwei Varianten, Bll. 78, 84–88, keine Übereinstimmungen in WZIS, Bll. 79–83, annähernd identisch mit Wzz. von Papieren, die laut WZIS 1431 Verwendung fanden, DE2730-PO-65792; Ochsenkopf mit Augen, als Oberzeichen zweikonturige Stange, Ende einkonturig, mit Blume, daran sieben Blütenblätter, in zwei Varianten, Bll. 101–105, 115–118, 125–126, 132, 138–140, 145, 157–161, 164–166, 175–178, 182–183, 189–197, 200–201, 210, 214–218, 228–240, 251, 258–261, 265–267, 276–280, 289–290, 292–293, 298, 308–310, 312, 319, 321–322, 332, 334–354, ähnlich Wzz. von Papieren, die laut WZIS 1431 beschrieben wurden, DE8100-PO-69523, Bll. 107–113, 120–123, 133–135, 143, 146–156, 162–163, 167, 179, 185, 199, 202–209, 211, 219–224, 244–250, 254–257, 264, 273, 281, 291, 294–296, 299–307, 311, 316, 320, 323–325, 333, ähnlich Wzz. von Papieren, die laut WZIS 1427 in Nürnberg verwendet wurden, DE7320-PO-69355; Ochsenkopf mit Augen, als Oberzeichen einkonturige Stange mit einkonturigem, sechsstrahligem Stern, Enden gerade, Bl. 128, keine Übereinstimmungen in WZIS; Ochsenkopf mit Augen, als Oberzeichen zweikonturige Stange mit lateinischem Kreuz, Kreuzbalken gerade / dreieckig, Bll. 355, 363–369, 375, 379, 383, 388–392, 395, annähernd identisch mit Wzz. von Papieren, die laut WZIS im 15. Jh. in Augsburg oder Umgebung Verwendung fanden, DE3270-theol285_250; Ochsenkopf mit Augen, als Oberzeichen zweikonturige Stange mit lateinischem Kreuz, Kreuzbalken mit Einkerbungen: Bll. 356–360, 371–372, 377–378, 380, 384–387, 393, 399, ähnlich Wzz. von Papieren, die laut WZIS 1434 in Öhringen beschrieben wurden, DE2040-PO-68641.

Schriftraum: 25,4 × 17 cm.

Spaltenanzahl: 1 Spalte.

Zeilenanzahl: 38–45 Zeilen.

Angaben zu Schrift / Schreibern: Der Text wurde in einer jüngeren gotischen Kursive abgefasst, die für eine Buchschrift relativ flüchtig zu Papier gebracht wurde.

Buchgestaltung: Schriftraum mit Tinte vorgezogen. Tituli auf der Rectoseite auf dem Kopfsteg rechts in verkürzter Form. Auf dem Seitensteg Verweis auf jeweilige Quaestio und Opinio. Raum für Initialen zu Beginn der Capitula ausgespart. Verweise auf den Legaltext durch unterstrichene Wörter.

Buchschmuck: Platz für Initialen ausgespart, aber nicht ausgeführt, Anweisungen für Rubrikator noch vorhanden.

Nachträge und Benutzungsspuren: Korrekturen und Anmerkungen von mehreren Händen in jüngerer gotischer Kursive. Grafische Verweiszeichen.

Einband: Römischer Einband, Pappe mit weißem Pergament überzogen, in Rom um 1780 gefertigt (Schunke, Einbände 2.2, S. 847). Gelb-kupferfarbenes Kapital. Rückentitel: *DECRETALIVM VI*, darunter in Blau: *Pal.* Ferner zwei blaue aufgeklebte Schildchen mit aktueller Signatur.

Provenienz: Liebfrauenstift Neustadt an der Weinstraße / Heidelberg.

Geschichte der Handschrift: Blaues Schildchen mit aktueller Signatur auf Vorderspiegel. Auf 1ar neben der aktuellen eine mehrfach durchgestrichene, kaum entzifferbare Altsignatur, auf 2ar Capsa-Nummer *C. 73.* sowie Altsignaturen *1634* [durchgestrichen] und *592* [wiederholt auf 1r]. Auf 2ar von Hand des 17. Jhs.: *Comentarius in sextum decretalium*, auf 1r: *Sextus liber decretalium.* Wie der Vermerk auf 1r *Newenstat* suggeriert, dürfte sich diese Hs. im Besitz des Liebfrauenstifts zu Neustadt an der Weinstraße befunden haben. Die Wzz. legen eine Entstehung um 1430 in Süddeutschland nahe. Die rasche Ausführung der Schrift deutet auf den Eigengebrauch eines Gelehrten hin. Mit der Auflösung des Stifts im Zuge der Einführung der Reformation in der Kurpfalz dürfte der Codex nach Heidelberg und schließlich in die Bibliotheca Palatina gelangt sein.

Faksimile: https://digi.ub.uni-heidelberg.de/diglit/bav_pal_lat_651

Literatur: Gugumus, Erforschung, S. 138; Krämer, Handschriftenerbe 1.2, S. 600; Montuschi, Le biblioteche, S. 308; OVL, Pal.lat.651; Schunke, Einbände 2.2, S. 847; Stevenson, Latini, S. 231.

1) 1r–399v

Titel: Kommentare zum Liber sextus.

Angaben zum Text: Kommentare von Rechtsgelehrten zum Liber sextus, darunter von Johannes Andreae (um 1270–1348) und Jean Lemoine (1250–1313): (1r–2r) Vorrede; (2r–3v) Bulle ‚Sacrosanctae Romanae ecclesiae'; (3v–137v) Liber I; (137v–183v) Liber II; (183v–278v) Liber III; (279r–284r) Liber IV; (284r–399v) Liber V; (399v) ‚De regulis iuris', Text abbrechend in den Kommentaren zur Regula IV.

Incipit: 1r *In nomine domini. Amen. Lecturus sextum librum decretalium sic duxi breuiter inchoandum …*

Explicit: 399v *… uel huius mundi sensibilia species qualitates et corpora vegetari non praue et que naturarum* [… Text bricht ab].

Edition: Es existiert keine moderne Edition des Kommentars von Johannes Andreae, der Text ist aber bereits in zahlreichen Inkunabeln seit 1465 als Glosse zum Liber sextus überliefert (GW 4848–4905); zum Kommentar des Jean Lemoine existiert keine moderne Edition, er ist aber bereits in frühneuzeitlichen Drucken seit 1535 überliefert: Johannes Monachus, Glossa aurea nobis priori loco super sexto decretalium libro addita cum additionibus Philippi Biturici et in supremo Parisiensi senatu advocati, Paris 1535 (ND Aalen 1968).

TH

Vatikan, Biblioteca Apostolica Vaticana, Pal. lat. 652

Bernhard von Pavia, Compilatio prima cum glossa

Pergament · 1, 63, 1 Bll. · 29,3 × 19,5 cm · England · 1193/1194

Entstehungsort: England.
Entstehungszeit: 1193/1194.

Typus (Überlieferungsform): Codex.
Beschreibstoff: Pergament.
Umfang: 1, 63, 1 Bll.
Format (Blattgröße): 29,3 × 19,5 cm.
Zusammensetzung (Lagenstruktur): $(I\text{-}1)^{1a}$ + 1^{A} + 3 IV^{24} + II^{28} + I^{30} + IV^{38} + II^{42} + III^{48} + IV^{56} + III^{62} + $(I\text{-}1)^{63^*}$. Vorderspiegel Gegenbl. von 1a, Hinterspiegel Gegenbl. von 63*.
Seiten-, Blatt- und Lagenzählung: Römische Foliierung des 17. Jhs. (*1–62*). Vor- und Nachsatzbl. ungez., weshalb hier Zählung der Digitalisate übernommen wird (1a, 63*). Kustoden auf der ersten Rectoseite der Lage auf dem Fußsteg links mit Metallstift geschrieben (beginnend mit der hier als zweiten Lage bezeichneten auf 9r, fehlt auf 29r, 31r, 39r), 42v Reklamant. Ursprünglicher Lagenverbund zwischen Bll. 25 und 43 gestört. Auf 25r beginnt Lage *IIII*, auf 43r Lage *VI*. Auf 35r wird Anfang der Lage *V* angezeigt.
Zustand: Seiten abgegriffen, zahlreiche Flecken und Benutzungsspuren, leichter Wasserschaden am oberen Blattrand.

Schriftraum: 17,8 × 10 cm; 17,8 × 16,5 cm (mit Kommentaren).
Spaltenanzahl: 2 Spalten.
Zeilenanzahl: 46–50 Zeilen.
Angaben zu Schrift / Schreibern: Die ersten vier Bücher schrieb eine Hand in einer Textura, wie sie für westeuropäische Schreiber um 1200 typisch war. Mit Beginn des Liber V scheint eine andere Hand übernommen zu haben, die ähnlich in der Ausgestaltung der Buchstaben war, allerdings einen breiteren Duktus pflegte und die Winkel nicht so stark ausprägte. Ab 60va scheinen weitere, ähnliche Hände übernommen zu haben. Jene Hand, welche für die Ausführung des Glossenfragments auf 1r–8v verantwortlich zeichnete und den übrigen Text mit Anmerkungen versah, schrieb in etwa zeitgleich, vielleicht ein wenig später und dürfte in England gewirkt oder zumindest dort das Schreiben gelernt haben. Dafür sprechen das Majuskel-S am Wortanfang sowie an ebensolcher Stelle das Majuskel-R (Derolez, Palaeography, S. 91–93). Ferner finden sich bereits Elemente, die auf eine Entwicklung hin zur Anglicana weisen, wie der unter die Grundlinie gezogene Schaft des r oder zuweilen auch schon die charakteristische Schlaufe des d, welche gegen den Uhrzeigersinn ausgeführt wird (Derolez, Palaeography, S. 137 f.), und vom Schreiber des Registers verwendet wurde.
Buchgestaltung: Zeilengerüst mit Metallstift vorgezogen. Als Seitentitel auf der Versoseite ein *L* in Rot für ‚Liber', auf der Rectoseite die dem jeweiligen Buch zugeordnete Ziffer in Blau bzw. Rot und Blau. Jedes Buch beginnt mit einer blauen Initialgruppe, verziert mit rotem Fleuronné. Rubriken zu den Büchern, Tituli rubriziert und als Abkürzung auf Bundbzw. Seitensteg wiedergegeben. Capitula alternierend mit blauen und roten Lombarden ein-

geleitet. Im Satz zuvor Autorität mit Satzmajuskel in Gegenfarbe hervorgehoben, welche die Dekretale formulierte. Paragrafenzeichen in Blau, Zeilenfüller in Rot.

Buchschmuck: s. Buchgestaltung.

Nachträge und Benutzungsspuren: Tituli, Register sowie Anmerkungen von mehreren jüngeren Händen nachgetragen. Distinktionen und grafische Verweiszeichen. 39v größere Rasur.

Einband: Römischer Einband, Pappe mit weißem Pergament überzogen, in Rom um 1780 gefertigt (SCHUNKE, Einbände 2, S. 847). Gelb-kupferfarbenes Kapital. Auf dem Vorderdeckel in Blau aktuelle Signatur. Rückentitel: *Bernardus Papiensis decretalium breuiarium*, darunter: *Pal.* Ferner zwei blaue aufgeklebte Schildchen mit aktueller Signatur, unteres größtenteils abgerissen.

Provenienz: Heidelberg.

Geschichte der Handschrift: Blaues Schildchen mit aktueller Signatur auf Vorderspiegel. Altsignaturen auf 1ar *749* [durchgestrichen], [illegible] Capsa-Nummer C. *78* und *585* [durchgestrichen], 1r *585*, 62r *513*. Die Hs. dürfte 1193/1[illegible] entstanden sein, was Gérard FRANSEN anhand von nachträglich eingefügten Kapiteln erschließen konnte (FRANSEN, Les diverses formes, S. 246, 249, 253). Als möglicher Herstellungsort kommt dafür England in Betracht. Zwar weist der eigentliche Text in der Schriftgestaltung noch keine typisch englischen Eigenheiten auf. Allerdings erhielt dieser in etwa zeitgleich einen Kommentar eines englischen Rechtsgelehrten von einer Hand, die durchaus englische Eigenheiten aufweist. Auch die Hände, welche jüngere Anmerkungen vornahmen, verweisen nach England. Schließlich wurden dem eigentlichen Text des Bernhard von Pavia offenbar nachträglich noch weitere Dekretalen angefügt, worunter sich päpstliche Schreiben finden, die an englische Prälaten entsandt wurden (61ra Erzdiakon von Richmond, 61va–b Bischof von Ely). Diese Ergänzungen dürften bis zur Mitte des 13. Jhs. vorgenommen worden sein, schließlich verstarb mit Coelestin IV. der jüngste genannter Päpste im Jahr 1241. Über Marsilius von Inghen (1335/1340–1396) könnte der Codex nach Heidelberg gelangt sein, findet sich doch im Verzeichnis seiner der Universiät vermachten Bücher der passende Eintrag: *Item antiqua compilacio decretalium, que incipit: Iuste iudicate* (Rektorbücher 1, S. 487). Darüber hinaus wird aber auch in der Bücherschenkung Kurfürst Ludwigs III. von 1421/1438 zugunsten des Heiliggeiststifts ein solches Werk genannt (HANSELMANN, Bücherschenkung, S. [illegible]5). Im Katalog der Heidelberger Bibliotheken von 1466 als Hs. des Heiliggeiststifts nachweisbar ist ein *Breuiarium decretalium Bernhardi prepositi Papiensis in pergameno* (Heidelberg, UB, Heid. Hs. 47, 58v), im Katalog der Bibliothek in der Heiliggeistkirche von 158[illegible] findet sich ein *Breuiarium extrauagantium Bernhardi prepositi Papiensis 1180, geschrieben pergament, bretter, rott leder, bucklen, in folio* (Pal. lat. 1945, 7).

Faksimile: https://digi.ub.uni-heidelberg.de/diglit/bav_pal_lat_6[illegible]

Literatur: BioBib Jurists, Compilatio prima (a167); BioBib Ju[illegible]us Anglicus (a483); Gérard FRANSEN, La tradition manuscrite de la ‚Compilatio prima', in: Proceedings of the Second International Congress of Medieval Canon Law. [illegible] college, 12–16 August 1963, hrsg. von Stephan KUTTNER / J. Joseph RYAN, Vatikanstadt 1965 (Monumenta iuris canonici, Series C, Subsidia 1), S. 55–62, hier S. 57, 59; Gérard FRANSEN, Les diverses formes de la *Compilatio Prima*, in: Scrinium Lovaniense. Mélanges historiques, historische opstellen, Festschrift für Étienne van Cauwenbergh, Gembloux 1961 (Recueil de travaux d'histoire et de philologie 4,24), S. 235–253, hier passim; Augusto GAUDENZI, La costituzione di Onorio II sul giuramento di Calunnia e la lombarda legge imperiale di Enrico V., in: Quellen und Forschungen aus italienischen Archiven und Bibliotheken 14 (1911), S. 267–286, hier S. 285 A. i; HANSELMANN, Bücherschenkung, S. 125; KUTTNER, Repertorium, S. 325, 344; KUTTNER u. a., Institute of Research and Study in Medieval Canon Law: Bulletin for 1956, in: Traditio 12 (1956), S. 557–622, hier S. 561; Charles LEFEBVRE, Recherches sur les manuscrits des glossateurs de la Compilatio Ia: l'œuvre de Ricardus Anglicus, in: Congrès de Droit Canonique Médiéval, Louvain et Bruxelles, 22–26 Juillet 1958, Löwen 1959 (Bibliothèque de la Revue d'histoire ecclésiastique 33), S. 137–150; Charles LEFEBVRE, Les gloses à la „Compilatio 1[a]" du Ms. Pal. lat. 652 de la Bibliothèque Vaticane, in: Studia Gratiana 20 (1976), S. 137–156; OVL, Pal.lat.652; Kenneth PENNINGTON, Decretal Collections 1190–1234, in: The History of Medieval Canon Law in the Classical Period, 1140–1234. From Gratian to the Decretals of Pope Gregory IX, hrsg. von Wilfried HARTMANN / Kenneth PENNINGTON, Washington, D.C. 2008, S. 293–317, hier S. 305 A. 58; SCHUNKE, Einbände 2.2, S. 847; STEVENSON, Latini, S. 231.

1) Ar–vb
Titel: Kleintexte, Federproben.

2) 1ra–62v
Verfasser: BERNHARD VON PAVIA.
Titel: Compilatio prima cum glossa.
Angaben zum Text: Text, auch als ‚Breviarium extravagantium' oder ‚Compilatio prima antiqua' bekannt, von 1r–8v mit Fragment einer Glossenschicht, die überwiegend Kommentare des Richard de Morins (um 1162–1242) enthält. Ab 60rb scheinen Ergänzungen angefügt worden zu sein (u. a. Dekretalen der Päpste Innozenz III. und Coelestin IV.): (1ra–12va) Liber I; (12va–23va) Liber II; (23va–38vb) Liber III; (38vb–48rb) Liber IV; (48v) leer; (49ra–62rb) Liber V; (62va–b) Register.
Rubrik: 1rb ›*Jncipit breuiarium decretalium Bernardi prepositi Papiensis*‹.
Incipit: 1ra ›*Iuste iudicate*‹ *filii hominum et nolite iudicare secundum faciem, sed iustum iudicium iudicate, ut ostendatis uos diligere iusticiam, qui iudicatis terram, illum pre oculis cordis habentes, qui reddet unicuique secundum opera sua* ...
Explicit: 62rb ... *Ad quod respondemus, quod nisi force indulgencia pape sicut expressum suo episcopo inconsulto non licet introire, que per indulgentiam huiusmodi episcopali iuri credimus derogari.*
Edition: Quinque compilationes antiquae nec non collectio canonum Lipsiensis, hrsg. von Emil FRIEDBERG, Leipzig 1882 (ND Graz 1956), S. 1–65; Das Glossenfragment ist ediert in LEFEBVRE, Les gloses, S. 141–156.

TH

Vatikan, Biblioteca Apostolica Vaticana, Pal. lat. 654

Nicolaus de Tudeschis, Lectura super secundo libro decretalium, Pars II

Papier · 1, 450, 2 Bll. · 40 × 27,2 cm · Pavia · 1460

Entstehungsort: Pavia.
Entstehungszeit: 1460.

Typus (Überlieferungsform): Codex.
Beschreibstoff: Papier (fol. 1 Pergament).
Umfang: 1, 450, 2 Bll.
Format (Blattgröße): 40 × 27,2 cm.
Zusammensetzung (Lagenstruktur): $(I-1)^{1a}$ + 9 V^{90} + $(VI-1)^{101}$ + 35 V^{453*} + $(I-1)^{454*}$. Vorderspiegel Gegenbl. von 1a, Hinterspiegel Gegenbl. von 454*. Zählfehler: 167 und 168 übersprungen.
Seiten-, Blatt- und Lagenzählung: Römische Foliierung des 17. Jhs. (*1–452*). Bei ungez. Bll. wird die Zählung der Digitalisate übernommen (1a, 453*–454*). Reklamanten durchgängig auf der letzten Versoseite der Lage am Ende des Texts im rechten Winkel zu diesem geschrieben.
Zustand: Etwas stockfleckig vor allem an den Blatträndern, insbesondere an den oberen. Textblock gebräunt. Auf 1av Abklatsch von 1r.
Wasserzeichen: Krone ohne Bügel, Mittelzinken blattförmig, mit Kreis darunter, um 90° gedreht. Derzeit keine Übereinstimmung mit WZIS.

Schriftraum: 26,8 × 18 cm.
Spaltenanzahl: 2 Spalten.
Zeilenanzahl: 60 Zeilen.
Angaben zu Schrift / Schreibern: Der Schreiber des Texts, Johannes Stetzenbach aus Eberbach (s. Geschichte der Handschrift), der auch Pal. lat. 660 (1ra–218vb), 661, 666 (1ra–10vb, 81ra–84vb, 116ra–165vb) kopierte, bediente sich einer italienischen Semitextualis im Derolezschen Sinn (vgl. DEROLEZ, Palaeography, S. 119–121), wenngleich langes s auch am Wortende erscheint oder nicht nur das runde r Verwendung findet. Überhaupt erscheint die Schrift mit ihren zahlreichen Ligaturen wie eine schleifenlose Bastarda, bei der f und s keine Unterlängen aufweisen. Die Auszeichnungsbuchstaben hingegen sind in gotischer Minuskel geschrieben.
Buchgestaltung: Zeilengerüst mit Metallstift und Tinte vorgezogen. Tituli in der rechten oberen Ecke abgekürzt wiedergegeben, teilweise durch Beschnitt verloren gegangen. Raum vor den Tituli freigelassen. Zu Beginn eines jeden Capitulums Initialmajuskeln mit Schaftaussparungen alternierend in Blau und Rot über sieben bis acht Zeilen (57v Initialmajuskel nicht ausgeführt), die übrigen Buchstaben der Capitulumsanfänge in gotischer Minuskel vergrößert dargestellt, über drei Zeilen. Alternierend blaue und rote Paragrafenzeichen zur Unterteilung der Sinnabschnitte.
Buchschmuck: Auf 1r Anbetung der Könige, ausgeführt in Blau, Braun, Gold, Grün und Purpur, umgeben von einer goldenen Leiste und Blattranken in Blau, Gold, Grün und Purpur. Text beginnt mit einer Initiale mit Rankenornament im Binnenfeld. Im Bas-de-page

zwei Wappen, von Ranken umgeben. Das erste Wappen zeigt in Rot einen silbernen Schrägbalken, das zweite in 1 und 4 einen rot bekrönten goldenen steigenden Löwen in Schwarz, 2 und 3 blau-silber geweckt (s. auch die Bildbeschreibung in heidICON).

Nachträge und Benutzungsspuren: Selten Text neben dem Textblock nachgetragen. Außer wenigen Anmerkungen von der Hand Stetzenbachs nur sehr selten zeitgenössische Notizen. Nur wenige grafische Verweiszeichen.

Einband: Römischer Einband, Pappe mit weißem Pergament überzogen, in Rom um 1780 gefertigt (Schunke, Einbände 2.2, S. 847). Gelb-kupferfarbenes Kapital. Auf Rücken zwei blaue aufgeklebte Schildchen mit aktueller Signatur. Rückentitel: *PANORMITANI Super II. DECRETALIUM*, darunter schemenhaft *P*, vielleicht auch *L* zu erkennen. Vorderdeckel z. T. vom Buchrücken abgelöst.

Provenienz: Regensburg / Neumarkt / Heidelberg.

Geschichte der Handschrift: Blaues Schildchen mit aktueller Signatur auf Vorderspiegel. Durchgestrichene und unleserliche Altsignatur auf 1ar neben der aktuellen Signatur. Auf 1r Capsa-Nummer *C. 102.* Die Hs. ist Teil einer mehrbändigen Reihe, welche die Vorlesung des Nicolaus de Tudeschis zum Liber extra vereint (s. Pal. lat. 660, 661, 662, 665, 666). Über den Entstehungskontext gibt uns der Kolophon auf 452va genauen Aufschluss: *Explicit lectura super 2a parte et sic super toto 2o libro decretalium reuerendj domini Nicolaj episcopi Panormitani et cetera, jn vigilia natiuitatis domini nostri Ihesu Christi anno 1460 per me, Iohannem Stetzenbach de Eberbach familiarem domini illustrissimi principis et domini domini Ruperti Comitis palatini Reni ac Bauarie ducis administratoris ecclesie Ratispanensis et illustrissimorum fratrum suorum Alberti et Iohannis Papie tunc studencium ad gloriam et laudem eterni dei. Amen.* Die Stetzenbach gehörten zu den einflussreichsten Familien der Stadt Eberbach (Hansmartin Schwarzmaier, Geschichte der Stadt Eberbach am Neckar bis zur Einführung der Reformation 1556, Bd. 1, hrsg. von der Stadt Eberbach am Neckar, Sigmaringen 1986, S. 125), die bei der kurpfälzischen Teilung von 1410 an Otto I. von Pfalz-Mosbach (1390–1461) ging. Johannes Stetzenbach aus Eberbach, als Würzburger Kleriker bezeichnet, immatrikulierte sich im Juni 1450 an der Universität Heidelberg (Toepke, Matr. Heidelberg, S. 264). Hier dürfte er mit den Söhnen Ottos I., Ruprecht (1437–1465), Albrecht (1440–1506) und Johann (1443–1486), in Kontakt getreten sein, die sich am 15. Juli 1454 ebenfalls an besagter Hochschule immatrikulierten. Als Familiar Ruprechts immatrikulierte sich Johannes Stetzenbach mit zwei weiteren Familiaren und seinem Herrn am 19. Oktober 1454 an der Universität Köln (Die Matrikel der Universität Köln, Bd. 1, 1389–1475, bearb. von Hermann Keussen, 2. Auflage, Bonn 1928 [Publikationen der Gesellschaft für Rheinische Geschichtskunde 8], S. 580). Wahrscheinlich begleitete er die drei Brüder, als deren Familiar er hier bezeichnet wird, bei deren Aufenthalten in den Jahren 1458 und 1460/61 an die Universität Pavia. Hier dürfte er vorliegende Hs. für Ruprecht angefertigt haben, wie die Wappen (Bistum Regensburg sowie Haus Wittelsbach) auf 1r klar erkennen lassen. Bereits 1457 war dieser zum Bischof von Regensburg gewählt worden, hatte sich dann aber vor Antritt seines neuen Amtes zur Vertiefung seines Wissens nach Pavia begeben. Erst nach Ende seines Studiums nahm er im Oktober 1461 von seiner Diözese Besitz. Nur vier Jahre verblieben ihm in seinem Amt. Zuvor schon muss Johannes Stetzenbach aus seinem Dienstverhältnis mit Ruprecht ausgetreten sein, denn am 9. Dezember 1464 immatrikulierte er sich als Familiar Albrechts, gemeinsam mit diesem, an der Universität Freiburg (Die Matrikel der Universität Freiburg i. Br. von 1460–1656, Bd. 1, Einleitung und Text, bearb. u. hrsg. von

Hermann Mayer, Freiburg i. Br. 1907, S. 30). Die Hss. Ruprechts gingen indessen nach seinem Tod offenbar an seinen Bruder Johann, nach dessen Hinscheiden an deren in Neumarkt residierenden Bruder Otto II. (1435–1499). Mit ihm endete die Linie Pfalz-Mosbach-Neumarkt, sein Land fiel an die Kurlinie zurück und seine Bibliothek dürfte in die Heidelberger Schlossbibliothek eingegangen sein (s. Einleitung). Offenbar befand sich späterhin diese Reihe mit der Vorlesung des Nicolaus de Tudeschis unter jenen Büchern, die Ottheinrich in die Bibliothek der Heiliggeistkirche transferieren ließ, alleine das vierte Buch fehlt im Katalog (Pal. lat. 1944, 157r), ebenso im Katalog der Bibliothek in der Heiliggeistkirche von 1581 (Pal. lat. 1945, 6).

Faksimile: https://digi.ub.uni-heidelberg.de/diglit/bav_pal_lat_654

Literatur: BioBib Jurists, Nicolaus de Tudeschis (r450); OVL, Pal.lat.654; Pennington, Lectura, S. 370 A. 31; Pennington, Nicholaus, S. 20; Schunke, Einbände 2.2, S. 847; Stevenson, Latini, S. 232.

1) 1ra–452va

Verfasser: Nicolaus de Tudeschis.

Titel: Lectura super secundo libro decretalium, Pars II.

Angaben zum Text: Vorlesung zum 2. Teil des 2. Buchs des Liber extra (zum 1. Teil des 2. Buchs s. Pal. lat. 661): (1ra–1vb) Vorrede; (1vb–44va) Titulus 19; (44va–112vb) Titulus 20 (95r leeres Zeilengerüst); (113ra–120ra) Titulus 21; (120ra–144va) Titulus 22; (144va–161va) Titulus 23; (161va–230rb) Titulus 24; (230rb–259rb) Titulus 25; (259rb–304va) Titulus 26; (304va–366vb) Titulus 27; (366vb–445vb) Titulus 28; (445vb–446va) Titulus 29; (446va–452va) Titulus 30. – 453*r–453*v leeres Zeilengerüst.

Incipit: 1ra ›*Satis*‹ *continuata fuit supra in precedentj rubrica, sed magis specifice potest sic continuarj* ...

Explicit: 452va ... *Nam propter bonum conseruandum quisque debet se ipsum exponere maxime in fauorem animarum qui pro quibus saluandis deus aperiat intellectum studencium in hac compilacione ad honorem ipsius. Amen.* [es folgt der Kolophon, s. Geschichte der Handschrift].

Edition: Die Vorlesung des Nicolaus de Tudeschis zum Liber extra ist bereits in zahlreichen Wiegendrucken seit 1476 überliefert (GW M47787–M47997). Die letzte Gesamtausgabe seiner Hauptwerke wurde 1617 in Venedig aufgelegt, darunter Commentaria in quinque decretalium libros, Venedig 1617.

TH

Vatikan, Biblioteca Apostolica Vaticana, Pal. lat. 655

Kanonistische Sammelhandschrift

Papier, Pergament · 1, 351, 3 Bll. · 33,6 × 23,5 cm · Padua / Padua · 1. Hälfte 14. Jh. / Mitte 15. Jh.

Typus (Überlieferungsform): Codex.

Beschreibstoff: Pergament (I) und Papier (II).

Umfang: 1, 351, 3 Bll.

Format (Blattgröße): 33,6 × 23,5 cm.
Zusammensetzung (Lagenstruktur): Hs. mit Fragment (I. Bl. A; II. Bll. 1–328). (I-1)^{1a} + … + (I-1)^{331*}. Vorderspiegel Gegenbl. von 1a, Hinterspiegel Gegenbl. von 331*. Zählfehler: nach 85 und 99 ungez. Bl., nach 176 sechs ungez. Bll., nach 183 drei ungez. Bll., nach 193 sechs ungez. Bll., nach 282 fünf ungez. Bll., nach 290 zwei ungez. Bll. 187, 189, 191, 192, 193a, 193c wohl nachträglich eingefügt.
Seiten-, Blatt- und Lagenzählung: Vorrömische Foliierung (*A, 1–328*). Vorsatzbl. und Nachsatzbll. ungez., weshalb, wie auch bei ungez. Bll., Zählung der Digitalisate übernommen wird (1a, 85a, 99a, 176a–176f, 183a–183c, 193a–193f, 282a–282e, 290a–290b). Reklamanten auf der letzten Versoseite der Lage auf dem Fußsteg rechts, zuweilen durch Beschnitt verloren gegangen.
Zustand: Wenige Stockflecken, meist am oberen Blattrand. Einige Flecken. Löcher in 35, 166. Fraßspuren auf den letzten Bll. Schrift scheint zuweilen durch. Auf A Schrift stark ausgeblichen.

Einband: Römischer Einband, Pappe mit weißem Pergament überzogen, in Rom um 1780 gefertigt (Schunke, Einbände 2.2, S. 847). Gelb-kupferfarbenes Kapital. Auf dem Rücken zwei blaue aufgeklebte Schildchen mit aktueller Signatur. Rückentitel: *DE CONSTITVTIONIBVS ET CETERA*.
Provenienz: Heidelberg.
Geschichte der Handschrift: Blaues Schildchen mit aktueller Signatur auf Vorderspiegel. Auf 1a neben der aktuellen Signatur Altsignatur *752* [durchgestrichen], weitere auf 1r *584* und 330*v *1650*. Das vorgebundene Fragment aus einer Liber-sextus-Hs. scheint in Padua entstanden zu sein. Darauf verweist die Grußadresse aus der Promulgationsbulle, der Duktus der Schrift, wie auch die Miniatur. Es folgen Vorlesungen zum Liber extra, in denen sich ebenfalls einige Hinweise auf Padua finden lassen. Diese dürften zur Mitte des 15. Jhs. entstanden sein, als auch Antonio Roselli seinen auf 173r–176r eingefügten Traktat eben in Padua vollendete, wofür auch die Wzz. der verwendeten Bll. sprechen.

Faksimile: https://digi.ub.uni-heidelberg.de/diglit/bav_pal_lat_655
Literatur: Arturo Bernal Palacios, Repertorio del Comentario de Inocencio IV a las Decretales de Gregorio IX, in: Escritos del Vedat, Anuario 17 (1987), S. 143–172, hier S. 168; OVL, Pal.lat.655; Schunke, Einbände 2.2, S. 847; Stevenson, Latini, S. 232.

Fragment (Bl. A)

Sachtitel / Inhalt: Liber sextus cum Glossa ordinaria (Fragment).

Entstehungsort: Padua.
Entstehungszeit: 1. Hälfte 14. Jh.

Typus (Überlieferungsform): Fragment.
Beschreibstoff: Pergament.
Umfang: 1 Bl.
Format (Blattgröße): 33 × 23 cm.
Zusammensetzung (Lagenstruktur): 1^{A}.

Seiten-, Blatt- und Lagenzählung: s. zum Codex.

Schriftraum: 33 × 22 cm.
Spaltenanzahl: 4 Spalten.
Zeilenanzahl: Legaltext: 57–60 Zeilen; Klammerglosse: 91–107 Zeilen.
Angaben zu Schrift / Schreibern: Den Legaltext schrieb in der ersten Hälfte des 14. Jhs. eine Hand, die der Textura verpflichtet ist, wie sie nördlich der Alpen gepflegt wurde. Dafür sprechen die Brechungen, insbesondere der Schäfte, oder der unter die Grundlinie gezogene Bogen des h. Dennoch sieht man die Beeinflussung durch die italienische Rotunda im Duktus. Womöglich lernte der Schöpfer dieser Zeilen das Schreiben nördlich der Alpen und kopierte den Legaltext an der Universität Padua, worauf die Grußadresse in der Promulgationsbulle hinweisen könnte. Die Klammerglosse hingegen wurde von mehreren Händen geschrieben. Das Spektrum der verwendeten Schriftarten reicht von der in etwa zeitgleich geschriebenen Textualis über die Bastarda bis hin zur gotischen Kursive.
Buchgestaltung: Seitentitel mit einem *L* als Abkürzung für ‚Liber' auf der Versoseite und einem *VI* für ‚sextus' auf der Rectoseite. Mittig und zweispaltig angelegter Legaltext von Klammerglosse umflossen. Im Legaltext Tituli rubriziert. Jedem Capitulum alternierend blaue oder rote Lombarde mit Fleuronné in Gegenfarbe vorangestellt. Im Satz zuvor Anfangsbuchstabe jener Person mit blauer oder roter Satzmajuskel hervorgehoben, welche die Dekretale formulierte. Paragrafenzeichen in Blau und Rot alternierend.
Buchschmuck: Auf Arb historisierte Initiale mit Person im Schulterstück, durch Mitra als Bischof gekennzeichnet. Ablaufende Ranken in Blau, Grau, Rosa und Rot.

Nachträge und Benutzungsspuren: Während ein Teil der Glosse in etwa zeitgleich entstanden sein dürfte, wurden später noch weitere Glossen hinzugefügt und Anmerkungen im Interkolumnium angebracht.

Provenienz: Heidelberg.

1) Ara–Avd
Beteiligte Personen: Bonifaz VIII. / Johannes Andreae.
Titel: Liber sextus cum Glossa ordinaria.
Angaben zum Text: Auf Veranlassung Papst Bonifaz VIII. kompilierte Dekretalensammlung mit der Glossa ordinaria des Johannes Andreae (um 1270–1348) und Grußadresse an die Universität Padua, hier als Fragment überliefert: (Arb–c) Bulle ‚Sacrosanctae Romanae ecclesiae'; (Arc–Avc) VI 1.1.1–1.3.6.
Rubrik: Arb ›*Jncipit Liber sextus decretalium domini Bonifacii pape octaui*‹.
Incipit: Arb ›*Bonifatius*‹ *episcopus seruus seruorum dei dilectis filijs doctoribus et scolaribus uniuersis Padue commorantibus salutem et apostolicam benedictionem.* ›*Sacrosancte*‹ *Romane ecclesie ...*
Explicit: avc *... si ille, anteaquam* [!] *resignet, rebus eximatur humanis ...*
Edition: Corpus iuris canonici 2, Sp. 929–939. Zur Glossa ordinaria des Johannes Andreae existiert keine moderne Edition, sie ist aber bereits in zahlreichen Inkunabeln seit 1465 überliefert (GW 4848–4905).

Faszikel (Bl. 1–328)

Sachtitel / Inhalt: Lectura decretalium Gregorii IX.

Entstehungsort: Padua.
Entstehungszeit: Mitte 15. Jh.

Typus (Überlieferungsform): Faszikel.
Beschreibstoff: Papier.
Umfang: 350 Bll.
Format (Blattgröße): 33,6 × 23,5 cm.
Zusammensetzung (Lagenstruktur): 10 V^{99} + 7 VI^{176f} + 2 V^{193f} + 2 VI^{217} + 2 V^{237} + IV^{245} + 3 V^{275} + VI^{282e} + 5 V^{330*}.
Seiten-, Blatt- und Lagenzählung: s. zum Codex.
Wasserzeichen: Dreiberg, einkonturige Stange mit einkonturigem Kreuz als Beizeichen, in acht Varianten, Bll. 3, 6, 9, 13, 16–17, 21–22, 28, 32–33, 36, 40, 47–50, 56, 58–61, 65, 68, 71–73, 75, 87, 89, 96–97, 99, 106–107, 109, 177, 179–181, 263, 267, 269, 279, 281, 282a, 282c, 289, 290b, 293, 295, 302–303, 306–307, 317–320, 325, 327–328, annähernd identisch mit Wzz. von Papieren, die laut WZIS 1444 und um 1450 in Padua Verwendung fanden, DE5580-Clm6572_284, bzw. DE5580-Clm6585_I, Bll. 4, 19–20, 26–27, 37, 45, 54, 62, 67, 77, 82, 84–85, 91, 94, 316, 321–322, annähernd identisch mit Wzz. von Papieren, die laut WZIS im zweiten Drittel des 15. Jhs. in Oberitalien, vielleicht in Padua, beschrieben wurden, DE5580-Clm6718_58, Bll. 10, 101, 104, 184–186, 188, 193, 285, 287, 290a, 291, 297, 299, 301, annähernd identisch mit Wzz. von Papieren, die laut WZIS um 1444/1449 in Padua verwendet wurden, DE5580-Clm6573_192, Bl. 99a, ähnlich Wzz. von Papieren, die laut WZIS 1494 in Verona Verwendung fanden, DE5580-Clm6580_2, Bl. 183b, annähernd identisch mit Wzz. von Papieren, die laut WZIS 1446–1447 in Padua Verwendung fanden, DE5580-Clm6674_259, Bl. 192, ähnlich Wzz. von Papieren, die laut WZIS 1447 in Vicenza beschrieben wurden, IT8430-PO-150618, Bll. 193a, 193c, vergleichbar mit Wzz. von Papieren, die laut WZIS 1447 in Vicenza verwendet wurden, IT8430-PO-151071, Bll. 259–260, 264–265, 270, 273, 275, 282d, 282e, annähernd identisch mit Wzz. von Papieren, die laut WZIS 1444 in Padua Verwendung fanden, DE5580-Clm6572_193; Dreiberg mit einkonturiger Stange und Querstrichen als Beizeichen, in drei Varianten, Bll. 112, 116, 118, 134, 170, ähnlich Wzz. von Papieren, die laut WZIS im zweiten Viertel des 15. Jhs. in Oberitalien beschrieben wurden, DE4860-Ms1167_6, Bll. 119–120, 122, 128, 130, 133, 144–146, 149–150, 157, 165–169, 172, 174, 176b, 176d, 176f, 195, 197, 203, 213, 215, 219, 221, 225, 228–229, 232, 242, 246, 250, 253–254, ähnlich Wzz. von Papieren, die laut WZIS um 1450 in Padua verwendet wurden, DE5580-Clm6585_48, Bll. 125–126, 138–140, 151–152, 158, 176, 198–199, 205–207, 212, 214, 218, 222, 234–235, 238–240, 249, annähernd identisch mit Wzz. von Papieren, die laut WZIS Mitte des 15. Jhs. in Italien, vielleicht in Padua, Verwendung fanden, DE5580-Clm27042_202.

Schriftraum: 24,5 × 14 cm.
Spaltenanzahl: 1 Spalte.
Zeilenanzahl: 41–52 Zeilen.
Angaben zu Schrift / Schreibern: Der Schreiber, der sein Metier in Mitteleuropa gelernt haben dürfte, bediente sich einer schleifenlosen Bastarda, die sich in ihrer raschen Ausfüh-

rung in einem Grenzbereich zur gotischen Kursiven bewegt, nicht umsonst schleichen sich immer wieder Schleifen beim d ein. Korrekturen trug er am Seitenrand nach. Wahrscheinlich eine weitere Hand schrieb 285v–286v, 288r–288v in einer humanistischen Minuskel, freilich nicht in einer Reinform; sie ist gleichwohl durchmischt mit Elementen gotischer kursiver Buchschriften.

Buchgestaltung: Schriftraum mit Metallstift vorgezogen. Platz für Initialen ausgespart. Capitulumsanfänge mit vergrößerten Buchstaben in gotischer Minuskel hervorgehoben, Zwischenüberschriften mit Paragrafenzeichen und vergrößerten gotischen Minuskeln. Ab 111r Tituli abgekürzt als Seitentitel auf dem Kopfsteg rechts und als Überschriften mit vergrößerten Buchstaben, zudem bis 172v Rubrizierungen und rote Paragrafenzeichen zur Unterteilung der Sinnabschnitte.

Buchschmuck: Initialen nicht ausgeführt, Anweisungen für Rubrikator vorhanden.

Nachträge und Benutzungsspuren: Von anderer Hand nachträglich eingelegte Bll. Ferner Unterstreichungen und grafische Verweiszeichen.

Provenienz: Heidelberg.

2) 1r–172v

Titel: Lectura decretalium Gregorii IX.

Angaben zum Text: Vorlesungen zu Passagen des ersten Buchs des Liber extra: (1r–99v) X 1.2.1–1.6.42; (99ar–av) leer; (100r–110r) X 1.6.42–1.6.60; (110v) leerer Satzspiegel; (111r–172v) X 1.34.1–1.43.14.

Rubrik: 1r ›*De constitutionibus. Rubrica*‹.

Incipit: 1r *Continuatur hec rubrica posito fundamento fidei …*

Explicit: 172v … *quod ipsorum mutua visio sit in patria. Iohannes Andree.*

3) 173r–176r

Verfasser: Antonio Roselli.

Titel: Tractatus super arbore consanguinitatis.

Angaben zum Text: Text, hier als ‚Declaratio arboris consanguinitatis' bezeichnet. – 176v–176fv leerer Satzspiegel.

Rubrik: 173r ›*Sequitur declaratio arboris consanguinitatis*‹.

Incipit: 173r *Primo ponit glo. i. qualiter se antiqui habuerunt presertim Iohannes de Deo in lectura arboris usque ibi attendens …*

Explicit: 176r … *et ita consuluit Bartolus* [durchgestrichen: *consi*] *consilio* […] *xxxv., quod incipit Queritur utrum gradus.*

4) 177r–183r

Titel: Inhaltsverzeichnis zum 1. Buch des Liber extra.

Angaben zum Text: Inhaltsverzeichnis zu verschiedenen Tituli des ersten Buchs des Liber extra. – 183v–183cv leerer Satzspiegel.

Incipit: 177r *Constitucio publice promulgata non ligat ignorantes …*

Explicit: 183r … *De alienacione mutandi iudicij causa facta. Rubrica.*

5) 184r–327v

Titel: Lectura decretalium Gregorii IX.

Angaben zum Text: Vorlesungen zu Passagen des Liber extra: (184r–193r) beginnend X 1.30.1; (193v–193fv) leerer Satzspiegel; (194r–282v) Fortsetzung der Vorlesung (von 235v bis 239r X 2.22.4–2.22.14); (282ar–282ev) leerer Satzspiegel; (283r–290v) X 3.31.13–3.14.4; (290ar–290bv) leerer Satzspiegel; (291r–327v) X 4.1.1–4.21.5. – 328r Kleintext.
Rubrik: 184r ›*Jn nomine domini. Amen. Ihesus. Maria*‹.
Incipit: 184r *Cvm mecum ipse viri eruditissimi summo studio maximaque cura diligenter conspicio* ...
Explicit: 327v ... *et capitulo Sponsam cum Si. Amen.* ›*Finis libri. Laus deo*‹.

TH

Vatikan, Biblioteca Apostolica Vaticana, Pal. lat. 656

Zusammengesetzte juristische Handschrift

Pergament · 1, 230, 1 Bll. · 33,8 × 21 cm · Westeuropa / England (?) · 4. Viertel 13. Jh.

Typus (Überlieferungsform): Codex.
Beschreibstoff: Pergament.
Umfang: 1, 230, 1 Bll.
Format (Blattgröße): 33,8 × 21 cm.
Zusammensetzung (Lagenstruktur): Hs. aus vier Faszikeln zusammengesetzt (I. Bll. 1–14; II. Bll. 15–21; III. Bll. 22–158; IV. Bll. 159–226). $(I-1)^{1a}$ + ... + $(I-1)^{227*}$. Zählfehler: nach 29, 33, 34, 158 folgt ungez. Bl. Vorderspiegel Gegenbl. von 1a, Hinterspiegel Gegenbl. von 227*.
Seiten-, Blatt- und Lagenzählung: Römische Foliierung des 17. Jhs. (*1–226*). Zwischen 23v und 158bv separate spätmittelalterliche Zählung (*1–140*) auf den Versoseiten. Vor- und Nachsatzbl. ungez., weshalb hier, wie bei den ungez. Bll., Zählung der Digitalisate übernommen wird (1a, 29a, 33a, 34b, 158b).
Zustand: Mannigfaltige Gebrauchsspuren. Zahlreiche Flecken. Viele Löcher mit Klebeband restauriert, wobei einige Löcher bereits vor Niederschrift im Pergament waren. Zuweilen Papier an Fehlstellen angefasert. Schrift auf 1r ausgeblichen. Fraßspuren auf ersten und letzten Bll.

Einband: Pappe mit weißem Pergament überzogen, in Rom zwischen 1878 und 1889 gefertigt (Schunke, Einbände 2.2, S. 847). Gelb-kupferfarbenes Kapital. Auf dem Rücken blaues und rotes Schildchen mit aktueller Signatur, dazwischen in Gold Wappenstempel von Papst Leo XIII. sowie Kardinal und Bibliothekar Jean-Baptiste Pitra (1812–1889).
Provenienz: Heidelberg.
Geschichte der Handschrift: Blaues Schildchen mit aktueller Signatur auf Vorderspiegel. Auf 1r neben aktueller Signatur Capsa-Nummer *C. 75*, darunter Allacci-Signatur *925*, ferner Altsignaturen *1995* [durchgestrichen] und *605*. Auf 226v Altsignaturen *1995* und *716* [durchgestrichen]. Alle Faszikel scheinen ungefähr zu derselben Zeit entstanden zu sein. Paläografische Indizien lassen als Herstellungsort England als möglich erscheinen. Dass sich zumindest der letzte Faszikel im 14. oder 15. Jh. am Oberrhein befand, suggeriert der nur schwer zu entziffernde Eintrag auf 186v: *Albertus de Lemersem miles et Hermannus Vaseus milites Uor*[matiensis?] *diocesis et Bertoldus Sun* [darunter:] *uxor Rolomani de Henmersem Uor*[matiensis?] *diocesis.* Bei dem Namen Albert von Laumersheim wird es sich um ein Mitglied der

ritterbürtigen Adelsfamilie handeln, die sich nach dem gleichnamigen Ort im Landkreis Bad Dürkheim zubenannte. Mehrere Mitglieder jener Familie sind mit dem Vornamen Albert / Albrecht belegt. Unklar bleiben die übrigen Namen und deren Bewandtnis, bei *Henmersem* dürfte es sich um den Ort Heimersheim (heute eingemeindet nach Alzey) handeln. Die Anzahl der Namen spricht nicht dafür, dass es sich hier um einen Besitzeintrag handelt.

Faksimile: https://digi.ub.uni-heidelberg.de/diglit/bav_pal_lat_656

Literatur: Arturo Bernal Palacios, Repertorios del Comentario de Inocencio IV a las Decretales de Gregorio IX, in: Escritos del Vedat, Anuario 17 (1987), S. 149–172, hier S. 168; Bertram, Abdankung, S. 34, 98, 101; Martin Bertram, Pierre de Sampson et Bernard de Montmirat. Deux canonistes français du XIIIe siècle, in: L'Église et le droit dans le Midi = Cahiers de Fanjeaux 29 (1994), S. 37–74, hier S. 67, 73; Martin Bertram / Marguerite Duynstee, „Casus legum sive Suffragia monachorum“. Legistische Hilfsmittel für Kanonisten im späteren Mittelalter, in: TvR 51 (1983), S. 317–363, hier S. 339; BioBib Jurists, Damasus (a176); BioBib Jurists, Bartholomeus Brixiensis (a050); BioBib Jurists, Casus legum II (a089); Cortese, La norma, Bd. 1, S. 31, 63, 110–111, Bd. 2, S. 42 A. 4, 48 A. 19, 57 A. 38, 78 A. 74, 80 A. 75, 82 A. 77, 302 A. 10, 310f. A. 28, 315 A. 33, 366f. A. 4, 375 A. 24; Cortese, La summula, S. 346 A. 24; Die Summa Libellorum des Bernardus Dorna, hrsg. von Ludwig Wahrmund, Innsbruck 1905 (ND Aalen 1962) (Quellen zur Geschichte des römisch-kanonischen Processes im Mittelalter 1, 1); Dondorp, Review, S. 206, 211, 213; Fowler-Magerl, Ordo, S. 183, 333; Kuttner, Repertorium, S. 394, 419 A. 1, 433; Manuscripta juridica, Pal.lat.656; Enzo Mecacci, Un manoscritto senese delle „Quaestiones" di Bartolomeo da Brescia e dei „Brocarda" di Damaso. Ipotesi di descrizione globale di un manoscritto giuridico, in: Scritti di storia del diritto offerti dagli allievi a Domenico Maffei, hrsg. von Mario Ascheri, Padua 1991 (Medioevo e Umanesimo 78), S. 27–65, hier S. 51–54, 61; Angelo Mercati, I codici di Cristoforo Tolomei, Priore di Salteano, in pegno presso il cardinale Pietro Peregrosso (1295), in: Saggi di storia e letteratura, Bd. 2, Rom 1982 (Storia e letteratura 157), S. 337–351, hier S. 348 A. 52; Giorgio Morelli, Manoscritti pugliesi della Biblioteca Vaticana, in: Botontum 9 (1973), S. 15–72, hier S. 68; Murano, L'exemplar S. 25–29, passim; Nardi, Studi, S. 89 A. 54, 94 A. 59, 150 A. 44; OVL, Pal.lat.656; Francesco Salerno, La definizione nominale del matrimonio canonico nei secoli XII–XIII, in: Ius populi dei. Miscellanea in honorem Raymundi Bidagor, Bd. 3, Rom 1972, S. 145–205, hier S. 166 A. 24, 177 A. 30; Eltjo J. H. Schrage, Die Glossatoren und ihre Lehre von der Novadon, in: TvR 58 (1990), S. 39–54, hier S. 53; Schunke, Einbände 2.2, S. 847; Emil Seckel, Distinctiones Glossatorum: Studien zur Distinktionen-Literatur der romanistischen Glossatorenschule, in: Festschrift der Berliner Juristischen Facultät für Ferdinand von Martitz zum 50jährigen Doktorjubiläum am 24. Juli 1911, Berlin 1911, S. 277–436, hier S. 421; Isidoro Soffietti, La rendita vitalizia nel pensiero dei civilisti e dei canonisti fino alla metà del XIII secolo, in: Rivista di storia del diritto italiano 42/43 (1969/1970), S. 79–175, hier S. 154 A. 157; Stevenson, Latini, S. 232f.; Torelli, Scritti, S. 220 A. 15.

Faszikel I (Bl. 1–14)

Sachtitel / Inhalt: Texte zum Prozessrecht.

Entstehungsort: Westeuropa.

Entstehungszeit: 4. Viertel 13. Jh.

Typus (Überlieferungsform): Faszikel.
Beschreibstoff: Pergament.
Umfang: 14 Bll.
Format (Blattgröße): 33,8 × 21 cm.
Zusammensetzung (Lagenstruktur): IV^{8} + III^{14}.

Schriftraum: 25,3 × 14 cm (mit Kommentaren bis zu 19 cm breit).
Spaltenanzahl: 2 Spalten.
Zeilenanzahl: 58–59 Zeilen.
Angaben zu Schrift / Schreibern: Der erste Text wurde von einer Hand in einer Textualis geschrieben, die den Buchstaben einen nicht sonderlich regelmäßigen Duktus verlieh. Im zweiten Text fallen besonders die Unterlängen bei f und s auf, was von der diplomatischen Minuskel inspiriert sein dürfte.
Buchgestaltung: Zeilengerüst mit Metallstift vorgezogen. Rote Lombarden als Versalien zur Unterteilung der Abschnitte, innerhalb derselben Paragrafenzeichen zur Gliederung. Ferner Überschriften in Rot.
Buchschmuck: s. Buchgestaltung.

Nachträge und Benutzungsspuren: Der Text wurde von mehreren Händen mit einer Glosse sowie Anmerkungen versehen. Die ersten Nachträge wurden bereits Ende des 13. Jhs. angelegt, die jüngeren reichen ins 14. Jh. hinein.

Provenienz: Heidelberg.

1) 1ra–13ra
Verfasser: Bernardo Dorna.
Titel: Summa libellorum.
Angaben zum Text: Text der Summa mit fragmentarischen Marginalglossen aus der Summa libellorum des Odofredo († 1265).
Rubrik: 1ra ›*Incipit proemium ad summam de libellibus et concepcione libellorum et sentenciarum a Bernardo Dorna prouinciali compositam*‹.
Incipit: 1ra ›*Qvoniam*‹ *nefanda subdolaque hominum caliditas* [adeo pullulauit,] *quod quasi penitus fid*[es recta ab eorum mentibus trans]*migrauit* ...
Explicit: 13ra ... *et super postulo rationem. Finito libro refferatur gratia Christo.*
Edition: Summa Libellorum, S. 1–103. Die Glossenschicht mit dem Apparat des Odofredo wurde gedruckt als: Summa Odofredi de formandis libellis, Straßburg 1510.

2) 13rb–14rc
Titel: Allegationes et defensiones Seie uxoris Ticii contra Seium super facto et lamentatione tali.
Angaben zum Text: 14r–14v Kleintexte: Register zu den Tituli der Digesten, Dig. 39.1.0–50.17.0 sowie stark ausgebleichter Text, womöglich juristische Darlegungen zu obigem Rechtsstreit.
Rubrik: 13rb ›*Jn nomine domini. Amen. Sanctus spiritus adsit nobis gratia. Allegationes* ...‹.
Incipit: 13rb *Quia in uno quoque negotio summendum* ...

Explicit: 14rc ... *et sic forte alia interpellatione opus esset ut ff. De iudiciis l. Non potest.*

Faszikel II (Bl. 15–21)

Sachtitel / Inhalt: Texte zum Prozessrecht.

Entstehungsort: Westeuropa.
Entstehungszeit: 4. Viertel 13. Jh.

Typus (Überlieferungsform): Faszikel.
Beschreibstoff: Pergament.
Umfang: 8 Bll.
Format (Blattgröße): 33,8 × 21 cm.
Zusammensetzung (Lagenstruktur): IV^{22}.

Schriftraum: 25,3 × 14 cm (mit Kommentaren bis zu 19 cm breit).
Spaltenanzahl: 3 Spalten (15r–16v: 2 Spalten).
Zeilenanzahl: 100–102 Zeilen.
Angaben zu Schrift / Schreibern: Der Schreiber bediente sich einer gleichförmigen Textura, die nur wenige Hinweise auf einen geografischen Bezug gibt.
Buchgestaltung: Zeilengerüst mit Metallstift vorgezogen. Alternierend blaue und rote Lombarden als Versalien zur Unterteilung der Abschnitte. Ferner Überschriften in Rot.
Buchschmuck: s. Buchgestaltung.

Nachträge und Benutzungsspuren: Mehrere zeitgenössische und jüngere Hände fügten Anmerkungen an.

Provenienz: Heidelberg.

3) 15ra–16va
Verfasser: Egidio Foscarari.
Titel: Ordo iudiciarius (Fragment).
Angaben zum Text: Beginnt in Kapitel 161 und reicht bis zum Ende.
Incipit: 15ra ... *articulo de quo iam supra quesitum est ...*
Explicit: 16va ... *cui sit honor et gloria in secula seculorum. Amen. Amen. Explicit libellus domini Egidii doctoris decretorum. Amen. Amen.* ›*Explicit libellus domini Egidii doctoris decretorum. Amen. Finito libro referamur gratiam Christo. Manus scriptoris saluetur omnibus oris* [!]. *Qui scripsit scribat semper cum domino uiuat. Amen. Amen*‹.
Edition: Der Ordo iudiciarius des Aegidius de Fuscarariis, hrsg. von Ludwig Wahrmund, ND Aalen 1962 (Quellen zur Geschichte des römisch-kanonischen Processes im Mittelalter 3, 1), S. 228–270.

4) 16vb
Verfasser: Roffredo Epifanio.
Titel: De libellorum formatione (Fragment).

Angaben zum Text: Vorrede und erste Zeilen des ersten Kapitels des auch als ‚Libelli de iure canonico' bekannten Werks.
Incipit: 16vb [*S*]*uper actionibus omnibus compositi sunt libelli* ...
Explicit: 16vb ... *et nomen tituli et nomen cardinalis et procedet sic libellus.*
Edition: Roffredi Beneventani Libelli iuris civilis, ND 1968 (Corpus glossatorum juris civilis 6).

5) 16vb–21v
Verfasser: Damasus Hungarus.
Titel: Brocarda iuris canonici.
Angaben zum Text: In der Bearbeitung des Bartholomäus von Brescia (um 1200–1258). – 22r leer.
Rubrik: 16vb ›*Jncipiunt brocardica in iure canonico*‹.
Incipit: 16vb [Q]*uoniam secundum uarietatem temporum* ...
Explicit: 21va ... *non posset aliter probari.* ›*Expliciunt Brocardica Damasii. Deo gratias. Expliciunt Brocardica Damasii. Deo gratias. Qui scripsit scribat semper cum domino uiuat. Deo gratias. Deo gratias. Deo gratias. Amen. Amen. Amen*‹.
Edition: Brocarda Damasi, correcta per D. Bartholomeum Brixiensem, in: Tractatvs illvstrivm in vtraqve tvm pontificii, tvm cæsarei iuris facultate iurisconsultorum, de varijs verbis iuris, Bd. 18, Venedig 1584, 506r–512v.

Faszikel III (Bl. 22–158)

Sachtitel / Inhalt: Kommentare zum Liber extra.

Entstehungsort: Westeuropa.
Entstehungszeit: 4. Viertel 13. Jh.

Typus (Überlieferungsform): Faszikel.
Beschreibstoff: Pergament.
Umfang: 140 Bll.
Format (Blattgröße): 33,8 × 21 cm.
Zusammensetzung (Lagenstruktur): $(IV+1)^{30}$ + $(IV+1)^{37}$ + 8 IV^{101} + I^{103} + 6 IV^{151} + IV^{158b}.
Seiten-, Blatt- und Lagenzählung: Reklamanten zwischen 30v und 151v auf Fußsteg rechts (fehlt auf 103v).

Schriftraum: 25,3 × 14 cm (mit Kommentaren bis zu 19 cm breit).
Spaltenanzahl: 2 Spalten.
Zeilenanzahl: 48–62 Zeilen.
Angaben zu Schrift / Schreibern: 23ra–25vb wurden von einer Hand in Textura beschrieben, die hin und wieder das d mit einer Schleife versah. Auf 25vb übernahm eine andere Hand, die eine ausgeprägt verwinkelte Textualis mit einem betont vertikalen Duktus verband.
Buchgestaltung: Zeilengerüst mit Metallstift vorgezogen. Zweispaltig angelegter Text durch Paragrafenzeichen unterteilt. Ab 112r Raum für Initialen freigelassen.
Buchschmuck: Initialen nicht ausgeführt. Angaben für Rubrikator vorhanden.

Nachträge und Benutzungsspuren: Auf die letzte Versoseite des vorangegangenen Faszikels (22v) wurde nachträglich die Liste mit den Exzerpten zu den Glossen Papst Innozenz IV. geschrieben, die sich auf diesen Faszikel beziehen. Die nachträglich als Glosse hinzugefügten Exzerpte vom Kommentar Papst Innozenz IV. zum Liber extra und weitere Anmerkungen wurden von verschiedenen Händen nur wenig nach dem Haupttext in unterschiedlichen Schriftarten geschrieben, die sich zwischen der gotischen Minuskel und der Kursiven bewegen. Dabei werden Elemente verwendet, die auch der Anglicana zu eigen sind. Ferner zahlreiche grafische Verweiszeichen.

Provenienz: Heidelberg.

6) 23ra–111vc
Verfasser: Gerardus de Cutriaco.
Weitere beteiligte Personen: Innozenz IV.
Titel: Suffragium monachorum.
Angaben zum Text: Der Text ist mit Glossen versehen, Exzerpte aus dem Kommentar Innozenz IV. zum Liber extra beinhaltend. Diese beziehen sich laut OVL, Pal.lat.656, auf folgende Kapitel des Liber extra: (23r–24r) 2.25.6; (24v–25r) 1.3.7; (26r–27v) 1.3.24; (27v–28r) 1.3.21; (28v–29r) 1.3.22; (29v–30r) 1.4.9–1.4.11; (29av–30r) 1.3.28; (30v–31r) 1.6.9; (31v–33v) 1.6.23; (33r–33v) 1.6.26–1.6.27; (34r–34v) 1.6.39; (36v–37r) 1.14.13; (38r–40r) 2.24.1–2.24.16; (40v–41v) 2.20.30–2.20.31; (41v–43v) 2.20.41–2.20.47; (43v–44r) 2.20.26–2.20.27; (44v–45r) 1.30.4–1.30.10; (45r) 2.18–2.22; (46r) 2.24.24–2.24.25; (46v–48v) 1.35.1–1.35.6; (49r–50r) 1.38.2–1.38.4; (50v–51v) 1.38.9; (50v–52v) 1.38.11–1.38.12; (51v) 1.38.14; (51v) 1.39.1; (54r–58r) 2.1–2.10; (58v–59r) 2.6.1; (60v–61v) 2.7.1–2.7.7; (62v–63r) 3.39.19; (63v) 2.10.3; (63v) 2.11.1; (64v) 2.20.50–2.20.51; (66v–67r) 2.20.6–2.20.11; (68v–69r) 2.17–2.21; (69v–70r) 2.14.5; (70r–v) 2.14.9–2.14.10; (70v–71v) 2.15.1; (72r–v) 2.20.55; (73r–v) 2.20.54; (74v–76r) 2.19.8; (76v) 2.20.36; (77r) 2.20.15–2.20.16; (77r) 2.20.22; (77v) 2.20.28; (78r–79r) 2.20.38; (79v–80r) 2.21.2; (80v–81v) 2.22.6; (82r) 2.22.12; (84v) 2.25.10; (84v–85v) 2.27.15; (86v–87r) 2.25.4; (88r–89r) 3.5.29; (89r–91r) 3.7.6; (91v–93r) 3.13.6–3.13.12; (93r–94r) 3.16.1; (94r) 3.15.1; (94r) 3.16.2; (94r) 3.17.1–3.17.7; (95r–96r) 3.18.1–3.18.3; (96v–97v) 3.21.4; (97v–98v) 3.26.15; (98v–99r) 3.27.1–3.27.3; (99r–v) 3.28.1–3.28.2; (99v–100r) 4.4.1; (100r) 5.5.1–5.5.2; (100v–101r) 5.4.1–5.4.4; (101v–102v) 5.27.10; (103r–v) 5.19.6; (104v–106r) 5.1.16–5.1.17; (106v–107v) 5.34.15; (108r–109v) 2.28.44; (109v–110r) 5.40.16–5.40.20; (110r–111r) 3.38.1; (111r–v) 5.1.27; (111v) 5.19.4; (111v) 5.37.4. Auf 35r zudem Glosse des Gottfried von Trani (um 1200–1245). – 22v Liste der auf 23r–158v stehenden Exzerpte zu den Glossen Innozenz' IV.
Incipit: 23ra [Q]*voniam multa decretalium puncta expositione indigent ampliore ...*
Explicit: 111vc ... *eum qui te repete que diximus* [...].
Edition: Der Haupttext ist nicht ediert, der Kommentar liegt bereits seit 1478 in zahlreichen Inkunabeln und frühen Drucken vor (GW M12156–M12166, M1215810).

7) 112ra–158bv
Verfasser: Pierre de Sampson.
Weitere beteiligte Personen: Innozenz IV.
Titel: Distinctiones.
Angaben zum Text: Der Text ist mit Glossen versehen, Exzerpte aus dem Kommentar Innozenz IV. zum Liber extra beinhaltend. Diese beziehen sich laut OVL, Pal.lat.656, auf folgende Kapitel des Liber extra: (112r) 1.1.1; (112v–113r) 1.1.6; (113v–114r) 1.3.19; (114v–115r)

1.1.2–1.1.5; (115r–115v) 1.1.7; (115v–116r) 1.3.1; (116v–117v) 1.6.22; (126v) 1.34.1; (126v) 1.37.17; (127v) 1.36.6; (129r–129v) 1.38.8; (129v) 1.38.5; (130v–131r) 1.42.1–1.42.2; (131v–132r) 1.43.2; (132r–136r) 1.43.5–1.4.13; (136v–138v) 2.2.12–2.2.20; (138v–139v) 2.4.1; (140v) 2.20.53; (141r–142v) 2.20.48; (142v–143r) 2.24.26–2.24.28; (143v–144r) 2.26.17; (144r) 2.26.13; (145v–146r) 2.28.40–2.28.43; (146r–150r) 3.2.8; (148r–150r) 3.5.24–3.5.27; (150v–151r) 3.8.9; (151v–152r) 3.39.5–3.39.12; (152r) 3.39.16; (154v–155r) 5.39.29; (156v–157r) 5.40.28; (157r–158r) 5.39.34–5.39.35. Zudem Glossen des Hostiensis (um 1200–1271) auf 124r–127r, 141r–142r, 144v, 150v–152r, 153v–154r.

Rubrik: 112ra ›*Assit principio sancta Maria meo*‹.

Incipit: 112ra [R]*ex pacificus quarum aliqui propter nimiam similitudinem quidam propter contrarietatem sed nunquid in hac compilacione multa sunt contraria ...*

Explicit: 158vb ... *dicas quod speciale est in sentencia excommunicacionis. P. Samp. M.CC.lxvij. Expliciunt distinctiones magistri Petri de Sampsona.*

Edition: Der Haupttext ist nicht ediert, der Kommentar liegt bereits seit 1478 in zahlreichen Inkunabeln und frühen Drucken vor (GW M12156–M12166, M1215810).

Faszikel IV (Bl. 159–226)

Sachtitel / Inhalt: Texte zum Kanonischen und Römischen Recht.

Entstehungsort: England (?).
Entstehungszeit: 4. Viertel 13. Jh.

Typus (Überlieferungsform): Faszikel.
Beschreibstoff: Pergament.
Umfang: 66 Bll.
Format (Blattgröße): 33,8 × 21 cm.
Zusammensetzung (Lagenstruktur): 3 IV^{182} + II^{186} + 5 IV^{226}.

Schriftraum: 25,3 × 14 cm (mit Kommentaren bis zu 19 cm breit).
Spaltenanzahl: 2 Spalten.
Zeilenanzahl: 58–76 Zeilen.
Angaben zu Schrift / Schreibern: Mehrere Hände schrieben die Texte in einer Textura, die nur wenige Anhaltspunkte für eine geografische Herkunft gibt.
Buchgestaltung: Zeilengerüst mit Metallstift vorgezogen. Rote Lombarden als Versalien zur Unterteilung der Abschnitte, innerhalb derselben Paragrafenzeichen, mitunter in Rot, zur Untergliederung. Ferner Überschriften in Rot.
Buchschmuck: Federzeichnung auf 172v, der Didaxe dienend.

Nachträge und Benutzungsspuren: Anmerkungen von mehreren jüngeren Händen, darunter Verse auf Kopfsteg von 224v. Ferner zahlreiche grafische Verweiszeichen.

Provenienz: Heidelberg.

8) 159ra–174vb
Verfasser: Damasus Hungarus.

Titel: Summa decretalium.
Rubrik: 159ra ›*Jncipit Summa Damasij titularum extrauagantium*‹.
Incipit: 159r *Iuri operam daturum prius nosse oportet quid iussit est autem ars boni et equi …*
Explicit: 174vb … *et erit res deponendam in ede* [expungiert: *sar*] *sacra ut ff.›Depositi‹l. Ei § Vult.*

9) 175r–186rb
Verfasser: Tankred von Bologna.
Titel: Ordo iudiciarius.
Angaben zum Text: 186v Besitzereinträge.
Rubrik: 175ra ›*Jncipit Ordo judiciarius*‹.
Incipit: 175ra *Assiduis postulationibus me, karissimi socii, iam dudum inducere studuistis …*
Explicit: 186rb … *ad rudium instructionem breuiter dixisse ›svfficiat*‹.
Edition: Pillii, Tancredi, Gratiae. Libri de iudiciorum ordine, hrsg. von Friedrich C. Bergmann, Göttingen 1842 (ND 1965), S. 87–316.

10) 187ra–202va
Verfasser: Ugolino Presbiteri.
Titel: Distinctiones.
Angaben zum Text: Endet mit Distinktion 143.
Rubrik: 187ra ›*Jncipiunt Distinctiones domini Hugolini, capitulum De sacrosanctis ecclesiis placet*‹.
Incipit: 187ra ›*Munerum*‹ *alia sordida, alia honesta sordida ut calcis coquende …*
Explicit: 202va … *si maritus prescriptionis secundum ›Jo. H.*‹
Edition: Distinktion ‚Novatio alia voluntaria, alia necessaria', hier 193v, ediert bei Schrage, Glossatoren, S. 53f.; Distinktion 17, 18 und 29 bei Murano, L'exemplar, S. 28f.; Distinktion 1, 27, 54, 59, 151 bei Friedrich Carl von Savigny, Geschichte des Römischen Rechts im Mittelalter, Bd. 5. Das dreizehnte Jahrhundert, Heidelberg ^{2}1850, S. 629–631; Seckel, Distinctiones, S. 420–428 Initien der Distinktionen.

11) 203ra–226rb
Verfasser: Damasus Hungarus.
Titel: Quaestiones.
Rubrik: 203ra ›*De constitutionibus*‹.
Incipit: 203ra ›*Queritur*‹ *an episcopus canonem late sententie condere possit inter subditos suos …*
Explicit: 226rb … *et illam excommunico similiter Titium uel Seium quis eorum* [sit excommunicatus].

TH

Vatikan, Biblioteca Apostolica Vaticana, Pal. lat. 657

Antonius de Butrio, Super secundo libro decretalium, pars II

Papier · 1, 341, 1 Bll. · 38,5 × 28 cm · Pavia (?) · um 1460

Entstehungsort: Pavia (?).
Entstehungszeit: um 1460.

Typus (Überlieferungsform): Codex.
Beschreibstoff: Papier.
Umfang: 1, 341, 1 Bll.
Format (Blattgröße): 38,5 × 28 cm.
Zusammensetzung (Lagenstruktur): $(I-1)^{1a}$ + 34 V^{339*} + $(I-1)^{340*}$. Vorderspiegel Gegenbl. von 1a, Hinterspiegel Gegenbl. von 340*. Zählfehler: auf 123 folgt 123 A.
Seiten-, Blatt- und Lagenzählung: Römische Foliierung des 17. Jhs. (*1–335*). Vor- und Nachsatzbl. ungez., weshalb hier, wie bei ungez. Bll., Zählung der Digitalisate übernommen wird (1a, 123 A, 336*–340*). Reklamanten durchgängig auf der letzten Versoseite der Lage am Ende des Texts im rechten Winkel zu diesem geschrieben.
Zustand: Teilweise stockfleckig, v. a. an den Blatträndern, insbesondere an den oberen. Textblock teilweise gebräunt, Schrift scheint zuweilen durch, v. a. die Auszeichnungsbuchstaben. Bll. 1–7 am Rand beschädigt und ausgebessert.

Schriftraum: 26,7 × 18,5 cm.
Spaltenanzahl: 2 Spalten.
Zeilenanzahl: 59 Zeilen.
Angaben zu Schrift / Schreibern: Der Schreiber des Texts bediente sich einer italienischen Semitextualis im Derolezschen Sinne (vgl. Derolez, Palaeography, S. 119–121), wobei die Schrift mit fortschreitender Schreibarbeit zu einer schleifenlosen Bastarda wird. Die Auszeichnungsbuchstaben hingegen sind in gotischer Minuskel geschrieben. Der Schreiber dürfte höchstwahrscheinlich im Familiarenkreis Ruprechts von Pfalz-Mosbach (1437–1465) bzw. von dessen Brüdern Albrecht (1440–1506) und Johann (1443–1486) zu suchen sein (s. Geschichte der Handschrift von Pal. lat. 662) und schrieb ebenfalls Pal. lat. 662, 665, 666 (11ra–77vb, 167ra–192va), 788 (1ra–58va) und 807 (101ra–220vb, 275ra–293vb). Auffallend an der Schrift ist die Ansetzung gedachter Grundlinie knapp oberhalb der Zeile. Ferner fällt bei ihr die Schaftmitbenutzung bei d und e auf, das fast schon 8-förmige g sowie das in die Breite gezogene Majuskel-S zu Beginn eines Satzes. Auf 317vb wechselt unter Beibehaltung der Schriftart die Hand, wobei die Buchstaben flüchtiger ausgeführt und stärker ligiert wurden.
Buchgestaltung: Zeilengerüst mit Metallstift und Tinte vorgezogen. Vor jedem neuen Titulus fünf bis sechs Zeilen für Rubrik frei gelassen, die nicht ausgeführt wurde. Zu Beginn eines jeden Capitulums Lombarden, alternierend in Blau und Rot über sechs bis acht Zeilen, z. T. mit Punktverdickungen, Silhouettenornament oder Schaftaussparungen (auf 1ra nicht ausgeführt aber Angabe für den Rubrikator noch vorhanden), die übrigen Buchstaben der Capitulumsanfänge in gotischer Minuskel vergrößert über zwei bis drei Zeilen dargestellt. Kommentare zu Abschnitten innerhalb des Capitulums mit Paragrafenzeichen und vergrö-

ßerten gotischen Minuskeln hervorgehoben. Rote, selten auch blaue Paragrafenzeichen zur Unterteilung der Sinnabschnitte.
Buchschmuck: s. Buchgestaltung.

Nachträge und Benutzungsspuren: Kaum Gebrauchsspuren. Keinerlei nachträglich vorgenommene Anmerkungen.

Einband: Römischer Einband, Pappe mit weißem Pergament überzogen, in Rom um 1780 gefertigt (SCHUNKE, Einbände 2.2, S. 847). Gelb-kupferfarbenes Kapital. Auf dem Rücken zwei blaue Schildchen mit aktueller Signatur, darunter Rückentitel: *ANTONIVS DE BVTRIO super 2a parte decretalium 2i*.
Provenienz: Neumarkt (?) / Heidelberg.
Geschichte der Handschrift: Blaues Schildchen mit aktueller Signatur auf Vorderspiegel. Auf 1ar, neben der aktuellen Signatur, Altsignaturen *743* und *751, 754* [alle durchgestrichen], auf 1r Capsa-Nummer *C. 102* sowie weitere Altsignatur: *579*. Auf dem Kopfsteg von Hand des 17. Jhs.: *Anthonius de Butrio super secunda parte secundi libri decretalium*. Wie die Buchgestaltung und die Schrift nahelegen, muss die Hs. im Umfeld Ruprechts von Pfalz-Mosbach (1437–1465) und seiner Brüder Albrecht (1440–1506) und Johann (1443–1486) entstanden sein, als diese 1460/61 in Pavia weilten (s. Einleitung). Nach dem Ende der Linie Pfalz-Mosbach-Neumarkt gelangte die Hs. wohl in die Heidelberger Schlossbibliothek und gehörte späterhin wohl zu jenen Bänden, welche unter Ottheinrich in die Bibliothek der Heiliggeistkirche verbracht wurden. Im Katalog von 1555/1560 vermerkt als: *Anthonius de Butrio super secunda parte secundi libri decretalium. Auf papir geschrieben* (Pal. lat. 1944, 100r).

Faksimile: https://digi.ub.uni-heidelberg.de/diglit/bav_pal_lat_657
Literatur: OVL, Pal.lat.657; SCHUNKE, Einbände 2.2, S. 847; STEVENSON, Latini, S. 233.

1) 1ra–335r
Verfasser: ANTONIO DA BUDRIO.
Titel: Super secundo libro decretalium, pars II.
Angaben zum Text: Der Text beginnt mit dem Kommentar zu X 2.15.1 und endet mit dem Kommentar zu X 2.30.9: (1ra–8vb) Titulus 15; (8vb–12va) Titulus 16; (12va–15ra) Titulus 17; (15ra–21va) Titulus 18; (21va–56vb) Titulus 19; (56vb–106va) Titulus 20; (106va–111ra) Titulus 21; (111ra–132vb) Titulus 22; (132vb–141va) Titulus 23; (141va–182vb) Titulus 24; (182vb–203rb) Titulus 25; (203rb–221va) Titulus 26; (221va–252va) Titulus 27; (252va–320va) Titulus 28; (320va–321ra) Titulus 29; (321ra–335ra) Titulus 30.
Rubrik: 1ra ›*Viso de comtumacia quia propter eam sit missio jdeo et cetera. Repetitur in vjo Antonio de Butrio doctor*‹.
Incipit: 1ra ›*Constitutus*‹: *Actor missus in possessionem post annum efficitur uerus possessor licet reus caucionem prestare uoluerit …*
Explicit: 335ra … *quod si non timet calumpniam in examinacionem tucius est producere. Et hec sufficiant de hagc* [!] *repeticione. Amen. Antonius de Butrio juris canonici doctor. Et cetera.*
Edition: Antonius DE BUTRIO, Super secundo libro decretalium, Bd. 2,1, Venedig 1503, fol. 186v–2,2, fol. 199v.

TH

Vatikan, Biblioteca Apostolica Vaticana, Pal. lat. 658

Glossa palatina

Pergament · 1, 104, 1 Bll. · 33 × 21 cm · England (?) / Frankreich (?) / Zisterzienserkloster Schönau · 13. Jh. (nach 1215) / 1342

Typus (Überlieferungsform): Codex.
Beschreibstoff: Pergament.
Umfang: 1, 104, 1 Bll.
Format (Blattgröße): 33 × 21 cm.
Zusammensetzung (Lagenstruktur): Hs. mit Fragment (I. Bll. 1–103; II. Bl. 104). $(I-1)^{1a}$ + ... + $(I-1)^{105^*}$. Vorderspiegel Gegenbl. von 1a, Hinterspiegel Gegenbl. von 105*.
Seiten-, Blatt- und Lagenzählung: Römische Foliierung des 17. Jhs. (*1–104*). Vor- und Nachsatzbl. ungez., weshalb hier Zählung der Digitalisate übernommen wird (1a, 105*). Reklamanten auf Fußsteg rechts (fehlen auf 23v, 55v, 63v, 75v, 95v).
Zustand: Leichter Wurmfraß auf den ersten und letzten Bll. Wasserschaden, v. a. Kopfsteg betroffen. Von 75 frei gelassener Teil des Bls., von 103 Seitensteg teilweise herausgeschnitten, von 20 Teil des Bls. mit Textverlust. Einige Löcher, die sich bereits vor der Niederschrift im Pergament befanden (46 Loch wohl ausgeschnitten). Risse genäht.

Einband: Pappe mit weißem Pergament überzogen, in Rom zwischen 1939 und 1957 gefertigt. Auf dem Rücken blaues und rotes Schildchen mit aktueller Signatur, darunter goldene Wappenstempel von Papst Pius XII. und dem Kardinal und Bibliothekar Giovanni Mercati (1866–1957) (Schunke, Einbände 2.2, S. 847).
Provenienz: Zisterzienserkloster Schönau / Heidelberg.
Geschichte der Handschrift: Auf 1r Capsa-Nummer *C. 49*, darunter Allacci-Signatur *1104*, ferner Altsignatur *505* nebst aktueller Signatur in Blei. Auf 1r Titel von Hand des 13. sowie 14. Jhs. auf Kopfsteg: *Summa Johannis super Decretum.* Auf Vorderspiegel blaues Schildchen mit aktueller Signatur und Titel der Hs. *Summa Iohannis super Decret*[um] auf kleinem Pergamentstreifen, der wohl aus dem alten Buchrücken herausgeschnitten wurde. Die nach vorliegender Hs. benannte Glossa palatina wurde wohl in England oder Frankreich im 13. Jh. gefertigt und dürfte im selben Kontext entstanden sein wie Pal. lat. 678. Im 14. Jh. schließlich muss sie sich im Zisterzienserkloster Schönau bei Heidelberg befunden haben, wie die Besitzeinträge auf 1r und 103va nahelegen: *Iste liber est beate Marie uirginis in Schonawe Cisterciensis ordine Wormaciensis dyocesis* (auf 103va lies *ordinis* statt *ordine*). Womöglich brachte ein in Westeuropa studierender Bruder das Buch von seinem Studienaufenthalt mit in das Kloster, aus dem das beigebundene Fragment stammt. Vereinigt wurden die beiden Teile vielleicht noch in der Abtei selbst, womöglich aber erst nach Aufhebung derselben 1557/58, worauf die Schönauer Bibliothek an Kurfürst Ottheinrich fiel.

Faksimile: https://digi.ub.uni-heidelberg.de/diglit/bav_pal_lat_658
Literatur: Bertram, Abdankung, S. 25–28, 99, 101; BioBib Jurists, Laurentius Hispanus (a309); BioBib Jurists, Collectio Palatina I (a143); Christopher R. Cheney, Three Decretal Collections Before Compilatio IV: Pragensis, Palatina I, and Abrincensis II, in: Traditio 15 (1959), S. 464–483; Peter D. Clarke, A Question of Collective Guilt: Popes, Canonists and the Interdict c. 1140–c. 1250, in: ZRG KA 85 (1999), S. 114–146, passim; García y García,

Laurentius, S. 53–59; Franz Gillmann, Rührt die Distinktionseinteilung des ersten und des dritten Dekretteils von Gratian selbst her?, in: AfkKR 112 (1932), S. 504–533, hier S. 514 A. 1; Gugumus, Erforschung, S. 139; Sigrid Krämer, Handschriftenerbe 1.2, S. 715; Stephan Kuttner, Eine Dekretsumme des Johannes Teutonicus (Cod. Vat. Pal. lat. 658), in: ZRG KA 21 (1932), S. 141–189, passim; Kuttner, Repertorium, S. 81–92; Stephan Kuttner, Universal Pope or Servant of God's Servants: The Canonists, Papal Titles, and Innocent III, in: RDC 31 (1981), S. 109–149, hier S. 141f.; Manuscripta juridica, Pal. lat. 658; Joseph McManus, The Ecclesiology of Laurentius Hispanus (c. 1180–1248) and his Contribution to the Romanization of Canon Law Jurisprudence, with an Edition of the „Apparatus glossarum Laurentii Hispanii in Compilationem tertiam". Diss. Syracuse University 1991, S. 30–42; Nardi, Studi, S. 260 A. 54; OVL, Pal.lat.658; Schunke, Einbände 2.2, S. 847; Stevenson, Latini, S. 233; Alfons Maria Stickler, Il decretista Laurentius Hispanus, in: Studia Gratiana 9 (1966), S. 461–549; Paolo Vian, L'opera del card. Giovanni Mercati per gli studiosi perseguitati per motivi razziali. L'appello alle Università Americane (15 dicembre 1938), in: Miscellanea Bibliothecae Apostolicae Vaticanae 9 (2002), S. 427–500, hier S. 489; Elisabeth Vodola, Legal Precision in the Decretist Period. A Note on the Development of the Glosses on ‚de consecratione' with Reference to the Meaning of ‚cautio sufficiens', in: BMCL 6 (1976), S. 55–63, hier S. 56f., 59, 62; Rudolf Weigand, Die Glossen des Johannes Faventinus zur Causa 1 des Dekrets und ihr Vorkommen in späteren Glossenapparaten, in: AfkKR 157 (1988), S. 73–107, hier S. 76–107.

Faszikel I (Bl. 1–103)

Sachtitel / Inhalt: Glossa palatina.

Entstehungsort: England (?) / Frankreich (?).
Entstehungszeit: 13. Jh. (nach 1215).

Typus (Überlieferungsform): Faszikel.
Beschreibstoff: Pergament.
Umfang: 103 Bll.
Format (Blattgröße): 33 × 21 cm.
Zusammensetzung (Lagenstruktur): 2 IV^{16} + $(IV-1)^{23}$ + 6 IV^{71} + II^{75} + 2 IV^{91} + II^{95} + IV^{103}.

Schriftraum: 25 × 13,5 cm.
Spaltenanzahl: 2 Spalten.
Zeilenanzahl: 105–109 Zeilen.
Angaben zu Schrift / Schreibern: Der Schreiber bediente sich einer Textura, die er mit äußerst kleinen Buchstaben ausführte. Das Mittelband dürfte ungefähr 1 mm betragen. Die wenigen Korrekturen trug er auf dem Bund- oder Seitensteg nach.
Buchgestaltung: Zeilengerüst mit Metallstift vorgezogen. Textblock des ersten Teils mit Seitentitel überschrieben, einem P auf der Rectoseite, den jeweiligen Teil anzeigend, und der dem jeweiligen Teil zugeordneten Ziffer auf der Versoseite. Im zweiten Teil auf der Versoseite *CA* als Abkürzung für ‚Causa', auf der Rectoseite der Causa entsprechende Ziffer. Im Traktat ‚De poenitentia' auf der Versoseite *DE*, auf der Rectoseite *PE*. Beginnt mit einer roten Initiale mit Schaftaussparungen, blauen Ranken im Binnenfeld und ablaufendem,

blauen Palmettenfleuronné. Lombarden als Versalien alternierend in Blau und Rot. Auf Bund- und Seitensteg Distinktionen und Causae angegeben, eingeleitet mir Paragrafenzeichen. Angaben für Rubrikator noch vorhanden.
Buchschmuck: s. Buchgestaltung.

Nachträge und Benutzungsspuren: Sehr wenige kurze Anmerkungen aus unterschiedlichen Zeitstufen. Wenige grafische Verweiszeichen und Distinktionen, letztere der Didaxe dienend.

Provenienz: Zisterzienserkloster Schönau / Heidelberg.

1) 1ra–103v
Titel: Glossa palatina.
Angaben zum Text: Kommentar zum Decretum Gratiani, von Stephan KUTTNER nach dieser Hs. als ‚Glossa palatina' bezeichnet (KUTTNER, Dekretsumme, S. 141), dessen Inhalte größtenteils von Laurentius Hispanus (um 1180–1248) stammen, dessen Autorschaft für diesen Text wahrscheinlich, aber nicht gesichert ist: (1ra–23vb) Teil I; (24ra–95vb) Teil II; (96ra–103va) Teil III.
Incipit: 1ra ›*Hvmanum*‹ *genus: Tractaturus Gratianus de iure canonico a naturali iure non discordat ...*
Explicit: 103va ... *et hoc expono et usitatior esset quam hec que hic potior.*

Fragment (Bl. 104)

Sachtitel / Inhalt: Rechnungen des Zisterzienserklosters Schönau (Fragment).

Entstehungsort: Zisterzienserkloster Schönau.
Entstehungszeit: 1342.

Typus (Überlieferungsform): Fragment.
Beschreibstoff: Pergament.
Umfang: 1 Bl.
Format (Blattgröße): 28 × 17 cm.
Zusammensetzung (Lagenstruktur): 1^{104}.

Schriftraum: 25 × 13,5 cm.
Spaltenanzahl: 4 Spalten.
Zeilenanzahl: 31–39 Zeilen.
Angaben zu Schrift / Schreibern: Der Schreiber bediente sich der älteren gotischen Kursive.
Buchgestaltung: Spalten wurden mit Tinte vorgezogen. Auflistung ohne größere gestalterische Ambitionen, lediglich Leerzeilen zur Untergliederung.

Provenienz: Zisterzienserkloster Schönau / Heidelberg.

2) 104ra–104vd
Titel: Rechnungen des Zisterzienserklosters Schönau (Fragment).
Incipit: 104ra *Anno domini m°. ccc. xlii frater C. primum recepit a festo Simonis et Jude anni precedentis vsque Georgij subnotata ...*
Explicit: 104vd ... *Item viculos annales iii. quo unus est Jnnocencijs.*

TH

Vatikan, Biblioteca Apostolica Vaticana, Pal. lat. 659

Alessandro Nievo, Lectura super quarto libro decretalium

Papier · 3, 425, 1 Bll. · 28,7–28,8 × 19,9–20,5 cm · Heidelberg · 1466

Entstehungsort: Heidelberg.
Entstehungszeit: 1466.

Typus (Überlieferungsform): Codex.
Beschreibstoff: Papier.
Umfang: 3, 425, 1 Bll.
Format (Blattgröße): 28,7–28,8 × 19,9–20,5 cm.
Zusammensetzung (Lagenstruktur): III^{3} + 34 VI^{409} + $(VI+2)^{423^*}$ Spiegelbll. auf Vorder- bzw. Hinterspiegel geklebt. Fliegende Bll. fehlen. Bl. A nachträglich zwischen 3a und 1 eingefügt. Zählfehler: auf 28, 383 folgt ungez. Bl. 26. Lage womöglich gestört.
Seiten-, Blatt- und Lagenzählung: Römische Foliierung des 17. Jhs. (*A, 1–422*). 384a mit Blei nachgetragen. Vorsatzbll. und Nachsatzbl. ungez., weshalb hier, wie bei ungez. Bll., Zählung der Digitalisate übernommen wird (1a–3a, 28a, 423*). Durchgängig Reklamanten auf der letzten Versoseite der Lage auf dem Fußsteg rechts, Kustoden auf der ersten Rectoseite der Lage auf dem Fußsteg links, teilweise durch Beschnitt beeinträchtigt bzw. verloren gegangen.
Zustand: Fraßspuren auf den ersten und weniger stark auf den letzten Bll. Teilweise leicht stockfleckig, insbesondere an den Rändern und v. a. am oberen.
Wasserzeichen: Achtblättrige Blume, mit Stempel, ohne Stängel, zwei Varianten, auf Bll. 1, 305–307, 316, 322–326, 329, 333–338, 347–348, 357, 361, 373, 389–391, ähnlich Wzz. von Papieren, die laut WZIS 1473 in Deutschland Verwendung fanden, IncFol10204_999e; auf Bll. 308, 317–321, 328, 339–340, 344, 353, 358–359, 362, 370–372, 374–380, 396, 422, vergleichbar mit Wzz. von Papieren, die laut WZIS 1475 in Ulm beschrieben wurden, DE8100-PO-126669. Sechsstrahliger Stern, ohne Beizeichen, Zacken spitz, vier Varianten, auf Bll. 4, 6, 8–16, 25–26, 33, 39, 46–48, 55, 57–59, 61, 66–69, 74–80, 84, 100, 103, 111–113, 116, 130–132, 134–135, 138–140, 153–154, 157, 159, 161–162, 172, 178, 180, 184, 186–187, 195, 197–201, 209, 211, 220–222, 226, 235–240, 252–253, 256, 258, 260, 270, 272, 281, 293, 313, 411, 413, vergleichbar mit Wzz. von Papieren, die laut WZIS 1453 in Como verwendet wurden, IT1650-PO-41583; auf Bll. 5, 7, 29–30, 34, 38, 42, 45, 49, 51, 60, 82–83, 85, 102, 108, 114–115, 121–129, 133, 142–150, 156, 158, 160, 163–171, 176, 179, 183, 188, 202–208, 210, 212–219, 225, 228, 234, 242–251, 254–255, 257, 398, 414–415, vergleichbar mit Wzz. von Papieren, die laut WZIS 1454 in Como Verwendung fanden, IT1650-PO-41580; auf Bll. 65, 73, 268–269, 271, 279, 283, 287–292, 298–299, 314, annähernd identisch mit Wzz. von Papieren, die laut WZIS 1454 in

Como beschrieben wurden, IT1650-PO-41579; auf Bll. 110, 136–137, 185, 196, 232, 259, 408, 412, 421, annähernd identisch mit Wzz. von Papieren, die laut WZIS 1454 in Como verwendet wurden, IT1650-PO-41578. Ochsenkopf mit Augen und Nasenlöchern, ohne Kreis auf Stirn mit einkonturiger Stange und sechsstrahligem Stern als Oberzeichen, auf Bll. 19–23, 104, 400–403, keine Übereinstimmung mit WZIS. Thronender Papst, auf Bll. 87, 90, 92, 94, 96–97, keine Übereinstimmung mit WZIS.

Schriftraum: 19,1–20 × 10,6–11 cm.
Spaltenanzahl: 1 Spalte.
Zeilenanzahl: 45–53 Zeilen.
Angaben zu Schrift / Schreibern: Der Text wurde von mehreren Händen in einer schleifenlosen Bastarda geschrieben. Den Löwenanteil, 1r–6v, 8r–411v, 413r–418v, 420r–422r, übernahm eine Hand, die konsequent das runde r und ein geschwungenes s am Wortende verwendete und ein g kannte, das den humanistischen Schriften entlehnt wurde.
Buchgestaltung: Schriftraum mit Metallstift vorgezogen. Tituli rubriziert, sowie als Seitentitel in Kurzform auf Kopfsteg rechts. Capitulumsanfänge mit roter Lombarde und vergrößerten Buchstaben. Ferner rote Paragrafenzeichen, Strichelungen und Unterstreichungen zur Kennzeichnung von neuen Sinnabschnitten bzw. als Hervorhebung. Auf Bund- und Seitensteg Anmerkungen und Verweise zur Orientierung, wie *ca* für ‚causa', *qo* für ‚questio'.
Buchschmuck: Auf 1r in quadratischem altrosa Rahmen eine grüne D-Rankeninitiale, im roten Binnenfeld goldenes Rankenwerk. Auf dem Kopfsteg Ranke in Altrosa und Grün (s. auch die Bildbeschreibung in heidICON).

Nachträge und Benutzungsspuren: Zahlreiche Anmerkungen und grafische Verweiszeichen hauptsächlich bis 369r von mehreren Händen auf den Rändern, größtenteils in Rot. Den Löwenanteil dieser Marginalien dürfte jene Hand geschrieben haben, die auch 6v–8r des Haupttexts ausführte, weshalb davon auszugehen ist, dass die Hauptschicht der Marginalien parallel zur Niederschrift des Haupttexts erfolgte oder direkt anschließend. Auf 243v und 244r Schaubilder, auf 248r Phallus als Manicula.

Einband: Römischer Einband, Pappe mit weißem Pergament überzogen, in Rom um 1780 gefertigt (Schunke, Einbände 2.2, S. 847). Gelb-kupferfarbenes Kapital. Auf dem Rücken zwei blaue aufgeklebte Schildchen mit aktueller Signatur, dazwischen Rückentitel: *Lectura in quartum decretalium*, darunter in Blau: *Pal.*
Geschichte der Handschrift: Blaues Schildchen mit aktueller Signatur auf Vorderspiegel. Auf 1ar Capsa-Nummer *C. 75.* [?], Altsignaturen *492, 768, 1623* [alle durchgestrichen] nebst aktueller Signatur. Auf 1ar von frühneuzeitlicher Hand *Lectura in 4^m^ decretalium.* Die Hs. scheint mit einer ehemals in Königsberg liegenden verwandt zu sein, als deren Schreiber sich Dietrich Hochgesang aus Kaub (um 1430/35–1474) nennt und die er 1462 in Padua vollendete, als Mitschrift einer Vorlesung des dort lehrenden Alessandro Nievo (s. Emil Steffenhagen, Catalogus codicum manuscriptorum bibliothecae regiae et universitatis Regimontanae, Bd. 1, Codices ad iurisprudentiam pertinentes, Königsberg 1861, S. 65 f.). Zu dieser Zeit wurde Hochgesang auch ebendort promoviert. 1465/66 ist er als Rat und Sekretär des Pfalzgrafen belegt, für den er auch diplomatisch tätig war, laut oben genanntem Kolophon bekleidete er sogar das Amt des Vizekanzlers (*Cancellarie substitutus*). Bereits zu Studienzeiten war er Mitglied des Deutschen Ordens, in dem er die Karriereleiter zügig emporstieg, ehe er 1470 zum Bischof von Samland erhoben wurde (s. Robert Gramsch, Erfurter

Juristen im Spätmittelalter. Die Karrieremuster und Tätigkeitsfelder einer gelehrten Elite des 14. und 15. Jahrhunderts, Leiden 2003 [Education and Society in the Middle Ages and Renaissance 17], Art. Dietrich v. Cuba). Vorliegende Hs. dürfte von der Königsberger kopiert worden sein, womit im Jahr 1466 begonnen wurde, wie die Rubrik auf 5r ausweist: *Jncipit Lectura quarti decretalium, 1466 prima die Septembris.* Dies dürfte in Heidelberg geschehen sein, obgleich die verwendeten Papiere auch eine Verbindung nach Oberitalien erkennen lassen, weshalb man an einen Begleiter Hochgesangs als ersten Besitzer denken könnte. Zu besagter Zeit muss sich Hochgesang zumindest zeitweise in Heidelberg befunden haben. Darüber hinaus stellt eine Marginalie auf 19r eine Verbindung zum Deutschen Orden und auch zur Kurpfalz her, indem auf die Deutschordensburg Horneck und die kurpfälzische Stadt Lindenfels Bezug genommen wird. Wie diese Hs. schließlich in die Bibliotheca Palatina gelangte, bleibt unklar.

Faksimile: https://digi.ub.uni-heidelberg.de/diglit/bav_pal_lat_659
Literatur: Ausst.-Kat. Palatina, S. 54; OVL, Pal.lat.659; Schunke, Einbände 2.2, S. 847; Stevenson, Latini, S. 233.

1) 1r–421r
Verfasser: Alessandro Nievo.
Titel: Lectura super quarto libro decretalium.
Angaben zum Text: (1r–4r) Vorrede; (4v) leer; (5r–100v) Titulus 1; (100v–130r) Titulus 2; (130r–138v) Titulus 3; (139r–145v) Titulus 4; (146r–165r) Titulus 5; (165v–180v) Titulus 6; (180v–194v) Titulus 7; (195r–197v) Titulus 8; (198r–202v) Titulus 9; (202v–205v) Titulus 10; (206r–218r) Titulus 11; (218r–221v) Titulus 12; (221v–232r) Titulus 13; (232r–245r) Titulus 14; (245r–264v) Titulus 15; (265r–267v) Titulus 16; (267v–330v) Titulus 17; (330v–342v) Titulus 18; (342v–360v) Titulus 19; (361r–391r) Titulus 20; (391v) leer; (392r–397v) Titulus 21; (398r–421r) Casus aus dem 4. Buch des Liber extra. – 1a–3a leer. – Ar–Av Notizen zum Strafrecht. – 421v leer. – 422r Verse zum Eherecht (Walther, IC, Nr. 12187). – 422v–423*v leer.
Rubrik: 1r ›*D*[e] *rubrica circa inicium quarti decretalium de sponsalibus et matrimoniis*‹.
Incipit: 1r *Hec rubrica potest continuari duobus modis ad precedentem.* ›*Primo*‹ ...
Explicit: 421r ... *Item leges sacros canones ymitari non dedignantur et cetera. Explicit quartus decretalium.*
Edition: Der Text liegt in keiner modernen Edition vor, ist aber bereits in einem Wiegendruck von 1473 überliefert (GW 894).

TH

Vatikan, Biblioteca Apostolica Vaticana, Pal. lat. 660

Nicolaus de Tudeschis, Lectura super primo libro decretalium

Papier · 1, 362, 1 Bll. · 38,5 × 27,5 cm · Pavia · um 1460

Entstehungsort: Pavia.
Entstehungszeit: um 1460.

Typus (Überlieferungsform): Codex.
Beschreibstoff: Papier (Bl. 1 Pergament).
Umfang: 1, 362, 1 Bll.
Format (Blattgröße): 38,5 × 27,5 cm.
Zusammensetzung (Lagenstruktur): (I-1)^{1a} + 19 V^{190} + II^{194} + 2 VI^{218} + 14 V^{358} + II^{362} + (I-1)^{363*}. Vorderspiegel Gegenbl. von 1a, Hinterspiegel Gegenbl. von 363*.
Seiten-, Blatt- und Lagenzählung: Römische Foliierung des 17. Jhs. (*1–362*). Vor- und Nachsatzbl. ungez., weshalb hier Zählung der Digitalisate übernommen wird (1a, 363*). Reklamanten durchgängig auf der letzten Versoseite der Lage auf dem Fußsteg mittig (fehlt auf 194v), ab 228v auf dem Fußsteg rechts, teilweise durch Beschnitt beeinträchtigt bzw. verloren gegangen.
Zustand: Etwas stockfleckig vor allem an den Blatträndern, insbesondere an den oberen. Textblock zuweilen gebräunt.
Wasserzeichen: Blume mit acht Blütenblättern, ohne Stängel, Kreuz als Beizeichen auf Stempel, in zwei Varianten, Bll. 3, 7, Bll. 6, 9–10, beide vergleichbar mit Bll. von Papieren, die laut WZIS 1487 in Casale Verwendung fanden, IT5235-PO-126755; Blumenblüte mit Stempel und acht Blütenblättern, in neun Varianten, Bll. 11–22, 25, 36, 39–45, 48–50, 55, 59–63, 76–78, 80, 86, 89, 99, 108–110, 116, 121–129, 135–137, 146–149, Bll. 23, 27, 37–38, 47, 53, 57, 64–74, 79, 81–84, 88, 91–97, 102–105, 113–114, 119–120, 133, 139–144, beide ähnlich Wzz. von Papieren, die laut WZIS 1458 in Candia (Kreta) beschrieben wurden, DE4200-PO-126723, Bll. 152, 155–157, 167, 174, 182–187, 190–193, ähnlich Wzz. von Papieren, die laut WZIS 1470 verwendet wurden, DE8100-PO-126691, Bll. 153, 162–165, 170–172, 175–180, 188, 194, ähnlich Wzz. von Papieren, die laut WZIS um 1480 in Straßburg bedruckt wurden, DE0960-2Inc2128_13, Bl. 160, ähnlich Wzz. von Papieren, die laut WZIS 1482 in Augsburg bedruckt wurden, DE5580-2Incca1275_2k3, Bll. 196, 201–203, 215, 218–220, 235–242, 270, 281–292, 303, 306, 310–313, 323–328, 334–336, 354–358, ähnlich Wzz. von Papieren, die laut WZIS 1458 in Candia (Kreta) beschrieben wurden, DE4200-PO-126725, Bll. 197–199, 206–208, 222–233, 243–248, 321–322, 329–332, 359–362 ähnlich Wzz. von Papieren, die laut WZIS 1458 in Candia (Kreta) verwendet wurden, DE4200-PO-126725, Bl. 214, ähnlich Wzz. von Papieren, die laut WZIS 1471 in der Lombardei, vielleicht in Mailand, Verwendung fanden, DE5580-Clm6651_99, Bll. 216, 271–278, 294–297, 305, 307–308, 318, ähnlich Wzz. von Papieren, die laut WZIS 1458 in Candia (Kreta) beschrieben wurden, DE4200-PO-126725; Blume mit sechs Blütenblättern, ohne Stängel, Kreuz als Beizeichen auf Stempel, in zwei Varianten, Bll. 212, 254, 267–268, 339, 344, 347, Bll. 250–251, 255–263, 341, 345, beide ähnlich Wzz. von Papieren, die laut WZIS 1448 in Pavia verwendet wurden, DE1185-S810_16.

Schriftraum: 26,8 × 17 cm.
Spaltenanzahl: 2 Spalten.
Zeilenanzahl: 60 Zeilen.
Angaben zu Schrift / Schreibern: 1ra–218vb wurden von Johannes Stetzenbach aus Eberbach ausgeführt, der auch Pal. lat. 654, 661 und 666 (1ra–10vb, 81ra–84vb, 116ra–165vb) kopierte. Er bediente sich einer italienischen Semitextualis im Derolezschen Sinn (vgl. Derolez, Palaeography, S. 119–121), wobei die Ligaturen die Schrift wie eine schleifenlose Bastarda erscheinen lassen, bei der f und s keine Unterlängen aufweisen. Ab 219ra übernahm bis 349ra eine andere Hand, die auch Teile von Pal. lat. 666 (107ra–115vb) kopierte und eine vergleichbare Schrift wählte, es bestehen lediglich Unterschiede im Duktus und

kleine Variationen in der Ausgestaltung der Buchstaben. Die Auszeichnungsbuchstaben hingegen sind in gotischer Minuskel geschrieben.

Buchgestaltung: Zeilengerüst mit Metallstift und Tinte vorgezogen. Tituli rubriziert (Tituli fehlen auf 1va, 195ra, 250va, 272va). Zu Beginn eines jeden Capitulums Initialmajuskeln, teilweise mit Schaftaussparungen, alternierend in Blau und Rot über fünf bis acht Zeilen, die übrigen Buchstaben der Capitulumsanfänge in gotischer Minuskel vergrößert dargestellt, über zwei Zeilen. Kommentare zu Abschnitten innerhalb des Capitulums mit Paragrafenzeichen und vergrößerten Buchstaben in gotischer Minuskel hervorgehoben. Alternierend blaue und rote Paragrafenzeichen zur Unterteilung der Sinnabschnitte.

Buchschmuck: Auf 1r Miniatur, Marienkrönung darstellend, wobei Maria und Christus auf einer Thronbank sitzen, in Blau, Gold, Grün, Rot und Purpur. Darunter Initiale mit Blattornament im Binnenfeld. Miniatur und Initiale von Ranken in Blau, Gold, Grün, Rot und Purpur umgeben. Im Bas-de-page ein weiß gewandeter Engel mit blond gelocktem Haar und roten Flügeln, zwei Wappen haltend. Das erste Wappen ist geviert und zeigt in 1 und 4 einen rot bekrönten goldenen steigenden Löwen in Schwarz, 2 und 3 blau-silber geweckt, das zweite zeigt in Rot einen silbernen Schrägbalken (s. auch die Bildbeschreibung in heidICON).

Nachträge und Benutzungsspuren: Wenige Anmerkungen von einer in etwa zeitgenössischen Hand. Zahlreiche grafische Verweiszeichen.

Einband: Römischer Einband, Pappe mit weißem Pergament überzogen, in Rom um 1780 gefertigt (Schunke, Einbände 2.2, S. 847). Gelb-kupferfarbenes Kapital. Auf dem Rücken zwei blaue aufgeklebte Schildchen mit aktueller Signatur. Rückentitel: *ABBAS super primo.*

Provenienz: Regensburg / Neumarkt / Heidelberg.

Geschichte der Handschrift: Blaues Schildchen mit aktueller Signatur auf Vorderspiegel. Neben der aktuellen Signatur Altsignatur auf 1ar *771* [durchgestrichen], weitere Altsignaturen auf 1r, *567*, Capsa-Nummer *C. 11.*, darunter Allacci-Signatur *638*. Ebenfalls auf 1r von Hand des 17. Jhs. *Abbas super primum.* Die Hs. ist Teil einer mehrbändigen Reihe, welche die Vorlesung des Nicolaus de Tudeschis zum Liber extra vereint (s. Pal. lat. 654, 661, 662, 665, 666). Wie der Kolophon in Pal. lat. 654 ausweist, wurde die Hs. von Johannes Stetzenbach aus Eberbach für Ruprecht von Pfalz-Mosbach, designierten Bischof von Regensburg, in Pavia kopiert. Dafür, dass auch diese Hs. in Pavia entstand, spricht die Miniatur auf 1r. Vgl. des Weiteren Geschichte der Handschrift in der Beschreibung zu Pal. lat. 654.

Faksimile: https://digi.ub.uni-heidelberg.de/diglit/bav_pal_lat_660

Literatur: BioBib Jurists, Nicolaus de Tudeschis (r450); Stephan Kuttner, Canonisti nel Mezzogiorno: alcuni profili e riflessioni, in: Scuole, diritto e società nel Mezzogiorno medievale d'Italia 2, hrsg. von Manlio Bellomo, Catania 1987 (Studi e ricerche dei „Quaderni Catanesi" 8), S. 10–23, hier S. 23; Montuschi, Le biblioteche, S. 332 A. 149; OVL, Pal.lat.660; Pennington, Lectura, S. 369 A. 27 (mit abweichender Inhaltsbeschreibung); Pennington, Nicholaus, S. 19 (mit abweichender Inhaltsbeschreibung); Reinle, Lebensentwurf, S. 179–182; Schunke, Einbände 2.2, S. 847; Stevenson, Latini, S. 234.

1) 1ra–362ra

Verfasser: Nicolaus de Tudeschis.

Titel: Lectura super primo libro decretalium.

Angaben zum Text: Text setzt mit dem zweiten Titulus ein, die Tituli 7–29 wurden von Nicolaus de Tudeschis nicht kommentiert: (1ra–1va) Vorrede; (1va–20vb) Titulus 2; (20vb–69rb) Titulus 3; (69va–81vb) Titulus 4; (81vb–93ra) Titulus 5; (93ra–192vb) Titulus 6; (193r–194v) leeres Zeilengerüst; (195ra–243vb) Titulus 29; (244ra–250va) Titulus 30; (250va–270vb) Titulus 31, (271ra–272rb) Titulus 32; (272va–283vb) Titulus 33; (283vb–285rb) Titulus 34; (285rb–288vb) Titulus 35; (289ra–295ra) Titulus 36; (295ra–297va) Titulus 37; (297va–311va) Titulus 38; (311va–313ra) Titulus 39; (313ra–321vb) Titulus 40; (321vb–339rb) Titulus 41; (339rb–342rb) Titulus 42; (342va–362ra) Titulus 43. – 362v–363*v leer.

Incipit: 1ra ›*Hec rubrica*‹ *potest ad precedencia et sequencia sic continuarj. Tractaturus auctor de iure premisit rubricam de summa trinitate pro sui operis fundamento* ...

Explicit: 362ra ... *et ut mortem euitemus perpetuam post mortem corporalem concedat nobis. Qui viuit et regnat in secula seculorum. Amen. Nicolaus Siculus abbas episcopus Panormitanus. Deo gratias laus. Explicit Lectura super primo decretalium secundum Nicolaum Siculum ad honorem beate Marie virginis gloriose.*

Edition: Die Vorlesung des Nicolaus de Tudeschis zum Liber extra ist bereits in zahlreichen Wiegendrucken seit 1476 überliefert (GW M47787–M47997). Die letzte Gesamtausgabe seiner Hauptwerke wurde 1617 in Venedig aufgelegt, darunter Commentaria in quinque decretalium libros, Venedig 1617.

TH

Vatikan, Biblioteca Apostolica Vaticana, Pal. lat. 661

Nicolaus de Tudeschis, Lectura super secundo libro decretalium, Pars I

Papier · 1, 375 Bll. · 38 × 27,8 cm · Pavia · um 1460

Entstehungsort: Pavia.
Entstehungszeit: um 1460.

Typus (Überlieferungsform): Codex.
Beschreibstoff: Papier (fol. 1 Pergament).
Umfang: 1, 375 Bll.
Format (Blattgröße): 38 × 27,8 cm.
Zusammensetzung (Lagenstruktur): $(I-1)^{1a}$ + 37 V^{369} + $(III-1)^{374*}$. Vorderspiegel Gegenbl. von 1a, hinteres Spiegelbl. auf Rückdeckel geklebt. Zählfehler: auf 251 folgt ungez. Bl.

Seiten-, Blatt- und Lagenzählung: Römische Foliierung des 17. Jhs. (*1–372*), ungez. Bll. folgen Zählung der Digitalisate (1a, 251a, 373*–374*). Reklamanten durchgängig auf der letzten Versoseite der Lage auf dem Fußsteg mittig. Kustoden auf den ersten fünf Rectoseiten einer Lage auf dem Fußsteg rechts, meist durch Beschnitt verloren gegangen.

Zustand: Teilweise stockfleckig, v. a. an den Blatträndern, insbesondere an den oberen. Zahlreiche Flecken. Ab Bl. 221 schlägt die Tinte teilweise durch. Ab ca. Bl. 250 Textblock gebräunt.

Wasserzeichen: Blume mit sechs Blütenblättern, ohne Stängel, als Beizeichen Kreuz auf Stempel, zwei Varianten, Bll. 3, 7, 12, 15, ähnlich Wzz. von Papieren, die laut WZIS 1455 in Innsbruck Verwendung fanden, AT3800-PO-126627, Bll. 5, 9–11, 13, 17, ähnlich Wzz. von Papieren, die 1448 in Pavia beschrieben wurden, DE1185-S810_16; Blume mit acht Blütenblättern, ohne Stängel, mit Stempel, vier Varianten, Bll. 21–32, ähnlich Wzz. von Papieren, die laut WZIS 1458 in Candia (Kreta) verwendet wurden, DE4200-PO-126725, Bll. 35, 57–66, 68, 75, 80, 86–96, 108–110, 121, 124, 132–135, 141, 152, 155, 161–165, 176–181, 183, 192, 197–198, 207–209, 217, 219, ähnlich Wzz. von Papieren, die laut WZIS 1458 in Candia (Kreta) Verwendung fanden, DE4200-PO-126725, Bll. 40–43, 49 ähnlich Wzz. von Papieren, die laut WZIS 1458 in Candia (Kreta) beschrieben wurden, DE4200-PO-126725, Bll. 45–47, 50–56, 67, 69–73, 77, 81–83, 97–105, 116, 122, 126–128, 137–140, 144–151, 153, 157, 171, 182, 185–187, 195, 200–205, 215, 218, 220, annähernd identisch mit Wzz. von Papieren, die laut WZIS 1458 in Candia (Kreta) verwendet wurden, DE4200-PO-126724; Blume mit acht Blütenblättern, ohne Stängel, als Beizeichen Kreuz auf Stempel, zwei Varianten, Bll. 221, 228, 234–235, 242, 247, 251a-253, 264–269, 273–278, 280–282, 292–295, 305, 308, 313, 317, 324, 327, 335–337, 345, 348, 355, 357–358, 368–369, 371–373*, Bll. 222–227, 232–233, 240–241, 243–245, 251, 254–257, 272, 279, 284–290, 296–303, 307, 309, 314, 318–319, 326, 328–329, 338–340, 246–347, 350, 356, 363–367, 370, Varianten vergleichbar mit Wzz. von Papieren, die laut WZIS 1487 in Casale Verwendung fanden, IT5235-PO-126755.

Schriftraum: 27 × 17–17,5 cm.
Spaltenanzahl: 2 Spalten.
Zeilenanzahl: 60 Zeilen.
Angaben zu Schrift / Schreibern: Der Schreiber des Texts, Johannes Stetzenbach aus Eberbach, der auch Pal. lat. 654, 660 (1ra–218vb) und 666 (1ra–10vb, 81ra–84vb, 116ra–165vb) kopierte, bediente sich einer italienischen Semitextualis im Derolezschen Sinn (vgl. Derolez, Palaeography, S. 119–121), wobei zahlreiche Ligaturen Verwendung fanden, welche die Schrift wie eine schleifenlose Bastarda erscheinen lassen, bei der f und s keine Unterlängen aufweisen. Die Auszeichnungsbuchstaben hingegen sind in gotischer Minuskel geschrieben. Nur sehr selten trug der Schreiber Korrekturen am Seitenrand oder im Interkolumnium nach.
Buchgestaltung: Zeilengerüst mit Metallstift und Tinte vorgezogen. Tituli in der rechten oberen Ecke abgekürzt wiedergegeben, teilweise durch Beschnitt verloren gegangen. Tituli im Fließtext rubriziert (Titulus fehlt auf 238ra). Zu Beginn eines jeden Capitulums Initialmajuskeln mit Schaftaussparungen, alternierend in Blau und Rot über sechs bis neun Zeilen, die übrigen Buchstaben der Capitulumsanfänge in gotischer Minuskel vergrößert dargestellt, über zwei Zeilen. Kommentare zu Abschnitten innerhalb des Capitulums mit Paragrafenzeichen und vergrößerten gotischen Minuskeln hervorgehoben. Alternierend blaue und rote Paragrafenzeichen zur Unterteilung der Sinnabschnitte.
Buchschmuck: Auf 1r Eingangsminiatur, Erzengel Gabriel vor Maria kniend, in der Linken eine Lilie haltend, die Rechte zum Gruß erhoben. Maria, hinter einem Lesepult sitzend, schreckt auf. Darüber eine weiße Taube als Darstellung des Heiligen Geists, daneben die Worte *aue gratia plena*. Ausgeführt in Blau, Gold, Grün, Rot und Purpur. Darunter Initiale mit Blattornament im Binnenfeld. Das Textfeld umgeben Ranken in Blau, Gold, Grün, Rot und Purpur. Auf der unteren Ranke ein stehender, weiß gewandeter Engel mit blondem Haar und purpurnen Flügeln, zwei Wappen haltend. Das erste Wappen ist geviert und zeigt in 1 und 4 einen rot gekrönten goldenen steigenden Löwen in Schwarz, 2 und 3 blau-silber geweckt, das zweite zeigt in Rot einen silbernen Schrägbalken (s. auch die Bildbeschreibung in heidICON).

Nachträge und Benutzungsspuren: Keinerlei Nachträge von anderer Hand. Wenige grafische Verweiszeichen.

Einband: Römischer Einband, Pappe mit weißem Pergament überzogen, in Rom um 1780 gefertigt (Schunke, Einbände 2.2, S. 847). Gelb-kupferfarbenes Kapital. Auf dem Rücken zwei blaue aufgeklebte Schildchen mit aktueller Signatur. Rückentitel: *ABBAS super 1ᵃ. parte 2ⁱ.*
Provenienz: Regensburg / Neumarkt / Heidelberg.
Geschichte der Handschrift: Blaues Schildchen mit aktueller Signatur auf Vorderspiegel. Neben der aktuellen Signatur Altsignaturen auf 1ar *567* [ersetzt durch *565*], *772* [durchgestrichen], Capsa-Nummer *C. 176.*, darunter Allacci-Signatur *1739* [durchgestrichen], daneben von Hand des 17. Jhs.: *Panormitanus super j. parte secundi libri decretalium.* Auf 1av leichter Abklatsch der Miniatur von 1r. Die Hs. ist Teil einer mehrbändigen Reihe, welche die Vorlesung des Nicolaus de Tudeschis zum Liber extra vereint (s. Pal. lat. 654, 660, 662, 665, 666). Wie der Kolophon in Pal. lat. 654 ausweist, wurde die Hs. von Johannes Stetzenbach aus Eberbach für Ruprecht von Pfalz-Mosbach, designierten Bischof von Regensburg, in Pavia kopiert. Dafür, dass auch diese Hs. in Pavia entstand, spricht die Miniatur auf 1r. Vgl. des Weiteren Geschichte der Handschrift in der Beschreibung von Pal. lat. 654.

Faksimile: https://digi.ub.uni-heidelberg.de/diglit/bav_pal_lat_661
Literatur: BioBib Jurists, Nicolaus de Tudeschis (r450); OVL, Pal.lat.661; Pennington, Lectura, S. 370 A. 31; Pennington, Nicholaus, S. 19; Schunke, Einbände 2.2, S. 847; Stevenson, Latini, S. 234.

1) 1ra–372rb
Verfasser: Nicolaus de Tudeschis.
Titel: Lectura super secundo libro decretalium, Pars I.
Angaben zum Text: Vorlesung zum 1. Teil des 2. Buchs des Liber extra (zum 2. Teil des 2. Buchs s. Pal. lat. 654): (1ra–1va) Vorrede; (1vb–72vb) Titulus 1; (72vb–138rb) Titulus 2; (138va–148rb) Titulus 3; (148rb–157ra) Titulus 4; (157ra–162ra) Titulus 5; (162ra–190rb) Titulus 6; (190rb–205va) Titulus 7; (205va–215ra) Titulus 8; (215ra–222vb) Titulus 9; (222vb–237vb) Titulus 10; (238ra–240va) Titulus 11; (240va–262va) Titulus 12; (262va–312rb) Titulus 13; (312rb–345vb) Titulus 14; (346ra–352vb) Titulus 15; (353ra–359vb) Titulus 16; (360ra–366ra) Titulus 17; (366ra–372rb) Titulus 18. – 372v–374*v leeres Zeilengerüst.
Incipit: 1ra ›*Qvoniam*‹ *hic voluminis principium non extitit in prohemio et preludijs aliter instare non censui …*
Explicit: 372rb … *et per hec habes satis clare materiam huius capituli et cetera. Et sic est finis huius prime partis secundi libri decretalium per Nicolaum Siculum episcopum et cetera.* [Von anderer Hand hinzugefügt:] *Edite.*
Edition: Die Vorlesung des Nicolaus de Tudeschis zum Liber extra ist bereits in zahlreichen Wiegendrucken seit 1476 überliefert (GW M47787-M47997). Die letzte Gesamtausgabe seiner Hauptwerke wurde 1617 in Venedig aufgelegt, darunter Commentaria in quinque decretalium libros, Venedig 1617.

TH

Vatikan, Biblioteca Apostolica Vaticana, Pal. lat. 662

Nicolaus de Tudeschis, Lectura super tertio libro decretalium

Papier · 1, 378 Bll. · 38,2 × 28 cm · Pavia · um 1460

Entstehungsort: Pavia.
Entstehungszeit: um 1460.

Typus (Überlieferungsform): Codex.
Beschreibstoff: Papier (Bl. 1 Pergament).
Umfang: 1, 378 Bll.
Format (Blattgröße): 38,2 × 28 cm.
Zusammensetzung (Lagenstruktur): $(I-1)^{1a}$ + 37 V^{368} + IV^{376*}. Vorderspiegel Gegenbl. von 1a, hinteres Spiegelbl. auf Rückdeckel geklebt. Zählfehler: auf 47 und 114 folgen ungez. Bll. 47a und 114a.
Seiten-, Blatt- und Lagenzählung: Römische Foliierung des 17. Jhs. (*1–373*). Vorsatzbl. ungez., weshalb hier, wie bei ungez. Bll. Zählung der Digitalisate übernommen wird (1a, 47a, 114a, 374*–376*). Reklamanten durchgängig auf der letzten Versoseite der Lage am Ende des Texts im rechten Winkel zu diesem geschrieben.
Zustand: Teilweise stockfleckig, v. a. an den Blatträndern, insbesondere an den oberen. Ab ca. Bl. 270 schlägt die Tinte teilweise durch und es finden sich zahlreiche Flecken. Auf 1av Abklatsch von 1r.
Wasserzeichen: Blume mit acht Blütenblättern, ohne Stängel, Blüte mit Stempel, in neun Varianten, Bll. 3–6, 9, 13–14, 19, 34, 39, 41, 48, annähernd identisch mit Wzz. von Papieren, die laut WZIS 1458 in Candia (Kreta) Verwendung fanden, DE4200-PO-126723, Bll. 7, 11, 16, 33, 35, 40, 43–46, ähnlich Wzz. von Papieren, die laut WZIS in Candia (Kreta) beschrieben wurden, DE4200-PO-126723, Bll. 21–24, 54, 67–69, 72–79, 88–94, 254–258, 290–291, 376*, vergleichbar mit Wzz. von Papieren, die laut WZIS 1458 in Candia (Kreta) beschrieben wurden, DE4200-PO-126724, Bll. 51, 59, 65, 104, 107–108, 117, 125–126, 133, 137, 139–142, 149, 162, 167–168, 173–178, 182–188, 191, 199, 202–206, ähnlich Wzz. von Papieren, die laut WZIS 1458 in Candia (Kreta) verwendet wurden, DE4200-PO-126724, Bll. 53, 106, 109–114, 120–123, 128–131, 135, 138, 143, 154–157, 164–166, 171–172, 180, 190, 192–198, 200, vergleichbar mit Wzz. von Papieren, die laut WZIS 1464 Verwendung fanden, DE8085-PO-126718, Bll. 66, 71, 80, 96–99, 363, ähnlich Wzz. von Papieren, die laut WZIS 1476 in Nürnberg beschrieben wurden, DE8100-PO-126679, Bll. 213–247, 272–273, vergleichbar mit Wzz. von Papieren, die laut WZIS 1458 in Candia (Kreta) verwendet wurden, DE4200-PO-126725, Bll. 279–283, 292–293, 303, 315–316, 322–326, 335–339, 344–353, 357–358, 370, ähnlich Wzz. von Papieren, die laut WZIS 1472/1473 Verwendung fanden, DE8100-Inc-Fol1329_999e, Bll. 285–286, 299, 305–313, 318–320, 329–333, 340–341, 355, 359–361, 371–372, ähnlich Wzz. von Papieren, die laut WZIS 1476 in Nürnberg beschrieben wurden, DE8100-PO-126679; Blume mit sieben Blütenblättern, ohne Stängel, Blüte mit Stempel, ohne Beizeichen (oder mit Buchstabe M auf dem Stempel), Bl. 365, keine Übereinstimmung in WZIS.

Schriftraum: 26,5 × 19 cm.
Spaltenanzahl: 2 Spalten.

Zeilenanzahl: 59 Zeilen.

Angaben zu Schrift / Schreibern: Der Schreiber des Texts bediente sich einer italienischen Semitextualis im Derolezschen Sinn (vgl. Derolez, Palaeography, S. 119–121), wobei im Fortgang des Schreibens die Buchstaben immer stärker ligiert wurden, sodass die Schrift mitunter wie eine schleifenlose Bastarda erscheint, bei der f und s keine Unterlängen aufweisen. Der Schreiber dürfte höchstwahrscheinlich im Familiarenkreis Ruprechts von Pfalz-Mosbach zu suchen sein (s. Geschichte der Handschrift). Im Gegensatz zu Johannes Stetzenbach, der die gewichtigsten Teile von Pal. lat. 654, 660 und 661 abschrieb und dieselbe Schrift verwendete, setzte dieser Schreiber gedachte Grundlinie knapp oberhalb der Zeile an. Ferner fällt bei ihm die Schaftmitbenutzung bei d und e auf, das fast schon 8-förmige g sowie das extrem in die Breite gezogene Majuskel-S zu Beginn eines Satzes. Nur sehr selten trug der Schreiber Korrekturen am Seitenrand oder im Interkolumnium nach. Dieselbe Hand schrieb auch Pal. lat. 657 (1ra–317vb), 665, 666 (11ra–77vb, 167ra–192va), 788 (1ra–58va) und 807 (101ra–220vb, 275ra–293vb). Die Auszeichnungsbuchstaben hingegen sind in gotischer Minuskel geschrieben.

Buchgestaltung: Zeilengerüst mit Metallstift und Tinte vorgezogen. Tituli in der rechten oberen Ecke abgekürzt wiedergegeben, teilweise durch Beschnitt verloren gegangen. Vor jedem neuen Titulus sechs Zeilen für Rubrik frei gelassen, die nicht ausgeführt wurde. Zu Beginn eines jeden Capitulums Initialmajuskeln mit Schaftaussparungen, alternierend in Blau und Rot über sechs bis acht Zeilen, die übrigen Buchstaben der Capitulumsanfänge in gotischer Minuskel vergrößert dargestellt, über vier Zeilen. Kommentare zu Abschnitten innerhalb des Capitulums mit Paragrafenzeichen und vergrößerten gotischen Minuskeln hervorgehoben. Alternierend blaue und rote Paragrafenzeichen zur Unterteilung der Sinnabschnitte.

Buchschmuck: Auf 1r Eingangsminiatur, golden gerahmt: Apostel Jakobus steht Apostel Philippus gegenüber. Beide sind durch Beischrift ausgezeichnet, rot und purpurn gewandet, mit einem Heiligenschein ausgestattet und halten ein Buch in Händen, Jakobus zudem einen Palmzweig. Darunter Initiale mit Blättern im Binnenfeld, ablaufende Ranken in Grün, Purpur und Rot. Diese werden auf den anderen Rändern wiederholt. Auf dem Fußsteg zudem ein Engel im weißen Gewand mit blondem Haupthaar und blau-gelben Flügeln als Schildhalter. Im heraldisch rechten Schild in Rot ein silberner Schrägbalken, im heraldisch linken Schild in 1 und 4 ein rot gekrönter und bewehrter goldener steigender Löwe in Schwarz, 2 und 3 blau-silbern geweckt (s. auch die Bildbeschreibung in heidICON).

Nachträge und Benutzungsspuren: Wenige Anmerkungen von einer in etwa zeitgenössischen Hand in jüngerer gotischer Kursive, die von Ruprecht von Pfalz-Mosbach als Bischof von Regensburg stammen könnte, da auf 327rb in einer Anmerkung auf eine in der Regensburger Diözese gepflegte Gewohnheit Bezug genommen wird: *similiter in festo Walffgangi Ratispponensi diocesi.* Ferner grafische Verweiszeichen.

Einband: Römischer Einband, Pappe mit weißem Pergament überzogen, in Rom um 1780 gefertigt (Schunke, Einbände 2.2, S. 847). Gelb-kupferfarbenes Kapital. Auf Rücken zwei blaue aufgeklebte Schildchen mit aktueller Signatur. Rückentitel: *ABBAS super 3*^{m}. Darunter schemenhaft *Pal* zu erkennen.

Provenienz: Regensburg / Neumarkt / Heidelberg.

Geschichte der Handschrift: Blaues Schildchen mit aktueller Signatur auf Vorderspiegel. Auf 1ar neben der aktuellen Signatur kleiner Notizzettel, der zwischen 271 und 272 einlag.

Ferner Altsignatur *773*, weitere Altsignaturen auf 1r: *569* [durchgestrichen], *572*, von einer Hand des 17. Jhs.: *Panormitanus super tertia parte*. Die Hs. ist Teil einer mehrbändigen Reihe, welche die Vorlesung des Nicolaus de Tudeschis zum Liber extra vereint (s. Pal. lat. 654, 660, 661, 665, 666). Während Pal. lat. 654, große Teile von 660 und 661 wieder zur Gänze von Johannes Stetzenbach aus Eberbach für Ruprecht von Pfalz-Mosbach (1437–1465), designierten Bischof von Regensburg, 1460 in Pavia kopiert wurden (s. Pal. lat. 654, 660, 661), stammt diese Hs. von einer anderen Hand. Die Miniatur und die Wappen auf 1r, das Layout sowie die Ähnlichkeit der Schrift sprechen dafür, dass der Schreiber dieser Zeilen mit Johannes Stetzenbach in Pavia zusammengearbeitet haben dürfte. Dafür könnten Zeisolf von Adelsheim und Gerhard von Ehrenberg († 1498) in Frage kommen, die sich als Familiaren des Ruprecht von Pfalz-Mosbach mit diesem und besagtem Johannes Stetzenbach am 19. Oktober 1454 an der Universität Köln als *Zesolphus de Adlachem* und *Ger. de Erenberch* immatrikulierten (Die Matrikel der Universität Köln, Bd. 1, 1389–1475, bearb. von Hermann Keussen, 2. Auflage, Bonn 1928 [Publikationen der Gesellschaft für Rheinische Geschichtskunde 8], S. 580). Die drei Familiaren könnten Ruprecht in den Jahren 1458 und 1460/61 auch an die Universität Pavia begleitet haben. Schließlich lassen sich in dem fünfbändigen Kompendium drei Hände nachweisen, wovon Johannes Stetzenbach durch den Kolophon in Pal. lat. 654 zweifelsohne belegt ist. Noch vor dem Tod Ruprechts 1465 als Bischof von Regensburg muss Johannes Stetzenbach in die Dienste von dessen Bruder Albrecht von Pfalz-Mosbach (1440–1506) getreten sein, der mit einem weiteren Bruder Johann von Pfalz-Mosbach (1443–1486) bei genanntem Studienaufenthalt in Pavia belegt ist. Denn am 9. Dezember 1464 immatrikulierte er sich als Familiar Albrechts, gemeinsam mit diesem, an der Universität Freiburg (Die Matrikel der Universität Freiburg i.Br. von 1460–1656, Bd. 1, Einleitung und Text, bearb. u. hrsg. von Hermann Mayer, Freiburg i.Br. 1907, S. 30). Vielleicht folgte ihnen Zeisolf von Adelsheim später nach, da in Straßburg, wo Albrecht 1478 Bischof werden sollte, ein Zeisolf von Adelsheim († 1505) eine reiche Witwe aus bürgerlichem Haus ehelichte (Gerd Wunder, Das Strassburger Landgebiet. Territorialgeschichte der einzelnen Teile des städtischen Herrschaftsbereiches vom 13. bis zum 18. Jahrhundert, Berlin 1967 [Schriften zur Verfassungsgeschichte 5], S. 133f.). Gerhard von Ehrenberg hingegen wandte sich nach Basel, wo er 1469 als Rektor der Universität vorstand. Er starb schließlich als Mainzer Domscholaster (RAG, Gerhard von Ehrenberg). Zum weiteren Schicksal dieser Hs. Ruprechts, der durch das Wappen auf 1r zweifelsfrei als Eigentümer nachweisbar ist, s. Geschichte der Handschrift in der Beschreibung zu Pal. lat. 654.

Faksimile: https://digi.ub.uni-heidelberg.de/diglit/bav_pal_lat_662

Literatur: BioBib Jurists, Nicolaus de Tudeschis (r450); OVL, Pal.lat.662; Pennington, Lectura, S. 370; Pennington, Nicholaus, S. 20; Schunke, Einbände 2.2, S. 847; Stevenson, Latini, S. 234.

1) 1ra–372vb

Verfasser: Nicolaus de Tudeschis.

Titel: Lectura super tertio libro decretalium.

Angaben zum Text: Vorlesung zum 3. Buch des Liber extra: (1ra–12ra) Titulus 1; (12ra–17va) Titulus 2; (17va–23rb) Titulus 3; (23rb–34rb) Titulus 4; (34rb–65va) Titulus 5; (65va–68rb) Titulus 6; (68rb–74ra) Titulus 7; (74ra–89ra) Titulus 8; (89ra–91ra) Titulus 9; (91ra–98vb) Titulus 10; (99ra–102rb) Titulus 11; (102va–104ra) Titulus 12; (104ra–111va) Titulus 13; (111va–113va) Titulus 14; (113vb–114avb) Titulus 15; (114avb–117ra) Titulus 16; (117ra–123rb) Titulus 17; (123rb–128ra) Titulus 18; (128ra–132va) Titulus 19; (132va–134ra) Titulus 20; (134rb–140va) Titulus 21; (140va–144vb) Titulus 22; (144vb–148rb) Titulus 23; (148rb–156rb) Titulus 24; (156rb–159ra) Titulus 25; (159ra–185rb) Titulus 26; (185rb–188va) Titulus 27; (188va–201va) Titulus 28; (201va–204vb) Titulus 29; (205ra–226va) Titulus 30; (226vb–242va) Titulus 31; (242va–255rb) Titulus 32; (255rb–256va) Titulus 33; (256va–265ra) Titulus 34; (265ra–273ra) Titulus 35; (273ra–278va) Titulus 36; (278va–281ra) Titulus 37; (281ra–297ra) Titulus 38; (297rb–308vb) Titulus 39; (308vb–312vb) Titulus 40; (312vb–320ra) Titulus 41; (320ra–324ra) Titulus 42; (324ra–325ra) Titulus 43; (325ra–325va) Titulus 44; (325vb–326rb) Titulus 45; (326rb–328va) Titulus 46; (328va–b) Titulus 47; (328vb–332va) Titulus 48; (332va–357rb) Titulus 49; (357rb–372vb) Titulus 50. – 373r–376* leeres Zeilengerüst.

Incipit: 1ra ›*Redemptoris*‹ *postulato suffragio vt ostendatur ordinem fuisse obseruatum in volumine continuanda est rubrica ad precedencia que per docto continuatur duobus modis ...*

Explicit: 372vb *... jn cuius finem altissimus nos et omnes alios tam presentes quam posteros sciencie insistentes dirigat per suam ineffabilem clemenciam causam. Nicolaus Ciculus doctor excellentissimus in monasterio sancte Marie de monachis in Sicilia. Finit ter Ciculus graphus non sit vesqua solutus. Kyria chere geran cuius philantropus est bar. Per te doxa theos vecten ac vranos ymas.*

Edition: Die Vorlesung des Nicolaus de Tudeschis zum Liber extra ist bereits in zahlreichen Wiegendrucken seit 1476 überliefert (GW M47787-M47997). Die letzte Gesamtausgabe seiner Hauptwerke wurde 1617 in Venedig aufgelegt, darunter Commentaria in quinque decretalium libros, Venedig 1617.

TH

Vatikan, Biblioteca Apostolica Vaticana, Pal. lat. 663

Nicolaus de Tudeschis, Lectura super secundo libro decretalium, Pars I

Papier, Pergament · 4, 399, 5 Bll. · 43,3 × 29 cm · Pavia (?) · um 1461

Entstehungsort: Pavia (?).
Entstehungszeit: um 1461.

Typus (Überlieferungsform): Codex.
Beschreibstoff: Papier (Bl. 1 Pergament).
Umfang: 4, 399, 5 Bll.
Format (Blattgröße): 43,3 × 29 cm.
Zusammensetzung (Lagenstruktur): II^{4a} + $(IV+1)^{9}$ + 39 V^{397*} + II^{401*} + $(I-1)^{402*}$. Vorderspiegel auf Deckel geklebt (blaues Signaturschildchen des alten Spiegels scheint in linker oberer Ecke durch), Hinterspiegel Gegenbl. von 402*. Zählfehler: ungez. Bll. nach 142 und 153.
Seiten-, Blatt- und Lagenzählung: Römische Foliierung des 17. Jhs. (*1–395*). Vorsatzbll. und Nachsatzbl. ungez., weshalb hier, wie bei ungez. Bll., Zählung der Digitalisate übernommen wird (1a–4a, 396*–402*). Reklamanten durchgängig auf der letzten Versoseite der Lage am Ende des Texts im rechten Winkel zu diesem geschrieben. Lagenfoliierung mit Buchstabe / Buchstaben und arabischer Ziffer / arabischen Ziffern.

Zustand: Stockfleckig, v. a. an den Blatträndern, insbesondere an den oberen. Auszeichnungsbuchstaben schlagen durch, teilweise auch der Fließtext. Textblock zuweilen gebräunt. Kaum Benutzungsspuren.
Wasserzeichen: Krone ohne Bügel, Mittelzinken blattförmig, mit Kreis darunter, um 90° gedreht. Derzeit keine Übereinstimmung mit WZIS.

Schriftraum: 26,5 × 19,5 cm.
Spaltenanzahl: 2 Spalten.
Zeilenanzahl: 59 Zeilen.
Angaben zu Schrift / Schreibern: Die erste Hand, 1ra–162rb ausführend, bediente sich einer schleifenlosen Bastarda, deren Duktus im Verlauf der Seiten zunehmend flüchtiger wird, und die auch für den ersten Teil von Pal. lat. 664 verantwortlich zeichnete. Die zweite Hand, 162va–395ra schreibend, folgte ihrer Vorgängerhand bei der Wahl der Schriftart weitestgehend, verzichtete allerdings auf die Unterlängen bei f und langem s, bzw. deutete diese nur an, weshalb die Schrift auch als italienische Semitextualis im Derolezschen Sinn beschrieben werden kann (vgl. Derolez, Palaeography, S. 119–121). Als mögliche Schreiber lassen sich Zeisolf von Adelsheim, Gerhard von Ehrenberg oder Ägidius von Neideck ins Feld führen (s. Geschichte der Handschrift in Pal. lat. 662).
Buchgestaltung: Zeilengerüst mit Metallstift und Tinte vorgezogen. Tituli in der rechten oberen Ecke abgekürzt wiedergegeben. Vor jedem Titulus mehrere Zeilen für Rubrik freigelassen, die nicht ausgeführt wurde. Zu Beginn eines jeden Capitulums Initialmajuskel, teils mit Schaftaussparungen, alternierend in Blau und Rot über fünf bis zehn Zeilen (Initiale auf 1ra nicht ausgeführt, Angabe für Rubrikator noch vorhanden), die übrigen Buchstaben der Capitulumsanfänge in gotischer Minuskel vergrößert dargestellt, meist über zwei bis drei Zeilen. Kommentare zu Abschnitten innerhalb des Capitulums mit Paragrafenzeichen und vergrößerten gotischen Minuskeln hervorgehoben. Alternierend blaue und rote Paragrafenzeichen zur Unterteilung der Sinnabschnitte.
Buchschmuck: s. Buchgestaltung.

Nachträge und Benutzungsspuren: Kaum Anmerkungen von anderer Hand, lediglich auf den ersten Bll., dort auch wenige grafische Verweiszeichen.

Einband: Römischer Einband, Pappe mit weißem, stark nachgebräuntem Pergament überzogen, in Rom um 1780 gefertigt (Schunke, Einbände 2.2, S. 847). Gelb-kupferfarbenes Kapital. Rücken an Kopf und Schwanz leicht ausgerissen, mit Fraßspuren, zwei blauen Schildchen mit aktueller Signatur, Altsignatur *174*, Rückentitel: *ABBAS super prima 2^i^*, darunter in Blau: *Pal.*
Provenienz: Neumarkt (?) / Heidelberg.
Geschichte der Handschrift: Auf 1ar Capsa-Nummer *C. 13*, darunter Allacci-Signatur *1249* [durchgestrichen], Altsignaturen auf 3ar *774* [durchgestrichen], auf 4ar *770*, auf 1r *570*, auf 401*v *2063*. Auf 1r von Hand des 17. Jhs.: *Abbas super prima parte secundi.* Wie die Buchgestaltung und die Schrift nahelegen, muss die Hs. im Umfeld der Söhne Ottos I. von Pfalz-Mosbach (1390–1461) namens Ruprecht (1437–1465), Albrecht (1440–1506) und Johann (1443–1486) entstanden sein, als diese 1460/61 in Pavia weilten (s. Einleitung). Der vorliegende Codex dürfte 1461 angelegt worden sein (der zweite Teil der Vorlesung von Nicolaus de Tudeschis zum zweiten Buch des Liber extra, Pal. lat. 664, ist im Kolophon auf 1461 datiert, s. Beschreibung zu Pal. lat. 664). Da sich von Ruprecht eine sechsbändige Reihe die-

ser Vorlesung nachweisen lässt (s. Pal. lat. 654, 660–662, 665–666), dürfte vorliegende Hs. und Pal. lat. 664 für Albrecht oder Johann geschaffen worden sein. Zu den möglichen ausführenden Händen s. Geschichte der Handschrift in der Beschreibung zu Pal. lat. 662, zur Provenienz der Hs. s. Einleitung.

Faksimile: https://digi.ub.uni-heidelberg.de/diglit/bav_pal_lat_663!
Literatur: BioBib Jurists, Nicolaus de Tudeschis (r450); OVL, Pal.lat.663; Pennington, Lectura, S. 370 A. 31 (mit abweichender Inhaltsangabe); Pennington, Nicholaus, S. 19; Schunke, Einbände 2.2, S. 847; Stevenson, Latini, S. 234.

1) 1ra–395ra
Verfasser: Nicolaus de Tudeschis.
Titel: Lectura super secundo libro decretalium, Pars I.
Angaben zum Text: Vorlesung zum 1. Teil des 2. Buchs des Liber extra (zum 2. Teil des 2. Buchs s. Pal. lat. 664): (1ra–1va) Vorrede; (1va–73va) Titulus 1; (73va–142ra) Titulus 2; (142ra–150va) Titulus 3; (150vb–158ra) Titulus 4; (158rb–163ra) Titulus 5; (163ra–192va) Titulus 6; (192va–209va) Titulus 7; (209va–219rb) Titulus 8; (219rb–228rb) Titulus 9; (228va–245va) Titulus 10; (245vb–248vb) Titulus 11; (248vb–274ra) Titulus 12; (274ra–329rb) Titulus 13; (329rb–366va) Titulus 14; (366va–374ra) Titulus 15; (374ra–381rb) Titulus 16; (381va–388rb) Titulus 17; (388rb–395ra) Titulus 18. - 395v–397*v leeres Zeilengerüst.
Incipit: 1ra ›*Qvoniam*‹ *hic voluminis principium non extitit in prohemio et preludijs aliter instare non censui …*
Explicit: 395ra … *et per hec habes satis clare materiam huius capituli et cetera. Et sic est finis huius prime partis 2*[i] *libri decretalium per Nicolaum Sciculum* [!] *episcopum Panormittanum et cetera edite et cetera. Deo gratias.*
Edition: Die Vorlesung des Nicolaus de Tudeschis zum Liber extra ist bereits in zahlreichen Wiegendrucken seit 1476 überliefert (GW M47787-M47997). Die letzte Gesamtausgabe seiner Hauptwerke wurde 1617 in Venedig aufgelegt, darunter Commentaria in quinque decretalium libros, Venedig 1617.

TH

Vatikan, Biblioteca Apostolica Vaticana, Pal. lat. 664

Nicolaus de Tudeschis, Lectura super secundo libro decretalium, Pars II

Papier, Pergament · 3, 477, 1 Bll. · 42,5 × 28 cm · Pavia (?) · 1461

Entstehungsort: Pavia (?).
Entstehungszeit: 1461.

Typus (Überlieferungsform): Codex.
Beschreibstoff: Papier (Bl. 1 Pergament).
Umfang: 3, 477, 1 Bll.
Format (Blattgröße): 42,5 × 28 cm.

Zusammensetzung (Lagenstruktur): $(I-1)^{1a} + I^{3a} + (V-1)^{9} + 46\ V^{459} + IV^{467*} + (I-1)^{468*}$. Vorderspiegel Gegenbl. von 1a, Hinterspiegel Gegenbl. von 468*. Zählfehler: auf 429 folgt 420.

Seiten-, Blatt- und Lagenzählung: Falzverstärkung aus Pergament nach 2a, 3a und 9. Römische Foliierung des 17. Jhs. (*1–463*). Vor- und Nachsatzbll. ungez., weshalb hier, wie bei falsch gez. Bll., Zählung der Digitalisate übernommen wird (1a–3a, 119a, 420a–429a, 464*–468*). Reklamanten durchgängig auf der letzten Versoseite der Lage am Ende des Texts im rechten Winkel zu diesem geschrieben (349v–389v auf Fußsteg mittig), z. T. verziert. Lagenfoliierung mit Buchstabe / Buchstaben und arabischer Ziffer / arabischen Ziffern.

Zustand: Stockfleckig, v. a. an den Blatträndern, insbesondere an den oberen. Einige Flecken. Auszeichnungsbuchstaben schlagen durch, teilweise auch Fließtext und Initialen. Textblock zuweilen gebräunt. 413v leichter Wasserschaden. Die letzten Bll. an unterer Ecke ausgerissen.

Wasserzeichen: Krone ohne Bügel, Mittelzinken blattförmig, mit Kreis darunter, um 90° gedreht. Derzeit keine Übereinstimmung mit WZIS.

Schriftraum: 26,6 × 18,5 cm.

Spaltenanzahl: 2 Spalten.

Zeilenanzahl: 59 Zeilen.

Angaben zu Schrift / Schreibern: 1ra–342va wurde von einer Hand geschrieben, die sich einer schleifenlosen Bastarda bediente, bei der die Unterlängen von f und langem s in der Regel nur angedeutet sind, wodurch die Übergänge zur italienischen Semitextualis im Derolezschen Sinn fließend sind (vgl. DEROLEZ, Palaeography, S. 119–121), und die auch für den ersten Teil von Pal. lat. 663 verantwortlich zeichnete. Die Hände, welche den Text ab 342va weiterführten, bedienten sich derselben Schrift, wobei die Unterlängen von f und s unterschiedlich lang ausgeprägt sind. Als einer der möglichen Schreiber lassen sich Zeisolf von Adelsheim, Gerhard von Ehrenberg oder Ägidius von Neideck ins Feld führen (s. Geschichte der Handschrift in Pal. lat. 662).

Buchgestaltung: Zeilengerüst mit Metallstift und Tinte vorgezogen. Tituli streckenweise in der rechten oberen Ecke abgekürzt wiedergegeben. Vor jedem Titulus mehrere Zeilen für Rubrik freigelassen, die nicht ausgeführt wurde. Zu Beginn eines jeden Capitulums Initialmajuskel, teils mit Punktverdickungen, teils mit Silhouettenornament, in Rot über meist sieben bis acht Zeilen (auf 1ra nicht ausgeführt), die übrigen Buchstaben der Capitulumsanfänge in gotischer Minuskel vergrößert dargestellt, über zwei bis vier Zeilen. Kommentare zu Abschnitten innerhalb des Capitulums mit Paragrafenzeichen und vergrößerten gotischen Minuskeln hervorgehoben. Selten rote Paragrafenzeichen zur Unterteilung der Sinnabschnitte.

Buchschmuck: s. Buchgestaltung.

Nachträge und Benutzungsspuren: Keine nachträglich vorgenommenen Anmerkungen von anderer Hand. Wenige grafische Verweiszeichen.

Einband: Römischer Einband, Pappe mit weißem Pergament überzogen, in Rom um 1780 gefertigt (SCHUNKE, Einbände 2.2, S. 847). Gelb-kupferfarbenes Kapital. Auf dem Rücken zwei blaue Schildchen mit aktueller Signatur, Rückentitel: *ABBAS super 2ª secundi.*

Provenienz: Neumarkt (?) / Heidelberg.

Geschichte der Handschrift: Auf Vorderspiegel blaues aufgeklebtes Schildchen mit aktueller Signatur, auf 1ar neben der aktuellen Signatur Altsignatur *775* [durchgestrichen], auf 2ar

Capsa-Nummer *C. 173*, auf 1r Altsignatur *571*, ferner von Hand des 17. Jhs.: *Abbas super secunda parte 2[di]*, auf 467*v Altsignatur *2061*. Wie die Buchgestaltung und die Schrift nahelegen, muss die Hs. im Umfeld der Söhne Ottos I. von Pfalz-Mosbach (1390–1461) namens Ruprecht (1437–1465), Albrecht (1440–1506) und Johann (1443–1486) entstanden sein, als diese 1460/61 in Pavia weilten (s. Einleitung). Vollendet wurde das Werk am 18. September 1461, wie der Kolophon auf 463v ausweist. Ob dies tatsächlich noch in Pavia geschah ist unklar, da die drei Brüder relativ zeitnah nach dem Tod ihres Vaters am 5. Juli 1461 abgereist sein dürften. Weiteres zur Provenienz der Hs. in Geschichte der Handschrift von Pal. lat. 663.

Faksimile: https://digi.ub.uni-heidelberg.de/diglit/bav_pal_lat_664
Literatur: BioBib Jurists, Nicolaus de Tudeschis (r450); OVL, Pal.lat.664; Pennington, Lectura, S. 370 A. 31; Pennington, Nicholaus, S. 20; Schunke, Einbände 2.2, S. 847; Stevenson, Latini, S. 234.

1) 1ra–463v
Verfasser: Nicolaus de Tudeschis.
Titel: Lectura super secundo libro decretalium, Pars II.
Angaben zum Text: Vorlesung zum 2. Teil des 2. Buchs des Liber extra (zum 1. Teil des 2. Buchs s. Pal. lat. 663): (1ra–1vb) Vorrede; (1vb–46va) Titulus 19; (46va–120ra) Titulus 20; (120ra–127va) Titulus 21; (127va–154rb) Titulus 22; (154rb–172vb) Titulus 23; (172vb–245ra) Titulus 24; (245rb–275va) Titulus 25; (275va–321vb) Titulus 26; (322ra–381rb) Titulus 27; (381va–456ra) Titulus 28; (456ra–457ra) Titulus 29; (457ra–463vb) Titulus 30. – 2ar–3av leeres Zeilengerüst. – 464*r–467*v leeres Zeilengerüst.
Incipit: 1ra ›[H]*ec rubrica*‹ *satis continuata fuit supra in precedenti rubrica. Sed magis specifice potest sic continuari …*
Explicit: 463vb … *Nam propter bonum conseruandum quisque debet se ipsum exponere maxime in fauorem animarum pro quibus saluandis deus aperiat intellectum studencium in hac compilacione ad honorem ipsius. Amen. Deo gracias. Explicit Lectura super 2[a] parte et sic super toto 2[o] libro decretalium reuerendi patris domini Nicolai de Cecilia, episcopi Panormitani et cetera, anno millesimoquadringentesimo sexagesimoprimo die decimaoctaua mensis Septembris. Ad gloriam et laudem omnipotentis dei. Amen.*
Edition: Die Vorlesung des Nicolaus de Tudeschis zum Liber extra ist bereits in zahlreichen Wiegendrucken seit 1476 überliefert (GW M47787–M47997). Die letzte Gesamtausgabe seiner Hauptwerke wurde 1617 in Venedig aufgelegt, darunter Commentaria in quinque decretalium libros, Venedig 1617.

TH

Vatikan, Biblioteca Apostolica Vaticana, Pal. lat. 665

Nicolaus de Tudeschis, Lectura super quinto libro decretalium

Papier · 1, 230, 1 Bll. · 38,5 × 27,3 cm · Pavia · um 1460

Entstehungsort: Pavia.
Entstehungszeit: um 1460.

Typus (Überlieferungsform): Codex.
Beschreibstoff: Papier (Bl. 1 Pergament).
Umfang: 1, 230, 1 Bll.
Format (Blattgröße): 38,5 × 27,3 cm.
Zusammensetzung (Lagenstruktur): (I-1)^{1a} + 23 V^{230*} + (I-1)^{231*}. Vorderspiegel Gegenbl. von 1a, Hinterspiegel Gegenbl. von 231*.
Seiten-, Blatt- und Lagenzählung: Römische Foliierung des 17. Jhs. (*1–228*). Vor- und Nachsatzbl. ungez., weshalb hier, wie bei ungez. Bll., Zählung der Digitalisate übernommen wird (1a, 229*–231*. Reklamanten durchgängig auf der letzten Versoseite der Lage am Ende des Texts im rechten Winkel zu diesem geschrieben.
Zustand: Stockfleckig, v. a. an den Blatträndern, insbesondere an den oberen. Minuskel-Auszeichnungsbuchstaben schlagen durch, teilweise auch der Fließtext. Kaum Benutzungsspuren. Auf 1av Abklatsch von 1r.
Wasserzeichen: Blume mit acht Blütenblättern, ohne Stängel, Blüte mit Stempel, in zehn Varianten, Bll. 2, 4, 14, 19–21, 26, 31–32, 41–45, 57–58, 60–63, 75–81, 87–88, 98–100, 229*, ähnlich Wzz. von Papieren, die laut WZIS 1472/1473 Verwendung fanden, DE8100-Inc-Fol1329_999e, Bll. 3, 6–11, 15–18, 23–24, 37–38, 48, 59, 64–74, 86, 89–95, 221–226, ähnlich Wzz. von Papieren, die laut WZIS 1476 in Nürnberg beschrieben wurden, DE8100-PO-126679, Bl. 29, ähnlich Wzz. von Papieren, die laut WZIS 1476 in Nürnberg verwendet wurden, DE8100-PO-126679, Bll. 36, 55, vergleichbar mit Wzz. von Papieren, die laut WZIS 1458 in Candia (Kreta) Verwendung fanden, DE4200-PO-126724, Bll. 104–112, 118, 186, vergleichbar mit Wzz. von Papieren, die laut WZIS 1458 in Candia (Kreta) beschrieben wurden, DE4200-PO-126725, Bll. 114, 127–130, 145, 175, 179, 183, 187, ähnlich Wzz. von Papieren, die laut WZIS 1458 in Candia (Kreta) verwendet wurden, DE4200-PO-126724, Bll. 116, 122–125, 141–143, 147, 177–178, 180, 193–200, vergleichbar mit Wzz. von Papieren, die laut WZIS 1464 Verwendung fanden, DE8085-PO-126718, Bll. 153–159, annähernd identisch mit Wzz. von Papieren, die laut WZIS 1458 in Candia (Kreta) beschrieben wurden, DE4200-PO-126723, Bl. 160, vergleichbar mit Wzz. von Papieren, die laut WZIS 1458 in Candia (Kreta) verwendet wurden, DE4200-PO-126725, Bll. 168, 207–208, ähnlich Wzz. von Papieren, die laut WZIS 1458 in Candia (Kreta) Verwendung fanden, DE4200-PO-126723; Blume mit sieben Blütenblättern, ohne Stängel, Blüte mit Stempel, ohne Beizeichen (oder mit Buchstabe M auf dem Stempel), Bll. 216, 218, keine Übereinstimmung in WZIS, aber identisch mit Wz. auf Bl. 365 in Pal. lat. 662; Blume mit acht Blütenblättern, ohne Stängel, Buchstabe M als Beizeichen nur auf Stempel, Bll. 217, 219–220, ähnlich Wzz. von Papieren, die laut WZIS 1466 beschrieben wurden, DE4200-StGeorgen49_88.

Schriftraum: 26,5 × 19 cm.
Spaltenanzahl: 2 Spalten.
Zeilenanzahl: 59 Zeilen.
Angaben zu Schrift / Schreibern: Der Schreiber des Texts, der auch Pal. lat. 657 (1ra–317vb), 662, 666 (11ra–77vb, 167ra–192va), 788 (1ra–58va) und 807 (101ra–220vb, 275ra–293vb) schrieb, bediente sich einer italienischen Semitextualis im Derolezschen Sinn (vgl. Derolez, Palaeography, S. 119–121), wobei aufgrund der Ligaturen die Schrift einer schlaufenlosen Bastarda gleicht, bei der f und s ohne Unterlängen erscheinen. Der Schreiber dürfte höchstwahrscheinlich im Familiarenkreis Ruprechts von Pfalz-Mosbach zu suchen sein (s. Geschichte der Handschrift). Im Gegensatz zu Johannes Stetzenbach, der die gewichtigsten Teile von Pal. lat. 654, 660 und 661 abschrieb, und dieselbe Schrift verwen-

dete, setzt dieser Schreiber gedachte Grundlinie knapp oberhalb der Zeile an. Ferner fällt bei ihm die Schaftmitbenutzung bei d und e auf, das fast schon 8-förmige g sowie das extrem in die Breite gezogene Majuskel-S zu Beginn eines Satzes. Nur sehr selten trug der Schreiber Korrekturen am Seitenrand oder im Interkolumnium nach. Die Auszeichnungsbuchstaben hingegen sind in gotischer Minuskel geschrieben.

Buchgestaltung: Zeilengerüst mit Metallstift und Tinte vorgezogen. Tituli in der rechten oberen Ecke abgekürzt wiedergegeben, teilweise durch Beschnitt verloren gegangen. Vor jedem neuen Titulus sieben Zeilen für Rubrik frei gelassen, die nicht ausgeführt wurde. Zu Beginn eines jeden Capitulums Initialmajuskeln mit Schaftaussparungen, alternierend in Blau und Rot über sechs bis sieben Zeilen, die übrigen Buchstaben der Capitulumsanfänge in gotischer Minuskel vergrößert dargestellt, über vier Zeilen. Kommentare zu Abschnitten innerhalb des Capitulums mit Paragrafenzeichen und vergrößerten gotischen Minuskeln hervorgehoben. Alternierend blaue und rote Paragrafenzeichen zur Unterteilung der Sinnabschnitte.

Buchschmuck: Auf 1r Eingangsminiatur, golden gerahmt: Kaiser Heinrich II., grün gewandet mit goldener Krone und Heiligenschein, steht seiner Gattin Kunigunde, in purpurnem, gefütterten Mantel mit goldener Krone und Heiligenschein, gegenüber. Beide sind durch eine Beischrift ausgezeichnet. Er trägt ein Zepter, sie ein Büchlein und einen Zweig. Darunter Initiale mit Blattornament im Binnenfeld. In den Blatträndern Ranken in Blau, Grün, Purpur und Rot. Zwischen den unteren Ranken auf Fußsteg weiß gewandeter Engel mit blondem Haupthaar, Flügeln in Blau, Grün und Purpur, zwei Schilde haltend. Im heraldisch rechten Schild in Rot ein silberner Schrägbalken, im heraldisch linken Schild in 1 und 4 ein goldener steigender Löwe auf gelb-grauem Grund (der offenbar nicht mit Schwarz ausgeführt wurde), 2 und 3 blau-silbern geweckt (s. auch die Bildbeschreibung in heidICON).

Nachträge und Benutzungsspuren: Sehr selten sehr kurze Notizen. Grafische Verweiszeichen.

Einband: Römischer Einband, Pappe mit weißem Pergament überzogen, in Rom um 1780 gefertigt (Schunke, Einbände 2.2, S. 847). Gelb-kupferfarbenes Kapital. Auf Rücken zwei blaue aufgeklebte Schildchen mit aktueller Signatur. Rückentitel: *ABBAS super 5^m^ DECRETALIUM.*

Provenienz: Regensburg / Neumarkt / Heidelberg.

Geschichte der Handschrift: Blaues Schildchen mit aktueller Signatur auf Vorderspiegel. Auf 1ar, neben der aktuellen Signatur, Capsa-Nummer *C. 138* sowie Altsignaturen *776* [durchgestrichen] und eine schwer leserliche *572* oder *573*, weitere auf 231*v: *1195.* Auf 1r von Hand des 17. Jhs.: *Panormitanus super quintum librum decretalium.* Die Hs. ist Teil einer mehrbändigen Reihe, welche die Vorlesung des Nicolaus de Tudeschis zum Liber extra vereint (s. Pal. lat. 654, 660, 661, 662, 666). Dass die Hs. für Ruprecht von Pfalz-Mosbach (1437–1465), designierten Bischof von Regensburg, gedacht war, zeigen das Wappen auf 1r und auch seine Devise auf 230*r (s. zu dieser die Beschreibung von Pal. lat. 645). Während Pal. lat. 654, große Teile von 660 und 661 wieder zur Gänze von Johannes Stetzenbach aus Eberbach kopiert wurden (s. Beschreibungen zu Pal. lat. 654, 660, 661), stammt diese Hs. von einer anderen Hand. Die Miniatur und die Wappen auf 1r, die Buchgestaltung sowie die Ähnlichkeit der Schrift sprechen dafür, dass der Schreiber dieser Zeilen mit Johannes Stetzenbach in Pavia zusammengearbeitet haben dürfte. Zu den möglichen Schreibern und dem weiteren Schicksal der Hs. vgl. Geschichte der Handschrift in der Beschreibung von Pal. lat. 662.

Faksimile: https://digi.ub.uni-heidelberg.de/diglit/bav_pal_lat_665
Literatur: BioBib Jurists, Nicolaus de Tudeschis (r450); OVL, Pal.lat.665; PENNINGTON, Lectura, S. 370; PENNINGTON, Nicholaus, S. 20; SCHUNKE, Einbände 2.2, S. 847; STEVENSON, Latini, S. 234.

1) 1ra–228va
Verfasser: NICOLAUS DE TUDESCHIS.
Titel: Lectura super quinto libro decretalium.
Angaben zum Text: Vorlesung zum 5. Buch des Liber extra: (1ra–29vb) Titulus 1; (29vb–31rb) Titulus 2; (31rb–58ra) Titulus 3; (58ra–60ra) Titulus 4; (60ra–62vb) Titulus 5; (62vb–69rb) Titulus 6; (69rb–76va) Titulus 7; (76va–78rb) Titulus 8; (78rb–80va) Titulus 9; (80va–81rb) Titulus 10; (81va–82ra) Titulus 11; (82ra–92rb) Titulus 12; (92va–b) Titulus 13; (92vb–93vb) Titulus 14; (93vb–94rb) Titulus 15; (94va–97vb) Titulus 16; (97vb–102ra) Titulus 17; (102rb–104va) Titulus 18; (104vb–117ra) Titulus 19; (117ra–120rb) Titulus 20; (120rb–121va) Titulus 21; (121vb–123vb) Titulus 22; (123vb–124vb) Titulus 23; (124vb–125va) Titulus 24; (125va–126va) Titulus 25; (126va–127vb) Titulus 26; (127vb–133ra) Titulus 27; (133ra–133va) Titulus 28; (133va–134ra) Titulus 29; (134ra–135ra) Titulus 30; (135ra–143vb) Titulus 31; (143vb–146va) Titulus 32; (146va–161ra) Titulus 33; (161rb–168va) Titulus 34; (168va–169va) Titulus 35; (169va–172va) Titulus 36; (172va–178vb) Titulus 37; (178vb–188ra) Titulus 38; (188ra–215va) Titulus 39; (215va–226va) Titulus 40; (226vb–228va) Titulus 41. – 229*r–230*v leeres Zeilengerüst. – 231*r–231*v leer.
Incipit: 1ra *Hec rubrica continuari potest duobus modis, primo ad precedencia, secundo ad sequencia ...*
Explicit: 228va ... *Iuramentum vero obediencie concernit spiritualia et pertinencia ad officium prelati et licita dumtaxat et hoc habet in se dacio spiritualium quia subditus debet obedire prelato ad quam obedienciam Christus nos inducat. Amen. Explicit Lectura super quinto decretalium famosissimi et monarche iuris cononici doctoris domini abbatis de Scicilia.*
Edition: Die Vorlesung des Nicolaus de Tudeschis zum Liber extra ist bereits in zahlreichen Wiegendrucken seit 1476 überliefert (GW M47787–M47997). Die letzte Gesamtausgabe seiner Hauptwerke wurde 1617 in Venedig aufgelegt, darunter Commentaria in quinque decretalium libros, Venedig 1617.

TH

Vatikan, Biblioteca Apostolica Vaticana, Pal. lat. 666

Kanonistische Sammelhandschrift

Papier · 2, 195, 1 Bll. · 38,5 × 27,3 cm · Pavia · um 1460

Entstehungsort: Pavia.
Entstehungszeit: um 1460.

Typus (Überlieferungsform): Codex.

Beschreibstoff: Papier (fol. 1 Pergament).
Umfang: 2, 195, 1 Bll.
Format (Blattgröße): 38,5 × 27,3 cm.
Zusammensetzung (Lagenstruktur): $(I\text{-}1)^{1a}$ + 1^{2a} + 8 V^{80} + III^{86} + 10 V^{186} + $(V\text{-}1)^{195*}$ + $(I\text{-}1)^{196*}$. Vorderspiegel Gegenbl. von 1a, Hinterspiegel Gegenbl. von 196*.
Seiten-, Blatt- und Lagenzählung: Römische Foliierung des 17. Jhs. (*1–192, 193* durchgestrichen). Vorsatzbll. und Nachsatzbl. ungez., weshalb hier, wie bei ungez. Bll., Zählung der Digitalisate übernommen wird (1a–2a, 193*–196*). Reklamanten durchgängig auf der letzten Versoseite der Lage am Ende des Texts mittig bzw. im rechten Winkel zu diesem geschrieben (fehlt auf den leeren Seiten 80v, 86v, 106v, 166v).
Zustand: Stockfleckig, v. a. an den Blatträndern, insbesondere an den oberen. Minuskel-Auszeichnungsbuchstaben schlagen durch, teilweise auch der Fließtext. Wenige Benutzungsspuren.
Wasserzeichen: Blüte mit Stempel und acht Blütenblättern, in zwei Varianten, Bll. 51–75, 168–176, 188–192, annähernd identisch mit Wzz. von Papieren, die zwischen 1460 und 1480 in Italien Verwendung fanden, DE4860-Ms1208_1; Bll. 5–49, 89–99, 109–146, 177–185, vergleichbar mit Wzz. von Papieren, die 1458 auf Kreta beschrieben wurden, DE4200-PO-126725.

Schriftraum: 22,3 × 16 cm; 19 × 12,5 cm (Bll. 87–106).
Spaltenanzahl: 2 Spalten.
Zeilenanzahl: 50 Zeilen.
Angaben zu Schrift / Schreibern: Die Schreiber bedienten sich einer italienischen Semitextualis im Derolezschen Sinn (vgl. Derolez, Palaeography, S. 119–121), wobei aufgrund der Ligaturen die Schrift wie eine schleifenlose Bastarda erscheint, bei der f und s keine bzw. kaum Unterlängen aufweisen. Die Schreiber dürften höchstwahrscheinlich im Familiarenkreis Ruprechts von Pfalz-Mosbach (1437–1465) zu suchen sein (s. Geschichte der Handschrift). Klar erkennbar sind die Hände von Johannes Stetzenbach aus Eberbach (1ra–10vb, 81ra–84vb, 116ra–165vb), jene, die auch Pal. lat. 657 (1ra–317vb), 662, 665, 788 (1ra–58va) und 807 (101ra–220vb, 275ra–293vb) kopierte (11ra–77vb, 167ra–192va), sowie jene, die in Pal. lat. 660 219ra–349ra beschrieb (107ra–115vb). Unklar ist die Zuschreibung der Hände, welche 85ra–86ra und 87r–105r ausführten. Die Auszeichnungsbuchstaben sind in gotischer Minuskel geschrieben.
Buchgestaltung: Zeilengerüst mit Metallstift und Tinte vorgezogen. Tituli in der rechten oberen Ecke abgekürzt wiedergegeben (1r–76r). Kapitelüberschriften mit Initialmajuskeln, z. T. mit Schaftaussparungen, alternierend in Blau und Rot, die übrigen Buchstaben der Kapitelüberschriften in gotischer Minuskel vergrößert dargestellt. Zwischenüberschriften mit Paragrafenzeichen und vergrößerten gotischen Minuskeln hervorgehoben. Alternierend blaue und rote Paragrafenzeichen zur Unterteilung der Sinnabschnitte. Teilweise rubrizierte Zwischentitel (167r–188v) und rote Buchstaben, *ac* und *re* als Abkürzungen für ‚actor' und ‚reus' auf Bund- und Seitensteg (167v–174r).
Buchschmuck: Auf 1r Eingangsminiatur, in goldener Rahmung vier Felder, zwei in Purpur, zwei in Grün, darauf vier Wappen: Im ersten und dritten Feld ein quadrierter Schild, in 1 und 4 ein goldener steigender, rot bewehrter Löwe auf schwarzem Grund, 2 und 3 blau-silbern geweckt. Helmzier des Schilds im ersten Feld ein goldener Löwe mit schwarzer Helmdecke, Helmzier des Schilds im dritten Feld Büffelhörner und Helmdecke blau-silbern geweckt, zwischen den Hörnern ein goldener Löwe. Im zweiten Feld Schild schwarz-silbern

geviert, Helmzier goldenes Brackenhaupt und goldene Helmdecke. Im vierten Feld im Schild in Rot ein silberner Balken, Helmzier goldener Pfauenstoß mit goldener Krone und rot-silberner Helmdecke (im Oberwappen jeweils ein silberner Spangenhelm). Darunter blau-purpur-rote Initiale auf Goldgrund mit grünen Blättern im Binnenfeld. In den Blatträndern Ranken in Blau, Purpur und Rot (s. auch die Bildbeschreibung in heidICON).

Nachträge und Benutzungsspuren: Wenige Anmerkungen, meist in jüngerer gotischer Kursive, die von Ruprecht oder seinem Bruder Johann von Pfalz-Mosbach (1443–1486) stammen dürften, alleine die Texte zwischen 87r und 105r wurden mit ausführlichen Glossen versehen. Auch die Tituli auf 1r–76r wurden von dieser Hand nachgetragen. Wenige grafische Verweiszeichen.

Einband: Römischer Einband, Pappe mit weißem Pergament überzogen, Rücken mit rotem Schild, darüber blaues Schildchen, jeweils mit aktueller Signatur, darunter Wappenstempel Papst Pius XII. und des Kardinals und Bibliothekars Giovanni Mercati (1866–1957) in Gold, gefertigt in Rom zwischen 1939 und 1957 (Schunke, Einbände 2.2, S. 847).

Provenienz: Regensburg / Neumarkt / Heidelberg.

Geschichte der Handschrift: Blaues Schildchen mit aktueller Signatur auf Vorderspiegel. Darunter eingeklebt alter Rückentitel: *Super titulo de sponsalibus et alia in 4. decretalium.* Auf 2ar neben aktueller Signatur Capsa-Nummer *C. 74.* sowie Altsignaturen *4635* [durchgestrichen] und *479.* Auf 2av schwacher Abklatsch von 1r. Die Hs. ist Teil einer mehrbändigen Reihe, welche die Vorlesung des Nicolaus de Tudeschis zum Liber extra vereint (s. Pal. lat. 654, 660, 661, 662, 665). Vorliegender Codex beinhaltet den Kommentar zum vierten Buch des Liber extra, allerdings darüber hinaus noch weitere Texte kirchenrechtlichen Inhalts. Geschrieben wurden sie von den Händen, die auch die übrigen genannten Bände ausführten. Während Pal. lat. 654, große Teile von 660 und 661 wieder zur Gänze von Johannes Stetzenbach aus Eberbach für Ruprecht von Pfalz-Mosbach, designierten Bischof von Regensburg, 1460 in Pavia kopiert wurden (s. Beschreibungen zu Pal. lat. 654, 660, 661), stammen Pal. lat. 662 und 665 von einer anderen Hand. Zu den Schreibern vgl. Geschichte der Handschrift in der Beschreibung von Pal. lat. 662. In vorliegender Hs. taucht allerdings noch eine weitere Hand auf (87r–105r), die sich jedoch nur im Duktus deutlich von den anderen unterscheidet. Zudem weichen die von ihr geschriebenen Seiten auch im Layout vom Rest des Codex ab. Deshalb hätte man die von ihr geschriebenen Texte auch als eigenen Faszikel werten können. Die dazugehörigen Glossen allerdings, die von Ruprecht oder Johann von Pfalz-Mosbach stammen dürften und auch die Devise Ruprechts auf 105r legen den Schluss nahe, dass dieser Teil von Anfang an dazugehörte und der Codex bereits als juristische Sammelhs. geplant war, was nicht zuletzt auch die verwendeten Papiere nahelegen. Das im Vergleich zu den anderen Büchern mit der Vorlesung des Nicolaus de Tudeschis zum Liber extra recht schmale vierte Buch sollte wohl mit weiteren, für den Besitzer relevanten Texten ergänzt werden. Auffallend sind die Wappen auf 1r. Sie stehen für die Häuser Wittelsbach, Zollern und Habsburg. Die beiden Wittelsbacher Schilde beziehen sich wohl auf die Eltern, Otto I. von Pfalz-Mosbach (1390–1461) und Johanna von Bayern-Landshut (1413–1444), die beiden anderen auf die Großmütter Ruprechts, die Burggräfin von Nürnberg, Elisabeth von Zollern (1358–1411), verheiratet mit König Ruprecht, und Margarete von Österreich (1395–1447), verheiratet mit Heinrich XVI. von Bayern-Landshut (1386–1450). Offenbar war Ruprecht eine Vorliebe für Wappen illustrer Vorfahren zu eigen, wie wir das von den Grabmälern seiner Brüder Otto II. von Pfalz-Mosbach (1435–1499) und

Johann kennen (Die Kunstdenkmäler von Oberpfalz und Regensburg, Bd. 17, Stadt und Bezirksamt Neumarkt, bearb. von Friedrich Hermann Hofmann / Felix Mader, München 1909 [Die Kunstdenkmäler des Königreichs Bayern 2,17], S. 41–44; Die Kunstdenkmäler von Oberpfalz und Regensburg, Bd. 1, Bezirksamt Roding, bearb. von Georg Hager, München 1905 [Die Kunstdenkmäler des Königreichs Bayern 2,1], S. 123–125). Ruprecht wird die Hs. nach seinem Aufenthalt in Pavia mit nach Regensburg genommen haben. Zu deren weiteren Schicksal s. Geschichte der Handschrift in der Beschreibung von Pal. lat. 654.

Faksimile: https://digi.ub.uni-heidelberg.de/diglit/bav_pal_lat_666

Literatur: BioBib Jurists, Nicolaus de Tudeschis (r450); BioBib Jurists, Summa ‚Actor et reus' (a503); Fowler-Magerl, Ordo, S. 213; Stephan Kuttner, Analecta iuridica Vaticana (Vat. lat. 2343), in: Collectanea Vaticana in honorem Anselmi M. Card. Albareda, Tl. 1, hrsg. von der Bibliotheca Apostolica, Vatikanstadt 1962, S. 415–462, hier S. 432; Manuscripta juridica, Pal.lat.666; OVL, Pal.lat.666; Modi arguendi. Testi per lo studio della retorica nel sistema del diritto comune, hrsg. von Severino Caprioli, Spoleto 2006 (Testi, studi, strumenti / Fondazione Centro Italiano di Studi sull'Alto Medioevo 19), S. 30; Pennington, Lectura, S. 370; Pennington, Nicholaus, S. 28; Jane E. Sayers, An Evesham Manuscript Containing the Treatise Known as ‚Actor et Reus' (British Library Harley MS 3763), in: BMCL 6 (1976), S. 75–81, hier S. 76; Schunke, Einbände 2.2, S. 847; Stevenson, Latini, S. 234f.; Ludwig Wahrmund, ‚Actor et reus'. Ein Beitrag zur Kenntnis mittelalterlicher Processquellen, in: AfkKR 79 (1899), S. 403–424, 603–628, hier S. 410f.

1) 1ra–77rb

Verfasser: Nicolaus de Tudeschis.

Titel: Lectura super quarto libro decretalium.

Angaben zum Text: Vorlesung zum 4. Buch des Liber extra: (1ra–1va) Vorrede; (1va–17va) Titulus 1; (17va–22va) Titulus 2; (22va–23vb) Titulus 3; (23vb–25rb) Titulus 4; (25rb–28vb) Titulus 5; (28vb–31vb) Titulus 6; (31vb–34va) Titulus 7; (34va–35rb) Titulus 8; (35rb–36rb) Titulus 9; (36va–b) Titulus 10; (36vb–41va) Titulus 11; (41va–42rb) Titulus 12; (42rb–46ra) Titulus 13; (46ra–49vb) Titulus 14; (49vb–54ra) Titulus 15; (54ra–55ra) Titulus 16; (55ra–64vb) Titulus 17; (64vb–67ra) Titulus 18; (67ra–70vb) Titulus 19; (70vb–75vb) Titulus 20; (76ra–77rb) Titulus 21.

Incipit: 1ra ›*Supra*‹ *visum est in precedenti libro de actibus spectantibus ad clericos nunc de actibus laycorum videndum est …*

Explicit: 77rb … *et hec sufficiant ad laudem indiuidue trinitatis patris et filij et spiritus sancti. Amen. Finis recollectarum quarti libri decretalium reuerendi patris et domini domini Nicolai abbatis de Cecilia et cetera et nunc archiepiscopi Panormitani. Deo gratias. Amen.*

Edition: Die Vorlesung des Nicolaus de Tudeschis zum Liber extra ist bereits in zahlreichen Wiegendrucken seit 1476 überliefert (GW M47787–M47997). Die letzte Gesamtausgabe seiner Hauptwerke wurde 1617 in Venedig aufgelegt, darunter Commentaria in quinque decretalium libros, Venedig 1617.

2) 77rb–77v

Titel: Merkverse zu den Büchern des Alten und Neuen Testaments.

Angaben zum Text: Aufgenommen in Walther, Prov., Nr. 15700.

Incipit: 77rb *Qui testamenti veteris wlt noscere libros …*

Explicit: 77vb … *tercius in numero quartus liber est in eodem.*

3) 77va
Titel: Merkvers zum 2. Teil des Decretum Gratiani mit mnemotechnischer Tabelle und Anmerkung.
Angaben zum Text: Aufgenommen in Walther, Prov., 19123. – 78r–80v leeres Zeilengerüst.
Incipit: 77va *Tempora labuntur vernantibus invida formis ....*
Explicit: 77va ... *et nota quod superior numerus pertinet ad causas inferior vero numerus ad questiones et cetera.*

4) 81ra–84vb
Verfasser: Johannes Andreae.
Titel: Summa de sponsalibus et matrimonio.
Angaben zum Text: Auch unter anderen Titeln, wie ‚Summa super quarto libro decretalium' oder ‚Determinatio quarti libri decretalium' (hier 84v), bekannte Summe zum Eherecht.
Incipit: 81ra ›*Cristi*‹ *nomen invocans ad honorem ipsius et reuerendissimi patris mei domini Bononiensis archidiaconi ...*
Explicit: 84vb ... *vnde quid dicunt colligitur in summa Hostiensis. Determinacio quarti libri decretalium secundum Johannem Andree decretorum doctorem egregium.*
Edition: Tractatus illustrium in utraque tum pontificii, tum caesarei iuris facultate iurisconsultorum, Bd. 9, Venedig 1584, 2r–3v.

5) 85ra–86ra
Titel: Kommentar zum Eherecht.
Angaben zum Text: Bezugnehmend auf eine Passage im 9. Buch der Etymologiae des Isidor von Sevilla und C. 35 q. 5 c. 5. – 86v leeres Zeilengerüst.
Incipit: 85ra *Exposiciones terminorum in arbore consanguinitatis positorum sicut Ysodorus* [!] *ponit ethymoloiarum* [!] *nono et transfert Gracianus xxxv. q. v. c. primo gradu ...*
Explicit: 86ra ... *vxor*[is] *frater nomen speciale non habet xxxv q. v. vbi supra et Ysidorus ubi supra vide tamen sororius secundum modernos gramaticos.*

6) 87rb–98r
Verfasser: Johannes Andreae.
Titel: Lectura super arboribus consanguinitatis et affinitatis.
Incipit: 87rb ›*Circa*‹ *lecturam arboris diuersis olym diuersum modum tenentibus Johannes de Deo Hispanus post illos lecture ipsius arboris nouum modum assumens per suas metricas regulas ipsius intellectum uisus fuit apperire ...*
Explicit: 98rb ... *Si vero alium habeo patrem alium socerum numerosius se caritas protendit jn qua vniuersi fideles et precipue studentes continuo perseuerent per graciam eius, qui est benedicto jn secula seculorum.* ›*Amen*‹.
Edition: Corpus iuris canonici 1, Sp. 1427–1436.

7) 98v–102v
Titel: Lectura super arboribus consanguinitatis et affinitatis et cognationis spiritualis.
Angaben zum Text: Zusatz zur ‚Lectura super arboribus consanguinitatis et affinitatis' des Johannes Andreae.

Incipit: 98v ›*Cjrca*‹ *lecturam arboris spiritualis juxta modum et formam tradicionis egregii doctoris Johannis Andree in sua lectura arboris consangwinitatis et affinitatis conformiter possetenus procedendo ...*

Explicit: 102v ... *Confirmante et confirmato ac tenente scilicet ad confirmacionem et tento. Et sic est finis. Deo sit laus perhennis.*

Edition: Es existiert keine moderne Edition, der Text ist allerdings seit 1472 in Inkunabeln überliefert (GW 1681–1701).

8) 103r–105r

Titel: Lectura super arboribus consanguinitatis et affinitatis et cognationis spiritualis et legalis.

Angaben zum Text: Zusatz zur ‚Lectura super arboribus consanguinitatis et affinitatis' des Johannes Andreae. – 105v–106v leeres Zeilengerüst.

Incipit: 103r ›*Cjrca*‹ *lecturam arboris cognacionis legalis de qua materia cum mere legalis sit incorpore canonum modicum tractatur ad simplicium instructionem aliqualem ...*

Explicit: 105r ... *Cum nusquam inueniatur prohibitum sicut eciam duo filij spirituales alicuius contrahere possint et spiritualis cum adoptiuo contor Benedicto et Hugone. Et sic est finis.*

Edition: Es existiert keine moderne Edition, der Text ist allerdings in Inkunabeln seit ca. 1489 überliefert (GW 1702–1709).

9) 107ra–165vb

Verfasser: Nicolaus de Tudeschis.

Titel: Notae et allegationes in Clementinas.

Angaben zum Text: (107ra–119vb) Liber I; (119vb–127vb) Liber II; (127vb–147rb) Liber III; (147va–148ra) Liber IV; (148rb–165vb) Liber V. – 166r–166v leeres Zeilengerüst.

Incipit: 107ra *Alijs allegacionibus occurrentibus collacionate per dominum Nicolaum Siculum Nomacensem* [!] *abbatem dignissimum nunc archiepiscopum Panormitanum. Appellacione juris venit ciuile, canonicum et synodale seu municipale ...*

Explicit: 165vb ... *et vide de predictis glosam hic finalem quam tene menti et cetera. Explicit feliciter tractatus notularum cum quibusdam allegacionibus super glosis Clementinarum per dominum Nicolaum episcopum Panormitanum editus. Ad laudem dei et gloriose virginis Marie. Amen.*

Edition: Es existiert keine moderne Edition, der Text ist allerdings seit 1474 in Wiegendrucken überliefert (GW M48039–M48056).

10) 167ra–174rb

Titel: Actor et reus.

Rubrik: 167ra ›*Incipit libellus exceptionum qui dicitur actor et reus*‹.

Incipit: 167ra ›*Quidam litteras*‹ *impetrauit sub tali forma Gregorius X*[us] *seruus seruorum dei et cetera ...*

Explicit: 174rb ... *et hec de exceptionibus et replicacionibus ad presens sufficiant.* ›*Deo gracias*‹.

Edition: Wahrmund, Actor, S. 411–424, 603–628.

11) 174rb–179va

Verfasser: Raniero Arsendi.

Titel: Summa super modo arguendi.

Incipit: 174rb ›*In jure ciuili*‹ *vel eciam canonico arguitur tribus modis: duobus necessarijs scilicet lege et racione 3° probabili scilicet exemplo ...*
Explicit: 179va ... *et de incidenti ut l. Si non suis § Perveniamus cum similibus ff. De auro et argento legatis. Finis.* ›*Quis possit facere constitucionem et quid iuris sit de ea*‹.
Edition: Modi arguendi, S. 72–146.

12) 179va–189ra
Verfasser: Petrus Ilerdensis.
Titel: Breviarium iuris canonici.
Rubrik: 179va ›*Jncipit breuiarium siue margarita ad omnes vias in iure canonico inveniendas*‹.
Incipit: 179vb ›*Uerborum*‹ *superficie penitus resecata de talento credito vobis relinquo socij Margaritam ...*
Explicit: 189ra ... *Si non fiat mentio jn litteris de processu negocij Extra de judiciis, Jnter monasterium.*
Edition: Gedruckt als Werk des Bernhard von Compostela d.J. († 1267): Bernardus Compostellanus, Lectura aurea in primum librum decretalium [...] necnon cum Breviario iuris canonici eiusdem [...], Paris 1516, 90v–98r.

13) 189ra–192va
Verfasser: Pseudo-Bartolo-da-Sassoferrato.
Titel: De ordine iudiciorum.
Angaben zum Text: 193*r–195*v leeres Zeilengerüst. – 196*r–196*v leer.
Incipit: 189ra *Hec sunt que frequentantur in judicijs. Primo offertur libellus reo ...*
Explicit: 192va ... *Item nota quod si actor plene probat vincit alias reus absoluitur ut lex qui accusare c. De edendo et probatur in l. Fieri c. De rei vendicatio et l. Inter litigantes debitores c. De actionibus et obligationibus. Bartolus. Finis et cetera.*
Edition: Bartolus De Saxoferrato, Tractatus iudiciorum, [Köln um 1505].

TH

Vatikan, Biblioteca Apostolica Vaticana, Pal. lat. 667

Juristische Sammelhandschrift

Papier, Pergament · 2, 203, 2 Bll. · 21,5 × 30,3 cm · Mitteleuropa · um 1433

Entstehungsort: Mitteleuropa.
Entstehungszeit: um 1433.

Typus (Überlieferungsform): Codex.
Beschreibstoff: Papier (Bl. 203 Pergament).
Umfang: 2, 203, 2 Bll.
Format (Blattgröße): 21,5 × 30,3 cm.
Zusammensetzung (Lagenstruktur): $(II-1)^{2a}$ + II^{4} + III^{10} + V^{20} + 6 VI^{92} + VII^{106} + 8 VI^{202} + 1^{203} + 1^{204*} + $(I-1)^{205*}$. Vorderspiegel Gegenbl. von 2a, Hinterspiegel Gegenbl. von 205*.
Seiten-, Blatt- und Lagenzählung: Römische Foliierung des 17. Jhs. (*1–203*). Vor- und Nachsatzbll. ungez., weshalb hier Zählung der Digitalisate übernommen wird (1a–2aq,

204*–205*). Ab 32v durchgängig Reklamanten auf der letzten Versoseite der Lage auf dem Fußsteg rechts, teilweise durch Beschnitt beeinträchtigt bzw. verloren gegangen.

Zustand: Papier teilweise leicht stockfleckig, phasenweise ausgeprägte Benutzungsspuren, recht viele Flecken. Beschriebenes Pergament als Falzverstärkung.

Wasserzeichen: Ochsenkopf mit Augen, zweikonturiger Stange mit Blume mit sechs Blütenblättern und einkonturigem Stern als Oberzeichen, in drei Varianten, Bl. 1, ähnlich Wzz. von Papieren, die laut WZIS 1439 in Braunschweig Verwendung fanden, DE1335-PO-70506, Bl. 3, ähnlich Wzz. von Papieren, die laut WZIS 1438 in Braunschweig beschrieben wurden, DE1335-PO-70505, Bl. 16, ähnlich Wzz. von Papieren, die laut WZIS zwischen 1396 und 1455 in Schwaben verwendet wurden, DE0510-CodII12_177_57; Ochsenkopf mit Augen, mit zweikonturiger Stange mit siebenblättriger Blume als Beizeichen, Stangenende zweikonturig, in vier Varianten, Bll. 6, 17, 20, ähnlich Wzz. von Papieren, die laut WZIS 1431 in Braunschweig Verwendung fanden, DE1335-PO-70061, Bll. 8–12, 18, ähnlich Wzz. von Papieren, die laut WZIS 1431 in Thorn beschrieben wurden, DE4620-PO-70063, Bll. 25–27, 34–39, 48, annähernd identisch mit Wzz. von Papieren, die laut WZIS im 15. Jh. in Augsburg oder Umgebung verwendet wurden, DE3270-theol285_II, Bll. 42–47, ähnlich Wzz. von Papieren, die laut WZIS um 1430 in Ostdeutschland oder Polen (?) Verwendung fanden, DE0960-Mtlf662_136; Ochsenkopf mit Augen, zweikonturige Stange mit lateinischem Kreuz, Kreuzbalken mit Einkerbungen, als Oberzeichen, Bll. 23, 29, ähnlich Wzz. von Papieren, die laut WZIS 1434 beschrieben wurden, DE8100-PO-68693; Ochsenkopf mit Augen, zweikonturige Stange mit lateinischem Kreuz, Kreuzbalken gerade / dreieckig als Oberzeichen, in drei Varianten, Bll. 31–32, ähnlich Wzz. von Papieren, die laut WZIS im 15. Jh. in Augsburg oder Umgebung verwendet wurden, DE3270-theol285_220, Bll. 49–51, 70, ähnlich Wzz. von Papieren, die laut WZIS zwischen 1425 und 1433 in Wien oder Umgebung (?) Verwendung fanden, DE5580-Clm14301_121, Bl. 71, ähnlich Wzz. von Papieren, die laut WZIS 1433 in Schwäbisch Gmünd beschrieben wurden, DE6300-PO-68640; Ochsenkopf mit Augen, Kinn rund, einkonturige Stange mit sechsblättriger Blume als Beizeichen, in zwei Varianten, Bll. 59–61, 68, 74–82, 88, 97, 106, 111–112, 126–130, 135–142, 149–152, 165, 171, 175–179, 185–188, 197–201, ähnlich Wzz. von Papieren, die laut WZIS 1432 in Opoczno verwendet wurden, DE4620-PO-65483, Bll. 62–67, 73, 83–86, 89–96, 100–101, 107–109, 115–124, 132, 144, 154–163, 167–169, 172, 182–183, 189–194, ähnlich Wzz. von Papieren, die laut WZIS 1434 in Wallerstein Verwendung fanden, DE6300-PO-65461.

Schriftraum: 25,6 × 16,8–18,2 cm.

Spaltenanzahl: 1 Spalte (8v: 3 Spalten; 20r–20v: 2 Spalten).

Zeilenanzahl: 54–60 Zeilen.

Angaben zu Schrift / Schreibern: Mehrere Hände. Jüngere gotische Kursive, Bastarda und seltener auch schleifenlose Bastarda wechseln sich recht häufig ab.

Buchgestaltung: Schriftspiegel mit Metallstift vorgezogen. Bei manchen Texten Initialen vorgesehen, aber nicht ausgeführt. Vorgaben für Rubrikator noch vorhanden. Im Haupttext (21r–193r, Vorlesung zum 4. Buch des Liber extra) Tituli mit vergrößerten Buchstaben in gotischer Minuskel, ebenso am Capitulumsanfang das Anfangswort / die Anfangsworte nach der nicht ausgeführten Initiale. 21r–38r Seitentitel auf Kopfsteg rechts. Zahlreiche Unterstreichungen, selten rote Paragrafenzeichen und Strichelungen.

Buchschmuck: s. Buchgestaltung.

Nachträge und Benutzungsspuren: Viele Anmerkungen und Verweise auf den Rändern, darunter auch von Händen, die den eigentlichen Text ausführten. Zahlreiche grafische Verweiszeichen, v. a. in Form von Zeigehänden. Mannigfaltige Benutzungsspuren, z. B. in Form von Tintenflecken.

Einband: Römischer Einband, Pappe mit weißem Pergament überzogen, in Rom um 1780 gefertigt (Schunke, Einbände 2.2, S. 847). Gelb-kupferfarbenes Kapital. Auf dem Rücken zwei blaue aufgeklebte Schildchen mit aktueller Signatur, das obere z. T. abgerissen, dazwischen Rückentitel: *Lectura in 4. decretalium*, darüber in Blau: *Pal.*
Provenienz: Heidelberg.
Geschichte der Handschrift: Blaues Schildchen mit aktueller Signatur auf Vorderspiegel. Neben der aktuellen Signatur auf 1ar Altsignatur *782* [durchgestrichen], auf 2ar Capsa-Nummer *C. 77.* und Altsignatur *487*, ferner von Hand des 17. Jhs. *Formæ Libellorum.* Weitere Altsignatur auf 204*v: *1633.* Den Inhalten der Sammelhs. entsprechend dürfte sie von einem oder mehreren Studenten bzw. Hochschullehrer oder -lehrern angefertigt worden sein. Einer der Schreiber, der die Vorlesung zum 4. Buch des Liber extra vollendete, stammte offenbar aus Niederdeutschland, wie der sprachliche Befund des Kolophons auf 193r ausweist: *Ach wat was ik des vro dat ik saeff finito libro.* Gleichzeitig gibt der Schreiber noch das Datum der Niederschrift an: *anno domini m° cccc° 33 in vigilia sancti Francisci.* Aufgrund der Übereinstimmung der Schreiberhände dürften die anderen Texte der Hs. ebenfalls um 1433 entstanden sein. Als Entstehungsort ist eine der mitteleuropäischen Universitäten anzunehmen. Im Katalog von 1555/1560 zu den Hss., die unter Ottheinrich aus der Heidelberger Schlossbibliothek in die Heiliggeistkirche transferiert wurden, findet sich der oben genannte Titel: *Formae libellorum, alt geschriben auff papir* (Pal. lat. 1944, 123r).

Faksimile: https://digi.ub.uni-heidelberg.de/diglit/bav_pal_lat_667
Literatur: Geoffrey Barraclough, Praxis Beneficiorum. A Contribution to the History of Practical Legal Literature in the Later Middle Ages, in: ZRG KA 27 (1938), S. 94–134, hier S. 112 A. 3; Manuscripta juridica, Pal.lat.667; OVL, Pal.lat.667; Schunke, Einbände 2.2, S. 847; Stevenson, Latini, S. 235 f.

1) 1r–4r
Titel: Alphabetisches Register zum Decretum Gratiani.
Incipit: 1r *Aliquis potest jeiunare pro alio et votum alterius adimplere XXIIJ q. ij Anime defunctorum …*
Explicit: 4r … *admonere de testi licet ex quadam.*

2) 4v
Titel: Quaestionen über Benefizienvergabe, Wahl und Exkommunikation.
Incipit: 4v *Dubium an collacio beneficii uel electio ad illud uel inpetricio rescripti ab occulto excommunicato valet …*
Explicit: 4v … *in capitulo magne de voto et* [… Text unleserlich].

3) 5r–6r
Titel: Repetitio zu ‚Omnis utriusque' (X 5.38.12).
Angaben zum Text: Parallelüberlieferung wahrscheinlich in der Greifswalder Hs. 18.C.I., 189v–190v (Mittelalterliche Handschriften in Greifswalder Bibliotheken. Verzeichnis der

Bestände der Bibliothek des Geistlichen Ministeriums [Dombibliothek St. Nikolai], der Universitätsbibliothek und des Universitätsarchivs, bearb. von Jürgen GEIß, Wiesbaden 2009, S. 42).

Incipit: 5r [C]*irca c. Omnis, De penitenciis et remissionibus, nota quod peccatum actuale est quod in penitencia deletur uel quod actu nostre voluntatis committitur ...*

Explicit: 6r ... *olim alia pena inponebatur de penitenciis di. vj Si sacerdos et cetera.*

4) 6r–7r

Titel: De sortilegis.

Incipit: 6r *Queritur utrum carminatores et carminatrices qui carminaverunt infirmos uel pueros uel animalia peccent mortaliter ...*

Explicit: 7r ... *ad quem nos perducat dominus noster Ihesus Christus Marie filius. Amen.*

5) 7r

Beteiligte Personen: JOHANNES BONAVENTURA.

Titel: Exzerpt aus einem Text des Bonaventura.

6) 7v

Titel: De orationibus servandis.

Angaben zum Text: 8r Juristische Notizen.

Rubrik: 7v *Nota de orationibus seruandis.*

Incipit: 7v *In c. De hijs distinctione XIJ dicitur et cauetur quod clericus tenetur diuinum officium seruare ...*

Explicit: 7v ...*viuit alias desidiosus est xli di. c. i et cetera.*

7) 8r

Titel: Juristische Notizen.

8) 8va–19r

Titel: Brocarda („Palatina“).

Angaben zum Text: Der Anfang gleicht den Brocarda des Damasus Hungarus (um 1210/20). Ab der zweiten Seite weicht der Text allerdings von diesen ab und fährt ohne Solutiones fort (KUTTNER, Repertorium, S. 421 A. 2). Große Übereinstimmung mit Ms Freiburg 163, 362v–372v (Kataloge der Universitätsbiblitohek Freiburg im Breisgau, Bd. 1, Teil 1, Die lateinischen mittelalterlichen Handschriften der Universitätsbibliothek [Hs. 1–230], beschr. von Winfried HAGENMAIER, Wiesbaden 1974, S. 148).

Incipit: 8va *Iuris positiui ignorancia excusat in hiis que sunt positiui ...*

Explicit: 19r ... *sit mortale peccatum non tamen celare veritatem.*

Edition: Die Brocarda des Damasus Hungarus sind in der Bearbeitung von Bartholomäus von Brescia (um 1200–1258) gedruckt in: Brocarda Damasi, correcta per D. Bartholomeum Brixiensem, in: Tractatvs illvstrivm in vtraqve tvm pontificii, tvm cæsarei iuris facultate iurisconsultorum, de varijs verbis iuris, Bd. 18, Venedig 1584, 506r–512v.

9) 19v

Titel: Formular zur Abfassung eines Testaments.

Rubrik: 19v ›*Forma bona testamenti*‹.

Incipit: 19v *Jn nomine domini. Amen. Per hoc presens publicum jnstrumentum cunctis pateat manifeste ...*
Explicit: 19v ... *fecerat seu ordinauerat super quibus omnibus et cetera acta scilicet et cetera.*

10) 20ra–20va
Titel: Juristische Rechtsgrundsätze.
Angaben zum Text: Rechtsgrundsätze, notiert in Form von Redewendungen.
Incipit: 20ra *Non dici factum quod non durat factum ...*
Explicit: 20va ... *scilicet delegata ordinaria et prorogata.*

11) 21r–193r
Titel: Lectura super quarto libro decretalium.
Angaben zum Text: (21r–23r) Vorrede; (23r–57v) 4.1.1–4.1.27; (58r–60v) 4.2.2–4.2.4; (61r–61v) 4.2.1; (62r–63r) 4.1.31–4.1.32; (63v–64r) leer; (64v) Nachtrag zu 4.1.32; (65r–67v) 4.1.28–4.1.30; (68r–80v) 4.2.5–4.2.14; (80v–84v) Titulus 3; (84v–88r) Titulus 4; (88r–95v) Titulus 5; (95v–102v) Titulus 6; (102v–109r) Titulus 7; (109v–111v) Titulus 8; (111v–115r) Titulus 9; (115r–116r) Titulus 10; (116r–123v) Titulus 11; (123v–125r) Titulus 12; (125r–134v) Titulus 13; (134v–143v) Titulus 14; (143v–152v) Titulus 15; (152v–155r) Titulus 16; (155r–171r) Titulus 17; (171r–176v) Titulus 18; (176v–184v) Titulus 19; (184v–191r) Titulus 20; (191r–193r) Titulus 21.
Rubrik: 21r ›*Lectura quarti*‹.
Incipit: 21r *Hvjus libri continuacio ad precedentes colligitur supra in prohemio ...*
Explicit: 193r ... *Et sic est finis quarti libri decretalium auxiliante domino nostro Ihesu Christo cui sit honor et gloria in* [...] *secula seculorum. Amen. Ach wat was ik des vro dat ik saeff finito libro anno domini m°cccc°33 in vigilia sancti Francisci.*

12) 193v
Titel: Verhaltensregeln während des Interdikts.
Angaben zum Text: Parallelüberlieferung womöglich in Berlin, SB, Ms. Magdeb. 192, 313r–314r (Die Manuscripta Magdeburgica der Staatsbibliothek zu Berlin Preussischer Kulturbesitz, Bd. 3, Ms. Magdeb. 170–286, beschr. von Ursula Winter und Kurt Heydeck, Wiesbaden 2008 [Kataloge der Handschriftenabteilung, Reihe 1, Handschriften 4], S. 100).
Rubrik: 193v ›*Nota quod tempore interdicti subscripta sunt prohibita*‹.
Incipit: 193v *Primo licet matrimonium potest contrahi tempore interdicti tamen contrahens videlicet sponsa precipue non debet in ecclesiam introduci per presbyterum ut est moris ...*
Explicit: 193v ... *sicut in vesperis completorium debet cantari cum vesperis.*

13) 194r–197r
Titel: Über Verstöße gegen das Kanonische Recht, Amtsenthebung und Kirchenbann.
Incipit: 194r *Vjdendum est de materia irregularitatis, suspensionis et interdicti primo premitto distinccionem irregularitatis ...*
Explicit: 197r ... *Et dicitur quod sic de hac in c. Si laycus de jure patronatus libero vj°in verbo semestre.*

14) 197v–202v
Titel: Register von Rechtssätzen.

Angaben zum Text: Als Redewendungen formuliert, in alphabetischer Anordnung, zuerst S-V, darauf A-S. – 203r–203v Fragment eines grammatikalischen Traktats als Makulatur (ehemals Hinterspiegel).
Incipit: 197v *Simplici assercioni standum est in Cum olim, De dolo et contumacia et in c. Inter R de electione* ...
Explicit: 202v ... *quod qui suspensus est in vna ecclesia uel interdictus in omnibus ecclesijs intelligitur interdictus ut in causa quasquas iii*[... Textverlust].

15) 203r–203v
Titel: Fragment eines grammatikalischen Traktats als Makulatur (ehemals Hinterspiegel).

TH

Vatikan, Biblioteca Apostolica Vaticana, Pal. lat. 668

Juristische Sammelhandschrift

Papier · 4, 213, 2 Bll. · 30 × 21 cm · Leipzig · 1430er–1440er Jahre

Entstehungsort: Leipzig.
Entstehungszeit: 1430er–1440er Jahre.

Typus (Überlieferungsform): Codex.
Beschreibstoff: Papier.
Umfang: 4, 213, 2 Bll.
Format (Blattgröße): 30 × 21 cm.
Zusammensetzung (Lagenstruktur): $(II\text{-}1)^{C}$ + 1^{D} + 9 VI^{108} + $(V\text{-}1)^{117}$ + VII^{131} + 4 VI^{179} + II^{183} + $(VI\text{-}2)^{193}$ + $(VI\text{-}1)^{204}$ + $(V\text{-}1)^{213}$ + $(II\text{-}1)^{215*}$. Vorderspiegel Gegenbl. von C, Hinterspiegel Gegenbl. von 214*.
Seiten-, Blatt- und Lagenzählung: Zeitgenössische Foliierung (*1–213*). Vorsatzbll. nachträglich foliiert (*A-D*). Nachsatzbll. ungez., weshalb hier Zählung der Digitalisate übernommen wird (214*–215*). 12v–96v, 143v–179v Reklamanten auf der letzten Versoseite der Lage auf dem Fußsteg rechts, teilweise durch Beschnitt beeinträchtigt, 144r–180r Kustoden in arabischen Ziffern auf der ersten Rectoseite der Lage auf dem Fußsteg links.
Zustand: An den Rändern, insbesondere am oberen, stockfleckig. Einige weitere Flecken. Auf den letzten Bll. Wurmlöcher. Einige Benutzungsspuren.
Wasserzeichen: Ochsenkopf mit Augen, mit zweikonturiger Stange, sechsblättriger Blume und einkonturigem Stern als Oberzeichen, auf Bll. 1–8, 15, 19–21, 134–155, 195–212, vergleichbar mit Wzz. von Papieren, die in der 1. Hälfte des 15. Jhs. in Schwaben Verwendung fanden, DE0510-CodII12_127_168; Ochsenkopf mit Augen, mit zweikonturiger Stange und lateinischem Kreuz (Kreuzbalken gerade / dreieckig, Stange durchgehend) als Oberzeichen, auf Bll. 13, 23–70, 156–166, ähnlich Wzz. von Papieren, die in der 1. Hälfte des 15. Jhs. in Ostmitteldeutschland beschrieben wurden, DE4860-Ms1224_28; Ochsenkopf mit Augen, mit zweikonturiger Stange, einkonturigem Stangenende, mit siebenblättriger Blume als Oberzeichen, auf Bll. 74–108, 173, ähnlich Wzz. von Papieren, die 1447 in Deutschland verwendet wurden, DE5655-PO-69543; Ochsenkopf mit Augen und Nasenlöchern, mit einkonturiger Stange und siebenblättriger Blume als Oberzeichen, auf Bll. 109–115, 184, 188–190,

annähernd identisch mit Wzz. von Papieren, die 1430/1432 Verwendung fanden, DE8100-CodTheol2176_999c; Ochsenkopf mit Augen, rundem Kinn, mit einkonturiger Stange und sechsblättriger Blume als Oberzeichen, auf Bll. 118–129, annähernd identisch mit Wzz. von Papieren, die 1439/1466 in Deutschland beschrieben wurden, DE8850-71.22A2_235; Ochsenkopf mit Augen, mit einkonturiger Stange und siebenblättriger Blume als Oberzeichen, auf Bll. 169, 176–177, 179, vergleichbar mit Wzz. von Papieren, die 1430 in Augsburg verwendet wurden, DE0480-PO-65809; Ochsenkopf mit Augen, mit einkonturiger Stange und Blume, fünf runde Blütenblätter als Oberzeichen, auf Bll. 175, 180, 182, 192, ähnlich Wzz. von Papieren, die 1434 in Brescia Verwendung fanden.

Schriftraum: 22,7 × 14,7–15,8 cm.
Spaltenanzahl: 1 Spalte: 103r–131v, 184r–193v, 198v–213v; 2 Spalten: 1r–90r, 132r–183r, 194r–198r; 3 Spalten: 90v–102v.
Zeilenanzahl: 34–74 Zeilen.
Angaben zu Schrift / Schreibern: Auffallend viele Hände schrieben an dieser Hs., wobei diese sich der Bastarda (darunter auch schleifenlose Bastarda) und der jüngeren gotischen Kursive bedienten.
Buchgestaltung: Schriftraum mit Tinte vorgezogen. Manche Texte mit roten Lombarden eingeleitet, gelegentlich verziert mit Knospenfleuronné und Fadenausläufern. Mitunter rote Paragrafenzeichen, Strichelungen sowie Durch- und Unterstreichungen. Zuweilen Raum für Initialen freigelassen. Selten Überschriften in vergrößerten Buchstaben in gotischer Minuskel.
Buchschmuck: s. Buchgestaltung.

Nachträge und Benutzungsspuren: Anmerkungen, Korrekturen, Notizen und Verweise auf den Rändern, im Interkolumnium und zwischen den Zeilen von mehreren Händen nachgetragen. Wenige grafische Verweiszeichen.

Einband: Römischer Einband, Pappe mit weißem Pergament überzogen, in Rom um 1780 gefertigt (Schunke, Einbände 2.2, S. 847). Gelb-kupferfarbenes Kapital. Auf Buchrücken zwei blaue aufgeklebte Schildchen mit aktueller Signatur, das obere z. T. abgerissen, dazwischen Rückentitel: *Casus super decretalibus*, darüber in Blau: *P.*
Provenienz: Heidelberg.
Geschichte der Handschrift: Auf A neben aktueller Signatur und blauem *Pal.* Altsignatur *784* [durchgestrichen], auf D Capsa-Nummer *C. 100*, darunter Allacci-Signatur *1790*, nebst Altsignatur *499*, weitere auf 214*v: *2000* [durchgestrichen]. Von Hand des 17. Jhs. auf 1r *Tituli et capitula decretalium*, 119r *Tractatus de beneficijs ecclesiasticis*, 126r *De iudicijs*, 201r *Ars sermotionandi*. Die Hs. dürfte den enthaltenen Texten nach in den 1430er und 1440er Jahren an der Universität Leipzig geschrieben worden sein, womöglich für Konrad Donekorb / Donekorf oder zumindest in dessen Umfeld an der Juristischen Fakultät, was folgende Zeilen auf 115v suggerieren: *prestantissimi domini mei de mandato et iussu venerabilis et eximij viri ac domini domini Conradi Donnekorf decretorum doctoris ordinarij nostri dignissimi*. Konrad Donekorb († 1449) immatrikulierte sich 1411 an der Universität zu Leipzig, wo er 1426 zum Lizentiaten und vor 1429 zum Doktor der Dekretalen promoviert wurde. Spätestens 1428 unterrichtete er, zwischen 1431 und 1436 stand er der Juristischen Fakultät als Ordinarius vor (RAG, Konrad Donekorf; Marek Wejwoda, Die Leipziger Juristenfakultät im 15. Jahrhundert. Vergleichende Studien zu Institution und Personal, fachlichem Profil und

gesellschaftlicher Wirksamkeit, Leipzig / Stuttgart 2012 [Quellen und Forschungen zur sächsischen Geschichte 34], S. 108). Der Codex wurde von häufig wechselnden Händen geschrieben, wobei viele kurze und auch unterschiedliche Texte zusammengeführt wurden, weshalb es schwierig zu entscheiden ist, ob es sich um eine zusammengesetzte oder eine Sammelhs. handelt, eine Frage, die letztlich nur weitere, tiefergehende Untersuchungen entscheiden könnten. Eine Hs. mit der gewissermaßen selben Titelbezeichnung befand sich unter jenen, die unter Ottheinrich von der Heidelberger Schlossbibliothek in die Heiliggeistkirche transferiert wurden. Im diesbezüglichen Katalog von 1555/1560 heißt es: *Decretalium capitula et tituli, geschrieben papier* (Pal. lat. 1944, 115v).

Faksimile: https://digi.ub.uni-heidelberg.de/diglit/bav_pal_lat_668

Literatur: Geoffrey Barraclough, Praxis Beneficiorum. A Contribution to the History of Practical Legal Literature in the Later Middle Ages, in: ZRG KA 27 (1938), S. 94–134, hier S. 121 A. 6, 128 A. 2; Schunke, Einbände 2.2, S. 847; Stevenson, Latini, S. 236–238.

1) 1ra–102vc

Verfasser: Nicolaus de Anesiaco.

Titel: Tabula decretalium Gregorii IX. et sexti.

Angaben zum Text: s. Kaeppeli, Scriptores OP 3, Nr. 3031.

Incipit: 1ra ›*Sicut*‹ *spiritualia et temporalia differunt extra de translatione inter corporalia* ...

Explicit: 102vc ... ›*7dr Sepe contingit et cetera*‹.

2) 103r–106r

Verfasser: Johannes Andreae.

Titel: Summa de sponsalibus et matrimonio.

Incipit: 103r [C]*risti nomen invocans ad honorem ipsius ac reuerendissimi patris mei domini Bononiensis archidiaconi* ...

Explicit: 106r ... *Et sic est finis huius summule Johannis Andree et cetera.*

Edition: Tractatus illustrium in utraque tum pontificii, tum caesarei iuris facultate iurisconsultorum, Bd. 9, Venedig 1584, 2r–3v.

3) 106v–107v

Titel: Traktat zur Harnschau.

Incipit: 106v [U]*rina est colamentum sanguinis et est duarum rerum* ...

Explicit: 107v ... *Circulus niger in sinistra parte capitis dolorem significat et cetera.*

4) 108r

Titel: Einleitungen zu Disputationen an einer juristischen Fakultät.

Rubrik: 108r ›*Principium*‹.

Incipit: 108r *In nomine domini. Amen. Non dubito amplissimi patres, quin vestrum plerique mirentur quod ego qui ingenio tantillus* ...

Explicit: 108r ... *qua propter antequam ad capitulum meum aggredior.*

5) 108v

Titel: Einleitung zu einer Repetitio an einer juristischen Fakultät.

Rubrik: 108v ›*Principium repeticionis*‹.

Incipit: 108v *Cum autem cuncta sunt facienda jn nomine domini* ...

Explicit: 108v ... *ad quam nos perducat Ihesus Christus in secula seculorum benedictus.*

6) 109r–115r
Titel: Repetitio zum Mord.
Incipit: 109r ›*Repetiturus*‹ *capitulum Prelatis situatum sub titulo De homicidio voluntario vel causali ...*
Explicit: 115r ... *hic terminatur illa repeticio. Deo gracias et cetera et cetera et cetera.*

7) 115v–116v
Titel: Lectura super D. 4 de cons. c. 83 et X 3.42.
Incipit: 115v *Jn nomine sancte et indiuidue trinitatis patris filij et spiritus sancti. Amen. Habetur de consecratione di. iiij* [c.] *In synodo et de baptismo et eius effecti* [!] [es folgt der Einschub, wie er im Kommentar zur Provenienz wiedergegeben ist] *Ego scolarium minimus lecturus quartum librum decretalium ...*
Explicit: 116v ... *sequitur rubrice de sponsalibus et matrimonijs.*

8) 117r–118r
Titel: Register mit Conclusiones zum Kanonischen Strafrecht.
Incipit: 117r *Conclusio prima agens de crimine eciam ciuiliter et concludens penam criminis mortem uel mutilacionem ...*
Explicit: 118r ... *et in c. Vnico de maioritate et obedientia li. vj.*

9) 118v
Titel: Aufzeichnungen zu Gerichtsprozess.
Incipit: 118v *Anno domini m° cccc° 35 xxij die mensis Septembris hora circa* [...] *quasi dominus Johannes N obtulit citacionem debite executam ...*
Explicit: 118v ... *A venerabili viro domino Johanne Ternawe decano ecclesie Merseburgensis judice et conseruatore principali vniuersitatis et suppositis studij Lipcensis a sede apostolica vna cum alijs suis collegis principaliter deputatis subdelegato.*

10) 119r–125v
Titel: Modus et forma.
Angaben zum Text: s. Barraclough, Praxis, S. 121 A. 6.
Rubrik: 119r ›*Prosecucio gracie*‹.
Incipit: 119r ›*Sequitur*‹ *modus et forma ad exequendam et prosequendam graciam ...*
Explicit: 125v ... *potuit ad formam dicere uel eternam uel vniuersam.*

11) 126r–131v
Titel: De iudiciis.
Incipit: 126r ›*Omissa*‹ *igitur continuacione rubrice queritur circa istam rubricam de iudicijs breuissime ...*
Explicit: 131v ... *non potest quis acquirere jus seu potestatem extra distinctionem contra Innocentem.*

12) 132ra–183rb
Verfasser: Johannes Calderinus.

Titel: Tabula auctoritatum et sententiarum Bibliae cum concordantiis decretorum et decretalium.
Angaben zum Text: 183v leer.
Incipit: 132ra ›*Seriem*‹ *huius tabule continentis auctoritates et sentencias Biblie prout in compilacionibus decretorum et decretalium inducuntur* …
Explicit: 183rb … *Mt 13 xxiij q. i jn principio require eradicare a.* ›*Explicit tabula auctoritatum et sentenciarum biblie que inducuntur in compilacionibus decretorum et decretalium Johannis Calderini*‹.
Edition: Der Text liegt in keiner modernen Edition vor, wurde aber bereits 1481 als Wiegendruck publiziert (GW 5896).

13) 184r–191v
Titel: Drei an einer Universität gehaltene Reden.
Angaben zum Text: (184r–187v) 1. Rede; (188r) leer; (188v–191r) 2. Rede; (191v) 3. Rede. – 192r leer.
Incipit: 184r ›*Jn nomine domini*‹. *Amen. Venerabiles patres et domini doctores, magistri, baccalarij ceterique domini mihi plurimum honorandi* …
Explicit: 191v … *et alius exit radius qui oblique incidit et in occursu medii.*

14) 192v–193v
Titel: Nachfolgeregeln.
Rubrik: 192v ›*Sequuntur regule de successione*‹.
Incipit: 192v *Si supersunt liberi naturales et legitimi* …
Explicit: 193v … *Jtem nota quod ille species eciam habentur in ostendentibus et transuersalibus.*

15) 194ra–198rb
Titel: Inhaltsverzeichnis eines Traktats zum Kanonischen Recht.
Rubrik: 194ra ›*De summa trinitate et fide katholica*‹.
Incipit: 194ra *1 De consecratione di. iij c. vltimum, De consecratione di. v penultimum et vltimum, xxiij q. vi Per totum, xxiij. di. Qui episcopus* …
Explicit: 198rb … *41 De regulis juris de hac materia circa j., ij., iij. et iiij., di. per totum et xxxiij. q. iij In adolescencia et c. vltimum Wulgatus.*

16) 198v–199v
Titel: Quaestiones und Exempla zur Nachfolge.
Incipit: 198v *Capitulum In presencia de probacionibus: Quidam Arnoldus instituit heredem in testamento filium suum* …
Explicit: 199v … *tum cum ad hoc cogere potest ex officio hic jnnocens.*

17) 199v–200r
Titel: Kommentar zu X 2.26.13.
Angaben zum Text: 200v leer.
Rubrik: 199v–200r ›*Ex capitulo ad audienciam de prescriptionibus*‹.
Incipit: 199v *Notant doctores quod census solum debetur racione conswetudinis* …
Explicit: 200r … *autem sufficit quod fiat vltimo nostro.*

18) 201r–208r

Verfasser: Thomas de Tuderto.

Titel: Tractatus de arte sermocinandi ac etiam collationes faciendi.

Angaben zum Text: s. Harry Caplan, Mediaeval Artes Praedicandi. A Hand-List, Ithaca / London 1934 (Cornell Studies in Classical Philology 24), Nr. 16; Zumkeller, Mss. OESA, S. 389. – 208v–209r leer.

Incipit: 201r [A]*rs sermocinandi et eciam* [durchgestrichen: *pe*]*collaciones faciendi prima facie diuiditur in septem partes* ...

Explicit: 208r ... *Sexta vero ex quique silentis constantie uidetur et cetera. Amen.*

Edition: Gerhard Karpp, Thomas de Tuderto (Druck geplant). Der hier nicht wiedergegebene Prolog ist abgedruckt bei Thomas M. Charland, Artes praedicandi. Contribution à l'histoire de la rhétorique au moyen âge, Paris 1936 (Publications de l'Institut d'Etudes Médiévales d'Ottawa 7), S. 92f.

19) 209v–210r

Beteiligte Personen: Burkhard von Chemnitz.

Titel: Urkunde, ausgestellt von Burkhard von Chemnitz, Propst von St. Thomas zu Leipzig.

Incipit: 209v *B*[urchardus] *C*[empnitz] *prepositus canonicorum regularium, monasterio sancti Thome apostoli in Lipczk ordinis sancti Augustini dyocesis Merseburgensis judex et subconseruator cause et causarum partium infrascriptarum* ...

Explicit: 210r ... *pena sub premissis.*

20) 210v

Titel: Notariatsinstrument, ausgestellt am 23. November 1440 in Halle.

Incipit: 210v *Jn nomine domini. Amen. Anno a natiuitate eiusdem M^{o} cccc^{o} xl^{o} jndictione 3^{a} die vero* [durchgestrichen: *Nouembris*] *Mercurii vicesima tercia Nouembris hora terciarum uel quasi jn parrochiali ecclesia sancte Gerdrudis jn Hallis, Magdeburgensis dyocesis* ...

Explicit: 210v ... *Acta sunt hec anno domini et cetera prenotatibus ibidem discretibus viribus F et G testibus ad premissa vocatis et specialiter rogatis. Et ego T notarius et cetera.*

21) 211r

Titel: Kleintexte.

22) 211v

Titel: Notariatsinstrument, ausgestellt am 7. April 1437 in St. Thomas zu Leipzig.

Angaben zum Text: Notariatsinstrument, in dem der Magister Johannes Laut de Lapis, Lizentiat beider Rechte und Kleriker der Wormser Diözese, mehrere Personen zu seinen Bevollmächtigten bestellt, darunter den Speyerer Kanoniker Johannes Tolner († 1461).

Incipit: 211v *Jn nomine domini. Amen. Anno a natiuitate eiusdem M^{o} quadringentesimo tricesimo septimo jndictione decima quinta* ...

Explicit: 211v ... *et magister Johannes constitucionis me notarium publicum infrascriptum debita requisiuit cum instancia quatinus sibi desuper vnum uel pluria publicum. Retrouerte et in venies alia.*

23) 212r

Titel: Notizen zum Kanonischen Prozess.

Incipit: 212r *Nota bene quod verberans seu percutans clericum uel religiosam personam enormiter in causa a jure non premissa incidit ...*
Explicit: 212r ... *nisi hoc sit in priuilegio legacionis specialiter expressum de priuilegijs porro.*

24) 212v–213v
Titel: Appellations- und Deklarationsformeln.
Rubrik: 212v ›*Appellacionis forma extrajudicialis*‹.
Incipit: 212v *Cum appellacionis remedium ne dum in subsidium ...*
Explicit: 213r ... *Datum Erfordie die duodecima mensis Aprilis anno domini M° cccc° xxxvij.*

25) 213v
Titel: Kleintexte.
Angaben zum Text: 214*r–215*v leer.

TH

Vatikan, Biblioteca Apostolica Vaticana, Pal. lat. 669

Sammelhandschrift

Papier · 2, 205, 3 Bll. · 20,5 × 14,3 cm · Basel (?) · Zwischen 1461 und 1480

Entstehungsort: Basel (?).
Entstehungszeit: Zwischen 1461 und 1480.

Typus (Überlieferungsform): Codex.
Beschreibstoff: Papier.
Umfang: 2, 205, 3 Bll.
Format (Blattgröße): 20,5 × 14,3 cm.
Zusammensetzung (Lagenstruktur): $(I\text{-}1)^{1a}$ + 1^{2a} + 16 VI^{191} + $(VII\text{-}1)^{204^*}$ + 2^{206^*} + $(I\text{-}1)^{207^*}$. Vorderspiegel Gegenbl. von 1a, Hinterspiegel Gegenbl. von 207*. Erste Lage beginnt mit 3a.
Seiten-, Blatt- und Lagenzählung: Römische Foliierung des 17. Jhs. (*1–203*). Vor- und Nachsatzbll. ungez., weshalb hier, wie bei ungez. Bll., Zählung der Digitalisate übernommen wird (1a–3a, 204*–207*). Durchgängig Reklamanten auf der letzten Versoseite der Lage auf dem Fußsteg rechts.
Zustand: Auf den letzten Bll. sowie am oberen Rand leicht stockfleckig. 71v Tintenflecken.
Wasserzeichen: Aufgrund zu geringer Größe nicht aufgenommen.

Schriftraum: 16,3 × 12,5 cm.
Spaltenanzahl: 1 Spalte.
Zeilenanzahl: 34–36 Zeilen.
Angaben zu Schrift / Schreibern: Die Texte wurden allesamt von einer Hand in einer Bastarda geschrieben, die immer wieder Schleifen weglässt. Besonders im ersten Text, der zudem durch eine anspruchsvollere Buchgestaltung gekennzeichnet ist, wird oftmals auf die Schleifen verzichtet, mit dem zweiten Text und der zunehmenden Nachlässigkeit bei der Gestaltung der Seiten lässt auch die Sorgfalt bei der Ausführung der Schrift nach und die Schleifen nehmen deutlich zu.

Buchgestaltung: Wie bereits im Abschnitt Angaben zur Schrift angedeutet, lässt die Qualität der Buchgestaltung besonders im hinteren Teil der Hs. nach. Der erste Text (1r–174r) verfügt noch über nachgetragene Seitentitel auf dem Kopfsteg rechts, Tituli sind rechtsbündig im Fließtext in vergrößerten und durchgestrichenen gotischen Minuskeln hervorgehoben, Capitulumsanfänge ebenfalls mit durchgestrichenen vergrößerten gotischen Minuskeln. Darüber hinaus wurden rote Strichelungen sowie Durch- und Unterstreichungen zur Untergliederung und als Verzierung angebracht. In den folgenden Texten finden sich nur noch rote Strichelungen und Unterstreichungen (181r–193v), schließlich gar keine Rubrizierungen mehr (194r–202r).
Buchschmuck: s. Buchgestaltung.

Nachträge und Benutzungsspuren: Anmerkungen, welche im Verlauf der Hs. schon bald immer weniger werden und von der Hand stammen, die auch den Fließtext niederschrieb. Ab 10v mit dem Einsetzen eines neuen Abschnitts auf dem Seitenrand zweimal ein e über einer geschwungenen Linie als Verweiszeichen geschrieben, vielleicht als Abkürzung von ‚expositio', jeweils in schwarz-brauner sowie roter Tinte (z. T. durch Beschnitt verloren gegangen).

Einband: Römischer Einband, Pappe mit weißem Pergament überzogen, Rücken mit rotem Schildchen, auf Kopf und Schwanz blaues Schildchen, jeweils mit aktueller Signatur, unterhalb des roten Schildchens Wappenstempel Papst Pius XII. und des Kardinals und Bibliothekars Giovanni Mercati (1866–1957) in Gold, gefertigt in Rom zwischen 1939 und 1957 (Schunke, Einbände 2.2, S. 847).
Provenienz: Heidelberg.
Geschichte der Handschrift: Blaues Schildchen mit aktueller Signatur auf Vorderspiegel. Alter Rückentitel auf Vorderspiegel geklebt: *Quaestiones super decretalibus*, darunter in Blau: *Pal*, darunter mit Blei *669*. Auf 2ar neben aktueller Signatur Altsignatur *786* [durchgestrichen], auf 3ar Capsa-Nummer *C. 85* [durchgestrichen], Altsignatur aus vorrömischer Zeit *212* und aus römischer Zeit *863* sowie *453* [beide durchgestrichen]. Da Peter von Andlau (um 1420–1480) die hier überlieferte Vorlesung zu den Clementinen zwischen den Jahren 1461 und 1480 in Basel hielt, dürfte auch vorliegende Hs. in dieser Zeit an der dortigen Universität entstanden sein. Als relativ sicheren Terminus ante quem der Herstellung kann das Jahr 1497 herangezogen werden, als die hier erwähnte Abtei zu Neuwiller-lès-Saverne in ein Kollegiatstift umgewandelt wurde. Jene Erwähnung suggeriert zudem eine Verbindung in das nördliche Elsass. Der Vermerk auf 3ar *antiquus decanus S. Mauricij*, der sich auf einen vormaligen Besitzer beziehen dürfte, könnte vielleicht eine Verbindung zum Speyerer Kollegiatstift St. Germanus und Mauritius herstellen. Dort verfügte die Universität Heidelberg über zwei Kanonikate, die sie mit Professoren besetzte (Palatia sacra. Teil 1, Bistum Speyer, der Archidiakonat des Dompropstes von Speyer, Bd. 1, Die Stadt Speyer, Teil 1b, Die Kollegiatstifte s. Germani ep., ss Germani ep. et Mauritii m., ss Johannis evang. et Guidonis ab., s. Trinitatis ac omnium sanctorum, bearb. von Renate Engels, Mainz 2009 [Quellen und Abhandlungen zur mittelrheinischen Kirchengeschichte 61,1,1b], S. 286–289). Wenig weiterführend ist der ebendort befindliche Schreibervermerk: *homo / homo quidam / homo quidam fecit*. Die beeinträchtigten Anmerkungen auf den Seitenrändern, z. B. gut auf 6r–6v ersichtlich, legen nahe, dass die Hs. neu gebunden und die Bll. dabei zu knapp beschnitten wurden.

Faksimile: https://digi.ub.uni-heidelberg.de/diglit/bav_pal_lat_669
Literatur: Montuschi, Le biblioteche, S. 314; OVL, Pal. lat. 669; Schunke, Einbände 2.2, S. 8; Stevenson, Latini, S. 238.

1) 1r–174r
Verfasser: Peter von Andlau.
Titel: Conclusiones Clementinarum.
Angaben zum Text: Es dürfte sich hier um die Vorlesung des Peter von Andlau zu den Clementinen handeln, die er in den Jahren 1461 bis 1480 in Basel hielt und die in den Hss. Basel, Universitätsbibliothek, C II 28, einer Vorlesungsmitschrift von 1471 (s. e-codices), und C V 32, einem Autografen von 1477, überliefert ist. Der Text hier ist teilweise abweichend: (1r–49r) Liber I, beginnend mit Titulus 2; (49r–64v) Liber II, Titulus 1–6; (65r–65v) leer; (66r–87v) Liber II, Titulus 8–12; (87v–138r) Liber III (Titulus 16 fehlt); (138r–139v) Liber IV; (139v–156v) Liber V, Titulus 1–7; (157r–159r) Liber III, Titulus 16; (159v–174r) Liber V, Titulus 8–11. – 174v–180v leer.
Rubrik: 1r ›*De rescriptis de prima*‹.
Incipit: 1r ›*Abbates et: Maior*‹ *prelatus pro membris suis eciam si sunt de mensa* ...
Explicit: 174r ... ›*Sed*‹ *si alias debetur mandare non recipiendo libellum possit hoc de consensu parcium et cetera* ›*et cetera*‹.
Edition: Einzelne Ausschnitte transkribiert bei Joseph Hürbin, Eine Ergänzung des „Libellus de Cesarea monarchia" Peters von Andlau, in: ZRG GA 16 (1895), S. 41–62.

2) 181r–189r
Verfasser: Heinrich Totting von Oyta.
Titel: Tractatus de contractibus.
Incipit: 181r [Q]*voniam circa contractus empcionis et vendicionis nec non mutuorum* ...
Explicit: 189r ... *potest swadere contrarium ut satis est dictum in corpore questionis* ›*et cetera. Amen*‹.
Edition: Das Werk liegt in keiner modernen Edition vor, erschien aber bereits 1483/84 im vierten Band der Werke des Jean Gerson auf 224r–253v (GW 10713).

3) 189v–191v
Titel: Kommentar zu X 2.12.5.
Rubrik: 189v ›*In decretale Pastoralis de causa possessionis et proprietatis*‹.
Incipit: 189v *Nota quod duplex est judicium petitorium quod est de dominio rei super proprietate* ...
Explicit: 191v ... *et est racio quia nullus titulus est qui reperiatur in duobus libris et cetera.* ›*Amen*‹.

4) 192r–192v
Titel: Casus episcopales.
Rubrik: 192r ›*Casus episcopales*‹.
Incipit: 192r ›*Primo*‹ *coitus cum moniali consecrata uel non consecrata* ...
Explicit: 192v ... *et salubribus monialibus est penitencia in uigenda* ›*et cetera*‹.

5) 193r–193v
Titel: Casus papales.

Rubrik: 193r ›*Casus papales*‹.
Incipit: 193r *Primus casus est qui verberat clericum hic tamen casus multas habet exceptiones ...*
Explicit: 193v ... *uel recipit promissionem de aliqua re pro obtinenda gracia et cetera.*

6) 194r–195v
Titel: Regeln zur Abtswahl im Kloster Neuwiller-lès-Saverne.
Angaben zum Text: 196r leer.
Rubrik: 194r ›*Modus procedendi in electione futuri pastoris et abbatis monasterii Nouillacensis diocesis Argentinensis*‹.
Incipit: 194r *Sciendum est quod cum electio fuerit celebranda in aliqua ecclesia ...*
Explicit: 195v ... *datum ab electoribus eligendi talem et nominetur.*

7) 196v–197v
Titel: Vernehmung im Fall einer Defloration.
Angaben zum Text: Vernehmung im Fall einer Entjungferung. – 198r leer.
Rubrik: 196v ›*Interrogatoria jnfra scripta fiant pro testibus examinandis in causa matrimoniali et deflorationis jnter actricem ex vna parte et Johannem reum partis ex altera sed que petit interrogari et inactibus redigi ut infra dicere ...*‹.
Incipit: 196v *Jnprimitur igitur moueatur quibus testis ...*
Explicit: 197v ... *uel ex mandato alternis qui per se deberet deponere.*

8) 198v–199r
Titel: Über die Verleihung des Bußsakraments.
Incipit: 198v *Presbyter doceat mulierem confitentem vt sedeat ...*
Explicit: 199r ... *in c. Mensuram de penitencia d. j.*

9) 199v–200r
Titel: Sprüche von Gelehrten, Dichtern und Schriftstellern.
Incipit: 199v *Prauatus propter sui rotunditatem non diu iuram apud aliquem dicit poeta ...*
Explicit: 200r ... *quidquid honori detrahit turpitudinem reseruetur.*

10) 200v
Titel: Kleintexte.

11) 201r
Titel: Fragen aus dem Kanonischen Recht.
Incipit: 201r *An patronus possit se ipsum ad beneficium presentare ...*
Explicit: 201r ... *An patrono in uito ecclesia uel capella possit fieri collegiata ibidem.*

12) 201v–202r
Titel: Moralische Sprüche in alphabetischer Ordnung.
Angaben zum Text: 202v–203r leer. – 203v Notizen.
Incipit: 201v *Abstinencia generat castitatem. Audaces fortuna iuuat ...*
Explicit: 202r ... *non affigit dominus graciam iusti.*

TH

Vatikan, Biblioteca Apostolica Vaticana, Pal. lat. 670

Johannes Andreae, Novella super primo libro decretalium

Papier, Pergament · 2, 223, 3 Bll. · 41,5 × 29 cm · Frankreich · 1407

Entstehungsort: Frankreich.
Entstehungszeit: 1407.

Typus (Überlieferungsform): Codex.
Beschreibstoff: Papier (Bll. 65–88 Pergament).
Umfang: 2, 223, 3 Bll.
Format (Blattgröße): 41,5 × 29 cm.
Zusammensetzung (Lagenstruktur): $(II-1)^{2a}$ + $(VI+1)^{13}$ + 4 VI^{61} + $(II-1)^{64}$ + 6 VI^{136} + IV^{144} + 6 VI^{216} + $(VI-5)^{223}$ + $(II-1)^{225*}$. Vorderspiegel Gegenbl. von 2a, Hinterspiegel Gegenbl. von 224*. Zwischen 4 und 5 Falzfragment, eingefügtes Fragment zwischen 11 und 12.
Seiten-, Blatt- und Lagenzählung: Römische Foliierung des 17. Jhs. (*1–223*). Vor- und Nachsatzbll. ungez., weshalb hier, wie beim ungez. Fragment, Zählung der Digitalisate übernommen wird (1a–2a, 11a, 224*–225*). Reklamanten auf der letzten Versoseite der Lage auf dem Fußsteg rechts (nicht auf 12v, 13v, 64v, 144v). Kustoden auf 14r, 26r und 38r auf der ersten Rectoseite der Lage auf dem Fußsteg links in arabischen Ziffern. Im pergamentenen Teil (65r–88v) Reklamanten auf der letzten Versoseite der Lage auf dem Fußsteg mittig mit Verzierungen (76v und 88v), jedoch keine Kustoden.
Zustand: Erste Bll. stark stockfleckig, ansonsten v.a. an den Rändern, insbesondere am oberen, wo sich auch Wasserschaden befindet. 217r mit Klebeband restauriert.
Wasserzeichen: Dreiberg, einkonturige Stange mit Kreuz als Beizeichen, ähnlich Wzz. von Papieren, die laut WZIS 1406 in Chambéry beschrieben wurden, IT8190-PO-150329.

Schriftraum: 29,3 × 20–25,4 cm.
Spaltenanzahl: 2 Spalten.
Zeilenanzahl: 50–61 Zeilen (65r–88v: 81 Zeilen).
Angaben zu Schrift / Schreibern: Der überwiegende Teil der Hs. wurde von zwei Händen in einer Bastarda abgefasst. Der eingebundene pergamentene Teil hingegen ist in einer gotischen Minuskel geschrieben, die durch ihren breiten Duktus und runde Formen auffällt und daher an die italienische Rotunda erinnert, gleichwohl aber Formen verwendet, die typisch für die nördlich der Alpen gebrauchte Textura sind, wie der unter die Zeile gezogene Bauch des h oder die Haarstriche am Querstrich des t sowie beim runden r, weshalb an eine Entstehung besagten Teils der Hs. in Südfrankreich zu denken ist, wo sich diese Elemente vermischten (vgl. Derolez, Palaeography, S. 116f.).
Buchgestaltung: Schriftraum mit Tinte, 65r–88v Zeilengerüst mit Bleistift vorgezogen. Tituli als Seitentitel auf dem Kopfsteg rechts nachgetragen. Tituli und Kapitelanfänge meist in vergrößerten Buchstaben in gotischer Minuskel. Platz für Initialen freigelassen, selten mit Angaben für Rubrikator. Im pergamentenen Teil beginnen die Kapitel alternierend mit einer blauen oder roten Lombarde, verziert mit Knospenfleuronné in Gegenfarbe und umgeben von Rahmen in derselben Farbe. Zur Unterteilung der Kapitel Paragrafenzeichen alternierend in Blau und Rot.
Buchschmuck: s. Buchgestaltung.

Nachträge und Benutzungsspuren: Korrekturen und Anmerkungen v. a. auf den ersten Bll. von mehreren Händen in jüngerer gotischer Kursive, darunter auch von jener, welche die Tituli als Seitentitel nachtrug. Anmerkungen auch in Spruchbänder gesetzt (z. B. 161va). Verschiedene grafische Verweiszeichen.

Einband: Römischer Einband, Pappe mit weißem Pergament überzogen, in Rom um 1780 gefertigt (Schunke, Einbände 2.2, S. 847). Gelb-kupferfarbenes Kapital. Auf Buchrücken zwei blaue aufgeklebte Schildchen mit aktueller Signatur, darunter Rückentitel: *Lectura in ius canonicum.*
Provenienz: Heidelberg.
Geschichte der Handschrift: Auf Vorderspiegel aufgeklebtes blaues Schildchen mit aktueller Signatur. Auf 1ar neben aktueller Signatur Altsignatur *789* [durchgestrichen], auf 1r Capsa-Nummer *C. 58* nebst Altsignatur *805.* Den Nukleus der Hs. bilden zwei pergamentene Lagen, die bald nach 1338, der Vollendung des hier wiedergegebenen Werks des Johannes Andreae, in Südfrankreich entstanden sein dürften. Offenbar war der Codex, aus dem diese Lagen stammten, beschädigt worden, worauf die Flecken auf dem ersten und letzten Bl. hindeuten könnten. Um diesen Kern herum wurde der papierene Teil angelegt, freilich weniger aufwändig. Dies könnte angesichts der Wzz. in der Region Auvergne-Rhône-Alpes oder den angrenzenden Regionen geschehen sein. Vollendet wurde der Text im Jahr 1407, wie der Kolophon auf 223r ausweist: *finitus anno domini 1407° proxima die Jouis post festum egregii professoris sancti Ambrosii episcopi.* Als einer der möglichen Vorbesitzer kommt Johannes van de Noet von Brüssel (vor 1360–1432) in Betracht, der ab Dezember 1386 als Erster die Professur für Dekretalen an der Universität Heidelberg versah. Nach seinem Tod vermachte er der Universität 14 Rechtshss. (Drüll, Gelehrtenlexikon, S. 264 f.), worunter sich auch eine teils aus Papier, teils aus Pergament zusammengesetzte Novella des Johannes Andreae zum ersten Buch des Liber extra befand: *Item Iohannem in Novella super primo partim in papiro et partim in pergameno in asseribus cum alba cute* (Rektorbücher 2, S. 260). In diesem Fall wäre das Buch wohl der Bibliothek der Artistenfakultät zugeschlagen worden, da der Katalog der Universitätsbibliothek aus dem Jahr 1466 für die Bibliothek der oberen Fakultäten nur einen Sammelband für die ersten beiden Bücher der Novella aus Pergament kennt (Heidelberg, UB, Heid. Hs. 47, 11v, während die Artisten über eine Ausgabe des ersten Buchs in einem Band verfügten, dessen Beschreibstoff allerdings nicht genannt wird: *Nouella super primo decretale* (Heidelberg, UB, Heid. Hs. 47, 54v.

Faksimile: https://digi.ub.uni-heidelberg.de/diglit/bav_pal_lat_670
Literatur: OVL, Pal. lat. 670; Schunke, Einbände 2.2, S. 847; Stevenson, Latini, S. 238.

1) 1ra–223ra
Verfasser: Johannes Andreae.
Titel: Novella super primo libro decretalium.
Angaben zum Text: Kommentar zum ersten Buch des Liber extra: (1ra–9vb) Titulus 1; (10ra–16rb) Titulus 2; (16rb–40ra) Titulus 3 (30r–30v leer); (40ra–50va) Titulus 4; (50vb–55vb) Titulus 5; (55vb–92va) Titulus 6; (92va–95vb) Titulus 7; (95vb–97vb) Titulus 8; (97vb–106vb) Titulus 9; (106vb–108rb) Titulus 10; (108rb–113rb) Titulus 11; (113rb–113vb) Titulus 12; (113vb–114va) Titulus 13; (114va–120va) Titulus 14; (120va–122va) Titulus 15; (122va–124ra) Titulus 16; (124ra–128ra) Titulus 17; (128ra–130va) Titulus 18; (130va–131va) Titulus 19; (131va–133ra) Titulus 20; (133ra–135rb) Titulus 21; (135rb–136va) Titulus 22;

(136va–140vb) Titulus 23; (140vb–142ra) Titulus 24; (142ra) Titulus 25; (142ra–b) Titulus 26; (142rb–142vb) Titulus 27; (142vb–144va) Titulus 28; (145ra–171va) Titulus 29; (171va–174ra) Titulus 30; (174ra–184rb Titulus 31; (184rb–185rb) Titulus 32; (185rb–191va) Titulus 33; (191va–192ra) Titulus 34; (192ra–193va) Titulus 35; (193va–196rb) Titulus 36; (196rb–197vb) Titulus 37; (197vb–205ra) Titulus 38; (205rb) Titulus 39; (205rb–208vb) Titulus 40; (208vb–216va) Titulus 41; (216va–217va) Titulus 42; (217va–223ra) Titulus 43.

Incipit: 1ra [H]*eronimus hortatur in prologo libri regvm ...*

Explicit: 223ra ... *Concedat deus hunc librum studentibus quod ipsorum mutua visio sit in patria. Amen.* [Es folgt der Kolophon, wie er im Kommentar zur Provenienz zitiert wird] ›*Explicit Nouella primi*‹.

Edition: Ioannis Andreae, In primum decretalium librum nouella commentaria, Venedig 1581 (ND Turin 1963).

TH

Vatikan, Biblioteca Apostolica Vaticana, Pal. lat. 671

Juristische Sammelhandschrift

Papier · 3, 170, 1 Bll. · 29,2 × 20 cm · Speyer · 1352

Entstehungsort: Speyer.
Entstehungszeit: 1352.

Typus (Überlieferungsform): Codex.
Beschreibstoff: Papier.
Umfang: 3, 170, 1 Bll.
Format (Blattgröße): 29,2 × 20 cm.
Zusammensetzung (Lagenstruktur): $(II\text{-}1)^{3a} + II^{IV} + 3\ IV^{XXVIII} + VI^{XL} + 6\ IV^{LXXXVIII} + VI^{C} + 8\ IV^{CLXIII} + (IV\text{-}2)^{CLXIX} + (I\text{-}1)^{CLXX^{**}}$. Vorderspiegel Gegenbl. von 1a, Hinterspiegel Gegenbl. von CLXX*. Zählfehler: CXVIII doppelt gez.
Seiten-, Blatt- und Lagenzählung: Zeitgenössische Foliierung (*I–CLXV*, *CLXVI–CLXIX* im 17. Jh. nachgetragen). Vorsatzbll. und Nachsatzbl. ungez., weshalb hier Zählung der Digitalisate übernommen wird (1a–3a, CLXX*). Durchgängig Kustoden in römischen Ziffern auf der ersten Rectoseite der Lage mittig auf dem Fußsteg.
Zustand: Am oberen Rand leicht stockfleckig, auf den letzte Bll. am oberen Rand Wasserschaden. I stark gebräunt mit Löchern, II mit Loch und stark gebräuntem Rand. Im letzten Viertel des Buchblocks Wurmfraß. Immer wieder Textteile durch Wassereinwirkung beeinträchtigt.
Wasserzeichen: Glocke, Glockenkörper ohne Schulter, Glockenmund einkonturig, ohne Joch, mit Klöppel, Bll. I–XL, ähnlich Wzz. von Papieren, die laut WZIS 1349 in Piacenza beschrieben wurden, IT6855-PO-40945. Kreis – Kreis – Kreuz, Bll. CXXXIV–CXXXIX, ähnlich Wzz. von Papieren, die laut WZIS 1374 in Bologna beschrieben wurden, IT7650-PO-22496. Ansonsten Papier im Regalformat, daher Wzz. um 90° gedreht, im Falz und nicht immer eindeutig erkennbar: Kreis – Kreuz (einkonturig), ohne Beizeichen, einfaches Kreuz, Kreis mit Längsstrich, Bll. XLII–LXXII, CI–CXXXII, CXLI–CLXVIII, keine Übereinstim-

mung mit WZIS. Birne, frei, zwei Blätter, mit Ring, ohne Beizeichen, Bll. LXXIII–XCIX, keine Übereinstimmung mit WZIS.

Schriftraum: 23 × 19,5–14 cm.
Spaltenanzahl: 1 Spalte (Inhaltsverzeichnis CLXIXr–CLXIXv: 3 Spalten).
Zeilenanzahl: 51–55 Zeilen.
Angaben zu Schrift / Schreibern: Die Hand, welche die Gesamtheit der Texte ausführte, bediente sich einer älteren gotischen Kursive, die durch die Verwendung vieler Abkürzungen gekennzeichnet ist. Dieselbe Hand schrieb auch den ersten Faszikel von Pal. lat. 793.
Buchgestaltung: Schriftraum mit Metallstift oder Tinte vorgezogen. Raum für Initialen freigelassen, die allerdings nicht ausgeführt wurden. Angaben für Rubrikator noch vorhanden. Rubriken auf dem Seitenrand nachgetragen, aber nicht farblich oder grafisch hervorgehoben.
Buchschmuck: Auf CXXXVIIv Stemma zur Darstellung von Verwandtschaftsverhältnissen.

Nachträge und Benutzungsspuren: Anmerkungen und Verweise von derselben Hand, die auch den Text ausführte, wobei sich zuweilen die Schrift der gotischen Minuskel annähert. Grafische Verweiszeichen, insbesondere in Form von Zeigehänden.

Einband: Römischer Einband, Pappe mit weißem Pergament überzogen, in Rom um 1780 gefertigt (SCHUNKE, Einbände 2.2, S. 847). Gelb-kupferfarbenes Kapital. Auf Buchrücken zwei blaue aufgeklebte Schildchen mit aktueller Signatur, darunter Rückentitel: *Lectura super decretalibus.*
Provenienz: Heidelberg.
Geschichte der Handschrift: Auf Vorderspiegel blaues Schildchen mit aktueller Signatur. Auf 1ar neben aktueller Signatur Altsignatur *790* [durchgestrichen], auf Ir neben Capsa-Nummer *C. 55.* Altsignatur *477.* Wie der Kolophon auf 166r ausweist, wurde der Haupttext der Hs. 1352 in Speyer vollendet: *sub anno domini M^{o} ccc^{o} Lm^{o} secundo feria tercia post assumpcionem Spire scripsit.* Auch die übrigen Texte dürften in etwa zeitgleich entstanden sein. Gerade die kopierte Monatsrichterordnung unterstreicht den Bezug zur Stadt Speyer. Eine wenn auch gekürzte Version aller Bücher des Speculum iudiciale von derselben Hand findet sich in Pal. lat. 793, worin eine Verbindung zum dortigen Domstift aufscheint. Unklar bleibt, wie die Hs. nach Heidelberg gelangte, allerdings gab es mit der Universität Heidelberg viele persönliche Verbindungen, da einige der Heidelberger Universitätslehrer Kanonikate in Speyer und eben auch am Speyerer Domstift innehatten. Darüber hinaus bestanden zwischen dem spätmittelalterlichen Heidelberger Hof und dem nahen Speyer mannigfache Beziehungen.

Faksimile: https://digi.ub.uni-heidelberg.de/diglit/bav_pal_lat_671
Literatur: Émile VAN BALBERGHE, Un album paléographique de manuscrits datés, in: Scriptorium 25 (1971), S. 304–316, hier S. 315; Latin Bookhands of the Later Middle Ages 1100–1500, hrsg. von Samuel Harrison THOMSON, Cambridge 1969, Nr. 45; OVL, Pal. lat. 671; SCHUNKE, Einbände 2.2, S. 847; STEVENSON, Latini, S. 238.

1) Ir–CLXVIr
Verfasser: WILHELM DURAND.
Titel: Speculum iudiciale, Liber IV.

Angaben zum Text: Beginnt im vorderen Teil des Particulus I (Dvrandi Specvlvm, 3–4, S. 75): (Ir–XIXv) Particulus I; (XIXv–LIr) Particulus II; (LIr–CXXVIIIv) Particulus III; (CXXVIIIv–CLXVIr) Particulus IV.

Incipit: Ir [S]*atis vtiliter super libellorum generali doctrina euagati sumus ...*

Explicit: CLXVIr ... *nec ea in vsu habere profecto non querentis humanum sed solum brauium sempiternum ad quos nos perducat qui sine fine viuit et regnat in secula seculorum. Amen. Explicit Speculum iudiciale magistri Gwilhelmi Duranti. Deo gracias* [Es folgt der Kolophon, wie er im Kommentar zur Provenienz zitiert wird].

Edition: D. G. Dvrandi episc. Mimatensis Specvlvm juris [...], Bd. 3–4, Frankfurt am Main 1612, S. 75–509. Eine moderne Edition existiert nicht, jedoch ist der Text in 15 Wiegendrucken seit 1473 überliefert.

2) CLXVIr–CLXVIIIr

Titel: Monatsrichterordnung für die Stadt Speyer.

Angaben zum Text: Vergleichbar aber nicht identisch (siehe Datum auf CLXVIr: *an dem nechsten fritag nach dem heiligen Mane tage*) mit den Monatsrichterordnungen für die Stadt Speyer vom 2. Juni 1314, 17. April 1328, 5. April 1354, s. Repertorium der Policeyordnungen der Frühen Neuzeit, Bd. 10, Reichsstädte, Bd. 4, Speyer, Wetzlar, Worms, Frankfurt am Main 2010 (Studien zur europäischen Rechtsgeschichte 251), S. 43, S. 45, S. 56.

Incipit: CLXVIr *Wir die Richter der Rat vnd die Burger* [durchgestrichen: meister] *gemeinlichen van Spire ...*

Explicit: CLXVIIIr ... *Wirt aber iemans eins mardes beluemet ader vermert die Rihter des mandes vnd* [durchgestrichen: *des Rat des*] *der Rat* [... Text bricht ab].

3) CLXVIIIv

Titel: Urkunde, ausgestellt von einer nicht näher bezeichneten Gemeinschaft von Kanonikern.

Incipit: CLXVIIIv *Decanus et capitulum ecclesie et cetera, recognoscimus ...*

Explicit: CLXVIIIv ... *in cuius rei testimonium sigillum capituli nostri.*

4) CLXIXra–CLXIXvc

Titel: Inhaltsverzeichnis zum Speculum iudiciale, Liber IV.

Rubrik: CLXIXra ›*Speculum secundum librum*‹.

Incipit: CLXIXra *§ De summa trinitate et fide catholica in j*[o] *folio ...*

Explicit: CLXIXvc ... *de vita et honestate clericorum § xxv.*

TH

Vatikan, Biblioteca Apostolica Vaticana, Pal. lat. 672

Sammelhandschrift

Papier · 3, 311, 1 Bll. · 29,7 × 22,1 cm · Bologna · 1430

Entstehungsort: Bologna.

Entstehungszeit: 1430.

Typus (Überlieferungsform): Codex.
Beschreibstoff: Papier.
Umfang: 3, 311, 1 Bll.
Format (Blattgröße): 29,7 × 22,1 cm.
Zusammensetzung (Lagenstruktur): $(II\text{-}1)^{3a}$ + 3 V^{30} + IV^{38} + V^{48} + $(V\text{-}1)^{57}$ + 2 V^{77} + VII^{91} + 6 V^{151} + $(IV\text{-}3)^{156}$ + 5 V^{206} + $(II\text{-}2)^{208}$ + 3 V^{238} + VI^{250} + IV^{258} + VI^{270} + 2 V^{290} + III^{296} + VII^{310} + 1^{311} + $(I\text{-}1)^{312*}$. Vorderspiegel Gegenbl. von 3a, Hinterspiegel Gegenbl. von 312*.
Seiten-, Blatt- und Lagenzählung: Womöglich zeitgenössische Foliierung (*1–311*). Vorsatzbll. und Nachsatzbl. ungez., weshalb hier Zählung der Digitalisate übernommen wird (1a–3a, 312*). Ab 101v Reklamanten auf der letzten Versoseite der Lage auf dem Fußsteg rechts (außer 290v und auf den leeren Seiten 156v, 208v, 310v). 157r–208r Lagenfoliierung in arabischen Ziffern.
Zustand: Stockfleckig, v.a. am oberen Rand. Schrift zuweilen verblasst. Initialen und Paragrafenzeichen schlagen durch. Bll. 100–110, 297–298, 310 leichter Wasserschaden.
Wasserzeichen: Drache, waagrecht / steigend, Bll. 2–28, 34–68, 161–186, vergleichbar mit Wzz. von Papieren, die laut WZIS 1448–1450 beschrieben wurden, DE8100-Cod-Theol2141_117. Einhornkopf, ohne Mähne, Horn glatt, Bll. 33, 78–84, 105, ähnlich Wzz. von Papieren, die laut WZIS 1417 in Wesel Verwendung fanden, DE8730-PO-124821. Dreiberg, einkonturige Stange mit Kreuz als Beizeichen, Bll. 69–73, ähnlich Wzz. von Papieren, die laut WZIS im 1. Viertel des 15. Jhs. in Oberbayern beschrieben wurden, DE5580-Clm6498_144. Löwenkopf im Profil, Bll. 103–109, 112–117, 125–154, ähnlich Wzz. von Papieren, die laut WZIS 1431 in Rom verwendet wurden, DE4620-PO-85242. Krone ohne Bügel, senkrecht, Mittelzinken zweikonturig, Ende blatt- / lilienförmig, Reif einteilig, ohne Schmuck, Bll. 210–212, 219–241, 243–244, 250, vergleichbar mit Wzz. von Papieren, die laut WZIS 1522 in Florenz beschrieben wurden, IT5235-PO-51120. Löwe, halbe Figur, Bll. 251–270, derzeit keine Übereinstimmung mit WZIS. Dreiberg, einkonturige Stange als Beizeichen, Bll. 275–281, annähernd identisch mit Wzz. von Papieren, die laut WZIS 1442 wahrscheinlich in Wien / Regensburg verwendet wurden, DE5580-Clm14304_279. Horn, waagrecht, mit einfachem Band, Band und zwei Striche auf Horn sichtbar, Schallbecher dreidimensional, Bll. 286–304, ähnlich Wzz. von Papieren, die laut WZIS 1466 in Neapel Verwendung fanden, IT5235-PO-119519.

Schriftraum: 23,4 × 20–11,5 cm.
Spaltenanzahl: 1 Spalte.
Zeilenanzahl: 39–63 Zeilen.
Angaben zu Schrift / Schreibern: Mehrere Hände trugen zur Fertigstellung der Hs. bei, wobei sich alle der Bastarda bedienten. Darunter überwiegt die schleifenlose Bastarda, bei der sich Unterschiede in erster Linie bei der Behandlung von f und s ausmachen lassen, die von der Mehrzahl der Schreiber ohne Unterlängen ausgeführt wurden. Überdies zeigen die Hände unterschiedlich starke Einflüsse humanistischer Schriften. Über einen der Schreiber gibt ein Kolophon Auskunft, der hintereinander zweimal auftaucht, auf 310r, *Explicit lectura quarti decretalis dominum abbatis, scriptis per me Hubertum de Sarto alias de Leodio,* und auf 310v, *Explicit lectura quarti decretalis domini abbatis de Miniatis de Cecilia, scriptis per me Hubertum de Leodio.*
Buchgestaltung: Schriftraum mit Metallstift vorgezogen. Tituli als Überschriften in vergrößert dargestellten gotischen Minuskeln im Fließtext. Tituli ab 210r auf den Versoseiten auf dem Kopfsteg rechts verkürzt als Seitentitel wiedergegeben. Capituli durch Anfangsworte

in über zwei Zeilen vergrößerten Minuskeln hervorgehoben, Paragrafen zusätzlich mit Paragrafenzeichen auf dem Rand versehen. 157r–161r rote Unterstreichungen und Strichelungen. Ab 209r Anfänge auch mit Lombarden eingeleitet (beginnend mit einer größeren Initiale über 10 Zeilen mit Schaftaussparungen und Blättern im Binnenfeld). Paragrafenzeichen zur Untergliederung des Texts.

Buchschmuck: s. Buchgestaltung.

Nachträge und Benutzungsspuren: Kurze inhaltliche Zusammenfassungen, z.T. von einem Paragrafenzeichen eingeleitet, sowie Korrekturen und Verweise, überwiegend von den Schreiberhänden, auf den Rändern. Darüber hinaus nur sehr wenige Anmerkungen. Zahlreiche grafische Verweiszeichen. 256v grafische Distinctio, der Didaxe dienend.

Einband: Römischer Einband, Pappe mit weißem Pergament überzogen, in Rom um 1780 gefertigt (Schunke, Einbände 2.2, S. 847). Gelb-kupferfarbenes Kapital. Auf Buchrücken zwei blaue aufgeklebte Schildchen mit aktueller Signatur, dazwischen Rückentitel: *Lectura super primo decretalium Lapi.*

Provenienz: Mainz / Heidelberg.

Geschichte der Handschrift: Auf Vorderspiegel blaues Schildchen mit aktueller Signatur. Auf 1ar neben aktueller Signatur Altsignatur *91* [durchgestrichen, darunter weitere Altsignatur, vielleicht *789*], auf 3av in Blei aktuelle Signatur, auf 1r Capsa-Nummer *C. 77.* und Altsignaturen *1094* und *485.* Zeitgenössischer Eintrag auf 1r: *Lectura super primo decretalium domini Lapi abbatis sancti Miniatis cenobij,* und auf 209r: *Lectura super quarto decretalium domini Lapi abbatis sancti Miniatis cenobij ciuitatis Castellione prouincie Sicicilie* [!]. Wie diese Eintragungen ausweisen, handelt es sich hier um die Vorlesung des Bologneser Hochschullehrers Nicolaus Lapi († 1451) zum Liber extra, dem noch ein Traktat des Bartolo da Sassoferrato beigefügt wurde. Mehrere Hände schrieben die Vorlesung. Die Texte wurden offenbar von Lapis Schüler, dem Mainzer Konrad Humery (um 1405–um 1477/78), gesammelt, wie der Eintrag auf 208r darlegt: *finiunt recollecte subtilissimi ac famosissimi decretorum doctoris domini Nicolay abbatis de Sicilia, collecte sub auditorio suo per me Conradum Homery de Maguncia, anno et cetera 1430.* Konrad Humery studierte ab 1421 in Erfurt und Köln, zwischen 1427 und 1432 in Bologna, wo er auch zum Doctor decretorum promoviert wurde. Nach seiner Rückkehr nach Mainz übte er verschiedene Ämter in der Mainzer Stadtverwaltung aus. Wohl mit Johannes Gutenberg in Verbindung stehend, erhielt Humery nach Gutenbergs Tod 1468 Druckgeräte aus dessen Nachlass. Dass Humery zu Ende seines Lebens noch vorliegende Hs. besessen haben dürfte, dafür spricht ein Bl. aus dem Mainzer Catholicon, das dem Codex beilag und das Stevenson für seine Beschreibung noch vorfand. Auf 312*r findet sich der Verweis auf das Fragment, welches herausgelöst wurde und jetzt unter BAV, Inc. S. 241 bis zu finden ist.

Faksimile: https://digi.ub.uni-heidelberg.de/diglit/bav_pal_lat_672

Literatur: Calasso, Sassoferrato, S. 655; Franz Falk, Der muthmassliche Verfasser der Schlussschrift des Catholicon von 1460, in: Zentralblatt für Bibliothekswesen 5 (1888), S. 306–311; Gutenberg. Aventur und Kunst. Vom Geheimunternehmen zur ersten Medienrevolution, Katalog zur Ausstellung der Stadt Mainz anlässlich des 600. Geburtstages von Johannes Gutenberg, 14. April – 1. Oktober 2000, hrsg. von der Stadt Mainz, Mainz 2000, S. 78; Lotte Hellinga, Analytical Bibliography and the Study of Early Printed Books with a Case-Study of the Mainz Catholicon, in: Gutenberg Jahrbuch 64 (1989), S. 47–96, hier S. 83;

Josephus L.J. van de Kamp, Bartolus de Saxoferrato 1313–1357. Leven, werken, invloed, beteekenis, Paris 1936, S. 74; Manuscripta juridica, Pal. lat. 672; Michael Mommert, Konrad Humery und seine Übersetzung der Consolatio philosophiae. Studien zur deutschen Boethius-Tradition am Ausgang des Mittelalters, Diss. Münster 1965, S. 23–25; OVL, Pal. lat. 672; Schunke, Einbände 2.2, S. 847; Stevenson, Latini, S. 238 f.; Franz Josef Worstbrock, Art. Humery, Konrad, in: VL, Bd. 4, Berlin 1983, Sp. 301–304, hier Sp. 301.

1) 1r–310r
Verfasser: Nicolaus Lapi.
Titel: Lectura decretalium Gregorii IX.
Angaben zum Text: Vorlesung zu Teilen des ersten Buchs und zum vierten Buch des Liber extra: (1r–156r) 1.5–1.6.60; (156v) leer; (157r–208r) 1.41–1.43.14; (208v) leer; (209r–310r) 4.1–4.21.5 (223v–229r, 305r–310r Reihenfolge der Kapitel gestört). – 1a–3a leer. – 310v Kolophon (s. Geschichte der Handschrift).
Rubrik: 1r ›*De postulacione prelatoribus*‹.
Incipit: 1r *Viso de jure scripto et non scripto quia parum est …*
Explicit: 310r … *quam non reperio in hoc per aliquam violatam et hec sufficiant ad laudem sancte trinitatis. Amen. Deo gratias. Explicit lectura quarti decretalis domini abbatis, scriptis per me Hubertum de Sarto alias de Leodio.*

2) 311r–311v
Verfasser: Bartolo da Sassoferrato.
Titel: Tractatus de falcone.
Rubrik: 311r ›*Incipit quidam tractatus de falcone domini Bartoli*‹.
Incipit: 311r *Comes Guido de Blancardo cum inisset venatum amisit falconem …*
Explicit: 311v … *vnde accio in factum fuit proponenda et non acquilia ut probatur per dictum § Celsus. Et sic est finis.*
Edition: Das Werk liegt in keiner modernen Edition vor, ging aber bereits 1493 als Inkunabel in Druck (GW 3664).

TH

Vatikan, Biblioteca Apostolica Vaticana, Pal. lat. 673

Zusammengesetzte kanonistische Handschrift

Papier · 3, 214, 3 Bll. · 28,8–29,8 × 21–21,8 cm · Frankreich (?) / Mitteleuropa / Italien (?) · 1330er/1340er Jahre / um 1340 / 1422–1423

Typus (Überlieferungsform): Codex.
Beschreibstoff: Papier.
Umfang: 3, 214, 3 Bll.
Format (Blattgröße): 28,8–29,8 × 21–21,8 cm.
Zusammensetzung (Lagenstruktur): Hs. aus drei Faszikeln zusammengesetzt (I. Bll. A–206; II. Bll. 110b–112a; III. Bll. 165–166). $(II\text{-}1)^{3a}$ + … + $(II\text{-}1)^{209*}$. Vorderspiegel Gegenbl. von 3a, Hinterspiegel Gegenbl. von 207*. Zählfehler: ungez. Bl. nach 16, 71, 163, zwei ungez. Bll. nach 69, 109.

Seiten-, Blatt- und Lagenzählung: Römische Foliierung des 17. Jhs. (*A, 1–206*), sowie ältere Foliierung in lateinischen Ziffern (*I–CCVIJ*). Die Beschreibung richtet sich nach der römischen Foliierung, die auch die Grundlage für die Zählung der Digitalisate bot. Ungez. Vor- und Nachsatzbll. richten sich nach Zählung der Digitalisate (1a–3a, 207*–209*), wie auch weitere ungez. Bll. (16a, 70a–70b, 71a, 110a, 110b, 112a, 139a, 163a). 36v–124v durchgängig mit Köpfen oder Figuren verzierte Reklamanten auf der letzten Versoseite der Lage auf dem Fußsteg rechts (nicht auf leeren Seiten 98v, 112av). 98v, 167v Reste einer Lagenzählung in Blei?

Zustand: Die ersten und letzten Bll. an Rändern beschädigt. Die ersten zudem mit Wurmlöchern, die letzten mit Wasserschaden, Papier bei Restaurierung angefasert. Ansonsten stockfleckig, v. a. an den Rändern. Zahlreiche Tintenflecken. Bll. 1, 63, 87, 90–92, 98, 139–141, 182–183, ab 192 Wasserschäden.

Einband: Römischer Einband, Pappe mit weißem Pergament überzogen, in Rom um 1780 gefertigt (Schunke, Einbände 2.2, S. 847). Gelb-kupferfarbenes Kapital. Auf wurmstichigen Buchrücken zwei blaue aufgeklebte Schildchen mit aktueller Signatur, darunter Rückentitel: *Lectura in Decretalibus.*

Provenienz: Heidelberg.

Geschichte der Handschrift: Auf Vorderspiegel blaues Schildchen mit aktueller Signatur, auf 1ar neben aktueller Signatur Altsignatur *742* [durchgestrichen] und ein Fragment, das zwischen 103 und 104 gefunden wurde, auf 3ac aktuelle Signatur in Blei, auf Ar Capsa-Nummer *C. 177* und Altsignaturen *1974* [durchgestrichen] und *476*, letztere erneut auf 1r. Die ersten beiden Faszikel dürften in den 1330er/1340er Jahren entstanden sein. Während der erste, Vorlesungsmitschriften zum Liber extra beinhaltend, eher nach Frankreich weist, dürfte der zweite, ein Traktat des Bérenger Frédol d. Ä., eher im Heiligen Römischen Reich entstanden sein. Da beide Teile zeitnah zusammengeführt wurden, wie die zeitgenössische Foliierung zeigt, ist als Erstbesitzer beispielweise an eine Person aus dem universitären Milieu zu denken, die in Frankreich studierte und schließlich nach Mitteleuropa migrierte. Wann der dritte Faszikel dazustieß, ist unklar.

Faksimile: https://digi.ub.uni-heidelberg.de/diglit/bav_pal_lat_673

Literatur: OVL, Pal. lat. 673; Schunke, Einbände 2.2, S. 847; Stevenson, Latini, S. 239.

Faszikel I (Bl. A–206)

Sachtitel / Inhalt: Lectura decretalium Gregorii IX.

Entstehungsort: Frankreich (?).

Entstehungszeit: 1330er/1340er Jahre.

Typus (Überlieferungsform): Faszikel.

Beschreibstoff: Papier.

Umfang: 112 Bll.

Format (Blattgröße): 28,8–29,8 × 21–21,8 cm.

Zusammensetzung (Lagenstruktur): (XIV-2)^{24} + 3 VI^{60} + 2 X^{98} + VI^{110a} (eingeschoben Faszikel II) + VI^{124} + 2 IV^{139a} + (IV-1)^{146} + ([XII-2)^{167} (eingeschoben Faszikel III) + V^{177} + (II-1)^{180} + (XIV-2)^{206}.
Seiten-, Blatt- und Lagenzählung: s. zum Codex.
Wasserzeichen: Axt / Beil / Hacke, auf Bl. 1, ohne Übereinstimmung mit WZIS. Glockenkörper mit Schulter, Glockenmund einkonturig, mit Joch, in zwei Varianten, auf Bll. 25, 29, 35, ähnlich Wzz. von Papieren, die laut WZIS 1333 in Bologna Verwendung fanden, IT1185-PO-41098; auf Bll. 31–34, ohne Übereinstimmung mit WZIS; Glockenkörper ohne Schulter, Glockenmund einkonturig, ohne Joch, mit Klöppel, in zwei Varianten, auf Bll. 62–78, 85, 89, 95–96, 128, vergleichbar mit Wzz. von Papieren, die laut WZIS 1343 in Tirol beschrieben wurden, DE5910-PO-40671; auf Bll. 79–83, 86, 90–93, vergleichbar mit Wzz. von Papieren, die laut WZIS 1362 in Romerio verwendet wurden, IT1650-PO-41003. Zweikonturige Blume, Stängel ohne Blätter, Blüte ohne Stempel, auf Bll. 37–54, ähnlich Wzz. von Papieren, die laut WZIS 1330 in Bologna Verwendung fanden, IT1185-PO-127027. Raubvogel, Beine zweikonturig, in zwei Varianten, auf Bll. 101–103, 109, vergleichbar mit Wzz. von Papieren, die laut WZIS 1340 in Bologna beschrieben wurden, IT1185-PO-42203; auf Bll. 105–107, vergleichbar mit Wzz. von Papieren, die laut WZIS 1336 in Lucca verwendet wurden, IT5025-PO-42202. Einkonturige Armbrust, Schaft und Bogen einkonturig, senkrecht, mit Steigbügel, auf Bll. 114–124, ohne Übereinstimmung mit WZIS. Herz-Kranz, auf Bll. 126, 130–137, 150–205 ohne Übereinstimmung mit WZIS. Horn, senkrecht / schräg, mit einfachem Band nur oberhalb des Horns sichtbar, Schallbecher zweidimensional, auf Bll. 143–146, ohne Übereinstimmung mit WZIS.

Schriftraum: 19,6–24 × 14–18 cm.
Spaltenanzahl: 1 Spalte (181r–206v: 2 Spalten).
Zeilenanzahl: 37–52 Zeilen.
Angaben zu Schrift / Schreibern: Mehrere Hände schrieben den Faszikel, wobei auch verschiedene Schriften Verwendung fanden, die allerdings selten eindeutig einzuordnen sind. Neben einer älteren gotischen Kursive finden sich diverse Übergangsformen hin zur Bastarda und jüngeren gotischen Kursive, z. T. auch mit Elementen einer Kanzleikursiven versehen.
Buchgestaltung: Teils Zeilengerüst mit Metallstift, teils Schriftraum mit Metallstift oder Tinte vorgezogen. Abgekürzte Tituli als Seitentitel nicht durchgängig. Tituli meist als Überschriften im Fließtext, gerne mit Köpfen verziert. Zuweilen Paragrafenzeichen wie Versalien den Kapitelüberschriften vorgeschaltet. Anfangsworte der Kapitel in gotischer Minuskel in vergrößerten Buchstaben.
Buchschmuck: s. Buchgestaltung.

Nachträge und Benutzungsspuren: Anmerkungen, Korrekturen und Verweise von mehreren Händen mit zum Haupttext vergleichbaren Schriften. Zahlreiche grafische Verweiszeichen, insbesondere in Form von Köpfen.

Provenienz: Heidelberg.
Geschichte des Faszikels: Auskunft über die Herkunft und den Entstehungskontext des Faszikels kann der Kolophon auf 24v geben, der die erste Lage beschließt: *Expliciunt reportata quarti libri decretalium, scripta a Guillelmo de Valle, clerico Leonensis Dyocesis.* Es handelt sich hierbei um einen Kleriker der Diözese Saint-Pol-de-Léon in der Bretagne, der, wie

das Verb ‚reportare' zu verstehen gibt (Jan Frederik NIERMEYER, Mediae latinitatis lexicon minus, Bd. 2, M–Z, Darmstadt 2002, S. 1187), eine Vorlesungsmitschrift anfertigte. Beim Aufbau des Faszikels ist ferner die häufige Übereinstimmung von Lagen- und Schreiberwechsel zu beobachten, weshalb davon auszugehen ist, dass hier bestimmte Vorlesungsmitschriebe zum Liber extra, vielleicht an einer französischen Universität, gesammelt und vereinigt wurden. Da bei einigen Randbemerkungen ein, wenn auch nur geringer Textverlust zu beklagen ist, dürfte der Faszikel neu gebunden und dabei auch neu beschnitten worden sein. Ein weiterer Kolophon auf 132r kann hingegen nur wenige weitere Hinweise geben: *Qui me scribebat Eberhardus nomen habebat.*

1) 1r–206vb
Titel: Lectura decretalium Gregorii IX.
Angaben zum Text: Vorlesungsmitschriebe zum Liber extra, u. a. rekurrierend auf den Kommentar von Johannes Andreae, wohl auch unter Zuhilfenahme von dessen Summa de sponsalibus et matrimoniis: (1r–10r) 4.1–4.6.5; (10v) leer; (11r–16v) 4.6.5–4.14.8; (16ar–16av) leer; (17r–24v) 4.14.8–4.21.5; (25r–89v) 5.1–5.38.16; (90r–90v) 3.46; (90v–92r) 5.38; (92r–92v) 4.2; (92v) 4.5–4.6; (92v–93r) 5.1; (93r–93v) 5.39; (93v–94r) 1.2.12; (94v) 1.3; (95r–96r) 2.1; (96r–97v) 2.6; (97v–98r) 2.1; (98v) leer; (99r–110av) 5.39–5.39.28; (110br–112av) eingebundener Faszikel, s. u.; (113r–132r) 5.39.28–5.41.11; (132v) leer; (133r–139v) 1.7–1.10.5; (139ar–139av) leer; (140r–146r) 1.11.1–1.17.8; (146v) leer; (147r–163v) 1.17.9–1.34.1 (zwischen 148v und 149r fehlen 1.20.4–1.22.1); (163ar–163av) leer; (164r–164v) 1.6.10–1.6.12; (165r–166v) eingebundener Faszikel, s. u.; (167r) 1.6.18; (167r) 1.6.20; (167v) leer; (168r–180v) 1.38.1–1.43.14; (181ra–184vb) 1.3–1.6; (184vb–185ra) 1.11; (185ra–186ra) 1.14–1.15; (186ra–b) 1.17; (186rb–186va) 1.23; (186va–187ra) 1.28–1.29; (187ra–187va) 1.40; (187va–b) 1.43; (187vb–188rb) 2.1; (188rb–189rb) 2.8; (189rb–190rb) 2.12–2.13; (190rb–190va) 2.24; (190va–191va) 2.13–2.14; (191va–196ra) 2.17–2.25; (196ra–199vb) 2.27–2.28; (199vb–200ra) 3.1; (200ra–206vb) verschiedene Casus. – Ar Kleintexte (Kommentare zum Liber sextus). – Av Inhaltsverzeichnis (I–CXXXIIIJ).
Rubrik: 1r ›*De sponsalibus et matrimoniis*‹.
Incipit: 1r *Sponsalia sunt futurarum* [...] *siue repromissio* ...
Explicit: 206vb ... *aut dabere propter decimo* [...] *vsus.*
Edition: Der Kommentar des Johannes Andreae liegt in keiner modernen Edition vor, erschien aber bereits 1489 als Wiegendruck (GW 1729). Die Summa de sponsalibus et matrimoniis wurde erstmals um 1473 als Inkunabel gedruckt (GW 1742–1757).

Faszikel II (Bl. 110b–112a)

Sachtitel / Inhalt: Bérenger Frédol d. Ä., Liber de excommunicatione.

Entstehungsort: Mitteleuropa.
Entstehungszeit: um 1340.

Typus (Überlieferungsform): Faszikel.
Beschreibstoff: Papier.
Umfang: 4 Bll.
Format (Blattgröße): 28,8–29,8 × 21–21,8 cm.

Zusammensetzung (Lagenstruktur): II[112a].
Seiten-, Blatt- und Lagenzählung: s. zum Codex.
Wasserzeichen: Wappen, Schild mit Pfahl, ohne Belegung, auf Bll. 2–21, ohne Übereinstimmung mit WZIS. Bauwerke, Stadt, Festung, auf Bl. 111, ähnlich Wzz. von Papieren, die 1341 in Lübeck und 1343 in Palermo beschrieben wurden, Briquet, Les filigranes, 15885.

Schriftraum: 19,6–24 × 14–18 cm.
Spaltenanzahl: 1 Spalte.
Zeilenanzahl: 40–44 Zeilen.
Angaben zu Schrift / Schreibern: Der Schreiber bediente sich einer Kanzleikursiven, die von der am Hof Kaiser Ludwigs des Bayern gepflegten beeinflusst zu sein scheint.
Buchgestaltung: Der einspaltig angelegte Text ist lediglich auf der Eingangsseite mit Paragrafenzeichen am Rand versehen.

Nachträge und Benutzungsspuren: Verschiedene grafische Verweiszeichen und zwei handschriftliche Verweise auf *speciale mandatum.*

Provenienz: Heidelberg.
Geschichte des Faszikels: Die zeitgenössische Foliierung legt nahe (*CI–CIII*), dass dieser Faszikel nachträglich, womöglich erst in Rom, bei einer Neubindung an anderer Stelle platziert wurde, muss er sich doch ursprünglich vor dem vorangegangenen Faszikel befunden haben. In etwa zweitgleich mit dem ersten Faszikel entstanden, wurde er an inhaltlich passender Stelle integriert.

2) 110br–112v
Verfasser: Bérenger Frédol d. Ä.
Titel: Liber de excommunicatione.
Angaben zum Text: Auch bekannt als ‚Tractatus de excommunicatione et interdicto', ‚Tractatus de absolutione ad cautelam' oder ‚De absolutione ad cautelam et de excommunicatione'. – 112ar–112av leer.
Incipit: 110br *Ad euidenciam huius materie videndum est. Primo quid sit dictum absolucio ad cautelam …*
Explicit: 112v … *circa hoc sufficiant notantur per Innocencium et Hostiensem et doctores in capitulo solet. Grates o digna tibi reddo virgo Maria. Amen.*
Edition: Le „Liber de excommunicacione" du cardinal Bérenger Frédol, précède d'une introduction historique sur l'excommunication et l'interdit en droit canonique de Gratien à la fin du XIIIe siècle, hrsg. von Eugène Vernay, Paris 1912, S. 1–18.

Faszikel III (Bl. 165–166)

Sachtitel / Inhalt: Rechnung.

Entstehungsort: Italien (?).
Entstehungszeit: 1422–1423.

Typus (Überlieferungsform): Faszikel.

Beschreibstoff: Papier.
Umfang: 2 Bll.
Format (Blattgröße): 28,8–29,8 × 21–21,8 cm.
Zusammensetzung (Lagenstruktur): I^{166}.
Seiten-, Blatt- und Lagenzählung: s. zum Codex.

Schriftraum: 19,6–24 × 14–18 cm.
Spaltenanzahl: 1 Spalte.
Zeilenanzahl: 44–46 Zeilen.
Angaben zu Schrift / Schreibern: Der Schreiber bediente sich einer geschäftsmäßigen jüngeren gotischen Kursive, die durch ihre zahlreichen Kürzungen charakterisiert ist.
Buchgestaltung: Einspaltig angelegter Text mit Zwischenüberschriften. Addierte Summen werden mit Paragrafenzeichen eingeleitet. Ansonsten keinerlei nennenswerte gestalterische Ambitionen.

Nachträge und Benutzungsspuren: Keinerlei Nachträge von anderer Hand.

Provenienz: Heidelberg.
Geschichte des Faszikels: Bei diesen zwei Blättern handelt es sich um keine eigene Lage, sie wurden vielmehr in den ersten Faszikel eingebunden. Offenbar handelt es sich um eine Rechnung, welche Einkünfte aus geistlichen Institutionen auflistet. Da diese über Europa verstreut lagen, ist an eine Herkunft aus der kirchlichen Zentralverwaltung oder von einer von der Kurie delegierten Person zu denken. Da die im Codex vorgenommene zeitgenössische Zählung hier fehlt, könnte dieser Faszikel auch erst in Rom, vielleicht als Lesezeichen, in die Hs. gelangt sein.

3) 165r–166r
Titel: Rechnung.
Angaben zum Text: Auflistung von Einkünften aus kirchlichen Institutionen. – 166v leer.
Rubrik: 165r ›*Jntroitus mensis Decembris M° cccc° xxij° recepte per dominum Gometum*‹.
Incipit: 165r *Primo pro ecclesia Oxoniensi taxa Florenis M viijc / Florenis xxx* ...
Explicit: 166r ... *Summa summarum floreni vc lxxxxj / solidi xiij / denarij v.*

TH

Vatikan, Biblioteca Apostolica Vaticana, Pal. lat. 674

Zusammengesetzte juristische Handschrift

Pergament, Papier · 2, 270, 1 Bll. · 21,5 × 15,5 cm · Mitteleuropa (?) / Oberdeutschland (?) · 15. Jh. (nach ca. 1420) / 15. Jh.

Typus (Überlieferungsform): Codex.
Beschreibstoff: Pergament, Papier.
Umfang: 2, 270, 1 Bll.
Format (Blattgröße): 21,5 × 15,5 cm.

Zusammensetzung (Lagenstruktur): Hs. aus 3 Faszikeln zusammengesetzt (I. Bll. 1–85; II. Bll. 86–233; III. Bll. 234–274). $(I\text{-}1)^{1a} + 1^{2a} + \ldots + (I\text{-}1)^{275^*}$. Zählfehler: Ungez. Bl. nach 4, zwei ungez. Bll. nach 84; auf 169 folgt 180, 170–179 ausgelassen; auf 249 folgt ungez. Bl., auf 252 folgen 2 ungez. Bll. Vorderspiegel Gegenbl. von 1a, Hinterspiegel Gegenbl. von 275*.
Seiten-, Blatt- und Lagenzählung: Römische Foliierung des 17. Jhs. (*1–169, 180–271*). Vor- und Nachsatzbll. ungez., weshalb hier, wie bei ungez. Bll., Zählung der Digitalisate übernommen wird (1a–2a, 4a, 84a–84b, 249a, 252a–252b, 272*–275*).

Einband: Römischer Einband, Pappe mit weißem Pergament überzogen, in Rom um 1780 gefertigt (Schunke, Einbände 2.2, S. 847). Gelb-kupferfarbenes Kapital. Auf wurmstichigen Buchrücken zwei blaue aufgeklebte Schildchen mit aktueller Signatur, dazwischen Rückentitel: *Tabulæ Bibliæ in decretis et decretalibus*, darunter in Blau: *P.*
Provenienz: Heidelberg.
Geschichte der Handschrift: Blaues Schildchen mit aktueller Signatur auf Vorderspiegel. Auf 2ar neben aktueller Signatur Altsignaturen *743* [durchgestrichen], *465*, Capsa-Nummer *C. 74*, darunter Allacci-Signatur *1829* [durchgestrichen], weitere Altsignatur auf 274*v: *1674*. Von Hand des 17. Jhs. auf 1r: *Iohannis Caldarinth tabulæ continentes autoritates et sententias Bibliæ, quæ ualde in compilationibus decretorum et decretalium prosunt*, 86r: *Vocabula totius iuris canonici scripta per Leonhardum Kantinger*, 234r: *Tabulæ auditionis Bibliæ et super decretalium et Decreti* [durchgestrichen], *Item vocabula totius juris canonici secundum alphabetum, diversæ decretales epistolæ Romanorum pontificum aut papum*. Die Hs. enthält drei Faszikel, für deren Entstehungszusammenhänge wir nur wenige Anhaltspunkte haben. Faszikel II dürfte an einer Universität verfasst worden sein, da sich der Schreiber auf 233r als Student zu erkennen gibt: *Expliciunt vocabula tocius juris canonici scripta per me Leonardum Kamtinger studentem*. Faszikel III lässt eine universitäre Herkunft aufgrund der Textauswahl als sehr wahrscheinlich erscheinen. Da die beiden genannten Faszikel mit Blattweisern versehen sind, ist anzunehmen, dass alle drei Faszikel bereits in Heidelberg zu einem Codex zusammengebunden vorlagen. Dafür spricht auch der Eintrag im Katalog der Schlossbibliothek von 1555/1560, in welchem sich jene Hss. befinden, die unter Ottheinrich aus der Heidelberger Schlossbibliothek in die Heiliggeistkirche transferiert wurden: *Leonhardi Kantingeri vocabularius iuris canonici, geschrieben papier bey Theolog. Joan. Caldarinth.* (Pal. lat. 1944, 143r). Im Katalog der dort 1581 befindlichen Bibliothek als: *Iohannis Caldarinth tabulae continentes autoritates et sententias Bibliæ, quae in compilationibus decretorum et decretalium prosunt, geschrieben perment und papir, in 4, bretter, rott leder, bucklen* (Pal. lat. 1945, 18).

Faksimile: https://digi.ub.uni-heidelberg.de/diglit/bav_pal_lat_674
Literatur: Caprioli, Tre capitoli, S. 360; OVL, Pal. lat. 674; Schunke, Einbände 2.2, S. 847; Seckel, Beiträge, S. 147 f.; Stevenson, Latini, S. 239; Zumkeller, Mss., S. 184.

Faszikel I (Bl. 1–85)

Sachtitel / Inhalt: Johannes Calderinus, Tabula auctoritatum et sententiarum Bibliae cum concordantiis decretorum et decretalium.

Entstehungsort: Mitteleuropa (?).

Entstehungszeit: 15. Jh. (nach ca. 1420).

Typus (Überlieferungsform): Faszikel.
Beschreibstoff: Pergament.
Umfang: 88 Bll.
Format (Blattgröße): 21,5 × 15,5 cm.
Zusammensetzung (Lagenstruktur): 3 VI^{35} + IV^{43} + 3 VI^{79} + IV^{85}.
Seiten-, Blatt- und Lagenzählung: Reklamanten auf der letzten Versoseite der Lage auf dem Fußsteg rechts, z. T. verziert (nicht auf dem letzten Bl.).
Zustand: Auf den ersten Bll. leichte Fraßspuren? Wenige genähte Risse.

Schriftraum: 15,5 × 11 cm.
Spaltenanzahl: 2 Spalten.
Zeilenanzahl: 37–39 Zeilen.
Angaben zu Schrift / Schreibern: Die ausführende Hand begann den Text in einer Bastarda, der bereits auf den ersten Seiten die Schleifen verlustig gingen, so dass sich die Schrift zu einer schleifenlosen Bastarda entwickelt, die zudem an Brechungen dazugewinnt, wodurch die Schrift sich im Duktus der gotischen Minuskel annähert. Sehr selten nahm der Schreiber Korrekturen vor, die er auf den Rändern nachtrug.
Buchgestaltung: Schriftraum mit Metallstift vorgezogen. Kapitel zu Buchstaben beginnen mit roter Lombarde über drei bis sechs, meist aber fünf Zeilen. Stichwörter mit Majuskelbuchstabe, roter Strichelung und rotem Paragrafenzeichen in der Versalienspalte hervorgehoben (einige Paragrafenzeichen vom Rubrikator nicht ausgeführt).
Buchschmuck: s. Buchgestaltung.

Nachträge und Benutzungsspuren: Außer den Einträgen auf 1r quasi keine Nachträge (27va z. B. Verweiszeichen). Kaum Benutzungsspuren.

Provenienz: Heidelberg.
Geschichte des Faszikels: Der paläografische Befund ist nicht eindeutig, dennoch ist eine Entstehung des Faszikels in Mitteleuropa wahrscheinlich.

1) 1ra–84ra
Verfasser: Johannes Calderinus.
Titel: Tabula auctoritatum et sententiarum Bibliae cum concordantiis decretorum et decretalium.
Angaben zum Text: s. Stegmüller, RB 4280 (ohne Nennung der Hs.): (1ra–5rb) Buchstabe A; (5rb–6vb) Buchstabe B; (6vb–14va) Buchstabe C; (14va–20vb) Buchstabe D; (21ra–23vb) Buchstabe E; (23vb–27rb) Buchstabe F; (27rb–28rb) Buchstabe G; (28rb–29va) Buchstabe H; (29vb–37rb) Buchstabe I; (37rb–40ra) Buchstabe L; (40ra–46rb) Buchstabe M; (46rb–48ra) Buchstabe N; (48ra–51ra) Buchstabe O; (51ra–61rb) Buchstabe P; (61rb–61va) Buchstabe Q; (61va–64va) Buchstabe R; (64va–72vb) Buchstabe S; (72vb–75vb) Buchstabe T; (75vb–81vb) Buchstabe U / V; (81vb–83vb) Buchstabe X; (83vb–84ra) Buchstabe Z. – 84v–85r leer. – 85v Notiz.
Incipit: 1ra [S]*eriem huius tabule continentis auctoritates et sentencias Biblie …*
Weiteres Initium: 1ra Aaron post conflatum vitulum in summum sacerdotem est consecratus …

Explicit: 84ra ... *Mt xiij xxiij q j in principio require eradicare a. Explicit Tabula auctoritatum et sententiarum Biblie inductarum in compilacionibus decretorum et decretalium quotata per dominum Johannem Caldarini Bononiensis et cetera.*
Edition: Der Text liegt in keiner modernen Edition vor, wurde aber bereits 1481 als Wiegendruck publiziert (GW 5896).

Faszikel II (Bl. 86–233)

Sachtitel / Inhalt: Hermann von Schildesche, Introductorium iuris.

Entstehungsort: Mitteleuropa (?).
Entstehungszeit: 15. Jh. (nach ca. 1420).

Typus (Überlieferungsform): Faszikel.
Beschreibstoff: Papier (Pergament als äußeres und inneres Bl. der Lage).
Umfang: 138 Bll.
Format (Blattgröße): 21,5 × 15,5 cm.
Zusammensetzung (Lagenstruktur): XIV^{113} + XV^{143} + 2 XIV^{209} + XII^{233}.
Seiten-, Blatt- und Lagenzählung: Reklamanten auf der letzten Versoseite der Lage auf dem Fußsteg rechts. Kustoden daneben, auf der Mitte des Fußstegs, davon einer in Rot.
Zustand: Am oberen Rand leicht stockfleckig. Einige Flecken. Fraßspuren auf Seiten-, Kopf- und Fußsteg. 86r Reste eines Blattweisers.

Schriftraum: 15,5 × 11 cm.
Spaltenanzahl: 2 Spalten.
Zeilenanzahl: 22–29 Zeilen.
Angaben zu Schrift / Schreibern: Der Student Leonhard Kamtinger schrieb diesen Faszikel in einer gut leserlichen Bastarda (Kolophon auf 233ra: *scripta per me Leonardum Kamtinger studentem*). Auffallend sind die recht großen Buchstaben sowie der Verzicht auf die Schleife beim d ab 91ra. Die eigens hervorgehobenen Buchstaben der Stichwörter sind meist in schleifenloser Bastarda geschrieben. Der Gebrauch dieser Schrift lässt den Schreiber nicht wie Seckel, Beiträge, S. 147 annahm im 14. Jh. wirken, sondern mit der Durchsetzung jener Bastardenvariante nach ca. 1420 (Schneider, Paläographie, S. 72–76).
Buchgestaltung: Schriftraum mit Metallstift vorgezogen. Buchstaben als Seitentitel auf Rectoseite in Kopfzeile rechts. Kapitel zu Buchstaben beginnen mit roter Lombarde über meist zwei bis drei Zeilen (des Öfteren nicht ausgeführt, 154rb mit Kreisen und Blüten als Schaftaussparungen und Fadenausläufern, daran Knospenfleuronné in Ährenanordnung). Stichwörter anfänglich in gotischen Minuskeln, später in vergrößerten Buchstaben, roten Unter-, Durch-, bzw. Überstreichungen, teilweise auch roten Paragrafenzeichen hervorgehoben. Letztere auch zur Unterteilung des Texts verwendet. Ferner rote Strichelungen zur Hervorhebung bzw. Strukturierung des Texts. Rubriken im Text, selten Wörter als Verweise in Rot auf den Rändern.
Buchschmuck: s. Buchgestaltung.

Nachträge und Benutzungsspuren: Kaum Anmerkungen von einer Hand oder zwei Händen in jüngerer gotischer Kursive. Kaum grafische Verweiszeichen. Wenige Benutzungsspuren.

Provenienz: Heidelberg.
Geschichte des Faszikels: Da sich der Schreiber des Faszikels als Student bezeichnet, dürfte der Faszikel an einer Universität niedergeschrieben worden sein.

2) 86ra–233ra
Verfasser: Hermann von Schildesche.
Titel: Introductorium iuris.
Angaben zum Text: (86ra–88vb) Prolog; (88vb–110ra) Buchstabe A; (110ra–115va) Buchstabe B; (115vb–130vb) Buchstabe C; (130vb–145vb) Buchstabe D; (145vb–154rb) Buchstabe E; (154rb–161rb) Buchstabe F; (161rb–161vb) Buchstabe G; (161vb–165rb) Buchstabe H; (165rb–191ra) Buchstabe I; (191ra–197vb) Buchstabe L; (197vb–202vb) Buchstabe M; (202vb–205rb) Buchstabe N; (205rb–206rb) Buchstabe O; (206rb–217va) Buchstabe P; (217va–218va) Buchstabe Q; (218va–220va) Buchstabe R; (220va–225ra) Buchstabe S; (225ra–228va) Buchstabe T; (228va–232rb) Buchstabe U / V; (232rb–232va) Buchstabe X; (232va–233ra) Buchstabe Y. – 233v leer.
Incipit: 86ra ›*Nobili*‹ *viro domino Eberhardo preposito ecclesie* ›*Hoyensis*‹ *necnon* ›*Coloniensis et Leodiensis*‹ *secundum ecclesiarum canonico ex preclara prosapia nobilium comitum de Marca de patre* ›*Engelberto*‹ *viro preclarissimo ibidem quondam comite nato et exorto ...*
Explicit: 233ra ... *c. De cursu publico l. Non patimur et cetera. Et sic est finis huius. Deo gracias.* ›*Expliciunt vocabula tocius juris canonici scripta per me Leonardum Kamtinger studentem*‹.
Edition: Der Prolog ist ediert in Seckel, Beiträge, S. 149–151.

Faszikel III (Bl. 234–274)

Sachtitel / Inhalt: Texte zum juristischen Studium.

Entstehungsort: Oberdeutschland (?).
Entstehungszeit: 15. Jh.

Typus (Überlieferungsform): Faszikel.
Beschreibstoff: Pergament.
Umfang: 44 Bll.
Format (Blattgröße): 21,5 × 15,5 cm.
Zusammensetzung (Lagenstruktur): 2 XI^{274*}.
Seiten-, Blatt- und Lagenzählung: 236r–244r Reste einer zeitgenössischen Foliierung rechts auf dem Fußsteg der Rectoseiten.
Zustand: Am oberen Rand und streckenweise auch auf dem Seitensteg leicht stockfleckig. Einige Flecken. 234 Reste eines Blattweisers.

Schriftraum: 15,5 × 11 cm.
Spaltenanzahl: 1 Spalte (236r–238r: 2 Spalten).
Zeilenanzahl: 29–51 Zeilen.

Angaben zu Schrift / Schreibern: Zwei Hände sind erkennbar: Die erste Hand führte den ersten Text aus (234r–235r), wobei sie sich einer Bastarda bediente. Das verwendete x-förmige r spricht für eine oberdeutsche Sozialisierung des Schreibers (Schneider, Paläographie, S. 76 f.). Die übrigen Texte schrieb eine andere Hand in jüngerer gotischer Kursive, für die ein auseinandergerissenes r und ein flüchtig wie reduziert geschriebenes g charakteristisch ist.

Buchgestaltung: Zur Strukturierung des Texts Zwischenüberschriften im Fließtext, Majuskeln zur Hervorhebung des Beginns eines neuen Textabschnitts, Zwischenüberschriften bzw. Paragrafenzeichen auf Bund- oder Seitensteg sowie Unterstreichungen. Ansonsten keine ausgeprägten gestalterischen Ambitionen.

Nachträge und Benutzungsspuren: Mehrfach grafische Verweiszeichen, v.a. in Form von Zeigehänden. Einige Benutzungsspuren.

Provenienz: Heidelberg.

Geschichte des Faszikels: Die in diesem Faszikel versammelten Texte werden in erster Linie für das juristische Studium verwendet worden sein. Ein paläografisches Indiz spricht für einen oberdeutschen Entstehungskontext oder zumindest für die Sozialisierung des Schreibers in Oberdeutschland.

3) 234r–235r

Titel: Merkverse zum Liber extra.

Angaben zum Text: S. auch Walther, IC, Nr. 18797. – 235v.

Incipit: 234r ›*Svmmum*‹ *constitue rescriptis conswe pascal* [!] …

Explicit: 235r … *peniteat sentencia ver post regula iuris.*

4) 236r–238ra

Titel: Register mit Tituli aus dem Liber extra.

Rubrik: 236r ›*Jn nomine domini. Amen*‹.

Incipit: 236r *Circa decretales Gregorianas quinque queruntur* …

Explicit: 238ra … *de verborum significacionibus.*

5) 238rb–238v

Titel: Beschreibung von Gelehrten und ihren Werken.

Angaben zum Text: Behandelt werden v.a. Rechtsgelehrte, die in der Zeit nach Gregor IX. schrieben.

Incipit: 238rb *§ Ex dictis in quodam sermone de fornicarijs apparet Gerhardi dicti Groet de Dauantria diaconi quem predicauit communi clero ecclesie Traiectensis* …

Explicit: 238v … *§ Videte ergo hic nominatos doctores famosos xviij nec alios post tempora Gregorii ix inveni et legi notabiles jn jure talis doctores.*

6) 239r–239v

Titel: Einführung in die juristische Literatur.

Rubrik: 239r ›*Jn nomine domini. Amen*‹.

Incipit: 239r *Quia alique sunt summe quibus vtuntur simplices sacerdotes* …

Explicit: 239v … *constituciones seu libri feodorum sic allegabantur olim in libro feodorum et* [durchgestrichen: *allegantur*] *assignatur tytulus cum constitucione.*

7) 240r–240v
Titel: Zusammenfassungen vom Decretum Gratiani und vom Liber extra.
Incipit: 240r *Prima divisio Decreti in partes 3. Prima pars ...*
Explicit: 240v ... *sed in diccionem monstrantem supposicionem materialem prosequitur et cetera.*

8) 241r–241v
Titel: Zusammenfassungen vom Decretum Gratiani und vom Liber extra.
Angaben zum Text: s. Walther, IC, Nr. 13719.
Rubrik: 241r ›*Jn nomine domini. Amen et cetera*‹.
Incipit: 241r *Pars prior officia parat ecclesieque ministros ...*
Explicit: 241v ... *jn qua aggreditur principale propositum de jure canonico originem eius assignando et cetera. Amen.*
Edition: Anfangsverse ediert in: MGH SS 24, S. 199.

9) 242r–271r
Titel: Abbreviation des Decretum Gratiani.
Angaben zum Text: Womöglich ein Auszug aus der Abbreviation ‚Exceptiones evangelicarum' (s. Kuttner, Repertorium, S. 260 f., ohne Erwähnung dieser Hs.): (242r–249v) Abbreviationen der Distinktionen 1–44; (249ar–249av) leer; (250r–252v) Abbreviationen der Distinktionen 45–81; (252ar–252bv) leer; (253r–255v) Abbreviationen der Distinktionen 82–101; (256r–271r) Abbreviationen der Causae 1–14.
Rubrik: 242r ›*Jn nomine domini. Amen et cetera*‹.
Incipit: 242r ›*Hvmanum genus duobus regitur scilicet naturali* [durchgestrichen: *et distinctione et cetera*] *videlicet et moribus jus naturale est quod in lege et in ewangelio continetur et cetera*‹ ...
Explicit: 271r ... *ad 3am questionem* ... [Text bricht ab].

TH

Vatikan, Biblioteca Apostolica Vaticana, Pal. lat. 675

Sammelhandschrift

Papier · 18, 225, 2 Bll. · 28,5 × 19,5 cm · Mittel- / Oberrhein · um 1440

Entstehungsort: Mittel- / Oberrhein.
Entstehungszeit: um 1440.

Typus (Überlieferungsform): Codex.
Beschreibstoff: Papier.
Umfang: 18, 225, 2 Bll.
Format (Blattgröße): 28,5 × 19,5 cm.
Zusammensetzung (Lagenstruktur): $(II-1)^{C}$ + VII^{13a} + 1^{14a} + 5 V^{50} + IV^{58} + 2 V^{78} + IV^{86} + V^{96} + 2 IV^{112} + II^{116} + V^{126} + 8 VI^{222} + $(II-1)^{225}$ + $(II-1)^{227*}$. Vorderspiegel Gegenbl. von C, Hinterspiegel Gegenbl. von 226*.

Seiten-, Blatt- und Lagenzählung: Römische Foliierung des 17. Jhs. (*1–225*), *A–D* nachgetragen. Vor- und Nachsatzbll. ungez., weshalb hier Zählung der Digitalisate übernommen wird (1a–14a, 226*–227*). Durchgängig Reklamanten auf der letzten Versoseite der Lage, bis 116v auf dem Fußsteg rechts, eingeleitet mit einem Paragrafenzeichen, ab 138v auf dem Fußsteg mittig, rot durchgestrichen. 11r–114r Blattsignatur auf dem Fußsteg rechts, teils durch Beschnitt verloren gegangen, mit Kleinbuchstaben für die Lage und arabischer Ziffer für jeweiliges Doppelbl.

Zustand: An den Rändern, v. a. am oberen, stockfleckig. Initialen und Überschriften schlagen durch. Schriftraum gebräunt. Schrift zuweilen etwas ausgeblichen. Bll. 36–40 Wasserschaden. 64r Risse überklebt, mit leichtem Textverlust. 73v beschriebene Falzverstärkung.

Wasserzeichen: Ochsenkopf mit Augen, Nasenlöchern, Kreis auf Stirn, mit einkonturiger Stange und sechsstrahligem, einkonturigem Stern als Oberzeichen, Bll. B, C, 127–227*, annähernd identisch mit Wzz. von Papieren, die laut WZIS 1441 beschrieben wurden, DE2730-PO-75738; Ochsenkopf mit Augen und Nasenlöchern, mit einkonturiger Stange und sechsstrahligem, einkonturigem Stern als Oberzeichen, Bll. 12a–49, vergleichbar mit Wzz. von Papieren, die laut WZIS 1452 Verwendung fanden, DE8100-PO-75946. Traube, Stiel zweikonturig, Ranke ringförmig, mit Querstrich, Bll. 2–6, 117–125, ähnlich Wzz. von Papieren, die laut WZIS 1439 in Basel verwendet wurden, DE0960-Mlf50_999; Traube, Stiel einkonturig, mit Ranke, Bll. 12–20, 61–114, vergleichbar mit Wzz. von Papieren, die laut WZIS 1438 in Bacharach beschrieben wurden, DE6405-PO-128894.

Schriftraum: 19 × 12 cm.

Spaltenanzahl: 1 Spalte (127r–225r: 2 Spalten).

Zeilenanzahl: 33–37 Zeilen (127r–225r: 37–38 Zeilen).

Angaben zu Schrift / Schreibern: Der gesamte Text wurde in einer schleifenlosen Bastarda ausgeführt. Die erste Hand verfügte bei aller Kursivität über erstaunlich viele Brechungen, auf den letzten Bll., ehe sie ihre Arbeit auf 116v beendete, schlichen sich immer wieder Schleifen ein. Auf den ersten Bll. bis 23v führte besagte Hand auch die roten Seitentitel und die roten Verweise auf dem Seitensteg aus. Für die letzte Lage des ersten Texts übernahm eine andere Hand, die weniger schwungvoll schrieb, weniger die Ober- und Unterlängen betonte. Mit dem zweiten Text übernahm ab 127ra eine ganz ähnlich schreibende Hand.

Buchgestaltung: Schriftraum mit Metallstift vorgezogen. Kapitel eingeleitet mit rotem Paragrafenzeichen und Überschrift mit Auszeichnungsbuchstaben in gotischer Minuskel, darauf dem Text rote Lombarde über meist drei bis fünf Zeilen vorangestellt (134ra–224rb Lombarden nicht ausgeführt, Angaben für Rubrikator noch vorhanden). Rote Paragrafenzeichen zur Strukturierung des Texts. Auf ersten Bll. Seitentitel in Rot auf der Rectoseite, zudem Verweise in Rot auf dem Seitensteg. 127ra–225ra Schlagwörter mit Buchstaben durchgezählt.

Buchschmuck: Auf dem Fußsteg von 1r auf einem braunen Blütenkelch, umgeben von gedrehten Akanthusranken in Blau, Grün und Rot, ein Wappen: Wachsendes Einhorn in geteiltem Schild, oben ein goldener Einhornkopf auf blauem Grund, unten in verwechselten Farben (s. auch die Bildbeschreibung in heidICON).

Nachträge und Benutzungsspuren: Keinerlei Anmerkungen oder Nachträge von anderer Hand. Wenige Benutzungsspuren.

Einband: Römischer Einband, Pappe mit weißem Pergament überzogen, in Rom um 1780 gefertigt (SCHUNKE, Einbände 2.2, S. 847). Gelb-kupferfarbenes Kapital. Auf Buchrücken zwei blaue aufgeklebte Schildchen mit aktueller Signatur, dazwischen Rückentitel: *Iohannes de Zegobia de potestate ecclesie et generalium conciliorum auctoritate.*

Provenienz: Cyriakusstift Neuhausen bei Worms / Heidelberg.

Geschichte der Handschrift: Blaues Schildchen mit aktueller Signatur auf Vorderspiegel. Auf Ar nebst aktueller Signatur Altsignatur *536* [durchgestrichen], auf Dr weitere Altsignatur *469* neben einer durchgestrichenen und nicht mehr leserlichen, darüber hinaus Capsa-Nummer *C. 75.*, darunter Allacci-Signatur *932* [durchgestrichen]. Wie die Wzz. der verwendeten Papiere suggerieren, dürfte die Hs. am Mittel- oder Oberrhein entstanden sein. Dazu passt der Eintrag auf Dr. Eine Kanzleihand des 16. Jhs. vermerkte hier *Neuhausen*, was nahelegt, dass sich der Codex im Besitz des Cyriakusstifts in Neuhausen bei Worms befand. Der Eigentümer der Hs., der auch mit einem Wappen ausgewiesen ist, das sich ebenfalls in Pal. lat. 676 wiederfindet, könnte ein Kleriker im Cyriakusstift gewesen sein, an dem auch Lehrer der Heidelberger Universität ihr Kanonikat innehatten. Nach Heidelberg dürfte der Codex allerdings nicht über die Hochschule gelangt sein, sondern vielmehr über ein Büchergeschenk. Denn in Pal. lat. 168 heißt es auf 1r, dass jene Hs. am 12. Juni 1553 Pfalzgraf Ottheinrich von Dekan und Kapitel des Cyriakusstifts geschenkt worden sei. Da die Kanzleihand, welche besagten Vermerk schrieb, mit dem hier auf Dr hinterlassenen Besitzeintrag übereinstimmt, dürfte dieses Buch Teil des Geschenks gewesen sein. Mit der Bibliothek Ottheinrichs dürfte der Band schließlich in die Bibliotheca Palatina gelangt sein.

Faksimile: https://digi.ub.uni-heidelberg.de/diglit/bav_pal_lat_675

Literatur: GUGUMUS, Erforschung, S. 138; OVL, Pal.lat.675; Sigrid KRÄMER, Handschriftenerbe 1.2, S. 598; Horacio SANTIAGO-OTERO, Juan de Segovia. Algunos manuscritos de sus obras en la Biblioteca Vaticana, in: Revista Española de Teología 30 (1970), S. 93–106, hier S. 99; SCHUNKE, Einbände 2.2, S. 847; STEVENSON, Latini, S. 239.

1) 1r–125v

Verfasser: JOHANNES VON SEGOVIA.

Titel: Tractatus decem avisamentorum ex sacra scriptura de insuperabili sanctitate ecclesiae et suprema generalis concilii auctoritate.

Rubrik: 1r ›*Jncipit tractatus venerabilis magistri Johannis de Zegobia de potestate ecclesie et auctoritate generalium conciliorum*‹.

Incipit: 1r ›*Aput*‹ *sapientes in decisione questionum ac disputacionum frequencia* ...

Explicit: 125v ... *et in materia scandali quod nemo eximitur a judicio. Et sic est finis.*

Edition: Das erste Avisament (hier: 1r–14v) ist samt der anhängenden Zusammenfassung (hier: 124v–125v), auch unter Berücksichtigung vorliegender Hs., ediert in: Werner KRÄMER, Konsens und Rezeption. Verfassungsprinzipien der Kirche im Basler Konziliarismus, mit Edition ausgewählter Texte, Münster 1980 (Beiträge zur Geschichte der Philosophie und Theologie des Mittelalters 19), S. 385–415.

2) 127ra–255r

Verfasser: JOHANNES CALDERINUS.

Titel: Tabula auctoritatum et sententiarum Bibliae cum concordantiis decretorum et decretalium.

Angaben zum Text: s. Stegmüller, RB 4280 (ohne Nennung der Hs.): (127ra–133vb) Buchstabe A; (134ra–135vb) Buchstabe B; (135vb–144vb) Buchstabe C; (144vb–152ra) Buchstabe D; (152ra–155rb) Buchstabe E; (155rb–158vb) Buchstabe F; (158vb–160ra) Buchstabe G; (160ra–161va) Buchstabe H; (161va–170rb) Buchstabe I; (170va) Buchstabe K; (170va–173vb) Buchstabe L; (173vb–180va) Buchstabe M; (180va–182va) Buchstabe N; (182va–185va) Buchstabe O; (185va–198ra) Buchstabe P; (198ra–b) Buchstabe Q; (198rb–201vb) Buchstabe R; (201vb–211rb) Buchstabe S; (211va–215ra) Buchstabe T; (215ra–222ra) Buchstabe U / V; (222ra–224rb) Buchstabe X; (224rb–225ra) Buchstabe Z.
Rubrik: 127ra ›*Jncipit Tabula auctoritatum et sentenciarum inductarum in copulacionibus decretorum et decretalium quotatarum excellentissimi doctoris domini Johannis Calderini cuius anima requiescat in pace. Amen*‹.
Incipit: 127ra ›*Seriem huius*‹ *tabule continentis auctoritates et sententias Biblie* ...
Explicit: 225r ... *Mt xiij xxiij q. j. in principio require erradicare a. Explicit Tabula auctoritatum et sentenciarum Biblie inductarum in compilacionibus decretorum et decretalium commentatorum excellentissimi decretorum doctoris domini Johannis Calderini, cuius anima requiescat in pace. Amen.*
Edition: Der Text liegt in keiner modernen Edition vor, wurde aber bereits 1481 als Wiegendruck publiziert (GW 5896).

TH

Vatikan, Biblioteca Apostolica Vaticana, Pal. lat. 676

Sammelhandschrift

Papier · 14, 103, 26 Bll. · 29,2 × 21,2 cm · Mittel- / Oberrhein · um 1440

Entstehungsort: Mittel- / Oberrhein.
Entstehungszeit: um 1440.

Typus (Überlieferungsform): Codex.
Beschreibstoff: Papier (2 und 121a Pergament).
Umfang: 14, 103, 26 Bll.
Format (Blattgröße): 29,2 × 21,2 cm.
Zusammensetzung (Lagenstruktur): $(I-1)^{1a}$ + 1^{2a} + VI^{14a} + 2 VII^{28} + 2 VI^{52} + VII^{66} + 2 VI^{83g} + V^{93} + $(II-1)^{96}$ + 2 VI^{120a} + 1^{121a} + $(I-1)^{123*}$. Vorderspiegel Gegenbl. von 1a, Hinterspiegel Gegenbl. von 123*. Auf 83 folgen 7 ungez. Bll.
Seiten-, Blatt- und Lagenzählung: Römische Foliierung des 17. Jhs. (*1–96*). Vor- und Nachsatzbll. ungez., weshalb hier, wie bei weiteren ungez. Bll., Zählung der Digitalisate übernommen wird (1a–14a, 83a–83g, 97*–123*). Durchgängig Reklamanten auf der letzten Versoseite der Lage auf dem Fußsteg rechts, Lagenfoliierung auf dem Fußsteg rechts, meist durch Beschnitt beeinträchtigt bzw. verloren gegangen.
Zustand: An den Rändern, v.a. am oberen, stockfleckig. Auf 84v schlägt Überschrift durch. 52v–53r, 78v–79r große Tintenflecken mit Textverlust. Bl. 97* größtenteils herausgeschnitten.
Wasserzeichen: Ochsenkopf mit Augen und Nasenlöchern, mit einkonturiger Stange und sechsstrahligem, einkonturigem Stern als Oberzeichen, in zwei Varianten, Bll. 9a–13a, 2–7,

15–16, 21, 31, 34–36, 40, 48–52, 59, 66, 79, 83b–83c, 92–94, 103*–106*, 111*, 117*–120*, derzeit keine Übereinstimmung mit WZIS, Bll. 3a–7a, 9–14, 17, 23–30, 32, 42–46, 54–57, 61–64, 67–75, 81–82, 83f–88, 95–101*, 113*–115*, 119*, vergleichbar mit Wzz. von Papieren, die um 1440/1447 beschrieben wurden, DE8310-Mc137_74.

Schriftraum: 19,3 × 12,5 cm.
Spaltenanzahl: 1 Spalte.
Zeilenanzahl: 26–41 Zeilen.
Angaben zu Schrift / Schreibern: Sämtliche hier versammelten Texte wurden in einer schleifenlosen Bastarda geschrieben. Die erste Hand, 1r–28v, die 2.-3. Lage (1. Lage blieb unbeschrieben), 67r–93v, die 7.-8. Lage ausführend, ist durch ihren aufrechten Duktus charakterisiert. Jene Hand brachte auch auf der 2. und 3. Lage die Verweise auf dem Seitensteg an. Die zweite Hand, 29r–40v, die 4. Lage, 53r–66v, die 6. Lage schreibend, zeigt ebenfalls eine Betonung des Vertikalen, teilweise sind die Schäfte von m, n und u unverbunden nebeneinandergestellt. Die dritte Hand, 41r–52v, die 5. Lage verantwortend, wirkt hingegen wesentlich gedrungener und horizontaler im Duktus, was auch für die vierte Hand, 94r–96v, die 9. Lage vollendend, festgestellt werden kann. Allgemein trugen die Hände Korrekturen auf dem Seitenrand nach.
Buchgestaltung: Schriftraum mit Tinte vorgezogen. Kapitel eingeleitet mit roter Lombarde über zwei bis drei Zeilen. Rote Paragrafenzeichen und Strichelungen zur Strukturierung des Texts. Im zweiten Text Rubriken im Fließtext sowie zuweilen rote Unterstreichungen oder Abschnitt in roter Tinte zur Hervorhebung. Verweise in Rot auf dem Seitensteg. 84r Überschrift mit Auszeichnungsbuchstaben in gotischer Minuskel, eingeleitet von roter Lombarde über acht Zeilen.
Buchschmuck: Auf 1r in einem mit Ranken gefüllten braunen Feld grüne Rankeninitiale, ablaufende Ranken in Blau und Gelb. Auf dem Fußsteg auf grüner und roter Akanthusranke Wappen: Wachsendes Einhorn in geteiltem Schild, oben ein goldener Einhornkopf auf blauem Grund, unten in verwechselten Farben. Gold ist größtenteils abgeblättert (s. zum Vergleich Pal. lat. 675, 1r, darüber hinaus auch die Bildbeschreibung in heidICON).

Nachträge und Benutzungsspuren: Außer den Korrekturen und Verweisen der Schreiber lediglich mancherlei grafische Verweiszeichen sowie auf 66r Verweis von anderer Hand.

Einband: Römischer Einband, Pappe mit weißem Pergament überzogen, in Rom um 1780 gefertigt (Schunke, Einbände 2.2, S. 847). Gelb-kupferfarbenes Kapital. Auf Buchrücken zwei blaue aufgeklebte Schildchen mit aktueller Signatur, dazwischen Rückentitel: *De conciliorum auctoritate*, darunter in Blau: *Pal.* Schwanz wurmstichig.
Provenienz: Cyriakusstift Neuhausen bei Worms / Heidelberg.
Geschichte der Handschrift: Blaues Schildchen mit aktueller Signatur auf Vorderspiegel. Auf 1ar neben aktueller Signatur Altsignatur *550* [durchgestrichen]. Auf 2ar neben weiterer Altsignatur *625* Capsa-Nummer *C. 128.* Weitere Altsignatur auf 122*v *1665.* Inhaltlich stehen die Texte mit jenen in Pal. lat. 675 im Zusammenhang, darüber hinaus zeigen sie eine ähnliche Schrift und Gestaltung. Da zudem bei beiden Hss. auf ähnliches Papier zurückgegriffen wurde, ist auch von einem vergleichbaren Entstehungskontext auszugehen. Dafür spricht auch, dass beide Codices dasselbe Wappen auf der Eingangsseite schmückt, weshalb sie wohl derselbe Besitzer verband. Offenbar teilten sie auch das Schicksal der selben Provenienz, wie der Vermerk auf 2ar *Neuhausen* nahelegt, der sich ebenfalls in Pal. lat. 675 findet

und auf das Cyriakusstift in Neuhausen bei Worms verweist. Zur weiteren Provenienzgeschichte s. die Beschreibung zu Pal. lat. 675.

Faksimile: https://digi.ub.uni-heidelberg.de/diglit/bav_pal_lat_676
Literatur: Schunke, Einbände 2.2, S. 847; Stevenson, Latini, S. 240.

1) 1r–83r
Titel: De sacrorum consiliorum universalium auctoritate ac potestate.
Angaben zum Text: Als Verfasser des Texts gibt sich ein Doktor der theologischen Fakultät an der Universität Wien zu erkennen, wie auf 1v ersichtlich wird: *Ego sacratissime sciencie theologie doctor et magister minimus vniuersitatis* [durchgestrichen: *pote*] *Wyenensis potentissimi ducatus Austrie ciuitatis inclitissime seu opidi Wyenensis affluentissimi in nacione Germanica existentis seruus perpetuus orator et filius ac scolaris tempore magnis Alberti jllustrissimi principis et ducis Austrie ac Hungarie, Bohemie et Romanorum regis potentissimi seruus et capellanus existens in predicta Wyenensis ciuitate et ibidem factus magister de anno domini Mccccxxxviij.* Er verfasste das Werk demnach im Jahr 1438. Hintergrund war wohl das Basler Konzil, wie es auf 82v heißt: *ego pauper seruus Ihesu Christi theologie sacre doctor Wienensis qui scripsi et compilaui hunc tractatum seu librum auctoris conciliorum de ciuitatis vniuersalis ecclesie* [...] *presentem tractatum de auctoritate et potestate generalium conciliorum ciuitatis vniuersalis ecclesie factum anno domini 1438, tempore Basiliensis concilij.* – 1ar–14av leer. – 83v–83gv leeres Zeilengerüst.
Rubrik: 1r ›*De sacrorum conciliorum vniuersalium auctoritate maioritate ac potestate. Jncipit tractatus vtilimus que vocatur tractatus conciliorum de ciuitate vniuersalis ecclesie, Millesimoquadringentesimotricesimooctauo compositus et recollectus fidelissime*‹.
Incipit: 1r ›*Auctoritas*‹, *prerogatiua, maioritas, preeminencia, potestas, excellencia, dominium et superioritas ...*
Explicit: 83r ... *tractatus catholicus de auctoritate conciliorum vniuersalium seu generalium aut ycumenicorum ciuitatis vniuersalis ecclesie feliciter. Explicit atque finit inuectiuus* ›*contra papam Romanum qui pecunias querit et sacris concilijs resistit*‹.

2) 84r–93v
Titel: Tractatulus brevis de arte moriendi.
Angaben zum Text: Der Text findet sich in zahlreichen Hss. und erfuhr ganz unterschiedliche Zuschreibungen.
Rubrik: 84r ›*Jncipit libellus de arte moriendi*‹.
Incipit: 84r ›*Cum de presentis*‹ *exilij miseria mortis transitus propter moriendi impericiam ...*
Explicit: 93v ... *ut cum hijs omnibus in tuo conspectu gaudeant in eternum. Qui cum patre spiritu sancto dei per omnia secula seculorum. Amen.*
Edition: Der Text liegt in keiner modernen Edition vor, wurde aber bereits um 1474 erstmals als Inkunabel gedruckt (GW 2597–2614).

3) 94r–96v
Verfasser: Gaspare Rossi (?).
Titel: Rede über die Bitte um das Pallium.
Angaben zum Text: Mögliche Parallelüberlieferung in London, British Library, Cotton Tiberius B VI, 170r–171r (s. Kristeller, Iter Italicum, Bd. 4, S. 672). – 98*r–123*v leer.
Rubrik: 94r ›*Jn*‹ *nomine sancte et indiuidue trinitatis patris et filij et spiritus sancti. Amen.*

Incipit: 94r *Magnum hodierna die pondus allatum video o celeberrimi patres ...*
Explicit: 96v ... *que in posterum feliciter peregerit in marcessibilem uite eterne coronam ac triumphalem gloriam consequi mereatur quam sibi et nobis omnibus concedere dignetur Ihesus Christus benedictus in secula. Amen.*

TH

Vatikan, Biblioteca Apostolica Vaticana, Pal. lat. 677

Sammelhandschrift zur Häresie

Papier · 1, 106, 1 Bll. · 19,6 × 13,8 cm · Regensburg (?) · 1460er Jahre

Entstehungsort: Regensburg (?).
Entstehungszeit: 1460er Jahre.

Typus (Überlieferungsform): Codex.
Beschreibstoff: Papier.
Umfang: 1, 106, 1 Bll.
Format (Blattgröße): 19,6 × 13,8 cm.
Zusammensetzung (Lagenstruktur): $(I-1)^{1a}$ + 7 VI^{84} + V^{94} + VI^{106} + $(I-1)^{107*}$. Vorderspiegel Gegenbl. von 1a, Hinterspiegel Gegenbl. von 107*.
Seiten-, Blatt- und Lagenzählung: Römische Foliierung des 17. Jhs. (*1–106*). Vor- und Nachsatzbl. ungez., weshalb hier Zählung der Digitalisate übernommen wird (1a, 107*). Durchgängig Kustoden auf der ersten Rectoseite der Lage auf dem Fußsteg mittig mit Buchstaben, vorzüglich Majuskeln, die jeweils als Lagenfoliierung weitergeführt werden.
Zustand: Stockfleckig, v. a. an den Rändern. 97v–98r Flecken mit Textverlust. Wenige Benutzungsspuren.
Wasserzeichen: Aufgrund zu geringer Größe nicht aufgenommen. Laut Välimäki, Heresy, S. 276, ähnlich Gerhard Piccard, Wasserzeichen Waage, Stuttgart 1978 (Veröffentlichungen der Staatlichen Archivverwaltung Baden-Württemberg, Sonderreihe, Findbuch = Die Wasserzeichenkartei Piccard im Hauptstaatsarchiv Stuttgart 5), V, 388–390, nachweisbar für die Jahre 1465–1467 im bayerisch-österreichischen Raum.

Schriftraum: 14,6 × 9 cm.
Spaltenanzahl: 1 Spalte.
Zeilenanzahl: 30 Zeilen.
Angaben zu Schrift / Schreibern: Der Schreiber, Leonhard Regel aus Ingolstadt, bediente sich einer Gotico-Antiqua im Derolezschen Sinn (vgl. Derolez, Palaeography, S. 176–181). Die im Grunde schon stark zur humanistischen Antiqua neigende Schrift besitzt nur noch wenige gotische Elemente, wie das runde r oder den etwas kantigen Duktus.
Buchgestaltung: Zeilengerüst mit Metallstift vorgezogen. Überschriften in Capitalis quadrata als Auszeichnungsschrift (1r, 43r). Meist Raum für Initialen freigelassen, Vorgaben für Rubrikator vorhanden. Zuweilen Initialen als Federzeichnungen, meist als Hohlbuchstabe, teils mit Cadelle, Froschlaichmotiv oder Blattrankenverzierungen.

Buchschmuck: Explicits auf 40v und 42v mit Blattrankenwerk. Auf 106v Federzeichnung eines gerauteten Schilds (steht wohl für das Haus Wittelsbach), darüber Stange mit Krone, um das Wappen Spruchband: *VENTVRA. EL. MIA. SPERANCA.*

Nachträge und Benutzungsspuren: Wenige grafische Verweiszeichen, wenige Verweise und Anmerkungen, wahrscheinlich von der Hand des Johann von Pfalz-Mosbach (1443–1486).

Einband: Holzdeckel mit verloren gegangenen Schließen. Braunes Kalbsleder, blind und golden mit Plattenstempel: Vorderdeckel: Platte (negativ) mit Bildnis Kurfürst Ottheinrichs als Schulterstück in Gold, darüber Querstreifen mit Blütenranke und Engelskopf, darunter Querstreifen mit Blütenranke sowie Jahreszahl *1558* in Gold. Hinterdeckel: Platte (negativ) mit Wappen Kurfürst Ottheinrichs in Gold, darunter und darüber Querstreifen mit Parisurteil und Blütenranke. Platten vorne und hinten jeweils umgeben von Rollenstempeln mit Pärchen und Parisurteil. In Heidelberg von Petrus Betz 1558 gefertigt (Schunke, Einbände 2.2, S. 847). Gelb-kupfer-türkisfarbenes Kapital. Auf Vorderdeckel Altsignatur *1455* [durchgestrichen] und Capsa-Nummer *C. 125.* Auf dem Rücken zwei blaue Schildchen mit aktueller Signatur, dazwischen Rückentitel: *Haeres…* [Rest unleserlich].
Provenienz: Neumarkt / Heidelberg.
Geschichte der Handschrift: Blaues Schildchen mit aktueller Signatur auf Vorderspiegel. Auf 1ar neben aktueller Signatur Altsignaturen *574* [durchgestrichen], *365*, in Rot: *Pal.*, auf 1av in Rot aktuelle Signatur. Geschrieben wurde die Hs. von einem gewissen Leonhard Regel aus Ingolstadt, wie auf 106r deutlich wird: *Per me Leonardum Regel de Ingolstat.* Als möglicher Entstehungsort könnte Regensburg in Frage kommen, da in den Eiden des abschließenden Texts auf 44r–56v mehrfach der Bischof von Regensburg genannt wird. Wenn es sich nicht um eine Auftragsarbeit für Johann von Pfalz-Mosbach handelt, so muss der Codex doch schon bald in seinen Besitz gekommen sein. Das zeigt seine Devise auf 1r: *D.C.A.*, darunter *IO.B.DUX* (aufgelöst: Dii coeptis aspirate, Iohannes Bavariae Dux, s. auch Reinle, Lebensentwurf, S. 185 f.). Ob Johann tatsächlich Domherr in Regensburg war, ist umstritten (Reinle, Lebensentwurf, S. 171). Da sein Bruder Ruprecht dort zum Bischof gewählt wurde – und als Elekt mit Johann zum Studium nach Pavia reiste – bestand zweifelsfrei eine Verbindung nach Regensburg. In diesem Zusammenhang ist eine weitere Devise von Interesse, die sich auf 106v befindet, und wohl ebenfalls für Johann gestanden haben dürfte. Zu sehen ist eine Krone, an der eine Kette hängt, daran ein gerauteter Schild, der sich auf einen Wittelsbacher beziehen dürfte. Das Wappen ist von einem Spruchband mit der Aufschrift *Ventvra e la mia sperança* umgeben. Vielleicht entstand diese Devise – und u. U. auch die Hs. – bei einem von Johanns Aufenthalten in Pavia (s. Einleitung). Nach dem Ableben Johanns von Pfalz-Mosbach, der zuletzt Dompropst in Augsburg gewesen war, ging dessen Bibliothek wohl in die Hände seines in Neumarkt residierenden Bruders Otto II. (1435–1499) und mit dessen Hinscheiden in das Eigentum des Pfälzer Kurfürsten über (s. Einleitung).

Faksimile: https://digi.ub.uni-heidelberg.de/diglit/bav_pal_lat_677
Literatur: Peter Biller, The Waldenses, 1170–1530. Between a Religious Order and a Church, Aldershot u. a. 2001 (Collected Studies Series 676), S. 268; Antoine Dondaine, Le manuel de l'inquisiteur, in: Archivum fratrum Praedicatorum 17 (1947), S. 85–194, hier S. 173; Thomas M. Izbicki, Ecclesiological Texts of Jean Gerson and Pierre d'Ailly Among

the Codices Vaticani Latini, in: Manuscripta. A Journal for Manuscript Research 32 (1988), S. 197–201, hier S. 200; Margaret Anne Eugenie NICKSON, The „Pseudo-Reinerius“ Treatise, the Final Stage of a Thirteenth Century Work on Heresy from the Diocese of Passau, in: Archives d'histoire doctrinale et littéraire du Moyen Âge 34 (1967), S. 255–314, hier S. 260, 268, passim; OVL, Pal. lat. 677; SCHUNKE, Einbände 2.2, S. 847; STEVENSON, Latini, S. 240; Reima VÄLIMÄKI, Heresy in Late Medieval Germany. The Inquisitor Petrus Zwicker and the Waldensians, Woodbridge / Rochester 2019 (Heresy and Inquisition in the Middle Ages 6), S. 276 f., passim.

1) 1r–40v
Verfasser: PASSAUER ANONYMUS.
Titel: Traktat.
Incipit: 1r ›*Avdistis qvia Antichristvs*‹ *uenit, nunc autem multi antichristi facti sunt vnde scimus quia hora nouissima est …*
Explicit: 40v … *et eorum erroribus falsissimis opinionibus credentes deleantur de libro viuencium et cum iustis non scribantur et cetera.* ›*Explicit liber hereticorum*‹.
Edition: Margaret Annie Eugenie NICKSON, A Critical Edition of the Treatise on Heresy Ascribed to Pseudo-Reinerius, with an Historical Introduction, Diss. London 1960, S. 1–154; Einzelne Passagen, ohne Berücksichtigung vorliegender Hs., ediert in: Alexander PATSCHOVSKY, Der Passauer Anonymus. Ein Sammelwerk über Ketzer, Juden, Antichrist aus der Mitte des 13. Jahrhunderts, Stuttgart 1968 (Schriften der Monumenta Germaniae Historica 22).

2) 41r–42v
Beteiligte Personen: JOHN WYCLIF.
Titel: 45 als häretisch verurteilte Sentenzen des John Wyclif.
Incipit: 41r ›*Articuli*‹ *magistri Iohannis Wiclef condempnati in Anglia per xiij episcopos et xxx magistros in theologia in conuentu fratrum Predicatorum anno domini 1380 …*
Explicit: 42v … *45 Dicit ingredientes ordinem eo ipso esse inhabiles ad seruandum preceptum diuinum et perueniendum ad regnum celorum nisi apostatauerint ab eisdem et sic swadet apostasiam et multa alia enormia inueniens in suo dyagolo* [!] *et trilogo ac in alijs libris suis.* ›*Explicivnt*‹.
Edition: Léon BAUDRY, A propos de G. d'Ockham et de Wiclef, in: Archives d'histoire doctrinale et littéraire du Moyen Âge 12 (1939), S. 231–251, hier S. 239–243 (ohne Berücksichtigung vorliegender Hs.).

3) 43r–106v
Titel: Texte zur Verfolgung der Waldenser.
Angaben zum Text: (43r–47r) Liste mit Fragen (43r–44r ediert in: Gottfried Edmund FRIEß, Patarener, Begharden und Waldenser in Österreich während des Mittelalters, in: Österreichische Vierteljahresschrift für katholische Theologie 11 (1872), S. 209–272, hier S. 267–268; 44r–44v Forma iuramenti de dicenda veritate, auf Deutsch, FRIEß, Patarener, S. 266 f.; 44v–45r Forma iuramenti expurgationis, auf Deutsch, FRIEß, Patarener, S. 268 f.; 45r Forma iuramenti expurgationis, auf Deutsch, FRIEß, Patarener, S. 268 f.; 45v–46v Forma iuramenti abiurationis sectae Waldensium hereticorum, auf Deutsch, FRIEß, Patarener, S. 269 f.; 46v–47r Forma absolutionis haereticorum, FRIEß, Patarener, S. 271); (47r–47v) Liste mit konvertierten Waldensern (ediert in: FRIEß, Patarener, S. 257); (47v–48v) De vita et conversacione

(ediert in: Frieß, Patarener, S. 257–259); (48v–51r) Articuli Waldensium (ediert in: Frieß, Patarener, S. 259–261); (51r–54r) Liste mit Fragen (ediert in: Ignaz von Döllinger, Dokumente vornehmlich zur Geschichte der Valdesier und Katharer [Beiträge zur Sektengeschichte des Mittelalters 2], München 1890, S. 342f., 332–334); (54r–55r) Liste mit konvertierten Waldensern (ediert in: von Döllinger, Dokumente, S. 330f.); (55r–106v) Petrus Zwicker († nach 1405), Cum dormirent homines (ediert in: Maxima bibliotheca vetervm patrvm, et antiqovrvm scriptorvm ecclesiasticorum, hrsg. von Marguerin de la Bigne, Bd. 25, Lyon 1677, S. 277H–299 C).

Rubrik: 43r ›*Processus*‹ *domini Petri de ordine celestinorum inquisitoris hereticorum et cetera.*

Incipit: 43r ›*Vbi natvs es? Qvis pater*‹ *tuus? Quis mater tua? Fuerunt etiam noti? Sunt taliter defuncti? Ubi sunt sepulti?* ...

Explicit: 106r ... *Ecce Waldenses heretice quam placitum est domino deo iurare homines per nomen suum quando iurant veritatem, tu illud dampnas. Explicit et cetera. Per me Leonardum Regel de Ingolstadt.*

Edition: Zu den Editionen der einzelnen Texte s. auch Välimäki, Heresy, S. 109f.

TH

Vatikan, Biblioteca Apostolica Vaticana, Pal. lat. 678

Juristische Sammelhandschrift

Pergament · 1, 106, 1 Bll. · 25,8 × 18 cm · England / Frankreich (?) · 1. Hälfte 13. Jh.

Entstehungsort: England / Frankreich (?).
Entstehungszeit: 1. Hälfte 13. Jh.

Typus (Überlieferungsform): Codex.
Beschreibstoff: Pergament.
Umfang: 1, 106, 1 Bll.
Format (Blattgröße): 25,8 × 18 cm.
Zusammensetzung (Lagenstruktur): $(I-1)^{1a}$ + III^{6} + 9 IV^{77} + $(IV-2)^{83}$ + IV^{91} + V^{101} + $(II+1)^{106*}$ + $(I-1)^{107*}$. Vorderspiegel Gegenbl. von 1a, Hinterspiegel Gegenbl. von 107*. Zählfehler: auf 24 folgt 24a.
Seiten-, Blatt- und Lagenzählung: Römische Foliierung des 17. Jhs. (*1–105*). Vor- und Nachsatzbl. ungez., weshalb hier, wie bei ungez. Bll., Zählung der Digitalisate übernommen wird (1a, 24a, 106*–107*). Zwischen 88r und 92r auf dem Fußsteg Seitenzählung (*XXVIII–XXVI*)? Durchgehend Kustoden in Form von großen römischen Ziffern mittig auf dem Fußsteg auf der letzten Versoseite und / oder auf der ersten Rectoseite der Lage (bis auf 53v/54r, 83v/84r). Bll. 62–69 Bindung gestört (s. Singer, Beiträge, S. 19f.).
Zustand: Einige Flecken, viele Risse oder Löcher mit Klebeband restauriert, häufig Pergament angeklebt.

Schriftraum: 19,8 × 15,5 cm.
Spaltenanzahl: 2 Spalten (5v–6v: 1 Spalte; 84r–96r: Text mit Glosse; 96v–98r: 3 Spalten; 99v–100r: Schaubild).
Zeilenanzahl: 44–49 Zeilen.

Angaben zu Schrift / Schreibern: Geschrieben von wahrscheinlich mehreren Händen in Textura mit z. T. äußerst kleinen Buchstaben (Mittelband ca. 1 mm hoch), deren diffizile Niederschrift zum unruhigen Duktus beigetragen haben könnte, was insbesondere an der uneinheitlichen Ausgestaltung der Schäfte von i, n, m und u auffällt. In der ersten und letzten Zeile eines Blatts zuweilen Litterae elongatae.
Buchgestaltung: Zeilengerüst mit Metallstift vorgezogen. Alternierend blaue und rote Lombarden mit relativ schlichtem Fleuronné in Gegenfarbe, zuweilen Angaben für den Rubrikator mit Tinte in Versalienspalte geschrieben. Paragrafenzeichen zur Strukturierung des Texts. Unterstreichungen, z. T. auch in Rot. 99v–100r: Schaubild.
Buchschmuck: s. Buchgestaltung.

Nachträge und Benutzungsspuren: Korrekturen an den Rändern und Nachträge auf dem Fußsteg von der ausführenden Hand bzw. den ausführenden Händen nachgetragen. Zahlreiche Verweise, auch in Form von grafischen Verweiszeichen.

Einband: Pappe mit weißem Pergament überzogen, in Rom zwischen 1878 und 1889 gefertigt. Gelb-kupferfarbenes Kapital. Auf dem Rücken blaues und rotes Schildchen mit aktueller Signatur, unter dem blauen Schildchen in Gold Wappenstempel von Papst Leo XIII., unter dem roten in Gold Wappenstempel von Kardinal und Bibliothekar Jean-Baptiste Pitra (1812–1889) (Schunke, Einbände 2.2, S. 848).
Provenienz: Zisterzienserkloster Schönau / Heidelberg.
Geschichte der Handschrift: Blaues Schildchen mit aktueller Signatur auf Vorderspiegel. Auf 106*v Altsignatur *1698.* Auf 1r neben aktueller Signatur von Hand des 17. Jhs.: *Summa Rufini et tractatus de sacramentis.* Vorliegende Hs. könnte in England oder Nordfrankreich entstanden sein. Gemein dürfte ihr mit Pal. lat. 658 der Entstehungskontext sein, darauf weisen die Ähnlichkeit der Schrift und des Layouts hin. Ein in Westeuropa studierender Zisterziensermönch könnte die Hs. ins Zisterzienserkloster Schönau bei Heidelberg gebracht haben, wo sich diese im 14. Jh. befunden haben muss, wie die Einträge auf 1r und 105r nahelegen: *Jste liber est beate Marie uirginis in Schonaugia Cisterciensis ordinis Wormaciensis diocesis.* Mit der Aufhebung des Klosters 1557/58 fiel die Bibliothek der Abtei an Kurfürst Ottheinrich.

Faksimile: https://digi.ub.uni-heidelberg.de/diglit/bav_pal_lat_678
Literatur: Caprioli, Tre capitoli, S. 231, 273–275, 285, 341, 365; BioBib Jurists, Summa ‚Conditio ecclesiastice religionis' (a513); BioBib Jurists, Summa ‚Antiquitqte et tempore' (a507); BioBib Jurists, Quaestiones Palatinae I (a453); BioBib Jurists, Quaestiones Palatinae II (a454); BioBib Jurists, Quaestiones Palatinae III (a455); BioBib Jurists, Quaestiones Palatinae IV (a456); BioBib Jurists, Quaestiones Palatinae V (a457); BioBib Jurists, Quaestiones Palatinae VI (a458); BioBib Jurists, Distinctiones Palatinae (a195); Gérard Fransen, Les ‚Questiones' des canonistes: Essai de dépouillement et de classement, in: Traditio 12 (1956), S. 566–592, hier S. 567, 579–581, 587–592; Gugumus, Erforschung, S. 139; Krämer, Handschriftenerbe 1.2, S. 715; Kuttner, Repertorium, S. 132 f., 178 f., 214 f.; Stephan Kuttner, A Forgotten Definition of Justice, in: Studia Gratiana 20 (1976), S. 73–109, hier S. 86 A. 44; Peter Landau, Lehrbuch contra Fälschung. Die Bamberger Anfänge der europäischen Strafrechtswissenschaft und die Würzburger Güldene Freiheit, in: DA 62 (2006), S. 505–536, hier S. 512 A. 23; Pierre Legendre, La pénétration du droit romain dans le droit canonique classique de Gratien à Innocent IV: 1140–1254, Paris 1964, S. 83 A. 6; Manuscripta juridica,

Pal.lat.678; MONTUSCHI, Le biblioteche, S. 308; Giuseppe MOTTA, Aspetti della „quotidianità" monastica in Quaestiones del secolo XII, in: Benedictina 54 (2007), S. 61–67, hier S. 62; OVL, Pal.lat.678; Rufinus VON BOLOGNA (Magister Rufinus), Summa decretorum, hrsg. von Heinrich SINGER, Paderborn 1902, S. CXXVII–CLXXXIII, bes. S. CXXXIII–CXLII; Francesco SALERNO, La definizione nominale del matrimonio canonico nei secoli XII–XIII, in: Ius populi dei (=Miscellanea in honorem Raymundi Bidagor), Bd. 3, Rom 1972, S. 145–205, hier S. 165, 176; Ludwig SCHMUGGE, The Canonistic Tradition of Leo IX's ‚Relatum est', in: Proceedings of the Seventh International Congress of Medieval Canon Law, Cambridge, 23.–27. Juli 1984, hrsg. von Peter LINEHAN, Vatikanstadt 1988 (Monumenta iuris canonici, Series C, Subsidia 8), S. 91–101, hier S. 98; Heinrich SINGER, Beiträge zur Würdigung der Decretistenlitteratur, in: AfkKR 73 (1895), 3–124, hier S. 11–24; STEVENSON, Latini, S. 240f.; Rudolf WEIGAND, Magister Rolandus und Papst Alexander III., in: AfkKR 149 (1980), S. 3–44, hier S. 32f.; VAN DEN WOUW, Kleinschriften, S. 115–118, 123–128.

1) 1ra–3rb
Titel: Tractatus de consanguinitate et affinitate.
Angaben zum Text: s. SINGER, Beiträge, S. 15.
Incipit: 1ra ›*Varje*‹ *sunt causę que impediunt matrimonium contrahendum et dirimunt contractum ...*
Explicit: 3rb *... secundum predictam regulam.*

2) 3rb–5rb
Titel: De iure scripto et non scripto.
Angaben zum Text: Einführung in das Decretum Gratiani, s. SINGER, Beiträge, S. 15f.
Incipit: 3rb ›*De jvre*‹ *scripto et non scripto et quod cui preponatur et legum auctoribus et duorum malorum electione siue dispensatione aut maiorum aut minorum ...*
Explicit: 5rb *... De manus impositione et quadragesime obseruatione et de iocunditate ieiuniorum et alijs c. capitulo* [!] *Omnes* ›*fideles*‹.

3) 5rb–33vb
Titel: Summa ‚Conditio ecclesiasticae religionis'.
Angaben zum Text: Summa zum zweiten und dritten Teil des Decretum Gratiani, s. SINGER, Beiträge, S. 16–19, KUTTNER, Repertorium, S. 132f.
Incipit: 5rb ›*Conditio*‹ *ecclesiastice religionis mouetur circa tria: uidelicet ministeria offitiorum, rerum negotia et sacramenta spiritualium ...*
Explicit: 33vb *... roborat in benedictione speciali huius laboriosi operis et operiosi laboris querens requiem in* ›*gloria sempiterna. Explicit*‹.

4) 34ra–70va
Titel: Summa ‚Antiquitate et tempore'.
Angaben zum Text: Summa zum ersten Teil des Decretum Gratiani unter Verarbeitung der Summa des Rufinus († um 1192), s. SINGER, Beiträge, S. 19–21, KUTTNER, Repertorium, S. 178f. 62–69 Bindung gestört.
Incipit: 34ra ›*Antiquitate*‹ *et tempore prius est ius forense et humanum quam ius ecclesiasticum et diuinum ...*
Explicit: 70va *... id est imperiales constitutiones.*

5) 70va–83r
Verfasser: HUGO VON ST. VIKTOR.
Titel: Speculum de mysteriis ecclesiae.
Angaben zum Text: s. SINGER, Beiträge, S. 21 f.
Incipit: 70va ›*De*‹ *sacramentis ecclesiasticis, ut tractarem, eorundemque misticam dulcedinem uobis exponerem, uestra rogauit dilectio ...*
Explicit: 83ra ... *quam ipse qui genuerit.*
Edition: MIGNE 177, Sp. 335–380.

6) 83ra–83va
Titel: Zwei Fragmente eines Kommentars zum Decretum Gratiani (?).
Incipit: 83ra *Causa ecclesiastica de crimine ecclesiastico a iudice tantum ecclesiastico est examinanda et diffinienda ...*
Explicit: 83va ... *Item capitulo id est xxix id est nota habet in morte.*

7) 84ra–92va
Verfasser: BULGARUS.
Titel: Regula iuris mit Kommentar.
Angaben zum Text: Apparat zu Dig. 50.17, s. SINGER, Beiträge, S. 23; VAN DE WOUW, Kleinschriften, S. 115. – 92v Versus magistri Petri super mysterium ecclesiae.
Incipit: 84rb *Regula est breuis rerum narratio et quasi cause coniuncto ...*
Explicit: 92va ... *non obtemperauerit.* ›*Finito libro*‹. *Referamus gratias Christo.*
Edition: Bulgari ad Digestorum titulum de diversis regulis juris antiqui commentarius et Placentini ad eum additiones sive exceptiones, hrsg. von Friedrich Wilhelm Conrad BECKHAUS, Bonn 1856. Der Anfang ist ebenfalls ediert bei CAPRIOLI, Tre capitoli, S. 341 f., der Anfang der dazugehörigen Glosse auf S. 465 f.

8) 93ra–96rb
Titel: Quaestionum collectio palatina I.
Angaben zum Text: s. SINGER, Beiträge, S. 23; KUTTNER, Repertorium, S. 246.
Incipit: 93ra ›*Qvidam*‹ *laicus forte quadragenarius commisit incestum cum quadam sanctimoniale ...*
Explicit: 96rb ... *Ex hoc themate tres formantur questiones: Primo queritur an episcopus concedere debuisset quod sacerdos ille tali iudicio se expurgaret. Secundo an ei licuerit* ... [Text bricht ab].
Edition: FRANSEN, Questiones, S. 569–572, 581 f.

9) 96vb–98rb
Titel: Quaestionum collectio palatina II.
Angaben zum Text: s. KUTTNER, Repertorium, S. 247 f.
Incipit: 96vb *Queritur si liceat episcopo suspendere canonicum suum a diuino officio propter conuicia sibi illata ...*
Explicit: 98rb ... *cum canonici episcopo uolenti prius agere maius crimen obiciant.*
Edition: FRANSEN, Questiones, S. 581 f., 584 f., 574 f., 577 f., 573.

10) 98r–98vb
Titel: Quaestionum collectio palatina III.

Angaben zum Text: s. KUTTNER, Repertorium, S. 248.
Incipit: 98r *Queritur utrum miles posset repetere pignora ...*
Explicit: 98vb *... et ei parcendum esset similiter et hic.*

11) 99ra–99rb
Titel: Quaestionum collectio palatina IV.
Angaben zum Text: s. KUTTNER, Repertorium, S. 248.
Incipit: 99r *Ecclesia capellam quandam habebat quam monasterium inuaserat ...*
Explicit: 99rb *... magis reddit tutos.*
Edition: In verkürzter Form bei FRANSEN, Questiones, S. 574 f.

12) 99v–100r
Titel: Distinctiones Palatinae.
Angaben zum Text: s. SINGER, Beiträge, S. 24; KUTTNER, Repertorium, S. 214 f.; VAN DEN WOUW, Kleinschriften, S. 115–122.
Incipit: 99v *Mos ... bonus ... malus ...*
Explicit: 100r *... obseruanda ... abitienda.*

13) 100va–101vb
Titel: Definitiones, Notabilia, Distinctiones.
Angaben zum Text: s. SINGER, Beiträge, S. 24, KUTTNER, Repertorium, S. 215; VAN DEN WOUW, Kleinschriften, S. 115 f.
Incipit: 100va *Sciendum quod omnes Romane ecclesie consuetudines sunt institutiones ab aliis inferioribus ecclesiis erunt obseruande ...*
Explicit: 101vb *... Set intelligendum est de rebus mobilibus ut argento et auro uel fundo, qui forte consecratur in cimiterium.*
Edition: VAN DEN WOUW, Kleinschriften, S. 123–128.

14) 102ra–102va
Titel: Quaestionum collectio palatina V, Pars I.
Angaben zum Text: s. KUTTNER, Repertorium, S. 248.
Rubrik: 102ra ›*Causa presumptionibus standum est donec in contrarium probetur*‹.
Incipit: 102ra *Contra quem manifeste turpitudines et cetera. De illis tamen personis ...*
Explicit: 102va *... ecclesias tradunt.*

15) 102va–104re
Titel: Quaestionum collectio palatina VI.
Angaben zum Text: s. KUTTNER, Repertorium, S. 248.
Incipit: 102va *Queritur an episcopus publicauerit confessionem ...*
Explicit: 104re *... si ulli sepulturam suam de antiqua ad nouam ualeant transferre ecclesiam.*
Edition: FRANSEN, Questiones, S. 581–586.

16) 104rd–105rb
Titel: Quaestionum collectio palatina V, Pars II.
Angaben zum Text: s. KUTTNER, Repertorium, S. 248. – 105v leer. – 106*r Federproben.
Incipit: 104rd *Preses quidam bona ecclesie cui* [übergeschrieben: dam] *homini fidelitate tenebatur ferro et flamma depopulatus est ...*

Explicit: 105rb ... *potes connicere ex fine illius decreti consulendo de xxviij.*
Edition: Teilweise ediert bei Fransen, Questiones, S. 578.

TH

Vatikan, Biblioteca Apostolica Vaticana, Pal. lat. 679,1

Zusammengesetzte Handschrift

Papier · 2, 164, 1 Bll. · 21,5 × 15 cm · Mitteleuropa (?) / Heidelberg (?) · 3. Drittel 14. Jh. / Anfang 15. Jh.

Typus (Überlieferungsform): Codex.
Beschreibstoff: Papier.
Umfang: 2, 164, 1 Bll.
Format (Blattgröße): 21,5 × 15 cm.
Zusammensetzung (Lagenstruktur): Hs. aus zwei Faszikeln zusammengesetzte (I. Bll. 1–114a; II. Bll. 115–162). $(I-1)^{1a} + 1^{2a} + ... + (I-1)^{163^*}$. Zählfehler: auf Bl. 114 folgt ungez. Bl. Vorderspiegel Gegenbl. von 1a, Hinterspiegel Gegenbl. von 163*.
Seiten-, Blatt- und Lagenzählung: Römische Foliierung des 17. Jhs. (*1–162*). Vorsatzbll. und Nachsatzbl. ungez., weshalb hier, wie beim ungez. Bl., Zählung der Digitalisate übernommen wird (1a, 114a, 163*). Bis 110r durchgängig verzierte Reklamanten auf der letzten Versoseite der Lage auf dem Fußsteg rechts (bis auf leeres Bl. 38v).
Zustand: Bll. 1–7, 36 mit Klebeband restauriert. Bll. 1–2 mit Papier verstärkt. Zahlreiche Flecken. Papier des ersten Faszikels stärker nachgebräunt.
Wasserzeichen: Aufgrund geringer Größe nicht aufgenommen.

Einband: Pappe mit weißem Pergament überzogen, auf Rücken rotes Schild und blaues aufgeklebtes Schildchen mit aktueller Signatur sowie Wappenstempel in Gold von Papst Pius IX. sowie Kardinal und Bibliothekar Jean-Baptiste Pitra (1812–1889). Angefertigt in Rom zwischen 1869 und 1878 (Schunke, Einbände 2.2, S. 848). Blau-schwarz-purpurfarbenes Kapital.
Provenienz: Heidelberg.
Geschichte der Handschrift: Blaues Schildchen mit aktueller Signatur auf Vorderspiegel. Auf 2ar neben aktueller Signatur Altsignatur *596* [durchgestrichen], auf 1r neben aktueller Signatur Capsa-Nummer *C. 37*, darunter Allacci-Signatur *1911* [(?) durchgestrichen]. Auf 2ar alter Rückentitel aufgeklebt: *De primatia ecclesia, erroribus Græcorum, et cetera.* Ursprünglich bildete die Hs. mit Pal. lat. 679 (Band 2) eine Einheit. Womöglich wurde der Codex zwischen 1869 und 1878 geteilt, worauf die in diesen Jahren geschaffenen Einbände hinweisen könnten. Die einzelnen Faszikel stammen allesamt aus der Zeit vom letzten Drittel des 14. Jhs. bis zum Anfang des 15. Jhs. Manche Faszikel besitzen einen direkten Bezug zum Heidelberger Hof bzw. zur dortigen Universität, sodass angenommen werden kann, dass zumindest diese Faszikel hier auch entstanden. Über die Besitzer lässt sich lediglich spekulieren. In Pal. lat. 679 (Band 2) ist auf 163r ein *Salm* erkennbar. Ob dieser Eintrag mit dem 1420 an der Universität Heidelberg immatrikulierten Johannes Salm aus Mainz in Verbindung gebracht werden kann (Toepke, Matr. Heidelberg, S. 149), ist fraglich, wie auch die Bedeutung des ebendort geschriebenen und wieder durchgestrichenen *Johan von S.*

Faksimile: https://digi.ub.uni-heidelberg.de/diglit/bav_pal_lat_679_1

Literatur: Irene BUENO, Guido Terreni at Avignon and the „Heresies“ of the Armenians, in: The Papacy and the Christian East: Intellectual Exchange and the Cross-Cultural Interaction, 1274–1439, hrsg. von Irene BUENO (Medieval Encounters 21/2–3 [2015]), S. 169–189, hier S. 188; Marc DYKMANS, De Jean XXII au Concile de Florence, ou les avatars d'une hérésie gréco-latine, in: Revue d'histoire ecclésiastique 68 (1973), S. 29–66, hier S. 46 A. 2 und 4, 54 A. 2; Philippe HOFFMANN, Contribution à l'ètude des manuscrits du „Thesaurus veritatis fidei“ de Buonaccorsi de Bologne, O.P.: description et histoire des Parisini graeci 1251 et 1252, in: Bollettino della Badia greca di Grottaferrata 46 (1992), S. 65–99, hier S. 66; KAEPPELI, Scriptores OP 1, S. 248; Jürgen MIETHKE, De potestate papae. Die päpstliche Amtskompetenz im Widerstreit der politischen Theorie von Thomas von Aquin bis Wilhelm von Ockham, Tübingen 2000 (Spätmittelalter und Reformation, N.R. 16), S. 315; Hilary Seton OFFLER, Zum Verfasser der ‚Allegaciones de potestate imperiali‘ (1338), in: DA 42 (1986), S. 555–619, passim, bes. S. 556, 560, 564–567; OVL, Pal.lat.679.pt.2; Richard SCHOLZ, Unbekannte kirchenpolitische Streitschriften aus der Zeit Ludwigs des Bayern (1327–1354), Bd. 1, Rom 1911 (Bibliothek des kgl. preußischen historischen Instituts in Rom 9), S. 161–167, Bd. 2, 1914, S. 417–431; SCHUNKE, Einbände 2.2, S. 848; STEVENSON, Latini, S. 241; William Ockham, Opera Politica IV , hrsg. von Hilary Seton OFFLER, Oxford 1997 (Auctores britannici medii aevi 14), S. 361 f.

Faszikel I (Bl. 1–114a)

Sachtitel / Inhalt: Texte zur Union der katholischen und byzantinischen Kirche.

Entstehungsort: Mitteleuropa (?).
Entstehungszeit: 3. Drittel 14. Jh.

Typus (Überlieferungsform): Faszikel.
Beschreibstoff: Papier.
Umfang: 115 Bll.
Format (Blattgröße): 21,5 × 15 cm.
Zusammensetzung (Lagenstruktur): 3 VI^{36} + I^{38} + 6 VI^{110} + $(III\text{-}1)^{114a}$.
Seiten-, Blatt- und Lagenzählung: s. zum Codex.

Schriftraum: 17,5 × 13 cm.
Spaltenanzahl: 2 Spalten.
Zeilenanzahl: 33–39 Zeilen.

Angaben zu Schrift / Schreibern: Alle im ersten Faszikel versammelten Texte wurden von derselben Hand in einer Bastarda kopiert, bei der die fähnchenartigen Schleifen bei den Oberlängen von b, h, und l sowie den Unterlängen von p und q Schleifen aufweisen können, wie sie in den Kanzleischriften des 14. Jhs., insbesondere der kaiserlichen Ludwigs des Bayern, gepflegt wurden und von dort Eingang in die Buchkursiven fanden.

Buchgestaltung: Seitentitel bis 91v auf Recto- und Versoseite. 1r–53v Raum für Initialen, meist über zwei bis drei Zeilen, freigelassen, Vorgaben für Rubrikator mit Tinte vorhanden. 54r–61r Paragrafenzeichen in Versalienspalte. 54r–110r Lombarden und leicht verzierte Initialmajuskeln ohne Farbe ausgeführt. In der ersten Zeile mitunter Litterae elongatae.

Buchschmuck: s. Buchgestaltung.

Nachträge und Benutzungsspuren: Sehr wenige Anmerkungen von einer Hand des 15. Jhs. in schleifenloser Bastarda. Kaum grafische Verweiszeichen.

Provenienz: Heidelberg.
Geschichte des Faszikels: Den fähnchenartigen Schleifen an den Ober- und Unterlängen nach zu urteilen, dürfte der Schreiber in Mitteleuropa gewirkt haben, da hier ein solcher Gebrauch bei den Kanzleischriften Usus war.

1) 1ra–38rb
Verfasser: Hervé de Nédellec.
Titel: De potestate ecclesiastica et papali.
Angaben zum Text: 38v leer.
Incipit: 1ra [A]*postolus Romanorum decimo loquens de Iudeis dicit quod ignorantes dei iusticiam et* [suam que]*rentes statuere, iusticie dei non sunt subiecti* ...
Explicit: 38rb ... *non autem accipit non alienum presidentem in tali loco. Explicit tractatus de iurisdiccione ecclesiastice potestatis siue de potestate pape compilatus a* [durchgestrichen: *mrg*] *magistro Herueo ordinis fratrum Predicatorum.* ›*Deo gratias*‹.
Edition: Hervei Natalis Britonis in quatuor libros sententiarum commentaria, quibus adiectus est eiusdem auctoris Tractatus de potestate papae, Farnborough 1966 [Faksimile der Ausgabe Paris 1647], S. 363–401.

2) 39ra–53vb
Verfasser: Guido Terreni.
Titel: Tractatus contra errores Graecorum.
Rubrik: 39ra ›*Adsit principio virgo Maria meo*‹.
Incipit: 39ra *Primus error Grecorum dicunt enim pro spiritus sanctus procedit a patre tamen et non a filio* ...
Explicit: 53vb ... *Item uero Suriani* [!] *dicti a Syria per omnia secuntur errores Grecorum et consimiliter sunt dampnati. Deo laus. Amen. Explicit tractatus dominj fratris Guidonis ordinis Carmelitorum episcopi Elnecensis contra errores Grecorum.*
Edition: Summa de haeresibus reverendissimi in Christo patris ac domini D. Guidonis de Perpiniano episcopi quondam Helvensis et Maioricensis ex ordine Carmelitarum assumpti, hrsg. von Johannes Seiner, Köln 1631, S. 31–46.

3) 54ra–91rb
Verfasser: Bonacursius von Bologna.
Titel: Thesaurus veritatis fidei.
Angaben zum Text: Text in der von Andreas Doto gekürzten und überarbeiteten Form, s. Kaeppeli, Scriptores OP 1, S. 248.
Rubrik: 54ra ›*Bonacursius contra errores Grecorum*‹.
Incipit: 54ra *Auctoritates diuersorum sanctorum de articulis in quibus Greci differunt a Latinis* ...
Explicit: 91rb ... *et status talium non est condempnandus cum uero ab aliquo hominum possit prohiberi illud propter sancti spiritus gratiam pro salute infirmancium cernimus in delectum.*

Deo gracias. Explicit opus vocatus Thesarus [!] *veritatis fidei compilatum per fratrem Bonacursium ordinis fratrum predictorum.*

Edition: Teilweise ediert in: Franz Heinrich Reusch, Die Fälschungen in dem Tractat des Thomas von Aquin gegen die Griechen (Opusculum contra errores Graecorum ad Urbanum IV.), in: Abhandlungen der Historischen Klasse der Königlich-Bayerischen Akademie der Wissenschaften, Bd. 18,3, München 1889, S. 673–742, hier S. 690–706; Antoine Dondaine, „Contra Graecos". Premiers écrits polémiques des dominicains d'Orient, in: Archivum fratrum Praedicatorum 21 (1951), S. 320–446, hier S. 433–446.

4) 91va–108rb

Verfasser: Thomas von Aquin.

Titel: Contra errores Graecorum.

Rubrik: 91va ›*Jncipit tractatus sancti Thome de Aquino ad Urbanum papam*‹.

Incipit: 91va *Ljbelum ab excellencia uestra mihi exibitum, sanctissime pater Vrbane papa, diligenter perlegi ...*

Explicit: 108rb ... *Sed ad ea que premissa sunt ut credo fere omnia possunt reduci. Explicit. Deo gratias et virgini Marie. Amen.*

Edition: Sancti Thomae de Aquino Opera omnia, Bd. 40, bearb. und hrsg. von den Predigerbrüdern, Rom 1969, S. A 67-A 105.

5) 108va–109vb

Titel: Brief Kaiser Michael VIII. an Papst Gregor X. von 1274.

Rubrik: 108va ›*Professio fidei catholice facta per inperatorem Grecorum et Rogamina super ritu eorum. CCCXLVIJ*‹.

Incipit: 108va *Sanctissimo beatissimo summo pontifici apostolice sedis vniuersali pape et communi patri omnium christianorum et venerabili patri jmperii mei domino Gregorio, Michael in Christo deo fidelis jmperator et moderator Grecorum ...*

Explicit: 109vb ... *presentem igitur litteram de nostra recognicione, acceptacione et suscepcione et confessione propria manu nostra dei gracia jmperiali subscripcione signauimus et bullam mei jmperii fecimus inferimus appendi. Deo gracias.*

Edition: Bullarum, diplomatum et privilegiorum sanctorum Romanorum pontificium Taurinensis editio, hrsg. von Luigi Tomasseti u. a., Turin 1857–72, S. 26–28; Teilweise ediert mit deutscher Übersetzung: Heinrich Denzinger, Enchiridion symbolorum definitionum et declarationum de rebus fidei et morum. Kompendium der Glaubensbekenntnisse und kirchlichen Lehrentscheidungen, hrsg. von Petrus Hünermann, Freiburg / Basel / Wien [44]2014, S. 353–357.

6) 110ra–114ra

Titel: Brief Papst Clemens IV. an Kaiser Michael VIII. vom 4. März 1267.

Angaben zum Text: 114v-114av leer.

Rubrik: 110ra ›*Exortacio ad jmperatorem Grecorum ut ad fidei vnitatem redeat hic confecta*‹.

Incipit: 110ra ›*Viro*‹ *magnifico Michaeli Paleologo jllustri jmperatori Grecorum graciam per quam gloriam obtineat in futuro. Magnitudinis tue litteras ac viros prouidos et discretos ...*

Explicit: 114ra ... *quas ad* [unleserliche Streichung] *animarum salutem dominus ministrauerit desistemus. Datum Viterbij iiij. Nonas Marcii anno tercio. Deo laus et t. c. s.*

Edition: Veterum scriptorum et monumentorum historicorum, dogmaticorum, moralium, amplissima collectio, Bd. 7, hrsg. von Edmond Martène / Ursin Durand, Paris 1733, Sp. 200–208.

Faszikel II (Bl. 115–162)

Sachtitel / Inhalt: Texte zum Verhältnis von Kaiser und Papst.

Entstehungsort: Heidelberg (?).
Entstehungszeit: Anfang 15. Jh.

Typus (Überlieferungsform): Faszikel.
Beschreibstoff: Papier.
Umfang: 48 Bll.
Format (Blattgröße): 21,5 × 15 cm.
Zusammensetzung (Lagenstruktur): 4 VI^{162}.
Seiten-, Blatt- und Lagenzählung: s. zum Codex.

Schriftraum: 17,5 × 13 cm.
Spaltenanzahl: 1 Spalte.
Zeilenanzahl: 26–30 Zeilen.
Angaben zu Schrift / Schreibern: Der Schreiber, der für alle Texte des Faszikels verantwortlich zeichnete, bediente sich einer gut lesbaren Bastarda.
Buchgestaltung: Auf 115r rote Durchstreichung, Unterstreichungen und Strichelungen. 117v–132v Raum für Initialen freigelassen, lediglich 121r rote Initiale (im halbfertigen Zustand?).
Buchschmuck: s. Buchgestaltung.

Nachträge und Benutzungsspuren: Wenige Verweise und Anmerkungen von Schreiberhand auf den Rändern, interlinear Korrekturen von womöglich weiterer Hand. Einige grafische Verweiszeichen.

Geschichte des Faszikels: Aufgrund der Bezüge zum Königtum Ruprechts könnte dieser Faszikel in Heidelberg entstanden sein.

7) 115r–117v
Beteiligte Personen: Konrad von Soltau / Bonifaz IX.
Titel: Rede Konrads von Soltau vor Bonifaz IX. zwecks Approbation und Kaiserkrönung König Ruprechts.
Rubrik: 115r ›*Collacio facta coram papa pro confirmacione regis electi*‹.
Incipit: 115r *Sanctissime pater et domine metuendissime. Deuotissimus sanctitatis vestre filius princeps jnvictissimus dominus Rupertus Romanorum rex semper Augustus ...*
Explicit: 117v ... *ut Romana et vniuersalis ecclesia vestra sponsa* [117v] *tanto tempore fletu et plantu anxiata se senciat letanter consolatam. Amen. Collacio per reueredissimum in Christo patrem et dominum dominum dei et apostolice sedis gracia episcopum Verdensis, Conradum*

Soltaw, sacre theologie professorem facta Rome coram sanctissimo appostolico [!] *papa Bonifacio nono anno domini millesimo ccccij°.*
Edition: Deutsche Reichstagsakten, Bd. 4: Deutsche Reichstagsakten unter König Ruprecht, Abt. 1, 1400–1401, hrsg. von Julius Weizsäcker, Gotha 1882, S. 19–21.

8) 117v–156r
Titel: Allegationes de potestate imperiali.
Angaben zum Text: S. Scholz, Streitschriften, Bd. 1, S. 161–167.
Rubrik: 117v ›*Tractatus Oquam de potestate imperiali*‹.
Incipit: 117v [I]*nferius describuntur allegaciones per plures magistros in sacra pagina approbate per quas ostenditur euidenter quod processus factus et sentencia lata in Frankfort per dominum Ludwicum quartum dei gracia Romanorum imperatorem ...*
Explicit: 156r ... *prout in ipsis appellacionibus et allegacionibus ostenditur et probatur. Explicit et cetera.*
Edition: William Ockham, hrsg. von Offler, S. 367–444.

9) 156v–162r
Titel: Predigt über Christi Himmelfahrt.
Angaben zum Text: 162v leer.
Rubrik: 156v ›*Sermo de ascensione domini*‹.
Incipit: 156v ›*Jste formosus in stola sua gradiens in multitudine fortitudinis sue*‹ *scribitur, Ysaye lxiij capitulo venerandi patres, doctores et magistri ceterique domini vniuersi ...*
Explicit: 162r ... *ad quam nos perducere dignetur Ihesus Christus, qui hodie super omnis telos ascendit in secula seculorum benedictus. Amen.*

TH

Vatikan, Biblioteca Apostolica Vaticana, Pal. lat. 679,2

Zusammengesetzte Handschrift

Papier · 1, 161, 1 Bll. · 21,5 × 15 cm · Heidelberg (?) / Mittel- / Westeuropa · Anfang 15. Jh. / 3. Drittel 14. Jh. / um 1400

Typus (Überlieferungsform): Codex.
Beschreibstoff: Papier.
Umfang: 1, 161, 1 Bll.
Format (Blattgröße): 21,5 × 15 cm.
Zusammensetzung (Lagenstruktur): Hs. aus vier Faszikeln zusammengesetzt (I. Bll. 164–205e; II. Bll. 206–233b; III. Bll. 234–279; IV. Bll. 280–317). $(I-1)^{1a} + ... + (I-1)^{320*}$. Vorderspiegel Gegenbl. von 1a, Hinterspiegel Gegenbl. von 320*. Zählung fängt mit 163 an, auf 205 folgen 5, auf 233 folgen 2 ungez. Bll.
Seiten-, Blatt- und Lagenzählung: Römische Foliierung des 17. Jhs. (*163–317*). Vor- und Nachsatzbl. ungez., weshalb, wie bei ungez. Bll., Zählung der Digitalisate übernommen wird (1a, 205a–205e, 233a–233b, 320*). Durchgängig Reklamanten auf der letzten Versoseite der Lage auf dem Fußsteg rechts (256v anstatt 257v).

Zustand: Stockfleckig, v.a. am oberen Rand, zahlreiche Flecken. Schrift teilweise verblasst oder durch Feuchtigkeit beeinträchtigt. Einige Bll. mit Klebeband restauriert, andere mit aufgeklebtem Papier. 310–313 Wasserschaden.
Wasserzeichen: Aufgrund geringer Größe nicht aufgenommen.

Einband: Pappe mit weißem Pergament überzogen, auf Rücken rotes Schild und blaues aufgeklebtes Schildchen mit aktueller Signatur sowie Wappenstempel in Gold von Papst Pius IX. sowie Kardinal und Bibliothekar Jean-Baptiste Pitra (1812–1889). Angefertigt in Rom zwischen 1869 und 1878 (Schunke, Einbände 2.2, S. 848). Blau-schwarz-purpurfarbenes Kapital.
Provenienz: Heidelberg.
Geschichte der Handschrift: Blaues Schildchen mit aktueller Signatur auf Vorderspiegel. Aktuelle Signatur auf 163r. Ursprünglich bildete die Hs. mit Pal. lat. 679 (Band 1) eine Einheit. Weiteres zur Provenienz s. dort.

Faksimile: https://digi.ub.uni-heidelberg.de/diglit/bav_pal_lat_679_2
Literatur: Michael D. Bailey, A Late-Medieval Crisis of Superstition, in: Speculum 84 (2009), S. 633–661, hier S. 635 A. 11; Krzysztof Bracha, Teolog, diabel i zabobony. Swiadectwo traktatu Mikolaja Magni z Jawora De superstitionibus (1405 r.), Warschau 1999, S. 220; Krzysztof Bracha, Des Teufels Lug und Trug. Nikolaus Magni von Jauer; ein Reformtheologe des Spätmittelalters gegen Aberglaube und Götzendienst, Dettelbach 2013 (Quellen und Forschungen zur Europäischen Ethnologie 25), S. 212; Franz, Magister, S. 262; OVL, Pal.lat.679.pt.2; Gudrun Schleusener-Eichholz, Naturwissenschaft und Allegorese. Der ‚Tractatus de oculo morali' des Pierre de Limoges, in: Frühmittelalterliche Studien 12 (1978), S. 258–309, hier S. 260 (hier auch weitere Literatur); Schunke, Einbände 2.2, S. 848; Stevenson, Latini, S. 241f.

Faszikel I (Bl. 164–205e)

Sachtitel / Inhalt: Nikolaus Magni von Jauer, Tractatus de superstitionibus.

Entstehungsort: Heidelberg (?).
Entstehungszeit: Anfang 15. Jh.

Typus (Überlieferungsform): Faszikel.
Beschreibstoff: Papier.
Umfang: 48 Bll.
Format (Blattgröße): 21,5 × 15 cm.
Zusammensetzung (Lagenstruktur): 4 VI[205e].
Seiten-, Blatt- und Lagenzählung: s. zum Codex.

Schriftraum: 15 × 9,5 cm.
Spaltenanzahl: 1 Spalte.
Zeilenanzahl: 29–35 Zeilen.
Angaben zu Schrift / Schreibern: Der Schreiber bediente sich einer gut lesbaren Bastarda.

Buchgestaltung: Schriftraum mit Tinte vorgezogen. Verzierte Lombarde zu Beginn, 164r–169r rote Paragrafenzeichen, Strichelungen und Unterstreichungen.
Buchschmuck: s. Buchgestaltung.

Nachträge und Benutzungsspuren: Wenige Anmerkungen und Verweise von Händen des 15. Jhs. Wenige grafische Verweiszeichen.

Geschichte des Faszikels: Da Nikolaus Magni von Jauer diesen Text in Heidelberg verfasste und die Hs. später auch in Heidelberg aufbewahrt wurde, ist anzunehmen, dass diese Zeilen auch hier kopiert wurden.

1) 164r–205r
Verfasser: Nikolaus Magni von Jauer.
Titel: Tractatus de superstitionibus.
Angaben zum Text: S. Stegmüller RB 9, 3210, 1 (unter Henricus de Langenstein). – 163r Federproben. – 163v leer. - 205v–205ev leer.
Rubrik: 164r ›*Deus assit*‹.
Incipit: 164r ›*Qvoniam*‹ *lumbi mei impleti sunt illusionibus, scribitur Psalmus 37 …*
Explicit: 205r … *presumpcione divine voluntatis. Et sic est finis huius questionis, edite per venerabilem virum magistrum Nycolaum Magni de Jawor sacre theologie professorem eximium de quo sit laus domino nostro Jhesu Christo in secula seculorum benedicto. Amen.*
Edition: Einzelne Passagen wiedergegeben bei Bracha, Teolog, S. 222–227; Bracha, Lug, S. 214–219; Franz, Magister, S. 161–196; Joseph Hansen, Quellen und Untersuchungen zur Geschichte des Hexenwahns und der Hexenverfolgung im Mittelalter, Bonn 1901, S. 67–71.

Faszikel II (Bl. 206–233b)

Sachtitel / Inhalt: Malachias Hibernicus (?), Venenum vitiorum.

Entstehungsort: Mittel- / Westeuropa.
Entstehungszeit: Anfang 15. Jh.

Typus (Überlieferungsform): Faszikel.
Beschreibstoff: Papier.
Umfang: 30 Bll.
Format (Blattgröße): 21,5 × 15 cm.
Zusammensetzung (Lagenstruktur): V^{215} + VI^{227} + IV^{233b}.
Seiten-, Blatt- und Lagenzählung: s. zum Codex.

Schriftraum: 15 × 9,5 cm.
Spaltenanzahl: 1 Spalte (233r–233v: 2 Spalten).
Zeilenanzahl: 31–33 Zeilen.
Angaben zu Schrift / Schreibern: Die erste Hand bediente sich einer gut lesbaren Bastarda, ehe ab 228r eine neue Hand ein weniger gut leserliches Schriftbild niederlegte. Ab 233r führte eine weitere Hand das Inhaltsverzeichnis aus.

Buchgestaltung: Schriftraum mit Metallstift vorgezogen. 206r–215v rote Lombarden (auf 206r mit Perlenreihen und roten Kernen samt Fadenausläufern), Paragrafenzeichen, Strichelungen und Unterstreichungen. 224v–225r noch einmal rote Paragrafenzeichen und Strichelungen. Platz für Initialen freigelassen.
Buchschmuck: s. Buchgestaltung.

Nachträge und Benutzungsspuren: Verweise von Hand des Schreibers auf dem Seitensteg. Korrekturen und Anmerkungen von zeitgenössischen Händen auf den Rändern und im Interkolumnium.

Provenienz: Heidelberg.

2) 206r–233v
Verfasser: Malachias Hibernicus.
Titel: Venenum vitiorum.
Angaben zum Text: Auch Robert Grosseteste (vor 1170–1253) zugeschrieben, s. Samuel Harrison Thomson, The Writings of Robert Grosseteste, Bishop of Lincoln, 1235–1253, Cambridge 1940, Spuria Nr. 64: (206r–232v) Text; (233r–233v) Inhaltsverzeichnis. – 233ar–233bv leer.
Incipit: 206r ›*Racio*‹ *veneni potissime conuenit peccato prioritate originis generalitate infeccionis ...*
Explicit: 232v ... *Vtinam consiliem indicem fieri de illis que plus diligent* [vier durchgestrichene Schäfte] *adulteros quam maritos populos. Explicit tractatus de veneno peccati quare. Benedictus sit deus et gloriosa mater eius. Amen et cetera.*
Edition: F. Malachię Hibernici, ordinis Minorum, doctoris theologi, strenui quondam divini verbi illustratoris necnon vitiorum obiurgatoris acerrimi libellus, septem peccatorum mortalium venena eorumque remedia describens, qui dicitur Venenum Malachiæ, Paris 1518.

Faszikel III (Bl. 234–279)

Sachtitel / Inhalt: Texte zur Homiletik und zum Sehen.

Entstehungsort: Mittel- / Westeuropa.
Entstehungszeit: 3. Drittel 14. Jh.

Typus (Überlieferungsform): Faszikel.
Beschreibstoff: Papier.
Umfang: 46 Bll.
Format (Blattgröße): 21,5 × 15 cm.
Zusammensetzung (Lagenstruktur): 3 VI^{269} + V^{279}.
Seiten-, Blatt- und Lagenzählung: s. zum Codex.

Schriftraum: 15 × 9,5 cm.
Spaltenanzahl: 1 Spalte.
Zeilenanzahl: 41 Zeilen (274r–279r: 37 Zeilen).

Angaben zu Schrift / Schreibern: Die erste Hand bediente sich einer älteren gotischen Kursive, die eine Tendenz zur jüngeren gotischen Kursive zeigt, wie dies an der gleichzeitigen Verwendung von einstöckigem und doppelstöckigem a nachvollziehbar ist oder an den noch nicht sonderlich ausgeprägten Ligaturen. Die zweite Hand, die ab 247v übernahm, schrieb hingegen eine Bastarda, wie auch die dritte, welche ab 268r wirkte.
Buchgestaltung: Schriftraum mit Tinte vorgezogen. Raum für Initialen freigelassen. Überschriften in gotischer Minuskel.
Buchschmuck: s. Buchgestaltung.

Nachträge und Benutzungsspuren: Verweise auf Seitensteg von mehreren Händen. Wenige grafische Verweiszeichen.

Provenienz: Heidelberg.

3) 234r–242v
Verfasser: Nicolaus Heritius.
Titel: De arte praedicandi.
Incipit: 234r [Q]*vuatuor* [!] *facies vni Ezechielis primo. Ad hanc artem predicandi quam intendo ...*
Explicit: 242v *... que tria sunt prestante domino subsecuta, qui est benedictus in secula seculorum. Amen.*

4) 243r–279r
Verfasser: Pierre de Limoges.
Titel: Tractatus de oculo morali.
Angaben zum Text: (243r–273v) Text; (274r–279r) Register. – 279v leer.
Incipit: 243r [S]*j diligenter voluerimus in lege domini meditari facilime perpendimus ea que pertinent ad visionem et oculum ...*
Explicit: 279r *... Deus non auferet a iusto oculos suos et reges in solio collocat in perpetuum et illic eriguntur. Ad illud regimen nos perducat, qui sine fine vivit et regnat. Amen. ›Explicit tractatus de oculo morali‹.*
Edition: Joannis Gualensis, De oculo morali, hrsg. von Luke Wadding, Viterbo 1656.

Faszikel IV (Bl. 208–317)

Sachtitel / Inhalt: Gebeno von Eberbach, Pentachronon sive speculum futurorum temporum.

Entstehungsort: Mittel- / Westeuropa.
Entstehungszeit: um 1400.

Typus (Überlieferungsform): Faszikel.
Beschreibstoff: Papier.
Umfang: 40 Bll.
Format (Blattgröße): 21,5 × 15 cm.
Zusammensetzung (Lagenstruktur): 3 VI^{315} + II^{319*}.

Seiten-, Blatt- und Lagenzählung: s. zum Codex.

Schriftraum: 15 × 9,5 cm.
Spaltenanzahl: 1 Spalte.
Zeilenanzahl: 32–36 Zeilen.
Angaben zu Schrift / Schreibern: Geschrieben von einer Hand in einer Bastarda.
Buchgestaltung: Raum für Initialen freigelassen; Angaben für den Rubrikator in Tinte erhalten.
Buchschmuck: s. Buchgestaltung.

Nachträge und Benutzungsspuren: Kaum Anmerkungen und Korrekturen von Hand des Schreibers auf dem Seitensteg.

Provenienz: Heidelberg.

5) 280r–317r
Verfasser: GEBENO VON EBERBACH.
Titel: Pentachronon sive speculum futurorum temporum.
Angaben zum Text: Anfang bis 280v abweichend von der Edition von SANTOS PAZ. Text bricht nach Kapitel 19 der Edition ab.
Rubrik: 280r ›*Jsta dabuntur indicia ante scisma illud sub quo episcopi et clerici de locis proprijs expellentur*‹.
Incipit: 280r [A]*ttende secundum Eusebium Cesaream in terminis eius et secundum Columbinum in collectione sua* ...
Explicit: 317r ... *quidam autem ceci et claudi eum absorbere volentes non preualebunt quoniam scintilla exscrutacionis eos excribabit. Ex epistola sancte Hyldegardis ad Eugenium papam quando Treueris celebrauit concilium, jn quo concilio libri sancte Hyldegardis recepti sunt et canonizati.*
Edition: La obra de Gebenón de Eberbach, hrsg. von José Carlos SANTOS PAZ, Florenz 2004 (Millennio medievale 46, Testi 12, La tradizione profetica 2), S. 107, 3–71.

TH

Vatikan, Biblioteca Apostolica Vaticana, Pal. lat. 680

Nicolaus Eymerich, Directorium officii inquisitorum

Pergament · 2, 192, 1 Bll. · 28,1 × 13,8 cm · Mitteleuropa (?) · Anfang 15. Jh.

Entstehungsort: Mitteleuropa (?).
Entstehungszeit: Anfang 15. Jh.

Typus (Überlieferungsform): Codex.
Beschreibstoff: Pergament.
Umfang: 2, 192, 1 Bll.
Format (Blattgröße): 28,1 × 13,8 cm.

Zusammensetzung (Lagenstruktur): (I-1)^{A} + 1^{B} + V^{10} + 5 IV^{50} + V^{60} + 4 IV^{91} + V^{101} + 10 IV^{181} + V^{191*} + (I-1)^{192*}. Vorderspiegel Gegenbl. von A, Hinterspiegel Gegenbl. von 192*. Zählfehler: 61 doppelt gez.

Seiten-, Blatt- und Lagenzählung: Zeitgenössische Foliierung in arabischen Ziffern mittig auf dem Kopfsteg (*1–99*) in Rot, römische Foliierung des 17. Jhs. (*1–190*) auf dem Kopfsteg rechts, nachgetragen *A–B*, woran sich Digitalisate und Beschreibung orientieren. Ungez. oder doppelt gez. Bll. folgen den Digitalisaten (61a, 191*–192*). Durchgängig Reklamanten auf der letzten Versoseite der Lage auf dem Fußsteg rechts.

Zustand: Wenige Löcher und genähte Risse, die bereits vor Niederschrift vorhanden waren. Tinte teilweise etwas verblasst. Wenige Flecken und Gebrauchsspuren.

Schriftraum: 19,7 × 9,5 cm.

Spaltenanzahl: 1 Spalte.

Zeilenanzahl: 44 Zeilen.

Angaben zu Schrift / Schreibern: Von einer Hand in gut lesbarer Bastarda ausgeführt, welche die Grundlinie ihrer Buchstaben ein wenig oberhalb der Zeile ansetzte. Dem Duktus der Schrift nach dürfte der Schreiber eher in Mittel- denn in Westeuropa gewirkt haben.

Buchgestaltung: Zeilengerüst mit Tinte vorgezogen. Anfänge der drei Teile (2v, 98v, 162r) mit blau-roten Initialen mit vegetabilen Motiven als Aussparungen, Flächenornament im Binnenfeld und in Fäden ablaufenden Verzierungen als Besatz. Alternierend blaue und rote Lombarden an Abschnittsanfängen über meist zwei Zeilen. Rubriken, rote Paragrafenzeichen, Strichelungen und Unterstreichungen zur Strukturierung des Texts. Kürzungen und Oberlängen in der ersten Zeile zuweilen mit einer ausladenden Schleife versehen, darin mitunter auch Verzierungen. Zuweilen Buchstaben mit Köpfen oder Schulterstücken versehen. 54r–60r, 66r, 70v, 103v, 124r, 171r, 184v–186r Angaben für Rubrikator auf Seitensteg. 74r–138r Rubriken auf Seitensteg.

Buchschmuck: s. Buchgestaltung und die Bildbeschreibung in heidICON.

Nachträge und Benutzungsspuren: Selten Korrekturen oder Verweise und grafische Verweiszeichen von anderer Hand.

Einband: Römischer Einband, Pappe mit weißem Pergament überzogen, in Rom um 1780 gefertigt (Schunke, Einbände 2.2, S. 848). Gelb-kupferfarbenes Kapital. Auf Buchrücken zwei blaue aufgeklebte Schildchen mit aktueller Signatur, dazwischen Rückentitel: *EMERICI inquisitionis liber*, darunter in Blau: *Pal.*

Provenienz: Heidelberg.

Geschichte der Handschrift: Blaues Schildchen mit aktueller Signatur auf Vorderspiegel. Auf Ar neben aktueller Signatur Altsignatur *735* [durchgestrichen], sowie ein Zettel, der zwischen 52v und 53r einlag. Auf Br Capsa-Nummer *C. 70*, darunter Allacci-Signatur *1415* [durchgestrichen], ferner Altsignatur *1570* [durchgestrichen] und *599*. Dem Duktus der Schrift nach dürfte die Hs. in Mitteleuropa entstanden sein. Bald nach ihrer Entstehung könnte sie sich im Eigentum Ludwigs III. befunden haben. Schließlich lässt sich ein Exemplar des ‚Directorium officii inquisitorum' des Nicolaus Eymerich in seiner 1438 dem Heiliggeiststift übertragenen Bücherschenkung nachweisen (Hanselmann, Bücherschenkung, S. 124).

Faksimile: https://digi.ub.uni-heidelberg.de/diglit/bav_pal_lat_680

Literatur: BioBib Jurists, Nicolaus Eymericus (r438); HANSELMANN, Bücherschenkung, S. 124; Claudia HEIMANN, Nicolaus Eymerich (vor 1320–1399) - praedicator veridicus, inquisitor intrepidus, doctor egregius. Leben und Werk eines Inquisitors Münster 2001 (Spanische Forschungen der Görresgesellschaft, Reihe 2, 37), S. 180; KAEPPELI, Scriptores OP 3, S. 159; MONTUSCHI, Le biblioteche, S. 313; OVL, Pal.lat.680; Alexander PATSCHOVSKY, Straßburger Beginenverfolgungen im 14. Jahrhundert, in: DA 30 (1974), S. 56–198, hier S. 80 A. 35, 129, 132–144; Josep PERARNAU I ESPELT, De Ramon Llull a Nicolau Eimeric. Els fragments de l'Ars amativa de Llull, en còpia autògrafa de l'inquisidor Eimeric integrats en les cent tesis antilul·lianes del seu Directorium Inquisitorum, in: Arxiu de Textos Catalans Antics 16 (1997), S. 7–129, hier S. 70 A. 82, 110 A. 204, 116; Jaume DE PUIG I OLIVER, El „Dialogus contra lullistas" de Nicolau Eimeric. Edició i Estudi, in: Arxiu de Textos Catalans Antics 19 (2000), S. 7-296, hier S. 137 A. 379; SCHUNKE, Einbände 2.2, S. 848; STEVENSON, Latini, S. 242.

1) 1r–190v
Verfasser: NICOLAUS EYMERICH.
Titel: Directorium officii inquisitorum.
Angaben zum Text: Reihenfolge der Partes weicht vom gängigen Schema ab: (1r–2r) Epistola; (2v–98r) Pars I (richtig: Pars II); (98v–161v) Pars II (richtig: Pars III); (162r–182v) Pars III (richtig: Pars I); (183r–190v) Inhaltsverzeichnis; (190v) Articuli fratris Stephani de Marchia (ediert in: Edward POTKOWSKI, Heretic Stephan of Marchia, in: Studi medievali 13 [1972], S. 281–290, hier S. 281 f.).
Rubrik: 1r ›*Hic jncipit liber jnquisicionis copilatus* [!] *per fratrem Nycolaum Eymerici ordinis fratrum Predicatorum sacre theologie magistrum, cappellanum domini nostri pape et cetera, jn terris domini regis Aragonie jnquisitorem heretice prauitatis et cetera*‹.
Incipit: 1r ›*Frater Nycolaus Eymerici, ordinis fratrum Predicatorum*‹ *sacre theologie magister indignus* [...]. *Ne pia sancte jnquisicionis negocia ceterorum* [übergeschrieben: *cetui*] *fidelium quam plurimum necessaria ...*
Explicit: 182v ... *et ecclesiam suam sectam contra quam dicere non intendit et cetera.* ›*Explicit tercia pars officij jnquisisionis et cetera*‹.
Edition: Nicolaus EYMERICUS, Directorium inquisitorum. Cum commentariis Francisci Pegñe, Venedig 1607.

TH

Vatikan, Biblioteca Apostolica Vaticana, Pal. lat. 681

Nicolaus Eymerich, Directorium officii inquisitorum

Papier · 2, 248 Bll. · 28,9 × 20,5 cm · Heidelberg (?) · 1420er Jahre

Entstehungsort: Heidelberg (?).
Entstehungszeit: 1420er Jahre.

Typus (Überlieferungsform): Codex.
Beschreibstoff: Papier.
Umfang: 2, 248 Bll.

Format (Blattgröße): 28,9 × 20,5 cm.
Zusammensetzung (Lagenstruktur): (I-1)^{1a} + 1^{A} + 9 VI^{107} + IV^{115} + 11 VI^{246} + Hinterspiegel. Vorderspiegel Gegenbl. von 1a, Hinterspiegel mit Einband verklebt. Zählfehler: 79 und 201 doppelt gez.
Seiten-, Blatt- und Lagenzählung: Zeitgenössische Foliierung in arabischen Ziffern (*A, 1–246*). Vorsatzbl. ungez., weshalb, wie bei doppelt gez. Bll., Zählung der Digitalisate übernommen wird (1a, 79a, 201a). Durchgängig Reklamanten auf der letzten Versoseite der Lage auf dem Fußsteg rechts. Anfangs Lagenfoliierung, teils durch Beschnitt verloren gegangen. Auf letzter Versoseite der letzten Lage Lagenzählung (*xxj*).
Zustand: Auf ersten Bll. leichter Wasserschaden an oberer äußerer Ecke. 28 und 29 ausgerissen, fragmentarisch erhalten. Schriftraum gebräunt. Wenige Flecken. Zwischen 6 und 7 Pergament als Falzverstärkung.
Wasserzeichen: Traube, Stiel zweikonturig, mit Ranke, Ranke hinten geführt, in zwei Varianten, Bll. A, 2–3, 8, 13–14, 22, 30–42, 57, 67–68, 71, 78–84, 87, 107, 113–122, 125–126, 131–135, 148–151, 155–156, 163–169, 172–179, 188–193, 198–201, 209–214, 217–221, 230–240, annähernd identisch mit Wzz. von Papieren, die laut WZIS um 1420/1430 in Paderborn Verwendung fanden, DE1185-S722_56, Bll. 7, 9–12, 19–21, 25, 44–54, 61–63, 69, 73–76, 85–86, 90–91, 101, 108–111, 123, 128–130, 141–145, 153, 158–161, 171, 182–187, 196, 202–203, 215, 222–228, 245, ähnlich Wzz. von Papieren, die laut WZIS 1424 beschrieben wurden, CH0780-PO-129112. Säule mit einkonturigem Kugelkreuz als Beizeichen, in zwei Varianten, Bll. 98–99, 106, ähnlich Wzz von Papieren, die laut WZIS 1428 verwendet wurden, DE4620-PO-100161, Bl. 103, ähnlich Wzz. von Papieren, die laut WZIS 1425 in Göttingen Verwendung fanden, DE2730-PO-100162. Drei Kirschen, ohne Beizeichen, Stiel gebogen, Bl. 204, ähnlich Wzz. von Papieren, die laut WZIS 1426 in Würzburg beschrieben wurden, DE6405-PO-129916.

Schriftraum: 22 × 14,5–18 cm.
Spaltenanzahl: 1 Spalte.
Zeilenanzahl: 37–43 Zeilen.
Angaben zu Schrift / Schreibern: Den Anfang machte eine Hand, die sich einer schleifenlosen Bastarda bediente, der im Laufe der Seiten immer mehr Schleifen beigegeben wurden. Auch zeigt sich beispielsweise beim Gebrauch des h die Tendenz zum schnelleren Schreiben. War dieses zuerst an jenes der Textualis angelehnt, so wurde schließlich ein kursives bevorzugt. Auf 73r fährt mit Beginn der neuen Lage eine zweite Hand in Bastarda fort, die den ersten Teil vollendete. Eine dritte Hand übernahm, ebenfalls in Bastarda, mit Beginn des zweiten Teils.
Buchgestaltung: Schriftraum mit Tinte vorgezogen. Zu Beginn der einführenden Epistola sowie der ersten beiden Teile Fleuronnéinitialen (1r, 2r, 116r). Rote Lombarden an Abschnittsanfängen über meist drei Zeilen, zuweilen mit Aussparungen. Rubriken, rote Paragrafenzeichen, Strichelungen und Unterstreichungen zur Strukturierung des Texts.
Buchschmuck: Auf 1r rote Fleuronnéinitiale mit Rankenwerk und Fabeltier als Aussparungen, Knospenfleuronné und Rankenwerk im Binnenfeld, Knospenfleuronnébesatz und Fadenausläufern. Auf 2r rote Fleuronnéinitiale mit Rankenwerk als Aussparung, Mischwesen im Binnenfeld, Knospenfleuronnébesatz. Auf 116r rote Fleuronnéinitiale mit Rankenwerk als Aussparung und Fleuronnébesatz.

Nachträge und Benutzungsspuren: Korrekturen, Verweise und Anmerkungen von mehreren Händen, darunter ist auch die Hand des Johannes Lagenator von Frankfurt (um 1380–1440) klar zu erkennen (s. zum Vergleich seine Eintragungen in das Rektorbuch der Universität Heidelberg [Heidelberg, Universitätsarchiv, RA 654, fol. 74r–76v, DOI: https://doi.org/10.11588/diglit.48485#0167] sowie zu seiner Schrift i. Allg. Johannes von Frankfurt, hrsg. von Walz, S. 236–242). Zahlreiche grafische Verweiszeichen, meist in Form von Zeigehänden, darunter auf 136r ein Galgen.

Einband: Römischer Einband, Pappe mit weißem Pergament überzogen, in Rom um 1780 gefertigt (Schunke, Einbände 2.2, S. 848). Gelb-kupferfarbenes Kapital. Auf Buchrücken zwei blaue aufgeklebte Schildchen mit aktueller Signatur, dazwischen Rückentitel: *EMERICI INQVISITIONIS LIBER*, darunter in Blau: *Pal.*

Geschichte der Handschrift: Blaues Schildchen mit aktueller Signatur auf Vorderspiegel. Auf 1ar neben aktueller Signatur Altsignatur *736* [durchgestrichen], auf Ar Capsa-Nummer *C. 55*, nebst Altsignatur *598*. Die Hs. stammt aus dem Eigentum des Heidelberger Theologieprofessors Johannes Lagenator von Frankfurt, wie der prominent angebrachte Stiftervermerk auf Av ausweist: *Anno ab incarnacione domini M° cccc° quadragesimo primo hunc librum jnquisicionum heretice prauitatis testamentarij honorabilis viri magistri Johannis de Frankfordia, sacre theologie professoris, legauerunt facultati theologice studij Heidelbergensis. Cuius anima requiescat jn pace. Jntytulatur autem liber iste. ›Directorium officij inquisicionis‹.* Johannes von Frankfurt immatrikulierte sich nach seinem Aufenthalt an der Universität zu Paris im Jahr 1401 an der Heidelberger Hochschule. Ab 1414/1415 ist er als Professor an der theologischen Fakultät belegt, daneben auch in verschiedenen Ämtern, so auch als Rektor, oder als Gesandter der Universität beim Konstanzer Konzil, ebenso in diplomatischer Mission für König Ruprecht oder Ludwig III. (Drüll, Gelehrtenlexikon, S. 285). Darüber hinaus wirkte Johannes in mehreren Fällen als Inquisitor. So war er bei der Verurteilung der Hussiten Johannes von Drändorf (um 1390–1425) und Peter Turnau 1425 sowie des Häretikers Johannes Fuyger 1429 beteiligt (Inquisitions-Verfahren, hrsg. von Heimpel, S. 149). Womöglich verwendete er in diesem Kontext auch vorliegende Hs. Ein Indiz könnte die eigenhändige Bemerkung des Johannes auf 162v bieten: *Sic accidit 1429 quarta die Junij de quodam adducto Heydelbergam de oppido Luden, qui dictus erat Johannes Fuyger, et fuit combustus in Luden quarta die Julij.* Dass er selbst auch der Auftraggeber war, darauf könnten die wenigen Reklamanten von seiner Hand hinweisen, die er bei der Schlussredaktion vor dem Binden angebracht haben könnte (so auf 115v, einem leeren Bl., worauf in der Regel kein Reklamant angebracht wurde; allerdings setzt auf dem folgenden Bl. eine neue Hand ein). Unklar bleibt, wie der Nachtrag *Ketzermeyster* von jüngerer Hand auf 231v konnotiert ist. Er stammt aus der Zeit, nachdem der Codex nach Tod des Theologen 1441 auf testamentarischen Wunsch an die juristische Fakultät gefallen und wohl in die Bestände der Universitätsbibliothek eingereiht worden war.

Faksimile: https://digi.ub.uni-heidelberg.de/diglit/bav_pal_lat_681

Literatur: BioBib Jurists, Nicolaus Eymericus (r438); Drei Inquisitions-Verfahren aus dem Jahre 1425. Akten der Prozesse gegen die deutschen Hussiten Johannes Drändorf und Peter Turnau sowie gegen Drändorfs Diener Martin Borchard, hrsg. und erl. von Hermann Heimpel, Göttingen 1969 (Veröffentlichungen des Max-Planck-Instituts für Geschichte 24), S. 150; Drüll, Gelehrtenlexikon, S. 284–286; Claudia Heimann, Nicolaus Eymerich (vor 1320–1399) - praedicator veridicus, inquisitor intrepidus, doctor egregius. Leben und Werk eines Inquisitors Münster 2001 (Spanische Forschungen der Görresgesellschaft, Reihe 2, 37), S. 180; Johannes von Frankfurt. Zwölf Werke des Heidelberger Theologen und Inquisitors, hrsg. von Dorothea Walz, Heidelberg 2000 (Editiones Heidelbergenses 29), S. 241f.; Kaeppeli, Scriptores OP 3, S. 159; Montuschi, Le biblioteche, S. 313; OVL, Pal.lat.681; Alexander Patschovsky, Straßburger Beginenverfolgungen im 14. Jahrhundert, in: DA 30 (1974), S. 56–198, hier S. 128–144; Josep Perarnau i Espelt, De Ramon Llull a Nicolau Eimeric. Els fragments de l'Ars amativa de Llull, en còpia autògrafa de l'inquisidor Eimeric integrats en les cent tesis antilul·lianes del seu Directorium Inquisitorum, in: Arxiu de Textos Catalans Antics 16 (1997), S. 7–129, hier S. 70 A. 82, 110 A. 204, 116; Jaume de Puig i Oliver, El „Dialogus contra lullistas" de Nicolau Eimeric. Edició i Estudi, in: Arxiu de Textos Catalans Antics 19 (2000), S. 7–296, hier S. 137 A. 379; Schunke, Einbände 2.2, S. 848; Stevenson, Latini, S. 242.

1) 1r–230v
Verfasser: Nicolaus Eymerich.
Titel: Directorium officii inquisitorum.
Angaben zum Text: Reihenfolge der Partes weicht vom gängigen Schema ab: (1r–1v) Epistola; (2r–111v) Pars I (richtig: Pars II); (112r–115v) leer; (116r–197r) Pars II (richtig: Pars III); (197v–221r) Pars III (richtig: Pars I); (221v–230r) Inhaltsverzeichnis; (230v) Articuli fratris Stephani de Marchia (ediert in: Edward Potkowski, Heretic Stephan of Marchia, in: Studi medievali 13 [1972], S. 281–290, hier S. 281f.). – 1ar–Ar, 231r–246v leer.
Rubrik: 1r ›*Hic jncipit liber jnquisicionis copulatus per fratrem Nycolaum Eymerici, ordinis fratrum Predicatorum sacre theologie magistrum, cappellanum domini nostri pape, ac in terris domini regis Arogonie* [!] *jnquisitorem heretice prauitatis*‹.
Incipit: 1r ›*Frater Nycolaus Eymerici ordinis fratrum Predicatorum sacre theologie*‹*magister indignus*[...].*Ne pia sancte inquisicionis negocia cetui fidelium quam plurimum necessaria ...*
Explicit: 221r ... *et ecclesiam suam sectam contra quam dicere non intendit et cetera.* ›*Explicit 3ª pars officij inquisicionis et cetera. Deo gracias*‹.
Edition: Nicolaus Eymericus, Directorium inquisitorum. Cum commentariis Francisci Pegñe, Venedig 1607.

TH

Vatikan, Biblioteca Apostolica Vaticana, Pal. lat. 682

Martin von Troppau, Margarita decreti

Papier · 3, 204, 3 Bll. · 29,2 × 21,5 cm · Mitteleuropa · um 1420

Entstehungsort: Mitteleuropa.
Entstehungszeit: um 1420.

Typus (Überlieferungsform): Codex.
Beschreibstoff: Papier.
Umfang: 3, 204, 3 Bll.
Format (Blattgröße): 29,2 × 21,5 cm.

Zusammensetzung (Lagenstruktur): (II-1)^{III} + 17 VI^{204} + (II-1)^{II}. Vorderspiegel Gegenbl. von III, Hinterspiegel Gegenbl. von 205. Zählfehler: 90 doppelt gez., 146 übersprungen.
Seiten-, Blatt- und Lagenzählung: Römische Foliierung des 17. Jhs. (*1–205*), *I–III* auf Vorsatzbll. und *I–II* auf Nachsatzbll. mit Blei nachgetragen. Bei doppelt gez. Bl. Zählung der Digitalisate übernommen (90a). Durchgängig auf der letzten Versoseite der Lage auf dem Fußsteg mittig Reklamanten, rechts Lagenzählung in arabischen Ziffern.
Zustand: Stockfleckig, v. a. an den Rändern.
Wasserzeichen: Glockenkörper ohne Schulter, Glockenmund einkonturig, ohne Joch, mit Klöppel, auf Bll. 1–106, annähernd identisch mit Wzz. von Papieren, die 1418 in Mechelen beschrieben wurden, BE5340-PO-40273; fünfblättrige Blume, ohne Stängel, mit Stempel, Blütenblätter eingekerbt / spatelförmig auf Bll. 108–204 ähnlich Wzz. von Papieren, die 1454 in Deutschland (wohl Leipzig) beschrieben wurden, DE4860-Ms550_6.

Schriftraum: 20,8 × 15–17 cm.
Spaltenanzahl: 2 Spalten.
Zeilenanzahl: 39–43 Zeilen.
Angaben zu Schrift / Schreibern: Von einer Hand in einer recht flüchtig ausgeführten Bastarda geschrieben, die in ihrem Duktus auf einen mitteleuropäischen Schreiber verweist.
Buchgestaltung: Schriftraum mit Metallstift vorgezogen. Jedem Abschnitt übergeordneter Buchstabe als Seitentitel in Rot. Abschnitte zu Buchstaben beginnen mit roter Lombarde, zuweilen mit Aussparungen (fehlt auf 173ra). Jedes Lemma rubriziert hervorgehoben, teilweise Rubrik auf Rand geschrieben. Belegstellen mit roten Paragrafenzeichen und Strichelung eingeleitet. Mitunter rote Unterstreichungen. Lemmata durchnummeriert (bis einschließlich 22rb).
Buchschmuck: s. Buchgestaltung.

Nachträge und Benutzungsspuren: Wenige Verweise und Anmerkungen von mehreren, in etwa zeitgenössischen Händen.

Einband: Römischer Einband, Pappe mit weißem Pergament überzogen, in Rom um 1780 gefertigt (Schunke, Einbände 2.2, S. 848), mit Schleifenschließen. Gelb-schwarzes Kapital. Auf Buchrücken zwei blaue aufgeklebte Schildchen mit aktueller Signatur, dazwischen verblasster Rückentitel, darunter in Blau: *P.*
Provenienz: Heidelberg.
Geschichte der Handschrift: Blaues Schildchen mit aktueller Signatur auf Vorderspiegel. Auf dem Kopfschnitt Altsignatur *51.* Auf Ir neben aktueller Signatur Altsignatur *737* [durchgestrichen], weitere auf IIr: *473.* Auf 1r Capsa-Nummer *C. 86.* nebst Altsignatur *241* [durchgestrichen]. Dem Duktus der Schrift nach dürfte der Schreiber in Mitteleuropa sozialisiert gewesen sein und, den Wzz. zufolge, die Hs. um 1420 abgefasst haben.

Faksimile: https://digi.ub.uni-heidelberg.de/diglit/bav_pal_lat_682
Literatur: Arturo Bernal Palacios, Las obras canónicas de Martin de Troppau, in: Archivum fratrum Praedicatorum 61 (1991), S. 89–126, hier S. 103 A. 92, 107–112; Kaeppeli, Scriptores OP 3, S. 117; OVL, Pal.lat.682; Schunke, Einbände 2.2, S. 848; Stevenson, Latini, S. 242.

1) 1ra–204vb
Verfasser: Martin von Troppau.
Titel: Margarita decreti.
Angaben zum Text: Text bricht ab im Abschnitt zum Lemma *verecundia.* (1ra–b) Prolog; (1rb–16va) Buchstabe A; (16va–20vb) Buchstabe B; (20vb–42ra) Buchstabe C; (42ra–53ra) Buchstabe D; (53ra–69vb) Buchstabe E; (69vb–78vb) Buchstabe F; (78vb–80va) Buchstabe G; (80va–84vb) Buchstabe H; (84vb–102rb) Buchstabe I; (102rb) Buchstabe K; (102va–110ra) Buchstabe L; (110ra–124rb) Buchstabe M; (124rb–127va) Buchstabe N; (127va–135ra) Buchstabe O; (135rb–164rb) Buchstabe P; (164rb–164vb) Buchstabe Q; (164vb–173ra) Buchstabe R; (173ra–194vb) Buchstabe S; (194vb–202rb) Buchstabe T; (202rb–204vb) Buchstabe U / V.
Incipit: 1ra ›*Inter*‹ *alia que ad fidelium Christi doctrinam scripta sunt, jus canonicum ad ipsorum doctrinam et consolationem scriptum reperitur ...*
Explicit: 204vb ›*... Jtem*‹ *est verecundia semi confitentis dum quis erubescit peccata aliqua confiteri de penitencia di. iii § Siue usu inter hec ...* [Text bricht ab].
Edition: Der Text liegt in keiner modernen Edition vor, ist allerdings in mehreren Wiegendrucken seit 1481 überliefert (GW 21402–21429); Bernal Palacios, obras, S. 107–111 (Prolog ediert).

TH

Vatikan, Biblioteca Apostolica Vaticana, Pal. lat. 683

Sammelhandschrift

Papier · 2, 266, 1 Bll. · 31,4 × 20,5 cm · Oberdeutschland / Heidelberg (?) · 1458

Entstehungsort: Oberdeutschland / Heidelberg (?).
Entstehungszeit: 1458.

Typus (Überlieferungsform): Codex.
Beschreibstoff: Papier.
Umfang: 2, 266, 1 Bll.
Format (Blattgröße): 31,4 × 20,5 cm.
Zusammensetzung (Lagenstruktur): $(\text{I-1})^{1a}$ + 1^{2a} + V^{10} + $(\text{VIII-2})^{23a}$ + 7 VI^{107} + VII^{120a} + 11 VI^{249} + $(\text{VI+1})^{262*}$. Vorderspiegel Gegenbl. von 1a, hinteres Spiegelbl. auf Deckel geklebt.
Seiten-, Blatt- und Lagenzählung: Römische Foliierung des 17. Jhs. (*1–261*). Bei ungez. Bll. folgt die Beschreibung dem Digitalisat (1a-2a, 23a, 120a, 214a-214c, 262*). Ab 35v durchgängig Reklamanten (außer auf leeren Bll.) auf der letzten Versoseite der Lage auf dem Fußsteg rechts (144v unten mittig und verziert), oftmals durch Beschnitt beeinträchtigt. 24r–110r zeitgenössische Zählung (*1–41*), dabei die meisten Ziffern doppelt oder dreimal gezählt. 214cr–252r Lagenfoliierung in arabischen Ziffern auf dem Fußsteg rechts.
Zustand: Von 1a und 2a Teile ausgerissen, 9–12, 24–214b, 238–242 Wasserschäden. Stockfleckig, v. a. an den Rändern, insbesondere am oberen. Schrift zuweilen etwas verblasst. Einige Gebrauchsspuren.
Wasserzeichen: Turm mit Zinnen, ohne Anbau, ohne Fenster, ohne Wulst, in zwei Varianten, auf Bll. 6–9, 11, 16, 215–216, 218, 229, 233, 237, ähnlich Wzz. von Papieren, die 1474 beschrieben wurden, DE5580-Clm21648_220, auf Bll. 10, 15, 17–23, 217, 219–227, 235, ent-

fernt vergleichbar mit Wzz. von Papieren, die wahrscheinlich 1452–1454 in Bayern beschrieben wurden, DE4200-UnbestimmteHerkunft9_253; Dreiberg mit Beizeichen zweikonturige Stange, einfaches lateinisches Kreuz, ohne weiteres Beizeichen, Kreuzbalken gerade, Grundlinie einfach, zwei Varianten, auf Bll. 25–29, 36–44, 48–50, 55, 60–64, 73–74, 80, 91–92, 95–102, 115–122, 124–125, 140–142, 149–151, 155, 162–164, 168, 175–178, 180, 186–203, 208–210, ähnlich Wzz. von Papieren, die in Leipzig beschrieben wurden, DE4860-Ms468_58 auf Bll. 31–35, 45–46, 54, 56, 66–69, 76–77, 83–86, 94, 103–113, 123, 126–138, 143–148, 154, 156–158, 165–166, 173, 179, 182–185, 212, ohne Übereinstimmung mit WZIS; Ochsenkopf mit Oberzeichen, mit zweikonturiger Stange, Blume, ohne weiteres Beizeichen, sieben Blütenblätter, mit Augen, Stangenende einkonturig, zwei Varianten, auf Bll. 231, 238, 243–245, 248–253, ähnlich Wzz. von Papieren, die in Bayern beschrieben wurden, DE5580-Clm14351_383, auf Bll. 240, 246, 260, entfernt vergleichbar mit Wzz. von Papieren, die 1463–1466 in Ulm beschrieben werden, DE8100-HBI162_4. Dreiberg mit einfachem lateinischen Kreuz an zweikonturiger Stange. Keine Übereinstimmung mit WZIS. Gewisse Ähnlichkeiten mit Wzz., deren Verwendung mit der Zeitangabe im Kolophon (s. Geschichte der Handschrift) in etwa übereinstimmt und in Mittel- und Oberdeutschland beschrieben wurden.

Schriftraum: 23,3 × 14 cm.
Spaltenanzahl: 1 Spalte (1r–23v, 111r–115r, 215r–226r); 2 Spalten (24ra–110vb, 115va–214va, 226va–261va).
Zeilenanzahl: 30–47 Zeilen.
Angaben zu Schrift / Schreibern: 1r–23v von einer Hand in einer Bastarda, der ein d ohne Schleife zu eigen ist. 24ra–120rb in einer schleifenlosen Bastarda, die phasenweise Schleifen annimmt. Bei ihr fällt insbesondere das x-förmige r auf, das Karin Schneider als Eigenheit oberdeutscher Schreiber ausmachte (Schneider, Paläographie, S. 76 f.). Die folgenden Hände übernahmen dieselbe Schriftart, teilweise mit einer vergleichbaren Inkonsequenz bei der Verwendung von Schleifen, teilweise unter Gebrauch des x-förmigen r. Eine dritte Hand setzt auf 121ra ein, ehe auf 154rb die zweite Hand den Text fortsetzte. Ab 213va fügte womöglich eine neue Hand ein weiteres Werk hinzu. 215v setzt eine weitere Hand ein, welche auch die dritte Hand mit einem etwas jüngeren Schriftbild sein könnte. Eine letzte Hand schrieb 244ra–253rb. Die abschließenden Bll. vollendete die Hand, welche auch 215v–244ra geschrieben hatte.
Buchgestaltung: Schriftraum mit Tinte vorgezogen. Abschnitte beginnen mit roten Lombarden, selten leicht verziert, beispielsweise mit Fadenausläufern (ab 215v Initialmajuskeln in Schwarz mit roter Strichelung), als weitere Abschnittsunterteilung Rubriken, anfangs Auszeichnungsbuchstaben in gotischer Minuskel. Zur Strukturierung des Texts Paragrafenzeichen (auch in Rot), rote Strichelungen und Unterstreichungen. Angaben für Rubrikator am unteren Blattrand teilweise noch vorhanden, durch Beschnitt beeinträchtigt oder verloren gegangen. Beim ersten Text Predigten durchnummeriert, einzelne Abschnitte mit Buchstaben auf den Rändern kenntlich gemacht.
Buchschmuck: s. Buchgestaltung.

Nachträge und Benutzungsspuren: Vornehmlich Korrekturen auf Rändern wohl von jenen Händen, die auch den Text schrieben, darüber hinaus nur wenige Anmerkungen ebendort. Wenige grafische Verweiszeichen. Eintrag 24r: *Sermones Nider de sanctis.* 80v–81r: Verblasste Notizen auf Bundsteg.

Einband: Römischer Einband, Pappe mit weißem Pergament überzogen, in Rom um 1780 gefertigt (SCHUNKE, Einbände 2.2, S. 848), Löcher für Schließbänder noch vorhanden. Gelbkupferfarbenes Kapital. Auf Buchrücken zwei blaue aufgeklebte Schildchen mit aktueller Signatur, dazwischen Rückentitel: *IOANNES FRANCFORDENSIS De contractibus*, darunter in Blau: *Pal.*

Geschichte der Handschrift: Auf Vorderspiegel blaues Schildchen mit aktueller Signatur, diese auch auf 1ar, nebst Altsignatur *744* [durchgestrichen]. Auf 2ar Capsa-Nummer *C. 126.*, darunter Allacci-Signatur *342* [durchgestrichen], ferner Altsignaturen *249* [durchgestrichen] und *544* oder *594*. Altsignatur auf Unterschnitt. Mit karolingischer Minuskel beschriebenes Pergament als Makulatur zur Falzverstärkung. Von einigen Hss. der Werke des Johannes von Frankfurt wissen wir, dass sie relativ zeitnah zu ihrer Entstehung vornehmlich in Heidelberg von seinen Schülern kopiert wurden (s. Johannes von Frankfurt, hrsg. von WALZ, S. XXII). So ist auch in diesem Fall von einem vergleichbaren Entstehungsszenario auszugehen. Mit großer Sicherheit kann jedoch angenommen werden, dass die Hs. im deutschsprachigen Raum entstand, dafür spricht die im Fließtext eingefügte Übersetzung auf 49v: *id est persönlich ainigung*, ein weiterer Vermerk auf Deutsch findet sich 79r auf dem Bundsteg: *selbs wesenlichen*. Die Schrift spricht zudem für die Sozialisierung zumindest von zwei Schreibern im oberdeutschen Raum. Der Kolophon auf 120rb gibt darüber hinaus Auskunft über die Entstehungszeit: *Deo gratias. Anno 1458*. Einen Hinweis auf einen späteren Besitzer hält der Vermerk auf 1r bereit: *Iste liber est patris, prioris et lectoris Stephani* [Rest unleserlich]. Ferner ist nicht ausgeschlossen, dass der Codex später in das Eigen des Ulrich Fugger (1526–1584) überging. Der Katalog zu dessen Bibliothek von 1571 (Pal. lat. 1921, 100v) vermerkt zumindest: *Tractatus de contractibus magistri Johannis de Franckfurt.*

Faksimile: https://digi.ub.uni-heidelberg.de/diglit/bav_pal_lat_683

Literatur: Angelika HÄSE / Kathrin PFISTER, Johannes von FRANKFURT († 1440), ,De contractibus', in: Mittellateinisches Jahrbuch 29,2 (1994), S. 181 f., hier S. 182; Johannes von Frankfurt. Zwölf Werke des Heidelberger Theologen und Inquisitors, hrsg. von Dorothea WALZ u. a., Heidelberg 2000 (Editiones Heidelbergenses 29), S. 168; Steven John LIVESEY, Medieval Latin Aristotele Commentators: Addenda and Biographical Precisions, in: Bulletin de philosophie médiévale 43 (2001), S. 95–132, hier S. 118; Alois MADRE, Nikolaus von Dinkelsbühl. Leben und Schriften, ein Beitrag zur theologischen Literaturgeschichte, Münster 1965 (Beiträge zur Geschichte der Philosophie und Theologie des Mittelalters 40,4), S. 297; MONTUSCHI, Le biblioteche, S. 313; OVL,Pal.lat.683; STEVENSON, Latini, S. 242 f.; Adolar ZUMKELLER, Bindo v. Siena, in: Lexikon für Theologie und Kirche, Bd. 2, ^{3}1994, Sp. 466.

1) 1r–7r

Verfasser: JOHANNES LAGENATOR VON FRANKFURT.

Titel: De contractibus.

Rubrik: 1r ›*Tractatus de contractibus magistri Johannis Franckfurt*‹.

Incipit: 1r ›*Vt*‹ *in foro anime, vbi spectator est deus, salubrius valeas consulere, queris a me, quomodo debeas homines expedire in casibus contractim empcionis et vendicionis perpetue uel ad vittam uel cum potestate reempcionis …*

Explicit: 7r … *Manifestum namque est ex hystoria Genesi quod Joseph vir deo carus et sanctus in domo pharaonis prescius future famis septem annis duratiue fecit prouisionem singula horrea replendo ex quo multas gentes fecit* [am Rand nachgetragen: *regi*] *Egipti esse subiectas et* *tributarias vrgente necessitate et penuria eas compellente et cetera ›et cetera et cetera. Explicit‹.*

Edition: De contractibus, hrsg. von Angelika Häse / Kathrin Pfister, in: Johannes von Frankfurt, hrsg. von Walz, S. 170–213.

2) 7v–23v

Verfasser: Wilhelm Durand (?).

Titel: Aureum confessorum et memoriale sacerdotum.

Angaben zum Text: Auch bekannt unter den Titeln ‚Opus aureum' oder ‚Memoriale omnium sacerdotum seu confessorum'. – 23ar–23av leer.

Rubrik: 7v ›*Jncipit Aureum confessorum memoriale sacerdotum et cetera*‹.

Incipit: 7v *Cum sit ars arcium regimen animarum ut extra de etate et qualitate ...*

Explicit: 23v *... et sic intelligo extra de accu* [!] *accusasti de hijs qui filios occiderunt c. fi. de sponsalibus dilectus xxij. q. v. c. j.* ›*Explicit tractatus de penitencia*‹ *dederunt in essencia.* ›*Deo gracias*‹.

3) 24ra–115rb

Verfasser: Johannes Nider.

Titel: Sermones de tempore et de sanctis.

Angaben zum Text: Kaeppeli, Scriptores OP 2, S. 512.

Rubrik: 24ra ›*De sancto Andrea*‹.

Incipit: 24ra ›*Venite*‹ *post me faciam uos fieri piscatores hominum ...*

Explicit: 110rb–110va *... crux vero Christi per fusa sanguine 110v est vera ymago Christi crucifixi expansi et eiusdem ymago est eciam lignum quocumque admodum crucis formatum et cetera.*

Edition: Der Text liegt in keiner modernen Edition vor, wurde aber bereits ab 1476 in zahlreichen Wiegendrucken verbreitet (GW M26953-M26971).

4) 115va–120rb

Verfasser: Johannes Nider.

Titel: Sermo de corpore Christi.

Angaben zum Text: 120v–120av leer.

Rubrik: 115v ›*Sermo de corpore Cristi*‹.

Incipit: 115va ›*Hic est panis qui de celo descendit. Non sicut manducauerunt patres vestri manna, et mortui sunt. Qui manducat hunc panem, viuet in eternum, Johannes 6*‹. *In quibus principaliter tria notanda sunt de quibus dicendum ...*

Explicit: 120rb *... alij tempore meliori videlicet post consecracionem recedunt alij sine causa ante benedictionem recedunt. Deo gratias. Anno 1458.*

Edition: Johannes Nider, Sermones de tempore et de sanctis cum quadragesimali, Reutlingen ca. 1480, S. 198–206.

5) 121ra–213va

Verfasser: Bindo von Siena.

Titel: Distinctiones exemplorum veteris et novi testamenti.

Angaben zum Text: s. Stegmüller, RB, Nr. 1765; Zumkeller, Mss., Nr. 202: (121r–121v) Prolog; (121v–122r) Index; (122v–133r) Buchstabe A; (133r–136r) Buchstabe B; (136r–143r) Buchstabe C; (143r–145v) Buchstabe D; (145v–148r) Buchstabe E; (148r–153r) Buchstabe F;

(153r–155v) Buchstabe G; (155v–158v) Buchstabe H; (158v–168v) Buchstabe I; (168v–172r) Buchstabe L; (172v–180r) Buchstabe M; (180r–186r) Buchstabe O; (186r–202v) Buchstabe P; (202v–208v) Buchstabe S; (208v–211v) Buchstabe T; (211v–212v) Buchstabe U; (212v–213v) Buchstabe Z.

Incipit: 121ra *Tanta pollet excellencia predicacionis officium quod saluator noster dominus Jhesus non confunditur asserere se fuisse missum ad id salubriter exercendum ...*

Explicit: 213va ... *Quando accepit epistolas ut persequeretur christianos actuum 9º. et 16.* ›*Expliciunt distincciones veteris et noui testamenti*‹. *Amen.*

Edition: Das Werk liegt in keiner modernen Edition vor, erschien aber bereits 1485 als Wiegendruck (GW M26443-M26444, als Werk des Nicolaus de Hanapis).

6) 213va–214va

Titel: De iis cum quibus sacra scriptura docet non esse contendendum.

Angaben zum Text: 214ar–214cv leer.

Rubrik: 213va ›*Contendendum non est cum sex generibus hominum et cetera*‹.

Incipit: 213v *Jº non est contendendum cum uerboso garriente ...*

Explicit: 214va ... *si in finali iudicio desiderat cum eo eternaliter gaudere et cetera.*

7) 215r–226r

Beteiligte Personen: Martin von Braga.

Titel: Kommentar zur ‚Formula vitae honestae' des Martin von Braga.

Incipit: 215r ›*Qvatuor uirtutum species multorum sapientium sententiis diffinite sunt*‹ ...

Explicit: 226r ... *quia si contingent uirtutem mutari in uicium a quo nos prohibeat qui sine fine uiuit et regnat. Amen.*›*Explicit commentum de 4or uirtutibus cardinalibus*‹.

8) 226va–230vb

Titel: Sermones septem de confessione, de caritate, de B. Maria Virgine (duo), de virginibus, de S. Katherina et de S. Nicolao.

Incipit: 226va ›*Confessio*‹ *est dulcis cantilena domini vnde sonet vox tua in auribus meis ...*

Explicit: 230vb ... *id est adolescencia an mane id est in puericia et cetera.*

9) 231ra–244vb

Titel: Alphabetum divini amoris.

Incipit: 231ra ›*Ad honorem*‹ *omnipotentis dei aliquos modos vias pro eleuacione mentis ...*

Explicit: 244vb ... *qui pro institucione Cartusiense in solitudine degencium et pro dono huius libelli sit nunc et semper et in secula benedictus.*

Edition: Das Werk liegt in keiner modernen Edition vor, erschien aber bereits um 1466/67 als Wiegendruck (GW 1554–1567).

10) 244vb–249ra

Titel: Speculum amatorum mundi.

Angaben zum Text: Verschiedenen Autoren zugeschrieben. Im Explicit erscheint Nikolaus von Dinkelsbühl (um 1360–1433) als Verfasser.

Incipit: 244vb ›*Videte*‹ *quomodo caute ambuletis non quasi ut insipientes ...*

Explicit: 249ra ... *quod nobis prestare dignetur qui cum deo patre et spiritu sancto viuit et regnat per infinita secula seculorum. Amen.* ›*Explicit Speculum mundi amatoris ab egregio editum viro domino Nicolao de Dinckelspuchel in sacra pagina professore*‹.

Edition: Das Werk liegt in keiner modernen Edition vor, erschien aber bereits um 1490 als Wiegendruck (GW 3889–3892, als Schrift des Bernhardin von Siena [1380–1444]).

11) 249ra–253rb
Verfasser: Stephanus Lang.
Titel: Tabula picturae mortis.
Angaben zum Text: Fassung II der Memento-mori-Textkompilation nach Christine Glassner, Art. Lang, Stephanus, in: VL, Bd. 11, Berlin 2004, Sp. 907–910, hier Sp. 908 f.
Incipit: 249ra *›Miramur‹ omnes quod orbus exul et hospes construit in terra domos alta palacia castra ...*
Explicit: 253rb ... *ad supplicium metuendum numquam de cetero cum gaudio vos visurus hys dictis exspirauit et cetera. Et finis est.*
Edition: Stephan Cosacchi, Makabertanz. Der Totentanz in Kunst, Poesie und Brauchtum des Mittelalters, Meisenheim am Glan 1965, S. 266 f. (Teilabdruck nach München, Staatsbibliothek, Clm 7747 und Clm 23833).

12) 253va–261va
Titel: Sechs Predigten.
Incipit: 253va *›Orate‹ pro inuicem ut saluemini multum enim valet deprecacio iusti assidua, ›Jacobus 5‹ et cetera ...*
Explicit: 261va ... *Christus multa miracula fecit die dominico et cetera.*

TH

Vatikan, Biblioteca Apostolica Vaticana, Pal. lat. 684

Kanonistische Sammelhandschrift

Papier · 3, 153, 2 Bll. · 30,3 × 21,5 cm · Südwestdeutschland · Mitte 15. Jh.

Entstehungsort: Südwestdeutschland.
Entstehungszeit: Mitte 15. Jh.

Typus (Überlieferungsform): Codex.
Beschreibstoff: Papier.
Umfang: 3, 153, 2 Bll.
Format (Blattgröße): 30,3 × 21,5 cm.
Zusammensetzung (Lagenstruktur): $(II-1)^{3a}$ + 12 VI^{144} + $(V-1)^{153}$ + $(II-1)^{155*}$. Vorderspiegel Gegenbl. von 3a, Hinterspiegel Gegenbl. von 154*.
Seiten-, Blatt- und Lagenzählung: Vor- und Nachsatzbll. ungez. Römische Foliierung des 17. Jhs. (*1–153*). Durchgängig Reklamanten auf der letzten Versoseite der Lage auf dem Fußsteg rechts sowie Blattsignaturen mit Kleinbuchstaben und lateinischer Ziffer beim Buchstaben a (daneben auch x mit arabischer Ziffer), ab b mit Kleinbuchstaben und arabischer Ziffer, auf dem Fußsteg rechts (teilweise durch Beschnitt beeinträchtigt oder verloren gegangen). Bei ungez. Bll. folgt die Zählung dem Digitalisat (1a–3a, 154*–155*).
Zustand: Am oberen Rand leicht stockfleckig. Auf den ersten Bll. fleckig. Tinte schlägt leicht durch. In Lagenmitte Falz zuweilen gebräunt, meist mit Verstärkung.

Wasserzeichen: Freistehendes, doppelrädriges Mühlrad mit sechs Speichen und Kurbel als Beizeichen, in drei Varianten, auf Bll. 1–11, 24, annähernd identisch mit Wzz. von Papieren, die 1454 in Österreich Verwendung fanden, AT3800-PO-122892, auf Bll. 16–19, 22–23, 25, 38–42, 45, 56–58, 69, 74–75, 79, 85, 93–94, 105–111, 114–119, 123, 128–129, 133, 137, 142, 150–153, ähnlich Wzz. von Papieren, die 1461 in Basel beschrieben wurden, CH0780-PO-122889, auf Bll. 20, 27–35, 44, 46–55, 60–67, 71–73, 76, 80, 86–91, 97–104, 112, 120, 126, 131, 134, 138–141, 145–148, vergleichbar mit Wzz. von Papieren, die 1450/1455 in Ostschwaben / Nordbayern verwendet wurden, DE1935-Mscr_Dresd_M_180_71.

Schriftraum: 23,3 × 19,5–20,5 cm.
Spaltenanzahl: 1 Spalte.
Zeilenanzahl: 43 Zeilen.
Angaben zu Schrift / Schreibern: Alle Texte wurden von einer Hand geschrieben, die sich einer Semitextualis im Derolezschen Sinn bediente (vgl. Derolez, Palaeography, S. 119–122). Dabei sind die Buchstaben oftmals mit Ligaturen verbunden, die Brechungen nicht stark ausgeprägt und es zeigen sich Einflüsse humanistischer Schriften, wie die meist verwendete Capitalis bei Majuskeln. Möglichweise handelt es sich hier um denselben Schreiber, der auch die Texte in Pal. lat. 777 schrieb.
Buchgestaltung: Zeilengerüst mit Metallstift vorgezogen. Jeder Decisio ist auf dem Rand eine durchnummerierte Ziffer zur Seite gestellt, jede Decisio beginnt alternierend mit einer blauen oder roten Lombarde, im letzten Text stattdessen alternierend mit blauem oder rotem Paragrafenzeichen. Selten rote Strichelungen zur Strukturierung des Texts.
Buchschmuck: Auf 1r Fleuronnéinitiale in Altrosa, mit Perlen, z. T. mit Kern, und Fadenausläufern in Rot als Besatz, sowie Knospenfleuronné im geviertelten Binnenfeld in Rot und Schwarz. S. auch die Bildbeschreibung in heidICON.

Nachträge und Benutzungsspuren: Kurze Inhaltsangaben, Korrekturen, Verweise und Anmerkungen von Hand, die Haupttext schrieb, auf Rändern. Wenige grafische Verweiszeichen.

Einband: Römischer Einband, Pappe mit weißem Pergament überzogen, in Rom um 1780 gefertigt (Schunke, Einbände 2.2, S. 848), Löcher für Schließbänder noch vorhanden. Gelbkupferfarbenes Kapital. Auf Buchrücken zwei blaue aufgeklebte Schildchen mit aktueller Signatur, dazwischen Rückentitel: *Decisiones Bertrandi de Aruassana 1404* (?), darunter in Blau: *P.*
Provenienz: Heidelberg.
Geschichte der Handschrift: Blaues Schildchen mit aktueller Signatur auf Vorderspiegel. Auf 1ar neben aktueller Signatur Altsignatur *783* [durchgestrichen], auf 1r Capsa-Nummer *C. 84.* nebst Altsignaturen *242*, *47* [beide durchgestrichen] und *495*. Zwar könnte der paläografische Befund für eine Entstehung der Hs. in Italien sprechen, die Wzz. hingegen verweisen eher nach Oberdeutschland, die Initialen schließlich nach Südwestdeutschland, sodass vieles für die Herstellung der Hs. in einer Werkstatt in letztgenannter Region spricht, in der auch Pal. lat. 777 entstanden sein dürfte, legt man einen Vergleich von Buchgestaltung, Buchschmuck und Schrift zugrunde.

Faksimile: https://digi.ub.uni-heidelberg.de/diglit/bav_pal_lat_684

Literatur: Dolezalek, Verbreitung, S. 7, 10 A. 18, 79, 99; André Fliniaux, Contribution à l'histoire des sources du droit canonique. Les anciennes collections de Decisiones Rotae Romanae, in: Revue historique de droit francais et étranger, 4 (1925), S. 61–93, 382–410, hier S. 79, 82; Henri Gilles, La vie et les oeuvres de Gilles Bellemère, in: Bibliothèque de l'Ecole des Chartes 124 (1966), S. 30–136, 382–431, hier S. 32 A. 2, 417 f.; Gugumus, Erforschung, S. 128 A 17a; Charles Lefebvre, Rote romaine, in: Dictionnaire de droit canonique 7 (1965), S. 742–771, hier S. 762–764; OVL,Pal.lat.684; Schunke, Einbände 2.2, S. 848; Stevenson, Latini, S. 243.

1) 1ra–123r

Titel: Decisiones antiquae.

Angaben zum Text: Decisiones nummeriert; die ‚Decisiones antiquae' gehen von 1 bis 633. – 1ar–3av leer.

Incipit: 1ra ›*Primo*‹ *quod monacho habenti administracionem seu prioratum ad nutum abbatis ammovibilem ...*

Explicit: 123r ... *nec sibi prouidendum est de distribucionibus cottidianis ut notat Johannes Andreae in Nouella in dicto c. Cum inferior.*

Edition: Der Text liegt in keiner modernen Edition vor, erschien aber bereits 1472 als Wiegendruck (GW 8200–8203), vorliegender Text endet mit Nr. 881 der ältesten Druckausgabe.

2) 123r–131v

Verfasser: Gilles Bellemère.

Titel: Decisiones Rotae Romanae.

Angaben zum Text: Kurzfassung, die Decisiones sind nummeriert und gehen von 634 bis 739. – 132r–132v leeres Zeilengerüst.

Incipit: 123r *634.* ›*Item*‹ *nota quod oneracio consciencie iudicis non expedit* [expungiert: *appellacionem*] *appellacionem ...*

Explicit: 131v ... *et primo iuraui anno etatis mee xxxij. Da gloriam deo.*

Edition: Der Text liegt in keiner modernen Edition vor, erschien aber bereits 1474 als Wiegendruck (GW 8209–8210).

3) 133r–153v

Verfasser: Bertrandus de Arvassano.

Titel: Ordinatio decisionum antiquarum.

Angaben zum Text: 154*r–155*v leeres Zeilengerüst / leer.

Rubrik: 133r ›*Ordinacio*‹ *decisionum antiquarum per venerabilem virum dominum Bertrandum de Aruassana, sacri palacij causarum auditorem, redacta sub congruis titulis in hoc presenti compendio, sub anno a natiuitate domini M.cccciiij. xxvj. Junij.*

Incipit: 133r *De constitutionibus: Per rescriptum apostolicum non derogatur statutis uel consuetudinibus ecclesie nisi clausula generalis apponatur ...*

Explicit: 153v *397. § Executor quis merus et quis mixtus dicatur.*

TH

Vatikan, Biblioteca Apostolica Vaticana, Pal. lat. 685

Kanonistische Sammelhandschrift

Papier · 3, 209, 3 Bll. · 29,8 × 21 cm · Italien / Oberdeutschland · 1. Hälfte 15. Jh.

Entstehungsort: Italien / Oberdeutschland.
Entstehungszeit: 1. Hälfte 15. Jh.

Typus (Überlieferungsform): Codex.
Beschreibstoff: Papier.
Umfang: 3, 209, 3 Bll.
Format (Blattgröße): 29,8 × 21 cm.
Zusammensetzung (Lagenstruktur): (II-1)^{3a} + 1^{1} + 2 VI^{25} + (VIII-1)^{40} + 5 VI^{93} + V^{98e} + 7 VI^{182} + (VI+1)^{194} + (VI+3)^{203c} + (II-2)^{205} + (II-1)^{208*}. Vorderspiegel Gegenbl. von 3a, Hinterspiegel Gegenbl. von 206*. Zählfehler: nach 59 folgen 6, nach 69 folgen 2, nach 98 folgen 5 ungez. Bll., nach 187 ungez. Fragment, nach 203 folgen 3 ungez. Bll.
Seiten-, Blatt- und Lagenzählung: Römische Foliierung des 17. Jhs. (*1–205*). Vor- und Nachsatzbll. ungez., weshalb, wie bei weiteren ungez. Bll., Zählung der Digitalisate übernommen wird (1a–3a, 59a–59e, 69a–69b, 98a–98e, 187a, 203a–203c, 206*–208*). Reklamanten auf 81v, 122v, 170v, 182v, 194v auf dem Fußsteg mittig. 159r Kustode auf Fußsteg mittig.
Zustand: Stockfleckig, v.a. an den Rändern, insbesondere Bll. 1, 188, 189, 190. Schrift teilweise leicht verblasst. Falzverstärkungen.
Wasserzeichen: Dreiberg mit Kreuz an einkonturiger Stange, drei Varianten, Bll. 3, 10–11, 16–18, 32–36, 49, 51, 54–55, 73, 76, 99–105, 204, keine Übereinstimmung mit WZIS; Bll. 6, 8, 13, 20–29, 47–48, 50, 52, 59, 70–71, 74, 94–95, 108–109, annähernd identisch mit Wzz. von Papieren, die 1395 in Rom beschrieben wurden, IT6900-PO-150958; Bll. 72, 84, 88–93, ähnlich Wzz. von Papieren, die 1396 in Rom beschrieben wurden, IT6900-PO-150796. Ochsenkopf mit Augen und Nasenlöchern, ohne Kreis auf Stirn, Augen mit Verbindungsstrichen und einkonturiger Stange mit sechsstrahligem Stern als Oberzeichen, zwei Varianten, Bll. 61–62, 67, ähnlich Wzz. von Papieren, die 1419 in Hanau beschrieben wurden, DE2730-PO-78463; Bll. 63–66, vergleichbar mit Wzz. von Papieren, die 1415 in Oberschwaben beschrieben wurden, DE8100-PO-78321. Glocke mit Körper ohne Schulter und Joch, mit Klöppel, Glockenmund einkonturig, drei Varianten, Bll. 96, 98, keine Übereinstimmung mit WZIS, ähnliche Formen um 1400 in Gebrauch; Bll. 113–115, 121–124, 126–139, 143–152, 157, 171, 174–175, vergleichbar mit Wzz. von Papieren, die um 1400 in Deutschland beschrieben wurden, DE2220-Codst_214_217; Bll. 117, 125, 140, 154–156, 158, 177, vergleichbar mit Wzz. von Papieren, die um 1400 in Deutschland beschrieben wurden, DE5580-Cgm6245_222. Halbfiguriger Hirsch ohne Beizeichen, Bll. 159–169, 172–173, keine Übereinstimmung mit WZIS, ähnliche Formen um 1400 in Gebrauch. Ochsenkopf mit Augen, Stirn und Wulst sowie einkonturiger Stange und achtstrahligem Stern als Oberzeichen, Bll. 186–189, 192, 194, 196–200, entfernt vergleichbar mit Wzz. von Papieren, die um 1394 in Padua beschrieben wurden, DE5655-PO-67970. Ochsenkopf ohne Gesichtmerkmale, mit rundem Kinn und einkonturiger Stange sowie achtstrahligem Stern als Oberzeichen, Bll. 190, 193, 195, 202, keine Übereinstimmung mit WZIS.

Schriftraum: 22,5 × 18 cm.

Spaltenanzahl: 1 Spalte; 35r–37v, 204r–205r: 2 Spalten.

Zeilenanzahl: 27–51 Zeilen.

Angaben zu Schrift / Schreibern: Die erste Hand (1v–59r, 70r–96r, 98r–110r, Fragment nach 187v, 204ra–205rb), wahrscheinlich kurz nach 1400 schreibend, changiert zwischen älterer und jüngerer gotischer Kursive. Auffallend ist das doppelstöckig ausgeführte a, das mitunter zu einem einstöckigen verstümmelt wird, sowie die fähnchenartigen Schleifen an den Oberlängen, die an Kanzleikursiven des 14. Jhs. erinnern, wie z.B. Trecento I. Die zweite Hand (60r–69r) bediente sich einer nicht konsequent schleifenlosen Bastarda und dürfte zwischen 1420 und 1450 geschrieben haben. Charakteristisch ist bei ihr das x-förmige r, das für eine Entstehung in Oberdeutschland sprechen könnte (Schneider, Paläographie, S. 76f.). 96r–98r führte eine dritte Hand in Bastarda aus. 111r–203v könnte von einer vierten Hand stammen, ist womöglich aber die erste Hand in etwas jüngerer Form.

Buchgestaltung: Schriftraum mit Metallstift vorgezogen. Überschriften, oftmals mit Paragrafenzeichen eingeleitet. Schlichte Initialmajuskeln, meist als Versalien, selten in Form von Lombarden, in schwarzer Tinte. Selten Initialmajuskel nicht ausgeführt. 111r–199r zuweilen Seitentitel.

Buchschmuck: Auf 1r Wappen des Johannes Aquila bzw. Adler: Im gevierten Schild in Feld 1 und 2 je ein Adlerkopf mit ausgebreiteter Schwinge wechselseitig in Gold und Schwarz, in 3 und 4 Schwarz und Gold gespalten. Hier lediglich als Federzeichnung ohne Farben, zu den Farben s. beispielsweise Heidelberg, UB, Cod. Pal. germ. 491, Vorderspiegel.

Nachträge und Benutzungsspuren: Schlagwörter, kurze Inhaltsangaben und Anmerkungen auf Rändern von der ersten Hand des Haupttexts (respektive der möglichen vierten Hand). Verzierung auf 61v mit Jahreszahl 1550 wahrscheinlich von Hand Adlers.

Einband: Römischer Einband, Pappe mit weißem Pergament überzogen, in Rom um 1780 gefertigt (Schunke, Einbände 2.2, S. 848), Löcher für Schließbänder noch vorhanden. Gelbkupferfarbenes Kapital. Auf wurmstichigen, leicht ausgerissenen Buchrücken zwei blaue aufgeklebte Schildchen mit aktueller Signatur, darunter Rückentitel: *Formulæ uariæ instrumentorum pro* [...] *et alia*, darunter in Blau: *Pal.*

Provenienz: Speyer / Augsburg / Heidelberg.

Geschichte der Handschrift: Blaues Schildchen mit aktueller Signatur auf Vorderspiegel. Auf 1ar neben aktueller Signatur Altsignatur *792* [durchgestrichen], weitere auf 1r *184*, nebst Capsa-Nummer *C. 74.* Auf 2r Altsignatur *482* [durchgestrichen]. Der Vermerk auf 205rb *Jste liber est magistro Johanni Spenlin* weist die Hs. als Eigentum des Johann Spenlin von Rottenburg († 1459) aus. Dieser wurde 1415 an der Pariser Universität zum Doktor der Medizin, 1441 an der Heidelberger Universität zum Doktor der Theologie promoviert, hatte neben seiner Lehrtätigkeit Kanonikate in Stuttgart, Sindelfingen und später Herrenberg inne und diente auch als Leibarzt am Württemberger Hof, ehe er 1453 ins Exil auf die Reichenau ging (Drüll, Gelehrtenlexikon, S. 321; RAG, Johannes Spenlin ; Dieter Stievermann, Die gelehrten Juristen der Herrschaft Württemberg im 15. Jahrhundert. Mit besonderer Berücksichtigung der Kleriker-Juristen in der ersten Jahrhunderthälfte und ihrer Bedeutung für das landesherrliche Kirchenregiment, in: Die Rolle der Juristen bei der Entstehung des modernen Staates, hrsg. von Roman Schnur, Berlin 1986, S. 229–271). Die Texte scheinen bald nach 1405 kopiert worden zu sein. Die Wzz. und die Schrift sprechen für einen italienischen, wie oberdeutschen Entstehungskontext. Eine Lage dürfte etwas jünger (Bll. 60–69b), auf alle Fälle nach 1418 entstanden sein, der Vermerk von Spenlins Hand auf 69r zeigt jedoch, dass auch diese Bll. zumindest zu dessen Lebzeiten den übrigen beigefügt waren. Gebunden wurde der Codex wahrscheinlich um 1440/1441 in Heidelberg, da auf der Falzverstärkung zwischen 7 und 8 eine zeitgenössische Hand von einem *Johannes de Heydelbergk* und zwischen 19 und 20 von einem *Johannes de Canel* berichtet (Personen mit diesen Namen waren zu Beginn des 15. Jhs. an der Heidelberger Universität immatrikuliert, s. Toepke, Matr. Heidelberg, S. 90, 106. Spenlin selbst immatrikulierte sich 1440 in Heidelberg und ist 1441 zum letzten Mal dort nachgewiesen, s. Drüll, Gelehrtenlexikon, S. 321). Wie das Buch in die Bibliotheca Palatina gelangte, ist ungewiss. Zwar ist für das Jahr 1455 die Schenkung eines Buchs von Spenlin zugunsten der Universität Heidelberg belegt (Heidelberg, Universitätsarchiv RA 655, 35v, DOI: https://doi.org/10.11588/diglit.48679#0074), es wird sich dem Titel nach allerdings nicht um vorliegende Sammlung handeln, schließlich wurde sie als *Venacio mistica studencium reformatiua* betitelt. Gegen eine Übertragung an die Heidelberger Universität sprechen auch die späteren Besitzvermerke. Möglich ist, dass sich die Hs. unter jenen befand, die Spenlin 1452 an das Kloster Reichenau verkaufte (Mittelalterliche Bibliothekskataloge Deutschlands und der Schweiz, Bd. 1, Die Bistümer Konstanz und Chur, bearb. von Paul Lehmann, München 1918, S. 268–273). Da die meisten Hss. aus diesem Verkauf aber wohl im Kloster verblieben (s. ebenda), lässt sich der Weg der Codices aus dem Eigentum des Gelehrten in den Bestand der Bibliotheca Palatina (s. ferner Pal. lat. 1190, 1304, 1420, 1726; Schuba, Kat. UB 1, S. XXXV, S. 166, 394; Schuba, Kat. UB 2, S. 209) nur schwerlich mit diesem Verkauf erklären. Womöglich veräußerte Spenlin diese Hss. anderweitig, denn auf 1r, 110v, 207*v finden wir Eigentumsvermerke von einem gewissen *Geng* oder *Gengus*. Ihm könnte der Band zwischenzeitlich gehört haben. Über Geng dürfte der Band in das Eigentum des Johannes Adler, in den 1530er und 1540er Jahren Ingrossist, Lektor und Sekretär am Reichskammergericht in Speyer (Groh, Personal, S. 9), gewandert sein, dessen Wappen auf 1r prangt, worüber steht: *Sum Ioannis Aqvilae nobilissimi scribæ*. Von besagtem Adler finden sich weitere Bände in der Bibliotheca Palatina, so Heidelberg, UB, Cod. Pal. germ. 159, 178–179, 459–460, 491–494, 604, 783, 785, 788, 824, 827–829, Pal. lat. 775, 776, 783 (s. entsprechende Beschreibungen). Bei einigen dieser findet sich eine Fugger-Signatur, so auch hier auf 1r: *P. 118 No. 30*. Damit ist anzunehmen, dass die Hs. von Adler über die Bibliothek des Ulrich Fugger (1526–1584) nach Heidelberg gelangte (nicht erfasst in Lehmann, Fuggerbibliotheken 2).

Faksimile: https://digi.ub.uni-heidelberg.de/diglit/bav_pal_lat_685

Literatur: BioBib Jurists, Guido de Baysio (r268); Karlheinz Frankl, Papstschisma und Frömmigkeit. Die „Ad instar-Ablässe“, in: Römische Quartalschrift für christliche Altertumskunde und für Kirchengeschichte 72 (1977), hier S. 62, 75, 94; Emil Göller, Die päpstliche Pönitentiarie von ihrem Ursprung bis zu ihrer Umgestaltung unter Pius V., Bd. 1, Die päpstlichen Pönitentiarie bis Eugen IV., Teil 1, Darstellung, Rom 1907 (Bibliothek des Königlich-Preussischen Historischen Instituts in Rom 3), S. 56 A. 1; Manuscripta juridica, Pal. lat. 685; OVL, Pal.lat.685; Regulae cancellariae apostolicae. Die päpstlichen Kanzleiregeln, von Johannes XXII. bis Nikolaus V., hrsg. von Emil von Ottenthal, Innsbruck 1888, S. XLVI; Repertorium Germanicum, Bd. 1, Verzeichnis der in den Registern und Kameralakten Clemens' VII. von Avignon vorkommenden Personen, Kirchen und Orte des Deutschen Reiches, seiner Diözesen und Territorien, 1378–1394, bearb. von Emil Göller, Berlin 1916, S. 67*f.; Repertorium Germanicum, Bd. 2, Verzeichnis der in den Registern und Kameralakten Urbans VI., Bonifaz' IX., Innocenz' VII. und Gregors XII. vorkommenden Personen, Kirchen und Orte des Deutschen Reiches, seiner Dioezesen und Territorien, bearb. von Gerd

TELLENBACH, Berlin 1933, S. 41*–47*; Angela SANTANGELO CORDANI, La politica patrimoniale della chiesa tra due e trecento. La lectura super Sexto Decretalium di Guido da Baisio, in: ZRG KA 91 (2005), S. 180–217, hier S. 181 A. 3; SCHUNKE, Einbände 2.2, S. 848; Javier SERRA ESTELLÈS, Acerca de las súpplicas dirigidas a Clemente VII de Aviñón, in: Suppliques et requêtes. Le gouvernement par la grace en Occident (XIIe–XVe siècle), Les actes du colloque international organisé à Rome les 9, 10 et 11 novembre 1998 par l'École française de Rome, hrsg. von Hélène MILLET, Rom 2003 (Collection de l'École Française de Rome 310), S. 193–205, hier S. 197 A. 14; STEVENSON, Latini, S. 243–245; Ludwig VONES, Zu zwei Formelbüchern aus der Verwaltungspraxis der kurialen Behörden während des Großen Abendländischen Schismas, in: Archiv für Kulturgeschichte 62–63 (1980–1981), S. 397–416, hier S. 411 A. 52.

1) 1v
Beteiligte Personen: INNOZENZ VII.
Titel: Kanzleiregel.
Angaben zum Text: Ausgestellt am 6. April 1405. – 1r Besitzvermerk.
Rubrik: 1v ›*Constitutio Jnnocencii*‹.
Incipit: 1v *Jnnocencius episcopus et cetera. Ad futuram rei memoriam et cetera. Jn apostolice sedis speculo licet inmerito ...*
Explicit: 1v ... *Datum Rome apud sanctum Petrum viij*[o] *Ydus Aprilis pontificatus nostri anno primo et cetera.*
Edition: Andreas MEYER, https://www.uni-marburg.de/de/fb06/mag/institut/prof-dr-andreas-meyer/kanzleiregeldateien/innozenz7.pdf, S. 20 f.

2) 2r–3v
Titel: Urkundenformulare.
Angaben zum Text: (2r–2v) Ernennung eines Notars durch einen Hofpfalzgrafen; (2v) Legitimierung einer unehelichen Geburt durch einen Hofpfalzgrafen; (3r) Lehensbestätigung; (3r–3v) Besiegelte Lehensbestätigung; (3v) Bestätigung eines Lehens, das vom Amtsvorgänger bestätigt worden war.
Rubrik: 2r ›*Forma creacionis notarii per comitem palatinum et cetera*‹.
Incipit: 2r *Uniuersis presens priuilegium inspecturis ...*
Explicit: 3v ... *Acta sunt hec et cetera.*

3) 4r–8v
Titel: Tractatus testamentorum et codicillorum.
Rubrik: 4r *Jn nomine domini Amen.* ›*Tractatus testamentorum et codicillorum*‹.
Incipit: 4r ›*Forma testamentorum bona et breuis pro jnfirmo. Jn*‹ *nomine domini. Amen. Anno et cetera ...*
Explicit: 8v ... *Acta sunt hec et cetera.*

4) 8v–13v
Verfasser: RAYMUNDUS BERNARDI FLAMENG.
Weitere beteiligte Personen: WENZEL / CLEMENS VII. / URBAN VI.
Titel: Rede vor dem Römischen König Wenzel für Papst Clemens VII. gegen Urban VI.
Angaben zum Text: Rede, gehalten am 21. August 1383 vor König Wenzel in Prag.

Rubrik: 8v ›*Ad Cesarem oracio domini Raimundi Bernardi Flamingis, militis, legum doctoris et consiliarij domini regis Ffrancie ac domini ducis Calabrie et Andagauie, super facto scismatis pro domino nostro papa Clemente VII et contra Bartholomeum intrusum*‹.
Incipit: 8v *Cesar! Si orantibus in causis necesse sit in eorum oracione vim exprimi …*
Explicit: 13v … *iuramentum huiusmodi non debeat obseruari extra de electione venerabilem in fine.*
Edition: Julius Weizsäcker, Deutsche Reichstagsakten unter König Wenzel. Erste Abtheilung: 1376–1387 (Deutsche Reichstagsakten 1), München 1867, S. 398–408.

5) 14r–34v
Beteiligte Personen: Johannes XXII. / Benedikt XII. / Clemens VI. / Innozenz VI. / Urban V. / Gregor XI. / Urban VI. / Bonifaz IX.
Titel: Kuriale Kanzleiregeln.
Angaben zum Text: (14r) Einleitung; (14r–16r) Papst Johannes XXII., Kanzleiregeln (Edition von Andreas Meyer, https://www.uni-marburg.de/de/fb06/mag/institut/prof-dr-andreas-meyer/kanzleiregeldateien/johannes22.pdf, S. 3–46); (16r–17r) Papst Benedikt XII., Kanzleiregeln (Meyer, https://www.uni-marburg.de/de/fb06/mag/institut/prof-dr-andreas-meyer/kanzleiregeldateien/benedikt12.pdf, S. 2–23; (17r) Papst Clemens VI., Kanzleiregeln (Meyer, https://www.uni-marburg.de/de/fb06/mag/institut/prof-dr-andreas-meyer/kanzleiregeldateien/clemens6.pdf, S. 2–18); (17r) Papst Innozenz VI., Kanzleiregeln (Meyer, https://www.uni-marburg.de/de/fb06/mag/institut/prof-dr-andreas-meyer/kanzleiregeldateien/innozenz6.pdf, S. 1–5); (17v–21v) Papst Urban V., Kanzleiregeln (Meyer, https://www.uni-marburg.de/de/fb06/mag/institut/prof-dr-andreas-meyer/kanzleiregeldateien/urban5e.pdf, S. 1–96); (21v–26v) Papst Gregor XI., Kanzleiregeln (Meyer, https://www.uni-marburg.de/de/fb06/mag/institut/prof-dr-andreas-meyer/kanzleiregeldateien/gregor11.pdf, S. 2–95); (26v–29r) Papst Urban VI., Kanzleiregeln (Meyer, https://www.uni-marburg.de/de/fb06/mag/institut/prof-dr-andreas-meyer/kanzleiregeldateien/urban6.pdf, S. 1–46); (29r–34v) Papst Bonifaz IX., Kanzleiregeln (Meyer, https://www.uni-marburg.de/de/fb06/mag/institut/prof-dr-andreas-meyer/kanzleiregeldateien/bonifaz9.pdf, S. 1–21); (34v) Kleintexte.
Rubrik: 14r ›*In nomine domini. Amen*‹.
Incipit: 14r ›*Regule*‹ *cancellarie tradite per dominum Johannem papam XXIJ …*
Explicit: 34v … *desiissent esse familiares aut officiales ipsius domini nostri.*

6) 35r
Titel: Modus procurandi et extrahendi bullas gratiarum.
Rubrik: 35r ›*Modus procurandi et extrahendi bullas graciarum*‹.
Incipit: 35ra *Primo si habes supplicacionem originalem signatam …*
Explicit: 35rb … *postea da ad cancellariam et fac vt primo.*
Edition: Heinrich Kochendörffer, Bonifatius IX. 1389–1404, Zweites Kapitel: Fortentwicklung der inneren Verhältnisse, Diss. Berlin 1903, S. 66–68.

7) 35va–36ra
Titel: Termini servandi in palatio causarum apostolico.
Rubrik: 35v ›*Termini seruandi in pallacio causarum apostolico*‹.
Incipit: 35va *Primo post presentacionem commissionis citetur pars …*
Explicit: 36ra … *et ad dicendum contra declaracionem.*

8) 36rb–37va

Titel: Ars notariatus.

Incipit: 36rb *Notariatus est ars scribendi et dictandi per quam humane fragilitatis negocia roborantur ...*

Explicit: 37va ... *et subditi intendere et parere debent.*

Edition: Der Text liegt in keiner modernen Edition vor, erschien aber bereits um 1474 als Wiegendruck (GW 2636–2662). Vorliegender Text endet mit Kapitel 12 der Druckausgabe.

9) 37vb–39v

Titel: Ordo iudiciarius curiae Romanae.

Angaben zum Text: 40r–40v leer.

Rubrik: 37vb ›*Qualiter procedatur in causis in pallacio apostolico*‹.

Incipit: 37vb ›*In*‹ *nomine domini. Amen. Inpetrata commissione et presentata domino auditori ...*

Explicit: 39v ... *et leget omnia verba sentencie secundum formam libelli ipsius partis pro qua sua sentencia fertur et cetera.*

10) 41r–59r

Beteiligte Personen: Johannes XXII. / Guido da Baisio / Bertrand de Deux / Beltramino Parravicini / Jean de Jourens / Gregor XI. / Bonifaz VIII.

Titel: Urkunden zu Kanzleifragen.

Angaben zum Text: (41r–42v) Urkunde, ausgestellt von Papst Johannes XXII. (Edition von Andreas Meyer, https://www.uni-marburg.de/de/fb06/mag/institut/prof-dr-andreas-meyer/kanzleiregeldateien/johannes22.pdf, S. 131–142); (42v–43v) Urkunde, ausgestellt von Guido da Baisio (um 1250–1313); (43v–45v) Urkunde, ausgestellt von Bertrand de Deux († 1355); (45v) Urkunde, ausgestellt von Bertrand de Deux; (46r–46v) Urkunde, ausgestellt von Beltramino Parravicini († 1350); (46v) Urkunde, ausgestellt von Beltramino Parravicini; (46v–48r) Urkunde, ausgestellt von Jean de Jourens († 1361); (48r–51r) Kleintexte zu Kanzleifragen; (51r–54r) Papst Gregor XI., Kanzleiregeln (Meyer, https://www.uni-marburg.de/de/fb06/mag/institut/prof-dr-andreas-meyer/kanzleiregeldateien/gregor11.pdf, S. 165–178); (54r–57v) Kleintexte zu Kanzleifragen; (57v) Kalenderverse (Verzeichniss der lateinischen Handschriften der königlichen Bibliothek zu Berlin, Bd. 2, Die Handschriften der kurfürstlichen Bibliothek und der kurfürstlichen Lande, 1. Abteilung, beschr. von Valentin Rose, Berlin 1901, S. 753); (58r) Urkunde, ausgestellt von Bonifaz VIII. (?); (58r–59r) Urkunde, ausgestellt von Bonifaz VIII. (?). – 59v–59ev leer.

Rubrik: 41r ›*Jncipiunt constituciones audiencie contradictarum domini Johannis pape vicesimisecundi*‹.

Incipit: 41r *Johannes episcopus seruus seruorum dei. Ad futuram rei memoriam. Qui exacti temporis ...*

Explicit: 59r ... *Datum Rome apud sanctum Petrum iiij Kalendis Maij pontificatus nostri anno septimo.*

11) 60r–65v

Beteiligte Personen: Martin V.

Titel: Konstitutionen, ausgestellt von Papst Martin V.

Angaben zum Text: Darunter auch Teile aus dem Konkordat mit der Natio Germanica von 1418.

Rubrik: 60r ›*De numero et qualitate cardinalium*‹.
Incipit: 60r *Statuimus vt deinceps numerus cardinalium sancte Romane ecclesie adeo sit moderatus ...*
Explicit: 65v ... *in consultis prelatis illius regni uel prouincie.*
Edition: Mansi 27, Sp. 1185–1193.

12) 66r–69r
Titel: Avisamenta nationis Germanicae.
Angaben zum Text: 69v–69bv leer.
Rubrik: 66r ›*Auisamenta nacionis* [übergeschrieben: *Germanice*] *super articulis iuxta decretum concilij reformandi exhibenda domino nostro sanctissimo*‹.
Incipit: 66r *Super primo videtur dicte nacioni, quod numerus decem et octo dominorum cardinalium prima facie sufficit ecclesie vniuersali ...*
Explicit: 69r ... *Super vltimo articulo videtur quod tales decime non sint nisi de consensu generalis concilij ex causa maxima imponende.*
Edition: Mansi 28, Sp. 362–70.

13) 70r–91r
Titel: Ordo terminorum servandorum in causa beneficiali.
Rubrik: 70r ›*Ordo terminorum seruandorum in causa beneficiali dicendum partes sunt presentes in prima instancia*‹.
Incipit: 70r ›*Primo*‹ *presentatur commissio qua presentata ...*
Explicit: 91r ... *et alios testes ab futuros.*

14) 91r–92r
Verfasser: Pierre de Ceffons (?).
Titel: Epistola Luciferi.
Angaben zum Text: 92v Kleintext. – 93r–93v leer.
Incipit: 91r *Lucifer princeps tenebrarum, tristiam profundi regens Acharontis imperiam ...*
Explicit: 92r ... *Datum apud centrum terre in nostro pallacio tenebroso presentibus demonum cateruis propter hoc specialiter vocatorum ad nostrum consistorium dolorosum sub terribili sigillo caractere in robur premissorum.*
Edition: Chris Schabel, Lucifer princeps tenebrarum ... The Epistola Luciferi and Other Correspondance of the Cistercian Pierre de Ceffons (fl. 1348–1353), in: Vivarium 56 (2018), S. 126–175, hier S. 168–172 (ohne Berücksichtigung vorliegender Hs.).

15) 94r–98v
Beteiligte Personen: Gregor XI. / Benedikt XII. / Urban V. / Bonifaz IX. / Bonifaz VIII. / Clemens V. / Urban VI.
Titel: Päpstliche Konstitutionen und Briefe.
Angaben zum Text: (94r) Gregor XI., Ad Romani pontificis; (94r–94v) Benedikt XII., Ad regimen ecclesiae; (94v–95r) Urban V., Quia sicut displicenter; (95r–95v) Bonifaz IX., Dudum siquidem; (95v–96r) Bonifaz VIII., Excommunicamus et anathematisamus; (96r–96v) Bonifaz VIII., Unam sanctam; (96v–97r) Bonifaz VIII., Excommunicamus et anathematisamus; (97r) Bonifaz VIII., Antiquorum habet fida relatio; (97v) Bonifaz VIII., Ex eo quod quaedam; (97v–98r) Clemens V., Quod olim; (98r–98v) Urban VI., Dudum videlicet. – 98ar–98ev leer.

Rubrik: 94r ›*Quod religiosi capellani sedis apostolice suis superioribus obedire teneantur domini Gregoris XI.*‹.

Incipit: 94r ›*Gregorius*‹ *episcopus et cetera. Ad perpetuam rei memoriam. Ad Romani pontificis prouidentiam circumspectam sic sedis apostolice privilegia et indulta moderari pertinere dinoscuntur* ...

Explicit: 98v ... *Datum Rome apud sanctum Petrum iij Nonas Ianuarij* [?] *pontificatus nostri anno secundo.*

16) 99r–110r

Titel: Formular für Suppliken.

Angaben zum Text: 110v Besitzeintrag.

Rubrik: 99r ›*In nomine sancte et jndiuidue trinitatis patris filij et spiritus sancti feliciter. Amen. Supplicacio simplex ad collacionem episcopi prepositi et cetera*‹.

Incipit: 99r *Supplicat sanctitati vestre deuotus vester* ...

Explicit: 110r ... *fiat ut petitur gratiose fiat motu proprio pro magistro Chunrado Plochinger P. et dispensatus P. sine alia leccione fiat P. Datum Rome apud sanctum Petrum octauo Ydus Junij anno primo. Sumptum de registro supplicacionum facta collacione per A electum domini nostri pape registratorem et me de domini nostri pape R.*

17) 111r–203v

Beteiligte Personen: Bonifaz IX.

Titel: Kommentar zu den Clementinen.

Angaben zum Text: Endet mit Clem. 1.10. Nach 187 Bl. mit Kanzleiregeln Papst Bonifaz' IX. (187a), Meyer, https://www.uni-marburg.de/de/fb06/mag/institut/prof-dr-andreas-meyer/kanzleiregeldateien/bonifaz9.pdf, S. 22–25. – 203ar–203cv leer.

Rubrik: 111r ›*Jn dei nomine. Amen*‹.

Incipit: 111r *Incipiunt constituciones Clementis* ...

Explicit: 203v ... *quod tractat Azzo in summa [...].*

18) 204ra–205rb

Verfasser: Johannes Kemp.

Titel: Conclusiones de appellationibus.

Rubrik: 204r ›*Conclusiones circa materiam c. primi, c. Cupientes, c. Vt circa de eleccione libro vi*[to]. *Item Clementinarum causam et Clementinarum constituciones c. 19 et cetera*‹.

Incipit: 204ra *Appellans in causa beneficiali* ...

Explicit: 205r ... *in c. primo De eleccione libri sexti. Hec conclusiones pronunciati fuerunt Rome per venerabilem virum magistrum Johannes Kemp, decretorum doctorem die 17 mensis Julij anno domini 1390 hora vesperorum. Jste liber est magistro Johanni Spenlin.*

TH

Vatikan, Biblioteca Apostolica Vaticana, Pal. lat. 686

Kanonistische Sammelhandschrift

Papier · 3, 223, 2 Bll. · 29,3 × 20,5 cm · Wien (?) · Anfang 15. Jh.

Entstehungsort: Wien (?).
Entstehungszeit: Anfang 15. Jh.

Typus (Überlieferungsform): Codex.
Beschreibstoff: Papier.
Umfang: 3, 223, 2 Bll.
Format (Blattgröße): 29,3 × 20,5 cm.
Zusammensetzung (Lagenstruktur): $(II-2)^{B}$ + $(VIII-3)^{12}$ + 3 VI^{48} + $(VI-3)^{57}$ + VII^{71} + 3 VI^{107} + $(V-5)^{112}$ + 9 VI^{220} + $(II-1)^{223}$ + $(II-2)^{225*}$. Vorderspiegel Gegenbl. von B, Hinterspiegel Gegenbl. von 224*. Nach 133 einliegendes Fragment.
Seiten-, Blatt- und Lagenzählung: Römische Foliierung des 17. Jhs. (*1–223, A–C* nachgetragen). Von 113r–186r zeitgenössische Foliierung in römischen Zahlen (*j–lxxiij*). Nachsatzbll. ungez., weshalb hier Zählung der Digitalisate übernommen wird (224*–225*). Lagenzählung durchgängig auf erster Rectoseite der Lage auf Fußsteg mittig, teilweise durch Beschnitt verloren gegangen, endet auf 96r. Ab 83v Reklamanten auf der letzten Versoseite der Lage auf dem Fußsteg rechts, teilweise durch Beschnitt verloren gegangen, enden in dieser Form auf 107v. Ab 160v zuweilen Reste von Reklamanten auf der letzten Versoseite der Lage auf dem Fußsteg mittig in Rot.
Zustand: Stockfleckig, v. a. am oberen Rand, dazu noch weitere Flecken. Schrift zuweilen etwas verblasst. Auf 118, 119, 121 Papier für Nachträge angeklebt.
Wasserzeichen: Glocke ohne Beizeichen, Glockenkörper ohne Schulter oder Joch, Glockenmund einkonturig, mit Klöppel, in zwei Variationen, Bll. 113, 117–119, 126–127, 132–133, 151, 155, 159–160, 169–171, 199, 209–213, 217–219, ähnlich Wzz. von Papieren, die laut WZIS 1404 in Wien Verwendung fanden, AT3800-PO-40104; Bll. C, 41–42, 49–79, 83–85, 89–93, 102–110, 114–115, 121–125, 130, 137–147, 152–153, 165–167, 172, 174–178, 181–198, 202–205, 215, 221, ähnlich Wzz. von Papieren, die laut WZIS 1393 in Venedig und Pisa verwendet wurden, IT6900-PO-40684. Ochsenkopf mit Kreis und einkonturiger Stange mit sechsstrahligem einkonturigem Stern als Oberzeichen, Bll. 2–40, 46–48, ähnlich Wzz. von Papieren, die laut WZIS 1394 in München beschrieben wurden, DE5925-PO-67878.

Schriftraum: 23,5 × 16,5 cm.
Spaltenanzahl: 2 Spalten (76r–76v: 1 Spalte).
Zeilenanzahl: 40–50 Zeilen.
Angaben zu Schrift / Schreibern: Die Texte wurden von mehreren Händen in Bastarden kopiert, die, recht gut lesbar, sich allesamt relativ ähnlich sind und Elemente von Kanzleischriften aufzeigen. Zuweilen findet sich ein x-förmiges r, welches auf eine Niederschrift in Oberdeutschland hinweisen könnte (Schneider, Paläographie, S. 76 f.).
Buchgestaltung: Schriftraum mit Metallstift bzw. Tinte vorgezogen. Teilweise Seitentitel in Rot auf der Rectoseite. Abschnitte beginnen mit roter Lombarde, teilweise mit Aussparungen, teilweise rot-schwarz gespalten. Rote Kapitelüberschriften bzw. rote Unterstreichungen. Zur Strukturierung des Texts rote Paragrafenzeichen und Strichelungen.

Buchschmuck: s. Buchgestaltung.

Nachträge und Benutzungsspuren: Verweise, auch in Rot, Korrekturen und Anmerkungen von mehreren Händen auf den Rändern. Wenige grafische Verweiszeichen, v. a. in Form von Zeigehänden.

Einband: Römischer Einband, Pappe mit weißem Pergament überzogen, in Rom um 1780 gefertigt (SCHUNKE, Einbände 2.2, S. 848), Löcher für Schließbänder noch vorhanden. Gelbkupferfarbenes Kapital. Auf Rücken zwei blaue aufgeklebte Schildchen mit aktueller Signatur, dazwischen in Blau: *Pal*, darunter Rückentitel: *Henrici Oedendorpi Lectura in c. omnis utriusque sexus et cetera.*

Provenienz: Liebfrauenstift Neustadt an der Weinstraße / Heidelberg.

Geschichte der Handschrift: Blaues Schildchen mit aktueller Signatur auf Vorderspiegel. Auf Ar nebst aktueller Signatur Altsignatur *794* [durchgestrichen], auf Br Capsa-Nummer *C. 174*, Altsignaturen *496* und *1644* (?) [durchgestrichen]. Auf Bv aktuelle Signatur in Blei. Die Hs. dürfte kurz nach 1400 an der Universität Wien entstanden sein. Für die Lokalisierung sprechen in erster Linie die versammelten Texte. Da zweimal derselbe Text aufgenommen wurde, könnten hier einzelne Faszikel versammelt worden sein. Brüche lassen sich beispielsweise zwischen 57v und 58r sowie zwischen 112v und 113r feststellen. Buchgestaltung, Schrift, Auswahl der Texte und vor allem die Wzz. der beschriebenen Papiere machen allerdings wahrscheinlich, dass die möglichen Faszikel aus einem Zusammenhang stammen und recht bald nach ihrer Herstellung vereinigt wurden, weshalb die Hs. hier als Sammelhs. beschrieben wird. Während Papier mit dem Wz. des Ochsenkopfs teilweise für den ersten Text Verwendung fand, wurde Papier mit dem Wz. der Glocke für den gesamten Codex gewählt. Die Zuweisung an die Universität Wien erhärtet zudem der Besitzeintrag auf Cr: *Jste liber est magistri Thome de*[...]*steten licenciati in decretis canonici sancti*[...]. Ein *Thomas Braxatoris de Amsteten* wurde für das Sommersemester 1414 an der Juristenfakultät der dortigen Hochschule immatrikuliert (Die Matrikel der Wiener Rechtswissenschaftlichen Fakultät, hrsg. von Kurt MÜHLBERGER, Bd. 1 1402–1442, bearbeitet von Johannes SEIDL unter Mitarbeit von Andreas BRACHER / Thomas MAISEL, Wien / München 2011 [Publikationen des Instituts für Österreichische Geschichtsforschung. Reihe 6, Quellen zur Geschichte der Universität Wien, Abteilung 3, Die Matrikel der Wiener Rechtswissenschaftlichen Fakultät], S. 14). Wie die Matrikel der Universität Wien für ebenjenes Semester ausweisen, gehörte er zur *Nacio Australium*, er dürfte demnach aus dem österreichischen Amstetten stammen (Die Matrikel der Universität Wien, Bd. 1, 1377–1450, Wien / Köln / Weimar 1956 [Publikationen des Instituts für Österreichische Geschichtsforschung 1], S. 101). Später muss der Codex an den Oberrhein und schließlich an das Liebfrauenstift zu Neustadt an der Weinstraße gelangt sein, wie der Eintrag von Hand des 16. Jhs. *Neuenstat* auf Cr suggeriert, von wo aus er mit der Aufhebung des Stifts in die Heidelberger Heiliggeistkirche gelangt sein dürfte, findet sich doch im Katalog zur dort befindlichen Bibliothek von 1581 der Eintrag: *Heinrici de Oedendorff varij tractatus, Joannis compendium quarti decreti, in folio, bretter, rott leder, bucklen* (Pal. lat. 1945, 13).

Faksimile: https://digi.ub.uni-heidelberg.de/diglit/bav_pal_lat_686

Literatur: DOLEZALEK, Verbreitung, S. 4 A. 6; Gérard FRANSEN/Domenico MAFFEI, Harangues universitaires du XIVe siècle, in: Studi senesi 83 (1971), S. 7–22, hier S. 12 A. 14; GUGUMUS,

Erforschung, S. 138; Krämer, Handschriftenerbe 1.2, S. 600; OVL,Pal.lat.686; Schunke, Einbände 2.2, S. 848; Stevenson, Latini, S. 245.

1) 1ra–57vb

Verfasser: Heinrich von Odendorf.

Titel: Lectura super c. ‚Omnis utriusque'.

Angaben zum Text: Kommentar zu X 5.38.12. – Cr Inhaltsverzeichnis von Hand des 16. oder 17. Jhs. – Cv leer.

Rubrik: 1r ›*Jncipit lectura magistri Henrici de* [Oden]*dorff super capitulo Omnis vtriusque sexus*‹.

Incipit: 1ra ›*Reuerendo*‹ *in Christo patri ac domino, domino meo precipue, glorioso domino B., dei gracia episcopo Freisingen, vestre paternitatis humilimus et sincerus H. de Odendorf de Colonia, vtriusque juris et arcium professor, indignus reverenciam tam debitam quam deuotam ...*

Explicit: 57vb ... *et quia hunc laborem asumpsi conuisus non de meis uiribus sed adiutorio dei cui pro fine sit laus honor et graciarum accio jn secula seculorum. Amen.*

Edition: Der Text liegt in keiner modernen Edition vor, erschien allerdings bereits 1490 als Wiegendruck (GW 12255).

2) 58ra–67vb

Verfasser: Heinrich von Odendorf.

Titel: Lectura de arbore affinitatis et consanguinitatis.

Rubrik: 58r ›*Apparatus magistri Henrici Odendorff super arbore consangwinitatis et affinitatis et cetera*‹.

Incipit: 58ra *Cum generosus nobilitatis apex generis sui gradus ab antiquissimis temporum curriculis diligencius soleat conputare ...*

Explicit: 67vb ... *recedensque reliquit xxiij q. prima bella qui est in secula seculorum benedictus Amen. Et sic est finis lecture arboris consangwinitatis et affinitatis conpilate per dominum Henricum de Odendorff, vtriusque iuris doctore ac arcium magistrum et cetera.*

3) 67vb–71vb

Verfasser: Johannes Andreae.

Titel: Summa de sponsalibus et matrimonio.

Angaben zum Text: Summa in der erweiterten Fassung.

Rubrik: 67vb ›*Jncipit*‹ *compendium quarti libri decretalium* [von anderer Hand nachgetragen:] *Johannis Andree.*

Incipit: 67vb ›*Cristi*‹ *nomen inuocans ad honorem ipsius et reuerendissimi patris mei Bononiensis archidiaconi ...*

Explicit: 71vb ... *vnde quid dicunt uide per te Johannes Andree et cetera. Et sic est finis istius breuis opusculi super quarto decretalium.*

Edition: Tractatus illustrium in utraque tum pontificii, tum caesarei iuris facultate iurisconsultorum, Bd. 9, Venedig 1584, 2r–3v.

4) 72ra–75vb

Verfasser: Johannes Andreae.

Titel: Lectura super arboribus consanguinitatis et affinitatis.

Incipit: 72ra [C]*irca lecturam arboris diuersis olim diuersum modum tenentibus Johannes de Eo* [!] *Yspanus post illos lecture ipsius arboris nouum modum assumens ...*
Explicit: 75vb ... *in qua vniuersi fideles et precipue studentes perseuerent per graciam eius qui est benedictus in secula seculorum. Amen. Explicit apparatus super arbore consangwinitatis et affinitatis domini Johannis Andree doctoris decretorum. Amen.*
Edition: Corpus iuris canonici 1, Sp. 1427–1436.

5) 76r–76v
Beteiligte Personen: Gian Galeazzo Visconti.
Titel: Schreiben des Gian Galeazzo Visconti an einen ungenannten Fürsten vom 13. Juli 1401.
Incipit: 76r *Jllustris princeps ac magnifice frater quemadmodum fraternitati vestre prosperos nostros conuenit communicare successus ...*
Explicit: 76v ... *datum Sancti Angeli die xiij Julij M° ccccij°* [!].
Edition: Deutsche Reichstagsakten unter König Ruprecht. Erste Abtheilung 1400–1401, Bd. 4, hrsg. von Julius Weizsäcker, Gotha 1882, S. 369f. (nach vorliegender Hs. ediert).

6) 76v
Beteiligte Personen: Ruprecht.
Titel: Schreiben König Ruprechts an die Stadt Florenz vom 26. April 1401.
Rubrik: 76v *Magnificis viris prioribus arcium et vexillifero justicie populi et communis Florencie fidelibus nostris carissimis et cetera.*
Incipit: 76v *Robertus dei gracia Romanorum rex semper Augustus ...*
Explicit: 76v ... *Datum Amberg xxxj* [!] *Aprilis anno domini M° ccccj° primo regni vero nostri anno primo.*
Edition: Deutsche Reichstagsakten unter König Ruprecht. Erste Abtheilung 1400–1401, Bd. 4, hrsg. von Julius Weizsäcker, Gotha 1882, S. 363f. (mit vorliegender Hs. kollationiert).

7) 77ra–112va
Verfasser: Nikolaus von Schweidnitz.
Titel: Processus iudiciarius.
Angaben zum Text: Mit identischem Explicit in Augsburg, SStB, 2° Cod 312, 198r–216v als Vorlesung des Magisters Nikolaus von Schweidnitz überliefert (Handschriftenkataloge der Staats- und Stadtbibliothek Augsburg, Bd. 4, Die Handschriften 2° Cod 251–400e, beschr. von Wolf Gehrt, Wiesbaden 1989, S. 108).
Rubrik: 77r ›*Jncipit Processus judiciarius* [von anderer Hand:] *judiciarius*‹.
Incipit: 77ra ›*Jn*‹ *nomine domini. Amen. Circa processum iudiciarium in causis delegatis, subdelegatis et ordinarijs ...*
Explicit: 112va ... *Jtem quod est appellacio frustratoria uel appellacio in rescripto est remota et de ceteris. Deo gracias.* ›*Explicit Judiciarius secundum ordinem et processum judicialem cum omnibus attinencijs*‹.

8) 113ra–186vb
Titel: Tabula iuris.
Angaben zum Text: (113ra–118va) Buchstabe A; (118va–119vb) Buchstabe B; (119vb–126vb) Buchstabe C; (126vb–131vb) Buchstabe D; (131vb–137vb) Buchstabe E; (137vb–140ra) Buchstabe F; (140ra–142ra) Buchstabe H; (142ra–149ra) Buchstabe I / Y; (149ra–151rb) Buchstabe L; (151rb–163va) Buchstabe M; (163va–164ra) Buchstabe N; (164ra–166va) Buchstabe O;

(166va–171vb) Buchstabe P; (171vb–176va) Buchstabe R; (176va–183va) Buchstabe S; (183va–185ra) Buchstabe T; (185ra–186ra) Buchstabe U / V; (186ra–186vb) Buchstabe X.
Rubrik: 113r ›*Jncipit Tabula iuris canonici*‹ [von anderer Hand:] *secundum ordinem alphabeti.*
Incipit: 113ra ›*Abbas*‹ *debet in instanti esse uel fieri sacerdos ...*
Explicit: 186vb ... *14º de hijs qui dies festos non obseruant et cetera.*

9) 187ra–200rb
Verfasser: Johannes Hispanus Diaconus.
Titel: Flos decreti.
Rubrik: 187ra ›*Jncipit Flos decretorum*‹.
Incipit: 187ra *Qvoniam inter cetera que vtilia fore preuidi legistis et decretalistis ...*
Explicit: 200rb ... *secundo de ordine misse et quociens sit celebranda in die et cetera et cetera. Explicit Flos decretorum.*
Edition: Der Text liegt in keiner modernen Edition vor, erschien aber bereits 1479 als Wiegendruck (GW 11360).

10) 200va–202rb
Verfasser: Johannes Reuter.
Titel: Repetitio zu X. 2.1.7.
Rubrik: 200v ›*Repeticio jntelleximus in c. De iudicijs*‹.
Incipit: 200va ›*In*‹ *nomine patris et filij et spiritus. Sanctissime virginis matris dei ac beatissimorum apostolorum Petri et Pauli ...*
Explicit: 202rb ... *et sic est finis domini Johannis Reuteri.*

11) 202va–206ra
Verfasser: Johannes Reuter.
Titel: Repetitio zu X. 5.19.19.
Rubrik: 202va ›*Repeticio c. Nauiganti de vsuris*‹.
Incipit: 202va ›*Nauiganti*‹: *Nota sentencialiter capitulum vide parte primum verbum extra ...*
Explicit: 206ra ... *c. Vestra et cetera.*

12) 206rb–214va
Verfasser: Federico Petrucci.
Titel: Tractatus de permutatione beneficiorum.
Rubrik: 206rb ›*Tractatus de permutacionibus beneficiorum*‹.
Incipit: 206rb ›*Quia*‹ *circa materiam permutacionum plurimorum dubia cottidie concurrunt ...*
Explicit: 214va ... *et ex his que vtrobique notantur. Lapus. Deo gratias et cetera.*
Edition: Tractatus universi iuris, Bd. 15, 1, Venedig 1584, 187r–190r. Diese Ausgabe scheint zum Ende hin unvollständig zu sein, daher s. auch GW M31812-M31814.

13) 214vb–215ra
Verfasser: Lapus de Castiglione.
Titel: Tabula ad Tractatum de permutatione beneficiorum.
Rubrik: 214vb ›*Questio de permutacionibus reseruat beneficijs*‹.
Incipit: 214vb *An permutacio facta per ordinarium de beneficijs reseruatis valeat ...*
Explicit: 215ra ... *4º an sola inequalitas beneficiorum reddat permutacionem nullam et cetera.*
Edition: GW 3149, 29r.

14) 215ra–b
Titel: Formular für eine Supplik.
Angaben zum Text: 215rb–215vb Kleintext.
Incipit: 215ra *Supplicat sanctitati vestre devotus vester N. presbyter dyocesis ...*
Explicit: 215rb *... de alijs videre poteris.*

15) 215vb–216va
Verfasser: Angelo Castiglione.
Titel: Consilium super impetratione aliorum beneficiorum.
Rubrik: 215vb ›*Repeticio breuis super impetracione aliorum beneficiorum*‹.
Incipit: 215vb *Jn nomine domini. Amen. Proponitur quod ecclesia ...*
Explicit: 216va *... ut in ultimas materias.*

16) 216va–220ra
Verfasser: Johannes Andreae.
Titel: Summa de sponsalibus et matrimonio.
Angaben zum Text: Summa in der erweiterten Fassung. – 220r Kleintext.
Rubrik: 216va ›*De sponsalibus matrimonialibus permutat*‹.
Incipit: 216va ›*Cristi*‹ *nomen invocans ad honorem ipsius et reuerendissimi patris mei domini Gwidonis de Basio Bononiensis archidiaconi ...*
Explicit: 220ra *... vnde quid dicunt vide per te. Deo gracias.*
Edition: Tractatus illustrium in utraque tum pontificii, tum caesarei iuris facultate iurisconsultorum, Bd. 9, Venedig 1584, 2r–3v.

17) 220ra–223va
Titel: Iudex saecularis non habet clericum condemnare.
Rubrik: 220r ›*Judex secularis non habet clericum condempnare*‹.
Incipit: 220ra ›*Nvllus*‹ *casus judex secularis ...*
Explicit: 223va *... et hic et sic est finis et cetera.*

TH

Vatikan, Biblioteca Apostolica Vaticana, Pal. lat. 687

Sammelhandschrift zum Prozessrecht

Pergament · 3, 131, 3 Bll. · 21 × 14,5 cm · Frankreich · 1. Hälfte 14. Jh.

Entstehungsort: Frankreich.
Entstehungszeit: 1. Hälfte 14. Jh.

Typus (Überlieferungsform): Codex.
Beschreibstoff: Pergament.
Umfang: 3, 131, 3 Bll.
Format (Blattgröße): 21 × 14,5 cm.
Zusammensetzung (Lagenstruktur): $(II\text{-}1)^{3a}$ + 7 IV^{56} + $(V\text{-}1)^{65}$ + IV^{73} + 4 VI^{121} + V^{131^*} + $(II\text{-}1)^{134^*}$. Vorderspiegel Gegenbl. von 3a, Hinterspiegel Gegenbl. von 132*.

Seiten-, Blatt- und Lagenzählung: Römische Foliierung des 17. Jhs. (*1–130*). Bei ungez. Bll. folgt die Zählung dem Digitalisat (1a–3a, 131*–134*). Durchgängig verzierte Reklamanten auf der letzten Versoseite der Lage auf dem Fußsteg rechts (fehlt auf 65v). Ab 67r Lagenfoliierung in Minuskeln.

Zustand: Pergament teilweise gebräunt. Zahlreiche Flecken und Benutzungsspuren, Schrift leicht verblasst. 1r relativ stark abgenutzt, mit zahlreichen Flecken, abgeriebener Farbe und verblichener Tinte. Auf den ersten Bll. leichter Wasserschaden an oberer Ecke des Seitenstegs. 8, 16, 101 Teile des Bls. abgeschnitten.

Schriftraum: 16,2 × 11 cm.

Spaltenanzahl: 2 Spalten.

Zeilenanzahl: 37–41 Zeilen.

Angaben zu Schrift / Schreibern: Der gesamte Codex wurde von einer Hand ausgeführt, mit Ausnahme von 64ra–65vb, was von einer zeitgenössisch arbeitenden Hand in Textualis geschrieben wurde. Die vom Hauptschreiber verwendete Textualis nähert sich den Kursiven an, so sind zahlreiche Ligaturen, hin und wieder auch Schleifen an den Oberlängen, sichtbar. Überhaupt ist der Duktus relativ rund, ohne dass die Schrift sich als Rotunda zu erkennen geben würde, vielmehr ist ihr ein dezidiert senkrechter Charakter zu eigen. In den ersten Zeilen finden sich mitunter Litterae elongatae.

Buchgestaltung: Schriftraum mit Metallstift vorgezogen (64r–65v vorgezogenes Zeilengerüst). Bis 63ra Rubriken im Fließtext. Im gesamten Codex alternierend blaue und rote Lombarden über zwei bis drei Zeilen (bis 65vb mit grafischer Verzierung in Gegenfarbe), wie auch blaue und rote Paragrafenzeichen. Angaben für Rubrikator selten noch vorhanden.

Buchschmuck: Auf 1ra blau-gold gespaltene Fleuronnéinitiale mit blau-rotem Fleuronnébesatz mit Froschlaichmotiv und ablaufendem Fleuronnéstab. Das Fleuronné wird auf dieser Seite noch einmal bei einer Lombarde auf 1rb aufgegriffen, verliert sich dann aber wieder, um auf 109va noch einmal zu erscheinen. Auf 66ra historisierte Initiale, im purpurfarbenen Binnenfeld kniet ein in Grün gehüllter Mann vor der in Rosa mit einem blauen Mantel gekleideten und rot bekrönten Muttergottes, das rot angetane Jesuskind auf dem Schoß, welches die Hand zum Segensgestus erhoben hat. Umgeben ist die Szene vom Buchstabenkörper in Blau, Gold und Rosa, der sich über den gesamten Bundsteg erstreckt und auf dem Fußsteg ausläuft, worauf sich ein hetzender Hase befindet, gefolgt von einem Windhund, beide symmetrisch um einen Baum angeordnet. Auf dem Kopfsteg Bordürenstab mit Drachenkopf (s. auch die Bildbeschreibung in heidICON).

Nachträge und Benutzungsspuren: Fast ausschließlich und dennoch selten Korrekturen des Hauptschreibers auf den Rändern. Ansonsten kaum Anmerkungen und Verweise von anderen Händen. Wenige grafische Verweiszeichen in Form von Zeigehänden. 73v groteske Figur, 118rb Lilienverzierung der Initialen mit Metallstift.

Einband: Römischer Einband, Pappe mit weißem Pergament überzogen, in Rom um 1780 gefertigt (Schunke, Einbände 2.2, S. 848), Löcher für Schließbänder noch vorhanden. Gelbkupferfarbenes Kapital. Auf Rücken zwei blaue aufgeklebte Schildchen mit aktueller Signatur, dazwischen Rückentitel: *Ægidij Summa, Brixiensis Quæstiones dominicales*, darunter in Blau: *Pal.*

Provenienz: Zisterzienserkloster Schönau / Heidelberg.

Geschichte der Handschrift: Blaues Signaturschildchen auf Vorderspiegel. Auf 1ar neben aktueller Signatur Altsignatur *634* [durchgestrichen]. Auf 1r Capsa-Nummer *C. 64.*, darunter Allacci-Signatur *1689.* [durchgestrichen]. Auf 1r Altsignatur *433* und *1999* [durchgestrichen]. Auf 1r von Hand des 17. Jhs.: *Ordo judiciarius domini Egidij de Foscarijs.* Die Hs. dürfte in der ersten Hälfte des 14. Jhs. in Frankreich entstanden sein. Geschrieben wurde der Großteil der Texte von einem gewissen Heinricus, wie wir auf 130v erfahren: *Qui me* [scri]*bebat Heinricus nomen habebat, qui benedictus sit in secula seculorum. Amen.* Ebendort ist auch ein Besitzer genannt, nämlich das unweit Heidelberg gelegene Zisterzienserkloster Schönau (ebenso auf 1r und 65v in leichten Abwandlungen): *Et liber iste est Marie virginis in Schonagia Cisterciensis Wormaciensis diocesis.* Der Schrift des Eintrags nach fand der Codex wohl im Jh. seiner Entstehung bereits den Weg in die Abtei im Odenwald. Mit deren Aufhebung während der Reformation ging die Hs. wahrscheinlich in die Bibliothek Kurfürst Ottheinrichs über.

Faksimile: https://digi.ub.uni-heidelberg.de/diglit/bav_pal_lat_687

Literatur: Bertram, Kanonisten, S. 547; Der Ordo iudiciarius des Aegidius de Fuscarariis, hrsg. von Ludwig Wahrmund (Quellen zur Geschichte des römisch-kanonischen Processes im Mittelalter 3, 1), Innsbruck 1916 (ND Aalen 1962), S. XIX; Gugumus, Erforschung, S. 139; Krämer, Handschriftenerbe 1.2, S. 715; Manuscripta juridica, Pal.lat.687; OVL, Pal.lat.687; Stanislav Petr, Quaestiones dominicales et veneriales Bartoloměje z Brescie v rukopise knihovny piaristické koleje v Přiboře, in: Studie o Rukopisech 34 (2001), S. 169–213, hier S. 174; Schunke, Einbände 2.2, S. 848; Stevenson, Latini, S. 246.

1) 1ra–63va

Verfasser: Egidio Foscarari.

Titel: Ordo iudiciarius.

Rubrik: 1ra ›*Jncipit Ordo iudicarius editus per dominum Egidium doctorem decretorum, secundum consuetudinem Bononiensem in foro ecclesiastico approbatam*‹.

Incipit: 1ra ›*Jn*‹ *nomine domini nostri Ihesu Christi. Ego Egidius de Foscararijs, ciuis Bononie, doctor decretorum licet indignus ...*

Explicit: 63va *... ad laudem et gloriam trinitatis, cui sit honor et gloria in secula seculorum. Amen.* ›*Explicit Summa Egidii et cetera*‹.

Edition: Der Ordo iudiciarius, hrsg. von Wahrmund, S. 1–270.

2) 64ra–65vb

Titel: Auszüge aus der Summa minorum des Adenulf von Anagni.

Incipit: 64ra *Prior sancti Iuliani Parisiensis unicus iudex a domino papa delegatus ...*

Explicit: 65vb *... et eciam nos minores debemus recurrere illuc ad inueniendum materiam super formacione libellorum et cetera* [es folgt Rasur].

Edition: Quellen zur Geschichte des römisch-kanonischen Processes im Mittelalter. Bd. 1, Heft 2, Die Summa minorum des magister Arnulphus, hrsg. von Ludwig Wahrmund, Innsbruck 1905 (ND Aalen 1962), S. 9–20.

3) 66ra–130va

Verfasser: Bartholomäus von Brescia.

Titel: Quaestiones dominicales et veneriales.

Angaben zum Text: Vom Autor selbst als ‚Brevis summula quaestionum dominicalium et brevior veneralium' bezeichnet. Ein Verzeichnis der Quaestionen mit Incipits, wobei auch vorliegende Hs. für den kritischen Apparat kollationiert wurde, bietet PETR, Quaestiones, S. 177–205: (66ra–109va) Quaestiones dominicales; (109va–130va) Quaestiones veneriales. – 130v Verse über die Teilnahme des Papstes an Disputationen, über die sieben Sakramente sowie Notizen über die Aufteilung des Liber decretorum.

Incipit: 66ra ›*Ad*‹ *honorem omnipotentis domini et ecclesie Romane cui presidet Gregorius. IX. et ad utilitatem Bononie et alibi studencium, ego Bartholomeus Brixiensis, inter scolares minimus ...*

Explicit: 130va ... *Sed certe contrarium uidetur per iura in prima parte allegata.* ›*Expliciunt questiones magistri Bartholomei Brixiensis*‹.

Edition: Quaestiones iuris variae ac selectae, Lyon 1572, S. 89–164.

TH

Vatikan, Biblioteca Apostolica Vaticana, Pal. lat. 688

Zusammengesetzte Handschrift

Papier · 5, 186, 1 Bll. · 21,5 × 14,5 cm · Oberdeutschland (?) / Mitteleuropa / Oberitalien · 2. Hälfte 15. Jh. / 3. Drittel 15. Jh.

Typus (Überlieferungsform): Codex.
Beschreibstoff: Papier.
Umfang: 5, 186, 1 Bll.
Format (Blattgröße): 21,5 × 14,5 cm.
Zusammensetzung (Lagenstruktur): Hs. aus 2 Faszikeln zusammengesetzt (I. Bl. 1–154; II. Bl. 155–186). $(I-1)^{1a}$ + II^{5a} + ... + $(I-1)^{187*}$. Vorderspiegel Gegenbl. von 1a, Hinterspiegel Gegenbl. von 187*.
Seiten-, Blatt- und Lagenzählung: Römische Foliierung des 17. Jhs. (*1–186*). Bei ungez. Bll. folgt die Zählung dem Digitalisat (1a–5a, 187*). Durchgängig Reklamanten auf der letzten Versoseite der Lage auf dem Fußsteg rechts (fehlen 108v, 154v). Ab 155r Lagenfoliierung in arabischen Ziffern.
Zustand: Leicht stockfleckig, v. a. am oberen Rand, gegen Ende stärker werdend. Ansonsten nur wenige weitere Flecken. Kaum Benutzungsspuren. Schrift teilweise ausgeblichen.
Wasserzeichen: Aufgrund geringer Größe nicht aufgenommen.

Einband: Römischer Einband, Pappe mit weißem Pergament überzogen, in Rom um 1780 gefertigt (SCHUNKE, Einbände 2.2, S. 848), Löcher für Schließbänder noch vorhanden. Gelbkupferfarbenes Kapital. Auf Rücken zwei blaue aufgeklebte Schildchen mit aktueller Signatur, dazwischen Rückentitel: *Marianus Socinus in capitulo De multa prouidentia extra De præbendis et dignitatibus.*
Provenienz: Heidelberg.
Geschichte der Handschrift: Blaues Schildchen mit aktueller Signatur auf Vorderspiegel. Auf 1ar neben aktueller Signatur Altsignatur *633* [durchgestrichen]. Auf 2ar altes Titelblatt, darauf *Tractatus procurator*[is] *sub nomine dyaboli*, mit Capsa-Nummer *C. 85.* und Altsignaturen *1832* und *432* [beide durchgestrichen]. Auf 1r von Hand des 17. oder 18. Jhs.: *Marianus*

Socinus in capitulo De multa providentia extra De praebendis et dignitatibus. Bereits in Heidelberg müssen die beiden Faszikel miteinander verbunden gewesen sein, wie das alte Inhaltsverzeichnis suggeriert. Allerdings befand sich zuerst noch ein Faszikel dazwischen, der den im späten Mittelalter beliebten Prozess des Teufels gegen die Menschheit enthielt, welcher schließlich dem Codex entnommen wurde. In der ursprünglichen Zusammenstellung ist die Hs. noch im Katalog der Bibliothek in der Heiliggeistkirche von 1581 nachweisbar: *Decretales de pluralitate beneficiorum, Tractatus procuratori sub nomine diaboli, Regulae cancellariae Pauli 2., geschrieben papir, in 4, schwartz leder, bretter* (Pal. lat. 1945, 11).

Faksimile: https://digi.ub.uni-heidelberg.de/diglit/bav_pal_lat_688
Literatur: OVL, Pal.lat.688; Schunke, Einbände 2.2, S. 848; Stevenson, Latini, S. 246; Verzeichnis der in den Registern und Kameralakten Pauls II. vorkommenden Personen, Kirchen und Orte des Deutschen Reiches, seiner Diözesen und Territorien 1464–1471, Bd. 1, Text, bearb. von Hubert Höing / Heiko Leerhoff / Michael Reimann, Tübingen 2000 (Repertorium Germanicum 9/1), S. lxxvi.

Faszikel I (Bl. 1–154)

Sachtitel / Inhalt: Repetitiones.

Entstehungsort: Oberdeutschland (?).
Entstehungszeit: 2. Hälfte 15. Jh.

Typus (Überlieferungsform): Faszikel.
Beschreibstoff: Papier.
Umfang: 154 Bll.
Format (Blattgröße): 21,5 × 14,5 cm.
Zusammensetzung (Lagenstruktur): 12 VI^{144} + V^{154}.
Seiten-, Blatt- und Lagenzählung: s. zum Codex.

Schriftraum: 14,5 × 8,5 cm.
Spaltenanzahl: 1 Spalte.
Zeilenanzahl: 23–30 Zeilen.
Angaben zu Schrift / Schreibern: Beide Texte wurden von einer Hand kopiert, die sich einer Bastarda bediente, die Elemente aus zeitgenössischen Kanzleikursiven aufweist. Obgleich die Oberlängen von b, h und l in der Regel mit Schleifen versehen sind, wird zuweilen auf diese verzichtet, beim d quasi durchgängig. Mitunter wird das r x-förmig geschrieben, was nach Karin Scheider auf eine oberdeutsche Sozialisierung des Schreibers hindeuten könnte (Schneider, Paläographie, S. 76f.). Der Duktus der Schrift spricht für eine Niederschrift eher in der zweiten denn der ersten Hälfte des 15. Jhs.
Buchgestaltung: Texte beginnen mit roter Lombarde und Auszeichnungsschrift in gotischer Minuskel. Rote Paragrafenzeichen und Strichelungen zur grafischen Unterteilung von Sinnabschnitten.
Buchschmuck: s. Buchgestaltung.

Nachträge und Benutzungsspuren: Selten Korrekturen des Schreibers auf den Rändern, ansonsten keinerlei weitere Nachträge.

Provenienz: Heidelberg.
Geschichte des Faszikels: Dem paläografischen Befund zufolge dürfte dieser Faszikel in Oberdeutschland, dem Inhalt nach im Umfeld einer Universität entstanden sein.

1) 1r–107r
Verfasser: MARIANO SOZZINI.
Titel: Repetitio zur Dekretale ‚De multa providentia'.
Angaben zum Text: Repetitio zu X 3.5.28, s. Paolo NARDI, Mariano Sozzini. Giureconsulto senese del Quattrocento, Mailand 1974 (Quaderni di „Studi Senesi" 32), S. 155f. – 1ar–1av leer / Signaturen. – 2ar altes Titelblatt. – 2av Inhaltsverzeichnis. – 3ar–5av leer. – 107v–108v leer.
Incipit: 1r ›*De multa prouidencia*‹: *Hec decretalis est multum famosa et habet materiam vtilem cottidianam frequentatam difficilem et satis intricatam …*
Explicit: 107r … *Et ex hijs hoc c. quod dicitur De multa prouidencia editum cum ampla et bona dote iuit ad nupcias.* ›*Laus deo. Dominus Marianus Zozinj*‹.

2) 109r–150r
Verfasser: NICOLAUS DE TUDESCHIS.
Titel: Repetitio zur Dekretale ‚Per tuas'.
Angaben zum Text: Repetitio zu X 1.43.9. – 150v–154v leer.
Incipit: 109r ›*Per tuas*‹: *Hoc c. proposui materiam utilem cottidianam et difficilem in hoc vetustissimo studio Bononiensi …*
Explicit: 150r ›… *Repetitum fuit dictum c. Per tuas de arbitris per dominum Nicolaum de Tudiscis de Sicilia, abbatem Moniacensem in celeberrimo studio Bononiensi, anno domini M^{o} ccccxxxij^{o} die x^{v} Maij et cetera*‹.
Edition: Nicolai Tudeschij […] consilia, iurisque responsa, ac quaestiones […], Venedig 1569, 241v–250v.

Faszikel II (Bl. 155–186)

Sachtitel / Inhalt: Kanzleiregeln Papst Paul II.

Entstehungsort: Mitteleuropa / Oberitalien.
Entstehungszeit: 3. Drittel 15. Jh.

Typus (Überlieferungsform): Faszikel.
Beschreibstoff: Papier.
Umfang: 32 Bll.
Format (Blattgröße): 21,5 × 14,5 cm.
Zusammensetzung (Lagenstruktur): 2 V^{174} + VI^{186}.
Seiten-, Blatt- und Lagenzählung: s. zum Codex.

Schriftraum: 14,5 × 8,5 cm.

Spaltenanzahl: 1 Spalte.
Zeilenanzahl: 25 Zeilen.
Angaben zu Schrift / Schreibern: Der Text wurde von einer Hand in einer schleifenlosen Bastarda kopiert, deren einzelne Buchstaben relativ weit voneinander entfernt stehen, sodass der Duktus der Schrift auf den ersten Blick wenig kursiv erscheint.
Buchgestaltung: Überschriften mit Auszeichnungsbuchstaben hervorgehoben, in Capitalis und einer recht runden gotischen Minuskel.
Buchschmuck: s. Buchgestaltung.

Nachträge und Benutzungsspuren: Keinerlei Nachträge.

Provenienz: Heidelberg.
Geschichte des Faszikels: Dem Schriftbild nach zu urteilen könnte dieser Faszikel in Mitteleuropa oder Oberitalien entstanden sein.

3) 155r–186r
Beteiligte Personen: Paul II.
Titel: Kanzleiregeln Papst Paul II.
Angaben zum Text: 186v Eintrag. – 187*r leer.
Incipit: 155r ›*Sanctissimus*‹ *in Christo pater et dominus dominus Paulus diuina prouidencia papa secundus …*
Explicit: 186r … *quibus per hanc constitucionem voluit aliquo derogari et cetera. Laus Yhesu Cristo.*
Edition: Andreas Meyer, https://www.uni-marburg.de/de/fb06/mag/institut/prof-dr-andreas-meyer/kanzleiregeldateien/paul2.pdf, S. 1–83 (unter Verwendung vorliegender Hs).

TH

Vatikan, Biblioteca Apostolica Vaticana, Pal. lat. 689

Juristische Sammelhandschrift

Pergament · 5, 94, 3 Bll. · 24,4 × 17,4 cm · Nordfrankreich / England (?) · um 1300

Entstehungsort: Nordfrankreich / England (?).
Entstehungszeit: um 1300.

Typus (Überlieferungsform): Codex.
Beschreibstoff: Pergament.
Umfang: 5, 94, 3 Bll.
Format (Blattgröße): 24,4 × 17,4 cm.
Zusammensetzung (Lagenstruktur): $(II-1)^{C}$ + 2^{E} + 6 IV^{96} + 3 VI^{168} + $(VI-2)^{188}$ + $(II-1)^{194*}$. Vorderspiegel Gegenbl. von C, Hinterspiegel Gegenbl. von 189*/190*.
Seiten-, Blatt- und Lagenzählung: Römische Paginierung des 17. Jhs. (*1–188*). Vorsatzbll. nachträglich gez. (*A–E*), Nachsatzbll. ungez, weshalb hier Zählung dem Digitalisat folgt (189*–194*). Durchgängig Reklamanten auf der letzten Versoseite der Lage auf dem Fußsteg rechts (fehlt auf 96, 144, 168).

Zustand: D, 187/188 beschnitten, mit z. T. erheblichem Textverlust. Zahlreiche Bll. am Rand ausgerissen oder beschnitten. 19/20 genähter Riss. Einige Flecken und Benutzungsspuren. Im hinteren Teil Tinte z. T. verblasst.

Schriftraum: 17 × 12,5–15,5 cm.
Spaltenanzahl: 2 Spalten.
Zeilenanzahl: 28–55 Zeilen.
Angaben zu Schrift / Schreibern: Mehrere Hände schrieben die hier versammelten Texte in Textualis, davon 1a–137b in einer Littera Parisiensis. Auf 138a hat sich im Text ein kursives d eingeschlichen, wie wir es aus der Anglicana kennen, zudem zeigt das r eine Tendenz zur Unterlänge, wie es ebenfalls für die Anglicana typisch ist (Derolez, Palaeography, S. 138), weitere typische Elemente der Anglicana finden sich im Kleintext auf 163b–164b.
Buchgestaltung: Zeilengerüst mit Metallstift vorgezogen. Relativ uneinheitliches Layout. Anfänglich Rubriken innerhalb des Fließtexts, alternierend blaue und rote Lombarden mit Fleuronné in Gegenfarbe (auf 1a, 118a und 130a blau-rot gespalten). Zur Strukturierung des Texts alternierend blaue und rote Paragrafenzeichen sowie rote Strichelungen. Ab 138 Layout weniger einheitlich, meist nur einzelne der oben aufgeführten Elemente, phasenweise Verzierungen nur in Rot. Teilweise Angaben für den Rubrikator mit Tinte auf den Rändern.
Buchschmuck: s. Buchgestaltung.

Nachträge und Benutzungsspuren: In erster Linie Korrekturen und Verweise von jeweiligem Schreiber auf Seitenrändern. Darüber hinaus wenige Anmerkungen von zeitgenössischen oder unwesentlich jüngeren Händen, auch in frühen Kursiven. 76b Zeichnung eines Kopfes.

Einband: Römischer Einband, Pappe mit weißem Pergament überzogen, in Rom um 1780 gefertigt (Schunke, Einbände 2.2, S. 848), Löcher für Schließbänder noch vorhanden. Gelbkupferfarbenes Kapital. Auf Rücken zwei blaue aufgeklebte Schildchen mit aktueller Signatur, dazwischen Rückentitel: *Ordo iudiciarius causarum*, darunter in Blau: *Pal.*
Provenienz: Heidelberg.
Geschichte der Handschrift: Auf Vorderspiegel blaues Schildchen mit aktueller Signatur. Auf Ar neben aktueller Signatur Altsignatur *458* und eine unleserliche [beide durchgestrichen], weitere auf Dr *1670*, nebst Capsa-Nummer *C. 11.* Auf 144b und 165a Verweise auf inhaltliche Zusammengehörigkeit der Epitome von moderner Hand in Blei. Die Hs. dürfte um 1300 in Nordfrankreich, wahrscheinlich im Umfeld der Universität Paris, entstanden sein. Dafür spricht nicht nur der paläografische Befund, sondern auch der auf Er niedergeschriebene Schätzwert in Pariser Währung, der im Kontext einer Veräußerung des Codex seinen Niederschlag gefunden haben könnte: *precium est xl solidi Parisienses.* Unklar ist die exakte Genese der Hs. Betrachtet man das Lagenschema, so könnte man einen Bruch nach 96 vermuten. Allerdings sind sich die ersten beiden Texte in Schrift und Gestaltung so ähnlich, dass auch ein gemeinsamer Entstehungskontext denkbar ist. Der nächste Bruch, zumindest was Schrift und Buchschmuck betrifft, erfolgt nach 137, wobei an dieser Stelle keine neue Lage beginnt, sondern offenbar die folgenden Texte nach und nach angefügt wurden, was jedoch zeitnah geschah, weshalb vorliegender Codex als Sammelhs. beschrieben wird. Die ab 138 kopierten Texte wurden von Händen geschrieben, die in ihrer Schrift Elemente zeigen, die gerne unter englischen Schreibern Verwendung fanden. Wenig zur

Entschlüsselung der Genese scheint der Eintrag auf 188 beizutragen: *Mele Johannis de Herfordia pro pocis suffragia monachorum.*

Faksimile: https://digi.ub.uni-heidelberg.de/diglit/bav_pal_lat_689
Literatur: Abbondanza, Baldovini, S. 524; Willem Matthias D'Ablaing, Zur Bibliothek der Glossatoren, in: ZRG RA 9 (1888), S. 13–42, hier S. 15; Caprioli, Tre capitoli, S. 239 A. 61, 242 A. 78, 258 A. 152 u. 154, 266 A. 192; Der Ordo iudiciarius des Aegidius de Fuscarariis, hrsg. von Ludwig Wahrmund, ND Aalen 1962 (Quellen zur Geschichte des römisch-kanonischen Processes im Mittelalter 3, 1), S. XIX; Fowler-Magerl, Ordo, S. 147; Filippo Liotta, Notizie su Iacopo Baldovini e Bartolomeo da Saliceto, in: Studi senesi 76, 1964, S. 501–517, hier S. 507; Manuscripta juridica, Pal.lat.689; Murano, Opere, S. 558, 734; OVL, Pal.lat.689; Patetta, Studi, S. 147f.; Nicoletta Sarti, Un giurista tra Azzone e Accursio. Iacopo di Balduino (...1210–1235) e il suo „Libellus instructionis advocatorum", Mailand 1990 (Seminario Giuridico della Università di Bologna 137), S. 91, 94, 149; Schunke, Einbände 2.2, S. 848; Seckel, Beiträge, S. 382f.; Stevenson, Latini, S. 246.

1) 1a–96b
Verfasser: Egidio Foscarari.
Titel: Ordo iudiciarius.
Angaben zum Text: Ar-Dr Signaturen / leer. – Dv Kalendarische Berechnungen für die Jahre 1332–1338. – Er Moralische Sprüche.
Rubrik: 1a ›*Ordo iudicarius editus per dominum Egydium doctorem decretorum secundum consuetudinem Bononie in foro ecclesiastico*‹.
Incipit: 1a ›*Jn*‹ *nomine domini nostri Ihesu Christi. Ego Egidius de Foscararijs, ciuis Bononie, doctor decretorum licet indignus ...*
Explicit: 96b ... *ad laudem et gloriam trinitatis cui sit honor et gloria in secula seculorum. Amen.* ›*Explicit*‹.
Edition: Der Ordo iudiciarius, hrsg. von Wahrmund, S. 1–270.

2) 97a–109b
Verfasser: Iacopo Baldovini.
Titel: Libellus instructionis advocatorum.
Rubrik: 97a ›*Jncipit egregium opus secundum Jacobum de Balduini in quibus casibus non offertur libellus. Rubrica*‹.
Incipit: 97a ›*Laudibile*‹ *dabile*[!] *aduocacionis officium quod circa proponendas interponi acciones ...*
Explicit: 109b ... *et ff. De liberis agnoscendis si quis a liberis § Si uel parens.*
Edition: Sarti, giurista, S. 153–192 (ohne Berücksichtigung vorliegender Hs.).

3) 109b–137b
Verfasser: Salathiel.
Titel: Summula de libellis.
Angaben zum Text: Früher Odofredo († 1265) zugeschrieben.
Rubrik: 109b ›*Jncipit Summula de libellis formandis super qualibet accione*‹.
Incipit: 109b ›*Postquam*‹ *opus artis notatorie diuina fauente perduxi laudabiliter ad effectum ...*
Explicit: 137b ... *quod melius est per legem c. De ingratis libertis, l. vnica.*

Edition: Salatiele. Summula de libellis, hrsg. von Arrigo GRAZIA, Bologna 1970 (Studi e ricerche, N.S. 26), S. 3–112.

4) 138b–144b
Titel: Epitome ‚Exactis regibus'.
Angaben zum Text: Endet in Ep. III. §53.
Incipit: 138b [E]*xactis a Romana ciuitate regibus constituti sunt duo consules …*
Explicit: 144b … *Sceua est qui prompciorem habet leuam vnde dicitur hic* [expungiert: *leua*] *sceua quia promcior est sibi leua.*
Edition: Max CONRAT COHN, Die Epitome Exactis regibus. Mit Anhängen und einer Einleitung, Studien zur Geschichte des Römischen Rechts im Mittelalter, Berlin 1884 (ND Aalen 1965), S. 1–49 (ohne Berücksichtigung vorliegender Hs.).

5) 145a–152a
Verfasser: BONAGUIDA VON AREZZO.
Titel: De dispensationibus.
Incipit: 145a ›*Atendens*‹: *Ego Bonagwido de Aretio licet insufficiens iuris canonici professor …*
Explicit: 152a … *Licet enim hic libellus siue codicillus sit breuis et paruus, potest tamen de eo dici, quod alibi dici, ortulus iste breuis dulcia poma gerit. Explicit.*
Edition: Tractatus universi iuris, Bd. 14, Venedig 1584, 173r–174v.

6) 153a–163b
Titel: Auszüge aus der Epitome ‚Exactis regibus'.
Angaben zum Text: Beginnt in Ep. I. §25 und endet in Ep. IX. §19.
Incipit: 153a ›*Ivdices*‹ *sunt qui ex propria iurisdiccione aut delegata ius habent causas litigatorum cognoscendi …*
Explicit: 163b … *ex obligacione contractus oriuntur acciones scilicet re, uerbis, litteris, consensu, consensu* [!].
Edition: CONRAT COHN, Epitome, S. 8–125.

7) 163b–164b
Titel: Kleintext über Verwandtschaftsgrade.
Incipit: 163b *Tycius habet legittimam uxorem Tyciam viuentem …*
Explicit: 164b … *questio prima cum glossa.*

8) 165a–173a
Titel: Epitome ‚Exactis regibus'.
Angaben zum Text: Beginnt in Ep. III. §53, Fortsetzung des Abschnitts von 138–144, endet mit Ep. VIII. §26 und dem Anfang eines Exzerpts von Ep. VIII. §27 ff., dabei im Wort abbrechend.
Incipit: 165a *Mancus est cui abscisa scilicet est manus, hircosus est cui os olet …*
Explicit: 173a … *senatus consultum aliud Macedonianum, aliud Velleianum, aliud Silleianum aliud Pisonianum Pisonicum, aliud Pega*[sianum… - Text bricht ab].
Edition: CONRAT COHN, Epitome, S. 49–111.

9) 175a–188b
Verfasser: PETRUS ILERDENSIS.

Titel: Breviarium iuris canonici.
Angaben zum Text: s. KUTTNER, Repertorium, S. 318 A. 1. – 174 leer. – 189*–194* leer.
Incipit: 175a *Verborum superfluitate penitus resecata de talento credito vobis relinquo socii margaritam ...*
Explicit: 188b ... *omnes et c. Sicut.*
Edition: Gedruckt als Werk des Bernhard von Compostela d.J. († 1267): Bernardus COMPOSTELLANUS, Lectura aurea in primum librum decretalium [...] necnon cum breviario iuris canonici eiusdem [...], Paris 1516, 90v–98r.

TH

Vatikan, Biblioteca Apostolica Vaticana, Pal. lat. 690

Sammelhandschrift

Papier · 2, 177, 2 Bll. · 30 × 20,5 cm · Oberdeutschland · Mitte 15. Jh.

Entstehungsort: Oberdeutschland.
Entstehungszeit: Mitte 15. Jh.

Typus (Überlieferungsform): Codex.
Beschreibstoff: Papier.
Umfang: 2, 177, 2 Bll.
Format (Blattgröße): 30 × 20,5 cm.
Zusammensetzung (Lagenstruktur): $(I-1)^{1a} + 1^{2a} + VII^{12} + 13\ VI^{167} + IV^{175^*} + 1^{176^*} + (I-1)^{177^*}$. Vorderspiegel Gegenbl. von 1a, Hinterspiegel Gegenbl. von 177*. Zählfehler: 102 doppelt gez.
Seiten-, Blatt- und Lagenzählung: Römische Foliierung des 17. Jhs. (*A–B, 1–174*). Bei ungez. Bll. folgt die Zählung dem Digitalisat (1a–2a, 175*–177*). Keinerlei Reklamanten bzw. Lagenzählung.
Zustand: Etwas stockfleckig, v.a. am oberen Rand, wenige Flecken. Schriftraum leicht gebräunt. Schrift scheint durch. 175* herausgeschnitten.
Wasserzeichen: Frei stehender Ochsenkopf mit Augen, darüber Blume mit sechs Blütenblättern an zweikonturiger Stange, in zwei Varianten, auf Bll. B, 2, 6–8, 12–18, 21, 31, 33–34, 36, 41–46, 63, 71, 79–82, 85–87, 93, 97, 102, 105, 115–117, 119, 126, 128, 138–142 annähernd identisch und auf Bll. 1, 4, 20, 22–24, 32, 35, 37–40, 61, 64–65, 83–84, 89–90, 95, 98–100, 103, 111–114, 118, 127, 129–131, entfernt vergleichbar mit Wzz. von Papieren, die laut WZIS 1456 in Würzburg beschrieben wurden, DE6300-PO-69779; frei stehender Ochsenkopf mit Augen, darüber lateinisches Kreuz an zweikonturiger Stange, darüber Blume mit sieben Blütenblättern, in zwei Varianten, auf Bll. 49, 144–147, 156–158, 164, 168, annähernd identisch mit Wzz. von Papieren, die die laut WZIS 1456 in Würzburg beschrieben wurden, DE5025-tl64_233, auf Bll. 55–59, 132, 148–154, 160–161, 166, 172–174, annähernd identisch mit Wzz. von Papieren, die die laut WZIS Mitte des 15. Jhs. beschrieben wurden, DE5025-tl64_355.

Schriftraum: 24,5 × 17,5 cm.
Spaltenanzahl: 2 Spalten (Av: 1 Spalte).

Zeilenanzahl: 39–44 Zeilen.

Angaben zu Schrift / Schreibern: Alle hier versammelten Texte wurden wohl von einer Hand geschrieben, die im Haupttext eine Bastarda mit einer Tendenz zur jüngeren gotischen Kursive verwendete, die in den der ‚Margarita decreti' nachgeordneten Texten endgültig zur jüngeren gotischen Kursive wird. Auffallend ist der Gebrauch des x-förmigen r, das auf eine oberdeutsche Sozialisation des Schreibers hinweisen dürfte (Schneider, Paläographie, S. 76 f.). Wenige Korrekturen wurden auf den Rändern nachgetragen.

Buchgestaltung: Schriftspiegel mit Metallstift vorgezogen. Zwischen 1ra und 163ra beginnt Abschnitt zu jeweiligem Buchstaben mit roter Lombarde, meist mit Aussparungen und über sieben bis acht Zeilen, jedes Lemma mit roter Lombarde über zwei Zeilen. Lemma rubriziert, Belegstellen mit Strichelung eingeleitet, zuweilen rote Unterstreichungen zur Hervorhebung von Textstellen. Die übrigen Texte mit roten Lombarden, Paragrafenzeichen, Strichelungen und Unterstreichungen versehen, letzter Text ganz ohne Verzierungen.

Buchschmuck: s. Buchgestaltung.

Nachträge und Benutzungsspuren: Wenige Verweise von anderer Hand. Zahlreiche Zeigehände, ansonsten kaum weitere Verweiszeichen.

Einband: Römischer Einband, Pappe mit weißem Pergament überzogen, in Rom um 1780 gefertigt (Schunke, Einbände 2.2, S. 848). Auf Buchrücken zwei blaue aufgeklebte Schildchen mit aktueller Signatur, dazwischen Rückentitel: *Summa Martiani*, darunter etwas verblasst in Blau: *P.*

Provenienz: Heidelberg.

Geschichte der Handschrift: Blaues Schildchen mit aktueller Signatur auf Vorderspiegel. Auf 2ar Capsa-Nummer *C. 128* und Altsignaturen *287* und *1613* [beide durchgestrichen]. Der letzte Text, ein lateinisch-deutsches Glossar, grenzt die Entstehung der Hs. auf den deutschen Sprachraum ein, das Schriftbild auf den oberdeutschen, was durch die Wzz. bestätigt wird.

Faksimile: https://digi.ub.uni-heidelberg.de/diglit/bav_pal_lat_690

Literatur: Bartsch, Handschriften, S. 190 (Nr. 366); Arturo Bernal Palacios, Las obras canónicas de Martin de Troppau, in: Archivum fratrum Praedicatorum 61 (1991), S. 89–126, hier S. 107; Volker Honemann, Zur Überlieferung des ‚Abstractum-Glossars', in: Lingua Germanica. Studien zur deutschen Philologie. Jochen Splett zum 60. Geburtstag, hrsg. von Eva Schmitsdorf / Nina Hartl / Barbara Meurer, Münster u. a. 1998, S. 117–127, hier S. 124 (Nr. 86); Kaeppeli, Scriptores OP 3, S. 117; OVL,Pal.lat.690; Schunke, Einbände 2.2, S. 848; Stevenson, Latini, S. 247.

1) Av

Titel: Versus tempore interdicti.

Angaben zum Text: s. Walther, IC, Nr. 17970.

Rubrik: Av ›*Ex concilio Basylee per doctores edite. Nota versus tempore interdicti*‹.

Incipit: Av *Si seruare cupis interdicti bene formam ...*

Explicit: Av ... *Nullus in ecclesia cetum mandat nec clerus.*

2) 1ra–164rb

Verfasser: Martin von Troppau.

Titel: Margarita decreti.

Angaben zum Text: Text ohne Prolog, bricht ab im Abschnitt zum Lemma votum: (1ra–14vb) Buchstabe A; (14vb–19ra) Buchstabe B; (19ra–39ra) Buchstabe C; (39ra–49va) Buchstabe D; (49va–63rb) Buchstabe E; (63rb–72rb) Buchstabe F; (72rb–74rb) Buchstabe G; (74rb–79ra) Buchstabe H; (79ra–95va) Buchstabe I; (95va) Buchstabe K; (95va–102ra) Buchstabe L; (102ra–116ra) Buchstabe M; (116ra–118vb) Buchstabe N; (118vb–126ra) Buchstabe O; (126ra–141va) Buchstabe P; (141va–b) Buchstabe Q; (142ra–144vb) Buchstabe R; (144vb–154va) Buchstabe S; (154va–157rb) Buchstabe T; (157rb–163rb) Buchstabe U / V; (163va–164ra) Index zu den Buchstaben C und D.

Incipit: 1ra ›*Aaron*‹: *Sacerdocium approbat d. xxii Sacrosancta ...*

Explicit: 163rb ... ›*Jtem*‹ *coniuges castitatem vouere non debent nec separari sine consensu episcopi xxvii q. j Si vir.*

Edition: Der Text liegt in keiner modernen Edition vor, ist allerdings in mehreren Wiegendrucken seit 1481 überliefert (GW 21402–21429).

3) 164v

Titel: Septem sunt species luxuriae.

Rubrik: 164va ›*Septem sunt species luxurie scilicet*‹.

Incipit: 164va ›*Fornicacio*‹ *est concubitus solutus cum soluta ...*

Explicit: 164va ... *et ista semper est peccatum mortale xxv d. Autem omnia.*

4) 165ra–169rb

Titel: Inhaltsverzeichnis der Margarita decreti.

Angaben zum Text: Inhaltsverzeichnis zum Text auf 1r–163r.

Incipit: 165ra ›*Aaron*‹, *abbas, abbatissa ...*

Explicit: 169rb ... *vnccio, voluntas, votum.*

5) 169va–171va

Titel: Poenitentiae pro qualibet culpa imponendae.

Rubrik: 169v ›*Quomodo peccatores recipiendi sunt ad penitenciam*‹.

Incipit: 169va ›*Nota quod Johannes Damascenus in summa sua demonstrat quomodo recipi debeat peccator ...*‹.

Explicit: 171va ... *et missam pro peccatis legat et cetera.*

6) 171vb

Beteiligte Personen: Hugo von Sankt Viktor / Bernhard von Clairvaux.

Titel: Kurze Exzerpte aus Werken des Hugo von Sankt Viktor und Bernhard von Clairvaux.

7) 172ra–173vb

Titel: Kleintexte.

Rubrik: 172ra ›*Nota bonam regulam*‹.

Incipit: 172ra *Si uis perfectus esse hanc regulam frequenter retine ...*

Explicit: 173vb ... *voluptas dei est per apprehensionem sui ipsius.*

8) 174ra–174vb

Titel: Abstractum-Glossar.

Rubrik: 174r ›*Vocabularius secundum ordinem alphabeti*‹.

Incipit: 174ra *Abstractum, abgizogen ut albede ...*
Explicit: 174vb ... *Zelus amore, zelus invidia, zelus ira, zelator: ain recht fertiger.*

TH

Vatikan, Biblioteca Apostolica Vaticana, Pal. lat. 691

Juristische Sammelhandschrift

Papier · 5, 256, 2 Bll. · 29,4 × 21,1 cm · Rhein-Mosel-Gebiet / Niederrhein · 1460er Jahre

Entstehungsort: Rhein-Mosel-Gebiet / Niederrhein.
Entstehungszeit: 1460er Jahre.

Typus (Überlieferungsform): Codex.
Beschreibstoff: Papier.
Umfang: 5, 256, 2 Bll.
Format (Blattgröße): 29,4 × 21,1 cm.
Zusammensetzung (Lagenstruktur): Anfang unklar + 20 VI^{240} + Schluss unklar.
Seiten-, Blatt- und Lagenzählung: Römische Foliierung des 17. Jhs. (*1–256*, *257* nachgetragen), Anfang einer zeitgenössischen Foliierung mit arabischen Ziffern auf dem Fußsteg rechts (*1–5*). Bei ungezählten Bll. folgt die Zählung dem Digitalisat (1a–5a, 258*). Durchgehend Reklamanten auf der letzten Versoseite der Lage auf dem Fußsteg rechts, teilweise durch Beschnitt beeinträchtigt bzw. verloren gegangen.
Zustand: Leicht stockfleckig, v. a. am oberen Rand, wenige sonstige Flecken.
Wasserzeichen: Frei stehendes gotisches P, Bogenende vor dem Schaft, Schaftende gespalten, Bogenende mit zweikonturigem Dorn, wahlweise auch Bogenende ohne Dorn, darüber Blume / Blatt vierblättrig, Blätter rund, ohne Stempel, in fünf Varianten, auf Bll. 5–6, 12, 15–21, 37–40, 43, 49–54, 59, 66–69, 73–74, 80–87, 100–106, 115, 121–127, 134–136, 142–145, 151–155, 158, 164, 171–173, 179, 187, 190–191, 199–207, 210, 217, 225, annähernd identisch mit Wzz. von Papieren, die laut WZIS im 3. Viertel des 15. Jhs. in Trier Verwendung fanden, DE8280-Hs.730.282_273, auf Bll. 9–11, 14, 24, 30–36, 44, 56, 61–65, 70–71, 74, 76–78, 88–97, 107–113, 119–120, 131–133, 137–138, 147–148, 157, 162, 165–169, annähernd identisch mit Wzz. von Papieren, die laut WZIS um 1460/1465 in Düsseldorf beschrieben wurden, DE2130-B86_46, auf Bll. 174, 181–184, 188, 197, 203, 232, 235, 241–245, ähnlich Wzz. von Papieren, die laut WZIS 1466 in Deutschland verwendet wurden, DE8280-Hs.231.1399_118, auf Bll. 208, 212, 219–221, 227–231, 239–240, annähernd identisch mit Wzz. von Papieren, die laut WZIS 1461 in Nideggen Verwendung fanden, DE2040-PO-115910, auf Bll. 233, 247–251, annähernd identisch mit Wzz. von Papieren, die laut WZIS 1459 in Düsseldorf beschrieben wurden, DE2040-PO-115978.

Schriftraum: 24,5 × 17,5 cm.
Spaltenanzahl: 2 Spalten.
Zeilenanzahl: 42–50 Zeilen.
Angaben zu Schrift / Schreibern: Beide Texte wurden von einer Hand in einer relativ flüchtig ausgeführten schleifenlosen Bastarda geschrieben.

Buchgestaltung: Schriftraum mit Metallstift vorgezogen. Lemmata mit schwarzen Lombarden eingeleitet (nicht ausgeführt 95vb–104rb, 106va–252ra, Angaben für Rubrikator in Tinte noch vorhanden), rote Strichelungen zur Strukturierung des Texts, Kennzeichnung von Passagen mit roten Unterstreichungen (Rubrizierungen bis 47rb).
Buchschmuck: s. Buchgestaltung.

Nachträge und Benutzungsspuren: Anmerkungen von mindestens zwei Händen in jüngerer gotischer Kursive. Grafische Verweiszeichen, v. a. in Form von Zeigehänden und z. T. grotesken Köpfen, 78rb Wappen, 71rb und 78ra Darstellung eines Galgens?

Einband: Römischer Einband, Pappe mit weißem Pergament überzogen, in Rom um 1780 gefertigt (Schunke, Einbände 2.2, S. 848), mit Schließbändern. Gelb-kupferfarbenes Kapital. Auf Buchrücken zwei blaue aufgeklebte Schildchen mit aktueller Signatur, dazwischen Rückentitel: *Summa Monaldi.*, darunter etwas verblasst in Blau: *P.*
Provenienz: Heidelberg.
Geschichte der Handschrift: Eingeklebtes blaues Schildchen auf Vorderspiegel. Auf 2ar nebst aktueller Signatur Altsignatur *358* [durchgestrichen], auf 4ar Capsa-Nummer *C. 174* und Altsignatur *483*, ferner von Hand des 17. Jhs. *Summa Monaldi*, ein weiteres Mal auf 1r. Auf 257v Altsignatur *1792*, auf Hinterspiegel Restaurierungsvermerk vom 14. Februar 2008. Die Wzz. des verwendeten Papiers verweisen in das Rhein-Mosel-Gebiet und an den Niederrhein der 1460er Jahre. Dass die Hs. recht bald am Oberrhein gewesen sein dürfte, zeigt das nachgetragene Wappen des Wormser Bischofs auf 78rb (diesem ist ein Wappen mit einem Kreuz beigefügt, das womöglich für den Erzbischof von Köln oder Trier stehen könnte).

Faksimile: https://digi.ub.uni-heidelberg.de/diglit/bav_pal_lat_691
Literatur: Bartolo da Sassoferrato, Tractatus de insigniis et armis, hrsg. von Mario Cignoni, Florenz 1998 (L'albero et l'arme 8), S. 20; Calasso, Sassoferrato, S. 656; Osvaldo Cavallar / Julius Kirshner, „Ne ultra scarpas". Un cultore d'araldica fuorilegge, in: Ius Commune 28 (2001), S. 297–311, hier S. 297 A. 2; Manuscripta juridica, Pal.lat.691; Medioevo latino 24 (2003), S. 73; OVL, Pal.lat.691; Schunke, Einbände 2.2, S. 848; Stevenson, Latini, S. 247; Josephus L. J. van de Kamp, Bartolus de Saxoferrato 1313–1357. Leven, werken, invloed, beteekenis, Amsterdam / Paris 1936, S. 68 A. 2.

1) 1ra–252rb
Verfasser: Monaldus de Iustinopoli.
Titel: Summa iuris.
Angaben zum Text: (1ra–13rb) Buchstabe A; (13rb–15ra) Buchstabe B; (15ra–28ra) Buchstabe C; (28ra–40ra) Buchstabe D; (40ra–65rb) Buchstabe E; (65rb–71vb) Buchstabe F; (71vb–72ra) Buchstabe G; (72ra–74rb) Buchstabe H; (74rb–98ra) Buchstabe I; (98ra–104va) Buchstabe L; (104va–128rb) Buchstabe M; (128rb–130ra) Buchstabe N; (130ra–134vb) Buchstabe O; (135ra–167rb) Buchstabe P; (167rb–167va) Buchstabe Q; (167va–190vb) Buchstabe R; (190vb–219vb) Buchstabe S; (219vb–232rb) Buchstabe T; (232rb–251vb) Buchstabe U / V; (251vb–252rb) Buchstabe X. – 4ar Notizen Kanonisch-rechtlichen Inhalts. – 4av–5av leer.
Incipit: 1ra *Quoniam ignorans ignorabitur, sicut ait Paulus egregius predicator …*
Explicit: 252rb *… qui ad iusticiam multos erudiunt jn celesti gloria perhenniter fulgeamus. Amen. Explicit hec summa sit Christo gracia summa. Explicit summa Monaldi.*

Edition: Summa perutilis atque aurea venerabilis viri fratris Monaldi in vtroque iure tam ciuili quam canonico fundata, Lyon 1516.

2) 252va–256rb
Verfasser: Bartolo da Sassoferrato.
Titel: De insigniis et armis.
Angaben zum Text: 256v–258*v leer.
Incipit: 252va ›*Horum*‹ *gracia De insignijs et armis que quis portat in vexillis et clipeis videamus ...*
Explicit: 256rb ... *ut c. Nemini licere, signum salvatoris Christi in scilice uel maiorum ore sculpere uel pingi in rubro et nigro.* ›*Explicit Bartolus De jnsignijs et armis* [die letzten drei Wörter durchgestrichen, daneben geschrieben: *jnsignijs et armis*].
Edition: A Grammar of Signs. Bartolo da Sassoferrato's Tract on Insignia and Coat of Arms, hrsg. von Osvaldo Cavallar / Susanne Degenring / Julius Kirshner, Berkeley 1994 (Studies in Comparative Legal History), S. 109–121 (ohne Verwendung vorliegender Hs).

TH

Vatikan, Biblioteca Apostolica Vaticana, Pal. lat. 692

Sammelhandschrift

Papier · 4, 422, 1 Bll. · 29,4 × 21,1 cm · Oberrhein (?) · Mitte 15. Jh.

Entstehungsort: Oberrhein (?).
Entstehungszeit: Mitte 15. Jh.

Typus (Überlieferungsform): Codex.
Beschreibstoff: Papier.
Umfang: 4, 422, 1 Bll.
Format (Blattgröße): 29,4 × 21,1 cm.
Zusammensetzung (Lagenstruktur): $(I-1)^{1a}$ + 1^{A} + I^{2a} + 35 VI^{418} + I^{420} + $(I-1)^{421*}$. Vorderspiegel Gegenbl. von 1a, Hinterspiegel Gegenbl. von 421*. Zählfehler: Auf 114 und 317 folgt jeweils ungez. Bl., 156 und 166 doppelt gez., 200 und 222 übersprungen.
Seiten-, Blatt- und Lagenzählung: Zeitgenössische Foliierung in roten gotischen Ziffern (*1–407*), anschließend römische Foliierung des 17. Jhs. (*408–420*). Vorsatzbll. und Nachsatzbl. teilweise ungez., *A–B* nachgetragen. Bei ungez. Bll. Zählung der Digitalisate übernommen (1a, 2a, 421*). Durchgängig Reklamanten auf der letzten Versoseite der Lage auf dem Fußsteg rechts (fehlt auf 418v). Bei ungez. Bll. folgt die Zählung dem Digitalisat (1a, 2a, 114a, 317a, 421*).
Zustand: Leicht stockfleckig, v. a. am oberen Rand. 381–384 Wasserschaden.
Wasserzeichen: Frei stehender Ochsenkopf mit Augen und Nasenlöchern, Augen frei / anliegend, darüber einkonturige Stange mit sechsstrahligem, einkonturigem Stern, fünf Varianten auf Bll. 1–6, 21, 26, 29, 40–46, 55–60, 63, 69, 80–82, 92, 103–106, 114, 116–117, 124, 135, 137–143, 150–154, 161–165, 170, 176–189, 196–199, 202, 209–210, 224, 234, 237–238, vergleichbar mit Wzz. von Papieren, die laut WZIS 1447 in Hohenrechberg Verwendung fanden, AT3800-PO-74894; auf Bll. 9–20, 23–24, 31–36, 47–52, 62, 66–68, 72–78, 85–88, 90,

97–98, 109–110, 115, 120–122, 128–136, 144, 156, 168, 172–174, 191, 203–206, 216–221, 225–228, sehr ähnlich Wzz. von Papieren, die laut WZIS 1448 in Deutschland beschrieben wurden, DE8085-PO-74896; auf Bll. 232, 243–245, 252–257, 265, 270–272, 285–294, 304, 308–310, 315, 325–326, 335–336, 342, 348–349, 359, 362, 366, 373–379, 386, sehr ähnlich Wzz. von Papieren, die laut WZIS im 15. Jh. in Deutschland verwendet wurden, DE3270-jurid385_165; auf Bll. 236, 247–251, 264, 266, 279–281, 295–300, 312–313, 318–323, 329, 333, 341, 343–344, 353–358, 361, 365, 369, 381–382, 389, 392–394, ähnlich Wzz. von Papieren, die laut WZIS 1455 in Hildesheim Verwendung fanden, DE4860-Ms1510_36; auf Bll. 395–402, 407–416, annähernd identisch mit Wzz. von Papieren, die laut WZIS 1455 in der Schweiz beschrieben wurden, CH0780-PO-74879. Frei stehender Buchstabe P in gotischer Form, Schaftfuß gespalten, Bogenende hinter dem Schaft und mit einkonturigem Dorn, auf Bl. 419, ähnlich Wzz. von Papieren, die laut WZIS 1457 in Utrecht verwendet wurden, NL8370-PO-108009.

Schriftraum: 21,7 × 15,7 cm.
Spaltenanzahl: 2 Spalten (415r–420r: 1 Spalte).
Zeilenanzahl: 29–47 Zeilen.
Angaben zu Schrift / Schreibern: Der Haupttext wurde von einer Hand in einer relativ flüchtig ausgeführten schleifenlosen Bastarda geschrieben, wobei sich beim d und später auch bei anderen Buchstaben immer wieder und zunehmend Schleifen einschleichen, wie die Schrift überhaupt fortlaufend unsauberer wird. Hin und wieder findet das x-förmige r Verwendung, welches auf die Entstehung des Texts in Oberdeutschland hinweisen könnte (Schneider, Paläographie, S. 76f.). Die beiden Teufelsbriefe wurden wohl von anderer Hand in einer etwas sorgfältiger ausgeführten Bastarda kopiert. Der letzte Text wurde von wieder anderer Hand in humanistischer Kursive nachgetragen.
Buchgestaltung: Schriftraum mit Metallstift vorgezogen. Jedes Lemma, bzw. Kapitel, beginnt mit einer roten Lombarde. Ferner rote Paragrafenzeichen zur Strukturierung des Texts, zur Hervorhebung rote Strichelungen und Unterstreichungen.
Buchschmuck: s. Buchgestaltung.

Nachträge und Benutzungsspuren: Kaum Verweise, Korrekturen und Anmerkungen von mehreren, in etwa zeitgenössischen Händen, kaum grafische Verweiszeichen. Selten Nachträge auch in Rot. 51va Anmerkung in Rot von Hand, die auch den Haupttext schrieb, demnach dürfte diese Hand auch rubriziert haben. Auf 150rb Anmerkung auf Deutsch. Der letzte Text, die Rede von Reuchlin, wurde, wahrscheinlich um 1500, in die Hs. nachgetragen. Am Papier ist zu erkennen, dass die Lage mit den Bll. 419 und 420 nachträglich eingebunden worden sein muss. Insgesamt wenige Benutzungsspuren.

Einband: Römischer Einband, Pappe mit weißem Pergament überzogen, Rücken mit rotem Schildchen, darunter zwei blaue Schildchen, jeweils mit aktueller Signatur, zwischen diesen Wappenstempel Papst Pius XII. und des Kardinals und Bibliothekars Giovanni Mercati (1866–1957) in Gold, gefertigt in Rom zwischen 1939 und 1957 (Schunke, Einbände 2.2, S. 848). Auf Vorderschnitt mit Tinte: *Summa Batholomaei Pisani.*
Provenienz: Heidelberg.
Geschichte der Handschrift: Alter Rückentitel (*B.* [...] *PISANI SVMMA*) sowie weitere Teile eines älteren Einbands (goldgeprägter Plattenstempel mit dem Wappen Papst Urbans VIII. sowie des Kardinals und Bibliothekars Francesco Barberini [1597–1679] in Gold, samt vier goldgeprägten Bienen, gefertigt in Rom zwischen 1626 und 1633) auf Vorderspiegel geklebt,

daneben auch blaues Schildchen mit aktueller Signatur. Auf Ar neben aktueller Signatur Altsignatur *369* [durchgestrichen], nebst Zettel mit Aufschrift *S.ti THOMAE SVMMA*. Auf Br Capsa-Nummer *C. 62.*, darunter Allacci-Signatur *1655* [durchgestrichen] sowie Altsignatur *126*, weitere auf 420v *1996*, auf Vorderschnitt: *Summa Bartholomaei Pisani*. Dem paläografischen Befund entsprechend dürfte die Hs. in Oberdeutschland entstanden sein. Dass sie sich auch späterhin in deutschsprachigen Landen befand, suggeriert die volkssprachliche Randbemerkung. Der Besitzvermerk auf Br *Merstetter* könnte sich auf Johannes Merstetter aus Ehingen beziehen, der sich im Wintersemester 1427/28 an der Universität Heidelberg immatrikulierte, 1453 das Bakkalaureats- und 1467 das Lizentiatenexamen im Kanonischen Recht ablegte (Drüll, Gelehrtenlexikon, S. 281). Er schrieb auch Teile von HB X 18 der Württembergischen Landesbibliothek (Codices philologici [HB VIII 1–31]. Codices Arabici [HB IX 1–2]. Codices philosophici [HB X 1–30], beschr. von Maria Sophia Buhl, Wiesbaden 1972 [Die Handschriften der Württembergischen Landesbibliothek Stuttgart, Reihe 2, Die Handschriften der ehemaligen königlichen Hofbibliothek, Bd. 4, T. 1], S. 79). Denkbar wäre aber auch Jakob Merstetter aus Ehingen (1460–1521) als Besitzer, der sich 1488 an der Universität Heidelberg immatrikulierte, später als Hochschullehrer und Geistlicher in Mainz, Esslingen und Speyer wirkte und mit führenden Humanisten in Kontakt stand (Heinrich F. Singer, Der Humanist Jakob Merstetter 1460–1512, Professor der Theologie an der Mainzer Universität und Pfarrer zu St. Emmeran, Mainz 1904). Möglicherweise ist die Hs. im Katalog der Bibliothek in der Heiliggeistkirche von 1581 nachweisbar: *Summa Bartholomei Pisani, geschrieben papir, bretter, weiß leder, bucklen* (Pal. lat. 1945, 13).

Faksimile: https://digi.ub.uni-heidelberg.de/diglit/bav_pal_lat_692

Literatur: Markus Rafael Ackermann, Der Jurist Johannes Reuchlin (1455–1522), Berlin 1999 (Schriften zur Rechtsgeschichte 77), S. 92 A. 377; Paul Herold, Teufelsbriefe als Instrument mittelalterlicher „höllischer" Propaganda. Ein Beitrag zu den erfundenen Briefen des Mittelalters, in: Propaganda, Kommunikation und Öffentlichkeit (11.–16. Jahrhundert), hrsg. von Karel Hruza, Wien 2001 (Forschungen zur Geschichte des Mittelalters 6), S. 169–187, hier S. 180 A. 66; Kristeller, Iter Italicum 2, S. 391; Paul Lehmann, Die Parodie im Mittelalter. Mit 24 ausgewählten parodistischen Texten, ²Stuttgart 1963, S. 88 A. 3; OVL, Pal.lat.692; Johannes Reuchlin, Briefwechsel, Bd. 1, 1477–1505, bearb. von Matthias Dall'Asta / Gerald Dörner / Stefan Rhein, hrsg. von der Heidelberger Akademie der Wissenschaften in Zusammenarbeit mit der Stadt Pforzheim, Stuttgart 1999, S. 301 A. 3; Gianni Zippel, La lettera del Diavolo al clero, dal secolo XII alla Riforma, in: Bullettino dell'Istituto Storico Italiano per il Medio Evo 70 (1958), S. 125–179, hier S. 139 A. 3; Schunke, Einbände 2.2, S. 848; Stevenson, Latini, S. 247.

1) 1ra–411ra

Verfasser: Bartholomäus von San Concordio.

Titel: Summa de casibus conscientiae.

Angaben zum Text: (1ra–1va) Vorrede; (1va–20vb) Buchstabe A; (20vb–34rb) Buchstabe B; (34rb–69vb) Buchstabe C; (69vb–92vb) Buchstabe D; (92vb–133rb) Buchstabe E; (133rb–142rb) Buchstabe F; (142rb–142vb) Buchstabe G; (142vb–155va) Buchstabe H; (155va–203ra) Buchstabe I; (203ra) Buchstabe K; (203ra–213va) Buchstabe L; (213va–237rb) Buchstabe M; (237rb–242ra) Buchstabe N; (242ra–262rb) Buchstabe O; (262rb–297vb) Buchstabe P; (297vb–298rb) Buchstabe Q; (298rb–318va) Buchstabe R; (318va–366va) Buchstabe S; (366va–377va) Buchstabe T; (377va–405vb) Buchstabe U / V; (405vb–406ra) Buchstabe X;

(406ra–b) Buchstabe Y; (406rb–406va) Buchstabe Z; (406va–411ra) Inhaltsverzeichnis. – Br Inhaltsverzeichnis, Notizen von zeitgenössischer Hand mit der Erwähnung des Raimund von Peñafort († 1275), des Bartholomäus von Brescia (um 1200–1258) sowie eines Hugo. – Bav–2av leer.

Rubrik: 1r ›*Summa Bartholomei Pysani*‹.

Incipit: 1ra ›*Quoniam*‹, *ut ait Gregorius super* ›*Ezechelem*‹, *nullum omnipotenti deo tale sacrificium quale zelus animarum* ...

Explicit: 406va ... ›*Bartholomeus*‹ *huius libri compositor obijt* ›*anno*‹ *domini* ›*M°ccc°xlvij*‹ *secunda die Julij, cuius anima requiescat in eo qui sine fine regnat. Deus per omnia secula seculorum benedictus. Amen.*

Edition: Der Text liegt in keiner modernen Edition vor, erschien aber bereits 1473 als Wiegendruck (GW 3450–3457).

2) 411rb–414vb

Titel: Teufelsbrief.

Incipit: 411rb ›*Princeps*‹ *regionis iehennalis ecclesiarum prelatis et clericis vniuersis salutem quam sibi* ...

Explicit: 414vb ... *rugam uel maculam non habentem.*

Edition: Wilhelm Wattenbach, Über erfundene Briefe in Handschriften des Mittelalters, besonders Teufelsbriefe, in: Sitzungsberichte der Königlich Preußischen Akademie der Wissenschaften zu Berlin 1 (1892), S. 91–123, hier S. 104–116.

3) 414vb–415ra

Titel: Teufelsbrief.

Rubrik: 414vb ›*Epistola*‹.

Incipit: 414vb *Gallis, Germanis, Gottis, Scotis, Dacianis, Vngaris, Hispanis et ceteris ultramontanis causa studiorum in domo Predicatorum simul adunatis prophetis fame dolatis pauper p.* ...

Explicit: 415ra ... *gargarizare, flettare, phylare, florare, sincopizare.*

4) 415r–420r

Verfasser: Johannes Reuchlin.

Weitere beteiligte Personen: Alexander VI. / Philipp der Aufrichtige.

Titel: Oratio pro Philippo Bavariae duce.

Angaben zum Text: Rede, gehalten vor Papst Alexander VI. , zugunsten von Kurfürst Philipp dem Aufrichtigen.

Rubrik: 415r *Ad Alexandrum 6^m^ pontificem maximum pro Philippo Bauarie duce palatino Rheni sacri Rhomani imperij electorę* [!] *Ioannis Reuchlin phorcensis legum doctoris oracio vij Idus Sextiles anno IID Romę.*

Incipit: 415r ›*Beatissima*‹ *vicis tuę sors illa, pontifex maxime Alexander et sublimis Augustaque sedes ea* ...

Explicit: 420r ... [am Rand nachgetragen: *non*] *verentur bella pocius et eclesie futura scandala quam amplissime nationis pace fouere* [darunter nachgetragen: *dixi*].

Edition: Der Text liegt in keiner modernen Edition vor, erschien aber bereits 1498 als Wiegendruck (GW M37878).

TH

Vatikan, Biblioteca Apostolica Vaticana, Pal. lat. 693

Sammelhandschrift

Papier · 1, 177, 1 Bll. · 29,4 × 20,5 cm · Diözese Augsburg · um 1470

Entstehungsort: Diözese Augsburg.
Entstehungszeit: um 1470.

Typus (Überlieferungsform): Codex.
Beschreibstoff: Papier.
Umfang: 1, 177, 1 Bll.
Format (Blattgröße): 29,4 × 20,5 cm.
Zusammensetzung (Lagenstruktur): $(I-1)^{1a}$ + $(VI-1)^{11}$ + 13 VI^{167} + $(VI-2)^{177}$ + $(I-1)^{178*}$. Vorderspiegel Gegenbl. von 1a, Hinterspiegel Gegenbl. von 178*.
Seiten-, Blatt- und Lagenzählung: Römische Foliierung des 17. Jhs. (*1–177*). Bei ungez. Bll. folgt die Zählung dem Digitalisat (1a, 178*). Durchgehend Lagenzählung mit arabischen Ziffern auf letzter Versoseite der Lage auf Fußsteg mittig (fehlt auf 11v, ab zehnter Lage ausgeschrieben), teilweise durch Beschnitt beeinträchtigt.
Zustand: Stockfleckig, v. a. am oberen Rand, diverse andere Flecken. 22a, 26a einliegende Zettel. Grünliche Falzverstärkungen. Schrift zuweilen etwas verblasst und schlägt durch.
Wasserzeichen: Frei stehender Ochsenkopf mit Augen, darüber Blume an einkonturiger Stange, darunter Pfeilspitze an einkonturiger Stange mit zwei Kreuzsprossen, zwei Varianten, auf Bll. 1–3, 7, 13–14, 18, 27–29, 40, 46, 47, annähernd identisch mit Wzz. von Papieren, die laut WZIS 1469 in Bayern Verwendung fanden, DE5580-Clm3808_70, auf Bll. 5, 9–12, 16, 20, 33–35, 39, 42–45, ähnlich Wzz. von Papieren, die laut WZIS 1459 in Eichstätt beschrieben wurden, AT8100-PO-66221; frei stehender Ochsenkopf mit Augen, darüber an zweikonturiger Stange, Stangenende einkonturig, Blume mit sieben Blütenblättern, zwei Varianten, auf Bll. 49, 62, 66–71, 80, 82, 85, 91, 103, 106–107, vergleichbar mit Wzz. von Papieren, die laut WZIS 1420/30 in Deutschland verwendet wurden, DE3315-GMXXXVIII.E.27._28, auf Bll. 53–59, 63–64, 72–79, 81, 84, 89, 92–101, annähernd identisch mit Wzz. von Papieren, die laut WZIS im 15. Jh. in Bayern Verwendung fanden, DE5580-Clm14111_332; frei stehender Ochsenkopf mit Augen, darüber zweikonturige Stange mit Blume mit vier Blütenblättern und zwei Knospen, zwei Varianten, auf Bll. 108–112, 117–118, annähernd identisch mit Wzz. von Papieren, die laut WZIS 1466 in Lindau beschrieben wurden DE5580-Clm3815_41, auf Bl. 113, annähernd identisch mit Wzz. von Papieren, die laut WZIS 1446/1475 in Schwaben verwendet wurden, DE0510-CodII12_182_115; frei stehender Ochsenkopf mit Augen, darüber zweikonturige Stange mit Blume und sechs Blütenblättern, zwei zweikonturige Kreuze, darunter einkonturige Stange mit Kreis, auf Bll. 120–177, vergleichbar mit Wzz. von Papieren, die laut WZIS 1485 in Greifswald beschrieben wurden, DE3315-GM1693_11%2A oder DE3315-GM1693_96.

Schriftraum: 21,3 × 15 cm.
Spaltenanzahl: 2 Spalten.
Zeilenanzahl: 34–42 Zeilen.
Angaben zu Schrift / Schreibern: Die erste Hand (1ra–106ra, 115ra–119vb) bediente sich einer sorgfältig ausgeführten Bastarda, wobei sie immer wieder auf die Schleifen an den

Oberlängen verzichtete. Die zweite Hand (108ra–115ra) führte ihre Bastarda nicht ganz so sauber aus. Die Bastarda der dritten Hand (120ra–177rb) zeigt Anleihen aus der Kanzleikursive, indem die Umrisse einzelner Buchstaben der Gestalt einer Raute angepasst werden. Stärker noch als bei der ersten Hand ist ein x-förmiges r zu erkennen, das auf einen oberdeutsch sozialisierten Schreiber hindeuten dürfte (s. SCHNEIDER, Paläographie, S. 76 f.).

Buchgestaltung: Schriftraum mit Tinte, ab 120r mit Metallstift vorgezogen. Abschnittsanfänge meist mit roter Lombarde hervorgehoben, in der Regel mit Punktverdickungen, teilweise als Cadellen (auf 1r im Fleuronnéfeld, mit Aussparungen und Knospenfleuronné im Binnenfeld), ferner Rubriken und rote Strichelungen zur Strukturierung des Texts, rote Unterstreichungen zur Hervorhebung.

Buchschmuck: s. Buchgestaltung.

Nachträge und Benutzungsspuren: Kaum Anmerkungen und Verweise, v. a. in Form von *Nota* und *Nota bene*, von mehreren Händen, ferner grafische Verweiszeichen und Unterstreichungen. 1v Nachtrag auf Deutsch.

Einband: Pappe mit grünem Pergament überzogen, auf Vorderdeckel im Zentrum goldgeprägter Plattenstempel mit dem Wappen Papst Urban VIII., auf Rückdeckel im Zentrum gestempeltes Wappen des Kardinals und Bibliothekars Francesco Barberini (1597–1679) in Gold. Gefertigt in Rom zwischen 1626 und 1633. Gelb-türkis-kupferfarbenes Kapital oben, hellbraunes Kapital unten. Rücken weißes Pergament mit blauem Papierschildchen und zwei schwarzen goldgeprägten Schildchen mit aktueller Signatur, darunter Wappenstempel Papst Pius IX. und des Kardinals und Bibliothekars Luigi Lambruschini (1776–1854), zwischen 1846 und 1853 in Rom gefertigt (SCHUNKE, Einbände 2.2, S. 848).

Provenienz: Heidelberg.

Geschichte der Handschrift: Blaues Schildchen mit aktueller Signatur auf Vorderspiegel. Auf 1r neben aktueller Signatur Capsa-Nummer *C. 180* [durchgestrichen], nebst Altsignaturen *20* und einer unleserlichen, auf *59* [durchgestrichen] endenden. Wie der paläografische Befund ausweist, dürfte die Hs. in Oberdeutschland entstanden sein, wahrscheinlich in der Augsburger Diözese, wofür die Aufnahme der Augsburger Synodalstatuten in den Codex und auch die Wzz. im verwendeten Papier sprechen.

Faksimile: https://digi.ub.uni-heidelberg.de/diglit/bav_pal_lat_693

Literatur: Manuscripta juridica, Pal.lat.693; OVL, Pal.lat.693; PETR, Soupis, S. 291–293; SCHUNKE, Einbände 2.2, S. 848; STEVENSON, Latini, S. 247 f.

1) 1ra–45va

Titel: Summa rudium.

Angaben zum Text: s. BLOOMFIELD, Incipits, Nr. 4745, 5075. - 46r–47v leerer Satzspiegel.

Incipit: 1ra ›*Qvia*‹ *varia dicta sanctorum et contrarie oppiniones diuersorum sanctorum doctorum legentibus perplexitates et dubia pariunt ...*

Explicit: 45va ... *eo frequencius a sacerdote causa vtilitatis et deductionis temporis cum intentione legatur. Amen et cetera. Explicit Summa que dicitur rudium.* ›*Gloria omnipotenti*‹.

Edition: Der Text liegt in keiner modernen Edition vor, erschien aber bereits 1487 als Wiegendruck (GW M44435–M44438).

2) 48ra–106ra
Titel: Traktat über die Passion Christi.
Angaben zum Text: 106v–107v leer.
Rubrik: 48r ›*Jncipiunt aliqua de Cristi passione. Jncipiunt*‹ *aliqua de passione Christi recepta ex collectione Walthausser.*
Incipit: 48ra ›*Expedit uobis ut vnus moriatur homo pro populo, Johannis 11º. Quando*‹ *saluator noster Lazarum mortuum ...*
Explicit: 105vb–106ra ... *et ita consequenter septimi sancti doctores reputant ut afferunt seperationem anime Christi a corpore fore maximam passionem.* ›*Deo gracias*‹.

3) 108ra–119vb
Beteiligte Personen: Johann II. von Werdenberg.
Titel: Augsburger Synodalstatuten.
Angaben zum Text: Von Johann II. von Werdenberg (um 1430–1486) als Bischof von Augsburg im Jahr 1469 erlassene Statuten: (108r) Inhaltsverzeichnis; (108v) leer; (109r–119v) Statuten.
Incipit: 109ra ›*Johannes*‹ *dei et appostolice sedis gracia episcopus*›*Augustensis*‹ *vniuersis et singulis ecclesiarum prelatis, rectoribus ...*
Explicit: 119vb ... ›*Datum et actum in oppido Dilingen anno domini millesimo quadringentesimo sexagesimo nono die lune vicesima quinta mensis Septembris. Dei odium habeat qui hoc jnfringere presumat*‹.
Edition: Joseph Anton Steiner, Acta selecta ecclesiae Augustanae, Augsburg 1785, S. 27–42.

4) 120ra–177rb
Verfasser: Marquard von Lindau.
Titel: De reparatione hominis.
Rubrik: 120ra ›*Jncipit tractatus de causu* [!] *hominis et reperacione eiusdem*‹.
Incipit: 120ra ›*Postquam*‹ *supprema sapiencia ea que in ipsa erant vita in lucem produxit temporalem ...*
Explicit: 177rb ... *Qui et curacionis et medele nos participes efficiat ipse Samaritanus, Pyssimus, Ihesus Cristus rex angelorum. Qui cum patre et spiritu sancto viuit et regnat in secula seculorum.* ›*Amen. Deo gracias et cetera*‹.
Edition: Hermann Josef May, Marquard von Lindau OFM–De reparatione hominis, Bern / Frankfurt am Main 1977 (Regensburger Studien zur Theologie 5), S. 3–153.

TH

Vatikan, Biblioteca Apostolica Vaticana, Pal. lat. 694

Juristische Sammelhandschrift

Papier · 2, 172, 2 Bll. · 27,7 × 20,2 cm · Oberdeutschland · 1384

Entstehungsort: Oberdeutschland.
Entstehungszeit: 1384.

Typus (Überlieferungsform): Codex.

Beschreibstoff: Papier.
Umfang: 2, 172, 2 Bll.
Format (Blattgröße): 27,7 × 20,2 cm.
Zusammensetzung (Lagenstruktur): $(II\text{-}1)^{B} + 7\ VI^{84} + VII^{98} + 5\ VI^{178} + II^{182} + (II\text{-}1)^{185*}$. Vorderspiegel Gegenbl. von B, Hinterspiegel Gegenbl. von 183*. Zählfehler: Sprung von 129 auf 150.
Seiten-, Blatt- und Lagenzählung: Römische Foliierung des 17. Jhs. (*1–182*), *A–B* nachgetragen. Nachsatzbll. ungez., weshalb hier Zählung der Digitalisate übernommen wird (183*–184*). Durchgehend Reklamanten auf der letzten Versoseite der Lage auf dem Fußsteg rechts (fehlt auf 48v), teilweise durch Beschnitt beeinträchtigt bzw. verloren gegangen.
Zustand: Stockfleckig, 6–7 leichter Wasserschaden. Schrift teilweise leicht verblasst.
Wasserzeichen: Geometrische Figuren in sieben Varianten: Kreis – Stern – Kreis – Stern, Bll. 1, 5, 10–13, 16, 37, 45, ähnlich Wzz. von Papieren, die laut WZIS 1376 in Verona Verwendung fanden, IT5235-PO-22844, Bll. 2–4, 6, 14, 22, 34, 38, 43–44, ähnlich Wzz. von Papieren, die laut WZIS 1378 im Kloster Tegernsee verwendet wurden, DE5910-PO-22866; Kreis – Kreis – Stern – Stern, in drei Varianten, Bll. 20, 31–33, annähernd identisch mit Wzz. von Papieren, die laut WZIS 1383 in München beschrieben wurden, DE5925-PO-161842, Bl. 19, keine Entsprechung in WZIS, Bl. 25, 34–35, 60, annähernd identisch mit Wzz. von Papieren, die laut WZIS 1383 in Starkenberg / Tirol Verwendung fanden, AT8100-PO-161841; Stern – Kreis – Kreis – Stern, in zwei Varianten, Bll. 74–75, 85, 87, 93–95, 100–104, 112–113, 119, annähernd identisch mit Wzz. von Papieren, die in WZIS lediglich nachgewiesen sind, DE8100-PO-161811, Bll. 60, 66–73, 78–80, 86, 89, 92, 99, 106–108, 115–117, 128, 152–154, 159–160, 168, 172, 176, ähnlich Wzz. von Papieren, die laut WZIS 1384 verwendet wurden, DE8100-PO-22839. Hirschkopf frontal mit Augen und Maul, Geweih zweikonturig, in zwei Varianten, Bl. 181, vergleichbar mit Wzz. von Papieren, die laut WZIS zwischen 1301 und 1500 beschrieben wurden, DE4860-Ms1665_39; Bl. 179, vergleichbar mit Wzz. von Papieren, die laut WZIS zwischen 1301 und 1500 Verwendung fanden, DE4860-Ms1665_33. Frei stehender Ochsenkopf mit anliegenden Augen und gebogener Kontur der Stirn, darüber einkonturige Stange mit einkonturigem sechsstrahligen Stern, in zwei Varianten, Bl. 58, vergleichbar mit Wzz. von Papieren, die laut WZIS 1383 in Xanten verwendet wurden, DE9090-PO-66803; Bl. 50, annähernd identisch mit Wzz. von Papieren, die laut WZIS im 4. Viertel des 14. Jhs. beschrieben wurden, DE5580-Clm97_114.

Schriftraum: 23 × 16,5 cm.
Spaltenanzahl: 2 Spalten.
Zeilenanzahl: 43–61 Zeilen.
Angaben zu Schrift / Schreibern: Die drei Hände, welche die Passagen von 1ra–172va, 172va–173ra und 173rb–180va ausführten, bedienten sich allesamt einer Bastarda, die in hohem Maße von den Urkundenschriften des 14. Jhs., dem so genannten Trecento I sowie Trecento II, beeinflusst ist, wie beispielsweise die segelartigen Schleifen an den Oberlängen und auch die dolchartigen Unterlängen nahelegen. Die vierte Hand, den Text auf 182v schreibend, ist hingegen den typischen Bastarden der Buchschriften verpflichtet.
Buchgestaltung: Schriftraum mit Tinte vorgezogen (1r–154v, 179r–180v). Lemmata beginnen mit roter Lombarde (selten in Schwarz), meist über zwei Zeilen, ferner Paragrafenzeichen und Strichelungen zur Strukturierung des Texts. Arabische Ziffern sowie Buchstaben auf Bund- und Seitensteg, z.T. noch mit Angaben des Rubrikators. Im Register zu juristi-

schen Werken (173rb–180va) rote Seiten- bzw. Kolumnentitel, innerhalb des Texts Rubriken und rote Paragrafenzeichen, rote Buchstaben zur Orientierung auf Bund- bzw. Seitensteg.
Buchschmuck: Auf 1ra blau-rot gespaltene Initiale, Binnen- und Besatzfleuronné aus volutenartig sich einrollenden Blättern, parallele Fadenausläufer auf dem Seiten- und Kopfsteg.

Nachträge und Benutzungsspuren: Anmerkungen und Verweise von mehreren Händen, wobei Korrekturen von der ersten und zweiten Hand vorherrschen (s. Angaben zu Schrift / Schreibern). 57rb, 174vb Abschnitte gestrichen, 66rb, 166vb–167ra Abschnitte mit *vacat* gekennzeichnet. Nachgetragener Text auf 182v nur unwesentlich jünger.

Einband: Römischer Einband, Pappe mit weißem Pergament überzogen, in Rom um 1780 gefertigt (Schunke, Einbände 2.2, S. 848), Löcher für Schließbänder noch vorhanden. Gelbkupferfarbenes Kapital. Auf Buchrücken zwei blaue aufgeklebte Schildchen mit aktueller Signatur, dazwischen Altsignatur *470* und Rückentitel: *Summa confessorum.*
Provenienz: Heidelberg.
Geschichte der Handschrift: Blaues Schildchen mit aktueller Signatur auf Vorderspiegel. Auf Ar aktuelle Signatur nebst Capsa-Nummer *C. 89* und Altsignatur *448* [durchgestrichen]. Auf Br erneut Capsa-Nummer *C. 89* [durchgestrichen] sowie Altsignaturen *1997* und *470* [beide durchgestrichen]. Auf 1r von Hand des 17. Jhs. *Summa confeßorum.* Auch wenn der Kolophon auf 180va (s. u.) ein nachgetragenes Register beschließt und demnach ein jüngerer Nachtrag sein könnte, deckt sich das dort genannte Entstehungsdatum 1384 doch sehr gut mit den Wzz. der verwendeten Papiere, die zudem für eine Herstellung der Hs. in Oberdeutschland sprechen.

Faksimile: https://digi.ub.uni-heidelberg.de/diglit/bav_pal_lat_694
Literatur: OVL, Pal.lat.694; Schunke, Einbände 2.2, S. 848; Stevenson, Latini, S. 248.

1) 1ra–173ra
Verfasser: Bartholomäus von San Concordio.
Titel: Summa de casibus conscientiae.
Angaben zum Text: (1ra–b) Vorrede; (1rb–8rb) Buchstabe A; (8rb–13vb) Buchstabe B; (13vb–27vb) Buchstabe C; (27vb–35va) Buchstabe D; (35vb–48vb) Buchstabe E; (48vb–51va) Buchstabe F; (51va–b) Buchstabe G; (51vb–56ra) Buchstabe H; (56ra–70vb) Buchstabe I; (70vb) Buchstabe K; (70vb–75rb) Buchstabe L; (75rb–84va) Buchstabe M; (84va–86va) Buchstabe N; (86va–94rb) Buchstabe O; (94rb–108ra) Buchstabe P; (108ra) Buchstabe Q; (108rb–116vb) Buchstabe R; (116vb–156rb) Buchstabe S; (156rb–160va) Buchstabe T; (160va–171va) Buchstabe U / V; (171va–b) Buchstabe X; (171vb) Buchstabe Y; (171vb) Buchstabe Z; (172ra–173ra) Nachträge.
Incipit: 1ra ›*Quoniam*‹, *vt ait Gregorius super Ezechielem, nullum omnipotenti deo tale sacrificium est quale zelus animarum …*
Explicit: 171vb … *Predictus autem frater Bartholomeus compositor huius libri obijt anno domini 1337 secunda die Julij, cuius anima requiescat in pace.*
Edition: Der Text liegt in keiner modernen Edition vor, erschien aber bereits 1473 als Wiegendruck (GW 3450–3457).

2) 173rb–180va
Titel: Register zu juristischen Werken.

Angaben zum Text: (173ra–174ra) Tituli des Liber extra; (174rb–174vb) Tituli des Digestum vetus; (174vb–176va) Tituli des Digestum novum; (176va–179vb) Tituli des Codex Iustinianus; (179vb–180rb) Tituli des Authenticum; (180rb–180va) Tituli der Institutiones. – 181r–182r leer.
Rubrik: 173rb ›*Tytuli decretalium subnotati sunt*‹.
Incipit: 173r ›*De*‹ *summa trinitate et fide catholica* ...
Explicit: 180va ... *De vi bonorum raptorum tytuli Jnforciatj et Libri feudorum ad presentam summam notati non sunt* ›*1384*‹.

3) 182v
Titel: De indulgentiis et de auctoritate eas concedendi.
Incipit: 182v *Nota: Indulgencia est auctorisalis* [!] *concessio remissibilis pene peccati ex clauium potestate procedens* ...
Explicit: 182v ... *cum remissio et indulgencia* ... [Text bricht ab].

TH

Vatikan, Biblioteca Apostolica Vaticana, Pal. lat. 695

Monaldus de Iustinopoli, Summa iuris

Pergament · 6, 310, 4 Bll. · 23,2 × 15,8 cm · Mittel- / Westeuropa · 1. Hälfte 14. Jh.

Entstehungsort: Mittel- / Westeuropa.
Entstehungszeit: 1. Hälfte 14. Jh.

Typus (Überlieferungsform): Codex.
Beschreibstoff: Pergament.
Umfang: 6, 310, 4 Bll.
Format (Blattgröße): 23,2 × 15,8 cm.
Zusammensetzung (Lagenstruktur): $(II-1)^{3a}$ + 3^{6a} + 2 VII^{28} + VIII^{44} + 13 VII^{225} + $(VII-1)^{238}$ + 5 VII^{308} + 3^{311} + $(II-2)^{313*}$. Vorderspiegel Gegenbl. von 3a, Hinterspiegel Gegenbl. von 312*. Zählfehler: auf 151 folgt 151bis.
Seiten-, Blatt- und Lagenzählung: Römische Foliierung des 17. Jhs. (*1–310, 311* nachgetragen). Bei ungez. Bll. folgt die Zählung dem Digitalisat (1a–6a, 312*–313*). Durchgehend Reklamanten auf der letzten Versoseite der Lage auf dem Fußsteg rechts, teilweise durch Beschnitt beeinträchtigt.
Zustand: 151, 247–249, 253 Seitensteg abgetrennt. 310–311 Wasserschaden. Ansonsten kaum Benutzungsspuren.

Schriftraum: 17,1 × 12 cm.
Spaltenanzahl: 2 Spalten.
Zeilenanzahl: 35 Zeilen.
Angaben zu Schrift / Schreibern: Die Grundlinie der in einer Textura geschriebenen Buchstaben wurde ein wenig über der Zeile angesetzt. Aufgrund der Uneinheitlichkeit des Schriftbilds ist es schwierig abzuschätzen, ob lediglich eine Hand den Text kopierte.

Buchgestaltung: Zeilengerüst mit Metallstift vorgezogen. Betreffender Buchstabe als Seitentitel in Blau bzw. Rot mit Verzierung in Gegenfarbe. Zu Anfang eines jeden Abschnitts zu einem Buchstaben steht reich ausgestattete, blau-rot gespaltene Fleuronnéinitiale mit Knospenfleuronné, seltener Palmetten als Besatz, teilweise mit ablaufenden Leisten. Jedes Lemma mit Rubrik und alternierend blauer oder roter Lombarde über meist zwei bis vier Zeilen eingeleitet, mit Fleuronné in Gegenfarbe, darunter Knospenfleuronné, Froschlaichmotive, Fadenausläufer und Froschlaichbesatz. Zur Strukturierung des Texts alternierend blaue und rote Paragrafenzeichen mit roten Strichelungen. Ferner rote Durchstreichungen. Z. T. Angaben für den Rubrikator auf Fußsteg noch erkennbar, meist durch Beschnitt verloren gegangen.
Buchschmuck: s. Buchgestaltung und die Bildbeschreibung in heidICON.

Nachträge und Benutzungsspuren: Notizen zur Summa iuris auf 5ar in etwas jüngerer Bastarda. Ferner außer *nota*-Verweisen keinerlei schriftliche Anmerkungen, allerdings einige grafische Verweiszeichen. Am Ende einer Lage steht neben dem Reklamanten ein *lectus est* (fehlt auf 100v), wohl von Hand des Korrektors. Kaum Benutzungsspuren.

Einband: Römischer Einband, Pappe mit weißem Pergament überzogen, in Rom um 1780 gefertigt (Schunke, Einbände 2.2, S. 848), Löcher für Schließbänder noch vorhanden. Gelbkupferfarbenes Kapital. Rückentitel: *Monaldi Summa de iure canonico*, auf dem Schwanz blaues Schildchen mit aktueller Signatur.
Provenienz: Zisterzienserkloster Schönau / Heidelberg.
Geschichte der Handschrift: Blaues Schildchen mit aktueller Signatur auf Vorderspiegel. Auf 2ar nebst aktueller Signatur Altsignatur *766*, korrigiert zu *700* [beide durchgestrichen], auf 4ar Capsa-Nummer *C. 76*, darunter Allacci-Signatur *1196*, ferner Altsignatur *435*, weitere auf 311v *1590*. Wo die Hs. entstanden sein könnte, lässt sich anhand des Buchschmucks und der Schrift nicht eindeutig zuweisen. Sicher ist nur, dass sie sich bald nach ihrer Herstellung noch im 14. Jh. im Zisterzienserkloster Schönau unweit Heidelberg befand, wie die Einträge aus dieser Zeit auf 1r, *Iste liber est beate Marie uirginis in Sconaugia Cisterciensis ordinis Wormaciensis diocesis*, und 311r, *Iste liber est fratris in Schonaugia*, belegen. Im Zuge der Säkularisation des Klosters 1557/58 gelangte dessen Bibliothek an Kurfürst Ottheinrich und damit in die Bibliotheca Palatina.

Faksimile: https://digi.ub.uni-heidelberg.de/diglit/bav_pal_lat_695
Literatur: Gugumus, Erforschung, S. 139; Krämer, Handschriftenerbe 1.2, S. 715; OVL, Pal.lat.695; Schunke, Einbände 2.2, S. 848; Stevenson, Latini, S. 248.

1) 1ra–309vb
Verfasser: Monaldus de Iustinopoli.
Titel: Summa iuris.
Angaben zum Text: (1ra–17vb) Buchstabe A; (17vb–20ra) Buchstabe B; (20ra–37rb) Buchstabe C; (37rb–53rb) Buchstabe D; (53va–83vb) Buchstabe E; (83vb–92rb) Buchstabe F; (92rb–92vb) Buchstabe G; (92vb–96ra) Buchstabe H; (96ra–126va) Buchstabe I; (126va–134vb) Buchstabe L; (134vb–163va) Buchstabe M; (163va–166ra) Buchstabe N; (166ra–172rb) Buchstabe O; (172rb–210rb) Buchstabe P; (210rb–210va) Buchstabe Q; (210va–237rb) Buchstabe R; (237rb–272vb) Buchstabe S; (272vb–287rb) Buchstabe T; (287rb–309vb) Buchstabe

U / V; (309vb) Buchstabe X. – 5ar Notizen zur Summa iuris des Monaldus. – 5av–6av leer. – 310r–313*v leer / Besitzeintrag auf 311r.

Rubrik: 1ra ›*Summa de iure canonico, tractans et expediens multas materias secundum ordinem alphabeti*‹.

Incipit: 1ra ›*Qvoniam*‹ *ignorans ignorabitur, sicut ait Paulus egregius predicator ...*

Explicit: 309vb ... *qui ad iusticiam multos erudiunt in celesti gloria perhenniter fulgeamus. Amen. Explicit summa Monaldi.*

Edition: Summa perutilis atque aurea venerabilis viri fratris Monaldi in vtroque iure tam ciuili quam canonico fundata, Lyon 1516.

TH

Vatikan, Biblioteca Apostolica Vaticana, Pal. lat. 696

Bernhard von Pavia, Compilatio prima cum glossa

Pergament · 1, 116, 1 Bll. · 26 × 17,6 cm · Oberitalien · 1. Drittel 13. Jh.

Entstehungsort: Oberitalien.
Entstehungszeit: 1. Drittel 13. Jh.

Typus (Überlieferungsform): Codex.
Beschreibstoff: Pergament.
Umfang: 1, 116, 1 Bll.
Format (Blattgröße): 26 × 17,6 cm.
Zusammensetzung (Lagenstruktur): $(I-1)^{1a}$ + 6 IV^{47} + $(IV+1)^{56}$ + 7 IV^{111} + $(II+1)^{116}$ + $(I-1)^{117^*}$. Vorderspiegel Gegenbl. von 1a, Hinterspiegel Gegenbl. von 117*. Zählfehler: nach 41 folgt 41a, nach 93 folgt 93a.
Seiten-, Blatt- und Lagenzählung: Römische Foliierung des 17. Jhs. (*1–116*). Bei ungez. Bll. folgt die Zählung dem Digitalisat (1a, 41a, 117*). Reklamant auf 16v auf Fußsteg mittig, Reste auf 47v ebendort.
Zustand: Zu Beginn einige kleine Löcher. Teilweise leichte Wasserschäden an den Ecken. Einige Bll. angefasert. Schrift scheint zuweilen durch, v. a. auf dem Bundsteg. Einige Flecken und Gebrauchsspuren. Spuren von Blattweisern. Mehrere Rasuren.

Schriftraum: 8–16,5 × 13,5–16,5 cm.
Spaltenanzahl: 4 Spalten.
Zeilenanzahl: 36 Zeilen.
Angaben zu Schrift / Schreibern: Der Legaltext wie auch die Glosse wurden offenbar in Oberitalien in Texualis geschrieben. Der Legaltext, wohl von einer Hand ausgeführt, verfügt über deutlich rundere Formen, während bei der Glosse, augenscheinlich von mehreren Händen geschrieben, die betonten Oberlängen auffallen, die von der diplomatischen Minuskel beeinflusst sein dürften.
Buchgestaltung: Zeilengerüst, auch der Glossen, mit Metallstift vorgezogen. Als Seitentitel auf der Versoseite ein L in Rot für ‚Liber', auf der Rectoseite die dem jeweiligen Buch zugeordnete Ziffer in Rot, jeweils mit Strichelung in Gegenfarbe. Jedes Buch beginnt mit einer blau-roten Initialgruppe, verziert mit blauem Ornamentband. Rubriken zu den Büchern und

Tituli. Capitula alternierend mit blauen und roten Lombarden mit Strichelungen in Gegenfarbe eingeleitet. Im Satz zuvor Autorität mit Satzmajuskel in Gegenfarbe hervorgehoben, welche die Dekretale formulierte.

Buchschmuck: Auf 1r horizontal auf Fußsteg verlaufende Fleuronnéleiste in Blau und Rot mit Fabeltierkopf.

Nachträge und Benutzungsspuren: Nachträge erschöpfen sich, neben Korrekturen auch im Interkolumnium, in der reichen Glossierung und diversen Distinctiones.

Einband: Pappe mit weißem Pergament überzogen, in Rom zwischen 1878 und 1889 gefertigt. Gelb-kupferfarbenes Kapital. Auf dem Rücken blaues und rotes Schildchen mit aktueller Signatur, unter dem blauen Schildchen in Gold Wappenstempel von Papst Leo XIII., unter dem roten in Gold Wappenstempel von Kardinal und Bibliothekar Jean-Baptiste Pitra (1812–1889) (Schunke, Einbände 2.2, S. 848).

Provenienz: Heidelberg.

Geschichte der Handschrift: Blaues Schildchen mit aktueller Signatur auf Vorderspiegel. Auf 1r nebst aktueller Signatur von Hand des 17. Jhs.: *Magistri Pauli Florenti in breuiarium.* Als Terminus post quem für die Entstehung der Hs. ist die Fertigstellung der Glossen des Richard de Morins anzusetzen, die in die letzten Jahre des 12. Jhs. datiert wird. Als Terminus ante quem wird die Veröffentlichung des Liber extra 1234 ins Feld geführt, mit welcher die älteren Dekretalensammlungen überholt gewesen und nicht mehr kopiert worden seien. Als Herkunftsregion kommt aufgrund der Schrift in erster Linie Oberitalien in Betracht. Da in dem Bücherlegat Ludwigs III. für die Heidelberger Universität ein Exemplar der Compilatio prima genannt wird, könnte die Hs. auf diesem Wege in die Bibliotheca Palatina gelangt sein (Hanselmann, Bücherschenkung, S. 125). Im Katalog der Heidelberger Bibliotheken von 1466 als Hs. des Heiliggeiststifts nachweisbar ist ein *Breuiarium decretalium Bernhardi prepositi Papiensis in pergameno* (Heidelberg, UB, Heid. Hs. 47, 58v). Aber auch unter den Büchern der Heidelberger Schlossbibliothek, die unter Ottheinrich in die Heiliggeistkirche gelangten, könnte sich der Codex befunden haben. Im diesbezüglichen Katalog von 1555/56 heißt es: *Breuiarium iuris magistri Pauli Florentini, geschrieben perment* (Pal. lat. 1944, 108r), ferner im Katalog der Bibliothek in der Heiliggeistkirche von 1581: *Magistri Pauli Florentini breuiarium iuris, geschrieben perment, gros 4, bretter, rott leder, bucklen* (Pal. lat. 1945, 8).

Faksimile: https://digi.ub.uni-heidelberg.de/diglit/bav_pal_lat_696

Literatur: BioBib Jurists, Compilatio prima (a167); BioBib Jurists, Ricardus Anglicus (a483); Peter D. Clarke, A Question of Collective Guilt: Popes, Canonists and the Interdict c. 1140-c. 1250, in: ZRG KA 85 (1999), S. 104–146, hier S. 122 A. 44, 128 A. 64, 129 A. 65, 134 A. 79, 142 A. 105, 143 A. 106; Dondorp, Review, S. 199, 204, Part II, 77 (1991), S. 32–110, hier S. 55 f.; Evan-Ezra, Lines, S. 111 f.; Hanselmann, Bücherschenkung, S. 125; Kuttner, Repertorium, S. 325, 344; Charles Lefebvre, Recherches sur les manuscrits des glossateurs de la Compilatio Ia: l'œuvre de Ricardus Anglicus, in: Congrès de droit canonique médiéval, Louvain et Bruxelles, 22–26 juillet 1958, Löwen 1959 (Bibliothèque de la Revue d'histoire ecclésiastique 33), S. 137–150, passim; Hubert Müller, Der Anteil der Laien an der Bischofswahl. Ein Beitrag zur Geschichte der Kanonistik von Gratian bis Gregor IX., Amsterdam 1977 (Kanonistische Studien und Texte 29), S. 134; OVL, Pal.lat.696; Schunke, Einbände 2.2, S. 848; Stevenson, Latini, S. 248.

1) 1ra–116vd
Verfasser: Bernhard von Pavia.
Weitere beteiligte Personen: Richard de Morins.
Titel: Compilatio prima cum glossa.
Angaben zum Text: Text, auch als ‚Breviarium extravagantium' oder ‚Compilatio prima antiqua' bekannt, mit der Glosse des Richard de Morins: (1rb–23vc) Liber I; (23vc–45rc) Liber II; (45rc–75rb) Liber III; (75rb–93rb) Liber IV; (93rb–116vc) Liber V.
Rubrik: 1r ›*Incipit Breuiarium extrauagantium Bernardi Papiensis*‹.
Incipit: 1rb ›*Iuste iudcaite* [!] *filii*‹ *hominum et nolite iudicare secundum faciem, sed iustum iuditium iudicate, ut ostentatis uos diligere iustitiam, qui iudicatis terram, illum pre oculis cordis habentes, qui reddet unicuique secundum opera sua* ...
Explicit: 116vc ... *Non enim potest esse pastoris excusacio si lupus oues comedit et pastor nescit. Aue.*
Edition: Quinque compilationes antiquae nec non collectio canonum Lipsiensis, hrsg. von Emil Friedberg, Leipzig 1882, ND Graz 1956, S. 1–65.

TH

Vatikan, Biblioteca Apostolica Vaticana, Pal. lat. 697

Nikolaus Osimo, Supplementum summae Pisanellae

Pergament · 3, 400, 1 Bll. · 20,6–20,8 × 14,1–14,4 cm · Oberitalien (Venedig oder Padua) · 1470

Entstehungsort: Oberitalien (Venedig oder Padua).
Entstehungszeit: 1470.

Typus (Überlieferungsform): Codex.
Beschreibstoff: Pergament.
Umfang: 3, 400, 1 Bll.
Format (Blattgröße): 20,6–20,8 × 14,1–14,4 cm.
Zusammensetzung (Lagenstruktur): $(I-1)^{1a}$ + I^{II} + 40 V^{400^*} + $(I-1)^{401^*}$. Vorderspiegel Gegenbl. von 1a, Hinterspiegel Gegenbl. von 401*.
Seiten-, Blatt- und Lagenzählung: Römische Foliierung des 17. Jhs. (*1–396*), *I–II* nachgetragen. Bei ungez. Bll. folgt die Zählung dem Digitalisat (1a, 397*–401*). Durchgehend verzierte Reklamanten auf der letzten Versoseite der Lage auf dem Fußsteg mittig. Lagenfoliierung mit Minuskelbuchstaben und arabischen Ziffern, teilweise durch Beschnitt verloren gegangen.
Zustand: Schrift zuweilen etwas verblasst. Kaum Flecken oder sonstige Gebrauchsspuren. Auf I Klebespuren, was auf ursprüngliche Verwendung als Vorderspiegel hindeutet. Auf Iv Bl. mit Klebeband ausgebessert.

Schriftraum: 14,1–14,8 × 9,5–10 cm.
Spaltenanzahl: 2 Spalten.
Zeilenanzahl: 41 Zeilen.

Angaben zu Schrift / Schreibern: Die gesamte Hs. wurde von Peter Stengel aus Würzburg geschrieben. Er bediente sich dabei im Grunde einer Rotunda, die vielerlei Einflüsse zeigt. So finden sich Elemente aus humanistischen Schriften, beispielsweise das aus der karolingischen Minuskel übernommene g, das c mit Cedille für den Buchstaben z oder die zuweilen gebrauchten Majuskeln aus der Capitalis. Gleichzeitig steht das halbunziale d neben dem unzialen.

Buchgestaltung: Zeilengerüst mit Tinte vorgezogen. Abschnitte zu jeweiligen Buchstaben mit Initiale eingeleitet, als kleinerer und weniger opulent geschmückter Variante der Initialen von 17ra und 17va (s. Buchschmuck). Jedes Lemma beginnt mit alternierend blauer oder roter Lombarde über meist drei Zeilen mit Fleuronné in Gegenfarbe. Lemma in vergrößerten Buchstaben in gotischer Minuskel über meist zwei Zeilen hervorgehoben. Innerhalb der einzelnen Artikel zur Untergliederung alternierend blaue und rote Initialmajuskeln (wechselnd A und B) sowie Paragrafenzeichen.

Buchschmuck: Auf 1r Miniatur, aufgerissenes Pergament vortäuschend, worin vor einer Landschaft ein Altar erscheint, mit zwei Putti auf der Mensa, einen Schild haltend, darauf in Silber, welches abgeblättert sein dürfte und nun schwarz erscheint, ein blauer Balken mit goldener Fessel (Das Ugelheimersche Wappen wird, laut Literatur, auf dem Vorderschnitt wiederholt). Auf 17ra und 17va Initiale vor goldenem Feld, im Binnenfeld Knospe vor blauem Grund, ablaufende Ranken in Blau, Grün, Purpur, Rot mit Blüten, gestrahlten Goldtropfen und Goldpunkten. Auf 394v–395v Arbor consanguinitatis, affinitatis und spiritualis: Verwandtschaftsstemmata aus Kreisen und Bögen (s. auch die Bildbeschreibungen in heidICON).

Nachträge und Benutzungsspuren: Abgesehen vom Kaufeintrag auf 394r keinerlei Nachträge von anderer Hand.

Einband: Auf den Deckeln Rahmen mit einzelnen Kompartimenten, gefüllt mit golden eingestempelten Linien als „pseudo-kalligrafischer Dekor“ (Hinter dem Pergament, hrsg. von Winterer, S. 206). Im Binnenfeld golden gestempeltes Y-Flechtmuster. In der Mitte des Binnenfelds kreuzförmiges Medaillon mit Wappen des Peter Ugelheimer samt Initialen *P* und *V*. Schließen nicht mehr vorhanden. Auf Vorderdeckel Capsa-Nummer *C. 64.*, Altsignaturen auf Rückdeckel *1791* und auf Rücken *566*. Zwischen 1878 und 1889 war der Einband abgenommen und ersetzt worden, durch Einband aus Pappe mit weißem Pergament überzogen, auf dem Rücken Wappenstempel in Gold von Papst Leo XIII. und Kardinal und Bibliothekar Jean-Baptiste Pitra (1812–1889) (Schunke, Einbände 2.2, S. 848). 1976 wurde dieser wieder durch den originalen ausgetauscht.

Provenienz: Venedig / Mainz / Heidelberg.

Geschichte der Handschrift: Auf Vorderspiegel blaues Schildchen mit aktueller Signatur, sowie offenbar vom alten Buchrücken weiteres blaues Schildchen mit aktueller Signatur, Zettel mit Altsignaturen *1094*, *447*, *568* [alle durchgestrichen]. Auf Ir neben aktueller Signatur Altsignaturen *568* [durchgestrichen], *447*. Auf IIr von Hand des 17. Jhs. *Supplementum Pisanellæ*. Auf Hinterspiegel Restaurierungsvermerk vom 17. Juli 1976. Vollendet wurde die Hs. im Dezember 1470 von einem gewissen Peter Stengel aus Würzburg. Offenbar kopierte er das Werk für Francesco Barbari, wie der Besitzvermerk auf 394rb ausweist: *Et hic liber est domini Francisci Barbari qui fecit ipsum scribere. 1470.* Von diesem erwarb es der bekannte franko-venezianische Drucker Nicolas Jenson (1420–1480) im Tausch gegen andere Bücher: *Et ego Nicolaus Jenson emi ab eo causa permutacionis aliorum librorum.* Über Letzteren muss das Werk zu dessen Freund und Geschäftspartner Peter Ugelheimer (um 1442/46–um 1488) gelangt sein, der gewichtige Teile des Buchschmucks nachträglich malen ließ. Schließlich ist sein Wappen unverkennbar zu identifizieren. Ugelheimers Bücher gingen nach seinem kinderlosen Tod an seine Gattin Margarete († um 1500). Im 16. Jh. dürfte der Codex in der Mainzer Dombibliothek gelegen haben, wie der Eintrag auf Iv nahelegt: *Can*[oni]*icorum Moguntię*. In diesem Fall wäre er wahrscheinlich im Zuge des Zweiten Markgrafenkriegs (1552–1554) an Ottheinrich und über diesen in die Bibliotheca Palatina gelangt (s. Einleitung).

Faksimile: https://digi.ub.uni-heidelberg.de/diglit/bav_pal_lat_697

Literatur: Lilian Armstrong, The Hand-Illumination of Printed Books in Italy 1465–1515, in: The Painted Page. Italian Renaissance Book Illumination 1450–1550, Ausst.-Kat. London / New York 1994/95, hrsg. von Jonathan J.G. Alexander, München / New York 1994, S. 35–47, hier S. 47 A. 53; Ausst.-Kat. Palatina, S. 534; Theodor Gottlieb, Venezianer Einbände des XV. Jahrhunderts nach persischen Mustern, in: Kunst und Kunsthandwerk 16, Heft 3 (1913), S. 153–176, hier S. 166–170; Hinter dem Pergament: Die Welt. Der Frankfurter Kaufmann Peter Ugelheimer und die Kunst der Buchmalerei im Venedig der Renaissance, hrsg. von Christoph Winterer, Ausst.-Kat. Frankfurt 2018, Frankfurt a. M. / München 2018, Kat. Nr. 26, S. 83, 206–222, 234; Anthony Hobson, Humanists and Bookbinders. The Origins and Diffusion of the Humanistic Bookbinding 1459–1559, with a Census of Historiated Plaquette and Medallion Bindings of the Renaissance, Cambridge 1989 (The Franklin Jasper Walls Lectures 11), S. 38–41; Montuschi, Le biblioteche, S. 335; OVL, Pal.lat.697; Schunke, Einbände 2.2, S. 848; Stevenson, Latini, S. 248.

1) 1ra–394rb

Verfasser: Nikolaus Osimo.

Titel: Supplementum summae Pisanellae.

Angaben zum Text: (1ra–3va) Register der Lemmata; (3va–4ra) Abkürzungsverzeichnis; (4ra–16vb) Register der verwendeten Rechtsquellen; (17ra–b) Vorrede; (17va) Vorrede; (17va–34va) Buchstabe A; (34va–46ra) Buchstabe B; (46rb–88rb) Buchstabe C; (88rb–111rb) Buchstabe D; (111rb–152rb) Buchstabe E; (152rb–160vb) Buchstabe F; (160vb–162va) Buchstabe G; (162va–174va) Buchstabe H; (174va–211vb) Buchstabe I; (212ra) Buchstabe K; (212ra–220ra) Buchstabe L; (220ra–235ra) Buchstabe M; (235ra–238va) Buchstabe N; (238va–255va) Buchstabe O; (255va–281ra) Buchstabe P; (281ra–b) Buchstabe Q; (281rb–310va) Buchstabe R; (310va–349va) Buchstabe S; (349va–357vb) Buchstabe T; (357vb–393vb) Buchstabe U / V; (393vb) Buchstabe X; (393vb–394ra) Buchstabe Y; (394ra–b) Buchstabe Ç. – 394v Arbor consanguinitatis. – 395r Arbor affinitatis. – 395v Arbor spiritualis. – 396r–400*v leeres Zeilengerüst.

Incipit: 17ra ›*Quoniam, ut ait*‹ *Gregorius super Ezechielem, nullum omnipotenti deo tale sacrificium est quale çelus animarum ...*

Explicit: 394rb ... *Et omnia que in eo ac ceteris opusculis per me compilatis compilandisue in caute seu minus perite posita continentur peritorum et presertim sacro sancte ecclesie submitto correctioni et cetera. Deo gracias. Explicit Supplementum Pisanelle, scriptum per me Petrum Stengell Alamanum de ciuitate Herbipolensi anno domini millesimo quadringentesimo septuagesimo XIIIJ^{o} die mensis Decembris.* [Es folgen die Besitzeinträge, wie sie unter Geschichte der Handschrift zitiert werden].

Edition: Der Text liegt in keiner modernen Edition vor, wurde aber bereits 1473 als Inkunabel gedruckt (GW M26217–M26280).

TH

Vatikan, Biblioteca Apostolica Vaticana, Pal. lat. 698

Juristische Sammelhandschrift

Pergament · 3, 75, 1 Bll. · 15,9 × 11,5 cm · Mittel- / Oberdeutschland · 2. Hälfte 14. Jh.

Entstehungsort: Mittel- / Oberdeutschland.
Entstehungszeit: 2. Hälfte 14. Jh.

Typus (Überlieferungsform): Codex.
Beschreibstoff: Pergament.
Umfang: 3, 75, 1 Bll.
Format (Blattgröße): 15,9 × 11,5 cm.
Zusammensetzung (Lagenstruktur): $(I-1)^{1a}$ + 1^{a} + 1^{b} + 5 IV^{40} + 2 V^{60} + IV^{68} + $(IV-1)^{75}$ + $(I-1)^{76^*}$. Vorderspiegel Gegenbl. von 1a, Hinterspiegel Gegenbl. von 76*. Lagenstruktur ab 60 unklar.
Seiten-, Blatt- und Lagenzählung: Römische Foliierung des 17. Jhs. (*1–75*, auf *1*, *9*, *15*, *20*, *75* ein weiteres Mal mit Blei). Bei ungez. Bll. folgt die Zählung dem Digitalisat (1a, a–b, 76*). Bis 60v Lagenzählung in lateinischen Ziffern auf letzter Versoseite der Lage auf dem Fußsteg mittig.
Zustand: Ränder gebräunt. Zahlreiche Flecken und Gebrauchsspuren. 5, 18, 23, 24, 30, 40, 57, 66, 67 mit Klebeband restauriert.

Schriftraum: 12,8 × 9,1 cm.
Spaltenanzahl: 1 Spalte.
Zeilenanzahl: 25–28 Zeilen.
Angaben zu Schrift / Schreibern: Alle drei Texte wurden von unterschiedlichen Händen ausgeführt. Die erste Hand, noch am sorgfältigsten arbeitend, schrieb in einer Textura. Die zweite Hand bediente sich einer wenig sorgfältig ausgeführten Textualis. Der auf 75r wohl nachgetragene Text wurde in einer Bastarda Ende des Jhs. angefügt.
Buchgestaltung: Zeilengerüst mit Tinte vorgezogen. Rote Lombarden, ausgelegte Begriffe rot unterstrichen. Rote Paragrafenzeichen zur Strukturierung des Texts.
Buchschmuck: s. Buchgestaltung.

Nachträge und Benutzungsspuren: Im ersten Text Anmerkungen und Korrekturen auf den Seitenrändern, selten interlinear, von der zweiten Hand (s. Angaben zu Schrift / Schreibern).

Einband: Pappe mit weißem Pergament überzogen, in Rom zwischen 1878 und 1889 gefertigt. Gelb-kupferfarbenes Kapital. Auf dem Rücken rotes und blaues Schildchen mit aktueller Signatur, über dem roten Schildchen in Gold Wappenstempel von Papst Leo XIII., zwischen den Schildchen in Gold Wappenstempel von Kardinal und Bibliothekar Jean-Baptiste Pitra (1812–1889) (Schunke, Einbände 2.2, S. 848).

Provenienz: Neustadt an der Weinstraße / Heidelberg.

Geschichte der Handschrift: Auf Vorderspiegel blaues Schildchen mit aktueller Signatur. Auf ar neben aktueller Signatur Altsignatur *580* [durchgestrichen]. Auf ar von Hand des 17. Jhs.: *Tabula super Summam Raymundi.* Insbesondere das volkssprachliche Ave Maria auf 75r lässt im Fehlen der Diphtongierung an eine Entstehung im Mitteldeutschen oder Westoberdeutschen Sprachraum denken. Die Hs. könnte sich unter den Büchern der Heidelberger Schlossbibliothek befunden haben, die unter Ottheinrich in die Heiliggeistkirche gelangten. Im diesbezüglichen Katalog von 1555/56 heißt es: *Tabulæ super summa Raimundi, geschrieben perment, mutilus* (Pal. lat. 1944, 176r) und im Katalog von 1581: *Tabulae super summam Raymundi, geschrieben perment, bretter,* [durchgestrichen: *schwartz*] *braun leder, bucklen* (Pal. lat. 1945, 22).

Faksimile: https://digi.ub.uni-heidelberg.de/diglit/bav_pal_lat_698

Literatur: Manuscripta juridica, Pal.lat.698; OVL, Pal.lat.698; Schunke, Einbände 2.2, S. 848; Seckel, Beiträge, S. 380 A. 15; Stevenson, Latini, S. 248 f.

1) 1r–67r

Titel: Tabula iuris zur ‚Summa de poenitentia et matrimonio' des Raimund von Peñafort.

Angaben zum Text: Alphabetisches Verzeichnis von Rechtsbegriffen aus der ‚Summa de poenitentia et matrimonio' des Raimund von Peñafort (um 1175–1275). – br–bv leeres Zeilengerüst. – 67v leer.

Rubrik: 1r *›Jncipit‹ tabula super summam ›Reymundi‹ que tam sententiam textus summe quantum etiam glosatim omnia sub quadam breuitate sic comprehendit et aperit ut etiam non habentibus summam multum sit vtilis.*

Incipit: 1r *›Aliqua‹ autem ueritas de textu summe elicitur …*

Explicit: 67r … *›Vxoricida debet agere‹ penitenciam x annorum et ultra asperrimo modo non talis punitur.*

2) 68r–74r

Titel: Auslegung von Rechtsbegriffen.

Angaben zum Text: 74v leerer Schriftraum.

Incipit: 68r *›Jvs‹ est ars equi et boni. Hoc est sciencia, qua discernitur bonum a malo, equum ab iniquo …*

Explicit: 74r … *Nota iuramenta sed pocius periuria sunt vitanda que contra vtilitatem ecclesiasticam vt sanctorum pa*[trum … - Text bricht ab bzw. Rasur folgt].

3) 75r

Titel: Abkürzungen aus der Literatur zum Römischen und Kanonischen Recht.

Angaben zum Text: 75v–76*v leer.

Rubrik: 75r *Gegrusit sist dv Maria vol aller genaden, got ist mit dir, gebenedit sist dv vor allen selen, sy dy vrvcht dynes lybes Jhesvs Christus. Amen.*

Incipit: 75r *C codice, c se capitulo sequenti, ff Digestis …*

Explicit: 75r … *de conuersacione coniugatorum.*

TH

Vatikan, Biblioteca Apostolica Vaticana, Pal. lat. 699

Tabulae iuris

Papier · 1, 168, 1 Bll. · 13,4 × 10,2 cm · Mitteleuropa (?) · 15. Jh.

Entstehungsort: Mitteleuropa (?).
Entstehungszeit: 15. Jh.

Typus (Überlieferungsform): Codex.
Beschreibstoff: Papier.
Umfang: 1, 168, 1 Bll.
Format (Blattgröße): 13,4 × 10,2 cm.
Zusammensetzung (Lagenstruktur): $(I-1)^{1a}$ + 8 VI^{96} + 9 IV^{168*} + $(I-1)^{169*}$. Vorderspiegel Gegenbl. von 1a, Hinterspiegel Gegenbl. von 169*.
Seiten-, Blatt- und Lagenzählung: Römische Foliierung des 17. Jhs. (*1–167*). Bei ungez. Bll. folgt die Zählung dem Digitalisat (1a, 168*, 169*). Lagenzählung auf der ersten Rectoseite der Lage auf dem Fußsteg mittig in Form von Buchstaben, teilweise durch Beschnitt verloren gegangen.
Zustand: Zuweilen leicht stockfleckig, v.a. am oberen Rand. Ansonsten nur wenige Flecken und kaum Gebrauchsspuren.
Wasserzeichen: Aufgrund geringer Größe nicht aufgenommen.

Schriftraum: 10 × 8–8,5 cm.
Spaltenanzahl: 1 Spalte.
Zeilenanzahl: 16–24 Zeilen.
Angaben zu Schrift / Schreibern: Die gesamte Hs. wurde von einer Hand in einer jüngeren gotischen Kursive geschrieben, die recht flüchtig angelegt, aber dennoch relativ gut lesbar ist. Dieselbe Hand nahm auch einige Korrekturen vor.
Buchgestaltung: Schriftspiegel mit Metallstift vorgezogen. Jedem Buchstaben Raum für nicht ausgeführte Initiale vorgeschaltet. Lemmata mit etwas größerem Zeilenabstand voneinander abgesetzt. Jedes Lemma beginnt mit farbloser Initialmajuskel.
Buchschmuck: Raum für Initialen ausgespart, diese wurden aber nicht ausgeführt.

Nachträge und Benutzungsspuren: Keinerlei Korrekturen oder Nachträge von anderer Hand. Alleine auf 1r wurde ein Inhaltsverzeichnis nachgetragen: *tabula juris, jtem alia tabula juris, euangelia metrice, quedam miracula, capitula regule beati Benedicti metrice.*

Einband: Pappe mit weißem Pergament überzogen, in Rom zwischen 1878 und 1889 gefertigt. Gelb-kupferfarbenes Kapital. Auf dem Rückdeckel blaues Schildchen mit aktueller Signatur. Auf dem Rücken rotes Schildchen mit aktueller Signatur, darüber in Gold Wappenstempel von Papst Leo XIII., darunter in Gold Wappenstempel von Kardinal und Bibliothekar Jean-Baptiste Pitra (1812–1889) (Schunke, Einbände 2.2, S. 848).
Provenienz: Heidelberg.
Geschichte der Handschrift: Blaues Schildchen mit aktueller Signatur auf Vorderspiegel. Auf 1r neben aktueller Signatur von Hand des 17. Jhs.: *Tabula iuris.* Schrift und Inhalt der Texte lassen an eine Entstehung der Hs. an einer mitteleuropäischen Universität denken.

Faksimile: https://digi.ub.uni-heidelberg.de/diglit/bav_pal_lat_699
Literatur: OVL, Pal.lat.699; Schunke, Einbände 2.2, S. 848; Stevenson, Latini, S. 249.

1) 1r–71r
Titel: Tabula iuris.
Angaben zum Text: (1r–3r) Buchstabe A; (3v–4r) leer; (4v–5v) Buchstabe B; (6r) leer; (6v–11r) Buchstabe C; (11v–13v) Buchstabe D; (14r) leer; (14v–18v) Buchstabe E; (19r) leer; (19v–21r) Buchstabe F; (21v–22v) leer; (23r) Buchstabe G; (23v–24r) leer; (24v–25r) Buchstabe H; (25v–26r) leer; (26v–31v) Buchstabe I / J; (32r) leer; (32v–34v) Buchstabe L; (35r–36r) leer; (36v–40v) Buchstabe M; (41r–41v) leer; (42r–43r) Buchstabe N; (43v–44v) leer; (45r–46r) Buchstabe O; (46v–47v) leer; (48r–52v) Buchstabe P; (53r–53v) leer; (54r) Buchstabe Q; (54v–55v) leer; (56r–57v) Buchstabe R; (58r–59r) leer; (59v–63r) Buchstabe S; (63v–64v) leer; (65r–66r) Buchstabe T; (66v–67v) leer; (68r–71r) Buchstabe U / V; (71v–72v) leer. – 71v–72v leerer Schriftspiegel.
Incipit: 1r *Adulterium accusator* [!] *coram judice ecclesiastico …*
Explicit: 71r … *Vbi papa ibi Romana curia censetur esse vt de clericis ne Romani in Clementinis et cetera et cetera et cetera et cetera.*

2) 73r–167r
Titel: Tabula iuris.
Angaben zum Text: (73r–78v) Buchstabe A; (79r–81r) Buchstabe B; (81r–87v) Buchstabe C; (88r–92v) Buchstabe D; (93r–99r) Buchstabe E; (99v–102r) Buchstabe F; (102v–103v) Buchstabe G; (104r–104v) Buchstabe H; (105r–115v) Buchstabe I / J; (116r–120v) Buchstabe L; (121r–124v) Buchstabe M; (124v–135r) Buchstabe N; (135v–137v) Buchstabe O; (138r–144v) Buchstabe P; (145r–150v) Buchstabe Q; (151r–153r) Buchstabe R; (153v–160r) Buchstabe S; (160r–162r) Buchstabe T; (162r–167r) Buchstabe U / V. – 157v–168*v leerer Schriftraum.
Rubrik: 73r ›*A libri primi*‹.
Incipit: 73r [A]*gentes et consentientes pari pena puniuntur …*
Explicit: 167r … *Veniens contra conscienciam aut edificat ad Gehennam et cetera. Et sic est finis. Deo gracias. Ffinita sunt hec excerpta in vigilia natiuitatis beate et gloriose et perpetue virginis Marie et amen et cetera et cetera et cetera.*

TH

Vatikan, Biblioteca Apostolica Vaticana, Pal. lat. 700

Sammelhandschrift

Papier · 1, 79, 1 Bll. · 30 × 21 cm · Oberdeutschland · 1460er/1470er Jahre

Entstehungsort: Oberdeutschland.
Entstehungszeit: 1460er/1470er Jahre.

Typus (Überlieferungsform): Codex.
Beschreibstoff: Papier.
Umfang: 1, 79, 1 Bll.
Format (Blattgröße): 30 × 21 cm.

Zusammensetzung (Lagenstruktur): $(I-1)^{1a}$ + 3 VI^{36} + 3 V^{65} + $(III-1)^{70}$ + IV^{78} + $(I-1)^{79*}$. 6. und 7. Lage unklar. Vorderspiegel Gegenbl. von 1a, Hinterspiegel Gegenbl. von 79*. Zählfehler: Auf 38 folgt 38a.

Seiten-, Blatt- und Lagenzählung: Römische Foliierung des 17. Jhs. (*1–77*). Bei ungez. Bll. folgt die Zählung dem Digitalisat (1a, 79*). 24v Reste eines Reklamanten, 36v Reklamant auf dem Fußsteg rechts.

Zustand: Stockfleckig, v. a. an den Rändern. Text scheint zuweilen leicht durch.

Wasserzeichen: Waage im Kreis, ovale, gerundete Schalen, Aufhängung Öse, drei Varianten, Bl. 37, annähernd identisch mit Wzz. von Papieren, die laut WZIS 1467 in Seefeld / Tirol Verwendung fanden, AT3800-PO-116670; Bll. 45, 49–51, 58, vergleichbar mit Wzz. von Papieren, die laut WZIS in der 2. Hälfte des 15. Jhs. in Kreta beschrieben wurden, DE5580-Codgraec137_122; Bll. 46–47, 53, 68–76, annähernd identisch mit Wzz. von Papieren, die laut WZIS in der 2. Hälfte des 15. Jhs. in Kreta verwendet wurden, DE5580-Codgraec137_105. Zwei frei stehende, gekreuzte Schlüssel mit zweikonturigem Schaft, mit zweikonturigem Kreuz als Beizeichen, zwei Varianten, Bll. 59–64, identisch mit Wzz. von Papieren, die laut WZIS 1470 in Ansbach beschrieben wurden, DE6405-PO-121282; Bl. 65, annähernd identisch mit Wzz. von Papieren, die laut WZIS in der 2. Hälfte des 15. Jhs. in Füssen Verwendung fanden, DE0510-CodII12_135_80. Frei stehender Ochsenkopf mit Augen, darüber auf einkonturiger Stange Krone, darüber auf einkonturiger Stange Blume, Bll. 39–44, laut WZIS vergleichbar mit Wzz. von Papieren, die 1471 in Nürnberg beschrieben wurden, DE8100-PO-68175. Frei stehender Ochsenkopf mit Augen, darüber an zweikonturiger Stange Blume mit sechs Blütenblättern, darunter an zweikonturiger Stange lateinisches Kreuz, Bll. 1–33, 37, ähnlich Wzz., die Ende der 1450er Jahre in Zwickau und Ende der 1460er Jahre in Aalen verwendet wurden.

Schriftraum: 21,2 × 15 cm.

Spaltenanzahl: 2 Spalten.

Zeilenanzahl: 37–55 Zeilen.

Angaben zu Schrift / Schreibern: 1ra–38rb wurde in einer schleifenlosen Bastarda geschrieben, die sich durch kurze Unterlängen auszeichnet, insbesondere bei f und s, was, verbunden mit den zahlreichen Brechungen der Buchstaben, eine gewisse Nähe zur Textura suggeriert. Ebenfalls eine gewisse Nähe zur Textura zeichnet die Fraktur aus, in welcher 39ra–77rb geschrieben wurde, was wohl eine andere Hand übernahm.

Buchgestaltung: Schriftraum mit Metallstift vorgezogen. Von 1ra bis 38rb beginnt jeder Abschnitt mit Rubrik, gefolgt von roter Lombarde, Referenzen mit roter Unterstreichung hervorgehoben, ferner rote Strichelungen zur Strukturierung des Texts. Von 39ra bis 77rb wird jeder Buchstabe mit roter Lombarde eingeleitet, jedes Zitat beginnt mit Initialmajuskel.

Buchschmuck: s. Buchgestaltung.

Nachträge und Benutzungsspuren: Abgesehen von Korrekturen der beiden Schreiber auf den Rändern oder im Interkolumnium, so gut wie keine Anmerkungen von anderer Hand. Wenige grafische Verweiszeichen; überhaupt wenige Benutzungsspuren.

Einband: Pappe mit weißem Pergament überzogen, in Rom zwischen 1878 und 1889 gefertigt. Gelb-kupferfarbenes Kapital. Auf dem Rücken rotes Schildchen mit aktueller Signatur, darüber in Gold Wappenstempel von Papst Leo XIII. und blaues Schildchen mit aktueller

Signatur, darunter in Gold Wappenstempel von Kardinal und Bibliothekar Jean-Baptiste Pitra (1812–1889) (Schunke, Einbände 2.2, S. 848).

Provenienz: Heidelberg.

Geschichte der Handschrift: Blaues aufgeklebtes Schildchen auf Vorderspiegel. Aktuelle Signatur auf 1r, dort von Hand des 17. Jhs.: *Summulæ de uizijs & uirtutibus* (darüber ein weiteres Mal von älterer Hand, Eintrag jedoch beschnitten), weiterer Eintrag auf 38ar: *Authoritates Bibliæ expositæ per Thomam in prima parte 4* (darüber ein weiteres Mal von älterer Hand, Eintrag jedoch beschnitten). Die Wzz. sprechen für eine Entstehung der Hs. im oberdeutschen Sprachraum in den 1460er/1470er Jahren, was durch den paläografischen Befund gestützt wird.

Faksimile: https://digi.ub.uni-heidelberg.de/diglit/bav_pal_lat_700

Literatur: OVL, Pal.lat.700; Schunke, Einbände 2.2, S. 848; Stevenson, Latini, S. 249.

1) 1ra–12vb

Verfasser: Heinrich von Friemar (?).

Titel: Tractatus de occultatione vitiorum sub specie virtutum.

Rubrik: 1ra ›*De effectu siue actiuacione viciorum et primo de actiuacione superbie*‹.

Incipit: 1ra ›*Est*‹ *via que homini videtur recta nouissima autem illius ducunt ad mortem,* ›*Prouerbia xiiij*‹. *Quia secundum* ›*Gregorium 32 moralium*‹ *multa sunt vicia ...*

Explicit: 12vb ... *Que si cum diligentia obseruentur terciam lasciuiam a cordis hospicio poterimus extirpare. Quod nobis prestare dignetur omnipotens pater et misericors dominus vna cum filio benedicto regens et spiritu sancto per infinita secula seculorum. Amen.*

Edition: Henrici de Frimaria O.S.A. Tractatus ascetico-mystici, Bd. 2, hrsg. von Adolar Zumkeller, Rom 1992 (Corpus scriptorum Augustinianorum 3, 2), S. 91–144 (ohne Berücksichtigung vorliegender Hs.).

2) 13ra–27ra

Verfasser: Pseudo-Grosseteste.

Titel: De septem vitiis principalibus.

Angaben zum Text: Auch Papst Coelestin V. zugeschrieben.

Rubrik: 13ra ›*De occultatione viciorum et primo de superbia*‹.

Incipit: 13ra ›*Svperbia*‹*est elatio viciosa, que inferiorem despiciens superioribus et paribus satagit dominari ...*

Explicit: 27ra ... *nititur in vetitum nomen commutat honestum.*

3) 27rb–38rb

Titel: Etymachia.

Angaben zum Text: 38v–38av leer.

Rubrik: 27rb ›*Apparitor de vicijs et virtutibus*‹.

Incipit: 27rb ›*Misit*‹ *autem apparitores Saul ut raperent Dauid, I. Regum XIX. Dauid, qui interpretatur desiderabilis ...*

Explicit: 38rb ... *Hec de apparitore dicta sufficiant.*

Edition: Nigel Harris, The Latin and German ‚Etymachia'. Textual History, Edition, Commentary, Tübingen 1994 (Münchener Texte und Untersuchungen zur deutschen Literatur des Mittelalters 102), S. 108–170.

4) 39ra–77rb
Beteiligte Personen: THOMAS VON AQUIN.
Titel: Zitate kirchlicher Autoritäten.
Angaben zum Text: Zitate kirchlicher Autoritäten in alphabetischer Reihenfolge, zusammengestellt aus der ‚Summa theologiae' des Thomas von Aquin: (39ra–41ra) Buchstabe A; (41v) leer; (42ra–b) Buchstabe B; (42v) leer; (43ra–44vb) Buchstabe C; (45ra–46vb) Buchstabe D; (47ra–47vb) Buchstabe E; (48ra–48vb) Buchstabe F; (49ra–b) Buchstabe G; (49v) leer; (50ra–50vb) Buchstabe H; (51ra–53va) Buchstabe I; (54ra–54va) Buchstabe L; (55ra–56rb) Buchstabe M; (56v) leer; (57ra–59rb) Buchstabe N; (59v) leer; (60ra–61rb) Buchstabe O; (61v) leer; (62ra–64rb) Buchstabe P; (64v) leer; (65ra–67rb) Buchstabe Q; (67v) leer; (68ra–68vb) Buchstabe R; (69ra–72ra) Buchstabe S; (72v) leer; (73ra–73vb) Buchstabe T; (74ra–75vb) Buchstabe U / V; (76ra–b) Buchstabe X; (76v) leer; (77ra–b) Buchstabe Y. – 77v–79*v leer.
Incipit: 39ra ›*Anima*‹ *videt vbi sentit, vbi sentit ibi viuit, vbi autem viuit ibi est, Augustinus ad Volusianum, q. 8 articulo 4 ad 6 ...*
Explicit: 77rb ... *Ysodorus ponit nouem filias auaricie, que sunt mendacium, ffalsum* [!], *ffurtum* [!], *periurium et turpis lucri, appetitus, ffalsa* [!], *testimonia, violencia, inhumanitas, rapacitas, q. 118, articulo 8, argumento 3 et eius solucione.*

TH

Vatikan, Biblioteca Apostolica Vaticana, Pal. lat. 701,1

Zusammengesetzte Handschrift

Papier · 3, 216, 1 Bll. · 30 × 21,5 cm · Süddeutschland (?) / Italien (?) / Heidelberg (?) · 1460er Jahre / um 1419

Typus (Überlieferungsform): Codex.
Beschreibstoff: Papier.
Umfang: 3, 216, 1 Bll.
Format (Blattgröße): 30 × 21,5 cm.
Zusammensetzung (Lagenstruktur): Hs. aus 3 Faszikeln zusammengesetzt (I. Bll. 1–120; II. Bll. 121–179; III. Bll. 180–215). $(II\text{-}1)^{C}$ + ... + $(I\text{-}1)^{216*}$. Vorderspiegel Gegenbl. von C, Hinterspiegel Gegenbl. von 216*. Zählfehler: auf 132 folgt 132a.
Seiten-, Blatt- und Lagenzählung: Römische Foliierung des 17. Jhs. (*1–215*). Vorsatzbll. teilweise gez. (*1* und *C*), Nachsatzbl. ungez. Bei ungez. Bll. folgt die Zählung dem Digitalisat (1a, 216*). Keinerlei Reklamanten oder Lagenzählung.
Zustand: Bll. teilweise gebräunt, teilweise stockfleckig. C-6 leichter Wasserschaden, zwischen 152v und 153r, 205v und 206r möglicherweise Schimmel, einige Flecken. Auf 1v Papier als Randverstärkung aufgeklebt, zahlreiche nachträgliche Falzverstärkungen aus Papier, 29r, 29v mit Klebeband restauriert.

Einband: Pappe mit weißem Pergament überzogen, auf Rücken rotes Schild und blaues aufgeklebtes Schildchen mit aktueller Signatur, ein geprägtes *P. I*, handgeschrieben: *I*, sowie Wappenstempel in Gold von Papst Pius IX. sowie Kardinal und Bibliothekar Jean-Baptiste

Pitra (1812–1889). Angefertigt in Rom zwischen 1869 und 1878 (Schunke, Einbände 2.2, S. 848). Blau-schwarz-purpurfarbenes Kapital.
Provenienz: Heidelberg.
Geschichte der Handschrift: Auf Vorderspiegel blaues Schildchen mit aktueller Signatur. Auf 1r aktuelle Signatur nebst Altsignatur *592* [durchgestrichen], auf Cr Capsa-Nummer *C. 63.*, darunter Allacci-Signatur *1845* [durchgestrichen], ferner aktuelle Signatur und Altsignatur *594.* Die Hs. besteht aus drei Faszikeln, wobei ein Teil des dritten Faszikels zwischen 1869 und 1878 als eigener, zweiter Band gebunden wurde (s. Pal. lat. 701 [Band 2]). Während die ersten beiden Faszikel wahrscheinlich in den 1460er Jahren entstanden, wurden die Texte des dritten Faszikels wohl um 1419 kopiert. Hermann Heimpel hat die Überlegung ins Spiel gebracht, ob Ludwig von Ast (um 1400–1455) die beiden Handschriftenteile verbunden haben könnte (Heimpel, Kanzlei, S. 130 f.). Da der erste Teil allerdings nach dem Tod des Heidelberger Juristen und Bischofs von Worms entstanden sein dürfte, scheidet er dafür aus.

Faksimile: https://digi.ub.uni-heidelberg.de/diglit/bav_pal_lat_701_1
Literatur: Hermann Heimpel, Aus der Kanzlei Kaiser Sigismunds (über den Cod. Pal. Lat. 701 der Vatikanischen Bibliothek), in: Archiv für Urkundenforschung 12 (1932), S. 111–180; OVL, Pal.lat.701; Petr, Soupis, S. 293–306; Schunke, Einbände 2.2, S. 848; Stevenson, Latini, S. 249 f. (zur Formularsammlung 180r–215v s. Pal. lat. 701 [Band 2]).

Faszikel I (Bl. 1–120)

Sachtitel / Inhalt: Astesanus von Asti, Summa de casibus conscientiae.

Entstehungsort: Süddeutschland (?).
Entstehungszeit: 1460er Jahre.

Typus (Überlieferungsform): Faszikel.
Beschreibstoff: Papier.
Umfang: 120 Bll.
Format (Blattgröße): 30 × 21,5 cm.
Zusammensetzung (Lagenstruktur): 10 VI^{120} .
Seiten-, Blatt- und Lagenzählung: s. zum Codex.
Wasserzeichen: Dreiberg, darüber zweikonturige Stange mit einfachem lateinischen Kreuz, laut WZIS annähernd identisch mit Wzz. von Papieren, die 1462 in Göttingen (DE3285-PO-151534) und Braunschweig (DE1335-PO-151592) verwendet wurden.

Schriftraum: 24 × 15 cm.
Spaltenanzahl: 2 Spalten.
Zeilenanzahl: 38–51 Zeilen.
Angaben zu Schrift / Schreibern: 1ra–108rb wurde von einer Hand in einer relativ flüchtig ausgeführten Bastarda geschrieben, bei der gleichwohl immer wieder die Schlaufen an den Oberlängen von b, d, h und l weggelassen wurden. Dasselbe lässt sich für die zweite Hand konstatieren, die den Faszikel vollendete.

Buchgestaltung: Von 1v–108r jeweiliges Buch und jeweiliger Titel abgekürzt als Seitentitel in Rot. Büchern Initiale im profilierten Rahmen vorangestellt, mit Blattapplikation und ablaufender Akanthusranke. Tituli mit Rubrik und darauffolgender roter Lombarde eingeleitet (109r–120v nicht ausgeführt). Weitere Unterteilungen anhand von roten Paragrafenzeichen und Strichelungen, Hervorhebungen durch rote Unterstreichungen. Inhaltsverzeichnis des ersten Buchs auf 109r mit grüner Fleuronnélombarde eingeführt.
Buchschmuck: s. Buchgestaltung.

Nachträge und Benutzungsspuren: Lediglich wenige Korrekturen, wohl von jener Hand, die auch den Text schrieb.

Provenienz: Heidelberg.
Geschichte des Faszikels: Auf 1r von Hand des 17. Jhs.: *Summa diuersorum casuum fratris Astexani de ciuitate Astensi cum alijs varijs tractatibus.* Buchschmuck und Wzz. lassen an eine Entstehung der Hs. in den 1460er Jahren denken. Obwohl die Wzz. nach Niedersachsen verweisen, spricht der Buchschmuck eher für eine Entstehung in Süddeutschland (so die dankenswerterweise vorgenommene Einschätzung von Dr. Margit Krenn, s. auch heidICON).

1) 1ra–120vb
Verfasser: Astesanus von Asti.
Titel: Summa de casibus conscientiae.
Angaben zum Text: Endet in Buch 2, Titulus 9, Articulus 2: (1ra–2rb) Vorrede; (2rb–2vb) Inhaltsverzeichnis von Buch 1; (2vb–109rb) Buch 1; (109rb–109vb) Inhaltsverzeichnis von Buch 1; (109vb–120vb) Buch 2 (Text bricht ab).
Rubrik: 1ra ›*Ad super benedicte trinitatis patris et filij et spiritus sancti precipuum laudis preconium gloriose virginis Marie beati Francisci et tocius curie triumphantis gloriam et honorem ad edificacionem ecclesie dei militantis signantis studiosorum, religiosorum ordinis fratrum Minorum summa perutilis diuersorum casuum per venerabilem valde virum fratrem Astexanus de ciuitate Astensi est compilata*‹.
Incipit: 1ra ›*Reuerendo*‹ *in Cristo patri et domino domino Johanni Gaytano …*
Explicit: 120vb … *cum ordinent ad diuersa ut visum est et huius sentencie fuerunt Tho. Rich. secundum…* [Text bricht ab].
Edition: Summa Astensis […], Bd. 1, Rom 1728, S. 1–174.

Faszikel II (Bl. 121–179)

Sachtitel / Inhalt: Theologische Schriften und Predigten.

Entstehungsort: Italien (?).
Entstehungszeit: 1460er Jahre.

Typus (Überlieferungsform): Faszikel.
Beschreibstoff: Papier.
Umfang: Bll. 121–179.
Format (Blattgröße): 30 × 21,5 cm.

Zusammensetzung (Lagenstruktur): 6 V^{179}.
Seiten-, Blatt- und Lagenzählung: s. zum Codex.
Wasserzeichen: Wahrscheinlich ein Greif, der allerdings kaum zu erkennen ist, weshalb ein genauer Abgleich mit anderen Wzz. schwierig ist. Allerdings kommen vom Typus ähnliche Wzz. bei Papieren vor, die in den 1460er Jahren in Ober- und Mittelitalien verwendet wurden. Zwischen 162 und 166 Dreiberg mit Kreuz an einkonturiger Stange, laut WZIS annähernd identisch mit Wzz. von Papieren, die im 15. Jh. in Italien Verwendung fanden (DE4860-Ms1179_160).

Schriftraum: 24 × 15 cm.
Spaltenanzahl: 2 Spalten.
Zeilenanzahl: 45–55 Zeilen.
Angaben zu Schrift / Schreibern: Mehrere Hände schrieben die Texte in schleifenlosen Bastarden, wobei sich die jeweilige Bastarda bei einer Hand der Textura annähert, bei anderer Hand Elemente humanistischer Schriften aufweist.
Buchgestaltung: Zeilengerüst mit Metallstift vorgezogen. Zu Beginn eines jeden Abschnitts rote Lombarde, teils mit Aussparungen, teils mit Fleuronné verziert. Ferner Rubriken, rote Paragrafenzeichen, Strichelungen oder Unterstreichungen zur Strukturierung des Texts.
Buchschmuck: s. Buchgestaltung.

Nachträge und Benutzungsspuren: Wenige Korrekturen und Anmerkungen von mehreren Händen. Wenige grafische Verweiszeichen.

Provenienz: Heidelberg.
Geschichte des Faszikels: Auf 121r von Hand des 17. Jhs.: *ἀνόνυμος de praedicando et cetera.* Die Wzz. und auch die in das Textkorpus aufgenommene Predigt des Roberto Caracciolo sprechen für eine Entstehung des Faszikels in Italien.

2) 121ra–131va
Titel: Traktat über das Predigen.
Angaben zum Text: 132r–132ar leeres Zeilengerüst.
Rubrik: 121ra ›*Qualiter debet predicarj et qualiter audirj et de fructibus audiencium*‹.
Incipit: 121ra ›*Declaracio*‹ *seruorum tuorum illuminat et intellectum dat paruulis ps. Inter cetera caritatis officia ...*
Explicit: 131va ... *quod erat causa tanti fletus.*

3) 132ava–135va
Verfasser: Roberto Caracciolo.
Titel: Sermo de spe bona.
Incipit: 132ava ›*Gwstate et videte quoniam suauis est dominus beatus vir, qui sperat in eo*‹, *Ps 31. Statuerunt multi errore ceco ducti nihil autem querere ...*
Explicit: 135va ... *qui est benedictus in secula seculorum.* ›*Amen*‹.
Edition: Der Text liegt in keiner modernen Editon vor, erschien aber bereits 1479 als Wiegendruck (GW 6039–6044).

4) 135va–169vb
Verfasser: François de Meyronnes.

Titel: Flores ex libro Augustini ‚De civitate dei'.
Angaben zum Text: (135v–167rb) Text; (167rb–169vb) Register. S. Stegmüller, RB, Nr. 2319; Heribert Roßmann, Die Quodlibeta und verschiedene sonstige Schriften des Franz von Meyronnes, in: Franziskanische Studien 54 (1972), 1–76, hier S. 49 A. 138; Bartholomäus Roth, Franz von Mayronis O.F.M. Sein Leben, seine Werke, seine Lehre vom Formalunterschied in Gott, Werl 1936 (Franziskanische Forschungen 3), S. 163.
Rubrik: 135va ›*Jncipit quedam veritates cum dubijs et questionibus incidentalibus super libro beati Augustini de ciuitate dei multum vtiles ad intelligendum prefatum librum, edite a venerabili patre magistro Francisco de Maiaronis ordinis Minorum*‹.
Incipit: 135vb ›*In*‹ *primo libro prima veritas est ista, quod illa disciplina que a tenerum annis est inbuta est magis diuturna* ...
Explicit: 167rb ... *ubi sic concludit vacabimus, vedebimus, amabimus et laudabimus. Amen.* ›*Expliciunt veritates omnium librorum Augustini de civitate dei et cetera*‹.
Edition: Der Text liegt in keiner modernen Edition vor, erschien aber bereits um 1475 als Wiegendruck (GW M22439, M22446).

5) 170ra–174rb
Titel: Predigt über die Barmherzigkeit Gottes.
Rubrik: 170ra ›*De misericordia dei*‹.
Incipit: 170ra *Reuertere, reuertere sonamitis reuertere, ut intueamur te, Can. 60. Superat omnem sermonem* [durchgestrichen: altido] *altitudo clemencie dej* ...
Explicit: 174rb ... *et uobis concedat per in sancta secula seculorum. Amen. Ad honorem Philippi et cetera.*

6) 174rb–178va
Titel: Predigt über die Seele.
Rubrik: 174rb ›*Predicacio de anima*‹.
Incipit: 174rb ›*Qvid*‹ *prodest homini si totum vniuersum mundum lucretur anime uero sue detrimentum paciatur, Mt. 16. Miserabiles uocari possunt, qui sponte et sua malicia rationalem animam cognoscere nolunt* ...
Explicit: 178va ... *in qua anime sancte viuunt cum angelis uidentes faciem dei in perpetuum. Amen.*[Von anderer Hand nachgetragen:] *Deo.*

7) 178va–179ra
Titel: Predigt über die Bestrafung wegen Mordes.
Rubrik: 178va ›*De pena homicidij*‹.
Incipit: 178va *Licet quidem omnibus homicidijs una sit temporalis pena communis* ...
Explicit: 179ra ... *maledictione eripiat nos deus qui cum patre et spiritu sancto viuit et regnat in seculorum secula. Amen.* [Von anderer Hand: *Deo*].

8) 179ra
Titel: Predigt über die selige Jungfrau Maria.
Angaben zum Text: 179v leeres Zeilengerüst.
Rubrik: 179ra ›*Sermo de beata virgine et cetera*‹.
Incipit: 179ra *Miraculum virginis Marie de citacione finalis tube ad iudicium* ...
Explicit: 179rb ... *uixi per animam et cetera.*

Faszikel III (Bl. 180–215)

Sachtitel / Inhalt: Formularsammlung.

Entstehungsort: Heidelberg (?).
Entstehungszeit: um 1419.

Typus (Überlieferungsform): Faszikel.
Beschreibstoff: Papier.
Umfang: 35 Bll.
Format (Blattgröße): 30 × 21,5 cm.
Zusammensetzung (Lagenstruktur): 3 VI^{215}.
Seiten-, Blatt- und Lagenzählung: s. zum Codex.
Wasserzeichen: Frei hängende Glocke, Glockenkörper mit Schulter, Glockenmund zweikonturig, drei Glockenhenkel, laut WZIS große Ähnlichkeit mit Wzz. von Bll., die 1416 und 1417 in Aschaffenburg und Mergentheim Verwendung fanden (DE6405-PO-40026, DE4620-PO-40025).

Schriftraum: 24 × 15 cm.
Spaltenanzahl: 1 Spalte.
Zeilenanzahl: 32–34 Zeilen.
Angaben zu Schrift / Schreibern: Der Faszikel wurde von einer Hand in einer gut lesbaren Kanzleibastarda geschrieben.
Buchgestaltung: Schriftraum mit Metallstift vorgezogen. Einzelne Urkunden und Briefe mit freiem Raum von ein bis ca. zwei Zeilen voneinander abgetrennt. Neuer Textabschnitt beginnt mit Initialmajuskel.
Buchschmuck: s. Buchgestaltung.

Nachträge und Benutzungsspuren: Kopfregesten, wenige Korrekturen und Anmerkungen von anderer Hand in zeitgenössischer Kanzleibastarda. Wenige grafische Verweiszeichen.

Geschichte des Faszikels: Auf 180r von Hand des 17. Jhs.: *Liber formularum contractum et aliarum rerum.* Faszikel durch Neubindung der einstmals zusammengehörenden 701 (Band 1) und 701 (Band 2) geteilt. Die Wzz. sprechen für eine Entstehung des Faszikels um 1416/1417, allerdings datiert die jüngste kopierte Urkunde aus dem dazugehörigen zweiten Teil (s. Pal. lat. 701,2) aus dem Jahr 1419, was sich in etwa mit der Einschätzung von Hermann Heimpel deckt, der die Vollendung jenes Teils vor 1424 ansetzte (Heimpel, Kanzlei, S. 118). Aufgrund der Auswahl der kopierten Briefe und Urkunden, dürften diese in der kurpfälzischen Kanzlei abgeschrieben worden sein. 1581 befand sich die Formelsammlung womöglich in der Heiliggeistkirche, im Katalog aus diesem Jahr findet sich zumindest ein passender Eintrag: *Liber formularum contractum, in folio, geschrieben papir, bretter, schwartz leder, bucklen* (Pal. lat. 1945, 9).

9) 180r–215v
Titel: Formularsammlung.
Angaben zum Text: Ausführlicher beschrieben bei Petr, Soupis, S. 297–306.

Rubrik: 180r ›*Qualiter cuidam conceditur honor et tytulus doctoratus et tribuitur sibi facultas kathedram doctoratus ascendendi*‹.
Incipit: 180r *Sigismundus dei gracia Romanorum rex semper Augustus* ...
Explicit: 215v ... *Gregorij duodecimi* [Text bricht ab].
Edition: s. die Beschreibung von PETR, Soupis, S. 297–306.

TH

Vatikan, Biblioteca Apostolica Vaticana, Pal. lat. 701,2

Formularsammlung (Fortsetzung von Pal. lat. 701,1, Fasz. III)

Papier · 1, 196, 1 Bll. · 30 × 21,6 cm · Heidelberg (?) · um 1419

Entstehungsort: Heidelberg (?).
Entstehungszeit: um 1419.

Typus (Überlieferungsform): Codex.
Beschreibstoff: Papier.
Umfang: 1, 196, 1 Bll.
Format (Blattgröße): 30 × 21,6 cm.
Zusammensetzung (Lagenstruktur): $(I-1)^{1a}$ + VI^{227} + VII^{241} + IV^{249} + $(IV+1)^{258}$ + 5 V^{308} + VII^{322} + 5 VI^{382} + VIII^{398} + VII^{412} + $(I-1)^{413*}$. Zählung beginnt mit 216. Vorderspiegel Gegenbl. von 1a, Hinterspiegel Gegenbl. von 413*.
Seiten-, Blatt- und Lagenzählung: Römische Foliierung des 17. Jhs. (*216–412*). Bei ungez. Bll. folgt die Zählung dem Digitalisat (1a, 413*). 249v–258v, 288v–308v Reklamanten auf der letzten Versoseite der Lage auf dem Fußsteg rechts.
Zustand: Teilweise leicht stockfleckig, teilweise leichter Wasserschaden auf dem Seitensteg, ansonsten einige weitere Flecken. Tinte phasenweise etwas verblasst. 228v, 233r, 241r, 265v, 303r–303v mit Klebeband restauriert.
Wasserzeichen: (nur aufgeführt, wenn annähernd identisch mit Wzz. in WZIS) Frei hängende Glocke, Glockenkörper mit Schulter, Glockenmund zweikonturig, drei Glockenhenkel, Bll. 216–234, 260–322, 337–343, laut WZIS annähernd identisch mit Wzz. von Bll., die 1416 und 1417 in Aschaffenburg und Mergentheim Verwendung fanden (DE6405-PO-40026, DE4620-PO-40025). Zwei freistehende und gekreuzte Schlüssel mit zweikonturigem Schaft, eckiger Griff, ohne Schlaufe, Bll. 335–336, 348–349, 358, 381–382, 399–403, 409–411, laut WZIS annähernd identisch mit Wzz. von Papieren, die 1418 in Braunschweig verwendet wurden (DE1335-PO-121071, DE1335-PO-121072). Hand / Handschuh, ohne Beizeichen oder Fingerglieder, Manschette einteilig, Bl. 361, laut WZIS annähernd identisch mit Wzz. von Papieren, die 1414 in Basel Verwendung fanden (CH0780-PO-154399). Lilie ohne Beizeichen, senkrecht, mit durchgehendem Band, Bl. 407, annähernd identisch mit Wzz., die laut WZIS um 1420 vielleicht in Rostock verwendet wurden (DE3315-GM23.C.VI._7).

Schriftraum: 21,5 × 15,5 cm.
Spaltenanzahl: 1 Spalte.
Zeilenanzahl: 31–48 Zeilen.

Angaben zu Schrift / Schreibern: Mehrere Hände kopierten die Texte in unterschiedlichen Kanzleibastarden.
Buchgestaltung: Schriftraum mit Metallstift vorgezogen. Einzelne Urkunden und Briefe meist mit freiem Raum von ein bis ca. zwei Zeilen voneinander abgetrennt. Neuer Textabschnitt beginnt zuweilen mit Kopfregest, meist mit Initialmajuskel.
Buchschmuck: s. Buchgestaltung.

Nachträge und Benutzungsspuren: Kopfregest teilweise nachgetragen. Korrekturen, in der Regel von der ausführenden Hand. Grafische Verweiszeichen, v. a. in Form von Kreuzen.

Einband: Pappe mit weißem Pergament überzogen, auf Rücken rotes Schild und blaues aufgeklebtes Schildchen mit aktueller Signatur, ein geprägtes *P. 2*, handgeschrieben: *II*, sowie Wappenstempel in Gold von Papst Pius IX. sowie Kardinal und Bibliothekar Jean-Baptiste Pitra (1812–1889). Angefertigt in Rom zwischen 1869 und 1878 (SCHUNKE, Einbände 2.2, S. 848).
Geschichte der Handschrift: Blaues Schildchen mit aktueller Signatur auf dem Vorderspiegel. Aktuelle, neue Signatur auf 216r. Bereits Hermann Heimpel nahm an, „daß die Handschrift als Ganzes und auf einmal in der Pfalz hergestellt ist“ (HEIMPEL, Kanzlei, S. 118). Da sie verschiedene Brief- und Urkundenmuster versammelt und unter den aufgenommenen Stücken auch Briefe und Urkunden aus der kurpfälzischen Kanzlei Aufnahme fanden, ist die kurfürstliche Kanzlei zu Heidelberg als Entstehungsort anzunehmen. Dies dürfte angesichts der Wzz. der verwendeten Papiere und des jüngsten Schreibens, welches von 1419 datiert (ebenda, S. 126 f.), in ebendieser Zeit anzusetzen sein.

Faksimile: https://digi.ub.uni-heidelberg.de/diglit/bav_pal_lat_701_2
Literatur: Hermann HEIMPEL, Aus der Kanzlei Kaiser Sigismunds (über den Cod. Pal. Lat. 701 der Vatikanischen Bibliothek), in: Archiv für Urkundenforschung 12 (1932), S. 111–180; OVL, Pal.lat.701; PETR, Soupis, S. 306–363; SCHUNKE, Einbände 2.2, S. 848; STEVENSON, Latini, S. 250 f.

1) 216r–412v
Titel: Formularsammlung.
Angaben zum Text: Fortsetzung von Pal. lat. 701,1 (ausführlicher beschrieben bei PETR, Soupis, S. 308–363): (216r–374v) Formulare; (375r–377r) Anfang des Antrags ‚Ad obviandum multis erroribus‘ (ediert bei MANSI 28, Sp. 940–943); (377v–412r) Formulare; (412v) Lehrsätze des Bernhard von Clairvaux und Augustinus über Sünder und den Tod; (412v) Verse auf Deutsch.
Incipit: 216r ... *nuncupati existentes jpsorum quoque comitiuam et sequaces jn caritate deuotos nobis dilectos* ...
Explicit: 412v ... *vnd die sunde meren alle tage.*
Edition: s. die Beschreibung von PETR, Soupis, S. 308–363.

TH

Vatikan, Biblioteca Apostolica Vaticana, Pal. lat. 702

Guillaume Perault, Summa de vitiis

Pergament · 2, 202, 1 Bll. · 16,2 × 12,5 cm · Westeuropa (?) · 4. Viertel 13. Jh.–1. Viertel 14. Jh.

Entstehungsort: Westeuropa (?).
Entstehungszeit: 4. Viertel 13. Jh.–1. Viertel 14. Jh.

Typus (Überlieferungsform): Codex.
Beschreibstoff: Pergament.
Umfang: 2, 202, 1 Bll.
Format (Blattgröße): 16,2 × 12,5 cm.
Zusammensetzung (Lagenstruktur): (I-1)^{1a} + 1^{a} + 11 V^{110} + 6 VI^{182} + IV^{190} + (VII-2)^{202} + (I-1)^{203*}. Vorderspiegel Gegenbl. von 1a, Hinterspiegel Gegenbl. von 203*.
Seiten-, Blatt- und Lagenzählung: Römische Foliierung des 17. Jhs. (*1–202*). Weitere lückenhafte Foliierung mit Blei (*1–202*). Erstes Vorsatzbl. und Nachsatzbl. ungez., weshalb in dieser Beschreibung Zählung der Digitalisate übernommen wird (1a, 203*). Reklamanten auf 20v und 30v auf dem Fußsteg rechts.
Zustand: Zahlreiche Löcher und Risse, vielfach mit Klebeband ausgebessert. Mehrfach angefasertes Papier mit Klebeband verstärkt. Vielerlei Flecken und kleinere Wasserschäden. 201r–202v Wasserschaden mit teilweise erheblicher Beeinträchtigung der Schrift.

Schriftraum: 13,3 × 10,5 cm.
Spaltenanzahl: 2 Spalten.
Zeilenanzahl: 34 Zeilen.
Angaben zu Schrift / Schreibern: Eine erste Hand schrieb bis 45vb, ehe eine zweite Hand mit einem schmaleren Duktus übernahm. Diese versah die Oberlänge des d mit einem Haarstrich nach unten, was für einen englischen oder französischen Schreiber sprechen könnte (s. Derolez, Palaeography, S. 87 f.).
Buchgestaltung: Zeilengerüst mit Metallstift vorgezogen. Nachgetragene Seitentitel in Form von Kapitelzählungen meist durch Beschnitt verloren gegangen. Rote Lombarden, meist über zwei Zeilen, hin und wieder auch mit Fleuronné verziert, ferner rote Kapitelüberschriften und Strichelungen, selten rote Unterstreichungen.
Buchschmuck: Auf 3va Fleuronnéinitiale mit Aussparungen und ablaufenden Palmetten.

Nachträge und Benutzungsspuren: Wenige Anmerkungen von mehreren Händen.

Einband: Pappe mit weißem Pergament überzogen, in Rom zwischen 1878 und 1889 gefertigt. Gelb-kupferfarbenes Kapital. Auf dem Rücken blaues und rotes Schildchen mit aktueller Signatur, über dem roten Schildchen in Gold Wappenstempel von Papst Leo XIII., unter dem roten Schildchen in Gold Wappenstempel von Kardinal und Bibliothekar Jean-Baptiste Pitra (1812–1889) (Schunke, Einbände 2.2, S. 848).
Provenienz: Servitenkloster Germersheim / Heidelberg.
Geschichte der Handschrift: Eingeklebtes blaues Schildchen auf Vorderspiegel. Aktuelle Signatur auf ar. Dem paläografischen Befund entsprechend könnte die Hs. in Westeuropa

entstanden sein. Dass sie sich späterhin im Besitz der Kirche zu Germersheim befand, legen verschiedene Einträge nahe, so jener, wohl aus der Mitte des 16. Jhs., auf ar: *Germerscham*, als die Hs. wohl im Zuge der Aufhebung des Servitenklosters in Germersheim von dort nach Heidelberg gelangte, sowie die etwas älteren Einträge aus dem Beginn des Jhs.: *Ad ecclesiam in Germerschen spectat*, was wohl der Eintrag aus dem 17. Jh. auf 1r wieder aufgreift: *Spectat ad ecclesiam in Germerschaim*, darüber hinaus ebendort *Summa de vicijs*.

Faksimile: https://digi.ub.uni-heidelberg.de/diglit/bav_pal_lat_702

Literatur: Antoine Dondaine: Guillaume Peyraut. Vie et œuvres, in: Archivum fratrum Praedicatorum 18, 1948, S. 162–236, hier S. 193; Gugumus, Erforschung, S. 138; Kaeppeli, Scriptores OP 2, S. 141; Krämer, Handschriftenerbe 1, S. 292; OVL, Pal.lat.702; Schunke, Einbände 2.2, S. 848; Stevenson, Latini, S. 251.

1) 1ra–202vb

Verfasser: Guillaume Perault.

Titel: Summa de vitiis.

Angaben zum Text: (1ra–3rb) Inhaltsverzeichnis; (3va–4vb) De vitiis in communi; (4vb–10va) De gula; (10va–32ra) De luxuria; (32rb–88rb) De avaritia; (88rb–109vb) De acedia; (109vb–173ra) De superbia; (173ra–176ra) De invidia; (176ra–186ra) De ira; (186ra–202vb) De peccato linguae [Text bricht im Kapitel ‚De turpiloquio' ab].

Incipit: 3va ›*Djcturi*‹ *de uicijs incipiemus a uicio gule, propter hoc quod glossa super Matheum* ...

Explicit: 202vb ... *aut turpitudo ab hoc multum*... [Text bricht ab].

Edition: Der Text liegt in keiner modernen Edition vor, wurde aber spätestens 1474/75 als Inkunabel gedruckt (GW 12051–12057).

TH

Vatikan, Biblioteca Apostolica Vaticana, Pal. lat. 703

Zusammengesetzte kanonistische Handschrift

Pergament, Papier · 3, 345, 4 Bll. · 27,5 × 19 cm · Oberitalien / Pavia (?) · 14. Jh. / um 1460

Typus (Überlieferungsform): Codex.

Beschreibstoff: Pergament (ab 328 Papier).

Umfang: 3, 345, 4 Bll.

Format (Blattgröße): 27,5 × 19 cm.

Zusammensetzung (Lagenstruktur): Hs. aus 2 Faszikeln zusammengesetzt (I. Bll. 1–327; II. Bll. 328–347). $(II\text{-}1)^{3a}$ + ... + 1^{348} + $(II\text{-}1)^{351*}$. Vorderspiegel Gegenbl. von 3a, Hinterspiegel Gegenbl. von 349*. Zählfehler: 283 und 284 übersprungen, auf 313 folgt 313a.

Seiten-, Blatt- und Lagenzählung: Römische Foliierung des 17. Jhs. (*1–347*), 313a und 348 später mit Blei nachgetragen. Bei ungez. Bll. folgt die Zählung dem Digitalisat (1a, 2, 3a, 349*, 350*, 351*).

Zustand: Wurmfraß auf den ersten und letzten Bll. Einige Flecken, insbesondere an der oberen äußeren Ecke. Mitunter Tinte etwas verblichen.

Einband: Römischer Einband, Pappe mit weißem Pergament überzogen, in Rom um 1780 gefertigt (SCHUNKE, Einbände 2.2, S. 848), erneuerte Schließbänder vorhanden. Gelb-kupferfarbenes Kapital. Auf Buchrücken zwei blaue aufgeklebte Schildchen mit aktueller Signatur, dazwischen Altsignatur, Rückentitel: *Summa Raymundi.*
Provenienz: Neumarkt / Heidelberg.
Geschichte der Handschrift: Eingeklebtes blaues Schildchen auf Vorderspiegel. Auf 2ar neben aktueller Signatur Altsignatur *356* [durchgestrichen], weitere auf 1r: *484*, nebst Capsa-Nummer *C. 128*, ebendort von Hand des 17. Jhs.: *Summa Raymundi.* Altsignatur auf 348v: *1106*, auf Hinterspiegel aufgeklebtes Schildchen vom 6. März 2008 mit Verweis auf Restaurierung. Der erste Faszikel der Hs. dürfte im Verlauf des 14. Jhs. in Oberitalien entstanden sein. Womöglich wurde er dort von einem der Brüder Ruprecht (1437–1465), Albrecht (1440–1506) oder Johann von Pfalz-Mosbach (1443–1486) während ihrer Aufenthalte 1458 und 1460/61 an der Universität Pavia erworben (s. Einleitung). Schließlich sollte wohl einer ihrer Familiaren den zweiten Faszikel als Register hinzufügen. Wahrscheinlich befand sich die Hs. unter jenen, die unter Ottheinrich von der Heidelberger Schlossbibliothek in die Heiliggeistkirche gelangten. Im diesbezüglichen Katalog von 1555/1560 heißt es: *Raymundi summæ libri quatuor, in membrana scripti* (Pal. lat. 1944, 166r).

Faksimile: https://digi.ub.uni-heidelberg.de/diglit/bav_pal_lat_703
Literatur: OVL, Pal.lat.703; SCHUNKE, Einbände 2.2, S. 848; STEVENSON, Latini, S. 251; Rudolf WEIGAND, Zur Lehre von der Dispensmöglichkeit des Gelübdes in den Pönitentialsummen, in: AfkKR 147 (1978), S. 7–34, hier S. 31.

Faszikel I (Bl. 1–327)

Sachtitel / Inhalt: Raimund von Peñafort, Summa de poenitentia et matrimonio.

Entstehungsort: Oberitalien.
Entstehungszeit: 14. Jh.

Typus (Überlieferungsform): Faszikel.
Beschreibstoff: Pergament.
Umfang: 326 Bll.
Format (Blattgröße): 27,5 × 19 cm.
Zusammensetzung (Lagenstruktur): 11 VI^{132} + V^{142} + 14 VI^{312} + VII^{325} + I^{327}.
Seiten-, Blatt- und Lagenzählung: Durchgängig verzierte Reklamanten auf der letzten Versoseite der Lage auf dem Fußsteg rechts (außer 142v).

Schriftraum: 24 × 17 cm.
Spaltenanzahl: 4 Spalten.
Zeilenanzahl: Legaltext: 23–28 Zeilen; Klammerglosse: bis zu 64 Zeilen.
Angaben zu Schrift / Schreibern: Der Legaltext wie die Klammerglosse wurden von einer Hand in einer Textura niedergeschrieben, die, ein wenig oberhalb der Grundlinie ansetzend, in ihrem breiten Duktus auf den ersten Blick wie eine Littera Bononiensis erscheint, wie auch die Ausmalung und das Layout ganz im Stil oberitalienischer Rechtshss. gehalten sind. Die Brechungen der Buchstaben und das mit der Zeit sich einschleichende h, dessen Bogen

unter die Grundlinie abschwingt, lassen vermuten, dass der Schreiber sein Handwerk ursprünglich nördlich der Alpen erlernt hatte, ehe er in Oberitalien wirkte.

Buchgestaltung: Zeilengerüst mit Metallstift vorgezogen. Legaltext von Klammerglosse umflossen. Als Seitentitel auf der Versoseite ein rotes *L* als Abkürzung für ‚Liber', auf der Rectoseite die Zahl des entsprechenden Buches. Im Legaltext beginnt jedes Buch mit einer Initiale vor quadratischem Grund mit Fadenornament und Profilblatt-Ornament im Binnenfeld, einmal auch mit ineinander verschlungenen Drachenleibern (81ra), Kapitelüberschriften in Rot, gefolgt von alternierend blauer und roter Lombarde mit Fleuronné in Gegenfarbe; ferner alternierend blaue und rote Paragrafenzeichen und rote Strichelungen. In Klammerglosse alternierend blaue und rote Paragrafenzeichen. Rote Unterstreichungen als Verweise zwischen Legaltext und Glosse.

Buchschmuck: s. Buchgestaltung und die Bildbeschreibung bei heidICON.

Nachträge und Benutzungsspuren: Wenige Korrekturen von jüngerer Hand. Wenige grafische Verweiszeichen.

Provenienz: Neumarkt / Heidelberg.

Geschichte des Faszikels: Das Layout, der Schriftduktus und auch der Buchschmuck verweisen nach Oberitalien.

1) 1ra–327vd

Verfasser: Raimund von Peñafort.

Weitere beteiligte Personen: Wilhelm von Rennes.

Titel: Summa de poenitentia et matrimonio.

Angaben zum Text: Text des Raimund von Peñafort mit der Glosse des Wilhelm von Rennes: (1rb–1vc) Vorrede; (1vc–80vc) Buch 1; (80vc–142vc) Buch 2; (143rb–286rc) Buch 3; (286rc–327vc) Buch 4.

Rubrik: 1rb ›*Jncipit Summa de penitencia a magistro Raymundo composita*‹.

Incipit: 1rb ›*Quoniam*‹, *ut ait Jeronimus, secunda post naufragium tabula est culpam simpliciter confiteri* ...

Explicit: 327vc ... *uoluntarias vero perdit sicut* ›*ibi dicitur. Explicit summula matrimonij*‹. *Deo* ›*gratias. Aue Maria gratia plena dominus tecum benedicta tu in mulieribus*‹.

Edition: Summa sancti Raymundi de Peniafort Barcinonensis ordinis Praedicatorum de poenitentia et matrimonio cum glossis Ioannis de Friburgo [i.e. Glossen des Wilhelm von Rennes], Rom 1603 (Neudruck Farnborough 1967).

Faszikel II (Bl. 328–347)

Sachtitel / Inhalt: Tituli der ‚Summa de poenitentia et matrimonio' des Raimund von Peñafort.

Entstehungsort: Pavia (?).

Entstehungszeit: um 1460.

Typus (Überlieferungsform): Faszikel.

Beschreibstoff: Papier.

Umfang: 20 Bll.
Format (Blattgröße): 27,5 × 19 cm.
Zusammensetzung (Lagenstruktur): 2 V^{347}.
Seiten-, Blatt- und Lagenzählung: Auf 337v Reklamant am Ende des Texts im rechten Winkel zu diesem geschrieben. Auf 338r Beginn einer Lagenfoliierung (*.B.1.*), später durch Beschnitt verloren gegangen.
Wasserzeichen: Blume mit Stempel und acht Blütenblättern, ohne Beizeichen oder Stängel, nur teilweise erkennbar, dieser Typus kommt jenen Papieren am Nächsten, die laut WZIS 1452 in Como Verwendung fanden, IT1650-PO-126722.

Schriftraum: 24 × 17 cm.
Spaltenanzahl: 2 Spalten.
Zeilenanzahl: 42 Zeilen.
Angaben zu Schrift / Schreibern: Der Schreiber des Texts bediente sich einer schleifenlosen Bastarda und dürfte höchstwahrscheinlich im Familiarenkreis Ruprechts von Pfalz-Mosbach oder seiner Brüder Albrecht und Johann zu suchen sein (s. Geschichte der Handschrift), da er für Ruprecht von Pfalz-Mosbach Pal. lat. 662, 665 und Teile von 666 (11ra–77vb, 167ra–192va) während seines Aufenthalts an der Universität Pavia schrieb. Zu den möglichen Schreibern s. ‚Geschichte der Handschrift' von Pal. lat. 662.
Buchgestaltung: Zeilengerüst mit Metallstift vorgezogen. Alternierend blaue und rote Lombarden sowie blaue und rote Paragrafenzeichen.
Buchschmuck: s. Buchgestaltung.

Nachträge und Benutzungsspuren: Auf 342rb *3us liber* nachgetragen.

Provenienz: Neumarkt / Heidelberg.
Geschichte des Faszikels: Der Faszikel wurde wahrscheinlich im Zuge eines Italienaufenthalts der Brüder Ruprecht, Albrecht und Johann von Pfalz-Mosbach in Pavia von einem ihrer Familiaren geschaffen (s. Einleitung).

2) 328ra–338va
Titel: Tituli der ‚Summa de poenitentia et matrimonio' des Raimund von Peñafort.
Rubrik: 328ra ›*Tituli super summam Raymundi*‹.
Incipit: 328rb ›*Qvid*‹ *sit symonia ...*
Explicit: 338va ... *maritus in reddenda dote impensas necessarias et vtiles in rebus dotalibus factas potest retinere.*

3) 338va–346vb
Titel: Tituli des Apparats der ‚Summa de poenitentia et matrimonio' des Wilhelm von Rennes.
Angaben zum Text: 347r–347v leeres Zeilengerüst. – 348r leer. – 348v Notizen.
Rubrik: 338va ›*Sequitur tituli super apparatu summe Raymundi de casibus*‹.
Incipit: 338vb ›*De*‹ *symonia ...*
Explicit: 346vb ... *vtrum vir jnnocens possit repetere uxorem fornicariam quam dimiserat et illa ex hoc intrauit monasterium.*

TH

Vatikan, Biblioteca Apostolica Vaticana, Pal. lat. 704

Kanonistische Sammelhandschrift

Pergament · 4, 262, 3 Bll. · 30,2 × 20,5 cm · Mittel- / Westeuropa · Mitte 14. Jh.

Entstehungsort: Mittel- / Westeuropa.
Entstehungszeit: Mitte 14. Jh.

Typus (Überlieferungsform): Codex.
Beschreibstoff: Pergament.
Umfang: 4, 262, 3 Bll.
Format (Blattgröße): 30,2 × 20,5 cm.
Zusammensetzung (Lagenstruktur): (II-1)^{3a} + 1^{4a} + II^{3} + VI^{15} + I^{17} + 15 VI^{197} + (V-2)^{205} + 4 VI^{253} + IV^{261} + (II-1)^{264*}. Vorderspiegel Gegenbl. von 3a, Hinterspiegel Gegenbl. von 262*.
Seiten-, Blatt- und Lagenzählung: Römische Foliierung des 17. Jhs. (*1–261*). Vorsatzbll., Nachsatzbll. und erstes Bl. der ersten Lage ungez., weshalb in dieser Beschreibung Zählung der Digitalisate übernommen wird (1a–5a, 262*–264*). Durchgehend Reklamanten auf der letzten Versoseite der Lage auf dem Fußsteg rechts, teilweise durch Beschnitt beeinträchtigt, Reklamant fehlt auf 253v. Offenbar Lagen nach 161v und 197v verloren gegangen. Selten Lagenfoliierung auf den Rectoseiten auf dem Fußsteg mittig in roten Minuskelbuchstaben zu erkennen, z. B. zwischen 186r und 191r.
Zustand: Einige Flecken, dennoch im Wesentlichen gut erhalten. Wenige geflickte Risse oder Löcher. Ungeflickte Löcher in 5a. Riss auf 112 mit angefasertem Papier restauriert.

Schriftraum: 19,9 × 14 cm.
Spaltenanzahl: 2 Spalten (1r–3v, 250r–261r: 1 Spalte).
Zeilenanzahl: Legaltext: 6–40 Zeilen; Klammerglosse: 6–40 Zeilen.
Angaben zu Schrift / Schreibern: Alle hier versammelten Texte wurden in einer Textualis geschrieben. Auffallend an der Hand, die den Haupttext niederschrieb, ist die teils knapp oberhalb der Zeile, teils auf der Zeile angesetzte gedachte Grundlinie. Von anderer Hand und kalligraphisch nicht ganz so elaboriert ist der nachgetragene Text, in dem r, f und s eine Tendenz zur Unterlänge aufzeigen, wobei auch das einstöckige a und Ligaturen Verwendung finden, wodurch bereits eine gewisse Nähe zur gotischen Kursive gegeben ist.
Buchgestaltung: Zeilengerüst mit Metallstift, teilweise auch mit Tinte vorgezogen. Legaltext von Glosse in Klammerform umschlossen. Als Seitentitel auf der Versoseite ein rotes *L* als Abkürzung für ‚Liber', auf der Rectoseite die Zahl des entsprechenden Buches, ebenfalls als Seitentitel in Rot. Ziffern der Tituli nachgetragen. Jedes Buch und jeder Titulus beginnt mit reich verzierten blauen und roten Lombarden mit Fleuronné in Gegenfarbe, teils mit Aussparungen, teils mit ablaufenden Leisten. Rote Zwischenüberschriften, alternierend blaue und rote Paragrafenzeichen, rote Strichelungen. Verweise zwischen Legaltext und Glosse anhand von roten Unterstreichungen. Bearbeitung des ‚De modo observandi interdictum' kommt alleine mit roten Lombarden und Paragrafenzeichen aus.
Buchschmuck: s. Buchgestaltung.

Nachträge und Benutzungsspuren: Anmerkungen, Korrekturen und Verweise von mehreren Händen in unterschiedlichen Schriften. Manche Anmerkungen teilweise stark verblasst, manche durch Beschnitt teilweise verloren gegangen. Zahlreiche grafische Verweiszeichen. Bearbeitung des ‚De modo observandi interdictum' nachträglich angefügt.

Einband: Römischer Einband, Pappe mit weißem Pergament überzogen, in Rom um 1780 gefertigt (Schunke, Einbände 2.2, S. 848), Löcher für Schließbänder noch vorhanden. Gelbkupferfarbenes Kapital. Auf dem an Kopf und Schwanz von Wurmfraß befallenen Buchrücken zwei blaue aufgeklebte Schildchen mit aktueller Signatur, dazwischen aktuelle Signatur und Rückentitel: *Raymundi summa.*

Provenienz: Servitenkloster Germersheim / Heidelberg.

Geschichte der Handschrift: Eingeklebtes blaues Schildchen auf Vorderspiegel. Auf 1ar aktuelle Signatur nebst Altsignatur *357* [durchgestrichen], auf 4ar Capsa-Nummer *C. 75.* [durchgestrichen] und Altsignaturen *1889* und *472* [beide durchgestrichen]. Wo der Haupttext, die ‚Summa de poenitentia et matrimonio' des Raimund von Peñafort, entstanden ist, lässt sich nicht eindeutig entscheiden. Sicher ist, dass – wahrscheinlich nur wenig später – die Bearbeitung des ‚De modo observandi interdictum' nachgetragen wurde. Im Zuge einer zeitnahen Neubindung müssen die Lagen durcheinandergeraten sein, wie der Nachtrag auf 1r gleich zu Beginn des Textes suggeriert: *altera pars in fine libri*, wie auch jener am Ende des Textblocks auf 261r: *quere in principio libri.* Dabei dürften mehrere Lagen verloren gegangen sein, die heute im Lagenverbund fehlen. Später muss die Hs. nach Germersheim gelangt sein, wie der Eintrag aus dem 16. Jh. auf 1r ausweist: *Ad bibliothecam ecclesie In Germersheym pertinet hic liber.* Im Zuge der Reformation und der in der Kurpfalz damit einhergehenden Säkularisation des Kirchenguts wurde die Hs. wohl aus dem Germersheimer Servitenkloster in eine der Heidelberger Bibliotheken verbracht.

Faksimile: https://digi.ub.uni-heidelberg.de/diglit/bav_pal_lat_704

Literatur: OVL, Pal.lat.704; Schunke, Einbände 2.2, S. 848; Stevenson, Latini, S. 251; Rudolf Weigand, Zur Lehre von der Dispensmöglichkeit des Gelübdes in den Pönitentialsummen, in: AfkKR 147 (1978), S. 7–34, hier S. 31.

1) 1r–3v

Beteiligte Personen: Johannes Andreae.

Titel: Bearbeitung des ‚De modo observandi interdictum' von Johannes Andreae.

Angaben zum Text: Fortsetzung des auf 261r endenden Textes.

Incipit: 1r [...] *iiij proximis casibus ciuitates interdicte et pontificali dignitate priuate...*

Explicit: 3v ... *quod est de iure naturali.*

Edition: Der Text des Werks des Johannes Andreae liegt in keiner modernen Edition vor, erschien aber bereits 1483 als Wiegendruck (GW 1728).

2) 4rav–249vb

Verfasser: Raimund von Peñafort.

Weitere beteiligte Personen: Guillaume de Rennes.

Titel: Summa de poenitentia et matrimonio.

Angaben zum Text: (4ra–17rb) Register der Tituli; (17v) leer; (18ra–18vb) Vorrede; (18vb–81ra) Buch 1; (81vb–130ra) Buch 2; (130ra–205ra) Buch 3; (205v) leer; (206ra–249vb) Buch 4.

Rubrik: 18r ›*Incipit summa magistri Raimundi fratris ordinis Predicatorum*‹.

Incipit: 18ra ›*Quoniam, ut ait Ieronimus*‹, *secunda post naufragium* ›*tabula*‹ *est culpam* ›*simpliciter*‹ *confiteri* ...‹.

Explicit: 249vb ... *super operis imperfeccione veniam postulans a lectore et que corrigenda uiderit et addenda non invidenti animo sed benigno corrigat et emendet. Explicit summa fratris Raimundi de ordine Predicatorum.*
Edition: Summa sancti Raymundi de Peniafort Barcinonensis ordinis Praedicatorum de poenitentia et matrimonio cum glossis Ioannis de Friburgo [i.e. Glossen des Wilhelm von Rennes], Rom 1603 (Neudruck Farnborough 1967).

3) 250r–261r
Beteiligte Personen: Johannes Andreae.
Titel: Bearbeitung des ‚De modo observandi interdictum' von Johannes Andreae.
Angaben zum Text: Der Text folgt nur bis 252r dem Werk des Johannes Andreae.
Incipit: 250r ›*Sciendum*‹ *quod quando uniuersitas populus ciuitas locus siue terra ecclesiastico supponitur interdicto secundum iura que vigent et uiguerunt, anno domini M*^{o} *CCC*^{o} *I*^{o} ...
Explicit: 261r ... *et in istis...* [Text bricht hier ab und wird auf 1r weitergeführt].
Edition: Der Text des Werks des Johannes Andreae liegt in keiner modernen Edition vor, erschien aber bereits 1483 als Wiegendruck (GW 1728).

TH

Vatikan, Biblioteca Apostolica Vaticana, Pal. lat. 705

Kanonistische Sammelhandschrift

Papier · 3, 258, 3 Bll. · 28,5 × 21 cm · Oberrhein · um 1470

Entstehungsort: Oberrhein.
Entstehungszeit: um 1470.

Typus (Überlieferungsform): Codex.
Beschreibstoff: Papier.
Umfang: 3, 258, 3 Bll.
Format (Blattgröße): 28,5 × 21 cm.
Zusammensetzung (Lagenstruktur): (II-1)^{3a} + 3 VI^{36} + (VI-1)^{47} + VI^{59} + (VI-1)^{70} + 16 VI^{261*} + (I-1)^{262*}. Vorderspiegel Gegenbl. von 3a, Hinterspiegel Gegenbl. von 262*. Zählfehler: 181 doppelt gez.
Seiten-, Blatt- und Lagenzählung: Römische Foliierung des 17. Jhs. (*1–259*). Vor- und Nachsatzbll. ungez., weshalb hier Zählung der Digitalisate übernommen wird (1a–3a, 260*–262*). Durchgehend Reklamanten auf der letzten Versoseite der Lage auf dem Fußsteg rechts, ab 142 meist durch Beschnitt beeinträchtigt oder verloren gegangen.
Zustand: Leicht stockfleckig. Einige Flecken. Schriftraum teilweise leicht gebräunt. Schrift mitunter etwas verblasst. Pergamentstreifen zur Falzverstärkung.
Wasserzeichen: Frei stehender Buchstabe P in gotischer Form, ohne Beizeichen, Schaftfuß gespalten, ohne Querbalken, Bogenende hinter dem Schaft mit einkonturigem Dorn, sechs Varianten, eine davon ohne Übereinstimmung mit WZIS, auf Bll. 26–27, 30, 44, 75, 83–84, 87, 99, 101, 107–110, 119, 121, 125, 131, 135–136, 145–146, 150, die anderen fünf annähernd identisch mit Wzz. auf Papieren, die auf Bll. 32–33, 36, 42, 45, 47, 77, 79–82, 88, 91–92, 103–106, 113–114, 120, 122–123, 132, 139–140, 143, 148, 153, 161–162, 164, 190–193, 195, 202, 205

und 207, 1468 in Utrecht, NL8370-PO-107315, auf Bll. 220–221, 225, 227, 229, 240, 244, 248–249 und 259, 1469 in Frankfurt am Main, DE2730-PO-107438, auf Bll. 23, 46, 50–51 und 53, 1469 in Baden-Baden, AT3800-PO-107485, auf Bll. 1–3, 7, 9, 13, 21, 48–49, 168, 1470 in Hagenau, FR8040-PO-107983, auf Bll. 8, 17, 19, 22, 54, 169, 170, 172, 178, 185, 187–189, 1470 in Heidelberg, DE5040-PO-107484, auf Bll. 215–217, 230, 232, 235, 237, 241–242, 250–251, 253–254 und 256, 1466 in Leuven, BE4905-PO-108117, Verwendung fanden; frei stehender Buchstabe P in gotischer Form, mit Beizeichen, Blume / Blatt, vierblättrig, ohne Querstrich, Bogenende hinter dem Schaft, ohne Dorn, Schaftende gespalten, ohne Schnörkel, Blätter rund, ohne Stempel, auf Bll. 60, 62–64, 66, keine Übereinstimmung mit WZIS.

Schriftraum: 20,4 × 16 cm.
Spaltenanzahl: 2 Spalten.
Zeilenanzahl: 41–52 Zeilen.
Angaben zu Schrift / Schreibern: Die Texte wurden von mehreren Händen in jüngerer gotischer Kursive geschrieben, wobei je nach Hand die Tendenzen hin zur Bastarda mehr oder weniger stark ausgeprägt sind. Auffallend ist das immer wieder vorzufindende schleifenlose d und das x-förmige r, wie es typisch für oberdeutsche Schreiber des 15. Jhs. ist (Schneider, Paläographie, S. 76 f.).
Buchgestaltung: Spalten mit Tinte vorgezogen. Zur Strukturierung Rubriken, meist in Bastarda, rote Lombarden, in der Regel über zwei oder drei Zeilen, rote Strichelungen und Unterstreichungen.
Buchschmuck: s. Buchgestaltung.

Nachträge und Benutzungsspuren: Kapitelüberschriften, ab 61v auch Seitentitel und Ziffern für die Argumente auf Rändern nachgetragen. Ansonsten Korrekturen und Anmerkungen von mehreren, in etwa zeitgenössischen Händen.

Einband: Römischer Einband, Pappe mit weißem Pergament überzogen, in Rom um 1780 gefertigt (Schunke, Einbände 2.2, S. 848), Löcher für Schließbänder noch vorhanden. Gelbkupferfarbenes Kapital. Auf dem an Kopf und Schwanz von Wurmfraß befallenen Buchrücken zwei blaue aufgeklebte Schildchen mit aktueller Signatur, dazwischen aktuelle Signatur und Rückentitel: *Summa confessorum.* Auf dem Vorderschnitt: *Summa* [...].
Provenienz: Mechtersheim / Heidelberg.
Geschichte der Handschrift: Eingeklebtes blaues Schildchen auf Vorderspiegel. Auf 1ar aktuelle Signatur nebst Altsignatur *468*, auf 3ar erneut aktuelle Signatur und Altsignatur *447* [durchgestrichen], auf 1r Capsa-Nummer *C. 75.* und von Hand des 17. Jhs. *Summa vitiorum*, auf 261*v Altsignatur *1961.* Die Wzz. deuten darauf hin, dass die Hs. um 1470 am Oberrhein entstanden sein dürfte, was auch die ausführenden Hände nahelegen. Auffallend ist die Erklärung eines gewissen Jakob Gilg aus dem Jahr 1565 auf 59v, in der er niederlegt, dass er seinem Vetter Jörg, Pfleger zu Mechtersheim, gedient habe. Erwähnenswert ist ferner die Tatsache, dass das Zisterzienserkloster Eußerthal Besitzungen in Mechtersheim hatte, die es von einem Pfleger verwalten ließ. Dass dieser über seine administrativen Aufgaben hinaus weitere Interessen verfolgen konnte, zeigt der Bruder Ciriacus Lindenberger, der in den 1530er Jahren als Pfleger zu Mechtersheim nachweisbar ist und die Abfassung der Bll. 176r–179r von Pal. lat. 1781 angestoßen haben dürfte (s. Gerhardt Powitz, Zur Überlieferung des Closener-Glossars, in: ZGO 120 [1972], S. 215–223, hier S. 222; Metzger, Kat. UB Heidelberg 4, S. 137). Nach der Aufhebung des Klosters Eußerthal durch Kurfürst

Friedrich III. im Jahr 1560/61 wurden die Besitzungen des Klosters in Speyer und Mechtersheim ab ca. 1564 zusammen von einem kurpfälzischen Schaffner von Speyer aus verwaltet (vgl. Bernd u. Klaus LOHRBÄCHER, „Es wisse Jederman wol, das der Pfaltzgraff den Hoff innhab vnnd Schaffner dahin gesetzt". Zur Geschichte des Klosterhofs Mechtersheim im Zeitalter der kurpfälzischen Säkularisation [1545–1595], in: Bernd u. Klaus LOHRBÄCHER, Kirche – Schule – Klosterhof. Zur Historie [ehemaliger] religiöser bzw. kultureller Gebäude und Denkmäler in Berghausen, Heiligenstein und Mechtersheim, Römerberg 2013 [Ortsgeschichte im Brennpunkt 4], S. 177–230, hier S. 185–187). Im Zuge dessen könnte auch Archiv- und Bibliotheksgut nach Heidelberg gebracht worden sein, sodass diese Hs. von Mechtersheim in die kurpfälzische Hauptstadt gelangte.

Faksimile: https://digi.ub.uni-heidelberg.de/diglit/bav_pal_lat_705

Literatur: BARTSCH, Handschriften, S. 190, Nr. 368; Antoine DONDAINE, Guillaume Peyraut. Vie et œuvres, in: Archivum fratrum Praedicatorum 18 (1948), S. 162–236, hier S. 193; KAEPPELI, Scriptores OP 2, S. 141; KRISTELLER, Iter Italicum 2, S. 391; OVL, Pal.lat.705; STEVENSON, Latini, S. 251 f.

1) 1ra–52va

Verfasser: ANTONINUS VON FLORENZ.

Titel: Confessionale ‚Defecerunt'.

Angaben zum Text: (1r–1v) Inhaltsverzeichnis; (2r–52v) Text.

Incipit: 2ra ›*Defecerunt*‹ *scrutantes scrutinio, ait Psalmista.* ›*Scrutantes*‹ *aliorum peccata sunt confessores ...*

Explicit: 52va ... *et indulgenciam tibi concessam a domino papa pro ultimo articulo mortis tue.* ›*Jn*‹ *nomine patris et filij et spiritus sancti. Amen.* ›*Explicit summa confessionum seu interrogatorium pro simplicibus confessoribus, editum ab archiepiscopo Florentino videlicet fratre Anthonio ordinis Predicatorum*‹.

Edition: Der Text liegt in keiner modernen Edition vor, erschien aber bereits 1468 als Wiegendruck (GW 2080–2140).

2) 52va–54ra

Verfasser: JOHANNES CHRYSOSTOMUS.

Titel: Sermo de poenitentia.

Angaben zum Text: 54v–59r leer. – 59v Erklärung des Jakob Gilg aus Ladenburg, datiert auf 1565. – 60r–60v leeres Zeilengerüst.

Rubrik: 52va ›*Jncipit sermo beati Iohannis Chrisostomi de penitencia*‹.

Incipit: 52va ›*Provida*‹ *mente et profundo cogitatu cognosci debent duo rerum distincta negocia ...*

Explicit: 54ra ... *et plena est penitencia atque perfecta promerebitur indulgencia prestante vero domino nostro Jhesu Cristo in secula seculorum. Amen et cetera* ›*et cetera*‹.

Edition: Zuweilen dem Confessionale des Antoninus von Florenz als Anhang beigegeben (GW 2080–2082, 2085, 2091–2094, 2096–2100).

3) 61ra–258ra

Verfasser: GUILLAUME PERAULT.

Titel: Summa de vitiis.

Angaben zum Text: (61ra–62rb) De vitiis in communi; (62rb–67ra) De gula; (67ra–82vb) De luxuria; (83ra–135vb) De avaritia; (135vb–158vb) De acedia; (159ra–221rb) De superbia; (221rb–224ra) De invidia; (224ra–233vb) De ira; (234ra–258ra) De peccato linguae; (258rb–259vb) Inhaltsverzeichnis.
Incipit: 61ra ›*Dicturi*‹ *de singulis vicijs cum opportunitas se offeret* ...
Explicit: 258ra ... *locutum esse aliquando penituit tacuisse vero numquam. Tu autem domine* [durchgestrichen: *ms*] *miserere nobis. Deo gracias. Explicit summa uiciorum.*
Edition: Der Text liegt in keiner modernen Edition vor, wurde aber spätestens 1474/75 als Inkunabel gedruckt (GW 12051–12057).

TH

Vatikan, Biblioteca Apostolica Vaticana, Pal. lat. 706

Kanonistische Sammelhandschrift zur ‚Summa confessorum' des Johannes von Freiburg

Pergament · 2, 120, 2 Bll. · 31,1 × 21,3 cm · Südwestdeutschland (?) · 1. Hälfte 14. Jh.

Entstehungsort: Südwestdeutschland (?).
Entstehungszeit: 1. Hälfte 14. Jh.

Typus (Überlieferungsform): Codex.
Beschreibstoff: Pergament.
Umfang: 2, 120, 2 Bll.
Format (Blattgröße): 31,1 × 21,3 cm.
Zusammensetzung (Lagenstruktur): $(II-1)^{2a}$ + V^{10} + 8 VI^{106} + VII^{120} + $(II-1)^{122*}$. Vorderspiegel Gegenbl. von 2a, Hinterspiegel Gegenbl. von 121.
Seiten-, Blatt- und Lagenzählung: Römische Foliierung des 17. Jhs. (*1–121*). Vor- und Nachsatzbll. bis auf 121 nicht gez., weshalb hier Zählung der Digitalisate übernommen wird (1a–2a, 122*). Keinerlei Reklamanten, allerdings suggeriert der untere Rand von 82v, dass ebensolche durch Beschnitt verloren gegangen sein könnten.
Zustand: 102–108, 117, 118, 120 Wasserschaden, wenige Flecken, ansonsten gut erhalten.

Schriftraum: 22,5 × 15 cm.
Spaltenanzahl: 2 Spalten.
Zeilenanzahl: 51 Zeilen.
Angaben zu Schrift / Schreibern: Die Texte wurden größtenteils von einer Hand in einer Textualis auf gutem kalligraphischen Niveau niedergeschrieben. Alleine die zweite Lage wurde von anderer Hand ausgeführt, deren Buchstaben in der Anlage ähnlich sind, aber nicht dieselbe geometrische Präzision aufweisen.
Buchgestaltung: Zeilengerüst mit Tinte vorgezogen. Als Seitentitel auf der Versoseite ein rotes *L* als Abkürzung für ‚Liber', links ein *T^us^* für Titulus, auf der Rectoseite die Zahl des entsprechenden Buches und Titulus. Text- und Buchanfänge eingeleitet von reich verzierter Fleuronnéinitiale in Blau und Rot mit Aussparungen, darin auch Drachen, Blätter und Ranken, meist Knospenfleuronné im Binnenfeld, als Besatz verschiedenartige Fadenausläufer sowie ablaufende Leisten. Titulus beginnt mit alternierend blauer oder roter mit Fleuronné

verzierter Lombarde über meist drei Zeilen, Quaestio mit alternierend blauer oder roter fleuronnégeschmückter Lombarde über zwei Zeilen. In Rot: Titulus, zuweilen mit *q* abgekürzte Quaestio, ansonsten lediglich deren entsprechende Ziffer. Ferner alternierend blaue und rote Paragrafenzeichen, rote Strichelungen und Unterstreichungen. Autoritäten, auf die im Text Bezug genommen wird, abgekürzt in Rot auf Rändern. Angaben für Rubrikator teilweise vorhanden. Dieses für die Summa confessorum angewandte Schema wurde nur geringfügig verändert auch auf die anschließenden Texte übertragen.
Buchschmuck: s. Buchgestaltung und die Bildbeschreibung bei heidICON.

Nachträge und Benutzungsspuren: Wohl in erster Linie von Schreiberhand Korrekturen an Rändern eingetragen und mit rotem Rahmen versehen. Kaum Verweise von anderen Händen oder grafische Verweiszeichen.

Einband: Römischer Einband, Pappe mit weißem Pergament überzogen, in Rom um 1780 gefertigt (Schunke, Einbände 2.2, S. 848), Löcher für Schließbänder noch vorhanden. Gelbkupferfarbenes Kapital. Auf dem am Schwanz von Wurmfraß befallenen Buchrücken zwei blaue aufgeklebte Schildchen mit aktueller Signatur, darunter Rückentitel: *Summa confessorum Ioanis.*
Provenienz: Heidelberg.
Geschichte der Handschrift: Eingeklebtes blaues Schildchen auf Vorderspiegel. Auf 1ar aktuelle Signatur neben Altsignatur *532* [durchgestrichen], auf 2ar Capsa-Nummer *C. 76.*, darunter Allacci-Signatur *1191* [beide durchgestrichen], des Weiteren zwei Altsignaturen *1285* und *488* [beide durchgestrichen]. Die Summa confessorum des Johannes von Freiburg war – gerade auch in der hier dargebrachten Zusammenstellung mit verwandten Texten – über ganz Europa weit verbreitet. Dass sie in der Bibliotheca Palatina dreimal erhalten ist, verwundert deshalb kaum, mehr dann doch, dass zwei Exemplare zumindest eine gewisse Verwandtschaft hinsichtlich des Entstehungskontextes aufweisen könnten. Beim Vergleich der Initiale auf 1ra mit 253ra in Pal. lat. 707 fällt die Übereinstimmung im Motiv auf. Allerdings ist die übrige Ausgestaltung des Schmucks so unterschiedlich, dass zumindest ein Werkstattzusammenhang doch fraglich ist. Motivische Ähnlichkeiten gibt es darüber hinaus auch mit Pal. lat. 453.

Faksimile: https://digi.ub.uni-heidelberg.de/diglit/bav_pal_lat_706
Literatur: Kaeppeli, Scriptores OP 2, S. 432; OVL, Pal.lat.706; Schunke, Einbände 2.2, S. 848; Stevenson, Latini, S. 252.

1) 1ra–56rb
Verfasser: Johannes von Freiburg.
Titel: Summa confessorum.
Angaben zum Text: Teile des Liber I sowie Liber II und III fehlen: (1ra–b) Praefatio; (1rb–1vb) Prologus; (1vb–2va) Tabula; (2vb–22vb) Liber I, endet in Titulus VIII., Quaestio XI.; (23ra–56rb) Liber IV.
Rubrik: 1ra ›*Nota quod lector iste Johannes ante compilationem huius Summe confessorum fecerat tabulam super summam Raymundi et apparatum eius [...]. Prologus fratris Johannis lectoris in priorem libellum questionum casualium*‹.
Incipit: 1ra ›*Qvoniam*‹ *dubiorum noua cottidie difficultas emergit casuum ...*

Explicit: 56rb ... ›*Gracias*‹ *ago domino meo Ihesv Christo, qui collectionis mee laborem ad animarum salutem tam de penitencijs quam de matrimoniis hic conclusit. Cui est honor in secula seculorum.* ›*Amen. Explicit tractatus de matrimonio et finitur per consequens quasi in quatuor libros distincta tota Summa confessorum*‹.

Edition: Der Text liegt in keiner modernen Edition vor, erschien aber bereits 1476 als Wiegendruck (GW M13587, M13590–M13591). Für vorliegende Hs. bietet sich jedoch der Druck des Jean Petit († 1540) an, da er dem Wortlaut und der Abfolge der Texte nach im Wesentlichen der vorliegenden Hs. entspricht: Summa confessorum reuerendi patris Ioannis de Friburgo [...], Paris 1519.

2) 56va–59rc

Titel: Paragraphi summae fratris Raimundi.

Rubrik: 56va ›*Jsti sunt paragrofi* [!] *summe fratris Raymundi per numerum secundum quem ut plurimum in hac Summa confessorum eorundem fit assignacio. Jn paruis tamen tituli non semper assignantur hic paragrofi* [!], *quia propter littere paucitatem non est labor inquirendo*‹.

Incipit: 56va ›*Prologus: Qvoniam*‹, *ut ait Jeronimus ...*

Explicit: 59rc ... *jllud jn summa notandum.* ›*Explicit. Deo gracias*‹.

Edition: Summa confessorum reuerendi patris Ioannis de Friburgo [...], Paris 1519.

3) 59va–70vb

Verfasser: Johannes von Freiburg.

Titel: Statuta Summae confessorum ex sexto libro decretalium addita.

Rubrik: 59va ›*Jncipiunt statuta Summe confessorum ex sexto decretalium, addita quantum pertinere uidetur ad materiam eiusdem summe ac sub eisdem titulis et numero questionum. Prologus*‹.

Incipit: 59va ›*Ne*‹ *libri qui de Summa confessorum iam scripti erant ...*

Explicit: 70vb ... *complectens contra legis uicitur voluntatem.* ›*Explicit compendiosa collectio quorundam statutorum ex sexto decretalium addita ad Summam confessorum. Deo gracias*‹.

Edition: Summa confessorum reuerendi patris Ioannis de Friburgo [...], Paris 1519.

4) 70vb–120ra

Verfasser: Johannes von Freiburg.

Titel: Tabula super Summam confessorum.

Rubrik: 70vb ›*Prologus tabule*‹.

Incipit: 70vb ›*In*‹ *hac tabula ubicumque fit simpliciter ...*

Weiteres Initium: 71ra Incipit Tabula super Summam confessorum. Abbas: Utrum unus abbas possit praesidere in diversis monasteriis.

Explicit: 120ra ... *furtum matrimonium et in multis alijs locis.* ›*Explicit tabula super Summam confessorum*‹.

Edition: Summa confessorum reuerendi patris Ioannis de Friburgo [...], Paris 1519.

TH

Vatikan, Biblioteca Apostolica Vaticana, Pal. lat. 707

Kanonistische Sammelhandschrift zur ‚Summa confessorum' des Johannes von Freiburg

Pergament · 3, 348, 3 Bll. · 32,2 × 22,5 cm · Südwestdeutschland (?) · 1. Hälfte 14. Jh.

Entstehungsort: Südwestdeutschland (?).
Entstehungszeit: 1. Hälfte 14. Jh.

Typus (Überlieferungsform): Codex.
Beschreibstoff: Pergament.
Umfang: 3, 348, 3 Bll.
Format (Blattgröße): 32,2 × 22,5 cm.
Zusammensetzung (Lagenstruktur): $(II\text{-}1)^{3a}$ + $(VI\text{-}1)^{11}$ + 3 VI^{47} + $VII^{61\ A}$ + 4 VI^{108} + V^{118} + 2 VI^{142} + $(V\text{-}1)^{151}$ + VI^{163} + V^{173} + 3 VI^{209} + IV^{217} + 2 VI^{241} + $(VI\text{-}1)^{252}$ + III^{258} + 2 IV^{274} + 2 VI^{298} + $(V\text{-}1)^{307}$ + 3 VI^{343} + II^{347} + $(II\text{-}1)^{350*}$. Vorderspiegel Gegenbl. von 3a, Hinterspiegel Gegenbl. von 348*. Zählfehler: 61 übersprungen, auf Bl. 60 folgen 61 A und 61B.
Seiten-, Blatt- und Lagenzählung: Römische Foliierung des 17. Jhs. (*1–347*). Bei ungez. Bll. folgt die Zählung dem Digitalisat (1a–3a, 348*–350*). Auf der letzten Versoseite der Lage Lagenzählung zuerst in lateinischen (*I–III*), schließlich in arabischen Ziffern (*4–19*) auf dem Fußsteg mittig (bis 217v), sowie durchgehend Reklamanten auf dem Fußsteg rechts, teilweise durch Beschnitt verloren gegangen.
Zustand: Die ersten und letzten Bll. gebräunt. Ab 342 stark beschädigt mit Textverlust, Seiten zerknittert und mit Pergamentstreifen verstärkt, auf denen gotische Schriftzeichen zu erkennen sind. Mehrere Bll. an den Rändern beschnitten, 136, 141 Bl. am Fußsteg ausgerissen, 61 A zur Hälfte abgeschnitten. Schrift scheint leicht durch das Pergament. Einige Flecken und Löcher, die bereits vor Anlage der Schrift vorhanden waren. Im Wesentlichen gut erhalten.

Schriftraum: 22,5 × 16 cm.
Spaltenanzahl: 2 Spalten.
Zeilenanzahl: 50–52 Zeilen.
Angaben zu Schrift / Schreibern: Mehrere Hände schrieben die Texte in einer gut lesbaren Textualis, deren Niveau in der geometrischen Präzision der Buchstabengestaltung durchaus unterschiedlich ist.
Buchgestaltung: Zeilengerüst mit Metallstift vorgezogen. Als Seitentitel auf der Versoseite ein rotes *L* als Abkürzung für ‚Liber', links zuweilen ein *Tus* für Titulus, auf der Rectoseite die Zahl des entsprechenden Buches und Titulus. Text- und Buchanfänge eingeleitet von reich verzierter Fleuronnéinitiale in Blau und Rot mit Aussparungen, darin auch Drachen, Blätter und Ranken, meist herzförmiges Knospenfleuronné im Binnenfeld, als Besatz verschiedenartige Fadenausläufer sowie ablaufende Leisten. Titulus beginnt mit alternierend blauer oder roter mit Fleuronné verzierter Lombarde über meist drei bis vier Zeilen, Quaestio mit alternierend blauer oder roter Lombarde über zwei Zeilen, zuweilen ebenfalls mit Fleuronné ausgeschmückt. In Rot: Titulus, zuweilen mit *q* abgekürzte Quaestio, ansonsten lediglich deren entsprechende Ziffer. Ferner alternierend blaue und rote Paragrafenzeichen, rote Strichelungen und Unterstreichungen. Autoritäten, auf die im Text Bezug genommen

wird, abgekürzt in Rot auf Rändern. Angaben für Rubrikator teilweise vorhanden. Dieses für die Summa confessorum angewandte Schema wurde nur geringfügig verändert auch auf die anschließenden Texte übertragen.
Buchschmuck: s. Buchgestaltung.

Nachträge und Benutzungsspuren: Von Schreiberhand aber wohl auch von mehreren Korrektoren Verbesserungen an Rändern eingetragen und mit rotem Rahmen versehen. Kaum Verweise oder Anmerkungen von anderen Händen. Wenige grafische Verweiszeichen, v.a. in Form von Zeigehänden und Kreuzen.

Einband: Römischer Einband, Pappe mit weißem Pergament überzogen, in Rom um 1780 gefertigt (Schunke, Einbände 2.2, S. 848), Löcher für Schließbänder noch vorhanden. Gelbkupferfarbenes Kapital. Auf dem leicht beschädigten und am Schwanz eingerissenen Buchrücken zwei blaue aufgeklebte Schildchen mit aktueller Signatur, dazwischen Rückentitel: *Summa confessorum.*
Provenienz: Zisterzienserkloster Schönau / Heidelberg.
Geschichte der Handschrift: Eingeklebtes blaues Schildchen auf Vorderspiegel. Auf 1ar aktuelle Signatur nebst Altsignatur *533* [durchgestrichen], auf 1r Capsa-Nummer *C. 182.*, darunter Allacci-Signatur *1169* [durchgestrichen], sowie Altsignaturen *481* und *2008.* Die Hs. dürfte, angesichts des Schriftbilds wie auch der Ausmalung, in Südwestdeutschland entstanden sein. Darüber hinaus könnte eine gewisse Verwandtschaft mit Pal. lat. 706 bestehen, was ein Vergleich der Initialen auf 253ra mit 1ra in Pal. lat. 706 suggeriert. Allerdings sprechen die Unterschiede im Buchschmuck gegen eine gemeinsame Werkstatt. Im Unterschied zu Pal. lat. 706 kennen wir von dieser Hs. den Besitzer. Wie der Eintrag auf 1r ausweist, muss sich die Hs. im Zisterzienserkloster Schönau bei Heidelberg befunden haben: *Jste liber est beate Marie uirginis in Sconaugia Cisterciensis ordinis Wormaciensis diocesis.* Mit der Auflösung des Klosters während der Säkularisation im Zuge der Reformation dürfte die Hs. in die Bibliothek Kurfürst Ottheinrichs gelangt sein.

Faksimile: https://digi.ub.uni-heidelberg.de/diglit/bav_pal_lat_707
Literatur: Cagni, Manetti, S. 41 A. 5; Gugumus, Erforschung, S. 139; Kaeppeli, Scriptores OP 2, S. 432; Krämer, Handschriftenerbe 1.2, S. 715; OVL,Pal.lat.707; Schunke, Einbände 2.2, S. 848; Stevenson, Latini, S. 252.

1) 1ra–283vb
Verfasser: Johannes von Freiburg.
Titel: Summa confessorum.
Angaben zum Text: (1ra–b) Praefatio; (1rb–1vb) Prologus; (1vb–2va) Tabula; (2vb–61Ara) Liber I, (61Bra–121rb) Liber II; (121va–252va) Liber III; (253ra–283vb) Liber IV.
Rubrik: 1ra ›*Nota quod lector iste Johannes ante compilacionem huius Summe confessorum fecerat tabulam super summam Raymundi et apparatum eius* [...]. *Prologus fratris Johannis lectoris in priorem libellum questionum casualium*‹.
Incipit: 1ra ›*Qvoniam*‹ *dubiorum noua cottidie difficultas emergit casuum ...*
Explicit: 283vb ... ›*Gracias*‹ *ago domino meo Ihesv Christo, qui collectionis mee laborem ad animarum salutem tam de penitencijs quam de matrimonijs hic conclusit. Cui est honor in secula seculorum.* ›*Amen. Explicit tractatus de matrimonio et finitur per consequens quasi in quatuor* [durchgestrichen: *per*] *libros distincta tota Summa confessorum.*

Edition: Der Text liegt in keiner modernen Edition vor, erschien aber bereits 1476 als Wiegendruck (GW M13587, M13590-M13591). Für vorliegende Hs. bietet sich jedoch der Druck des Jean Petit († 1540) an, da er dem Wortlaut und der Abfolge der Texte nach im Wesentlichen der vorliegenden Hs. entspricht: Summa confessorum reuerendi patris Ioannis de Friburgo [...], Paris 1519.

2) 284ra–286vb
Titel: Paragraphi summae fratris Raimundi.
Rubrik: 284ra ›*Jsti sunt paragrofi* [!] *summe fratris Raymundi per numerum secundum quem ut plurimum in hac Summa confessorum eorum fit assignacio* [oberhalb nachgetragen: *Jn paruis tamen titulis non semper assignantur*] *hic paragrofi* [!], *quia propter littere paucitatem non est labor inquirendo*‹.
Incipit: 284ra ›*Prologus. Quoniam*‹, *ut ait Jeronimus ...*
Explicit: 286vb *... jllud jn summa notandum.* ›*Explicit. Deo gracias*‹.
Edition: Summa confessorum reuerendi patris Ioannis de Friburgo [...], Paris 1519.

3) 286vc–295vc
Verfasser: Johannes von Freiburg.
Titel: Statuta Summae confessorum ex sexto libro decretalium addita.
Rubrik: 286vc ›*Jncipiunt statuta Summe confessorum ex sexto decretalium addita quantum pertinere uidetur ad materiam eiusdem summe ac sub eisdem titulis et numero questionum. Prologus*‹.
Incipit: 286vc ›*Ne*‹ *libri qui de Summa confessorum iam scripti erant ...*
Explicit: 295vc *... complectens contra legis nititur voluntatem.* ›*Explicit compendiosa collectio quorundam statutorum ex sexto decretalium addita ad Summam confessorum. Deo gracias*‹.
Edition: Summa confessorum reuerendi patris Ioannis de Friburgo [...], Paris 1519.

4) 296ra–347vb
Verfasser: Johannes von Freiburg.
Titel: Tabula super Summam confessorum.
Rubrik: 296ra ›*Prologus tabule*‹.
Incipit: 296ra ›*Jn*‹ *hac tabula ubicumque fit simpliciter ...*
Weiteres Initium: 296ra Utrum unus abbas possit praesidere in diversis monasteriis ...
Explicit: 347vb *... furtum, matrimonium et in multis alijs locis.* ›*Explicit Tabula super Summam confessorum*‹.
Edition: Summa confessorum reuerendi patris Ioannis de Friburgo [...], Paris 1519.

TH

Vatikan, Biblioteca Apostolica Vaticana, Pal. lat. 708

Kanonistische Sammelhandschrift zur ‚Summa confessorum' des Johannes von Freiburg

Pergament · 1, 383, 1 Bll. · 35,3 × 25 cm · Südwestdeutschland (?) · 1. Hälfte 14. Jh.

Entstehungsort: Südwestdeutschland (?).

Entstehungszeit: 1. Hälfte 14. Jh.

Typus (Überlieferungsform): Codex.
Beschreibstoff: Pergament.
Umfang: 1, 383, 1 Bll.
Format (Blattgröße): 35,3 × 25 cm.
Zusammensetzung (Lagenstruktur): $(I\text{-}1)^{1a}$ + $(VI\text{-}1)^{11}$ + 22 VI^{275} + V^{285} + II^{289} + 7 VI^{372} + V^{382} + $(I\text{-}1)^{383*}$. Vorderspiegel Gegenbl. von 1a, Hinterspiegel Gegenbl. von 383*. Zählfehler: Auf 355 folgt ungez. Bl.
Seiten-, Blatt- und Lagenzählung: Römische Foliierung des 17. Jhs. (*1–382*). Bei ungez. Bll. folgt Zählung dem Digitalisat (1a, 355a, 383*). Durchgängig Reklamanten auf der letzten Versoseite der Lage auf dem Fußsteg rechts, oftmals durch Beschnitt beeinträchtigt oder verloren gegangen. Hin und wieder Blattsignaturen mit Minuskeln und lateinischen Ziffern auf den Rectoseiten auf dem Fußsteg erkennbar, z. B. auf 86r: *g III*.
Zustand: Erstes Bl. stark gebräunt. Wasserschaden auf den ersten Bll. oben sowie den letzten Bll. Einige Flecken. Schrift scheint leicht durch das Pergament, hin und wieder verblasst. Im Wesentlichen gut erhalten. Manche Löcher, die bereits vor Anlage der Schrift vorhanden waren. 297 Fußsteg herausgeschnitten.

Schriftraum: 24,5 × 15,7 cm.
Spaltenanzahl: 2 Spalten.
Zeilenanzahl: 51 Zeilen.
Angaben zu Schrift / Schreibern: Alle Texte wurden wahrscheinlich von einer Hand in Textualis auf gutem kalligraphischem Niveau geschrieben.
Buchgestaltung: Zeilengerüst mit Tinte vorgezogen. Als Seitentitel auf der Versoseite ein rotes *L* als Abkürzung für ‚Liber', links ein *T^us^* für Titulus, auf der Rectoseite die Zahl des entsprechenden Buches und Titulus. Text- und Buchanfänge eingeleitet von reich verzierter Fleuronnéinitiale in Blau und Rot mit Aussparungen, darin auch Blätter und Ranken, Knospenfleuronné im Binnenfeld, als Besatz verschiedenartige Fadenausläufer sowie ablaufende Leisten. Titulus beginnt mit alternierend blauer oder roter Lombarde über meist vier Zeilen, Quaestio mit alternierend blauer oder roter Lombarde über zwei Zeilen. In Rot: Titulus, zuweilen mit q abgekürzte Quaestio, ansonsten lediglich deren entsprechende Ziffer. Ferner alternierend blaue und rote Paragrafenzeichen, rote Strichelungen und Unterstreichungen. Autoritäten, auf die im Text Bezug genommen wird, abgekürzt in Rot auf Rändern. Angaben für Rubrikator teilweise vorhanden. Dieses für die Summa confessorum angewandte Schema wurde nur geringfügig verändert auch auf die anschließenden Texte übertragen.
Buchschmuck: s. Buchgestaltung.

Nachträge und Benutzungsspuren: Wenige Korrekturen, Anmerkungen und Verweise von mehreren Händen. Grafische Verweiszeichen in Form von Kreuzen.

Einband: Römischer Einband, Pappe mit weißem Pergament überzogen, Rücken mit zwei blauen Schildchen, jeweils mit aktueller Signatur, dazwischen rotes Schildchen, über diesem Rückentitel *SVMMA CONFESSORUM*, unter diesem Wappenstempel Papst Pius XII. und des Kardinals und Bibliothekars Giovanni Mercati (1866–1957) in Gold, gefertigt in Rom zwischen 1939 und 1957 (Schunke, Einbände 2.2, S. 848).

Provenienz: Heidelberg.

Geschichte der Handschrift: Eingeklebtes blaues Schildchen auf Vorderspiegel. Auf 1a Capsa-Nummer *C. 78.* nebst Altsignatur *580* [durchgestrichen]. Auffallend bei dieser wahrscheinlich in Südwestdeutschland in der ersten Hälfte des 14. Jhs. geschaffenen Hs. ist die Übereinstimmung mit Pal. lat. 706 und Pal. lat. 707 hinsichtlich der Anlage der Texte wie auch der Ähnlichkeit des Schriftbilds. Auf 1ar befindet sich eine Notiz auf einem Pergamentstreifen, der wohl zu einem Blattweiser umgearbeitet worden war und ursprünglich zwischen 356 und 357 einlag. Darauf ist zu lesen: *Memoriale ex parte cuiusdam* [...] *Ex dono dominj Gerhardj* [...]. Aus den kryptischen Informationen lässt sich schließen, dass diese Hs. – falls der Pergamentstreifen schon immer in dieser Hs. lag – aus der Bücherschenkung eines gewissen Gerhard stammen könnte. Von den bekannten Bücherschenkungen zugunsten der Universität Heidelberg kommen die eines Gerhard von Emelisse († vor Febr. 1396) und eines Gerhard von Hohenkirchen (um 1382–1448) infrage. Für den aus Paris an die alma mater gelangten Gerhard von Emelisse (Drüll, Gelehrtenlexikon, S. 177) kennen wir die Aufstellung seiner Bücher, worunter sich auch eine *Exposicio super penitenciarum* (Rektorbücher 1, Nr. 468, S. 508) befand, was sich auf die Summa confessorum beziehen könnte. Von der Schenkung des Gerhard von Hohenkirchen (Drüll, Gelehrtenlexikon, S. 179) zugunsten des Dionysianums kennen wir leider die Werke im Einzelnen nicht. Im Katalog der Bibliothek in der Heiliggeistkirche von 1581 finden sich mehrere Einträge, die sich auf vorliegende Hs. beziehen könnten (Pal. lat. 1945, 10).

Faksimile: https://digi.ub.uni-heidelberg.de/diglit/bav_pal_lat_708

Literatur: Kaeppeli, Scriptores OP 2, S. 432; OVL, Pal.lat.708; Schunke, Einbände 2.2, S. 848; Stevenson, Latini, S. 252.

1) 1ra–321vb

Verfasser: Johannes von Freiburg.

Titel: Summa confessorum.

Angaben zum Text: (1ra–b) Praefatio; (1rb–1vb) Prologus; (1vb–2vb) Tabula; (2vb–64rb) Liber I, (64va–130vb) Liber II; (131ra–289rb) Liber III; (289v) leer; (290ra–321vb) Liber IV.

Rubrik: 1ra ›*Nota quod lector iste Johannes ante compilacionem huius Summe confessorum fecerat tabulam super summam Raymundi et apparatum eius* [...]. *Prologus fratris Johannis lectoris in priorem libellum questionum casualium*‹.

Incipit: 1ra ›*Qvoniam*‹ *dubiorum noua cottidie difficultas emergit casuum* ...

Explicit: 321vb ... ›*Gracias*‹ *ago domino nostro Ihesv Christo qui collectionis mee laborem ad animarum salutem tam de penitencijs quam de matrimonijs hic conclusit.* ›*Cui*‹ *est honor in secula seculorum. Amen.* ›*Explicit tractatus de matrimonio. Ex* [!] *finitur per consequens quasi in quatuor libros distincta tota Summa confessorum*‹.

Edition: Der Text liegt in keiner modernen Edition vor, erschien aber bereits 1476 als Wiegendruck (GW M13587, M13590-M13591). Für vorliegende Hs. bietet sich jedoch der Druck des Jean Petit († 1540) an, da er dem Wortlaut und der Abfolge der Texte nach im Wesentlichen der vorliegenden Hs. entspricht: Summa confessorum reuerendi patris Ioannis de Friburgo [...], Paris 1519.

2) 322ra–325vb

Titel: Paragraphi summae fratris Raimundi.

Rubrik: 322ra ›*Jsti sunt paragrofi* [!] *summe fratris Raymundi per numerum secundum quem ut plurimum in hac Summa confessorum eorundem fit assignatio. Jn paruis tamen tytulis non semper assignatur hic paragrofi* [!], *quia propter littere paucitatem non est labor inquerendo*‹.
Incipit: 322ra ›*Quoniam*‹, *ut ait Jeronimus.* ›*Prologus*‹ ...
Explicit: 325vb ... *jllud jn summa notandum.* ›*Explicit*‹.
Edition: Summa confessorum reuerendi patris Ioannis de Friburgo [...], Paris 1519.

3) 326ra–337va
Verfasser: Johannes von Freiburg.
Titel: Statuta Summae confessorum ex sexto libro decretalium addita.
Rubrik: 326ra ›*Jncipiunt statuta Summe confessorum et sexto decretalium addita quantum pertinere uidetur ad materiam eiusdem summe ac sub eisdem titulis et numero questionum. Prologus*‹.
Incipit: 326ra ›*Ne*‹ *libri qui de Summa confessorum iam scripti erant* ...
Explicit: 337va ... *complectens contra legis nititur uoluntatem.* ›*Explicit compendiosa collectio quorundam statutorum. Ex sexto decretalium addita ad Summam confessorum. Deo gracias*‹.
Edition: Summa confessorum reuerendi patris Ioannis de Friburgo [...], Paris 1519.

4) 338ra–382rb
Verfasser: Johannes von Freiburg.
Titel: Tabula super Summam confessorum.
Rubrik: 338ra ›*Prologus tabule*‹.
Incipit: 338ra ›*Jn*‹ *hac tabula ubicumque fit simpliciter* ...
Weiteres Initium: 338ra ›*Incipit Tabula super Summam confessorum. Abbas*‹: *Utrum unus abbas possit praesidere in diversis monasteriis* ...Incipit Tabula super Summam confessorum. Abbas: Utrum unus abbas possit praesidere in diversis monasteriis.
Explicit: 382rb ›... *furtum, matrimonium et in multis alijs locis. Explicit Tabula super Summam confessorum*‹.
Edition: Summa confessorum reuerendi patris Ioannis de Friburgo [...], Paris 1519.

TH

Vatikan, Biblioteca Apostolica Vaticana, Pal. lat. 711

Kanonistische Sammelhandschrift

Papier · 1, 107, 1 Bll. · 15,3 × 10,5 cm · Italien · 1430er Jahre

Entstehungsort: Italien.
Entstehungszeit: 1430er Jahre.

Typus (Überlieferungsform): Codex.
Beschreibstoff: Papier / Pergament (33, 38, 39, 44, 45, 50, 51, 56, 57, 62, 63, 68, 73, 74, 79–107*).
Umfang: 1, 107, 1 Bll.
Format (Blattgröße): 15,3 × 10,5 cm.

Zusammensetzung (Lagenstruktur): $(I\text{-}1)^{1a} + 4\ IV^{32} + 3\ VI^{68} + 3\ V^{98} + (V\text{-}1)^{107^*} + (I\text{-}1)^{108^*}$. Vorderspiegel Gegenbl. von 1a, Hinterspiegel Gegenbl. von 108*.
Seiten-, Blatt- und Lagenzählung: Zeitgenössische Foliierung mit roten arabischen Ziffern (*1–32*), daraufhin neue Foliierung begonnen (*1–48*), während die vorhergehende in Rom im 17. Jh. mit schwarzer Tinte fortgeführt wurde (*33–102*), die allerdings fehlerbehaftet war, weshalb diese mit Blei korrigiert wurde (*38–103*), nach der sich auch die Digitalisate und die Beschreibung richten. Bei ungez. Bll. folgt die Zählung dem Digitalisat (1a, 108*). Durchgehend meist verzierte Reklamanten auf der letzten Versoseite der Lage auf dem Fußsteg mittig (fehlen auf 32v, 78v).
Zustand: Papier stark gebräunt, zahlreiche Wasserschäden, teilweise stark stockfleckig, mitunter Schrift verblasst, kaum Textverlust. Immer wieder Bll. mit Papier angefasert.
Wasserzeichen: Aufgrund zu geringer Größe nicht aufgenommen.

Schriftraum: 9,5 × 7–9,5 cm.
Spaltenanzahl: 1 Spalte (1r–1v: 2 Spalten).
Zeilenanzahl: 32–43 Zeilen.
Angaben zu Schrift / Schreibern: Die Texte wurden von wahrscheinlich zwei Händen in einer Rotunda geschrieben, die der Semitextualis im Derolezschen Sinn entspricht (Derolez, Palaeography, S. 118–121). Das für die Schrift charakteristische einstöckige a findet sich bei beiden Schreibern, darüber hinaus ein humanistischer Einfluss bei Gestaltung der Schlaufe des g bei einer Hand.
Buchgestaltung: Schriftraum mit Metallstift oder Tinte vorgezogen. Zur Strukturierung des Texts Rubriken innerhalb des Texts oder auf den Rändern, rote Lombarden (Angaben für Rubrikator teilweise noch vorhanden, auf 33r mit Knospenfleuronné im Binnenfeld), rote Paragrafenzeichen und Strichelungen.
Buchschmuck: s. Buchgestaltung.

Nachträge und Benutzungsspuren: Nur wenige grafische Verweiszeichen.

Einband: Pappe mit weißem Pergament überzogen, auf Rücken rotes und blaues aufgeklebtes Schildchen mit aktueller Signatur, oberhalb des roten Schildchens Wappenstempel in Gold von Papst Pius IX. , unterhalb von Kardinal und Bibliothekar Jean-Baptiste Pitra (1812–1889). Angefertigt in Rom zwischen 1869 und 1878 (Schunke, Einbände 2.2, S. 848). Blau-schwarz-purpurfarbenes Kapital.
Provenienz: Augsburg / Heidelberg.
Geschichte der Handschrift: Eingeklebtes blaues Schildchen auf Vorderspiegel. Auf 1r neben aktueller Signatur Capsa-Nummer *C. 133.*, darunter Allacci-Signatur *506* [?] [beide durchgestrichen], zudem Altsignatur *528* [durchgestrichen]. Wie das Schriftbild und der Text in italienischer Volkssprache suggerieren, dürfte die Hs. in Italien entstanden sein und zwar in den 1430er Jahren, wie der Kolophon auf 30v (*Deo gracias. 1433.*) und die Kalenderberechnungen auf 102v nahelegen. Dabei wurde in der Mitte der Hs. das Papier mit Pergament verstärkt; in der 5.–7. Lage besteht das erste und letzte Doppelbl. aus Pergament, in der 8. Lage nur das innere Doppelbl. Die 9.–11. Lage ist zur Gänze aus Pergament. Dabei wurde bei den Bll. zwischen 38–68 auf bereits beschriebenes Pergament zurückgegriffen. Unter der Rasur von 38 und 39 tritt eine Schrift, wahrscheinlich aus dem 14. Jh., zutage, auf 44 und 45 ist die Schrift kaum erkennbar, 50, 51, 57, 62, 63 und 68 verweisen wohl in das 12. Jh. wobei auf dem Palimpsest auch Neumen zu erkennen sind. Wenig aufschlussreich ist

der Besitzeintrag auf 107*v, der unterhalb eines radierten Besitzeintrags steht: *Hic liber est meus qui sum Petrus nomine vocor.* Späterhin muss sich die Hs. im Eigentum des Augsburger Büchersammlers Ulrich Fugger (1526–1584) befunden haben, wie die Signatur *403 seors* ausweist (nicht erwähnt in Lehmann, Fuggerbibliotheken, Bd. 2, S. 480). Fugger migrierte 1564 nach Heidelberg (s. Einleitung). Gemäß seinem letzten Willen ging sie schließlich nach seinem Tod in das Eigentum des Kurfürsten über.

Faksimile: https://digi.ub.uni-heidelberg.de/diglit/bav_pal_lat_711
Literatur: Pierre Michaud-Quantin, La „Summula in foro poenitentiali" attribuée à Bérenger Frédol, in: Collectanea Stephan Kuttner, Bd. 1 (=Studia Gratiana 11 [1967]), S. 145–167, hier S. 167; Kaeppeli, Scriptores OP 1, S. 98; OVL,Pal.lat.711; Schunke, Einbände 2.2, S. 848; Stevenson, Latini, S. 254; Amédée Teetaert, Quelques „Summae de paenitentia" anonymes dans la Bibliothèque Nationale de Paris, in: Miscellanea Giovanni Mercati, Bd. 2, Letteratura medioevale, Vatikanstadt 1946 (Studi e testi 122), S. 311–343, hier S. 342; Sever J. Voicu, Note sui palinsesti conservati nella Biblioteca Apostolica Vaticana, in: Miscellanea Bibliothecae Apostolicae Vaticanae 16 (2009), S. 445–454, hier S. 453.

1) 1r–30v
Verfasser: Bérenger Frédol d. Ä.
Titel: Summula in foro poenitentiali.
Angaben zum Text: Nach der Systematik Mazzantis kommt der Text Typ B am nächsten (Giuseppe Mazzanti, A proposito della *Summula in foro poenitentiali di Bérenger Frédol* e di due opere sulla confessione attribuite a Giovanni da Legnano e ad Antonio da Budrio, in: Historia et ius – rivista di storia giuridica dell'età medievale e moderna 10 [2016], paper 19): (1r–1v) Inhaltsverzeichnis; (2r–30v) Text.
Incipit: 1r *›Qvoniam‹ circa confessiones pericula animarum et difficultates quandoque emergunt ...*
Weiteres Initium: 2r In primis sacerdos debet interrogare poenitentem utrum sciat pater noster.
Explicit: 30v *... non potest contrahi matrimonium. ›Amen. Explicit‹ summa penitencie. ›Deo gracias. 1433‹.*
Edition: Der Text liegt in keiner modernen Edition vor, erschien aber bereits 1476 als Wiegendruck (GW 5828–5830, hier noch als Werk des Antonio da Budrio angegeben, wenngleich die Autorschaft bereits angezweifelt wird. Der eigentlich von Bérenger Frédol geschaffene Text liegt in zwei unterschiedlichen Versionen vor, weshalb die Druckausgabe vom handschriftlichen Text abweicht. Im GW wird auf die Abweichungen hinsichtlich vorliegender Hs. hingewiesen, mehr dazu bei Mazzanti).

2) 30v
Titel: Merkverse theologischen Inhalts.
Angaben zum Text: 31r–32v leeres Zeilengerüst.

3) 33r–79r
Verfasser: Antoninus von Florenz.
Titel: Confessionale ‚Omnis mortalium cura'.
Angaben zum Text: Text auf Italienisch, Rubriken auf Latein. – 79v Kurzes Exzerpt von einem Werk des Augustinus von Hippo.

Rubrik: 33r ›*Christus et Maria*‹.
Incipit: 33r ›*Omnis mortalium*‹ *cura quam multiplitium studiorum labor exercet ...*
Explicit: 79r ... *ma non da poj la detta etta.*
Edition: Der Text liegt in keiner modernen Edition vor, erschien aber bereits um 1470 als Wiegendruck (GW 2152–2177).

4) 80r–99r
Verfasser: Antonio da Budrio.
Titel: Directorium confitendi.
Angaben zum Text: Anfang des Texts fehlt, beginnt im Kapitel ‚De secundo effectu superbie'.
Incipit: 80r ... *cipaui consulendo, suaden*[d]*o, fauendo aut cooperando ...*
Explicit: 99r ... *rogo legentes ut dicant. Miserere mei deus aut pater noster pro remissione innumerabilium peccatorum meorum.* ›*Deo gracias. Amen*‹.
Edition: Der Text liegt in keiner modernen Edition vor, erschien aber bereits um 1474 als Wiegendruck (GW 5827, 5831).

5) 99v–101v
Verfasser: Antonio da Budrio.
Titel: Modus confitendi.
Incipit: 99v [D]›*octrina quomodo confessor debeat docere confitentem ...*‹.
Explicit: 101v ... *aut in infirmitatibus expendentur.* ›*Et*‹ *sic est finis.* ›*Deo gracias. Amen. Facto fine pia laudetur virgo Maria*‹.
Edition: Der Text liegt in keiner modernen Edition vor, erschien aber bereits um 1474 als Wiegendruck (GW 5827).

6) 102r–102v
Titel: De festivitatibus anni.
Incipit: 102r ›*Nota*‹ *quod omnes festiuitates totius anni diuiduntur in tres partes principales ...*
Explicit: 102v ... ›*de*‹ *festo trium lectionum secundum mandatum pape Johannis fiant nouem lectiones que festa erant* ›*sancte Bibiane, Emerentiane, Scolastice et Romanj*‹.
Edition: Marc Dykmans, Le cérémonial papal de la fin du moyen âge à la Renaissance, Bd. 4, Le retour à Rome ou le cérémonial du patriarche Pierre Ameil, Brüssel / Rom 1985 (Bibliothèque de l'Institut historique Belge de Rome 27), S. 272–274.

7) 102v
Titel: Regula ad inveniendum Pascha.
Angaben zum Text: 103r Tabelle zur Kalenderberechnung. – 105*r mit Metallstift vorgezeichnete leere Tabelle. – 105*v–107*r leer. – 107*v Notizen. – 108*r–108*v leer.
Rubrik: 102v ›*Hec est regula ad inueniendum Pascha et cetera*‹.
Incipit: 102v ›*Hec*‹ *est paschalis tabula in qua enim invenire potes, quo die veniat ...*
Explicit: 102v ... ›*Et*‹ *sic procedit usque 19, postea reincipe ad* ›*j. Et*‹ *sic usque in infinitum.*

TH

Vatikan, Biblioteca Apostolica Vaticana, Pal. lat. 712

Kanonistische Sammelhandschrift zur ‚Summa confessorum' des Johannes von Freiburg

Pergament · 3, 293, 1 · 21,5 × 15,5 cm · Südwestdeutschland (?) · 1. Hälfte 14. Jh.

Entstehungsort: Südwestdeutschland (?).
Entstehungszeit: 1. Hälfte 14. Jh.

Typus (Überlieferungsform): Codex.
Beschreibstoff: Pergament.
Umfang: 3, 293, 1.
Format (Blattgröße): 21,5 × 15,5 cm.
Zusammensetzung (Lagenstruktur): (I-1)^{1a} + I^{3a} + 10 VI^{120} + (VI-1)^{131} + (VI-1)^{142} + 2 VI^{166} + V^{176} + 4 VI^{124} + 2 IV^{140} + 3 VI^{176} + (VIII-1)^{191} + I^{293} + (I-1)^{294*}. Vorderspiegel Gegenbl. von 1a, Hinterspiegel Gegenbl. von 294*. Zählfehler: 201 zu 221 verschrieben, auf 216 folgt 117, daraufhin Zählung mit 118 ff. fortgeführt. Mit Bleistift 133, 153 und 193 in 233, 253 und 293 umbenannt.
Seiten-, Blatt- und Lagenzählung: Fehlerhafte Römische Foliierung des 17. Jhs. (*1–216, 117–193*). Vorsatzbll. und Nachsatzbl. ungez., weshalb hier Zählung der Digitalisate übernommen wird (1a–3a, 294*). Durchgehend Reklamanten auf der letzten Versoseite der Lage auf dem Fußsteg rechts (fehlen auf 131v, 132v–166v, auf 24v in Rot).
Zustand: Erstes und letztes Bl. gebräunt. Die ersten Bll. mit leichtem Wasserschaden auf den Rändern. Einige Löcher, die bereits vor Anlage des Texts vorhanden waren. 67 untere Ecke Streifen ausgeschnitten. 131–233 Risse im Pergament. Schrift scheint zuweilen durch (deshalb wohl auch Leerstelle auf 130v). Im Wesentlichen gut erhalten.

Schriftraum: 13,6 × 10–13 cm.
Spaltenanzahl: 2 Spalten.
Zeilenanzahl: 31 Zeilen.
Angaben zu Schrift / Schreibern: Die Texte wurden wohl von einer Hand in einer Textualis auf gutem kalligraphischem Niveau kopiert, wobei die Grundlinie der Buchstaben knapp oberhalb der Zeile angesetzt wurde.
Buchgestaltung: Zeilengerüst mit Tinte vorgezogen. Als Seitentitel auf der Versoseite ein *L* als Abkürzung für ‚Liber', links ein *T*^{us} für Titulus, auf der Rectoseite die Zahl des entsprechenden Buches und rechts des Titulus. Text- und Buchanfänge eingeleitet von reich verzierter Fleuronnéinitiale in Blau und Rot mit Aussparungen und Knospenfleuronné im Binnenfeld (auf 205ra zudem ein Drache), als Besatz ablaufende Leisten. Titulus beginnt mit alternierend blauer oder roter Lombarde über zwei bis vier Zeilen mit Fleuronné in Gegenfarbe im Binnenfeld und mit Fadenausläufern als Besatz, dazu Titulus als Rubrik im Text. Quaestio von alternierend blauer oder roter Lombarde als Satzmajuskel eingeleitet, zuweilen mit *Qo* abgekürzt mit entsprechender Ziffer auf den Rändern. Ferner alternierend blaue und rote Paragrafenzeichen, rote Strichelungen und Unterstreichungen. Angaben für Rubrikator in der Regel auf Rändern erhalten. Schema in vergleichbarer Weise auf folgende Texte übertragen.
Buchschmuck: s. Buchgestaltung.

Nachträge und Benutzungsspuren: Einige Korrekturen und wenige Anmerkungen von mehreren, nur unwesentlich jüngeren Händen. Kaum grafische Verweiszeichen (auf 145r in Form eines Esels). Hin und wieder Rasuren auf Rändern erkennbar.

Einband: Römischer Einband, Pappe mit weißem Pergament überzogen, Rücken mit blauem und rotem Schildchen, jeweils mit aktueller Signatur, darunter Wappenstempel Papst Pius' XII. und des Kardinals und Bibliothekars Giovanni Mercati (1866–1957) in Gold, gefertigt in Rom zwischen 1939 und 1957 (Schunke, Einbände 2.2, S. 848).
Provenienz: Heidelberg.
Geschichte der Handschrift: Eingeklebtes blaues Schildchen auf Vorderspiegel, darunter ausgeschnitten alter Rückentitel: *Summa confessorum*, darunter in Blei *712*. Auf 2ar aktuelle Signatur, zudem Altsignaturen *572* und *466* [beide durchgestrichen], auf 1r Capsa-Nummer *C. 85*, darunter Allacci-Signatur *1110*, ferner Altsignatur *1831* [durchgestrichen]. Die Hs. dürfte in der ersten Hälfte des 14. Jhs. in Südwestdeutschland entstanden sein. Aufgrund der Ähnlichkeit der Schrift und des Layouts scheint eine wie auch immer geartete Verwandtschaft mit Pal. lat. 706, Pal. lat. 707 und Pal. lat. 708 vorzuliegen. Dafür spricht auch der Inhalt, können die hier versammelten Texte des Johannes von Freiburg gewissermaßen als Ergänzung zu der in den drei Hss. dargebrachten Summa confessorum angesehen werden. Im Katalog der Bibliothek in der Heiliggeistkirche von 1581 ist der Codex womöglich aufgeführt als: *Manuale de Summa confessorum, in 4, geschrieben perment, bretter, alt leder,* [durchgestrichen: *bu*] (Pal. lat. 1945, 20).

Faksimile: https://digi.ub.uni-heidelberg.de/diglit/bav_pal_lat_712
Literatur: Bloomfield, ILWVV, S. 364, Nr. 951; Marc B. Cels, Examining Wrath in the Late Middle Ages, S. 6 (http://hdl.handle.net/2149/2625); Marc B. Cels, „An irous man". Anger and Authority in the ‚Summoner's Tale', in: The Chaucer Review 53 (2018), S. 308–335, hier S. 316; Kaeppeli, Scriptores OP 2, Nr. 2346, S. 435; OVL, Pal.lat.712; Schunke, Einbände 2.2, S. 848; Stevenson, Latini, S. 254.

1) 1ra–132rb
Verfasser: Johannes von Freiburg.
Titel: Manuale super Summam confessorum.
Angaben zum Text: Von Johannes von Freiburg vorgenommene Kürzung seiner ‚Summa confessorum', indem auf die scholastische Methode verzichtet und lediglich eine Lehrmeinung geboten wird. Dadurch ist eine hohe textliche Übereinstimmung mit der ‚Summa confessorum' gegeben, weshalb das Manuale in der Forschungsliteratur häufig mit der ‚Summa confessorum' verwechselt bzw. irrtümlich gleichgesetzt wird (Marlies Hamm, Die Entstehungsgeschichte der ‚Rechtssumme' des Dominikaners Berthold, in: Die ‚Rechtssumme' Bruder Bertholds. Eine deutsche abcedarische Bearbeitung der „Summa Confessorum" des Johannes von Freiburg. Untersuchungen I, hrsg. von Marlies Hamm / Helgard Ulmschneider, Tübingen 1980 [Texte und Textgeschichte. Würzburger Forschungen 1], S. 35–114, hier S. 41 f.). (1ra–b) Prologus; (1va–3vb) Tabula; (4ra–62rb) Liber I, (62rb–114rb) Liber II; (114rb–204vb) Liber III; (205ra–132rb) Liber IV. – 132v leer.
Rubrik: 1ra ›*Prologus*‹.
Incipit: 1ra ›*Cvm*‹ *Summa confessorum penitenciarios specialiter dirigens …*
Explicit: 132rb … *contra legis nititur uoluntatem.* ›*Explicit manuale collectum de Summa confessorum*‹.

2) 233ra–253rb
Verfasser: Johannes von Freiburg.
Titel: Confessionale.
Rubrik: 233ra ›*Jncipit tractatus de instructione confessorum*‹.
Incipit: 233ra ›*Simplitiores*‹ *et minus expertos de modo audiendi* ...
Explicit: 253rb ... ›*Debita*‹ *quoque et testamentum celeriter expediant frequentibus ammonitionibus inpulsabis.* ›*Explicit Confessionale*‹.
Edition: Der Text liegt in keiner modernen Edition vor, erschien aber bereits um 1483 als Wiegendruck (GW M13586).

3) 253va–293va
Verfasser: Johannes von Freiburg.
Titel: Tabula super manuale.
Angaben zum Text: Ob sich diese ‚Tabula' über das ‚Manuale super Summam confessorum' von der ‚Tabula' über die ‚Summa confessorum' unterscheidet, müssen weiterführende Forschungen entscheiden. Zur Problematik s. Hamm, Entstehungsgeschichte, S. 41 f.
Rubrik: 253va ›*Prologus*‹.
Incipit: 253va ›*Si*‹ *complete non inueneris*...
Weiteres Initium: 253va Utrum unus abbas possit praesidere in diversis monasteriis ...
Explicit: 293va ›... *furtum, matrimonium*‹ *et in multis alijs locis.* ›*Explicit tabula super manuale*‹.
Edition: Die ‚Tabula super Summam confessorum' liegt in keiner modernen Edition vor, erschien aber bereits 1476 als Wiegendruck (GW M13587, M13590-M13591).

TH

Vatikan, Biblioteca Apostolica Vaticana, Pal. lat. 713

Bartolomeo Caimi, Confessionale

Pergament · 2, 118, 4 Bll. · 21 × 16 cm · Südwestdeutschland · 1477

Entstehungsort: Südwestdeutschland.
Entstehungszeit: 1477.

Typus (Überlieferungsform): Codex.
Beschreibstoff: Pergament.
Umfang: 2, 118, 4 Bll.
Format (Blattgröße): 21 × 16 cm.
Zusammensetzung (Lagenstruktur): $(I-1)^{1a}$ + VI^{11} + 13 IV^{115} + III^{121*} + $(I-1)^{122*}$. Vorderspiegel Gegenbl. von 1a, Hinterspiegel Gegenbl. von 122*. Erste Lage beginnt mit 2a.
Seiten-, Blatt- und Lagenzählung: Römische Foliierung des 17. Jhs. (*1–118*), beginnt auf dem zweiten Bl. der ersten Lage. Vor- und Nachsatzbl., erstes Bl. der ersten Lage sowie Hälfte der letzten Lage ungez., weshalb hier Zählung der Digitalisate übernommen wird (1a, 2a, 119*–122*).

Zustand: Schrift scheint teilweise durch. Bl. 11 Falz nachträglich verstärkt. Bl. 21 am Rand mit Pergament angefasert. Bl. 25 Loch mit Pergament ausgefüllt und mit Klebeband verstärkt. Bll. 40, 42, 100 Löcher überklebt. Insgesamt dennoch sehr gut erhalten.

Schriftraum: 14 × 9 cm.
Spaltenanzahl: 1 Spalte.
Zeilenanzahl: 34–41 Zeilen.
Angaben zu Schrift / Schreibern: Der gesamte Text wurde von einer Hand in einer Bastarda auf gehobenem kalligraphischem Niveau geschrieben, bei der die elaborierten Majuskeln an den Satzanfängen auffallen, wie auch der Gebrauch des d teils mit, teils ohne Schleife. Hin und wieder zeigt das r eine Tendenz zu einer x-Form, was Karin SCHNEIDER als Eigenheit oberdeutscher Schreiber ausmachte (SCHNEIDER, Paläographie, S. 76 f.).
Buchgestaltung: Schriftraum mit Metallstift vorgezogen. Kapitel von roten Lombarden mit Punktverdickungen als Initalmajuskeln eingeleitet, ferner zur Strukturierung Rubriken innerhalb des Texts und rote Strichelungen. Zumeist Cadellen in der ersten oder letzten Zeile, in der Regel mit Rot verziert.
Buchschmuck: Auf 1r ausladende Fleuronnéinitiale über 13 Zeilen, im Buchstabenkörper der blauen Lombarde ausgesparte und schattierte Blätter, im Binnenfeld Knospenfleuronné in Spiralform, zudem Fleuronné als Besatz. S. auch die Bildbeschreibung bei heidICON.

Nachträge und Benutzungsspuren: Wenige Korrekturen von Hand des Schreibers und womöglich von weiterer Hand.

Einband: Pappe mit weißem Pergament überzogen, in Rom zwischen 1878 und 1889 gefertigt. Gelb-kupferfarbenes Kapital. Auf dem Rücken rotes und blaues Schildchen mit aktueller Signatur, oberhalb des roten Schildchens in Gold Wappenstempel von Papst Leo XIII., unterhalb des roten Schildchens in Gold Wappenstempel von Kardinal und Bibliothekar Jean-Baptiste Pitra (1812–1889) (SCHUNKE, Einbände 2.2, S. 849).
Provenienz: Heidelberg.
Geschichte der Handschrift: Eingeklebtes blaues Schildchen auf Vorderspiegel, auf 2ar und 2av aktuelle Signatur. Die in der Gestaltung durchaus anspruchsvolle Hs. dürfte angesichts der Schrift und des Buchschmucks im südwestdeutschen Raum entstanden sein. Fertiggestellt wurde sie 1477, wie der Kolophon auf 118v ausweist, *Anno domini et cetera lxxvij*^{mo}, demnach zu einem Zeitpunkt, als der Text bereits in verschiedenen Druckausgaben vorlag.

Faksimile: https://digi.ub.uni-heidelberg.de/diglit/bav_pal_lat_713
Literatur: OVL, Pal.lat.713; SCHUNKE, Einbände 2.2, S. 849; STEVENSON, Latini, S. 254 f.

1) 1r–118v
Verfasser: BARTOLOMEO CAIMI.
Titel: Confessionale.
Angaben zum Text: 119*r–121*v leerer Schriftraum.
Rubrik: 1r ›*Incipit Jnterrogatorium siue Confessionale per venerabilem fratrem Bartholomeum de Chaimis de Mediolano, ordinis Minorum, compositum jn loco sancte Marie de Angelis apud Mediolanum et distingwitur in quatuor partes principales*‹.
Incipit: 1r ›*Cum*‹ *ars arcium sit regimen animarum ...*
Explicit: 118v *... jmpressit magnum maximus auctor opus. Anno domini et cetera lxxvij*^{mo}.

Edition: Der Text liegt in keiner modernen Edition vor, erschien aber bereits 1474 als Wiegendruck (GW 6540–6551, 655110).

TH

Vatikan, Biblioteca Apostolica Vaticana, Pal. lat. 714

Zusammengesetzte kanonistische Handschrift zur Bußpraxis

Papier · 2, 262, 1 Bll. · 21,1 × 14,2 cm · Mitteleuropa · 15. Jh.

Typus (Überlieferungsform): Codex.
Beschreibstoff: Papier.
Umfang: 2, 262, 1 Bll.
Format (Blattgröße): 21,1 × 14,2 cm.
Zusammensetzung (Lagenstruktur): Hs. aus 2 Faszikeln zusammengesetzt (I. Bll. A–246; II. Bll. 247–260). $(I\text{-}1)^{1a} + 1^{2a} + ... + (I\text{-}1)^{261^*}$. Erste Lage beginnt mit A. Vorderspiegel Gegenbl. von 1a, Hinterspiegel Gegenbl. von 261*. Zählfehler: Auf 73 folgt ungez. Bl. (73a).
Seiten-, Blatt- und Lagenzählung: Römische Foliierung des 17. Jhs. (*1–260*), A wohl Nachtrag. Bei ungez. Bll. folgt die Zählung dem Digitalisat (1a, 2a, 73a, 261*).
Zustand: Stockfleckig. Wasserschaden, v. a. am unteren Rand, ohne Textverlust. Schrift scheint mitunter leicht durch.
Wasserzeichen: Aufgrund zu geringer Größe nicht aufgenommen.

Einband: Römischer Einband, Pappe mit weißem Pergament überzogen, Rücken mit rotem und zwei blauen Schildchen, jeweils mit aktueller Signatur, unterhalb des roten Schildchens Wappenstempel in Gold von Papst Pius XII. und von Giovanni Mercati (1866–1957) Kardinal und Bibliothekar, gefertigt in Rom zwischen 1939 und 1957 (Schunke, Einbände 2.2, S. 849).
Provenienz: Heidelberg.
Geschichte der Handschrift: Eingeklebtes blaues Schildchen auf Vorderspiegel. Auf 2ar aktuelle Signatur, auf Ar Capsa-Nummer *C. 76*, darunter Allacci-Signatur *1205* [durchgestrichen], ferner Altsignatur *431*, weitere Altsignatur auf 260v: *1682*. Der erste Faszikel, vornehmlich aus Anweisungen zur Bußpraxis bestehend, wurde mit dem zweiten Faszikel, einer bekannten Ars moriendi, verbunden, sodass ein praxisbezogenes Kompendium für einen Weltgeistlichen entstand. Dass dies im deutschen Sprachraum geschah, dafür sprechen die Auswahl der Autoren wie ein volkssprachlicher Nachtrag. Nähere Hinweise auf einen Entstehungskontext finden sich nicht. Auf einen späteren Besitzer könnte der Eintrag auf Ar aus dem 16. Jh. hinweisen: Michell Allmu scripsit, wobei es sich bei dem möglichen Zunamen *Allmu* auch um ein abgekürztes ‚Allumnus' handeln könnte.

Faksimile: https://digi.ub.uni-heidelberg.de/diglit/bav_pal_lat_714
Literatur: CALMA, Hermannus de Scildis; Vladimir J. Koudelka, Heinrich von Bitterfeld O.P. († c. 1405). Professor an der Universität Prag, in: Archivum fratrum Praedicatorum 23 (1953), S. 5–65, hier S. 55; Pierre Michaud-Quantin, La „Summula in foro poenitentiali" attribuée à Bérenger Frédol, in: Collectanea Stephan Kuttner, Bd. 1 (=Studia Gratiana 11 [1967]), S. 145–167, hier S. 167; OVL, Pal.lat.714; Schunke, Einbände 2.2, S. 849; Stevenson,

Latini, S. 255; Amédée TEETAERT, Quelques „Summae de paenitentia" anonymes dans la Bibliothèque Nationale de Paris, in: Miscellanea Giovanni Mercati, Bd. 2, Letteratura medioevale, Vatikanstadt 1946 (Studi e testi 122), S. 311–343, hier S. 342; Heinrich WEISWEILER, Handschriftliches zur Summa de penitentia des Magister Paulus von Sankt Nikolaus, in: Scholastik 5, 1930, S. 248–260, hier S. 250 ff.; Amadeus a ZEDELGEM, Manuscripta Franciscana in Italiae bibliothecis asservata, in: Collectanea Franciscana 13 (1943), S. 165–191, hier S. 188; ZUMKELLER, Mss., S. 188, 192.

Faszikel I (Bl. A–246)

Sachtitel / Inhalt: Texte zur Bußpraxis.

Entstehungsort: Mitteleuropa.
Entstehungszeit: 15. Jh.

Typus (Überlieferungsform): Faszikel.
Beschreibstoff: Papier.
Umfang: 248 Bll.
Format (Blattgröße): 21,1 × 14,2 cm.
Zusammensetzung (Lagenstruktur): 11 VI^{130} + $(VI-3)^{139}$ + 2 VI^{163} + $(VI-1)^{174}$ + 6 VI^{246}.
Seiten-, Blatt- und Lagenzählung: Regelmäßig Reklamanten auf der letzten Versoseite der Lage auf dem Fußsteg rechts (außer 139v und 174v).

Schriftraum: 14,8 × 10–11,5 cm.
Spaltenanzahl: 1 Spalte.
Zeilenanzahl: 21–28 Zeilen.
Angaben zu Schrift / Schreibern: Die in diesem Faszikel versammelten Texte wurden von einer Hand in einer für das 15. Jh. typischen jüngeren gotischen Kursive geschrieben, die, relativ gut lesbar, durch ihren breiten Duktus auffällt. Lediglich die Verse auf Ar scheinen von anderer Hand nachgetragen.
Buchgestaltung: Schriftraum mit Tinte vorgezogen. Zur Strukturierung Rubriken innerhalb des Texts, rote Lombarden, Paragrafenzeichen und Strichelungen, selten Unterstreichungen. Angaben für Rubrikator teilweise vorhanden.
Buchschmuck: s. Buchgestaltung.

Nachträge und Benutzungsspuren: Anmerkungen von mehreren Händen, eine um 1500 schreibend, darunter auch eine volkssprachliche auf 176r: *das er syn mütter erquick*. Wenige grafische Verweiszeichen.

Provenienz: Heidelberg.
Geschichte des Faszikels: Der Faszikel vereint verschiedene bedeutende Texte zur Bußpraxis, erweitert um kleinere theologische Schriften. Die Auswahl der Autoren wie der volkssprachliche Nachtrag lassen die Entstehung des Faszikels im deutschen Sprachraum vermuten.

1) Ar
Titel: Monita ad sacerdotes.
Incipit: Ar *Presbyter attente capias hec dogmata mente ...*
Explicit: Ar ... *ne te cum Juda dampnet sentencia iusta.*
Edition: Franz Schillmann, Die Handschriften-Verzeichnisse der preußischen Staatsbibliothek zu Berlin, Bd. 14, Verzeichnis der lateinischen Handschriften, Bd. 3, Die Görreshandschriften, Berlin / Heidelberg 1919, S. 119.

2) 1r–68r
Verfasser: Bérenger Frédol d. Ä.
Titel: Summula in foro poenitentiali.
Angaben zum Text: Nach der Systematik Mazzantis kommt der Text Typ A am nächsten (Giuseppe Mazzanti, A proposito della *Summula in foro poenitentiali di Bérenger Frédol* e di due opere sulla confessione attribuite a Giovanni da Legnano e ad Antonio da Budrio, in: Historia et ius – rivista di storia giuridica dell'età medievale e moderna 10 [2016], paper 19): (1r–3v) Inhaltsverzeichnis; (4r–68r) Text.
Rubrik: 1r ›*Jncipit Summa seu Summula confessionis edita a bone memorie domino Berengario quondam episcopo Tusculario et sancte Romane ecclesie cardinalis ac domini pape summo penitenciario*‹. 4r ›*Jncipit Summa in foro penitenciali bonis et vtilis et valde necessaria maxime sacerdotibus super hijs noticiam non habentibus et cetera*‹.
Incipit: 4r ›*In*‹ *primis debet interrogare sacerdos penitentem* ›*vtrum*‹ *sciat pater noster ...*
Explicit: 68r ... *sicut Moyses Amaleth non armis sed orationibus expugnauit.* ›*Explicit Summa in foro penitenciali bonis et vtilis et valde necessaria sacerdotibus super hijs noticiam non habentibus composita per reuerendum patrem dominum Berengarium quondam episcopum Tuscaleum*‹.
Edition: Der Text liegt in keiner modernen Edition vor, erschien aber bereits 1476 als Wiegendruck (GW 5828–5830, hier noch als Werk des Antonio da Budrio angegeben, wenngleich die Autorschaft bereits angezweifelt wird. Der eigentlich von Bérenger Frédol geschaffene Text liegt in zwei unterschiedlichen Versionen vor, weshalb die Druckausgabe vom handschriftlichen Text abweicht).

3) 68r–96v
Verfasser: Bérenger Frédol d. Ä.
Titel: Summa de poenitentia.
Angaben zum Text: Auch einem ‚Magister Paulus predicator S. Nicolai' oder Paulus Hungarus (um 1180–1241) zugeschrieben.
Rubrik: 68r ›*Jncipit Summa seu Formula confessionis edita a bone memorie domino Berengario, quondam episcopo Tuscaleum sancte Romane ecclesie cardinali ac domini nostri pape summo penitenciario*‹.
Incipit: 68r ›*Qvoniam*‹ *circa confessiones pericula sunt ut difficultates quj emergunt ad honorem beati Nycholai ...*
Explicit: 96v ... *quam culpam cognoscere et non flere.*
Edition: J. Lindeboom, Een middeleeuwsch handschrift over de biecht, in: Nederlands archief voor kerkgeschiedenis 15 (1919), S. 161–219, hier S. 180–219.

4) 97r–138v
Verfasser: Johannes von Freiburg.

Titel: Confessionale.
Angaben zum Text: 139r leeres Zeilengerüst. – 139v leer.
Incipit: 97r ›*Simpliciores*‹ *et minus expertos confessores de modo audiendi ...*
Explicit: 138v ... *debita quoque et testamenta celeriter expediant frequencius inpulsabis.* ›*Explicit Confessionale*‹.
Edition: Der Text liegt in keiner modernen Edition vor, erschien aber bereits um 1483 als Wiegendruck (GW M13586).

5) 140r–158r
Verfasser: Hermann von Schildesche.
Titel: Speculum manuale sacerdotum.
Angaben zum Text: Mit Widmung an den Bischof zu Münster Ludwig II. von Hessen (1282/1283–1357) und seinen Klerus.
Incipit: 140r ›*Magister*‹ *Hermannus de Schildis doctor sacre theologie hanc tabulam collegit ex diuersis dictis et scriptis sanctorum patrum et doctorum ...*
Explicit: 158r–159r ... *quod ponitur in reportorio* [!] *aureo eodem tytulo capitulo titulo circa finem requiratur.* ›*Et sic est finis huius tabule*‹.
Edition: Der Text liegt in keiner modernen Edition vor, erschien aber bereits um 1477/80 als Wiegendruck (GW 12295–12301, Sp.692a).

6) 158r–159r
Titel: Auctoritates et regulae iuris.
Rubrik: 158r ›*Auctoritates quedam et regule iuris et cetera*‹.
Incipit: 158r ›*Prelatus*‹ *non est beatus propter cathedram sed cathedra propter eum ...*
Explicit: 159r ... ›*malo*‹ *inchoato principio vix bona exita exaguntur.* ›*Et sic finis huius habetur*‹.

7) 159v–169v
Verfasser: Heinrich von Bitterfeld.
Titel: De horis canonicis.
Angaben zum Text: Hier in gekürzter Form wiedergegeben.
Incipit: 159v ›*Sepcies*‹ *in die laudem dixi tibi, quamuis daminus* [!] *semper et omni tempore a nobis sit laudandus et benedicendus ...*
Explicit: 169v ... ›*Sic*‹ *qui deuote septem horas cottidie deo persoluit vitam eternam habebit,* ›*quam*‹ *nobis concedat dominus noster Ihesus Christus,* ›*qui*‹ *cum patre et spiritu sancto viuit et regnat deus per infinita secula seculorum.* ›*Amen*‹ *et cetera.* ›*Laus deo*‹.
Edition: Der Text liegt in keiner modernen Edition vor, erschien aber bereits ab 1480 als Wiegendruck (GW 12194–12198, Sp.621a).

8) 170r–225r
Titel: Sermo de passione domini.
Rubrik: 170r ›*Passio dominj nostri Ihesu Christi*‹.
Incipit: 170r ›*Proprio filio suo non pepercit deus sed pro nobis omnibus tradidit illum, Ad Romanos viij*‹. *Dilectissime gentes in scriptura reperimus quod mortis ac passionis saluatoris dominj nostri Ihesu Christi fuerunt plures tradiciones ...*
Explicit: 225r ... *perueniamus ad dulcedinem celestis finicionis. Amen et cetera.*

9) 225v–245v
Titel: Translatio sancti Anthonii.
Angaben zum Text: 246r–246v leerer Schriftraum.
Incipit: 225v [T]*empore quo Constancius imperator regebat imperium in Bizantina ciuitate* ...
Explicit: 245v ... *illico senciat impetraturum ad laudem et gloriam dominj nostri Ihesu Christi, cui est honor et gloria in secula seculorum. Amen et cetera.*
Edition: Analecta Bollandiana 2 (1883), S. 341–354.

Faszikel II (Bl. 247–260)

Sachtitel / Inhalt: Tractatulus brevis de arte moriendi.

Entstehungsort: Mitteleuropa.
Entstehungszeit: 15. Jh.

Typus (Überlieferungsform): Faszikel.
Beschreibstoff: Papier.
Umfang: 14 Bll.
Format (Blattgröße): 21,1 × 14,2 cm.
Zusammensetzung (Lagenstruktur): VII^{260}.
Seiten-, Blatt- und Lagenzählung: s. zum Codex.

Schriftraum: 14,8 × 10–11,5 cm.
Spaltenanzahl: 1 Spalte.
Zeilenanzahl: 26–28 Zeilen.
Angaben zu Schrift / Schreibern: Der Text wurde von einer Hand in einer jüngeren gotischen Kursive kopiert.
Buchgestaltung: Zur Strukturierung rote Lombarden, Paragrafenzeichen, Strichelungen und Unterstreichungen. Angaben für Rubrikator teilweise vorhanden.
Buchschmuck: s. Buchgestaltung.

Nachträge und Benutzungsspuren: Überschriften auf den Rändern nachgetragen.

Provenienz: Heidelberg.
Geschichte des Faszikels: Die Ars moriendi dürfte, wie auch der erste Faszikel, in Mitteleuropa kopiert worden sein.

10) 247r–260r
Titel: Tractatulus brevis de arte moriendi.
Angaben zum Text: 260r Gebet.
Rubrik: 247r ›*Tractatus de arte moriendi*‹.
Incipit: 247r ›*Cum*‹ *de presentis exilij et mortis miseria transitus propter moriendi impericiam* ...
Explicit: 260r ... *ut presens antequam mors occupet mori discat.* ›*Amen*‹. *Et sic est finis. Deo gracias.*

Edition: Der Text liegt in keiner modernen Edition vor, erschien aber bereits um 1474 als Inkunabel (GW 2597–2614).

TH

Vatikan, Biblioteca Apostolica Vaticana, Pal. lat. 715

Bartholomäus von San Concordio, Summa de casibus conscientiae

Pergament · 1, 189, 1 Bll. · 28 × 20, 4 cm · Italien (?) · 2. Drittel 15. Jh.

Entstehungsort: Italien (?).
Entstehungszeit: 2. Drittel 15. Jh.

Typus (Überlieferungsform): Codex.
Beschreibstoff: Pergament.
Umfang: 1, 189, 1 Bll.
Format (Blattgröße): 28 × 20, 4 cm.
Zusammensetzung (Lagenstruktur): $(I\text{-}1)^{1a}$ + 18 V^{180} + $(V\text{-}1)^{189}$ + $(I\text{-}1)^{190^*}$. Vorderspiegel Gegenbl. von 1a, Hinterspiegel Gegenbl. von 190*.
Seiten-, Blatt- und Lagenzählung: Römische Foliierung des 17. Jhs. (*1–189*). Bei ungez. Bll. folgt die Zählung dem Digitalisat (1a, 190*). Durchgehend Reklamanten auf der letzten Versoseite der Lage auf dem Fußsteg mittig.
Zustand: Schrift besonders auf den ersten Bll. stellenweise verblasst, zuweilen mit Textverlust. Im Wesentlichen aber gut erhalten.

Schriftraum: 18 × 14 cm.
Spaltenanzahl: 2 Spalten.
Zeilenanzahl: 37–41 Zeilen.
Angaben zu Schrift / Schreibern: Während die Auszeichnungsbuchstaben in einer typischen Rotunda gehalten sind, fällt die Charakterisierung des Fließtexts, der wohl von einer Hand geschrieben wurde, schwerer: Gemäß der Systematik von Albert Derolez könnte er als Semitextualis beschrieben werden (Derolez, Palaeography, S. 118–121), wobei für eine Semitextualis viele Ligaturen vorhanden sind und im Laufe der Bll. f und s zunehmend Unterlängen ausbilden; ebenso könnte man die Schrift auch als schleifenlose Bastarda beschreiben, bei der die Unterlängen bei f und s zuweilen fehlen.
Buchgestaltung: Schriftraum, zuweilen auch Zeilengerüst mit Metallstift vorgezogen. Jeder neue Buchstabe von blauer oder roter Lombarde eingeleitet, mit reichen Fleuronnéverzierungen, meist in Gegenfarbe, selten in Schwarz. Jedes Lemma beginnt mit alternierend blauer oder roter Lombarde mit Fleuronnéverzierungen in Gegenfarbe, bzw. in Schwarz. Innerhalb des Lemmas Beginn einer Quaestio durch alternierend blaues oder rotes Paragrafenzeichen hervorgehoben.
Buchschmuck: s. Buchgestaltung.

Nachträge und Benutzungsspuren: Zuweilen Ziffern der Quaestiones mit arabischen Ziffern auf den Rändern nachgetragen. Ansonsten wenige Korrekturen und Anmerkungen von mehreren Händen und wenige grafische Verweiszeichen.

Einband: Pappe mit grünem Pergament überzogen, auf beschädigtem Vorderdeckel im Zentrum goldgeprägter Plattenstempel mit dem Wappen Papst Urban VIII., auf beschädigtem Rückdeckel im Zentrum gestempeltes Wappen des Kardinals und Bibliothekars Francesco Barberini (1597–1679) in Gold. Gefertigt in Rom zwischen 1626 und 1633; Rücken weißes Pergament mit blauem und schwarzem Schildchen mit aktueller Signatur, oberhalb des schwarzen Schildchens Wappenstempel Papst Pius IX., unterhalb des Kardinals und Bibliothekars Luigi Lambruschini (1776–1854), zwischen 1846 und 1853 in Rom gefertigt (Schunke, Einbände 2.2, S. 849). Gelb-kupfer-türkisfarbenes Kapital.
Provenienz: Heidelberg.
Geschichte der Handschrift: Eingeklebtes blaues Schildchen auf Vorderspiegel. Auf 1r aktuelle Signatur nebst Capsa-Nummer *C. 38.*, darunter Allacci-Signatur *156.* und Altsignatur *159* [durchgestrichen]. Wie Schrift und Layout suggerieren, dürfte die Hs. im Italien des 15. Jhs. entstanden sein. Die Altsignatur auf 1r, *208* [durchgestrichen] *seors.*, deutet auf eine Erwerbung durch Ulrich Fugger (1526–1584) hin (nicht erwähnt bei Lehmann, Fuggerbibliotheken 2, S. 480). Da die Fugger-Signatur auf 1r steht, dürfte er die Hs. bereits ohne den Anfangsteil erworben haben, schließlich scheinen sieben Quinionen zu fehlen – vorausgesetzt dass die fehlenden Lagen aus Quinionen bestanden, im selben Duktus geschrieben und keine weiteren Texte vorgebunden waren. Mit der Bibliothek des Ulrich Fugger gelangte das Werk nach Heidelberg und in die Bibliotheca Palatina (s. Einleitung).

Faksimile: https://digi.ub.uni-heidelberg.de/diglit/bav_pal_lat_715
Literatur: OVL, Pal.lat.715; Schunke, Einbände 2.2, S. 849; Stevenson, Latini, S. 255.

1) 1ra–189va
Verfasser: Bartholomäus von San Concordio.
Titel: Summa de casibus conscientiae.
Angaben zum Text: Beginnt am Ende der zweiten Quaestio zur Eucharistie: (1ra–13va) Buchstabe E; (13va–19ra) Buchstabe F; (19ra–19va) Buchstabe G; (19va–28rb) Buchstabe H; (28rb–59ra) Buchstabe I; (59ra) Buchstabe K; (59ra–66ra) Buchstabe L; (66ra–80rb) Buchstabe M; (80rb–83rb) Buchstabe N; (83va–97ra) Buchstabe O; (97ra–119vb) Buchstabe P; (119vb–120ra) Buchstabe Q; (120ra–133vb) Buchstabe R; (133vb–164va) Buchstabe S; (164va–172ra) Buchstabe T; (172ra–189rb) Buchstabe U / V; (189rb) Buchstabe X; (189rb–189va) Buchstabe Y; (189va) Buchstabe Ç; (189va–b) Verzeichnis der verwendeten Abkürzungen.
Incipit: 1ra [Anfang fehlt] *... et maioris tunc ad omnes diuisiones speciei peruenit ...*
Explicit: 189va *... vt dictum est supra jnuidia § 2. Explicit Summa de casibus conscientie fratris Bartholomei de Sancto Concordio de Pisis, ordinis fratrum Predicatorum. Deo gracias. Amen.*
Edition: Der Text liegt in keiner modernen Edition vor, erschien aber bereits 1473 als Wiegendruck (GW 3450–3457).

TH

Vatikan, Biblioteca Apostolica Vaticana, Pal. lat. 716

Michael Gass, Directorium omnium eorum quae per totius anni curriculum in sacello illustrissimi principis Palatini canuntur et aguntur

Papier · 1, 203, 1 Bll. · 31,8 × 25 cm · Heidelberg · 1533

Entstehungsort: Heidelberg.
Entstehungszeit: 1533.

Typus (Überlieferungsform): Codex.
Beschreibstoff: Papier.
Umfang: 1, 203, 1 Bll.
Format (Blattgröße): 31,8 × 25 cm.
Zusammensetzung (Lagenstruktur): $(I-1)^{1a}$ + V^{VII} + $(IV-1)^{7}$ + 10 IV^{87} + V^{97} + 12 IV^{192} + $(I-1)^{193^*}$. Vorderspiegel Gegenbl. von 1a, Hinterspiegel Gegenbl. von 193*. Zählfehler: Auf 104 folgt 104a, 166 übersprungen, nachträglich mit Bleistift als *166 e 167* korrigiert, 169 doppelt gez.
Seiten-, Blatt- und Lagenzählung: Zeitgenössische Foliierung (*1–192*). Erste Lage beginnt mit zwei ungez. Bll., darauf folgt *I*, gefolgt von einem ungez. Bl., schließlich *II–VII*. Bei ungez. Bll. folgt die Zählung dem Digitalisat (1a–3a, Ia, 193*).
Zustand: Papier gebräunt, phasenweise im Schriftraum stärker gebräunt. Schrift scheint leicht durch. Einige Flecken. Unterer Teil von 104a abgetrennt.
Wasserzeichen: Krone mit zweikonturigem Bügel, Bogen mit Perlen außen, sechs Varianten: mit griechischem, zweikonturigem Kreuz als Beizeichen, Bll. 1–2, 26–27, 33–34, 52, 58, 65–69, 79, 82–83, 88, 94–95, 102–106, 110–112, 119, 126, 139–147, 163–165, 169; mit einkonturigem Stern über der Krone als Beizeichen, Stern ohne Perle am Schaftfuß, zweikonturiger Bügel mit Kreuz, Reif mit Perlen und fünf Zacken, Bll. 3, 12–13, 22, 40, 48–50, 56–57, 172, 185–188; zweikonturiger Bügel mit Kreuz, Reif mit Perlen und Zacken, Bll. 7, 35–39, 60–64, 73–75, 80–81, 92, 97–98, 108–118, 121–124, 129–132, 149–159, 168; mit lateinischem, zweikonturigem Kreuz als Beizeichen, Bll. 8–9, 18–19, 23, 44–46, 101, 135, 174–176, 191; mit einkonturigem Stern als Beizeichen über der Krone, mit Schleife, Stern ohne Perle am Schaftfuß, zweikonturigem Bügel mit Perle und Kreuz / Reichsapfel, Reif mit Perlen und fünf Zacken, Bll. 178, 184; mit einkonturigem Stern als Beizeichen über der Krone, mit Schleife, Stern ohne Perle am Schaftfuß, zweikonturigem Bügel mit Kreuz, Reif mit Perlen und fünf Zacken, Bll. 179–180; mit zweikonturigem Kreuz als Beizeichen, mit einkonturigem Kreuz darüber, außerhalb der Krone, Bl. 190. Allesamt keine Übereinstimmung mit WZIS.

Schriftraum: 24 × 14,5 cm.
Spaltenanzahl: 1 Spalte.
Zeilenanzahl: 19–25 Zeilen.
Angaben zu Schrift / Schreibern: Obgleich der Text auf Lateinisch ist, gebrauchte der Schreiber die deutsche Kurrent. Auffallend dabei sind die Majuskeln, unter denen immer wieder aus der Antiqua übernommene Formen auffallen.

Buchgestaltung: Überschriften in Rot und Textualis (Titelblatt in Capitalis quadrata), untergeordnete Überschriften in Rot und deutscher Kurrent. Einleitende Begriffe wie *Oracio* oder *Finis* oder kürzere Passagen zur Hervorhebung in Rot.
Buchschmuck: s. Buchgestaltung.

Nachträge und Benutzungsspuren: Mit Ausnahme einer *190* auf 80v und eines *Nota bene* auf 157v keinerlei Nachträge von anderer Hand.

Einband: Pappe mit weißem Pergament überzogen, in Rom zwischen 1878 und 1889 gefertigt. Auf dem Rücken blaues und rotes Schildchen mit aktueller Signatur, unterhalb des blauen Schildchens in Gold Wappenstempel von Papst Leo XIII., unterhalb des roten in Gold Wappenstempel von Kardinal und Bibliothekar Jean-Baptiste Pitra (1812–1889) (Schunke, Einbände 2.2, S. 849).
Geschichte der Handschrift: Eingeklebtes blaues Schildchen auf Vorderspiegel, auf 2ar Capsa-Nummer *C. 120* nebst aktueller Signatur und Altsignatur *589* [durchgestrichen]. Wie der Untertitel aussagt, wurde diese Zusammenstellung der in der Heidelberger Schlosskapelle abgehaltenen Liturgie von Michael Gass (um 1497–nach 1546) im Jahr 1533 erstellt: *per me Michaelem Gass eo tempore archimusicus eiusdem principis Ludovici Palatini tercii nomine iussu et auctoritate congestum anno domini M° CCCCC° XXXIII°*. Michael Gass war bereits unter Kurfürst Philipp dem Aufrichtigen bestallt gewesen und schließlich auch unter dessen Sohn Ludwig V. als Altist (Stein, Geschichte, S. 42) und nicht, wie es hier heißt, unter Ludwig III. Aufgrund der wenigen Quellen zur Musik in Heidelberg und am Heidelberger Hof in der ersten Hälfte des 16. Jhs. gilt die Hs. als herausragendes Schriftzeugnis für besagtes Sujet und offenbar weckte die Hs. bereits im 18. Jh. Interesse, wie die Notiz auf 2ar suggeriert, die besagt, dass Johann Anton Hirschmann, Diözesanpriester aus Wien, sie 1760 in der Bibliotheca Vaticana beschrieb.

Faksimile: https://digi.ub.uni-heidelberg.de/diglit/bav_pal_lat_716
Literatur: Stephen M. Keyl, Arnolt Schlick and Instrumental Music Circa 1500, Diss. Duke University 1989, S. 379; Kristeller, Iter Italicum 2, S. 391; Montuschi, Le biblioteche, S. 335; Gunther Morche / Siegfried Hermelink, Art. Heidelberg, 16. Jahrhundert, in: MGG Online, hrsg. von Laurenz Lütteken, Kassel / Stuttgart / New York 2016ff., zuerst veröffentlicht 1996, online veröffentlicht 2016; OVL, Pal.lat.716; Gerhard Pietzsch, Quellen und Forschungen zur Geschichte der Musik am kurpfälzischen Hof zu Heidelberg bis 1622, Wiesbaden 1963 (Abhandlungen der Geistes- und Sozialwissenschaftlichen Klasse / Akademie der Wissenschaften und der Literatur in Mainz 6), S. 70, 89; Nicola Schneider, Die Kriegsverluste der Musiksammlungen deutscher Bibliotheken 1942–1945, Diss. Zürich 2013, S. 19; Schunke, Einbände 2.2, S. 849; Fritz Stein, Zur Geschichte der Musik in Heidelberg, Diss. Heidelberg 1912, S. 43–45; Fritz Stein, Geschichte des Musikwesens in Heidelberg bis zum Ende des 18. Jahrhunderts, Heidelberg 1921, S. 43–45; Stevenson, Latini, S. 255; Joachim Telle, Mitteilungen aus dem „Zwölfbändigen Buch der Medizin“ zu Heidelberg, in: Sudhoffs Archiv 52 (1968), S. 310–340, hier S. 318; Friedrich Walter, Geschichte des Theaters und der Musik am kurpfälzischen Hofe, Leipzig 1898, S. 323 Anm. 1.

1) Ir–190v
Verfasser: Michael Gass.

Titel: Directorium omnium eorum quae per totius anni curriculum in sacello illustrissimi principis Palatini canuntur et aguntur.

Angaben zum Text: (Ir) Titelblatt; (Iv–Iav) leer; (IIr–VIIr) Inhaltsverzeichnis; (VIIv) leer; (1r–7v) Dominica prima adventus domini; (8r–104ar) In vigilia nativitatis domini; (104av) leer; (105r–129r) Dominica prima post octavas Pentecoste; (129v–130v) leer; (131r–147r) De sanctis ab adventu domini usque ad festum Pasche; (147v) leer; (148r–190v) De sanctis post Pascha. – 2ar Notiz über Beschreibung der Hs. durch Johann Anton Hirschmann. – 2av–3av leer.

Rubrik: 1r ›*Jn aduentu domini ad primas vesperas super psalmos*‹.

Incipit: 1r [B]*enedictus cum ceteris.* ›*Antiphona*‹. *Missus est Gabrihel angelus.* ›*Finis*‹. *Desponsatam Joseph …*

Explicit: 190v ›*… Finis*‹. *Salus a deo facta est.* ›*Oracio vt supra*‹.

TH

Vatikan, Biblioteca Apostolica Vaticana, Pal. lat. 717

Zusammengesetzte pastoraltheologisch-kanonistische Handschrift

Papier · 1, 150, 1 Bll. · 20,5 × 15,4 cm · Mitteleuropa · 1. Drittel 15. Jh. / 15. Jh.

Typus (Überlieferungsform): Codex.

Beschreibstoff: Papier.

Umfang: 1, 150, 1 Bll.

Format (Blattgröße): 20,5 × 15,4 cm.

Zusammensetzung (Lagenstruktur): Hs. aus 2 Faszikeln zusammengesetzt (I. Bll. 1–139; II. Bll. 140–149). $(I\text{-}1)^{1a}$ + … + $(I\text{-}1)^{151*}$. Vorderspiegel Gegenbl. von 1a, Hinterspiegel Gegenbl. von 151*.

Seiten-, Blatt- und Lagenzählung: Römische Foliierung des 17. Jhs. (*1–149*). *128* und *150* mit Blei ergänzt bzw. nachgetragen. Vor- und Nachsatzbl. ungez., weshalb hier Zählung der Digitalisate übernommen wird (1a, 151*). 91v Reklamant auf dem Fußsteg rechts, 72v Reste eines durch Beschnitt verloren gegangenen Reklamanten.

Zustand: Im Wesentlichen gut erhalten. Etwas stockfleckig, v. a. am oberen Rand, einige Flecken.

Wasserzeichen: Aufgrund zu geringer Größe nicht aufgenommen.

Einband: Pappe mit weißem Pergament überzogen, in Rom zwischen 1878 und 1889 gefertigt. Gelb-schwarzes Kapital. Auf dem Rücken rotes und blaues Schildchen mit aktueller Signatur, oberhalb des roten Schildchens in Gold Wappenstempel von Papst Leo XIII., unterhalb von Kardinal und Bibliothekar Jean-Baptiste Pitra (1812–1889) (Schunke, Einbände 2.2, S. 849).

Provenienz: Heidelberg.

Geschichte der Handschrift: Modernes blaues Signaturschild der Vaticana *Pal. lat. 717* auf dem vorderen Spiegel. Auf 1r aktuelle Signatur. Auf 49r und 69v moderne Verweise auf die Autoren. Restaurierungsvermerk vom 3. August 2005 der vatikanischen bibliothekseigenen Restaurierungswerkstatt. Der Codex besteht aus zwei Faszikeln, die beide im 15. Jh. entstanden. Wann sie vereinigt wurden, ist unklar.

Faksimile: https://digi.ub.uni-heidelberg.de/diglit/bav_pal_lat_717
Literatur: CALMA, Hermannus de Scildis; CALMA, Heinricus Totting de Oyta; GUGUMUS, Gross-Frankenthal, S. 11, 13; GUGUMUS, Erforschung, S. 138; Mirabile, Matthaeus de Cracovia, De puritate conscientiae; Manfred OBERLEITNER, Die handschriftliche Überlieferung der Werke des Heiligen Augustinus, in: Sitzungsberichte der österreichischen Akademie der Wissenschaften. Philosophisch-historische Klasse 263 (1969), S. 119; 267, 1970, S. 332; OVL, Pal.lat.717; PETR, Soupis, S. 363–368; SCHUNKE, Einbände 2.2, S. 849; STEVENSON, Latini, S. 256 f.; Adolar ZUMKELLER, Hermann von Schildesche O.E.S.A. (gest. 8. Juli 1357). Zur 600. Wiederkehr seines Todestages, Würzburg 1957 (Cassiciacum 14), S. 82 A. 326.

Faszikel I (Bl. 1–139)

Sachtitel / Inhalt: Theologische Texte.

Entstehungsort: Mitteleuropa.
Entstehungszeit: 1. Drittel 15. Jh.

Typus (Überlieferungsform): Faszikel.
Beschreibstoff: Papier.
Umfang: 139 Bll.
Format (Blattgröße): 20,5 × 15,4 cm.
Zusammensetzung (Lagenstruktur): 6 VI^{72} + $(IV-1)^{79}$ + 4 VI^{127} + II^{131} + IV^{139}.
Seiten-, Blatt- und Lagenzählung: s. zum Codex.

Schriftraum: 17 × 10 cm.
Spaltenanzahl: 1 Spalte.
Zeilenanzahl: 32–42 Zeilen.
Angaben zu Schrift / Schreibern: Relativ flüchtig ausgeführte gotische Kursive von zwei Händen; die zweite Hand übernimmt auf 116r. Zuweilen bei den Schleifen der Oberlängen von b und l noch fähnchenartige Formen erkennbar, die an die Kanzleikursiven des 14. Jhs. gemahnen.
Buchgestaltung: Ränder mit Tinte vorgezogen. An den Anfängen rote Lombarden, in der Regel über zwei bis drei Zeilen, ferner rote Strichelungen und Unter- bzw. Durchstreichungen. Rubrizierungen lediglich bis 121r.
Buchschmuck: s. Buchgestaltung.

Nachträge und Benutzungsspuren: Wenige Korrekturen, Verweise und grafische Verweiszeichen von mehreren Händen.

Provenienz: Heidelberg.
Geschichte des Faszikels: Aufgrund des Inhalts und der Schrift ist anzunehmen, dass der Faszikel im ersten Drittel des 15. Jhs. an einer Universität im deutschen Sprachraum entstand. Für letztere Annahme sprechen die deutschen Worte auf 37r.

1) 1r–12v
Verfasser: HEINRICH VON LANGENSTEIN.

Titel: De confessione.

Angaben zum Text: Auch dem Johannes Kusin zugeschrieben, vgl. Kaeppeli, Scriptores OP 2, S. 466 f. (ohne Erwähnung vorliegender Hs.).

Rubrik: 1r ›*Jncipit tractatus compendiosus de confessione magistri Heinrici de Hassia professoris sacre theologie*‹.

Incipit: 1r ›*Tici*‹ [!] *dabo claues regni celorum, Mt vj^o* [!]. *Vnde* [!] *hoc cuilibet dicitur confessori, qui absoluendi habet potestatem ...*

Explicit: 12v ... *quo ad scripta licet quo ad quedam alia. Deo gracias et Marie virgini et cetera.* ›*Explicit tractatus compendiosus de confessione magistri Hainrici de Hassia doctoris theologie*‹.

2) 13r–29r

Verfasser: Matthäus von Krakau.

Titel: De modo confitendi et puritate conscientiae.

Angaben zum Text: Auch als ‚Confessionale' oder ‚De modo confitendi' bekannt.

Rubrik: 13r ›*Jncipit confessionale magistri Mathei et doctoris sacre theologie de Kracouia et cetera*‹.

Incipit: 13r ›*Qvoniam*‹ *fundamentum et ianua virtutum omnisque gratie ac spiritualis consolacionis principium est constitutum* [!] *puritas ...*

Explicit: 29r ... *cum apparuerit gloria tua, ad quam nos perducat ipse deus, qui viuit et regnat in secula seculorum et cetera. Amen. Et sic est finis huius operis.* ›*Explicit et cetera*‹.

Edition: Corpus Thomisticum; Mateusza z Krakowa. Opuscula theologica dotyczace spowiedzi i komunii, hrsg. von Władysław Seńko / A. L. Szafrański, Warschau 1974 (Materiały do historii teologii średniowiecznej w polsce 1, Textus et studia historiam theologiae in Polonia excultae spectantia 2,1), S. 248–292.

3) 29v–36v

Verfasser: Heinrich von Friemar (?).

Titel: Tractatus de occultatione vitiorum sub specie virtutum.

Angaben zum Text: 37r durchgestrichener Text, Anfang des folgenden Texts, letzte Zeile auf Deutsch. – 37v leer.

Rubrik: 29v ›*Liber de occultacione viciorum sequitur et cetera*‹.

Incipit: 29v ›*Est*‹ *via que apparet homini recta, nouissima autem huius ducunt ad mortem, Proverbiorum 14to* [!], *secundum Gregorium ...*

Explicit: 36v ... *omnem superbiam a sue corde eliminabit. Nobis prestare dignetur Ihesus Christus Marie filius.* ›*Amen. Deo gracias. Et sic est finis et cetera. Explicit liber de occultacione viciorum*‹.

Edition: Henrici de Frimaria O.S.A. Tractatus ascetico-mystici, Bd. 2, hrsg. von Adolar Zumkeller, Rom 1992 (Corpus scriptorum Augustinianorum 3, 2), S. 91–144 (ohne Berücksichtigung vorliegender Hs.).

4) 38r–48v

Verfasser: Pseudo-Thomas-von-Aquin.

Titel: De officio sacerdotis.

Rubrik: 38r ›*Incipit*‹ *summa de officio sacerdotis absoluto Thoma de Aquino ordinis fratrum Predicatorum et sacre theologie professore edita et compilata.*

Incipit: 38r *Quia sacerdotis officium circa tria principaliter versatur ...*

Explicit: 48v ... *tales faciat sacerdotes nostris temporibus, quales descripti sunt. Qui cum patre et spiritu sancto viuit et regnat per infinita secula seculorum.* ›*Amen et cetera. Explicit summa de officio sacerdotis absoluto Thoma de Aquino sacre theologie professore edita et compilata* [durchgestrichen: *ordinis Predicatorum*]‹.
Edition: Corpus Thomisticum.

5) 49r–57r
Verfasser: Hermann von Schildesche.
Titel: Speculum manuale sacerdotum.
Angaben zum Text: Mit der Widmung an den Bamberger Bischof Friedrich I. von Hohenlohe († 1352).
Rubrik: 49r ›*Jncipit prologus in Speculum manuale sacerdotum compilatum a fratre* [durchgestrichen: *Iohanne*] *Hermanno de Schildicz sacre theologie professoris ordinis heremitorum sancti Augustini et cetera*‹.
Incipit: 49r ›*Uenerabili*‹ *in Christo patri ac domino domino Friderico de gracia dei prouidencia episcopo ac reuerendo patri domino Friderico decano venerande Rabenbergensis* [!] *ecclesie ...*
Explicit: 57r ... *sacerdos possit eam absoluere et cetera. Et sic est finis. Deo patri sit laus et gloria. Amen et cetera.* ›*Explicit tractatus de sacramentis*‹.
Edition: Der Text liegt in keiner modernen Edition vor, erschien aber bereits um 1477/80 als Wiegendruck (GW 12295–12301, 10 Sp.692a); Prolog ediert bei: Richard Scholz, Unbekannte kirchenpolitische Streitschriften aus der Zeit Ludwigs des Bayern (1327–1354). Analysen und Texte, Bd. 1, Analysen, Rom 1911 (Bibliothek des kgl. Preussischen Historischen Instituts in Rom 9), S. 234–236.

6) 57v–69r
Titel: Tractatus de horis canonicis dicendis.
Incipit: 57v ›*Nota*‹ *quia sunt varia dicta doctorum de horis canonicis dicendis ...*
Explicit: 69r ... ›*in capitulo Olim et cetera. Deo gracias et cetera. Explicit Tractatus de horis canonicis dicendis*‹.

7) 69v–79r
Verfasser: Paulus Kölner.
Titel: De septem horis canonicis.
Rubrik: 69v ›*Jncipit tractatulus* [übergeschrieben: *de*] *septem horis canonicis per dominum Paulum Kolner licenciatus in iure canonico precollectus et cetera*‹.
Incipit: 69v ›*In*‹ *nomine sancti et indiuidue trinitatis patris et filij et spiritus sancti. Amen. Ego Paulus dictus Kolner, electus in episcopum Ratisponensem, inter omnes decretorum licenciatos minimus ...*
Weiteres Initium: 69v *Septies in die laudem dixi tibi...*
Explicit: 79r ... *decantemus nunc et in euangelio jn honore illius qui est benedictus in secula seculorum.* ›*Amen et cetera. Explicit tractatus de horis canonicis domini Pauli licenciatus in iure canonico et cetera*‹.

8) 80r–82v
Verfasser: Hugo Ripelin von Straßburg.
Titel: Auszüge aus dem ‚Compendium theologicae veritatis'.
Incipit: 80r *Omnes angelos deus fecit bonos non tamen summos ...*

Explicit: 82v ... *vbi thesaurus tuus, ibi et cor tuum et cetera.*
Edition: Ediert als Werk des Albertus Magnus: B. Alberti Magni [...] Opera omnia, hrsg. von Stephan C.A. Borgnet, Bd. 35, Paris 1896, S. 1–306.

9) 83r–86v
Titel: Text zur christlichen Eschatologie.
Angaben zum Text: Beginnend mit dem ‚Liber de Antichristo' des Adso von Montier-en-Der (910/915–992), dann aber bald von diesem abweichend, verschiedene Bereiche der christlichen Eschatologie behandelnd, unter Zuhilfenahme verschiedener Autoritäten, wie beispielsweise Augustinus. – 86v Ordnung der Bücher des Alten Testaments.
Incipit: 83r ›*De*‹ *Antichristo scire volentibus primo dicemus quare sic vocatur* ...
Explicit: 86v ... *et vix est qui recogitet et cetera.*
Edition: Der ‚Liber de Antichristo' des Adso von Montier-en-Der bei Migne PL 40, Sp. 1131–1134.

10) 87r–99r
Verfasser: Heinrich von Langenstein.
Titel: Tractatus de missa.
Angaben zum Text: Rubrik durch Beschnitt nicht mehr lesbar.
Incipit: 87r *Qvam breuis fuerit missa et in verbis et in ceremonijs* ...
Explicit: 99r ... *jdeo sufficiant que dicta sunt hoc pro presenti.* ›*Deo gracias et cetera. Explicit composicio misse magistri Heinrici de Hassia professoris sacre theologie*‹.

11) 99r–99v
Titel: Anweisungen zur Gestaltung der Messe.
Incipit: 99r *Wltus prespiteri celebrantis nemo tueri debet* ...
Explicit: 99v ... *ex habundancia cordis os loquitur et cetera.* ›*Explicit expliciunt et cetera*‹.

12) 100r–101v
Verfasser: Heinrich Totting von Oyta.
Titel: De fructibus orationis.
Incipit: 100r ›*Primo*‹ *queritur, an ad hoc, quod fructuosa sit oracio* ...
Explicit: 101v ... *carnalis autem uel sensualis anime motus et cetera.*

13) 101v–102r
Titel: De verbo genito a patre.
Rubrik: 101v ›*Nota de verbo genito a patre*‹.
Incipit: 101v *Quomodo hoc fiat quod verbum gignatur a patre* ...
Explicit: 102r ... *qui conceptus de spiritu sancto natus ex Marie virgine et cetera.*

14) 102r–103v
Titel: Opusculum de anima.
Rubrik: 102r ›*Dicit philosophus intellectus agens est omnia facere sed possibilis omnia fieri et cetera*‹.
Incipit: 102r *Sed in hoc differunt quia* [durchgestrichen: *est*] *speculatiuus intellectus* ...
Explicit: 103v ... *Eodem modo anima in centro cordis existens viuificat totum corpus et cetera.* ›*Explicit opusculum de anima*‹.

15) 104r–107r
Beteiligte Personen: Pseudo-Augustinus.
Titel: Exzerpt aus den ‚Meditationes' des Pseudo-Augustinus.
Angaben zum Text: Auszüge aus Kapitel XI–XVII. – 107v leer.
Rubrik: 104r ›*Jncipit liber supputacionum*‹.
Incipit: 104r *Antequam incipiatur liber supputacionum ...*
Explicit: 107r ... *et eterna beatitudo et beata tui sine fine visio et laudacio. Ubi tu cum illo et ille tecum in communione spiritus sancti et eternaliter ac sempiternaliter viuis et regnas deus per omnia secula seculorum.* ›*Amen et cetera. Est finis et cetera. Explicit et cetera*‹.
Edition: Migne PL 40, Sp. 909–914 (als ‚Liber meditationum' des Augustinus).

16) 108r–111r
Verfasser: Heinrich von Langenstein.
Titel: Tractatus bipartitus de contractibus.
Angaben zum Text: Kapitel 38 aus dem 2. Teil.
Incipit: 108r ›*Iam*‹ *tandem materiam hanc diu tantam* [!] *et extense satis ...*
Explicit: 111r ... *ne ex subita mutuacione talium peiora fierent et cetera.* ›*Et sic est finis*‹.
Edition: Transkription von Christoph Cluse in der Bibliotheca Augustana, gedruckt als Werk des Jean Gerson, GW 10713, Bd. 4, 185r–224r.

17) 111r–112r
Titel: De materia in praestitorum seu annalium reddituum.
Angaben zum Text: 112v leer.
Rubrik: 111r ›*De materia jn prestitorum seu annalium reddituum et cetera*‹.
Incipit: 111r ›*Primo*‹ *considerandum quod vsura est quidquid sorti accidit ...*
Explicit: 112r ... *et hoc intellige in redditibus pecunialibus alias secus* ›*et cetera. Deo gracias et cetera. Et sic est finis*‹.

18) 113r–114r
Beteiligte Personen: Anicius Manlius Severinus Boethius.
Titel: Exzerpt aus Teilen der ‚Consolatio philosophiae' des Boethius.
Incipit: 113r ›*Boecius*‹ *in 3º de consolatione, prosa nona, dicit ...*
Explicit: 114r ... *supponitur methaphysice siue theologie et cetera.*

19) 114r–127v
Beteiligte Personen: Hildebert von Lavardin.
Titel: Expositio zu den ‚Versus de mysterio missae' des Hildebert von Lavardin.
Rubrik: 114r ›*Scribere disposui quid mistica sacra priorum missa representet quidve minister agat*‹.
Incipit: 114r *Jste liber, cuius subiectum est exposicio misse et eorum que aguntur in missa, diuiditur in duas partes, scilicet ...*
Explicit: 127v ... *hoc docet ille liber. Explicit exposicio summe sacrificiorum et cetera.*

20) 128r–138v
Titel: Ausführungen zu Sünden und Beichte.
Incipit: 128r [A]*ristotiles scribit 4to ethicorum anima est nobilior particula quam sit corpus ...*

Explicit: 138v ... *ut quisquis audet celebrare ligatus ecclesie fractor et qui communicat illi et cetera.*

21) 139r–139v
Verfasser: Jacobus de Voragine.
Weitere beteiligte Personen: Petrus Ravennensis.
Titel: Miraculum de sancta Katherina.
Angaben zum Text: Jacobus de Voragine nach Petrus Ravennensis.
Rubrik: 139r ›*De sancta Katherina Petrus Rauennensis scribit*‹.
Incipit: 139r *Antistes quidam Mediolanensis nomine Sabinus post gloriosam virginem Mariam beatem Katherinam in precipua deuocione habuit ...*
Explicit: 139v ... *jn huius quaque gloriosi episcopi memoriam annulus et cartula episcopus Mediolanensis usque hodie seruatur. Deo gracias. Miraculum bonum beate virginis Katherine.*
Edition: Jacobi a Voragine Legenda aurea. Vulgo Historia Lombardica dicta, hrsg. von Theodor Graesse, Dresden / Leipzig 1846, S. 914f.

Faszikel II (Bl. 140–150)

Sachtitel / Inhalt: Texte zu Sünden und Beichte.

Entstehungsort: Mitteleuropa.
Entstehungszeit: 15. Jh.

Typus (Überlieferungsform): Faszikel.
Beschreibstoff: Papier.
Umfang: 10 Bll.
Format (Blattgröße): 20,5 × 15,4 cm.
Zusammensetzung (Lagenstruktur): $(VI-1)^{150}$.
Seiten-, Blatt- und Lagenzählung: s. zum Codex.

Schriftraum: 13,5 × 8,5 cm.
Spaltenanzahl: 1 Spalte (147r–149r: 2 Spalten).
Zeilenanzahl: 25–26 Zeilen.
Angaben zu Schrift / Schreibern: Gut lesbare Bastarda mit kalligrafischem Anspruch von einer Hand.
Buchgestaltung: Schriftraum mit Tinte vorgezeichnet. An den Anfängen rote Lombarden über zwei bis drei Zeilen. Ferner rote Strichelungen und rotes Paragrafenzeichen.
Buchschmuck: s. Buchgestaltung.

Nachträge und Benutzungsspuren: Verweise und Anmerkungen von einer Hand.

Provenienz: Augustinerchorherrenstift Kirschgarten / Augustinerchorherrenstift Groß-Frankenthal / Heidelberg.
Geschichte des Faszikels: Offenbar befand sich dieser Faszikel im Augustinerchorherrenstift Kirschgarten bei Worms, wie der Eintrag auf 140r von einer Hand des 15. Jhs. suggeriert: *Fratrum est canonicorum regularium monasterij Kirßgarten circa Wormaciam.* Nachdem

der Konvent von Wormser Bürgern 1525 im Zuge des Bauernkriegs geplündert worden war, siedelten die Kanoniker in das Augustinerchorherrenstift Groß-Frankenthal um (vgl. Jürgen Keddigkeit / Charlotte Lagemann / Matthias Untermann, Worms, St. Maria, in: Pfälzisches Klosterlexikon, Bd. 5, hrsg. von Jürgen Keddigkeit u. a., Kaiserslautern 2019 [Beiträge zur pfälzischen Geschichte 26.5], S. 738–764, hier S. 746). Offenbar wurde dabei dieser Faszikel mitgeführt, wie der Eintrag von einer Hand des 17. Jhs. auf 140r nahelegt: *Maius Franckenthal.* Mit der Aufhebung des Augustinerchorherrenstifts Groß-Frankenthal im Zuge der Reformation dürfte der Faszikel nach Heidelberg gelangt sein.

22) 140r–146v
Titel: Confessio sancti Bernhardi.
Rubrik: 140r ›*Confessio sancti* [von anderer Hand durchgestrichen, darüber geschrieben: *cuiusdam*] *Bernhardi* [von anderer Hand dahinter geschrieben: *peccatoris*]‹.
Incipit: 140r *Ego peccator indignus culpabilis: Confiteor deo et beate Marie et omnibus sanctis et vobis pater loco dei ...*
Explicit: 146v ... *et te patrem orare pro me misero peccatore.*

23) 147ra–149ra
Titel: Sünden, nach Gruppen geordnet.
Incipit: 147ra ›*Nota: Peccata cordis hec sunt:*‹ *cogitacio, delectacio, consensus ...*
Explicit: 149ra ... *Admonicionibus bonis non adquiescere et cetera.*

TH

Vatikan, Biblioteca Apostolica Vaticana, Pal. lat. 718

Sammelhandschrift zum Kanonischen Recht

Pergament · 1, 2, 152, 2 Bll. · 14 × 10 cm · Mitteleuropa / Italien · 14. Jh. / 2. Hälfte 15. Jh.

Typus (Überlieferungsform): Codex.
Beschreibstoff: Pergament.
Umfang: 1, 2, 152, 2 Bll.
Format (Blattgröße): 14 × 10 cm.
Zusammensetzung (Lagenstruktur): Hs. mit Fragment (I. Bll. a–b; II. Bll. 1–146). $(I\text{-}1)^{1a}$ + ... + $(I\text{-}1)^{152^*}$. Vorderspiegel Gegenbl. von 1a, Hinterspiegel Gegenbl. von 152*. Zählfehler: Auf 112 folgen 2 ungez. Bll. Lagenformel ab 151* unklar.
Seiten-, Blatt- und Lagenzählung: Römische Foliierung des 17. Jhs. (*a–b, 1–146*). Bei ungez. Bll. Zählung der Digitalisate übernommen (1a, 112a–112b, 147*–151*). Durchgehend auf letzter Versoseite der Lage auf Fußsteg rechts Reklamant im rechten Winkel zum Text (nicht auf 90v, 132v, 142v).
Zustand: Kaum Flecken. Insbesondere rote Tinte zuweilen verblasst, mitunter zur Unleserlichkeit. Ansonsten gut erhalten. Auf den letzten Bll. unten Schimmel, auf 150* Wasserschaden.

Einband: Dunkelrotes Maroquinleder auf Pappe mit blindgeprägtem Palmettenrahmen, zwischen 1878 und 1903 in Rom gefertigt. Auf dem Rücken aktuelle Signatur in Gold, darüber Wappenstempel von Papst Leo XIII. in Gold (SCHUNKE, Einbände 2.2, S. 849).
Provenienz: Augsburg / Heidelberg.
Geschichte der Handschrift: Modernes blaues Signaturschild der Vaticana *Pal. lat. 718* auf dem vorderen Spiegel aus blauem Papier. Mit Blick auf die Schrift und die Texte, die sich zu einem guten Teil mit dem Werk des Antoninus von Florenz (1389–1459) auseinandersetzen, ist davon auszugehen, dass die Hs. in der zweiten Hälfte des 15. Jhs. in Italien entstand. Späterhin wurde sie von Ulrich Fugger (1526–1584) erworben, wie die Signatur auf 1r *394: seor:* suggeriert (nicht bei LEHMANN, Fuggerbibliotheken). Dass dem Codex erst in der Heidelberger Zeit, nachdem die Sammlung Fuggers auf testamentarischen Wunsch an den Pfälzer Kurfürsten gelangt war und schließlich in die Bibliotheca Palatina einging, zwei Bll. aus einem Psalter des 14. Jhs. vorgebunden wurden, dafür sprechen die Fugger-Signatur und eine weitere Altsignatur *350* [durchgestrichen] auf 1r, dem Beginn der eigentlichen Texte, während sich die Capsa-Nummer *C. 175*, darunter die Allacci-Signatur *782* [durchgestrichen] und eine weitere Altsignatur *350* auf dem ersten vorgebundenen Bl. ar befinden.

Faksimile: https://digi.ub.uni-heidelberg.de/diglit/bav_pal_lat_718
Literatur: BioBib Jurists, Antoninus Florentinus (r045); Raymond CREYTENS, Les cas de conscience soumis à S. Antonin de Florence par Dominique de Catalogne O.P., in: Archivum fratrum Praedicatorum 28 (1958), S. 149–220, hier S. 164–211; Raymond CREYTENS, Les „Consilia" de S. Antonin de Florence O.P., in: Archivum fratrum Praedicatorum 37 (1967), S. 263–342, hier S. 264–271, 323–329; KRISTELLER, Iter Italicum 6, S. 355; Mirabile; MONTUSCHI, Le biblioteche, S. 335; OVL, Pal.lat.718; SCHUNKE, Einbände 2.2, S. 849; STEVENSON, Latini, S. 257 f.

Fragment (Bl. a–b)

Sachtitel / Inhalt: Psalterium (Fragment).

Entstehungsort: Mitteleuropa.
Entstehungszeit: 14. Jh.

Typus (Überlieferungsform): Fragment.
Beschreibstoff: Pergament.
Umfang: 2 Bll.
Format (Blattgröße): 14 × 10 cm.
Zusammensetzung (Lagenstruktur): I^{b} .
Seiten-, Blatt- und Lagenzählung: s. zum Codex.

Schriftraum: 13 × 8 cm.
Spaltenanzahl: 2 Spalten.
Zeilenanzahl: 32 Zeilen.
Angaben zu Schrift / Schreibern: Von einer Hand in einer Textualis, deren a über das Mittelband hinausragt und die Häkchen als feine Haarstriche anstelle von i-Punkten setzte.

Buchgestaltung: Zeilengerüst mit Tinte vorgezogen. Anfänge der Psalmen mit alternierend blauer oder roter Lombarde über zwei Zeilen hervorgehoben. Ferner alternierend blaue und rote Satzmajuskeln zur Strukturierung des Texts.
Buchschmuck: s. Buchgestaltung.

Provenienz: Heidelberg.

1) ara–bvb
Titel: Psalterium (Fragment).
Angaben zum Text: Umfasst Ps 103,5–105,28.
Incipit: ara ... [stabili]*tatem suam non inclinabitur in seculum seculi ...*
Explicit: bvb ... ›*et*‹ *initiati sunt in Belphe*[gor...Text bricht ab].
Edition: Biblia sacra iuxta Vulgatam versionem, hrsg. von Robert WEBER / Bonifatius FISCHER / Roger GRYSON, Stuttgart [5]2010, S. 899–906.

Faszikel (Bl. 1–146)

Sachtitel / Inhalt: Sammelhandschrift zum Kanonischen Recht.

Entstehungsort: Italien.
Entstehungszeit: 2. Hälfte 15. Jh.

Typus (Überlieferungsform): Faszikel.
Beschreibstoff: Pergament.
Umfang: 1, 2, 152, 2 Bll.
Format (Blattgröße): 14 × 10 cm.
Zusammensetzung (Lagenstruktur): 11 V^{110} + II^{112b} + 3 V^{142} + IV^{150^*} + 1^{151^*}.
Seiten-, Blatt- und Lagenzählung: s. zum Codex.

Schriftraum: 9 × 6,5 cm.
Spaltenanzahl: 1 Spalte.
Zeilenanzahl: 23–25 Zeilen.
Angaben zu Schrift / Schreibern: Alle Texte wurden von einer Hand in einer gut lesbaren humanistischen Kursive geschrieben.
Buchgestaltung: Zeilengerüst mit Tinte vorgezogen. Rubriken und rote Paragrafenzeichen zur Gliederung der Texte. Raum für eingerückte Initialen freigelassen, Angaben für Rubrikator noch vorhanden, allein auf 1r rote Lombarde mit Aussparung ausgeführt.
Buchschmuck: s. Buchgestaltung.

Nachträge und Benutzungsspuren: Lediglich einige grafische Verweiszeichen.

Provenienz: Augsburg / Heidelberg.

2) 1r–3v
Verfasser: ANTONINUS VON FLORENZ.
Titel: Tractatus de decimis.

Angaben zum Text: Entspricht der ‚Summa theologica moralis', Liber 2, Titulus 4, Capitulum 3, vgl. Mirabile; Kaeppeli, Scriptores OP 1, Nr. 248, S. 87.
Rubrik: 1r ›*Incipit tractatus reverentissimi archiepiscopi Florentini domini Anthonini de decimis soluendis*‹.
Incipit: 1r ›*De*‹ *decimis soluendis: Quia confessores debent facere conscienciam confitentibus ...*
Explicit: 3v ... *quomodo excusentur et facienda sit eis consciencia dictum est supra. Explicit.*

3) 3v–11v
Titel: De peccatis manus physicae et moralis.
Incipit: 3v *Manus dectractoria. Manus feneratoria. Manus fraudatoria ...*
Explicit: 11v ... *et sic sanguis emundabit conscienciam omnium nostrum* [!] *quod ille concedat qui sine fine uiuit et regnat. Amen.*

4) 12r–14v
Beteiligte Personen: Antoninus von Florenz.
Titel: Exzerpt aus der ‚Summa theologica moralis' des Antoninus von Florenz.
Angaben zum Text: Beginnend in Liber 3, Titulus 17, Capitulum 18, fortgeführt in Buch 3, Titulus 1, Capitulum 11.
Rubrik: 12r ›*Quinque regule ad cognoscendum peccatum si est mortale uel non secundum eundem reverendissimum archiepiscopum Florentinum dominum magistrum Anthoninum*‹.
Incipit: 12r *Prima regula est quod quando amor uel affectio ad aliquam creaturam tantum crescit ...*
Explicit: 14v ... *uel incontinentis metum non aut quod pro libito. Explicit.*
Edition: Der Text liegt in keiner modernen Edition vor, erschien aber bereits 1477–80 als Inkunabel (GW 02185–02198, 2 Sp. 472a, 02198a).

5) 15r–21v
Beteiligte Personen: Antoninus von Florenz.
Titel: Exzerpt aus der ‚Summa theologica moralis' des Antoninus von Florenz.
Angaben zum Text: Liber 2, Titulus 1, Capitulum 7, § 39–44.
Rubrik: 15r ›*Eiusdem reverendissimi archiepiscopi domini Anthonini Florentini de Socidis animalium*‹.
Incipit: 15r *Interogandum* [!] *est de traditione animalium ...*
Explicit: 21v ... *fit quedam compensatio unius cum altero ad uitanda litigia. Explicit.*
Edition: GW 02185–02198, 2 Sp. 472a, 02198a.

6) 22r–25r
Beteiligte Personen: Antoninus von Florenz.
Titel: Exzerpt aus der ‚Summa theologica moralis' des Antoninus von Florenz.
Angaben zum Text: Hier als ‚Tractatus de usuris' überschrieben, so auch bei Mirabile, mit diesem aber nicht übereinstimmend, vielmehr ein Exzerpt dessen, der aufgenommen wurde in die ‚Summa theologica moralis' als Liber 2, Titulus 1, Capitulum 6–7; Kaeppeli, Scriptores OP 1, Nr. 244, S. 84.
Rubrik: 22r ›*Eiusdem reverendissimi archiepiscopi Florentini magistri Anthonini ordinis Predicatorum Tractatus de usuris*‹.
Incipit: 22r *Nota quod recta usura fit et sine peccato ...*
Explicit: 25r ... *siue plus accepturus sit siue non usurarius est secundum intentionem.*

Edition: GW 02185–02198, 2 Sp. 472a, 02198a.

7) 25r–26r
Titel: Exzerpt aus VI 5.5.1–5.5.2.
Rubrik: 25r ›*Constitutio concilii Lateranensis contra usurarios edita sub diuinę maledictionis interminatione*‹.
Incipit: 25r ›*Precipimus*‹ *inuiolabiliter obseruari ...*
Explicit: 26r ... *pene predicti concilii statuimus subiacere. Finit.*
Edition: Corpus Iuris Canonici 2, Sp. 1081 f.

8) 26r–26v
Titel: Circumstantiae confessionis quas habere debet vera confessio.
Rubrik: 26r ›*Circumstantię confessionis quas habere debet uera confessio iuxta illud prophete: Dixi confitebor aduersum me iniustitias meas domino et tu remisisti impietatem peccati mei*‹.
Incipit: 26r *Prima circumstantia est quod ipsa confessio debet esse premediata ...*
Explicit: 26v ... *et tu remisisti.*

9) 27r–31v
Beteiligte Personen: Antoninus von Florenz.
Titel: Exzerpt aus der ‚Summa theologica moralis' des Antoninus von Florenz.
Angaben zum Text: Hier als ‚Tractatus de cambiis' überschrieben, so auch bei Mirabile, Tractatus de cambiis, mit diesem aber nicht übereinstimmend, sondern vielmehr ein Exzerpt dessen, der aufgenommen wurde in die ‚Summa theologica moralis' als Liber 2, Titulus 1, Capitulum 7, § 48–51; vgl. Kaeppeli, Scriptores OP 1, Nr. 245, S. 85.
Rubrik: 27r ›*Jncipit Tractatus de cambiis secundum eundem reuerendissimum magistrum Anthoninum archiepiscopum Florentinum*‹.
Incipit: 27r *Cambia fiunt tripliciter et de quolibet horum* [!] *uidendum est si licitum ...*
Explicit: 31v ... *qui studet. Finis de cambiis.*
Edition: GW 02185–02198, 2 Sp. 472a, 02198a.

10) 32r–38v
Verfasser: Antoninus von Florenz.
Titel: Tractatus de defectibus divini officii et missae.
Angaben zum Text: Entspricht der ‚Summa theologica moralis', Liber 3, Titulus 13, Capitulum 4 und 6; vgl. Kaeppeli, Scriptores OP 1, Nr. 251, S. 89; Mirabile, Tractatus de defectibus divini officii et missae.
Rubrik: 32r ›*Jncipit tractatus eiusdem reuerendissimi archiepiscopi Florentini domini fratris Anthonini de celebratione, obligatione ac defectibus diuini offitii. Et primo de tribus conditionibus personarum quę tenentur ad officium*‹.
Incipit: 32r *Circa diuinum offitium plurima quęruntur ...*
Explicit: 38v ... *tunc desinit teneri. Finis.*
Edition: GW 02185–02198, 2 Sp. 472a, 02198a.

11) 39r
Titel: De levi et gravi et enormi iniuria.
Rubrik: 39r ›*De levi et gravi et enormi iniuria*‹.
Incipit: 39r *Iniuria leuis est et leuis iudicatur ...*

Explicit: 39r ... *tamen circa finem.*

12) 39r–39v
Beteiligte Personen: Innozenz IV.
Titel: Exzerpt aus der Dekretale ‚Perlectis' Papst Innozenz IV.
Rubrik: 39r ›*Declaratio domini Innocentii pape 4^i^ de leui iniuria*‹.
Incipit: 39r *Circa absolutionem excommunicationis nos dubitare perspeximus ...*
Explicit: 39v ... *quam contra statuta canonum aliquid delinquere.*
Edition: Peter D. Clarke, Between Avignon and Rome. Minor Penitentiaries at the Papal Curia in the Thirteenth and Fourteenth Centuries, in: Rivista di Storia della Chiesa in Italia 63 (2009), S. 455–510, hier S. 508–510.

13) 40r
Titel: Dekretale ‚Ad evitanda scandala' Papst Martin V.
Angaben zum Text: 1418 im Kontext des Konstanzer Konzils publizierte Dekretale.
Rubrik: 40r ›*Constitutio siue extrauagans domini Martini pape v^i^, facta in concilio Constantię, scilicet de obseruantia censurarum tam a iure quam ab homine emanantium*‹.
Incipit: 40r *Ad euitanda scandala et multa pericula* [Zeilenfüller] *et ad subueniendum conscientiis timoratis omnibus Christi fidelibus indulgemus ...*
Explicit: 40r ... *uolumus abstineri iuxta canonicas sanctiones.*
Edition: Bernhard Hübler, Die Constanzer Reformation und die Concordate von 1418, Leipzig 1867, S. 186–191, 335 f., 349 f.

14) 40v–41r
Titel: Breve Papst Eugen IV.
Angaben zum Text: Ausgestellt am 7. Juli 1446.
Rubrik: 40v ›*Constitutio seu extrauagans domini Eugenii 4^i^ de communione fienda a fidelibus in die* [Zeilenfüller] *sancto Pasce, uel aliter ut infra continetur*‹.
Incipit: 40v *Eugenius episcopus seruus seruorum dei dilecte fili* [!] *salutem et apostolicam benedictionem. Fide digna relatione ...*
Explicit: 41r ... *Datum Romę apud sanctum Petrum sub anulo nostro secreto pontificatus nostri anno xvi^o^ die viii Iulii.*
Edition: Zeffirino Lazzeri, De epistola quadam inedita S. Ioannis a Capistrano circa communionem paschalem (1445), in: Archivum Franciscanum historicum 21 (1928), S. 269–284, hier S. 282 f.

15) 41r–42r
Titel: De quinque causis ob quas differri debet sacramentum corporis Christi.
Angaben zum Text: 42r Notiz über Theologen und Juristen.
Rubrik: 41r ›*De quinque causis ob quas differri debet sacramentum corporis Christi*‹.
Incipit: 41r *Quequam* [!] *sunt genera personarum quibus differtur corpus Christi seu datur dillationis terminus ...*
Explicit: 42r ... *super eo de raptoribus.*

16) 42v–67r
Verfasser: Antoninus von Florenz.
Titel: Conclusiones et decisiones in foro conscientiae.

Angaben zum Text: vgl. Creytens, Les cas, S. 165–176.
Rubrik: 42v ›*Incipit eiusdem reuerendissimi in Christo patris fratris* [Zeilenfüller] *Anthonini responsio facta fratri Dominico de Cathelonia* [!] *ordinis Predicatorum super infrascriptis dubiis*‹.
Incipit: 42v *Reuerende pater, post commendationem in Christo Iesu domino nostro ...*
Explicit: 67r *... quum dominus deus dederit sibi hanc contricionem et uoluntatem.*
Edition: Der Text liegt in keiner modernen Edition vor, erschien aber bereits 1497 als Wiegendruck (GW 02136, 02138–02140); 57r–65v ediert bei Creytens, Les „Consilia", S. 323–329.

17) 67r–69r
Verfasser: Antoninus von Florenz.
Titel: Conclusiones et decisiones breves in foro conscientiae.
Angaben zum Text: Ende des vorherigen Textes mit Anfang des hier dargebrachten Textes verschränkt. Zum Inhalt vgl. Creytens, Les cas, S. 197–220.
Rubrik: 67r ›*Alie declarationes eiusdem sub maxima breuitate*‹.
Incipit: 67r *Si non potest quis uitare peccatum mortale ...*
Explicit: 69r *... Respondeo de iniunctis a canone scilicet septenii.*
Edition: Creytens, Les cas, S. 198–203.

18) 69v–87v
Verfasser: Antoninus von Florenz.
Titel: Remedia contra omnia vitia.
Rubrik: 69v ›[Anfang unleserlich]... *reuerendissimum Anthoninum archiepiscopum Florentinum ordinis Predicatorum*‹.
Incipit: 69v *Dicendum est primo de gula ...*
Explicit: 87v *... siue etiam dispensatos uel commutatos peccat mortaliter.*

19) 88r–90v
Verfasser: Antoninus von Florenz.
Titel: Formae sacramentorum ecclesiae.
Rubrik: 88r [unleserlich].
Incipit: 88r *Forma sacramenti baptismi hęc est ...*
Explicit: 90v *... uel alia signa exprimentia consensum.* ›*Finiunt forme sacramentorum ecclesię catholicę secundum reuerendissimum magistrum Anthoninum archiepiscopum Florentinum ordinis Predicatorum*‹.

20) 91r–109r
Verfasser: Antoninus von Florenz.
Titel: Tractatus de circumstantiis confessionis et interrogationis.
Angaben zum Text: Exzerpt aus der ‚Summa theologica moralis', Liber 3, Titulus 14, Capitulum 19. – 109r Notiz über die Erteilung des Segens in der Sonntagsmesse.
Rubrik: 91r ›*Incipit quondam Tract*[at]*us eiusdem reuerendissimi Anthonini archiepiscopi Florentini de circumstantijs confessionis et interrogationis*‹.
Incipit: 91r *Confessio ut ab Augustino diffinitur est ...*
Explicit: 109r *... quod illud debeant expedire.*
Edition: GW 02185–02198, 2 Sp. 472a, 02198a.

21) 109v–112v
Titel: Sentenzen und Definitionen aus dem Kanonischen Recht.
Angaben zum Text: Zitate, zumeist dem Decretum Gratiani entnommen. – 112ar-112bv leeres Zeilengerüst.
Rubrik: 109v ›*Libro v. d. xxxiii*‹.
Incipit: 109v *Quidam ad confessionem de criminibus ueniunt ...*
Explicit: 112v ... *alteri facere nolite, ii. q. i. primo.*

22) 113r–119r
Verfasser: Antoninus von Florenz.
Titel: Declarationes factae in aliquibus casibus a iure in quibus cognoscitur peccatum mortale.
Rubrik: 113r ›*Quedam declarationes facte per eundem reuerendissimum Anthoninum archiepiscopum Florentinum in aliquibus casibus a iure in quibus cognoscitur peccatum mortale. Prima pars operis*‹.
Incipit: 113r *Secundum theologos et omnes iuris doctores ...*
Explicit: 119r ... *et plangenda non perpetrare.*

23) 119r
Titel: Interrogationes quae secundum Anselmum debent fieri infirmo morienti.
Rubrik: 119r ›*Interrogationes quę secundum Anselmum debe*[n]*t fieri infirmo morienti, quas si ore confessus fuerit credens corde non dubitatur de eius salute*‹.
Incipit: 119r *Interrogare debet si credit omnia quę sunt fidei christianę ...*
Explicit: 119r ... *merita passionis Christi Iesu.*

24) 119v
Verfasser: Thomas von Aquin.
Titel: Sentenzen aus der ‚Summa theologica' des Thomas von Aquin.
Incipit: 119v *Honor debetur superioribus vostre* [!] *excellentię ...*
Explicit: 119v> ... *ut domini et parentes, 22ᵉ q. 63.*
Edition: S. Thomæ Aquinatis Summa theologica, Bd. 8, Supplementum. De resurrectione. Appendix, Bar-le-Duc 1873, S. CCXIII.

25) 120r–140v
Verfasser: Antoninus von Florenz (?).
Titel: Sammlung von ‚Casus'.
Angaben zum Text: Ab 132r große Übereinstimmung mit Passagen aus dem Roten Buch des Metropolitankapitels von Auch, hier in der Autorschaft Antoninus von Florenz zugeschrieben; Livre Rouge du chapitre métroplitain de Sainte-Marie d'Auch, hrsg. von J. Duffour (=Archives historiques de la Gascogne 11 [1907]), S. 132–148. – 141r leeres Zeilengerüst.
Rubrik: 120r ›*Aliqui casus in quibus quis tenetur ex reatu sanguinis licet actualiter non occiderit uidelicet quoad sanctos ordines accipiendos uel exequendos exempti a iure canonico per reuerendissimum Anthoninum archiepiscopum Florentinum*‹.
Incipit: 120r *Qui homini uel mulieri aliquid male facit ...*
Explicit: 140v ... *Gaudent etiam priuillegio quod aliqui inferiores illis non possunt eos excommunicare.*

26) 141v
Titel: Casus in quibus dispensant abbates.
Angaben zum Text: Auszug aus den ‚Casus papales, episcopales et abbatiales'.
Rubrik: 141v ›*Casus in quibus abbates dispensant*‹.
Incipit: 141v *Dispensant abbates cum religionem ingresso ...*
Explicit: 141v ... *nisi per eos qui sunt in illis.*
Edition: Die Reservate zu Anfang des XVI. Jahrhunderts, in: Zeitschrift für Philosophie und katholische Theologie N.F. 11,3 (1850), S. 208–213, hier S. 213; vollständiger jedoch: GW 06186.

27) 142r
Titel: Exzerpt aus X 5.38.13.
Rubrik: 142r ›*Capitulum infrascriptum ad litteram sumptum est ex libro decretalium 5o contra medicos non curantes prius salutem animę quam corporis, De penitentiis et remissionibus capitulo Quum infirmitas*‹.
Incipit: 142r *Quum infirmitas corporalis nonnunquam ex peccato proueniat ...*
Explicit: 142r ... *quod in periculum animę conuertatur.*
Edition: Corpus iuris canonici 2, Sp. 888.

28) 142v
Titel: Exzerpt aus X 5.39.49.
Rubrik: 142v ›*Capitulum infrascriptum habetur contra statutarios et scriptores statutorum existentium contra libertatem ecclesie, excerptum De sententia excommunicationis ad litteram sic habetur*‹.
Incipit: 142v *Nouerit fraternitas tua ...*
Explicit: 142v ... *uel in publicam formam iudicata scribere.*
Edition: Corpus iuris canonici 2, Sp. 910.

29) 142v–143v
Verfasser: Aurelius Augustinus / Thomas von Aquin.
Titel: Sentenzen des Augustinus und des Thomas von Aquin.
Rubrik: 142v ›*Augustini sententia et ponitur in decretis, XXIII. q. IIIJ. c° Quotiens*‹.
Incipit: 142v *Quotiens cunque aut dies natalis dominj ...*
Explicit: 143v ... *et per consequens sibi ipsis.*

30) 144r–146r
Titel: Absolutionsformeln.
Rubrik: 144r ›*Forma absolutionis ab excommunicationem minori*‹.
Incipit: 144r *Ego absoluo te a uinculo excommunicationis minoris ...*
Explicit: 146r ... *notatur circa finem summę reuerendissimi Antoninj archiepiscopi Florentinj.*

TH

Vatikan, Biblioteca Apostolica Vaticana, Pal. lat. 719

Sammelhandschrift

Papier · 4, 184, 3 Bll. · 29 × 20,5 cm · Südwestdeutschland · um 1429–1435

Entstehungsort: Südwestdeutschland.
Entstehungszeit: um 1429–1435.

Typus (Überlieferungsform): Codex.
Beschreibstoff: Papier (Bl. 178–179 Pergament).
Umfang: 4, 184, 3 Bll.
Format (Blattgröße): 29 × 20,5 cm.
Zusammensetzung (Lagenstruktur): $(\text{II-1})^{3a}$ + 1^{4a} + $(\text{VIII-1})^{15}$ + V^{25} + VII^{39} + V^{50} + VI^{63} + VII^{75} + 7 VI^{159} + $(\text{VI-1})^{170}$ + $(\text{VIII-2})^{184}$ + $(\text{II-1})^{187*}$. 3a bildet mit dem Vorderspiegel ein Doppelbl. Das äussere Doppelbl. der vierten Lage (40/51) wurde nach Eintrag der Foliierung versehentlich als mittleres Doppelbl. in die sechste Lage (64–75) eingebunden, ursprünglich ein Sexternio. 178/179 ist ein Doppelbl. aus Pergament (Lagenmitte). 185* bildet mit dem Hinterspiegel ein Doppelbl.
Seiten-, Blatt- und Lagenzählung: Tintenfoliierung, Rom 17. Jh. (*1–39, 41–50, 52–69, 40, 51, 70–184*), zur Abfolge s. o. zur Lagenstruktur. Bl. 40 folgt heute auf Bl. 69, danach folgt das Gegenbl. 51 (vor Bl. 70). Die Bezeichnung unfoliierter Bll. folgt dem Digitalisat (1a–4a, 185*–187*). Ältere Foliierung, 15. Jh. (?) ab Bl. 2, jeweils oben mittig (*1–9, x–xiii, 14–22*). 159r oben rechts, gestürzt: *Quatuordecimus*, vielleicht eine Lagenzählung (heute Lage 13).
Zustand: Überwiegend guter Zustand, einige Seiten etwas fleckig (1r, 100r–104v). Bl. 56 ein Riss mit einem Streifen Transparentpapier geschlossen, ebenso Bl. 170, kleinere Reparaturstellen Bll. 1, 2, 38 und 52. Bl. 180–184 Rostspuren, wohl von den Schließenbefestigungen eines älteren Einbandes.
Wasserzeichen: Bl. 1 ganze Figur, weiblich, frei, mit Beizeichen Kreuz, einkonturig (WZIS DE4860-Ms950_111, Beschriftung belegt für 1431/32); Bl. 5–109, 136–146 Dreiberg mit Kreuz, einkonturig, mindestens 2 Varianten (ähnlich WZIS AT3800-PO-150352); Bl. 111–135 Pflug, Karrenpflug ohne Beizeichen (ähnlich WZIS CH0780-PO-122808); Bl. 147–158 zwei gekreuzte Schlüssel im Kreis, einkonturiger Schaft, runder Griff, um 90° gedreht (ähnlich WZIS DE5580-Clm3822); Bl. 163–168 zwei gekreuzte Schlüssel, zweikonturiger Schaft, eckiger Griff (WZIS DE4500-GBfol_148_9a, Beschriftung belegt für 1401–1433 Köln?); Bl. 169–170 Marke (in WZIS nichts Vergleichbares); Bl. 171–184 Dreiberg mit einkonturiger Stange (WZIS DE0510-CodII12_123_282, Beschriftung belegt 1423–1430, Diözese Augsburg).

Schriftraum: 22,5 × 15 cm.
Spaltenanzahl: 2 Spalten; einspaltig geschrieben sind: 1r, 63v, 100r–135v, 143v–145r, 165r–169r; 1v dreispaltig.
Zeilenanzahl: 40–60 Zeilen.
Angaben zu Schrift / Schreibern: Bastarda cursiva von 9 (?) Händen. Von Johann Volprecht von Wimpfen (s. Geschichte der Handschrift) sind: 1r–99vb, 106r–108v, 110v–111v, 135v–144r, 147vab, 158vb, 164vb–170vb. Jeweils von anderen Händen: 100r–105v, 109r–110r,

112r–135v, 144v–145r, 148ra–158vb, 159ra–164vb, 171r–178ra, 179ra–184vb. 26ra Textura formata.

Buchgestaltung: Die Abschnitte der Hs. weisen unterschiedliche Gestaltung auf. Schriftraum- und Spaltenbegrenzungen überwiegend in verdünnter Tinte, z. T. auch blind gegriffelt. Überwiegend rubriziert. Gelegentlich zwei- bis dreizeilige rote Lombarden zu Textanfängen oder Absätzen. In einigen Texten rote Unterstreichungen, v. a. zur Kennzeichnung von Zitaten oder Verweisen (z. B. 64ra–77vb). 26ra Incipit in Textura formata (2 Zeilen).

Buchschmuck: 35vb zwölfzeilige Lombarde, ornamental geteilt (Schwarz-Rot) mit einfachem Fleuronné. 86rb sechszeilige Initiale, ornamental durchbrochen mit Fleuronnébesatz zum Beginn des ‚Soliloquium', 86va dreizeilige Lombarde mit einfachem Fleuronné.

Nachträge und Benutzungsspuren: 4ar *De confessione et alia.* Titeleintrag 17. Jh. (?). 1r *Qui libros aperis hos claudere non pigriteris.* Vers auch in Nürnberg, Germanisches Nationalmuseum, Hs. 101221, 96r (Hardo Hilg, Die lateinischen mittelalterlichen Handschriften, Bd. 2: Hs 22922–198390, Wiesbaden 1986, S. 105). *A fatuis sordide libri tractantur ubique, sed noscens literas ipsas tractat ut margaritas.* Wilhelm Wattenbach, Das Schriftwesen im Mittelalter, Leipzig [3]1896, S. 589, Z. 7–8. 1r (rechts oben) *mastruga eyn kurße* (?), 15. Jh. (mastruga / mastruca – Gewand aus Schafpelz). Darunter: Epistola ad plebanum quendam in oppido Wimpinense. *Amicali salutatione premissa, honorabilis domine plebane prout in litera vestra nobis per latorem presentem missa inter cetera affectatis responsis nostrum super peticionem melioracionem reddituum concessam parochialis ecclesie. … de inquisicione facta per oppidanos Wimpinenses et aliis gravaminibus nobis illatis … – … et se perpenditis nostram salutifariam premonitam in premissis licet scripta vestra satis importuno tempore, ut vos ipse noscitis, habuimus abstinere debetis a prohibitis et statim iuxta officii vestri dignitatem sine querela, scandalo et rixa decenter gubernare d….* Abschrift eines Briefes an einen Pfarrer in Wimpfen wegen der von ihm erbetenen Verbesserung der Einkünfte. Der Schluss fehlt. Darunter: *1567.* Wohl nicht zum Brief gehörig (ältere Signatur?). 141v oben: *Nota: Coclearia mea in tantum steterunt ut puto in argento. Quo a retro de argentaria sunt iiii Florenis iiii libris xviii denariis pro deauratione, et aurifabro pro factione sua ii Florenis, et facta sunt in Herbipoli anno domini m cccc xlii.* Aufwendungen für das Vergolden von Löffeln, datiert Würzburg 1442.

Einband: Weißes Pergament mit Goldpressung auf Pappen, Rom 1869–1878. Glatter Rücken, oben das blaue Signaturschild der BAV. Darunter in Goldpressung das Wappen von Papst Pius IX. (Pontifikat 1846 bis 1878). Rotes Lederschild mit Goldpressung *Pal. 719.* Darunter das Wappen des Kardinalbibliothekars Jean-Baptiste Pitra (1812–1889, Kardinalbibliothekar ab 1869). Kapital mit blauen und violetten Seidenfäden umwickelt. Schunke, Einbände 2,2, S. 849, vgl. ebd. Bd. 1, S. 257.

Provenienz: Wimpfen / Heidelberg.

Geschichte der Handschrift: Die deutschsprachigen Partien westoberdeutsch (Handschriftencensus). Der Traktat de contractibus von Heinrich von Langenstein ist datiert auf den 15. Juli 1429. Der als Text 33 in Abschrift vorliegende Brief ist auf 1434 datiert (111r). Die Hs. dürfte in einem überschaubaren Zeitraum um diese beiden Daten entstanden sein (vgl. auch Wasserzeichen). Ein erheblicher Teil wurde von dem Schulmeister in Wimpfen im Tal Johannes Volperchti alias Cerdonis de Wimpina eigenhändig für sich selbst abgeschrieben (s. Schrift und Schreiber). 44ra … *terminatus anno domini etc. vicesimo nono in die divisionis beatorum apostolorum.* 77v … *finitus per me Johannem Volperchti alias Cerdonis de Wimpina* *nacionis, anno etc. vicesima nono. Anno tetra c semel m bis x adiungito novem. Scolas regente in valle me Wimpinensi etc.* 95vb ... *Qui scripsit scripta Johannes est nomen ita, cognomen certe a proavo suo Volperchti, alias Cerdonis Wimpina patre nacionis.* Besitzeintrag 1r *Liber Johannes Wimphen secretarii* (letztes Wort unvollständig getilgt). Der wenig spätere Besitzeintrag bezieht sich mit Sicherheit auf Johann Volprecht von Wimpfen, Diener und Sekretär Kaiser Friedrichs III. (erw. 1444, vgl. auch: Regesta Imperii, Regesten Kaiser Friedrichs III., Heft 12 [1440–1446], Wien / Weimar / Köln 1999, Nr. 200). So auch Sigrid Krämer (s. Lit.), die auch den o.g. Schreiber und Besitzer mit diesem Johannes Volprecht de Wimpina identifiziert. Ob es sich bei dem Schreiber und dem Kaiserlichen Sekretär nicht doch eher um Verwandte handelte, bleibt zunächst unklar. Ebenso ist ungewiss, auf welchem Weg die Hs. nach Heidelberg gelangte. Der Nachtrag auf 141v von 1442 (s. o. Nachträge) bezieht sich auf Würzburg, die Hs. könnte sich zu diesem Zeitpunkt dort befunden haben. 1623 wurde sie mit den Hss. der Heidelberger Palatina in die vatikanische Bibliothek verbracht. 1r Capsa-Nummer: *C. 2/319.* Entsprechend im Allacci-Register (Pal. lat. 1949, 48r *319 Summa confessorum. fol. C. 2.*). Ältere Signatur 4ar *1059* (gestrichen), darunter Titeleintrag *De confessione et alia.* Besitzstempel der BAV: 1r, 2r, 145v, 147r, 184v.

Besonderheiten: Die Hs. enthält u. a. eine umfangreiche Sammlung lateinischer Sentenzen und Verse.

Faksimile: https://digi.ub.uni-heidelberg.de/diglit/bav_pal_lat_719

Literatur: Lieven van Acker, Ein vorläufiges Handschriftenverzeichnis der Gedichte des Petrus Pictor, in: Mittellateinisches Jahrbuch 5 (1968), S. 300–306, hier S. 305; Bartsch, Handschriften, S. 190 f., Nr. 369; Bethmann, Nachrichten, S. 341–342; Gugumus, Erforschung, S. 137; Handschriftencensus; Sigrid Krämer, Scriptores possessoresque codicum medii aevi, Volprecht, Johannes; Tiburzio Lupo, Nuovi codici gerseniani del „De imitatione Christi", in: Aevum 53 (1979), S. 313–337, hier S. 315; OVL, Pal.lat.719; Petr, Soupis 1, S. 368–389; Mercè Puig Rodrìguez-Escalona, Poemas misóginos proverbiales en la Edad Media Latina: Arbore sub quadam dictavit clericus Adam, Femina formosa scelus et pestis vitiosa y De artificiosa malitia mulieris, in: Faventia 16 (1994), S. 111–127, hier S. 112–114, 119; Yves-François Riou, Quelques aspects de la tradition manuscrite des „Carmina", d'Eugène de Tolède: du „Liber Catonianus" aux „Auctores octo morales", in: Revue d'histoire des textes 2 (1972), S. 11–44, hier S. 23, 25; Salmon, Mss. liturgiques 4, S. 159, Nr. 497; Dieter Schaller, Nachträge zu Hans Walther, Initia carminum ac versuum medii aevi, in: Mittellateinisches Jahrbuch 7 (1972), S. 293–314, hier S. 297; Pavel Spunar, Anmerkungen zur gnomischen Reihe im Prager Domkapitelkodex M 127, in: Litterae Medii Aevi. Festschrift für Johanne Autenrieth zu ihrem 65. Geburtstag, Sigmaringen 1988, S. 249–254, hier S. 250; Stevenson, Latini, S. 258–265; Jürgen Stohlmann, Nachträge zu Hans Walther, Initia carminum ac versuum medii aevi, in: Mittellateinisches Jahrbuch 8 (1973), S. 289–304, hier S. 290, 298, 301.

1) 1r

Titel: Inhaltsverzeichnis / Tabula.

Angaben zum Text: Inhaltsverzeichnis. *Primo unus tractatus bonus de confessione variorum capitulorum. Item summa penitentiarum metrica et antea quedam plures boni versus de diversis ... – ... Item quidam modus vivendi per regulas quo ad status hominum diversorum.* Bricht nach 18 Einträgen ab. Das Verweiszeichen am Ende deutet darauf hin, dass eine (heute verlorene) Fortsetzung an anderer Stelle zu finden war (möglicherweise am Ende des Codex).

Incipit: 1r *Nota: In isto libro continentur ...*

2) 1va–1vc
Verfasser: Nicolaus Venator Ceretecensis.
Titel: Compendium de modo confitendi.
Angaben zum Text: Kurzer Beichttraktat, Nicolaus Venator, episcopus Ceretecensis, zugeschrieben. *Hoc compendium factum est per reverendum in Christo patrem et dominum dominum Nicolaum Cerectensem sacre pagine doctorem.* Text auch in: Augsburg, UB, Cod. II. 1.2° 63, 112v (vgl. Günter Hägele, Lateinische mittelalterliche Handschriften in Folio der Universitätsbibliothek Augsburg: Die Signaturengruppe Cod.I.2.2° und Cod.II.1.2° 1–90, Wiesbaden 1996, S. 269). Bloomfield, ILWVV, Nr. 4097.
Incipit: 1va *Nota primo confitens debet confiteri de peccatis cordis ...*
Explicit: 1vc ... *sed maneat semper in bono proposito.*

3) 2ra–23vb
Verfasser: Petrus Herardus (?).
Titel: Tractatus de confessione.
Angaben zum Text: Beichtsumme, die in 33 Kapiteln die Erfordernisse für eine wirkungsvolle Beichte erläutert, siehe: Schulte, GQ 2, S. 530, Nr. 11; Pierre Michaud-Quentin, Sommes de casuistique et manuels de confession au moyen-âge, XIIe–XVIe siècles, Löwen 1962 (Analecta mediaevalia Namurcensia 13), S. 85; Bloomfield, ILWVV, Nr. 1125 und 5253; Kaeppeli, Scriptores OP 3, Nr. 3196 und Nachtrag, zur Verfasserschaft ebd. Nr. 3241.
Incipit: 2ra *Cum in arte naturalis medicine ad completam curacionem ...*
Explicit: 23vb ... *remedium penitencie salutaris mihi conferri. Et ideo dico confiteor deo.*

4) 23vb–24va
Beteiligte Personen: Publius Ovidius Naso / Archipoeta.
Titel: Versus varii.
Angaben zum Text: (23vb) *Est hospes mitis recipit vos unde venitis, hic bibat ...* – ... *et postea solvat.* Walther, IC, Nr. 5697 (diese Hs.). *Lava terge sede comede bibe solve recede.* Zum Verhalten bei Tisch. *Dum mee burse sunt replete, dicit hospes nunc gaudete, vos qui habetis solvere ...* – ... *dum non haberes solvere, et cetera.* Walther, IC, Nr. 4902a. *Femina res fragilis, res sordida, res puerilis, mobilis instabilis nil in ea nisi lis.* Walther, IC, Nr. 6399. *Causidicus, medicus, meretrix semper meditantur, ut qui plus dedit illum fallendo sequantur.* Walther, IC, Nr. 2571. *Cede, Venus cedit, insta magis improbe ledit.* Walther, IC, Nr. 2580. *Intrat amor mentes usu, dediscitur usu.* Ovidius Naso, Remedia amoris, V. 503. (24ra) ›*De memoria mortis*‹. *Sepe recorderis bone frater quod morieris ...* – ... *sis quasi defunctus quasi fetidus atque sepultus, talem te reputes ut multa pericola vites.* Sentenzen zum Thema Tod. Vgl. Glorieux, Mâitres, Nr. 305du. ›*De memoria sepulchri*‹. *Hoc tibi sit menti, carnem superare volenti, qualiter in turpi stabis fetore sepulchri ...* – ... *Ossa sepulchrorum tibi sint suffragia morum.* Walther, IC, Nr. 8363. Gedicht über das eigene Grab. ›*Quod homo erit vile cadaver*‹. *Vile cadaver eris rogo te frater hec mediteris, vile cadaver eris ...* – ... *ut cruce salveris crucifixo consocieris.* Walther, IC, Nr. 20328. Variationen über das Thema „Vile cadaver eris“. ›*De oratione*‹. *Cum campana sonat confestim surge valenter, intres ecclesiam ...* – ... *sint tecum gemitus, suspiria, fletus.* Walther, IC, Nr. 3562. Über das Gebet. (24rb) ›*De humilitate*‹. *Sis humilis corde qui vivere vis sine sorde, sit tibi sermo ...* – ... *Sordibus obscenus, fragilis, putredine plenus.* Walther, IC, Nr. 18267. ›*De culpa dicendi*‹. *Te peccante tuam presto dicere culpam, coram fratre ...* – ... *prostrato corpore crura, te quoque vilifica veniam deposcere cura.* Walther, IC, Nr. 19065. *Vini mirabilia volo pertransire, Vinum facit hominem leviter salire,*

Et ditescit pauperem, claudos facit ire, Mutis dat facundiam, surdis dat audire. WALTHER, IC, Nr. 20363 (diese Hs.). *Unicuique proprium dat natura munus, ego nunquam ... – ... puer unus.* Archipoeta, Vagantenbeichte, Strophe 16 (Z. 3 und 4 vertauscht). Carmina Burana, Bd. 1: Text, 3. Die Trink- und Spielerlieder. Die geistlichen Dramen, Nachträge, hrsg. von Otto SCHUMANN / Bernhard BISCHOFF, Heidelberg 1970. *De siccis lignis componitur optimus ignis, de paucis lignis ... – ... extincta vita sic frigescit homo.* WALTHER, Prov., Nr. 5152. (24va) ›*Versus de quadragesima*‹. *Ut bene vivamus a sordibus abstineamus, sunt anime lavacra ... – ... nam nichil est melius vel utilius vivere caste.* WALTHER, IC, Nr. 19771 (diese Hs.). Weitere Verse, u. a. *Qui bona vina bibit, paradysum tutus inibit, et quando credo mori potabo de meliori.* WALTHER, IC, Nr. 15404.

Incipit: 23vb *Est hospes mitis recipit vos unde venitis ...*

Weiteres Initium: 24rb *Vini mirabilia volo pertransire ...*

Explicit: 24va *... quando credo mori potabo de meliori.*

Edition: s. o. bei den Texten.

5) 24vb–25vb

Verfasser: GUILELMUS DE MONTIBUS.

Weitere beteiligte Personen: JOHANNES DE GARLANDIA.

Titel: Modus confitendi et poenitendi.

Angaben zum Text: Verse mit Interlinearglossen (Worterklärungen). BLOOMFIELD, ILWVV Supplement, Nr. 3193, S. 202. Joseph GOERING, William de Montibus: The Schools and the Literature of Pastoral Care, Toronto 1992, S. 114. Auch Johannes de Garlandia zugeschrieben.

Incipit: 24vb *Peniteas cito peccator cum sit miserator iudex ...*

Weiteres Initium: 24vb *Et sunt haec quinque tenenda tibi spes veniae ...*

Explicit: 25vb *... et pene gravitas et consuetudo ruine.*

Edition: Inkunabeldrucke: JOHANNES DE GARLANDIA, Modus confitendi et poenitendi (Poeniteas cito), GW M13795–M13801.

6) 25vb

Titel: Versus varii.

Angaben zum Text: *Instabiles oculi procul absint virginitati.* Vgl. TPMA, Auge, S. 280, Nr. 58. *Nemo putet verum iuramentum mulierum.* WALTHER, Prov., Nr. 16424. *Virgo matura nisi nubat erit ruitura ... – ... Oris per spacium debes cognoscere cunnum, etc.* 24 Zeilen. Viele misogyne oder obszöne Verse. Vgl. Rebekka NÖCKER, Fabula und proverbium, in: Dichtung und Didaxe. Lehrhaftes Sprechen in der deutschen Literatur des Mittelalters, hrsg. von Henrike LÄHNEMANN / Sandra LINDEN, Berlin 2009, S. 299–326, hier S. 320 f.

Incipit: 25vb *Instabiles oculi procul absint virginitati ...*

Weiteres Initium: 25vb *Nemo putet verum iuramentum mulierum ...; Virgo matura nisi nubat erit ruitura ...*

Explicit: 25vb *... Oris per spacium debes cognoscere cunnum.*

7) 26ra–44ra

Verfasser: HEINRICH VON LANGENSTEIN.

Titel: Tractatus bipartitus de contractibus.

Angaben zum Text: (44ra) ›*Deficiunt vires hinc pro me vade libelle, certifica dubios contractus argue pravos. Explicit tractatus eximii ac egregii doctoris subtilis magister Heinrici de Hassia* *felicis recordacionis de contractibus empcionis et vendicionis terminatus anno domini etc. vicesimo nono in die divisionis beatorum apostolorum. Et cetera*‹. 15. Juli 1429. Bl. 40 ist verbunden und folgt heute auf Bl. 69 (s. o. zur Lagenstruktur). Francesco SANTI, in: CALMA, Bd. 5, Florenz 2017, S. 438 f., Nr. 113; Thomas HOHMANN, Initienregister der Werke Heinrichs von Langenstein, in: Traditio 32 (1976), S. 399–426, hier S. 410, Nr. 103; STEGMÜLLER RB, 3194.

Rubrik: 26ra ›*Tractatus de contractibus magistri Henrici de Hassia*‹.

Incipit: 26ra *In sudore vultus* ... [Gn 3,19]. *Tanta erat illius prime transgressionis culpa* ...

Explicit: 44ra ... *talium peiora fierent.*

Edition: Gedruckt unter den Opera Johannes Gersons: Köln 1483 (GW 10713), Pars 4, 185r–224r.

8) 44ra

Titel: Sententiae morales.

Angaben zum Text: Sentenzen zur Lebensführung, häufig misogyner Natur. Vgl. Hans WALTHER, Carmina misogynica: frauenfeindliche Proverbien und Gedichte des lateinischen Mittelalters, aus dem Nachlass hrsg. von Thomas KLEIN, Stuttgart 2015 (Beihefte zum Mittellateinischen Jahrbuch 17).

Incipit: 44ra *Quidquid agas secreta tue* [!] *non pande dilecte* ...

Explicit: 44ra ... *sobria fert mulier gaudia multa viro.*

9) 44rb–48rb

Titel: Tractatulus brevis de arte moriendi.

Angaben zum Text: (48r) ›*Explicit tractatulus brevis et perutilis de arte moriendi*‹. Der Text findet sich in zahlreichen Überlieferungsträgern und erfuhr wechselnde Zuschreibungen. Alois MADRE, Nikolaus von Dinkelsbühl, Leben und Schriften, Münster 1965, S. 292; Thomas HOHMANN, Initienregister der Werke Heinrichs von Langenstein, in: Traditio 32 (1976), S. 399–426, hier S. 404, Nr. 36*.

Incipit: 44rb [C]*um de presentis exilii miseria mortis transitus* ...

Weiteres Initium: 44rb Cum omnium terribilium mors corporis sit terribilissima ...

Explicit: 48rb ... *ut prius, antequam mors occupet, mori discat et cetera.*

Edition: Der Text liegt in keiner modernen Edition vor, erschien aber bereits um 1474 als Inkunabel (GW 2597–2614).

10) 48rb–48vb

Titel: Sententiae et proverbia.

Angaben zum Text: (48rb) *Turpis avis proprium defendat stercore nidum.* Siehe: TPMA 8, Nest, S. 466, Nr. 19; WALTHER, Prov., Nr. 31979. (48va) *Cum domino psalles, psallendo hec tria serves: dirige cor sursum, bene profer et respice sensum.* Anweisung zum Singen im Gottesdienst, vgl. Stephen A. VAN DIJK, Saint Bernard and the „Instituta Patrum" of Saint Gall, in: Musica disciplina 4 (1950), S. 99–109, hier S. 109. ›*De ebrietate*‹. *Nil valet ebrietas per quam perit omnis honestas* ... – ... *accipiasque cyfum facias sibi omnia recte.* Gegen die Trunkenheit. 33 Zeilen. (48vab) ›*De catto et murilego*‹. *Cattus amat piscem sed non vult tangere flumen* ... – ... *Mus satur insipidam diiudicat esse farinam.* Zur ersten Sentenz: WERNER, Lateinische Sprichwörter, s. u. Edition, S. 51, Nr. 97. (48vb) Sententiae diversae. *Sepe locus plures facit apto tempore fures* ... – ... *Dicite discrete mulieribus ite valete, nec sit longa mora, dicas: pro me peccator ora.* NÖCKER, Fabula, s. o. zu Text 6, S. 324. Jakob WERNER, Lateinische Sprichwörter, s. u. Edition, S. 9, Nr. 24.

Rubrik: 48va ›*De ebrietate*‹.
Incipit: 48rb *Turpis avis proprium defedat stercore nidum ...*
Weiteres Initium: 48va Cattus amat piscem sed non vult tangere flumen ...; 48vb Saepe locus plures facit apto tempore fures ...
Explicit: 48vb ... *dicas: pro me peccator ora.*
Edition: Zum Teil gedruckt bei: Jakob WERNER, Lateinische Sprichwörter und Sinnsprüche des Mittelalters aus Handschriften gesammelt, 2. Aufl. von Peter FLURY, Heidelberg 1966; TPMA und Rebekka NÖCKER, Fabula und proverbium, in: Dichtung und Didaxe. Lehrhaftes Sprechen in der deutschen Literatur des Mittelalters, hrsg. von Henrike LÄHNEMANN / Sandra LINDEN, Berlin 2009, S. 299–326, Anhang, hier S. 320–326.

11) 49ra–50ra
Verfasser: JOHANNES DE GARLANDIA / OTTO VON LÜNEBURG.
Titel: Cornutus antiquus / Cornutus novus, cum glossis.
Angaben zum Text: *Cespitat in phalleris ypus blactaque supinus* ... – ... (49rb) *atque cresis corde sit ei bolismus in ore.* ›*Explicit cornutus etc*‹. (49va–50ra) ›*Cornutus antiquus*‹. *Phisis orexiam peon allers horret orexim* ... – ... *hanc quia cleps clepat tuaque theca recondit. Finit cornutus graphos non resqua solutus.* Merkverse für seltene lateinische Wörter. Der lateinische ‚Cornutus' mit Interlinearglossen zur Bedeutung der Wörter findet sich hier ohne die häufig enthaltene deutsche Übersetzung oder deutsche Interpretamente. WALTHER, IC, Nr. 2311. Franz Josef WORSTBORCK, in: VL 4, Berlin 1983, Sp. 612–623 und VL 7, Berlin 1989, Sp. 225–228.
Incipit: 49ra *Cespitat in phalleris ypus blactaque supinus ...*
Explicit: 50ra ... *hanc quia cleps clepat tuaque theca recondit. Finit cornutus graphos non requa solutus. Explicit cornutus.*
Edition: Edwin HABEL, Der deutsche Cornutus, Teil I. Der Cornutus des Johannes de Garlandia, ein Schulbuch des 13. Jhs. in den Übersetzungen des Mittelalters, Berlin 1908, S. 23–28, Teil II. Der Novus Cornutus des Otto von Lüneburg, Berlin 1909, S. 15–23.

12) 50rb–50vb
Titel: Versus de femina.
Angaben zum Text: 48 Verse. Vgl. WALTHER, IC, Nr. 1409–1410. Antonio PLACANICA, Arbore sub quadam dictavit clericus Adam (Walther, Initia, nn. 1409 et 1410), in: Tenuis scientiae guttula, Studi in onore di Ferruccio BERTINI, hrsg. von Marco GIOVINI, Genua 2006 (Futur Antico 3), S. 149–214; PUIG RODRÌGUEZ-ESCALONA, Poemas misóginos (s. o. Lit.), Hs. genutzt, siehe v. a. S. 119. Der letzte Vers auch im Vokabular des Fritsche Closener (Die Vokabulare von Fritsche Closener und Jakob Twinger von Königshofen, hrsg. von Klaus KIRCHERT, Bd. 2, Tübingen 1995, S. 416, Nr. 95). (50vab) ›*Nota bene*‹. *Nonne vides quod nulla fides est in muliere* ... – ... *Alterius queris ita quod proprie miser eris.* 52 Verse. WALTHER, Prov., Nr. 18754. Vgl. Rebekka NÖCKER, Fabula und proverbium, s. o. zu Text 6, S. 321, Z. 42.
Rubrik: 50rb ›*Versus de femina*‹.
Incipit: 50rb *Arbore sub quadam dictavit clericus Adam ...*
Explicit: 50rb ... *femina demonio tribus assibus est mala peior.*
Edition: PUIG RODRÌGUEZ-ESCALONA, Poemas misóginos (s. Lit.), S. 119–123.

13) 50vb–51rb
Titel: Missa potatorum.

Angaben zum Text: (50vb) *Confitemini Bacho quoniam bonus quoniam in ciphis et in cantaris est potacio eius ... – ... et discors Decius. Stramen. Ad doleum nostrum in nomine Bachi qui fecit bachum. ›Introitus‹. Lugeamus omnes in doleo diem mestum ululantes ... – ... habui in bursa nichil. Griß griß haßart heselin schantz et cetera. Dolus vobiscum et cum gemitu tuo potemus ... – ... per omnia pocula poculorum. Stramen. ›Epistola‹. Leccio actuum potatorum ad ebrios. Fratres, in diebus illis multitudo autem potatorum ... – ... et erat claudus nomine Drinckuß leccator pessimus hic /.* Text bricht am Ende der Seite unvollständig ab. Die Fortsetzung auf Bl. 51 ist nach den Bll. 69 und 40 (s. o. zur Lagenstruktur) eingebunden: (51rab) / *autem faciebat lucra magna in decio ... – ... ›Sequencia‹. Vinum bonum et suave bibit abbas cum priore ... – ... o liquor optime quam suavis es ad potandum ... et iam noli tardare.* Messparodie („Säufermesse"). Die ‚missa potatorum' findet sich u. a. in Wolfenbüttel, Herzog August Bibliothek, Cod. Guelf. 32.16 Aug. 2°, 488r–489v.
Incipit: 50vb *Confitemini Bacho quoniam bonus ...*
Weiteres Initium: 51ra Vinum bonum et suave bibit abbas cum priore ...
Explicit: 51rb *... et iam noli tardare.*
Edition: Paul LEHMANN, Die Parodie im Mittelalter. Mit 24 ausgewählten parodistischen Texten, Stuttgart ²1963, S. 233–241 (Hs. benutzt).

14) 51va–54rb
Titel: Carmen satiricum.
Angaben zum Text: (51vab) *Sepius ocurrit sociis dare metra pusillis, unde labor capitis ... – ... das ist der welt unstetikeyt.* (52ra–54rb) *Si quis forte novos errat retinendo novellos, spernens antiquos inconstans querit amicos. Wer alte getruwe frunt verkeußt, mit nüwen er verlußt ... – ... Der lebende wol dem armen tete, das wer das beste selgerete. ›Explicit expla*[natus] *sit‹.* Bl. 51 ist verbunden und folgt heute auf Bl. 69 und Bl. 40 (s. o. zur Lagenstruktur). Ab der 7. Zeile folgt auf zwei lateinische Verse jeweils die deutsche Übersetzung. Es handelt sich weniger um ein durchgehendes, als ganzes gestaltetes Gedicht, als um eine lose Folge von Versen mit ihrer jeweiligen Übersetzung. Vgl. https://handschriftencensus.de/10502.
Incipit: 51va *Sepius ocurrit sociis dare metra pusillis ...*
Weiteres Initium: 52ra Si quis forte novos errat retinendo novellos ...
Explicit: 54rb *... Der lebende wol dem armen tete, das wer das beste selgerete.*
Edition: Auszug bei BARTSCH, Handschriften, S. 190 f., Nr. 369.

15) 54va–59rb
Verfasser: THOMAS VON KEMPEN.
Titel: De imitatione Christi, lib. I.
Angaben zum Text: Nur das erste der vier Bücher von ‚De imitatione Christi'.
Rubrik: 54va *›Capitulum primum de imitatione Christi et contemptu omnium vanitatum mundi‹.*
Incipit: 54va *Qui sequitur me non ambulat in tenebris* [Io 8,12] *dicit dominus ...*
Explicit: 59rb *... tantum proficies quantum tibi ipsi vim intuleris.*
Edition: De imitatione Christi libri quatuor, hrsg. von Tiburzio LUPO, Vatikanstadt 1982 (Collana storia e attualità 6), S. 3–86.

16) 59va–60va
Beteiligte Personen: GUILLAUME PERAULT.
Titel: De ludo taxillorum.

Angaben zum Text: *Advertendum quod quatuor sunt principaliter per que se retrahere debent homines a ludo alearum et taxillorum et tales ludos ... sciendum quod auctor qui compilavit summam de viciis et virtutibus in tytulo de avaricia capitulo 29 de lusoribus enumerat sedecim peccata que in ludo taxillorum comittuntur. Primum est desiderium lucrandi ... – ... quod obtinuisset seu male pecuniam numerando et omnia huiusmodi.* Kurze Abhandlung über das Glücksspiel (hier v.a. Würfelspiel) auf der Grundlage der ‚Summa de vitiis' des Guillaume Perault. Darunter: *Augustinus: Si quis positus in ultima neccessitate voluerit accipere penitenciam ... – ... ergo tene certum et dimitte incertum.* Darunter weitere Notizen und Exzerpte.
Incipit: 59va *Advertendum quod quatuor sunt principaliter ...*
Weiteres Initium: 59va Primum est desiderium lucrandi ...
Explicit: 60va *... pecuniam numerando et omnia huiusmodi et cetera.*
Edition: Die ‚Summa de vitiis' wurde mehrfach gedruckt, u.a. GW 12051–12053 auch in der ‚Summa de virtutibus et vitiis' GW 12054–12057. Zu weiteren Ausgaben siehe: Schönberger, RETM, S. 1737f.

17) 61ra–62va
Verfasser: Pseudo-Bonaventura.
Titel: Horae de compassione beatae Mariae virginis.
Angaben zum Text: Reimoffizium zu den Horen von Matutin bis Complet mit einer abschließenden „Conclusio". Mit allen zugehörigen liturgischen Elementen (Antiphonen, Orationen, Hymnen). AH 24, S. 146, Nr. 46 und AH 30, S. 104f., Nr. 46. Cantus ID: 100100. Salmon, Mss. liturgiques 4, S. 159, Nr. 497. Distelbrink, Bonaventurae scripta, S. 160, Nr. 167.
Rubrik: 61ra ›*Hore de compassione beate Marie virginis*‹.
Incipit: 61ra *Cum Maria virgine fervide ploremus ...*
Weiteres Initium: 61va O gloriosa domina quam magna Christi anima ...
Explicit: 62va *... me socium fac corone. Amen. Explicit et cetera.*
Edition: Bonaventura, Opera, Bd. 6, Rom 1596, S. 485–488; Bonaventura, Opuscula, Straßburg 1495 (GW 4648), Teil 2, oo2va–oo4ra (mit Abweichungen); die Strophen des Reimoffiziums in: AH 24, S. 146, Nr. 46 und AH 30, S. 104f., Nr. 46. – 63r leer.

18) 63v
Titel: Peccatorum genera quatuor.
Angaben zum Text: *Peccata cordis sunt hec: cogitatio, delectatio, consensus, desiderium ... – ... Peccata oblivionis ... afflictos non consolare, ammonicantibus non acquiescere.* Bloomfield, ILWVV, Nr. 3760. Am Seitenrand angemerkt: *In Socco folio 154.* Darunter: Genera martyrii. *Tria sunt genera martirii: in sanguinis effusione, in carnis maceracione, in proximi conpassione, tria sunt genera martirii sine effusione sanguinis: Largitas in paupertate, castitas in iuventute, abstinencia in habundancia.*
Incipit: 63v *Peccata cordis sunt hec: cogitatio, delectatio ...*
Weiteres Initium: 63v Tria sunt genera martyrii: in sanguinis effusione ...
Explicit: 63v *... castitas in iuventute, abstinencia in habundancia.*

19) 64ra–77vb
Verfasser: Nikolaus Magni von Jauer.
Titel: Tractatus de superstitionibus.

Angaben zum Text: Überschrieben: *Assit semper nobis gracia sancti spiritus.* ›*Tractatus de supersticionibus magistri Nicolai de Jawer*‹. *Nicolai de Jawer* auf Rasur, darunter getilgt: *Heinrici de Hassia. Quoniam lumbi mei impleti sunt illusionibus et cetera, scribitur psalmo xxxvii* [Ps 37,8]. *Constat fidem veram karitate informata* ... – ... *omni submissione semper et presupposicione divine voluntatis.* ›*Explicit tractatus de prestigiis demonum et divinacionibus sortilegiis et observacionibus superficiosis variis et diversis subtilis magistri Heinrici de Hassia, finitus per me Johannem Volperchti alias Cerdonis de Wimpina nacionis, anno etc. vicesima nono*‹. Darunter: ›*Anno tetra c semel m bis x adiungito novem. Scolas regente in valle me Wimpinensi etc*‹. Verse abgesetzt. Der verbreitete Traktat des Heidelberger Magisters Nikolaus von Jauer wurde 1429 von dem Schulmeister des Stiftes St. Peter in Wimpfen im Tal Johannes Volpercht, alias Cerdonis, abgeschrieben. STEGMÜLLER RB, Nr. 3210,1; THORNDIKE / KIBRE, Sp. 1284, Nr. 7. Lit.: FRANZ, Magister, S. 161–196, zur Überlieferung: S. 255–264 (diese Hs. S. 263, Nr. *48); Joseph HANSEN, Quellen und Untersuchungen zur Geschichte des Hexenwahns, Bonn 1901 (ND Hildesheim 1976), S. 67–71 (mit Teiledition); Josef TŘÍŠKA, Životopisný slovník předhusitské pražské univerzity: 1348–1409 / Repertorium biographicum Universitatis Pragensis praehussitica: 1348–1409, Prag 1981 (Knižnice Archivu University Karlovy 12), S. 406; Jaroslav KADLEC, in: VL 6, Berlin 1987, Sp. 1078–1081.
Rubrik: 64r ›*Tractatus de supersticionibus magistri Nicolai de Jawer*‹.
Incipit: 64ra *Quoniam lumbi mei* ... [Ps 37,8]. *Constat fidem veram* ...
Explicit: 77vb ... *omni submissione semper et presupposicione divine voluntatis.*
Edition: Teiledition: Joseph HANSEN, Quellen und Untersuchungen, s. o., S. 67–71.

20) 78ra–79rb
Beteiligte Personen: ISIDOR VON SEVILLA.
Titel: Regula recte vivendi sive disputatio hominis et rationis.
Angaben zum Text: Der Dialog folgt, stark gekürzt, im Wesentlichen: ISIDORUS HISPALENSIS, Synonyma de lamentatione animae peccatricis (MIGNE PL 83, Sp. 827–866). Darunter: *Fiat, fiat. Amen. Hanc exhortationem benigne recipiatis ut post hanc vitam et in presenti domino eterno digne placeatis.* BLOOMFIELD, ILWVV, Supplementum, S. 158, Nr. 2351.
Rubrik: 78ra ›*Regula recte vivendi*‹.
Incipit: 78ra *Hic introducuntur persone duorum* ...
Weiteres Initium: 78ra Anima mea in angustiis est, cor meum fluctuat ...
Explicit: 79rb ... *ne deinceps contempnas recte vivendo quod audisti multis modis monendo.*

21) 79rb–82va
Beteiligte Personen: GALEN.
Titel: Adnotationes de re medica.
Angaben zum Text: (79rb) Rezepte. *Ut corrupta virgo credatur recipe aquam pluvialem* ... *Habens stomachum malum non digerere valentem* ... *Galienus patrem habebat expertum valde qui* ... – ... *et egritudines recesserunt.* (79va–80vb) Regimen sanitatis Salernitanum. ›*Effectus medicine*‹. *Anglorum regi scripsit tota scola Salerni, si vis incolumne si vis te reddere sanum* ... – ... *labor, ictus, acrita, pulvis, ista nocent oculis sed vigilare magis.* Gesundheitsregeln, zumeist diätetischer Art, in Merkversen (vgl. GW M37299–M37319, M37323, M37330–M37401). (80vb) ›*Regula medicorum: Bene vescis et pulchre mentiri*‹. *Non didici gratis nec musa sagax Ypocratis. Egris in stratis non serviet absque datis* ... – ... *nam si post queris querens inimicum haberis.* Satirische Verse über geschäftstüchtige Ärzte. (80vb) Rezepte. *Avicenna contra fracturam tybiarum: cerebrum cattuli unius noctis cum pelle eiusdem, extende et*

fracturam involve et statim sanabitur. Gilbertus ... – ... tepius ex partis, et cetera. Parodie? *Ut pili non nascantur in corpore recipe semen urtice ... – ... et da raphanum patienti ad comedendum.* ›*Nota: unguentum bonum contra maculas et pustulas in facie*‹. *Accipe dur lorber uf xxxiii, ii muscaten, ingeber 1 lot litargirum ... – ... so du slaffen wilt uf die nacht.* Deutschsprachiges Rezept gegen unreine Haut im Gesicht. Darunter weitere lateinische Rezepte. (81ra–82ra) ›*Effectus medicine*‹. ... – ... *de illo bibe post prandium et quando ibis dormitum.* (82ra) Hugo Primas. ›*Versus de defectibus senii*‹. *Omnibus horrori sunt mihi seniori. Incomoda cedunt multa gravamina ledunt ... – ... Si mala non tergo, sum stultior alite mergo.* Zum Teil Tiradenreime. Hans Walther, Lateinische Verskünsteleien des Mittelalters, Leipzig 1962, S. 330f. (82ra–82va) De balneis. (82ra) ›*Galienus de introitu balnei*‹. *Nullus intret balneum nec cibo ad minus pro media parte digesto ... – ... qui nova vulnera susceperunt aut post iter in calore aut frigore nullo modo intret estuarium, et cetera.* Baderegeln.

Incipit: 79rb *Ut corrupta virgo credatur recipe aquam pluvialem ...*

Weiteres Initium: 79rb Galenus patrem habebat expertum valde qui ...

Explicit: 82va ... *qui nova vulnera susceperunt aut post iter in calore aut frigore nullo modo intret estuarium, et cetera.*

22) 82vab

Beteiligte Personen: Thomas von Aquin.

Titel: Quaestio de transgressionibus regularum religiosorum.

Angaben zum Text: Fragen der Regelübertretung bei Mönchen unter Bezugnahme auf Thomas von Aquin.

Rubrik: 82va ›*Questio bona*‹.

Incipit: 82va *Utrum religiosus semper peccet mortaliter transgredendo ea que sunt in regula ...*

Explicit: 82vb ... *veniale peccatum est sicut frangere silencium vel aliud simile et cetera.*

23) 82vb–83ra

Titel: Rezepte.

Angaben zum Text: Verschiedene Rezepte für Latwergen und Speisen in deutscher Sprache. Darunter fünf Zeilen lateinische Verse mit Ratschlägen zur Gesundheit.

Rubrik: 82vb ›*Truben latwerge*‹.

Incipit: 82vb *Mach also: Nym zytig truben bere und her welle sie in eynem keßel und schyme sie ...*

Weiteres Initium: 82vb Ieiuna, vigila, modicum bibe ...

Explicit: 83ra ... *vinum non paucum facit guttur quoque raucum.*

24) 83ra–84rb

Beteiligte Personen: Thascius Caecilius Cyprianus / Gregor I.

Titel: Octo causae quibus indicta est sacerdotibus castitas.

Angaben zum Text: Acht Gründe für das Enthaltsamkeitsgebot der Priester. *Nota octo de causis indicta est sacerdotibus castitas ut originaliter in summulis de virtutibus et ex dictis beati Cypriani colligitur et transsumptive in novella decretalium ... – ... iuxta illud Gregorius: predicacio sacerdotis est operibus confirmanda et cetera.* Der Text findet sich auch in Fritzlar, Dombibliothek, Ms. 24, 134r–137v und Klosterneuburg, Augustiner-Chorherrenstift, Cod. 172, 125vb–128ra (siehe: https://manuscripta.at/?ID=346).

Rubrik: 83ra ›*Hic nota octo causas quibus indicta est sacerdotibus castitas*‹.

Incipit: 83ra *Nota octo de causis indicta est sacerdotibus castitas ...*

Explicit: 84rb ... *iuxta illud Gregorius: predicacio sacerdotis est operibus confirmanda.*

25) 84va–85rb

Beteiligte Personen: Sigismund / Andreas von Regensburg.

Titel: Epistola contra Sigismundum regem.

Angaben zum Text: Anonyme Streitschrift gegen Kaiser Sigismund. Der Autor wirft ihm die Begünstigung der Hussiten vor. Andreas von Regensburg zitiert den Text in seiner Chronik (s. u. Edition). Darunter: *Nota prescripta materia non est multum promulganda ... – ... cave ergo legens ne illa manifestes eiusdem consentiendo.* Warnung an den Leser, der vorausgehende Text sei ungesetzlich und aufrührerisch.

Rubrik: 84va ›*Epistola quedam contra Sigismundum regem Romanorum edita quantulo et per quendam se non nominare volentem insinuat*‹.

Incipit: 84va *Dictat iuris naturalis equitas, probat hoc recta racionis perspicacitas ...*

Explicit: 85rb ... *obmutesce ergo abhominacio, nec cogites quovismodo de sacro imperio.*

Edition: Georg Leidinger, Andreas von Regensburg. Sämtliche Werke, München 1903 (Quellen und Erörterungen zur bayerischen und deutschen Geschichte N. F. 1), S. 379–384.

26) 85rb–86ra

Verfasser: Matthäus von Krakau.

Titel: Oratio.

Angaben zum Text: Darunter: *Jeronimus: peccat predicator non solum in dicendo falsa sed quidem ... – ... propter periculum indoctorum.*

Rubrik: 85rb ›*Sequitur oratio magistri Mathei de Cracovia episcopi Wormaciensis ...*‹.

Incipit: 85rb *Domine Ihesu Christe qui ecclesiam tuam sponsam vocare et eius amabilis sponsus esse dignaris ...*

Explicit: 86ra ... *omnibus gloriam eternam regnum celorum perheniter perfruendam.*

Edition: Gustav Sommerfeldt, Ein kirchlicher Traktat des Matthäus von Krakau, in: ZGO N. F. 7 (1892), S. 725–728; Mateusza z Krakowa Opuscula theologica, hrsg. von Wladyslaw Szeńko und Adam Ludwik Szafrański, Warschau 1974, S. 105–108.

27) 86rb–95vb

Verfasser: Johannes Bonaventura.

Titel: Soliloquium de quattuor mentalibus exercitiis.

Angaben zum Text: Unter dem Text: ›*Explicit codicellus ymago vite vocatus, in festo Wentzeslai Bohemorum ac patroni nostri, anno tetra c semel m bis x adiungo novem. Qui scripsit scripta, Johannes est nomen ita, cognomen certe a proavo suo Volperchti alias Cerdonis Wimpina patre nacionis*‹. Kolophon in sechs Hexametern mit Binnenreim. Datiert 28. Sept. 1429 (s. Geschichte der Handschrift). Zum Soliloquium: Distelbrink, Bonaventurae scripta, S. 28 f., Nr. 23; Glorieux, Maîtres, Nr. 305al.

Rubrik: 86rb ›*Iste tractatus imago vite vocatus, efficiens causa cardinalis Bonnaventura*‹.

Incipit: 86rb *Flecto genua ...* [Eph. 3,14–19]. *Paulus apostolus, vas eterne electionis ...*

Explicit: 95vb ... *in gaudium domini mei, qui est trinus et unus deus benedictus in secula. Amen.*

Edition: S. Bonaventurae opera omnia, Bd. 8, Quaracchi 1898, S. 28–67.

28) 95vb–99vb

Verfasser: Hugo von Trimberg.

Titel: Laurea sanctorum cum glossa.

Angaben zum Text: Siehe: WALTHER, IC, Nr. 12246; Arne HOLTORF, Cisioianus, in: VL 1, Berlin 1978, Sp. 1285–1289 und VL 11, Berlin 2004, Sp. 333; Günther SCHWEIKLE, Hugo von Trimberg, in: VL 4, Berlin 1983, Sp. 268–282.

Rubrik: 95vb ›*Laurea sanctorum*‹.

Incipit: 95vb *Cum sit necessarium sanctos invocare ...*

Explicit: 99vb *... atque sacrum flamen nos omnes protegat. Amen. Explicit laurea sanctorum.*

Edition: Herrmann GROTEFEND (Hrsg.), Laurea sanctorum, ein lateinischer Cisiojanus des Hugo von Trimberg, in: Anzeiger für Kunde der deutschen Vorzeit NF 17 (1870), Sp. 279–284 und 301–311.

29) 100r–105v

Verfasser: JACOBUS DE FUSIGNANO.

Titel: De arte praedicandi.

Angaben zum Text: Kurzgefasste Predigtlehre. BLOOMFIELD, ILWVV, Nr. 3716; Harry CAPLAN, Mediaeval Artes Praedicandi: a Hand-List, London 1934, S. 20f., Nr. 115; Harry CAPLAN, Mediaeval Artes Praedicandi: A Supplementary Hand-List, London 1936, S. 16f., Nr. 115; Thomas-Marie CHARLAND, Artes praedicandi, contribution à l'histoire de la rhétorique au moyen âge, Paris / Ottawa 1936, S. 48–50; KAEPPELI, Scriptores OP 2, Nr. 2076.

Rubrik: 100r ›*Tractatus de modo sermonandi*‹.

Incipit: 100r *Oro ut caritas ...* [Phil 1,9–10]. *Omni operi omnique actioni ...*

Explicit: 105v *... et dubitationes quas noverit sit obscurus et cetera.*

Edition: GW 11716 und 11725.

30) 106r–107r

Verfasser: HEINRICH VON LANGENSTEIN.

Weitere beteiligte Personen: EBERHARD VON EPPELBORN.

Titel: Epistola de contemptu mundi.

Angaben zum Text: 107r ›*Explicit epistola exhortatoria ad vitam spiritualem magistri Heinrici de Hassia egregii doctoris*‹. Thomas HOHMANN, Initienregister der Werke Heinrichs von Langenstein, in: Traditio 32 (1976), S. 399–426, hier S. 402, Nr. 10. Adressat des Briefes ist der Mainzer Domdekan Eberhard von Eppelborn (Yppelborn). Siehe: „Eppelborn: Eberhard von (Domdekan)", in: Die Regesten der Mainzer Erzbischöfe: https://www.ingrossaturbuecher.de/id/person/626.

Incipit: 106r *Amicorum sincerissimo virtutis et sciencie meritis ...*

Explicit: 107r *... suis legibus prudenter determinans et cetera. Explicit epistola exhortatoria ad vitam spiritualem magistri Henrici de Hassia egregii doctoris.*

31) 107v–108v

Verfasser: JEAN GERSON.

Titel: De modo vivendi omnium fidelium.

Angaben zum Text: Lebensregeln für verschiedene Stände. BLOOMFIELD, ILWVV, Nr. 5127. Darunter Verse über die Bücher und Kapitel der Bibel: *Exameron: exa sex, meros dies, et dicitur liber ...* . De capitulis bibliae. *Sunt genus, exo, levi, numeri ... – ... scriptaque canonica subiungis et apocalipsim.* STEGMÜLLER, RB, Nr. 8616.

Incipit: 107v *Sequitur modus vivendi per regulas et prima regula ad nobiles scabinos et potentes ...*

Weiteres Initium: 107v *Ne pauperes per potentiam suam opprimet ...*
Explicit: 108v ... *nec juvenes laudent in superbiis suis.*
Edition: Oeuvres complètes de Jean Gerson, hrsg. von Palémon Glorieux, Bd. 8, Paris 1971, Nr. 399, S. 1–5.

32) 109r–110r
Titel: Versus de herbis.
Angaben zum Text: Merkverse zu den Eigenschaften von Heilpflanzen und Tieren von „Mandragora" bis „Philomena". Walther, IC, Nr. 20434. Text auch in: Erfurt, Universitäts- und Forschungsbibliothek, CA. 4° 388, 164r. Darunter eine Notiz zur Lebenszeit Jesu nach den verschiedenen vorliegenden Nachrichten.
Incipit: 109r *Vires herbarum describimus hic variarum, quas macer tellus humanos gignit ad usus ...*
Weiteres Initium: 109r Fecundat steriles vis mandragore mulieres ...
Explicit: 110r ... *Dulcius insolitis cantat Philomena rubetis, quam fortis et monacha in claustro proficiet plus.*

33) 110v–111r
Titel: Urkundenabschrift.
Angaben zum Text: *In nomine domini. Amen. Dominus decanus ecclesie Wormaciensis decretorum doctor collatorque beneficiorum in ecclesie parochiali Montiswimpinensis Wormaciensis diocesis ab antiquo institutorum discretis ac providendis viris dominis plebano ac aliis in ibi beneficiatis ... salutem ... – ... his nostras literas sigillo nostri decanatus duximus muniendas. Datum et actum in oppido Wimpinensis anno domini m^{o} cccc^{mo} xxxiiii^{to} die lune septima mensis Junii et cetera.* Wimpfen, Montag, 7. Juni 1434, betreffend die Pfarrkirche in Wimpfen am Berg, der Urkundende ist Wormser Domdekan und wird nicht namentlich erwähnt. Als Aussteller der Urkunde kommen Dietmar von Treisa, belegt 1427, oder Berthold von Wittstat, belegt 1437, in Frage (Johann Friedrich Schannat, Historia episcopatus Wormatiensis, Teil 1, Frankfurt a. M. 1734, S. 81). – Genannt werden der frühere Bischof Dietrich (Theodericus) von Worms und ein Amtsvorgänger des Ausstellers als Domdekan, namens Arnoldus. Der einzige in Frage kommende Bischof war Dietrich Bayer von Boppard (amtierend 1359–1365), später Bischof von Metz. Der Dekan Arnold dürfte Arnold von Heimesdorff sein (Schannat, a. a. O., S. 81).
Rubrik: 110v ›*Ordinacio et cetera*‹.
Incipit: 110v *Dominus decanus ecclesie Wormaciensis decretorum doctor collatorque beneficiorum ...*
Explicit: 111r ... *his nostras literas sigillo nostri decanatus duximus muniendas. Datum et actum in oppido Wimpinensis anno domini millesimo quattrocentesimo trigesimoquarto die lune septima mensis Junii et cetera.*

34) 111rv
Beteiligte Personen: Eugen IV.
Titel: Ablassbulle.
Angaben zum Text: Ablassbulle Papst Eugens IV. zum Fronleichnamsfest „Excellentissimum corporis", Rom, St. Peter, 26. Mai 1433.
Rubrik: 111r ›*Bulla indulgenciarum super festo corporis Christi*‹.
Incipit: 111r *Eugenius episcopus servus servorum dei ... Excellentissimum corporis ...*

Explicit: 111v ... *pontificatus nostri anno tercius.*

Edition: Mansi 29, Sp. 437–438; Bullarum, diplomatum et privilegiorum sanctorum Romanorum pontificum Taurinensis editio, Bd. 5, hrsg. von Aloysius Tomassetti, Turin 1860, 14f.

35) 112r–123r

Verfasser: Bernhard von Gordon.

Titel: Practica seu lilium medicinae, particula V.

Angaben zum Text: Der fünfte Teil der ‚Practica' zur Prognose des Krankheitsverlaufes. Es scheint sich hier um eine etwas gekürzte Version des Textes zu handeln. Zum Autor: Gundolf Keil, Bernhard von Gordon, in: VL 1, Berlin 1978, Sp. 766.

Rubrik: 112r ›*Capitulum primum: Quid sit crisis*‹.

Incipit: 112r ›*Crisis*‹ *est velox et vehemens motus morbi ad salutem vel mortem* ...

Explicit: 123r ... *et valet in sciencia pronosticandi de morbis et cetera. Deo gracias. Amen. Explicit tractatus utilis de crisi et creticis diebus et pronosticacionum secundum Gorgonium medicum egregium.*

Edition: Mehrere Inkunabeldrucke: GW 04080–04084 sowie Ausgaben des 16. Jhs.; Los pronósticos médicos en la medicina medieval: El Tractatus de crisi et de diebus creticis de Bernardo de Gordonio, hrsg. von Alberto Alonso Guardo, Valladolid 2003 (Edition und spanische Übersetzung).

36) 123r–135v

Verfasser: Bernhard von Gordon (?).

Titel: Tractatus de fluxibus ventris.

Angaben zum Text: Medizinischer Traktat. Zuschreibung unsicher. Thorndike / Kibre, Sp. 804.

Rubrik: 123r ›*Tractatus de fluxibus secundum Gordonium* ...‹.

Incipit: 123r *Juxta vota tua magister Baptista, amice karissime, rem non parvi ponderis* ...

Explicit: 135v ... *si quid gratum invenies reservare libeat ut me tecum gaudeat karitas vale et cetera. Et sic est finis istius operis deo gracias. Amen.*

37) 135v

Titel: Carmen de studio Lipzensi.

Angaben zum Text: Gedicht auf die Gründung der Universität Leipzig durch die wegen der Bevorzugung der (hussitisch geprägten) böhmischen Nation aus Prag abgewanderten Magister und Studenten. Verse und Strophen nicht abgesetzt. Walther, IC, Nr. 14499.

Incipit: 123r *Praga mater arcium pregnans exultavit, quando plebem parcium bis duarum pavit* ...

Explicit: 123r ... *Unde nova nacio prodiit Misnensis, Prage condempnacio fiet in expensis et cetera.*

38) 136ra–141ra

Verfasser: Concilium Constantiense.

Weitere beteiligte Personen: Jan Hus.

Titel: Condemnatio xlv articulorum Bohemorum.

Angaben zum Text: Die 45 Jan Hus und seinen Anhängern zugeschriebenen Artikel mit den jeweiligen Gründen ihrer Verurteilung durch das Konstanzer Konzil. Text auch in Pal. lat.

1779, 115vb–116va, siehe: Metzger, Kat. UB Heidelberg 4, S. 134. Vgl. auch Petr, Soupis 1, S. 381.

Rubrik: 136ra ›*Condempnacio, raciones et motiva reprobationum xlv articulorum Wycleff et sequacis sui Johannis Hus extractorum ex libris et ipsorum opusculis per doctores facta. Quorum primus est iste qui sequitur. Condempnacio prima*‹.

Incipit: 136ra *Substancia panis materialis et similiter vini …*

Weiteres Initium: 141ra Omnes religiones indifferenter introductae sunt a diabolo …

Explicit: 141ra … *et hoc principaliter dicetur propter illum terminum indifferenter positum et cetera.*

Edition: Mansi 27, Sp. 632–634; František Palacký, Documenta magistri Joannis Hus vitam, doctrinam, causam in Constantiensi concilio actam et controversias de religione in Bohemia annis 1403–1418 motas illustrantia, Prag 1869, Nr. 46, S. 451–455 (nur die Artikel mit sehr allgemein gehaltenen Stichworten zum Grund der Verurteilung).

39) 141ra–141va

Titel: Adnotationes theologicae de peccatis et erroribus.

Angaben zum Text: 13 Textabsätze zu verschiedenen theologischen Themen, vor allem zu Sünden und Irrtümern, die zu vermeiden sind. Vgl. Petr, Soupis 1, S. 381 f. – 141vb leer.

Incipit: 141ra *Nota: Sodomiticum peccatum est quando vir agit in virum …*

Explicit: 141va … *tertium agit deus per nos quod fit ad exemplum.*

40) 142ra–143ra

Verfasser: Concilium Basileense.

Titel: Exhortatio super modis tenendis ab incorporatis concilii.

Angaben zum Text: Exhortatio facta publice in congregatione generali super modis tenendis ab incorporatis concilii et eorum familiaribus. Datiert: Freitag, 24. Okt. [1432].

Rubrik: 142ra ›*Reformationes existentium in concilio lecte et publicate die veneris xxiiii Octobris*‹.

Incipit: 142ra *Admonet hec sancta synodus omnes sacrum concilium celebrantes …*

Explicit: 143ra … *et officialis suus ut predicta clero suo intiment inviolabiliter observari faciant et cetera et cetera.*

Edition: Mansi 29, Sp. 382–385.

41) 143ra–143va

Verfasser: Concilium Basileense.

Titel: Decretum sessionis septimae.

Angaben zum Text: Dekret des Basler Konzils vom 6. Nov. 1432.

Rubrik: 143ra ›*Decretum sessionis septime pronuntiatum die Jovis, vi mensis Novembris M cccc xxxiio in ecclesia Basiliensis*‹.

Incipit: 143ra *Dudum hec sancta synodus super electionem Romani pontificis in casu vacacionis sedis apostolice …*

Explicit: 143v … *specialibus aut generalibus in contrarium facientibus minime obstantibus.*

Edition: Mansi 29, Sp. 42–43.

42) 143v–145r

Titel: Musterbriefe aus dem Umkreis des Basler Konzils.

Angaben zum Text: (143v) *In nomine domini. Amen. Anno etc. indictione xiii, pontificatus sanctissimi etc. anno quarto, die Jovis xvi mensis Januarii ... domini V. et S. canonici ecclesie maioris Wormaciensis ... – ... iura defendendum promovendum libellum seu libellos etc. presentibus etc. In nomine etc. In mei notarii publici etc. presencia personaliter constituti venerabiles viri domini D. decanus etc. ... in dicta ecclesia Wormaciensis ... – ... dandum et pro parandum necnon libellum seu libellos etc.* (144rv) ›*Copia conservatorii etc. dominorum Wormatiensium*‹. *Sacrosancta generalis synodus Basiliensis in spiritu sancto legitime congregata universalem ecclesiam representans ... – ... datum Basilee secundo Novembris ... anno autem domini M° cccc° xxxiiii*[to]. (144v–145r) ›*De diversis formis liber iii folio liiii*°‹. *Martinus episcopus servus servorum dei venerabili fratri episcopo Wratislaviensi salutem et apostolicam benedictionem. Hodie siquidem literas nostras concessimus tenorem qui sequitur ... – ... indultum quod interdici suspendi vel excommunicari non possint per literas apostolicas non facientes plenam et expressam ac de verbo ad verbum de indulto huiusmodi mencionem. Datum ut supra.* Zum Teil verkürzte und anonymisierte Schreiben aus dem Umkreis des Basler Konzils. Erwähnt wird v. a. die Diözese Worms, aber auch die Bistümer Mainz und Speyer sowie der Bischof von Breslau. – 145vb–147r leer.

Incipit: 143v *In nomine domini. Amen ...*

Explicit: 145r *... de verbo ad verbum de indulto huiusmodi mencionem. Datum ut supra.*

43) 147va–164vb

Titel: Versus et sententiae varii.

Angaben zum Text: *Temporibus nostris quicumque placere laborat, det capiat querat plurima pauca nichil ... – ... O hergot si hoc est verum, so kommen vil phaffen ad infernum.* Umfangreiche Sammlung von Versen und Sentenzen zu verschiedenen Themen (im Einzelnen bei Petr, Soupis 1, S. 383–387). Dazwischen auch einige eigenständigere Teile, die sich von der reinen Sentenzensammlung abheben, darunter: (148ra) *Ligna crucis: palma, cedrus, cypressus, oliva ...* . Verse über die Holzarten des Kreuzes Christi (vgl. Legenda aurea, hrsg. von Theodor Graesse, Breslau 1890, cap. LXVIII [64], S. 304). (148vab) ›*Probacio priorum*‹. *In Jeremia capitulo 25° habetur sic: A minore usque ad maiorem omnis avaricie student ... – ... in brevi explevit tempora multa.* Verse zu den Propheten- und Weisheitsbüchern der Bibel in 10 Strophen. (148vb) *Totus ieiunus post sompnium non bibe statim ...* . Verse mit Ratschlägen v. a. zur Gesundheit. (149r) ›*De conflictu virtutum et viciorum*‹. *Vos qui sub Cristo mundo certatis in isto ... – ... cuinam victoriam constet, et cetera.* Paul Lehmann, Eine Sammlung mittelalterlicher Gedichte aus dem Ende des 12. Jahrhunderts, in: Historische Vierteljahrschrift 30 (1935), S. 20–58, S. 25; Hans Walther, Das Streitgedicht in der lateinischen Literatur des Mittelalters, München 1920, S. 114f.; Bloomfield, ILWVV, Nr. 6544. (149v) ›*Nota: numerus cardinalis est iste*‹. *Unus duo tres ...* ›*Numerus ordinalis*‹. *Primus secundus tercius ... – ... milletuplum.* Zu Kardinal-, Ordinal-, Distributiv-, Adverbial- und Multiplikativzahlen mit Erläuterung. (149vab) ›*Primas*‹. *Ventre tumescente nam in id potum retinente, presule presente bumbus* [?] *canit in dyapente ... – ... venerat ancilla venerem peto prebuit illa.* Im Anschluss Deutschsprachiges: *In die stat lauffen, smer chauffen, eynen wagen dingen, ein dirn mynnen.* (150ra) ›*De officio musarum*‹. *Clio gesta canens transacta tempore reddit, Melpomene ... – ... In medio residens complectitur omnia Phebus.* 10 Verse. Druck: Alexander Riese, Anthologia latina sive poesis latinae supplementum, Bd. 2, Leipzig 1894, S. 134, Nr. 664. (150ra–153rb) Sententiae et epigrammata. ›*De concordia rerum*‹. *Grata Venus molli pigro mora vinea colli ... – ... Bella ferox miles dat largus vilia viles.* 21 Verse. Im Weiteren vor allem kurze Epigramme, darunter z. B. auch Wetterregeln (150rb *Clara dies Pauli designat* *ferilitatem ... – ... Sunt autem venti peribunt vini potentes.* 4 Verse. *Vincenti festo si sol radiat memor esto, ut facias tunas quia vitis proferet uvas).* (153va–158va) Sententiae diversae. *Pauper mantelle sine palis et sine pelle, si potes expelle ventum rabiemque procelle ... – ... regibus et ducibus non debet adesse frequenter.* Zum ersten Vers „pauper mantelle ..." siehe: Charles Du Fresne Du Cange, Glossarium mediae et infimae latinitatis ..., Bd. 5, Niort 1885, Sp. 235a „mantum". Zum Teil thematische Abschnitte mit Zwischenüberschriften. (158vb) ›*Octo beatitudines quas Christus exponit discipulis suis*‹. *Beati pauperes spiritu ... – ... Beati qui persecucionem paciuntur ... et in futuro eternaliter obtinebit et cetera.* Die Seligpreisungen der Bergpredigt [Mt 5, 3–10] mit kurzen Erläuterungen. (158v) ›*Excerptum ex libro Bartholomei de apibus in quo illa que sequuntur scribit, qui eciam librum de naturis rerum composuit notabilem, utinam eundem haberem*‹. *Volo quod quicumque legerit hoc sciat me anno domini m^{o}. cc^{o}. xxxviii^{o}. fuisse Parisius, vir venerabilis Gwilhelmus Parisiensis episcopus ... – ... et alii quamplures magistri theologie in propriis determinaverunt scoliis successive et cetera.* Gemeint ist das Werk ‚Bonum universale de apibus' des Thomas von Cantimpré, nicht Bartholomaeus Anglicus' ‚De proprietate rerum' mit seiner Behandlung der Bienen (u. a. lib. xii, cap. 4). Darunter: *O hergot si hoc est verum, so kommen vil phaffen ad infernum.* (159ra) ›*Figura pugne moralis*‹. *Superbus: Despicio miseros cum dicor maximus heros ... – ... Edax: Ne timeas venter escas tibi trado frequenter. In presenti rota lis est durissima mota, que nulla sorte finem capiat nisi morte.* Streit der Tugenden und Laster. Hans Walther, Das Streitgedicht in der lateinischen Literatur des Mittelalters, München 1920, S. 115 f.; Bloomfield, ILWVV, Nr. 1529. (159rb) Speculum mense. ›*Dum comedatis*‹. *Lotas manus habeatis ... – ... Istos mores teneatis.* Servus Gieben, Robert Grosseteste and Medieval Courtesy-Books, in: Vivarium 5 (1967), S. 47–74, hier S. 53 A. 2 (diese Hs.). Walther, IC, Nr. 48442. (159rb) De artibus. *Quidquid agant artes ego septem predico partes ... – ... astra vias poli varias mihi vendico soli.* Walther, IC, Nr. 15973. Vgl. Angelo Maria Bandini, Catalogus codicum Latinorum Bibliothecae Mediceae Laurentianae, Bd. 2, Florenz 1775, Sp. 508. (159va) ›*Versus Sibille*‹. *Judicii signum tellus sudore madescit ... – ... recidet e celo ignis et sulphuris amnis.* Walther, IC, Nr. 9907. Druck: Migne PL 90, Sp. 1186. (159vb–160vb) ›*De pluvia*‹. *Sit licet archanum que sunt cause pluviarum ... – ... quarum tribuit grato quilibet ingenium.* Verse zu Wettererscheinungen (z. B. Regen, Regenbogen, Blitz und Donner, etc.). (161ra–162vb) Benedictiones ad lectiones. ›*Benedictiones in adventu domini*‹. *Christus venturus nos ducat ad ethera purus ... – ... subvenit hiis semper in quibus* [?] *sunt tribulati.* Ulysse Chevalier, Repertorium hymnologicum, Bd. 1, Louvain 1892, Sp. 193, Nr. 3251 (diese Hs.), hierzu vgl. Clemens Blume, Repertorium Repertorii, Leipzig 1901 (Hymnologische Beiträge 2), S. 165. Zu den liturgischen Lesungen an kirchlichen Festen des Jahres (de tempore und de sanctis). (163rb) ›*Versus de ‚agnus dei', benediccio a papa*‹. *Balsamus et munda cera cum crismate unda ... – ... eruit sathaneque ruina.* Walther, IC, Nr. 2058; Thorndike / Kibre, Sp. 173, Nr. 12. Abgedruckt bei: Adolf Franz, Die kirchlichen Benediktionen im Mittelalter, Bd. 1, Freiburg im Breisgau 1909, S. 571. (164rab) ›*De iniquo statu mundi*‹. *Mundus in antiphrase putei Iordane remersus ... – ... Rex sedet in cena turba cinctus duodena, se tenet in manibus se tenet iste cibus.* Letzteres: Walther, Prov., Nr. 26863. (164rb) ›*Ordo consecracionis ecclesie*‹. *In primis erunt preparata in ecclesia queque necessaria ... – ... solus dyaconus recluditur in ea et episcopus et cetera.* (164vab) Hildebertus Lavardinensis, Versus de fide sanctae trinitatis. *Esse quod est, ex se deus ... – ... firmiter et sane salvi non possimus esse.* Walther, IC, Nr. 5550. Druck: Migne PL 171, Sp. 1417 f. (164vb) Sequentia de sancta Maria. *Ave mater qua natus est orbis pater ... – ... ad pii dextram filii o Maria.* AH 54, S. 370 f., Nr. 233. (164vb) Versus diversi. *Os* *mulier mordens pede fodens ... – ... glacies incarcerat undas.* 25 Verszeilen gemischten Inhalts.

Incipit: 147va *Temporibus nostris quicumque placere laborat ...*

Weiteres Initium: 147v–148r 147v *Qui struit in calle multos habet ille magistros ...*; 147vb *Canonici pauci sunt qui donant sua nausi ...*; 148ra *Pater alme tuum nomen sit sanctificatum ...*; 148ra *Ligna crucis palma, cedrus cypressus, oliva ...*; 148ra *Conceptum non valeo sermonem celare ...*; 148rb *Ieremias itaque sic vaticinatur ...*;

Explicit: 164vb *... glacies incarcerat undas.*

44) 165r–167r

Verfasser: David de Augusta.

Titel: De exterioris et interioris hominis compositione.

Angaben zum Text: Bloomfield, ILWVV, Nr. 5676; Distelbrink, Bonaventurae scripta, Nr. 238; Glorieux, Maîtres, Nr. 305cu; Mohan, Initia, S. 414.

Rubrik: 165r ›*Incipit compendium utile et proficium diligenter ruminanti et masticanti*‹.

Incipit: 165r *Si vis in spiritu proficere et hoc esse propter ...*

Explicit: 167r *... nec ullam ei reverenciam exhiberi.* ›*Explicit tractatulus de reformacione vite*‹.

Edition: Druck: GW 4646; David ab Augusta, De exterioris et interioris hominis compositione secundum triplicem statum incipientium, proficientium et perfectorum libri tres, Quaracchi 1899, Lib. I pars II, S. 36–57 (zur hsl. Überlieferung S. XX–XXXIV).

45) 167r

Titel: Sententiae.

Angaben zum Text: Antiken Autoritäten zugeschriebene Sentenzen (Hermes, Homer, Fulgentius).

Rubrik: 167r ›*Hermes philosophus*‹.

Incipit: 167r *Cavete vobis a malis cibis et vitetis mala lucra ...*

Explicit: 167r *... quia circa lunam minime reperies, hec ille et cetera.*

46) 167va–169r

Verfasser: Jean Gerson.

Titel: De arte audiendi confessiones.

Angaben zum Text: Bloomfield, ILWVV, Nr. 2030, S. 141.

Rubrik: 167v ›*Incipiunt utiles consideraciones confessionis edite a cancellario domine nostre Parisiensis, viro et magistro doctissimo*‹.

Incipit: 167v *Etsi virtus quam consuetudo gignerit certius quam ars ...*

Explicit: 169r *... orando quam ligendo erudire atque proficiet. Explicit tractatus de consideracionibus confessionis.*

Edition: Jean Gerson, Oeuvres completes, hrsg. von Palémon Glorieux, Bd. 8, Paris 1971, S. 10–17.

47) 169r

Titel: Sententiae.

Angaben zum Text: Gereimte Sentenzen, überwiegend zu Essen und Trinken. Walther, Prov., Nr. 4430.

Incipit: 169r *Cum sis in mensa primo de paupere pensa ...*

Explicit: 169r *... Sedite me pavit sed me sedete fugavit.*

48) 169va–170r
Titel: Regulae iuris libri sexti Bonifatii VIII.
Angaben zum Text: Rechtsregeln nach dem Liber sextus von Papst Bonifaz VIII., lib. 5, tit. 12, Regula I bis LXX.
Rubrik: 169va ›*Incipiunt regule iuris libri sexti. Bonifacius viii*[us]‹.
Incipit: 169va *Beneficium ecclesiasticum non potest licite sine institucione canonica obtineri* ...
Explicit: 170r ... *debitoris est eleccio et sufficit alteris adimpleri.*
Edition: Corpus iuris canonici 2, Sp. 1122–1124.

49) 170r
Titel: Proverbia metrica cum translationes germanicae.
Angaben zum Text: 19 lateinische Sentenzen jeweils mit deutscher Übersetzung. Hierzu wohl auch der darüber stehende Zusatz: *Pallia vertantur sicut ventus variantur.* Siehe: Petr, Soupis 1, S. 388 f.
Rubrik: 170r ›*Proverbia*‹.
Incipit: 170r *Multa peroptata transibunt tempora grata. Es get vil czyt mit wunschen hin* ...
Explicit: 170r ... *Farcimen ledit eme dorsum sic canis ait. Kauffent rucken sprach der hunt, wurst sin ungesunt.*

50) 170ra–170vb
Titel: Sententiae.
Angaben zum Text: Gereimte Sentenzen und Sprichwörter. Walther, Prov., Nr. 21515, Nr. 26475 und 23948.
Incipit: 170va *Sit tibi tanta salus quot folia profert bona malus* ...
Explicit: 170vb ... *nudus me genuit, mundus nudusque remittit.*

51) 171ra–178ra
Verfasser: Federico Petrucci.
Titel: Tabula super disputationibus et consiliis per titulos decretalium.
Angaben zum Text: ›... *Frederici de Senis*‹. ›*De constitutionibus*‹. *Statuto synodali cavetur quod quicumque luserint ad azardum sint excommunicati* ... – ... *alias ratum de regulis iuris liber vi, 238.* ›*Explicit tabula super questionibus, disputationibus et conciliis domini Fre*[derici] *de Senis decretorum doctoris. Ergo*‹. Es handelt sich um eine verkürzende Bearbeitung der ‚Disputationes, quaestiones et consilia' des Kanonisten Federico Petrucci de Senis, wie sie mehrfach im Druck erschienen sind (vgl. GW M31800–31810) in Form einer „Tabula". Vgl. Schulte, GQ 2, S. 237 f. Parallelüberlieferung: Wien, Schottenstift, Cod. 5, 161r–165r. – 178v leer.
Rubrik: 171ra ›*De constitutionibus*‹.
Incipit: 171ra *Statuto synodali cavetur quod quicumque luserint ad azardum sint excommunicati* ...
Weiteres Initium: 171ra An constitutio capituli sancta sede vacante duret in tempus episcopi substituti ...
Explicit: 178ra ... *alias ratum de regulis iuris liber vi, 238.*
Edition: Der zugrundeliegende Text erschien mehrfach im Inkunabeldruck (siehe: GW M31800–31810) sowie in späteren Ausgaben.

52) 179ra–182rb
Verfasser: Petrus, Bischof von Orvieto.
Titel: Tractatus de canonica portione.
Angaben zum Text: Endet unvollständig: ... *per episcopum de relictis subditis sibi ecclesiis racione coniunccionis. Ergo non /*. Zur „Portio canonica“ am Nachlass eines Geistlichen. Vgl. Schulte, GQ 2, S. 491 A. 6. – 182v–183r leer.
Rubrik: 179ra ›*De canonica porcione tractatus P. episcopi Urbevetani*‹.
Incipit: 179ra *Reverendo in Christo patri et domino domino G. dei gratia episcopo Narmensi* ...
Weiteres Initium: 179ra Canonica portio dicitur pars a canonibus definita ...
Explicit: 182rb ... *tollitur per episcopum de relictis subditis sibi ecclesiis racione coniunccionis. Ergo non.*

53) 183va–184vb
Titel: De sepulturis.
Angaben zum Text: */ a locis exemptis nisi sepeliatur quis et nisi prescripserit ut patet de verbo sig. c. cuius inter* ... – ... *An pubes debeat sepeliri in sepulchro parentum vel in ecclesia parochiali ubi pater sibi non elegerit sepulturam.* Text an Anfang und Ende unvollständig. Erörterung zu Begräbnissen nach Kanonischem Recht. Vgl. etwa VI 3.12.

WM

Vatikan, Biblioteca Apostolica Vaticana, Pal. lat. 720

Sammelhandschrift zur Buße

Papier · 2, 120, 1 Bll. · 15,5 × 11 cm · Toskana (?) · 1446–1459

Entstehungsort: Toskana (?).
Entstehungszeit: 1446–1459.

Typus (Überlieferungsform): Codex.
Beschreibstoff: Papier.
Umfang: 2, 120, 1 Bll.
Format (Blattgröße): 15,5 × 11 cm.
Zusammensetzung (Lagenstruktur): $(I-1)^{1a}$ + 1^{2a} + 10 VI^{120*} + $(I-1)^{121*}$. Vorderspiegel Gegenbl. von 1a, Hinterspiegel Gegenbl. von 121*.
Seiten-, Blatt- und Lagenzählung: Vorrömische Foliierung (*1–32*), darauf römische Foliierung des 17. Jhs. (*33–117*). Vor- und Nachsatzbll. wie auch leere Bll. nicht foliiert, weshalb hier Zählung der Digitalisate übernommen wird (1a, 2a, 118*–121*). Durchgehend Reklamanten auf der letzten Versoseite der Lage auf dem Fußsteg mittig (fehlt auf 12v).
Zustand: Verschiedene Falzverstärkungen. Tinte leicht verblasst. Wenige Flecken. 64–67 kleiner Wasserschaden, Schrift wurde z. T. nachgefahren. Im Wesentlichen gut erhalten.

Schriftraum: 10,2 × 7 cm.
Spaltenanzahl: 1 Spalte.
Zeilenanzahl: 27–28 Zeilen.

Angaben zu Schrift / Schreibern: Die erste Hand, sich einer humanistischen Minuskel bedienend, die immer wieder Anleihen an die humanistische Kursive zeigt, schrieb die Texte auf 1r–12v und ab 112r. Die zweite Hand verfertigte eine besser lesbare und im Duktus ruhigere humanistische Minuskel.

Buchgestaltung: Zeilengerüst mit Metallstift vorgezogen. Von 1r–12v Rubriken und rote Strichelungen, auf dem Seitensteg in Rot Markierung der Abschnitte und Schlagwörter. Von 13r–110v Kapitel mit alternierend blauer oder roter Lombarde eingeleitet, ferner Rubriken. Zur Unterteilung der Sinnabschnitte alternierend blaue und rote Paragrafenzeichen. Zuweilen Capitalis rustica als Auszeichnungsschrift. 113r–117r Rubriken, rote Paragrafenzeichen, Unterstreichungen und Schlagwörter auf Seitensteg. 1r–32r zur Auszeichnung einzelne Buchstaben gelb unterlegt.

Buchschmuck: Auf 13r blaue Lombarde mit gelben Punktaussparungen im gelben Rahmen mit Knospenfleuronné im Binnenfeld und ablaufenden Fleuronnéleisten.

Einband: Pappe mit weißem Pergament überzogen, auf Rücken rotes und blaues aufgeklebtes Schildchen mit aktueller Signatur, oberhalb des roten Schildchens Wappenstempel in Gold von Papst Pius IX., unterhalb von Kardinal und Bibliothekar Jean-Baptiste Pitra (1812–1889). Angefertigt in Rom zwischen 1869 und 1878 (Schunke, Einbände 2.2, S. 849). Lila-blau-schwarzes Kapital.

Provenienz: Augsburg / Heidelberg.

Geschichte der Handschrift: Modernes blaues Signaturschild der Vaticana *Pal. lat. 720* auf dem vorderen Spiegel aus blauem Papier. Aktuelle Signatur auf 2ar und 1r, auf 2ar zudem barockes blaues Signaturschildchen des alten Buchrückens sowie ehemaliges Schildchen mit Titel *Interrogationes pro confessione*, ferner Altsignatur *554* [durchgestrichen], auf 1r Capsa-Nummer *C. 75*, darunter Allacci-Signatur *947* [beide durchgestrichen], nebst Altsignaturen *559* und *351* [beide durchgestrichen]. Wie wir aus der Rubrik auf 110v erfahren, dürfte die Hs. während der Amtszeit des Antonio Pierozzi als Bischof von Florenz, also zwischen 1446 und 1459, entstanden sein: *nunc uero archiepiscopi Florentini*. Diese Bemerkung, wie die Supplik der Regularkanoniker von Santa Maria Frisionaria bei Lucca lassen vermuten, dass die Texte wahrscheinlich im Raum Florenz / Lucca niedergeschrieben wurden. Über einen, vielleicht den ersten Besitzer gibt die Bilddevise auf 1r Aufschluss, bestehend aus den Buchstaben A, L und B sowie Palmblättern, flankiert vom Besitzeintrag *Alexandri de Bassis et cetera*. Ob man den Namen mit Alexander Bassianus aus Padua gleichzusetzen vermag (so geschehen bei Peter Lebrecht Schmidt, Die Überlieferung von Ciceros Schrift „De legibus“ in Mittelalter und Renaissance, München 1974 [Studia et testimonia antiqua 10], S. 360), ist fraglich. Diese Zuweisung wäre reizvoll, da die Bände Pal. lat. 936, Pal. lat. 1650 und Pal. lat. 1679, die unser Alexander de Bassis besaß, gut zum Profil des in Padua wirkenden Antiquars Alessandro Bassiano (1503–1587) passen würden. Wer unser Alexander de Bassis auch war, ihm ebenfalls Pal. lat. 1522 zuzuweisen (ebenda S. 360), ist ebenfalls problematisch, stimmt die Bilddevise doch mit der in den vier anderen Bänden gegebenen nicht überein. Vorliegende Hs. gelangte späterhin in den Besitz des Ulrich Fugger (1526–1584), wie die Signatur *181. seors.* auf 1r nahelegt (nicht bei Lehmann, Fuggerbibliotheken). Mit dem Tod des Büchersammlers und seiner letztwilligen Verfügung kam die Hs. an den Pfälzer Kurfürsten und ging somit in die Bibliotheca Palatina ein (s. Einleitung).

Faksimile: https://digi.ub.uni-heidelberg.de/diglit/bav_pal_lat_720

Literatur: Paul Oskar Kristeller, Iter Italicum 6, S. 355; OVL, Pal.lat.720; Schunke, Einbände 2.2, S. 849; Stevenson, Latini, S. 265; Walz, Kat. UB Heidelberg 3, S. 29.

1) 1r–12v
Verfasser: Pseudo-Antoninus-von-Florenz.
Titel: De septem vitiis capitalibus.
Incipit: 1r *Tres sunt species infidelitatis ...*
Explicit: 12v *... peccat grauiter.*
Edition: Der Text liegt in keiner modernen Edition vor, erschien aber bereits 1481 als Inkunabel (GW 3456).

2) 13r–110v
Verfasser: Antoninus von Florenz.
Titel: Confessionale ‚Defecerunt'.
Rubrik: 13r ›*Jncipit interogatorium* [!] *confessionale reuerendi domini Antonij episcopi Florentini olim vicarij generalis fratrum sancti Dominici de obseruantia extra partes Tuscie*‹.
Incipit: 13r ›*Deffecerunt scrutantes scrutinio,* [Zeilenfüller] *dicit Psalmus. Scrutantes aliorum peccata sunt confessores ...*‹.
Explicit: 110r *... opinionem solemnium et multorum doctorum.* [110v] ›*Explicit jnterrogatorium reuerendi patris fratris Antonij de Florentia ordinis Predicatorum olim vicarij generalis circa fratres de obseruantia sui ordinis nunc uero archiepiscopi Florentini*‹.
Edition: Der Text liegt in keiner modernen Edition vor, erschien aber bereits 1468 als Wiegendruck (GW 2080–2140).

3) 110v–111v
Titel: Supplik der Regularkanoniker von Santa Maria Frisionaria bei Lucca.
Incipit: 110v *Beatissime pater supplicant sanctitati vestre deuoti filij et oratores uestri rector maior et priores de congregatione beatę Marię de Frissonaria* [!] *Lucane diocesis ordinis sancti Augustini, quatenus ex singulari gratia ...*
Explicit: 111v *... concessum in pręsentia C. Arimino.*

4) 112r
Titel: Absolutio in articulo mortis.
Rubrik: 112r ›*Ista est forma absolutionis in articulo mortis indulgentie penę et culpę ordinata in concistorio apostolico*‹.
Incipit: 112r *Primo dicat infirmus: confiteor et cetera ...*
Explicit: 112r *... per ultimo articulo mortis tuę.*

5) 112v
Titel: Absolutio in articulo mortis pro fratribus haeretibus.
Rubrik: 112v ›*Ista est forma absolutionis extracta de formulario domini pape pro fratribus heretibus plenariam indulgentiam in articulo mortis*‹.
Incipit: 112v *Primo dicat infirmus si potest uel alius loco eius: confiteor et cetera ...*
Explicit: 112v *... Jn nomine patris et filij et spiritus sancti. Amen.*

6) 113r–117v
Verfasser: João de Deus.

Titel: Liber poenitentiarius, Liber 2.
Angaben zum Text: 117v-120*v leeres Zeilengerüst.
Rubrik: 113r ›*Jncipit liber secundus in quo continetur in quibus locis sit penitentia in toto corpore iuris a canone diffinita*‹.
Incipit: 113r ›*Vt*‹ *ergo possis perfectius facere quod intendis in penitentijs canonice imponendis* ...
Explicit: 117v ... *Extra De bigamis, Quia certa* [!]. *Explicit liber secundus.*
Edition: Pierre J. Payer, The Origins and Development of the Later Canones Penitentiales, in: Mediaeval Studies 61 (1999), S. 81–105, hier S. 98–105.

TH

Vatikan, Biblioteca Apostolica Vaticana, Pal. lat. 721, 1–2

Guillaume de Saint-Amour, Collectiones catholicae et canonicae scripturae

Papier · 2, 159 (+ 9), 1 Bll. (Bd. 1); 1, 156 (+ 1), 1 Bll. (Bd. 2). · Frankreich (?) · 1514

Entstehungsort: Frankreich (?).
Entstehungszeit: 1514.

Typus (Überlieferungsform): Codex.
Beschreibstoff: Papier.
Umfang: 2, 159 (+ 9), 1 Bll. (Bd. 1); 1, 156 (+ 1), 1 Bll. (Bd. 2).
Format (Blattgröße): 29 × 21 cm (Bd. 1); 28,8 × 21 cm (Bd. 2).
Zusammensetzung (Lagenstruktur): Heute in zwei Bände geteilt. – Bd. 1: $(I-1)^{1a}$ + 1^{1b} + $(IV+1)^{8}$ + 2 IV^{24} + $(IV+1)^{32}$ + 2 IV^{48} + $(IV-1+1)^{55}$ + IV^{63} + $(IV+1)^{71}$ + $(IV+2)^{79}$ + 3 IV^{102} + $(IV+2)^{110}$ + 4 IV^{142} + $(IV+1)^{150}$ + IV^{158} + $(I-1)^{159*}$. 1a bildet mit dem Vorderspiegel ein Doppelbl. 159* bildet mit dem Hinterspiegel ein Doppelbl. Die folgenden Bll. mit Textergänzungen wurden jeweils nachträglich in ihre Lagen eingefügt: 2a, 26a, 48a, 69a, 73a, 75a, 106a, 108a, 144a. – Bd. 2: $(I-1)^{1a}$ + IV^{166} + $(IV+1)^{173}$ + 17 IV^{310} + $(IV-2)^{316}$ + $(I-1)^{317*}$. 1a bildet mit dem Vorderspiegel ein Doppelbl. 317* bildet mit dem Hinterspiegel ein Doppelbl. Bl. 171a mit Textergänzungen wurde nachträglich in seine Lage eingefügt.
Seiten-, Blatt- und Lagenzählung: Die Hs. wurde erst nach dem Eintrag der Foliierung in 2 Bde. geteilt. Bd. 1: Tintenfoliierung des 16. Jhs. (*.1.–81, 81–158*). Die zweite 81 modern ergänzt zu *81a* (Bleistift). Die Bezeichnung unfoliierter Bll. folgt dem Digitalisat (1a–1b, 159*). – Bd. 2: Tintenfoliierung des 16. Jhs. (*159–169, 169–219 e 220, 221–315*). Die zweite 169 ergänzt zu *169a*. Bl. 219 trägt die alte Tintenfoliierung *220* und eine neuere Bleistiftfoliierung *219*. Moderne Bleistiftfoliierung (*316*). Die Bezeichnung unfoliierter Bll. folgt dem Digitalisat (1a, 317*). Zählung der Distinctiones als laufender Seitentitel (*D I–D V*).
Zustand: Tintenfraß. Bei fast allen Bll. des ursprünglichen Buchblockes wurde der Schriftraum mit transparentem Papier überklebt, wohl um Verluste durch den Tintenfraß zu verhindern. Die eingefügten Zettel tragen nur einseitig Text, entsprechend wurden nur die beschriebenen Seiten kaschiert. Das aufgebrachte Papier ist heute stark vergilbt, was zusammen mit dem oft fortgeschrittenen Tintenfraß die Schrift zuweilen fast unleserlich

macht. Bd. 2, 313r–315v wurden mit einer feinen Gaze kaschiert, die nicht vergilbt ist und sind sehr viel besser zu lesen.

Wasserzeichen: Bd. 1.: Bl. 2–15, Buchstabe „B“, senkrecht (ähnlich Briquet, Les filigranes 8017); Bl. 17–157 (ohne die eingefügten Bll.) Buchstabe „B“, waagrecht (ähnlich WZIS AT8100-PO-26793); Bl. 26a, 48a, 73a, 106a, 108a, 144a zwei Buchstaben, Ligatur ip (?), darüber ein Kreuz, darunter sechsstrahliger Stern jeweils an einkonturiger Stange (vergleichbar WZIS DE5580-Xylo5_13). – Bd. 2: Bl. 162–315 Buchstabe „B“, waagrecht (ähnlich WZIS AT8100-PO-26793).

Schriftraum: 21,7 × 14,5 cm (Bd. 1); 24,2 × 18,5 cm (Bd. 2).

Spaltenanzahl: 1 Spalte.

Zeilenanzahl: 22–23 Zeilen (313v–315r 26 Zeilen).

Angaben zu Schrift / Schreibern: Haupttext Humanistica cursiva von einer Hand. Die Ergänzungen von einer zweiten, wenig späteren. Der kurze Text 316v wurde von einer weiteren Hand eingetragen, die um die Mitte des 16. Jhs. oder später zu datieren ist.

Buchgestaltung: Ohne erkennbare Textraumbegrenzungen oder Zeilenlinien. Rubriken in normaler Tinte, am Seitenrand bezeichnet: *rubrum.* Aussparungen aus dem Textblock für dreizeilige Initialen (nicht ausgeführt).

Nachträge und Benutzungsspuren: Bd. 1, 1br, eingeklebter Zettel: *Gulielmi de Sancto Amore, Sequani, theologi quondam Sorbonici, de periculis christianae ecclesiae a sectis, inminentibus, opus pium, et ante hunc diem non visum. Floruit circa annum domini .M. CC XXX.* Der Anfang stimmt wörtlich mit dem Eintrag im Katalog der Heidelberger Schlossbibliothek überein (s. Geschichte der Handschrift). Die zum Teil umfangreichen Nachträge einer zweiten Hand auf Seitenrändern und eingehefteten Zetteln ergänzen im Haupttext nicht enthaltene Textabschnitte (s. u. zum Text). – Bd. 2, 316v: *Antonius de Molendino Matisconensis juris utriusque doctor. Gulielmi de Sancto Amore collectio ....* Als Autor wird der Jurist Antonius de Molendino Matisconensis genannt, wahrscheinlich Antoine Dumoulin (1510?–1551), Jurist, später Arzt, aus Mâcon (s. Inhalt). Der Nachtrag dürfte wohl um die Mitte des 16. Jhs. oder später entstanden sein.

Einband: Beide Bände einheitlich gebunden: Weißes Pergament mit Goldpressung auf Pappen. Rom, 1869–1878. Glatter Rücken, oben das blaue Signaturschild der BAV. Darunter in Goldpressung das Wappen von Papst Pius IX. (Pontifikat 1846 bis 1878). Rotes Lederschild mit Goldpressung *Pal. 721.* Darunter *P*[ars]. *1* bzw. *P*[ars]. *2.* Darunter das Wappen des Kardinalbibliothekars Jean-Baptiste Pitra (1812–1889, Kardinalbibliothekar ab 1869). Kapital mit blauen und violetten Seidenfäden umwickelt. Schunke, Einbände 2,2, S. 849, vgl. ebd. Bd. 1, S. 257.

Provenienz: Heidelberg.

Geschichte der Handschrift: 313r ›*Finis Kalendas Februarii anno 1514*‹. Abschrift fertiggestellt 1. Feb. 1514. 315r ›*Ioannes A...h...di transcripsit iii Nonas Februarii M.D.XIIII. In arce K...* ‹. Mit einer Tintenlinie gerahmt als „tabula ansata“, Namen jeweils getilgt. Im Katalog der Heidelberger Schlossbibliothek von um 1556–1558 aufgeführt unter „G in foliis“ (Pal. lat. 1929, 70r: *Guilielmi de Sancto Amore Sequani ... opus pium, auf Papir geschrieben.*). 1623 mit den Bänden der Heidelberger Palatina in die Vatikanische Bibliothek verbracht. Im Allacci-Register (Pal. lat. 1949, 22v: *385 Gulielmi de Sancto Amore de periculis christianae ecclesiae.*

fol. C. 69.). Besitzstempel der BAV: 1r, 316v. Bei der Restaurierung und Neueinbindung im 19. Jh. in 2 Bde. geteilt.

Faksimile: https://digi.ub.uni-heidelberg.de/diglit/bav_pal_lat_721ga
Literatur: OVL, Pal.lat.721,1; OVL, Pal.lat.721,2; Montuschi, Le biblioteche, S. 314; Stevenson, Latini, S. 265.

1) Bd. 1, 1r–158v, Bd. 2, 159r–313r
Verfasser: Guillaume de Saint-Amour.
Titel: Collectiones catholicae et canonicae scripturae.
Angaben zum Text: Der Text des ersten Bandes endet 158v unten im Satz: ... *actiones licites sunt clericis que licet in se pie et sancte sint, tamen illicite /*. Die Fortsetzung folgt bruchlos in Bd. 2, 159r oben: */ sunt regularibus viris propter discrepantiam professionis* .... Die zum Teil umfangreichen Nachträge einer zweiten, wenig späteren Hand auf Seitenrändern und eingehefteten Zetteln ergänzen den Text zu der ausführlicheren Fassung des Druckes (z.B. 3r). Polemische Schrift gegen die Predigttätigkeit der Bettelorden, entstanden 1266 im Zusammenhang des Mendikantenstreites Mitte des 13. Jhs. Jean-Yves Tilliette, Art. Guillelmus de Sancto Amore, in: CALMA, Bd. 5, Florenz 2017, S. 172–176, zu den Collectiones: S. 173, Nr. 1.
Rubrik: 1r ›*Collectio catholice et canonice scripture. Ad instructionem et preparationem simplicium fidelium Christi contra pericula imminentia ecclesie generali per ypocritas pseudo predicatores et penetrantes domos et ociosos et curiosos gyrovagos*‹.
Incipit: 1r [S]*apientiam antiquorum omnium exquiret sapiens* ...
Explicit: 313r ... *data est omnis potestas in celo et in terra, ut legitur Matheo ultimo. Per infinita secula seculorum. Amen.*
Edition: Magistri Guillielmi de Sancto Amore opera omnia quae reperiri potuerunt, Constantiae [i.e. Paris?] 1632, S. 111–487 (VD17 7:708082Z), online unter: http://resolver.sub.uni-goettingen.de/purl?PPN81241960X.

2) 313v–315r
Verfasser: Guillaume de Saint-Amour.
Titel: Tabula de signis per quae pseudo-praedictores discerni possunt a veris.
Angaben zum Text: Auflistung von 50 Zeichen, an denen sich falsche Prediger von echten unterscheiden lassen. Es handelt sich um einen Anhang zu den Collectiones des Guillaume de Saint-Amour (s. Text 1), der sich auch in der Druckausgabe findet. – 315v–316r leer.
Rubrik: 313v ›*Hec sunt signa quibus pseudopredicatores a veris predicatoribus possunt discerni*‹.
Incipit: 313v *Quod predicant non missi vel non canonice missi* ...
Explicit: 315r ... *epistolas commendari contra doctrinam et exemplum apostoli.*
Edition: Magistri Guillielmi de Sancto Amore opera omnia quae reperiri potuerunt, Constantiae [i.e. Paris?] 1632, S. 487–490 (VD17 7:708082Z), online unter: http://resolver.sub.uni-goettingen.de/purl?PPN81241960X.

3) 316v
Verfasser: Antonius de Molendino.
Titel: Adnotatio historica brevis de Guilelmo de Sancto Amore.
Angaben zum Text: s. Nachträge.

Rubrik: 316v ›*Antonius de Molendino Matisconensis juris utriusque doctor*‹.
Incipit: 316v *Gulielmi de Sancto Amore collectio canonicae et catholicae scripta*[e] ...
Explicit: 316v ... *bardocucullorum pellat ut orbe ergo* [durchgestrichen: *ge*] *greges.*

WM

Vatikan, Biblioteca Apostolica Vaticana, Pal. lat. 722

Philipp von Bergamo, Speculum regiminis seu Cato moralisatus

Papier · 2, 478, 1 Bll. · 28,2 × 20 cm · Süddeutschland · 1475–1476

Entstehungsort: Süddeutschland. Dingolfing.
Entstehungszeit: 1475–1476.

Typus (Überlieferungsform): Codex.
Beschreibstoff: Papier.
Umfang: 2, 478, 1 Bll.
Format (Blattgröße): 28,2 × 20 cm.
Zusammensetzung (Lagenstruktur): $(I-1+1)^{2a}$ + 39 VI^{468} + $(VI-2)^{478*}$ + $(I-1)^{479*}$. 1a bildet mit dem Vorderspiegel ein Doppelbl. 2a ist ein älteres Vorsatzbl., das an das aktuelle Vorsatz angefalzt wurde. Die letzten beiden Bll. der letzten Lage fehlen. 479* bildet mit dem hinteren Spiegel ein Doppelbl.
Seiten-, Blatt- und Lagenzählung: Tintenfoliierung, Rom 17. Jh. (*1–475*). Moderne Bleistiftfoliierung von Vorsatz und Spiegel hinten (*I–II*). Die Bezeichnung unfoliierter Bll. folgt dem Digitalisat (1a, 2a, 476*–479*).
Zustand: 2007 in der Restaurierungswerkstatt der BAV restauriert (hinterer Spiegel, unten rechts, Etikett Nr. 8 vom 5. Dez. 2007).
Wasserzeichen: Bl. 2a Wappenschild, gerautet (ähnlich WZIS: DE6300-PO-24740); Bl. 1–11, 19–21, 23, 26, 30, 33, 38, 43, 45, 49, 55, 59, 62, 66, 69, 74, 80, 82, 86, 88, 90, 98, 102, 105, 110, 116, 118, 122, 126, 129, 136, 139, 143, 146, 148, 151, 158, 162, 165, 183, 185 Ochsenkopf mit Augen, mit einkonturiger Stange, darauf siebenblättrige Blume (ähnlich WZIS: DE5580-2Incca518_Q1); Bl. 13–17, 22, 24–25, 27, 32, 37, 44, 46 Ochsenkopf mit Augen, mit zweikonturiger Stange, darauf Krone und Blume mit sieben Blütenblättern (ähnlich WZIS: DE2040-PO-70809); Bl. 53, 58, 61, 68, 70, 73, 79, 81, 85, 92, 94, 97, 104, 106, 112, 114, 128, 130, 132, 135, 140, 144, 145, 147, 152, 159, 164, 202, 207, 221, 231, 248, 250 (?), 254, 260, 279, 284 Ochsenkopf mit Augen, Oberzeichen einkonturige Stange mit siebenblättriger Blume, Unterzeichen einkonturige Stange mit fünfblättriger Blume (ähnlich WZIS: IT1365-PO-66462); Bl. 57 Ochsenkopf mit Augen, mit einkonturiger Stange, darauf fünfblättrige Blume (WZIS: DE4620-PO-65256, Beschriftung belegt 1474, Domnau, heute Domnowo); Bl. 157, 169–179, 186–199, 203–205, 210–220, 222–229, 234–246, 249, 251, 259, 261–277, 283, 285–475 Ochsenkopf mit Augen und Nasenlöchern (?), mit zweikonturiger Stange und Blume mit sieben Blütenblättern, in zwei Varianten (Briquet, Les filigranes 14817, Beschriftung belegt 1475 Vicenza).

Schriftraum: 23,5 × 14,5 cm.
Spaltenanzahl: 2 Spalten.
Zeilenanzahl: 45 Zeilen.

Angaben zu Schrift / Schreibern: Gleichmäßig und routiniert geschriebene Bastarda einer Hand (Petrus Hawindorn, s. Geschichte der Handschrift).

Buchgestaltung: Ohne erkennbare Schriftraum- oder Spaltenbegrenzungen. Rubriziert. Zitate und Verweise auf Autoritäten rot unterstrichen. Satzinitialen rot gestrichelt. Angabe von Teil und Kapitel als laufender Seitentitel in Rot.

Buchschmuck: 1ra achtzeilige Deckfarbeninitiale zum Textbeginn. Buchstabenkörper in Lombardenform mit Blattornamentik und ausschwingenden Blattranken vor rechteckig gerahmtem Farbgrund (Leistenrahmen in wechselnden Farben: Rot, Gelb, Blau, Rosa, Grund schwarz-gelb gefeldert). Vgl. auch Pal. lat. 395, 14ra und die Bilderschließung in heidICON.

Einband: Grünes Pergament mit Goldpressung auf Pappen. Rom, 1626–1633. Vorderdeckel Wappen Papst Urban VIII. (Pontifikat 1623–1644), Hinterdeckel Wappen des Kardinalbibliothekars Francesco Barberini (1626–1633). Rücken in den Jahren 1846–1853 mit weißem Pergament erneuert. Oben das blaue Signaturschild der BAV, darunter ein Signaturschild aus dunkelgrünem Leder mit Golddekor *722*, darunter das Wappen von Papst Pius IX. (Pontifikat 1846–1878), unten das Wappen des Kardinalbibliothekars Luigi Lambruschini (1834–1853). Wappen und Dekor jeweils in Gold. Kapital mit gelben und blauen Seidenfäden umwickelt. Farbschnitt gelb. SCHUNKE, Einbände 2,2, S. 849; vgl. ebd. Bd. 1, S. 256 f.

Provenienz: Dingolfing / Heidelberg.

Geschichte der Handschrift: Der Schreiber Peter Hawindorn aus Dingolfing nennt sich insgesamt fünfmal in der Hs. (66rb, 179vb, 316vb, 413vb, 475ra), demnach schrieb er sie in den Jahren 1475 und 1476. Den Haupttext vollendete er am Montag den 26. Feb. 1476 (413vb *Explicit postilla Kathonis sew Speculum regiminis per manus Petri Hawindorn anno 1476 feria secunda post esto michi*). 475ra signiert er als *Petrus Hawindorn, von allen landen, persecutor rusticorum*. Er schrieb auch Pal. lat. 392–395 (datiert 1474–1475). In Pal. lat. 393, 393r nennt er sich „Cappellanus in Dingolfing" (Dingolfing an der Isar). Peter Hawindorn schrieb des Weiteren den Aristoteleskommentar St. Gallen, Vadiana, Hs. 839 (Gustav SCHERER, Verzeichniss der Manuscripte und Incunabeln der Vadianischen Bibliothek in St. Gallen, St. Gallen 1864, S. 137 f.), datiert 1472 sowie München, BSB, Clm 3093 von 1456 und Clm 16197 von 1462 (auch dort nennt er sich jeweils „persecutor rusticorum"; Colophons 5, Nr. 15604–15605; Katalog der datierten Handschriften in der Schweiz in lateinischer Schrift vom Anfang des Mittelalters bis 1550, bearb. von Beat Matthias von SCARPATETTI, Bd. 3, Dietikon / Zürich 1991, S. 21 f., Nr. 55, S. 306, Abb. 387). In der „Geschichte der Stadt Dingolfing und ihrer Umgebung" von Joseph Wolfgang EBERL wird unter den Geistlichen der Pfarrkirche St. Johannes in Dingolfing ein „Peter Hauindorn" genannt als Angehöriger eines „hiesigen Bürgergeschlechts" (Dingolfing 1856, S. 151). Was mit „persecutor rusticorum" gemeint ist und worauf sich „von allen landen" bezieht, bleibt zunächst unklar. Auf welchen Wegen der Band von der Hand des Schreibers bis nach Heidelberg gelangte, ist nicht nachweisbar. Im Katalog der Schlossbibliothek von 1555/58 (Pal. lat. 1929, 134r: *Philippi de Pergamo et cetera. Speculum regiminis quo ad utrumque hominem geschrieben papier*). 1623 mit der Heidelberger Palatina in die vatikanische Bibliothek verbracht. 2ar *C. 69/381* (gestrichen). Entsprechend im Allacci-Register (Pal. lat. 1949, 40v: *381 Philippi de Pergamo Speculum regiminis, fol. C. 69.*). Ältere Signatur der Vaticana 2ar *288* (gestrichen). Besitzstempel der BAV: 1r, 475v.

Besonderheiten: Der Schreiber Petrus Hawindorn ist in weiteren 7 Hss. nachweisbar.

Faksimile: https://digi.ub.uni-heidelberg.de/diglit/bav_pal_lat_722

Literatur: OVL, Pal.lat.722; Stevenson, Latini, S. 265 f.

1) 1ra–475ra

Verfasser: Philipp von Bergamo.

Titel: Speculum regiminis seu Cato moralisatus.

Angaben zum Text: (1ra–66rb) Pars prohemialis. *Ad gloriam et laudem domini et salvatoris nostri Ihesu Christi tociusque celestis curie iuxta illud apostoli: De quodcumque facitis in verbo aut in opere omnia in nomine domini nostri Ihesu Christi facite ... – ... unusquisque refugitet contempnit et cetera.* ›*Et sic patet pars prohemialis. Petrus Hawindorn 1475*‹. (66rb–179vb) Pars prosaicalis. ›*Sequitur pars prosaycalis et primum preceptum*‹. *Itaque deo supplica et cetera. Primum preceptum prosaycum: Itaque deo supplica expedit duabus partibus ... – ... legencium consolacionem. Prosaycalis pars hic terminatur.* ›*Finis prime partis videlicet prosaice. Petrus Hawindorn 1475*‹. (180ra–267va) Prima pars metricalis. *Si deus est animus ... pura mente colendus. Visa supra in prima huius libri prosaicali parte ... – ... ad quam perducere dignetur nos Ihesus Christus filius dei vivi et cetera.* ›*Et sic terminatur prima pars metricalis, sequitur secunda pars*‹. (267vb–316vb) Secunda pars metricalis. *Telluris si forte velis cognoscere cultus Virgilium legito ... – ... prosaycali precepto 48, quod satis est dormi et cetera et in hoc terminatur secunda pars metricalis.* ›*Petrus Hawindorn persecutor rusticorum 1475*‹. (317ra–345vb) Tercia pars metricalis. ›*Sequitur tercia pars metricalis, primum preceptum huius tercii*‹. *Hoc quicumque cupis carmen cognoscere lector hec precepta feras ... – ... Quinto corpus Christi 18 q 7 secundum illud. Et in hoc terminatur tercia pars metricalis.* (346ra–413vb) Quarta pars metricalis. *Securam quicumque cupis deducere vitam nec viciis ... – ... hec brevitas sensus fecit coniungere binos et cetera. Laus deo.* ›*Et sic est finis. Explicit postilla Kathonis sew speculum regiminis per manus Petri Hawindorn anno 1476 feria secunda post esto michi*‹. (414ra–466vb) Tabula. [O]*mne quodcumque facit in verbo aut in opere omnia in nomine domini ... – ... ibi sit zelus sed non inmoderate sevies, et ibi zelo rectitudinis.* ›*Explicit tabula secuntur additiones ad predictam*‹. (466vb–469va) Additiones. *Quoniam omnium habere memoriam et in nullo deficere vel errare pocius divinitatis quam humanitatis ... – ... in magna addicione quinte partis libri in principio.* ›*Expliciunt addiciones ad tabulam precedentem*‹. (469va–475ra) Exempla. ›*Secuntur hystorie et exempla huius libri prohemialis. De requirenda ac acquirenda sapienciam per humilitatem et castitatem*‹. *Hystoria puchre* [!] *visione Gregorii Nanzaseni* [!] *prima parte prohemiali ... – ... ferrum ignitum portavit sine adustione. Quarta parte metricali precepto 49: Cum coniunx sit et cetera.* >*Et sic est finis hystoriarum huius libri. Petrus Hawindorn, von allen landen, persecutor rusticorum, 1476*‹. Morallehre auf der Basis der Disticha Catonis, hier in der längeren Version. Columba M. Battle, Die „Adhortationes sanctorum patrum“ (verba seniorum) im lateinischen Mittelalter. Überlieferung, Fortleben und Wirkung, Münster 1972 (Beiträge zur Geschichte des alten Mönchtums und des Benediktinerordens 31), S. 281; Günter Bernt, Cato im Mittelalter, in: LMA, Bd. 2, München / Zürich 1983, Sp. 1576 f.; Bloomfield, ILWVV, Nr. 3615; Gerd Brinkhus, Philipp von Bergamo Oesa, in: VL 7, Berlin 1989, Sp. 597 f.; Mike Malm, Philipp von Bergamo, in: Deutsches Literatur-Lexikon. Das Mittelalter, Bd. 6, hrsg. von Wolfgang Achnitz, Berlin 2014, Sp. 1060–1062; Welter, L'exemplum, S. 194–196; Zumkeller, MSS. OESA, Nr. 435.

Rubrik: 1ra ›*Ad gloriam et laudem domini et salvatoris nostri Ihesu Christi tociusque celestis curie ...*‹.

Incipit: 1ra *Omne quodcumque facitis in verbo aut in opere omnia in nomine domini nostri Ihesu Christi facite ...*

Explicit: 475ra ... *ferrum ignitum portavit sine adustione. Quarta parte metricali precepto 49: Cum coniunx sit et cetera. Et sic est finis hystoriarum huius libri.*
Edition: GW 6277–6280. Die Drucke unterscheiden sich von dem hier überlieferten Text vor allem im Bereich der Vorrede(n) und bei den hier als tabula, additiones und exempla / historia bezeichneten Anhängen. In GW 6280 sind die Anhänge im Wesentlichen vorhanden, gehen dem Haupttext aber voraus. GW 6277 enthält nur die Vorrede wie in Pal. lat. 722 und den Haupttext in der längeren Version.

WM

Vatikan, Biblioteca Apostolica Vaticana, Pal. lat. 723

Guillaume de Saint-Amour, Collectiones catholicae et canonicae scripturae

Pergament · 3, 169, 3 Bll. · 25 × 17 cm · Frankreich · um 1300

Entstehungsort: Frankreich.
Entstehungszeit: um 1300.

Typus (Überlieferungsform): Codex.
Beschreibstoff: Pergament.
Umfang: 3, 169, 3 Bll.
Format (Blattgröße): 25 × 17 cm.
Zusammensetzung (Lagenstruktur): $(\mathrm{II}\text{-}1)^{3a}$ + $(\mathrm{IV}+\mathrm{I})^{10}$ + $(\mathrm{VI}+1)^{23}$ + $(\mathrm{IV}\text{-}2+1)^{30}$ + $(\mathrm{IV}\text{-}2+2)^{38}$ + $(\mathrm{V}\text{-}1+2)^{49}$ + IV^{57} + $(\mathrm{V}\text{-}1+1)^{67}$ + $(\mathrm{IV}\text{-}1)^{74}$ + $(\mathrm{VI}\text{-}1+1)^{86}$ + $(\mathrm{VII}\text{-}3+1)^{98}$ + V^{108} + 2 IV^{124} + $(\mathrm{IV}\text{-}1)^{131}$ + II^{135} + $(\mathrm{IV}\text{-}2)^{141}$ + 3 IV^{165} + II^{169} + $(\mathrm{II}\text{-}1)^{172*}$. Die jeweils eingefügten Bll. weisen helleres Pergament auf und sind jünger (2, 9, 17, 26, 31–32, 40, 42, 59, 81, 96, 132–135). Zur Überarbeitung des Textes s. u. zu Text 1, vgl. auch Geschichte der Handschrift. 3a bildet mit dem Vorderspiegel ein Doppelbl. 170* bildet mit dem Hinterspiegel ein Doppelbl.
Seiten-, Blatt- und Lagenzählung: Tintenfoliierung, Rom 17. Jh. (*1–169*). Die Bezeichnung unfoliierter Bll. folgt dem Digitalisat (1a–3a; 170*–172*). Textreklamanten.
Zustand: Die älteren Pergamentseiten mit zahlreichen Fehlern, Löchern und unregelmäßigen Kanten. 1r Rubrik etwas abgerieben. Die letzten Seiten etwas fleckig.

Schriftraum: 18 × 11,4 cm.
Spaltenanzahl: 1 Spalte.
Zeilenanzahl: 32–33 Zeilen.
Angaben zu Schrift / Schreibern: Grundstock in Gotischer Minuskel von mindestens drei Händen im Wechsel geschrieben. Auffällig ist die häufige Verwendung des langen End-s. Eine Datierung in das ausgehende 13. oder das beginnende 14. Jh. erscheint wahrscheinlich. Gelegentlich verlängerte Oberlängen in der ersten Zeile der Seite (z. B. 158v, 159r). Die Nachträge in Humanistica cursiva, wohl des früheren 16. Jhs., einer Hand.
Buchgestaltung: Schriftraumbegrenzungen und Zeilenlinien in Metallstift. Zeilenraster am Seitenrand durchgenadelt. Rubriziert. Zitate und Belegstellen rot unterstrichen. Satzinitialen rot gestrichelt. Zählung der Distinctiones als laufender Seitentitel in Rot. Zwei- bis dreizeilige rote Lombarden zum Beginn von Textabsätzen (nicht durchgängig ausgeführt).

Nachträge und Benutzungsspuren: Hinweise auf Bibelstellen und Autoritäten auf den Seitenrändern, meist in abgekürzter Form, von wenig späterer Hand. Möglicherweise handelt es sich bei dem Exzerpt aus ‚De miseria humanae conditionis' (167v–168r) um einen frühen Nachtrag. Umfangreiche Ergänzungen auf Seitenrändern und auf eingefügten Pergamentbll. von einer Hand des 16. Jhs. Die Ergänzungen betreffen Erweiterungen des Textes in einer späteren Fassung (s. Text 1). 166v unten, Nachtrag in einer Kursiven des 14. Jhs. (s. Text 2).

Einband: Weißes Pergament auf Pappe. Rom, um 1780. Beide Deckel mit Spuren von je zwei textilen Schließenbändern (entfernt). Rücken mit drei erhabenen Doppelbünden, oben altes Signaturschild der BAV, Kupferstichkartusche mit roter Schrift *723*. Darunter Rückenbeschriftung: *Distinctiones praedicatorum ab hypocitis*. Unten das blaue Signaturschild der BAV. Rücken im unteren Bereich teilweise abgelöst. Kapital mit farbigen Seidenfäden umwickelt (braun-gelb), oben gebrochen. Schunke, Einbände 2,2, S. 849, vgl. ebd. Bd. 1, S. 256.

Provenienz: Aigueperse (Dept. Puy-de-Dôme, Frankreich) / Heidelberg.

Geschichte der Handschrift: Der Grundstock des Textes wurde wohl um 1300 geschrieben, wahrscheinlich in Frankreich. 168v *iste liber nuncupatus de periculis mundi michi pertinet Guillermo Gayandi decano Aquesparse cantori Belli Joci* [Bellifoci?], 15. Jh. Der Besitzer der Hs. nennt sich als Dekan von Aquasparsa, heute Aigueperse, im frz. Dept. Puy-de-Dôme in der Region Auvergne-Rhône-Alpes. Dies dürfte auf die dortige Pfarr- und Kollegiatskirche zu beziehen sein. Als in deren unmittelbarer Nachbarschaft ab 1423 ein Klarissenkloster errichtet werden sollte, setzten sich die Kanoniker vehement zur Wehr (Antoine de Sérent, Aigueperse, in: Dictionaire d'Histoire et Géographie Ecclésiastiques, Bd. 1, Paris 1912, Sp. 1135). Möglicherweise ist das Interesse des Besitzers der Hs. Guillermus Gayandi an einer Polemik gegen Bettelorden im Zusammenhang mit diesem Konflikt zu sehen. Im früheren 16. Jh. wurde der Text überarbeitet und dafür Bll. ausgetauscht und zusätzliche eingefügt. 169r *Ce livre est appelle des perilz du monde.* 1r Capsa-Nummer: *C. 128.* Im Allacci-Register (Pal. lat. 1949, 11v: 286 *Collectio catholicae et canonicae scripturae contra hypocritas et pseudopraedicatores. fol. C. 128*). 2ar ältere Signaturen: *362* (gestrichen), *460* sowie aktuelle Signatur *723 Pal.* Besitzstempel der BAV: 1r, 168r.

Faksimile: https://digi.ub.uni-heidelberg.de/diglit/bav_pal_lat_723
Literatur: OVL, Pal.lat.723; Stevenson, Latini, S. 266.

1) 1r–166r
Verfasser: Guillaume de Saint-Amour.
Titel: Collectiones catholicae et canonicae scripturae.
Angaben zum Text: Umfangreiche Ergänzungen auf Seitenrändern und auf eingefügten Pergamentbll. von einer Hand des 16. Jhs. Die Ergänzungen betreffen Erweiterungen des Textes in einer späteren Fassung, wie sie auch der Druck bietet. Polemische Schrift gegen Bettelorden und ihre Predigttätigkeit, entstanden 1266 im Zusammenhang des Mendikantenstreites Mitte des 13. Jhs. Jean-Yves Tilliette, Art. Guillelmus de Sancto Amore, in: CALMA, Bd. 5, Florenz 2017, S. 172–176, zu den Collectiones: S. 173, Nr. 1.
Rubrik: 1r ›*Collectio catholice et canonice scripture. Ad instructionem et preparationem simplicium fidelium Christi contra pericula imminentia ecclesie generali per ypocritas pseudo predicatores et penetrantes domos et ociosos et curiosos et gerovagos*‹ [!].

Incipit: 1r *Sapienciam antiquorum omnium exquiret sapiens …*
Explicit: 166r … *data est omnis potestas in celo et in terra, ut legitur Matheo ultimo. Per infinita secula seculorum. Amen.*
Edition: Magistri Guillielmi de Sancto Amore opera omnia quae reperiri potuerunt, Constantiae [i.e. Paris?] 1632, S. 487–490 (VD17 7:708082Z), online unter: http://resolver.sub.uni-goettingen.de/purl?PPN81241960X.

2) 166v–167r
Verfasser: Guillaume de Saint-Amour.
Titel: Tabula de signis per quae pseudo-praedictores discerni possunt a veris.
Angaben zum Text: Auflistung von 50 Zeichen, an denen sich falsche Prediger von echten unterscheiden lassen. Es handelt sich um einen Anhang zu den Collectiones des Guillaume de Saint-Amour (s. o.), der sich auch in der Druckausgabe findet. Nachtrag: 166v *De istis qui non sunt missi dicit Jeronimus in quarto prologo evangeliorum: dominus in evangelio Johannis loquitur omnes qui ante me veniunt fures sunt et latrones* [Io 10,8] *qui veniunt non qui missi sunt, in venientibus presumptio temeritatis, in missis obsequium est servitutis.* Nur wenig umformuliert nach: Hieronymus, in evangelium Matthaei ad Eusebium, Prolog (Migne PL 26, Sp. 17). S. Nachträge und Benutzungsspuren.
Rubrik: 166v ›*Hec sunt signa quibus pseudopredicatores a veris predicatoribus possunt discerni*‹.
Incipit: 166v *Quod predicant non missi vel non canonice missi …*
Explicit: 167r … *epistolas commendari contra doctrinam et exemplum apostoli.*
Edition: Magistri Guillielmi de Sancto Amore opera omnia quae reperiri potuerunt, Constantiae [i.e. Paris?] 1632, S. 487–490 (VD17 7:708082Z), online unter: http://resolver.sub.uni-goettingen.de/purl?PPN81241960X.

3) 167v–168r
Verfasser: Innozenz III.
Titel: De miseria humanae conditionis, lib. 2, cap. 26–29.
Angaben zum Text: Der Textausschnitt umfasst die Kapitel 26–29 vollständig. Marie-Luise Heckmann, Lebensentwurf, Mahnschrift oder Zeitklage? Die Abhandlung De miseria conditionis humanae Lothars von Segni (Papst Innozenz' III.), in: Blätter für deutsche Landesgeschichte 154 (2018), S. 243–257; s. auch: https://www.geschichtsquellen.de/werk/3021.
Rubrik: 167v ›*De ambiciosis*‹.
Incipit: 167v *Opes itaque cupidus congregat et avarus conservat …*
Explicit: 168r … *hoc sententiam sapientis, omnis potentatus brevis vita.*
Edition: Michele Maccarrone, Lotharii cardinalis (Innocentii III) De miseria humane conditionis, Luzern 1955 (Thesaurus mundi 7); Migne PL 217, Sp. 701–746.

WM

Vatikan, Biblioteca Apostolica Vaticana, Pal. lat. 724

Theologische Sammelhandschrift

Papier · 3, 328, 2 (ohne die Zettel 107i und 267a) · 28,8 × 20,5 cm · Heidelberg · um 1438–1446

Entstehungsort: Heidelberg.
Entstehungszeit: um 1438–1446.

Typus (Überlieferungsform): Codex.
Beschreibstoff: Papier.
Umfang: 3, 328, 2 (ohne die Zettel 107i und 267a).
Format (Blattgröße): 28,8 × 20,5 cm.
Zusammensetzung (Lagenstruktur): $(I-1)^{1a} + I^{3a} + VI^{12} + V^{22} + 9\ VI^{119} + 2\ V^{133f} + VI^{141d} + VIII^{157} + 2\ VI^{170h} + V^{178b} + 9\ VI^{269} + (VI-1)^{280*} + (I-1)^{281*}$. Das letzte Bl. der letzten Lage fehlt. 1a bildet mit dem Vorderspiegel ein Doppelbl. 281* bildet mit dem Hinterspiegel ein Doppelbl.
Seiten-, Blatt- und Lagenzählung: Tintenfoliierung, Rom 17. Jh. (*1–91, 92–107, 108–133, 134–141, 142–166, 167–170, 171–178, 179–185, 186–208, 209–215, 216–221, 222–272*). Die zahlreichen leeren Bll. wurden bei der Foliierung übersprungen. Die Bezeichnung unfoliierter Bll. folgt dem Digitalisat (1a–3a, 91a–91c, 107a–107i, 133a–133f, 141a–141d, 166a–166c, 170a–170h, 178a–178b, 185a–185e, 208a, 215a–215e, 221a–221f, 267a, 273*–281*). So auch bei den Zetteln 107i und 267a. Häufig Textreklamanten.
Zustand: Überwiegend sauber und intakt. Bll. 1a–3a mit Flecken und kleineren Schäden.
Wasserzeichen: Bl. 3–91 Ochsenkopf mit Augen und Nasenlöchern, einkonturige Stange und sechsstrahliger Stern (einkonturig), in mindestens vier Varianten (ähnlich WZIS DE2730-PO-76825); Bl. 95–107 Traube mit Ranke, Stiel einkonturig (ähnlich WZIS DE8310-Mc142_172); Bl. 108–140 Ochsenkopf mit Augen und Nasenlöchern, einkonturige Stange und sechsstrahliger Stern, einkonturig, in zwei Varianten (WZIS DE2730-PO-76966, Beschriftung belegt 1445, Kronberg im Taunus); Bl. 142, 147, 154, 158, 162–164, 170–171, 176–185, 185d, 209–214 Ochsenkopf mit Augen und Nasenlöchern, einkonturige Stange und sechsstrahliger Stern, einkonturig, in zwei Varianten (WZIS DE0960-Mlf312_17, WZIS DE7320-PO-76060 und WZIS DE7320-PO-76061, Beschriftung belegt 1442 Heidelberg und Rothenburg ob der Tauber); Bl. 144–146, 150–151, 156, 161, 169, 172, 174, 185e, 218 Ochsenkopf mit Augen und Nasenlöchern, einkonturige Stange und sechsstrahliger Stern, einkonturig (WZIS DE7320-PO-75792, Beschriftung belegt 1442 Rothenburg ob der Tauber) Bl. 186–192, 198, 204–208 Maurenkopf mit Kopfbedeckung, Stirnband, Haare stilisiert, in zwei Varianten (WZIS DE2730-PO-20680, Beschriftung belegt 1445 Frankfurt am Main); Bl. 196 Ochsenkopf mit Augen und Nasenlöchern (?), einkonturige Stange und sechsstrahliger Stern, einkonturig; Bl. 222–229, 235–256 Ochsenkopf mit Augen und Nasenlöchern, einkonturige Stange und sechsstrahliger Stern, einkonturig, in zwei Varianten (ähnlich WZIS DE5580-Clm3798_168 und WZIS DE2730-PO-76334); Bl. 259–269 Ochsenkopf mit Augen und Nasenlöchern, einkonturige Stange und sechsstrahliger Stern, einkonturig (WZIS DE8100-CodMed214_203, Beschriftung belegt um 1440 Elsass); Bl. 270–280* Traube mit Ranke, Stiel zweikonturig (ähnlich WZIS DE0960-Mlf312_249).

Schriftraum: 20,5 × 15,5 cm.
Spaltenanzahl: 2 Spalten (92r–107v, 142r–185v, 209r–272r einspaltig).
Zeilenanzahl: 35–54 Zeilen.
Angaben zu Schrift / Schreibern: Überwiegend in regelmäßigen, routiniert geschriebenen Bastardaschriften mit Tendenz zu kursivem Duktus. 1r–91r, 108ra–129vb und 131ra–132va von zwei Händen im Wechsel. 92r–107v von mindestens drei Händen im Wechsel. 134ra–141vb von einer weiteren Hand. 142r–185v und 209r–221r in flüchtig geschriebener Kursivschrift mit vielen Kürzungen von mehreren Händen. 186ra–208rb Bastarda von mindestens zwei Händen im Wechsel. 222r–257r und 258r–272r Bastarda von jeweils einer weiteren Hand.
Buchgestaltung: Überwiegend Schriftraum- und Spaltenbegrenzungen in Tinte. Die flüchtiger geschriebenen Abschnitte (142r–185v, 209r–221r) mit freihand gezogenen seitlichen Schriftraumbegrenzungen in Tinte. 222r–257v mit Schriftraumbegrenzungen in Tinte, die breiten Seitenränder mit weiteren Unterteilungen für Randglossen vorbereitet (nicht genutzt). 222r–245r und 258r–272r rubriziert, zwei- bis dreizeilige rote Lombarden zu den Textabschnitten, Satzinitialen rot gestrichelt. Im Donatkommentar auf 222r–244r Lemmata zum Teil in roter Tinte, zum Teil rot unterstrichen. 1ra–91rb und 186ra–208rb Raum für zweizeilige Lombarden ausgespart (nicht ausgeführt).

Nachträge und Benutzungsspuren: Der Text auf 133r wohl wenig später nachgetragen. Zahlreiche leere Seiten für später bei Bedarf nachzutragende Texte. 107ir ausgerissener Zettel mit Beschriftung (... *.1971. descriptus / mens 1980 -*). 107iv leer. Bl. 267a ist ein dreieckiger Zettel (Ausriss?), der aus dem Falz ragt. 267av unten kopfstehend *JW* (?).

Einband: Weißes Pergament auf Pappe. Rom, um 1780. Beide Deckel mit Spuren von je zwei textilen Schließenbändern (entfernt). Rücken mit vier erhabenen Doppelbünden, oben altes Signaturschild der BAV, Kupferstichkartusche mit roter Schrift: *724.* Darunter Rückenbeschriftung: *De ecclesia et cetera.* Darunter in blauem Farbstift: *Pal.* Unten das blaue Signaturschild der BAV. Rücken im oberen Bereich teilweise abgelöst. Kapital mit farbigen Seidenfäden umwickelt (braun-gelb), jeweils mittig angebrochen. Schunke, Einbände 2,2, S. 849, vgl. ebd. Bd. 1, S. 256.
Provenienz: Heidelberg.
Geschichte der Handschrift: Die Schriften des Bartholomäus von Maastricht (1ra–46ra und 92r–107v) haben ihren Ursprung im Umfeld des Konzils von Basel. Auch 47ra–91rb betrifft direkt die Konzilsthematik. Weitere Texte entstammen unmittelbar dem universitären Lehrbetrieb der Heidelberger Hochschule, so die „Principia", feierliche Vorträge vor der Gesamtuniversität als Auftakt zu Lehrveranstaltungen (108ra–132va). Dazu kommen Zusammenstellungen von Homilien aus den Sammlungen der älteren Lektionare. Wzz. und explizite Datierungen (46ra, 257r) weisen auf eine Entstehungszeit in den Jahren um 1438–1446. Die Hs. dürfte in dieser Zeit an der Universität entstanden und schließlich in deren Buchbestände eingegangen sein. 1623 mit der Heidelberger Palatina in die vatikanische Bibliothek gelangt. 2ar Capsa-Nummer: *C. 63/1838* (letzte Zahl gestrichen). Entsprechend im Allacci-Register (Pal. lat. 1949, 9v: *1838 Bartholomaeus Carthusiensis de statu ecclesiae. fol. C. 63*). 2ar ältere Signaturen *1171* (gestrichen), *596.*

Faksimile: https://digi.ub.uni-heidelberg.de/diglit/bav_pal_lat_724

Literatur: Rudolf HAUBST, Studien zu Nikolaus von Kues und Johannes Wenck aus Handschriften der Vatikanischen Bibliothek, Münster 1955 (Beiträge zur Geschichte der Philosophie und Theologie des Mittelalters 38.1), S. 41f., 45–47; Colette JEUDY, Israël le grammairien et la tradition manuscrite du commentaire de Remi d'Auxerre à l'„Ars minor" de Donat, in: Studi medievali 18 (1977), S. 185–248, hier S. 201, 241f.; Antonius Petrus Jozef MEIJKNECHT, Bartholomeus van Maastricht († 1446), Monnik en Conciliarist, Assen 1982, S. 56f., 59f.; OVL, Pal.lat.724; Antonio PIOLANTI, Il „De mysticis nuptis Verbi Divini cum Ecclesia et animabus iustorum" di Bartolomeo Carranza O.P., arcivescovo di Toledo († 1576), in: Divinitas 14 (1970), S. 520–565, hier S. 529; Gerhard RITTER, Die Heidelberger Universität. Ein Stück deutscher Geschichte, Bd. 1: Das Mittelalter, Heidelberg 1936, S. 207 A. 2; STEVENSON, Latini, S. 266f.

1) 1ra–46ra

Verfasser: BARTHOLOMÄUS VON MAASTRICHT.

Weitere beteiligte Personen: HEINRICH BAKEL VON DIEST.

Titel: Tractatus de ecclesia sponsa Christi.

Angaben zum Text: ›*Explicit opusculum deo gracias*‹. *Presentatus fuit hic tractatus magistro Heinrico de Diest sacre theologie professori in Leodio anno domini millesimo quadringentesimo quadragesimo sexto in festo corporis Christi quem eximius sacre theologie professor magister Bartholomeus Carthusiensis composuit post alios tractatus, cuius anima deo vivat.* Bartholomäus von Maastricht (um 1380–1446) hat diesen Text an Fronleichnam (16. Juni) 1446, dem Tag seines Todes, in Lüttich dem Professor und Domherr Heinrich von Diest übergeben, seinem früheren Schüler an der Universität Heidelberg (MEIJKNECHT, Bartholomeus, s. Lit., S. 24, 59f., 120).

Incipit: 1ra [Q]*uantum ad primum in presenti parte tractatus volo loqui de ecclesia Christi sponsa secundum statum sue …*

Explicit: 46r *… ecclesiam sanctam in visceribus filialis amoris fideliter portant. Amen.*

2) 47ra–91rb

Titel: De auctoritate summi pontificis et universalis concilii.

Angaben zum Text: Anonym überlieferter Text mit 39 Artikeln über die übergeordnete Stellung des Papstes, geschrieben während des Konzils von Basel. Text auch in Pal. lat. 229, 107r–161r und Bernkastel-Kues, Bibliothek des St. Nikolaus-Hospitals, Hs. 263, 1r–46r (Jacob MARX, Verzeichnis der Handschriften-Sammlung des Hospitals zu Cues bei Bernkastel an der Mosel, Trier 1905, S. 255).

Incipit: 47ra [C]*onfiteor tibi celi* [Lc 10,21] *… hec sunt verba unigeniti filii …*

Explicit: 91rb *… unus est super omnia deus sublimis et benedictus.*

3) 92r–107v

Verfasser: BARTHOLOMÄUS VON MAASTRICHT.

Titel: Declaratio circa propositiones tres.

Angaben zum Text: 92r Anrufung. *In nomine patris et filii et spiritus sancti.* KAEPPELI, Scriptores OP 2, Nr. 1795. HAUBST, Studien zu Nikolaus von Kues, s.o. Lit., S. 45–47; MEIJKNECHT, Bartholomeus, s. Lit., S. 56f. Der Text findet sich auch in Pal. lat. 600, 49r–63r.

Rubrik: 92r ›*Sequitur declaracio circa propositiones prime cedule superius annotatas que mihi presentabantur et cetera*‹.

Incipit: 92r *Consideracio prima que respicit primam propositionem superius positam, in principio illam videlicet: claves ecclesie soli Petro et pro se date …*
Explicit: 107v … *defectum meum queso propter deum.*

4) 108ra–132va
Beteiligte Personen: PETRUS LOMBARDUS.
Titel: Principia de libris sententiarum Petri Lombardi I–III.
Angaben zum Text: Abfolge von feierlichen Vorreden (principia) zu Beginn von Vorlesungen über die Sentenzen vor den versammelten Heidelberger Universitätsangehörigen (vgl. RITTER, Heidelberger Universität, s. Lit., S. 207 f.). Die Fortsetzung findet sich in Text 6. (108ra–115rb) ›*Principium in primum sententiarum*‹. *Venerabiles patres etc. dum profundissima sacri voluminis sententiarum Petri Lombardi mysteria mentis oculo intueor* … – … *tu facis ut spolium non sim ut nuder ab illis naufragii tribulas qui peciem mei hac precar hoc rogito dominus, michi prestet honori respondere tuo prosperiore via.* Im Schlussabsatz zitiert: Ps-Ovid, De vetula sowie eine Summa des Wilhelm von Paris (113ra). (114ra) ›*Notandum sit*‹. *Insuper iuxta venerande theologice facultatis edictum contra duorum suorum* … *primo contra venerabilis viri magistri Gerhardi professoris in Sconauia* [?] *provisoris domus sancti Jacobi sue discrecionis industria* … *arguam prima* … (115ra, Z. 5) … *sentenciam Henrici de Hassia in ultimo volumine* … (115rb) … *quam contraire et reclamare videturi.* Wahrscheinlich ist der Jüngere Heinrich von Hessen gemeint, siehe: Albert LANG, Art. Heinrich von Hessen (der Jüngere), in: NDB, Bd. 8, Berlin 1969, S. 412 (URL: https://www.deutsche-biographie.de/pnd10249830X.html#ndbcontent). (115rb–118rb) ›*Principium secunde sentenciarum*‹. *In nomine patris et filii et spiritu sancti. Amen. In conspectu tam laudabilium virorum multiphariis sciencie radiis rutilancium ego tantillus nobile opus lecture summarum prosecuturus neccessarium mihi super omnia esse premittam scilicet divini nominis* … – … *possidere ac possidendo frui quod nobis concedat qui sine fine vivit et regnat. Amen. Sequitur tytulus.* (118va–126rb) ›*Principium tercii sentenciarum in primum librum sententiarum*‹. Zum Teil gestrichen. *In nomine patris* … *Venerabiles patres et domini doctores magistri ceterique in Christo dilecti. Constat vestris reverenciis quod si mollis avicula alarum expers remigione* … – … *tamen preconia nostra valebunt carminibus vives tempus in omne meis. Amen.* (126rb–129vb) ›*Principium in secundum librum sententiarum*‹. *In nomine patris. Coram venerando cetu vestrarum paternitatum locuturus ego miser homuncio summopere visum est mihi neccessarium ut in huius presencii exordio secundum consuetudinem aliorum tria premittam* … – … *de sacre scripture commendacione quo ad istum secundum librum etc.* (129vb–132va) ›*Principium in tertium librum sententiarum*‹. ›*Predicatum in tercium librum sententiarum*‹. *In nomine patris* … . *Venerabiles patres et domini si experiencie librum rerum scilicet creaturarum* … – … *hoc rogito dominus mihi prestet honori respondere tuo prosperiore via etc.*
Rubrik: 108ra ›*Principium in primum sententiarum*‹.
Incipit: 108ra *Venerabiles patres etc. dum profundissima sacri voluminis sententiarum Petri Lombardi mysteria* …
Weiteres Initium: 115rb In conspectu tam laudabilium virorum multiphariis scienciae radiis rutilantium …; 118va Constat vestris reverentiis quod si mollis avicula alarum expers remigione …; 126rb Coram venerando cetu vestrarum paternitatum locuturus ego miser homuncio …; 129rb Venerabiles patres et domini si experientiae librum rerum scilicet creaturarum …
Explicit: 132va … *dominus mihi prestet honori respondere tuo prosperiore via.*

5) 133r

Titel: Quaestio de exorcismis.

Angaben zum Text: Die hier unter den „principia" zu den Sentenzen eingefügte Quaestio dürfte zu einer in diesem Rahmen abgehaltenen Disputation gehören (vgl. RITTER, Heidelberger Universität, s. Lit., S. 208). Wohl aus dem Lehrbetrieb der Heidelberger Universität. – 133v–133fv leer.

Rubrik: 133r ›*Utrum sint aliqua verba, caracteres aut exersismi* [!] *per que demones a corporibus obsessis possunt expelli*‹.

Incipit: 133r *In questione erunt duo articuli in primo premittam notabilia cum quibusdam proposicionibus in secundo subiungo tres conclusiones ...*

Explicit: 133r *... in decreto xxi de exorcista vero dicitur: accipe librum exorcismorum.*

6) 134ra–143v

Beteiligte Personen: PETRUS LOMBARDUS.

Titel: Principia de libro sententiarum Petri Lombardi IV.

Angaben zum Text: ›*Principium in quartum librorum sentenciarum*‹. [I]*n nomine trifontane scaturiginis personaliter distincte patris et filii et spiritus sancti. Amen. Eximie claritatis viri patres egregii honorabiles magistri ceterique domini mei venerandi. Dum ego omnium minimus ... – ... pro receptis beneficiis offero promptissim.. ad mandata.* (139ra–141vb) ›*Principium circa pedes*‹. [L]*egenda nunc superest litera succincta et tocius libri sentenciarum pars finalis et ultima eiusque libri recapitulacio brevis et epilogacio compendiosa diu desiderata. Cuius litere tenor talis est et sequitur in hec verba ... – ... proximam domum intrare dignemini, sumentes pedes vobis paratos, utinam placabiles gratos et acceptos.* Zum Schlussabschnitt des 4. Buchs der Sentenzen des Petrus Lombardus. Der Autor bedankt sich überschwänglich bei seinen Magistern und Professoren (die er aber nicht mit Namen nennt). 141ar–141dv leer. (142r–143v) *Magistri et venerabiles patres, magistri ceterique in Christo Jesu dilectissimi ... – ... hec libertate filiorum in presencia valeamus securi, quod nobis concedit qui sine fine vivit et regnat. Amen.* Entwurf einer weiteren Ansprache (principium?) vor den versammelten Magistern der Universität. Flüchtig geschrieben mit vielen Korrekturen und Ergänzungen.

Incipit: 134ra [I]*n nomine trifontane scaturiginis personaliter distincte ...*

Weiteres Initium: 139ra Legenda nunc superest litera succincta et totius libri sententiarum pars finalis ...; 142r Magistri et venerabiles patres, magistri ceterique in Christo Jesu dilectissimi ...

Explicit: 143v *... valeamus securi, quod nobis concedit qui sine fine vivit et regnat. Amen.*

7) 144r–185v

Beteiligte Personen: JOHANNES PLAT VON FRIEDBERG.

Titel: Expositio evangelii secundum Iohannem.

Angaben zum Text: Auslegungen über das Johannesevangelium auf der Grundlage der Vorlesung des Heidelberger Theologieprofessors Johannes Plat von Friedberg (s. u.) zur Verwendung in Predigten über die angegebenen Stellen (zum Teil wird angegeben, an welchen Tagen jeweils über die Verse gepredigt wird). (144r–154r) Io 1,1–1,18. ›*Ex Plat*‹. *In principio erat verbum* [Io 1,1]. *Iste est liber ewangeliorum beati Iohannis in quo divinitatem domini nostri Ihesu Christi principaliter intendit declarare ... – ... per manifestationem sue incarnacionis divinitatem visibilem demonstravit vel oculos mentis nostre illuminavit.* (154r–157r) Io 1,19–26. ›*Sequitur ewangelium quod legitur dominica quarta in adventu*‹. *Et hoc est testimonium Iohannis* [Io 1,19]. *Postquam ewangelista egit de manifestationem verbi incarnati ... –*

... humiliter respondit non offensus dicens „ego baptizo in aqua“ [Io 1,26]. *Verbum ponitur beati Iohannis responsio.* – 157v leer. (158r–163r) Io 20,19–24. ›*Etiam de sancto Thoma in fine*‹. ›*In ecclesia pasce, ex lectura Plät, Iohannes 20*^{mo}‹. *Cum sero esset die illo* [Io 20,19], *positis apparicionibus Christi factis in mulieribus ... – ... in quo residet plenitudo spiritualis potestatis.* (163r–166v) Io 20,24–31. ›*Sequitur in prima et est eciam ewangelium in die sancti Thome apostoli ante nativitate Christi*‹. *Thomas autem unus ex duodecim* [Io 20,24]. *Posita superius salvatoris aparicionem hic nunc agit ewangelista de discipuli dubitatione et primo discipuli absencia ... – ... vitam habebitis qui creditis in nomine filii dei.* – 166ar–166cv leer. (167r–170v) Io 16,17–23. ›*Dominica tercia post Pasca, ex lectura Plat*‹. *Modicum et iam non videbitis me* [Io 16,17]. *Supra explicavit dominus ... – ... homo gaudium alteri tollet tamen ibi nulla sit violencia, nulla illacio nocumenti fratris.* ›*Sequitur et in illo die non interrogabitis quidquam* [Io 16,23]‹. *Ex presencia spiritus sancti sic eritis illuminati quod non indigebitis querere ... vel edoceri.* Text bricht ab. – 170ar–170hv leer. (171r–178v) Io 16,5–14. ›*Dominica tercia post octavas Pasce ex lectura Plate resolve te ex hiis ad pauca*‹. *Et nunc vado ad eum qui me misit* [Io 16,5]. *Supra explicavit dominus raciones consolatorias contra tribulaciones ... – ... quia spiritus sanctus de meo accipiet et ego sum verbum de illo et annunciabit vobis* [Io 16,14] *scilicet meam claritatem.* ›*Hic est spacium colligendi ex aliis alia ad propositum et resolvendi ad pauca*‹. – 178ar–178bv leer. (179r–185v) Io 16,23–27. ›*Ioh. 16. Ex lectura Plate de dominica quarta post octavas Pasce*‹. *Amen. Amen. Dico vobis si quid petieritis* [Io 16,23]. *Postquam Christus in prima parte huius capituli consolatus est suos discipulos ... – ... Hylarius ... quia agebat ea que dei erant sicut cognoscitur sciencie occulte creditis et similia.* – 185ar–185ev leer. „Ex (lectura) Plat(e)“ bezieht sich jeweils auf Johannes Plat von Friedberg (Drüll, Gelehrtenlexikon, S. 287). Dieser war ab 1419/20 Dr. theol. und Professor, ab März 1424 Inhaber der zweiten theologischen Lektur an der Heidelberger Universität († Sept. 1438). Der Schreiber hier exzerpierte offenbar aus Aufzeichnungen der Johannes-Vorlesung Plats, weist jedoch verschiedentlich darauf hin, dass man für Predigten aus dem umfangreichen Material eine Auswahl treffen müsse.

Rubrik: 144r ›*Ex Plat*‹.

Incipit: 144r *In principio erat* ...[Io 1,1]. *Iste est liber ewangeliorum beati Iohannis in quo divinitatem domini nostri Ihesu Christi principaliter intendit declarare ...*

Explicit: 185v *... sicut cognoscitur sciencie occulte creditis et similia.*

8) 186ra–208rb

Verfasser: Simon de Cremona.

Titel: Sermones (Postilla super evangeliis).

Angaben zum Text: Text bricht am Ende der Seite im Wort ab: *... os suum et ligwa* [!] *eorum transivit in terra. Sic ait su=* / . Schneyer / Hödl / Knoch, Simon de Cremona, Nr. 38–43.

Rubrik: 186va ›*Sermones Symonis de Cremona*‹.

Incipit: 186va [M]*iserior super turbam* [Mc 8,2; Mt 15,32]. *Augustinus sermone quinto ad suos fratres heremitas ...*

Edition: Simon de Cremona, Postilla, Reutlingen, Johann Otmar, 1484 (GW M42215).

9) 209r–215r

Beteiligte Personen: Nikolaus von Dinkelsbühl.

Titel: Sermo et collectanea ex operibus Nicolai de Dinckelspuhel.

Angaben zum Text: (209r–211r) *Nuptie facte sunt in Chana Galilee* ... [Io 2,1–2]. *Dominus noster qui in principio instituit nupcias, sciens aliquos futures hereticos ... – ... divinitatem* *suam per miracula manifestare et probare veritate sue doctrine. Dicit Chrysostomus hic: si salvator prima etate miracula fecisset etc.* Schneyer / Hödl / Knoch, Nicolaus Pruntzlein (Brüntzler) de Dinkelsbühl, Nr. 12 und Nr. 128 (jeweils mit dem gleichen Textbeginn). Die Predigt Nikolaus' hier im Wortlaut. Im Folgenden wird darauf Bezug genommen. (211r–213r) Quaestiones. ›*Sequitur, et potes si vis applicare hic vel alibi, ex Nicolao Dinkelspüel et ex tractatu de septem peccatis mortalibus. Hic de castitate coniugali ...*‹. *Cont*[inuando ?] *intendo dicere de castitate et similiter de luxuria, ei contraria, et similiter de actibus matrimonialibus ... – ...* (211r) ›*Utrum actus matrimonialis potest esse licitus, virtuosus et meritorius*‹. *Responditur secundum doctores: quia dominus instituit coniugium ... – ... est etiam mortale si etiam nunquam produceret in exteriorem actum.* (213rv) ›*Queritur an uterque coniugum teneatur aliud sub precepto reddite debitum*‹. *Responditur secundum magistrum in quarto distinctione 32 ... et alios doctores. Et dicitur primo quod vir et uxor ... – ... continencia coniugalis. Illa scilicet virginalis habet fructum centesime* [?] *alia non tricesime* [?]. (213v–214r) ›*Queritur an liceat debitum reddere in temporibus sanctis*‹. *Responditur secundum magistrum in quarto 32 articulo et alios doctores, et dicitur primo quod in illis diebus ... – ... alterius consensu vovere.* (214r–215r) ›*Secuntur adiuvamenta*‹. *Ad acquirendum castitatem ... . Primum ergo naturales ad castitatis aquisicionem ... – ... Nonum remedium ... voluntas reteneatur contra temptaciones et temptaciones debilitantur ut eo facilius devincuntur.* Drei Quaestionen zu Ehestand und Keuschheit sowie neun „adiuvamenta“ hierzu. Bezug genommen wird auf Nikolaus von Dinkelsbühl und einen Traktat von den sieben Todsünden. – 215v–215ev leer.

Rubrik: 209r ›*Sequitur sermo collectus ex Dinckelspuel de dominica post octavas Epiphanie et aliqua de misericordia et de castitate*‹.

Incipit: 209r *Nuptie facte sunt ...* [Io 2,1–2]. *Dominus noster qui in principio instituit nupcias ...*

Weiteres Initium: 211r Continuando intendo dicere de castitate et similiter de luxuria, ei contraria, et similiter de actibus matrimonialibus ...; 211r Utrum actus matrimonialis potest esse licitus, virtuosus et meritorius ...

Explicit: 215r *... et temptaciones debilitantur ut eo facilius devincuntur.*

10) 216r–221r

Verfasser: Nikolaus von Dinkelsbühl.

Titel: Sermones tres de tempore.

Angaben zum Text: (216r–217v) *Cum descendisset Ihesus de monte ...* [Mt 8,1]. *Postquam dominus consummavit sermonem suum omnibus ... – ... et sanatus est puer in illa hora.* Schneyer / Hödl / Knoch, Nicolaus Pruntzlein (Brüntzler) de Dinkelsbühl, Nr. 13 und Nr. 129 (jeweils mit dem gleichen Textbeginn). (218r–219v) ›*Dominica in septuagesima ex Dinckelspuel*‹. *Simile est regnum celorum ...* [Mt 20,1]. *Nota per regnum celorum intelligitur presens ecclesia ... – ... in regnum celorum sed qui facit voluntatem patris mee* [Mt 7,21]. Schneyer / Hödl / Knoch, Nicolaus Pruntzlein (Brüntzler) de Dinkelsbühl, Nr. 16 und 132 (jeweils mit dem gleichen Textbeginn). (220r–221r) ›*Dominica sexagesime ex Dinckelspuel*‹. *Cum turba plurima convenirent ...* [Lc 8,4]. *Per seminatorem debemus intelligere dei filius ... – ... qui in corde bono et optimo audiendum verbum retinent et fructum afferunt in paciencia.* Schneyer / Hödl / Knoch, Nicolaus Pruntzlein (Brüntzler) de Dinkelsbühl, Nr. 17 und Nr. 133 (jeweils mit dem gleichen Textbeginn). Darunter schematische Aufstellung zu Ehestand, Witwenschaft und Jungfräulichkeit hinsichtlich ihrer „Früchte“ (fructus coniugatarum, viduarum et virginum).

Rubrik: 216r ›*Dominica quinquagesime ex Dinckelspuel*‹.

Incipit: 216r *Cum descendisset Ihesus ...* [Mt 8,1]. *Postquam dominus consummavit sermonem suum omnibus ...*

Weiteres Initium: 218r Simile est regnum ... [Mt 20,1]. Nota per regnum coelorum intelligitur praesens ecclesia ...; 220r Cum turba plurima ... [Lc 8,4]. Per seminatorem debemus intelligere dei filius ...

Explicit: 221r *... qui in corde bono et optimo audiendum verbum retinent et fructum afferunt in paciencia.*

11) 222r–257r

Verfasser: Remigius Altissiodorensis.

Weitere beteiligte Personen: Aelius Donatus.

Titel: Glossa super prima editione Donati grammatici.

Angaben zum Text: ›*Explicit glossa Remigii super prima edicione Donati grammatici in die sancti Nicolai episcopi hora 4*[ta] *anno domini 1438*[mo] *Heydelberge*‹. Abschrift vollendet am 6. Dez. 1438 in Heidelberg. Geoffrey L. Bursill-Hall, A Census of Medieval Latin Grammatical Manuscripts, Stuttgart 1981 (Grammatica Speculativa 4), S. 251, Nr. 288.88, vgl. auch S. 321. - 257v leer.

Incipit: 222r *Iste tytulus varie et dissimiliter invenitur ...*

Explicit: 257r *... et debet in fine accentum habere, inde papa id est mirabilis et multa alia.*

Edition: Remigius Autissiodorensis, Commentum Einsidlense in Donati Artem minorem (recensio breuis), hrsg. von Wilhelm Fox, Leipzig 1912.

12) 258r–259r

Verfasser: Eusebius Gallicanus.

Titel: Sermo de dedicatione ecclesiae (sermo 57).

Angaben zum Text: Auch Augustinus (Appendix, sermo 231) und Maximus von Turin (sermo 19) zugeschrieben (Migne PL 57, Sp. 883–886, vgl. die admonitio Sp. 883).

Rubrik: 258r ›*De dedicacione ecclesie*‹.

Incipit: 258r *Recte festa ecclesie colunt qui se ecclesie filios esse cognoscunt ...*

Explicit: 259r *... ad que nos bona perducat qui vivit et regnat in secula seculorum. Amen.*

Edition: Migne PL 39, 2171 f.; Migne PL 57, Sp. 883–886; vgl. auch Migne PLS 2, Sp. 857; Eusebius ‚Gallicanus', Collectio homiliarum. Sermones extravagantes, Bd. 2, hrsg. von François Glorie, Turnhout 1971 (CCL 101 A), S. 555–563.

13) 259r–272r

Verfasser: Beda Venerabilis.

Titel: Homiliae.

Angaben zum Text: (259r–260v) ›*Lectio sancti ewangelii secundum Lucam*‹. *In illo tempore ingressus Ihesus perambulabat Iericho* [Lc 19,1]. *Et reliqua.* ›*Omelia venerabilis Bede presbyteri de eadem lectione*‹. *Que impossibilia sunt apud homines possibilia sunt apud deum* [Lc 18,27]. *Ecce enim camelus, deposita gippi sarcina ... – ... quod factus est benigne pro nobis Ihesus Christus dominus noster qui cum patre ... per omnia secula seculorum.* Migne PL 94, Sp. 439–441. (260v–262r) ›*Omelia venerabilis Bede presbyteri de eadem lectione*‹. *Audivimus modo ewangelii capitulum Zachei festum ut ex ipso eius meritum ... – ... in nomine dei merebitur quod Zacheus meruit.* Migne PLS 2, Sp. 1003–1005. (262rv) ›*Omelia venerabilis Bede presbyteri*‹. *Zacheus pusillus hoc est nulla nobilitatis ingenite dignitate ... – ... iste supra legem relinquebat et sua et dominum sequebatur.* Nach: Ambrosius Mediolanensis, Expositio evangelii secundum Lucam, MIGNE PL 15, Sp. 1790–1792. (263r–267v) *Quia propitia divinitate, karissimi, solempnia dedicationis ecclesie celebramus ... – ... bona sua in terra viventium Ihesus Christus dominus noster, qui vivit et regnat cum patre in unitate spiritus sancti deus per omnia secula seculorum. Amen.* MIGNE PL 94, Sp. 433–439. (267v–272r) ›*Omelia venerabilis Bede*‹. *Audivimus ex lectione fratres mei quia facta sunt encenia in Iherosolimis ... – ... sue visionis introducat Ihesus Christus dominus noster qui vivit et regnat cum patre deus in unitate spiritus sancti per omnia secula seculorum. Amen.* CPL 1367. MIGNE PL 57, Sp. 907–914, vgl. auch MIGNE PL 94, Sp. 244–249.

Rubrik: 259r ›*Omelia venerabilis Bede presbyteri de eadem lectione*‹.

Incipit: 259r *Que impossibilia sunt* ...[Lc 18,27]. *Ecce enim camelus, deposita gippi sarcina* ...

Explicit: 272r ... *sue visionis introducat Ihesus Christus dominus noster qui vivit et regnat* ... *per omnia secula seculorum. Amen.* ›*Et sic est finis*‹.

Edition: Beda Venerabilis, Homeliarum evangelii libri ii, hrsg. von David HURST, Turnhout 1955 (CCL 122), S. 1–378; siehe auch bei den Texten.

WM

Vatikan, Biblioteca Apostolica Vaticana, Pal. lat. 725

Michael von Prag, De regimine principum

Pergament · 1, 345, 1 Bll. · 20,3 × 15,3 cm · Süddeutschland (?) · um 1400

Entstehungsort: Süddeutschland (?).
Entstehungszeit: um 1400.

Typus (Überlieferungsform): Codex.
Beschreibstoff: Pergament.
Umfang: 1, 345, 1 Bll.
Format (Blattgröße): 20,3 × 15,3 cm.
Zusammensetzung (Lagenstruktur): $(I-1)^{1a}$ + 6 V^{60} + $(VI-1)^{71}$ + 2 V^{91} + $(V-1)^{100}$ + 24 V^{340} + $(III-1)^{345^*}$ + $(I-1)^{346^*}$. 1a bildet mit dem Vorderspiegel ein Doppelbl. 346* bildet mit dem Hinterspiegel ein Doppelbl. Nach 67, 98 und 345* jeweils ein Bl. ausgeschnitten (kein Textverlust).
Seiten-, Blatt- und Lagenzählung: Tintenfoliierung, Rom 17. Jh. (*1–344*). Die Bezeichnung unfoliierter Bll. folgt dem Digitalisat (1a, 345*–346*). Durchweg Textreklamanten. Zuweilen Blattzählungen.
Zustand: Im Wesentlichen gut erhalten und sauber.

Schriftraum: 13 × 9 cm.
Spaltenanzahl: 1 Spalte.
Zeilenanzahl: 24 Zeilen.
Angaben zu Schrift / Schreibern: Professionell geschriebene Textura einer Hand.
Buchgestaltung: Schriftraumbegrenzung und Zeilenlinien sowie die Umrandung der Reklamanten in bräunlicher Tinte. Zeilenraster am Seitenrand durchgenadelt. Rubriziert.

Buchschmuck: Farbige Lombarden (blau, rot) mit Fleuronnéschmuck jeweils in der Gegenfarbe. Zu den Kapitelanfängen dreizeilig, zu den Buchanfängen vierzeilig mit farbig geteiltem Buchstabenkörper und Knospenfleuronné in zwei Farben.

Nachträge und Benutzungsspuren: Korrekturen (schwarz) und Verweise auf Belegstellen (rot) auf den Seitenrändern, wohl von der Schreiberhand.

Einband: Weißes Pergament mit Goldpressung auf Pappen. Rom, 1939–1957. Glatter Rücken, oben älteres Rückenschild, Kupferstichkartusche, Signatur in roter Tinte: *725*. Darunter rotes Lederschild mit Goldpressung *Pal. 725*. Dann in Goldpressung das Wappen von Papst Pius XII. (Pontifikat 1939–1958). Darunter das blaue Signaturschild der BAV. Unten das Wappen des Kardinalbibliothekars Giovanni Mercati (1866–1957, Kardinalbibliothekar ab 1936). Schunke, Einbände 2,2, S. 849, vgl. ebd. Bd. 1, S. 257 f. Farbschnitt gelb. 345*v mit fünf Rostflecken von den Beschlägen eines früheren Einbandes.
Provenienz: Heidelberg.
Geschichte der Handschrift: Der 1387 vollendete Text des Fürstenspiegels entstand in Böhmen, er wendet sich an einen Pfälzer Fürsten Ruprecht „den Jüngeren“, wahrscheinlich Ruprecht III. (später König Ruprecht I.). Eine Entstehung der Hs. im Pfälzer Raum ist wohl wahrscheinlich. Möglicherweise im Katalog der Schlossbibliothek um 1555 zu identifizieren unter den philosophischen Werken, „D in quarto“ (Pal. lat. 1934, 10r: *Directorium regiminis principum auf perment geschrieben*). Im Katalog der philosophischen Werke der Heidelberger Palatina nachweisbar (Pal. lat. 1939, 105v: *De quatuor virtutibus cardinalibus pro eruditione principum fratre Michaele vicario autore. In 4 geschrieben papir* [!], *bretter allt leder, bucklen*; ebenso in der Abschrift Pal. lat. 1938, 90r mit dem nachträglichen Zusatz: *ketten*). 1623 mit den Bänden der Palatina in die vatikanische Bibliothek verbracht. Vorderspiegel: Oben links das blaue Signaturschild der BAV, daneben ein aufgeklebter Ausschnitt aus einem älteren Vorsatzbl. mit Signaturen: *725 Pal.* darunter: *639* (gestrichen). Darunter ein ehemaliges Rückenschild: *De virtutibus cardinalibus.* 345* ältere Signatur: *1238* (kopfstehend). 1r Capsa-Nummer: *C. 78/1638.* Entsprechend im Allacci-Register (Pal. lat. 1949, 7r: *1638 Aegidius de regimine principum 4. C. 78*). Besitzstempel der BAV: 1r, 343v.

Faksimile: https://digi.ub.uni-heidelberg.de/diglit/bav_pal_lat_725
Literatur: Backes, Leben, S. 101; Erwin Herrmann, Der Fürstenspiegel des Michael von Prag, in: Historisches Jahrbuch der Görres-Gesellschaft 91 (1971), S. 22–45, zur Hs. S. 27–29, 32; OVL, Pal.lat.725; Petr, Soupis 1, S. 389–392; Stevenson, Latini, S. 267; William George Storey, The De quatuor virtutibus cardinalibus pro eruditione principum of Michael the Carthusian of Prague, Bd. 1, Salzburg 1972 (Analecta Cartusiana 6.1), zur Hs. S. 107 f. (Sigle V).

1) 1r–343v
Verfasser: Michael von Prag.
Weitere beteiligte Personen: Nikolaus von Gubin / Johannes Ysener.
Titel: De regimine principum.
Angaben zum Text: (1r–5v) Prologus. ›*Incipit prologus sequentis operis conpositi de quatuor virtutibus cardinalibus pro erudicione principum*‹. *Cum sit beati Jeronimi sententia dicentis: Multi iuxta vetus elogium cum loqui nesciant … – … quas docuerunt alto ingenio intellexerunt.* ›*Explicit prologus, incipit tabula capitulorum primi libri qui est de prudencia*‹. (5v–10v)

Tabula capitulorum. *Qualiter scriptura sancta describit dominum deum tanquam celestem imperatorem ... – ... perseverantes maiorem ceteris principes mercedem acquirant.* ›*Capitolum decimum. Explicit tabula capitulorum*‹. (11r–343v) ›*Incipit de regimine principum liber primus cuius sequitur capitulum primum, qualiter scriptura sancta describit dominum deum tanquam celestem imperatorem cui merito humiliter subesse debent omnes principes terre et quare neccessarium sit in omni multitudine aliquem principari*‹. *Multas frequenter princeps illustrissime vestre magnificentie tam humilis devotaque conversatio cordi meo intulit ... – ... ut iste labor vobis et aliis prosit ut potui devotius exoravi.* ›*Explicit liber quartus de regimine principum qui tractat de fortitudine principis. Est autem hoc opusculum compilatum in domo sancte Marie ordinis Carthusiensium prope Pragam per fratrem Michaelem vicarium eiusdem domus ac per eum traditum correctori honorabilis viri magistri Nycolai de Gubyn professoris sacre theologie qui ipsum ad preces compilatoris de verbo ad verbum perlegit iuvante eum reverendo viro magistro Johanne Yseneri bacalario sacre theologie ad quorum eciam iudiciam compilator quedam in dicto opusculo correxit et mutavit. Anno domini m.ccc.lxxxvii et cetera*‹. Das Datum bezieht sich auf die Abfassung des Textes, nicht auf die Abschrift. Wilhelm Berges, Die Fürstenspiegel des hohen und späten Mittelalters, Stuttgart 1938 (Nachdruck Stuttgart 1952), S. 356 (Hs. genannt); Bloomfield, ILWVV, Supplement, S. 197, Nr. 3118a; Irena Zachová, Rejstřík k bibliografické příloze Studii o rukopisech 1972–1981, in: Studie o rukopisech 22 (1983), S. 146. Erwin Herrmann, Der Fürstenspiegel des Michael von Prag, in: Historisches Jahrbuch 91 (1971), S. 22–45. Zu Autor und Werk: James Lester Hogg, Michael of Prague, in: Die Kartäuser in Österreich, Bd. 3, Salzburg 1981 (Analecta Cartusiana 83), S. 118–130, zum Adressaten (Ruprecht II. oder III. von der Pfalz) S. 119, Hs. erwähnt S. 122 (dort auch die weitere Überlieferung); Pavel Spunar, Repertorium auctorum Bohemorum provectum idearum post Universitatem Pragensem conditam illustrans, Bd. 1, Wrocław 1985 (Studia Copernicana XXV), S. 77f. – In der Schlussrubrik erwähnt: Nikolaus von Gubin, Professor an der Universität Prag (RAG, Nikolaus von Gubin; Franz, Magister, S. 39, Nr. 11); Magister Johannes Ysener (Franz, a. a. O., S. 39f., Nr. 14).

Rubrik: 1r ›*Incipit prologus sequentis operis conpositi de quatuor virtutibus cardinalibus pro erudicione principum*‹.

Incipit: 1r *Cum sit beati Jeronimi sententia dicentis: Multi iuxta vetus elogium cum loqui nesciant ...*

Weiteres Initium: 11r Multas frequenter princeps illustrissime vestrae magnificentiae tam humilis devotaque conversatio cordi meo intulit ...

Explicit: 343v *... ut iste labor vobis et aliis prosit ut potui devotius exoravi.*

Edition: William George Storey, The De quatuor virtutibus cardinalibus pro eruditione principum of Michael the Carthusian of Prague, Bd. 1, Salzburg 1972 (Analecta Cartusiana 6.1), Bd. 2, Salzburg 2009 (Analecta Cartusiana 6.2).

WM

Vatikan, Biblioteca Apostolica Vaticana, Pal. lat. 726

Aegidius Romanus, De regimine principum

Pergament · 1, 88, 1 Bll. · 27,9 × 18,5 cm · Deutschland · 3. Viertel 14. Jh.

Entstehungsort: Deutschland.

Entstehungszeit: 3. Viertel 14. Jh.

Typus (Überlieferungsform): Codex.
Beschreibstoff: Pergament.
Umfang: 1, 88, 1 Bll.
Format (Blattgröße): 27,9 × 18,5 cm.
Zusammensetzung (Lagenstruktur): $(I-1)^{1a}$ + 11 IV^{88} + $(I-1)^{89*}$. 1a bildet mit dem Vorderspiegel ein Doppelbl. 89* bildet mit dem Hinterspiegel ein Doppelbl.
Seiten-, Blatt- und Lagenzählung: Tintenfoliierung, Rom 17. Jh. (*1–88*). Die Bezeichnung unfoliierter Bll. folgt dem Digitalisat (1a, 89*). Durchgehend Textreklamanten.
Zustand: 80r–88v etwas fleckig. 1r geringfügig verschmutzt.

Schriftraum: 22,5 × 15 cm.
Spaltenanzahl: 2 Spalten.
Zeilenanzahl: 49 Zeilen.
Angaben zu Schrift / Schreibern: 1ra–88ra Textura von einer Hand. Die Nachträge 88v von zwei weiteren Händen in Bastardaschriften mit kursivem Duktus. Die Rubriken auf den Seitenrändern vorgeschrieben in einer kleinen, mit spitzer Feder geschriebenen gotischen Kursiven.
Buchgestaltung: Textraum- und Spaltenbegrenzungen sowie Zeilenlinien in verdünnter Tinte. Zeilenraster am Seitenrand durchgenadelt. Rubriziert (nur ausgeführt bis 84rb). Zum Teil rot gestrichelte Majuskeln als Satzinitialen. Rote Lombarden zu den Textabsätzen, zweizeilig zu den Kapiteln, drei- bis vierzeilig zu den Büchern, sechszeilig zum Textbeginn 1ra. Die Rubrik zum Textbeginn 1ra mit verlängerten, ornamental strukturierten Oberlängen.

Nachträge und Benutzungsspuren: Die Liste der Kardinäle aus den Jahren 1361–1371 (s. 88vab) ist wahrscheinlich ein früher Nachtrag. Der Stiftungsvermerk 88va wurde 1444 eingetragen.

Einband: Weißes Pergament mit Goldpressung auf Pappen. Rom, 1869–1878. Glatter Rücken, oben das blaue Signaturschild der BAV. Darunter in Goldpressung das Wappen von Papst Pius IX. (Pontifikat 1846 bis 1878). Rotes Lederschild mit Goldpressung *Pal. 726.* Darunter das Wappen des Kardinalbibliothekars Jean-Baptiste Pitra (1812–1889, Kardinalbibliothekar ab 1869). Kapital mit blauen und violetten Seidenfäden umwickelt. SCHUNKE, Einbände 2,2, S. 849, vgl. ebd. Bd. 1, S. 257. Farbschnitt gelb.
Provenienz: Heidelberg.
Geschichte der Handschrift: Die Hs. dürfte kurz nach der Mitte des 14. Jhs. entstanden sein. Die Liste der Kardinäle aus den Jahren 1361–1371 (s. 88vab) ist ein früher Nachtrag. Der an der theologischen Fakultät lehrende Friedrich Motter hinterließ die Hs. bei seinem Tod im Jahr 1444 der Universität Heidelberg (Schenkungsvermerk 88va, s. Text 2). Mit deren Buchbesitz als Teil der Heidelberger Bibliotheca Palatina 1623 in die vatikanische Bibliothek überführt. Im Allacci-Register (Pal. lat. 1949, 7r: *1638 Aegidius de regimine principum 4.* [?] *C. 78.*). Besitzstempel der BAV: 1r und 88v.

Faksimile: https://digi.ub.uni-heidelberg.de/diglit/bav_pal_lat_726
Literatur: AEGIDII ROMANI Opera omnia, Bd. 1: Catalogo dei manoscritti (1001–1075): De regimine principum, 1/11: Città del Vaticano – Italia, hrsg. von Francesco DEL PUNTA / Con-

cetta LUNA, Florenz 1993 (Testi e studi per il „Corpus Philosophorum Medii Aevi" XII.11.1), S. 16–20, Nr. 1006 (detaillierte Beschreibung der Hs.); Giuseppe BOFFITO, Saggio di Bibliografia Egidiana (Egidio Colonna o Romano), in: Bibliofilia. Rivista di storia del libro e di bibliografia 12 (1910–1911), S. 126–135, hier S. 126; Gerardo BRUNI, Catalogo critico delle opere di Egidio Romano, in: Bibliofilia. Rivista di storia del libro e di bibliografia 36 (1934), S. 78–110, hier S. 92, 96; OVL, Pal.lat.726; STEVENSON, Latini, S. 267.

1) 1ra–88ra
Verfasser: AEGIDIUS ROMANUS.
Titel: De regimine principum.
Angaben zum Text: (1ra) *Ex regia ac sanctissima prosapia oriundo suo speciali domino Philippo primogenito et heredi ... – ... ut vestra reverenda nobilitas requisivit.* (1rab) ›*Incipiunt capitula prime partis libri*‹. *Quis sit modus procedendi in regimine principum. Quis sit ordo ... – ... regis bene regentis sibi populum comissum.* (1rb–88ra) *Oportet quod latitudo sermonis in unaquaque re sit secundum exigenciam ... – ... requies quam deus ipse suis promissit fidelibus qui est benedictus in secula seculorum.* ›*Amen. Explicit liber moralis de regimine principum*‹. Der Textablauf ist gestört: 1ra–54ra, Z. 40; 65vb, Z. 32–76vb, Z. 1; 54ra, Z. 40–65vb, Z. 31; 76vb–88ra Ende (ausführlich in: Catalogo dei manoscritti, s. o. Lit., S. 17). BLOOMFIELD, ILWVV, Supplement, S. 141, Nr. 2051 (Hs. genannt); Gerardo BRUNI, Il „De Regimine Principum" di Egidio Romano, in: Aevum 6 (1932), S. 339–372, hier S. 354, 357 (Hs. genannt); GLORIEUX, Maîtres 2, S. 297 f., Nr. 400q (Hs. genannt); Ruedi IMBACH, „Aegidius redivivus". Zu den ersten beiden Bänden der Opera Omnia des Aegidius Romanus, in: Freiburger Zeitschrift für Philosophie und Theologie 35 (1988), S. 229–235, hier S. 232 (Hs. genannt); Lidia LANZA, in: CALMA, Bd. 1, Florenz 2003, S. 70, Nr. 66, zum Autor S. 63; Charles H. LOHR, Latin Aristotle Commentaries I: Medieval Authors, in: Traditio 23 (1967), S. 313–413, hier S. 332–334, Nr. 10 (Hs. genannt); ZUMKELLER, Mss. OESA, S. 38, Nr. 54. Vgl. auch Gerd BRINKHUS, Fürstenspiegel nach Aegidius Romanus, in: VL 2, Berlin 1980, Sp. 1023–1026.
Rubrik: 1ra ›*Incipit liber fratris Egidii de regimine principum*‹.
Incipit: 1ra *Ex regia ac sanctissima prosapia oriundo ...*
Weiteres Initium: 1rb Oportet quod latitudo sermonis in unaquaque re ...
Explicit: 88ra ... *requies quam deus ipse suis promissit fidelibus qui est benedictus in secula seculorum.*
Edition: AEGIDIUS ROMANUS, Über die Fürstenherrschaft (ca. 1277–1279). Nach der Hs. Rom, BAV, cod. borgh. 360 und unter Benutzung der Drucke Rom 1556 und Rom 1607, hrsg. und übersetzt von Volker HARTMANN, Heidelberg 2019 (online unter: https://doi.org/10.11588/heibooks.569); De regimine principum libri III, recogniti et una cum vita auctoris in lucem editi per Hieronymum SAMARITANIUM, Rom 1607 (ND Aalen 1967); Teiledition in: EGIDIO ROMANO, hrsg. von Paolo SOMMAGGIO / Alessandro TURATTI / Franco TODESCAN, Padua 2005 (Lex naturalis. Testi scelti di filosofia del diritto medioevale 3), S. 84–161 Weitere bei: SCHÖNBERGER, RETM 1, S. 78 f., A 1650–510/5–67.

2) 88vab
Titel: Adnotationes.
Angaben zum Text: (88va) Schenkungsvermerk. *Hunc legavit librum universitati Heydelbergensi honorabilis vir magister Fridericus Moter de Nürnberga quondam decanus Nove Civitatis. Anno 1444.* Friedrich Motter (Mottir) aus Nürnberg, in Heidelberg immatrikuliert im

Wintersemester 1406/07, am 3. April 1411 dort Magister Artium, 20. Dez. 1421 bis 22. Juni 1423 Rektor, ab 1425 Licentiat der theologischen Fakultät (Toepke, Matr. Heidelberg 1, S. XXXV, S. 103, 154, Bd. 2, S. 370, 377, 590, 610). Motter war ab 1427 Dekan am Stift SS. Maria und Ägidius in Neustadt / Weinstraße, Diözese Speyer. Er starb am 28. Okt 1444. Siehe: RAG, Friedrich Motter. (88vb) *Boloniensis domino G*[ui] *Portuensi et sancte Ruphine episcopo cardinali* [1350–1374]. *Urgelensis, domino N*[iccolo] *Tusculano episcopo cardinali* [1361–1368] ... – ... *Dolosanus domino Ray*[mundo] *Penestrino episcopo cardinali* [1361–1373]. *Murinensis domino Egidio tituli sancti Marci in Montibus presbitero cardinali* [1361–1368]. Insgesamt zehn Namen (alle in: Catalogo dei manoscritti, s. o. Lit., S. 19f.). Zwei weitere Zeilen getilgt. Aus den ermittelbaren Daten geht hervor, dass die Liste zwischen 1361 und 1371 angelegt wurde. Die spätesten Kardinäle der Angeführten wurden durch Innozenz VI. im Sept. 1361 kreiert. Der als Kardinaldiakon von S. Maria Nuova aufgeführte Pierre Roger de Beaufort (*Bellifortis*) wurde 1371 Papst (Gregor XI.). Siehe: Kardinalsliste, in: Geschichte des Kardinalats im Mittelalter, hrsg. von Jürgen Dendorfer / Ralf Lützelschwab, Stuttgart 2011 (Päpste und Papsttum 39), S. 463–505, hier S. 487f.

Rubrik: 88vb ›*Tituli cardinalium*‹.

Incipit: 88vb *Boloniensis domino G. Portuensi et sancte Ruphine episcopo cardinali ...*

Explicit: 88vb ... *Murinensis domino Egidio tituli sancti Marci in Montibus presbitero cardinali.*

Edition: Abgedruckt in: Catalogo dei manoscritti, s. o. Lit., S. 19f.

WM

Vatikan, Biblioteca Apostolica Vaticana, Pal. lat. 727

Aegidius Romanus, De regimine principum

Pergament · 2, 156, 1 Bll. · 22 × 16,6 cm · Frankreich (Südwestdeutschland?) · 1. Hälfte 14. Jh.

Entstehungsort: Frankreich (Südwestdeutschland?).
Entstehungszeit: 1. Hälfte 14. Jh.

Typus (Überlieferungsform): Codex.
Beschreibstoff: Pergament.
Umfang: 2, 156, 1 Bll.
Format (Blattgröße): 22 × 16,6 cm.
Zusammensetzung (Lagenstruktur): $(I-1)^{1a}$ + 1^{2a} + 9 IV^{72} + $(IV-1)^{79}$ + 9 IV^{151} + $(III-1)^{156}$ + $(I-1)^{157*}$. 1a bildet mit dem Vorderspiegel ein Doppelbl. 157* bildet mit dem Hinterspiegel ein Doppelbl. Bl. 2a (Pergament) könnte Teil eines früheren Vorsatzes sein. Nach 72 und nach 156 jeweils ein Bl. ausgeschnitten (kein Textverlust).
Seiten-, Blatt- und Lagenzählung: Tintenfoliierung, Rom 17. Jh. (*1–156*). Die Bezeichnung unfoliierter Bll. folgt dem Digitalisat (1a–2a, 157*). Gelegentlich Textreklamanten erhalten (z.B. 40v). Pecienvermerke (s.u. zur Schrift). Zählung der Bücher als laufender Seitentitel (*L I–II*) in Rot und Blau (57r–72v nicht eingetragen).
Zustand: Überwiegend in gutem, sauberem Zustand. 156v etwas verschmutzt. Die Unregelmäßigkeiten im Pergament sind herstellungsbedingt.

Schriftraum: 17,2–17,6 × 11,5 cm; 16–16,8 × 11,3–11,7 cm (156rv).
Spaltenanzahl: 2 Spalten.
Zeilenanzahl: 38–40 Zeilen.
Angaben zu Schrift / Schreibern: Regelmäßig geschriebene gotische Minuskel von drei Händen (1ra–34vb und 73va–155vb; 35ra–72vb; 156rv). Die beiden Schreiber des Haupttextes (1ra–155vb) arbeiteten sehr wahrscheinlich gleichzeitig parallel an ihren Abschnitten, wodurch sich zwischen 72vb und 73va an der Lagengrenze eine Lücke ergab, die wenig später für den Eintrag von Versen genutzt wurde (72vb–73ra, s. Nachträge). Pecienvermerke (z.B. 51vb, 69rb), vgl. Catalogo dei manoscritti, s. Lit., S. 22.
Buchgestaltung: Spaltenbegrenzungen und Zeilenlinien in Metallstift, z.T. sehr blass. Zeilenraster am Seitenrand durchgenadelt. Rubriziert. Capitulazeichen in Blau-Rot alternierend. 1ra–16rb, 20vb–25ra und 32vb–72vb Text der Rubriken nicht eingetragen. 60ra–67vb Initialen und Rubrizierung nicht ausgeführt.
Buchschmuck: Fleuronnéinitialen zu den Textabschnitten. Zweizeilige farbige Lombarden, blau-rot alternierend mit Fleuronné in der Gegenfarbe zu den Kapiteln. 10ra vierzeilig ornamental geteilt in Blau-Rot mit Fleuronné in Rot und Schwarz und den Textspiegel begleitende Fleuronnéstäbe in Blau-Rot zum Beginn des zweiten Teils. 1ra achtzeilig ornamental geteilt mit figürlichem Dekor (Drachenwesen), aufwändiges, professionell ausgeführtes Fleuronné in Rot und Schwarz sowie den Textspiegel begleitende Stäbe in Blau-Rot zum Textbeginn. Die folgenden zwei Textzeilen in vergrößerten Ziermajuskeln (blau-rot) mit Fleuronné. S. auch die Bildbeschreibung in heidICON.

Nachträge und Benutzungsspuren: Wenige Ergänzungen und Anmerkungen von zeitgenössischen Händen (z.B. 1v unten, 74va, 76rb). 72vb–73ra wenig späterer Nachtrag: Versus de arte mulierum. *O quam sincerum cor polluit ars mulierum, o quam forte merum sed fortior ars mulierum ... – ... Cui placet ars hylle subito confunditur ille, o quantum ledis miserabilis a* / Text bricht in der Zeile ab, der Rest der Spalte blieb leer. Das misogyne, anonym überlieferte Gedicht findet sich in etlichen Hss. und in verschiedenen Fassungen (z.B. Uppsala, UB, C 631, 275v). Es wurde mehrfach abgedruckt: Anzeiger für die Kunde der Deutschen Vorzeit NF 18 (1871), S. 307; ebd. NF 25 (1878), Sp. 315; ebd. NF 27 (1880), Sp. 138–140; Paul Lehmann, Skandinavische Reisefrüchte, in: Nordisk tidskrift för bok- och biblioteksväsen 22 (1935), S. 11–12 (nach einer fragmentarisch erhaltenen Hs. der Kartause Erfurt); Hans Walther, Beiträge zur Kenntnis der mittellateinischen Literatur, in: Zentralblatt für Bibliothekswesen 49 (1932), S. 325–340, S. 326 (zu Kremsmünster, Stiftsbibliothek, Cod. 81). Vgl. Catalogo dei manoscritti, s.u. Lit., S. 22 (correzioni e annotazioni).

Einband: Weißes Pergament auf Pappe. Rom, um 1780. Beide Deckel mit Spuren von je zwei textilen Schließenbändern (entfernt). Rücken mit fünf erhabenen Doppelbünden, oben altes Signaturschild der BAV, Kupferstichkartusche mit roter Schrift: *727.* Darunter Rückenbeschriftung: *Aegid. Rom. de regimine principum* (teilweise abgerieben). Unten das blaue Signaturschild der BAV. Kapital mit farbigen Seidenfäden umwickelt (braun-gelb), jeweils mittig angebrochen. Schunke, Einbände 2,2, S. 849, vgl. ebd. Bd. 1, S. 256. 156rv Rostspuren, am oberen Seitenrand mittig, von einer eisernen Kettenöse des früheren Einbandes. Bl. 2a wohl älteres Vorsatz.
Provenienz: Mainz / Heidelberg.
Geschichte der Handschrift: Wahrscheinlich in Frankreich in der 1. H. des 14. Jhs. geschrieben. Der Fleuronnéschmuck weist jedoch auch Parallelen zu den im Westen des

süddeutschen Raumes anzutreffenden Formen auf. 1479 befand sich der Band in der Mainzer Dombibliothek (1r unten: *Iste liber pertinet ad librariam sancti Martini ecclesie Maguntine, M. sindicus scripsit 1479*, 1r oben die wohl zugehörige Signatur: *J 22*). Domsyndicus war zu dieser Zeit Macarius von Buseck. Franz Falk, Die ehemalige Dombibliothek zu Mainz. Ihre Entstehung, Verschleppung und Vernichtung nach gedruckten und ungedruckten Quellen, Leipzig 1897 (Centralblatt für Bibliothekswesen, Beiheft 18), S. 25 f. (ohne Kenntnis der Hs.). Später gelangte die Hs. in die Heidelberger Bibliotheca Palatina (s. Einleitung). Im Katalog der *Libri philosophici* der Palatina, angelegt um 1581 (Pal. lat. 1939, 105v: *Egidii de regimine principum, geschrieben papir* [!] *in 4 bretter rott leder, buckeln*; in der Abschrift Pal. lat. 1938 korrigiert: *Aegidii de regimine principum geschrieben papir* [am Rand: *perment*] *in 4. bretter, rot leder bucklen* [am Rand: *ketten*]). Mit den Bänden der Palatina 1623 in die vatikanische Bibliothek verbracht. 1ar schwacher Abdruck des Eintrages der Capsa-Nummer von einem heute nicht mehr vorhandenen Vorsatzbl.: *C 166* [?]*/..466*. Im Allacci-Register nachweisbar (Pal. lat. 1949, 6v: *1466 Aegidius Romanus de regimine principum fol. 4. C. 116.*). 156v ältere Signatur der BAV: *1737* (kopfstehend). Besitzstempel: 1r, 156rb.

Besonderheiten: Die Pecienvermerke (s. o. zur Schrift) lassen Rückschlüsse auf den Herstellungsvorgang zu (Catalogo dei manoscritti, s. u. Lit., S. 22).

Faksimile: https://digi.ub.uni-heidelberg.de/diglit/bav_pal_lat_727

Literatur: Aegidii Romani Opera omnia, Bd. 1: Catalogo dei manoscritti (1001–1075): De regimine principum, 1/11: Città del Vaticano – Italia, a cura di Francesco del Punta / Concetta Luna, Florenz 1993 (Testi e studi per il „Corpus Philosophorum Medii Aevi" XII.11.1), S. 20–27, Nr. 1007 (detaillierte Beschreibung der Hs.); Giuseppe Boffito, Saggio di Bibliografia Egidiana (Egidio Colonna o Romano), in: Bibliofilia. Rivista di storia del libro e di bibliografia 12 (1910–1911), S. 126–135, hier S. 126; Gerardo Bruni, Catalogo critico delle opere di Egidio Romano, in: Bibliofilia. Rivista di storia del libro e di bibliografia 36 (1934), S. 78–110, hier S. 92, 96; OVL, Pal.lat.727; Stevenson, Latini, S. 267.

1) 1ra–155vb

Verfasser: Aegidius Romanus.

Titel: De regimine principum.

Angaben zum Text: (1rab) *Ex illustri ac sanctissima prosapia oriundo ... – ... ut vestra reverenda voluntas* [korrigiert: nobilitas] *requisivit.* (1rb) *Quis sit modus procedendi in regimine principum. Quis sit ordo ... – ... regis bene regentis populum sibi comissum.* (1rb–88ra) *Oportet quod latitudo sermonis in unaquaque re sit secundum exigenciam ... – ... requies quam deus ipse promissit suis fidelibus qui est benedictus in secula seculorum. Amen. ›Explicit tractatus domini Egidii de regimine principum. Finito libro sit laus et gloria Christo‹. ›Heu male finivi quia non bene scribere scivi‹.* Colophons 6, Nr. 21802; David Moreno Olalla, The Scribal Formula „Heu male finivi quia scribere non bene scivi", in: Scriptorium 67 (2013), S. 144–174. Bloomfield, ILWVV, Supplement, S. 141, Nr. 2051 (Hs. genannt); Gerardo Bruni, Il „De Regimine Principum" di Egidio Romano, in: Aevum 6 (1932), S. 339–372, hier S. 354, 357 (Hs. genannt); Glorieux, Maîtres 2, S. 297 f., 400q (Hs. genannt); Ruedi Imbach, „Aegidius redivivus". Zu den ersten beiden Bänden der Opera Omnia des Aegidius Romanus, in: Freiburger Zeitschrift für Philosophie und Theologie 35 (1988), S. 229–235, hier S. 232 (Hs. genannt); Lidia Lanza, in: CALMA, Bd. 1, Florenz 2003, S. 70, Nr. 66, zum Autor S. 63; Charles H. Lohr, Latin Aristotle Commentaries I: Medieval Authors, in: Traditio 23 (1967), S. 313–413, hier S. 332–334, Nr. 11 (Hs. genannt); Zumkeller, Mss., Nr. 54 (Hs. genannt

S. 38). Zur vorliegenden Textgestalt auch: Correzioni e annotazioni, in: Catalogo dei manoscritti, S. 22 f. sowie ebd. Testo, S. 26. Vgl. auch Gerd Brinkhus, Fürstenspiegel nach Aegidius Romanus, in: VL 2, Berlin 1980, Sp. 1023–1026.

Incipit: 1ra *Ex illustri ac sanctissima prosapia oriundo ...*

Explicit: 155vb ... *requies quam deus ipse promissit suis fidelibus qui est benedictus in secula seculorum.*

Edition: Aegidius Romanus, Über die Fürstenherrschaft (ca. 1277–1279). Nach der Hs. Rom, BAV, cod. borgh. 360 und unter Benutzung der Drucke Rom 1556 und Rom 1607, hrsg. und übersetzt von Volker Hartmann, Heidelberg 2019 (online unter: https://doi.org/10.11588/heibooks.569); De regimine principum libri III, recogniti et una cum vita auctoris in lucem editi per Hieronymum Samaritanium, Rom 1607 (Neudruck: Aalen 1967); Teiledition in: Egidio Romano, hrsg. von Paolo Sommaggio / Alessandro Turatti / Franco Todescan, Padua 2005 (Lex naturalis. Testi scelti di filosofia del diritto medioevale 3), S. 84–161. Weitere bei: Schönberger, RETM 1, S. 78 f., A 1650–510/5–67.

2) 156rab

Titel: De sensu communi.

Angaben zum Text: Überschrieben: ›*Assit principio sancta Maria meo*‹. Colophons 6, Nr. 19995–20004. *Intendentes perscrutari de natura sensus communis, primo videndum est que sit neccessitas ponendi ipsum ...* – ... *substancia sensus illius organi apta nata sit pati ab ipso non ab alio.*

Incipit: 156ra *Intendentes perscrutari de natura sensus communi ...*

Explicit: 156rb ... *substancia sensus illius organi apta nata sit pati ab ipso non ab alio.*

Edition: vollständig abgedruckt in: Catalogo dei manoscritti, s. Lit., S. 24–26.

WM

Vatikan, Biblioteca Apostolica Vaticana, Pal. lat. 728

Johannes von Wales, Communiloquium seu summa de regimine vitae humanae

Pergament · 2, 180, 1 Bll. · 13,9 × 9,5 cm · Deutschland · 1. Hälfte 14. Jh.

Entstehungsort: Deutschland.
Entstehungszeit: 1. Hälfte 14. Jh.

Typus (Überlieferungsform): Codex.
Beschreibstoff: Pergament (Vorsatzbll. 1a und 362*–363* Papier).
Umfang: 2, 180, 1 Bll.
Format (Blattgröße): 13,9 × 9,5 cm.
Zusammensetzung (Lagenstruktur): $(I-1)^{1a} + 1^{B} + 15\ VI^{361} + (I-1)^{363*}$. 1a bildet mit dem Vorderspiegel ein Doppelbl. 363* bildet mit dem Hinterspiegel ein Doppelbl. Das vorne eingeheftete Einzelbl. aus Pergament (paginiert *A–B*) ist wohl ein Vorsatzbl. des früheren Einbandes.

Seiten-, Blatt- und Lagenzählung: Tintenpaginierung des 14. (15.?) Jhs. (*1–209, 211–360*), Zählung springt von 209 auf 211. Neuzeitliche Tintenpaginierung (*A–B*). Die Bezeichnung unpaginierter Bll. folgt dem Digitalisat (1a, 361, 362*–363*). Durchgängig Textreklamanten.
Zustand: Anfang und Ende etwas verschmutzt.

Schriftraum: 10 × 7 cm.
Spaltenanzahl: 1 Spalte.
Zeilenanzahl: 29 Zeilen.
Angaben zu Schrift / Schreibern: Einfache, nicht sehr gleichmäßig geschriebene Textura einer Hand. Nachträge und Anmerkungen von mehreren Händen des 14. und 15. Jhs. in Bastarda cursiva.
Buchgestaltung: Textraumbegrenzung und Zeilenlinien in verdünnter Tinte. Zeilenraster am Seitenrand durchgenadelt. Rote Capitula-Zeichen zu Textabsätzen. Rote und blaue Lombarden im Wechsel zu den Textabschnitten, zweizeilig zu den Kapiteln, dreizeilig mit Fleuronné zum Textbeginn S. 1. Die dreistufige Gliederung des Textes (pars, distinctio, capitulum) spiegelt sich nicht in der Gestaltung der Initialen.
Buchschmuck: S. 1 rote Lombarde mit blauem Knospenfleuronné, davon ausgehend, den Textblock in ganzer Höhe begleitend, ein Fleuronnéstab (rot-blau).

Nachträge und Benutzungsspuren: S. B und S. 360–361 weisen mehrere Nachträge verschiedener Hände auf. S. 361 unter dem Bonaventura-Exzerpt: *Item Claus von Northeym gelühen vi denarii p*[ecuni]*arum*. Da mehrere Orte namens „Nordheim" als Herkunft des genannten Schuldners in Frage kommen, ergibt sich kein Indiz für die regionale Verortung der Hs.

Einband: Weißes Pergament mit Goldpressung auf Pappen. Rom, 1878–1889. Glatter Rücken, oben in Goldpressung das Wappen von Papst Leo XIII. (Pontifikat 1878 bis 1903). Rotes Lederschild mit Goldpressung *Pal. 728*. Darunter das Wappen des Kardinalbibliothekars Jean-Baptiste Pitra (1812–1889, Kardinalbibliothekar ab 1869). Unten das blaue Signaturschild der BAV. Gewobenes Kapitalband mit dunkelrotem Zickzackmuster. Schunke, Einbände 2,2, S. 849, vgl. ebd. Bd. 1, S. 257.
Provenienz: Heidelberg.
Geschichte der Handschrift: Wahrscheinlich in der 1. Hälfte des 14. Jhs. in Deutschland, vermutlich Südwestdeutschland, geschrieben. Mit der Heidelberger Palatina 1623 in die vatikanische Bibliothek verbracht. S. A: *.77./209.* So auch im Allacci-Register (Pal. lat. 1949, 45r: *209. De regimine principis. 16. C. 77*). Ältere Signatur: *787.* Besitzstempel der BAV: S. 1, 361.
Besonderheiten: Die vorliegende Bearbeitung des ‚Communiloquium' konnte nicht an anderer Stelle nachgewiesen werden.

Faksimile: https://digi.ub.uni-heidelberg.de/diglit/bav_pal_lat_728
Literatur: OVL, Pal.lat.728; Stevenson, Latini, S. 267 f.

1) S. B
Beteiligte Personen: Publilius Syrus / Beda Venerabilis / Hildebert von Lavardin / Publius Ovidius Naso / Isidor von Sevilla.
Titel: Adnotationes.

Angaben zum Text: Notizen einer Hand des 15. Jhs. Exzerpte, Sprichwörter und Verse: *Isidorus: Venena enim non dantur nisi melle circumlita et: Vicia non decipiunt nisi sub specie umbraque virtutum.* Ps.-Isidor, Testimonia divinae scripturae et patrum (CPL 385), hrsg. von Albert Lehner, Turnhout 1987 (CCL 108D), S. 55–127, S. 121, Nr. 68. *Egre reprehendes quod sinis consuescere.* Publilius Syrus, Sententiae (hrsg. von Wilhelm Meyer, Leipzig 1880, S. 17–59, S. 20. Merkverse zur Chronologie ab der Erschaffung der Welt: Zum Jahr der Passion Christi: *.X. super .L. duo C superaddas milia quinque, tot fertur Christus pro nobis vulnera passus.* Walther, IC, Nr. 20894 (diese Hs.). Weiter unten zum Jahr der Geburt Christi (nach Beda): *Unum tolle datis ad milia quinque ducentis, nascenti domino tot Beda dat a prothoplasto.* Sprichwörter: *Cruda sapit denti faba dulciter esurienti.* TPMA 6, S. 302, Nr. 149. *Anxietas veterem trottare fecit mulierem.* Walther, IC, Nr. 1205. Ausspracheregeln zu einzelnen Buchstaben: *S sonat exilis vocali duplice cincta. X precedente S fugit parte sequente.* Verse: *O stulti dentes qui nostis edere lentes ... – ... si scirent gentes deberent mittere sentes.* Darunter weitere Sätze zur Chronologie. Zu Darstellungen der Kreuzigung Christi: *Sancte crucis ymago: Nec deus est nec homo, presens quam cernis ymago. Sed deus est et homo, quam sacra figurat ymago.* Walther, IC, Nr. 11685. Hildebertus Lavardinensis, Carmina LXXXVI, Migne PL 171, Sp. 1426. Verse: *Pronaque conspectant animalia singula terram. Os homini sublime dedit celumque videre.* Ovid, Matamorphosen 1,9–10. Darunter von der selben Hand etwas enger geschrieben: *Dicit Ysidorus ethimologiarum libro viii, capitulo iii*[!] *de generibus magorum: Auguria autem avium Friges primi invenerunt. Prestigium uero Mercurius primus dicitur invenisse ... – ... nec aeris illius puriora spatia sed caliginosa ista tenere per*[missi] *sunt.* Exzerpte aus den Kapiteln 9–11 des 8. Buchs der Ethymologien. Isidorus Hispalensis, Ethymologiarum libri XX, lib. VII, cap. ix–xi (15 Zeilen).

Incipit: S. B *Venena enim non dantur nisi melle circumlita ...*

Weiteres Initium: S. B O stulti dentes qui nostis edere lentes ...; S. B Nec deus est nec homo praesens quam cernis imago ...; S. B Auguria autem avium Phryges primi invenerunt.

Explicit: S. B ... *sed caliginosa ista tenere permissi sunt.*

Edition: s. Angaben zum Text.

2) S. 1–360

Verfasser: Johannes von Wales.

Titel: Communiloquium seu summa de regimine vitae humanae (Pars I, dist. iii, cap. 2 – Pars VI, dist. vii, cap. 3).

Angaben zum Text: Von späterer Hand überschrieben: *De regimine principum.* Die verkürzende Bearbeitung des ‚Communiloquium' beginnt mit distinctio iii, Kapitel 2 des ersten Teils, wo grundlegende Verhaltensnormen für den Herrscher erörtert werden und endet mit der allgemeinen Erörterung der Religion und ihrer Nützlichkeit. *Qualis autem debet esse princeps vel rex describit dominus eleganter Deuteronomio .xvii. Cum fuerit constitutus, scilicet rex, multiplicabit non equos* [Dt 17,16] ... *ex qua auctoritate patet quod debet esse in eo humilis obedientia regule dei et ecclesie eius ...* – ... (S. 359) *Quilibet ergo religiosus consideret status sui professionem et habitus qualitatem et studeat vivere secundum illorum exigenciam ...* (S. 360) *ne dampnentur cum multitudine ypocritarum apostatancium, quibus ait dominus Matheo 23 ve vobis ypocrite et cetera* [Mt 23,13]. Der Text endet am Ende des 6. Teils, der Wortlaut weicht hier von den frühen Drucken ab. Wörtlich übereinstimmend findet er sich in der Ausgabe Lyon 1511, 131vb. Evencio Beltran, Christine de Pizan, Jacques Legrand et le Communiloquium de Jean de Galles, in: Romania 104 (1983), S. 208–228; Bloomfield, ILWVV, Nr. 1068 und 1086; Richard Galle, Eine geistliche Bildungslehre des Mittelalters, in: Zeitschrift für Kirchengeschichte 31 (1910), S. 523–555; GLORIEUX, Maîtres 2, S. 114f., Nr. 322a; Palémon GLORIEUX, La Faculté des Arts et ses maitres au XIIIe siècle, Paris 1971, S. 209f., Nr. 234a; Jacqueline HAMESSE, Repertorium initiorum manuscriptorum Latinorum Medii Aevi, Bd. 2, Louvain-la-Neuve 2008, S. 570, Nr. 9512; MOHAN, Initia, S. 74* und 76*; Erwin RAUNER, Johannes Gallensis (Guallensis, Vallensis, John of Wales), in: LMA, Bd. 5, München / Zürich 1991), Sp. 577; STEGMÜLLER RB, Nr. 4522,2; Jenny SWANSON, John of Wales. A Study of the Works and Ideas of a Thirteenth-Century Friar, Cambridge 1989 (Cambridge Studies in Medieval Life and Thought 4.10), S. 63–166 und 254; WELTER, L'exemplum, S. 233–236.

Rubrik: S. 1 ›*De regimine principum*‹.

Incipit: S. 1 *Qualis autem debet esse princeps vel rex describit dominus eleganter* ...

Weiteres Initium: S. 359 Quilibet ergo religiosus consideret status sui professionem ...

Explicit: S. 360 ... *quibus ait dominus Matheo 23 ve vobis ypocrite et cetera* [Mt 23,13].

Edition: GW M13983-M13992 sowie Lyon 1511, Paris 1516, Straßburg 1550 und Paris 1556, siehe: SCHÖNBERGER, RETM 2, S. 2421, Nr. I 2890–60.

3) S. 360

Beteiligte Personen: BARTHOLOMAEUS ANGLICUS.

Titel: Vocabula medica.

Angaben zum Text: *Basiliscus grece interpretatur regulus quia rex sit serpencium animalia enim cetera flatu neccat* ... . *Basilisca herba alio nomine Gönziana dicitur virtutem habet calidam* ... *gustu amaro in locis palustribus nascitur cuius radix stomachi dolorem compescit* ... – ... *Pleuresis est dolor laterum cum febre et sputo sanguineo.* Exzerpte aus einem Pflanzenglossar und Erläuterung medizinischer Fachbegriffe. Zu „Basiliscus" vgl. Bartholomaeus Anglicus, De proprietatibus rerum, lib. XVIII, cap. xv und Isidorus Hispalensis, Etymologiarum libri XX (CPL 1186), lib. XII, cap. iv.

Rubrik: S. 360 ›*Nota de basilisco*‹.

Incipit: S. 360 *Basiliscus grece interpretatur regulus quia rex sit serpencium* ...

Weiteres Initium: S. 360 Basilisca herba alio nomine Gentiana dicitur virtutem habet calidam ...

Explicit: S. 360 ... *Pleuresis est dolor laterum cum febre et sputo sanguineo.*

4) S. 361

Verfasser: JOHANNES BONAVENTURA.

Titel: De poenis purgatoriis (Breviloquium VII,ii).

Angaben zum Text: Exzerpt aus Breviloquium, pars VII, cap. ii über die Strafen des Fegefeuers.

Incipit: 361 *De penis purgatoriis hoc tenendum* [est], *quod ignis purgatorii est ignis corporalis* ...

Explicit: 361 ... *sufficienter expurgatis inmediate* [e]*volant et introducuntur in gloriam paradisi.*

Edition: S. BONAVENTURAE opera omnia, Bd. 5, Quaracchi 1882, S. 282.

WM

Heidelberg, Universitätsbibliothek Heidelberg, Cod. Pal. lat. 729

Johannes von Wales, Communiloquium seu summa de regimine vitae humanae

Papier · 2, 165, 1 Bll. · 30,1 × 20,5 cm · Süddeutschland · um 1435–1441

Entstehungsort: Süddeutschland.
Entstehungszeit: um 1435–1441.

Typus (Überlieferungsform): Codex.
Beschreibstoff: Papier.
Umfang: 2, 165, 1 Bll.
Format (Blattgröße): 30,1 × 20,5 cm.
Zusammensetzung (Lagenstruktur): $(I-1)^{1^*}$ + 1^{2^*} + $(VI-1)^{6}$ + 5 VI^{66} + V^{76} + 6 VI^{147} + $(VI-1)^{158^*}$ + $(I-1)^{159^*}$. 1* bildet mit dem Vorderspiegel ein Doppelbl., 159* bildet mit dem Hinterspiegel ein Doppelbl. Vor 3* ist der Rest eines ausgeschnittenen Blatts erkennbar. 3* weist Abdruckspuren des Leders eines früheren Einbandes auf.
Seiten-, Blatt- und Lagenzählung: Tintenfoliierung, Rom 17. Jh. (*1–121, 121–147, 128, 149–155*). Die zweite *121* wurde mit Bleistift modern ergänzt zu *121a*, die nach *147* eingetragene *128* korrigiert zu *148*. Moderne Bleistiftfoliierung (*1*–7** und *156*–159**). Textreklamanten (6v, 18v, 42v, 54v, 66v, 76v, 88v, 112v, 123v, 135v, zumeist durch Beschnitt fragmentiert). Die zumeist mittig an Kopf und Fuß des Textspiegels angebrachten Zahlen und Buchstaben geben die Textgliederung in Partes und Distinctiones des Communiloquium wieder (s. u. Text 1).
Zustand: Bl. 100: da die Tinte der Schrift auf der Rectoseite durchgeschlagen hatte, sparte der Schreiber die entsprechenden Stellen auf der Versoseite aus. Obere äußere Ecke ausgerissen. Bl. 3*rv etwas fleckig.
Wasserzeichen: Bl. 1*, 159* (Vorsatzbll.) Wappenschild in Rossstirn-Form, Wappenbild: Dreiberg, darüber Buchstabe F (WZIS DE5580-Codgraec170_I; Edward Heawood, Watermarks, Hilversum 1950, S. 122, Nr. 2616; vgl. auch Briquet, Les filigranes 11938); Bl. 2* Bügelkrone mit Perlen, darüber ein Kreuz, unter dem Bügel eine Marke (prinzipiell vergleichbare Zeichen finden sich in der Zeit um 1530); Bl. 3*–7*, 19–54, 67–100, 104–123, 136–147 menschlicher Kopf (Maure) frei, mit Stirnband, mit Augen, Linie Hinterkopf sichtbar, Stirnbandende eingekerbt in drei Varianten (WZIS DE7320-PO-20378, Beschriftung belegt 1435, Rothenburg ob der Tauber und WZIS AT3800-PO-20382, Beschriftung belegt 1435, Innsbruck); Bl. 1–18 Ochsenkopf frei, mit einkonturiger Stange darauf einkonturiger Stern sechsstrahlig (Enden gerade), ohne Gesichtsmerkmale, Kinn rund (WZIS DE6300-PO-62175, Beschriftung belegt 1436, Nördlingen und WZIS DE8100-PO-62181) Bl. 55–66, 101–103, 124–135, Ochsenkopf frei, mit einkonturiger Stange darauf einkonturiger Stern sechsstrahlig (Enden gerade), mit Augen; Bl. 148–158* Ochsenkopf frei, mit Augen, Ober- und Unterzeichen an jeweils einkonturiger Stange, oben fünfblättrige Blume, unten Dreieck mit Schragen, drei Punkte, zwei Kreuzsprossen in zwei Varianten (WZIS DE7575-PO-66352, Beschriftung belegt 1441, Schwäbisch Hall). Das Wz. der beiden Vorsatzbll. 1* und 159* ist nicht genau datierbar, deutet aber auf das 17. Jh. (Heawood, s. o.). Die Tatsache, dass auf 1* eine ältere vatikanische Signatur und die aktuelle, in der BAV vergebene, Signatur eingetragen wurde,

deutet ebenfalls auf diese Zeit. Bei Bl. 2* dürfte es sich um ein Vorsatzbl. eines früheren Einbandes handeln.

Schriftraum: 21,5 × 13,5 cm.
Spaltenanzahl: 1 Spalte.
Zeilenanzahl: 1r–141v 39 Zeilen, 142r–155r 45 Zeilen.
Angaben zu Schrift / Schreibern: Bastarda cursiva von zwei Händen (1r–141v, 142r–155r).
Buchgestaltung: Textblockbegrenzungen in Metallstift. Rubriziert. Satzinitialen und Aufzählungspunkte rot gestrichelt. Zweizeilige Lombarden zu den Textabschnitten. Kapitelzählung zumeist in Rot. Das Register 142r–155r ohne weitere Differenzierung und mit wechselnder Zeilenlänge.
Buchschmuck: 1r vierzeilige rote Lombarde mit einfachem Knospenfleuronné in Rot zum Textbeginn. Auch die weiteren Lombarden der ersten Seite wurden mit schlichtem Fleuronné geschmückt. Im Weiteren zuweilen an den Lombarden ornamental gestaltete Fadenausläufer (z. B. 33r).

Nachträge und Benutzungsspuren: Durchgehend zeitgenössische Randbetreffe von anderer Hand. 1r Titeleintrag: *Henrici de Hassia summa de republica* (16. Jh.). Zu den Einträgen des früheren 20. Jhs. auf dem Vorderspiegel s. u. zur Provenienz.

Einband: Weißes Pergament auf Pappen, Rom 17. Jh. (1775–1799?). An Vorder- und Rückdeckel jeweils zwei textile Schließenbänder. Rücken mit drei erhabenen Doppelbünden, oben ein älteres Signaturschild der Vatikanischen Bibliothek (Kupferstichkartusche, handschriftlich, in roter Tinte: *729*), im zweiten Feld Rückentitel (handschriftlich: *Henr*[icus] *de Ha*[ssia] *de republ*[ica]), unten das ovale Rückenschild der UB Heidelberg (handschriftlich: *Pal. Lat. 729*). Kapital mit gelben und hellbraunen Seidenfäden umstochen. Die schmucklosen Pergamenteinbände werden von Schunke (Einbände 1, S. 256) dem Pontifikat Pius VI. (1775–1799) zugeschrieben (ebenso Montuschi, biblioteche, S. 321). Das Wz. der Vorsatzbll. 1* und 159* deutet jedoch auf einen Einband des 17. Jhs., auch die Rollwerkkartusche des alten Signaturschildes weist auf eine deutlich frühere Zeit als das Pontifikat Pius VI. Während ein älteres Signaturschild leicht auf einen späteren Einband übertragen werden kann, erscheint dies bei dem verhältnismäßig dünnen Vorsatzpapier einfacher Qualität eher unwahrscheinlich.
Provenienz: Neumarkt / Heidelberg / Rom / Paris.
Geschichte der Handschrift: Die Hs. entstand den Wzz. zufolge in den Jahren um 1435–1441, wahrscheinlich im süddeutschen Raum. 1r *D. C. A. Io. Ba. dux* Besitzeintrag des Herzog Johann von Pfalz-Mosbach (auch „von Mosbach-Neumarkt"), aufzulösen als: „Dii coeptis aspirate, Johannes Bavariae dux". Johann (1443–1486), jüngster Sohn Ottos I. von Pfalz-Mosbach (reg. 1447/48–1461), war Kanoniker in Augsburg und Mainz (Gerhard Fouquet, Das Speyerer Domkapitel im späten Mittelalter [ca. 1350–1540], 2 Bde., Mainz 1987, S. 707; Michael Hollmann, Das Mainzer Domkapitel im späten Mittelalter [1306–1476], Mainz 1990, S. 422). Zu Johann siehe auch: Reinle, Lebensentwurf, S. 157–199. Wann und wo Johann die Hs. erwarb ist unklar. Er war an den Universitäten Heidelberg, Köln, Pavia und Freiburg aktiv und bekleidete Domherrenpfründen in Speyer, Mainz, Augsburg, Regensburg und Eichstätt. Eine Herkunft der Hs. aus Pavia erscheint angesichts von Schrift und Papier als wenig wahrscheinlich. Die Büchersammlung Johanns von Pfalz-Mosbach gelangte nach 1499 wohl unter Kurfürst Philipp (reg. 1476–1508) in die Palatina (Wilken, S. 114 f.; vgl.

Schuba, Kat. UB 1, S. XXXIVf.). Zu weiteren Hss. Johanns und seiner Brüder in der Bibliotheca Palatina siehe Einleitung. Mit den Bänden der Heidelberger Palatina 1623 in die Vatikanische Bibliothek verbracht. Im Allacci-Register nachweisbar: 2*r *C. 81./551* (Pal. lat. 1949, 25v *551 Henrici de Hassia summa virtutum. fol. C. 81.*). Ältere Signaturen der Vaticana: 1*r *1484* (gestrichen), 2*r *1808*. Der Signaturenordnung zufolge wurde die Hs. schließlich bei den juristischen Werken eingeordnet (vgl. Montuschi, Le biblioteche, S. 314). Die Hs. gehörte zu den Palatina-Bänden, die unter Napoleon Bonaparte 1798 in die Pariser Nationalbibliothek gelangten. Der Vertrag von Tolentino, der am 19. Feb. 1797 die Kriegshandlungen zwischen der Republik Frankreich und der Römischen Kurie beendete, umfasste auch Zahlungsverpflichtungen des Kirchenstaates, die dieser in Form von Sachwerten beglich. Unter den 500 Hss. der Vaticana, die dies betraf, waren auch 39 aus den griechischen und lateinischen Palatina-Fonds. Im Zuge des Zweiten Pariser Friedens von 1815 wurden die entsprechenden Hss. der Palatina nicht nach Rom, sondern nach Heidelberg zurückgegeben. So gelangte auch Pal. lat. 729 im Oktober 1815 in die Universitätsbibliothek Heidelberg. Auf dem vorderen Spiegel Eintrag von der Hand des Heidelberger Oberbibliothekars Hermann Finke (GND-Nr. 116521821 zur Blattzählung und zum Inhalt. Autor und Titel werden gegenüber dem Eintrag des 16. Jhs. auf 1r korrigiert in *Johannes Wallensis, Communiloquium.* Hinterer Spiegel: *Cod. Pal. Lat. 729* (Bleistift). Besitzstempel der Bibliothèque Nationale de France: 1r, 155r. Besitzstempel der UB Heidelberg: 1r.

Besonderheiten: Es handelt sich um eine der wenigen lateinischen Palatinahandschriften, die 1816 nach Heidelberg zurückgekehrt sind.

Faksimile: https://digi.ub.uni-heidelberg.de/diglit/cpl729

Literatur: Montuschi, Le biblioteche, S. 325, 336; Wilken, S. 295.

1) 1r–141v

Verfasser: Johannes von Wales.

Weitere beteiligte Personen: Heinrich von Langenstein.

Titel: Communiloquium seu summa de regimine vitae humanae.

Angaben zum Text: (1r–3v) Prologus. *Cum colleccionis huius que potest dici summa colleccionum ... .* (4r–141v) *Cum doctor sive predicator evangelicus ... -... salvatoris gratia illuminante studeat adinvenire.* ›*Deo gracias*‹. ›*Explicit summa colleccionum magistri Henrici de Hassia super re publica et eius membris et inherenciis*‹. Es handelt sich um eine Stoffsammlung und Basisunterweisung für Prediger, welche die gesamte Gesellschaft umfasst. Der Text wird hier dem berühmten Theologen und Professor der Wiener Universität Heinrich von Langenstein zugeschrieben (s. u.). Die Verfasserschaft des Johannes von Wales ist jedoch gesichert. Evencio Beltran, Christine de Pizan, Jacques Legrand et le Communiloquium de Jean de Galles, in: Romania 104 (1983), S. 208–228; Bloomfield, ILWVV, Nr. 1068 und 1086; Richard Galle, Eine geistliche Bildungslehre des Mittelalters, in: Zeitschrift für Kirchengeschichte 31 (1910), S. 523–555; Glorieux, Maîtres 2, S. 114f., Nr. 322a; Palémon Glorieux, La Faculté des Arts et ses maitres au XIIIe siècle, Paris 1971, S. 209f., Nr. 234a; Jacqueline Hamesse, Repertorium initiorum manuscriptorum Latinorum Medii Aevi 2, Louvain-la-Neuve 2008, S. 570, Nr. 9512; Mohan, Initia, S. 74* und 76*; Erwin Rauner, Art. Johannes Gallensis (Guallensis, Vallensis, John of Wales), in: LMA, Bd. 5, München / Zürich 1991, Sp. 577; Stegmüller RB, Nr. 4522,2; Jenny Swanson, John of Wales. A Study of the Works and Ideas of a Thirteenth-Century Friar, Cambridge 1989 (Cambridge Studies in Medieval Life and Thought 4,10), S. 63–166 und 254; Welter, L'exemplum, S. 233–236. Von zeitge-

nössischer Hand überschrieben: *Summa collectionum de republica que multas habet partes et est notabi*[lis] *valde et utilis expositio in il*[la]. Von einer Hand des 16. Jhs.: *Henrici de Hassia summa de republica* (RAG, Heinrich von Langenstein). Vgl. auch: Thomas HOHMANN, Initienregister der Werke Heinrichs von Langenstein, in: Traditio 32 (1976), S. 399–426, S. 404, Nr. 37* (als fälschlich zugeschrieben).
Incipit: 1r *Cum colleccionis huius que potest dici summa colleccionum ...*
Weiteres Initium: 4r Cum doctor sive praedicator evangelicus ...
Explicit: 141v ... *salvatoris gratia illuminante studeat adinvenire.*
Edition: GW M13983-M13992 sowie Lyon 1511, Paris 1516, Straßburg 1550 und Paris 1556, siehe: SCHÖNBERGER, RETM 2, S. 2421, Nr. I 2890–60.

2) 142r–155r
Beteiligte Personen: JOHANNES VON WALES.
Titel: Tabula alphabetica super Communiloquium.
Angaben zum Text: (142r) Praefatio. *Ista tabula per alphabetum est super Communeloquium quod primo dividitur in partes, secundo partes dividuntur in distincciones, tertio dividuntur distincciones in capitula. Et ideo in tabula sunt tres numeri, primus numerus designat partem, secundus numerus designat distincciones illius partis, tertius vero capitulum. Capitulum communiter dividitur per literas usque ad e vel ff vel g vel aliter secundum quantitatem et cetera.* (142r–155r) Tabula. *Ab aratro ducti sunt Atilius ad consulandum ... parte 1ª, distinccione 2, capitulo 3, C. ... - ... Zenonis filius indisciplinatus nasum prescidit patri et quare 2 2 1 h, et cetera.* Alphabetisches Register zur Summa de regimine vitae humanae seu Communiloquium des Johannes von Wales.
Incipit: 142r *Ista tabula per alphabetum est super Communeloquium ...*
Weiteres Initium: 142r Ab aratro ducti sunt Atilius ad consulandum ...
Explicit: 155r ... *Zenonis filius indisciplinatus nasum prescidit patri et quare 2 2 1 h.*
Edition: Das Register findet sich auch in den Drucken: GW M13983-M139922 sowie Lyon 1511, Paris 1516, Straßburg 1550 und Paris 1556, siehe: SCHÖNBERGER, RETM 2, S. 2421, Nr. I 2890–60.

WM

Vatikan, Biblioteca Apostolica Vaticana, Pal. lat. 730

Johannes Trithemius, Epistolae familiares

Papier · 1, 192, 1 Bll. · 32 × 21 cm · Würzburg · 1505–1507

Entstehungsort: Würzburg.
Entstehungszeit: 1505–1507.

Typus (Überlieferungsform): Codex.
Beschreibstoff: Papier.
Umfang: 1, 192, 1 Bll.
Format (Blattgröße): 32 × 21 cm.

Zusammensetzung (Lagenstruktur): (I-1)^{1a} + 24 IV^{191} + (I-1)^{192*}. Bl. 2a gehört zur ersten Lage. 1a bildet mit dem Vorderspiegel ein Doppelbl. 192* bildet mit dem Hinterspiegel ein Doppelbl.
Seiten-, Blatt- und Lagenzählung: Tintenfoliierung, Rom 17. Jh. (*1–191*). Die Bezeichnung unfoliierter Bll. folgt dem Digitalisat (1a–2a, 192*). Im zweiten Teil zum Jahr 1507 sind die Briefe mit roten Zahlen am Seitenrand durchnummeriert (*II–XXIIII, 25–60*).
Zustand: Sehr gut, stellenweise minimal fleckig.
Wasserzeichen: Keine erkennbaren Wasserzeichen.

Schriftraum: 19,5 × 12 cm.
Spaltenanzahl: 1 Spalte.
Zeilenanzahl: 30 Zeilen.
Angaben zu Schrift / Schreibern: Humanistica cursiva einer Hand (Johannes Trithemius), gelegentlich griechische Minuskel (der Brief an Johannes Capellerius 22v–23r komplett in Griechisch).
Buchgestaltung: Schriftraumbegrenzungen und Zeilenlinien mit Metallstift gezogen. Rubriziert. Satzinitialen und Datumsangaben rot gestrichelt. Dreizeilige rote Lombarden zu den Briefanfängen.
Buchschmuck: Die abschließenden Rubriken zu den Jahresabschnitten mit dem Schreibervermerk jeweils als geometrisch gestalteter Textblock in doppelter Dreiecksform.

Einband: Weißes Pergament mit Goldpressung auf Pappen. Rom, 1878–1889. Glatter Rücken, oben das blaue Signaturschild der BAV. Darunter in Goldpressung das Wappen von Papst Leo XIII. (Pontifikat 1878 bis 1903). Rotes Lederschild mit Goldpressung *Pal. 730*. Darunter das Wappen des Kardinalbibliothekars Jean-Baptiste Pitra (1812–1889, Kardinalbibliothekar ab 1869). Gewobenes Kapitalband mit dunkelrotem Zickzackmuster. Punzierter Goldschnitt an drei Seiten (Rautenmuster mit Blüten). Briefanfänge überwiegend durch Blattweiser markiert. Schunke, Einbände 2,2, S. 849, vgl. ebd. Bd. 1, S. 257.
Provenienz: Würzburg / Heidelberg.
Geschichte der Handschrift: Die beiden Abschnitte der Hs. sind datiert auf Ende 1506 und Ende 1507 und entstanden wohl in Würzburg, wo Trithemius zu dieser Zeit Abt des Klosters St. Jakob war. In Pal. lat. 929 (Chronica Hirsaugiensis, siehe: Walz, Kat. UB Heidelberg 3, S. 20) findet sich ein weiteres, ähnlich gestaltetes Autograf von Trithemius unter den Palatini latini. Im Katalog der Privatbibliothek Ludwigs VI. wurde unter den „libri historici" *ain geschrieben epistola Johannis Tridemii* verzeichnet (Pal. lat. 1919, 33r), was jedoch eher nicht zu einer stattlichen Sammlung von Briefen in einem Folioband passen dürfte. Wie die Hs. nach Heidelberg gelangte, ist nicht ersichtlich. 1623 mit den Bänden der Palatina in die vatikanische Bibliothek gelangt. Im Allacci-Register zu identifizieren (Pal. lat. 1949, 30v: *1937 Johannis Trithemii epistolae. fol. C. 147*). Besitzstempel der BAV: 1r, 191v.
Besonderheiten: Autograf.

Faksimile: https://digi.ub.uni-heidelberg.de/diglit/bav_pal_lat_730
Literatur: Dieter Harmening, Faust und die Renaissance-Magie. Zum ältesten Faustzeugnis (Johannes Trithemius an Johannes Virdung, 1507), in: Archiv für Kulturgeschichte 55 (1973), S. 61–62; Paul Oskar Kristeller, The Contribution of Religious Orders to Renaissance Thought and Learning, in: American Benedictine Review 21 (1970), S. 1–55, hier S. 54; Paul Lehmann, Merkwürdigkeiten des Abtes Johannes Trithemius, in: Sitzungsberichte der

Bayerischen Akademie der Wissenschaften. Philosophisch-historische Klasse 2 (1961) S. 3–75, hier S. 35–36; OVL, Pal.lat.730; Armando Petrucci, Copisti e libri manoscritti dopo l'avvento della stampa, in: Scribi e colofoni. Le sottoscrizioni di copisti dalle origini all'avvento della stampa, Atti del seminario di Erice, X Colloquio del Comité international de paléographie latine (23–28 ott. 1993), Spoleto 1995, S. 507–525, hier S. 510; Paola Zambelli, Cornelio Agrippa nelle fonti e negli studi recenti, in: Rinascimento. Rivista dell'Istituto di studi sul Rinascimento 8 (1968), S. 169–199, hier S. 192; Paola Zambelli, Agrippa von Nettesheim in den neueren kritischen Studien und in den Handschriften, in: Archiv für Kulturgeschichte 51 (1969), S. 288.

1) 1r–191v
Verfasser: Johannes Trithemius.
Titel: Epistolae familiares.
Angaben zum Text: (1r–95v) Epistolarum Spanhemensium liber ultimus. *Ioannes Tritemius ... ... – ... suo tempore non subtrahemus. Vale. Ex monasterio nostro sancti Iacobi apostoli maioris in suburbio civitatis Herbipolensis xxviii die mensis Decembris anno christianorum M.D.vi.* ›*Joannis Tritemii abbatis Spanhemensis ac postea sancti Iacobi Herbipolensis liber epistolarum Spanheimensium ultimus explicit scriptus manu eius propria et completus anno christianorum millesimo D. vi. Decembris xxviii die*‹. (96r–191v) Epistolarum Herbipolensium liber primus. ›*Joannis Tritemii abbatis sancti Iacobi Herbipolensis epistolarum familiarium liber primus feliciter capit exordium. Ad Iacobum Tritemium dulcissimum fratrem*‹. *Ioannes Tritemius ... magistro Iacobi Tritemio fratri unico atque dulcissimo salutem. Ut pleno fraternitatis erga te comprobemur affectu ... – ... que facile corriges. Vale nostri memor. Ex Herbipoli xvi. die mense Octobris anno christianorum M.D.vii.*›*Joannis Tritemii abbatis monasterii sancti Iacobi apostoli in suburbano Herbipolensis quondam Spanhemensis liber epistolarum Herbipolensium primus finit scriptus manu eius propria et completus xvi. die mensis Octobris anno christianorum millesimo D. septimo*‹. Gesammelte Briefe der Jahre 1506 und 1507 und somit aus dem Ende der Sponheimer und dem Beginn der Würzburger Zeit des Trithemius. Dessen Aufzeichnungen zufolge handelt es sich nur um einen Ausschnitt einer weit umfangreicheren Sammlung eigener Briefe, siehe: Klaus Arnold, Ein Würzburger Schriftenverzeichnis des Johannes Trithemius aus dem Jahr 1514, in: Herbipolis. Studien zu Stadt und Hochstift Würzburg in Spätmittelalter und Früher Neuzeit, hrsg. von Markus Frankl / Martina Hartmann, Würzburg 2015 (Publikationen aus dem Kolleg ‚Mittelalter und Frühe Neuzeit' 1), S. 357–371, zu den gesammelten Briefen S. 367 sowie Klaus Arnold, Warum schrieben und sammelten Humanisten ihre Briefe? Beobachtungen zum Briefwechsel des Benediktinerabtes Johannes Trithemius, in: Adel – Geistlichkeit – Militär. Festschrift für Eckhardt Opitz, hrsg. von Michael Busch / Jörg Hillmann, Bochum 1999, S. 19–32, zur Hs. S. 26f.; Klaus Arnold, Das Nachlassverzeichnis des Johannes Trithemius, Abt des Klosters St. Jakob in Würzburg, aus dem Jahr 1517, in: Johannes Trithemius (1462–1516). Abt und Büchersammler, Humanist und Geschichtsschreiber, hrsg. von Klaus Arnold / Franz Fuchs, Würzburg 2019 (Publikationen aus dem Kolleg ‚Mittelalter und Frühe Neuzeit' 4), S. 279–340. Grundlegend: Klaus Arnold, Johannes Trithemius (1462–1516), Würzburg ²1991 (Quellen und Forschungen zur Geschichte des Bistums und Hochstifts Würzburg 23), S. 65–69 (Hs. genannt). Siehe auch: Christoph Schmitt, Art. Johannes Trithemius, in: Biographisch-Bibliographisches Kirchenlexikon, Bd. 19, Hamm 2001, Sp. 1446–1454.
Rubrik: 1r ›*Joannis Tritemii abbatis Spanhemensis epistolarum familiarium liber ultimus felici auspicio capit exordium: ad Iacobum Tritemium dulcissimum fratrem*‹.

Incipit: 1r *Ioannes Tritemius abbas monasterii sancti Iacobi apostoli Herbipolensis Iacobo Tritemio ...*
Weiteres Initium: 1r Opertune satis admonisti suavissime frater, ut epistolas ...
Explicit: 191v *... que facile corriges. Vale nostri memor.*
Edition: Nach dieser Hs.: Ioannis Tritemii Abbatis Spanhemensis epistolarum familiarium libri duo ad diuersos Germaniae principes, episcopos, ac eruditione praestantes uiros, Hagenau, Jacob Spiegel, 1536 (VD16 T 1978); Iohannis Trithemii opera historica, Bd. 2, hrsg. von Marquard Freher, Frankfurt am Main 1601, S. 436–572.

WM

Vatikan, Biblioteca Apostolica Vaticana, Pal. lat. 731

Digestum vetus cum Glossa ordinaria

Pergament · 1, 320, 1 Bll. · 47 × 29 cm · Bologna · 1290–1300

Entstehungsort: Bologna.
Entstehungszeit: 1290–1300.

Typus (Überlieferungsform): Codex.
Beschreibstoff: Pergament.
Umfang: 1, 320, 1 Bll.
Format (Blattgröße): 47 × 29 cm.
Zusammensetzung (Lagenstruktur): $(I-1)^{1a}$ + 1^{1} + II^{3} + 16 V^{163} + III^{169} + 6 V^{229} + IV^{237} + 5 V^{287} + VI^{299} + 2 V^{319} + 1^{320} + $(I-1)^{321*}$. Vorderspiegel Gegenbl. von 1a, Hinterspiegel Gegenbl. von 321*.
Seiten-, Blatt- und Lagenzählung: Römische Foliierung des 17. Jhs. (*1–319*), weitere Zählung mit Blei (*1–320*). Vor- und Nachsatzbl. ungez., weshalb hier Zählung der Digitalisate übernommen wird (1a, 312*). Ab 13v durchgängig Reklamanten auf der letzten Versoseite der Lage auf dem Fußsteg mittig (fehlt auf 169v), ab 299v rechts.
Zustand: 1 mit Klebestreifen restauriert und angeklebt. 1–8 Wasserschaden. 2a Abklatsch. Bll. zuweilen gebräunt. Besonders anfangs zahlreiche Flecken. Schrift zuweilen verblasst.

Schriftraum: 36,2 × 25 cm.
Spaltenanzahl: 4 Spalten.
Zeilenanzahl: Legaltext: 18–54 Zeilen; Klammerglosse: 11–109 Zeilen.
Angaben zu Schrift / Schreibern: Die Schrift ist ein typisches Beispiel der in Bologna gepflegten Littera Bononiensis. Aufgrund ihrer Standardisierung sind Aussagen über verschiedene Hände kaum möglich. Die Schrift ist entsprechend dem anspruchsvollen Buchschmuck kalligrafisch aufwändig gestaltet. Wie der Kolophon auf 319rb ausweist, vollendete ein gewisser Albertus den Text: *Qui scripsit scribat semper cum domino uiuat. Viuat in celis Albertus in nomine felis.* Von einer Hand, die nördlich der Alpen geschrieben haben dürfte, stammt das Inhaltsverzeichnis auf 1v.
Buchgestaltung: Zeilengerüst mit Metallstift vorgezogen. Seitentitel mittig mit einem L auf der Versoseite und der dem jeweiligen Buch zugeordneten Ziffer auf der Rectoseite alternierend in Blau und Rot. Mittig und zweispaltig angelegter Text von Klammerglosse umflos-

sen. Im Legaltext beginnt jedes Buch mit Miniatur, jeder Titel alternierend mit Rankeninitiale oder Bildeinschlussinitiale mit Person im Schulterstück, zuvor genannte Tituli rubriziert. In jeder Lex ist jeweiliger Jurist mit blauer Lombarde, Anfang des Gesetzestexts mit roter Lombarde, jeweils mit Fleuronnéverzierungen in Gegenfarbe, hervorgehoben. Ferner Paragrafenzeichen in Blau und Rot. Verweise zwischen Legaltext und Klammerglosse anhand von Buchstaben. In Klammerglosse jedem Titel Rankeninitiale vorangestellt, ferner Unterteilung mit alternierend blauen und roten Lombarden mit Fleuronnéverzierungen in Gegenfarbe sowie alternierend blauen und roten Paragrafenzeichen.

Buchschmuck: 25 Miniaturen, die der Werkstatt, welche auch das Kopenhagener Decretum Gratiani (Kopenhagen, RL, MS Gl. kgl. Saml. 193 fol) illuminierte, sowie der Werkstatt des Spagna-Meisters zugesprochen werden. Auf 1v und 4r nicht vollständig ausgeführte oder durch Wasserschaden nicht zu erkennende Wappen. Auf 2r Wappen mit schwarzem, dreilätzigem Turnierkragen in Silber? Bilderschließung online in heidICON.

Nachträge und Benutzungsspuren: Zahlreiche Korrekturen, Anmerkungen und Verweise von mehreren Händen, wie auch mannigfache grafische Verweiszeichen.

Einband: Pappe mit weißem Pergament überzogen, in Rom zwischen 1878 und 1889 gefertigt. Gelb-kupferfarbenes Kapital. Auf dem Rücken mit leichten Fraßspuren blaues und rotes Schildchen mit aktueller Signatur, unter dem blauen Schildchen in Gold Wappenstempel von Papst Leo XIII., unter dem roten in Gold Wappenstempel von Kardinal und Bibliothekar Jean-Baptiste Pitra (1812–1889) (Schunke, Einbände 2.2, S. 849).

Provenienz: Pavia / Padua / Heidelberg.

Geschichte der Handschrift: Auf Vorderspiegel blaues aufgeklebtes Schildchen mit der aktuellen Signatur. Auf 1r neben aktueller Signatur Capsa-Nummer *C. 81.*, darunter Allacci-Signatur *536* [durchgestrichen], nebst Altsignaturen *2062* [durchgestrichen], *512.* Dem Buchschmuck und der Schrift nach dürfte die Hs. um 1300 in Bologna entstanden sein. Dass es sich um eine universitäre Produktion handelt, dafür sprechen die Pecienvermerke, so auf 89r auf dem rechten Seitensteg: *finit xxvij*, darüber das *correxi* des Korrektors. Noch im darauffolgenden Jh. gelangte die Hs. in die Hände eines gewissen Daniel de Scarampiis, bei dem es sich um ein Mitglied der aus Asti stammenden Adelsfamilie der Scarampi handeln könnte, aus deren Reihen auch ein möglicher Auftraggeber für die Hs. denkbar wäre. Wohl in Pavia verkaufte dieser die Hs. 1399 über den Prior des dortigen Dominikanerklosters San Tommaso als Mittelsmann an den Studenten Cosimo Veronesi, wie der Besitzeintrag auf 319va (ähnlich auf 320r) ausweist: *In nomine domini. Amen. M. ccclxxxxviiij°. die xviiij° frebuarj* [!], *ego Cosmas de Veronisijs de Sicilia emi istud Digestum vetus pro florenijs* [*LXXX*, s. 320r] *a domino fratre Stefano de Filiano, priore sancti Thome ordinis Predicatorum Papie, qui nomine domini Danielis de Scarampijs* [übergeschrieben: *vendidit*] *presente Anthonio de* [übergeschrieben: *Tussignano de*] *Bononia bidello domini Anthonij de Tussignano et predictos denarios numeraui tunc sibi.* Jener Cosimo Veronesi muss 1407 an die Universität Padua gewechselt sein. Schließlich war Studenten der Hochschule erlaubt, zollfrei Bücher in die Stadt einzuführen, was eigens in diesen mit einem Vermerk bestätigt wurde. So lesen wir auf 2r: *Dominus Cosmas conduxit in Paduam* [da unleserlich weiter nach Gargan, L'enigmatico ‚conduxit', S. 34f.: *die 19 Decembris 1407*, mit der Unterschrift: *m subscripsi*]. Hier stieg er bis zum Vicerector citramontanorum iuristarum auf und ist noch bis 1439 in den Quellen nachzuweisen (Pace, Cosmas, S. 195f.). Seine Bücher (er besaß ferner Pal. lat. 742 und Pal. lat. 759) muss er zuvor schon verkauft haben. Denn für das Jahr 1419 haben wir einen weiteren Vermerk für eine Einreise nach Padua, von einem gewissen Antonius: *Dominus Antonius conduxit in Paduam 13 Augusti 1419* mit der Unterschrift *Mel subscripsi* (1r). Zeugnis einer der Verkäufe findet sich auf 318v: *Tomas notarius subscripsi.* Nach Lehmann wäre die Hs. später Eigentum des Ulrich Fugger (1526–1584) gewesen, wie die darauf hinweisende Signatur *293. Hen.* aussagen würde, die sich in den Digitalisaten allerdings nicht finden ließ.

Faksimile: https://digi.ub.uni-heidelberg.de/diglit/bav_pal_lat_731

Literatur: Giulio Battelli, Ricerche, S. 315, 322; Van den Bergh / Stolte, The Unfinished, S. 251–305; Brenkman, Historia, S. 280; Calasso, Criteri, S. 504–505; Gargan, L'enigmatico ‚conduxit', S. 34 f.; Gargan, Nuovi codici, S. 8; Jean-François Genest, Le fonds juridique d'un stationnaire italien à la fin du XIIIe siècle: matériaux nouveaux pour servir à l'histoire de la pecia, in: La production du livre universitaire au Moyen Age. Exemplar et pecia. Actes du symposium tenu au Collegio San Bonaventura de Grottaferrata, mai 1983, hrsg. von Louis-Jacques Bataillon, Paris 1988, S. 133–154, hier S. 144; Robert Gibbs, ‚Sober as a Judge': Ambrogio Lorenzetti's Allegory of Justice in the Good Commune ‚Under the Influence' of the Digest and other Bolognese Illuminated Law Manuscripts, in: Under the Influence. The Concept of Influence and the Study of Illuminated Manuscripts, hrsg. von John Lowden / Alixe Bovey, Turnhout 2007, S. 121–138, hier S. 129 f.; Robert Gibbs, A Clash of Artistic Paradigms Illuminating the Law: Encounters Between the Contemporaries of Oderisio da Gubbio and Franco Bolognese in mss. 282–285 of the Collegio di Spagna and the Premature Demise of the Paleologan Renaissance, in: Domus Hispanica. El Real Colegio de España y el cardenal Gil de Albornoz, hrsg. von Manuel Parada López de Corselas, Bologna 2018, S. 575–588, hier S. 584; Hanselmann, Bücherschenkung, S. 126; Jakobs, Or signori, S. 316–423, passim; Lehmann, Fuggerbibliotheken 2, S. 480; L'Engle, Illumination, S. 46 A. 33, 199 A. 96, 201, 203 A. 108, 213 A. 130, 219, 225 A. 162, 239 A. 193, 242 A. 197 u. 200, 245 A. 205 u. 206, 256 A. 241, 282 A. 307, 285 A. 312; Maffei, La donazione, S. 72 A. 25; Manuscripta juridica, Pal.lat.731; Murano, Opere; OVL, Pal.lat.731; Pace, Cosmas, passim; Pace, ‚Garnerius Theutonicus', S. 124 A. 1; Pace, Riccardo, S. 172, 174 A. 20, 175 A. 27, 188; Röhle, Vulgathandschriften, S. 365; Röhle, Zur Rekonstruktion, S. 88 A. 6; Guido Rossi, Representation and Ostensible Authority in Medieval Learned Law, Frankfurt am Main 2019 (Studien zur europäischen Rechtsgeschichte 319), S. 17–60; Schunke, Einbände 2.2, S. 849; Soetermeer, Famille de copistes, S. 465 A. 206; Soetermeer, Due tradizioni, S. 92, 96; Soetermeer, Utrumque ius, S. 147 A. 113, 278 A. 89, 312, 318 A. 74; Speciale, Libri, S. 77 A. 1; Stevenson, Latini, S. 268; Veronese Ceseracciu / Zen Benedetti, Bibliografia, S. 313.

1) 1va–319rb

Beteiligte Personen: Justinian I. / Accursius.

Titel: Digestum vetus cum Glossa ordinaria.

Angaben zum Text: Von Kaiser Justinian I. in Auftrag gegebene Rechtssammlung mit der Glossa ordinaria des Accursius (um 1182/85–um 1260/63): (1va–vc) Inhaltsverzeichnis; (2rb–3vc) Constitutio ‚Omnem'; (4rb–21vb) Buch 1; (21vc–45rc) Buch 2; (45vb–62vc) Buch 3; (62rc–87vc) Buch 4; (88rb–107rc) Buch 5; (107rc–115vb) Buch 6; (115vb–132rb) Buch 7; (132rb–142rb) Buch 8; (142rb–152vb) Buch 9; (152vc–163rb) Buch 10; (163rb–169vc) Buch 11; (170rb–188vb) Buch 12; (188vc–200rc) Buch 13; (200rc–209rc) Buch 14; (209rc–219vb) Buch 15; (219vb–228rb) Buch 16; (228rb–242vc) Buch 17; (242vc–253vc) Buch 18;

(253vc–267vb) Buch 19; (267vb–275vb) Buch 20; (275vb–289rb) Buch 21; (289rb–298vb) Buch 22; (298vb–311vc) Buch 23; (311vc–319rb) Buch 24 (bis einschließlich Dig. 24.2.11.2). – 319va-vb Einträge verschiedener Hände. – 320r Fragment (Cod. 1.5.8pr.-1.5.8.11, Cod. 1.4.7–1.4.16). – 320v Fragment (Cod. 1.4.16–1.4.27.3, Cod. 1.4.28–1.5.4.7).

Rubrik: 2rb ›*Jmperator Iustinianus Cesar Flauius, Alamannicus, Gothicus, Francicus, Germanicus, Atticus, Alanicus, Wandalicus, Affricanus, pius, felix, inclitus victor ac triumphator et semper Augustus, Teophilo, Dorotheo, Ysidoro et Anatholio et Thaneleo et Cratino uiris illustribus et antecessoribus et Salatino uiro disertissimo antecessori salutem et hanc constitutionem*‹.

Incipit: 2rb ›*Omnem*‹ *tocius rei publice nostre sanctionem iam esse purgatam et compositam ...*

Explicit: 319rb ... *et si concubinam sibi adhibuerit idem erit dicendum* [es folgt der Kolophon, s. Geschichte der Handschrift].

Edition: Digestum vetus, Lyon 1627.

TH

Vatikan, Biblioteca Apostolica Vaticana, Pal. lat. 732

Digestum vetus cum Glossa ordinaria

Pergament · 1, 289, 2 Bll. · 46,2 × 29 cm · Bologna (?) · 2.–3. Viertel 14. Jh.

Entstehungsort: Bologna (?).
Entstehungszeit: 2.–3. Viertel 14. Jh.

Typus (Überlieferungsform): Codex.
Beschreibstoff: Pergament.
Umfang: 1, 289, 2 Bll.
Format (Blattgröße): 46,2 × 29 cm (288–289 kleiner).
Zusammensetzung (Lagenstruktur): $(I-1)^{1a}$ + 6 V^{60} + II^{64} + 7 V^{134} + $(VII-1)^{147}$ + 14 V^{287} + I^{289} + $(I-1)^{291^*}$. Vorderer Spiegel Gegenbl. von 1a, hinterer von 291*. Vor 1r und nach 287v sind jeweils ca. 10–14 Bll. verloren.
Seiten-, Blatt- und Lagenzählung: Frühneuzeitliche Blattzählung unter Einschluss des Nachtrags in arabischen Ziffern am oberen rechten Rand (*1–289*). Zudem alte, wenn auch nicht unbedingt mit dem Text gleichzeitige Blattzählung in römischen Ziffern. Vor- und Nachsatzbl. ungez., weshalb hier Zählung der Digitalisate übernommen wird (1a, 290*). Ab 10v Reklamanten von den Textschreibern im Seitenfuß (fehlt 147v, 257v).
Zustand: Die Hs. hat durch den vermutlich frühen Verlust von Einband und Außenblättern gelitten, 1r und 287v sind stark verschmutzt und berieben.

Schriftraum: 41,6–43,2 × 28 cm (288r–289v deutlich kleiner und unregelmäßiger).
Spaltenanzahl: Textus inclusus und Klammerglosse mit jeweils 2 Spalten.
Zeilenanzahl: Textus inclusus: 46–51 Zeilen; Klammerglosse: 71–91 Zeilen.
Angaben zu Schrift / Schreibern: Wie üblich unterschiedliche Schriftgrößen für Textus inclusus und Glossentext, hier wohl auch von unterschiedlichen Händen. Eine weitere Händescheidung scheint nicht möglich. Die Rotunda des Legaltexts kräftiger und rundlichflüssiger als bei der standardisierten Form der Littera Bononiensis (weitere Details s.

Geschichte der Handschrift). Wahrscheinlich auch frühe Korrekturen, bisher aber keine Korrekturvermerke identifiziert.

Buchgestaltung: In der Terminologie von Powitz, Textus, S. 84f., Klammerform des Vier-Spalten-Typs. Schriftspiegel mit Silberstift vorgezogen, meistens anschließend radiert. In Rot und Blau Seitentitel mit Angabe der Bücher.

Buchschmuck: Für Initialen und Miniaturen an den Anfängen der Bücher und Tituli wurde Platz für Zierbuchstaben gelassen, die jedoch nicht ausgeführt wurden. Die blauen zwei- bis dreizeiligen Initialen vor dem Schriftspiegel zu den Namen der antiken Rechtsgelehrten am Anfang der Leges sind verziert mit roten Fleuronnéfäden, die sich um einzelne oder in Dreiergruppen angeordnete blaue Punkte schwingen. Die eigentlichen Anfänge der Paragrafen mit in die Zeile eingefügten roten Lombarden mit blauer Strichelung. Gelegentlich auch in der Klammerglosse zweizeilige Initialen mit Strichelung in Gegenfarbe, abwechselnd in Rot und Blau. Rote und blaue Capita-Zeichen.

Nachträge und Benutzungsspuren: Dem Codex wurden im Laufe der Benutzung im Mittelalter als Marginalien Glossen verschiedener Rechtsgelehrter hinzugefügt: Francesco d'Accorso (1225–1293) (2r, 15v, 19r–287v); Iacopo Bottrigari (1274–1347) (2r–2v, 9v, 12v–287v); Odofredo († 1265) (4r, 9v); Bartolo da Sassoferrato (um 1313–1357) (8r–8v, 12v, 88r, 148v); Raniero Arsendi († 1358) (40r); Hubertus de Bobbio († 1245) (52v, 53r–v, 54r–287v); Alberto da Pavia (belegt 1211–1240) (53r–v, 54r–287v); Giacomo Belvisi (um 1270–1335) (58v, 90v, 109r); Jacques de Révigny (um 1230–1296) (99v–100v, 101r–287v); Riccardo da Saliceto († 1379) (3r, 8r, 9v–287v); Guillaume de Cunh († 1336) (17v, 22r, 26v–287v); Johannes de Prato (15. Jh.) (13r); Raffaele Fulgosio (1367–1427) (11v, 31v, 34r, 35v–287v); Andrea Ciaffi (um 1318/1326) (166r); Guido da Suzzara (um 1225–1292) (8v, 19r); Martino Sulimani (1236–1306) (passim); Francesco Angiolello (15. Jh.) (2r, 93r, 198v); Lodovico Pontano (um 1409–1439) (8r); Niccolò Spinelli (1325–1406) (30v); Baldo degli Ubaldi (um 1327–1400) (8v); Oldrado da Ponte († 1335) (120v); Johannes Andreae (um 1270–1348) (11v); Floriano Sampieri († 1441) (278r); Lanfranco da Oriano († 1488) (9r); Angelo degli Ubaldi (um 1327–um 1407) (8v, 108v); Giovanni da Platea († 1427) (277v); Pàolo di Castro († 1441) (10v); Angelo Gambiglioni (1400–1485) (140r); Matteo Mattesilani (20r); Antonio Roselli (1381–1466) (92r); Alberico da Rosate (um 1290–1360) (11r); Bartolomeo da Saliceto (um 1330–1411) (149v); Giovanni Pietro de Ferrari († um 1416) (91r); Bartolomeo Cipolla (um 1420-um 1475) (108v); Francesco Capodilista (1405–1460) (67r); Michele de Marostica (15. Jh.) (222v); Francesco Zabarella (1360–1417) (160r); Giovanni Bovacchiesi (10v); Dino del Mugello (um 1254–um 1300) (69r); Cyno da Pistoia (um 1270–1336/37) (17r, 160v); ferner die nicht näher identifizierbaren *Ant. de Caicta* (113v); *Saly.* (11r), *Zilio Citeroli* und *Jeronis de Zambechar* (vgl. OVL; Sella, Sigle; Pace, Riccardo). Zudem zahllose anonyme Marginalien von mehreren Händen. – Viele Weisehände, Masken und verschiedentlich andere Marginalzeichnungen, u. a. 89v Pferde bei der Begattung, 92r Segelschiff, 97v Masken und Dolche, 119v ein Mann, einen Stein tragend, 124v Lampe auf Sockel (textnah), 125r ausschlagende Pferde, 145r Totenbahre, 147r Skelett, Frauenbüste, 176r ein Mann am Galgen, 205v ein Reiter, 233r Fisch, 240r Frau mit Puppe (?), 260r stehender Mann. – Die Nachträge 288–289 wurden dem Band vor der Anlage der zweiten Foliierung zugefügt, da die erste und die letzte Lage des Corpus damals bereits fehlten. Das einspaltig mit bis zu 42 Zeilen beschriebene Doppelbl. ist kleiner im Format, die Linien wurden auf ihm anscheinend nicht vorgezogen. Geschrieben wurde der Nachtrag in einer humanistisch beeinflussten Kanzleikursive, seine Überschriften 288r in einer frühhumanistischen Majuskel.

Einband: Pergamenteinband über Pappe, Kapital zweifarbig umstochen; in Rom um 1780 gefertigt (Schunke, Einbände 2.2, S. 850). Der Buchtitel direkt auf den Rücken notiert, darüber aufgeklebt barockes helles Signaturschild *732*, unten zudem ein blaues Schildchen mit *Pal. lat. 734*.

Provenienz: Augsburg / Rom / Heidelberg.

Geschichte der Handschrift: Battelli lokalisiert die Schrift nach Bologna. Nach ihm wurden für Legaltext und Glosse zumindest indirekt das gleiche Exemplar wie für die Bologneser Hss. Pal. lat. 731, Vat. lat. 1409, Vat. lat. 1411, Vat. lat. 2513 und Paris, BnF, Lat. 14339 verwendet. Die fortschrittliche Textredaktion der Glossa ordinaria und die vielen Hinzufügungen unterstützen diese Lokalisierung, doch weist die Schrift für Bologna ungewöhnliche Züge auf, so die Füßchen an den Schäften, der unter die Linie gehende Bogen des h und die enge Zusammenziehung der Wörter. Das Fleuronné scheint in dieser Form ebenfalls nicht in Bologna nachweisbar. Entsprechend sollte weiter eine Entstehung an einer anderen Universitätsstadt, in der mit Pecien Hss. kopiert wurden, erwogen werden. Auch die Datierung wird durch die mangelnde Vergleichbarkeit erschwert. – Nach Pace soll Francesco Angiolello die Hs. erworben haben, der ab 1454 in Padua studierte und weitere Marginalglossen hinzufügte (Pace, Riccardo, S. 162f.) und darüber hinaus auch Pal. lat. 745, Pal. lat. 760 und Pal. lat. 786 besaß. – Im oberen Seitenrand von 1r Eintrag aus der Bibliothek von Ulrich Fugger *188. seors.* sowie (vielleicht von anderer Hand) π [= FF] *vetus* (s. Einleitung). – Auf vorderem Vorsatz 1ar notiert *732*, durchgestrichen *645*. Hier auf dem Kopf stehend aufgeklebt ein Zettel mit Capsa-Nummer *C. 89.* und darunter die Allacci-Signatur *842*, auf hinterem Schmutzblatt 290*v aufgeklebt die Nummer *668* (handschriftlich). – Der Inhalt sowie die Schriften zeigen, dass der Nachtrag 288r–289v wohl in einem universitären, schon humanistisch geprägten Milieu in (Ober-)Italien entstand.

Faksimile: https://digi.ub.uni-heidelberg.de/diglit/bav_pal_lat_732

Literatur: Abbondanza, Arsendi, S. 335; Battelli, Ricerche, S. 315, 322; Van den Bergh / Stolte, The Unfinished, S. 251–305 („Palatino-Vaticanus II"); Brenkman, Historia, Nr. II; Calasso, Sassoferrato, S. 662; Calasso, Criteri, S. 504f.; Caprioli, Belvisi, S. 94; D'Amelio, Transazione, S. 232–233 A. 190; Gero Dolezalek, Der Glossenapparat des Martino Gosia zum Digestum vetus, in: ZRG RA 94 (1967), S. 245–349, hier A. 13; Jean-François Genest, Le fonds juridique d'un stationnaire italien à la fin du XIIIe siècle: matériaux nouveaux pour servir à l'histoire de la pecia, in: La production du livre universitaire au Moyen Age. Exemplar et pecia. Actes du symposium tenu au Collegio San Bonaventura de Grottaferrata, mai 1983, Paris 1988, S. 133–154, hier S. 144; Hanselmann, Bücherschenkung, S. 126, Nr. 1; Jakobs, Or signori, S. 316 (Sigle V 16); Lehmann, Fuggerbibliotheken 2, S. 114, 480; Maffei, La donazione, S. 72 A. 25; Manuscripta juridica, Pal.lat.732; OVL, Pal.lat.732; Pace, ‚Garnerius Theutonicus' 1, S. 92 A. 1; Pace, Riccardo, S. 12 A. 11, 87 A. 1, 88 A. 5, 89 A. 10, 90 A. 24, 98 A. 97, 99, 132 A. 17, 162f.; Paradisi, La diffusione, S. 8 A. 12, 35; Sella, Sigle, S. 180, 187, 189, 193, 200, 202; Soetermeer, Famille de copistes, S. 495 A. 206; Stevenson, Latini, S. 268.

1) 1ra–287vc

Beteiligte Personen: Justinian I. / Accursius.

Titel: Digestum vetus cum Glossa ordinaria.

Angaben zum Text: Erster Teil der von Kaiser Justinian I. 533 promulgierten Rechtssammlung, begleitet von der Glossa ordinaria des Accursius in einer späteren Stufe (Jakobs).

Nach CALASSO stammen zusätzliche Glossen aus dem Werk von Bartolo da Sassoferrato, CAPRIOLI identifiziert wohl 1301–02 entstandene Additiones des Giacomo Belvisi. Wohl nach 1319 entstandene Additiones stammen von Rainiero Arsendi (ABBONDANZA, Arsendi), Martino Sulimani und Guido da Suzzara (DOLEZALEK). (Vgl. auch Nachträge und Benutzungsspuren). – Anfang und Ende des Textes sind verloren, der Text beginnt in Dig. 1.7.23 und endet in Dig. 23.3.72: (1rb–7vc) Buch 1; (7vc–27rb) Buch 2; (27rb–45rb) Buch 3; (45rb–72rc) Buch 4; (72rc–89rb) Buch 5; (89rb–96rc) Buch 6; (96rc–108vc) Buch 7; (109rb–118vb) Buch 8; (118vc–129vb) Buch 9; (129vb–140rc) Buch 10; (140rc–148rb) Buch 11; (148rb–164vc) Buch 12; (164vc–176rb) Buch 13; (176rb–185rb) Buch 14; (185rb–195rc) Buch 15; (195rc–203vc) Buch 16; (204rb–218vb) Buch 17; (218vc–231rc) Buch 18; (231rc–246vc) Buch 19; (247rb–255vb) Buch 20; (255vc–269vc) Buch 21; (270rb–278vc) Buch 22; (278vc–287vc) Buch 23. – Nach BATTELLI ist hier der Legaltext (nach Bologneser Tradition) in 73 und der Glossentext in 84 Pecien aufgeteilt. Die ebenfalls von BATTELLI behauptete Unterteilung in zwei „Partes“ (nach 147v) lässt sich nicht bestätigen. – Rechteckig gerahmte Pecienververmerke zum Legaltext u.a. 7vb, 11vc (rasiert), 16rb, 20vb, 24vc, 29vb (rasiert), 34rc, 39rb, 43rc, 48rb, 54rc, 59rb, 64rb, 73rc, 81rc, 85rc, 89vb, 98rc, 102rb, 105vb, 112rb, 115vb, 122vc, 126rc, 130rc, 134rb, 145rb, 152vb, 156vc, 165rb, 173rc, 177rc, 195rb, 199vc, 217vc, 222rc, 226vc, 231rc, 240rc, 245rb, 249rc, 253vb, 257vb, 265vb, 270rb, 274vc, 279vc, 284rb, 287vc.

Incipit: 1rb [Anfang verloren, heutiger Beginn:] ... [lo]*co non est, neque enim agnascitur ...*

Explicit: 287vc [Schluss verloren, bricht ab nach:] *... sed non plus esse in promissione bonorum quam quod superest deducto ęre alieno.*

Edition: Digestum vetus, Lyon 1627.

2) 288r

Titel: Juristische Notiz.

Incipit: 288r *Si locus 8 post c. Quemadmodum ...*

3) 288r–289v

Titel: Lectura Digesti veteris.

Rubrik: 288r ›*De actionibus empti*‹.

Incipit: 288r ›*Si res vendi*‹ *institutam secundam dotatione vendere ...*

CW

Vatikan, Biblioteca Apostolica Vaticana, Pal. lat. 733

Digestum vetus cum Glossa ordinaria

Pergament · 1, 358, 1 Bll. · 44,2 × 27,7 cm · Bologna · um 1330–1335

Entstehungsort: Bologna.

Entstehungszeit: um 1330–1335.

Typus (Überlieferungsform): Codex.

Beschreibstoff: Pergament.

Umfang: 1, 358, 1 Bll.

Format (Blattgröße): 44,2 × 27,7 cm.
Zusammensetzung (Lagenstruktur): (I-1)^{1a} + 6 VI^{72} + V^{82} + IV^{90} + 21 VI^{343} + V^{355} + II^{359} + I^{361} + (I-1)^{362*}. Vorderspiegel Gegenbl. von 1a, Hinterspiegel Gegenbl. von 362*. Zählfehler: 202, 349, 350 übersprungen.
Seiten-, Blatt- und Lagenzählung: Zwei vorrömische Foliierungen, die eine nur teilweise erkennbar, die andere, gut sichtbare, in Rot (*1–361*). Vor- und Nachsatzbl. ungez., weshalb hier Zählung der Digitalisate übernommen wird (1a, 362*). Verzierte Reklamanten durchgängig auf der letzten Versoseite der Lage auf dem Fußsteg rechts (fehlen auf 211v, 359v). Lagenfoliierung mit Minuskelbuchstaben und römischen Ziffern, nicht immer erkennbar bzw. durch Beschnitt verloren gegangen.
Zustand: Bll. gebräunt. Auf vorderen Bll. Wurmfraß. Zahlreiche, vormals genähte Risse. Wasserschaden auf 1, am oberen Blattrand, davon auch einige Miniaturen betroffen. Mannigfaltige Flecken und Benutzungsspuren. Schrift etwas verblasst.

Schriftraum: 25 × 28,5 cm.
Spaltenanzahl: 4 Spalten.
Zeilenanzahl: Legaltext: 26–46 Zeilen; Klammerglosse: 8–103 Zeilen.
Angaben zu Schrift / Schreibern: Die Schrift ist ein typisches Beispiel der in Bologna gepflegten Littera Bononiensis. Aufgrund ihrer Standardisierung sind Aussagen über verschiedene Hände kaum möglich. Die Schrift ist entsprechend dem anspruchsvollen Buchschmuck kalligrafisch aufwändig gestaltet. Lediglich das nachgestellte Register und das Inhaltsverzeichnis wurden von anderen Händen in gotischen Kursiven ausgeführt.
Buchgestaltung: Zeilengerüst mit Metallstift vorgezogen. Seitentitel mittig mit einem *L* auf der Versoseite und der dem jeweiligen Buch zugeordneten Ziffer auf der Rectoseite in Blau und Rot, in der zweiten Hälfte des Codex mit weniger Sorgfalt gestaltet. Mittig und zweispaltig angelegter Text von Klammerglosse umflossen. Im Legaltext beginnt jedes Buch mit Miniatur, jeder Titel mit Rankeninitiale oder Bildeinschlussinitiale mit Person im Schulterstück, zuvor genannte Tituli rubriziert. In jeder Lex ist jeweiliger Jurist mit blauer Lombarde, Anfang des Gesetzestexts mit roter Lombarde, jeweils mit Fleuronnéverzierungen in Gegenfarbe, bzw. Paragrafenzeichen in Blau und Rot mit Strichelung hervorgehoben (Schema nicht konsequent durchgehalten). Ferner Paragrafenzeichen in Blau und Rot sowie Strichelungen. Verweise zwischen Legaltext und Klammerglosse anhand von Buchstaben. In Klammerglosse jedem Titel Rankeninitiale vorangestellt, ferner Unterteilung mit alternierend blauen und roten Lombarden mit grafischen Verzierungen in Gegenfarbe sowie alternierend blauen und roten Paragrafenzeichen.
Buchschmuck: 25 Miniaturen, der Werkstatt des Meisters von 1328 zugeschrieben (L'Engle, Illumination, S. 301). Bilderschließung online in heidICON.

Nachträge und Benutzungsspuren: Zahlreiche Korrekturen, Anmerkungen und Verweise von mehreren Händen, wie auch mannigfache grafische Verweiszeichen, von aufwändig gezeichneten Zeigehänden bis zu grotesken Gestalten. Zahlreiche Marginalglossen, worunter sich folgende Autoren bisher identifizieren lassen: Iacopo Bottrigari (1274–1347) (1r, 4v–360r), Johannes Andreae (um 1270–1348) (4r, 33v, 50r–360r), Guillaume de Cunh († 1336) (6r), Giacomo Belvisi (um 1270–1335) (15v, 16r, 16v–360r), Dino del Mugello (um 1254–um 1300) (17r, 20r, 21v–360r), Raniero Arsendi († 1358) (17v, 27r, 40r–360r), Raffaele Fulgosio (1367–1427) (20v, 30v, 36v–360r), Jacques de Révigny (um 1230–1296) (27v, 64v, 340r), Angelo degli Ubaldi (um 1327–um 1407) (33v), Guido da Suzzara (um 1225–1292) (45r, 69r,

109v), Jacopo de Arena (um 1270–um 1320) (53v, 92v–360r), Giovanni da Legnano (um 1320–1383) (60v), Cyno da Pistoia (um 1270–1336/37) (62v, 65r, 91v–360r), Iacopo Colombi (um 1221/1244) (150r), Bartolo da Sassoferrato (1314–1357) (152r, 158v–360r), Floriano Sampieri († 1441) (214v, 215r, 218v), Andrea Ciaffi (um 1318/1326) (238v, 293v, 303v) (s. OVL).

Einband: Römischer Einband, Pappe mit weißem Pergament überzogen, in Rom um 1780 gefertigt (SCHUNKE, Einbände 2.2, S. 850), Löcher für Schließbänder noch vorhanden. Auf dem am Kopf eingerissenen Buchrücken zwei blaue aufgeklebte Schildchen mit aktueller Signatur, dazwischen Rückentitel: *DIGESTVM VETVS.* Gelb-kupferfarbenes Kapital.

Provenienz: Ferrara / Augsburg / Heidelberg.

Geschichte der Handschrift: Auf Vorderspiegel blaues aufgeklebtes Schildchen mit der aktuellen Signatur. Auf 1ar neben aktueller Signatur Altsignatur *643*, verbessert zu *666* [beide durchgestrichen], weitere Altsignatur auf 1r *539*. Buchschmuck und Schrift verweisen in das Bologna der 1330er Jahre. Aufgrund der Herstellung im Peciensystem (z.B. 91r: *finit xxj.* für das Ende der 21. Pecia) muss die Hs. an der dortigen Universität entstanden sein. Dass die Hs. über das 14. Jh. hinaus zumindest noch in Oberitalien verblieb, zeigen die Eintragungen auf 361v: Eine Auflistung von vier Geburten von Kindern aus den Jahren 1390–93, die eine gewisse Magdalena de Agolantibus gebar, eine Hand, wohl des 15. Jhs., schrieb sich wie folgt ein: *Iste liber est meus Andree Ferrariensis scolaris juris ciuilis* und aus verschiedenen Einträgen auf Hebräisch erfahren wir, dass der Rechtsgelehrte Giovanni Sadoleto (um 1440–1511) sich das Buch in den Jahren 1461, 1462, 1466, 1479 auslieh (s. OVL). Im 16. Jh. muss Ulrich Fugger (1526–1584) die Hs. erworben haben, wie die Signatur auf 1r *187. seors.* anzeigt (s. Einleitung). Mit seiner Bibliothek wird der Band schließlich in die Bibliotheca Palatina gelangt sein.

Faksimile: https://digi.ub.uni-heidelberg.de/diglit/bav_pal_lat_733

Literatur: ABBONDANZA, Arsendi, S. 335; BATTELLI, Ricerche, S. 315, 322; VAN DEN BERGH / STOLTE, The Unfinished, S. 251–305; CALASSO, Sassoferrato, S. 662; CALASSO, Criteri, S. 504f.; CAPRIOLI, Tre capitoli, S. 306 A. 373, 324 A. 464; CAPRIOLI, Belvisi, S. 94; FEENSTRA, Quelques remarques, S. 217–221; HANSELMANN, Bücherschenkung, S. 126; LEHMANN, Fuggerbibliotheken 2, S. 480; L'ENGLE, Illumination, S. 203 A. 109, 220 A. 142, 221 A. 149, 224 A. 159, 225 A. 162, 257 A. 242, 268 A. 275, 286 A. 313, 301; Domenico MAFFEI, La „lectura super digesto veteri" di Cino da Pistoia: studio sui MSS Savigny 22 e URB. LAT. 172, Mailand 1963, S. 11 A. 28; MAFFEI, La donazione, S. 72 A. 25; Domenico MAFFEI, Il giudice testimone e una „Quaestio" di Jacques de Revigny (MS Bon. Coll. Hisp. 82), in: TvR 35 (1967), S. 54–76, hier S. 68 A. 46; Manuscripta juridica, Pal.lat.733; MURANO, Opere; OVL, Pal.lat.733; PARADISI, La diffusione, S. 1–70, passim; RÖHLE, Vulgathandschriften, S. 366; RÖHLE, Zur Rekonstruktion, S. 88 A. 6; SCHUNKE, Einbände 2.2, S. 850; SOETERMEER, Famille de copistes, S. 465 A. 206; SOETERMEER, Due tradizioni, S. 96; SOETERMEER, Utrumque ius, S. 278 A. 91, 312; STEVENSON, Latini, S. 168f.

1) 1ra–360rb

Beteiligte Personen: JUSTINIAN I. / ACCURSIUS.

Titel: Digestum vetus cum Glossa ordinaria.

Angaben zum Text: Von Kaiser Justinian I. in Auftrag gegebene Rechtssammlung mit der Glossa ordinaria des Accursius (um 1182/85–um 1260/63): (1rb–4vb) Constitutio ‚Omnem';

(4vc–29vc) Buch 1; (29vc–59rb) Buch 2; (59rb–82rc) Buch 3; (82rc–115vb) Buch 4; (115vc–138vc) Buch 5; (138vc–148vb) Buch 6; (148vb–164rc) Buch 7; (164rc–175rc) Buch 8; (175rc–188rc) Buch 9; (188rc–200rc) Buch 10; (200vb–210vb) Buch 11; (210vb–228rb) Buch 12; (228rb–238rc) Buch 13; (238rc–247rc) Buch 14; (247vb–257vc) Buch 15; (257vc–266vb) Buch 16; (266vb–281vc) Buch 17; (281vc–294rb) Buch 18; (294rb–308vc) Buch 19; (308vc–317rc) Buch 20; (317vb–330vc) Buch 21; (330vc–339rb) Buch 22; (339rb–352rc) Buch 23; (352vb–360rb) Buch 24 (bis einschließlich Dig. 24.2.11.2); (360v) Register; (361r–361v) Inhaltsverzeichnis. – 362*r–362*v leer.

Rubrik: 1rb ›*Jn nomine domini no*[stri] *Ihesu Christi. Jmperator Cesar Flauius Iustinianus, Alamannicus, Goticus, Francicus, Germanicus, Uuandalicus, Affricanus, felix, pius, inclitus uictor ac triumphator, semper Augustus, Teophilo ceterisque uiris prudentibus salutem*‹.

Incipit: 1rb–rc ›*Omnem*‹ *nostre rei publice sanctionem iam esse depositam, purgatam et compositam ...*

Explicit: 360rb ... *et si connubiam* [!] *sibi adhibuerit idem erit dicendum. Explicit textus Digesti ueteris.*

Edition: Digestum vetus, Lyon 1627.

TH

Vatikan, Biblioteca Apostolica Vaticana, Pal. lat. 734

Digestum vetus cum Glossa ordinaria

Pergament · 1, 342, 1 Bll. · 43,1 × 27,5 cm · Bologna · Mitte 14. Jh.

Entstehungsort: Bologna.
Entstehungszeit: Mitte 14. Jh.

Typus (Überlieferungsform): Codex.
Beschreibstoff: Pergament.
Umfang: 1, 342, 1 Bll.
Format (Blattgröße): 43,1 × 27,5 cm.
Zusammensetzung (Lagenstruktur): $(I-1)^{1a}$ + 1^{A} + 17 V^{170} + IV^{178} + 7 V^{248} + 2 IV^{264} + 3 V^{294} + VI^{306} + V^{315} + 2 IV^{330} + VI^{342} + $(I-1)^{342*}$. Ungez. Bl. nach 314 und 320. Vorderer Spiegel Gegenbl. von 1a, hinterer Spiegel Gegenbl. von 342*. Vorsatzbll. und Spiegel Papier.
Seiten-, Blatt- und Lagenzählung: Es bestehen drei Blattzählungen (alle Angaben hier und beim Digitalisat folgen der jüngsten). Neben der üblichen römischen Zählung mit arabischen Ziffern in Tinte (*A, 1–344*) existiert eine neuere Bleistiftzählung mit kräftigen arabischen Ziffern (*4–342*). Zudem findet sich eine fehlerhafte mittelalterliche Zählung, zuerst in arabischen (*1–9*), darauf in römischen Ziffern (ab *x*, Schluss unleserlich). In den beiden jüngeren Zählungen ist das Bl. nach der aktuellen 320 ausgelassen worden, da es, wie Brenkman bezeugt, früher mit dem vorangehenden Bl. verklebt war. Die gültige jüngere Zählung lässt zudem ein Bl. nach 314 aus, während die arabische Nummerierung mit Tinte die Zahl 274 überspringt. – Ab 10v finden sich an fast allen Lagenenden im Seitenfuß Reklamanten, die von den Hauptschreibern oder zumindest zeitgenössischen Händen stammen.

Zustand: Nicht immer gutes, an manchen Stellen schadhaftes, faltiges oder mit aufgeklebten Zetteln repariertes Pergament. Am Anfang, bis 1r, ist die Schrift durch Abnutzung stark geschädigt, ebenso 320ar.

Schriftraum: 32,8 × 24,4 cm.
Spaltenanzahl: 2 Spalten Textus inclusus, umgeben von 2 Klammerglossen.
Zeilenanzahl: 34–49 Zeilen (Legaltext); 72–89 Zeilen (Klammerglosse).
Angaben zu Schrift / Schreibern: Handwechsel beim Legaltext nach 270vc und 316rc (ehemals bis 316v, später radiert), bei der Glosse in Spalte 88va. Die Schrift der ersten beiden Hände des Legaltexts und von Hand 1 der Glosse ist die vollentwickelte Littera Bononiensis, die in Hss. dieses Typs in Bologna seit der zweiten Hälfte des 13. Jhs. stark standardisiert erscheint, doch zeigen sich mehrfach Varianten in der Schreibung mehrerer Buchstaben. Hand 2 hält zudem nicht das hohe kalligraphische Niveau von Hand 1. Hand 3 des Textus inclusus und Hand 2 der Glosse schreiben eine Semikursive (für Battelli ist diese Schrift französisch). Zu möglichen Folgerungen aus diesen Beobachtungen zum Herstellungsprozess vgl. Geschichte der Handschrift. Die Schriftgrößen von Textus inclusus und Klammerglosse unterscheiden sich wie üblich bei den glossierten Rechtshss. Italiens. – Die Anfangszeilen der Tituli sind meistens in Ziermajuskeln (mit cadellenartiger Verzierung) geschrieben, Rubriken in der Textualis des umgebenden Texts. Die Rubrik auf fol. 1r ursprünglich nicht ausgeführt (s. Nachträge und Benutzungsspuren). – Pecienvermerke sind nur äußerst selten erhalten, z. B. 120rb (hingegen Battelli: „Nessuna traccia di partizione, nè di *pecie*").
Buchgestaltung: Das für glossierte oberitalienische Rechtshss. entwickelte Layout aus zweispaltigem Text und umgebender zweispaltiger Klammerglosse, in der Terminologie von Powitz, Textus, S. 84f., Klammerform des Vier-Spalten-Typs. Schriftspiegel mit Silberstift vorgezogen, die Begrenzungslinien gehen bis zum Seitenrand. Alternierend rote und blaue Paragrafenzeichen. – Fol. 1r–316r (ehemals bis 317v): Nachträglich mit schwarzer Tinte eingefügte Seitentitel (unvollständig). Die Miniaturen und Initialen an den Anfängen der Bücher nicht ausgeführt, in einzelnen Fällen nachgetragen (s. Nachträge und Benutzungsspuren). Die Tituli sowie die zugehörigen Abschnitte der Glosse beginnen jeweils mit einer gespaltenen rot-blauen Lombarde mit Spiral- und Knospenfleuronné. Vor allen Leges stehen kleinere, langgezogene Lombarden in Rot oder Blau mit einfachem Fleuronné in Gegenfarbe, überwiegend aus Parallelstrichen. Die Zierbuchstaben sind in der Klammerglosse jeweils maßstäblich verkleinert. – Fol. 317rb–324rc: Nur wenig einfachere Lombarden an den Anfängen der Tituli, sonst im Textus inclusus nur rote Initialen ohne Fleuronné. Keine Initialen in der Glosse. – Fol. 324vb–341vc: Wie davor, jedoch kleine blaue Lombarden mit einfachem Parallelstrichfleuronné.
Buchschmuck: Nachgetragene Miniatur auf fol. 1rb: Hinter einem geraden Sturz auf Eckzwickeln thront in der Mitte der Papst mit dreireifiger Tiara und königlichem Mantel; von den Seiten nahen sich zwei Laien mit Gugel. Italienische Arbeit, um 1380. Die spitzen Goldblätter im Spaltenrand sehr ungewöhnlich.

Nachträge und Benutzungsspuren: Das Register auf Bl. Ar ist ein späterer Nachtrag. Die Eingangsminiatur und wahrscheinlich auch die zugehörige Initiale wurden später hinzugefügt (s. Buchschmuck), ebenso die Fleuronnéinitiale auf fol. 43va sowie einzelne improvisierte Federzeichnungsinitialen. Viele Notizen auf 341vc–342v. Bis 302r so gut wie auf jeder Seite Randnotizen von verschiedenen Händen. Identifziert wurden Glossen von Bartolo da

Sassoferrato (1314–1357) auf fol. 2v, 16v, 17r–341v, passim (Paradisi), Giacomo Bottrigari (ca. 1274–1347) auf fol. 25v, 32r, 50r–341v, passim (OVL) sowie Baldo degli Ubaldi (1327–1400) passim (Manuscripta juridica).

Einband: Römischer Pergamenteinband über Pappe, etwa 9. Jahrzehnt 19. Jh. Auf dem Buchrücken in Goldpressung die Wappen von Papst Leo XIII. (1878–1903) und Kardinalbibliothekar Pitra (1869–1889), dazwischen Rückentitel auf Rot, die Signatur in Goldprägung. Aufgeklebtes blaues Schildchen mit aktueller Signatur.

Provenienz: Ferrara / Augsburg / Heidelberg.

Geschichte der Handschrift: Auf Ar oben die Capsa-Nummer *C. 44* und darunter die Allacci-Sgnatur *1533*. In der Mitte des Blatts *734 Pal.* notiert. – Möglicherweise wurde eine auf 316v abgebrochene Hs. später bis zum Textende ergänzt. Ob dies gleichzeitig mit der Einfügung der Miniatur auf fol. 1r erfolgt ist, bleibt unklar.

Faksimile: https://digi.ub.uni-heidelberg.de/diglit/bav_pal_lat_734

Literatur: Battelli, Ricerche, S. 315, 322–323; Van den Bergh / Stolte, The Unfinished, S. 251–305 („Palatino-Vaticanus IV"); Brenkman, Historia, S. 281, Nr. IV; [irrtümlich: María Teresa Cacho, Manuscritos hispánicos de los siglos XV y XVI en bibliotecas italianas, in: Nápoles-Roma 1504. Cultura y literatura española y portuguesa en Italia en el quinto centenario de la muerte de Isabel la Católica, hrsg. von Javier Gómez-Montero / Folke Gernert, Salamanca 2005, S. 189–203. Hier wird S. 193 angegeben, der Codex enthalte „Regla de la noble caballería de la horden apóstol Santiago"]; Calasso, Criteri, S. 504–505; Calasso, Sassoferrato, S. 662; Caprioli, Tre capitoli, S. 373 A. 17; Hanselmann, Bücherschenkung, S. 126, Nr. 1; Maffei, La donazione, S. 72 A. 25; Manuscripta juridica, Pal.lat.734; OVL, Pal.lat.734; Pace, ‚Garnerius Theutonicus' 1, S. 92 A. 1; Paradisi, La diffusione, S. 8 A. 12, 35; Sella, Sigle, S. 184, 191; Stevenson, Latini, S. 269.

1) Ava

Titel: Alphabetisches Register zum Digestum vetus.

Incipit: Ava ›*Adopcionibus*‹ *--- xi / Alienacione iudicum et cetera --- lxxxiiij / Aleatoribus --- clxxxvj*...

2) 1ra–341vc

Beteiligte Personen: Justinian I. / Accursius.

Titel: Digestum vetus cum Glossa ordinaria.

Angaben zum Text: Von Kaiser Justinian I. in Auftrag gegebene Rechtssammlung mit der Glossa ordinaria des Accursius (um 1182/85–um 1260/63). – (1rb–3rc) Constitutio ‚Omnem'; (3rc–21rb) Buch 1; (21rc–43vb) Buch 2; (43vb–63vc) Buch 3; (63vc–93rb) Buch 4; (93rc – 116vb) Buch 5; (116vc–126vc) Buch 6; (126vc–143vb) Buch 7; (143vc–156rc) Buch 8; (156rc–169vc) Buch 9; (169vc–182vb) Buch 10; (182vb–191vb) Buch 11; (191vc–213vc) Buch 12; (213vc–227rb) Buch 13; (227rb–236vc) Buch 14; (237rb–248rc) Buch 15; (248v) leer; (249rb–256vc) Buch 16; (256vc–270vc) Buch 17; (271rb–282rc) Buch 18; (282rc–296vc) Buch 19; (297rb–304vc) Buch 20; (304vc–317rb) Buch 21 (316v leer); (317rc–323vb) Buch 22; (323vb–335rc) Buch 23; (335rc–341vc) Buch 24.

Rubrik: 1rb ›*Imperator Cesar Flauius Iustinianus, Alamannicus, Goticus, Francicus, Germanicus, Guandalicus, Africanus, felix, inclitus uictor ac triumphator, semper Augustus, Teophilo,*

Dorotheo, Theodoro, Ysidoro et Anatolio et Cornelio et Cratino uiris illustribus et antecessori Salatino viro disertissimo antecessori salutem‹.
Incipit: 1rb ›*Omnem nostre rei publice sanctionem iam esse purgatam‹ et compositam ...*
Explicit: 341vc ... *hanc nuptam etsi concubinam sibi adhibuerit idem erit probandum.*
Edition: Digestum vetus, Lyon 1627.

3) 341vc–342v
Titel: Notizen.

CW

Vatikan, Biblioteca Apostolica Vaticana, Pal. lat. 735

Digestum vetus cum Glossa ordinaria

Pergament · 1, 286, 1 Bll. · 42,3 × 27 cm · Oberitalien (?) / Südfrankreich oder Oberitalien · Ende 13., Beginn 14. Jh.

Typus (Überlieferungsform): Codex.
Beschreibstoff: Pergament.
Umfang: 1, 286, 1 Bll.
Format (Blattgröße): 42,3 × 27 cm.
Zusammensetzung (Lagenstruktur): Hs. mit beigebundenen Fragmenten (I. Bl. 1, 286; II. Bll. 2–285). $(I-1)^{1a}$ + ... + $(I-1)^{287*}$. Vorderer Spiegel Gegenbl. von 1a, hinterer Spiegel Gegenbl. von 287*.
Seiten-, Blatt- und Lagenzählung: Römische Foliierung des 17. Jhs. (*2–286, 1* mit Blei nachgetragen). Die Zählung von Bl. 1–4 nachträglich angepasst. Bei ungez. Bll. folgt die Zählung dem Digitalisat (1a, 287*). Reklamanten rechts unten von Schreiberhand.
Zustand: Oft unregelmäßiges Pergament, Von Bl. 6, 7, 146 und 147 Ränder abgeschnitten.

Einband: Pergamentband über Pappe, in Rom um 1780 geschaffen (Schunke, Einbände 2.2, S. 850). Der Buchtitel direkt auf den Rücken notiert, darüber aufgeklebt barockes helles Signaturschild *735*, unten zudem ein blaues Schildchen mit *Pal. lat. 735*.
Provenienz: universitäre Stationen in Südeuropa / Heidelberg / Rom.
Geschichte der Handschrift: Auf 1r oben Capsa-Nummer *C. 84* und Allacci-Signatur *473*, dazwischen ältere Signatur *346*. Brenkman behauptet, die Hs. sei im Auftrag des Bischofs von Mailand geschaffen worden, doch sind seine Belege entweder nicht erhalten oder beruhen wie im Fall des auf „eps." verlesenen „xps" auf Missverständnissen. – Ort und Zeitpunkt der Anfügung der Fragmente sind nicht bekannt.

Faksimile: https://digi.ub.uni-heidelberg.de/diglit/bav_pal_lat_735
Literatur: Battelli, Ricerche, S. 317, 323; Van den Bergh / Stolte, The Unfinished, S. 251–305 („Palatino-Vaticanus V"); Brenkman, Historia, S. 281, Nr. V; Calasso, Criteri, S. 504 f.; Caprioli, Belvisi, S. 94; Feenstra, Quelques remarques, S. 217–221; Hanselmann, Bücherschenkung, S. 126, Nr. 1; Jakobs, Or signori, S. 316 (Sigle V19, V20); Domenico Maffei, Rezension E. M. Meijers, Études d'histoire du droit, hrsg. v. R. Feenstra und H. F. W. D. Fischer, Bd. 3, Leiden 1959, in: Annali di storia del diritto 3–4 (1959–1960), S. 426–428, hier

S. 428; Manuscripta juridica, Pal.lat.735; OVL, Pal.lat.735; PACE, ‚Garnerius Theutonicus' 1, S. 92 A. 1; SELLA, Sigle, S. 183, 186, 189, 195; SOETERMEER, Due tradizioni, S. 89; STEVENSON, Latini, S. 269.

Fragment (Bl. 1 + 286)

Sachtitel / Inhalt: Codex cum Glossa ordinaria.

Entstehungsort: Oberitalien (?).
Entstehungszeit: Ende 13., Beginn 14. Jh.

Typus (Überlieferungsform): Fragment.
Beschreibstoff: Pergament.
Umfang: 2 Bll.
Format (Blattgröße): 42,3 × 27 cm.
Zusammensetzung (Lagenstruktur): 1^{1} + ... + 1^{286}.
Seiten-, Blatt- und Lagenzählung: s. zum Codex.

Schriftraum: 38,1 × 26 cm.
Spaltenanzahl: 2 Spalten für Textus inclusus und für Klammerglosse.
Zeilenanzahl: Textus inclusus: 48–51 Zeilen, Klammerglosse: 83–98 Zeilen.
Angaben zu Schrift / Schreibern: Eine kleinere Schrift für die Klammerglosse verwendet als für den Textus inclusus. Die Schrift deutlich nach dem Vorbild Bologneser Kalligraphie, jedoch nicht auf dem höchsten Niveau der Littera Bononiensis. Das Fleuronné eher oberitalienisch als französisch.
Buchgestaltung: An den Anfängen der Gelehrtennamen vor den Paragrafen abwechselnd blaue und rote Lombarden mit einfachem Fleuronné aus Parallelstrichen und einzelnen Knospen, vor den eigentlichen Paragrafen kleine Lombarden in Gegenfarbe. Abwechselnd rote und blaue Capitazeichen.

Provenienz: Heidelberg.
Geschichte des Fragments: Offensichtlich gehörte Bl. 1 zum selben Codex wie Bl. 286.

1) 1ra–1vd
Beteiligte Personen: JUSTINIAN I. / ACCURSIUS.
Titel: Codex Iustinianus cum Glossa ordinaria (Fragment).
Angaben zum Text: Von Kaiser Justinian I. in Auftrag gegebene Rechtssammlung mit der Glossa ordinaria des Accursius (um 1182/85–um 1260/63). Erhalten Cod. 1.4.21.1–1.5.4.4. Ein weiteres Bl. desselben Codex ist 286.
Incipit: 1rb [Anfang verloren, heutiger Beginn:] [memo]*rata exceptione uti velit alios iudices ...*
Explicit: 1vc [Endet heute:] ... *relinquimus facultatem in mortem* [...] [Abschnittswechsel nach *facultatem* nachträglich eingefügt.].
Edition: Codex, Lyon 1627.

2) 286ra–vc
Beteiligte Personen: JUSTINIAN I. / ACCURSIUS.
Titel: Codex Iustinianus cum Glossa ordinaria (Fragment).
Angaben zum Text: Hier erhalten Cod. 1.3.48.3–1.3.53.5.
Incipit: 286rb [Anfang verloren, heutiger Beginn:] [...] *victus egrotantibus accedat. Quis* [?] *enim pauperior est ...*
Explicit: 286vc [Endet heute:] ... *susceperint vel quamcumque eis opem intulerint sive mas*[culi].
Edition: Codex, Lyon 1627.

Faszikel (Bl. 2–285)

Sachtitel / Inhalt: Digestum vetus cum Glossa ordinaria.

Entstehungsort: Südfrankreich oder Oberitalien.
Entstehungszeit: Ende 13., Beginn 14. Jh.

Typus (Überlieferungsform): Faszikel.
Beschreibstoff: Pergament.
Umfang: 283 Bll.
Format (Blattgröße): 42,3 × 27 cm.
Zusammensetzung (Lagenstruktur): 14 V^{141} + IV^{149} + 13 V^{279} + III^{285}.
Seiten-, Blatt- und Lagenzählung: s. zum Codex.

Schriftraum: 38,1 × 26 cm.
Spaltenanzahl: 2 Spalten Textus inclusus, umgeben von 2 Spalten Klammerglosse.
Zeilenanzahl: Textus inclusus: 48–51 Zeilen, Klammerglosse: 83–98 Zeilen.
Angaben zu Schrift / Schreibern: Wie fast immer bei diesem Typus Hss. ist die Klammerglosse in einer kleineren Schrift gehalten als der Textus inclusus. Gotische Schrift in Nachahmung der in Bologna gepflegten Littera Bononiensis, allerdings kursiver und weniger sorgfältig. Auch der Fleuronnéschmuck ist nicht mit Bologneser Spitzenprodukten zu vergleichen, BATELLIS Einordnung des Buchschmucks als französisch ist erwägenswert.
Buchgestaltung: In der Terminologie von POWITZ, Textus, S. 84f., Klammerform des Vier-Spalten-Typs: 2 Spalten für Textus inclusus und für Klammerglosse. – Am Anfang der Bücher jeweils der Name des antiken Rechtsgelehrten Ulpianus als acht bis neun Zeilen hohe Zierzeile aus rot-blauen Initialen geschrieben, die zurückhaltend mit Fleuronné geschmückt sind. Die eigentlichen Bücher und die einleitende Constitutio ‚Omnem' beginnen mit einer rot-blau gespaltenen Initiale mit teils qualitätsvollem Knospenfleuronné (die Angabe bei SOETERMEER, die Hs. enthalte „miniature di stile francese" geht offensichtlich auf ein Missverständnis zurück). Als Anfangsbuchstaben der Gelehrtennamen stehen vor den Paragrafen langgestreckte blaue Lombarden, vor den eigentlichen Paragrafen kleine rote Lombarden. Abwechselnd rote und blaue Capitazeichen. Die Verweisung zwischen Textstelle und Glosse wird durch Wiederholen der Anfangsworte des Paragrafen in Majuskel hergestellt, Sigel-Buchstaben werden nicht verwendet. – Aus der Enstehungszeit Buchzählung in roter und blauer Tinte als Seitentitel.
Buchschmuck: Über das Fleuronné hinaus kein eigenständiger Buchschmuck vorgesehen.

Nachträge und Benutzungsspuren: Zahlreiche Marginalien, Weisehände und Kritzeleien. Nachgetragene Glossen, u. a. Additiones v. folgenden Autoren: Albertus Bononiensis (4r, 10v), Dino del Mugello (um 1254–nach 1297) (114v,139r), Guillaume de Cunh († 1336) (249v), Guilelmus de Ferrariis (119v, 204r), Guido Bononiensis (69v), Johannes Petrus de Ferrariis (tätig 1389–1400) (14r, 19v, 37r, 39r–v, 54v–280v), Lambertus de Saliceto (23v, 27r, 35r, 73r–226r), B. Peleti (81r, 127r, 191v). Laut OVL auch Additiones von Giacomo Belvisi (um 1270–1335) (angegeben 214v, 239r, 265v). 9r: Distinctio iuris *Cum quis nascitur aut ex duobus liberis ...*; 12r Albertus Bononiensis: Quaestio *Hic quaero de tali quaestione, pone quod Titius ...* – 285vb ein flüchtig skizziertes, beschädigtes Wappen: Baum (oder Lilie?) und Inschrift *L*(?)[.]*b*[...]*de de* [...]*atio*.

Provenienz: Heidelberg.

3) 2ra–285vc
Beteiligte Personen: Justinian I. / Accursius.
Titel: Digestum vetus cum Glossa ordinaria.
Angaben zum Text: Von Kaiser Justinian I. in Auftrag gegebene Rechtssammlung mit der Glossa ordinaria des Accursius (um 1182/85–um 1260/63): (2rb–4rb) Constitutio ‚Omnem'; (4rb–18vb) Buch 1; (18vb–34vc) Buch 2; (34vc–49rb) Buch 3; (49rb–71rc) Buch 4; (71rc–87rc) Buch 5; (87rc–93vc) Buch 6; (93vb–107rb) Buch 7; (107rb–117vc) Buch 8; (117vc–129rc) Buch 9; (129rc–141rc) Buch 10; (141rc–149vb) Buch 11; (150rb–164vb) Buch 12; (164vc–175rb) Buch 13; (175rc–184rc) Buch 14; (184vb–194rb) Buch 15; (194rb–201vb) Buch 16; (201vb–213rc) Buch 17; (213vb–224rc) Buch 18; (224rc–238rc) Buch 19; (238rc–246rc) Buch 20; (246rc–258vb) Buch 21; (258vb–265v) Buch 22; (265vc–278rc) Buch 23; (278rc–285vc) Buch 24 (bis Dig. 24.2.11.2).
Incipit: 2rb ›*Omnem*‹ *nostre rei publice sanctionem iam esse purgatam et conpositam ...*
Explicit: 285vc ... *concubinam sibi adhibuerit idem erit dicendum. Explicit liber Digestorum, laudetur Christus.*
Edition: Digestum vetus, Lyon 1627.

CW

Vatikan, Biblioteca Apostolica Vaticana, Pal. lat. 736

Digestum vetus cum Glossa ordinaria

Pergament · 1, 316, 1 Bl. · 42,3 × 26 cm · Südfrankreich · 1325–1340

Entstehungsort: Südfrankreich.
Entstehungszeit: 1325–1340.

Typus (Überlieferungsform): Codex.
Beschreibstoff: Pergament.
Umfang: 1, 316, 1 Bl.
Format (Blattgröße): 42,3 × 26 cm.
Zusammensetzung (Lagenstruktur): $(I-1)^{1a}$ + 4 VI^{48} + VII^{62} + II^{66} + $(VI-2)^{78}$ + 20 VI^{330} + $(II-2)^{332*}$. Bl. 69–70 herausgeschnitten; verschiedene Zählfehler: 89, 170–189, 325 ausgelas-

sen, auf 281 beginnt Zählung erneut mit 272; vorderer Spiegel Gegenbl. von 1a, hinterer Spiegel Gegenbl. von 332*. Blattverluste mit Text am Ende.

Seiten-, Blatt- und Lagenzählung: Römische Foliierung des 17. Jhs.: *1–330* (zu Verlusten und Zählfehlern s. Zusammensetzung). Bei ungez. Bll. bzw. Zählfehlern folgt die Zählung dem Digitalisat (1a, 272a–281a, 331*–332*). Bis 279v Reklamanten von Schreiberhand rechts unten am Ende der Lagen (außer 91v). In späteren Lagen oft mit Bleistift oder in Rot unten nachträgliche Zählung der Doppelbll. innerhalb der Lagen (möglicher Hinweis auf eine spätere Neubindung).

Zustand: Anfang und Schluss besonders abgenutzt, viele Bll. mit Schmutzflecken, fast alle Miniaturen, ein Feld in Bl. 83 sowie zwei Bll. herausgeschnitten. Schluss verloren.

Schriftraum: 35,8 × 25,4 cm.

Spaltenanzahl: Textus inclusus zweispaltig mit ebensolcher Klammerglosse; 44–46, 63–66 ausschließlich Glossentext, dreispaltig, ohne Textus inclusus.

Zeilenanzahl: Textus inclusus regelmäßig 45–46, Klammerglosse bis zu 94 Zeilen, 44ra–46vc, 63ra–66va 90 Zeilen.

Angaben zu Schrift / Schreibern: Die Schrift der Glosse kleiner als die des Textus inclusus. Die Schrift des Legaltexts der Littera Bononiensis angenähert, jedoch nicht auf gleicher kalligraphischer Höhe. Die Schrift der Klammerglosse etwas rundlicher und weniger steil. Die Zeilen- und Spaltenbegrenzungen sind mit Metallstift vorgezogen.

Buchgestaltung: In der Terminologie von Powitz, Textus, S. 84f., Klammerform des Vier-Spalten-Typs. Gleichzeitig entstandene Klammerglosse um den Basistext. Die Glosse nach französischer Tradition als durchlaufender Text behandelt. Überflüssiger Platz innerhalb der Klammerglosse wird gelegentlich durch Anordnung des Texts in geometrischen Figuren gefüllt (vgl. fol. 196vd, 211ra, 265va). Ursprünglich vor allen Büchern eine spaltenbreite Deckfarbenminiatur und vor der Textkolumne eine Deckfarbeninitiale mit teilweise selbstständigen Ausläufern. Bis auf fol. 107rc alle Miniaturen ausgeschnitten. Tituli beginnen mit einer blauen, mit Fleuronné verzierten Lombarde vor, Autorennamen mit jeweils kleiner roten Lombarde in der Zeile. Abwechselnd rote und blaue Caputzeichen.

Buchschmuck: Die Deckfarbeninitialen (s. Buchgestaltung) in einem Stil mit oberitalienischen und französischen Elementen. Die einzige erhaltene Miniatur fol. 107rc sicher französisch, wohl südfranzösisch. Erhalten die Illustration zu Dig. 7.1 ‚De usu fructu [...]': Drei Männer ernten mit der Sichel oder sammeln Früchte aus einem Baum und in Bodennähe ein.

Nachträge und Benutzungsspuren: Viele Annotationen, Weisehände und Kritzeleien. Laut OVL Additiones folgender durch Kürzel ausgewiesener Autoren (Nachvollzug durch Bearbeiter nicht immer möglich): Bartolo da Sassoferrato (um 1313–1357) (1v), Cyno da Pistoia (um 1270–1336/37) (2v, 98v), Domenico da San Gemignano (um 1375–1424) (3r), Egidio Foscarari († 1289) (3r), Floriano Sampieri († 1441) (2v), Giacomo Belvisi (um 1270–1335) (26r), Glossator ‚Mil. de Summuro' (20v), Raniero Arsendi († 1358) (76r, 161r, 301r, 303r, 310r), Iacopo Bottrigari (1274–1347) (1v, 2v, 7r–272r), Iacopo de Arena (um 1270–um 1320) (2r, 33v, 98v, 259r), Jacques de Révigny (um 1230–1296) (18r, 129r, 195r, 306r), Jean de Blanot (um 1230–um 1281) (212v), Johannes de Paganis (196v). 80r: Distinctio iuris, De confirmatione arbitrii, Incipit: *Emologatur arbitrium quando vallatum est interposito iuramento ...*; 301v: Distinctio iuris. De evictione. Incipit: *Hiis casibus repellitur agens de evictione, si non denunciavit tempestive ...*

Einband: Pergamentband über Pappe, nach SCHUNKE, Einbände 2.2, S. 850, in Rom um 1780 geschaffen. Der Buchtitel direkt auf den Rücken notiert, darüber die aufgeklebten Signaturschilder. Rot-gelb umflochtenes Kapital.

Provenienz: Heidelberg.

Geschichte der Handschrift: 1ar notiert *736*, ergänzt um *Pal.*; darunter durchgestrichen *679*. 1ra unten Allacci-Signatur *541*. Auf Vorderspiegel und Rücken jeweils aufgeklebt ein blaues Signaturschild mit der aktuellen Signatur, auf Rücken zusätzlich ein helles barockes Schild mit der *736*. Auf hinterem Schmutzblatt 331*v auf dem Kopf stehend *2077*. Lokalisierung auf Grund äußerer Merkmale (Miniaturenstil, Anlage der Klammerglosse, begrenzt auch Paläographie).

Faksimile: https://digi.ub.uni-heidelberg.de/diglit/bav_pal_lat_736

Literatur: ABBONDANZA, Arsendi, S. 335; BATTELLI, Ricerche, S. 317, 323; VAN DEN BERGH / STOLTE, The Unfinished, S. 251–305 („Palatino-Vaticanus VI"); BRENKMAN, Historia, S. 281, Nr. VI; CALASSO, Criteri, S. 504–505; CALASSO, Sassoferrato, S. 662; CAPRIOLI, Tre capitoli, S. 231; FEENSTRA, Quelques remarques, S. 217–221; HANSELMANN, Bücherschenkung, S. 126, Nr. 1; JAKOBS, Or signori, S. 316 (Sigle V19, V20); MAFFEI, La donazione, S. 72 A. 25; Manuscripta juridica, Pal.lat.736; OVL, Pal.lat.736; PACE, ‚Garnerius Theutonicus' 1, S. 92 A. 1; PARADISI, La diffusione, S. 8 A. 12, 35; SELLA, Sigle, S. 191, 196; SOETERMEER, Due tradizioni, S. 90; STEVENSON, Latini, S. 269.

1) 1ra–330vc

Beteiligte Personen: JUSTINIAN I. / ACCURSIUS.

Titel: Digestum vetus cum Glossa ordinaria.

Angaben zum Text: Von Kaiser Justinian I. in Auftrag gegebene Rechtssammlung mit der Glossa ordinaria des Accursius (um 1182/85–um 1260/63). Zweiteilung des Textes, 168ra nach Buch 11: *Explicit prima pars Digesti veteris.* – (1rb–3rc) Constitutio ‚Omnem'; (3rc–20vc) Buch 1; (20vc–38rc) Buch 2; (38rc–52vb) Buch 3; (52vb–82rb) Buch 4; (82rb–100rb) Buch 5; (100rc–107rb) Buch 6; (107rc–122rb) Buch 7; (122rc–134vb) Buch 8; (134vb–147rc) Buch 9; (147vb–159vb) Buch 10; (159vb–168rb) Buch 11; (168rc–204rc) Buch 12; (204rc–215rc) Buch 13; (215rc–224vc) Buch 14; (225rb–235vb) Buch 15; (235vb–244vb) Buch 16; (244vb–259vc) Buch 17; (259vc–272vc) Buch 18; (272vc–278[a]vc) Buch 19; (279[a]rb–288vb) Buch 20; (288vb–303rc) Buch 21; (303rc–311vc) Buch 22; (311vc–324rc) Buch 23; (324rc–330vc) Buch 24 (bricht ab nach Dig. 24.2.4).

Rubrik: 1rb ›*Imperator Iustinianus Cesar Flavius, Almanicus, Gothicus, Francicus, Germanicus, Arthicus, Alanicus, W*[an]*dalicus, Affricanus, pius, felix, inclitus* [...]‹.

Incipit: 1rb ›*Omnem*‹ *nostre rei publice sanctionem iam esse purgatam et compositam ...*

Explicit: 330vc ... *nisi constaret retineri matrimonium: quae sententia videtur vera. Idem* [...].

Edition: Digestum vetus, Lyon 1627.

CW

Vatikan, Biblioteca Apostolica Vaticana, Pal. lat. 737

Digestum vetus cum glossa

Pergament · 1, 179, 1 Bll. · 42,6 × 26,5 cm · Bologna · Anfang 13. Jh.

Entstehungsort: Bologna.
Entstehungszeit: Anfang 13. Jh.

Typus (Überlieferungsform): Codex.
Beschreibstoff: Pergament.
Umfang: 1, 179, 1 Bll.
Format (Blattgröße): 42,6 × 26,5 cm.
Zusammensetzung (Lagenstruktur): $(I-1)^{1a}$ + 4 IV^{32} + II^{36} + 5 V^{86} + III^{92} + $(I-1)^{93}$ + $(V-1)^{102}$ + 7 V^{169} + $(V-1)^{178}$ + $(I-1)^{179*}$. Bl. nach 178 verloren. Vorderer Spiegel Gegenbl. von 1a, hinterer Spiegel Gegenbl. von 179*. Vorsatzbll. und Spiegel Papier. Zählfehler: Auf 117 folgen zwei ungez. Bll. (117a, 117b), darauf 119; 148a ungez., 151 doppelt (151, 151a).
Seiten-, Blatt- und Lagenzählung: Vatikanische Blattzählung rechts oben: *1–178.* Bei ungez. Bll. folgt die Zählung dem Digitalisat (1a, 117a, 117b, 148a, 151a, 179*). Reklamanten von verschiedenen Händen im unteren Seitenrand.
Zustand: Pergament häufig mit Löchern, Haarwurzeln erkennbar. Gelegentlich später Teile des Seitenrands verloren, insbesondere 171–178. Blattverluste am Ende. Pergament nicht übermäßig verschmutzt, die Rubriken und roten Gliederungsinitialen aber überwiegend verwaschen.

Schriftraum: 26,3 × 14,8 cm.
Spaltenanzahl: Zweispaltig mit geplanter ebensolcher Klammerglosse.
Zeilenanzahl: 57 Zeilen für den Legaltext, die Glosse je nach dem (geringen) Bedarf und mit vielen freien Zeilen.
Angaben zu Schrift / Schreibern: Die Schrift, frühgotische Minuskel für den Textus inclusus, überwiegend frühe Notula für die Glosse, zeigt schon die für die Gotisierung typischen Züge wie die Verwendung vieler Bogenverbindungen, das Zusammenziehen der Wörter, die Verkürzung der Ober- und Unterlängen von b, d, h, l und p sowie einzelne Brechungen (etwa bei b, c, d, e und m), so dass die Datierung Battellis in das frühe 13. Jh. richtig sein dürfte (Manuscripta juridica: 2. Hälfte 12. Jh.). Jedoch ist die Schrift noch Jahrzehnte von der voll ausgebildeten Littera Bononiensis entfernt, die nach Mitte des 13. Jhs. bei Hss. dieses Typs vorherrscht. Auffällig ist auch die Vermeidung der schon um 1230/40 üblichen Bogenverbindung bei or und auch die Blindliniierung der Zeilen. Bologna scheint (auch auf Grund des Inhalts) der einzige Ort, an dem die Entstehung der Handschrift denkbar ist.
Buchgestaltung: Klammerform des Vier-Spalten-Typs (vgl. Powitz, Textus, S. 84 f.). Zeilen und Spalten anscheinend mit Blindstift vorgeritzt, Begrenzungslinien bis in den Seitenrand durchgezogen, Prickings auf Höhe der Zeilen. Die oft nur wenigen Zeilen einer Seite einnehmende Glosse etwas später als der Legaltext und über der rasierten weniger umfangreichen ersten Glosse. Zählung der Bücher in Rot als Seitentitel. Die Glossenzeichen ähneln bereits den modernen Paragrafenzeichen (und nicht mehr einem kleinen Galgen).
Buchschmuck: Raum von etwa einer halben Spalte Breite gelassen für Initialen bzw. Initialen vor allen 24 Büchern bis auf Buch 6 (47rc).

Nachträge und Benutzungsspuren: Die Glossierung einer früheren Phase komplett radiert, außer auf 8r–37r und 109v–114r folgte eine systematische Neubeschriftung. Zudem immer wieder spätere Annotationen.

Einband: Pergamentband über Pappe, nach Schunke, Einbände 2.2, S. 850, in Rom um 1780 entstanden. Einband abgenutzt, Rücken löst sich, Bindeschnüre sind verloren. Der Buchtitel direkt auf den Rücken notiert, darüber die beiden Signaturschilder aufgeklebt. Rot-gelb umflochtenes Kapital.
Provenienz: Heidelberg.
Geschichte der Handschrift: Capsa-Nummer *C. 84* sowie *471* durchgestrichen auf aufgeklebtem Zettel auf 1ar, dort auf eigenem Zettel die durchgestrichene *349* und direkt auf dem Bl. *659*. 1r im unteren Seitenrand: *544*. Blauer Signaturaufkleber mit aktueller Signatur auf vorderem Spiegel und Rücken, auf Rücken auch beschädigter barocker Aufkleber.

Faksimile: https://digi.ub.uni-heidelberg.de/diglit/bav_pal_lat_737
Literatur: Battelli, Ricerche, S. 317, 323; Manlio Bellomo, A proposito della rappresentanza: Due inedite ‚distinctiones' di Iacopo e Martino, in: Annali di storia del diritto 7 (1963), S. 115–124, hier S. 116; Van den Bergh / Stolte, The Unfinished, S. 251–305 („Palatino-Vaticanus VII"); Brenkman, Historia, S. 281, Nr. VII; Caprioli, Satura, S. 218, 220; Johannes G. Claussen, Denuo edendae Accursianae glossae specimen, Halle o. J. (ca. 1834), S. XVII A. 31; Cortese, La norma Bd. 1, S. 153, Bd. 2, S. 121, 365; Cortese, La summula, S. 346 A. 24; D'Amelio, Transazione, S. 214 A. 146; Dolezalek / Weigand, Geheimnis, S. 145; Fried, Rezeption, S. 126; Hanselmann, Bücherschenkung, S. 126, Nr. 1; Jakobs, Or signori, S. 315 A. 1 (Sigle V3), 407 A. 154; Maffei, La donazione, S. 70; Manuscripta juridica, Pal.lat.737; Carlo Guido Mor, La divisione in paragrafi delle leggi del Digesto. Contributo alla storia della scuola di Bologna, in: Rivista di storia del diritto italiano 26/27 (1953/54), S. 145–162, hier S. 146; Nardi, Studi, S. 221 A. 35; OVL, Pal.lat.737; Pace, ‚Garnerius Theutonicus' 1, S. 92 A. 1; Frank Roumy, Les distinctions et les sommes des glossateurs relatives à l'ignorance du droit, in: Rivista internazionale di diritto comune 14 (2003), S. 119–154, hier A. 106.

1) 1ra–178vb
Beteiligte Personen: Justinian I. / Irnerius / Burgundione da Pisa / Martino Gosia / Ugo di Porta Ravegnana.
Titel: Digestum vetus cum glossa.
Angaben zum Text: Von Kaiser Justinian I. in Auftrag gegebene Rechtssammlung mit einer begleitenden Glosse. Reste einer Gliederung in 7 Artikel (wie in der *Littera Florentina*) auf fol. 92r erhalten (vgl. Battelli). Präaccursianische Glosse, in der Literatur als Autoren identifiziert: Irnerius (um 1050–um 1130), Burgundione da Pisa (ca. 1110–1193), Martino Gosia († 1158), Ugo di Porta Ravegnana († 1166/1171). Der Umfang der Glosse bleibt deutlich gegenüber der Glossa ordinaria zurück. – (1rb–9vc) Buch 1; (10rb–20vb) Buch 2; (20vb–29vb) Buch 3; (29vb–38rb) Buch 4; (38rb–47rc) Buch 5; (47rc–52vb) Buch 6; (52vb–61rc) Buch 7; (61rc–68vc) Buch 8; (68vc–77vb) Buch 9; (77vb–86rb) Buch 10; (86rb–92rb) Buch 11; (92rb–101vc) Buch 12; (101vc–109rc) Buch 13; (109rc–115vb) Buch 14; (115vb–121vc) Buch 15; (121vc–127rc) Buch 16; (127rc–136rc) Buch 17; (136rc–144rc) Buch 18; (144rc–151avb) Buch 19; (151avc–156vc) Buch 20; (156vc–164vb) Buch 21; (164vb–169rb) Buch 22;

(169rb–177rb) Buch 23; (177rb–178vc) Buch 24 (unvollständig durch Blattverlust, bricht ab in Dig. 24.1.23).

Rubrik: 1rb [Weitgehend unleserlich:] ›*Digestorum* [...] *iuris enucleati* [...]*L*[..]*A*[.]*S*[.]*R*[.]‹.

Incipit: 1rb *Iuri operam daturum prius nosse oportet unde nomen iuris descendat. Est autem ius a iustitia appellatum* ...

Explicit: 178vc ... *orationem divi Seueri ad rerum donationem pertinere denique si stipulanti spo*[pondisset].

Edition: Legaltext: Digestum vetus, Lyon 1627. Die Glosse anscheinend nicht zusammenhängend ediert.

CW

Vatikan, Biblioteca Apostolica Vaticana, Pal. lat. 738

Digestum vetus cum Glossa ordinaria

Pergament · 1, 248, 1 Bll. · 41,7 × 25,5 cm · Bologna · um 1260

Entstehungsort: Bologna.
Entstehungszeit: um 1260.

Typus (Überlieferungsform): Codex.
Beschreibstoff: Pergament.
Umfang: 1, 248, 1 Bll.
Format (Blattgröße): 41,7 × 25,5 cm.
Zusammensetzung (Lagenstruktur): $(I\text{-}1)^{1a} + I^{2} + 13\ IV^{106} + III^{112} + 2\ IV^{128} + II^{132} + (V\text{-}1)^{141} + 7\ IV^{196} + (V\text{-}1)^{205} + III^{211} + II^{215} + IV^{223} + II^{227} + V^{237} + IV^{245} + I^{247} + (I\text{-}1)^{248^*}$. Vorderer Spiegel Gegenbl. von 1a, hinterer von 248*; diese Bll. Papier. Mindestens 1 ungez. Bl. nach 109 verloren. Zählfehler: 188a ungez.
Seiten-, Blatt- und Lagenzählung: Vatikanische Foliierung rechts oben in der Ecke: *1–247*. Bl. 120–127 ist die Seitenzahl immer ohne die 1 am Anfang geschrieben. Bei ungez. Bll. folgt die Zählung dem Digitalisat (1a, 188a, 248*). Gerahmte Reklamanten 16v–196v, 211v–245v. Im hinteren Teil daneben auch gelegentlich Kustoden aus späterer Zeit (z. B. 227v *XIII*).
Zustand: Bl. 1 stark geschädigt. Vergleichsweise viele Kerben und Löcher im Pergament. Immer wieder Seiten mit stark beriebener Schrift (z. B. 123r).

Schriftraum: 28,5 × 25 cm.
Spaltenanzahl: 2 Spalten Textus inclusus, umgeben von 2 Spalten Klammerglossen.
Zeilenanzahl: Textus inclusus: im Regelfall 52 Zeilen; Klammerglosse: bis zu 119 Zeilen.
Angaben zu Schrift / Schreibern: Die Schrift zu weit in Richtung auf die Littera Bononiensis entwickelt, als dass Gibbs' Datierung des Legaltexts ins frühe 13. Jh. überzeugen könnte. Textus inclusus 1rb–2vc und 197rb–205vc erkennbar von zwei anderen, moderneren Händen als die übrigen Seiten. – Eine kleinere Schrift für die Klammerglosse als für den Textus inclusus ist üblich, jedoch wurde hier, bis auf 174ra–177rd, auch eine kalligraphisch weniger anspruchsvolle Schriftart gewählt. Die Verwendung von Rotunda an der genannten

Stelle (zusätzlich in einer helleren Tinte) ist kein zuverlässiger Hinweis auf einen anderen Entstehungszeitraum.

Buchgestaltung: Wie in glossierten oberitalienischen Rechtshss. üblich ein Layout aus zweispaltigem Text und umgebender zweispaltiger Klammerglosse, in der Terminologie von Powitz, Textus, S. 84f., Klammerform des Vier-Spalten-Typs. Der Schriftspiegel anscheinend mit Metallstift vorgezogen und später sorgfältig radiert. – 133v nur im oberen Teil der Kolumne in Spalten a und b Text, c und d ganz leer, Fortführung auf 134r. Am Kolumnenende 205vc mehrere leere Zeilen. – Buchzählung als lebender Seitentitel von neuzeitlicher Hand. Verweisung von Glosse auf Haupttext mittels Buchstaben. – Alternierend rote und blaue kleine Initialen für Autorennamen und Anfänge der Leges sowie Paragrafenzeichen. Die Buchstaben nur selten mit Fleuronné (so 137v) verziert, 197rb–205vc jedoch regelmäßig einfaches Parallellinienfleuronné. Am Anfang der Bücher *Ulpianus* in langgezogener rotblauer Majuskel; dazu immer Buchschmuck (s. dort).

Buchschmuck: Initialen mit Figuren vor allen Büchern, verbunden mit der *Ulpianus*-Überschrift. Dazu oft Drolerien als Initialausläufer und darunter in den Interkolumnen etc. weitere Drolerien. Die Farbigkeit weitgehend auf leuchtendes Orangerot und Blau sowie Fleischfarben reduziert. Gehört zur Frühphase des sog. Ersten oder Akademischen Stils der Bologneser Buchmalerei. Der Schmuck von 167r deutlich von einem anderen Maler als der Rest, aber wohl aus demselben Umfeld, das jenes der von Alessandro Conti, La miniatura Bolognese. Scuole e botteghe 1270–1320, Bologna 1981, als „Miniatori dei profeti“ bezeichneten Buchmaler sein dürfte, die mehrere Bände der Bibel des Enrico dei Cerchi illuminierten (Florenz, Biblioteca Medicea-Laurenziana, Plut. III, dex. 5–7, dec. 9).

Nachträge und Benutzungsspuren: Eine Vielzahl von meist nahzeitigen Interlineargiossen in Legaltext und Klammerglosse; zudem ergänzte Glossen und andere Annotationen.

Einband: Pergamentband über Pappe, entstanden in Rom um 1780 (Schunke, Einbände 2.2, S. 850). Oben aufgeklebt auf den Rücken barockes helles Signaturschild *738* und blaues Schildchen mit *Pal. lat. 738*, darunter Buchtitel direkt auf den Rücken notiert.

Provenienz: universitäre Stationen in Südeuropa / Heidelberg.

Geschichte der Handschrift: Oben auf 1r Capsa-Nummer *C. 89* und Allacci-Signatur *843*. Auf Vorsatzbl. 1ar unter dem Eintrag *738/Pal* durchgestrichen die älteren Signaturen *646* und *657*. Blaues Signaturschildchen außer auf dem Buchrücken im vorderen Spiegel. – An mehreren Buchanfängen (68vc, 118rc, 207rb) tragen teils groteske Figuren einen Schild mit vierfach in Blau und Silbern schräglinksgeteiltem Wappen. Anscheinend dasselbe Wappen findet sich auch in den annähernd gleichzeitigen Institutiones Vat. lat. 1412 auf fol. 45vb und vielleicht in Pal. lat. 739 auf fol. 177rb.

Besonderheiten: Die Hs. zeigt deutliche Spuren eines ineinandergreifenden Herstellungsprozesses. Die Aussparung im Drachen auf 32v für eine frühe Annotation (ähnlich 153r, 134r auch für eine Zeileninitiale) weist, anders als Gibbs annimmt, nicht auf eine erheblich spätere Ausführung der Buchmalereien hin, da an anderen Stellen die (wohl ebenfalls gleichzeitigen) Glossen entweder von Buchmalereien überdeckt werden (99v unten) oder selbst die Deckfarben überschreiben (46r, wohl auch 3r). Auch Zeileninitialen sind gelegentlich dem Buchschmuck überschrieben (118r, 145r, 159v). Buchmaler, Rubrikator und Glossator arbeiteten also abwechselnd an denselben Seiten.

Faksimile: https://digi.ub.uni-heidelberg.de/diglit/bav_pal_lat_738

Literatur: Battelli, Ricerche, S. 317, 323–324; Van den Bergh / Stolte, The Unfinished, S. 251–305 („Palatino-Vaticanus VIII“); Brenkman, Historia, S. 282, Nr. VIII; Calasso, Criteri, S. 504–505; Gibbs, Illustration, S. 183, 186; Hanselmann, Bücherschenkung, S. 126, Nr. 1; Maffei, La donazione, S. 72 A. 25; Manuscripta juridica, Pal.lat.738; OVL, Pal.lat.738; Pace, ‚Garnerius Theutonicus' 1, S. 92 A. 1; Soetermeer, Utrumque ius, S. 316–318; Soetermeer, Due tradizioni, S. 96; Stevenson, Latini, S. 269.

1) 1ra–247vc
Beteiligte Personen: Justinian I. / Accursius.
Titel: Digestum vetus cum Glossa ordinaria.
Angaben zum Text: Von Kaiser Justinian I. in Auftrag gegebene Rechtssammlung mit der Glossa ordinaria des Accursius (um 1182/85–um 1260/63). – (1rb–2vb) Constitutio ‚Omnem'; (3rb–17rb) Buch 1; (17rb–32vc) Buch 2; (32vc–46rc) Buch 3; (46rc–68vc) Buch 4; (68vc–81vc) Buch 5; (81vc–87vb) Buch 6; (87vc–99vc) Buch 7; (99vc–109vc) Buch 8 (bis Dig. 8.6.25; Schluss verloren); (109vc–118rc) Buch 9 (Anfang verloren, beginnt Dig. 9.2.12); (118rc–[1]27rc) Buch 10; ([1]27rc–134rc) Buch 11; (134rc–145rc) Buch 12; (145rc–153rc) Buch 13; (153rc–159vc) Buch 14; (159vc–167rc) Buch 15; (167rc–174rb) Buch 16; (174rb–185vb) Buch 17; (185vb–194vb) Buch 18; (194vb–207rb) Buch 19; (207rb–213rb) Buch 20; (213rc–223vc) Buch 21; (223vc–230rb) Buch 22; (230rb–241rc) Buch 23; (241rc–247vc) Buch 24 (endet mit Dig. 24.2.11.2).
Rubrik: 1rb (beschädigt) ›*Imperator*‹ *Cesar Flauius Iustinianus, Alamannicus, Goticus, Francicus, Germanicus, Guandalicus, Alaricus, Vandalicus, Affricanus, pius, felix, inclitus uictor, triumphator et semper Augustus, Teophilo, Daretheo, Theodoro, Ysodoro et Anetheolio et Thaleo et Cratino* [v]*iris illustribus et antecessoribus Salamino viro dissertissimo salutem.*
Incipit: 1rb ›*Omnem*‹ *rei publice nostre sanctionem iam esse purgatam et compositam ...*
Explicit: 247vc *... si concubinam sibi adhibuerit, idem erit probandum.* ›*Explicit*‹.
Edition: Digestum vetus, Lyon 1627.

CW

Vatikan, Biblioteca Apostolica Vaticana, Pal. lat. 739

Digestum vetus cum Glossa ordinaria

Pergament · 1, 330, 1 Bll. · 38,7 × 24 cm · Oberitalien (Bologna?) · um 1270–1280

Entstehungsort: Oberitalien (Bologna?).
Entstehungszeit: um 1270–1280.

Typus (Überlieferungsform): Codex.
Beschreibstoff: Pergament.
Umfang: 1, 330, 1 Bll.
Format (Blattgröße): 38,7 × 24 cm.
Zusammensetzung (Lagenstruktur): $(I-1)^{1a}$ + IV^{8} + 3 V^{38} + III^{44} + 9 V^{134} + VI^{146} + VII^{159} + 7 V^{229} + VI^{241} + 8 V^{322} + IV^{330} + $(I-1)^{331*}$. Vorderer Spiegel Gegenbl. von Vorsatzbl. 1a, hinterer von 331*; diese Bll. Papier. Zählfehler: 153 doppelt vergeben (153a), 288 übersprungen.

Seiten-, Blatt- und Lagenzählung: Vatikanische Foliierung rechts oben: *1–330*. Bei ungez. oder doppelt gez. Bll. folgt die Zählung dem Digitalisat (1a, 153a, 331*). Reklamanten von Schreiberhand.
Zustand: Insgesamt gut, einzelne Seiten sehr abgenutzt oder verschmutzt.

Schriftraum: 32,7 × 20,7 cm (bis zu).
Spaltenanzahl: 2 Spalten Textus inclusus, umgeben von 2 Spalten Klammerglossen.
Zeilenanzahl: Textus inclusus: im Regelfall 45 Zeilen; Klammerglosse: bis zu 103 Zeilen.
Angaben zu Schrift / Schreibern: Voll ausgebildete Textualis, sehr ähnlich der Littera Bononiensis. Wie üblich kleinere Schrift für die Klammerglosse als für den Textus inclusus, auf 1r in den nach oben freien Zeilen Oberlängen wie in Urkunden ausgezogen.
Buchgestaltung: Die für glossierte oberitalienische Rechtshss. entwickelte Seiteneinrichtung aus zweispaltigem Text und umgebender zweispaltiger Klammerglosse, in der Terminologie von Powitz, Textus, S. 84f., Klammerform des Vier-Spalten-Typs. Der Schriftspiegel anscheinend mit Metallstift vorgezogen und später sorgfältig radiert. Grundlinien bis zum Rand durchgezogen. Glossen z.T. in Dreiecksform angeordnet. – Buchzählung als lebender Seitentitel von neuzeitlicher Hand. Verweisung von Glosse auf Haupttext mittels Buchstaben. – Blaue kleine Initialen für Autorennamen und rote für die Anfänge der Leges. Die Paragrafenzeichen alternierend rot und blau. Die Buchstaben nur selten mit Fleuronné (etwa 3r). Buchanfänge mit überlängter rot-blauer Majuskelschrift *Ulpianus*, Anfangsbuchstaben jeweils in Deckfarben (s. Buchschmuck). Die Majuskelschrift auf der Zeile „tanzend". – Im vorderen Bereich verbreitet Pecienvermerke an der Glosse erhalten, jedenfalls 22ra, 24va, 27rd, 30rd, 32vd, 35vd, 39rd, 48rd, 60vd, 63vd, 67rd. Allerdings stehen die Vermerke nicht wie in Bologna üblich am Ende, sondern am Anfang (Battelli, z.B. 30rd: *X. pe*[cia] *incipit hic*). Soetermeer, Utrumque ius, S. 314, kann weitere Peciengrenzen aufgrund äußerer Merkmale benennen (6va, 14rd, 17rd).
Buchschmuck: Initialen der *Ulpianus*-Überschrift jeweils in Deckfarben ausgeführte langgezogene Lombarden: Entweder blaue Buchstaben auf Feldern aus gelbem Ocker (Goldimitat?) oder stärker vegetabil gestaltete rotbraune und ockergelbe Initialen auf blauen Feldern. Gelegentlich als Ausläufer nach oben oder unten Ranken, Drachen oder groteske Figuren (u.a. 1rb, 3rb, 177rb, 189vc, 278rb, 295rc); 17rc zwei Gesichter an einer besonders kleinen Initiale; 100vc ein Fisch als Füllung des Binnenfelds. Gelegentlich Randzeichnungen, u.a. Figuren und Drachen (z.B. 20v, 36v, 42v, 63r, 67r, 73v, 105v, 107r, 120r, 120v, 122v, 126v, 128v, 141v, 144r, 144v, 152r, 194r, 194v, 195v, 214v).

Nachträge und Benutzungsspuren: Nachgetragene Additiones zu den Glossen, identifizierte Autoren: Bartolo da Sassoferrato (um 1313–1357) (176vd, 177ra, 184vd, 267r–330r), Iacopo Bottrigari (1274–1347) (189va), Odofredo († 1265) (1ra, 1vd, 25v), Riccardo Malómbra († 1334) (176r, 176vd, 178ra).

Einband: Pergamentband über Pappe, entstanden in Rom um 1780 (Schunke, Einbände 2.2, S. 850). Aufgeklebt auf den Rücken barockes helles Signaturschild *739*, darunter Buchtitel direkt auf den Rücken notiert; ganz unten blaues Signaturschild *Pal. lat./739*.
Provenienz: Südeuropäisches universitäres Milieu / Florenz / Heidelberg.
Geschichte der Handschrift: 1r Capsa-Nummer *C. 39* und Allacci-Signatur *253*. Auf Vorsatzbl. 1ar unter *739 Pal.* durchgestrichen *657* (?). 1r oben Eintrag des Florentiner Humanisten und Diplomaten Giannozzo Manetti (1396–1459): *Manet 12. π.* [für FF] *vet.* (Pace, Ric-

cardo, S. 59f. A. 72). Giuseppe B. CAGNI nimmt an, die Handschrift habe wie auch der heutige Codex Pal. lat. 622 dem 1453 in Paradiso degli Alberti verstorbenen portugiesischen Juristen Velasco gehört. Durch einen Brief vom 17. Januar 1456 ist das Interesse Manettis an schönen Rechtshss. mit Glosse aus dem Besitz Velascos belegt, jedoch fehlen in der Hs. alle Hinweise auf Velasco. Nach 1529 wurde Manettis Handschriftensammlung von Ulrich Fugger (1526–1584) erworben, dessen Büchersammlung schließlich in die Bibliotheca Palatina einfloss (s. Einleitung). – Die nicht ganz den Bologneser Standards entsprechende Schrift, die Zählung der Pecien am Anfang sowie die ortsuntypische Buchmalerei sprechen gegen eine Entstehung in Bologna. Jedoch 177ra an einem Drachenleib vielleicht ein sechsfach in Blau und Silbern schräglinksgeteiltes Wappen, womöglich dasselbe wie das mehrfach in Pal. lat. 738 sowie in Vat. lat. 1412 vorkommende vierfach geteilte Wappen. Das Wappen, wenn es kein reines Phantasiewappen ist, würde wegen der Herkunft der anderen Hss. für Bologna sprechen.

Faksimile: https://digi.ub.uni-heidelberg.de/diglit/bav_pal_lat_739

Literatur: BATTELLI, Ricerche, S. 315, 325; VAN DEN BERGH / STOLTE, The Unfinished, S. 251–305 („Palatino-Vaticanus IX"); BRENKMAN, Historia, S. 282, Nr. IX; CALASSO, Criteri, S. 504–505; CALASSO, Sassoferrato, S. 662; Giuseppe B. CAGNI, Vespasiano da Bisticci e il suo epistolario, Rom 1969 (Temi et testi 15), S. 134 A. 1; HANSELMANN, Bücherschenkung, S. 126, Nr. 1; JAKOBS, Or signori, S. 316 (Sigle V9); MAFFEI, La donazione, S. 72 A. 25; Manuscripta juridica, Pal.lat.739; OVL, Pal.lat.739; PACE, ‚Garnerius Theutonicus' 1, S. 92 A. 1; PACE, Riccardo, S. 38 A. 1, 59–61, 163; PARADISI, La diffusione, S. 8 A. 12, 35; SOETERMEER, Utrumque ius, S. 278, 312–314; SOETERMEER, Due tradizioni, S. 92, 96; STEVENSON, Latini, S. 269.

1) 1ra–330rc

Beteiligte Personen: JUSTINIAN I. / ACCURSIUS.

Titel: Digestum vetus cum Glossa ordinaria.

Angaben zum Text: Von Kaiser Justinian I. in Auftrag gegebene Rechtssammlung mit der Glossa ordinaria des Accursius (um 1182/85–um 1260/63). Die Glosse nach SOETERMEER, Utrumque ius, S. 313, „hinsichtlich der accursischen Additionen zum mindesten sehr unvollständig". Anscheinend enthält die Glosse namentlich nicht gekennzeichnete Additiones (SOETERMEER, Due tradizioni). – (1rb–2vb) Constitutio ‚Omnem'; (3rc–17rc) Buch 1; (17rc–37vb) Buch 2; (37vb–54vb) Buch 3; (54vb–78vc) Buch 4; (78vc–94vb) Buch 5; (94vb–100vc) Buch 6; (100vc–115rb) Buch 7; (115rb–126rc) Buch 8; (126rc–138vb) Buch 9; (138vc–151vb) Buch 10; (151vc–159vc) Buch 11; (160rb–177rb) Buch 12; (177rb–189vc) Buch 13; (189vc–200rb) Buch 14; (200rb–211rb) Buch 15; (211rb–220rb) Buch 16; (220rb–234vb) Buch 17; (234vb–248vc) Buch 18; (248vc–267rc) Buch 19; (267rc–278rb) Buch 20; (278rb–295rc) Buch 21; (295rc–304vb) Buch 22; (304vb–321rc) Buch 23; (321rc–330rc) Buch 24. – Am Ende von Buch 11, fol. 159vc, Bandteilung: *Explicit prima pars* (vgl. BATTELLI).

Rubrik: 1rb ›*Imperator Cesar Iustinianus Flauius, Alamannicus, Gothicus, Francus, Germanicus, Athicus* [?], *Vandalicus, pius, felix, inclitus uictor, triumphator, semper Augustus, Teophilo, Dorotheo, Isodoro, Anatholio et Thalaseo, Constantino uiris illustribus et antecessoribus et Salonino viro disertissimo antecessori salutem*‹.

Incipit: 1rb [O]*mnem* [...] *sanctionem iam esse purgatam et compositam ...*

Explicit: 330rc ... *si concubinam sibi adibuit* [!], *idem erit probandum. Benedictus deus in donis suis et sanctus in omnibus operibus suis qui uiuit et regnat in secula seculorum.* ›*Amen*‹.

Edition: Digestum vetus, Lyon 1627.

2) 330v
Titel: Federproben und kurze Notizen.
Angaben zum Text: Einträge unterschiedlicher Länge von sehr vielen Händen, wohl. 14. und 15. Jh. und wohl in der Regel italienisch.

CW

Vatikan, Biblioteca Apostolica Vaticana, Pal. lat. 740

Digestum vetus cum Glossa ordinaria

Pergament, Papier · 2, 170, 2 Bll. · 37,6 × 23,7 cm · Südfrankreich (?) · 2. Drittel 13. Jh.

Entstehungsort: Südfrankreich (?).
Entstehungszeit: 2. Drittel 13. Jh.

Typus (Überlieferungsform): Codex.
Beschreibstoff: Pergament und Papier.
Umfang: 2, 170, 2 Bll.
Format (Blattgröße): 37,6 × 23,7 cm.
Zusammensetzung (Lagenstruktur): (2 oder I)^{2a} + 2 III^{12} + 1^{13} + 1^{14} + 2 V^{34} + 1^{35} + 1^{36} + IV^{44} + III^{50} + 12 V^{169} + (2 oder I)^{171*}. Kopert im Schema nicht berücksichtigt. Zählfehler: 51a nicht gez. Ursprünglich nur Pergament. Neue Vorsätze aus Pergament. 3–4 sind unbeschriebene Bll. aus Papier, ebenso 15–34. Die Pergamentbll. 13, 14, 35 und 36 könnten auch aus zwei Doppelblättern bestehen, in deren Mitte die beiden Quinionen aus Papier, Bl. 15–34, eingeheftet sind.
Seiten-, Blatt- und Lagenzählung: Vatikanische Foliierung rechts oben: *1–169*. Reste einer alten Foliierung mit römischen Ziffern. Bei ungez. Bll. folgt die Zählung dem Digitalisat (1*, 1a–2a, 170*–171*, 171*a). 14v, 45v (!), 59v, 79v, 89v, 99v ... 169v Reklamanten.
Zustand: Pergament vergleichsweise dunkel und oft verschmutzt, aber insgesamt gut. Viele, zum Teil ergänzte Blattverluste nach 14v und am Schluss.
Wasserzeichen: Traube, zwei Varianten, auf Bll. 3, 19, 26, 29, keine Übereinstimmung mit WZIS oder Piccard, auf Bll. 21–24, 31–34, Wzz. ähnlich Gerhard Piccard, Wasserzeichen Frucht, Stuttgart 1983 (Veröffentlichungen der Staatlichen Archivverwaltung Baden-Württemberg, Sonderreihe, Findbuch = Die Wasserzeichenkartei Piccard im Hauptstaatsarchiv Stuttgart 14), I, 983.

Schriftraum: 32,6 × 22,0 cm.
Spaltenanzahl: 2 Spalten Textus inclusus, umgeben von 2 Spalten Klammerglossen. Einzelne Seiten nur zweispaltig.
Zeilenanzahl: Textus inclusus: 45–52 Zeilen; Klammerglosse: bis zu 115 Zeilen.
Angaben zu Schrift / Schreibern: 1rb–2vc deutlich altertümlicher als der Rest der Hs. Die Schrift des Hauptteils, schon auf dem Weg zur Textualis, sicher französisch, jedoch wohl kaum aus einem Zentrum des Nordens: Die doppelte Brechung von d, g, o, p nicht konsequent durchgeführt, keine Tendenz zum doppelstöckigen a, kein entschiedenes Zusammenziehen der Wörter. Auch die Lombarden eher aus dem mediterranen Raum.

Buchgestaltung: Die Seiten überwiegend nach dem Muster glossierter oberitalienischer Rechtshss. eingerichtet: zweispaltiger Text mit umgebender zweispaltiger Klammerglosse, in der Terminologie von Powitz, Textus, S. 84f., Klammerform des Vier-Spalten-Typs. Allerdings auch, wie in Frankreich üblich, Seiten nur mit Glossen in zweispaltiger Anordnung. – Anscheinend mit Metallstift vorgezogener, später radierter Schriftspiegel. Grundlinien bis zum Rand durchgezogen. – Buchzählung als lebender Seitentitel in Rot und Blau von vermutlich zeitgenössischer Hand. Verweisung von Glosse auf Haupttext mittels abstrakter Verweisungszeichen. – Ab 5ra abwechselnd rote und blaue kleine Lombarden für Autorennamen sowie für die Anfänge der Leges. Selten einfachstes Parallelstrichfleuronné in den Binnenfeldern. Ebenso die Paragrafenzeichen alternierend rot und blau. Anfangswörter der Bücher in überlängter rot-blauer Majuskelschrift. 1rb–2vc nur rote Paragrafenzeichen, umfangreiche Rubrik 1rb nicht ausgeführt.

Nachträge und Benutzungsspuren: Zahlreiche interlineare und marginale Annotationen. Enthält auch von Accursius (um 1182/85–um 1260/63) verfasste Additiones zu seiner Glossa ordinaria (56va, 75va, 77rb–110rc). Weiterhin identifizierte Additones von: *Alb* (Alberto da Pavia [tätig 1211–1240]?) (75v); Bartolo da Sassoferrato (um 1313–1357) (77r, 133r); Odofredo († 1265) (67va–71rd, passim).

Einband: Kopert mit erhaltener Klappe, nach Schunke, Einbände 2.2, S. 850, um 1780 in Rom entstanden, womöglich aber älter. Aufgeklebt oben auf den Rücken barockes helles Signaturschild *740*; darunter Buchtitel direkt auf den Rücken notiert; ganz unten blaues Signaturschild *Pal. lat./740.*

Provenienz: Heidelberg.

Geschichte der Handschrift: 1r unten Allacci-Signatur *547.* Auf 1ar aktuelle Signatur *740/ Pal.* und die ausgestrichene Altsignatur *653.* - 38r oben Besitzeintrag *Istuc FF* [= Digestum] *vetus est magistri Iohanne Chommeyro, clerici et eum* [?] [...] *praedicto* [...] *librum.* Wie die Signatur auf 1ar *294*, darunter *hen.*, nahelegt (darüber befindet sich noch die Bezeichnung *pi vetus*), handelt es sich hier um eine vom französischen Buchdrucker und Gelehrten Henri Estienne (1531–1598) für Ulrich Fugger (1526–1584) erworbene Hs., die mit der Bibliothek des Augsburger Büchersammlers 1567 nach Heidelberg gekommen sein dürfte und in diesem Fall nach dessen Tod in das Eigentum des Pfälzer Kurfürsten überging. 1r unten Allacci-Signatur *547.* 1ar unter aktueller Signatur *740/Pal.* zunächst *π vetus*, dann durchgestrichen *294*, dann *hen.* und dann wieder ausgestrichen *653.* – 38r oben Besitzeintrag *Istuc FF* [= Digestum] *vetus est magistri Iohanne Chommeyro, clerici et eum* [?] [...] *praedicto* [...] *librum.*

Besonderheiten: Constitutio ‚Omnem' 1rb–2vc möglicherweise aus einem anderen, älteren Codex übernommen. Textverlust am Ende von Buch 1 und Beginn von Buch 2 sollte möglicherweise durch einen Nachtrag ersetzt werden; die vorbereiteten Bll. allerdings leer.

Faksimile: https://digi.ub.uni-heidelberg.de/diglit/bav_pal_lat_740

Literatur: Battelli, Ricerche, S. 317, 324; Van den Bergh / Stolte, The Unfinished, S. 252–305 („Palatino-Vaticanus X"); Richard G. Böhm, Accursius und die ‚Constitutio Antoniana'. Vom Einfluss der ‚glossa ordinaria' zu der Ulpianstelle der Digesten (Dig. I, 5, 17) auf die moderne Erforschung der ‚constitutio imperatoris Antonini' (de civitate = P. Giss. 40 col. 1), in: Atti del Convegno Internazionale di Studi Accursiani, Bologna, 21–26 ottobre 1963, Bd. 2, hrsg. von Guido Rossi, Mailand 1968, S. 637–660, hier S. 657 A. 49; Brenkman, Historia, S. 282, Nr. X; CALASSO, Criteri, S. 504–505; Francesco CALASSO, Medio evo del diritto, Bd. 1: Le fonti, Mailand 1954, Tav. III; CALASSO, Sassoferrato, S. 662; FEENSTRA, Quelques remarques, S. 215 A. 36, 217–221; HANSELMANN, Bücherschenkung, S. 126, Nr. 1; MAFFEI, La donazione, S. 72 A. 25; Manuscripta juridica, Pal.lat.740; OVL, Pal.lat.740; PARADISI, La diffusione, S. 8 A. 12, 35; SOETERMEER, Utrumque ius, S. 310; SOETERMEER, Due tradizioni, S. 90–94, 96; STEVENSON, Latini, S. 269.

1) 1ra–169vd
Beteiligte Personen: JUSTINIAN I. / ACCURSIUS.
Titel: Digestum vetus cum Glossa ordinaria.
Angaben zum Text: Von Kaiser Justinian I. in Auftrag gegebene Rechtssammlung mit der Glossa ordinaria des Accursius (um 1182/85–um 1260/63). – (1rb–2vc) Constitutio ‚Omnem'; (3r–4v) leer; (5rb–14v) Buch 1 (Textverlust nach Dig. 1.16.9.5 ... *hoc enim etiam ad invidiam*); (15r–34v) leer; (35rb–40vb) Buch 2 (35rb–35vc nur Glosse; Anfang verloren, beginnt in Dig. 2.14.7.18, [...] *sed si quis, ut supra rettulimus* ...); (40vb–50rc) Buch 3; (51rb–67rc) Buch 4; (67rc–80rb) Buch 5; (80rb–85rb) Buch 6; (85rb–95vc) Buch 7; (95vc–104rc) Buch 8; (104rc–113rb) Buch 9; (113rb–122rc) Buch 10; (122rc–128vb) Buch 11; (128vb–140rc) Buch 12; (140rc–147vb) Buch 13; (147vb–153vc) Buch 14; (153vc–161rc) Buch 15; (161rc–167vc) Buch 16; (167vc–169vc) Buch 17 (Textverlust ab Dig. 17.1.12.16).
Incipit: 1rb *Omnem nostre rei publice sanctionem iam esse purgatam et compositam...*
Explicit: 169vc ... *quod si mandaueris exigendam, deinde prohibuisti, exactamque recepi*[sti].
Edition: Digestum vetus, Lyon 1627.

CW

Vatikan, Biblioteca Apostolica Vaticana, Pal. lat. 741

Digestum vetus cum Glossa ordinaria

Pergament · 1, 160, 1 Bl. · 40,2 × 26,5 cm · Südfrankreich · Ende 13. Jh.

Entstehungsort: Südfrankreich.
Entstehungszeit: Ende 13. Jh.

Typus (Überlieferungsform): Codex.
Beschreibstoff: Pergament.
Umfang: 1, 160, 1 Bl.
Format (Blattgröße): 40,2 × 26,5 cm.
Zusammensetzung (Lagenstruktur): $(I-1)^{1a}$ + III^{6} + 2 $(VII-1)^{32}$ + 2 VI^{56} + V^{66} + 4 VI^{114} + $(VI-1)^{125}$ + $(IV-1)^{132}$ + II^{136} + 2 VI^{160} + $(I-1)^{161*}$. Verlust von 1 Lage oder mehr vor Bl. 1, von einem Doppelbl. zwischen 3 und 4 sowie des Blatts zwischen 7 und 8. Vorderer Spiegel Gegenbl. zu Vorsatz 1a, hinterer zu 161*.
Seiten-, Blatt- und Lagenzählung: Vatikanische Blattzählung rechts oben (*1–160*). Bei ungez. Bll. folgt die Zählung dem Digitalisat (1a, 161*). Unten Reklamanten vom Schreiber mit Unterbrechung 6v–136v. Oben mittig eine neuzeitliche Blattzählung innerhalb der Bücher.
Zustand: Relativ viele Blattverluste. Ab 151r verschmutzte Seiten.

Schriftraum: 37,2 × 25,5 cm.
Spaltenanzahl: 2 Spalten für den Textus inclusus, umgeben von 2 Spalten Klammerglosse.
Zeilenanzahl: Stark schwankend, für den Textus inclusus üblicherweise um die 54–58, manchmal auch nur 22 Zeilen. Die Klammerglosse mit meist um die 113 Zeilen.
Angaben zu Schrift / Schreibern: Handwechsel beim Textus inclusus nach 25v. Die Schrift stärker gebrochen als die Littera Bononiensis und anders als diese mit doppelstöckigem a und Quadrangeln an den Füßen des m. Dennoch enthält sie Elemente der südeuropäischen Rotunda, die eine Entstehung in Nordeuropa unwahrscheinlich machen. Auch der Fleuronnéschmuck vereinigt südliche und nördliche Züge. Anders als Paul LEHMANN annimmt („Italien“), am ehesten in Südfrankreich entstanden.
Buchgestaltung: Die für glossierte oberitalienische Rechtshss. entwickelte Seiteneinrichtung aus zweispaltigem Text und umgebender zweispaltiger Klammerglosse, in der Terminologie von POWITZ, Textus, S. 84f., Klammerform des Vier-Spalten-Typs. 133rv, 160v nur eine Spalte Textus inclusus. Der Schriftspiegel anscheinend mit Metallstift vorgezogen und später radiert. Zeitgenössische Buchzählung in Rot-Blau als Seitentitel. – Am Anfang der Bücher in ausgezogenen rot-blauen Ziermajuskeln ›*ULPIANUS*‹ (außer 106vb vor Buch 19). Autorennamen beginnen bis 90vc vor der Zeile mit einer blauen Lombarde mit einfachem geschwungenen Parallellinienfleuronné, vor den hinter die Autoren in die Zeile eingerückten Anfängen der Leges steht eine kleinere rote Lombarde. Ab 91rb ist es umgekehrt. Alternierend rote und blaue Kapitelzeichen. Die Kommentarstellen fangen mit eingerückten kleinen Lombarden alternierend in Blau und Rot an, die ebenfalls mit Fleuronné verziert sind.

Nachträge und Benutzungsspuren: Im ganzen Codex interlineare und oft auch marginale Annotationen, zudem Zeichnungen und Merkzeichen, 160v im Seitenfuß eine Initiale. Durch Kürzel bezeichnete Additiones zu den Glossen von: Odofredo († 1265) (157v); *doctores* (72va). 160vc, nur noch schwer lesbar, eine Liste, vielleicht ein Inhaltsverzeichnis, datiert *Anno domini millesimo ccc lxvij die viij.*

Einband: Pergamentband über Pappe, entstanden in Rom um 1780 (SCHUNKE, Einbände 2.2, S. 850). Oben aufgeklebt auf den Rücken barockes helles Signaturschild *741*, darunter Buchtitel direkt auf den Rücken notiert; unten blaues Schildchen mit *Pal. lat. 741.*
Provenienz: Augsburg / Heidelberg.
Geschichte der Handschrift: 1ar Eintrag der aktuellen Signatur *741* und *Pal.*; darunter die durchgestrichene Nummer *764.* Auf dem vorderen Spiegel Aufkleber *Pal. lat. 741.* Über dem Textus inclusus 1r der Vermerk aus der Bibliothek von Ulrich Fugger (1526–1584) *189. seors.* 1567 mit der Fuggerbibliothek von Augsburg nach Heidelberg und nach Fuggers Tod in den Besitz des pfälzischen Kurfürsten gelangt.

Faksimile: https://digi.ub.uni-heidelberg.de/diglit/bav_pal_lat_741
Literatur: BATTELLI, Ricerche, S. 317, 324; VAN DEN BERGH / STOLTE, The Unfinished, S. 251–305 („Palatino-Vaticanus XI“); BRENKMAN, Historia, S. 282, Nr. XI; HANSELMANN, Bücherschenkung, S. 126, Nr. 1; LEHMANN, Fuggerbibliotheken 2, S. 117, 481; Manuscripta juridica, Pal.lat.741; OVL, Pal.lat.741; PACE, ‚Garnerius Theutonicus' 1, S. 92 A. 1; SOETERMEER, Utrumque ius, S. 311; STEVENSON, Latini, S. 269.

1) 1ra–160vb
Beteiligte Personen: JUSTINIAN I. / ACCURSIUS.

Titel: Digestum vetus cum Glossa ordinaria.

Angaben zum Text: Von Kaiser Justinian I. in Auftrag gegebene Rechtssammlung mit der Glossa ordinaria des Accursius (um 1182/85–um 1260/63). – (1rb–3vc) Buch 3 [Anfang fehlt, beginnt Dig. 3.4.1.pr., endet Dig. 3.5.46.1 … *an utili actione agat vel conveniatur, quia in extraordinariis* (…)]; (4rb–14rc) Buch 4 [Anfang fehlt, beginnt Dig. 4.4.27.1 (…) *iubeatur venditor reddito* … Textverlust außerdem zwischen Dig. 4.16.pr. und Dig. 4.8.4]; (14rc–21vb) Buch 5; (21vb–26rc) Buch 6; (26rc–33vc) Buch 7; (33vc–39vc) Buch 8; (39vc–46rc) Buch 9; (46rc–53rb) Buch 10; (53rb–57rc) Buch 11; (57vb–66vc) Buch 12; (67rb–72vc) Buch 13; (73rb–77vc) Buch 14; (77vc–83vb) Buch 15; (83vb–88rc) Buch 16; (88rc–97vb) Buch 17; (97vb–106vb) Buch 18; (106vb–118vb) Buch 19; (118vb–125vc) Buch 20; (126rb–136rb) Buch 21; (136rb–142vb) Buch 22; (142vb–154rb) Buch 23; (154rb–160vb) Buch 24 [endet nach Dig. 24.2.11.2].

Incipit: 1rb […]*senatus consultis atque constitutionibus principalibus confirmatum est, veluti pistorum et quorundam aliorum* …

Explicit: 160vb … *et si concubinam sibi adhibuerit, idem erit probandvm.*

Edition: Digestum vetus, Lyon 1627.

CW

Vatikan, Biblioteca Apostolica Vaticana, Pal. lat. 742

Infortiatum cum Glossa ordinaria

Pergament · 2, 269, 4 Bll. · 45,6–46,3 × 28,4–28,8 cm · Bologna · um 1290

Entstehungsort: Bologna.
Entstehungszeit: um 1290.

Typus (Überlieferungsform): Codex.
Beschreibstoff: Pergament.
Umfang: 2, 269, 4 Bll.
Format (Blattgröße): 45,6–46,3 × 28,4–28,8 cm.

Zusammensetzung (Lagenstruktur): $(I-1)^{1a}$ + $(V+1)^{10}$ + IV^{18} + 8 V^{88} + II^{92} + 4 V^{132} + IV^{140} + 5 V^{190} + II^{194} + 6 V^{254} + $(II+4)^{262^*}$ + $(I-1)^{263^*}$. Vorderer Spiegel Gegenbl. von 1a, hinterer Spiegel Gegenbl. von 263*. Zählfehler: auf 89 folgt ein zweites Mal 80. 2a gehört zur ersten Lage. Lagenformel ab 255 nicht eindeutig bestimmbar, auch 2 II^{262^*} denkbar.

Seiten-, Blatt- und Lagenzählung: Vor- und Nachsatzbll. ungez. Römische Foliierung des 17. Jhs. (*1–260*). Bei ungez. Bll. folgt die Zählung dem Digitalisat (1a–2a, 261*–263*). Durchgängig verzierte Reklamanten auf der letzten Versoseite der Lage auf dem Fußsteg rechts (fehlen auf 92v, 194v). Lagenfoliierung mit Buchstaben und Zeichen.

Zustand: 1r etwas ausgeblichen. Zahlreiche Gebrauchsspuren. Leichter Wasserschaden am oberen Rand, auf den letzten Bll. auch auf dem Bundsteg. 104 untere Ecke mit Pergament restauriert (Textverlust).

Schriftraum: 30,5–42 × 23,3–25,5 cm (mit Klammerglosse); 26–26,7 × 14,5–14,7 cm (ohne Klammerglosse).
Spaltenanzahl: 4 Spalten.

Zeilenanzahl: Legaltext: 22–50 Zeilen, Klammerglosse: 6–99 Zeilen.

Angaben zu Schrift / Schreibern: Die Schrift ist ein typisches Beispiel der in Bologna gepflegten Littera Bononiensis. Aufgrund ihrer Standardisierung sind Aussagen über verschiedene Hände kaum möglich. Alleine beim Inhaltsverzeichnis auf 158v–159r ist eine andere Hand erkennbar. Die Schrift ist entsprechend dem anspruchsvollen Buchschmuck kalligrafisch aufwändig gestaltet.

Buchgestaltung: Zeilengerüst mit Silberstift vorgezogen. Seitentitel mittig mit einem *L* auf der Versoseite und der dem jeweiligen Buch zugeordneten Ziffer auf der Rectoseite in Blau und Rot. Mittig und zweispaltig angelegter Text ist von Klammerglosse umflossen. Im Legaltext beginnt jedes Buch mit Miniatur, jeder Titel mit Rankeninitiale oder Bildeinschlussinitiale mit Person im Schulterstück, zuvor genannte Tituli rubriziert. In jeder Lex ist jeweiliger Jurist mit blauer Lombarde mit Fleuronnébesatz, Anfang des Gesetzestexts mit roter Lombarde mit grafischen Verzierungen in Blau hervorgehoben. Ferner Paragrafenzeichen alternierend in Blau und Rot. Verweise zwischen Legaltext und Klammerglosse anhand von Buchstaben. In Klammerglosse Titel zuweilen Rankeninitiale vorangestellt, ferner Unterteilung mit alternierend blauen und roten Lombarden mit Fleuronnéverzierungen sowie alternierend blauen und roten Paragrafenzeichen.

Buchschmuck: Mehrere Buchmaler für die Miniaturen: (I) bis 9v sowie wieder 93r–109r, 137r, 156v, 238v der Meister der Bibel von Girona (Girona-Meister); (II) 16r–34v, 93r, 195r–198v ein Nachfolger des Girona-Meisters; (III) 50v–79v, 122v, 137r, 175r, 175v, 220r, 238v mindestens ein weitere Bologneser Maler, wohl mit Gehilfen. Bilderschließung online in heidICON.

Nachträge und Benutzungsspuren: Zahlreiche Korrekturen, Anmerkungen und Verweise von mehreren Händen, wie auch mannigfache grafische Verweiszeichen.

Einband: Römischer Einband, Pappe mit weißem Pergament überzogen, in Rom um 1780 gefertigt (Schunke, Einbände 2.2, S. 850), Löcher für Schließbänder noch vorhanden. Gelbkupferfarbenes Kapital. Auf Buchrücken zwei blaue aufgeklebte Schildchen mit aktueller Signatur, dazwischen Rückentitel: *INFORTIATUM*.

Provenienz: Pavia / Padua / Heidelberg.

Geschichte der Handschrift: Auf Vorderspiegel blaues aufgeklebtes Schildchen mit aktueller Signatur. Auf 1ar nebst aktueller Signatur Altsignatur *654* [durchgestrichen], auf 2ar Capsa-Nummer *C. 81*, darunter unleserliche Allacci-Signatur, daneben unleserliche Altsignatur. Weitere Altsignaturen auf 1r *557* und auf 262*v *18* und *1823*. Buchschmuck und Schrift sprechen für die Entstehung der Hs. in Bologna um 1290. Dass sie an der dortigen Universität hergestellt wurde, zeigen die Hinweise auf eine Produktion anhand von Pecien. So finden wir auf der letzten Versoseite jeder Lage auf dem Fußsteg links meist den Vermerk des Korrektors: *cor. mi.* und Ziffer (cor. steht für *correxi / correcta*, mi. auf 88v ausgeschrieben: *minora*?), auf 217r im mittleren Interkolumnium *finit vij.*, das Ende der siebten Pecia anzeigend. Erster belegbarer Besitzer der Hs. ist Arduino Geremia, der von 1392 bis 1398 als Student in Pavia nachweisbar ist. Dort verkaufte er Cosimo Veronesi neben einer Ausgabe des Codex Iustinianus (Pal. lat. 759) auch vorliegendes Infortiatum. So heißt es auf 262*r: *Die primo Jullij 9viij dominus Arduynus de Cicillia pro jncontro de vno codice dato domino Coxima de Cicillia quod habeo a suprascripto domino Arduyno.* 262*v gibt den Schätzwert der Hs. wieder: *Die 9 Augusti Inforciatum domini Cosme de Veronixijs de Cicilia extimatum Florenis triginta auri. Ambrosinus de Pergamo* [*triginta auri* steht auf Rasur.

Angabe nach GARGAN, L'enigmatico ‚conduxit', S. 35]. Es ist gut möglich, dass die Schätzung mit dem Verkauf des Buchs durch Cosimo in Verbindung steht. Zwar ist dieser bis 1439 in den Paveser Quellen nachweisbar (PACE, Cosmas, S. 195f.), er muss seine drei uns bekannten Hss. jedoch zuvor veräußert haben (neben Pal. lat. 759 auch Pal. lat. 731). Denn auf 1r ist auf dem Fußsteg rechts lesbar: *Dominus Antonius conduxit in Paduam 13 Augusti 1419*, sowie die Unterschrift *Mel subscripsi*. Vermerke dieser Art sind Zeugnis des Privilegs der Studenten, zollfrei Bücher nach Padua einführen zu dürfen. Damit muss der Codex später einem gewissen Antonius gehört haben. Bereits 1407 muss die Hs. schon einmal in Padua gewesen sein. Denn unter der Quarzlampe ist auf 1r auf dem Fußsteg links lesbar: *Dominus Cosmas conduxit in Paduam* (GARGAN, L'enigmatico ‚conduxit', S. 35). Da Pal. lat. 731, Pal. lat. 742 und Pal. lat. 759 zweifelsohne dieselben Vorbesitzer hatten, vermutet LEHMANN, dass alle drei Bände schließlich in die Bibliothek des Ulrich Fugger (1526–1584) gelangten. Als Beweis führt er eine Hen-Signatur in Pal. lat. 731 an, die sich in den Digitalisaten jedoch nicht finden ließ.

Faksimile: https://digi.ub.uni-heidelberg.de/diglit/bav_pal_lat_742

Literatur: Ausst.-Kat. Palatina, S. 54f.; VAN DEN BERGH / STOLTE, The Unfinished, S. 251–305; BERSCHIN, Palatina, S. 81; Luciano GARGAN, „Extimatus per bidellum generalem Studii Papiensis". Per una storia del libro universitario a Pavia nel Tre e Quattrocento, in: Per Cesare Bozzetti. Studi di letteratura e filologia italiana, hrsg. von Simone ALBONICO, Mailand 1996 (Testi e strumenti di filologia italiana. Strumenti 2), S. 19–36, hier S. 30f.; HANSELMANN, Bücherschenkung, S. 126; LEHMANN, Fuggerbibliotheken 2, S. 481; Manuscripta juridica, Pal.lat.742; SPECIALE, Libri, S. 77 A. 1; L'ENGLE, Illumination, S. 201 A. 102, 205 A. 113, 207 A. 119, 208 A. 123, 231 A. 173, 232 A. 174, 235 A. 185, 257 A. 243, 280 A. 298, 301; PACE, Cosmas, passim; PACE, Riccardo, S. 172, 174, 175 A. 27, 188; RÖHLE, Vulgathandschriften, S. 366; SCHUNKE, Einbände 2.2, S. 850; STEVENSON, Latini, S. 270; VERONESE CESERACCIU / ZEN BENEDETTI, Bibliografia, S. 313.

1) 1ra–259rc

Beteiligte Personen: JUSTINIAN I. / ACCURSIUS.

Titel: Infortiatum cum Glossa ordinaria.

Angaben zum Text: Von Kaiser Justinian I. in Auftrag gegebene Rechtssammlung mit der Glossa ordinaria des Accursius (um 1182/85–um 1260/63): (1rb–9rc) Dig. 24.3.0–Dig. 24.3.67; (9vb–16rb) Buch 25; (16rb–34vc) Buch 26; (34vc–50vc) Buch 27; (50vc–79rc) Buch 28; (79vb–90vb) Buch 29; (91r) Notizen; (91v–92r) leer; (92v) Notizen; (93rb–109rc) Buch 30; (109rc–122vc) Buch 31; (122vc–137rc) Buch 32; (137rc–156vc) Buch 33; (156vc–175rc) Buch 34; (175vb–194vb) Dig. 35.1.0–Dig. 35.2.82; (195rb–198vc) Dig. 35.2.83–Dig. 35.3.9; (198vc–219vc) Buch 36; (220rb–238vb) Buch 37; (238vb–257vc) Buch 38; (258r) Notizen; (258va–259ra) Inhaltsverzeichnis. – 1ar–2av leer. – 259v leer. – 260ra–260rc Alphabetisches Register und Merkverse zu den Monaten (s. WALTHER, IC, Nr. 9726). – 260v Notizen zu gerichtlichen und willkürlichen Strafen. – 261*r–261*v leer. – 262*r Kaufvermerk. – 262*v Schätzvermerk. – 263*r–263*v leer.

Rubrik: 1rb ›*Soluto matrimonio quamadmodum dos petatur. Rubrica*‹.

Incipit: 1rb ›*Dotis*‹ *causa semper et ubique precipua est: nam et rei publice interest dotes mulieribus conseruari ...*

Explicit: 257vc ... *uel etiam quod filius qui in hostium potestate erat postliminio non sit reuersus.* ›*Explicit liber trjum partjum. Deo gracjas*‹.

Edition: Infortiatum, Lyon 1627.

TH, CW

Vatikan, Biblioteca Apostolica Vaticana, Pal. lat. 743

Infortiatum cum Glossa ordinaria

Pergament · 1, 245, 1 Bll. · 45,2 × 27 cm · Bologna (?) · 3. Drittel 13. oder 1. Drittel 14. Jh.

Entstehungsort: Bologna (?).
Entstehungszeit: 3. Drittel 13. oder 1. Drittel 14. Jh.

Typus (Überlieferungsform): Codex.
Beschreibstoff: Pergament.
Umfang: 1, 245, 1 Bll.
Format (Blattgröße): 45,2 × 27 cm.
Zusammensetzung (Lagenstruktur): $(I\text{-}1)^{1a}$ + 16 V^{160} + 6 IV^{208} + VII^{222} + V^{232} + VI^{244} + $(I\text{-}1)^{245*}$. Vorderer Spiegel Gegenbl. zu 1a, hinterer zu 245*.
Seiten-, Blatt- und Lagenzählung: Blattzählung in römischen Ziffern rechts oben in von nachträglichen Annotationen freigelassenen Stellen, teilweise sogar zwischen Klammerglosse und Textus inclusus: *I–CCXLIIIJ*. Bei ungez. Bll. folgt die Zählung dem Digitalisat (1a, 245*). – 30v, 40v, 60v, 80v, 90v und ab 120v Reklamanten von Schreiberhand.
Zustand: Einzelne Seiten verschmutzt und am Schluss Blattverlust, insgesamt aber gut.

Schriftraum: 36,7 × 25 cm.
Spaltenanzahl: Textus inclusus und Klammerglosse jeweils zweispaltig.
Zeilenanzahl: Textus inclusus: 45 Zeilen, Klammerglosse bis zu 108 Zeilen, meist um die 94.
Angaben zu Schrift / Schreibern: Die Schrift voll entwickelt im Sinne der Bologneser Rotunda (Littera Bononiensis); hohes, aber nicht allerhöchstes kalligraphisches Niveau.
Buchgestaltung: Seiteneinrichtung wie üblich bei glossierten oberitalienischen Rechtshss.: zweispaltiger Text mit umgebender zweispaltiger Klammerglosse, in der Terminologie von Powitz, Textus, S. 84 f., Klammerform des Vier-Spalten-Typs. – Anscheinend mit Metallstift vorgezogener, später radierter Schriftspiegel. Grundlinien bis zum Rand durchgezogen. Buchzählung nur für das Infortiatum (*I–XIII*) als lebender Seitentitel in Rot und Blau von zeitgenössischer Hand. Ab 5ra abwechselnd rote und blaue kleine Lombarden für Autorennamen. Für die Anfänge der Leges vor den Zeilen blaue Lombarden mit rotem Parallelstrichfleuronné. Caputzeichen und gelegentlich auch große Paragrafenzeichen vor den Zeilen alternierend rot und blau. In der Glosse leicht eingerückte alternierend rote und blaue Lombarden mit Fleuronné in der Gegenfarbe; Verweisung auf den Legaltext mittels dieser Initialen.
Buchschmuck: Vor den Anfängen der Bücher wurde in den Spalten Platz für Initialen und Miniaturen gelassen.

Nachträge und Benutzungsspuren: Zahllose spätere Annotationen. Nachgetragene Glossen u. a. Additiones zur Glosse mit den Kürzeln von Alessandro Tartagni (de Tartagnis) (1424–1477) (laut Manuscripta juridica); Cyno da Pistoia (um 1270–1336/37) (laut OVL 225v,

226v); Iacopo Bottrigari (1274–1347) (laut OVL ab 9r passim); Iacopo de Arena (um 1270–um 1320) (198r, 199r, 200v–217v); Jacques de Révigny (um 1230–1296) (171r); Odofredo († 1265) (17v–18r, 21r); Pierre de Belleperche (um 1250–1308) (9v, 225r). Besonders häufig vertreten ist bereits ab 1r Dino del Mugello (um 1254–um 1300). Außerdem finden sich Additiones von *doc*[tores], also Lehrern mutmaßlich der Bologneser Universität (123v, 152v, 158r–238r).

Einband: Pergamentband über Pappe, nach Schunke, Einbände 2.2, S. 850, um 1780 in Rom entstanden. Oben aufgeklebt auf den Rücken barockes helles Signaturschild *743*, darunter Buchtitel direkt auf den Rücken notiert; unten blaues Schildchen mit *Pal. lat. 743.*
Provenienz: universitäres Milieu Oberitaliens, jedenfalls Padua / Augsburg / Heidelberg.
Geschichte der Handschrift: Modernes blaues Signaturschild der Vaticana *Pal. lat. 743* außer auf dem Rücken auch auf dem vorderen Spiegel. Auf 1ar notiert *Pal.* und *743*, durchgestrichen zudem *655* (?). Auf 1r unten zwei Einträge: *1445 die VIIII Ianuarii* [?] *Iohannes subscripsi* und *1439* [...]*s subscripsi.* Nach Einschätzung von Gargan (der nur den ersten kennt) ermöglichten entsprechende Vermerke die zollfreie Wiederausfuhr der Bücher aus Padua durch die besitzenden Studenten. Daneben die neuzeitliche Nummer *554*, oben der Vermerk aus der Bibliothek von Ulrich Fugger (1526–1584), *191. seors.* (s. Einleitung). Mit der Fuggerbibliothek 1567 von Augsburg nach Heidelberg und nach Fuggers Tod in den Besitz des pfälzischen Kurfürsten gelangt.

Faksimile: https://digi.ub.uni-heidelberg.de/diglit/bav_pal_lat_743
Literatur: Brenkman, Historia, S. 282–283, Nr. II; Gargan, L'enigmatico ‚conduxit', hier S. 11 (Nr. 2); Hanselmann, Bücherschenkung, S. 126, Nr. 3; Lehmann, Fuggerbibliotheken 2, S. 117, 482; Manuscripta juridica, Pal.lat.743; OVL, Pal.lat.743; Stevenson, Latini, S. 270.

1) 1ra–244vd
Beteiligte Personen: Justinian I. / Accursius.
Titel: Infortiatum cum Glossa ordinaria.
Angaben zum Text: Von Kaiser Justinian I. in Auftrag gegebene Rechtssammlung mit der Glossa ordinaria des Accursius (um 1182/85–um 1260/63). – (1rb–9rb) Dig. 24.3.0–Dig. 24.3.67; (9rb–15vc) Buch 25; (16rb–37vb) Buch 26; (37vb–55rc) Buch 27; (55rc–83rb) Buch 28; (83rc–104vb) Buch 29; (104vb–120rc) Buch 30; (120rc–134vc) Buch 31; (134vc–150rb) Buch 32; (150rc–171vb) Buch 33; (171vb–193rc) Buch 34; (193rc–217rc) Buch 35; (217rc–242rc) Buch 36; (242rc–244vc) Buch 37, bricht ab in Dig. 37.4.6.2. – 212vc möglicherweise Pecien-Ende in Dig. 35.2.82 nach *que praestari possunt*; jedenfalls Rest der Spalte leer.
Rubrik: 1rb ›*Incipit liber Fortiati. Soluto matrimonio, quamadmodum dos petatur. Rubrica. Rubrica* [!]‹.
Incipit: 1rb ›[D]*otis*‹ *causa semper et ubique precipua est: nam et* [überschrieben: *rei*] *publice interest, dotes mulieribus conseruari* ...
Explicit: 244vc Text bricht ab nach ... *deinde patre eius, nepos praeteritus accipiet etiam* [...].
Edition: Infortiatum, Lyon 1627.

CW

Vatikan, Biblioteca Apostolica Vaticana, Pal. lat. 744

Infortiatum cum Glossa ordinaria

Pergament · 1, 229, 1 Bll. · 43,1 × 26,5 cm · Südfrankreich · 3. Viertel 13. Jh.

Entstehungsort: Südfrankreich.
Entstehungszeit: 3. Viertel 13. Jh.

Typus (Überlieferungsform): Codex.
Beschreibstoff: Pergament.
Umfang: 1, 229, 1 Bll.
Format (Blattgröße): 43,1 × 26,5 cm.
Zusammensetzung (Lagenstruktur): $(I-1)^{1a}$ + 18 VI^{215} + VII^{229} + $(I-1)^{230^*}$. Zählfehler: 13a ungez. Zudem 216 als 206 bezeichnet. Vorsatzbl. 1a bildet Gegenbl. des vorderen Spiegels, 230* das des hinteren.
Seiten-, Blatt- und Lagenzählung: Vatikanische Blattzählung rechts oben *1–229*. Bei ungez. Bll. folgt die Zählung dem Digitalisat (1a, 13a, 230*). Reklamanten von Schreiberhand ab 23v.
Zustand: Hinten Verlust von Blättern mit Text. Wurmfraß am hinteren Spiegel. Rücken heute beschädigt.

Schriftraum: 36–38 × 24,6 cm.
Spaltenanzahl: Textus inclusus und Klammerglosse jeweils zweispaltig.
Zeilenanzahl: Text inclusus 44–51 Zeilen, Klammerglosse bis zu 106 Zeilen.
Angaben zu Schrift / Schreibern: Die Schrift, eine südeuropäische Textualis (Rotunda), zeigt südfranzösische Züge wie Verdickungen an den Füßchen von m, n und u sowie doppelstöckiges a.
Buchgestaltung: Die übliche Seiteneinrichtung glossierter Rechtshss.: zweispaltiger Text mit umgebender zweispaltiger Klammerglosse, in der Terminologie von Powitz, Textus, S. 84 f., Klammerform des Vier-Spalten-Typs. Mit Metallstift vorgezogene Liniierung. Die Liniierung nutzt den Seitenplatz sehr weit aus, so dass vergleichsweise wenig Platz für spätere Annotationen bleibt. – Zu Beginn aller Bücher Deckfarbenminiaturen, -initialen und -rahmungen (s. Buchschmuck). Die Tituli beginnen mit eingerückten, in der Regel dreizeiligen blauen Lombarden mit rotem Parallelstrichfleuronné. Kleinere Varianten davon an den Anfängen der Leges vor dem Zeilenspiegel; die Autorennamen hier in der Zeile mit kleinen roten Lombarden. Die Verweisung zur Glosse durch eingerückte Lombarden, alternierend rot und blau und mit ähnlichem Fleuronné in Gegenfarbe. Das Fleuronné für das S ganz am Anfang der Glosse 1ra komplexer, stärker französisch orientiert als sonst.
Buchschmuck: Spaltenbreite Deckfarbenminiaturen sowie damit verbundene Initialen und rahmende Ausläufer, die letzteren verbunden mit Drolerien. Die Miniaturen textnah, 1rb: ein Bischof trennt Männer und Frauen, die durch unterschiedliche Türen hinausgehen (Scheidung); 8vc: Gegenüber Richter und Ehefrau verweist der Mann auf die Aufwendungen für ein zur ‚Dos' gehörendes Haus; 14rc: Der Richter weist auf den mit Vieh begüterten Vormund für den vor ihm knienden Knaben; 28rc: Ein Richter weist einen Knaben an, zu einem Vormund zu gehen, bei dem schon vier Kinder stehen; 40vb: Mehrere Personen diskutieren heftig am Bett eines (testamentlos) Sterbenden; 61rc: Ein Ritter mit einem von

einem Pfeil durchbohrten Kopf schreibt sein Testament mit einem Stock (mit Blut?) auf seinen Schild; 79rc: Ein Priester bringt dem im Kreis der Familie Sterbenden die Kommunion, während ein Notar am Bettende letztwillige Verfügungen notiert; 92vc: Besucher am Bett des Sterbenden suchen sich Objekte aus (für Legate); 104rb: Erben nehmen Objekte aus dem Raum, in dem der Verstorbene liegt (nicht zu Buch 32, immer noch zu den Legaten); 117rc: Am Bett eines Sterbenden steht ein Priester und weist auf eine Gruppe Männer; jener hält sein Testament in die Höhe; ein Notar schreibt in einen Rotulus; 135rc: Zwei Frauen bringen einer Stillenden (ererbte) Lebensmittel; 152rc: Ein Sterbender diktiert sein Testament, während seine Frau mit einer Gruppe von Männern diskutiert; 171rb: Ein Erbe übergibt (?) dem Richter vor Zeugen ein Dokument und erhält (?) einen viertel Laib Brot; 190vc: Ein Mann mit den Tieren seines Besitzes vor einem Richter; 208vb: Der Richter redet mit zwei Arbeitern, während ein dritter gräbt. Bilderschließung online in heidICON.

Nachträge und Benutzungsspuren: Viele kürzere interlineare und marginale Annotationen von einer immer wiederkehrenden dunkle Tinte benutzenden Hand. Auf nicht wenigen Seiten auch längere spätere Randglossen in einer helleren Tinte.

Einband: Pergamentband über Pappe, nach Schunke, Einbände 2.2, S. 850, um 1780 in Rom entstanden. Oben aufgeklebt auf den Rücken barockes helles Signaturschild *744*, darunter Buchtitel direkt auf den Rücken notiert; unten blaues Schildchen mit *Pal. lat. 744*. Anscheinend wurde der Band früher mit zwei Schnüren zusammengebunden, auf die jetzt nur noch Befestigungslöcher im Pergament hinweisen.
Provenienz: Augsburg / Heidelberg.
Geschichte der Handschrift: Außer auf dem Rücken auch ein blaues Signaturschild *Pal. lat. 744* auf dem vorderen Spiegel. Auf Vorsatzblatt 1av notiert *744* und – durchgestrichen – *656*. Dazwischen ist der Rest eines älteren Papierblatts mit der Capsa-Nummer *C. 86*, der Allacci-Signatur *871* sowie die auf ein unbekanntes Fugger-Inventar zu beziehende Angabe *pag. 159. b. F. / N°. 6 / In iure* angebracht. – 1r unten ist vermutlich *515* notiert. Auf dieser Seite findet sich oben die Signatur aus der Bibliothek Ulrich Fuggers (1526–1584) *297. seors.*, die auf einzelne Erwerbungen des Sammlers hindeutet (s. Einleitung). Mit der Fuggerbibliothek 1567 von Augsburg nach Heidelberg und nach Fuggers Tod in den Besitz des pfälzischen Kurfürsten gelangt. – Die Mischung erkennbar französisch-gotischer Miniaturen und Initialen mit italienisch inspirierten Fleuronné und Zierstäben sowie die Schrift lassen eine Entstehung des Codex in allen seinen Elementen in Südfrankreich vermuten. Die Miniaturen zeigen auffällig viele Details der Zivilkleidung, vor allem lange Ärmelmäntel mit Kapuzen, Birette und turbanartig gedrehte Mützen. Trotz der häufig dargestellten Knopfreihen, die als relativ frühe Beispiele gelten können, müssen die Miniaturen als provinzielle Nachfolge der Pariser Buchmalerei vor der Jahrhundertmitte verstanden werden. Auch die Initialen weisen eher ins 3. Viertel des 13. Jhs. hin als in ein späteres Jahrzehnt.
Besonderheiten: Frühe illuminierte Rechtshs. aus Frankreich.

Faksimile: https://digi.ub.uni-heidelberg.de/diglit/bav_pal_lat_744
Literatur: Brenkman, Historia, S. 283, Nr. III; Manuscripta juridica, Pal.lat.744; Hanselmann, Bücherschenkung, S. 126, Nr. 3; Lehmann, Fuggerbibliotheken 2, S. 117, 481; Stevenson, Latini, S. 270.

1) 1ra–229rb
Beteiligte Personen: JUSTINIAN I. / ACCURSIUS.
Titel: Infortiatum cum Glossa ordinaria.
Angaben zum Text: Von Kaiser Justinian I. in Auftrag gegebene Rechtssammlung mit der Glossa ordinaria des Accursius (um 1182/85–um 1260/63). – (1rb–8vc) Dig. 24.3.0-Dig. 24.3.67; (8vc–14rc) Buch 25; (14rc–28rc) Buch 26; (28rc–40vb) Buch 27; (40vb–61rc) Buch 28; (61rc–79rc) Buch 29; (79rc–92rc) Buch 30; (92vc–104rb) Buch 31; (104rb–117rc) Buch 32; (117rc–135rc) Buch 33; (135rc–152rc) Buch 34; (152rc–171rb) Buch 35; (171rb–190vc) Buch 36; (191rb–208vb) Buch 37; (208vb–229rb) Buch 38.
Rubrik: 1rb ›*Soluto matrimonio quemadmodum dos petatur. Rubrica*‹.
Incipit: 1rb ›*Dotis*‹ *causa semper et ubique* ›*praecipua est: nam et publice*‹ *interest dotes mulieribus* ›*conservari*‹ ...
Explicit: 229rb ... *uel etiam quod filius qui in hostium potestate erat postliminio non sit reuersus. Expliciunt Tres partes Inafortiati* [!].
Edition: Infortiatum, Lyon 1627.

2) 229ra–b
Titel: Register zum Infortiatum.
Angaben zum Text: Nachgetragenes Register mit den nach Büchern gegliederten Rubriken der Tituli; wohl Italien, Ende 14. Jh. oder etwas später.
Incipit: 229ra *De soluto matrimonio quemadmodum dos petatur* ...

3) 229v
Beteiligte Personen: JUSTINIAN I.
Titel: Kommentar zum Brief des Justinian über die Gültigkeit der Digesten, Cod. 1.17.2.pr.
Angaben zum Text: Nachtrag, bricht ab. Kursive, wohl Anfang 15. Jh.
Incipit: 229v *In nomine domini salvatoris et individue trinitatis, patris et filii et spiritus sancti: More terrigenarum solito ad immortalitatis respiciens* ...

CW

Vatikan, Biblioteca Apostolica Vaticana, Pal. lat. 745

Infortiatum cum Glossa ordinaria

Pergament · 2, 329, 2 Bll. · 42,5 × 26,5 cm · Oberitalien · Ende 13. Jh.

Entstehungsort: Oberitalien. Wahrscheinlich Bologna.
Entstehungszeit: Ende 13. Jh.

Typus (Überlieferungsform): Codex.
Beschreibstoff: Pergament.
Umfang: 2, 329, 2 Bll.
Format (Blattgröße): 42,5 × 26,5 cm.
Zusammensetzung (Lagenstruktur): $(I-1)^{1a} + 1^{2a} + (II-1)^{3} + 9\ VI^{111} + IV^{119} + 17\ VI^{323} + III^{329} + 1^{330^*} + (I-1)^{331^*}$. Vorderer Spiegel Gegenbl. zu 1a, hinterer zu 331*.

Seiten-, Blatt- und Lagenzählung: Rechts oben eine vatikanische Blattzählung, die auf Bl. 292 wieder auf 192 zurückspringt (*1–291, 192–229*) und deswegen ab hier durch eine moderne Bleistiftzählung ergänzt wird (*292–329*). Bei ungez. Bll. folgt die Zählung dem Digitalisat (1a–2a, 330*–331*). Ab 27v zeitgenössische Reklamanten.
Zustand: Insgesamt gut.

Schriftraum: 35 × 24,3 cm.
Spaltenanzahl: Textus inclusus und Klammerglosse jeweils zweispaltig.
Zeilenanzahl: Textus inclusus 42 Zeilen, Klammerglosse bis zu 93 Zeilen.
Angaben zu Schrift / Schreibern: Weit entwickelte Rotunda, der Kalligraphie der idealtypischen Littera Bononiensis angenähert, jedoch nicht von gleicher Perfektion.
Buchgestaltung: Die übliche Seiteneinrichtung glossierter Rechtshss.: zweispaltiger Text mit umgebender zweispaltiger Klammerglosse, in der Terminologie von POWITZ, Textus, S. 84f., Klammerform des Vier-Spalten-Typs. Mit Metallstift vorgezogene Liniierung. Klammerglossen teilweise in Dreiecks- und Quadratformen angeordnet. – Am Anfang der Leges vor der Kolumne blaue Lombarden mit sich einrollendem Fleuronné in Rot, die Autorennamen in der Zeile mit einer kleineren Lombarde mit blauem Parallelstrichfleuronné gekennzeichnet. Alternierend rote und blaue Caputzeichen. Die Leges und die Bücher sollten mit größeren Initialen eingeleitet werden, für die in den Kolumnen Raum gelassen wurde. Die Abschnitte zu den Leges in der Klammerglosse werden mit eingerückten fleuronnégeschmückten kleinen Lombarden alternierend in Rot und Blau gekennzeichnet, durch die auch die Verbindung zu den Stellen des Legaltexts hergestellt werden kann. Es wurde jedoch auch ein Verweisungssystem aus Buchstaben, Strichen und Punkten eingetragen.
Buchschmuck: Zierinitialen (und evtl. Miniaturen) an den Anfängen der Bücher und Tituli nicht ausgeführt.

Nachträge und Benutzungsspuren: Nachgetragen sowohl die Kommentare 1ra–3vb als auch das Register 329va–b. Viele marginale und interlineare Annotationen, u.a. Glossen von folgenden benennbaren Autoren: Alberto da Pavia (belegt 1211–1240) (66v); Andrea Ciaffi (um 1318/1326) (43r); *An.* und *Ange.* (Angelo degli Ubaldi [um 1327-um 1407] ?) (9v); Bartolo da Sassoferrato (um 1313–1357) (ab 4r passim); Dino del Mugello (um 1254–um 1300) (ab 4r passim); Iacopo Bottrigari (1274–1347) (10v, 194r, 298v); Iacopo de Arena (um 1270–um 1320) (ab 5r passim); Jacques de Révigny (um 1230–1296) (15r, 19v, 102v); Oldrado da Ponte († 1335) (8v, 9v, 10r–v, 13r); Raffaele Fulgosio (1367–1427) (89v, 102v, 128r, 228v). Außerdem ungenannte *doctores* (9v, 11r, 118r, 226v) (vgl. OVL).

Einband: Den äußeren Einband bildet ein Pergamentband über Pappe, der nach SCHUNKE, Einbände 2.2, S. 850, um 1780 in Rom entstanden ist. Oben auf den Rücken aufgeklebt barockes helles Signaturschild *745*, darunter Buchtitel direkt auf den Rücken notiert; unten blaues Schildchen mit *Pal. lat. 745*. Geflochtenes rotgelbes Kapital. Hinter Einband und barocken Vorsatzblättern ist auch ein älterer Kopert erhalten, der vorne (2a) aus einem wiederverwendeten quergedrehten Pergamentdoppelbl. und hinten (330*) aus einem Pergamentdoppelbl. besteht, dem ein weiteres Bl. angestückt ist.
Provenienz: Padua / Vicenza / Augsburg / Rom / Heidelberg.
Geschichte der Handschrift: Außer auf dem Rücken auch ein blaues Signaturschild *Pal. lat. 745* auf dem vorderen Spiegel. Auf 1ar wurde von unterschiedlichen Händen *745* und *Pal.* notiert; eine andere Zahl ist hier unkenntlich gemacht. Auf dem alten vorderen Einband 2ar

sind oben die Capsa-Nummer *C. 80*, die auf ein unbekanntes Fugger-Inventar zu beziehende Angabe *P. 159. b. F. / N°. 6* sowie mit Rötel die Fugger'sche Nummer *190/1* geschrieben. Unten ist hier *558* notiert. 4ra findet sich auf dem freien Platz für die Initiale die Signatur aus der Bibliothek Ulrich Fuggers (1526–1584) *190. seors.*, die auf eine Einzelerwerbung des Sammlers hinweist (s. Einleitung). Mit der Fuggerbibliothek 1567 von Augsburg nach Heidelberg und nach Fuggers Tod in den Besitz des pfälzischen Kurfürsten gelangt. – Oben 1r Erwerbungseintrag *Infortiatum mei Francisci filij Gregorij de Anzolellis civis Vincentinj emptum in civitate Padue anno 1457 in mense Februarij a domino Ianocio* [?] *de Ianua precio ducatorum XXVIII.* Francesco Angiolello hat auch die Codices Pal. lat. 760 und Pal. lat. 786 erworben, vielleicht auch Pal. lat. 732; mit einer gewissen Wahrscheinlichkeit ist er identisch mit dem bei der Belagerung von Negroponte 1470 getöteten Bruder von Giovanni Maria Angiolello. Dieser erste bekannte (wenn auch nicht frühe) Vorbesitzer weist zusammen mit der Schrift und dem Fleuronné-Stil auf eine oberitalienische Entstehung der Hs. hin. Zudem erscheint in den Glossen der (fehlerhafte) Italianismus *circha* statt „circa“ (u. a. 4vb, 15vb).

Besonderheiten: Bei der Neubindung umhüllter älterer Einband.

Faksimile: https://digi.ub.uni-heidelberg.de/diglit/bav_pal_lat_745

Literatur: Brenkman, Historia, S. 283, Nr. IV; Calasso, Sassoferrato, S. 662; Gargan, L'enigmatico ‚conduxit', S. 36; Hanselmann, Bücherschenkung, S. 126, Nr. 3; Lehmann, Fuggerbibliotheken 2, S. 117; Manuscripta juridica, Pal.lat.745; Paradisi, La diffusione, S. 8–9, 35; Sella, Sigle, S. 181; Stevenson, Latini, S. 260.

1) 1ra–3vb

Verfasser: Dino del Mugello / Iacopo de Arena / Oldrado da Ponte / Pierre de Belleperche.

Titel: Kommentar.

Angaben zum Text: Kommentar zu einer Glosse, anscheinend über Dig. 23.3.3, vgl. Olmütz, Zemský archiv Opava, pracoviště Olomouc – knihovna, Cod. C. O. 591, 21r, wo die Namen der Glossatoren aufgeführt werden (vgl. Miroslav Boháček: Le opere delle scuole medievali di diritto nei manoscritti della biblioteca del Capitolo di Olomouc, in: Studia Gratiana 8 (1962), S. 305–421, hier S. 406, Nr. 85).

Incipit: 1ra [I]*n glossa rubrice, que incipit dixistis ...*

2) 4ra–329rb

Beteiligte Personen: Justinian I. / Accursius.

Titel: Infortiatum cum Glossa ordinaria.

Angaben zum Text: Von Kaiser Justinian I. in Auftrag gegebene Rechtssammlung mit der Glossa ordinaria des Accursius (um 1182/85–um 1260/63). – (4rb–11vb) Dig. 24.3.0–Dig. 24.3.67; (11vb–20rb) Buch 25; (20rb–44vc) Buch 26; (44vc–66vb) Buch 27; (66vb–97vb) Buch 28; (97vc–119vc) Buch 29; (120rb–138vc) Buch 30; (139rb–155rb) Buch 31; (155rc–172rb) Buch 32; (172rc–195rb) Buch 33; (195rc–219rb) Buch 34; (219rb–245rc) Buch 35; (245rc–273rb) Buch 36; (273rc–299vb) Buch 37; (299vb–329rc) Buch 38.

Rubrik: 4rb ›*Primus liber Inforciati. Rubrica. Soluto matrimonio quemadmodum dos petatur*‹.

Incipit: 4rb [D]*otis causa semper et ubique praecipua est: nam et publice rei interest dotes mulieribus conservari ...*

Explicit: 329rc ... *uel etiam filius qui in hostium potestate erat postliminio* [überschrieben: *non*] *sit reuersus.*
Edition: Infortiatum, Lyon 1627.

3) 329va–b
Titel: Register der Tituli zum Infortiatum.

CW

Vatikan, Biblioteca Apostolica Vaticana, Pal. lat. 746

Infortiatum cum Glossa ordinaria

Pergament · 5, 231, 2 Bll. · 38,9 × 23 cm · Bologna · 2. oder 3. Viertel 13. Jh.

Entstehungsort: Bologna.
Entstehungszeit: 2. oder 3. Viertel 13. Jh.

Typus (Überlieferungsform): Codex.
Beschreibstoff: Pergament.
Umfang: 5, 231, 2 Bll.
Format (Blattgröße): 38,9 × 23 cm.
Zusammensetzung (Lagenstruktur): (I-1) ^{1a} + II^{C} + 19 IV^{152} + V^{161a} + 8 IV^{225} + III^{231} + 1^{232} + (I-1)^{233*}. Vorderer Spiegel Gegenbl. zu 1a, hinterer zu 223*. Vorderste Lage A–C besteht aus einem Doppelbl. Papier (B / 2a) in einem Doppelbl. Pergament (A / C). 2a ist leeres Papierbl. zwischen B und C. Zählfehler: 42 und 87 bei der Zählung übersprungen, 90 und 113 zweimal vergeben (90a, 113a), 161 nicht gezählt (161a).
Seiten-, Blatt- und Lagenzählung: Rechts oben spätmittelalterliche Zählung in arabischen Ziffern: *1–231, 232* später nachgetragen. Bei ungez. Bll. folgt die Zählung dem Digitalisat (1a, 2a, 161a, 233*). Reklamanten, gewöhnlich von Schreiberhand.
Zustand: Insgesamt gut, 1r, 3r, 26r und einzelne Stellen auf anderen Blättern aber stark abgerieben und vielleicht mit Tintenfraß. Hin und wieder eingerissene Ränder.

Schriftraum: 35,4 × 19,5–22 cm.
Spaltenanzahl: Textus inclusus und Klammerglosse jeweils zweispaltig.
Zeilenanzahl: Textus inclusus bis 161v 46 Zeilen und Klammerglosse bis zu 117 Zeilen, ab 163r 48 und 78 Zeilen.
Angaben zu Schrift / Schreibern: Späte karolingische Minuskel im Übergang zur südeuropäischen Textualis. Ab 162ra, mit der (in frühen Hss. recht verbreiteten) Abteilung der Tres partes, eine andere Schreiberhand.
Buchgestaltung: Seiteneinrichtung wie in den glossierten oberitalienischen Rechtshss. üblich: zweispaltiger Text mit umgebender zweispaltiger Klammerglosse, in der Terminologie von Powitz, Textus, S. 84 f., Klammerform des Vier-Spalten-Typs. – Mit Metallstift vorgezogener, später radierter Schriftspiegel. Grundlinien bis zum Rand durchgezogen. – Abwechselnd rote und blaue Lombarden mit überwiegend einfachem Parallelstrichfleuronné für Autorennamen, vor die Kolumne gesetzt. Für die Anfänge der Leges in den Zeilen kleinere Lombarden in der Gegenfarbe zu den größeren Lombarden. Caputzeichen und

gelegentlich auch große Paragrafenzeichen vor den Zeilen alternierend rot und blau. Verweisung der Glosse auf den Legaltext mittels kleiner vorgesetzter Buchstaben. Layout ab 162ra nicht wesentlich anders, jedoch weniger anspruchsvoll ausgeführt, die Lombarden kleiner. – Bis einschließlich Buch 34 vor den Büchern und dort noch an einer Zwischenteilung jeweils in rot-blauer langgezogener Ziermajuskel *ULPIANUS*, vor den folgenden Büchern ist der Raum für die Schrift leer belassen. Am Beginn der Tres partes in Dig. 35.2.82 nach einer leeren Doppelseite 162rb rot-grüne Überschrift *TRES PARTES*.
Buchschmuck: Zu den Zierüberschriften s. Buchgestaltung.

Nachträge und Benutzungsspuren: Vorne vier vor der Eingliederung in die Vaticana eingefügte Blätter, drei davon mit Nachträgen beschriftet (s. Inhalt). Nachgetragener Text zudem 231va–b. Fast überall kürzere Marginalglossen nachgetragen. Nachträgliche Buchzählung in flüchtigen römischen Ziffern im oberen Seitenrand.

Einband: Pergamentband über Pappe, nach Schunke, Einbände 2.2, S. 850, um 1780 in Rom entstanden. Oben auf den Rücken aufgeklebt barockes helles Signaturschild *746*, darunter Buchtitel direkt auf den Rücken notiert; unten blaues Schildchen mit *Pal. lat. 746*. Befestigungsspuren von zwei Schließenbändern.
Provenienz: Oberitalien / Heidelberg.
Geschichte der Handschrift: Außer auf dem Rücken blauer Signaturaufkleber mit aktueller Signatur auf vorderem Spiegel. 1r notiert *746* und darunter *Pal.* sowie durchgestrichen die Altsignaturen *737* und *658*. Ar oben Capsa-Nummer *C. 123* und Allacci-Signatur *1541*. *1541* noch einmal auf dem Kopf stehend auf 232v. Br und 1r unten auch Altsignatur *556*. Unterhalb des Textus inclusus auf 1r der ovale Besitzstempel der Vaticana. Auf Cr mehrere teilgetilgte alte Besitzeinträge, wohl alle italienisch: *Die sexto in mense Octobris M°CC LXXVII dedit dominus* [...] *super isto libro libras vii* [.] *ad* [...] *postquam librum libra in* [...]; *istud Infortiatum est* [...]. Wohl in Bologna oder Padua verorten lässt sich die Notiz über die Verpfändung mehrerer Bände *1433 die VIII mensis Junii pignoravi Digestum vetus novum Judeyis sancte Lucie etc.; istud Infort* [...]. – Nach Lehmann (der eine französische Entstehung annimmt) gehörte die Hs. zur Bibliothek von Ulrich Fugger und trug die Signatur „189. seors". Der entsprechende Eintrag ist unauffindbar; allerdings ist Bl. A im unteren Teil weggeschnitten, wodurch auch der dort angebrachte runde Besitzstempel der Vaticana halbiert ist.

Faksimile: https://digi.ub.uni-heidelberg.de/diglit/bav_pal_lat_746
Literatur: Brenkman, Historia, S. 283, Nr. V; Hanselmann, Bücherschenkung, S. 126, Nr. 3; Manuscripta juridica, Pal.lat.746; OVL, Pal.lat.746; Lehmann, Fuggerbibliotheken 2, S. 117; Stevenson, Latini, S. 270.

1) Ar
Titel: Kanonistischer Text (?).
Angaben zum Text: Text weitgehend unleserlich. Nachtrag. Kursive; rasiert oder stark verblichen; wohl Anfang 15. Jh.
Rubrik: Ar ›*De Summo pontifice regnante*‹ [...].

2) Arb
Titel: Konzept eines Kalendars.

Angaben zum Text: Nachtrag. Kursive, zweispaltig; stark verblichen; wohl 14. Jh.
Incipit: Arb *Ianuarius prima dies est circumcisio domini …*

3) Ava–vb
Titel: Alphabetische Tituli-Liste zum Infortiatum.
Angaben zum Text: Nachtrag, Kursive, zweispaltig; unvollständig durch Blattausschnitt; wohl 14. Jh.
Incipit: Ava *Actione rerum amotarum …*

4) Bra–vb
Titel: Alphabetische Tituli-Liste zum Infortiatum.
Angaben zum Text: Mit Angabe der aktuellen Foliierung. Nachtrag, Kursive, zweispaltig; wohl Anfang 15. Jh.
Rubrik: Bra ›*Tituli ff.*[= Digesti] *Infortiati*‹.
Incipit: Bra *Administratione* [!] *rerum admotarum – m …*

5) Cr
Titel: Infortiatum cum glossa (Exzerpt).
Angaben zum Text: Von Kaiser Justinian I. in Auftrag gegebene Rechtssammlung. Hier nur Dig. 26.7.12.2. Nachtrag, wohl frühes 14. Jh.
Incipit: Cr *Nimium est tutori licere respectu estimationis pupilli erogare ex bonis eius, quod …*

6) Cr
Titel: Notizen.
Angaben zum Text: Nachtrag, zum Teil getilgt.

7) Cr
Titel: Notiz über eine Geldleihe.
Angaben zum Text: Beteiligt ein Michael, ein Francischo de […]ochet und ein Ambroxio. Nachtrag, 14. Jh.
Incipit: Cr *Memoria, quod dominus Michael venit vno mane visitandum* [?] *domino Francischo …*

8) Cr
Verfasser: Pseudo-Seneca.
Titel: Sentenz.
Angaben zum Text: Text hier Seneca zugeschrieben. Nachtrag. Südeuropäische Textualis, 14. Jh.
Incipit: Cr *Cum mecum ipse pluries agitassem, quoniam modo possem dirigere gresus meos et bonis moribus vita instruere …*

9) Cr
Titel: Notiz über die Schwierigkeit, das Infortiatum zusammenzufassen.
Angaben zum Text: Nachtrag, wohl noch 14. Jh.
Incipit: Cr *Idcirco scripsi causis summationis de Infortiato et non de aliis libris, quoniam eius …*

10) Cv
Titel: Erläuterung zu Dig. 25.1.
Angaben zum Text: Nachtrag, 14. Jh.
Rubrik: Cv ›*Tituli*‹.
Incipit: Cv *Soluto matrimonio, quemadmodum dos petatur, dixit S. de iure dotium et per quos constituitur dos nunc e contra per quos repetatur ...*

11) 1ra–231va
Beteiligte Personen: Justinian I. / Accursius.
Titel: Infortiatum cum Glossa ordinaria.
Angaben zum Text: Von Kaiser Justinian I. in Auftrag gegebene Rechtssammlung mit der Glossa ordinaria des Accursius (um 1182/85–um 1260/63). – (1rb–7rb) Dig. 24.3.1–24.3.67; (7rb–13rb) Buch 25; (13rb–28vb) Buch 26; (28vb–43rb) Dig. 27.1.3; (43rb–63vb) Buch 28; (63vb–79vb) Buch 29; (79vb–91rb) Buch 30; (91rb–102rb) Buch 31; (102rb–113bv) Buch 32; (113bv–142rc) Dig. 34.1.–34.4.32.1; (142rc–146vb) Dig. 34.5.1.–34.9.26; (146vb–161vc) Dig. 35.1–35.2.82; (163rb–165rc) Dig. 35.2.82 (ab *Tres partes ferant legatarii*)-35.3.9; (165rc–186rc) Buch 36; (186rc–206vb) Buch 37; (206vb–231va) Buch 38. Die Zählung der Rubriken geht bis Buch 30 gegenüber der üblichen Zählung jeweils um Eins nach, ab Buch 33 entfällt in den Rubriken die Zählung.
Rubrik: 1rb ›*Soluto matrimonio quamadmodum* [!] dos petatur. Rubrica.‹.
Incipit: 1rb ›*Pomponius*‹: *D*[ot]*is* [caus]*a semper et ubique precip*[ua est:] *nam et rei publice interest dotes mulieribus conservari ...*
Explicit: 231va ... *uel quod filius qui in hostium potestate erat post liminio non sit reuersus.*
Edition: Infortiatum, Lyon 1627.

12) 231va–vb
Titel: Kommentar zu D. 9 c. 27.
Rubrik: 231va ›*De inpedimento uoti et quod uotum separet minores*‹.
Incipit: 231va *Sequitur de inpedimento uoti. Sed quoniam circa istum articulum multi multa dixerunt, atque diversa, ut intellegere possitis ...*

13) 232v
Titel: Papsturkunde, vom 15. Oktober 1387 oder 1403 (Fragment).
Angaben zum Text: Urkunde eines Papstes (*Pontificatus nostri anno decimo*) für [...]*nen*[ses] *ecclesiarum officiali Parisien*[ses]. Die rechte Hälfte verloren und vermutlich durch Verleimung geschädigt; auf dem Kopf stehend eingeheftet. Der Name des Schreibers auf der Plica (232r) vermerkt: *P. de Paveillione.* Der 1425 in Rom verstorbene Magister Petrus de Paveillione aus der Diözese Troyes, zuletzt päpstlicher Kollektor für das Erzbistum Reims unter Johannes (XXIII.) und Martin V., kann bis 13. November 1394 als päpstlicher Skriptor an der Avignoneser Kurie zurückverfolgt werden. Am 22. Oktober 1411 erscheint er aber als Taxator bei Johannes (XXIII.) in Rom; s. Tilmann Schmidt, Die Originale der Papsturkunden in Baden-Württemberg 1198–1417, 2. Teil, Vatikanstadt 1993 (Index actorum Romanorum Pontificum 6,2), Nr. 1168 und 1224. Da die Urkunde auf das 10. Jahr des Ponitfikats eines (Gegen-)Papstes datiert ist, kommen nur Clemens (VII.) (20.9.1378–16.9.1394) und Benedikt (XIII.) (16.9.1394–23.5.1423) als Aussteller in Frage.

CW

Vatikan, Biblioteca Apostolica Vaticana, Pal. lat. 747

Digestum novum cum Glossa ordinaria

Pergament · 2, 227, 1 Bll. · 45,6 × 28,5 cm · Bologna · 2. Drittel 13. Jh.

Entstehungsort: Bologna.
Entstehungszeit: 2. Drittel 13. Jh.

Typus (Überlieferungsform): Codex.
Beschreibstoff: Pergament.
Umfang: 2, 227, 1 Bll.
Format (Blattgröße): 45,6 × 28,5 cm (am unteren seitlichen Rand angestückelt).
Zusammensetzung (Lagenstruktur): $(I-1)^{1a}$ + 1^{2a} + 9 IV^{72} + $(IV-1)^{79}$ + III^{85} + IV^{93} + III^{99} + IV^{107} + III^{114} + 10 IV^{193} + V^{203} + 3 IV^{227} + (I-1) ^{228*}. Zählfehler: Bl. 120a ungez., 109 übersprungen. Vorderer Spiegel Gegenbl. zu 1a, hinterer zu 228*.
Seiten-, Blatt- und Lagenzählung: Rechts oben vatikanische Blattzählung: *1–227*. Zählung der ungez. Bl. folgt dem Digitalisat (1a, 120a, 228*). Reklamanten von anlegender Hand, zum Teil kurz vor dem Falz, zum Teil gerahmt in der Mitte des unteren Seitenrandes und nicht selten durch die Überklebung verloren. 48v und 107v steht der Reklamant auf einem angestückelten Pergamentstreifen.
Zustand: Durch die (frühe) Anstückelung der Bll. ist der Gesamteindruck unruhig. Im vorderen Bereich viele große Flecken, Pergament hier öfter eingerissen. Gelegentlich Tinte angegriffen.

Schriftraum: 38,8 × 25,3 cm.
Spaltenanzahl: Textus inclusus und Klammerglosse jeweils zweispaltig.
Zeilenanzahl: Textus inclusus: 54 Zeilen, Klammerglosse bis zu 115 Zeilen.
Angaben zu Schrift / Schreibern: Romanische Minuskel im Übergang zur südeuropäischen Textualis (Rotunda). Pecienvermerk 105rb erhalten (*fi XXXI*).
Buchgestaltung: Seiteneinrichtung der glossierten oberitalienischen Rechtshss.: zweispaltiger Text mit umgebender zweispaltiger Klammerglosse, in der Terminologie von Powitz, Textus, S. 84f., Klammerform des Vier-Spalten-Typs. Am Ende ist wegen des größeren Umfangs der Glosse der Legaltext auf eine Spalte reduziert oder fehlt im Layout völlig. – Anscheinend mit Metallstift vorgezogener, später radierter Schriftspiegel. Bei geringem Platzbedarf die Glosse gelegentlich in Dreiecksform angeordnet. – Grundlinien bis zum Rand durchgezogen. Die Namen der antiken Rechtsgelehrten beginnen mit vor die Kolumne gesetzten Lombarden; sie sind alternierend rot und blau und nur äußerst sparsam mit Fleuronné geschmückt. Anfänge der Leges durch kleine rote Lombarden in der Zeile gekennzeichnet. Caputzeichen und gelegentlich auch große Paragrafenzeichen vor den Zeilen alternierend rot und blau. In der Klammerglosse dienen halbeingerückte alternierend rote und blaue Lombarden als Verweiszeichen auf die Leges.
Buchschmuck: Miniaturen vor allen Büchern in der Kolumne, außer vor Dig. 47, wo 140r die Figur das Interkolumnium füllt. Bis auf 1rb und 140r stehen die Bilder an Stelle des U des in blau-roter ausgezogener Majuskel geschriebenen Namens [U]*LPIANUS*. Textnahe Darstellungen: 1rb: ein Herrscher spricht zu den am Bau hinter ihnen beteiligten Personen bzw. dem Klagenden, Dig. 39; 19rc: ein Herrscher (jeweils auch Richter) und der Freizulas-

sende vor seinem Thron, Dig. 40; 46rb: ein thronender Herrscher spricht zu einem Mann, der den Bildrahmen umklammert, Dig. 41; 64vb: Halbfigur eines mit *CAES.* beschrifteten Herrschers, der zu einer Person spricht, Dig. 42; 76rc: Brustbild eines Herrschers (Richters) und eines Mannes, Dig. 43; 94rb: Brustbild eines Herrschers (Richters), Dig. 44; 105rb: Brustbild eines Herrschers (Richters) und eines Mannes, Dig. 45; 120vc: ein thronender Herrscher spricht zu einer vor ihm knienden Person, Dig. 46; 140rc: ein Mann mit zerzausten Haaren und bloßen Füßen hält eine Urkunde nach oben, Dig. 47; 163rc: ein thronender Herrscher spricht zu einem Mann, Dig. 48; 187vb: Brustbild eines Herrschers (Richters), Dig. 49; 202rc: zwei Richter (?) im Gespräch, der eine thronend, der andere stehend, Dig. 50. – An der Zierschrift 202rc in stärkerem Umfang Fleuronné. – 1rb ergänzte aufwendigere Fleuronnéinitiale (s. Nachträge und Benutzungsspuren).

Nachträge und Benutzungsspuren: Die große Fleuronnéinitiale auf fol. 1rb ist eine spätere Hinzufügung von einer wenig eleganten Hand. Vermutlich ist sie Ende des 13. Jhs. in Italien entstanden. Ob dafür Teile der Miniatur entfernt wurden, ist nicht eindeutig feststellbar. – Viele nachträgliche Interlinear- und Marginalglossen von mehreren Händen. Additiones mit dem Kürzel von Dino del Mugello (um 1254–um 1300) in ungewöhnlich großem Ausmaß.

Einband: Pergamentband über Pappe, nach Schunke, Einbände 2.2, S. 850, um 1780 in Rom entstanden. Oben aufgeklebt auf den Rücken barockes helles Signaturschild *747*, darunter direkt auf den Rücken der Buchtitel notiert; unten blaues Schildchen mit *Pal. lat. 747.* Reste der Befestigung zweier Schließschnüre auf beiden Deckeln.

Provenienz: Oberitalienisches universitäres Milieu / Augsburg / Heidelberg.

Geschichte der Handschrift: Modernes blaues Signaturschild der Vaticana *Pal. lat. 747* auf dem Rücken und auf dem vorderen Spiegel. Auf 1ar notiert *Pal.* und *747*, durchgestrichen darunter *669.* Am unteren Rand von 1r *552.* Auf dieser Seite am Rand *192. seors.*, ein Vermerk aus der Bibliothek von Ulrich Fugger (1526–1584), der auf eine Einzelerwerbung des Sammlers schließen lässt (s. Einleitung). Auch auf 2ar mit Rötelstift die Nummer *192* (sowie *Digest. novum Tom. III*). Mit der Fuggerbibliothek 1567 von Augsburg nach Heidelberg und nach Fuggers Tod in den Besitz des pfälzischen Kurfürsten gelangt. – Auf 2ar auch die Capsa-Nummer *C. 62* und darunter die Allacci-Signatur *647* eingetragen sowie von verschiedenen Händen die auf ein unbekanntes Fugger-Inventar zu beziehende Angabe *pag. 159.b.F N° 6* und *In Iure.*

Besonderheiten: Blattränder durchgehend angestückelt.

Faksimile: https://digi.ub.uni-heidelberg.de/diglit/bav_pal_lat_747

Literatur: Caprioli, Tre capitoli, S. 365, 368; Giovanni Gualandi, Glosse preaccursiane al „Digestum novum“ in frammenti membranacei della Bibliothèque Royale di Bruxelles (Ms. II, 1768), in: Atti della Accademia Nazionale dei Lincei, Memorie. Classe di Scienze morali, storiche e filologiche Ser. 8, vol. 7, fasc. 6, Rom 1956, S. 290–342, hier S. 298 A. 4; Hanselmann, Bücherschenkung, S. 126, Nr. 2; Lehmann, Fuggerbibliotheken 2, S. 117, 481; Manuscripta juridica, Pal.lat.747; OVL, Pal.lat.747; Pace, Riccardo, S. 65 A. 115; Stevenson, Latini, S. 270.

1) 1ra–227vb

Beteiligte Personen: Justinian I. / Accursius.

Titel: Digestum novum cum Glossa ordinaria.

Angaben zum Text: Dritter Teil der von Kaiser Justinian I. in Auftrag gegebenen Rechtssammlung mit der Glossa ordinaria des Accursius (um 1182/85–um 1260/63). – (1rb–19rc) Dig. 39; (19rc–46rb) Dig. 40; (46rb–64vb) Dig. 41; (64vb–76rc) Dig. 42; (76rc–94rb) Dig. 43; (94rb–105rb) Dig. 44; (105rb–120vc) Dig. 45; (120vc–140rc) Dig. 46; (140rc–163rc) Dig. 47; (163rc–187rc) Dig. 48; (187vb–202rb) Dig. 49; (202rc–227rb) Dig. 50 (Glosse endet 227vb).

Incipit: 1rb ›*Hoc*‹ *edicto permittitur, ut siue iure siue iniuria opus fieret …*

Explicit: 227rb … *Seruus rei publice causa abesse non potest.*

Edition: Digestum novum, Lyon 1627.

CW

Vatikan, Biblioteca Apostolica Vaticana, Pal. lat. 748

Digestum novum cum apparatu magno Azonis

Pergament · 1, 191, 1 Bll. · 40 × 24 cm · Bologna (?) · 1. oder 2. Drittel 13. Jh.

Entstehungsort: Bologna (?).

Entstehungszeit: 1. oder 2. Drittel 13. Jh.

Typus (Überlieferungsform): Codex.

Beschreibstoff: Pergament.

Umfang: 1, 191, 1 Bll.

Format (Blattgröße): 40 × 24 cm.

Zusammensetzung (Lagenstruktur): $(I-1)^{1a}$ + 12 V^{119} + IV^{127} + 4 V^{167} + 2 IV^{183}+ $(IV-1)^{190}$ + $(I-1)^{191*}$. Zählfehler: ungez. Bl. nach 57. Vorderer Spiegel Gegenbl. von 1a, hinterer Spiegel Gegenbl. von 191*.

Seiten-, Blatt- und Lagenzählung: Rechts oben vatikanische Blattzählung: *1–190.* Bei ungez. Bll. folgt die Zählung dem Digitalisat (1a, 57a, 191*). Vermutlich entstehungszeitliche Reklamanten.

Zustand: Gelegentlich angestückelte Bll. (u.a. Bl. 56–63, 94, 99–100), Bl. 70 mit Pergamentflicken, Bl. 117, 124, 126, 128–133, 135, 137, 139, 141, 146–147, 154, 160, 164–165, 173–175 ohne unteren Rand; mit rotem Faden vernähte Risse; Flecken.

Schriftraum: 28,5 × 23 cm (Textus inclusus).

Spaltenanzahl: 2 Spalten Textus inclusus, 2 Spalten Klammerglosse (184r–191v: 1 Spalte Textus inclusus, 4 Spalten Glosse, davon 1 Spalte unter- und oberhalb des Textus inclusus).

Zeilenanzahl: Gewöhnlich 56 Zeilen für den Textus inclusus, die Klammerglosse sehr unregelmäßig und mit vielen Lücken.

Angaben zu Schrift / Schreibern: Romanische Minuskel auf dem Weg zur südeuropäischen Textualis (Rotunda). Auffällige Wechsel in der Tintenfarbe.

Buchgestaltung: Zweispaltiger Text mit umgebender zweispaltiger Klammerglosse, die typische Seiteneinrichtung der glossierten südeuropäischen Rechtshss.; in der Terminologie von Powitz, Textus, S. 84f., Klammerform des Vier-Spalten-Typs. – Die Auszeichnung der Buchanfänge fehlt mit Ausnahme von Buch 44 auf 79rb (s. Buchschmuck). Vor die Kolumne gesetzte Lombarden alternierend in Rot und Blau am Anfang der Namen der antiken

Rechtsgelehrten. In der Gegenfarbe jeweils die kleineren Lombarden in der Zeile, mit denen die Leges beginnen. Caputzeichen alternierend rot und blau. Lombarden und Caputzeichen sind in der Gegenfarbe gestrichelt. – In der Klammerglosse sind Allegationen und erläuternde Glossen in der Regel in Gruppen angeordnet. Die Verweisung der – leicht eingerückten – Allegationen funktioniert über die Angabe des Anfangsbuchstabens des Autors vor der Zeile, nach einem Punkt folgt der zum Vergleich angeführte Gesetzestitel. Die Glossen sind hingegen über Verweisungszeichen aus Punkten und Strichen mit den Stellen in den Leges verbunden.

Buchschmuck: 1r im unteren Seitenrand verblichenes rot-blaues vignettenähnliches Ornament. 79rb Überschrift in rot-blauer Zierschrift mit seitlichen Ornamenten [U]*LPIANUS*; am Beginn aller anderen Bücher ist der Platz für die Überschrift leer belassen.

Nachträge und Benutzungsspuren: Bll. 184–190 anscheinend nachträglich ergänzt. Allenthalben spätere Annotationen, als Autor darunter nachweisbar Ugolino Presbiteri († um 1233; 57ra; Nardi, Studi, S. 121 A. 59), zum Teil später wieder radiert. 125v, 127r, 151v obszöne Zeichnungen (125v radiert). 170r eine Randnotiz mit der Jahreszahl 1367.

Einband: Pergamentband über Pappe, nach Schunke, Einbände 2.2, S. 850, um 1780 in Rom entstanden. Oben aufgeklebt auf den Rücken barockes helles Signaturschild *748*, darunter direkt auf den Rücken der Buchtitel notiert; unten blaues Schildchen mit *Pal. lat. 748.* Löcher für Schließschnüre in beiden Deckeln.

Provenienz: Oberitalienisches universitäres Millieu / Heidelberg.

Geschichte der Handschrift: Blaues Signaturschild *748* auf dem vorderen Spiegel. Auf 1ar unter *748* auch von anderer Hand *Pal.* und eine durchgestrichene Zahl, wohl *765.* 1r oben die Capsa-Nummer *C. 70* und darunter die Allacci-Signatur *1407.* Unten auf dieser Seite *858* [?] und *553.* – Nicht am Codex belegbar ist die Angabe bei Lehmann, die Handschrift sei der Signaturengruppe ‚Seors.' oder ‚Hen.' der Bibliothek Ulrich Fuggers zuzuordnen.

Faksimile: https://digi.ub.uni-heidelberg.de/diglit/bav_pal_lat_748

Literatur: Caprioli, Satura, S. 220; Caprioli, Tre capitoli, S. 289–291, 298, 318, 360–365 (Sigle: Pal 748); Cortese, La norma, S. 331–332; Hanselmann, Bücherschenkung, S. 126, Nr. 2; Lehmann, Fuggerbibliotheken 2, S. 482; Manuscripta juridica; Nardi, Studi, S. 121 A. 59, 226 A. 44, 236 A. 68; OVL, Pal.lat.748; Padoa Schioppa, Appello 2, S. 40, 42, 54, 59, 76, 95–96, 117, 120, 123, 132–133, 135, 145, 189, 219; Stevenson, Latini, S. 271.

1) 1ra–190vc

Beteiligte Personen: Justinian I. / Azo.

Titel: Digestum novum cum apparatu magno Azonis.

Angaben zum Text: Dritter Teil der von Kaiser Justinian I. in Auftrag gegebenen Rechtssammlung mit der gleichzeitig angebrachten Glosse, dem Apparatus magnus des Azo (nicht ediert; vgl. hierzu Erich Genzmer, Gli apparati di Azzone al' Digestum Novum 50, 17, 1, in: Annali di storia del diritto 1 [1957], S. 7–12, hier S. 8–9. – Gero R. Dolezalek, Der Glossenapparat des Martino Gosia zum Digestum Novum, in: ZRG RA 84 [1967], S. 245–349). – Die Kommentierung zu Dig. 50.17 deutlich intensiver und umfangreicher als zum Rest. – (1rb–16rc) Dig. 39; (16rc–38rb) Dig. 40; (38rb–52rc) Dig. 41; (52rc–61rc) Dig. 42; (61rc–78vc) Dig. 43; (79rb–89rb) Dig. 44; (89rb–102rb) Dig. 45; (102rb–120vb) Dig. 46; (120vb–137rb) Dig. 47; (137rb–155vc) Dig. 48; (155vc–183rb) Dig. 49; (183rb–190vc) Dig. 50.

Rubrik: 1rb ›*De operis noui nuntiatione. Rubrica*‹.
Incipit: 1rb [H]*oc edicto permittitur, ut siue iure siue iniuria opus fieret ...*
Explicit: 190vc ... *Seruus rei publice causa abesse non potest.*
Edition: Digestum novum, Lyon 1627.

2) 184rc
Verfasser: Azo.
Titel: Summa de regulis iuris.
Angaben zum Text: Mehrfach eigenständig überlieferte Glosse Azos zu Dig. 50,17,1.
Incipit: 184rc *Regula est plurimum rerum compendiosa narratione facta tasditio* [!] *vel diffinitio non ut ex regula ius sumatur ...*
Explicit: 184rc *Supra De officio praefecti urbis l. I § Cum urbe. Azo.*
Edition: Erich Genzmer, Gli apparati di Azzone al Digestum Novum 50, 17, 1, in: Annali di storia del diritto 1 (1957), S. 7–11, hier S. 10–11 (ohne Kenntnis dieser Hs. und mit stark abweichendem Incipit); textlich noch stärker abweichend: Peter Stein, The Formation of the Gloss „de regulis iuris“ and the Glossators’ Concept of „regula“, in: Atti del Convegno internazionale di studi accursiani: Bologna, 21–26 ottobre 1963, Bd. 2, hrsg. v. G. Rossi, Mailand 1968, S. 697–722, hier S. 720–722.

CW

Vatikan, Biblioteca Apostolica Vaticana, Pal. lat. 749

Digestum novum cum Glossa ordinaria

Pergament · 1, 331,1 Bll. · 41,4 × 25,6 cm · Bologna (?) · 3. Drittel 13. Jh. oder 1. Drittel 14. Jh.

Entstehungsort: Bologna (?).
Entstehungszeit: 3. Drittel 13. Jh. oder 1. Drittel 14. Jh.

Typus (Überlieferungsform): Codex.
Beschreibstoff: Pergament.
Umfang: 1, 331,1 Bll.
Format (Blattgröße): 41,4 × 25,6 cm.
Zusammensetzung (Lagenstruktur): $(I-1)^{1a} + 1^{1} + I^{3} + 8\ VI^{98} + V^{107} + 3\ VI^{143} + (VI+1)^{156} + 2\ VI^{180} + (VI+1)^{193} + 11\ VI^{325} + II^{329} + (I-1)^{330*}$. Zählfehler: 30a, 103a ausgelassen. Vorsatzbll. 1a und 330* sind jeweils Gegenbll. zu vorderem und hinterem Spiegel.
Seiten-, Blatt- und Lagenzählung: Rechts oben die vatikanische Blattzählung mit arabischen Ziffern (*1–329*). Bei ungez. Bll. folgt die Zählung dem Digitalisat (1a, 330*). Bis 301v Reklamanten vom Hauptschreiber.
Zustand: Im Allgemeinen gut.

Schriftraum: 38,5 × 24,7 cm.
Spaltenanzahl: Textus inclusus und Klammerglosse jeweils zweispaltig.
Zeilenanzahl: Textus inclusus: 28–50 Zeilen, 4r–8r und 317v–329r deutlich geringere Klammerglosse bis zu 98 Zeilen.

Angaben zu Schrift / Schreibern: Die Schrift voll entwickelt im Sinne der Bologneser Rotunda (Littera Bononiensis); hohes, aber nicht höchstes kalligraphisches Niveau. Die Schrift bietet keine Hinweise, dass die Hs. außerhalb Bolognas entstanden sein könnte, ebensowenig die allerdings unvollendete übrige Ausstattung. Auch die Nachträge sprechen eher für Bologna. Die inhaltlich anhand der Glosse begründete Lokalisierung Soetermeers in den (west-)französischen Raum lässt sich einstweilen nicht weiter untermauern. – Die Textbruchstücke auf 2ra und 3vab anscheinend von gleicher oder jedenfalls sehr ähnlicher Hand wie der Haupttext. Zumindest der zweite sorgfältig geschriebene Text auf 2ra kann dabei kein verworfener Beginn einer Abschrift sein, ist aber auch für eine Federprobe zu lang.

Buchgestaltung: Die für glossierte oberitalienische Rechtshss. entwickelte Seiteneinrichtung: zweispaltiger Text mit umgebender zweispaltiger Klammerglosse, in der Terminologie von Powitz, Textus, S. 84f., Klammerform des Vier-Spalten-Typs. – Anscheinend mit Metallstift vorgezogener, später radierter Schriftspiegel. Grundlinien bis zum Rand durchgezogen. Buchzählung in Rot und Blau im Seitenkopf, von I bis XII, als lebender Seitentitel. – Ab 5rb kleine rote Lombarden für Autorennamen. Für die Anfänge der Leges vor den Zeilen blaue Lombarden mit rotem Parallelstrichfleuronné, sehr ähnlich dem in Pal. lat. 743. Caputzeichen und ungewöhnlich häufig auch große Paragrafenzeichen vor den Zeilen alternierend rot und blau; die Paragrafenzeichen entsprechen ebenfalls denen in Pal. lat. 743, sind aber hier mit aufwendigerem Fleuronné in der Gegenfarbe verziert; sie finden sich fast identisch in Florenz, Biblioteca Medicea Laurenziana, ms. Edili 86 (Bologna, letztes Jahrzehnt 13. Jh.). In der Glosse leicht eingerückte alternierend rote und blaue Lombarden mit Fleuronné in der Gegenfarbe; Verweisung auf den Legaltext mittels dieser Initialen.

Buchschmuck: Platz für Initialen vor den einzelnen Büchern frei gelassen, die Buchstaben jedoch nicht ausgeführt.

Nachträge und Benutzungsspuren: 5ra–6rb, 10rb–17rd, 88rc–95rd, 130ra–133rd immer wieder Annotationen an den Rändern von Legaltext und Glosse, sonst nur sporadisch annotiert. Additiones laut Siglen u.a. von *Bar.*, wohl Bartolo da Sassoferrato (um 1313–1357) oder Bartolomeo da Saliceto (um 1330–1411) (88rc–89vb); Hostiensis (um 1200–1271) (88rc–89vc); *Ja.*, d.i. Iacopo de Arena (um 1270–um 1320), Iacopo Baldovini († 1235) oder Iacopo Bottrigari (1274–1347) (u.a. 5rc, 5vb, 10vb, 11rc, 13vc–17rc, 88vc); *Jaco.*, vermutlich Giacomo Belvisi (um 1270–1335) (6rc).

Einband: Pergamentband über Pappe, auf dem Rücken in Goldprägung die Wappen von Papst Leo XIII. und von Kardinal Pitra und dazwischen in rotem Feld die Signatur *PAL. 749.* Rom, 1878–89 (vgl. Schunke, Einbände 2.2, S. 850). Oben aufgeklebt auf den Rücken blaues Signaturschild Pal. lat. 749.

Provenienz: Heidelberg.

Geschichte der Handschrift: Auf vorderem Spiegel und dem Rücken blaues Schildchen mit *Pal. lat. 749.* 1r oben Capsa-Nummer *C. 182.* Weitere alte Signaturen (?): 1r im Interkolumnium *1797,* 2r unten *513.* Spätmittelalterlicher Besitzeintrag 1va am Ende der Kolumne: *Iste liber est Nicholay de Crallembach* (womöglich auch *Crassenstein*) (Lehmann liest: Callenberg). Von Lehmann nur mit Fragezeichen unter den Beständen aus der Bibliothek Ulrich Fuggers aufgeführt.

Besonderheiten: 2r abwechselnd Textbruchstücke in professioneller Manier, wohl aus der Werkstatt des Hauptschreibers, und als stärker kursive Nachträge.

Faksimile: https://digi.ub.uni-heidelberg.de/diglit/bav_pal_lat_749
Literatur: CALASSO, Sassoferrato, S. 662; CAPRIOLI, Tre capitoli, S. 365; HANSELMANN, Bücherschenkung, S. 126, Nr. 2; LEHMANN, Fuggerbibliotheken 2, S. 482; Manuscripta juridica, Pal.lat.749; OVL, Pal.lat.749; SOETERMEER, La carcerazione, S. 100–103, 108–114, 121–122, 124 (Sigle Vae); SOETERMEER, Utrumque ius, S. 191, 325 f.; STEVENSON, Latini, S. 270.

1) 1ra–1va
Titel: Index titulorum zum Digestum novum.
Angaben zum Text: Alphabetisches Verzeichnis der Tituli des Digestum novum.
Rubrik: 1rb ›*Rubrice ff. novi*‹.
Incipit: 1ra *Aqua pluvias arcenda ...*

2) 2ra
Beteiligte Personen: JUSTINIAN I. / ACCURSIUS.
Titel: Infortiatum cum Glossa ordinaria (Auszug).
Angaben zum Text: Zweiter Teil der von Kaiser Justinian I. in Auftrag gegebenen Rechtssammlung mit der Glossa ordinaria des Accursius (um 1182/85-um 1260/63): Dig. 26.7.5.7–10.
Incipit: 2ra *Et est vera ista sententia ...*
Explicit: 2ra *... ex quo innotuit tutorem se.*
Edition: Infortiatum, Lyon 1627.

3) 2ra
Verfasser: DINO DEL MUGELLO.
Titel: 2 Distinctiones.

4) 2ra
Titel: Libri feudorum (Auszug).
Angaben zum Text: Langobardisches Lehnsrecht, verschriftlicht im späten 11. oder frühen 12. Jh., ergänzt um Edikte Lothars III. und Friedrich I. Hier LF. 2.28.1.
Incipit: 2ra *Haec omnia enim vertuntur in cause cognitione ...*
Explicit: 2ra *... cum potuerit ei siue* [!] *nuntio.*
Edition: LEHMANN, Lehnrecht, S. 81–198.

5) 2rb
Titel: Versus.
Angaben zum Text: Juristischer Merkvers.
Incipit: 2rb *Prima faciat, secunda patet, ius tercia ...*

6) 2va–3ra
Titel: Index titulorum zum Digestum novum.
Angaben zum Text: Verzeichnis der Tituli des Digestum novum in der Reihenfolge des Werks.

7) 3va–vb
Beteiligte Personen: JUSTINIAN I.
Titel: Digestum novum (unvollendet).

Angaben zum Text: Aus dem dritten Teil der von Kaiser Justinian I. in Auftrag gegebenen Rechtssammlung: Dig. 39.1.1–17.
Incipit: 3va [H]*oc edicto permittitur ut sive iure sive iniuria opus fieret per nunciacionem inhiberetur* ...
Edition: Digestum novum, Lyon 1627.

8) 4rb–329rc
Beteiligte Personen: Justinian I. / Accursius.
Titel: Digestum novum cum Glossa ordinaria.
Angaben zum Text: Dritter Teil der von Kaiser Justinian I. in Auftrag gegebenen Rechtssammlung mit der Glossa ordinaria des Accursius (um 1182/85–um 1260/63). – (4rb–31rc) Dig. 39; (31rc–61vb) Dig. 40; (61vc–88rb) Dig. 41; (88rb–105vc) Dig. 42; (105vc–134rb) Dig. 43; (134rb–151rb) Dig. 44; (151rb–175rb) Dig. 45; (175rb–205vb) Dig. 46; (205vb–235vb) Dig. 47; (235vb–269vb) Dig. 48; (269vc–290rb) Dig. 49; (290rb–329rc) Dig. 50.
Rubrik: 4rb ›*Explicit liber XXXVIIIus. Incipit XXXIXus de noui operis nunciatione. Rubrica. Rubrica*‹.
Incipit: 4rb ‹*Hoc*› *edicto permittitur ut siue iure siue iniuria opus fieret per nunciacionem inhiberetur* ...
Explicit: 329rd ... *Seruus rei publice causa abcesse non potest. Explicit secunda pars textus Digesti noui.*
Edition: Digestum novum, Lyon 1627.

CW

Vatikan, Biblioteca Apostolica Vaticana, Pal. lat. 750

Digestum novum cum Glossa ordinaria

Pergament · 2, 180, 1 Bll. · 39,3 × 25 cm · Oberitalien · Mitte 13. Jh.

Entstehungsort: Oberitalien.
Entstehungszeit: Mitte 13. Jh.

Typus (Überlieferungsform): Codex.
Beschreibstoff: Pergament.
Umfang: 2, 180, 1 Bll.
Format (Blattgröße): 39,3 × 25 cm.
Zusammensetzung (Lagenstruktur): $(I\text{-}1)^{1a}$ $+1^{2a}$ + 9 IV^{71}+ I^{73} + IV^{81} + V^{91} + 7 IV^{147} + III^{153} + 2 IV^{169} + V^{179} + $(I\text{-}1)^{180*}$. Zählfehler: 3a ungez. Gegenbll. der Vorsatzbll. 1a und 180* dienen als vorderer und hinterer Spiegel.
Seiten-, Blatt- und Lagenzählung: Vatikanische Blattzählung rechts oben: *1–179*. Bei ungez. Bll. folgt die Zählung dem Digitalisat (1a, 2a, 180*). Reklamanten von Schreiberhand, gerahmt und zum Teil getilgt.
Zustand: Anfang verloren, die Tinte oft abgerieben. Einzelne Seiten stark verschmutzt, insbesondere in den Bereichen Bl. 81–88, 142–148.

Schriftraum: 28,8 × 23–24,5 cm.

Spaltenanzahl: Textus inclusus und Klammerglosse überwiegend zweispaltig; 178v drei-, 179r vierspaltig ohne Klammerglosse.

Zeilenanzahl: Textus inclusus: vergleichsweise regelmäßig 52–53 Zeilen, Klammerglosse stark wechselnd, bis zu 98 Zeilen.

Angaben zu Schrift / Schreibern: Frühe südeuropäische Textualis (Rotunda) für den Textus inclusus, die stärker kursive Schrift der Klammerglosse geht in Richtung Notula. Handwechsel im Textus inclusus in der Mitte von 1rb, Hand 1 erscheint aber später als Rubrikator (z. B. 64rc). Die Schrift auf dem Stand der 1239 datierten Dekretalen-Hs. Plut. III sin. 9 der Biblioteca Medicea Laurenziana in Florenz. Rubriziert; die Rubriken knicken teilweise im rechten Winkel entlang der Spalten ab. – Die stärker im Stil einer Gebrauchsschrift gehaltene Glosse muss nicht mit erheblichem zeitlichen Abstand angelegt worden sein; das nicht abgestimmte Verweisungssystem der Glosse zeigt, dass sie in einem anderen Umfeld entstand als der Legaltext.

Buchgestaltung: Der Codex bietet die für glossierte oberitalienische Rechtshss. entwickelte Seiteneinrichtung: zweispaltiger Text mit umgebender zweispaltiger Klammerglosse, in der Terminologie von Powitz, Textus, S. 84 f., Klammerform des Vier-Spalten-Typs. 73v und v. a. 172r–178r ist die Form zugunsten eines einspaltigen Textus inclusus teilweise aufgelöst. – Mit Metallstift vorgezogener Schriftspiegel. Nachträgliche Buchzählung im oberen Seitenrand in einer stärker kursiven Schrift. – Erhalten nur ein Pecienvermerk, zur Glosse zu Dig. 45.1.29.1 auf 75va: *Finita prima petia cor.*, nach Einschätzung von Soetermeer entspricht dieses Pecienende allerdings nicht Bologneser Gewohnheiten. Soetermeer sieht auch den Abbruch der Glosse auf 152vd und den Neubeginn 155vd als impliziten Hinweis auf die Verwendung eines Exemplars, da hier der Text der bolognesischen Pecia 30 fehlt. Nach ihm entspricht zudem die Lücke in der Glosse 164vd–166rd der Pecia 34 sowie jeweils drei angrenzenden kürzeren Glossen von 33 und 35 des jüngeren Bologneser Systems. (Bei Soetermeer noch weitere Überlegungen zu Indizien für den Gebrauch von Pecien, die sich aus Handwechseln ergeben). – Zur Unterteilung der Bücher vgl. Buchschmuck. – Die Autorennamen sind vor der Zeile mit drei- bis vierzeiligen roten oder blauen Initialen mit Parallelstrichen in Gegenfarbe ausgezeichnet, die Leges beginnen dahinter mit in die Zeile eingerückten Buchstaben in Gegenfarbe. Die Verweisungen der Glosse erfolgen durch ein System aus Buchstaben und Punkten, das im Legaltext interlinear nachgetragen und entsprechend nicht leicht zu benutzen ist. Zudem wird am Anfang jeder Glosse das Bezugswort zitiert und dabei unterstrichen.

Buchschmuck: Am Anfang der Bücher Kaisername *Iustinianus imperator* jeweils in lang ausgezogener rot-blauer Zierschrift mit zurückhaltendem Fleuronné-Besatz (außer 154vb). Selten auch kleinere Initialen mit etwas aufwendigerem Fleuronné (u.a 115va).

Nachträge und Benutzungsspuren: Die Klammerglosse hier nachgetragen. 178v–179v nur mit Nachträgen beschriftet (s. Inhalt). Darüber hinaus gibt es in bescheidenem Umfang immer spätere Interlinear- und Randnotationen.

Einband: Pergamentband über Pappe, auf dem Rücken in Goldprägung die Wappen von Papst Leo XIII. und von Kardinal Pitra und dazwischen in rotem Feld die Signatur *PAL. 750.* Rom, 1878–89 (vgl. Schunke, Einbände 2.2, S. 850). Oben aufgeklebt auf den Rücken blaues Signaturschild *Pal. lat. 750.*

Provenienz: Mailand / Aquileja (?) / Pavia / Augsburg / Heidelberg.

Geschichte der Handschrift: Das blaue Signaturschild *Pal. lat. 750* außer auf dem Buchrücken auch auf dem vorderen Spiegel. Auf dem Vorsatzbl. 2ar die Signaturen *750* und *Pal.* sowie durchgestrichen *69*[.] oder *66*[.]; darunter aufgeklebt die Capsa-Nummer *C. 48*, darunter die Allacci-Signatur *1709* [durchgestrichen]. 1r unten: *514.* 1r oben *193. Seors.*, ein Eintrag, der auf eine Einzelerwerbung für die Bibliothek von Ulrich Fugger hindeutet (s. Einleitung). – Mehrere, meistens radierte Einträge eines Jacobus (Soetermeer: Johannes) de Palude in den unteren Seitenrändern, hier nach Entzifferung mit Hilfe von UV-Licht durch Careri (S. 242) zitiert: (7v) *p. d. Jacobi de Palude de Midiolano* [...]; (148r, radiert) *C. dominus Jacopus de Pallude*; (175v, radiert) *Digestum novum domini Jacobi de Palude* [...] *cum Inforciatu domino Guilelmo iudice de Curtaradulle*; (174r, radiert) [...] *domini Jacobi de Palude* [...]. Weitere, unentzifferte Einträge 147v, 174v. Careri identifiziert den Genannten mit einem Jacopo de Palude, der sich 1274 von Mailand nach Aquileja begab, wo später seine Söhne aktiv waren. – Zwei Einträge 179v scheinen Schätzungseinträge der Universität Pavia zu sein: oben *die primo Aprilis Digestum novum domini Vitalis extimatus f*[...] *C* und unten *domini Vitalis Digestum novum ex*[...] *flor*[...] (vgl. Careri, S. 243–244). – Soetermeer zitiert S. 330 A. 116 eine ungedruckte Beschreibung der Hs., nach der weitere marginale Anmerkungen auf Ereignisse in Mailand und Turin 1254–1257 anspielten.

Besonderheiten: Nachgetragene Klammerglosse. Nachträge provenzalischer und italienischer Lyrik fol. 179v.

Faksimile: https://digi.ub.uni-heidelberg.de/diglit/bav_pal_lat_750

Literatur: Roberto Benedetti, I libri della letteratura in volgare, in: I libri dei patriarchi. Un percorso nella cultura scritta del Friuli meridionale, hrsg. v. Cesare Scalon, Pasian di Prato 2014, S. 263–280, hier S. 268; Caprioli, Tre capitoli, S. 365; Maria Careri, Una nuova pagina di lirica romanza (provenzale, francese e italiana): Vat. Pal. Lat. 750, c. 179v, in: Medioevo romanzo 39/2 (2015), S. 241–267; Hanselmann, Bücherschenkung, S. 126, Nr. 3; Lehmann, Fuggerbibliotheken 2, S. 482; Manuscripta juridica, Pal.lat.750; OVL, Pal.lat.750; Sella, Sigle, S. 196, 200; ; Soetermeer, Due tradizioni, S. 101; Stevenson, Latini, S. 271.

1) 1ra–178rc

Beteiligte Personen: Justinian I. / Accursius.

Titel: Digestum novum cum Glossa ordinaria.

Angaben zum Text: Dritter Teil der von Kaiser Justinian I. in Auftrag gegebenen Rechtssammlung mit der Glossa ordinaria des Accursius (um 1182/85-um 1260/63): (1rb–6vc) Dig. 39.3.2.3–6.44; (6vc–27vc) Dig. 40; (27vc–39vc) Dig. 41; (40rb–48vc) Dig. 42; (48vc–64rc) Dig. 43; (64rc–73v) Dig. 44 (die untere Hälfte von 73v leer); (74rb–86rb) Dig. 45; (86rb–104vb) Dig. 46; (104vb–122vb) Dig. 47; (122vb–142rb) Dig. 48; (142rb–154vc) Dig. 49; (154vc–178rb) Dig. 50.

Incipit: 1rb [Textbeginn verloren, heutiger Anfang:] [...]*memoriam uetustas excedit* ...

Explicit: 178rb ... *Seruus rei publice causa abesse non potest.*

Edition: Digestum novum, Lyon 1627.

2) 178va

Verfasser: Pseudo-Bernhard-von-Clairvaux.

Titel: Epistola de cura rei familiaris ad Raymundum de Castro Ambrosio (Nachtrag).

Angaben zum Text: Früher als Epistula 456 des Bernhard von Clairvaux gezählt. Von H. R. Leclerq u. J. Rochais nicht in Bernardus Clarevallensis, Opera VIII, Rom 1977, aufgenommen. Dort S. 431 dem Bernardus Silvestris zugeschrieben.
Incipit: 178va *Gratioso militi et felici Raymondo domino Castro Ambroxii Bernardus in senium doctus salutem ...*
Explicit: 178va *... vite sue damnabilis senectutis. Amen.*
Edition: Migne, PL 70, Sp. 647–651.

3) 178vb–179va
Titel: Argumenta legum Digesti veteris (Nachtrag).
Angaben zum Text: Zu jedem Argumentum eine Allegation, anscheinend immer zu einem Titulus; die Reihenfolge ist zudem die der Tituli des Digestum vetus. Anscheinend bestehen große Übereinstimmungen mit BAV, Chig. E.VII.211, 20ra–22rd (vgl. http://manuscripts.rg.mpg.de/item/26027/).
Incipit: 178vb *Quot modis dicitur* [oder: *dicatur*] *iustitia: ff. de iustita et iuris origine ....*
Explicit: 179va (unleserlich, Schluss überschrieben).

4) 179va
Titel: Por default de lialté (Nachtrag).
Angaben zum Text: Französische Ballette.
Incipit: 179va *Por default de li alte choze*[...] *in amor trove maen partiray de mon pays ...*
Explicit: 179va *... e sor zo sui*[...] *trays.*
Edition: Careri, Una nuova pagina, S. 255–257.

5) 179va
Verfasser: Francesco da Barberino.
Titel: Angeli, poi che'l ciel s'averse a quella (Nachtrag).
Angaben zum Text: Ballata des Francesco da Barbarino (1264–1348), in der er von der Himmelsaufnahme seiner Dame (Costanza) berichtet; auch in seine Documenti d'amore (1309–1313) aufgenommen.
Incipit: 179va *Anzeli, poi chel ciel savers aquela, che era luçe terrena ...*
Explicit: 179va *... chi no vidi pena.*
Edition: Careri, Una nuova pagina, S. 260 f.

6) 179va
Titel: Italienische Texte (Nachträge).
Angaben zum Text: Unidentifizierte oberitalienische Lyrik, unzureichend entziffert.
Incipit: 179va [...]*merçe perdon no dire amari meo meo* [...].
Explicit: 179va *... voyo teco p. açer.*
Edition: Careri, Una nuova pagina, S. 262 f.

7) 179vb
Verfasser: Aimeric de Pegulhan.
Titel: Cel que s'irais ni guerreij'ab amor (Nachtrag).
Angaben zum Text: Provenzalischer Canzone von ca. 1220, gewidmet Kaiser Friedrich II.

Incipit: 179vb *Çel ke seras ne gerreia ab amor. Ges ke sabij non fai almeu senblant* ... [die Transkription der mit bloßem Auge kaum bis nicht lesbaren Incipits folgt jeweils der Edition von CARERI].
Explicit: 179vb ... *segon lo meu seuir naimerigz.*
Edition: CARERI, Una nuova pagina, S. 247–249.

8) 179vb
Verfasser: FOLQUET DE MARSELHA.
Titel: Mout i fetz gran peccat amoris (Nachtrag).
Angaben zum Text: Provenzalischer Canzone, überschrieben.
Incipit: 179vb [...] *Trop fe gran peçat amor per ka merce desauen. Ma lo megl del megl cos ue* ...
Explicit: 179vb ... *pleies merçian merçe.*
Edition: CARERI, Una nuova pagina, S. 250 f.

9) 179vb
Titel: Provenzalischer Text (Nachtrag).
Angaben zum Text: Lyrischer Text, stark beschädigt.
Incipit: 179vb [...]*non fui leus a oir amor / non cesia, ke uas aus merce clamar* ...
Explicit: 179vb ... *Sija vos verrai* [...].
Edition: CARERI, Una nuova pagina, S. 252.

10) 179vb
Titel: Italienische Texte.

11) 179v
Verfasser: RAIMON JORDAN.
Titel: Vas vos soplei, domna, primeiramen.
Angaben zum Text: Provenzalischer Canzone.
Incipit: 179v *Perkeuteg kar lo vostre se* [.../...] *dompna premeirament per* ...
Explicit: 179v ... *kar tant gran gaugz.*
Edition: CARERI, Una nuova pagina, S. 253.

CW

Vatikan, Biblioteca Apostolica Vaticana, Pal. lat. 751

Zusammengesetzte Handschrift

Pergament · 1, 254, 1 Bll. · 41,8 × 24,5 cm · Bologna · 1. Drittel 14. Jh. (frühestens 1300) / 1. Viertel 13. Jh. (Textus inclusus)

Typus (Überlieferungsform): Codex.
Beschreibstoff: Pergament.
Umfang: 1, 254, 1 Bll.
Format (Blattgröße): 41,8 × 24,5 cm.
Zusammensetzung (Lagenstruktur): Hs. aus 2 Faszikeln zusammengesetzt (I. Bll. 1–8 und 245–254; II. Bll. 9–244). $(I-1)^{I}$ + ... + $(I-1)^{255*}$. Zählfehler: 122 übersprungen. Verbunden:

Bll. 29–38 gehören vor 19r. Gegenbll. der Vorsatzbll. 1a und 255* dienen als vorderer oder hinterer Spiegel.

Seiten-, Blatt- und Lagenzählung: Spätmittelalterliche Blattzählung oben rechts (*1–254*). Bei ungez. Bll. folgt die Zählung dem Digitalisat (1a, 255*). Gelegentlich Zählung bzw. Kennzeichnung mit Buchstaben und Strichen von Doppelblättern rechts unten mit rotem Stift, vermutlich von einer Neubindung.

Zustand: Von Bl. 144, 229, 237, 242 Pergamentstreifen abgetrennt.

Einband: Pergamentband über Pappe, nach SCHUNKE, Einbände 2.2, S. 850, um 1780 in Rom entstanden. Oben aufgeklebt auf den Rücken barockes helles Signaturschild *751*, darunter direkt auf den Rücken der Buchtitel notiert; unten blaues Schildchen mit *Pal. lat. 751*. Löcher für zwei Schließschnüre in beiden Deckeln.

Provenienz: Oberitalien / Heidelberg.

Geschichte der Handschrift: Der vordere und der hintere Faszikel müssen aufeinanderfolgende Teile einer einzigen Hs. gewesen sein, bevor sie dem Text des Digestum novum vor- und nachgebunden wurden. Wenn die hohen Nummern der alten Blattzählungen nicht täuschen, muss man sie sich als Teile eines sehr umfangreichen Werkes (wenn auch kaum eines einzigen Bandes) vorstellen. Das Explicit 253vb hilft, diese zerstörte Hs. auf frühestens 1300 zu datieren. – Die ausführliche Glossierung des Digestum novum mit Additiones von Dino del Mugello und Giacomo Belvisi sowie die Ergänzung der Glossa ordinaria durch Additiones von deren Verfasser Accursius lassen eine wiederholte Benutzung im universitären Milieu Oberitaliens, wohl Bolognas, vermuten. – Außer auf dem Rücken ein blaues Signaturschild *Pal. lat. 751* auch auf dem vorderen Spiegel. Auf 1r oben die Capsa-Nummer *C. 121* und darunter durchgestrichen *1475*. Da keine Hinweise auf die Fuggerbibliothek in der Hs. vorhanden sind, weist auch LEHMANN sie nur mit Fragezeichen der Sammlung Ulrich Fuggers zu. 9r befindet sich noch eine weitere Signatur, *551*, die darauf hinweisen könnte, dass Faszikel II, das Digestum novum, sehr lange als eigenständige Hs. bestanden hat.

Faksimile: https://digi.ub.uni-heidelberg.de/diglit/bav_pal_lat_751

Literatur: Manlio BELLOMO, Aspetti dell'insegnamento giuridico nelle università medievali. Bd. 1: Le quaestiones disputatae, Reggio Calabria 1974 (Cultura giuridica medievale e moderna 1), S. 44 A. 65; CAPRIOLI, Tre capitoli, S. 304, 365 f.; CORTESE, La norma 2, S. 51, 67 f., 80 f.; HANSELMANN, Bücherschenkung, S. 126, Nr. 3; LEHMANN, Fuggerbibliotheken 2, S. 482; MANCUSO, Per la datazione, A. 20; Manuscripta juridica, Pal.lat.751; OVL, Pal.lat.751; SELLA, Sigle, S. 181, 191; SOETERMEER, Utrumque ius, S. 184, 191, 193, 332; Frank Pieter Willem SOETERMEER, Recherches sur Franciscus Accursii, ses Casus Digesti Novi et sa répétition sur la loi Cum pro eo (C. 7, 47 un.), in: TvR 51 (1983), S. 3–49, hier S. 7; SOETERMEER, La carcerazione, S. 174; SOETERMEER, Due tradizioni, S. 101, 104, 111, 113, 117, 121 (Sigle Vaf); STEVENSON, Latini, S. 271.

Faszikel I (Bl. 1–8 und 245–254)

Sachtitel / Inhalt: Martino Sulimani: Repetitiones Codicis und Repetitiones Digesti veteris.

Entstehungsort: Bologna.

Entstehungszeit: 1. Drittel 14. Jh. (frühestens 1300).

Typus (Überlieferungsform): Faszikel.
Beschreibstoff: Pergament.
Umfang: 8 + 10 Bll.
Format (Blattgröße): 41,8 × 24,5 cm.
Zusammensetzung (Lagenstruktur): IV^{8} + ... + V^{254}.
Seiten-, Blatt- und Lagenzählung: Eine alte Blattzählung rechts oben: *1023, 1025–1029* und *1030–1039.* 8v, 254v gerahmter Reklamant von erster Hand.

Schriftraum: 30,5 × 18,5 cm.
Spaltenanzahl: 2 Spalten.
Zeilenanzahl: 77 Zeilen.
Angaben zu Schrift / Schreibern: Südeuropäische Textualis (Rotunda) von einer Hand. Die relativ kleine und auf engen Zeilen geschriebene Schrift erreicht ein mittleres kalligraphisches Niveau.
Buchgestaltung: Die Rubrizierung und damit die kleinen Anfangsbuchstaben (die als einziges den Beginn einer neuen Repetitio anzeigen) sind nicht ausgeführt. Zum Teil geben Repräsentanten in den Margen den fehlenden Buchstaben an. Inhaltsangaben sind, allerdings in einer flüchtigen und schwer lesbaren Schrift, neben die Anfänge der Repetitiones in die Margen gesetzt. Wahrscheinlich sollten sie als Vorlagen für die nicht ausgeführten Rubriken dienen.

Nachträge und Benutzungsspuren: Einige wenige Annotationen und Kritzeleien von Gesichtern.

Provenienz: Heidelberg.

1) 1ra–8vb
Verfasser: Martino Sulimani.
Titel: Repetitiones Codicis und Repetitiones Digesti veteris.
Angaben zum Text: Repetitiones des Bologneser Juristen und Stationars Martino Sulimani (ca. 1250–1306; vgl. zu ihm Massimo Giansante, Art. Sulimani, Martino, in: DBI, Bd. 94, Rom 2019, S. 503–505). Die Repetitiones sind mit seiner Sigle *Ma Sy* oder *Ma* gekennzeichnet. Der Text zumindest am Ende unvollständig. Identifikation der einzelnen Repetitiones nach OVL: (1ra) Repetitio Cod. 2.40.5; (1ra–1va) Repetitio Dig. 2.3.1; (1va) Repetitio Dig. 4.4.3; (1vb) Repetitio Dig. 16.3.7; (1vb) Repetitio Dig. 16.3.12; (1vb) Repetitio Dig. 4.4.19; (1vb) Repetitio Dig. 16.3.22; (2ra–va) Repetitio Dig. 2.14.27; (2va–3ra) Repetitio Cod. 6.42.14; (3ra) Repetitio Dig. 39.2.14; (3ra–va) Repetitio Cod. 6.26.8; (3va–4ra) Repetitio Dig. 35.2.88; (4ra–rb) Repetitio Dig. 3.5.9; (4rb) Repetitio Dig. 19.5.21; (4rb) Repetitio Dig. 19.5.24; (4rb–va) Repetitio Dig. 19.3; (4va–vb) Repetitio Dig. 19.1.28; (4vb–5ra) Repetitio Cod. 6.20.9; (5va) Repetitio Dig. 3.5.14; (5va) Repetitio Cod. 1.22.2; (5vb–6ra) Repetitio Dig. 11.1.1; (6ra–va) Repetitio Dig. 10.2.29; (6va–7ra) Repetitio Cod. 6.1.1; (7ra–vb) (nicht identifiziert); (7va–vb) Repetitio Dig. 12.1.22; (7vb–8rb) Repetitio Dig. 12.1.31; (8rb–vb) Repetitio Dig. 12.1.41; (8vb) (nicht identifiziert; nach Ausweis der alten Blattzählung 245ra fortgesetzt).
Incipit: 1ra [E]*go primo dividam legem istam ...*

Weiteres Initium: 1va (in Auswahl; die Initialbuchstaben nie ausgeführt, Repräsentanten oft kaum lesbar, oft auch der Text nicht) (1va) Cum petitur res debita ...; (1vb) Nota et, ut unitatem scias ...; (1vb) [...] quaeritur, ad quod et qualiter ...; (3ra) Quem decentiam sciatis ...; (3ra) Lex ista est valde famosa, cum sua ...; (3va) Lex ista, qui CCCC est bene difficilis ...; (4ra) Si vis scire, inquis ...; (4rb) Nota do[...]; (4rb) Ecce actuum et ...; (4rb) Quem decentiam istius tituli ...; (4va) Lex ista habet duas lecturas ...; (4vb) Ecce summarium ...; (5va) Duobus modis legitur ...; (5va) Ad evidentiam: Huius lex dico quod ista lex ...; (5va) Nota cum quis confitetur aut in nidifico ...; (6ra) Haec quia [...]; (5va) Quae servis fugitis ...; (8rb) Cum fundus § Servum tuum imprudens ...

3) 245ra–249va
Verfasser: Martino Sulimani.
Titel: Repetitiones Codicis und Repetitiones Digesti veteris.
Angaben zum Text: Wie die fortgesetzte alte Blattzählung vermuten lässt, schließt der Text unmittelbar an Text 1 an. Der Inhalt noch nicht in OVL ausgewertet, dort nur „Repetitio Cod. 6.28.4“ angegeben. Sicher bezieht sich der überwiegende Teil der Repetitiones auf die Digesten, wohl das Digestum vetus. 245rbva vermutlich Repetitio zu Dig. 24.2.1; 245va–vb Repetitio zu Cod. 6.20.9; 246va–vb Repetitio zu Dig. 4.4.43; 254rb–va Repetitio zu Dig. 16.1.17pr.
Weiteres Initium: 245ra (nur Auswahl) (245vb) Ista autem potest continuari ad ...; (246rb) Hic exponitur verba novi ...; (246va) Quaero qualiter deberit probari aetas ...; (248rb) Haec lex duo dicit circa edicere ...; (249va) Cum qui iuravit propositum ...

4) 249vb–253vb
Verfasser: Pierre de Belleperche.
Titel: Repetitio zu ‚Pro eo qui iurare‘.
Angaben zum Text: Laut Explicit von dem auch in Italien rezipierten französischen Rechtsgelehrten Pierre de Belleperche im Jahr 1300 verfasste Repetito; Belleperche war allerdings damals schon mehrere Jahre nicht mehr an der Universität Orléans tätig.
Incipit: 249vb [C]*vm pro eo qui iurare est cum glossa, hic positive* [?] *concordatur ...*
Explicit: 253vb ... *litere notuerunt audire. Explicit. Dominus Petrus de Bella Pertica repetiit legem istam habendo anno domini M° CCC feria 3. ante Thomam* [?].

5) 253vb–254vb
Verfasser: Martino Sulimani.
Titel: Repetitiones Codicis und Repetitiones Digesti veteris.
Angaben zum Text: Wie 1ra–8vb und 245ra–253vb, hier u.a. 254rbva Repetitio zu Dig. 16.1.17pr.
Incipit: 254rb (nur Auswahl,) (253vb) *In quo ne testari et cetera. Huius lex legitu ...*; (254rb) *Iste § in finem sui multis ...*

Faszikel II (Bl. 9–244)

Sachtitel / Inhalt: Digestum novum cum Glossa ordinaria.

Entstehungsort: Bologna.

Entstehungszeit: 1. Viertel 13. Jh. (Textus inclusus).

Typus (Überlieferungsform): Faszikel.
Beschreibstoff: Pergament.
Umfang: 235 Bll.
Format (Blattgröße): 41,8 × 24,5 cm.
Zusammensetzung (Lagenstruktur): 5 V^{58} + 4 IV^{90} + V^{100} + 5 IV^{141} + 2 V^{161} + IV^{169} +V^{179} + IV^{187} + 2 V^{207} + IV^{215} + V^{225} + $(V-1)^{234}$ + V^{244}.
Seiten-, Blatt- und Lagenzählung: s. zum Codex. 18v–161v, 207v–234v Reklamanten von unterschiedlichen Händen.

Schriftraum: 26,5–28,5 × 23 cm.
Spaltenanzahl: 9r–228v, 230r–236r zweispaltig mit zweispaltiger Klammerglosse; 229rv, 242r–242v zweispaltig (nur Glosse); 236v–241v, 243r–244v Textus inclusus einspaltig mit Klammerglosse und je einer Spalte Glosse.
Zeilenanzahl: Textus inclusus 45 Zeilen, bis zu 102 Zeilen für Klammerglosse.
Angaben zu Schrift / Schreibern: Legaltext und Glosse von deutlich unterscheidbaren Händen in einer späten karolingischen Minuskel, wobei die Schrift der Glosse fortschrittlicher, aber auch weniger kalligraphisch wirkt. Die Schrift des Textus inclusus ist ungefähr auf dem Stand des Codex Vat. lat. 1408. Wahrscheinlich datiert die Glosse – auch aus inhaltlichen Gründen – erst ins 2. Drittel des 13. Jhs. – Pecienvermerke zur Klammerglosse erhalten: 22rd, 39rd, 46vd, 52rd, 69vd, 72rd, 74va, 77ra, 83vd, 97ra, 105rd, 114ra, 123ra, 126ra, 149rd, 157ra, 215rd, 221vd, 225va, 228va.
Buchgestaltung: Trotz nachträglicher Ergänzung der Glosse bereits von Anfang an die für glossierte oberitalienische Rechtshss. entwickelte Seiteneinrichtung: zweispaltiger Text mit umgebender zweispaltiger Klammerglosse, in der Terminologie von Powitz, Textus, S. 84 f., Klammerform des Vier-Spalten-Typs. – Anscheinend mit Metallstift vorgezogener, später radierter Schriftspiegel. Grundlinien bis zum Rand durchgezogen. – Am oberen Blattrand der Rectoseiten zwei nachträgliche Zählungen der Bücher, einmal 1–9, X, 11–12 und einmal in römischen Ziffern XL–XLVIII. – 116rcd als letzte Spalten einer Lage leer. – Die Autorennamen sind vor der Zeile mit zweizeiligen blauen Initialen mit leicht verschnörkelten Parallelstrichen in Rot ausgezeichnet, die Leges beginnen dahinter mit in die Zeile eingerückten roten Buchstaben in Gegenfarbe. Die Verweisungen zur Glosse erfolgen durch ein System aus Buchstaben mit Punkten und Strichen.
Buchschmuck: Der Platz für Initialen an den Buchanfängen nicht verwendet.

Nachträge und Benutzungsspuren: Die Klammerglosse nachgetragen (siehe Angaben zu Schrift / Schreibern). Viele Annotationen von verschiedenen Händen. Mit Siglen bezeichnete Additiones zu den Glossen zumindest von Accursius (um 1182/85–um 1260/63) (9r–244v, passim); Andrea Ciaffi (um 1318/1326) (59ra, 233vd), Dino del Mugello (um 1254–um 1300) (13v–244rc, passim); Giacomo Belvisi (um 1270–1335) (11v–244va, passim); Odofredo († 1265) (34vd, 108rd, 114v). Die meisten Glossen von Dino und Belvisi dürften von einer einzigen Hand stammen. – 104vb nachgetragene Zeichnung eines Seraphen (?) mit Schwert. Gelegentlich gezeichnete Köpfe und Hände.

Provenienz: Heidelberg.

2) 9ra–244vc
Beteiligte Personen: Justinian I. / Accursius.
Titel: Digestum novum cum Glossa ordinaria.
Angaben zum Text: Dritter Teil der von Kaiser Justinian I. in Auftrag gegebenen Rechtssammlung mit der Glossa ordinaria des Accursius (um 1182/85–um 1260/63). Die Glosse ist allerdings wohl nachgetragen und enthält, wie Soetermeer, Utrumque ius, S. 332 zeigt, außer im Abschnitt der Pecien 8–9 (in richtiger Ordnung = 37va–38vb, 19ra–28vb, 39ra–rb), die Additiones des Accursius nur als Nachträge eines Korrektors. Pecia 32 war zudem beschädigt, was den Kopisten auf 223vd zu einer Lücke nötigte, an der er vermerkte: *debet esse glosa quam non potui legere* (vgl. Soetermeer, Utrumque ius, S. 184). Für Soetermeer 1997 zählt Pal. lat. 751 zu den Hss. mit der älteren Version der Glossa ordinaria. – Bücherverteilung: (9rb–18vc, 29rb–38rb) Dig. 39; (38rb–vc, 19rb–28vc, 39rb–54vc) Dig. 40; (54vc–72rc) Dig. 41; (72rc–84vb) Dig. 42; (84vc–104vc) Dig. 43; (104vc–116vb) Dig. 44; (117rb–135rc) Dig. 45; (135vb–158vb) Dig. 46; (158vb–180rb) Dig. 47; (180rb–203rc) Dig. 48; (203rc–217vb) Dig. 49; (217vb–244vb) Dig. 50.
Rubrik: 9rb ›*De operis noui nuntiatione*‹.
Incipit: 9rb *Hoc edicto permittitur ut siue iure siue iniuria opus fieret per nunciacionem inhiberetur ...*
Explicit: 244vb *Servus rei publice causa abesse non potest.*
Edition: Digestum novum, Lyon 1627.

CW

Vatikan, Biblioteca Apostolica Vaticana, Pal. lat. 752

Digestum novum cum Glossa ordinaria

Pergament · 1, 199, 1 Bll. · 38,8 × 23,5 cm · Oberitalien, wohl Bologna / Orléans · 1. Hälfte 13. Jh. / 1. Hälfte 14. Jh.

Entstehungsort: Oberitalien, wohl Bologna / Orléans.
Entstehungszeit: 1. Hälfte 13. Jh. / 1. Hälfte 14. Jh.

Typus (Überlieferungsform): Codex.
Beschreibstoff: Pergament, Vorsatzblätter Papier.
Umfang: 1, 199, 1 Bll.
Format (Blattgröße): 38,8 × 23,5 cm.
Zusammensetzung (Lagenstruktur): $(I-1)^{1a}$ + 17 IV^{136} + $(IV+1)^{145}$ + 4 IV^{177} + $(III+1)^{183a}$ + III^{189} + $(VI-2)^{199}$ + $(I-1)^{200*}$ Zählfehler: 183a ungez. Gegenbll. der Vorsatzbll. 1a und 200* dienen als vorderer und hinterer Spiegel. Am Anfang der Verlust einer Quaternione rekonstruierbar.
Seiten-, Blatt- und Lagenzählung: Neben der gültigen vatikanischen Seitenzählung rechts oben (*1–199*) existiert 1r–191r rechts unten eine ältere Zählung, die noch die beim Eintritt in die Fuggerbibliothek bereits verlorenen ersten acht Seiten berücksichtigt (*9–199*). Bei ungez. Bll. folgt die Zählung dem Digitalisat (1a, 183a, 200*). Reklamanten von Schreiberhand 16v–40v, 64v, 120v–177v an wechselnden Stellen unten im unteren Rand. 72v, 96v stattdessen das Wort *usque.*

Zustand: Anfang verloren, teilweise löchriges, oft dunkles oder gelbliches Pergament. Gelegentlich verblasste Tinte (u. a. Textus inclusus 21v). In 164 ein langer vernähter Riss. Doppelblatt 92/93 fast auseinandergerissen.

Schriftraum: 28,8 × 20,2 cm.
Spaltenanzahl: Je 2 Spalten für den Textus inclusus und für die später hinzugefügte Klammerglosse, 190v–192v, 194r–197v Textus inclusus einspaltig mit (halber) Klammerglosse neben einer Spalte Kommentar. 193rv nur zweispaltiger Kommentar.
Zeilenanzahl: 49 Zeilen für den Textus inclusus, bis zu 111 Zeilen für die Klammerglosse.
Angaben zu Schrift / Schreibern: Die Schrift des Legaltexts lässt sich gut mit der von oberitalienischen Hss. des beginnenden 13. Jhs. wie Vat. lat. 1408 vergleichen. Anscheinend wurde sie von einer Hand in einer späten karolingischen Minuskel ausgeführt. Die Klammerglosse, in früher südeuropäischer Textualis (Rotunda), ist hingegen nicht von Bologneser Hand ausgeführt. Nach Einschätzung von Soetermeer wurde sie über einer rasierten Vorgängerin angelegt.
Buchgestaltung: Trotz des zeitlichen Abstands zwischen Haupttext und Glosse war die Hs. von Anfang an für die typische, bei glossierten Rechtshss. des Mittelmeerraums verbreitete Seiteneinrichtung vorbereitet: zweispaltiger Text mit umgebender zweispaltiger Klammerglosse, in der Terminologie von Powitz, Textus, S. 84f., Klammerform des Vier-Spalten-Typs. – Anscheinend mit Metallstift vorgezogener, später radierter Schriftspiegel. Grundlinien bis zum Rand durchgezogen. Buchzählung als lebender Seitentitel in Rot und Blau im Seitenkopf, von I bis XII. – Verschiedene Kennzeichnungen der Anfänge der Bücher (s. Buchschmuck). Vor den Autorennamen zwei- bis dreizeilige alternierend rote oder blaue Initialen vor der Textspalte. Eingerückt dahinter die kleineren Initialen in der jeweiligen Gegenfarbe am Anfang der Leges. Alternierend rote und blaue Caputzeichen in unterschiedlicher Ausformung. In der (jüngeren) Glosse beginnen die Abschnitte mit kleinen Initialen mit Strichelfleuronné, wiederum alternierend blau oder rot. Am Anfang der Bücher in der Glosse vierzeilige Initialen mit etwas aufwendigerem Fleuronné. Die Verweisung vom Text auf die Glosse erfolgte durch ein System aus Buchstaben, Punkten und Strichen.
Buchschmuck: 10rc, 34vc, 50vc, 61vc größere blau-rote Fleuronné-Initialen *U* mit dahinter zweizeilig in ausgezogener rot-blauer Zierschrift *ULPIANUS LIBRO.* Weitere größere Fleuronné-Initialen (*U*) auf 1rc, 4rc. In ausgezogener blauer Zierschrift mit rotem Fleuronné 80vc, 92rb *ULPIANUS*; 138rb etwas kleiner und rot-blau *ULPIANUS* sowie die Initiale *N.* Öfter auch kleinere Zierbuchstaben (105rb vor Dig. 46 allerdings ausgelassen). Die Fleuronnéinitialen, verziert mit Perlenreihenornament, gehören erst der zweiten Ausstattungsphase des Codex an. Hingegen finden sich 33vc–34vb drei mit Rot gezeichnete kleine Tierinitialen in romanischem Stil, die vermutlich zur Erstausstattung gehören.

Nachträge und Benutzungsspuren: Interlinearglossen an vielen Stellen. 198v–199v voller späterer Notizen und Federproben (unten nur in Auswahl erfasst).

Einband: Pergamentband über Pappe, nach Schunke, Einbände 2.2, S. 850, um 1780 in Rom entstanden. Oben aufgeklebt auf den Rücken barockes helles Signaturschild *752,* darunter direkt auf den Rücken der Buchtitel notiert; unten blaues Schildchen mit *Pal. lat. 752.* Löcher für zwei Schließschnüre in beiden Deckeln.
Provenienz: Augsburg / Heidelberg.

Geschichte der Handschrift: Blauer Signaturaufkleber mit *Pal. lat. 752* außer auf dem Rücken auch auf dem vorderen Spiegel. Auf Vorsatzbl. 1ar außer *752* und *Pal.* die durchgestrichene Nummer *628.* Der Eintrag *194. seors.* oben auf 1r legt nahe, dass die Hs. eine Einzelerwerbung für die Bibliothek des Ulrich Fugger (1526–1584) darstellt. – Der Legaltext wahrscheinlich im Umfeld der bereits florierenden Universität Bologna entstanden (s. Angaben zu Schrift / Schreibern). 199r findet sich zumindest ein Eintrag, der erkennbar mehrere italienische Personen- und Ortsnamen enthält. Die Zuordnung der Redaktion der deutlich später nachgetragenen und paläographisch eigenständigen Glosse zur Rechtsschule von Orléans durch Soetermeer 1997 spricht ebenso für eine Glossierung an diesem Ort wie die Notiz zum ‚estagium' eines studierenden Klerikers mit Beziehungen zum Abt von Saint-Euverte und den Bischof von Orléans auf 198v. Die in dieser zweiten Arbeitsphase ausgeführten Initialen lassen sich denen in der wohl in Orléans entstandenen Hs. Lat. 4488 der BnF in Paris an die Seite stellen.

Faksimile: https://digi.ub.uni-heidelberg.de/diglit/bav_pal_lat_752

Literatur: Caprioli, Tre capitoli, S. 365; Hanselmann, Bücherschenkung, S. 126, Nr. 3; Lehmann, Fuggerbibliotheken 2, S. 482; Manuscripta juridica, Pal.lat.752; OVL, Pal.lat.752; Soetermeer, Utrumque ius, S. 326; Soetermeer, Due tradizioni, S. 101, 109, 115 (Sigle Vag); Stevenson, Latini, S. 271.

1) 1ra–198rc

Beteiligte Personen: Justinian I. / Accursius.

Titel: Digestum novum cum Glossa ordinaria, am Beginn unvollständig.

Angaben zum Text: Dritter Teil der von Kaiser Justinian I. in Auftrag gegebenen Rechtssammlung mit der Glossa ordinaria des Accursius (um 1182/85-um 1260/63): - (1rb–10rb) Dig. 39.2.44pr.–6.44; (10rc–34vb) Dig. 40; (34vc–50vb) Dig. 41; (50vc–61vc) Dig. 42; (61vc–80vc) Dig. 43; (80vc–91vc) Dig. 44; (92rb–105rb) Dig. 45 (zwischen 96vc und 97rb Lücke zwischen Dig. 45.1.75.8 ... *non constituit incertum* [...] und Dig. 45.1.76pr *Si stipulatus fuerim* ..., später unvollständig aufgefüllt); (105rb–120vc) Dig. 46; (120vc–137vc) Dig. 47; (138rb–158vb) Dig. 48; (158vb–172rc) Dig. 49; (172rc–198rc) Dig. 50. – Nach Einschätzung von Soetermeer 1997, S. 109, ist die rahmende Glosse über Rasur geschrieben. Sie enthält bereits weitgehend alle späteren Additiones des Accursius.

Incipit: 1rb [Anfang verloren, beginnt:] [...]*pretor constituere debeat et mea culpa dampnum sim passus,...*

Explicit: 198rb *Seruus rei publice causa habesse* [!] *non potest.*

Edition: Digestum novum, Lyon 1627.

2) 198vb–199v

Titel: Von verschiedenen Händen nachgetragene juristische Fallbeispiele und Exzerpte.

Angaben zum Text: 199v ausgeblichen und weitgehend unleserlich. Nur 198v–199r eine improvisierte Teilung in zwei Spalten. In einer beschädigten Notiz in der linken Marge von 198va Erwähnung des Jahres 1192, des Sohnes eines Albertus und Kaiser Heinrichs [VI.]: ... *filius domini Alberti* [...]*pano millesimo centesimo XC secundo ... Imperatore Henrico regnante* ... 199r oben auch kalendarische Notizen. Immer wieder Federproben, zum Teil in kalligraphischer Schrift.

3) 198va
Titel: Auflistung von Gesetzesstellen (Nachtrag).
Angaben zum Text: Stark berieben und kaum lesbar.
Incipit: 198va *Sibi imputari debere...*

4) 198va
Titel: Estagium meum (Nachtrag).
Angaben zum Text: Bericht eines anonymen Klerikers über seine Abwesenheiten, vermutlich vom Studium, im Dienst des Bischofs von Orléans und des Abtes von Saint-Euvert.
Incipit: 198va ›*Incepi facere estagium meum secunda die intrante Septembri, hoc est die lune ante beate Marie natiuitatem* ...‹.
Edition: Soetermeer, Due tradizioni, A. 98 (zu korrigieren: „martis proximam“ statt „martis primam“, „pro abbate beati Evurcii“ statt „pro abbate beati C[...]rcii“).

5) 199ra
Titel: Index titulorum zu einem Teil von Dig. 43, 44, 45 und 46 (Nachtrag).
Angaben zum Text: Tituli Dig. 43.24.0–33.0, 44.1.0–7.0, 45.1.0–3.0, 46.1.0–2.0.
Incipit: 199ra ›*Quod vi aut clam*‹.
Edition: Vgl. Digestum novum, Lyon 1627.

6) 199rb
Verfasser: Spinabellus.
Titel: Aufzählung von Zehnten (Nachtrag).
Angaben zum Text: Zehnten im Besitz des Spinabellus auf Grundstücke und Häuser in Trignano (möglicherweise San Paolo-Trignano bei Modena).
Incipit: 199rb ›*Ego Spinabellus habeo decima*‹ [ergänzt zu: decimas] *in Trignano. Primo in manso Manfridini, secundo in manso Spinelli, tercio in manso Balbi* ...

CW

Vatikan, Biblioteca Apostolica Vaticana, Pal. lat. 753

Digestum novum cum Glossa ordinaria

Pergament · 3, 208, 1 Bll. · 34 × 22,5 cm · Bologna (?) · Mitte 13. Jh.

Entstehungsort: Bologna (?).
Entstehungszeit: Mitte 13. Jh.

Typus (Überlieferungsform): Codex.
Beschreibstoff: Pergament.
Umfang: 3, 208, 1 Bll.
Format (Blattgröße): 34 × 22,5 cm.
Zusammensetzung (Lagenstruktur): (I-1)^{1a} + I^{A+B} + 4 V^{40}+ 2 IV^{55} + 2 V^{75} + (V-1)^{83} + 5 V^{133} + 6 IV^{191} + III^{197} + IV^{205} + V^{215} + 1^{216} + (I-1)^{217*}. Zählfehler: 51, 82 doppelt vergeben. 170–179 übersprungen. Gegenbll. der Vorsatzbll. 1a und 217* dienen als vorderer und hinterer Spiegel.

Seiten-, Blatt- und Lagenzählung: Vatikanische Blattzählung, soweit möglich oben rechts (*1–216*). Zudem eine auf 212r mit *XLXXXXVI* endende (ebenfalls) fehlerhafte ältere Blattzählung in römischen Ziffern, anfangs von der vatikanischen überschrieben. Bei ungez. und doppelt gez. Bll. folgt die Zählung dem Digitalisat (1a, 51, 51a, 82, 82a, 217*). Reklamanten von unterschiedlichen Händen bis 93v, 133v–141v, 157v, 183v–197v.
Zustand: Viele Seiten verschmutzt; nachträglich entstandene Löcher in 98, 113; mehrere Bll. eingeschnitten.

Schriftraum: 33,9 × 21,6 cm.
Spaltenanzahl: Je 2 Spalten für den Textus inclusus und die Klammerglosse.
Zeilenanzahl: für Textus inclusus 1r–207v annähernd regelmäßig 50, 208r–215v nur noch 26–31 Zeilen, für die Klammerglosse überall schwankend, bis zu 104 Zeilen.
Angaben zu Schrift / Schreibern: Im Textus inclusus des Corpus, geschrieben in einer gotischen Minuskel, zumindest zwei Hände. Hand I: 1rb–72vc, 84rb–215rc; Hand II: 75vc–83vc. 215vab erweist sich durch ihren fortgeschrittenen Stand als Nachtrag des späteren 13. Jhs., der wohl eher außerhalb Bolognas entstanden ist.
Buchgestaltung: Die für glossierte oberitalienische Rechtshss. entwickelte Seiteneinrichtung: zweispaltiger Text mit umgebender zweispaltiger Klammerglosse, in der Terminologie von Powitz, Textus, S. 84f., Klammerform des Vier-Spalten-Typs. – Anscheinend mit Metallstift vorgezogener, später radierter Schriftspiegel. Grundlinien bis zum Rand durchgezogen. Nachträgliche Buchzählung im Seitenkopf von I bis XII. – Die Autorennamen sind vor der Zeile mit einzeiligen blauen Initialen mit leicht verschnörkeltem Parallelstrichen in Rot ausgezeichnet, die Leges beginnen dahinter mit in die Zeile eingerückten roten Buchstaben in Gegenfarbe. Die Verweisungen zur Glosse erfolgen durch ein System aus Buchstaben mit Punkten und Strichen. – Pecienvermerke an der Glosse, u. a. 3rb, 5rb (?), 8rb, 12vb, 16rb, 18rb, 60rb, 140vb, 180vb, 183rb. Laut Soetermeer, Utrumque ius, S. 333, ist die Pecienzählung außer für Dig. 50.17 die des Bologneser Standardexemplars. Gelegentlich auch Pecienvermerke am Legaltext erhalten, so 210ra.
Buchschmuck: 1rb, 18vc, 56rb, 67vb, 84vc, 95rb größere Fleuronnéinitiale U mit dahinter zweizeilig in rot-blauer Zierschrift *Ulpianus libro.* 42rb, 109rc, 148vc, 169vb nur gerahmtes Feld mit der Zierschrift.

Nachträge und Benutzungsspuren: Der unvollständige Text 215v nur als Nachtrag denkbar. Zahlreiche Marginalien. Zu den frühesten Nachträgen gehört eine 153rd in eine Lücke eingefügte Glosse von Alberto da Pavia (belegt 1211–1240). Nachgetragene Additiones u. a. mit den Siglen von Bartolo da Sassoferrato (um 1313–1357) (6r), Dino del Mugello (um 1254–nach 1297) (3r–214r passim), Guido da Suzzara (um 1225–1292) (13r–v, 19v, 27v, 32r, 40v–155v), Iacopo de Arena (um 1270–um 1320) (153r, 157v–158r), Iacopo Baldovini († 1235) (50v, 51v), Johannes Fasolus († 1286) (94r, 99r), Martino del Cassero da Fano († 1272) (14r, 23v, 69v, 71v, 78r, 131r, 157r, 159v), Martino Sulimani (ca. 1250–1306) (18v, 23v, 26v, 27v, 42r, 145v, 206r), Odofredo († 1265) (157r), Oldrado da Ponte († 1335) (3r, 60r, 141r), Raffaele Fulgosio (1367–1427) (61v); nach Manuscripta juridica zudem Jacques de Révigny (um 1230–1296). 146ra–b im unteren Seitenrand: *Iohannes de Me*[...]: *Quaestio de infamia, Incipit: Quaeritur, quis dicitur famosus, ut sic possit ...*

Einband: Pergamentband über Pappe, nach Schunke, Einbände 2.2, S. 850, um 1780 in Rom entstanden. Oben aufgeklebt auf den Rücken barockes helles Signaturschild *753*, darunter direkt auf den Rücken der Buchtitel notiert; unten beschädigtes blaues Schildchen mit *Pal. lat. 753.* Löcher für zwei Schließschnüre in beiden Deckeln.

Provenienz: Oberitalien (Lombardei?) / Rimini / Venedig / Augsburg / Heidelberg.

Geschichte der Handschrift: Ir neben der modernen Signatur 753 und *Pal.* auf aufgeklebtem Schildchen die Capsa-Nummer *C. 193* sowie die Allacci-Signatur *814.* Durchgestrichen unten zudem *665.* Ar unten: *517.* Nach Ausweis der Signatur *29. Seors.* auf Ar handelt es sich um eine Einzelerwerbung für die Bibliothek des Ulrich Fugger (1526–1584). Mit dieser gelangte die Hs. nach Heidelberg (s. Einleitung). Neben dieser Signatur mit Bleistift *P. 60. F. / N° 48.* Bv Besitzeintrag des venezianischen Patriziers Franceso Cappello, 1499/1500 *Provveditore* Venedigs in Rimini (zu ihm s. Angelo VENTURA, Cappello, Francesco, in: DBI, Bd. 18, Rom 1975, S. 775–779): *Iste liber est magistri et clarissimi equitis ac comitis domini Francisci Capelli patritii Venetii provisoris Ariminensis etc.* - Die Nachträge 216rv, insbesondere die starke lombardische Färbung der italienischen Sonette (die allerdings in zwei Fällen von Bologneser Dichtern stammen) sowie die Statistik zu Mailänder Stadttoren 216r und die chronikalischen Notizen 216va lassen einen Aufenthalt der Hs. in der Lombardei im 14. Jh. vermuten. Zudem wird Pavia in einer verstümmelten Notiz 216rb oben erwähnt: [...] *die Iovis sancto XXVIIII mensis Marcii existente Papie Io*[hannes]. – Cappello hätte bei seiner umfangreichen Reisetätigkeit an sehr viele Orten die Möglichkeit gehabt, in den Besitz des Codex zu gelangen, vermerkt hat er seinen Erwerb aber anscheinend während seiner kurzen Gesandtentätigkeit bei den Malatesta in Rimini. – Die Nachträge des Codex enthalten einzelne Jahreszahlen und historisch vermutlich datierbare Angaben, die der älteren Literatur (CASINI, SORRENTO, STEVENSON) bereits aufgefallen sind. Die Jahreszahl *M CCC XXI* auf 28r scheint den Computusversen von gleicher Hand nachgetragen worden zu sein, die Chronik mit Bezug auf Mailand und Piacenza erstreckt sich nach (den zum Teil schwer nachprüfbaren) Angaben von STEVENSON über die Jahre 1307–1311.

Besonderheiten: Nachträge von erheblicher Bedeutung für die italienische Literatur- und Sprachgeschichte.

Faksimile: https://digi.ub.uni-heidelberg.de/diglit/bav_pal_lat_753

Literatur: ABBONDANZA, Baldovini, S. 524; Armando ANTONELLI, Art. Lambertazzi, Fabruzzo, in: DBI, Bd. 63, Rom 2004, S. 152–156, hier S. 155; Stefano ASPERTI, Testi e frammenti recuperati per il Corpus della lirica trobadorica, in: Medioevo romanzo (2009), Heft 2, S. 264–294, hier S. 265; CALASSO, Criteri, S. 504–505; CALASSO, Sassoferrato, S. 662; CAPRIOLI, Tre capitoli, S. 304; Tommaso CASINI, Sonetti del secolo XIII, in: Il propugnatore n.s. 1 (1888), Teil II, S. 413–418; HANSELMANN, Bücherschenkung, S. 126, Nr. 3; Julius KIRSHNER, „Made exiles for the love of knowledge": Students in Late Medieval Italy, in: Mediaeval Studies 70 (2008), S. 163–202, hier S. 181; LEHMANN, Lehnrecht, S. 31, Nr. 105; LEHMANN, Fuggerbibliotheken 2, S. 482; MANCUSO, Per la datazione, A. 20; Manuscripta juridica, Pal.lat.753; Wolfgang P. MÜLLER, The Recovery of Justinian's Digest in the Middle Ages, in: BMCL 20 (1990), S. 1–30, hier S. 25 A. 60; MURANO, Opere, Nr. 312; Sandro ORLANDO, Ancora su ‚homo ch'è saggio': punto della situazione, in: Studi di Filologia romanza offerti a Valeria Bertolucci Pizzorusso, Bd. 2, hrsg. von Pietro G. BELTRAMI / M. G. CAPUSSO / F. CIGNI, Ospedaletto (Pisa) 2006, S. 1139–1154 (Sigle Pl); OVL, Pal.lat.753; PARADISI, La diffusione, S. 8–9, 35; Fabio SANGIOVANNI, Tre sonetti inediti (o quasi) di fine Duecento, in: Medioevo letterario d'Italia 5 (2008), S. 9–25, hier S. 11, 14, 17, 22, 25; SELLA, Sigle, S. 193, 196; SOETERMEER, Utrumque ius, S. 191, 194, 333; SOETERMEER, Due tradizioni, S. 101, 104, 111, 117, 124 (Sigle

Vah); Luigi Sorrento, Una pagina di cultura medioevale, in: Aevum 2 (1928), fasc. 2, S. 161–190; Stevenson, Latini, S. 271 f.; Mirabile, Pal.lat.753.

1) Ava–Brb

Titel: Index titulorum (Nachtrag).

Angaben zum Text: In kursiver Schrift nachgetragenes Verzeichnis der Tituli des Digestum novi in der Ordnung des Werks, aber ohne weitere Findmittel wie Buch- oder Blattzahlen. Der Anfang stark beschädigt.

Rubrik: Ava [...] ›*libri*‹.

Incipit: Ava *De*[...] *novi nunciatione ...*

Explicit: Brb ... *De regulis iuris.*

2) 1rb–215rc

Beteiligte Personen: Justinian I. / Accursius.

Titel: Digestum novum cum Glossa ordinaria, am Ende unvollständig.

Angaben zum Text: Dritter Teil der von Kaiser Justinian I. in Auftrag gegebenen Rechtssammlung mit der Glossa ordinaria des Accursius (um 1182/85–um 1260/63): (1rb–18vc) Dig. 39; (18vc–42rb) Dig. 40; (42rb–55vc) Dig. 41; (56rb–67vb) Dig. 42; (67vb–84vc) Dig. 43; (84vc–95vb) Dig. 44; (95vb–109rc) Dig. 45; (109rc–128vb) Dig. 46 (ab hier die Zählung im Buch um Eins vorgehend: *LVI* ...); (128vb–148vc) Dig. 47; (148vc–169rb) Dig. 48; (169rb–190vb) Dig. 49; (190vb–215vc) Dig. 50.

Rubrik: 1rb ›*Domini Iustiniani sacratissimi principis iuris enucleati ex omni veteri iure collecti Digestorum seu Pandectarum. Explict liber XXXVIII. Incipit XXXVIIII. De operis noui nuntiatione*‹.

Incipit: 1rb ›*Ulpianus libro*‹. *Hoc edicto permittitur ut siue iure siue iniuria opus fieret per nuntiationem inhiberetur ...*

Explicit: 215rc ... *Seruus rei publice causa abesse non potest.*

Edition: Digestum novum, Lyon 1627.

3) 28rab

Titel: Komputistische Versus in lateinisch-italienischer Mischsprache (Nachtrag).

Angaben zum Text: Nachgetragene Versus zur Bestimmung des Ostertermins mit lateinischer Erläuterung in Spalte b, vor Spalte a auf 1321 datiert.

Incipit: 28ra *Conta gerentem ofert finando tristitia kauriti ...*

Weiteres Initium: 28rb Per istos versus poteris cognoscere, quot diebus erit Pasca in Aprili vel Martio ...

Explicit: 28rb ... *mense Aprilis tot diebus intrante, quot dixi in Martio exeunte.*

4) 215vb–vc

Titel: Libri feudorum (unvollendet nachgetragen).

Angaben zum Text: Langobardisches Lehnsrecht, verschriftlicht im späten 11. oder frühen 12. Jh., ergänzt um Edikte Lothars III. und Friedrichs I. Hier enthalten der Anfang von LF. 1.1.

Incipit: 215vb [nachgetragen: F]*redericus dei gratia Romanorum imperator et semper Augustus. Uia* [!] *de feudis tractaturi sumus, uideamus ...*

Explicit: 215vc [bricht ab:]... *uel aliquid propter feudum acceperit*[...].

Edition: Lehmann, Lehnrecht, S. 81–198.

5) 216ra
Titel: Lateinische Verse (Nachtrag).
Angaben zum Text: zweizeiliges Distichon.
Incipit: 216ra [F]*ama, fauor populi, iuuenilis ...*
Edition: Sorrento, Una pagina, S. 174, Nr. 1, vgl. auch S. 166.

6) 216ra
Beteiligte Personen: Gregor I.
Titel: Exzerpt aus Homelia 40 (Nachtrag).
Angaben zum Text: Verändert gegenüber dem edierten Text. Aus der Interpretation von Lc 16,19–31 des hl. Gregor.
Incipit: 216ra *Uos qui in hoc seculo bene habetis ...*
Edition: Sorrento, Una pagina, S. 174, Nr. 2, vgl. auch S. 166; vgl. CCL 141, S. 393–411, hier S. 403.

7) 216ra
Beteiligte Personen: Matthaeus evangelista.
Titel: Exzerpt aus Mt 23,27 (Nachtrag).
Incipit: 216ra *Ue uobis, ypocrite tristes, qui similles estis ...*
Edition: Sorrento, Una pagina, S. 174, Nr. 3, vgl. auch S. 166.

8) 216ra
Titel: Sentenz (Nachtrag).
Angaben zum Text: Theologischer Satz aus unidentifizierter Quelle.
Incipit: 216ra *Hac animaduersitione percutitur peccator...*
Edition: Sorrento, Una pagina, S. 174, Nr. 4, vgl. auch S. 166.

9) 216ra
Beteiligte Personen: Pseudo-Augustinus-Belgicus.
Titel: De verbis domini (Nachtrag).
Angaben zum Text: Exzerpt aus Sermo II, De pace. Hinter dem „Augustinus“ der im 12. Jh. entstandenen pseudo-augustinischen Sermones-Sammlung in PL 40, Sp. 1235–1358, verbergen sich mehrere Autoren (vgl. die Angaben in der LLT).
Incipit: 216ra *Quid est pax. Pax est serenitas...*
Edition: Sorrento, Una pagina, S. 174, Nr. 5, vgl. auch S. 166; vgl. Migne, PL 40, Sp. 1237–1239.

10) 216ra
Beteiligte Personen: Thomas von Aquin.
Titel: Catena aurea in Lucam (Nachtrag).
Angaben zum Text: Exzerpt aus der 1265–1268 vollendeten Catena aurea des Thomas von Aquin, betreffend Lc 16,19–31.
Incipit: 216ra *Sicut prestantissima speculorum tales facierum ymagines ...*
Edition: Sorrento, Una pagina, S. 174f., Nr. 6, vgl. auch S. 167; vgl. S. Thomae Aquinatis Catena aurea in quatuor evangelia, hrsg. v. Angelici Guarienti, Bd. 2, Turin ^{2}1953, S. 229.

11) 216ra
Beteiligte Personen: Thomas von Aquin.
Titel: Catena aurea in Mathaeum (Nachtrag).
Angaben zum Text: Exzerpt aus der 1265–1268 vollendeten Catena aurea des Thomas von Aquin, betreffend Mt 6,28.
Incipit: 216ra *Respicite lilia agri que statuto tempore florescunt ...*
Edition: Sorrento, Una pagina, S. 175, Nr. 7, vgl. auch S. 167; vgl. S. Thomae Aquinatis Catena aurea in quatuor evangelia, hrsg. v. Angelici Guarienti, Bd. 1, Turin [2]1953, S. 116.

12) 216ra
Verfasser: Fabruzzo Lambertazzi.
Titel: Homo non prese ancor sí saggiamente (Nachtrag).
Angaben zum Text: Italienischsprachiges Sonett des Bologneser Dichters Fabruzzo (di Guiduccio) Lambertazzi (13. Jh.) in stark norditalienisch gefärbter Überlieferung.
Rubrik: 216ra ›*Ait Fabrucius de Lambertacius Bononiensis*‹ [im linken Rand].
Incipit: 216ra *Homo no prixe anchora si saxament / nexu afair a quel cora.*
Explicit: 216ra *... e mal a qui bene dorian auer.*
Edition: Casini, Sonetti, S. 415; Sorrento, Una pagina, S. 175–180, Nr. 8, vgl. auch S. 167 f.

13) 216ra
Verfasser: Guido Guinizelli.
Titel: Omo ch'è saggio non corre leggero (Nachtrag).
Angaben zum Text: Italienischsprachiges Sonett des Guido Guinizelli, geb. in Bologna ca. 1230, gest. spätestens 14.11.1276, in stark norditalienisch gefärbter Überlieferung.
Incipit: 216ra *Homo ch'e sazo non core liçeri / ma penssa et grada si cum uol mesiura ...*
Explicit: 216ra *... pero ço chomo pensa non dedir.*
Edition: Casini, Sonetti, S. 416; Sorrento, Una pagina, S. 180–183, Nr. 9, vgl. auch S. 168.

14) 216ra
Titel: Lebensregel, provenzalisch (Nachtrag).
Angaben zum Text: Ein Dreizeiler mit Endreim. Über die Vergeltung von Trug durch Trug. Ein weiterer Lehrspruch sollte sich anschließen, blieb aber unvollendet.
Incipit: 216ra *Har saves homs quans ves ches inganaz ...*
Weiteres Initium: 216ra Hom ch'es pris ni de [bricht ab].
Edition: Sorrento, Una pagina, S. 183, Nr. 10, vgl. auch S. 168.

15) 216ra
Titel: Decem praecepta (Nachtrag).
Angaben zum Text: Vereinfachte Zusammenfassung von Ex 20,3–17.
Rubrik: 216ra ›*Infrascripta sunt X praecepta Dei*‹.
Incipit: 216ra *Primus est de collendo uno solo deo ...*
Explicit: 216ra *... non bovem, non asinum et cetera.*
Edition: Sorrento, Una pagina, S. 183 f., Nr. 11, vgl. auch S. 168.

16) 216ra
Titel: Zahlen, zugeordnet zu den Mailänder Stadttoren (Nachtrag).

Angaben zum Text: SORRENTO vermutet, dass die hier genannten Zahlen die Anzahl Ritter in den einzelnen Stadtsechsteln Mailands bedeuten.
Incipit: 216ra *Porta horientalis habet M DCCC.XXXVIIIJ* ...
Explicit: 216ra ... *Porta Romana habet M.CC:LXXVIII.*
Edition: SORRENTO, Una pagina, S. 184, Nr. 12, vgl. auch S. 168 f.

17) 216ra
Titel: Çentile Madona pietate (Nachtrag).
Angaben zum Text: Mariengebet, italienisch, in Sonettform. Die Verse sind abgesetzt; von anderer Hand als die vorangehenden Nachträge.
Incipit: 216ra *Çentile Madona pietate da audire le pene e li martire, che* [?] *per vu sento* ...
Explicit: 216ra ... *çentile dona aiuto.*
Edition: CASINI, Sonetti, S. 416; SORRENTO, Una pagina, S. 184 f., Nr. 13, vgl. auch S. 169–171.

18) 216ra
Titel: Gebet gegen Hüftschmerzen (Nachtrag).
Angaben zum Text: Auszug aus der Collecta der Missa in die sancti Lucae des Missale Romanum, hier als Heilmittel angepriesen.
Rubrik: 216ra ›*Sancti spiritus adsit gratia*‹.
Incipit: 216ra *Si quis habet malum de fiancho, est hec experta oratio* ...
Weiteres Initium: 216ra Interveniat pro nobis, quesumus, domine sanctus tuus Lucas evangelista ...
Explicit: 216ra ... *est namque experimentissimum et probatum.*
Edition: SORRENTO, Una pagina, S. 185 f., Nr. 14, vgl. auch S. 171.

19) 216ra
Titel: Zauberspruch gegen Schluckauf, italienisch (Nachtrag).
Incipit: 216ra *Si homo uel animal habuerit in guture malum, quod appellatur strangugloni* ...
Weiteres Initium: 216ra Chiado sta mare dio e santo Petro uide ualicare, dixe giado ...
Explicit: 216ra ... *acino di miglio.* ... *vidi pluries experiri.*
Edition: SORRENTO, Una pagina, S. 186 f., Nr. 15, vgl. auch S. 171.

20) 216ra
Titel: Rezept gegen Blutfluss (Nachtrag).
Rubrik: 216ra ›*Optima medicina ad restringendum fluxum sanguinis*‹.
Incipit: 216ra *Accipe tarturem et inpleas eam intus cera noua* ...
Explicit: 216ra ... *ita est expertum.*
Edition: SORRENTO, Una pagina, S. 187, Nr. 16, vgl. auch S. 171.

21) 216ra
Titel: Rezept gegen das Fieber der Malaria quartana (Nachtrag).
Rubrik: 216ra ›*Optima medicina et utique experta et probata in multis patientibus*‹.
Incipit: 216ra *Febrem quartanam quoniam dicitur uenire quartana febris, habeas medium cietum sucus* ...
Explicit: 216ra ... *expermentissime probatum experimentum.*
Edition: SORRENTO, Una pagina, S. 187 f., Nr. 17, vgl. auch S. 171.

22) 216ra
Titel: Zauberspruch zum Herausziehen von Geschossen aus dem Körper, italienisch (Nachtrag).
Rubrik: 216ra ›*Si quis uoluerit extraere quadrellum seu pillotum de osse uel carnibus alicuius, dicat hanc est cantationem, et fideliter expertum est*‹.
Incipit: 216ra *Uadat coram altare ... Longino fu iudeo, he de la lança ferì ne lo costato l'alto ...*
Explicit: 216ra *... ita est expertum.*
Edition: Sorrento, Una pagina, S. 188, Nr. 18, vgl. auch S. 171 f.

23) 216ra
Titel: Arbor che fruto porta sença flore (Nachtrag).
Angaben zum Text: italienisches Sonett.
Incipit: 216ra *Arbor che fruto porta sença flore / soa somença spande sença inganno ...*
Explicit: 216ra *... e sopra i altri à uita del feniçe.*
Edition: Casini, Sonetti, S. 417; Sorrento, Una pagina, S. 188 f., Nr. 19, vgl. auch S. 172 f.

24) 216ra
Titel: L'amor posso laodar e lla ventura (Nachtrag).
Angaben zum Text: italienisches Sonett.
Incipit: 216ra *L'amor posso laodar e lla uentura / poy m'àno tanto da bene donato ...*
Explicit: 216ra *... però el mè core sopr'ogn'altra l'ama.*
Edition: Casini, Sonetti, S. 417; Sorrento, Una pagina, S. 189 f., Nr. 20, vgl. auch S. 172 f.

25) 216rb
Titel: Wortglossen (Nachtrag).
Angaben zum Text: Ausführliche Erklärungen zu abstrakten Begriffen.
Incipit: 216rb *Difinitio sic describitur: Diffinitio est oratio per substantialia ...*
Explicit: 216ra *... per se et separati significant.*

26) 216vab
Titel: Auszüge aus dem Liber Papiensis (Liber legis Langobardorum) (Fragment).
Angaben zum Text: Auszüge aus den wohl ab dem späten 11. Jh. in verschiedenen Redaktionen aus dem Edictum regum Longobardorum und den karolingischen Capitulare Italicum zusammengestellten lombardischen Recht. Vermutlich hier weitere Kaisererlasse eingefügt. Da der Text in der Mitte der zweiten Spalte endet, könnte es sich, vorausgesetzt das Einzelbl. 216 ist verdreht eingebunden, um das Ende der Sammlung handeln.
Rubrik: 216va [1. vollständige Lex:] ›*De alienatione futurorum fructuum*‹.
Incipit: 216va [1. vollständige Lex:] *Imperator Karolus: Vt nemo propter cupiditatem pecuniae aut auariciam ...*
Weiteres Initium: 216va Imperator Octo [!]: Sicut consuetudo nostra est, ut Longobardus ...; 216va Imperator Papinus [!]: De diversis generationibus hominum ...; 216va Imperator Lotharius: Volumus, ut cunctus Romanus populus interrogetur ...; 216va Imperator Karolus: Deo [statt: De eo], qui periurium fecerit ...; 216va Imperator Pipinus: Ut, qui se periuriavit ...; 216va Imperator Lotharius: Ut, ubi tempore avi mei Pipini consuetudo ...; 216va Imperator Karolus: Quicuiusque [statt: Quicumque] beneficium occasione proprii desertum ...; 216va Imperator Conradus: In nomine sanctae ...; 216vb Imperator Karolus: Placuit

nobis, sed sanctorum patrum ...; 216vb Imperator Karolus: Ut iudices ieiuni causas audiant ...

Edition: MGH LL IV, S. 630–640 (nur Rubriken und Initia), dort abweichende Auswahl und Abfolge.

27) 216va

Titel: Breve chronicon Mediolanese, Placentinum etc. (Nachtrag).

Angaben zum Text: Chronikalische Angaben mit Bezug vor allem auf Mailand und Piacenza, meistenteils nur noch schwer lesbar. STEVENSON entzifferte als erste Jahreszahl 1307, als letzte 1311.

28) 216vb

Titel: Politische Prophezeiungen (Nachtrag).

Angaben zum Text: In abgesetzten Zeilen pseudo-sibyllische Prophezeiungen.

Rubrik: 216vb ›*Sibilla ait*‹.

Incipit: 216vb *Gallorum leuitas Germano iustificabit / Ytalie grauitas confusa necabit ...*

Explicit: 216vb *... sub quo cesabit tunc uana gloria cleri.*

Edition: Antonio GARCÍA Y GARCÍA, Los Códices e Incunables jurídicos de la Mezquita de Córdoba, in: BMCL 4 (1974), S. 55–61, hier S. 58–59 A. 19 (ediert nach MS 40 der Kathedralbibliothek Córdoba).

29) 216va

Verfasser: ISHAQ IBN-SULAIMAN AL-ISRA'ILI.

Titel: Lehrsprüche (Nachtrag).

Angaben zum Text: Der Text behauptet, Auszüge aus dem Liber definitorum zu bringen, einem medizinischen Werk des ägyptischen Juden Ishaq Ibn-Sulaiman al-Isra'ili (Isaak ben Salomon Israeli) (ca. 845-ca. 932).

Rubrik: 216va ›*Philosofus in Libro diffinitorium*‹.

Incipit: 216va *Mulier est hominis*[überschrieben: *confusio*] *insaciabilis bestia ...*

Explicit: 216va *... seu viola est.*

30) 216va

Titel: Lo homo non cognosse piennamente lo bene (Nachtrag).

Angaben zum Text: Italienisches Sonett im Seitenfuß, zum Teil nicht mehr leserlich.

Incipit: 216va *Lo homo non cognosse piennamente lo bene / se on ....*

Explicit: 216va *... sempre lo so stato.*

Edition: CASINI, Sonetti, S. 418; SORRENTO, Una pagina, S. 190, Nr. 21.

CW

Vatikan, Biblioteca Apostolica Vaticana, Pal. lat. 754

Digestum novum cum Glossa ordinaria

Pergament · 2, 192, 2 Bll. · 37 × 22,7 cm · Frankreich / Bologna (?) / Frankreich (?) · 15. Jh. / 3. Drittel 12. Jh. / 3. Viertel 13. Jh.

Typus (Überlieferungsform): Codex.
Beschreibstoff: Pergament.
Umfang: 2, 192, 2 Bll.
Format (Blattgröße): 37 × 22,7 cm.
Zusammensetzung (Lagenstruktur): Hs. aus 3 Faszikeln zusammengesetzt (I. Bll. 3a, 1–15; II. Bll. 16–199; III. Bll. 200–209). $(I-1)^{1a}$ + 1^{2a} ... $(II-1)^{211^*}$. Gegenbll. der Vorsatzbll. 1a und 211* dienen als vorderer oder hinterer Spiegel.
Seiten-, Blatt- und Lagenzählung: Vatikanische Blattzählung rechts oben (*1–209*). Bei ungez. Bll. folgt die Zählung dem Digitalisat (1a–3a, 201*, 211*). Auf dem unteren Blattrand alte Lagensignaturen. 7v und durchgehend ab 23v spätmittelalterliche Reklamanten.
Zustand: Faszikel II–III wohl auf schlechtem Pergament: Immer wieder (alte) Einbuchtungen in den Rändern und Löcher in den Seiten.

Einband: Roter Maroquineinband über Pappe, auf dem Rücken in Goldpressung die Wappen von Papst Pius VI. und dem Präfekten der Bibliothek Zelada, Rom 1779–1799 (vgl. Schunke, Einbände 2.2, S. 850). Die Spiegel mit Buntpapier beklebt (das auch die äußeren Vorsatzbll. bildet).
Provenienz: Bologna (?) / Frankreich / Augsburg / Heidelberg.
Geschichte der Handschrift: 3ar Einträge von verschiedenen Händen: *754, Pal,* darunter *Digestum Novum 296. hen.* sowie durchgestrichten *666* (verbessert aus *669*). 1r noch einmal im unteren Seitenrand *754* und durchgestrichen *548.* Die *hen*-Signatur steht wahrscheinlich für den französischen Buchdrucker und Gelehrten Henri Estienne (1531–1598), belegt auf jeden Fall den Erwerb des Bandes für die Bibliothek von Ulrich Fugger (1526–1584), die 1567 von Augsburg nach Heidelberg transferiert und nach Fuggers Tod in die Bibliotheca Palatina integriert wurde (s. Einleitung).
Besonderheiten: Ungewöhnlich viele Herstellungs- und Überarbeitungsphasen, die aber immer wieder auf eine einheitliche Hs. abzielten. Allem Anschein nach wanderte die Hs. aus der noch jungen Universität Bologna nach Frankreich. Eine der seltenen Hss. mit den „roten (Verweis-)Zeichen“ (Faszikel II; vgl. Dolezalek / Weigand, Geheimnis).

Faksimile: https://digi.ub.uni-heidelberg.de/diglit/bav_pal_lat_754
Literatur: Caprioli, Tre capitoli, S. 365; Caprioli, Satura, S. 220; Dolezalek / Weigand, Geheimnis, bes. S. 147, 160–172; Hanselmann, Bücherschenkung, S. 126, Nr. 3; Lehmann, Fuggerbibliotheken, Bd. 1, S. 137, Bd. 2, S. 482; Manuscripta juridica, Pal.lat.754; Wolfgang P. Müller, The Recovery of Justinian's Digest in the Middle Ages, in: BMCL 20 (1990), S. 1–29, hier S. 10, 23; OVL, Pal.lat.754; Soetermeer, Utrumque ius, S. 191, 194, 326; Soetermeer, Due tradizioni, S. 101, 109; Stevenson, Latini, S. 272.

Faszikel I (Bl. 3a, 1–15)

Sachtitel / Inhalt: Digestum novum cum Glossa ordinaria (bis Dig. 39.3.11.3).

Entstehungsort: Frankreich.
Entstehungszeit: 15. Jh.

Typus (Überlieferungsform): Faszikel.
Beschreibstoff: Pergament.
Umfang: 16 Bll.
Format (Blattgröße): 37 × 22,7 cm.
Zusammensetzung (Lagenstruktur): IV^{15} .

Schriftraum: 34,9 × 22,6 cm.
Spaltenanzahl: Je 2 Spalten für Textus inclusus und Klammerglosse.
Zeilenanzahl: 48 Zeilen für den Textus inclusus, bis zu 128 Zeilen für die Klammerglosse.
Buchgestaltung: Nimmt das Layout des älteren Faszikels II auf (s. dort).
Buchschmuck: 1ra Platz gelassen für Eingangsminiatur. Darunter eine einfache rot-blau gespaltene Initiale.

Nachträge und Benutzungsspuren: Anders als in der übrigen Hs. kaum nachgetragene Glossen.

Provenienz: Heidelberg.

1) 1ra–15vd
Beteiligte Personen: Justinian I. / Accursius.
Titel: Digestum novum cum Glossa ordinaria (bis Dig. 39.3.11.3).
Angaben zum Text: Dritter Teil der von Kaiser Justinian I. in Auftrag gegebenen Rechtssammlung mit der Glossa ordinaria des Accursius (um 1182/85–um 1260/63): (1ra–15vb) Dig. 39.1.0– Dig. 39.3.11.3.
Incipit: 1rb *Hoc edictio* [!] *permittitur ut sine iure siue iniuria opus fieret per nuntiationem inhiberetur* ...
Explicit: 15vc ... *etiam cum uno eorum agatur: utrum et eius dapni* [!] ...
Edition: Digestum novum, Lyon 1627.

Faszikel II (Bl. 16–199)

Sachtitel / Inhalt: Digestum novum cum Glossa ordinaria (Dig. 39.3.2.7–Dig. 50.17.7).

Entstehungsort: Bologna (?) (Glosse: Frankreich).
Entstehungszeit: 3. Drittel 12. Jh.

Typus (Überlieferungsform): Faszikel.
Beschreibstoff: Pergament.
Umfang: 166 Bll.

Format (Blattgröße): 37 × 22,7 cm.
Zusammensetzung (Lagenstruktur): 3 IV^{59} + V^{69} + 15 IV^{187} + $(II+1)^{192}$ + $(IV-1)^{199}$. Zählfehler: 35–54 übersprungen, 101a, 118a ungez. Zählung hier nach dem Digitalisat, das sich an der Zählung mit Tinte orientiert. Mindestens ein Bl. nach 199 verloren.
Seiten-, Blatt- und Lagenzählung: Nur 35–62 eine korrigierende Bleistiftzählung (*35–42*).

Schriftraum: 34,9 × 22,6 cm.
Spaltenanzahl: Je 2 Spalten für Textus inclusus und Klammerglosse.
Zeilenanzahl: 55 Zeilen für den Textus inclusus, bis zu 132 für die Klammerglosse.
Angaben zu Schrift / Schreibern: Späte karolingische Minuskel, Notula für die Klammerglosse. Beim Textus inclusus Handwechsel zumindest nach 23vc und 187vc. Die Schrift erlaubt auch einen Datierungsspielraum ins beginnende 13. Jh., doch sind in dieser Zeit keine Hss. mehr mit „roten (Verweis-)Zeichen“ versehen worden (vgl. Dolezalek / Weigand, Geheimnis). – Anmerkung zur Faszikelgrenze nach Bl. 199: Beim Hand- und Layoutwechsel sowie dem Blattverlust nach 199vb die neue Hand moderner als die davor, der Text wird zum Teil auf 200ra wiederholt. Die teils auf Rasur nachgetragene Glosse, die nach Einschätzung von Soetermeer französisch sein muss (nach Vorlage aus Orléans), ist von mehreren Händen, aber durchgehend für Faszikel II–III geschrieben worden. Wie auch die in II und III durchlaufenden Reklamanten und Bücherzählung im Seitenkopf zeigt dies, dass die beiden Faszikel früh zusammengebunden wurden.
Buchgestaltung: Die für glossierte oberitalienische Rechtshss. entwickelte Seiteneinrichtung: zweispaltiger Text mit umgebender zweispaltiger Klammerglosse, in der Terminologie von Powitz, Textus, S. 84f., Klammerform des Vier-Spalten-Typs. – Anscheinend mit Metallstift vorgezogener, später radierter Schriftspiegel. Grundlinien bis zum Rand durchgezogen. Ab 16r Buchzählung in Rot und Blau im Seitenkopf, von I bis XII, als lebender Seitentitel; XII beginnt versehentlich nicht 183v/184r, sondern 193v/194r. – An den Anfängen der Bücher im Regelfall größere Zierbuchstaben (s. Buchschmuck). Vor vielen Tituli sind ebenfalls größere Fleuronné- oder Rankeninitialen eingefügt. Autorennamen beginnen mit einem größeren Capitalis-Buchstaben in der Initialspalte. Dahinter ebenfalls rote Majuskelbuchstaben vor den Leges. Alternierend rote und blaue Caput-Zeichen. Die Glosse verweist durch unterstrichene Textzitate auf den Legaltext. – „Rote Zeichen“, gewöhnlich in Rot, aber auch in Schwarz, zur Verweisung auf weiter entfernte Stellen in der Glossierung: 16r–66r, 123v–127v, 130v, 133v–151v, 157r–159v, 166r. Die Zeichen sind z. T. radiert, so dass sie auch möglicherweise noch in weiteren Abschnitten vorhanden waren.
Buchschmuck: 23vb Fleuronnéinitialen am Beginn von Buch 40 (Lib. II) sowie darin an untergeordneten Stellen wie 24vc, 25vb, 28rb, 61vb. Eine gezeichnete Initiale vor Buch 41 (Lib. III) 62rb, gebildet aus einem Drachen, der einen Vogel verschlingt. Rot gezeichnete vegetabile oder zoomorphe Initialen in diesem Buch, etwa 7vc; z. T. sind sie wie 66vb, 72vb bei der Rasur einer älteren Glossenschicht stark beschädigt worden. Mit Tinte gezeichnete und teils gelb kolorierte Rankeninitiale 74vc am Beginn von Buch 42 (Lib. IV). Weitere Rankeninitalen (77rc, 77vb, 77vc, 78vc, 79vc, 81vc) sowie Fleuronnéinitialen (u. a. 81vb) in diesem Buch. Vor Buch 43 (Lib. V) 83vc wieder große Fleuronnéinitiale, dann hier abwechselnd Fleuronné-, Ranken-, zoomorphe Rankeninitialen. 98rc vor Buch 44 (Lib. VI) gezeichnete teilkolorierte Randleisteninitiale. 107rb, 119rb, 135vc, 152vb, 171rc große Fleuronnéinitialen vor Buch 45–49 (Lib. VII–XI). Buch 50 beginnt 183vb nur mit einer sechszeiligen Fleuronnéinitiale (zudem ohne Rubrik). In Buch 46–50 auch wieder Fleuronnéinitialen als unterge-

ordneter Schmuck vorhanden. Wahrscheinlich stammen alle Buchstaben mit Fleuronnéschmuck aus der Zeit der Anlage der heutigen Glosse.

Nachträge und Benutzungsspuren: Überall Interlinear- und Randglossen; die Klammerglosse anscheinend auf Rasur.

Provenienz: Heidelberg.

2) 16ra–199vd
Beteiligte Personen: JUSTINIAN I. / ACCURSIUS.
Titel: Digestum novum cum Glossa ordinaria (Dig. 39.3.2.7–Dig. 50.17.7).
Angaben zum Text: Dritter Teil der von Kaiser Justinian I. in Auftrag gegebenen Rechtssammlung mit der Glossa ordinaria des Accursius (um 1182/85–um 1260/63): (16rb–23vb) Dig. 39.3.2.7– 39.6.44; (23vb–61vc) Dig. 40; (62rb–74vc) Dig. 41; (74vc–83vc) Dig. 42; (83vc–98rc) Dig. 43; (98rc–107rb) Dig. 44; (107rb–119rb) Dig. 45; (119rb–135vc) Dig. 46; (135vc–152vb) Dig. 47; (152vb–171rb) Dig. 48; (171rc–183rc) Dig. 49; (183vb–199vc) Dig. 50.1.0–Dig. 50.17.7.
Incipit: 16rb [...] *si in agro tuo aquarum concursus ...*
Explicit: 199vc *... ius nostrum non patitur.*
Edition: Digestum novum, Lyon 1627.

Faszikel III (Bl. 200–209)

Sachtitel / Inhalt: Sammelhandschrift.

Entstehungsort: Frankreich (?).
Entstehungszeit: 3. Viertel 13. Jh.

Typus (Überlieferungsform): Faszikel.
Beschreibstoff: Pergament.
Umfang: 10 Bll.
Format (Blattgröße): 37 × 22,7 cm.
Zusammensetzung (Lagenstruktur): IV^{207} + I^{209} .

Schriftraum: 34,9 × 22,6 cm.
Spaltenanzahl: Eine Spalte für Textus inclusus, zwei für die Klammerglosse. 208rv dreispaltig geplant (jedoch nur bis 208va beschrieben).
Zeilenanzahl: 40 Zeilen.
Angaben zu Schrift / Schreibern: Späte karolingische Minuskel; für die Klammerglosse Notula. Schrift deutlich weniger um Kalligraphie bemüht. Häufige Verwendung von doppelstöckigem a.
Buchgestaltung: Anscheinend mit Metallstift vorgezogener, später radierter Schriftspiegel. Grundlinien bis zum Rand durchgezogen. Am Anfang der Autorennamen kleine rote Initialen mit ausgreifendem Fleuronné vor den Zeilen. In den Zeilen blaue Majuskeln mit Rotstrichelung vor den Leges. Caputzeichen abwechselnd rot und blau. Die Verweisung der Glosse erfolgt durch Unterstreichung der dort wiederholten Anfangsworte des Legaltexts.

Nachträge und Benutzungsspuren: Viele Interlinear- und Randglossen. 208–209 ausschließlich Nachträge.

Provenienz: Heidelberg.

3) 200ra–207vc
Beteiligte Personen: Justinian I. / Accursius.
Titel: Digestum novum cum Glossa ordinaria (ab Dig. 50.17.0).
Angaben zum Text: Dritter Teil der von Kaiser Justinian I. in Auftrag gegebenen Rechtssammlung mit der Glossa ordinaria des Accursius (um 1182/85–um 1260/63): (200vb–207vb) Dig. 50.17.0–Dig. 50.17.211.
Incipit: 200rb ›*Ulpianus*‹. *Regula est, que rem que est breuiter enarrat. Non ut ex regula ius sumatur ...*
Explicit: 207vb ... *Seruus rei publice causa abesse non potest. Diuus Adrianus in hec uerba rescripsit.*
Edition: Digestum novum, Lyon 1627.

4) 208ra–rb
Verfasser: Bulgarus (?).
Titel: Summa de varietate actionum, lib. III,9–13 (nach Druck 1530) (Nachtrag).
Angaben zum Text: Aus heutiger Sicht kein Teil aus der von dem in Mantua, Montpellier, Bologna und Piacenza lehrenden italienischen Rechtsgelehrten Placentinus (um 1130–bald nach 1182) in Mantua ca. 1160 verfassten Summa, die nur lib. I–II der Editio princeps von 1530 umfasst (vgl. Ludwig Wahrmund, Die Summa „De actionum varietatibus" des Placentinus, Innsbruck 1925 [Quellen zur Geschichte des römisch-kanonischen Prozesses im Mittelalter IV,3], S. XXI–XXII). Die Zuschreibung von lib. III an Bulgarus († 1166) formuliert anscheinend zuerst Friedrich Carl von Savigny, Geschichte des Römischen Rechts im Mittelalter, Bd. 4, Heidelberg 1825, S. 226–229.
Incipit: 208ra *Cum secundum diversitatem actionum et diligentia ...*
Explicit: 208rb ... *Quemadmodum § Pignori datur. Jac.*
Edition: Placentinus: De Varietate actionum libri sex item Rogerii compendium de diversis praescriptionibus, Mainz 1530, S. 11–157.

5) 208rb–rc
Titel: Distinctio (Nachtrag).
Incipit: 208rb *Hodie non libet debitam partitionem liberis ...*
Explicit: 208rc ... *Silabis orthodoxi paretes hereticos habuerit.*

6) 208rc–va
Titel: Distinctio (Nachtrag).
Incipit: 208rc *De accionum varietate in earum longitudinem ...*
Explicit: 208va ... *de iudiciis prope* [...]*am dum nobis.*

7) 209r
Verfasser: Aurelius Augustinus (?).
Titel: Oratio ad sapientiam implendam (Nachtrag).
Angaben zum Text: Text wird in der Hs. einem Astinus zugeschrieben (Abschreibefehler?).

Rubrik: 209r ›*Oratio sancti Astini* [Augustini]‹ *ad sapientiam postulandam* [...].
Incipit: 209r *Domine Deus omnipotens, qui consubstantialem filium et qui vera et eterna sapientia est, genuisti ...*
Explicit: 209r ... *aliorum patienter et humiliter proffererre*[!].
Edition: Nach Basel, UB, B XI 3, fol. 308v: Gustav MEYER / Max BURKHARDT, Die mittelalterlichen Handschriften der Universitätsbibliothek Basel, Beschreibendes Verzeichnis, Abt. B: Theologische Pergamenthandschriften, Bd. 2., Basel 1966, S. 855.

8) 209r
Titel: Quaestio (Nachtrag).
Incipit: 209r *Super eo, quod queritur, an istrum, quod prima facies aparet ...*
Explicit: 209r ... *de tabelioribus § Fi. Deo gratias.*

CW

Vatikan, Biblioteca Apostolica Vaticana, Pal. lat. 755

Digestum novum cum Glossa ordinaria

Pergament · 1, 78, 1 Bll. · 40,5 × 27 cm · Frankreich (?) · Mitte 13. Jh.

Entstehungsort: Frankreich (?).
Entstehungszeit: Mitte 13. Jh.

Typus (Überlieferungsform): Codex.
Beschreibstoff: Pergament.
Umfang: 1, 78, 1 Bll.
Format (Blattgröße): 40,5 × 27 cm.
Zusammensetzung (Lagenstruktur): $(I\text{-}1)^{1a}$ + IV^{8} + 2 V^{28} + 2 IV^{44} + $(III\text{-}1)^{49}$ + IV^{57} + VI^{69} + $(V\text{-}1)^{78}$ + $(I\text{-}1)^{79*}$. Vermutlich einige Blattverluste nach 49 sowie nach 78. Gegenbll. der Vorsatzbll. 1a und 79* dienen als vorderer oder hinterer Spiegel.
Seiten-, Blatt- und Lagenzählung: Vatikanische Blattzählung rechts oben (*1–78*). Bei ungez. Bll. folgt die Zählung dem Digitalisat (1a, 79*). Neuere Reklamanten.
Zustand: Nach Angaben von Manuscripta juridica auf sehr schlechtem Pergament geschrieben. Viele Löcher und Risse, zum Teil vernäht. Die Ecken von 1–4, Teile von 24 und 30 abgerissen. Bl. 20 unten abgeschnitten. Die ersten und letzten Seiten besonders verschmutzt.

Schriftraum: 24,7 × 17,5 cm.
Spaltenanzahl: 2 Spalten für den Textus inclusus und 2 für die oft nicht völlig befüllte Rahmenglosse.
Zeilenanzahl: 65 Zeilen für den Textus inclusus, extrem schwankend für die Glosse.
Angaben zu Schrift / Schreibern: Wohl Textus inclusus und Klammerglosse von einer Hand, Schrift der Klammerglosse wie üblich kleiner. Die wenig kalligraphische, aber nicht wirklich kursive Schrift hat in der Literatur Erstaunen ausgelöst. DOLEZALEK vermutet die Arbeit eines Notars, und SOETERMEER nimmt an, dass es sich „um keine universitäre Handschrift handelt“. Die Schrift ist jedenfalls eine Buchschrift. Es gibt in ihr klare Tendenzen

einer Gotisierung wie vorne spitz zulaufende untere Schlaufen beim g und Bogenverbindungen wie or. Die ersten 4 ½ Zeilen auf 1ra stärker kalligraphisch stilisiert (Textualis), ihr Erscheinungsbild französisch mit oben spitzem o, sich gabelnden Schäften und weiter unter die Linie gehendem h.

Buchgestaltung: Die für glossierte oberitalienische Rechtshss. entwickelte Seiteneinrichtung: zweispaltiger Text mit umgebender zweispaltiger Klammerglosse, in der Terminologie von Powitz, Textus, S. 84 f., Klammerform des Vier-Spalten-Typs. Die Glossenrahmung zum Teil aber nur wenig befüllt. – Anscheinend vorgeritzter Schriftspiegel. Grundlinien bis zum Rand durchgezogen. Später eingefügte Buchzählung im Seitenkopf, beginnend bei *I.* – Überschriften der Bücher und Tituli in roter Textualis. Nur lib. 39 beginnt 1ra mit einer Initiale, vor den anderen Büchern Platz belassen. Rote zwei- bis dreizeilige Majuskeln am Anfang der Leges. Rote Caputzeichen. Ein benutzbares System der Verweisung von der Glosse auf den Legaltext nicht erkennbar, auch wenn die Glossenabschnitte mit ungewöhnlichen (schwarzen) Zeichen beginnen.

Buchschmuck: 1ra am Beginn von Buch 39 Fleuronnéinitiale.

Nachträge und Benutzungsspuren: Nur recht selten ergänzende Glossen aus dem Spätmittelalter (v. a. 23v–26v, 30v). Manche Nachträge fast völlig verblichen (z. B. 38v).

Einband: Pergamentband über Pappe, nach Schunke, Einbände 2.2, S. 850, um 1780 in Rom entstanden. Oben aufgeklebt auf den Rücken barockes helles Signaturschild *755*, darunter direkt auf den Rücken der Buchtitel notiert; unten beschädigtes blaues Schildchen mit *Pal. lat. 755*. Löcher für zwei Schließschnüre in beiden Deckeln.

Provenienz: Venedig / Augsburg / Heidelberg.

Geschichte der Handschrift: Blauer Aufkleber mit *Pal. lat. 755* auf Rücken und vorderem Spiegel. Auf Vorsatzbl. 1ar außer *755* auch durchgestrichen *667*. Unten auf 1r: *550*. Zudem auf dieser Seite die Signatur *300 Hen.* Der Band stammt offenbar aus der Bibliothek des als Egnatius bekannt gewordenen venezianischen Gelehrten Giovanni Battista Cipelli (1478–1553) und wurde wohl nach dessen Tod vom augsburgischen Büchersammler Ulrich Fugger (1526–1584) erworben. In dem wahrscheinlich von Martin Gerstmann (1527–1585) 1555 in Augsburg für Ulrich Fugger zusammengestellten Katalog dürfte es sich um den letztgenannten Titel handeln: *Digestum novum usque ad titulum de quaestionibus* (Lehmann, Fuggerbibliotheken 2, S. 78). Demnach dürfte vorliegender Codex zu den Hss. gehört haben, die 1555, wohl auf Vermittlung des Henri Estienne (1531–1598), von Venedig nach Augsburg gelangten, wofür die *hen*-Signatur stehen dürfte (s. Einleitung). Fuggers Bibliothek wurde 1567 von Augsburg nach Heidelberg transferiert und nach seinem Tod in die Bibliotheca Palatina integriert.

Besonderheiten: Präaccursianische Glosse; ungewöhnliches Schriftbild.

Faksimile: https://digi.ub.uni-heidelberg.de/diglit/bav_pal_lat_755

Literatur: Hanselmann, Bücherschenkung, S. 126, Nr. 3; Lehmann, Fuggerbibliotheken, Bd. 2, S. 483; Manuscripta juridica, Pal.lat.755; OVL, Pal.lat.755; Soetermeer, Utrumque ius, S. 325; Stevenson, Latini, S. 272; [Auf der Verwechslung mit Pal. lat. 577 beruht die Erwähnung in Wilfried Hartmann / Jean-Marie Moeglin, La transmission et l'influence du droit synodal carolingien, in: Revue historique de droit français et étranger Ser. 4, 63 (1985), S. 483–497, hier S. 490].

1) 1ra–78vb
Beteiligte Personen: JUSTINIAN I.
Titel: Digestum novum cum glossa, am Ende unvollständig.
Angaben zum Text: Dritter Teil der von Kaiser Justinian I. in Auftrag gegebenen Rechtssammlung; kommentiert von einer präaccursianischen Glosse: (1rb–9rb) Dig. 39; (9rb–20vc) Dig. 40; (21rb–29rb) Dig. 41; (29rb–34vb) Dig. 42; (34vb–44rb) Dig. 43; (44rc-49vc) Dig. 44; (50rb–rc) Dig. 45.3.38.3 [...] *adquirit ita placet et si rem*-Dig. 45.3.40; (50rc–60rb) Dig. 46; (60rb–70vb) Dig. 47; (70vb–78vc) Dig. 48.1–Dig. 48.18.1.6 (danach Blattverlust).
Rubrik: 1rb ›*Domini Iustiniani sacratissimi principis perpetio iuris enucleati ex omni ueteri iure collecti Digestorum*‹ [...].
Incipit: 1rb ›*Hoc*‹ *edicto permittitur ut siue iure siue iniuria opus fieret per nunciationem inhiberetur ...*
Explicit: 78vc ... *leuiano longuino* [recte: *leliano longino*] *resripserunt de seruo haeredum non esse habendas quaestiones* [recte: *quaestionem*] [...].
Edition: Digestum novum, Lyon 1627.

CW

Vatikan, Biblioteca Apostolica Vaticana, Pal. lat. 756

Digestum novum cum glossa

Pergament · 2, 187, 2 Bll. · 38,2 × 24 cm · Oberitalien, wohl Bologna / Italien oder Frankreich · 13. Jh., 1. Drittel / 13. Jh., 3. Viertel

Typus (Überlieferungsform): Codex.
Beschreibstoff: Pergament.
Umfang: 2, 187, 2 Bll.
Format (Blattgröße): 38,2 × 24 cm.
Zusammensetzung (Lagenstruktur): Hs. mit Fragment (I. Bll. 1–184; II. Bll. 185–186). $(I\text{-}1)^{1a} + 1^{2a} + ... + 1^{187^*} + (I\text{-}1)^{188^*}$. Zählfehler: 11a übersprungen. Gegenbll. der Vorsatzbll. 1a und 188* dienen als vorderer oder hinterer Spiegel. Hs. enthält Fragment.
Seiten-, Blatt- und Lagenzählung: Vatikanische Blattzählung (*1–186*). Zählung ungez. Bll. folgt dem Digitalisat (1a, 2a, 11a, 187*, 188*). Gelegentlich entstehungszeitliche Reklamanten erhalten: 39v, 67v, 77v, 115v–176v.
Zustand: Bindung locker.

Einband: Roter Maroquineinband über Pappe, auf dem Rücken in Goldpressung die Wappen von Papst Pius VI. und dem Präfekten der Bibliothek Zelada, Rom 1779–1799 (vgl. SCHUNKE, Einbände 2.2, S. 850). Die Spiegel mit Buntpapier beklebt (das auch die äußeren Vorsatzbll. bildet).
Provenienz: Heidelberg.
Geschichte der Handschrift: Ir nur der Eintrag *Pal.* Auf unklarer Grundlage geht LEHMANN davon aus, dass auf dieser Seite der Eintrag aus der Bibliothek Ulrich Fuggers „295. hen." durch Beschneiden verlorengegangen sei (die entsprechenden Einträge allerdings gewöhnlich auf dem ersten Bl. des Korpus und nicht dem Vorsatzbl.). 1r oben *756* und unten *547*. Die Herkunft aus der Fuggersammlung ist denkbar, bleibt aber unbewiesen.

Besonderheiten: Ein präaccursianischer Apparat mit vielen Glossen identifizierbarer Gelehrter, überwiegend aus Bologna.

Faksimile: https://digi.ub.uni-heidelberg.de/diglit/bav_pal_lat_756
Literatur: Caprioli, Tre capitoli, S. 318, 360; Caprioli, Satura, S. 220; Cortese, La norma 1, S. 331–332; Dydynski, Beiträge, S. 75, Nr. 211; (ausgelassen in Hanselmann, Bücherschenkung, S. 126, Nr. 3); Lehmann, Fuggerbibliotheken 2, S. 483; Manuscripta juridica, Pal.lat.756; OVL, Pal.lat.756; Murano, L'exemplar, S. 25 (Sigle Pt); Nardi, Studi, S. 44 A. 58, 45 A. 60, 106 A. 21, 220, 223 A. 40; OVL, Pal.lat.756; Eltjo J. H. Schrage, „Colonia partiaria". Zum Rechtsbegriff der Teilpacht aus der Sicht der Glossatoren, in: Satura Roberto Feenstra sexagesimum quintum annum aetatis complenti ab alumnis collegis amicis oblata, hrsg. v. J. E. Spruit u. a., Freiburg (Schweiz) 1985, S. 393–403, hier S. 400–401; Soetermeer, Utrumque ius, S. 191, 326; Soetermeer, La carcerazione, S. 174; Soetermeer, Due tradizioni, S. 101, 102 A. 77, S. 111 (Sigle Vaj); Stevenson, Latini, S. 272.

Faszikel (Bl. 1–184)

Sachtitel / Inhalt: Digestum novum cum glossa.

Entstehungsort: Oberitalien, wohl Bologna.
Entstehungszeit: 1. Drittel 13. Jh.

Typus (Überlieferungsform): Faszikel.
Beschreibstoff: Pergament.
Umfang: 185 Bll.
Format (Blattgröße): 38,2 × 24 cm.
Zusammensetzung (Lagenstruktur): 4 V^{39} + IV^{47} + 3 V^{77}+ III^{83} + V^{93}+ $(VII\text{-}1)^{106}$ + 7 V^{176} + IV^{184}.

Schriftraum: 22,5 × 12,5 cm.
Spaltenanzahl: 1r–178v je 2 Spalten für Textus inclusus und Klammerglosse, 179r–184v einspaltig mit bis 3–4 Glossenspalten.
Zeilenanzahl: Üblicherweise 55 Zeilen für den Textus inclusus, bis zu 127 für die Klammerglosse.
Angaben zu Schrift / Schreibern: Späte karolingische Minuskel. Die Schrift ist jedoch zu stark gotisiert (spitzer unterer Bogen des g, Bogenverbindungen, generell Zusammenrücken der Buchstaben), als dass mit Soetermeer noch eine Datierung ins 12. Jh. möglich wäre. Die originale Glosse in deutlich dunklerer Tinte (und wie üblich kleiner geschrieben).
Buchgestaltung: Die für glossierte oberitalienische Rechtshss. entwickelte Seiteneinrichtung: zweispaltiger Text mit umgebender zweispaltiger Klammerglosse, in der Terminologie von Powitz, Textus, S. 84 f., Klammerform des Vier-Spalten-Typs. 179r–184v der Textus inclusus mit Regulae iuris nur noch einspaltig mit Klammerglosse sowie zwei Glossenspalten. – Anscheinend mit Metallstift vorgezogener, später radierter Schriftspiegel. Grundlinien bis zum Rand durchgezogen. Jüngere Buchzählung im Seitenkopf, von *I* bis *XII*. – Zu den Bücheranfängen s. Buchschmuck. Die Tituli werden mit Rubriken eingeleitet. Vor den Leges die zwei- bis dreispaltigen Initialen der Autorennamen vor der Textspalte alternie-

rend rot und blau mit einfachstem Strichelfleuronné. Die kleineren Initialen der Leges selbst in Gegenfarbe und mitten auf der Zeile. Alternierend rot-blaue Caputzeichen. Die Verweisung der Glosse funktioniert über ein System aus Punkten, Striche und Buchstaben, die zusammen mit der Glosse eingetragen wurden.

Buchschmuck: Am Anfang der Bücher in ausgezogenen rot-blauen Ziermajuskeln der Gelehrtenname ›*ULPIANUS*‹.

Nachträge und Benutzungsspuren: 1ra–4va und 84ra–107vb der präaccursianische Apparat rasiert und 1ra–3rb mit der frühen Redaktion der Glossa ordinaria des Accursius (um 1185–1263) überschrieben (nach Soetermeer vielleicht in Frankreich). Obwohl auf dem leeren Rand von 3v etc. nicht fortgeführt, sind accursianische Glossen zum Teil massiv auf anderen Seiten nachgetragen worden, so 4va–7rb.

Provenienz: Heidelberg.

1) 1ra–184v

Beteiligte Personen: Justinian I.

Titel: Digestum novum cum glossa.

Angaben zum Text: Dritter Teil der von Kaiser Justinian I. in Auftrag gegebenen Rechtssammlung mit einem frühen Glossenapparat. Identifiziert wurden darin bisher in Manuscripta juridica, von Giovanna Murano und Eltjo J. H. Schrage sowie im OVL – überwiegend anhand von Siglen – folgende Einzeltexte bzw. Autoren: Bulgarus († 1166); Cipriano (12. Jh.); Ugo di Porta Ravegnana († 1166/1171); (70vd–71rd) Ugolino Presbiteri († um 1233): Distinctiones (ad Dig. 43.26); Johannes Bassianus († 1197); (7r, 7r, 110r) Martino Gosia († 1158); Ottone (168v); Pillius de Medicina († 1207); Placentinus (um 1130-bald nach 1182); (116va–117r, 134v) Rogerius (aktiv Mitte 12. Jh.); (178vd–184vd) Azo (um 1150-um 1230): Apparatus ad Digestum novum Dig. 50.17 de regulis iuris. – Nach Einschätzung von Dolezalek hatte der Schreiber keine juristische Vorbildung und beging viele Kopierfehler. – (1rb–13rc) Dig. 39; (13rc–32rc) Dig. 40; (32rc–46vb) Dig. 41; (46vb–56vc) Dig. 42; (56vc–73rb) Dig. 43; (73rc–83rb) Dig. 44 (83r-v leer); (84rb–97vb) Dig. 45; (97vc–106rc, 107rb–114rc) Dig. 46 (106v leer); (114rb–131ra) Dig. 47; (131ra–150va) Dig. 48; (150vb–162vb) Dig. 49; (162vb–184vc) Dig. 50.

Rubrik: 1rb ›*Domini Iustiniani sacratissimi principis perpetio Augusti uiris enucleati ex omni ueteri*[...]*e collecti Digestorum seu Pandectarum. Explicit liber XXVIII* [überschrieben: X]. *Incipit XXXVIIII. De operis noui nuntiatione. Ulpianun* [!]‹.

Incipit: 1rb *Hoc edicto permittitur ut siue iure siue iniuria opus fieret per nuntiationem iniberetur ...*

Explicit: 184vc ... *Seruus rei publice causa abcesse non potest.*

Edition: Digestum novum, Lyon 1627.

Fragment (Bl. 185–186)

Sachtitel / Inhalt: Institutiones Iustiniani cum Glossa ordinaria (aus Inst. 2.13).

Entstehungsort: Italien oder Frankreich.

Entstehungszeit: 3. Viertel 13. Jh.

Typus (Überlieferungsform): Fragment.
Beschreibstoff: Pergament.
Umfang: 2 Bll.
Format (Blattgröße): 38,2 × 24 cm.
Zusammensetzung (Lagenstruktur): I^{186}.

Schriftraum: 17 × 10 cm.
Spaltenanzahl: je 2 Spalten für Textus inclusus und Klammerglosse.
Zeilenanzahl: 36 Zeilen für den Textus inclusus, bis zu 63 Zeilen für die Klammerglosse.
Angaben zu Schrift / Schreibern: Frühe südeuropäische Textualis (Rotunda). Die Schrift noch stärker gotisiert als in der eigentlichen Hs. Das Fleuronné weist für die Datierung auf eine ähnliche Stellung.
Buchgestaltung: Die für glossierte oberitalienische Rechtshss. entwickelte Seiteneinrichtung: zweispaltiger Text mit umgebender zweispaltiger Klammerglosse, in der Terminologie von Powitz, Textus, S. 84f., Klammerform des Vier-Spalten-Typs. 186rava die Klammerglosse nicht ausgeführt. – Anscheinend mit Metallstift vorgezogener, später radierter Schriftspiegel. Vor den Tituli die zwei- bis dreispaltigen blauen Initialen mit etwas aufwendigerem roten Fadenfleuronné. Alternierend rote und blaue Caputzeichen. – Die Verweisung der Glosse 185ravb funktioniert über ein System aus Punkten. Zudem sind in der Glosse die zitierten Anfangsworte unterstrichen.
Buchschmuck: Zu den kleinen Fleuronnéinitialen s. Buchgestaltung.

Nachträge und Benutzungsspuren: Interlinearglossen und Weisehände zeugen von der Benutzung im verlorenen Buchzusammenhang. Sehr umfangreiche spätmittelalterliche Einträge jedoch auf dem Kopf stehend in Seitenfuß und -rand. Es ist davon auszugehen, dass sie erst nach der Fragmentierung (in einem unbekannten Zusammenhang) angebracht wurden.

2) 185rb–186vc
Beteiligte Personen: Justinian I. / Accursius.
Titel: Institutiones Iustiniani cum Glossa ordinaria (aus Inst. 2.13).
Angaben zum Text: Fragment des von Kaiser Justinian I. in Auftrag gegebenen Rechtslehrbuchs mit der Glossa ordinaria des Accursius (um 1182/85-um 1260/63).
Incipit: 185rb [...] *debent ue ex heredari et in eo omnium par condicio ...*
Explicit: 186vc *... ob eam causam heres institutus erat se probaturum, nec ex nuda* [...].
Edition: Codex, Lyon 1627.

CW

Vatikan, Biblioteca Apostolica Vaticana, Pal. lat. 757

Codex Iustinianus cum Glossa ordinaria

Pergament · 1, 239, 2 Bll. · 45,3 × 30,1 cm · Südfrankreich · 1330–1340

Entstehungsort: Südfrankreich.
Entstehungszeit: 1330–1340.

Typus (Überlieferungsform): Codex.
Beschreibstoff: Pergament.
Umfang: 1, 239, 2 Bll.
Format (Blattgröße): 45,3 × 30,1 cm.
Zusammensetzung (Lagenstruktur): (I-1)^{1a} + (II+1)^{E} + 4 VI^{48} + 2 V^{68} + 3 VI^{104} + V^{114} + IV^{122} + III^{128} + 4 V^{168} + IV^{176} + 3 VI^{212} + V^{222} + VI^{234} + 1^{235*} + (I-1)^{236*}. Gegenbll. der Vorsatzbll. 1a und 235* dienen als vorderer und hinterer Spiegel. Bl. 11 versehentlich als 101 bezeichnet.
Seiten-, Blatt- und Lagenzählung: Vatikanische Blattzählung rechts oben (*1–234*). Zählung der Vorsatzbll. 1a, 235* und 236* sowie der von A–E reichenden Lage nach Digitalisat. Die genannte Lage besteht aus dem Doppelbl. A / B aus Papier, sowie aus Pergament dem Einzelbl. C und dem Doppelbl. D / E. Reklamanten am unteren Blattrand von anlegender Hand. Lagenzählung mit arabischen Ziffern.
Zustand: Pergament verschmutzt, mit Löchern und auffallend zahlreichen Rissen, in der Regel genäht, Haarwurzeln erkennbar, Tinte mitunter etwas verblasst.

Schriftraum: 38,3 × 27 cm.
Spaltenanzahl: Textus inclusus und Klammerglosse jeweils zweispaltig.
Zeilenanzahl: Textus inclusus: meist um die 45–59 Zeilen, Klammerglosse bis zu ca. 110 Zeilen.
Angaben zu Schrift / Schreibern: Mehrere Hände schrieben Legaltext und Glosse in einer gotischen Minuskel, die insbesondere im Fall des Textus inclusus gerade im Duktus an die italienische Rotunda, insbesondere die in Bologna gepflegte Littera Bononiensis, erinnert, dennoch aber Formen aufweist, die für Italien untypisch sind, wie der unter die Grundlinie gezogene Bauch des h, – Merkmale die typisch für im Süden Frankreichs entstandene Schriften sind (vgl. Derolez, Palaeography, S. 116 f.).
Buchgestaltung: Die für glossierte oberitalienische Rechtshss. entwickelte Seiteneinrichtung: zweispaltiger Text mit umgebender zweispaltiger Klammerglosse, in der Terminologie von Powitz, Textus, S. 84 f., Klammerform des Vier-Spalten-Typs. Zeilengerüst mit Metallstift vorgezogen. Zeitgenössische Buchzählung in Rot und Blau im Seitenkopf als lebender Seitentitel, von *I* bis *IX*. Miniaturen und Deckfarbeninitialen an den Anfängen der Bücher (s. Buchschmuck). Vor den Tituli regelmäßig auf einer freigehaltenen Fläche im Schriftraum eine rot-blaue Initiale. Vor den Autorennamen meist zwei- bis dreizeilige blaue Lombarde mit Fleuronné in Gegenfarbe vor der Textspalte. Eingerückt dahinter die kleineren Initialen in Rot mit blauen Verzierungen am Anfang der Leges. Alternierend rote und blaue Paragrafenzeichen. In der Glosse beginnen die Abschnitte mit kleinen Initialen mit Fleuronné in Gegenfarbe, wiederum alternierend blau oder rot. Die Verweisung vom Legaltext auf die Glosse erfolgt durch ein System aus Buchstaben und Strichen.
Buchschmuck: Spaltenbreite Miniaturen an den Anfängen der Vorreden und der Bücher, begleitet von teils historisierten Deckfarbeninitialen: 1ra: Der thronende Justinian in der Diskussion mit zwei stehenden und einem sitzenden Gelehrten; in der Initiale umarmt ein Mann eine widerstrebende Frau; 2va: die Trinität, verbildlicht durch den Auferstandenen, den Logos-Creator und die Geisttaube; 29va: der Richter (König) spricht mit dem Ankläger und der Beschuldigten, die letztere hat ihren Sohn vor sich stehen und die geforderte Rechnung vor dem Bauch; 49va: Ein Richter thront rechts und diskutiert mit einer Gruppe sitzender und stehender Personen (Gerichtsverfahren?); 69ra: vor dem Richter (König) schwört ein kniender Mann, beide Hände auf einen Codex gelegt, hinter ihm hält ein Mann einen Kelch, über ihm schwebt eine goldene Scheibe; 97va: Verheiratung durch einen Pries-

ter, der die Hände des Paares für die Dextrarum iunctio erfasst hat; 129ra: der Besitzer des Sklaven klagt beim Richter, während ein Gerüsteter diesen in ein Gefängnis führt; 163vb: Freilassung (Manumissio) durch den Richter (König), der dem Sklaven einen Stab auflegt; 189ra: der Richter (König) ordnet die Fällung des Baumes an, der das Haus des Klägers gefährdet; 214vb: der Angeklagte vor dem Richter (der entscheidet, ob der Beklagte umgekehrt ihn beschuldigen darf). Bilderschließung online in heidICON.

Nachträge und Benutzungsspuren: Zahlreiche Interlinear- und Marginalglossen von verschiedenen Autoritäten, mitunter durch Siglen referenziert, darunter nachweisbar Bartolo da Sassoferrato (um 1313–1357; 4r; vgl. CALASSO, Sassoferrato, S. 662; OVL), Iacopo Baldovini († 1235; 50v, 52v, 79r; vgl. ABBONDANZA, Baldovini, S. 524; OVL), Iacopo di Porta Ravennate († 1168; 3v, 4v, 5r, 5v–185v; vgl. OVL), Guido da Suzzara (um 1225–1292; 5v, 11v, 37v–216r; vgl. OVL), Guillaume de Cunh († 1336; 6v, 50v, 55v–198r; vgl. OVL), Pierre de Belleperche (um 1250–1308; 6v, 8v, 9r–234r; vgl. OVL), Cyno da Pistoia (um 1270–1336/37; 6v, 9r, 29v–224v; vgl. OVL), Francesco d'Accorso (1225–1293; 30v, 40v, 47r–172v; vgl. OVL), Odofredo († 1265; 39v, 75r, 87r–214v; vgl. OVL), Dino del Mugello (um 1254-um 1300; 40v, 50v, 58r–97v; vgl. OVL), Iacopo de Arena (um 1270–um 1320; 54r; vgl. OVL), Jacques de Révigny (um 1230–1296; 76v; vgl. OVL), Guillaume de Durfort († 1330; vgl. CALMA, Guillelmus de Duroforte), Guillaume de Ferrières († 1295; vgl. SPECIALE, La memoria, S. 322), Petrus de Dorphila (vgl. SPECIALE, La memoria, S. 322), Guglielmo d'Accorso (1246–1313; vgl. SPECIALE, La memoria, S. 322), Giacomo BELVISI (um 1270–1335; vgl. SPECIALE, La memoria, S. 322), Jacobus Broncinus (vgl. SPECIALE, La memoria, S. 323), Bertrand de Montfavès (um 1270–1342; vgl. SPECIALE, La memoria, S. 323), Canhardus de Sabalhano (vgl. SPECIALE, La memoria, S. 323), Iacopo Bottrigari (1274–1347; 137v; vgl. PACE, Riccardo, S. 62 A. 84), Riccardo da Saliceto († 1379; 30r–31r, 37r, 46r, 134r, 135r–136r, 143v, 151r, 154r, 155r; vgl. PACE, Riccardo, S. 44 f., 62 A. 83), Bartolomeo da Saliceto (um 1330–1411; vgl. SPECIALE, La memoria, S. 323), womöglich Signorolo Omodei († 1362; Sigle *Sigl*, 199v; vgl. PACE, Riccardo, S. 62 A. 85), ferner die Siglen *Hugo, Ignocencius, Prac. Vielh.* (vgl. PACE, Riccardo, S. 154 A. 31). Darüber hinaus zahlreiche Anmerkungen von verschiedenen Händen, darunter Merkverse (79v, 81r, 86r, 91v, 97v, 132r) oder Verse aus den ‚Dicta Catonis' (140r, ediert in: Minor Latin Poets, Bd. 2, hrsg. und übersetzt von J. Wight DUFF / Arnold M. DUFF, Cambridge / London 1935, S. 612), mannigfaltige grafische Verweiszeichen und Zeichnungen, wie z. B. Hunde (85r, 91r, 234r), Schweine (151r, 152v), Würfel (152v), ein Adler (183r) oder ein Schiff (187v).

Einband: Pergamentband über Pappe, nach SCHUNKE, Einbände 2.2, S. 850, um 1780 in Rom entstanden. Oben aufgeklebt auf den Rücken barockes helles Signaturschild *757*, darunter direkt auf den Rücken der Buchtitel notiert; unten blaues Schildchen mit *Pal. lat. 757*. Löcher für zwei Schließschnüre in beiden Deckeln. 235* war möglicherweise früher Spiegel.

Provenienz: Heidelberg.

Geschichte der Handschrift: Modernes blaues Signaturschild der Vaticana *Pal. lat. 757* auf dem vorderen Spiegel. Auf Vorsatzbl. 1a *Pal. 757* und *669* [durchgestrichen], auf Ar Capsa-Nummer *C. 48*, darunter Allacci-Signatur *1710*, weitere Altsignatur *340*. Der Buchschmuck wie auch der paläografische Befund deuten auf eine Entstehung der Hs. im Südfrankreich der 1330er Jahren hin. Giuseppe SPECIALE verortet dies in Toulouse, da mit Canhardus de Sabalhano ein Professor der dortigen Universität zitiert wird (SPECIALE, La memoria, S. 146 A. 110). Die erste Lage wurde wohl nachträglich vorgebunden. LEHMANN vermutet, dass der Codex aus Fuggerprovenienz nach Heidelberg gelangte und schreibt dazu: „Der Vermerk ‚hen‘ oder ‚seors‘ verloren“, womit jedoch kein wirklicher Nachweis einer solchen Herkunft gegeben ist. Darüber hinaus soll es laut Giuseppe Speciale einen conduxit-Vermerk geben (Speciale, La memoria, S. 139), der aber, zumindest im Digitalisat, nicht erkennbar ist. Ein wohl als Federprobe zu interpretierender Satz auf Er könnte einen Hinweis auf einen Vorbesitzer geben, ist in diesem doch von *ego Iohannes de Aula publicus notarius* die Rede. Besitzeinträge auf Ev wurden radiert.

Faksimile: https://digi.ub.uni-heidelberg.de/diglit/bav_pal_lat_757

Literatur: Abbondanza, Baldovini, S. 524; Calasso, Sassoferrato, S. 662; CALMA, Guillelmus de Duroforte, Iacobus Balduini; Caprioli, Tre capitoli, S. 329 A. 476; Cortese, La norma 2, S. 281 A. 84; Devoti, Un rompicapo, S. 202 A. 43; Hanselmann, Bücherschenkung, S. 126; Lehmann, Fuggerbibliotheken 2, S. 483; Maffei, La donazione, S. 138 A. 5; Manuscripta juridica, Pal.lat.757; Mirabile, Pal.lat.757; OVL, Pal.lat.757; Pace, Riccardo, S. 24 A. 7, 39 A. 1, 44 A. 13, 45, 49, 61 f., 153 f.; Paradisi, La diffusione, S. 35; Nicoletta Sarti, Sull'identità del „dominus Iacobus quod Ianuae in equo armatus tulit sententiam“. Intorno a una nuova fonte, in: Rivista di storia del diritto italiano 62 (1989), S. 363–382, hier S. 379 A. 51; Schunke, Einbände 2.2, S. 850; Frank Soetermeer, Libri legales a Padova. Note sul ms London, British Library, Arundel 433, in: Quaderni per la storia dell'Università di Padova 31 (1998), S. 77–90, hier S. 78 A. 3; Soetermeer, Utrumque ius, S. 318–319; Speciale, La memoria, S. 139–141, 146, 204 (mit weiterer Literatur), 222, 232, 322 f.; Stevenson, Latini, S. 272 f.

1) Ara–Bvb
Titel: Alphabetischer Index der Tituli (Nachtrag).
Angaben zum Text: 1ar Vorsatzbl., bis auf Signaturen leer. – 1av leer.

2) Cra–Drc
Titel: Inhaltsverzeichnisse.

3) Dv
Titel: Notizen und Zeichnungen, darunter ein Hund, ein Tier jagend.

4) Er
Titel: Kleintexte, darunter einer auf Italienisch zur Herstellung von Tinte.

5) Ev
Titel: Besitzvermerke, größtenteils radiert, Zeichnungen.

6) 1ra–234vd
Beteiligte Personen: Justinian I. / Accursius.
Titel: Codex Iustinianus cum Glossa ordinaria.
Angaben zum Text: Dritter Teil der von Kaiser Justinian I. in Auftrag gegebenen Rechtssammlung mit der Glossa ordinaria des Accursius (um 1182/85–um 1260/63): (1rb–1rc) De novo codice componendo; (1rc) De Iustiniano codice confirmando; (2rb) De emendatione codicis Iustiniani et secunda eius editione; (2vb–29rc) Buch 1; (29vb–49rc) Buch 2; (49vb–68vc) Buch 3; (69rb–97rc) Buch 4; (97vb–128vc) Buch 5; (129rb–163vb) Buch 6; (163vc–

188vc) Buch 7; (189rb–214vc) Buch 8; (214vc–234vc) Buch 9. – 235*r leer. – 235*v Notizen. – 236*r–236*v leer.

Rubrik: 1ra ›*In nomine domini nostri Ihesu Christi. Codicis domini Iustiniani sacracissimi principis. Repetite prelectionis. Incipit liber primus de nouo codice faciendo. Rubrica. Rubrica*‹.

Incipit: 1rb ›*Hec*‹ *que necessario* [nachgetragen im Rand: *corrigenda*] *multis retro principibus visa sunt …*

Explicit: 234vc … *ut libertatem non dampnationis, sed lenitatis paterne testem habeant.*

Edition: Codex, Lyon 1627.

CW, TH

Vatikan, Biblioteca Apostolica Vaticana, Pal. lat. 758

Codex Iustinianus cum Glossa ordinaria

Pergament · 1, 265, 1 Bll. · 42 × 26,6 cm · Orléans (?) / Toulouse (?) · um 1300

Entstehungsort: Orléans (?) / Toulouse (?).
Entstehungszeit: um 1300.

Typus (Überlieferungsform): Codex.
Beschreibstoff: Pergament.
Umfang: 1, 265, 1 Bll.
Format (Blattgröße): 42 × 26,6 cm.
Zusammensetzung (Lagenstruktur): $(I\text{-}1)^{1a}$ + $(V\text{-}3)^{10}$+ 3 V^{40} + $(V\text{-}2)^{50}$ + $(V\text{-}1)^{60}$ + 8 V^{140} + VI^{152} + 11 V^{262} + $(V\text{-}1)^{271}$ + $(I\text{-}1)^{272*}$. Vorderspiegel Gegenbl. von 1a, Hinterspiegel Gegenbl. von 272*. Bll. 1–3 herausgeschnitten, Zählung beginnt mit Bl. 4. Bll. 47, 49 und 51 fehlen.
Seiten-, Blatt- und Lagenzählung: Vorrömische Foliierung in arabischen Ziffern (*4–271*, Anfang fehlt). Vor- und Nachsatzbl. ungez., weshalb hier die Zählung der Digitalisate übernommen wird (1a, 272*). Durchgehend Reklamanten auf der letzten Versoseite der Lage auf dem Fußsteg rechts (fehlen 40v, 100v, 140v, 152v, 252v).
Zustand: Pergament verschmutzt, mit zahlreichen Flecken, Haarwurzeln erkennbar, manche Risse, Tinte mitunter berieben und verblasst. 56–59, 259, 270–271 Wasserschaden.

Schriftraum: 27,9 × 22,1 cm.
Spaltenanzahl: Textus inclusus und Klammerglosse jeweils zweispaltig.
Zeilenanzahl: Textus inclusus: 46–48 Zeilen, Klammerglosse bis zu ca. 117 Zeilen.
Angaben zu Schrift / Schreibern: Der Schreiber, welcher den Legaltext in einer Textura ausführte, dürfte im Norden Frankreichs sozialisiert gewesen sein, wie die gebrochene Schrift nahelegt. Diese Hand verwendete teilweise ein d wie in der Halbunziale, dennoch verweist die Schrift in die Zeit um 1300. Ebenjene Hand schrieb auch die eine oder andere Glosse, das Gros des Apparats komplettierten jedoch weitere Hände, denen z. T. ein breiterer und runderer Duktus zu eigen ist, der eher einem Schreiber aus dem Süden Frankreichs zuzuordnen wäre.
Buchgestaltung: Die für glossierte oberitalienische Rechtshss. entwickelte Seiteneinrichtung: zweispaltiger Text mit umgebender zweispaltiger Klammerglosse, in der Terminologie von Powitz, Textus, S. 84 f., Klammerform des Vier-Spalten-Typs. – Mit Metallstift vorgezo-

genes Zeilengerüst. Buchzählung in Rot und Blau im Seitenkopf, von *I* bis *XII*, als lebender Seitentitel. Miniaturen an den Anfängen der Bücher (s. Buchschmuck). Tituli als Rubrik hervorgehoben. Vor den Autorennamen meist zwei- bis dreizeilige Lombarden alternierend in Blau und Rot vor der Textspalte, eingerückt dahinter die kleineren Initialen in Gegenfarbe am Anfang der Leges; selten Initialen mit Zierstrichen in Gegenfarbe. Alternierend rote und blaue Paragrafenzeichen. In der Glosse beginnen die Abschnitte mit zweizeiligen Initialen mit Zierstrichen in Gegenfarbe, wiederum alternierend Blau oder Rot. Die Verweisung vom Legaltext auf die Glosse erfolgt anhand von Buchstaben und Unterstreichungen.

Buchschmuck: Spaltenbreite Miniatur am Anfang eines jeden Buchs: 40vb: ein thronender Richter flankiert von der Partei des Klägers wie des Angeklagten; 62rb: dasselbe Motiv, wobei eine der den Richter flankierenden Personen sitzt; 83vb: vor dem Richter schwört ein kniender Mann, die rechte Hand auf ein Buch gelegt; 115vc: Verheiratung durch einen Priester, der die Hände des Paares für die Dextrarum iunctio erfasst hat; 153rb: vor dem Richter wird dem Verurteilten der Fuß mit einem Beil abgeschlagen; 194vb: Freilassung (Manumissio) durch den Richter, der dem Sklaven einen Stab auflegt; 226rb: der Richter ordnet die Fällung des Baumes an, der das Haus des Klägers gefährdet; 253rb: der Angeklagte vor dem Richter (der entscheidet, ob der Beklagte umgekehrt ihn beschuldigen darf).

Nachträge und Benutzungsspuren: Anmerkungen und Korrekturen von verschiedenen Händen, ferner im Profil dargestellte Köpfe, Maniculae und weitere grafische Verweiszeichen, darunter diverse Wappen, so auf 115r Wappen, darinnen ein schwarzes Ankerkreuz, verweisend auf 115v, wo das Wappen erneut an der auszuweisenden Stelle erscheint. Von verschiedenen Händen Interlinear- und Marginalglossen mit den Kommentaren von: Giacomo Belvisi (um 1270–1335; 185v; Manuscripta juridica), Martino Sulimani (1236–1306; 5v, 152v), Iacopo Bottrigari (1274–1347; 5v, 6r–218v), Odofredo († 1265; 8v, 16v, 33v–271r), Guillaume de Ferrières († 1295; 23r, 43r, 80r, 94v, 110r, 165r, 188v, 209r–v), Bertrand de Deux († 1355; 32r–v, 33r–271r); Francesco d'Accorso (1225–1293; 32r–v, 35r–271r), Iacopo de Arena (um 1270–um 1320; 40r, 41r, 183v, 187v, 190v), Riccardo Malómbra († 1334; 50r, 179r, 180v), Pierre de Belleperche (um 1250–1308; 72v, 86r, 108r–207v), Pierre Raymond Fabri († 1271; 84v, 85r), Guillaume de Cunh († 1336; 90r, 95v, 220r), Guido da Suzzara (um 1225–1292; 92v, 95v, 97v–226v), Oldrado da Ponte († 1335; 105v, 107r, 109r–164v), Guillaume de Durfort († 1330; 107r), Bernardus Saporis (114v, 177v, 205v, 218r, 220r), Pierre de Mortemart († 1335; 172v, 174v, 179r), Jacques de Révigny (um 1230–1296; 180r, 192r), Dino del Mugello (um 1254–um 1300; 57v, 180v, 185v, 197v, 222r), Andreas de Barulo († nach 1291; 185v), Azo (um 1150–um 1230; 266v), Pietro Peregrossi (1220–1295; 155r), Arnal Escharbot, Cyno da Pistoia (um 1270–1336/37), Franciscus Roma de Perpignano, Petrus Calvelli, Poncius Blegeri, Raniero Arsendi († 1358; 55v), Riccardo da Saliceto († 1379; 44r, 50r, 52r), Baldo degli Ubaldi (um 1327–1400), Nicolaus de Tudeschis (1386–1445), Giovan Francesco Capodilista (erste Hälfte 15. Jh.), Accursius (um 1185–1263; 237v–238r), ferner finden sich die Siglen *P.* (253r) und *G.* (43r); vgl. OVL; Pace, Riccardo S. 63; Speciale, La memoria, S. 323 f.

Einband: Am Rücken beschädigter Pergamentband über Pappe, nach Schunke, Einbände 2.2, S. 850, um 1780 in Rom entstanden. Oben aufgeklebt auf den Rücken barockes helles Signaturschild *758*, darunter direkt auf den Rücken der Buchtitel notiert; unten blaues Schildchen mit *Pal. lat. 758*. Löcher für zwei Schließschnüre in beiden Deckeln.

Provenienz: Augsburg / Heidelberg.

Geschichte der Handschrift: Modernes blaues Signaturschild der Vaticana *Pal. lat. 758* auf dem vorderen Spiegel. Auf Vorsatzbl. 1ar *758 Pal.* und *671* sowie *713* [beide durchgestrichen]. Auf 4r Altsignatur *562.* Der Legaltext der Hs. dürfte um 1300 im Norden Frankreichs kopiert worden sein. Als ein möglicher Ort kommt dafür Orléans in Betracht, finden sich doch in den etwas später angefügten Glossen solche des Jacques de Révigny oder Pierre de Belleperche, die beide an der dortigen Hochschule als Professoren wirkten (Eduard Maurits MEIJERS, Le droit romain au moyen âge [Études d'histoire du droit 3], Leiden 1959, S. 59–80, 95–106). Noch während der Anlage der Glossen dürfte der Codex in den Süden Frankreichs gelangt sein, wie nicht zuletzt der paläografische Befund nahelegt. Auch hier lässt sich mit Toulouse ein wahrscheinlicher Ort nennen, denn weitere Glossen stammen von Pierre de Mortemart, Guillaume de Cunh, Guillaume de Durfort, Arnal Escharbot und Bertrand de Deux, die zwischen 1310 und 1320 in Toulouse wirkten (ebenda, S. 185–201). Nach Heidelberg gelangte die Hs. über die Sammlung des Ulrich Fugger (1526–1584), wie die Signatur auf 4r *185.* [durchgestrichen] *seors.* ausweist. Zum Bestand der mit ‚seorsum' überschriebenen Werke gehörten einzelne Erwerbungen (s. Einleitung), die mit dem Hinscheiden des Sammlers in das Eigentum des Kurfürsten und schließlich in die Bibliotheca Palatina übergingen.

Faksimile: https://digi.ub.uni-heidelberg.de/diglit/bav_pal_lat_758

Literatur: CALMA, Bertrandus de Deucio, Guillelmus de Duroforte, Iacobus de Balvisio, Iacobus de Butrigariis senior; Adriana TOGNONI CAMPITELLI, Art. Bottrigari, Iacopo, in: DBI, Bd. 13, Rom 1971, S. 498–501, hier S. 499; CAPRIOLI, Tre capitoli, 232 A. 31, 329 A. 476 ; CAPRIOLI, Belvisi, S. 94; Cornelia COGROSSI, Per uno studio intorno alle cronache dei notai ed agli atti notarili nei comuni dell'Italia settentrionale (XII–XIV sec.), in: Jus. Rivista di scienze giuridiche 28 (1981), S. 333–360, hier S. 336 A. 15; DEVOTI, Un rompicapo, S. 202 A. 43; LEHMANN, Fuggerbibliotheken 2, S. 483; MAFFEI, La donazione, S. 138 A. 5; Domenico MAFFEI, Qualche postilla alle ricerche di E.M. Meijers sulle scuole di Orléans, Tolosa e Montpellier, in: TvR 36 (1968), S. 387–400, hier S. 387 A. 1; Manuscripta juridica, Pal.lat.758; Mirabile, Pal.lat.758; OVL, Pal.lat.758; PACE, Riccardo, S. 24 A. 7, 39 A. 1, 62 f., 154; SCHUNKE, Einbände 2.2, S. 850; SOETERMEER, Utrumque ius, S. 318–319; SPECIALE, La memoria, S. 204 (mit weiterer Literatur), 222, 230, 323 f.; STEVENSON, Latini, S. 273 f.

1) 4ra–271vd

Beteiligte Personen: JUSTINIAN I. / ACCURSIUS.

Titel: Codex Iustinianus cum Glossa ordinaria.

Angaben zum Text: Dritter Teil der von Kaiser Justinian I. in Auftrag gegebenen Rechtssammlung mit der Glossa ordinaria des Accursius (um 1182/85–um 1260/63): – (Anfang verloren) (4rb–40vb) Buch 1; (40vb–62rb) Buch 2; (62rb–83vb) Buch 3; (83vb–115vc) Buch 4; (115vc–152vc) Buch 5; (153ra–194rb) Buch 6; (194va–226ra) Buch 7; (226ra–252v) Buch 8; (253rb–271vc) Buch 9.

Incipit: 4rb [Anfang fehlt, setzt ein in Cod. 1.1.8 pr.]...[cari]*tatis studio, edocti ecclesiasticis disciplinis...*

Explicit: 271vc ... *Excepta sola maiestatis questione: quam siquis sacrilego animo adsump*[serit... Text bricht ab in Cod. 9.49.10.5].

Edition: Codex, Lyon 1627.

CW, TH

Vatikan, Biblioteca Apostolica Vaticana, Pal. lat. 759

Juristische Sammelhandschrift

Pergament · 1, 314, 1 Bll. · 44,3 × 26,7 cm · Bologna · 1330–1345

Entstehungsort: Bologna.
Entstehungszeit: 1330–1345.

Typus (Überlieferungsform): Codex.
Beschreibstoff: Pergament.
Umfang: 1, 314, 1 Bll.
Format (Blattgröße): 44,3 × 26,7 cm.
Zusammensetzung (Lagenstruktur): $(I\text{-}1)^{1a} + 1^{A} + I^{2} + 17\ V^{171} + II^{175} + 13\ V^{205a} + II^{209a} + (II\text{-}1)^{212a} + (I\text{-}1)^{213*}$. Vorderer Spiegel Gegenbl. von 1a, hinterer Spiegel Gegenbl. von 213*. Verschiedene Zählfehler: nach 1a folgt A, 61 doppelt gez., 185 nicht foliiert, aber mitgez., nach 281 beginnt Zählung erneut mit 182.
Seiten-, Blatt- und Lagenzählung: Vor- und Nachsatzbl. ungez. Römische Foliierung des 17. Jhs. (*1–281, 182–212*), die auf 281 182 folgen lässt. Bei ungez. Bll. und uneindeutiger Foliierung folgt die Zählung dem Digitalisat (1a, 213*, 182a-212a). Durchgängig verzierte Reklamanten auf der letzten Versoseite der Lage auf dem Fußsteg mittig (fehlen auf 2v, 175v, 209v). Lagenfoliierung mit Buchstaben und meist arabischen Ziffern, z. T. durch Beschnitt verloren gegangen.
Zustand: Vorderste Bll. mit leichtem Wasserschaden oben und relativ stark gebräunt, auf Av schwacher Abklatsch der folgenden Miniatur. Unterschiedlich starke Bräunung von Haar- und Fleischseite des Pergaments. Wenige genähte Risse. Zahlreiche Flecken und Benutzungsspuren. Schrift teilweise ausgeblichen. Zahlreiche überschriebene Rasuren.

Schriftraum: 36,7 × 22,5 cm.
Spaltenanzahl: 4 Spalten.
Zeilenanzahl: Legaltext: 16–62 Zeilen; Klammerglosse: 4–96 Zeilen.
Angaben zu Schrift / Schreibern: Die Schrift ist ein typisches Beispiel der in Bologna gepflegten Littera Bononiensis und entsprechend dem anspruchsvollen Buchschmuck kalligrafisch aufwändig gestaltet. Aufgrund ihrer Standardisierung sind Aussagen über verschiedene Hände kaum möglich. Alleine beim Inhaltsverzeichnis auf 211ar–212av ist eine andere Hand klar erkennbar. Von anderer Hand und auch in jüngerer gotischer Kursive sind die beiden Texte auf A geschrieben, wobei die Schrift auf Av zur Bastarda tendiert.
Buchgestaltung: Zeilengerüst mit Metallstift vorgezogen. Seitentitel mittig mit einem *L* auf der Versoseite und der dem jeweiligen Buch zugeordneten Ziffer auf der Rectoseite in Blau und Rot. Mittig und zweispaltig angelegter Text ist von Klammerglosse umflossen. Im Legaltext beginnt jedes Buch mit Miniatur, jeder Titel mit Rankeninitiale oder Bildeinschlussinitiale mit Person im Schulterstück, zuvor genannte Tituli rubriziert. Jede Lex mit blauer Lombarde mit rotem Fleuronnébesatz bzw. Paragrafenzeichen alternierend in Blau und Rot hervorgehoben. Gesetzgebender Kaiser wird namentlich nicht genannt, lediglich mit einem roten Satzmajuskel-I mit blauen grafischen Verzierungen ein ‚Imperator' oder ‚Idem' eingeleitet, was einer jeden Lex vorgeschaltet ist. Verweise zwischen Legaltext und Klammerglosse anhand von Buchstaben. In Klammerglosse Titel Rankeninitiale vorange-

stellt, ferner Unterteilung mit alternierend blauen und roten Lombarden mit Fleuronnéverzierungen in Gegenfarbe sowie alternierend blauen und roten Paragrafenzeichen.

Buchschmuck: Zehn reichhaltig ausgestaltete Miniaturen, Meister der Kreuzigung D (s. L'Engle, Illumination, S. 301), wahlweise auch Meister der Pariser Gratianhandschrift (Paris, BnF, Ms. N.a.l. 2508) zugeschrieben (s. Pace, Riccardo, S. 170) Ferner zeigen sich bildgestalterische Gemeinsamkeiten mit Pal. lat. 631 (vgl. die Bildbeschreibung von Dr. Margit Krenn in heidICON).

Nachträge und Benutzungsspuren: Korrekturen, Verweise, Anmerkungen und mannigfache grafische Verweiszeichen von verschiedenen Händen; Pace konnte alleine 13 ausmachen, die den Text mit Marginalglossen kommentierten (S. Pace, Riccardo, S. 177–185). Darunter finden sich solche von Riccardo da Saliceto († 1379; 1r–259r), Iacopo Bottrigari (1274–1347; 3r, 3v, 4v–290v), Raffaele Fulgosio (1367–1427; 7r, 10r, 12r–310r), Jacopo de Arena (um 1270–um 1320; 10r, 58v, 177r, 254r), Bartolo da Sassoferrato (1314–1357, 8r, 25v, 29v–267r), Jacques de Révigny (um 1230–1296; 39v, 110v, 141r, 243r), Maccagnano Azzoguidi (um 1334; 42r, 43r, 44v, 45r–273v), Guido da Suzzara (um 1225–1292; 72r, 248r), Bartolomeo da Saliceto (um 1330–1411; 192v–217v), Dino del Mugello (um 1254–um 1300; 193v, 199r, 254r), Raniero Arsendi († 1358; 203v, 259r, 290v, 295r; Pace, Riccardo, S. 177–185), Cyno da Pistoia (um 1270–1336/37; 39r, 290v, 237v–238r, 239r; s. Pace, Riccardo, S. 183, 185; Maffei, La donazione, S. 137 f. A. 5); Iacopo Bottrigari junior (1310/20–1348; 40r), Rusticano da Bologna (68v), Martino Sulimani (1236–1306; 38v, 67v, 215v), Francesco d'Accorso (1225–1293; 41v), Iacopo Baldovini († 1235; 41v), Tommaso dei Formaggini (1275–1338; 41v; Speciale, La memoria, S. 324), Solleonus de Sascorbaino (123v), Azo (um 1150–um 1230; 39r, 69v), Pierre de Belleperche (um 1250–1308; 40r, 41r, 110v), Guillaume de Cunh († 1336; 140r), Baldo degli Ubaldi (um 1327–1400; 8r, 188v, 296r), Wilhelm Durand (1230–1296; 243v), Hostiensis (um 1200–1271; 243v), Giovanni Pagliarense (um 1330; 290v), Filippo Cassoli da Reggio († 1391; 184r), Niccolò Mattarelli (um 1240–um 1314; 284v), Riccardo Malómbra († 1334; 295r), Odofredo († 1265; 296r), Johannes Andreae (um 1270–1348; 38v; s. Pace, Riccardo, S. 177–185), Roberto da Saliceto (um 1310–1379; Speciale, La memoria, S. 324); wenn kein anderer Verweis gegeben, vgl. OVL, Pal.lat.759.

Einband: Römischer Einband, Pappe mit weißem Pergament überzogen, in Rom um 1780 gefertigt (Schunke, Einbände 2.2, S. 850), Löcher für Schließbänder noch vorhanden. Gelbkupferfarbenes Kapital. Auf dem an Kopf und Schwanz eingerissenen Buchrücken zwei blaue aufgeklebte Schildchen mit aktueller Signatur, dazwischen Rückentitel: *CODEX.* Auf Schwanz Altsignatur *665.*

Provenienz: Pavia / Padua / Heidelberg.

Geschichte der Handschrift: Auf Vorderspiegel blaues aufgeklebtes Schildchen mit aktueller Signatur. Auf 1ar nebst aktueller Signatur Altsignatur *668* [verbessert zu *678*], auf Ar nicht mehr zweifelsfrei zu entziffernde durchgestrichene Altsignatur, auf 1r Capsa-Nummer *C. 173,* darunter Allacci-Signatur *505* [durchgestrichen], sowie Altsignatur *559.* Buchschmuck und Schrift deuten auf eine Herstellung der Hs. in Bologna zwischen 1330 und 1345 hin. Dass sie an der dortigen Universität entstanden sein muss, zeigen die Hinweise auf die Verwendung von Pecien, so auf 19r: *finis quarte pecie textus.* Die ebenfalls im Codex vorgenommene Punctatio librorum legt Zeugnis über den Gebrauch in der Lehre ab, so auf 45v: *finitur hic IJ punctum.* Später nachgetragene Anmerkungen deuten darauf hin, dass sich die Hs. im Kreis der Schüler des Iacopo Bottrigari (1274–1348) befunden haben könnte

(PACE, Riccardo, S. 171). Damit verblieb sie auch in der zweiten Hälfte des 14. Jhs. in Bologna. Ende des Jhs. dürfte sie nach Pavia gelangt sein. Denn in Pal. lat. 742 finden wir den Hinweis, dass ein gewisser *Arduynus de Cicillia* dem Cosimo Veronesi 1398 eine Ausgabe des Infortiatum sowie des Codex Iustinianus verkaufte. Jener Arduino Geremia ist von 1392 bis 1398 als Student in Pavia nachweisbar, wo er die Hss. seinem sizilischen Landsmann Cosimo Veronesi verkaufte, der mit diesen 1407 nach Padua einreiste, wie der Zollvermerk auf 1r nahelegt: *Dominus Cosmas conduxit in Paduam die 19 Decembris 1407* mit der Unterschrift *m subscripsi.* Studenten der dortigen Hochschule war es nämlich erlaubt, zollfrei Bücher in die Stadt einzuführen, was eigens in den Büchern mit einem Vermerk bestätigt wurde. Hier stieg Cosimo bis zum Vicerector citramontanorum iuristarum auf und ist noch bis 1439 in den Quellen nachzuweisen (PACE, Cosmas, S. 195f.). Seine Bücher (er besaß ferner Pal. lat. 731 und Pal. lat. 742) muss er zuvor schon verkauft haben. Denn für das Jahr 1419 haben wir einen weiteren Vermerk für eine Einreise nach Padua, von einem gewissen Antonius: *Dominus Antonius conduxit in Paduam 13 Augusti 1419* mit der Unterschrift *Mel subscripsi.* Weitere Besitzer lassen sich anhand von Nachträgen erschließen, so auf 39v: *Hanc legem uidi dare in punctis domino Alarano de Ianua,* 49v: *Hec lex fuit data in punctis domino Joanni de Opitinis de Sancto Arcangelo,* 66r: *Hec lex fuit data in punctis domino Georgio de Bambutinis de Forliuio,* 145v: *Hec lex data fuit in punctis domino Phylipo de Nouaria.* Wie der Codex schließlich über die Alpen nach Heidelberg gelangte, bleibt unklar. Lehmanns Annahme, der Codex stamme aus dem Besitz des Henri Estienne (1531–1598), lässt sich wie bei Pal. lat. 731 und Pal. lat. 742 anhand des Digitalisats nicht nachweisen.

Faksimile: https://digi.ub.uni-heidelberg.de/diglit/bav_pal_lat_759

Literatur: ABBONDANZA, Arsendi, S. 335; CALASSO, Sassoferrato, S. 662; CAPRIOLI, Tre capitoli, S. 255 A. 137; DEVOTI, Un rompicapo, S. 202 A. 43; GARGAN, Nuovi codici, S. 42; HANSELMANN, Bücherschenkung, S. 126; LEHMANN, Fuggerbibliotheken 2, S. 483; L'ENGLE, Illumination, S. 179 A. 45, 183 A. 57 und 59, 264 A. 265, 301; MAFFEI, La donazione, S. 138 A. 5, 231 A. 4; Manuscripta juridica, Pal.lat.759; MURANO, Opere; OVL, Pal.lat.759; PACE, Cosmas, passim; PACE, Riccardo, passim, v. a. S. 169–191; PARADISI, La diffusione, S. 8 A. 12, 35; Bruno PARADISI, Le glosse di Bartolo da Sassoferrato, in: La critica del testo, Florenz 1971 (Atti del secondo Congresso Internazionale della Società Italiana di Storia del Diritto), S. 575–618, hier S. 583, 591; SOETERMEER, Utrumque ius, S. 324; SPECIALE, La memoria, S. 69, 138, 154 A. 150, 204f. (mit weiterer Literatur), 222, 232, 324; SPECIALE, Libri, S. 77 A. 2; STEVENSON, Latini, S. 273; VERONESE CESERACCIU / ZEN BENETTI, Bibliografia, S. 312f.

1) Ar

Verfasser: RICCARDO DA SALICETO.

Titel: Consilium de accusationibus.

Incipit: Ar *Statuto cauetur quod quilibet actor qui accusare uoluerit uel accusauerit aliquem testem de falso ...*

Explicit: Ar ... *C. De episcopis et clericis aut generaliter. Ricardus de Saliceto de Bononia fons iuris ciuilis.*

2) Av

Verfasser: RICCARDO DA SALICETO.

Titel: Kommentar zu ‚De novo codice componendo'.

Angaben zum Text: Kommentar zur Justinianischen Konstitution ‚Haec quae necessario' vom 13. Februar 528.
Incipit: Av *Oppono ad uerbum neccessario et ad uerbum oportet …*
Explicit: Av … *sed nullo congruentiori modo. Ricardus de Saliceto summus doctorum doctor.*
Edition: Pace, Riccardo, S. 195 f.

3) 1ra–212avb
Beteiligte Personen: Justinian I. / Accursius.
Titel: Codex Iustinianus cum Glossa ordinaria.
Angaben zum Text: Von Kaiser Justinian I. in Auftrag gegebene Rechtssammlung mit der Glossa ordinaria des Accursius (um 1182/85–um 1260/63): (1rb–1vb) De novo codice componendo; (1vb–2rc) De Iustiniano codice confirmando; (2rc–2vc) De emendatione codicis Iustiniani et secunda eius editione; (3rb–39rb) Buch 1; (39rb–65rc) Buch 2; (65rc–91vb) Buch 3; (91vb–134vc) Buch 4; (135rb–175rc) Buch 5; (175vb) Anmerkungen; (176rb–223rc) Buch 6; (223rc–258rb) Buch 7; (258rb–189arb) Buch 8; (189arb–210arc) Buch 9; (210av) leer; (211ara–212avb) Inhaltsverzeichnis. – 213*r–213*v leer.
Rubrik: 1rb ›*In nomine domini nostri Ihesu Christi. Codicis domini Iustiniani sacratissimi in principio perpetui imperatoris Augusti repetite prelectionis incipit liber primus de nouo codice componendo. Rubrica*‹.
Incipit: 1rb ›*Imperator*‹ *Iustinianus Augustus ad senatum:* ›*Hec*‹, *que necessario* [Füllzeichen] *corrigenda esse multis retro principibus uisa sunt …*
Explicit: 210arc … *ut libertatem non dampnationis, sed lenitatis paterne testem habeant. Deo gratias. Amen.*
Edition: Codex, Lyon 1627; Glossen des Riccardo da Saliceto: Pace, Riccardo, S. 197–349.

TH

Vatikan, Biblioteca Apostolica Vaticana, Pal. lat. 760

Codex Iustinianus

Pergament · 1, 2, 308, 1 Bll. · 39,5 × 25 cm · Oberitalien · Ende 13. Jh.

Typus (Überlieferungsform): Codex.
Beschreibstoff: Pergament.
Umfang: 1, 2, 308, 1 Bll.
Format (Blattgröße): 39,5 × 25 cm.
Zusammensetzung (Lagenstruktur): Hs. mit Fragment (I. Bll. A–B; II. Bll. 1–311). $(I-1)^{a}$ + … + $(I-1)^{312*}$. Vorderspiegel Gegenbl. von a, Hinterspiegel Gegenbl. von 312*. Zählfehler: 41, 42, 114, 115 übersprungen. 149 doppelt gez. Bll. nach 246 und 247 entfernt.
Seiten-, Blatt- und Lagenzählung: Vorrömische Foliierung (*1–311*), *A* und *B* wohl später nachgetragen. Vor- und Nachsatzbl. ungez., weshalb hier, wie auch beim ungez. Bl., die Zählung der Digitalisate übernommen wird (a, 149a, 312*). Durchgehend Reklamanten auf der letzten Versoseite der Lage auf dem Fußsteg rechts.

Einband: Am Rücken oben und unten reparierter Pergamentband über Pappe, nach Schunke, Einbände 2.2, S. 850, um 1780 in Rom entstanden. Oben aufgeklebt auf den

Rücken barockes helles Signaturschild *760*, darunter direkt auf den Rücken der Buchtitel notiert; unten blaues Schildchen mit *Pal. lat. 760*. Löcher für zwei Schließschnüre in beiden Deckeln.

Provenienz: Padua / Augsburg / Heidelberg.

Geschichte der Handschrift: Altsignatur auf Ar: *519*. Die Hs. dürfte Ende des 13. Jhs. in Oberitalien entstanden sein, jedoch wohl nicht in Bologna, wie die verwendete Schrift suggeriert. Bei der Herstellung wurden Pecien als Vorlage verwendet, wie die Vermerke auf Avb, 170va und 173vb nahelegen (vgl. Soetermeer, Utrumque ius, S. 323 f.). 1395, 1397 und 1408 wurde die Hs. nach Padua eingeführt, wie es auf 1r heißt: *1395, die VI octubris. Bartholomeus subscripsi. – Domini Dini Johannis de Pesauro, die vigesimo secundo Junij Mccclxxxxvij, jndictione quinta. Zalotus subscripsi. – Dominus Dinus conduxit in Paduam 27 Octobris 1408*, samt Kürzel *m* bzw. *rn subscripsi*. Ein weiteres Mal 1424, wie der Eintrag auf Bv nahelegt: *1424. Antonius de Pexaro conduxit. Johannes de la Rocha subscripsi.* Ein Kaufvermerk findet sich auf Br: *constitit XVI Florenis*. 1454 wurde die Hs. schließlich von dem aus Vicenza stammenden Francesco Angiolello erstanden, wie es auf Ar heißt: *Codex iste emptus fuit per me Franciscum filium domini Gregorij de Anzolellis civis Vincentinj precio ducatis XII aureorum, in racione grossorum 30 pro quoque ducato, die VI mensis Nouembris M.cccc.Liiij, quo anno et mense iuris ciuilis operam dare studio coepi in ciuitate Patauij.* Derselbe sollte zwei Jahre später ein Infortiatum erwerben (vgl. die Beschreibung zu Pal. lat. 745). Ferner besaß er auch Pal. lat. 786 und vielleicht auch Pal. lat. 732. Darüber hinaus muss er offenbar Zeuge eines Erdbebens in Padua geworden sein, wie er auf 311r festhielt: *Nota quod die lune in festo sancti Zenonis iij^{o} mensis Februarij, hora circa 3^{a} noctis cum dimidia, fuit terre motus Padue, quod mihi maximum incussit terrorem. 1455.* Ungefähr aus dieser Zeit dürfte ein weiterer Eintrag auf 1r stammen: *Codex stationis* [?] *ducatis* [?] *16. Anthonius Alberti me subscripsi.* In Padua war es auch, wo manche Marginalglossen eingefügt wurden, wirkten doch einige der zitierten Juristen an der dortigen Universität (vgl. Speciale, La memoria, S. 135 f.). Über die Alpen gelangte der Codex wohl über den Büchersammler Ulrich Fugger (1526–1584), wie die Signatur auf Bv nahelegt – *183. seors* (s. Einleitung). Mit dem Tod Fuggers gingen seine Bücher in das Eigentum des Kurfürsten und schließlich in die Bibliotheca Palatina über.

Faksimile: https://digi.ub.uni-heidelberg.de/diglit/bav_pal_lat_760

Literatur: Calasso, Sassoferrato, S. 662; CALMA, Iacobus de Belvisio; Caprioli, Tre capitoli, S. 296 A. 331, S. 297 A. 332, 314; Caprioli, Belvisi, S. 94; Devoti, Un rompicapo, S. 202 A. 43; Gargan, L'enigmatico ‚conduxit', S. 35 f. (Nr. 50); Gargan, Nuovi codici, hier S. 1 A. 1; Luciano Gargan, Le note „conduxit" – Libri di maestri e studenti nelle Università italiane del Tre e Quattrocento, in: Manuel, programmes de cours et techniques d'enseignement dans les universités médiévales, Actes du Colloque international, Louvain-la-Neuve, 9–11 sept. 1993, Louvain-la-Neuve 1994, S. 385–400, hier S. 398; Hanselmann, Bücherschenkung, S. 126, Nr. 4; Lehmann, Fuggerbibliotheken 2, S. 483; Maffei, La donazione, S. 138 A. 5; Manuscripta juridica, Pal.lat.760; Mirabile, Pal.lat.760; OVL, Pal.lat.760; Pace, Riccardo, S. 162 A. 65; Paradisi, La diffusione, S. 8 A. 12, 35; Schunke, Einbände 2.2, S. 850; Soetermeer, Utrumque ius, S. 245 A. 179, 323–324; Speciale, Acursius, S. 111–120; Speciale, La memoria, S. 135–138, 154 A. 151, 205, 222, 232, 324 f.; Speciale, Libri, S. 77 A. 1; Stevenson, Latini, S. 273.

Fragment (Bl. A-B)

Sachtitel / Inhalt: Authenticum.

Entstehungsort: Oberitalien.
Entstehungszeit: Ende 13. Jh.

Typus (Überlieferungsform): Fragment.
Beschreibstoff: Pergament.
Umfang: 2 Bll.
Format (Blattgröße): 39 × 24,5 cm.
Zusammensetzung (Lagenstruktur): I^{B} .
Seiten-, Blatt- und Lagenzählung: s. zum Codex.
Zustand: Ränder beschädigt, auf A obere und untere Ecke herausgeschnitten, Pergament stark verschmutzt mit Schriftverlust; A diente vielleicht als alter Spiegel. Auf dem inneren Rand mehrere Löcher mit braunen Rändern, womöglich zur Befestigung, vielleicht einer Kette.

Schriftraum: 19,5–21 × 15,5 cm.
Spaltenanzahl: 2 Spalten.
Zeilenanzahl: 37–40 Zeilen.
Angaben zu Schrift / Schreibern: Geschrieben in einer oberitalienischen Rotunda, wobei unklar ist, ob hier verschiedene Hände wirkten oder ein Schreiber verschiedene Schriften präsentieren wollte (s. auch Geschichte des Fragments).
Buchgestaltung: Zeilengerüst mit Tinte vorgezogen. Raum für Initialen freigelassen.
Buchschmuck: Auf Ar blaue und rote Lombarden mit Fleuronné in Gegenfarbe, nebeneinander aufgereiht, wobei auffällt, dass jeweils unterschiedliche Fleuronnéstäbe Verwendung fanden, als ob ein Mustersatz angelegt worden sei, ein Eindruck, der durch die unterschiedlichen Lombarden und Paragrafenzeichen daneben verstärkt wird.

Nachträge und Benutzungsspuren: Die Ränder von A sind übersät von Anmerkungen verschiedener Hände aus unterschiedlichen Zeitstufen in diversen Schriften, was sich auf B weiterzieht, wobei sich hier auch juristische Kleintexte dazugesellen.

Provenienz: Heidelberg.
Geschichte des Fragments: Wie der Buchschmuck mit den Charakteristika eines Musters und der entweder auffallend sich wandelnde Duktus der Schrift oder die unterschiedlichen Schreiberhände nahelegen, könnte es sich hier um ein Musterbl. handeln, das einem Schreiber oder einer Werkstatt Ende des 13. Jhs. in einer oberitalienischen Stadt als Grundlage für Angebote oder als Werbematerial diente.

1) Ar–Bv
Beteiligte Personen: Justinian I.
Titel: Authenticum.
Angaben zum Text: Sammlung von Gesetzen Kaiser Justinians, hier überliefert Nov. 80.10–82 pr.
Incipit: Ara … *et perimi donec nos …*

Explicit: Avb ... *maxime regum* [!] *ineruditorum, demum neque causarum* [... Text bricht ab].
Edition: Authenticum, hrsg. von Heimbach.

2) Bra–Bvb
Titel: Kleintexte.

Faszikel (Bl. 1–311)

Sachtitel / Inhalt: Codex Iustinianus cum Glossa ordinaria.

Entstehungsort: Oberitalien.
Entstehungszeit: Ende 13. Jh.

Typus (Überlieferungsform): Faszikel.
Beschreibstoff: Pergament.
Umfang: 308 Bll.
Format (Blattgröße): 39,5 × 25 cm.
Zusammensetzung (Lagenstruktur): 2 VI^{24} + V^{34} + 6 VI^{108} + 2 V^{130} + 9 VI^{237} + $(VIII\text{-}2)^{251}$ + VII^{265} + 3 VI^{301} + V^{311}.
Seiten-, Blatt- und Lagenzählung: s. zum Codex.
Zustand: Pergament verschmutzt, teilweise gebräunt, mit zahlreichen Flecken und Rissen, manche Löcher, Tinte mitunter berieben bzw. verblasst.

Schriftraum: 36,7 × 24 cm.
Spaltenanzahl: Textus inclusus und Klammerglosse jeweils zweispaltig.
Zeilenanzahl: Textus inclusus: ca. 27–61 Zeilen, Klammerglosse bis zu ca. 94 Zeilen.
Angaben zu Schrift / Schreibern: Mehrere Hände schrieben Textus inclusus und Klammerglosse in einer für Oberitalien typischen Textualis (Rotunda).
Buchgestaltung: Die für glossierte oberitalienische Rechtshss. entwickelte Seiteneinrichtung: zweispaltiger Text mit umgebender zweispaltiger Klammerglosse, in der Terminologie von Powitz, Textus, S. 84 f., Klammerform des Vier-Spalten-Typs. Zeilengerüst mit Metallstift vorgezogen. Zeitgenössische Buchzählung in Rot und Blau im Seitenkopf als lebender Seitentitel, von *I* bis *VIIII*. An den Anfängen der Bücher Initialgruppe (fehlen auf 3ra, 166va). Titulus als Rubrik hervorgehoben. Vor den Tituli auf einer freigehaltenen Fläche im Schriftraum eine rot-blaue Initiale, bzw. blaue Initiale mit Aussparungen. Vor den Autorennamen meist zwei- bis dreizeilige blaue Lombarde mit sparsamer Fleuronnéverzierung in Gegenfarbe vor der Textspalte. Eingerückt dahinter die kleineren Initialen in Rot mit blauen Zierstrichen am Anfang der Leges. Alternierend rote und blaue Paragrafenzeichen. In der Glosse beginnen die Abschnitte mit kleinen Initialen mit Fleuronné in Gegenfarbe, wiederum alternierend Blau oder Rot. Alternierend rote und blaue Paragrafenzeichen. Die Verweisung vom Legaltext auf die Glosse erfolgt durch Buchstaben.
Buchschmuck: s. Buchgestaltung.

Nachträge und Benutzungsspuren: Korrekturen und Anmerkungen von verschiedenen Händen. Zahlreiche grafische Verweiszeichen, darunter mitunter auch Figürliches. Marginal- und Interlinearglossen von: Bartolomeo da Saliceto (um 1330–1411; 9v, 33v, 47r–294r),

Raffaele Fulgosio (1367–1427; 9v, 55v, 201r), Angelo degli Ubaldi (um 1327–um 1407; 11v, 89r, 192v, 201r, 244r, 297v), Giacomo Belvisi (um 1270–1335; 31v, 32r, 45r, 46v–105v), Francesco d'Accorso (1225–1293; 45v, 51v, 83r–293v), Bartolo da Sassoferrato (um 1313–1357; 46r–v, 47r–310v; vgl. Paradisi, La diffusione, S. 35), Odofredo († 1265; 52r–53v), Iacopo Bottrigari (1274–1347; 54r, 65r, 88r–243v), Martino Sulimani (1236–1306; 59v, 63r, 147v, 173v), Giovanni da Porto (vgl. Speciale, La memoria, S. 325), Giovanni Bovacchiesi (vgl. Speciale, La memoria, S. 325), Michele de Marostica (15. Jh.; vgl. Speciale, La memoria, S. 325), Francesco Angiolello (15. Jh.; vgl. Speciale, La memoria, S. 325); wenn kein anderer Verweis gegeben, vgl. OVL.

Provenienz: Padua / Augsburg / Heidelberg.
Geschichte des Faszikels: s. Geschichte der Handschrift.

3) 1va–311vb
Beteiligte Personen: Justinian I. / Accursius.
Titel: Codex Iustinianus cum Glossa ordinaria.
Angaben zum Text: Dritter Teil der von Kaiser Justinian I. in Auftrag gegebenen Rechtssammlung mit der Glossa ordinaria des Accursius (um 1182/85-um 1260/63). – (1rb–1vb) De novo codice componendo; (1vb–2rc) De Iustiniano codice confirmando; (2rc–3rb) De emendatione codicis Iustiniani et secunda eius editione; (3rb–45vb) Buch 1; (45vb–68rb) Buch 2; (68rb–90rc) Buch 3; (90vb–125rc) Buch 4; (125vb–165vb) Buch 5; (166rb–220rc) Buch 6; (220rc–257vb) Buch 7; (257vb–289rb) Buch 8; (289rb–310vc) Buch 9; (311rb–311vc) Inhaltsverzeichnis.
Rubrik: 1va ›*In Christi nomine. Domini Iustiniani imperatoris perpetui Augusti repetite* [nachgetragen: *pre*]*lectionis. Jncipit liber primus de nouo codice faciendo*‹. [nachgetragen: *ad senatum*].
Incipit: 1va ›*Hec*‹, *que necessario corrigenda esse multis retro principibus uisa sunt …*
Explicit: 210rc … *ut libertatem non dampnationis, sed lenitatis paterne testem habeant.*
Edition: Codex, Lyon 1627.

CW, TH

Vatikan, Biblioteca Apostolica Vaticana, Pal. lat. 761

Codex Iustinianus cum glossa

Pergament · 1, 279, 1 Bll. · 39,2 × 25 cm · Oberitalien · 12./13. Jh.

Entstehungsort: Oberitalien.
Entstehungszeit: 12./13. Jh.

Typus (Überlieferungsform): Codex.
Beschreibstoff: Pergament.
Umfang: 1, 279, 1 Bll.
Format (Blattgröße): 39,2 × 25 cm.

Zusammensetzung (Lagenstruktur): $(I-1)^{1a} + I^{2} + 26\ IV^{218} + (III+1)^{225} + 7\ IV^{281} + (IV-2)^{287} + (I-1)^{288*}$. Vorderspiegel Gegenbl. von 1a, Hinterspiegel Gegenbl. von 288*. Zählfehler: auf 5 und 44 folgt ungez. Blatt, auf 189 folgt 200.
Seiten-, Blatt- und Lagenzählung: Römische Foliierung des 17. Jhs. (*1–287*). Vor- und Nachsatzbl. ungez., weshalb hier, wie auch bei den falsch gezählten Bll., die Zählung der Digitalisate übernommen wird (1a, 5a, 44a, 288*). Durchgehend Reklamanten auf der letzten Versoseite der Lage auf dem Fußsteg rechts, des Öfteren durch Beschnitt verloren gegangen.
Zustand: Pergament verschmutzt, mit zahlreichen Flecken, Tinte verblasst und berieben, einige Risse und Löcher, Letztere waren in der Regel wohl schon vor der Niederschrift vorhanden, Haarseite erkennbar. 92 mit Japanpapier restauriert.

Schriftraum: 38,9 × 24,4 cm.
Spaltenanzahl: Textus inclusus und Klammerglosse jeweils zweispaltig.
Zeilenanzahl: Textus inclusus: 45–46 Zeilen, Klammerglosse bis zu ca. 121 Zeilen.
Angaben zu Schrift / Schreibern: Der Legaltext des ältesten Teils der Hs., 3r–41v, wurde in der zweiten Hälfte des 12. Jhs. in einer für Oberitalien typischen Textualis geschrieben. Einige dazugehörige Glossen sind ebenfalls dieser Zeit zuzuordnen, deren Gros wurde allerdings im 13. und 14. Jh. von verschiedenen Händen ergänzt. Von 42r–286r entstammt der Legaltext der ersten Hälfte des 13. Jhs. und wurde von mehreren Händen kopiert, die Glossen wurden von mehreren Schreibern im 13. und 14. Jh. hinzugefügt. Nachträglich wurden 1r–2v eingefügt, die ebenfalls aus Oberitalien stammen und in einer etwas jüngeren, wesentlichen runderen und breiteren Rotunda verfasst sind.
Buchgestaltung: Die für glossierte oberitalienische Rechtshss. entwickelte Seiteneinrichtung: zweispaltiger Text mit umgebender zweispaltiger Klammerglosse, in der Terminologie von Powitz, Textus, S. 84f., Klammerform des Vier-Spalten-Typs, wobei bei Anlage des Legaltexts dieser Vier-Spalten-Typ wahrscheinlich noch nicht vorgesehen war und erst bei Anlage der jüngeren Glossen vorgenommen wurde. Phasenweise zeitgenössische Buchzählung im Seitenkopf als lebender Seitentitel, von *I* bis *VIII*, *Nonus* ausgeschrieben. An den Anfängen der Bücher Initialgruppe (fehlen auf 121vb und 267rb). Anscheinend mit Metallstift vorgezogenes, später z. T. radiertes Zeilengerüst. Titulus als Rubrik hervorgehoben. Vor den Tituli auf einer freigehaltenen Fläche im Schriftraum eine rot-blaue Initiale, ab 39v einfarbig. Vor den Autorennamen meist zwei- bis dreizeilige alternierend blaue oder rote Lombarde vor der Textspalte. Eingerückt dahinter die kleineren Initialen in Gegenfarbe am Anfang der Leges. In der Glosse anfangs alternierend rote und blaue Paragrafenzeichen (1r–2v), schließlich rote, später auch blaue Initialen mit vorgeschaltetem *CN* für ‚Constitutio nova' (5ar–28v), darauf nur noch selten rote Initialen mit vorgeschaltetem *CN*. Die Verweisung vom Legaltext auf die Glosse erfolgt durch grafische Verweiszeichen, späterhin vermehrt auch Buchstaben.
Buchschmuck: s. Buchgestaltung.

Nachträge und Benutzungsspuren: Anmerkungen, Korrekturen und grafische Verweiszeichen von zahlreichen Händen. Unzählige Interlinear- und Marginalglossen von: Johannes Andreae (um 1270–1348; 4r), Iacopo de Arena (um 1270–um 1320; 18r, 23v, 207r, 236r, 254r, vielleicht auch 20r, s. Caprioli, Tre capitoli, S. 244 A. 81, S. 329 A. 476), Odofredo († 1265; 18r, 27v, 72v–227v, vielleicht auch 22r und 61v, s. Caprioli, Tre capitoli, S. 329 A. 476), Hubertus de Bobbio († 1245; 70r–v, 84r–243v), Iacopo Bottrigari (1274–1347; 71r), Guido da

Suzzara (um 1225–1292; 76r), Alberto Gandino (1250–1310; 80r–v, 81r, 110r), Alberto da Pavia (belegt 1211–1240; 96r, 167r–168r), Martino Sulimani (1236–1306; 96v), Martino Gosia († 1158; 103r), Iacopo di Porta Ravennate († 1178; ohne konkrete Bl.-Angabe; CALMA, Iacobus de Porta Ravennate), Pillius de Medicina († 1207; vgl. Speciale, La memoria, S. 325), Iacopo Baldovini († 1235; 286r, CALMA, Iacobus Balduini, Speciale, La memoria, S. 325), Pierre de Belleperche (um 1250–1308; vgl. Speciale, La memoria, S. 325), ferner folgende juristischen Texte: Alberto da Pavia: Quaestio de emphyteusi (120v), Iacopo de Arena: Quaestio de iure praelationis in emphyteusi (120v), Jo. Franç. [?]: Quaestio de dote restituenda (140v), Odofredo: Quaestio de iureiurando (150r), Hubertus de Bobbio: Quaestio de benificio inventarii et de legatis (179v), Alberto Galeotti († nach 1272): Quaestio de legatis (179v), Omobono Morisio († 1262): Quaestio de quartis sowie Quaestio de dote restituenda (200r), Cyno da Pistoia (um 1270–1336/37; 280v); wenn kein anderer Verweis gegeben, vgl. OVL.

Einband: Am Rücken beschädigter Pergamentband über Pappe, nach Schunke, Einbände 2.2, S. 850, um 1780 in Rom entstanden. Oben aufgeklebt auf den Rücken ein eingerissenes barockes helles Signaturschild *761*, darunter direkt auf den Rücken der Buchtitel notiert; unten blaues Schildchen mit *Pal. lat. 761*. Löcher für zwei Schließschnüre in beiden Deckeln.

Provenienz: Augsburg / Heidelberg.

Geschichte der Handschrift: Modernes blaues Signaturschild der Vaticana *Pal. lat. 761* auf dem vorderen Spiegel. Auf Vorsatzbl. 1ar aktuelle Signatur, Altsignatur *655* und *72* [beide durchgestrichen], auf 1r und 3r Altsignatur *561*, auf 2r Capsa-Nummer *C. 116* und Altsignatur *184*. Die Hs. entstand in mehreren Schritten vornehmlich im 12. und 13. Jh. (s. Angaben zu Schrift / Schreibern). Der Legaltext dürfte spätestens 1255 vollendet worden sein, wie der Nachtrag aussagt, der allerdings nicht vom Schreiber selbst stammt (s. Explicit unten). Da die Hs. unter Verwendung von Pecien hergestellt wurde, dürfte sie in einer der oberitalienischen Universitätsstädte entstanden sein. Über den Büchersammler Ulrich Fugger (1526–1584) gelangte der Codex nach Heidelberg, wie durch die Signatur auf 2v 184. *seors.* ersichtlich (s. Einleitung). Mit der Migration nach Heidelberg und dem Tod Fuggers gelangte die Hs. in das Eigentum des Kurfürsten und schließlich in die Bibliotheca Palatina.

Faksimile: https://digi.ub.uni-heidelberg.de/diglit/bav_pal_lat_761

Literatur: Abbondanza, Baldovini, S. 525; CALMA, Hubertus de Bobio, Iacobus Balduini, Iacobus de Butrigariis senior, Iacobus de Porta Ravennate; Caprioli, Tre capitoli, S. 244 A. 81, 329 A. 476; Cortese, La norma 1, S. 144 A. 4, 146 A. 7, Bd. 2, S. 29 A. 66, 281 A. 84, 365 A. 4, 367 A. 4, 375 A. 23; Feenstra, Quelques remarques, S. 207 A. 6a; Hanselmann, Bücherschenkung, S. 126; Lefebvre, Pillius, S. 1501; Lehmann, Fuggerbibliotheken 2, S. 483; Filippo Liotta, Notizie su Iacopo Baldovini e Bartolomeo da Saliceto, in: Studi senesi 76 (1964), S. 501–518, hier S. 506; Luca Loschiavo, „Secundum Peponem dicitur... G. vero dicit". In margine ad una nota etimologica di Pepo a Ugolino, in: Rivista internazionale di diritto comune 6 (1995), S. 233–249; Maffei, La donazione, S. 138 A. 5; Mancuso, Per la datazione, hier S. 351 A. 2; Manuscripta juridica, Pal.lat.761; Mirabile, Homobonus Cremonensis magister, Ad Codicem, Hubertus de Bobio, Additiones in codicem, Iacobus de Porta Ravennate, Glossae ad Codicem, Iacobus de Butrigariis senior, Glossae ad Codicem, Iacobus Balduini, Qaestiones, Iacobus Balduini, Quaestiones et consilia; Murano, Opere, S. 404; OVL, Pal.lat.761; Andrea Romano, La „Summula de fratribus insimul habitantibus" di

Iacopo Baldovini. Studio sul ms. Uppsala, Univ. Bibl., C. 560, in: Rivista di storia del diritto italiano 48 (1975), S. 123–170, hier S. 148 A. 74; PADOA SCHIOPPA, Appello 2, S. 226; SOETERMEER, Utrumque ius, S. 318 A. 74, S. 321–323; SPECIALE, La memoria, S. 205 (mit weiterer Literatur), 222, 229, 325; STEVENSON, Latini, S. 273.

1) 1ra–286rd
Beteiligte Personen: JUSTINIAN I. / ACCURSIUS.
Titel: Codex Iustinianus cum glossa.
Angaben zum Text: Dritter Teil der von Kaiser Justinian I. in Auftrag gegebenen Rechtssammlung mit einer voraccursischen Glosse von 3ra bis 41vd und mit der Glossa ordinaria des Accursius (um 1182/85-um 1260/63) von 1ra–2vd und ab 42ra: (1ra–1rd) De novo codice componendo; (1rc–2rb) De Iustiniano codice confirmando; (2rb–2vb) De emendatione codicis Iustiniani et secunda eius editione; (3rb–38vc) Buch 1; (39rb–61rb) Buch 2; (61rc–87rb) Buch 3; (87rb–121rc) Buch 4; (121vb–160vc) Buch 5; (161rb–213rb) Buch 6; (213rc–241vb) Buch 7; (241vb–267rb) Buch 8; (267rb–286rc) Buch 9.
Rubrik: 1rb [Anfang verloren] ›*De nouo Codice faciendo*‹.
Incipit: 1rb *Hec, que necessario corrigenda multis retro principibus uisa sunt ...*
Explicit: 286rc ... *ut libertatem non dampnationis sed lenitatis paterne testem habeant. Finitur Codex.* [von anderer Hand:] *Jn milessimo ducentessimo quinquagessimo quinto jndicione quinta decima.* ›*Explicit liber nonus Codicis*‹.
Edition: Codex, Lyon 1627.

2) 286rc–287vb
Titel: Kleintexte.
Angaben zum Text: Kleintexte, darunter: Alberto Galeotti: Quaestio de fideiussione et de beneficio divisionis (286rc), Ders. (?): Quaestio de recepto arbitrio in officio (286rc), Iacopo Baldovini: Quaestio de possessione et de interdicto Uti possidetis (286rc), Alberto da Pavia: Repetitio in 1.2 Rem maioris pretii, Cod. 4.44. (286rc–vb), Hubertus de Bobbio: Quaestio de rescindenda venditione (286vb), Johannes Bassianus († 1197): Summa de denunciationibus (286vb–287va).

CW, TH

Vatikan, Biblioteca Apostolica Vaticana, Pal. lat. 762

Codex Iustinianus cum Glossa ordinaria

Pergament · 2, 228, 1 Bll. · 35,5–39 × 21–23,8 cm · Oberitalien · 13. Jh. / 12./13. Jh. / 13. Jh. / 12. Jh., zweite Hälfte

Typus (Überlieferungsform): Codex.
Beschreibstoff: Pergament.
Umfang: 2, 228, 1 Bll.
Format (Blattgröße): 35,5–39 × 21–23,8 cm.
Zusammensetzung (Lagenstruktur): Hs. mit Fragmenten (I. Bll. 1–2; II. Bll. 3–224; III. Bl. 225; IV. Bll. 226–227). $(I-1)^{1a} + 1^{2a} + ... + (I-1)^{228*}$. Vorderspiegel Gegenbl. von 1a, Hinterspiegel Gegenbl. von 228*. Zählfehler: Auf 174 folgt ungez. Bl.

Seiten-, Blatt- und Lagenzählung: Römische Foliierung des 17. Jhs. (*1–227*). Vor- und Nachsatzbll. ungez., deshalb wird hier, wie auch beim ungez. Bl., die Zählung der Digitalisate übernommen (1a, 2a, 174a, 228*). Reklamant oder Lagenzählung, meist aber beides, auf letzter Versoseite der Lage auf dem Fußsteg, zuweilen durch Beschnitt verloren gegangen – womöglich auch durch Rasur der azonischen Glosse.

Zustand: Pergament verschmutzt, mit zahlreichen Flecken, Tinte verblasst und berieben, zahlreiche, meist genähte Risse, einige Löcher. Zuweilen aufgeklebte Pergamentstreifen. 37v und verschiedene Risse mit Japanpapier angefasert. 174a oberer Teil des Blatts herausgeschnitten, mit Textverlust.

Einband: Pergamentband über Pappe, nach SCHUNKE, Einbände 2.2, S. 850, um 1780 in Rom entstanden. Oben aufgeklebt auf den Rücken ein barockes helles Signaturschild *762*, darunter direkt auf den Rücken der Buchtitel notiert; unten blaues Schildchen mit *Pal. lat. 762*. Löcher für zwei Schließschnüre in beiden Deckeln.

Provenienz: Heidelberg.

Geschichte der Handschrift: Modernes blaues Signaturschild der Vaticana *Pal. lat. 762* auf dem vorderen Spiegel. Auf Vorsatzbl. 1ar aktuelle Signatur, Altsignaturen *656* und *73* [beide durchgestrichen]. Auf 2ar Capsa-Nummer *C. 100*, darunter Allacci-Signatur *1785*. Auf 1r Altsignaturen *45* und *560*, letztere ein weiteres Mal auf 3r. Der Textus inclusus des Codex Iustinianus dürfte in der zweiten Hälfte des 12. Jhs. in Oberitalien entstanden sein, allerdings wohl nicht in Bologna. Ausgelassene Textpassagen wurden nachgetragen, wobei auch zwischen den einzelnen Gesetzen der Justinianischen Sammlung die Konstitution ‚Imperialem decet sollertiam' Friedrichs I. aufgenommen wurde, wie sie der Staufer 1154 in Roncaglia promulgieren ließ. Der Legaltext wurde schließlich mit der Glosse des Azo versehen, diese aber bald darauf radiert, um vom Kommentar des Accursius ersetzt zu werden. Dies dürfte wahrscheinlich überwiegend im dritten Viertel des 13. Jhs. unter Verwendung von Pecien vorgenommen worden sein, handelt es sich doch um eine relativ frühe Form des accursischen Apparats (vgl. SOETERMEER, Utrumque ius, S. 135 A. 66, 320 f.). Über die Alpen gelangte der Codex wohl erst im 16. Jh. Die Signatur auf 2v *186. seors.* macht deutlich, dass es sich um eine Einzelerwerbung des Augsburger Büchersammlers Ulrich Fugger (1526–1584) handeln muss (s. Einleitung). Mit seiner Migration gelangte die Hs. nach Heidelberg und mit seinem Tod in das Eigentum des Kurfürsten.

Faksimile: https://digi.ub.uni-heidelberg.de/diglit/bav_pal_lat_762

Literatur: Manlio BELLOMO, Consulenze professionali e dottrine di professori. Un inedito „consilium domini Accursii", in: Quaderni catanesi di studi classici e medievali 4 (1982), S. 199–219, hier S. 208 A. 14, 209 A. 17; CALMA, Guido de Suzaria, Iacobus de Belvisio; CAPRIOLI, Belvisi, S. 94; CORTESE, La norma, Bd. 2, S. 307 f. A. 25, 350 f. A. 106; DEVOTI, Un rompicapo, S. 202 A. 43; Gero R. DOLEZALEK, La pecia e la preparazione dei libri giuridici nei secoli XII–XIII, in: Luoghi e metodi di insegnamento nell'Italia medioevale (secoli XII–XIV). Atti del Convegno, Lecce-Otranto 6–8 ott. 1986, hrsg. von Luciano GARGAN / Oronzo LIMONE, Galatina 1989 (Saggi e ricerche. Serie seconda 3), S. 201–217, hier S. 215; Gero R. DOLEZALEK / Antonio CIARELLI, Codicis Justiniani Epitome Beinecke and Summa Perusina (11th Century). Comments on and Edition of Ms. 974 at Yale University's Beinecke Library, in: Ius romanum – ius commune – ius hodiernum. Studies in Honour of Eltjo J. H. Schrage on the Occasion of his 65th Birthday, hrsg. von Harry DONDORP u. a., Amsterdam 2010, S. 75–100, hier S. 78; DOLEZALEK / WEIGAND, Geheimnis, S. 148, 173; HANSELMANN, Bücherschenkung, S. 126, Nr. 4; LEFEBVRE, Pillius, S. 1501; LEHMANN, Fuggerbibliotheken 2, S. 483 f.; Luca LOSCHIAVO, „Secundum Peponem dicitur ... G. vero dicit". In margine ad una nota etimologica di Pepo a Ugolino, in: Rivista internazionale di diritto comune 6 (1995), S. 233–249, hier S. 238 A. 14; Manuscripta juridica, Pal.lat.762; MAFFEI, La donazione, S. 138 A. 5; MANCUSO, Per la datazione, S. 351 A. 2; Mirabile, Pal.lat.762; NARDI, Studi, S. 43 A. 53; OVL, Pal.lat.762; SCHUNKE, Einbände 2.2, S. 850; SOETERMEER, Utrumque ius, S. 135 A. 66, S. 318 A. 74, S. 320 f.; SPECIALE, La memoria, S. 44 A. 56, 205 (mit weiterer Literatur), 222, 226, 325 f.; STEVENSON, Latini, S. 273.

Fragment I (Bl. 1–2)

Sachtitel / Inhalt: Accursius, Glossa in Codicem.

Entstehungsort: Oberitalien.
Entstehungszeit: 13. Jh.

Typus (Überlieferungsform): Fragment.
Beschreibstoff: Pergament.
Umfang: 2 Bll.
Format (Blattgröße): 39 × 23,5 cm.
Zusammensetzung (Lagenstruktur): I^2 .
Seiten-, Blatt- und Lagenzählung: s. zum Codex.

Schriftraum: 35 × 23,5 cm.
Spaltenanzahl: 4 Spalten.
Zeilenanzahl: Legaltext: 64–66 Zeilen; Klammerglosse: bis zu 98 Zeilen.
Angaben zu Schrift / Schreibern: Textus inclusus wie Klammerglosse wurden von einer Hand in einer für Oberitalien typischen Rotunda geschrieben, die auch innerhalb des Codex' Glossen nachtrug.
Buchgestaltung: Die für glossierte oberitalienische Rechtshss. entwickelte Seiteneinrichtung: zweispaltiger Text mit umgebender zweispaltiger Klammerglosse, in der Terminologie von POWITZ, Textus, S. 84 f., Klammerform des Vier-Spalten-Typs. Zeilengerüst mit Metallstift vorgezogen. Verweis von Textus inclusus auf Glosse mittels Buchstaben. Kommentierte Begriffe unterstrichen und eingerückt.

Nachträge und Benutzungsspuren: Anmerkungen von jüngeren Händen.

Provenienz: Heidelberg.
Geschichte des Fragments: In diesem Fragment sind Kommentare zu einzelnen Teilen des Codex Iustinianus versammelt, die mitunter im eigentlichen Codex fehlen, womöglich mangelte es an den entsprechenden Stellen auch schlichtweg am Platz, um sie noch unterzubringen, wie DOLEZALEK vermutete (s. Manuscripta juridica).

1) 1ra–2vd
Verfasser: ACCURSIUS.
Titel: Glossa in Codicem.

Angaben zum Text: Apparat des Accursius zum Codex Iustinianus mit Kommentar: (1r) Cod. 2.7.25.2–2.10.0; (1v) 2.11.8–2.11.12; (2r) 2.4.40–2.4.43; (2v) 2.6.7.pr–2.7.8.
Incipit: 1rb ›*Quos unius*‹: *Id est codicillos, id est litteras, quas alicui dirigit ...*
Explicit: 2vc ... *aduocatus tamen erit, et comes consistorii* ... [Text bricht ab].
Edition: Codex, Lyon 1627, Sp. 393–398, 403–404, 373–376, 382–385.

Faszikel II (Bl. 3–224)

Sachtitel / Inhalt: Codex Iustinianus cum Glossa ordinaria.

Entstehungsort: Oberitalien.
Entstehungszeit: 12./13. Jh.

Typus (Überlieferungsform): Codex.
Beschreibstoff: Pergament.
Umfang: 223 Bll.
Format (Blattgröße): 38,7 × 23,8 cm.
Zusammensetzung (Lagenstruktur): V^{12} + 4 IV^{44} + II^{48} + 9 IV^{120} + V^{130} + 7 IV^{185} + $(V\text{-}1)^{194}$ + 3 IV^{218} + III^{224} .
Seiten-, Blatt- und Lagenzählung: s. zum Codex.

Schriftraum: 36,6 × 22,5 cm.
Spaltenanzahl: 4 Spalten.
Zeilenanzahl: Legaltext: 45 Zeilen; Klammerglosse: bis zu 126 Zeilen.
Angaben zu Schrift / Schreibern: Der Legaltext wurde in der zweiten Hälfte des 12. Jhs. in einer für Oberitalien typischen Textualis geschrieben, wobei die Bll. 7, 10, 125, 187 im 13. Jh. wahrscheinlich im Zuge der Tilgung der azzonischen Glosse radiert und neu beschrieben wurden. Einige Glossen sind ebenfalls der zweiten Hälfte des 12. Jhs. zuzuordnen, deren Gros wurde allerdings im 13. Jh. ergänzt, meist in einer im Duktus breiteren Rotunda.
Buchgestaltung: Die für glossierte oberitalienische Rechtshss. entwickelte Seiteneinrichtung: zweispaltiger Text mit umgebender zweispaltiger Klammerglosse, in der Terminologie von Powitz, Textus, S. 84f., Klammerform des Vier-Spalten-Typs. Zeitgenössische Buchzählung mit schwarzer Tinte im Seitenkopf als lebender Seitentitel, von *I* bis *VIIII*. An den Anfängen der Bücher Initiale (s. Buchschmuck). Mit Metallstift vorgezogenes Zeilengerüst. Titulus als Rubrik hervorgehoben. Vor den Tituli auf einer freigehaltenen Fläche im Schriftraum eine meist blaue Initiale. Vor den Autorennamen meist zwei- bis dreizeilige rote Initiale vor der Textspalte. Eingerückt dahinter die kleineren Initialen in Rot am Anfang der Leges. In der Glosse rote Paragrafenzeichen, mitunter auch alternierend rote und blaue; Glossen der ältesten Stufe, also noch des 12. Jhs., mit vorgeschaltetem *CN* für ‚Constitutio nova'. Die Verweisung vom Legaltext auf die Glosse erfolgt mittels Buchstaben.
Buchschmuck: Zu Beginn der Bücher Initialen, darunter Flechtbandinitiale (33vb, 92vb, 159rc), Flechtbandinitiale mit Drachen (3rb, 49rb, 207vc), Vogel (4vb, 66rc), Drache (186rb), Drache mit Menschenkopf (122vc).

Nachträge und Benutzungsspuren: Auf 224v Gedicht, transkribiert bei Lehmann, Fuggerbibliotheken 2, S. 484. Anmerkungen, Korrekturen und Verweiszeichen – darunter gelb unterlegte Köpfe im Profil und immer wieder Tiere oder Fabelwesen – von mehreren Händen, in erster Linie Marginal- und Interlinearglossen von Juristen, unter denen folgende nachweisbar sind: Irnerius (um 1050-um 1130; 6va; Nardi, Studi, S. 43 A. 53), Odofredo († 1265; 3r, 7r, 16r), Federico delle Scale († 1289; 4r), Iacopo de Arena (um 1270–um 1320; 4v), Dino del Mugello (um 1254–um 1300; 6r, 35r, 40v–184r), Johannes Bassianus († 1197; 8r), Hubertus de Bobbio († 1245; 8r), Giacomo Belvisi (um 1270–1335; 13v, 14v, 15r, 15v–160r), Martino Gosia († 1158; 19r, 30r), Iacopo Bottrigari (1274–1347; 20v), Azo (um 1150–um 1230; 21r, 23r, 24r), Niccolò Spinelli (1325–1406; vgl. Speciale, La memoria, S. 326), des Weiteren Werke von: Odofredo: Quaestio de compromisso (16r), Repetitio in L. 13 ‚Generaliter sancimus', Cod. 4.30 (22v–23r); Pillius de Medicina († 1207): Quaestio de ponenda causa mutui (23v), Quaestio de mandato (23v, ed. Quaestiones aureae. Celeberrimi ivre cons. ac glosatoris vetustissimi. D. Pilei Modicensis Qvaestiones avreae, Rom 1560, Nr. 30, S. 46–50); Martino del Cassero da Fano († 1272): Quaestio de non numerata pecunia (27v); Omobono Morisio († 1262): Repetitio in l. 2 ‚Publicati semel', Cod. 6.23 (131r–132r); Guido da Suzzara (um 1225–1292): Quaestio de privilegio fori clericorum et scholarium (182r), Quaestio de ignorantia statuti (182r), Quaestio de potestate conficiendi et tollendi statuta (182r), Quaestio de iurisdictione statutorum (182r), Quaestio de rerum alienatione et efficacia statuti quoad forenses (182r); Dino del Mugello: Quaestio de mandato ad occidendum (213v–214r), Quaestio de tabellionatus officio (216r); Martino Sulimani (1236–1306): Quaestio de procuratoribus in causis criminalibus (219v); R. (?) de Gilio: Quaestio (29r; s. Manuscripta juridica); weitere Quaestio eines ungenannten Autors (32r; s. Manuscripta juridica); wenn kein anderer Verweis angegeben, vgl. OVL.

Provenienz: Oberitalien / Augsburg / Heidelberg.

2) 3ra–224vd
Beteiligte Personen: Justinian I. / Accursius.
Titel: Codex Iustinianus cum Glossa ordinaria.
Angaben zum Text: Dritter Teil der von Kaiser Justinian I. in Auftrag gegebenen Rechtssammlung mit der Glossa ordinaria des Accursius (um 1182/85–um 1260/63): (3rb–3rc) De novo codice componendo; (3rc–4rb) De Iustiniano codice confirmando; (4rb–4vb) De emendatione codicis Iustiniani et secunda eius editione; (4vb–33vb) Buch 1; (33vb–48vc) Buch 2; (49rb–66rc) Buch 3; (66rc–92vb) Buch 4; (92vb–122vc) Buch 5; (122vc–159rc) Buch 6; (159rc–185vc) Buch 7; (186rb–207vc) Buch 8; (207vc–224vc) Buch 9.
Rubrik: 3rb ›*In nomine domini nostri Ihesu Christi. Codicis domini Iustiniani sanctissimi principis de nouo codice faciendo. Liber I*‹.
Incipit: 3rb ›*Imperator*‹ *Iustinianus Augustus ad senatum.* ›*Hec*‹, *que necessario corrigenda esse multis retro principibus uissa* [!] *sunt ...*
Explicit: 224vc ... *ut libertatem non dampnationis sed lenitatis paterne testem habeant.*
Edition: Codex, Lyon 1627.

Fragment III (Bl. 225)

Sachtitel / Inhalt: Accursius, Glossa in Codicem.

Entstehungsort: Oberitalien.
Entstehungszeit: 13. Jh.

Typus (Überlieferungsform): Fragment.
Beschreibstoff: Pergament.
Umfang: 1 Bl.
Format (Blattgröße): 38,7 × 23,8 cm.
Zusammensetzung (Lagenstruktur): 1^{225}.
Seiten-, Blatt- und Lagenzählung: s. zum Codex.

Schriftraum: 35,5 × 21 cm.
Spaltenanzahl: 4 Spalten.
Zeilenanzahl: Textus inclusus: 49–50 Zeilen; Klammerglosse: 94 Zeilen.
Angaben zu Schrift / Schreibern: Textus inclusus wie Klammerglosse scheinen von derselben Hand zu stammen, die auch innerhalb des Codex im 13. Jh. Teile nachtrug. Im Duktus erscheint die Klammerglosse hier im Gegensatz zum Textus inclusus etwas gedrängter.
Buchgestaltung: Die für glossierte oberitalienische Rechtshss. entwickelte Seiteneinrichtung: zweispaltiger Text mit umgebender zweispaltiger Klammerglosse, in der Terminologie von Powitz, Textus, S. 84 f., Klammerform des Vier-Spalten-Typs. Zeilengerüst mit Metallstift vorgezogen. Verweis von Textus inclusus auf Glosse mittels Buchstaben. Kommentierte Begriffe unterstrichen und eingerückt. Zur Unterteilung von Abschnitten rote Paragrafenzeichen.

Nachträge und Benutzungsspuren: Anmerkungen von mehreren Händen. Diverse grafische Verweiszeichen.

Provenienz: Heidelberg.
Geschichte des Fragments: Das Fragment diente womöglich als Nachtrag zu Teilen, die im Codex verloren gegangen waren. Schließlich endet auf 124v der Text mit Cod. 6.3.1, worauf mit Bl. 125 ein Kommentar zu Cod. 6.1.8–6.4.2 des Accursius samt Glosse folgt, auf 126r steigt der Text wieder in Cod. 6.21.0 ein. Der hier gebotene Kommentar, der von einem der Schreiber stammt, die verschiedene Teile im Codex nachtrugen, ist damit als Ergänzung zum verloren gegangenen Text zu sehen.

3) 225ra–225vd
Verfasser: Accursius.
Titel: Glossa in Codicem.
Angaben zum Text: Apparat des Accursius zum Codex Iustinianus mit Kommentar, beginnend in Cod. 6.11.2, endend in 6.18.1.
Incipit: 225rb … *questio, an testator uoluit testari* …
Explicit: 225vc … *scilicet in socio liberalitatis* … [Text bricht ab].
Edition: Codex, Lyon 1627, Sp. 1442–1455.

Fragment IV (Bl. 226–227)

Sachtitel / Inhalt: Konstitution ‚Imperialem decet sollertiam'.

Entstehungsort: Oberitalien.
Entstehungszeit: 2. Hälfte 12. Jh.

Typus (Überlieferungsform): Fragment.
Beschreibstoff: Pergament.
Umfang: 2 Bll.
Format (Blattgröße): 38,7 × 23,8 cm.
Zusammensetzung (Lagenstruktur): I^{227}.
Seiten-, Blatt- und Lagenzählung: s. zum Codex.

Schriftraum: 23,5 × 11,5 cm.
Spaltenanzahl: 2 Spalten.
Zeilenanzahl: 45 Zeilen.
Angaben zu Schrift / Schreibern: Die erste Hand, 227 und den Anfang von 226ra ausführend, entspricht einer jener Hände, die unter anderen den Legaltext des Codex schrieb. Sie bediente sich einer Übergangsschrift, die Elemente der karolinigischen und der sich in Italien ausbreitenden gotischen Minuskel vereint. Die zweite Hand, die Konstitution Friedrich Barbarossas kopierend, verwendete eine vergleichbare Schrift. Die dritte Hand, für 226rb–226vb verantwortlich zeichnend, tendiert, gerade in der stärker ausgeprägten Gleichbehandlung der Schäfte, bereits entschiedener zur gotischen Minuskel.
Buchgestaltung: Die für glossierte oberitalienische Rechtshss. entwickelte Seiteneinrichtung: zweispaltiger Text mit umgebender zweispaltiger Klammerglosse, in der Terminologie von Powitz, Textus, S. 84 f., Klammerform des Vier-Spalten-Typs. Glosse allerdings nicht ausgeführt. Vor den Autorennamen meist zwei- bis dreizeilige rote Initiale vor der Textspalte. Eingerückt dahinter die kleineren Initialen in Rot am Anfang der Leges.
Buchschmuck: Im Stil der Initialen zu den Buchanfängen im Codex auf 226ra Vorzeichnung für eine F-Initiale mit Drachen und Vogel, die Konstitution Friedrich I. Barbarossa einleitend.

Nachträge und Benutzungsspuren: Mehrere jüngere Hände trugen auf dem Rand juristische Kleintexte nach, darunter auch Teile der Glossa ordinaria des Accursius, aber beispielsweise auch auf 226v eine ‚Quaestio de recusatione testium'.

Provenienz: Heidelberg.
Geschichte des Fragments: Das Fragment beginnt mit einem Text aus dem Codex Iustinianus, offenbar geschrieben von einer jener Hände, die auch den Legaltext des eigentlichen Codex kopierte. In diesem fehlen auf 188v die Kapitel Cod. 8.11 und 8.12. Diese trug der Schreiber offenbar nach, allerdings scheint das erste Bl. hier zu fehlen, denn auf 227r beginnt der Text mit 8.11.6 und endet auf 227v mit 8.12.2, der noch fehlende Abschnitt wurde auf 226ra fortgeführt. Damit wird deutlich, dass die Bll. 226 und 227 in falscher Reihenfolge gebunden vorliegen. Dieser Nachtrag endet auf 226ra und es setzt die, wohl von einer neuen Hand geschriebene Konstitution Friedrichs I. ‚Imperialem decet sollertiam' ein, die der Staufer 1154 in Roncaglia auf seinem ersten Italienzug promulgieren ließ. Es handelt sich hier um die nun dritte bekannte Abschrift. Eine ebenfalls in das 12. Jh. zu datierende befindet sich im Domkapitelarchiv zu Bergamo, eine weitere, aus Bologna stammende, die um 1200 entstanden sein dürfte, konnte Giovanna Murano jüngst bekannt machen (Bologna, Biblioteca Universitaria, 1736, s. Lit.). Da ebenjene Konstitution 1158 auf Fried-

richs zweitem Italienzug in überarbeiteter und ausführlicherer Form in Roncaglia erneut promulgiert wurde und in der jüngeren Version eine breite Rezeption in den Libri feudorum erfuhr (MGH DD F I. 1, Nr. 91, den Bearbeitern war nur die Bergamaskische Überlieferung bekannt), ist davon auszugehen, dass die hier wiedergegebene Urform von 1154 zeitnah niedergeschrieben wurde. Auf das Roncaglische Lehensgesetz folgen wieder Kapitel aus dem Codex Iustinianus, 5.27.7 und 5.27.9, die beim Kopieren des Legaltexts offenbar vergessen worden waren (5.27.8 wurde, obgleich im Codex enthalten, hier mitkopiert, der Text bricht in 5.27.9.2 ab). Diese Kapitel stammen von einer wohl etwas jüngeren Hand.

4) 226ra
Beteiligte Personen: Justinian I.
Titel: Codex Iustinianus.
Angaben zum Text: Dritter Teil der von Kaiser Justinian I. in Auftrag gegebenen Rechtssammlung, beginnend in Cod. 8.12.2 und endend mit dem Ende des Gesetzes.
Incipit: 226ra [Fortsetzung von 227vb] ... *legis precepta transierint, quinque quidem officii primates ...*
Explicit: 226ra ... *sicut superius dictum est, in minueda* [!].
Edition: Codex, Lyon 1627, Sp. 2094 (Zählung abweichend, hier Cod. 8.13.2).

5) 226ra–226rb
Beteiligte Personen: Friedrich I.
Titel: Konstitution ‚Imperialem decet sollertiam'.
Angaben zum Text: Von Friedrich I. am 5. Dezember 1154 in Roncaglia erlassenes Gesetz (vgl. RI IV,2,1 n. 255, in: Regesta Imperii Online). Im Unterschied zur Bergamaskischen Überlieferung fehlt die Datierungszeile.
Incipit: 226ra ›*Fredericus*‹ *dei gratia Romanorum rex et semper Augustus. Imperialem decet solerciam ...*
Explicit: 226rb ... *omnibus modis liberam habeat facultatem.*
Edition: Murano, Imperialem decet sollertiam, S. 763.

6) 226rb–226vb
Beteiligte Personen: Justinian I.
Titel: Codex Iustinianus.
Angaben zum Text: Dritter Teil der von Kaiser Justinian I. in Auftrag gegebenen Rechtssammlung: Cod. 5.27.7–5.27.9.2.
Incipit: 226rb *Imperator Justinus Augustus Marino pape: Legem Anastasii diuine recordationis ...*
Explicit: 226vb ... *quod nullus forte ex mortuis liberis curialia munera peragere cogitur: illo ...* [Text bricht ab].
Edition: Codex, Lyon 1627, Sp. 1267–1269.

7) 227ra–227vb
Beteiligte Personen: Justinian I.
Titel: Codex Iustinianus.
Angaben zum Text: Dritter Teil der von Kaiser Justinian I. in Auftrag gegebenen Rechtssammlung, beginnend in Cod. 8.11.6, endend in 8.12.2.
Incipit: 227ra [Anfang fehlt] ... [Praescrip]*tio temporis iuri publico non debet obsistere ...*

Explicit: 227vb ... *ex hisdem redditibus uel operibus vidicando* [!] *sacratissima nostre* ... [Text wird auf 226ra fortgeführt].
Edition: Codex, Lyon 1627, Sp. 1267–1269.

CW, TH

Vatikan, Biblioteca Apostolica Vaticana, Pal. lat. 763

Codex Iustinianus cum glossa

Pergament · 2, 146, 1 Bll. · 39,3 × 24,3 cm · Paris · um 1210

Entstehungsort: Paris.
Entstehungszeit: um 1210.

Typus (Überlieferungsform): Codex.
Beschreibstoff: Pergament.
Umfang: 2, 146, 1 Bll.
Format (Blattgröße): 39,3 × 24,3 cm.
Zusammensetzung (Lagenstruktur): $(I-1)^{1a}$ + 1^{2a} + 3 V^{30} + VI^{42} + 8 V^{122} + IV^{130} + V^{140} + $(IV-2)^{146}$ + $(I-1)^{147*}$. Vorderspiegel Gegenbl. von 1a, Hinterspiegel Gegenbl. von 147*.
Seiten-, Blatt- und Lagenzählung: Römische Foliierung des 17. Jhs. (*1–146*). Vor- und Nachsatzbll. ungez., weshalb hier die Zählung des Digitalisats übernommen wird (1a, 2a, 147*). Reklamanten von anlegender Hand auf letzter Versoseite der Lage auf dem Fußsteg rechts (fehlen auf 42v, 82v, 140v).
Zustand: Pergament v.a. im ersten Teil verschmutzt, mit zahlreichen Flecken, zahlreiche Löcher, einige Risse, teilweise mit Pergament oder Japanpapier ausgebessert. Zahlreiche Rasuren.

Schriftraum: 34,8 × 23,5 cm (4 Spalten, wobei die äußeren Spalten zwar vorgezeichnet, aber nicht systematisch gefüllt wurden).
Spaltenanzahl: 4 Spalten.
Zeilenanzahl: Legaltext: 58 Zeilen; Glosse: bis zu 130 Zeilen.
Angaben zu Schrift / Schreibern: Legaltext von einer Hand, deren Schrift typisch für die in Nordfrankreich gepflegte Textualis ist. Sie schrieb auch einen Großteil der Authentiken. Für das Gros der Glossen, die in erster Linie Azo, darüber hinaus aber auch häufig Johannes Bassianus zitieren, zeichnete eine andere, zeitgenössische Hand verantwortlich. Weitere, jüngere Hände trugen schließlich Glossen nach.
Buchgestaltung: Nach Powitz, Textus, S. 84f., handelt es sich um einen Vier-Spalten-Typ, allerdings nicht mit der späterhin entwickelten Klammerform. Auch wurden die äußeren Spalten nicht systematisch gefüllt. Mit Metallstift vorgezogenes Zeilengerüst. Buchzählung in schwarzer Tinte im Seitenkopf, von *I* bis *IX*, als lebender Seitentitel. Raum für Initialen an den Anfängen der Bücher ausgespart, dieselben wurden aber nicht ausgeführt. Titulus als Rubrik hervorgehoben. Vor den Tituli auf einer freigehaltenen Fläche im Schriftraum eine meist zweizeilige blaue Initiale, wie auch vor den Autorennamen. Eingerückt dahinter die kleineren Initialen in Rot am Anfang der Leges. Unter den Glossen Authentiken mit

Rubrik und *CN* für ‚Constitutio nova' in Blau bzw. Rot eingeleitet. Die Verweisung vom Legaltext auf die Glosse erfolgt mittels grafischer Verweiszeichen.
Buchschmuck: s. Buchgestaltung.

Nachträge und Benutzungsspuren: Korrekturen und Anmerkungen von zahlreichen Händen, darunter Marginal- und Interlinearglossen von Accursius (um 1182/85–um 1260/63; 2r, 4v, 5r–144r; vgl. OVL). Ferner Texte von: Ugolino Presbiteri: Solutiones contrariorum ad Cod. 4.6.3 (15v), Azo: Distinctio de novationibus, ad Cod. 3.1 (30r), Distinctio de duobus quaestionibus (31v), Quaestio de matre renuntiante hereditati filii (34v), Distinctio de venditione rei communis (39r), Commentum ad Cod. 8.4.7 (123v), weitere Kommentare zu einzelnen Kaisergesetzen, darunter von Accursius, Solutiones contrariorum, Quaestiones, juristische Traktate oder Rede anlässlich einer Doktorpromotion von ungenannten Juristen (vgl. Manuscripta juridica).

Einband: Am Rücken stark beschädigter Pergamentband über Pappe, nach Schunke, Einbände 2.2, S. 850, um 1780 in Rom entstanden. Oben aufgeklebt auf den Rücken ein barockes helles Signaturschild *763* mit angerissenem Rand, darunter direkt auf den Rücken der Buchtitel notiert; unten blaues Schildchen mit *Pal. lat. 763.* Löcher für zwei Schließschnüre in beiden Deckeln.
Provenienz: Heidelberg.
Geschichte der Handschrift: Modernes blaues Signaturschild der Vaticana *Pal. lat. 763* auf dem vorderen Spiegel. Auf Vorsatzbl. 1ar aktuelle Signatur und Altsignaturen *74, 686* und weitere dreistellige Ziffer, beginnend mit *68.* Auf 2ar Capsa-Nummer *C. 86.*, darunter Allacci-Signatur *372* [durchgestrichen] sowie weitere Altsignaturen *518* und *858* [durchgestrichen]. Der Legaltext und die älteste Glossenschicht dürften in etwa zur selben Zeit entstanden sein, wobei der Glossenapparat um 1210 niedergeschrieben sein dürfte, ist er doch maßgeblich von den Kommentaren des Azo (um 1150–um 1230) geprägt und bringt unter den übrigen Glossatoren als jüngsten die Auslegung des Ugolino Presbiteri († um 1233), vgl. Manuscripta juridica. Da die Hs. anhand von Pecien und damit in einer Universitätsstadt hergestellt wurde, verschiedene Nachträge auf eine französische Herkunft schließen lassen und der paläografische Befund auf einen nordfranzösischen Entstehungsort schließen lässt, kommt für Letztgenannten eigentlich nur Paris in Betracht. Wer den Codex besaß, lässt sich nur mutmaßen. Im Besitzeintrag auf 1r wurde der Name radiert. Lehmann nahm an, dass sich die Hs. späterhin wahrscheinlich in Fuggerbesitz befunden hätte und erklärte die fehlende Fugger-Signatur mit einem verloren gegangenen Vorsatzblatt. Jan F. Hanselmann führt eine mögliche Erwerbung der Hs. durch Kurfürst Ludwig III. ins Feld.

Faksimile: https://digi.ub.uni-heidelberg.de/diglit/bav_pal_lat_763
Literatur: Manlio Bellomo, Consulenze professionali e dottrine di professori. Un inedito „consilium domini Accursii", in: Quaderni catanesi di studi classici e medievali 4 (1982), S. 199–219, hier S. 206 A. 11, 207 A. 13; Caprioli, Tre capitoli, S. 231 A. 27, 232 A. 29, 239 A. 64, 243 A. 78, 259 A. 155, 282 A. 256, 329 A. 476, 354f.; Caprioli, Satura, S. 218 A. 4, 220; Emanuele Conte, Un sermo pro petendis insigniis al tempo di Azzone e Bagarotto, in: Rivista di storia del diritto italiano 60 (1987), hier S. 72 A. 5; Cortese, La summula, S. 352 A. 38; Cortese, La norma, Bd. 1, S. 146 A. 6, Bd. 2, S. 144f. A. 102, 237f. A. 180, 302 A. 11, 334 A. 73, 338 A. 78, 367 A. 4; Hanselmann, Bücherschenkung, S. 126, Nr. 4; Lefebvre, Pillius, S. 1501; Lehmann, Fuggerbibliotheken 2, S. 484; Maffei, La donazione, S. 138 A. 5;

Manuscripta juridica, Pal.lat.763; OVL, Pal.lat.763; Padoa Schioppa, Appello 2, S. 224; Eltjo J. H. Schrage, Koop breekt geen huur. Enige grepen uit de geschiedenis van het geleerde recht inzake de gevolgen van de vervreemding van een verhurde zaak (= Rechtshistorische Cahiers 7 [1984]), S. 53; Eltjo J. H. Schrage „Colonia partiaria". Zum Rechtsbegriff der Teilpacht aus der Sicht der Glossatoren, in: Satura Roberto Feenstra sexagesimum quintum annum aetatis complenti ab alumnis collegis amicis oblata, hrsg. v. J. E. Spruit u. a., Freiburg (Schweiz) 1985, S. 393–404, hier S. 402; Eltjo J. H. Schrage, „Qui in fundo alieno edificavit". Die „actio negotiorum gestorum utilis" als Vorstufe einer allgemeinen Bereicherungsklage, in: Revue internationale des droits de l'Antiquité 36 (1989), S. 401–420, hier S. 410; Eltjo J. H. Schrage, Die Glossatoren und ihre Lehre von der Novation, in: TvR 58 (1990), S. 39–54, hier S. 40; Soetermeer, Utrumque ius, S. 318 A. 74; Speciale, La memoria, S. 205 (mit weiterer Literatur), 217, 229, 326; Stevenson, Latini, S. 273; Vernet, L'histoire, S. 307.

1) 1rb–144rc

Beteiligte Personen: Justinian I.

Titel: Codex Iustinianus cum glossa.

Angaben zum Text: Dritter Teil der von Kaiser Justinian I. in Auftrag gegebenen Rechtssammlung mit überwiegend voraccursianischen Glossen von Azo (um 1150-um 1230; 1r–144r), Johannes Bassianus († 1197; 2v, 20v, 24v, 26v–144r), Rogerius (12. Jh.; 4r, 19v, 20r–v, 26v–144r), Irnerius (um 1050-um 1130; 4r, 24v, 28v, 34r–144r), Alberto da Pavia (belegt 1211–1240; 4v, 5r, 27v, 32v–144r), Johannes (14r, 16r, 18r–144r), Bulgarus († 1166; 19v, 24v, 25v, 26v, 144r), Martino Gosia († 1158; 25v, 26r–v, 27r–144r), Glossator mit der Sigle *Mc.* (vielleicht Mercadans, nachgewiesen in Bologna 1204–1206, vgl. Manuscripta juridica; 26v, 40v, 44v–144r), Glossator mit der Sigle *P.* (28v, 29r–v, 32r–144r), Guglielmo da Capriano († 1201; 47v), Ugolino Presbiteri (ohne Folioangabe; vgl. Manuscripta juridica), Alberico di Porta Ravegnana († um 1194; vgl. Speciale, La memoria, S. 326), Otto Papiensis (vgl. Speciale, La memoria, S. 326), Benedetto da Isernia (vgl. Speciale, La memoria, S. 326); wenn kein anderer Verweis gegeben, vgl. OVL. (1rb) De novo codice componendo; (1rb–1vb) De Iustiniano codice confirmando; (1vb–1vc) De emendatione codicis Iustiniani et secunda eius editione; (2rb–19rb) Buch 1; (19rb–29vb) Buch 2; (29vc–40vb) Buch 3; (40vc–59rc) Buch 4; (59rc–82vc) Buch 5; (83rb–105vb) Buch 6; (105vb–121vb) Buch 7; (121vb–134vc) Buch 8; (134vc–144rc) Buch 9.

Rubrik: 1rb *In nomine domini nostri Ihesu Christi incipit liber primus codicis domini Iustiniani* [nachgetragen: sacratissimi principis] *perpetui imperatoris Augusti repetite prelectionis primus liber incipit. ›De novo codice faciendo‹.*

Incipit: 1rb *Imperator Iustinianus Augustus ad senatum. Hec, que necessario esse corrigenda multis retro principibus uisa sunt ...*

Explicit: 144rb ... *vt libertatem non dampnationis, sed lenitatis paterne testem habeant. Amen.*

Edition: Codex, Lyon 1627. Die Glosse zu Cod. 2.1.1–2.1.8 ediert in Gero Dolezalek, Repertorium manuscriptorum veterum Codicis Iustiniani (Ius commune, Sonderhefte, Texte und Monographien 23), Frankfurt am Main 1985, S. 820–828.

2) 144v

Titel: Kleintexte.

Angaben zum Text: Kleintexte, darunter Kommentar zu Joh 1,27.

3) 145ra–146rc
Titel: Inhaltsverzeichnis (15. Jh.).

4) 146v
Titel: Textfragment auf Französisch in einer Bastarda des 15. Jhs.

CW, TH

Vatikan, Biblioteca Apostolica Vaticana, Pal. lat. 764

Codex Iustinianus cum Glossa ordinaria

Pergament · 1, 94, 1 Bll. · 40,3 × 25,2 cm · Nordfrankreich (?) · Mitte 13. Jh.

Entstehungsort: Nordfrankreich (?).
Entstehungszeit: Mitte 13. Jh.

Typus (Überlieferungsform): Codex.
Beschreibstoff: Pergament.
Umfang: 1, 94, 1 Bll.
Format (Blattgröße): 40,3 × 25,2 cm.
Zusammensetzung (Lagenstruktur): $(I-1)^{1a}$ + V^{10} + 3 IV^{34} + 6 V^{94} + $(I-1)^{95*}$. Vorderspiegel Gegenbl. von 1a, Hinterspiegel Gegenbl. von 95*.
Seiten-, Blatt- und Lagenzählung: Römische Foliierung des 17. Jhs. (*1–94*). Vor- und Nachsatzbl. ungez., weshalb hier Zählung der Digitalisate übernommen wird (1a, 95*). Reklamanten auf der letzten Versoseite der Lage auf dem Fußsteg (fehlen auf 34v, 44v).
Zustand: Pergament verschmutzt, zahlreiche Flecken, einige Löcher und Risse, oberer Teil von 60 ausgeschnitten, mit Textverlust. Haarseite des Pergaments deutlich erkennbar. Tinte mitunter berieben und verblasst.

Schriftraum: 21 × 22 cm.
Spaltenanzahl: 4 Spalten.
Zeilenanzahl: Legaltext: 51–52 Zeilen; Klammerglosse: bis zu 147 Zeilen.
Angaben zu Schrift / Schreibern: Der Legaltext wurde in einer sorgfältigen Textualis von einer Hand geschrieben, lediglich 35r könnte von anderer Hand stammen. Die Glosse wurde in etwa zeitgleich von mehreren Händen in einer meist nicht ganz so sorgfältigen Textualis ausgeführt.
Buchgestaltung: Die für glossierte oberitalienische Rechtshss. entwickelte Seiteneinrichtung: zweispaltiger Text mit umgebender zweispaltiger Klammerglosse, in der Terminologie von Powitz, Textus, S. 84f., Klammerform des Vier-Spalten-Typs, wenngleich das Schema nicht immer konsequent durchgehalten wurde. Mit Metallstift vorgezogenes Zeilengerüst. Zeitgenössische Buchzählung mit schwarzer Tinte im Seitenkopf als lebender Seitentitel, von *IIIJ* bis *VIIJ* (Anfang und Ende des Texts fehlen). An den Anfängen der Bücher Raum für Initiale freigehalten. Titulus als Rubrik hervorgehoben. Vor den Autorennamen ein- bis zweizeilige blaue Initialen vor der Textspalte. Eingerückt dahinter die kleineren Initialen in Rot am Anfang der Leges. Ferner rote Paragrafenzeichen. Die Verweisung vom Legaltext auf die Glosse erfolgt meist mit Verweiszeichen, selten mit Buchstaben.

Buchschmuck: s. Buchgestaltung.

Nachträge und Benutzungsspuren: Zahlreiche Korrekturen, grafische Verweiszeichen und Anmerkungen von verschiedenen Händen, darunter Additiones von Odofredo († 1265), Accursius (um 1182/85–um 1260/63), Benedetto da Isernia (vgl. SPECIALE, La memoria, S. 326), des Weiteren von Martino del Cassero da Fano († 1272) ein ‚Tractatus de alimentis' (22v–23r; vgl. Manuscripta juridica), wenn kein anderer Verweis angegeben, vgl. OVL. 25r Skizze eines Manns auf dem Blattrand, 44v eines Elefanten?

Einband: Pappe mit weißem Pergament überzogen, nach SCHUNKE, Einbände 2.2, S. 850, um 1780 in Rom entstanden. Oben aufgeklebt auf den dort leicht beschädigten Rücken ein barockes Signaturschild *764*, darunter direkt auf den Rücken der Buchtitel notiert: *CODICIS fragmentum*; unten blaues Schildchen mit *Pal. lat. 764.* Löcher für zwei Schließschnüre in beiden Deckeln.

Provenienz: Heidelberg.

Geschichte der Handschrift: Modernes blaues Signaturschild der Vaticana *Pal. lat. 764* auf dem vorderen Spiegel. Auf Vorsatzbl. 1ar aktuelle Signatur nebst Altsignaturen *75* und *665* [?] [beide durchgestrichen]. Auf 1r Capsa-Nummer *C. 92*, darunter Allacci-Signatur *984*, daneben *Codicis fragmentum* von jüngerer Hand nachgetragen, des Weiteren Altsignatur *521*. Es finden sich zahlreiche Pecienhinweise auf dem oberen Blattrand, wie jener auf 54r: *hic incipit viii pecia*. Dass hier der Beginn einer Pecia angegeben wird, ist nach SOETERMEER ein Hinweis, dass die Hs. nicht in Bologna entstanden sein dürfte, wurden dort doch immer die Enden der Pecien angegeben. In Frankreich wurden nur sehr selten Pecienhinweise vermerkt, dafür ist die Angabe des Beginns einer Pecie in einem solchen Fall nicht untypisch (SOETERMEER, Utrumque ius, S. 252–256). Auch aufgrund des paläografischen Befunds könnte die Hs. also an einer nordfranzösischen Universität entstanden sein, aufgrund des Alters des Codex kommen dafür Paris oder Orléans in Betracht, aber auch Oxford, wo das Peciensystem ebenfalls Anwendung fand, welches allerdings noch nicht hinreichend erforscht zu sein scheint, ist als Entstehungsort denkbar.

Faksimile: https://digi.ub.uni-heidelberg.de/diglit/bav_pal_lat_764

Literatur: Manuscripta juridica, Pal.lat.764; OVL, Pal.lat.764; SCHUNKE, Einbände 2.2, S. 850; SOETERMEER, Utrumque ius, S. 318 A. 75; SPECIALE, La memoria, S. 206, 222, 229, 326; STEVENSON, Latini, S. 274.

1) 1ra–94vb

Beteiligte Personen: JUSTINIAN I. / ACCURSIUS.

Titel: Codex Iustinianus cum Glossa ordinaria.

Angaben zum Text: Dritter Teil der von Kaiser Justinian I. in Auftrag gegebenen Rechtssammlung mit der Glossa ordinaria des Accursius (um 1182/85–um 1260/63), einsetzend in Cod. 4.41.2.pr. und abbrechend in Cod. 8.33.3.6: (1rb–8rb) Buch 4; (8rb–34vc) Buch 5, (35rb–64vb) Buch 6; (64vb–86vb) Buch 7; (86vc–94vc) Buch 8.

Incipit: 1rb [Anfang fehlt] ... *namque Romano imperio et proditioni proximum est barbaros* ...

Explicit: 94vc ... *extimatione autem pignoris, donec apud creditorem eundemque dominum permaneat, siue amplioris* ... [Text bricht ab].

Edition: Codex, Lyon 1627.

TH

Vatikan, Biblioteca Apostolica Vaticana, Pal. lat. 765

Sammelhandschrift zum Römischen Recht

Pergament · 1, 304, 1 Bll. · 46 × 28 cm · Bologna · 1320–1335

Entstehungsort: Bologna.
Entstehungszeit: 1320–1335.

Typus (Überlieferungsform): Codex.
Beschreibstoff: Pergament.
Umfang: 1, 304, 1 Bll.
Format (Blattgröße): 46 × 28 cm.
Zusammensetzung (Lagenstruktur): $(I\text{-}1)^{1a}$ + I^{2a} + 7 V^{70} + IV^{78} + 14 V^{217} + IV^{225} + 4 V^{265} + IV^{273} + 2 V^{293} + IV^{301} + $(I\text{-}1)^{302*}$. Vorderer Spiegel Gegenbl. von 1a, hinterer Spiegel Gegenbl. von 302*. Verschiedene Zählfehler: nach 1a folgt A, 161 doppelt gez.
Seiten-, Blatt- und Lagenzählung: Vor- und Nachsatzbl. ungez. Römische Foliierung des 17. Jhs. (*1–301*). Bei ungez. Bll. folgt die Zählung dem Digitalisat (1a, 2a, 302*). Reklamanten durchgängig auf der letzten Versoseite der Lage auf dem Fußsteg rechts (fehlen auf 78v, 148v, 217v, 273v). Lagenfoliierung mit Minuskelbuchstaben und römischen Ziffern, nicht immer erkennbar bzw. durch Beschnitt verloren gegangen, zuweilen Buchstaben auch weggelassen.
Zustand: Auf ersten Bll. Bräunung auf Seitensteg. Schrift zuweilen verblasst. Einige Flecken und Benutzungsspuren. A, 293v–294r Wasserschaden, 2av Miniaturenabklatsch.

Schriftraum: 36 × 23 cm.
Spaltenanzahl: 4 Spalten.
Zeilenanzahl: Legaltext: 9–54 Zeilen; Klammerglosse: 13–103 Zeilen.
Angaben zu Schrift / Schreibern: Die Schrift ist ein typisches Beispiel der in Bologna gepflegten Littera Bononiensis und entsprechend dem anspruchsvollen Buchschmuck kalligrafisch aufwändig gestaltet. Aufgrund ihrer Standardisierung sind Aussagen über verschiedene Hände kaum möglich. Alleine das Inhaltsverzeichnis auf Ar–Av scheint mit großer Wahrscheinlichkeit eine andere Hand ausgeführt zu haben.
Buchgestaltung: Zeilengerüst mit Metallstift vorgezogen. Mittig und zweispaltig angelegter Text ist von Klammerglosse umflossen. Im Legaltext hierarchische Unterteilung mit Miniatur, Rankeninitiale oder Bildeinschlussinitiale mit Person im Schulterstück (ab 174r nur Bildeinschlussinitiale mit Person im Schulterstück), blaue Lombarde auf rotem Fleuronnéfeld und Paragrafenzeichen alternierend in Blau und Rot. Nennung des gesetzgebenden Kaisers mit rotem Satzmajuskel-I mit blauen grafischen Verzierungen eingeleitet. Ferner rote Rubriken im Fließtext. Verweise zwischen Legaltext und Klammerglosse anhand von Buchstaben. In Klammerglosse hierarchische Unterteilung mit Rankeninitiale, alternierend blauen und roten Lombarden mit grafischen Verzierungen in Gegenfarbe (lediglich zwischen 79r–148r) sowie alternierend blauen und roten Paragrafenzeichen.
Buchschmuck: Zahlreiche Miniaturen, ausgeführt von Lando di Antonio, ab 274r übernahm der Ungarische Meister (L'Engle, Illumination S. 145 f.). Bilderschließung online in heidICON.

Nachträge und Benutzungsspuren: Anmerkungen, Korrekturen und Verweise von mehreren Händen. Mannigfaltige grafische Verweiszeichen. Zuweilen Ziffern zu jeweiligen Kapiteln als Seitentitel nachgetragen.

Einband: Römischer Einband, Pappe mit weißem Pergament überzogen, in Rom um 1780 gefertigt (Schunke, Einbände 2.2, S. 850), Löcher für Schließbänder noch vorhanden. Auf dem am Kopf eingerissenen Buchrücken zwei blaue aufgeklebte Schildchen mit aktueller Signatur, dazwischen Rückentitel: *INSTITVTIONES Codicis liber x. Authenicum*, darunter aktuelle Signatur.

Provenienz: Heidelberg.

Geschichte der Handschrift: Auf Vorderspiegel blaues aufgeklebtes Schildchen mit aktueller Signatur. Auf 1ar nebst aktueller Signatur Altsignatur *676* [durchgestrichen], auf Ar Capsa-Nummer *C. 173*, darunter Allacci-Signatur *1507* [durchgestrichen] und Altsignaturen *2067* [durchgestrichen] und *563*. Buchschmuck und Schrift deuten auf eine Herstellung der Hs. in Bologna zwischen 1320 und 1335 hin. Dass sie an der dortigen Universität entstanden sein muss, zeigen die Hinweise auf die Verwendung von Pecien, so auf dem Seitensteg von 24r: *finit hic vj. pecia.* Lehmann vermutete, dass die Hs. über die Bibliothek des Ulrich Fugger (1526–1584) in die Bibliotheca Palatina gelangt sein könnte. Ebenso gut könnte sie aber auch von Kurfürst Ludwig III. 1420 in Paris erworben und 1421/1438 dem Heiliggeiststift geschenkt worden sein (Hanselmann, Bücherschenkung, S. 126).

Faksimile: https://digi.ub.uni-heidelberg.de/diglit/bav_pal_lat_765

Literatur: Authenticum, hrsg. von Heimbach, S. XXVIIIf.; Dydynski, Beiträge, S. 74, Nr. 207; Robert Feenstra, Deux manuscrits du Corpus iuris civilis au Chateau d'Anholt et un problème de datation, in: Essays Presented to G. I. Lieftinck, Bd. 2, Litterae textuales, hrsg. von J.P. Gumbert / M.J.M. de Haan, Amsterdam 1972, S. 73–87; Hanselmann, Bücherschenkung, S. 126; Lehmann, Lehnrecht, S. 31; Lehmann, Fuggerbibliotheken 2, S. 485; L'Engle, Illumination, S. 145 A. 132, 169 A. 26, 170 A. 31, 239 A. 193, 266 A. 267, 301; Susan L'Engle, Maestro del Leggendario Angioino Ungherese (Hungarian Master), in: Dizionario biografico dei miniatori italiani. Secoli IX–XVI, hrsg. von Milvia Bollati, Mailand 2004, S. 562–564, hier S. 563; Maffei, La donazione, S. 66 A. 17; Manuscripta juridica, Pal.lat.765; OVL, Pal.lat.765; Röhle, Rekonstruktion, S. 88; Schunke, Einbände 2.2, S. 850; Stevenson, Latini, S. 274; Weimar, Handschriften, S. 63.

1) 1ra–78rd

Beteiligte Personen: Justinian I. / Accursius.

Titel: Institutiones Iustiniani cum Glossa ordinaria.

Angaben zum Text: Von Kaiser Justinian I. in Auftrag gegebenes Lehrbuch und Gesetzeswerk mit der Glossa ordinaria des Accursius (um 1182/85–um 1260/63): (1rb–15rc) Buch 1; (15rc–37vb) Buch 2; (37vb–56vc) Buch 3; (57rb–78rc) Buch 4. – Ar–Av Inhaltsverzeichnis zu Buch 10–12 des Codex Iustinianus sowie zum Authenticum. – 78v leer.

Rubrik: 1rb ›*Jn nomine domini nostri Ihesu Christi. Jmperator Cesar Flauius Iustinianus, Alamanicus, Goticus, Flauius* [!], *Germanicus, Aticus, Alanicus, Uundalicus* [!], *Affricanus, pius, felix, inticus* [!] *uictor ac triumphator et semper Augustus, cupide legum iuuentuti salutem. Jncipit liber Institutionum seu elementorum*‹.

Incipit: 1rb *Imperatoriam maiestatem non solum armis decoratam* ...

Explicit: 78rc ... *alioquin diligentior eorum scientia uobis ex latioribus Digestorum seu Pandectarum libris deo propitio aduentura est. Explicit liber textus Jnstitutionum.*
Edition: Institutiones, Lyon 1627.

2) 79ra–148rd
Beteiligte Personen: Justinian I. / Accursius.
Titel: Codex Iustinianus cum Glossa ordinaria.
Angaben zum Text: Von Kaiser Justinian I. in Auftrag gegebene Rechtssammlung mit der Glossa ordinaria des Accursius: (79rb–103rc) Buch 10; (103vb–123vc) Buch 11; (124rb–148rc) Buch 12. – 148v leer.
Rubrik: 79rb ›*Explicit liber nonus. Jncipit X. De iure fisci. Rubrica rubricarum. Rubrica*‹.
Incipit: 79rb ›*Si*‹ *prius quam fisci rationibus pater uester obligaretur* ...
Explicit: 148rc ... *et offitium xxx. librarum auri uexatione quatietur. n* [als Füllzeichen?].
Edition: Volumen, Lyon 1627, Sp. 1–338.

3) 149ra–273v
Beteiligte Personen: Justinian I. / Accursius.
Titel: Authenticum cum Glossa ordinaria.
Angaben zum Text: Sammlung von Konstitutionen Kaiser Justinians I. mit der Glossa ordinaria des Accursius.
Incipit: 149rb ›*Occupatis*‹ *nobis circa tocius rei publice curas et parum e* [als Füllzeichen?] *nichil eligentibus cogitare* ...
Explicit: 273vc ... *sancxit tranquillitas per omnia custodiri prouideat. Explicit liber Autenticorum.*
Edition: Legaltext: Authenticum, hrsg. von Heimbach; Klammerglosse: Volumen, Lyon 1627.

4) 274ra–301rb
Beteiligte Personen: Accursius.
Titel: Libri feudorum cum glossa.
Angaben zum Text: In der Accursischen Rezension oder Vulgata mit Glossen des Iacopo Colombi (um 1221/1244) und des Accursius: (274rb–300ra) Libri feudorum (ediert in: Consuetudines, hrsg. von Lehmann, S. 161–263); (300ra–301vb) Constitutio in basilica beati Petri, ausgestellt von Friedrich II. am 22. November 1220 (ediert in: MGH Const. 2, Nr. 85).
Rubrik: 274rb ›*Incipiunt consuetudines usuvm feudorum. Et primo de hijs qui fevdum dare possunt et qualiter aquiratur et retineatur. Rubrica*‹.
Incipit: 274rb ›*Quia*‹ *de feudis tractaturi sumus, uideamus primo, qvi feudum dare possunt* ...
Explicit: 301rb ... *imperiali animaduersione nichilominus puniendus. Expliciunt usus feudorum.*
Edition: Legaltext: Authenticum, hrsg. von Heimbach; Klammerglosse: Volumen, Lyon 1627.
TH

Vatikan, Biblioteca Apostolica Vaticana, Pal. lat. 766

Zusammengesetzte Handschrift zum Römischen Recht

Pergament · 1, 274, 1 Bll. · 41 × 25,5 cm · Bologna / Südfrankreich · 1260–1270 / 14. Jh.

Typus (Überlieferungsform): Codex.
Beschreibstoff: Pergament.
Umfang: 1, 274, 1 Bll.
Format (Blattgröße): 41 × 25,5 cm.
Zusammensetzung (Lagenstruktur): Hs. aus 2 Faszikeln zusammengesetzt (I. Bl. A–250; II. Bl. 251–273). $(I\text{-}1)^{1a}$ + ... + $(I\text{-}1)^{274^*}$. Vorderspiegel Gegenbl. von 1a, Hinterspiegel Gegenbl. von 274*.
Seiten-, Blatt- und Lagenzählung: Vor- und Nachsatzbll. ungez., weshalb hier Zählung der Digitalisate übernommen wird (1a, 274*). Foliierung in Tinte (*1–250*), wahrscheinlich von einer Hand des 15. Jhs., von anderer Hand in Blei weitergeführt (*251–273*), wobei *251* und *273* von weiterer, jüngerer Hand in Tinte ausgeführt und der letzte Text wohl von der ersten Hand mit Tinte eigens foliiert wurde (*1–23*). *A* ebenfalls von jüngerer Hand nachgetragen.
Zustand: Lagen lösen sich teilweise aus dem Verbund. A angefasert. Pergament verschmutzt, mit zahlreichen Flecken, Tinte verblasst und berieben, viele Risse, manche Löcher. Zahlreiche Rasuren.

Einband: Pergamentband über Pappe, nach Schunke, Einbände 2.2, S. 850, um 1780 in Rom entstanden. Löcher für Schließbänder in den Deckeln noch vorhanden. Auf dem Vorderdeckel in Blau aktuelle Signatur. Rücken an Kopf und Schwanz stark beschädigt. Oben aufgeklebt barockes helles Signaturschild *766*, darunter direkt auf den Rücken der Buchtitel notiert, davon noch lesbar *INSTITVTI*[...] *AVTHENTI*[...] *et COD. lib.*[...], darunter Signatur in Blau, blaues Schildchen unten nur noch fragmentarisch erhalten.
Provenienz: Augsburg / Heidelberg.
Geschichte der Handschrift: Modernes blaues Signaturschild der Vaticana *Pal. lat. 766* auf dem vorderen Spiegel. Auf Vorsatzbl. 1ar aktuelle Signatur, Altsignatur *678* [durchgestrichen, die *8* zudem durch eine *7* ersetzt], eingeklebtes, blaues ausgeschnittenes Papier mit der Capsa-Nummer *C. 88*, darunter die Allacci-Signatur *786.* [durchgestrichen], weiter unten von Hand des 17. Jhs. die Titel *Institutiones. / Authenticae. / Codicis libri III. /*, nochmals die Titel von Hand des 16. Jhs. auf Ar, weitere Altsignatur *322* [?] auf 1r. Der erste Faszikel dürfte in den 1260er Jahren in Bologna geschaffen worden sein. Kein Jh. später muss er sich bereits in Südfrankreich befunden haben, wie der Besitzvermerk auf Ar glaubhaft machen kann: *Iste liber est Raimundj* [?] *de Capitis Orbisia bacalaureus legis* [?] *Condonensis diocesis et emit ipsum a magistro Petro de Riuo estacionario Tholosane sub anno domini M° CCCLV°* (s. im Unterschied dazu auch die Transkription bei Lehmann, Fuggerbibliotheken 2, S. 485). Wahrscheinlich im 15. Jh. schließlich wurde er mit dem zweiten Faszikel vereint, der im Jh. zuvor in Südfrankreich geschaffen worden war. Diese Vereinigung könnte die unter humanistischem Einfluss schreibende Hand vorgenommen haben, die auch die Inhaltsverzeichnisse für das Authenticum und die Libri feudorum auf 250v niederschrieb und auch die Foliierung beider Faszikel vornahm. Späterhin könnte der Codex noch nach Padua gelangt sein. Wie die Signaturen auf 1ar (lediglich *p.* und *F.* sind noch eindeutig zu

erkennen) sowie auf Ar *197. seors* ausweisen, muss die Hs. schließlich von Ulrich Fugger (1526–1584) erstanden worden sein. Mit dem Tod des Augsburger Büchersammlers und gemäß seinem letzten Willen gelangte seine Bibliothek in das Eigentum des Kurfürsten und ging damit in die Bibliotheca Palatina ein (s. Einleitung).

Faksimile: https://digi.ub.uni-heidelberg.de/diglit/bav_pal_lat_766
Literatur: Authenticum 1, hrsg. von Heimbach, S. XXIX; Bethmann, Nachrichten, S. 342; CALMA, Iacobus de Belvisio; Caprioli, Belvisi, S. 94; Cortese, La norma 2, S. 22 A. 49; Giovanni Diurni, La glossa accursiana: stato della questione, in: Rivista di storia del diritto italiano 64 (1991), S. 341–367, hier S. 363 f.; Dydynski, Beiträge, S. 74, Nr. 208; Henri Gilles, Juristes languedociens au service de la papauté, in: Cahiers de Fanjeaux 26 (1991), S. 113–125, hier S. 123 A. 45; Gérard Giordanengo, Epistola Philiberti. Note sur l'influence du droit féodal savant dans la pratique du Dauphiné médiéval, in: Mélanges d'archéologie et d'histoire de l'École Française de Rome 82 (1970), S. 809–853, hier S. 823; Hanselmann, Bücherschenkung, S. 126; L'apparato di Pillio alle Consuetudines feudorum e il MS. 1004 dell'Archivio di stato di Roma, hrsg. von Antonio Rota (= Studi e memorie per la storia dell'Università di Bologna 14 [1938]), S. 11; Lehmann, Lehnrecht, S. 32; Lehmann, Fuggerbibliotheken, Bd. 1, S. 113, 144, Bd. 2, 485 (mit widersprüchlichen Angaben); Maffei, La donazione, S. 66 A. 17; Manuscripta juridica, Pal.lat.766; Eduard Maurits Meijers, Études d'histoire du droit, Bd. 3, Le droit romain au moyen âge, Leiden 1959, S. 193 A. *; Mirabile, Pal.lat.766; Maria Teresa Napoli, Cipriano, in: DBI, Bd. 25, Rom 1981, S. 767–769, hier S. 768; Michael Byron Norris, Early Gothic Illuminated Bibles at Bologna. The „prima maniera" Phase, 1250–1274, Dissertation Santa Barbara 1993, S. 13, 258, 273 f., 316; OVL, Pal.lat.766; Röhle, Rekonstruktion, S. 88 A. 6; Schunke, Einbände 2.2, S. 850; Speciale, La memoria, S. 136 A. 51; Speciale, Acursius, S. 112 A. 3, 115 A. 18, 116 A. 24; Stevenson, Latini, S. 274; Maria Gigliola di Renzo Villata, La Constitutio in Basilica Beati Petri nella dottrina di diritto comune, in: Studi di storia del diritto 2 (1999), S. 151–301, hier S. 179; Torelli, Scritti, S. 58; Weimar, Handschriften, S. 45.

Faszikel I (Bl. A–250)

Sachtitel / Inhalt: Texte zum Römischen Recht.

Entstehungsort: Bologna.
Entstehungszeit: 1260–1270.

Typus (Überlieferungsform): Faszikel.
Beschreibstoff: Pergament.
Umfang: 251 Bll. (mit Bl. A).
Format (Blattgröße): 41 × 25,5 cm.
Zusammensetzung (Lagenstruktur): 1^{A} + 5 V^{50} + VI^{62} + I^{64} + 17 V^{234} + 2 IV^{250}. Zählfehler: 110 übersprungen, 206 doppelt gez.
Seiten-, Blatt- und Lagenzählung: Teilweise verzierte Reklamanten, mitunter durch Beschnitt beschädigt oder verloren gegangen, auf der letzten Versoseite der Lage auf dem Fußsteg rechts.

Schriftraum: 34 × 24 cm.
Spaltenanzahl: Legaltext und Klammerglosse jeweils zweispaltig.
Zeilenanzahl: Legaltext: 42–45 Zeilen; Klammerglosse: bis zu 106 Zeilen.
Angaben zu Schrift / Schreibern: Mehrere Hände schrieben diesen Faszikel, wobei die Ausführung des Legaltexts der in Bologna gepflegten Littera Bononiensis verpflichtet ist und ein kalligrafisch ansprechendes Niveau aufweist. In einer weniger spezifisch dem Bologneser Stil verhafteten Textualis ist die Klammerglosse von 1r–62v gehalten. Beispielhaft dafür stehen die stärker ausgeprägten Oberlängen, insbesondere des d, oder der unter die Grundlinie gezogene Bauch des h.
Buchgestaltung: Die für glossierte oberitalienische Rechtshss. entwickelte Seiteneinrichtung: zweispaltiger Text mit umgebender zweispaltiger Klammerglosse, in der Terminologie von Powitz, Textus, S. 84 f., Klammerform des Vier-Spalten-Typs. Zeilengerüst mit Metallstift vorgezogen. Ab 65r Texte mit zeitgenössischer Buchzählung in Rot und Blau im Seitenkopf als lebender Seitentitel. Texte mit Eingangsminiaturen eingeleitet, an den Anfängen der Abschnitte Initialen, oftmals als Figureninitialen ausgeführt. Überschriften rubriziert, ferner alternierend blaue und rote Lombarden sowie Paragrafenzeichen, wobei letztere vor dem Textblock bzw. im Interkolumnium mit Verzierungen in Gegenfarbe geschmückt sein können. Glosse ohne farbige Hervorhebungen oder Buchschmuck. Verweisung vom Legaltext auf Glosse durch Buchstaben.
Buchschmuck: Auf 11r, 30v, 47r, 65r, 126r, 188v, 206r jeweils Miniatur des thronenden Kaisers als Gesetzgeber. Auf 63v gekrönte weibliche Figur mit Lilienzepter, roten Haaren und Mantel, in blau-gelb gestreiftem Kleid, eingerahmt von einer Ädikula, auf blauem Grund; auf 63v und 64r Schema mit Kreisen, darinnen Begriffe. Norris kann die Miniaturen des Imperators dem Umfeld eines Bologneser Künstlers zuordnen und lässt deren Entstehung in den 1260er Jahren als plausibel erscheinen (Norris, Bibles in Bologna, S. 258).

Nachträge und Benutzungsspuren: Korrekturen, Anmerkungen, grafische Verweiszeichen von verschiedenen Händen bis weit ins 15. Jh. hinein. Zahlreiche Interlinear- und Marginalglossen von ungenannten Doktoren (1v, 2v, 3r–62v, 70r, 71v, 98r–188v, passim; vgl. OVL), Pierre de Belleperche (um 1250–1308; 1v, 9v, 47v, 52r, 73r; vgl. OVL), Iacopo de Arena (um 1270–um 1320; 2r, 3r, 4r–62v, 96v, passim; vgl. OVL), Dino del Mugello (um 1254–um 1300; 8v, 12r, 13r–62v, passim; vgl. OVL), Guido da Suzzara (um 1225–1292; 13v; vgl. OVL), Odofredo († 1265; 14r, 249v–250r; vgl. OVL), Jacques de Révigny (um 1230–1296; 42v–46r; vgl. OVL), Guillaume de Durfort († 1330; 43v; vgl. OVL), Martino Sulimani (1236–1306; 1v, 65r, 66r–188v, passim; vgl. Cortese, La norma 2, S. 22 A. 49; OVL), Angelo degli Ubaldi (um 1327–um 1407; 87v; vgl. OVL), Giacomo Belvisi (um 1270–1335; 90v; vgl. OVL), Bartolomeo da Saliceto (um 1330–1411; 176r; vgl. OVL), ungenannte Bologneser Doktoren (13v, 250r; vgl. OVL; Sella, Sigle, S. 185), Bertrand de Deux († 1355; 192r, 194r, 200v, 202r–202v; Sella, Sigle, S. 183, 185), Cyno da Pistoia (um 1270–1336/37; 79r; Sella, Sigle, S. 184), Francesco Angiolello (18r, 44r, 55v, 158r; Sella, Sigle, S. 186), Iacopo di Porta Ravennate († 1178; 11v; Sella, Sigle, S. 191), Matteo Mattesilani (160r; vgl. Sella, Sigle, S. 196), Cipriano (12. Jh.; vgl. Torelli, Scritti, S. 58); Azo (um 1150–um 1230; 25r; vgl. L'apparato, hrsg. von Rota, S. 11 A. 1), *G. de plano sco* (14v; Sella, Sigle, S. 188), *p. Riguadi* (54r; Sella, Sigle, S. 199). – Daneben Skizzen von einem Galgen mit Erhängtem auf 48v sowie einer Kirche auf 72r. Seitentitel bis 62r nachgetragen. – Auffallend bei den nachträglich eingefügten Anmerkungen zu den Institutiones Iustiniani, dem Authenticum und den drei Büchern des Codex Iustinianus sind die in Glossenform nachgetragenen Kommentare französischer

Autoren, bei den drei Büchern des Codex Iustinianus sticht darunter insbesondere Bertrand de Deux hervor. Ebenso wurden alle genannten Werke mit den Lehrmeinungen des Francesco Angiolello versehen (vgl. Manuscripta juridica).

Provenienz: Augsburg / Heidelberg.

Geschichte des Faszikels: Der Faszikel dürfte in den 1260er Jahren in Bologna entstanden sein, was NORRIS mittels der Zuweisung der Miniaturen glaubhaft machen kann. Die Analyse der Schrift bekräftigt diese Annahme. Späterhin könnte der Faszikel in Frankreich gewesen sein, wofür die zahlreichen nachgetragenen Kommentare französischer Juristen sprechen, auch Padua, die Wirkungsstätte des weniger prominenten, dafür mit dem Fond der Palatini Latini eng verbundenen Francesco Angiolello (s. die Beschreibungen zu Pal. lat. 745 und Pal. lat. 760), kommt als Aufbewahrungsort in Betracht.

1) Arb–Arc

Titel: Liste mit Gesetzgebern und Herrschern.

Angaben zum Text: Beginnend mit Mose, endend mit Kaiser Heinrich IV.

Incipit: Arb *Moyses gentis Ebree primus legem tulit diuinam et sacris literis explicauit...*

Explicit: Arc ... *regem Rodulfum interfecit. Lij.*

2) Arc

Titel: Tractatus de iustitia.

Angaben zum Text: Grundbegriffe der Rechtsethik behandelnd, unter Verwendung von Allegationen aus dem Corpus iuris.

Incipit: Arc *In nomine domini uiuentis* [...] *vt testatur philosophus vero eticarum, iustitita et habitus elatus ...*

Explicit: Arc [Schluss unleserlich].

3) Av

Titel: Kleintexte.

4) Avb–62vb

Beteiligte Personen: JUSTINIAN I. / ACCURSIUS.

Titel: Institutiones Iustiniani cum Glossa ordinaria.

Angaben zum Text: Von Kaiser Justinian I. in Auftrag gegebene Schriftensammlung mit der Glossa ordinaria des Accursius (um 1182/85–um 1260/63): (Avb–Avc) Inhaltsverzeichnis mit den Tituli; (1rb–1rc) Prooemium; (1vb–11rb) Liber 1; (11rc–30vb) Liber 2; (30vc–47rc) Liber 3; (47rc–62vb) Liber 4.

Rubrik: 1rb ›*Jn nomine domini nostri Ihesu Christi. Jmperator Cesar Flauius Iustinianus, Alamanicus, Gothicus, Francus, Germanicus, Alanicus, Uandalicus, Affricus, pius, felix, inclitus, uictor ac triumphator semperque Augustus ueterum cupide legum iuuentuti*‹.

Incipit: 1rb ›*Imperatoriam*‹ *maiestatem non solum armis decoratam ...*

Explicit: 62vb ... *alioquin diligentior eorum sciencia uobis ex latioribus Digestorum seu Pandectarum libris deo propitio aduentura est.* ›*Explicit liber Institutionum*‹.

Edition: Institutiones, Lyon 1627.

5) 63r

Titel: Kleintexte.

6) 63v–64r
Verfasser: Johannes Bassianus.
Titel: Arbor actionum.
Angaben zum Text: Mit dem in vielen Hss. beigegebenen Apparat ‚Queritur primo quare'.
Rubrik: 63v ›*Hec sunt pretorie actiones que in istis xiiij ordinibus sunt notate et sunt cxxi pretorie*‹.
Incipit: 63v *Abcdefghiklm publiciana ...*
Explicit: 64r ... *abcdefghiklm actio ingrati.*
Edition: Arbor actionum. Pro loco in senatu academico rite obtinendo, hrsg. von Alois von Brinz, Erlangen 1854.

7) 64v
Titel: Notiz.

8) 65ra–188rd
Beteiligte Personen: Justinian I. / Accursius.
Titel: Authenticum cum Glossa ordinaria.
Angaben zum Text: Sammlung von Gesetzen Kaiser Justinians mit der Glossa ordinaria des Accursius (zur fehlerhaften Abfolge der Novellen s. Authenticum 1, hrsg. von Heimbach, S. XXIX): (65rb–77vb) Collatio 1; (77vb–88rb) Collatio 2; (88rb–98vb) Collatio 3; (98vb–113vb) Collatio 4; (113vb–125vc) Collatio 5; (126rb–139vb) Collatio 6; (139vb–148rb) Collatio 7; (148rb–164rb) Collatio 8; (164rb–188rc) Collatio 9.
Rubrik: 65rb ›*Jn nomine domini Ihesu Christi. De heredibus et falcidia. Constitutio prima. Si heres legata soluere noluerit. Constitutio imperatoris Iustitiario* [!] *Iohanni pape secondo* [!]‹.
Incipit: 65rb ›*Imperator: Occupatis nobis circa tocius rei publice curas et parum*‹ *nichil eligentibus cogitare ...*
Explicit: 188rc ... *sancxit tranquillitas per omnia custodiri prouideat.*
Edition: Legaltext: Authenticum, hrsg. von Heimbach; Klammerglosse: Volumen, Lyon 1627.

9) 188va–248vd
Beteiligte Personen: Justinian I. / Accursius.
Titel: Codex Iustinianus cum Glossa ordinaria.
Angaben zum Text: Buch 10–12 des dritten Teils der von Kaiser Justinian I. in Auftrag gegebenen Rechtssammlung mit der Glossa ordinaria des Accursius (um 1182/85–um 1260/63): (188vb–206rb) Liber 10; (206rb–223rc) Liber 11; (223rc–248vc) Liber 12.
Rubrik: 188vb ›*Incipit liber x de iure fisci. Rubrica*‹.
Incipit: 188vb ›*Imperator: Si*‹ *prius, quam fisci racionibus pater uester obligaretur ...*
Explicit: 248vbc ... *et officium xxx librarum auri uexatione quatietur.*
Edition: Volumen, Lyon 1627, Sp. 1–338.

10) 249ra–249rb
Beteiligte Personen: Friedrich I.
Titel: Constitutio de iure feudorum.
Angaben zum Text: Von Friedrich I. im November 1158 in Roncaglia erlassenes Gesetz (vgl. RI IV,2,2, Nr. 621, in: Regesta Imperii Online).
Rubrik: 249ra [von anderer Hand:] ›*Constitutiones Fredericj*‹.

Incipit: 249ra ›*Fredericus*‹ *dei gracia Romanorum imperator et semper Augustus. Jmperialem decet sollertiam ...*
Explicit: 249rb ... *ut in omni sacramento fidelitatis nominatim jmperator excipiatur.*
Edition: MURANO, Imperialem decet sollertiam, S. 767 f. (mit weiterer Literatur).

11) 249rb
Beteiligte Personen: FRIEDRICH I.
Titel: Definitio regalium.
Angaben zum Text: Auf Geheiß Friedrichs I. im November 1158 erstellte Definition der Regalien.
Incipit: 249rb *Regalie: Arimanndie* [!] *vie per flumina nauigabilia ...*
Explicit: 249rb ... *si data opera, totum ad eum pertineat.*
Edition: MGH Const. 1, Nr. 175.

12) 249rb–249va
Beteiligte Personen: FRIEDRICH I.
Titel: Constitutio pacis.
Angaben zum Text: Von Friedrich I. im November 1158 in Roncaglia verkündeter Landfrieden (vgl. RI IV,2,2, Nr. 620, in: Regesta Imperii Online). Mit den nur teilweise überlieferten Paragrafen 12 und 13.
Incipit: 249rb ›*Jmperator*‹ *Fredericus dei gracia Romanorum et semper Augustus uniuersis subiectis suo imperio.* ›*Hac*‹ *editali lege in perpetuum ualitura iubemus ...*
Explicit: 249va ... *et dominus in suos usus illud habeat redigendi facultatem.*
Edition: MURANO, Imperialem decet sollertiam, S. 765 f. (mit weiterer Literatur).

13) 249va–250ra
Beteiligte Personen: FRIEDRICH II.
Titel: Litterae imperatoris ad universitatem Bononiensem.
Angaben zum Text: Von Friedrich II. an die Universität Bologna gerichtetes Schreiben, in dem er ihr die ‚Constitutio in basilica beati Petri' übersendet, auf dass die Rechtsschule die darin enthaltenen Gesetze in ihre Rechtsbücher aufnehme (vgl. RI V,1,1, Nr. 1204, in: Regesta Imperii Online).
Incipit: 249va ›*Fredericus*‹ *dei gracia Romanorum jmperator et semper Augustus vniuersis sacrarum legum doctoribus et scolaribus Bononie commorantibus salutem et suam graciam* [...]. *Ad decus et decorem imperij ...*
Explicit: 250ra ... *jmperiali animaduersione nichilominus puniendus.*
Edition: MGH Const. 2, Nr. 86. Die darin enthaltene ‚Constitutio in basilica beati Petri': MGH Const. 2, Nr. 85.

14) 250v
Titel: Inhaltsverzeichnis zum Authenticum und zu den Libri feudorum (Nachtrag des 15. Jhs.).

Faszikel II (Bl. 251–273)

Sachtitel / Inhalt: Libri feudorum cum Glossa ordinaria.

Entstehungsort: Südfrankreich.
Entstehungszeit: 14. Jh.

Typus (Überlieferungsform): Faszikel.
Beschreibstoff: Pergament.
Umfang: 23 Bll.
Format (Blattgröße): 41 × 25,5 cm.
Zusammensetzung (Lagenstruktur): VI^{262} + $(VI\text{-}1)^{273}$.
Seiten-, Blatt- und Lagenzählung: Ansätze einer Lagenfoliierung auf dem Fußsteg der Rectoseite rechts auf den ersten Bll.

Schriftraum: 29 × 21,5 cm.
Spaltenanzahl: Legaltext und Klammerglosse jeweils zweispaltig.
Zeilenanzahl: Legaltext: 6–56 Zeilen; Klammerglosse: bis zu 101 Zeilen.
Angaben zu Schrift / Schreibern: Legaltext und Klammerglosse wurden von einer Hand in einer Textualis geschrieben, die nach Südfrankreich weist. Der breite Duktus, der an die italienische Rotunda erinnert, wird mit auffallend vielen Brechungen der Buchstaben kombiniert sowie weiteren Elementen, die wir auch aus der nordfranzösischen Textura kennen, wie das Kasten-a, die am oberen Ende gespaltenen Oberlängen, der unter die Grundlinie gezogene Bogen des h oder die gebrochen auf die Grundlinie aufsetzenden Schäfte des m und n (vgl. Derolez, Palaeography, S. 116 f.).
Buchgestaltung: Zeilengerüst mit Metallstift vorgezogen. Überschriften rubriziert. Abschnitte eingeleitet von alternierend blauer oder roter Lombarde mit Fleuronné in Gegenfarbe. Ferner alternierend blaue und rote Paragrafenzeichen. In Klammerglosse Ausführung der Lombarden etwas kleiner. Angaben für Rubrikator noch vorhanden.
Buchschmuck: Auf 251r Initiale am Anfang des Texts als blau-rote Lombarde mit Knospenfleuronné.

Nachträge und Benutzungsspuren: Kaum Korrekturen, Anmerkungen und grafische Verweiszeichen von mehreren Händen.

Provenienz: Heidelberg.
Geschichte des Faszikels: Die verwendete Schrift lässt die Entstehung des Faszikels in Südfrankreich während des 14. Jhs. als wahrscheinlich erscheinen.

15) 251ra–273v
Titel: Libri feudorum cum Glossa ordinaria.
Angaben zum Text: In der Ardizionischen Rezension mit der erweiterten Fassung der Glossen des Accursius. Zur inhaltlichen Aufteilung s. Lehmann, Lehnrecht, S. 32 und Manuscripta juridica. Inhaltsverzeichnis im 15. Jh. auf 250v nachgetragen.
Incipit: 251rb ›*Qvia de feudis tractaturi*‹ *sumus, uideamus primum, qui feudum dare possunt* ...
Explicit: 273v ... *omnem utilitatem prestabit.*
Edition: Legaltext: Consuetudines, hrsg. von Lehmann, S. 161–263; Klammerglosse: Volumen, Lyon 1627.

TH

Vatikan, Biblioteca Apostolica Vaticana, Pal. lat. 767

Sammelhandschrift zum Römischen Recht

Papier, Pergament · 3, 287, 2 Bll. · 38,3 × 24,5 cm · Südfrankreich (?) · 1. Hälfte 14. Jh.

Entstehungsort: Südfrankreich (?).
Entstehungszeit: 1. Hälfte 14. Jh.

Typus (Überlieferungsform): Codex.
Beschreibstoff: Papier / Pergament.
Umfang: 3, 287, 2 Bll.
Format (Blattgröße): 38,3 × 24,5 cm.
Zusammensetzung (Lagenstruktur): $(II\text{-}1)^{3a}$ + 1^{A} + IIE + 7 V^{71} + IV^{79} + 17 V^{250} + IV^{258} + 3 V^{288} + 1^{289} + $(II\text{-}2)^{291^*}$. Vorderspiegel Gegenbl. von 3a, Hinterspiegel Gegenbl. von 290*. Zählfehler: 55, 177, 178, 232 übersprungen; 176, 187 doppelt gez.
Seiten-, Blatt- und Lagenzählung: Foliierung mit größtenteils gotischen Ziffern (*I–III, 4–289*), *A–E* nachgetragen. Vor- und Nachsatzbll. ungez., weshalb hier die Zählung der Digitalisate übernommen wird (1a–3a, 290*–291*). Durchgängig Reklamanten, phasenweise verziert, auf der letzten Versoseite der Lage auf dem Fußsteg rechts (fehlt auf 10v).
Zustand: Pergament v. a. zu Anfang verschmutzt, mit manchen Flecken, Tinte verblasst, insbesondere beim Legaltext, und berieben, wenige genähte Risse. Schrift scheint zuweilen durch das Pergament. Auf ersten und letzten Bll. Wurmfraß.

Schriftraum: 35,3 × 23,2 cm.
Spaltenanzahl: Legaltext und Klammerglosse jeweils zweispaltig (61r–71r, 222r–223r Legaltext einspaltig).
Zeilenanzahl: Legaltext: 8–47 Zeilen; Klammerglosse: bis zu 108 Zeilen.
Angaben zu Schrift / Schreibern: Legaltext und Klammerglosse wurden von mehreren Händen ausgeführt, die alle der Rotunda verpflichtet sind, dennoch aber, jede Hand unterschiedlich stark, Elemente verwenden, wie sie in der nordfranzösischen Textualis gebräuchlich waren, wie den unter die Grundlinie gezogenen Bauch des h, die immer wieder zu findende Tendenz zum Kasten-a, die am Ende gespaltenen Oberlängen, der unter die Grundlinie verlängerte Haarstrich am runden r (vgl. Derolez, Palaeography, S. 116 f.), sodass die verwendeten Schriften für eine Entstehung der Hs. in Südfrankreich sprechen.
Buchgestaltung: Die für glossierte oberitalienische Rechtshss. entwickelte Seiteneinrichtung: zweispaltiger Text mit umgebender zweispaltiger Klammerglosse, in der Terminologie von Powitz, Textus, S. 84 f., Klammerform des Vier-Spalten-Typs. Zeilengerüst mit Metallstift vorgezogen. Ab 12r Texte mit zeitgenössischer Buchzählung im Seitenkopf als lebender Seitentitel nachgetragen. Überschriften rubriziert, alternierend blaue und rote Lombarden, manchmal mit Aussparungen, mit Fleuronné in Gegenfarbe, alternierend blaue und rote Paragrafenzeichen. Majuskeln anfangs mit gelben Strichelungen. Klammerglosse zuerst ohne farbige Hervorhebungen oder Buchschmuck, ab 80r mit alternierend blauen und roten Paragrafenzeichen, ab 207r zudem mit alternierend blauen und roten Lombarden mit Verzierungen in Gegenfarbe. Verweisung vom Legaltext auf Glosse durch Buchstaben. Angaben für Rubrikator noch vorhanden.

Buchschmuck: Auf Ir thronender Kaiser in blauem Kleid mit rotem Umhang und Lilienzepter in der Linken übergibt einem in Blau mit roten Ärmeln Gewandeten ein Schriftstück. Darunter Bildeinschlussinitiale mit Ranken, an deren oberem Ende ein Mischwesen aus Vogel und Mensch sitzt, wobei der untere Teil den Körper eines Vogels, der obere den Oberkörper eines Benediktinermönchs darstellt. Auf 207rb Initiale, Bruststück eines Mannes im Binnenfeld. Als Ablaufmotiv Vogel, Drache und Ranke mit Mönchskopf.

Nachträge und Benutzungsspuren: Korrekturen, Anmerkungen und grafische Verweiszeichen von mehreren Händen, bis ins 15. Jh. hineinreichend, darunter auch einige Marginal- und Interlinearglossen, als Autoren nachweisbar sind Azo (um 1150–um 1230; vgl. Glosse preaccursiane, hrsg. von Caprioli, S. 7, 18) und Lambertino Ramponi († 1304; 80r–80v, 81v; vgl. OVL).

Einband: Pergamentband über Pappe, nach Schunke, Einbände 2.2, S. 850, um 1780 in Rom entstanden. Löcher für Schließbänder in den Deckeln noch vorhanden. Auf dem Vorderdeckel in Blau aktuelle Signatur. Rücken an Kopf und Schwanz leicht beschädigt mit Fraßspuren. Oben aufgeklebt barockes helles Signaturschild *767*, darunter direkt auf den Rücken der Buchtitel notiert, davon noch lesbar *INSTITVTA AVTHENTICUM et Cod. lib. 3.*, darunter Signatur in Blau, unten blaues Schildchen *Pal. lat. 767.*

Provenienz: Oberitalien / Heidelberg.

Geschichte der Handschrift: Modernes blaues Signaturschild der Vaticana *Pal. lat. 767* auf dem vorderen Spiegel. Auf Vorsatzbl. 1ar aktuelle Signatur, Altsignaturen *678* [durchgestrichen, Ergänzung unleserlich] und *622*, auf Ar Capsa-Nummer *C. 138.*, darunter die Allacci-Signatur *415* [durchgestrichen], Altsignatur *210* [durchgestrichen]. Aufgrund der Schrift und der Eingangsinitiale lässt sich annehmen, dass die Hs. in Südfrankreich entstanden sein dürfte. Dafür spricht auch der Eintrag auf 289r, wohl ein Kaufvermerk, der kaum lesbar ist. Das Toponym lässt sich allerdings noch als *Caballonus* erahnen, weshalb eine Herkunft der genannten Person aus Chalon-sur-Saône (Dép. Saône-et-Loire) angenommen werden kann, womöglich auch aus Cavaillon (Dép. Vaucluse). Späterhin befand sich der Codex wahrscheinlich in Oberitalien, wofür die Initiale auf 207rb spricht. Unterstützt wird diese Annahme von einem weiteren Kaufvermerk (?) auf 289r, diesmal auf Italienisch: *Zucaro dato allo Speciale libbre j, once 9.* Darüber hinaus führt Hanselmann ins Feld, dass Kurfürst Ludwig III. die Hs. in Paris hätte erwerben können (Hanselmann, Bücherschenkung, S. 126), Lehmann vermutet Bologna als Entstehungsort und einen späteren Erwerb durch Ulrich Fugger (1526–1584; vgl. Lehmann, Fuggerbibliotheken 2, S. 485).

Faksimile: https://digi.ub.uni-heidelberg.de/diglit/bav_pal_lat_767

Literatur: Authenticum 1, hrsg. von Heimbach, S. XXIX; Caprioli, Satura, S. 494 A. 27; Crescenzi, Testo, S. 273, 295; Dydynski, Beiträge, S. 75, Nr. 209; Glosse preaccursiane alle Istituzioni. Strato azzoniano, Libro primo, hrsg. von Severino Caprioli u. a., Rom 1984 (Fonti per la storia d'Italia pubblicate dall'Istituto storico italiano per il Medio Evo 107), S. 7, 18; Hanselmann, Bücherschenkung, S. 126; Lehmann, Lehnrecht, S. 32; Lehmann, Fuggerbibliotheken 2, S. 485; Manuscripta juridica, Pal.lat.767; Mirabile, Pal.lat.767; OVL, Pal.lat.767; Röhle, Rekonstruktion, S. 88 A. 6; Schunke, Einbände 2.2, S. 850; Speciale, Acursius, S. 115 A. 18, 116 A. 27; Stevenson, Latini, S. 274 f.; Weimar, Handschriften, S. 63.

1) Av
Titel: Inhaltsverzeichnis der Institutiones Iustiniani, Quaestio ‚De conficiendis instrumentis noctu'.
Angaben zum Text: (1ar) Signaturen; (1av–3av) leer; (Ar) Signaturen.

2) Bra–Bva
Titel: Nachgetragenes Register zu den Institutiones Iustiniani, alphabetisch geordnet nach Tituli.

3) Bva–Cra
Titel: Nachgetragenes Register zum Authenticum, alphabetisch geordnet nach Novellen.

4) Cra–Drb
Titel: Nachgetragenes Register zu den den Büchern 10–12 des Codex Iustinianus, alphabetisch geordnet nach Tituli.

5) Dv
Titel: Nachgetragenes Register zu den Libri feudorum, alphabetisch geordnet nach Tituli.
Angaben zum Text: (Er) leer.

6) Ev
Titel: Nachgetragene Invocatio und Intitulatio zu den Institutiones Iustiniani.

7) 1ra–79vc
Beteiligte Personen: Justinian I. / Accursius.
Titel: Institutiones Iustiniani cum Glossa ordinaria.
Angaben zum Text: Von Kaiser Justinian I. in Auftrag gegebene Schriftensammlung mit der Glossa ordinaria des Accursius (um 1182/85-um 1260/63): (1rb–1vb) Prooemium; (1vb–11vc) Buch 1; (11vc–34rc) Buch 2; (34vb–54rc) Buch 3; (54rc–78vc) Buch 4; (78vc–79vc) De raptu virginum seu viduarum nec non sanctimonalium (Cod. 9.13, ed. Codex, Lyon 1627, Sp. 2363–2366).
Rubrik: 1rb ›*Jn nomine domini nostri Ihesu Christi. Domini Iustiniani sacratissimi principis Jnstitutionum seu elementorum liber primus incipit*‹.
Incipit: 1rb ›*Imperatoriam maiestatem*‹ *non solum armis decoratam ...*
Explicit: 79vc ... *quam de sanctimonialibus quam virginibus ac uiduis locum habere sanctimus.* ›*Gratia sit Christo finito codice isto*‹.
Edition: Institutiones, Lyon 1627.

8) 79vc
Titel: Nachgetragenes Inhaltsverzeichnis zum Authenticum.

9) 80ra–206vc
Beteiligte Personen: Justinian I. / Accursius.
Titel: Authenticum cum Glossa ordinaria.
Angaben zum Text: Sammlung von Gesetzen Kaiser Justinians mit der Glossa ordinaria des Accursius (zur fehlerhaften Abfolge der Novellen s. Authenticum 1, hrsg. von Heimbach, S. XXIX): (80rb–93vc) Collatio 1; (93vc–106rb) Collatio 2; (106rb–116vc) Collatio 3; (116vc–

132vc) Collatio 4; (132vc–149rc) Collatio 5; (149rc–161vb) Collatio 6; (161vb–171rc) Collatio 7; (171rc–185rc) Collatio 8; (185rc–206vb) Collatio 9.

Rubrik: 80rb ›*Jmperator Justinianus Augustus Iohanni pape secundo. De heredibus et falcidia. Constitutio prima. Si heres legata soluere noluerit*‹.

Incipit: 80rb ›*Ocupatis*‹ *nobis circa totius rei publice curas et parum nichil eligentibus cogitare* ...

Explicit: 206vb ... *vox prefectos eos uigilauit.*

Edition: Legaltext: Authenticum, hrsg. von HEIMBACH; Klammerglosse: Volumen, Lyon 1627.

10) 206va–226r

Beteiligte Personen: ACCURSIUS.

Titel: Libri feudorum cum Glossa ordinaria.

Angaben zum Text: Text in Vulgatgestalt mit dem Kommentar des Accursius. LEHMANN, Lehnrecht, S. 32 und Manuscripta juridica weisen darauf hin, dass die Libri feudorum als 10. Collatio des Authenticum angefügt worden wären, allerdings suggeriert dies nur der nachgetragene Seitentitel. Der Buchschmuck hingegen spricht für den Beginn eines neuen Texts auf 207ra: (207rb–224vc) Text in Vulgatgestalt; (224vc–225vc) ‚Constitutio in basilica beati Petri' Friedrich II. (1194–1250; ed. MGH Const. 2, Nr. 85); (225vc–226r) Authentica ‚Habita' Friedrich I. (ed. Winfried STELZER, Zum Scholarenprivileg Friedrich Barbarossas [Authentica „Habita"], in: DA 34 [1978], S. 123–165, hier S. 165).

Rubrik: 207rb ›*Jncipiunt consuetudines feudorum. Et primo de hijs qui feudum dare possunt et qualiter acquiratur et retineatur*‹.

Incipit: 207rb ›*Qvia*‹ *de feudis tractaturi sumus, uideamus primo, qui feudum dare possunt.*

Explicit: 226r ... *Hanc uero legem inter imperiales constituciones sub titulo ne* [auf Rasur:] *filius pro* [auf Rasur:] *patre conueniatur* [auf Rasur:] *jnseri precipimus* [es folgen zwei radierte Wörter].

Edition: Legaltext: Consuetudines, hrsg. von LEHMANN, S. 161–263; Klammerglosse: Volumen, Lyon 1627.

11) 226va–288vb

Beteiligte Personen: JUSTINIAN I. / ACCURSIUS.

Titel: Codex Iustinianus cum Glossa ordinaria.

Angaben zum Text: Buch 10–12 des dritten Teils der von Kaiser Justinian I. in Auftrag gegebenen Rechtssammlung mit der Glossa ordinaria des Accursius: (226va–226vd) Nachgetragenes Inhaltsverzeichnis; (227rb–246rc) Buch 10; (246rc–265rb) Buch 11; (265rb–288vc) Buch 12. – 289r–289v Notizen, Federproben.

Rubrik: 227rb ›*Codicis domini Iustiniani sacratissimi principis repetite preleccionis explicit liber ix, incipit decimus. De jure fisci. Rubrica*‹.

Incipit: 227rb ›*Imperator: Si*‹ *prius, quam fisci racionibus pater uester obligaretur* ...

Explicit: 288vc ... *et officium xxx librarum auri uexacione quatietur.*

Edition: Volumen, Lyon 1627, Sp. 1–338.

TH

Vatikan, Biblioteca Apostolica Vaticana, Pal. lat. 768

Institutiones Iustiniani cum Glossa ordinaria

Pergament · 2, 68, 1 Bll. · 37,5 × 24,5 cm · Oberitalien · 1. Hälfte 14. Jh.

Entstehungsort: Oberitalien.
Entstehungszeit: 1. Hälfte 14. Jh.

Typus (Überlieferungsform): Codex.
Beschreibstoff: Pergament.
Umfang: 2, 68, 1 Bll.
Format (Blattgröße): 37,5 × 24,5 cm.
Zusammensetzung (Lagenstruktur): $(II-1)^{2a}$ + 4 V^{40} + 2 IV^{56} + VI^{68} + $(I-1)^{69*}$. Vorderspiegel Gegenbl. von 2a, Hinterspiegel Gegenbl. von 69*.
Seiten-, Blatt- und Lagenzählung: Vorsatzbll. und Nachsatzbl. ungez., weshalb hier Zählung der Digitalisate verwendet wird (1a, 2a, 69*). Römische Foliierung des 17. Jhs. (*1–68*). Durchgängig verzierte Reklamanten auf der letzten Versoseite der Lage auf dem Fußsteg mittig, teilweise durch Beschnitt beeinträchtigt oder verloren gegangen.
Zustand: Pergament teilweise etwas verschmutzt, wenige Flecken. Haarseite gelb. Im Wesentlichen gut erhalten.

Schriftraum: 29 × 20 cm.
Spaltenanzahl: Legaltext und Klammerglosse jeweils zweispaltig.
Zeilenanzahl: Legaltext: 20–52 Zeilen; Klammerglosse: bis zu 105 Zeilen.
Angaben zu Schrift / Schreibern: Legaltext und Klammerglosse von einer Hand in einer für Oberitalien typischen Rotunda von kalligrafisch gehobenem Niveau.
Buchgestaltung: Die für glossierte oberitalienische Rechtshss. entwickelte Seiteneinrichtung: zweispaltiger Text mit umgebender zweispaltiger Klammerglosse, in der Terminologie von Powitz, Textus, S. 84 f., Klammerform des Vier-Spalten-Typs. Zeilengerüst mit Metallstift vorgezogen. Buchzählung in Schwarz auf der Rectoseite im Seitenkopf als lebender Seitentitel. Im Legaltext Tituli rubriziert und mit Rankeninitiale eingeleitet, meist über vier Zeilen mit ablaufenden Ranken, darin auch immer wieder Figürliches; ferner zur Unterteilung alternierend blaue und rote Paragrafenzeichen. In Klammerglosse beginnen Tituli mit alternierend blauer oder roter Lombarde, meist über zwei Zeilen, ferner blaue und rote Paragrafenzeichen. Verweisung vom Legaltext auf Glosse durch Buchstaben. Zuweilen Angaben für Rubrikator noch vorhanden.
Buchschmuck: Platz für Miniaturen vor den Buchanfängen frei gelassen und nicht ausgeführt.

Nachträge und Benutzungsspuren: Anmerkungen, Korrekturen und grafische Verweiszeichen von mehreren Händen; anfangs zahlreiche Interlinear- und Marginalglossen.

Einband: Pergamentband über Pappe, nach Schunke, Einbände 2.2, S. 850, um 1780 in Rom entstanden. Löcher für Schließbänder in den Deckeln noch vorhanden. Auf dem Rücken oben aufgeklebt barockes helles Signaturschild *768*, darunter direkt auf den Rücken den Buchtitel notiert, *INSTIT*[VTA bzw. ...VTIONES], unten blaues Schildchen *Pal. lat. 768.*

Provenienz: Heidelberg.
Geschichte der Handschrift: Modernes blaues Signaturschild der Vaticana *Pal. lat. 768* auf dem vorderen Spiegel. Auf Vorsatzbl. 1ar aktuelle Signatur, Altsignaturen *679* [durchgestrichen, Ergänzung unleserlich], auf 2ar Capsa-Nummer *C. 78.*, darunter die Allacci-Signatur *1616* [durchgestrichen], Altsignatur *1835* [durchgestrichen], weitere auf 1r: *564*. Schrift und Gestaltung geben Anlass, die Entstehung der Hs. in einer oberitalienischen Universitätsstadt in der ersten Hälfte des 14. Jhs. anzunehmen. Lehmann, Fuggerbibliotheken 2, S. 485 mutmaßt, dass sich die Hs. im Eigentum Ulrich Fuggers (1526–1584) befunden haben könnte, bringt dafür aber keinerlei Belege. Zwischen 69* und dem Hinterspiegel einliegend Zettel mit dem Hinweis *Prof. Moschetti.*

Faksimile: https://digi.ub.uni-heidelberg.de/diglit/bav_pal_lat_768
Literatur: Dydynski, Beiträge, S. 75, Nr. 210; Lehmann, Fuggerbibliotheken 2, S. 485; Manuscripta juridica, Pal.lat.768; OVL, Pal.lat.768; Giovanni Santini, Università e società nel XII secolo. Pillio da Medicina e lo Studio di Modena. Tradizione e innovazione nella scuola dei Glossatori, Modena 1979 (Pubblicazioni della Facoltà di Giurisprudenza della Università di Modena 143 = N.S. 78), S. 224, 228 A. 39; Schunke, Einbände 2.2, S. 850; Stevenson, Latini, S. 275.

1) 1ra–68rd
Beteiligte Personen: Justinian I. / Accursius.
Titel: Institutiones Iustiniani cum Glossa ordinaria.
Angaben zum Text: Von Kaiser Justinian I. in Auftrag gegebene Schriftensammlung mit der Glossa ordinaria des Accursius (um 1182/85–um 1260/63): (1rb–1vc) Prooemium; (1vc–12rb) Buch 1; (12rc–33rb) Buch 2; (33rc–50rb) Buch 3; (50rb–68rc) Buch 4. – 68v leer.
Incipit: 1rb ›[I]*mperatoriam maiestatem*‹ *non solum armis decoratam* ...
Explicit: 68rc ... *Alioquin diligentior eorum scientia uobis ex latioribus Digestorum seu Pandectarum libris deo propitio aduentura est.* ›*Deo gratias. Amen*‹.
Edition: Institutiones, Lyon 1627.

TH

Vatikan, Biblioteca Apostolica Vaticana, Pal. lat. 769

Institutiones Iustiniani

Pergament · 2, 59, 3 Bll. · 34,2 × 20 cm · England / Frankreich (?) · um 1250 (?)

Entstehungsort: England / Frankreich (?).
Entstehungszeit: um 1250 (?).

Typus (Überlieferungsform): Codex.
Beschreibstoff: Pergament.
Umfang: 2, 59, 3 Bll.
Format (Blattgröße): 34,2 × 20 cm.
Zusammensetzung (Lagenstruktur): $(II-1)^{2a}$ + 1^{A} + 4 VI^{48} + $(VI-1)^{59}$ + $(II-1)^{62*}$. Vorderspiegel Gegenbl. von 2a, Hinterspiegel Gegenbl. von 60*.

Seiten-, Blatt- und Lagenzählung: Römische Foliierung des 17. Jhs. (*A, 1–59*). Vor- und Nachsatzbll. ungez., weshalb hier Zählung der Digitalisate übernommen wird (1a–2a, 60*–62*). Durchgängig Reklamanten auf der letzten Versoseite der Lage auf dem Fußsteg rechts, teilweise durch Beschnitt beeinträchtigt bzw. verloren gegangen.
Zustand: Pergament verschmutzt, mit manchen Flecken, v. a. auf den ersten Bll., einige Löcher. Zahlreiche Rasuren.

Schriftraum: 18 × 10 cm.
Spaltenanzahl: 2 Spalten.
Zeilenanzahl: 40 Zeilen.
Angaben zu Schrift / Schreibern: Von einer Hand in einer nicht immer sonderlich leicht zu lesenden Textualis.
Buchgestaltung: Zeitgenössische Buchzählung in Rot und Blau im Seitenkopf als lebender Seitentitel. Zeilengerüst mit Metallstift vorgezogen. Vor jedem Buchanfang Initiale in Blau und Rot mit Aussparungen und meist reichem Fleuronnébesatz, Fleuronnéleisten oder Fadenausläufern. Tituli rubriziert, mit alternierend blauer oder roter Lombarde eingeleitet, mit Fleuronné in Gegenfarbe und Fadenausläufern; ferner alternierend blaue und rote Paragrafenzeichen.
Buchschmuck: s. Buchgestaltung.

Nachträge und Benutzungsspuren: Anmerkungen von mehreren Händen. Korrekturen, vielleicht von einem Korrektor, in Textualis in Schilden am Seitenrand nachgetragen. Dieser ergänzte wohl auch die Paragrafenzeichen mit schwarzer Tinte. Einige grafische Verweiszeichen, oftmals figürlich ausgeführt. Nur wenige interlineare Glossen, vielleicht von jener Hand, die auch den Legaltext ausführte, mit geringem juristischem Inhalt, darunter auch Kommentare von Azo (um 1150-um 1230; vgl. Glosse preaccursiane, hrsg. von Caprioli, S. 7, 18). Ausführlich allerdings wird sie zu Inst. 3.13–23 (35v–39r), mit Obligationes und Allegationes.

Einband: Pergamentband über Pappe, nach Schunke, Einbände 2.2, S. 850, um 1780 in Rom entstanden. Löcher für Schließbänder in den Deckeln noch vorhanden. Aktuelle Signatur in Blau auf Vorderdeckel geschrieben. Auf dem Rücken oben aufgeklebt barockes helles Signaturschild *769*, darunter direkt auf den Rücken der Buchtitel notiert, *Instituta 769 Pal.*, unten blaues Schildchen *Pal. lat. 769.*
Provenienz: Augsburg / Heidelberg.
Geschichte der Handschrift: Modernes blaues Signaturschild der Vaticana *Pal. lat. 769* auf dem vorderen Spiegel. Auf Vorsatzbl. 1ar aktuelle Signatur, Altsignatur *680* [durchgestrichen], auf Ar Capsa-Nummer *C. 92*, darunter die Allacci-Signatur *985* [durchgestrichen], Altsignatur *341* [durchgestrichen] und *503.* Die Hs. dürfte um 1250 im anglonormannischen Raum (Manuscripta juridica) bzw. in Frankreich entstanden sein (Lehmann, Fuggerbibliotheken 2, S. 485). Späterhin befand sich der Codex wohl im Eigentum Ulrich Fuggers (1526–1584), wie die Signatur auf Av *86. seors* suggeriert (s. Einleitung). Mit dem Tod des Augsburger Büchersammlers ging seine Sammlung auf testamentarischen Wunsch hin in die Hände des Heidelberger Kurfürsten über und darauf in die Bibliotheca Palatina ein.

Faksimile: https://digi.ub.uni-heidelberg.de/diglit/bav_pal_lat_769

Literatur: Willy BRAEKMAN, Een merkwaardig magico-religieus heilmiddel voor epilepsie in het Middelnederlands, in: Fachprosa-Studien. Beiträge zur mittelalterlichen Wissenschafts- und Geistesgeschichte, Festschrift für Gerhard Eis, hrsg. von Gundolf KEIL / Peter ASSION, Berlin 1982, S. 512–527, hier S. 521; CAPRIOLI, Tre capitoli, S. 266 Anm. 192; CORTESE, La norma 1, S. 76 A. 103; CRESCENZI, Testo, S. 274, 296; Victor CRESCENZI, Per una semántica del lavoro giuridicamente rilevante in Isidoro da Siviglia, nella Lex Romana Visigothorum, nell'Edicíum Theoderici, e nella Lex Visigothorum, in: Ravenna capitale. Uno sguardo ad Occidente. Romani e Goti – isidoro di Siviglia, Ravenna, 21–22 otobre 2011, hrsg. von Gisella BASSANELLI SOMMARIVA / Simona TAROZZI, Rimini 2012, S. 217–276, hier S. 267 A. 127; DYDYNSKI, Beiträge, S. 74, Nr. 206; Henri GILLES, Jean de Jean. Abbé de Joncels, in: Histoire littéraire de la France 40 (1974), S. 53–111, hier S. 89; Glosse preaccursiane alle Istituzioni. Strato azzoniano, Libro primo, hrsg. von Severino CAPRIOLI u. a., Rom 1984 (Fonti per la storia d'Italia pubblicate dall'Istituto storico italiano per il Medio Evo 107), S. 7, 18; Ugo GUALAZZINI, L'insegnamento del diritto in Italia durante l'alto medioevo, in: Ius romanum medii aevi 1, 5b, aa (1974), S. 44; LEHMANN, Fuggerbibliotheken, Bd. 1, S. 144, Bd. 2, S. 117, 485; Manuscripta juridica, Pal.lat.769; Mirabile; OVL, Pal.lat.769; PATETTA, Studi, S. 61 f., 87, 98, 105, 107, 110, 117–119; Quellen zur Geschichte des römisch-kanonischen Processes im Mittelalter, Bd. 1, 2, Die summa minorum des Magister Arnulphus, hrsg. von Ludwig WAHRMUND, Innsbruck 1905, S. Xf.; Giovanni SANTINI, Il sapere giuridico occidentale e la sua trasmissione dal VI all'XI secolo, in: Rivista di storia del diritto italiano 67 (1994), S. 91–204, hier S. 113; SCHUNKE, Einbände 2.2, S. 850; STEVENSON, Latini, S. 275; TORELLI, Scritti, S. 41, 67; VERNET, L'histoire, S. 307; WEIGAND, Naturrechtslehre, S. XX.

1) Ara–Arb
Titel: Exzerpte aus dem Corpus iuris civilis.
Angaben zum Text: Exzerpiert wurden Passagen aus den Digesta, dem Codex Iustinianus, dem Liber extra und der Lombarda.
Incipit: Ara *Ars est preceptio quedam que dat certam uiam rationemque loquendi ...*
Explicit: Arb ... *Furtum est contrectacio rei fraudulosa uel ipsius rei uel etiam usus.*
Edition: Bis auf die letzten beiden Texte bei Jacques FLACH, Etudes critiques sur l'histoire du droit romain au Moyen Âge. Avec textes inédits, Paris 1890, Nr. 16–80, S. 137–144.

2) Ava
Verfasser: BOVETINO DE BOVETINI.
Titel: Versus iuris.
Rubrik: Ava ›*bo a magistri versus*‹.
Incipit: Ava *Arrogo, qui suus est, sed habet meus esse necesse ...*
Explicit: Ava ... *quo illud stare non potest.*

3) Avb
Titel: Juristische Notizen.

4) 1ra–58rb
Beteiligte Personen: JUSTINIAN I.
Titel: Institutiones Iustiniani.

Angaben zum Text: Von Kaiser Justinian I. in Auftrag gegebene Schriftensammlung: (1ra–1rb) Prooemium; (1rb–9va) Liber 1; (9vb–27vb) Liber 2; (28ra–43va) Liber 3; (43va–57vb) Liber 4; (57vb–58rb) Inhaltsverzeichnis.
Rubrik: 1ra ›*In nomine domini Ihesu Christi. Jmperator Cesar Flauius Iustinianus, Alamanicus, Coticus* [!], *Flancus* [!], *Vvandalicus, Affricanus, pius, felix, inclitus uictor ac triumphator semper Augustus cupide legum intuenti*‹.
Incipit: 1ra ›*Imperatoriam*‹ *magestatem* [!] *non solum armis decoratam …*
Explicit: 57va–57vb … *Alioquin diligentior* [*um* expungiert] *eorum sciencia nobis* [!] *ex latioribus Digestorum seu Pandectarum libris deo propitio aduentura est. Expliciunt Institutiones.*
Edition: Institutiones, Lyon 1627.

5) 58va–58vc
Titel: Ordo iudiciarius ‚Ut nos minores'.
Angaben zum Text: Fragmentarisch überlieferter ‚Ordo iudiciarius', endend mit Kapitel 1 gemäß der Edition von Wahrmund. – 59r leer.
Incipit: 58va *Jncipit summa, que appellatur Ut nos minores, composita a magistro Arnulpho canonico Parisiensi super processu ordinis iudiciarii. Ut nos minores …*
Explicit: 58vc … *que supra decretales nos minores ita possumus formare citationes. Littera citatoria* [Text bricht ab].
Edition: Quellen, Bd. 1, 2, hrsg. von Wahrmund, S. 1–6.

6) 59va
Titel: Verse zu den sieben Freuden Marias.
Angaben zum Text: vgl. Ulysse Chevalier, Repertorium hymnologicum, Bd. 1, A–K, Löwen 1892, Nr. 5550.
Incipit: 59va *Est tua let*[i]*tia simplex virgo Maria …*
Explicit: 59va … *Septimo lettaris* [!], *celum dum, virgo, leuaris.*
Edition: Repertorium Repertorii. Kritischer Wegweiser durch Ulysse Chevaliers Repertorium Hymnologicum. Alphabetisches Register falscher, mangelhafter oder irreleitender Hymnenanfänge und Nachweise mit Erörterung über Plan und Methode des Repertoriums, hrsg. von Clemens Blume (Hymnologische Beiträge 2), Leipzig 1901, S. 180.

7) 59v
Titel: Handreichung für Priester zur Behandlung der Epilepsie.
Angaben zum Text: 60*r–62*v leer.
Incipit: 59va *Ad efugiendum morbum caduus* [!] *primo infirmus confiteatur peccata sua …*
Explicit: 59va … *reiceret sacerdos totum officium.*

TH

Vatikan, Biblioteca Apostolica Vaticana, Pal. lat. 770

Juristische Sammelhandschrift

Pergament · 2, 321, 1 Bll. · 35 × 24,8 cm · Heidelberg · 1465–1470

Entstehungsort: Heidelberg.

Entstehungszeit: 1465–1470.

Typus (Überlieferungsform): Codex.
Beschreibstoff: Pergament.
Umfang: 2, 321, 1 Bll.
Format (Blattgröße): 35 × 24,8 cm.
Zusammensetzung (Lagenstruktur): $(I\text{-}1)^{1a} + 1^{2a} + 3\,IV^{23} + V^{33} + (II\text{-}1)^{35a} + 21\,IV^{203} + II^{205b} + 2\,IV^{221} + III^{225b} + 3\,IV^{249} + II^{251b} + 7\,IV^{307} + III^{313^*} + (I\text{-}1)^{314^*}$. Vorderspiegel Gegenbl. von 1a, Hinterspiegel Gegenbl. von 314*. Erste Lage beginnt mit 3a.
Seiten-, Blatt- und Lagenzählung: Vor- und Nachsatzbll. sowie weitere Bll. zwischen den Büchern oder einzelnen Texten ungez., weshalb hier Zählung der Digitalisate übernommen wird (1a–3a, 35a, 205a–205b, 225a–225b, 251a–251b, 311*–314*). Römische Foliierung des 17. Jhs. (*1–310*).
Zustand: Im Wesentlichen gut erhalten. Pergament nur leicht an den Rändern abgegriffen. Wenige Löcher, meist zeitgenössisch genäht, einige Flecken.

Schriftraum: 17,4 × 11,5 cm.
Spaltenanzahl: 1 Spalte.
Zeilenanzahl: 20–24 Zeilen.
Angaben zu Schrift / Schreibern: Der Schreiber bediente sich einer schleifenlosen Bastarda, die in ihrer kalligrafisch anspruchsvollen Ausgestaltung mit ihren zahlreichen Brechungen, dem geschwungenen f und s sowie den geflammten Schäften der Majuskeln an die Fraktur erinnert. 204r–205r vielleicht von anderer Hand.
Buchgestaltung: Zeilengerüst mit Metallstift vorgezogen. Auf jeder Rectoseite in der oberen rechten Ecke lebender Seitentitel. Vor jedem Text- oder Buchanfang aufwändig gestaltete Initiale (s. Buchschmuck). Tituli rubriziert, mit alternierend blauer oder roter Lombarde über meist zwei Zeilen eingeleitet, ferner alternierend blaue und rote Paragrafenzeichen sowie rote Strichelungen zur Unterteilung der Sinnabschnitte. Raum für Glossen frei gelassen.
Buchschmuck: Vor den Text- bzw. Buchanfängen Initiale vor Kastenrahmen mit in der Regel Goldranken im Binnenfeld und Sichelblättern im Buchstabenstamm, gefiederte und spitz zulaufende Blätter als Ablaufmotiv, in Blau, Gelb, Gold, Grün, Purpur und Rot. Die Initialen stammen aus der Heidelberger Werkstatt, die auch die Buchmalerei zu Pal. lat. 1099, Pal. lat. 1120, Pal. lat. 1132, Pal. lat. 1140, Pal. lat. 1232, Pal. lat. 1246, Pal. lat. 1327, Pal. lat. 1352, Pal. lat. 1632, Pal. lat. 1794 und Cod. Pal. germ. 147 schuf (vgl. die Bildbeschreibung von Dr. Margit KRENN in heidICON, mit weiterer Literatur).

Nachträge und Benutzungsspuren: Korrekturen, vielleicht von anderer Hand, nachgetragen. Kaum Anmerkungen von wohl weiterer, in etwa zeitgenössischer Hand. Zahlreiche grafische Verweiszeichen, v. a. in Form von Zeigehänden.

Einband: Pergamentband über Pappe, nach SCHUNKE, Einbände 2.2, S. 850, um 1780 in Rom entstanden. Löcher für Schließbänder in den Deckeln noch vorhanden. Auf dem Rücken oben aufgeklebt barockes helles Signaturschild *770*, darunter direkt auf den Rücken der Buchtitel notiert, *INSTITVTA.*, darunter Signatur in Blau, auf dem Schwanz Schildchen mit *Pal. lat. 770*, ganz unten Altsignatur *639*.

Geschichte der Handschrift: Modernes blaues Signaturschild der Vaticana *Pal. lat. 770* auf dem vorderen Spiegel. Auf Vorsatzbl. 1ar aktuelle Signatur und Altsignatur *681* [durchgestrichen, weitere Signatur überschrieben], auf 2ar Capsa-Nummer *C. 69.*, auf 3ar Altsignatur *604.* Nach dem Buchschmuck zu urteilen, dürfte die Hs. zwischen 1465 und 1470 in einer Heidelberger Werkstatt geschaffen worden sein, die in ihrer Produktion greifbar, für verschiedene Exponenten des Heidelberger Hofs tätig war. Ein Zettel auf dem Vorderspiegel, einstmals zwischen 60 und 61 einliegend, gibt über unseren Exponenten nähere Auskunft: *Phillipus et cetera. Lieber vetter Schenckburckart ich laß uch wissen das es mir wol get von den gnaden gottes* [die nächsten Buchstaben unleserlich bzw. gestrichen] *des gleychen hort ich auch gern von uch vnd von den andern allen vnd sunderlichen von meym lieben vatter.* Bei dem Angesprochenen dürfte es sich um Burkhard Schenk von Tautenburg handeln (zur Person: Arnold Berg, Zur Genealogie der Schenken von Tautenburg im Mittelalter, in: Genealogie 23/24 [1974/75], S. 609–621, hier S. 616). Er lässt sich im Gefolge Friedrichs des Siegreichen in den Schlachten bei Beilstein 1460 und bei Seckenheim 1462 sowie bei der Belagerung Wachenheims an der Weinstraße 1471, hier im Amt des pfalzgräflichen Schenken, nachweisen (Christoph Jakob Kremer, Geschichte des Kurfürsten Friedrichs des Ersten von der Pfalz, Bd. 1, Frankfurt am Main / Leipzig 1765, S. 296; Quellen zur Geschichte Friedrichs des Siegreichen, Bd. 2, Michel Beheim und Eikhart Artzt, hrsg. von Konrad Hofmann [Quellen und Erörterungen zur bayerischen und deutschen Geschichte 3], München 1863, S. 78, 230). Unklar bleibt jedoch, ob es sich bei diesem Zettel um den Rest eines Briefs oder eines Konzepts handelt, Burkhard Schenk von Tautenberg demnach als Empfänger oder Adressat genannter Zeilen angesehen werden muss und damit er oder einer seiner Verwandten vorliegende Hs. sein Eigen nennen konnte. Der Entstehungskontext sowie die fehlende Fugger-Signatur lassen damit die Annahme von Lehmann, Fuggerbibliotheken 2, S. 485, dass die Hs. Eigentum Ulrich Fuggers (1526–1584) gewesen sein könnte, als recht unwahrscheinlich erscheinen. Wahrscheinlicher ist dann doch, dass die Hs. schließlich in die Schlossbibliothek gelangte. Denn im Katalog von 1555/1560 mit jenen Hss., die unter Ottheinrich aus der Heidelberger Schlossbibliothek in die Heiliggeistkirche verbracht wurden, ist ein durchaus passender Eintrag vorhanden: *Institutiones iuris, auf perment geschrieben, cum regulis iuris et verborum significatione et feudalibus consuetudinibus* (Pal. lat. 1944, 134r).

Faksimile: https://digi.ub.uni-heidelberg.de/diglit/bav_pal_lat_770

Literatur: Backes, Leben, S. 57 A. 30; Caprioli, Tre capitoli, S. 305 A. 372; Dydynski, Beiträge, S. 75, Nr. 212; Ulrike Frommberger-Weber, Spätgotische Buchmalerei in den Städten Speyer, Worms und Heidelberg (1440–1510). Ein Beitrag zur Malerei des nördlichen Oberrheingebietes im ausgehenden Mittelalter, in: ZGO 121 (1973), S. 35–145, hier S. 107 f., 128 f.; Jeudy, Handschriften, S. 9; Lehmann, Fuggerbibliotheken 2, S. 485; Manuscripta juridica, Pal.lat.770; Metzger, Kat. UB Heidelberg 4, S. 162; Mirabile, Pal.lat.770; OVL, Pal.lat.770; Schunke, Einbände 2.2, S. 850; Georg Steer, Hugo Ripelin von Straßburg. Zur Rezeptions- und Wirkungsgeschichte des ‚Compendium theologicae veritatis' im deutschen Spätmittelalter, Tübingen 1981 (Texte und Textgeschichte 2), S. 280 A. 15; Georg Steer, Der Heidelberger ‚Prosa-Lancelot'-Codex Pal. germ. 147. Fragen seiner Entstehung, Sprache und Herkunft, in: Wolfram-Studien 9 (1986), S. 10–16, hier S. 15; Stevenson, Latini, S. 275 f.; Elgin Vaasen, Die Werkstatt der Mainzer Riesenbibel in Würzburg und ihr Umkreis, in: Archiv für Geschichte des Buchwesens 13 (1973), Sp. 1122–1427, hier Sp. 1399; Weimar, Handschriften, S. 63.

1) 1r–203v
Beteiligte Personen: Justinian I.
Titel: Institutiones Iustiniani.
Angaben zum Text: Von Kaiser Justinian I. in Auftrag gegebene Schriftensammlung: (1r–3r) Prooemium; (3r–35v) Buch 1; (35ar–35av) leer; (36r–93r) Buch 2; (93v–150v) Buch 3; (151r–203v) Buch 4.
Incipit: 1r ›*Imperatoriam*‹ *maiestatem non solum armis decoratam* ...
Explicit: 203v ... *Alioquin diligentior eorum sciencia vobis ex lacioribus Digestorum seu Pandectarum libris deo propicio adinuentura est.*
Edition: Institutiones, Lyon 1627.

2) 204r–204v
Titel: Inhaltsverzeichnis zu den Institutiones Iustiniani.

3) 204v–205r
Titel: Merksätze zu den Institutiones Iustiniani.
Angaben zum Text: 205v–205bv leer.
Incipit: 204v *Justi et iure, jus naturale, jure persona* ...
Explicit: 205r ... *litis officium, jus publis* [!].

4) 206r–207r
Titel: De regulis iuris.
Angaben zum Text: Auszug aus dem Liber extra (X 5.41).
Rubrik: 206r ›*Jncipiunt regule juris*‹.
Incipit: 206r ›*Iohannes*‹ *Crisostomus:* ›*Omnis*‹ *res per quascumquam causas nascitur* ...
Explicit: 207r ... *vt pro spiritualibus facere quis homagium compellatur.*
Edition: Corpus iuris canonici 2, Sp. 927 f.

5) 207v–211v
Titel: De regulis iuris.
Angaben zum Text: Auszug aus dem Liber sextus (VI 5.13).
Rubrik: 207v ›*Regule iuris*‹.
Incipit: 207v ›*Beneficium*‹ *ecclesiasticum non potest licite sine institucione canonica obtineri* ...
Explicit: 211v ... ›*Data*‹ *Rome apud sanctum Petrum quinto Nonas Marcij pontificatus nostri anno quarto.*
Edition: Corpus iuris canonici 2, Sp. 1122–1124.

6) 212r–225v
Titel: De regulis iuris.
Angaben zum Text: Auszug aus dem Digestum novum (Dig. 50.17). – (225ar–225bv) Leeres Zeilengerüst .
Incipit: 212r ›*Regula*‹ *est, que rem que est breuiter enarrat* ...
Explicit: 225v ... ›*Seruus*‹ *rei publice causa abesse non potest.*
Edition: Digestum novum, Lyon 1627, Sp. 1867–1932.

7) 226r–251v
Titel: De verborum significatione.

Angaben zum Text: Auszug aus dem Digestum novum (Dig. 50.16). - 251ar–251bv leer.
Incipit: 226r ›*Uerbum*‹ *hoc si quis tam masculos quam feminas complectitur ...*
Explicit: 251v ... *et tota restitucio iuris est interpretacio. Finis adest vere.*
Edition: Digestum novum, Lyon 1627, Sp. 1793–1867.

8) 252r–310v
Beteiligte Personen: Accursius.
Titel: Libri feudorum.
Angaben zum Text: In der Accursischen Rezension bzw. Vulgatfassung. Zur inhaltlichen Aufteilung s. Lehmann, Lehnrecht, S. 32 und Manuscripta juridica.
Rubrik: 252r ›*Incipiunt consuetudines feudales. Et primo qui feudum dare possunt et qualiter acquiratur*‹.
Incipit: 252r ›*Quia*‹ *de feudis tractaturi sumus, videamus primo, qui feudum dare possunt ...*
Explicit: 310v ... *imperiali animaduersione nichilominus puniendus.*
Edition: Legaltext: Consuetudines, hrsg. von Lehmann, S. 161–263.

TH

Vatikan, Biblioteca Apostolica Vaticana, Pal. lat. 771

Institutiones Iustiniani

Pergament · 3, 93, 3 Bll. · 21,2–21,4 × 13,1–13,2 cm · Oberitalien · 2. Hälfte 12. Jh.

Entstehungsort: Oberitalien.
Entstehungszeit: 2. Hälfte 12. Jh.

Typus (Überlieferungsform): Codex.
Beschreibstoff: Pergament.
Umfang: 3, 93, 3 Bll.
Format (Blattgröße): 21,2–21,4 × 13,1–13,2 cm.
Zusammensetzung (Lagenstruktur): $(II-1)^{3a}$ + $(IV+1)^{8}$ + 5 IV^{48} + $(IV+1)^{57}$ + 4 IV^{89} + $(II-1)^{92}$ + $(II-1)^{95*}$. Vorderspiegel Gegenbl. von 3a, Hinterspiegel Gegenbl. von 93*. Erste Lage beginnt mit A.
Seiten-, Blatt- und Lagenzählung: Römische Foliierung des 17. Jhs. (*1–92*), *A* mit Blei nachgetragen. Vor- und Nachsatzbll. ungez., weshalb hier Zählung der Digitalisate übernommen wird (1a–3a, 93*–95*).
Zustand: Pergament stark verschmutzt, Haar- und Fleischseite deutlich unterscheidbar. Zahlreiche Flecken, womöglich Schimmelbefall.

Schriftraum: 15,5–16 × 8,3–8,5 cm.
Spaltenanzahl: 1 Spalte.
Zeilenanzahl: 36 Zeilen.
Angaben zu Schrift / Schreibern: Frühe Textura von einer Hand, die beispielsweise bei der Verwendung der Unterlänge beim f noch an die karolingische Minuskel gemahnt.
Buchgestaltung: Zeilengerüst blind geritzt, mitunter auch mit Metallstift vorgezogen. Zu Eingang der Tituli rote, eingerückte Silhouetteninitiale, teilweise mit Ranken bzw. ablaufen-

den Blättern in unterschiedlichen Formen, Tituli rubriziert, ferner rote Strichelungen zur Unterteilungen der Sinnabschnitte, rote Zeilenfüllung. Zur Hervorhebung bestimmte Wörter oder Sätze in Majuskeln mit roten Strichelungen ausgeführt.
Buchschmuck: Auf 1r eingerückte I-Silhouetteninitiale mit Blättern an den Enden des Schafts und blattähnlichen Formen, die denselben umschließen. Ihr folgend Silhouetteninitialgruppe in Rot auf schwarzem Feld. Auf 54v Platz für Stemma cognationum freigelassen.

Nachträge und Benutzungsspuren: Korrekturen, grafische Verweiszeichen und Anmerkungen von mehreren Händen aus verschiedenen Zeitstufen, darunter ein Dutzend verstreute Glossen, darunter auch präirnerische sowie zwei Authentiken (vgl. ASTUTI, Le fonti, S. 323; CORTESE, La norma 1, S. 80 A. 108; Manuscripta juridica); vereinzelt kleine Zeichnungen, z. B. 71v Hundekopf, 92r Pfeil.

Einband: Pergamentband über Pappe, nach SCHUNKE, Einbände 2.2, S. 850, um 1780 in Rom gefertigt. Löcher für Schließbänder in den Deckeln noch vorhanden. Aktuelle Signatur in Blau auf Vorderdeckel geschrieben. Auf dem stark beschädigten und nur noch fragmentarisch erhaltenen Rücken oben aufgeklebt barockes helles Signaturschild *771*, darunter direkt auf den Rücken der Buchtitel notiert, *Institu*[tion]*es Iust*[inia]*ni* [...], darunter *Pal* [...].
Provenienz: Florenz / Augsburg / Heidelberg.
Geschichte der Handschrift: Modernes blaues Signaturschild der Vaticana *Pal. lat. 771* auf dem vorderen Spiegel, samt aktueller Signatur in Blau. Auf Vorsatzbl. 1ar aktuelle Signatur und Altsignaturen *68*[Rest unleserlich, durchgestrichen, weitere Signatur überschrieben] sowie *463* [durchgestrichen], auf Ar Capsa-Nummer *C. 64.*, darunter Allacci-Signatur *1700*, nebst Altsignatur *460* [durchgestrichen]. Auch wenn Johannes FRIED die Entstehung der Hs. nördlich der Alpen vermutet (FRIED, Rezeption, S. 126), deutet doch einiges darauf hin, dass diese wohl eher in der zweiten Hälfte des 12. Jhs. in Oberitalien entstand. Die Gestaltung ist typisch für die italienischen Codices mit den Institutiones Iustiniani des 12. Jhs.: ein kleines Format mit einem verhältnismäßig großen Schriftraum und entsprechend auch ohne Glosse (MACINO, Sulle tracce, S. 105 f.). Nicht zuletzt der spätere Eigentümer Giannozzo Manetti (1396–1459) spricht ebenfalls für eine italienische Herkunft, der eindeutig durch die Signatur auf Av *Maneti 161* zu fassen ist, die wie der Eintrag *Jnstitutiones Justiniani* aus dem 16. Jh. stammen dürfte, als die Sammlung des italienischen Humanisten und Diplomaten von Ulrich Fugger (1526–1584) nach 1529 erworben wurde. Letzterer migrierte mit seiner Bibliothek von Augsburg nach Heidelberg. Nach dessen Tod gingen seine Hss. an den Pfälzer Kurfürsten über und schließlich in die Bibliotheca Palatina ein (s. Einleitung).

Faksimile: https://digi.ub.uni-heidelberg.de/diglit/bav_pal_lat_771
Literatur: Guido ASTUTI, Lezioni di storia del diritto italiano. Le fonti, Età romano-barbarica, Padua 1953, S. 323; CAGNI, Manetti, S. 32; CORTESE, La norma, Bd. 1, S. 80 A. 108, Bd. 2, S. 28 A. 63; CRESCENZI, Testo, S. 273, 296; DYDYNSKI, Beiträge, S. 74, Nr. 205; FRIED, Rezeption, S. 126; LEHMANN, Fuggerbibliotheken 2, S. 117, 485; Francesca MACINO, I manoscritti delle Istituzioni fino al XII secolo. Un tentativo di sistemazione, in: Manoscritti, editoria e biblioteche dal medioevo all'età contemporanea. Studi offerti a Domenico Maffei per il suo ottantesimo compleanno, hrsg. von Mario ASCHERI / Gaetano COLLI / Paola MAFFEI, Bd. 2, Rom 2006, S. 543–560, hier S. 546, 558; Francesca MACINO, Sulle tracce delle istituzioni di Giustiniano nell'alto medioevo. I manoscritti dal VI al XII secolo, Vatikanstadt 2008 (Studi e testi / Biblioteca Apostolica 446), S. 14, 106, 118, 122–124; Manuscripta juridica, Pal.lat.771;

Mirabile, Pal.lat.771; OVL, Pal.lat.771; Patetta, Studi, S. 61, 78, 107, 115, 118–120; Giovanni Santini, Il sapere giuridico occidentale e la sua trasmissione dal VI all'XI secolo, in: Rivista di storia del diritto italiano 67 (1994), S. 91–204, hier S. 113, 168 A. 115; Eduard Schrader, Prodromus corporis juris civilis a Schradero, Clossio, Tafelio, professoribus Tubingensibus, edendi, Berlin 1823, S. 323, Nr. CLXII; Schunke, Einbände 2.2, S. 850; Stevenson, Latini, S. 276; Torelli, Scritti, S. 40; Edoardo Volterra, La „Graduum agnationis vetustissima descriptio" segnalata da Cujas, in: Memorie dell'Accademia nazionale dei Lincei. Classe di Scienze morali, storiche e filologiche 22 (1978), S. 1–108, hier S. 53 A. 74; Weigand, Naturrechtslehre, S. XX.

1) 1r–92v
Beteiligte Personen: Justinian I.
Titel: Institutiones Iustiniani.
Angaben zum Text: Von Kaiser Justinian I. in Auftrag gegebene Schriftensammlung: (1r–1v) Prooemium; (1v–16r) Liber 1; (16r–47v) Liber 2; (47v–71v) Liber 3; (71v–92v) Liber 4.
Rubrik: 1r ›*Incipit liber constitvtionvm* [!] *compositvs a Tribvano* [... Folgendes unleserlich] *qvestore sacri palacii et Theophilo et Dorotheo, ivssv imperatoris Ivstiniani*‹.
Incipit: 1r ›*Imperatoriam maiestatem non solum armis decoratam*‹ ...
Explicit: 92v ... *Alioquin diligencior eorum sciencia uel ex latioribus Digestorum seu Pandectarum libris deo propitio aduentura est.* ›*Explicit liber quartvs constitutionis*‹. [Von anderer Hand nachgetragen:] *Ffinito* [!] *libro gratias deo referamus.*
Edition: Institutiones, Lyon 1627.

TH

Vatikan, Biblioteca Apostolica Vaticana, Pal. lat. 772

Sammelhandschrift zum Römischen Recht

Pergament · 3, 94, 3 Bll. · 33,2 × 20 cm · Italien / Oberitalien · Anfang 12. Jh. / Mitte 12. Jh.

Typus (Überlieferungsform): Codex.
Beschreibstoff: Pergament.
Umfang: 3, 94, 3 Bll.
Format (Blattgröße): 33,2 × 20 cm.
Zusammensetzung (Lagenstruktur): Hs. mit Fragmenten (I. Bll. A–B, 92–93: II. Bll. 1–91). $(II-1)^{3a}$ + ... + $(II-1)^{96*}$. Vorderspiegel Gegenbl. von 3a, Hinterspiegel Gegenbl. von 94*. Zählfehler: 76 und 77 übersprungen, 82 doppelt gez.
Seiten-, Blatt- und Lagenzählung: Vor- und Nachsatzbll. ungez., weshalb hier, wie auch beim doppelt gez. Bl., Zählung der Digitalisate übernommen wird (1a–3a, 82a, 94*–96*). Vorrömische Foliierung (*1–93*). Durchgehend Reklamanten auf der letzten Versoseite der Lage auf dem Fußsteg; durch Beschnitt teilweise beschädigt oder verloren gegangen.
Zustand: Pergament verschmutzt, mit zahlreichen Flecken und einigen Löchern. Wurmfraß auf ersten und letzten Bll. (nicht auf Vor- und Nachsatzbll.). A stark beschädigt, Ar und 93v stark berieben mit Textverlust.

Einband: Pergamentband über Pappe, nach SCHUNKE, Einbände 2.2, S. 850, um 1780 in Rom gefertigt. Löcher für Schließbänder in den Deckeln noch vorhanden. Aktuelle Signatur in Blau auf Vorderdeckel geschrieben. Auf dem stark beschädigten Rücken oben barockes Signaturschild verloren gegangen, darunter direkt auf den Rücken der Buchtitel notiert, *Imperatorum decre*[ta], darunter in Blau *P*, auf dem Schwanz blaues beschädigtes Signaturschild.

Provenienz: Florenz (?) / Augsburg / Heidelberg.

Geschichte der Handschrift: Modernes blaues Signaturschild der Vaticana *Pal. lat. 772* auf dem vorderen Spiegel. Auf Vorsatzbl. 1ar aktuelle Signatur, ein weiteres Mal auf 2ar, dort auch durchgestrichene, nicht mehr zu entziffernde Altsignatur, auf Br Capsa-Nummer *C. 61.*, darunter die Allacci-Signatur *703.* [durchgestrichen], auf 1r aktuelle Signatur und Altsignatur *415.* Der Haupttext der Hs., die lombardischen Gesetze beinhaltend, dürfte in der Mitte des 12. Jhs. in Oberitalien entstanden sein. Nur wenig später wurden wohl die 1158 erlassenen Roncalischen Gesetze angefügt, für deren Überlieferung die Hs. einer der wichtigsten Zeugen ist, wahrscheinlich in den 1170er Jahren schließlich die ältesten erhaltenen Annalen der Stadt Florenz, was darauf hindeuten könnte, dass sich der Codex zumindest zu dieser Zeit in der Stadt am Arno befunden haben könnte (der letzte Eintrag bezieht sich auf das Jahr 1173). Spätestens zu diesem Zeitpunkt sei die Hs. in Fragmente eines ‚Infortiatum' gebunden worden. Das beweise laut RADDING / CIARALLI, Corpus Iuris Civilis, S. 207f., eine Federprobe (wohl auf 93r?). Diese Fragmente sollen aus einer Hs. stammen, die wenige Jahrzehnte früher, spätestens zu Beginn des 12. Jhs., geschaffen worden sei und demnach das älteste erhaltene Fragment dieses Texts darstelle (s. ebenda). Späterhin dürfte der Theologe Matthias Flacius Illyricus (1520–1575) den Codex sein Eigen genannt haben, wie der Eintrag auf Br nahelegt. Aus seiner bedeutenden Bibliothek muss das Buch in die des Augsburger Bibliophilen Ulrich Fugger (1526–1584) gelangt sein, worauf die Signatur auf Av *p. 68. b. F. No. 17.* hinweist; standen doch beide in engem Kontakt und Fugger bezog nachweislich einige Hss. von Flacius (HARTMANN, Humanismus, S. 63). Mit der Sammlung Fuggers ging die Hs. nach dessen Tod aufgrund testamentarischer Verfügung in die Hände des Kurfürsten über und fand auf diesem Weg schließlich Eingang in die Bibliotheca Palatina.

Faksimile: https://digi.ub.uni-heidelberg.de/diglit/bav_pal_lat_772

Literatur: Anselmi DE ORTO, Iuris civilis instrumentum, bearb. von Victorio SCIALOJA, in: Scripta anecdota glossatorum = Bibliotheca iuridica medii aevi, Bd. 2, hrsg. von Augustus GAUDENTIUS, Bologna 1882, S. 86–116; BETHMANN, Nachrichten, S. 342; Friedrich BLUHME, Praefatio, in: MGH LL 4, S. IX–CXVIII, hier S. CIII; Chronica de origine civitatis Florentiae, hrsg. von Riccardo CHELLINI, Rom 2009 (Fonti per la storia dell'Italia medievale, Antiquitates 33), S. 147 A. 58; Max CONRAT (COHN), Geschichte der Quellen und Literatur des römischen Rechts im früheren Mittelalter, Bd. 1, Leipzig 1891, S. 413 A. 5; D'AMELIO, Transazione, S. 188 A. 88, 189f. A. 90, 221 A. 164; Giovanni DIURNI, L'Expositio ad Librum papiensem e la scienza giuridica preirneriana, Verona 1976 (Biblioteca della Rivista di storia del diritto italiano 23), S. 30 A. 2, 42f., 185 A. 95, 194 A. 139; Andrea FINOCCHIARO SARTORIO, Frammenti giuridici di antiche pergamene rinvenute a Sutri, in: Rendiconti della Reale Accademia dei Lincei. Classe di scienze morali, storiche e filologiche serie 5, 16 (1907), S. 405–455, hier S. 408; FOWLER-MAGERL, Ordo, S. 175–177, 333; Gérard GIORDANENGO, Epistola Philiberti. Note sur l'influence du droit féodal savant dans la pratique du Dauphiné médiéval, in: Mélanges d'archéologie et d'histoire de l'École Française de Rome 82 (1970), S. 809–853, hier S. 819 A. 2; Colette GROS, La plus ancienne version de „Il libro fiesolano" (la

Légende des origines), in: Letteratura italiana antica 4 (2003), S. 11–28, hier S. 11 A. 2; Martina HARTMANN. Humanismus und Kirchenkritik. Matthias Flacius Illyricus als Erforscher des Mittelalters, Stuttgart 2001, S. 89 A. 57, 251; LEHMANN, Fuggerbibliotheken 2, S. 485; LEHMANN, Lehnrecht, S. 32; Manuscripta juridica, Pal.lat.772; Paul Johannes MERKEL, Die Geschichte des Langobardenrechts. Eine Abhandlung als Beitrag zu Savignys Geschichte des Römischen Rechts im Mittelalter, Berlin 1850, S. 24, 41, 53, 62; MGH SS 19, S. 223f.; Mirabile, Pal.lat.772, Anselmus de Orto, Annales Florentini, Iuris civilis instrumentum; MURANO, Imperialem decet sollertiam, S. 764–766; OVL, Pal.lat.772; Quellen und Forschungen zur ältesten Geschichte der Stadt Florenz, Bd. 2, hrsg. von Otto HARTWIG, Halle 1880, S. 4 (mit weiterer, älterer Literatur); Charles RADDING, Law Books, in: The European Book in the Twelfth Century, hrsg. von Erik KWAKKEL / Rodney THOMSON, Cambridge 2018 (Cambridge Studies in Medieval Literature 101), S. 293–310, hier S. 309; Charles RADDING / Antonio CIARALLI, The Corpus Iuris Civilis in the Middle Ages. Manuscripts and Transmission from the Sixth Century to the Juristic Revival, Leiden 2007 (Brill's Studies in Intellectual History 147), S. 207f.; Friedrich Carl VON SAVIGNY, Geschichte des Römischen Rechts im Mittelalter, Bd. 3, Heidelberg 1829, S. 154, A. 119; SCHUNKE, Einbände 2.2, S. 850; Emil SECKEL, Ueber neuere Editionen juristischer Schriften aus dem Mittelalter, in: ZRG RA 21 (1900), S. 212–338, hier S. 227; STEVENSON, Latini, S. 276.

Fragment I (Bl. A–B; 92–93)

Sachtitel / Inhalt: Infortiatum.

Entstehungsort: Italien.
Entstehungszeit: Anfang 12. Jh.

Typus (Überlieferungsform): Fragment.
Beschreibstoff: Pergament.
Umfang: 2, 2 Bll.
Format (Blattgröße): 33,2 × 20 cm.
Zusammensetzung (Lagenstruktur): I^{B} + ... + I^{93}.
Seiten-, Blatt- und Lagenzählung: s. zum Codex.

Schriftraum: 27 × 15 cm.
Spaltenanzahl: 2 Spalten.
Zeilenanzahl: 56 Zeilen.
Angaben zu Schrift / Schreibern: Die Schrift bewegt sich im Übergangsstadium von der karolingischen zur gotischen Minuskel. So finden sich beispielsweise einerseits bei r, f und s Unterlängen, andererseits kündigt sich in der teilweise bereits vorhandenen Gleichbehandlung der Schäfte bereits die gotische Minuskel an.
Buchgestaltung: Zeilengerüst blindliniiert. Kapitelüberschriften rubriziert, Namen der Kaiser mit roter Initiale als Versalie eingeleitet, Leges mit roter Satzmajuskel. In der obersten Zeile Litterae elongatae.
Buchschmuck: s. Buchgestaltung.

Nachträge und Benutzungsspuren: Wenige Anmerkungen von jüngeren Händen. Auf 93rb neuzeitlicher Verweis auf Dig. 28.5.

Provenienz: Heidelberg.
Geschichte des Fragments: Es handelt sich bei diesem Fragment nach Radding / Ciaralli Corpus Iuris Civilis, S. 207 f., um das älteste erhaltene des Infortiatum. Es dürfte spätestens im frühen 12. Jh. geschaffen worden sein. Bl. A dürfte vor einer Neubindung als Vorderspiegel, Bl. 93 als Hinterspiegel gedient haben.

1) Ara–Bvb
Beteiligte Personen: Justinian I.
Titel: Infortiatum.
Angaben zum Text: Von Kaiser Justinian I. in Auftrag gegebene Rechtssammlung, hier fragmentarisch erhalten Dig. 28.3.3.2–28.3.16 und Dig. 28.5.22–28.5.38.4.
Incipit: Ara ... [Text unleserlich] *uel inter gradus* ... [Text unleserlich].
Explicit: Bvb ... *et legatum pure accepit, si pen*[dente ... Text bricht ab].
Edition: Infortiatum, Lyon 1627, Sp. 439–453, 485–498.

2) 92ra–93vb
Beteiligte Personen: Justinian I.
Titel: Infortiatum.
Angaben zum Text: Von Kaiser Justinian I. in Auftrag gegebene Rechtssammlung, hier fragmentarisch erhalten Dig. 28.5.7–28.5.22, Dig. 28.3.16–28.3.19 und Dig. 28.4.2–28.5.7.
Incipit: 92ra ... *sub condicione heres institutus uiuo testatore libertatem consecutus sit* ...
Explicit: 93vb ... ›*Si*‹ *seruus communis* ...
Edition: Infortiatum, Lyon 1627, Sp. 473–485, 453–455, 459–473.

Faszikel II (Bl. 1–91)

Sachtitel / Inhalt: Sammelhandschrift zum Römischen Recht.

Entstehungsort: Oberitalien.
Entstehungszeit: Mitte 12. Jh.

Typus (Überlieferungsform): Codex.
Beschreibstoff: Pergament.
Umfang: 90 Bll.
Format (Blattgröße): 33,2 × 20 cm.
Zusammensetzung (Lagenstruktur): 10 IV^{82} + $(V\text{-}2)^{89}$ + I^{91} .
Seiten-, Blatt- und Lagenzählung: s. zum Codex.

Schriftraum: 20,7 × 9–15,5 cm.
Spaltenanzahl: 2 Spalten.
Zeilenanzahl: 32–33 Zeilen.
Angaben zu Schrift / Schreibern: Die Hand, welche den Haupttext ausführte, ist beispielsweise in ihrem runden Duktus oder im Gebrauch des f mit Unterlänge einerseits der karo-

lingischen Minuskel verpflichtet, verwendet andererseits aber, wenn auch nicht konsequent, bereits die für die gotische Minuskel typischen Brechungen der Buchstaben oder die reduzierte Ausformung der Ober- und Unterlängen. Die Glosse wurde von weiterer, zeitgenössischer Hand geschrieben. Die auf die Lombarda folgenden Texte wurden von mehreren, etwas jüngeren Händen nachgetragen.

Buchgestaltung: Zeilengerüst blindliniiert. Text mit Glosse im Zwei-Spalten-Typ, gemäß der Terminologie von G. Powitz, Textus, S. 81–83. Tituli rubriziert. Capituli mit Initialen, meist in Unziale, als Versalien oder Satzmajuskeln in Rot eingeleitet. Glossen beginnen mit Paragrafenzeichen.

Buchschmuck: Auf 1r [R]*ex Rothar* als Initialgruppe in Rot mit Ranken verziert, an die Form eines Herrschermonogramms erinnernd.

Nachträge und Benutzungsspuren: Nota-bene-Hinweise vielleicht von anderer Hand nachgetragen. Mit Sicherheit von anderer Hand sind die Nachträge ab 83v.

3) 1ra–83ra

Titel: Lombarda.

Angaben zum Text: Laut Manuscripta juridica „keine Übereinstimmung mit ‚Argumenta' oder ‚Contraria Lombardae' in anderen Handschriften". – (1ra–35ra) Liber I; (35vb–73ra) Liber II; (73ra–83ra) Liber III.

Rubrik: 1ra ›[R]*ex Rothar*‹.

Incipit: 1ra *Si quis contra animam regis cogitauerit …*

Explicit: 83ra … *omnibus modis prohibemus.* ›*Explicit liber legis Longobardorum. Deo gratias. Amen*‹.

Edition: MGH Fontes iuris 2; Glosse auf 7rb ediert in Diurni, L'Expositio, S. 42 f.

4) 83v

Titel: Summula de successionibus beneficiorum.

Incipit: 83v *De successionibus beneficiorum. In beneficium descendentes uocantur …*

Explicit: 83v … *in omnibus decendentibus tenendum est.*

Edition: Lehmann, Lehnrecht, S. 202 f. (nach vorliegender Hs.).

5) 83v

Beteiligte Personen: Lothar III.

Titel: Constitutio de feudorum distractione.

Angaben zum Text: Von Lothar III. am 6. November 1136 in Roncaglia erlassenes Gesetz (vgl. RI IV,1,1, Nr. 528, in: Regesta Imperii Online).

Incipit: 83v *Lottarius diuina fauente clementia tertius Romanorum imperator* […]. *Imperialis beniuolentie …*

Explicit: 83v … *periculum sustinere sanccimus. Data die VI. mensis Nouembris jndictione XV.*

Edition: MGH Const. 1, Nr. 120 (unter Berücksichtigung vorliegender Hs.).

6) 84r–84v

Beteiligte Personen: Friedrich I.

Titel: Constitutio de iure feudorum.

Angaben zum Text: Von Friedrich I. im November 1158 in Roncaglia erlassenes Gesetz (vgl. RI IV,2,2, Nr. 621, in: Regesta Imperii Online).

Incipit: 84r [F]*redericus dei gratia Romanorum imperator semper Augustus uniuersis nostro subiectis imperio. Decet imperialem sollertiam …*
Explicit: 84v … *ut in omni sacramento fidelitatis nominatim imperator excipiatur.*
Edition: MURANO, Imperialem decet sollertiam, S. 767 f. (unter Berücksichtigung vorliegender Hs., mit weiterer Literatur).

7) 84v–85r
Beteiligte Personen: FRIEDRICH I.
Titel: Constitutio pacis.
Angaben zum Text: Von Friedrich I. im November 1158 in Roncaglia verkündeter Landfrieden (vgl. RI IV,2,2, Nr. 620, in: Regesta Imperii Online).
Incipit: 84v [F]*redericus dei gratia Romanorum imperator Augustus uniuersis suo subiectis imperio. Hac edictali lege …*
Explicit: 85r … *et si fiat non ualeat.*
Edition: MURANO, Imperialem decet sollertiam, S. 765 f. (unter Berücksichtigung vorliegender Hs., mit weiterer Literatur).

8) 85r–85v
Beteiligte Personen: FRIEDRICH I.
Titel: Definitio regalium.
Angaben zum Text: Auf Geheiß Friedrichs I. im November 1158 erstellte Definition der Regalien.
Incipit: 85r *Regalia sunt hec: Arimanie, vie publice, flumina nauigabilia …*
Explicit: 85v … *si data opera, totum ad eum pertinet.*
Edition: MGH DD F I. 2, Nr. 237 (unter Berücksichtigung vorliegender Hs., mit weiterer Literatur).

9) 85va–89vb
Verfasser: ANSELMO DE ORTO.
Titel: Iuris civilis instrumentum.
Angaben zum Text: Auch unter dem Titel ‚Tractatus de actionibus' bekannt. Im Gegensatz zur Edition letzte beiden Abschnitte vertauscht.
Rubrik: 85va ›*Jncipit instrumentum jvris*‹.
Incipit: 85va *Cvm inter cetera intuendi genera solam cupiditatem scribendi optimam esse intuendi rationem existimem …*
Explicit: 89vb … *in insulam relegantur, vt ff. eadem finitur.*
Edition: Anselmi de Orto, hrsg. von GAUDENTIUS, S. 86–116 (unter Berücksichtigung vorliegender Hs.).

10) 90ra–90vb
Titel: Kommentar zu ‚Rothar 153'.
Angaben zum Text: Kommentar zu einem Edikt des Königs Rothar aus der Lombarda.
Rubrik: 90ra ›*Omnis parentela et cetera*‹.
Incipit: 90ra *Huius legis semper fuit, est et erit inter causidicos contentio, sed hec principaliter inter Baiargardum et Bonfilium fuit intentio …*
Explicit: 90vb … *tam a masculo quam a femina procedente.*

Edition: Fontes iuris Italici medii aevi, Bd. 1, Edicta regum Ostrogothorum, edictum regum Langobardorum, capitulare Italicum, expositio ad librum legis Langobardorum, hrsg. von Guido PADALLETTI, Turin 1877, S. 71–75.

11) 91ra
Titel: Exzerpte aus dem Digestum novum.
Angaben zum Text: Exzerpte aus: Dig. 43.23.1 De cloacis, Dig. 43.28.1 De glande legenda, Dig. 43.26.1 De precario, Dig. 43.16 De vi et de vi armata, Dig. 43.14.1 Ut in flumine publico navigare liceat, Dig. 43.15.1 De ripa munienda, Dig. 43.7.1 De locis et itineribus publicis, Dig. 43.6 Ne quid in loco sacro fiat, Dig. 42.2.1–42.2.3 De confessis.
Rubrik: 91ra ›*ff De cloacis*‹.
Incipit: 91ra *Pretor ait, quo minus illi cloacam que ex edibus eius ...*
Explicit: 91ra *... quia confessus pro iudicato habetur.*

12) 91v
Titel: Annalistische Aufzeichungen zur Geschichte der Stadt Florenz.
Angaben zum Text: Von mehreren Händen, den Zeitraum zwischen 1111 und 1173 umfassend (den Inhalt analysiernd: Quellen, Bd. 2, hrsg. von HARTWIG, S. 4–36).
Incipit: 91v *Anno domini millesimo centesimo triesimo* [!] *quinto decima Kalendas Nouembris Florentini superauerunt castelum qui uocatur Monteboni ...*
Explicit: 91v *... M. C. LXX. III. XVII. Kalendas Madii indictione VI. propter Paterinos admissum est officium in ciuitate Florentina.*
Edition: Quellen, Bd. 2, hrsg. von HARTWIG, S. 3f.

13) 91v
Titel: Notizen.

TH

Vatikan, Biblioteca Apostolica Vaticana, Pal. lat. 773

Lex Ribuaria

Pergament · 2, 57, 2 Bll. · 18,8–18,9 × 11–11,5 cm · Ribuarien (?) · 1. Viertel 9. Jh.

Entstehungsort: Ribuarien (?).
Entstehungszeit: 1. Viertel 9. Jh.

Typus (Überlieferungsform): Codex.
Beschreibstoff: Pergament.
Umfang: 2, 57, 2 Bll.
Format (Blattgröße): 18,8–18,9 × 11–11,5 cm.
Zusammensetzung (Lagenstruktur): $(I-1)^{1a} + 1^{2a} + 6\ IV^{48} + (IV+2)^{58} + (I-1)^{59*}$. Vorderspiegel Gegenbl. von 1a, Hinterspiegel Gegenbl. von 59*.
Seiten-, Blatt- und Lagenzählung: Vorsatzbll. und Nachsatzbl. ungez., weshalb hier Zählung der Digitalisate übernommen wird (1a–2a, 59*). Moderne Foliierung in Blei (*1–58*).

Kustoden in lateinischen Ziffern durchgängig auf der letzten Versoseite der Lage auf dem Fußsteg (fehlt auf 8v).

Zustand: Pergament leicht verschmutzt, wenige Flecken, im Wesentlichen gut erhalten. 58 nur noch teilweise erhalten.

Schriftraum: 15,1–15,5 × 8–8,6 cm.

Spaltenanzahl: 1 Spalte.

Zeilenanzahl: 17 Zeilen.

Angaben zu Schrift / Schreibern: Von einer Hand in einer gut leserlichen karolingischen Minuskel ausgeführt.

Buchgestaltung: Zeilengerüst blindliniiert. Tituli mit Initiale eingeleitet, meist als Hohlbuchstabe ausgeführt, mit roter bzw. hellbrauner Füllung, Ziffern der Tituli mit Rot bzw. Hellbraun hervorgehoben. Auszeichnungsbuchstaben im Kapitularienteil in Capitalis quadrata und Unziale.

Buchschmuck: Auf 4v S-Initiale mit Flechtbandornament als Aussparung, Buchstabenenden in Form eines Dreiblatts.

Nachträge und Benutzungsspuren: Lediglich Kreuze als grafische Verweiszeichen.

Einband: Steifbroschur aus Pergament, nach Schunke, Einbände 2.2, S. 850, um 1780 in Rom entstanden. Auf dem Rücken oben aufgeklebt barockes helles Signaturschild *773*, darunter direkt auf den Rücken der Buchtitel notiert, *Leges Ripuariae* [?], unten blaues Schildchen mit aktueller Signatur.

Provenienz: Heidelberg.

Geschichte der Handschrift: Modernes blaues Signaturschild der Vaticana *Pal. lat. 773* auf dem vorderen Spiegel. Auf Vorsatzbl. 2ar aktuelle Signatur, nebst Altsignaturen *7* und *1368* [durchgestrichen], auf 1r neben aktueller Signatur Altsignatur *437* [durchgestrichen]. Auf 1r Titel von neuzeitlicher Hand, darüber ein weiteres Mal erkennbar, aber durch Beschnitt zum größten Teil verloren gegangen. Wohl zu Beginn des 9. Jhs. geschrieben, enthält die Hs. die Lex Ribuaria mit dem typischen, der Gesetzessammlung gerne beigegebenen Kapitular Karls des Großen von 803. Zwei weitere Kapitulare des Kaisers aus demselben Jahr komplettieren das Kompendium, wobei das letzte Kapitular im Text abbricht. Da die Texte auf die ribuarischen Verhältnisse ausgerichtet sind, wird in der Forschung die Entstehung der Hs. in genanntem Raum vermutet. Lehmann überlegt ferner, ob der Codex über Matthias Flacius Illyricus (1520–1575) und Ulrich Fugger (1526–1584) in die Bibliotheca Palatina gelangt sein könnte (Lehmann, Fuggerbibliotheken 1, S. 148). Allerdings findet sich im Katalog der Bibliothek in der Heiliggeistkirche von 1581 ein passender Eintrag: *Leges Ripuariae, geschrieben perment, schmal 4, bretter,* [durchgestrichen: *sch*] *braun leder, bucklen* (Pal. lat. 1945, 11).

Faksimile: https://digi.ub.uni-heidelberg.de/diglit/bav_pal_lat_773

Literatur: Ausst.-Kat. Palatina, S. 53 f.; Bethmann, Nachrichten, S. 342; Bibliotheca legum (http://www.leges.uni-koeln.de/mss/handschrift/vatikan-bav-pal-lat-773/); Bernhard Bischoff, Katalog der festländischen Handschriften des neunten Jahrhunderts (mit Ausnahme der wisigotischen). Teil 3: Padua-Zwickau. Aus dem Nachlaß herausgegeben von Birgit Ebersperger, Wiesbaden 2014, S. 416; Buchner, Handschriften, Drucke und Textgestaltung, in: MGH LL nat. Germ. 3,2, S. 32–51 (ebenda S. 181 f. Übersicht über die ältere

Literatur); Arnold Bühler, Capitularia Relecta. Studien zur Entstehung und Überlieferung der Kapitularien Karls des Großen und Ludwigs des Frommen, in: Archiv für Diplomatik 32 (1986), S. 305–502, hier S. 360, 484–490; Thomas Faulkner, Law and Authority in the Early Middle Ages. The Frankish Leges in the Carolingian Period, Cambridge 2016, S. 71, 111, 126 f., 146; Martina Hartmann, Humanismus und Kirchenkritik. Matthias Flacius Illyricus als Erforscher des Mittelalters, Stuttgart 2001, S. 63, 252; Wilfried Hartmann, Einige Fragen zur Lex Alamannorum, in: Der Südwesten im 8. Jahrhundert aus historischer und archäologischer Sicht, hrsg. von Hans Ulrich Nuber / Heiko Steuer / Thomas Zotz, Sigmaringen 2004 (Freiburger Forschungen zum ersten Jahrtausend in Südwestdeutschland 13), S. 313–333, hier S. 321; Lehmann, Fuggerbibliotheken 1, S. 148; Manuscripta juridica Pal.lat.773; Hubert Mordek, Bibliotheca capitularium regum Francorum manuscripta. Überlieferung und Traditionszusammenhang der fränkischen Herrschererlasse, München 1995 (MGH Hilfsmittel 15), S. 799–801 (mit weiterer Literatur); OVL, Pal.lat.773; Georg Heinrich Pertz, Italiänische Reise vom November 1821 bis August 1823, Hannover 1824 (= Archiv der Gesellschaft für Ältere Deutsche Geschichtskunde 5 [1824]), S. 218 f.; Schunke, Einbände 2.2, S. 850; Stevenson, Latini, S. 276; Karl Ubl, Sinnstiftungen eines Rechtsbuchs. Die Lex Salica im Frankenreich, Ostfildern 2017 (Quellen und Forschungen zum Recht im Mittelalter 9), S. 184 A. 105.

1) 1v–48v

Titel: Lex Ribuaria.

Angaben zum Text: Zur Aufteilung der Tituli s. Pertz, Italiänische Reise, S. 218: (1r) Nachgetragener Titel; (1v–4v) Inhaltsverzeichnis; (4v–48v) Text.

Incipit: 1v ›*Siquis*‹ *ingenuus ingenuum ictu percusserit …*

Explicit: 48v … *ut pax perpetua stabilis permaneat.*

Edition: MGH LL nat. Germ. 3,2.

2) 48v–57v

Titel: Kapitularien Karls des Großen.

Angaben zum Text: Kapitularien Karls des Großen aus dem Jahr 803, nach der maßgeblichen Ausgabe der MGH die Nrr. 41, 39, 40: (48v–51r) Capitulare legi Ribuariae additum; (51r–55v) Capitulare legibus additum; (55v–57v) Capitulare missorum, bricht ab in Capitulum 19; (58r) beschädigtes Bl., womöglich alter Hinterspiegel mit Kleberesten.

Rubrik: 48v ›*Incipit nova legis constitvtio Karoli imperatoris qua in lege Ribuaria mittenda est*‹.

Incipit: 48v ›*I. Capitulum: Si*‹ *quis ingenuus ingenuum ictu percusserit …*

Explicit: 57v … *et postquam omnes …* [Text bricht ab] .

Edition: MGH Capit. 1, Nr. 41, 39, 40.

TH

Vatikan, Biblioteca Apostolica Vaticana, Pal. lat. 774

Sammelhandschrift mit Statuten der Republik Venedig

Pergament · 4, 110, 3 Bll. · 22,1 × 16 cm · Venedig · Ende 14. Jh.

Entstehungsort: Venedig.
Entstehungszeit: Ende 14. Jh.

Typus (Überlieferungsform): Codex.
Beschreibstoff: Pergament.
Umfang: 4, 110, 3 Bll.
Format (Blattgröße): 22,1 × 16 cm.
Zusammensetzung (Lagenstruktur): $(I-1)^{1a}$ + I^{3a} + 1^{4a} + 11 V^{110^*} + I^{112^*} + $(I-1)^{113^*}$. Vorderspiegel Gegenbl. von 1a, Hinterspiegel Gegenbl. von 113*. Bei den Vor- und Nachsatzbll. Lagenformel unklar, bei 2a und 3a sowie 111* und 112* könnte es sich auch um Einzelbll. handeln.
Seiten-, Blatt- und Lagenzählung: Fehlerhafte Römische Foliierung des 17. Jhs. (*1–89*, darauf *40–58*), mit Bleistift korrigiert (*90–108*). Bei der Beschreibung wird die korrekte Zählung in Blei präferiert, ebenso die Zählung der Digitalisate bei 1a–4a und 109*–113* übernommen. Durchgehend Reklamanten auf der letzten Versoseite einer jeden Lage auf dem Fußsteg rechts.
Zustand: Pergament leicht vergilbt, Wasserschaden an Blatträndern, v. a. im vorderen Teil, wenige Flecken. Tinte schlägt zuweilen durch, teilweise verblasst und berieben, mitunter mit Textverlust.

Schriftraum: 14,3 × 10 cm.
Spaltenanzahl: 1 Spalte.
Zeilenanzahl: 31 Zeilen.
Angaben zu Schrift / Schreibern: Gut leserliche, sorgfältig ausgeführte Textualis in der für Italien typischen Rotunda.
Buchgestaltung: Zeilengerüst mit Metallstift vorgezogen. Den einzelnen Kapiteln sind Rubriken vorangestellt, gefolgt von einer eingerückten Lombarde, alternierend in Blau oder Rot. Anfänglich mit Fleuronné versehen (blaue Lombarde mit rotem Fleuronné, rote Lombarde mit schwarzem Fleuronné).
Buchschmuck: s. Buchgestaltung.

Nachträge und Benutzungsspuren: 4r–43v Nummern der Capitula in der Spalte vor dem Text in arabischen Ziffern nachgetragen. Kaum Korrekturen, vielleicht auch von weiterer Hand. 73r Nachtrag zum Jahr 1544, dass der Rat der Republik Venedig einen Antrag zu einem Gesetz gestellt und der große Rat diesem auch stattgegeben habe.

Einband: Pergamentband über Pappe, nach Schunke, Einbände 2.2, S. 850, um 1780 in Rom entstanden. Löcher für Schließbänder in den Deckeln noch vorhanden. Rot-gelbes Kapital. Auf dem an Kopf und Schwanz beschädigten Rücken oben aufgeklebt barockes helles Signaturschild *774*, darunter direkt auf den Rücken der Buchtitel notiert, *Statuta et leges Venetorum.*, unten Schildchen mit *Pal. lat.* [Zahl nicht mehr lesbar].

Provenienz: Augsburg / Heidelberg.

Geschichte der Handschrift: Modernes blaues Signaturschild der Vaticana *Pal. lat. 774* auf dem vorderen Spiegel. Auf Vorsatzbl. 1ar aktuelle Signatur und durchgestrichene, daher unleserliche Altsignatur, auf 4ar Capsa-Nummer *C. 52.*, darunter Allaccisignatur *1247*, ferner Altsignatur *434* [alle durchgestrichen]. Weitere Altsignatur *315* [durchgestrichen] auf 1r. Der Schrift, die nach Italien weist, und dem Inhalt nach zu urteilen, dürfte die Sammlung venezianischer Statuten in der Markusstadt entstanden sein. Nicht zuletzt der Nachtrag auf 73r macht dies wahrscheinlich, der auch dafür spricht, dass der Codex noch im Jahr 1544 ebendort in Gebrauch war. Dies könnte im Haus des venezianischen Gelehrten Giovanni Battista Cipelli (1478–1553) gewesen sein, bekannt auch unter dem Namen Egnatius. Denn wie der von Martin Gerstmann (1527–1585) 1555 für Ulrich Fugger (1526–1584) erstellte Katalog mit den Erwerbungen aus genannter Bibliothek nahelegt (*Statuta et leges Venetorum*, LEHMANN, Fuggerbibliotheken 2, S. 78), dürfte der Codex nach dem Tod des Egnatius von Venedig nach Augsburg gelangt sein. Der französische Buchdrucker und Gelehrte Henri Estienne (1531–1598) stellte offenbar als Agent die Verbindung her, wie der Eintrag *315. hen.* auf 4av suggeriert. Dass der Band sich tatsächlich in der Fuggerschen Büchersammlung befand, zeigt die Signatur *p. 60. F No. 51.* Auf testamentarischen Wunsch des Augsburger Bibliophilen ging dessen Bibliothek an den Pfälzer Kurfürsten und damit in die Bibliotheca Palatina ein (s. Einleitung).

Faksimile: https://digi.ub.uni-heidelberg.de/diglit/bav_pal_lat_774

Literatur: Jeannine FOHLEN, Un atelier vénitien anonyme dans la seconde moitié du XVe siècle, in: Scriptorium 27 (1972), S. 301–306, hier S. 305 A. 15; LEHMANN, Fuggerbibliotheken, Bd. 1, S. 136, Bd. 2, S. 126, 485f.; OVL, Pal.lat.774; SCHUNKE, Einbände 2.2, S. 850; STEVENSON, Latini, S. 276.

1) 1r–48r

Titel: Statutum novum.

Angaben zum Text: Unter dem Dogen Giacomo Tiepolo (um 1170–1249) 1242 kodifizerte und publizierte Statuten: (1r–1v) Prologus I; (1v–3r) Prologus II; (3r–3v) Capitulum de presumptionibus et quod quatuor sunt genera presumptionum; (4r–5v) Capitula zu Liber I; (5v–18v) Liber I; (18v) Capitula zu Liber II; (19r–22r) Liber II; (22r–23v) Capitula zu Liber III; (23v–34v) Liber III; (34v–35v) Capitula zu Liber IV; (35v–44r) Liber IV; (44r–44v) Capitula zu Liber V; (44v–48r) Liber V. – (A) alter Pergamentumschlag?

Rubrik: 1r ›*In Christi nomine. Amen. Jncipit prologus libri statutorum et legum Uenetorum jllustris Jacobi Teupuli incliti ducis Ueneciarum*‹.

Incipit: 1r ›*Deo*‹ *auctore ducatum nostrum beati Marci suffragijs gubernante ...*

Explicit: 48r ... *cui interpretationi uel dillucidationj sic facte omnimode pareatur. Explicit statutum legum et ordinationum Uenetorum. Deo gratias.*

Edition: Gli statuti veneziani di Jacopo Tiepolo del 1242 e le loro glosse, hrsg. von Roberto CESSI, Venedig 1938.

2) 48v

Titel: Statut der ‚Curia di petizion' vom 18. August 1377.

Rubrik: 48v ›*Jsta est quantum partes que sunt ad aduocatores communis necnon ad auditores sententiarum in sua capella, quarum iudices debeant procedi* [... unleserlich] *precepti et non per sententiam*‹.

Incipit: 48v *Cum in Mcccxlviiij et postea in Mccclvij dati fuerunt certi ordines ...*
Explicit: 48v ... *et similiter obseruetur ad curiam mobilium.*
Edition: Giovanni Italo Cassandro, La curia di petizion, parte 2, in: Archivio veneto 20 (1937), S. 1–210, hier S. 170 f.

3) 48v
Titel: Statut des Großen Rats.
Incipit: 48v ›*Cum*‹ *in Mccxxxvij indictione septima die septimo intrante Augusto ...*
Explicit: 48v ... *tam super christianos quam paganos.*
Edition: Deliberazioni del Maggior Consiglio di Venezia, Bd. 2, hrsg. von Roberto Cessi, Bologna 1931, S. 43.

4) 49r–78v
Titel: Liber sextus.
Angaben zum Text: Unter dem Dogen Andrea Dandolo (1306–1354) kompilierte und 1346 erstmals präsentierte Statutensammlung; gedacht als Ergänzung zu den fünf Büchern des ‚Statutum novum': (49r–50r) Prologus; (50r–50v) Capitula zu Liber I; (50v–55r) Liber I; (55r) Capitula zu Liber II; (55r–56r) Liber II; (56r–56v) Capitula zu Liber III; (56v–61v) Liber III; (61v–62r) Capitula zu Liber IV und V; (62r–65v) Liber IV und V; (65v–78v) weitere Statuten.
Rubrik: 49r ›*Jncipit prologus additionum et correctionum conditorum super statutis et legibus Uenetorum per gloriosissimum et excellentissimum dominum Andream Dandulo, dei gratia Uenecorum ducem illustrem, vnacum alijs predecessorum suorum reformationibus diuersis temporibus editis per eundem sub eleganti ordine locatorum*‹.
Incipit: 49r ›*Andreas*‹ *dei gratia Veneciarium, Dalmatie, Croatie dux, dominus quarte partis cum dimidie tocius jmperij Romane, vniuersis et singulis nostri ducatus fidelibus et subiectis gratiam suam et omne bonum. Postquam celestis altitudo ...*
Explicit: 78v ... *Marco Mauraceno et Petro Triuixano, consiliarum ipsius domini ducis.*
Edition: Novissimum statutorum ac Venetarum legum volumen, duabus in partibus divisum, Venedig 1729, 71v–102v.

5) 79r–108r
Titel: Venezianische Seestatuten von 1255.
Angaben zum Text: Unter dem Dogen Ranieri Zeno († 1268) kodifiziertes und 1255 publiziertes Seerecht; 108v–110*v leeres Zeilengerüst.
Rubrik: 79r ›[Anfang unleserlich] ... *confirmata anno domini millesimo ducentesimo quinquagesimo quinto jndictione terciadecima d*[i]*e sexto jntrante mense Augusto, in ecclesia sancti Marcj. Qualiter patroni debeant dare naues suas bene concatas*‹.
Incipit: 79r ›*Statuentes*‹ *statuimus, quod patroni nauium debeant dare naues suas bene concatas atque caleatas de foris ...*
Explicit: 108r ... *sicut bonum videbitur.*
Edition: Gli statuti marittimi veneziano fino al 1255, hrsg. von Riccardo Predelli / Alberto Sacerdoti, Venedig 1903, S. 77–167.

TH

Vatikan, Biblioteca Apostolica Vaticana, Pal. lat. 775

Formularsammlung

Papier · 1, 386, 1 Bll. · 21,2 × 15,7 cm · Speyer · um 1530–1542

Entstehungsort: Speyer.
Entstehungszeit: um 1530–1542.

Typus (Überlieferungsform): Codex.
Beschreibstoff: Papier (Bl. 243 Pergament).
Umfang: 1, 386, 1 Bll.
Format (Blattgröße): 21,2 × 15,7 cm.
Zusammensetzung (Lagenstruktur): $(I\text{-}1)^{1a} + VI^{kc} + VII^{13} + V^{23} + VI^{35} + VIII^{51} + 2\ VI^{75} + (VI+1)^{88} + 4\ VI^{136} + (VI+1)^{149} + IX^{167} + 2\ VI^{191} + (I+1)^{194} + V^{204} + VII^{218} + VI^{230} + (VI+1)^{243} + VI^{255} + IV^{263} + VII^{277} + VI^{289} + (V+2)^{301} + IV^{309} + VI^{321} + (I+2)^{325} + II^{329} + III^{334} + II^{337} + V^{347} + (VI+2)^{360} + (III\text{-}3)^{363} + (I\text{-}1)^{364*}$. Zur Blattzählung s. u. Die Bll. a–kc wurden mit Hilfe von Streifen aus Japanpapier geheftet, die ursprüngliche Struktur ist nicht erkennbar. Bl. ℓ gehört zur darauffolgenden Lage. Bl. 37–38 nicht aufgeschnitten (?), 38 jedoch bei der Foliierung berücksichtigt. Bl. 88 als Einzelbl. im Regalformat eingeheftet und zweimal gefaltet. Bl. 149 ist ebenfalls ein eingeheftetes Einzelbl. in abweichendem Format (eingefaltet). Bl. 204 wurde durch ein angefalztes Schriftstück ersetzt. Weitere eingefügte Einzelbll. wurden jeweils hinten an der Lage angeheftet (194, 243). 300 und 301 sind Einzelbll., die mit breiten Fälzen (299a, 299b) eingeheftet wurden. Bl. 324 und 325 sind zwei Foliobll. die gestürzt eingeheftet und eingefaltet wurden, ebenso Bl. 334 (Falz sichtbar als 329a), Bl. 356a und Bl. 357.
Seiten-, Blatt- und Lagenzählung: Die Tintenfoliierung des 16. Jhs. ist nicht konsistent: Die ersten zehn Bll. des vorgebundenen Registers und das letzte Bl. dieser Lage in schwarzer Tinte mit Kleinbuchstaben bezeichnet (*a–k* und *ℓ*). Der Rest des Buchblockes mit ursprünglicher Tintenfoliierung, 16. Jh. (*1–299, 300–329, 330–336, 337–345, 34, 347–356, 357–363*). *357* wegen Faltung auf der Versoseite foliiert. Bei unfoliierten Bll. folgt die Bezeichnung dem Digitalisat (1a, ka–kc, 299a–299b, 329a, 336a, 356a, 364*). Das vorgebundene, zeitgenössische Register nimmt auf die Foliierung Bezug und entstand somit gleichzeitig oder später. Lagenzählung jeweils auf der ersten Seite rechts unten, beginnend auf ℓr mit *.G.*, der letzte Eintrag auf 348r: *.H.h.* Der Abschnitt vor der G-Lage wurde offenbar zu Pal. lat. 776 gebunden: dort Bl. 220–281 mit der Lagenzählung *A–F.*
Zustand: sauber und stabil.
Wasserzeichen: Aufgrund des kleinen Formats der Hs. zumeist nicht aufgenommen. Wzz. größerer, gefaltet eingebundener Bll.: Bl. 325 Ochsenkopf ohne Gesichtsmerkmale, darauf Sichel (WZIS: DE2610-PO-63419, Beschriftung belegt für 1531, Speyer). Bl. 356a Krone mit perlenbesetztem Bügel, darauf ein Kreuz (vergleichbar mit WZIS: DE8100-CodTheol253_2).

Schriftraum: 16,5–17,3 × 12–13 cm.
Spaltenanzahl: 1 Spalte.
Zeilenanzahl: zumeist 17–27 Zeilen.
Angaben zu Schrift / Schreibern: Humanistica cursiva in wechselnder Ausprägung und von mehreren Händen. 149rv Bastarda cursiva von Johannes Adler d. Ä. (vgl. Pal. lat. 776, 122ar und 219rv). 238r, 239v–241v deutsche Kurrentschrift.

Buchgestaltung: Ohne erkennbare Textraumbegrenzungen und Zeilenlinien. Die Urkundenabschriften kopieren oftmals Gestaltungselemente von Originalurkunden (z.B. 1r, 5r, 137r, 168r, 236r, 293v, 360r). Eingefügte Originale wurden, wenn sie ein größeres Format aufwiesen, oftmals gestürzt und gegebenenfalls gefaltet eingebunden.

Buchschmuck: Wappendarstellungen auf Bl. kr (Federzeichnung) und kv (kolorierter Holzschnitt). Das Wappen auf kr lässt sich dem Reichskammergerichtssekretär Johannes Adler zuschreiben (vgl. etwa Pal. lat. 783, 4ar und Heidelberg, UB, Cod. Pal. germ. 494, 12r). Das kolorierte Wappen auf kv gehörte Johannes Obernburger (um 1486–1552), der ab 1537 leitender Kanzleisekretär Kaiser Karls V. war (vgl. Alfred F. WOLFERT, Aschaffenburger Wappenbuch, Aschaffenburg 1983, S. 236 und Tafel 67). Die Titelbll. der thematischen Abschnitte zuweilen mit kalligraphischem Schmuck (z.B. 290r). Gelegentlich wurden Schmuckelemente der kopierten Schreiben in vereinfachter Form wiedergegeben (z.B. 360r).

Nachträge und Benutzungsspuren: Die zahlreichen leeren Seiten sollten offenbar zur Aufnahme weiterer Mustertexte dienen. Ob die eingetragenen Texte in einem Arbeitsgang zusammengefügt wurden oder sukzessive, ist nicht ersichtlich.

Einband: Weißes Pergament auf Pappe. Rom, um 1780. Beide Deckel mit Spuren von je zwei textilen Schließenbändern (entfernt). Glatter Rücken (ursprünglich drei erhabene Doppelbünde, diese jedoch bei Neueinband flachgelegt), oben altes Signaturschild der BAV, Kupferstichkartusche, darin in Rot: *775*. Darunter in Bleistift: *PAL*. Unten das blaue Signaturschild der BAV. Rückenbeschriftung stark abgerieben: [Regulae Cance]*ll*[ariae] [I]*mperialis* (vgl. Rückenbeschriftung Pal. lat. 776). Kein Kapitalband. SCHUNKE, Einbände 2,2, S. 850, vgl. ebd. Bd. 1, S. 256.

Provenienz: Augsburg / Heidelberg.

Geschichte der Handschrift: Wahrscheinlich wurde auch diese Formelsammlung von Johannes Adler zusammengestellt (* 1510, vgl. Pal. lat. 776, 14r), der ab 1530 am Reichskammergericht in Speyer tätig war (Günther GROH, Personal, S. 9). Von Adler stammen auch das zugehörige Formularbuch Pal. lat. 776, ausserdem Pal. lat. 783 und die deutschsprachigen Sammlungen in Heidelberg, UB, Cod. Pal. germ. 159, Cod. Pal. germ. 178, Cod. Pal. germ. 179, Cod. Pal. germ. 459, Cod. Pal. germ. 460, Cod. Pal. germ. 491, Cod. Pal. germ. 492, Cod. Pal. germ. 493, Cod. Pal. germ. 494, Cod. Pal. germ. 604, Cod. Pal. germ. 783, Cod. Pal. germ. 785, Cod. Pal. germ. 788, Cod. Pal. germ. 824, Cod. Pal. germ. 827, Cod. Pal. germ. 828, Cod. Pal. germ. 829 sowie die kanonistische Sammelhs. Pal. lat. 685. Für einige der Bde. belegen entsprechende Signaturen die Provenienz aus dem Besitz Ulrich Fuggers (LEHMANN, Fuggerbibliotheken, Bd. 1, S. 165, Bd. 2, S. 486). Diese Herkunft ist somit auch für Pal. lat. 775 und Pal. lat 776 anzunehmen. Mit der Büchersammlung Ulrich Fuggers nach Heidelberg gelangt. 1623 mit der Heidelberger Palatina nach Rom überführt. ar *C. 74/1825* (gestrichen). Entsprechend im Allacci-Register (Pal. lat. 1949, 21v: *1825 Formularium Cancellariae Imperialis 4. C. 74.*). Ältere Signaturen der Vaticana: ar *103*, 363v *859* (kopfstehend), siehe: MONTUSCHI, Le biblioteche, S. 305. Besitzstempel der BAV: kr, 1r, 361v.

Besonderheiten: Der Bd. ist Teil einer umfangreichen Sammlung von Formularbüchern, zusammengestellt von Johannes Adler (Pal. lat. 776, Pal. lat. 783; Heidelberg, UB, Cod. Pal. germ. 159, Cod. Pal. germ. 178, Cod. Pal. germ. 179, Cod. Pal. germ. 459, Cod. Pal. germ. 460, Cod. Pal. germ. 491, Cod. Pal. germ. 492, Cod. Pal. germ. 493, Cod. Pal. germ. 494, Cod. Pal. germ. 604, Cod. Pal. germ. 783, Cod. Pal. germ. 785, Cod. Pal. germ. 788, Cod. Pal. germ. 824,

Cod. Pal. germ. 827, Cod. Pal. germ. 828, Cod. Pal. germ. 829, sowie die kanonistische Sammelhs. Pal. lat. 685).

Faksimile: https://digi.ub.uni-heidelberg.de/diglit/bav_pal_lat_775
Literatur: Bethmann, Nachrichten, S. 342; Gugumus, Erforschung, S. 137; Montuschi, Le biblioteche, S. 305; OVL, Pal.lat.775; Stevenson, Latini S. 277.

1) ar–ir
Verfasser: Johannes Adler.
Titel: Register.
Angaben zum Text: Alphabetisches Register zu den gesammelten Schriftstücken. Nur sehr wenige Stücke eingetragen, überwiegend nur die Ordnungsbuchstaben. – iv leer.
Incipit: ar *Bulla et conservatorium. fol. 1.4. ...*
Explicit: gv ... *Transsumpt et vidimus. 9.10.*

2) krv
Titel: Wappen.
Angaben zum Text: Das Wappen auf kr lässt sich dem Reichskammergerichtssekretär Johannes Adler zuschreiben (vgl. etwa Heidelberg, UB, Cod. Pal. germ. 494, 12r). Das Wappen sowie Anlage und Form der Formularsammlung belegen, dass der Band in eine Reihe mit zahlreichen weiteren Formularbüchern unter den Palatina-Hss. gehört (s. o. zur Geschichte der Handschrift). Das kolorierte Wappen auf kv gehörte Johannes Obernburger (um 1486–1552), der ab 1537 leitender Kanzleisekretär Kaiser Karls V. war.
Edition: Das Wappen Obernburgers abgedruckt in: Alfred F. Wolfert, Aschaffenburger Wappenbuch, Aschaffenburg 1983, S. 236 und Tafel 67.

3) 1r–361v
Beteiligte Personen: Johannes Adler / Karl IV. / Friedrich III. / Maximilian I. / Karl V. / Clemens VII. / Rüdiger Huzmann / Bruno von Saarbrücken / Erasmus Desiderius von Rotterdam / Alexander Weißenhorn / Martín de Salinas / Melchior Pfintzing / Johannes Soter / Johannes Schott / Valentinus Curio / Petrus Apian / Hartmann Maurus / Leopold Dick / Johannes Eck.
Titel: Formularsammlung.
Angaben zum Text: Die Sammlung umfasst vor allem Stücke aus der kaiserlichen Kanzlei aus der Zeit Kaiser Karls V. und mit Bezug auf diese. Aufgenommen wurden fast durchweg Schreiben in lateinischer Sprache (deutschsprachig: 238r und 239v–241v). Die zahlreichen überwiegend deutschsprachigen Teile der Adlerschen Formularsammlung finden sich heute unter den Codices Palatini germanici der UB Heidelberg (s. o. zur Geschichte der Handschrift). Abschnitte sind zum Teil mit vorgesetzten Titelbll. und Überschriften versehen: (ℓr) *BVLLAE AVREAE IMPERIALES.* (1r–95r) Verleihung von Privilegien. (52r–63v) *PRIVILEGIA calcographorum ad certum tempus.* Druckerprivilegien für Johannes Soter, Johannes Schott, Valentinus Curio (Schaffner) und Jacobus Schmydt. Weitere Privilegien für Petrus Apian (Mathematiker, Astrologe) und für Andreas Dietrich (Notar). (64r–78r) Ernennungen zum kaiserlichen comes palatinus für Jakob Merschwein, Leonhard Stockhaimer, Hartmann Maurus, Georg Plaicher. (78r–95r) Privilegien für Bischof Matthias von Seckau, Notariatsprivileg für Marcus Wyld, Leonhard Lang und Leopold Dick (mit eingebundenem Druck und Wappenzeichnung 88rv). – 95v–100v leer. – (101r–149v) Schutzbriefe und Verleihung

von Regalien. (113r–135v) Verleihung von Regalien. – 136rv leer. (137r–139r) Schutzprivileg für die Juden *Judas filius Calomim, David filius Masulan, Moyses filius Guthihel cum sodalibus*, ausgestellt Speyer 1536. (139r–141r) weitere Schutzprivilegien für Speyerer Juden. (141r–144v) Abschriften von Briefen der Speyerer Bischöfe Rüdiger Huzmann (1075–1090) und Bruno (1107–1123), siehe: GUGUMUS, Erforschung, S. 137. – 145r–148v leer. (149rv) *Instrumentum insinuationis*, ausgestellt 1512 von einem Johannes Adler, der sich als *clericus coniugatus diocesis Herbipolensis* bezeichnet, offenbar in seiner Eigenschaft als Notar. Es handelt sich wohl nicht um den Urheber der Formularsammlungen, sondern wahrscheinlich um seinen Vater (vgl. Pal. lat. 776, 122ar und 219rv). – (150r–158v) Schutz- und Geleitbriefe. – 159r–167v leer. – (168r–173r) Schreiben in Erbschaftsangelegenheiten. – 173v–179v leer. – (180r–243v) Schreiben in Pfründenangelegenheiten. Unter anderem: (187r–193r) *NOMINATIONES Imperiales* wg. Pfründen für Melchior Pfintzing. Dazwischen: (212v–224r) Breve von Papst Clemens VII., 18. Nov. 1530. (243r) Ablassbrief, Pergamentdruck von 1502, handschriftliches Datum: 5. April. (244r–260v) Legitimationes. – 261r–263v leer. – (264r–286v) Vidimus-Urkunden verschiedener Herrscher. – 287r–289v leer. – (290r–309v) *INSTRVMENTA ET DOCVMENTA*. Darin auch Briefe: (304v–305r) *EPISTOLA Erasmi ad Caesarem. Vt fateor, me tue Maiestati plurimum debere* … . Druck in: Desiderius Erasmus, Opus epistolarum, Basel 1529, S. 733 (und öfter). (305r–307r) *RESPONSIO Caesaris ad Erasmum. Honorabilis devote dilecte* … . – (310r–361v) *MISSIVAE*. Darin u. a.: (324r–325r) Originalschreiben an Martín de Salinas, Orator des Römischen Königs, 1521. (330r–333r) Druck: *PROTESTATIO CAESAREE MAIEstatis coram papa et cardinalibus publice facta contra regem Franciae*. VD16 D 1113. (350v–351v) *SVPPLICATIO IOANNIS Eckij theologi … pro privilegio Alexandro Weissenhorn impressori decernendo*. (360r–361v) *INSTRVMENTUM insinuationis imperialis provisionis vel laycalis praebendae*. Darunter Eintrag des Notars Cornelius de Cappella mit Notariatssignet. *TELOS*.

Incipit: 1r *In nomine sanctae et individuae trinitatis foeliciter. Amen. Karolus quartus* […] *Et si imperialis benignitatis clementia* …

Explicit: 361v … *in fidem et testimonium praemissorum regatus et requisitus et cetera*.

WM

Vatikan, Biblioteca Apostolica Vaticana, Pal. lat. 776

Formularsammlung

Papier · 1, 353 Bll. · 16,4 × 13,5 cm · Speyer · um 1530–1552

Entstehungsort: Speyer.
Entstehungszeit: um 1530–1552.

Typus (Überlieferungsform): Codex.
Beschreibstoff: Papier (Bl. 7a, 8a–9a, 122a, 168, 178a, 219 Pergament).
Umfang: 1, 353 Bll.
Format (Blattgröße): 16,4 × 13,5 cm.
Zusammensetzung (Lagenstruktur): $(I-1+1)^{2a}$ + II^{6a} + 1^{7a} + I^{9a} + VI^{10} + V^{12} + $(XIII-2+I)^{18}$ + $(VI+I)^{31}$ + $(VI+1)^{44}$ + VI^{56} + $(V+I)^{67}$ + $(VI+I)^{80}$ + $(VIII+I)^{95}$ + VIII^{109} + $(VIII+1+I)^{125}$ + $(IV+I)^{134}$ + $(V^{144}+I+I)^{146}$ + $(VI+I)^{159}$ + $(IV+1)^{168}$ + $(V+I)^{178a}$ + VII^{192} + VI^{204} + $(VII+I)^{219}$ + VI^{231} + $(VI+1)^{244}$

+ 4 VI[292*]. Zur Blattzählung s. u. Bl. 1a ist zwischen dem Vorderspiegel und dem Vorsatzbl. 2a befestigt (siehe Nachträge). 2a bildet mit dem Vorderspiegel ein Doppelbl. Größere eingebundene Stücke wurden zumeist als äußeres Doppelbl. um eine Lage gelegt und mit dieser gebunden. 117a (an einem schmalen Papierfalz befestigt) und 117b/117c sind in die Lagenmitte geheftet. Doppelbll. sind: 3[abis]/12[bis]a, 7bis/9[bis]a, 18a/31, 31a/44, 56a/67, 67a/80, 80a/95, 117b/117c, 125a/134, 134a/145, 134b/146, 146a/159, 168a/178a, 204a/219. Bl. 95a und 109 wurden zu einem Doppelbl. zusammengeklebt. Der Heftfalz von 122a ist zwischen 112 und 113 zu sehen, der von 168 vor 160r.

Seiten-, Blatt- und Lagenzählung: Die Tintenfoliierung des 16. Jhs. ist nicht konsistent: Nach den unbezeichneten Bll. des Registers (3a–9a) folgen die Bll. *1–9* sowie zwei unfoliierte Bll. (9b–9c). Nach nur einem bezeichneten Bl. (*10*) folgen 9 unbezeichnete (10a–10i) und mit Bl. *12* wieder ein foliiertes. Nach 12a–12e (unbezeichnet) kommen die foliierten Bll. *14–15* (letzteres trägt zudem die Nr. 1). Ab dem folgenden Bl. *2*[bis] läuft die Foliierung des 16. Jhs. dann im Wesentlichen stringent weiter bis *220*, wobei nicht alle eingehefteten Einzelbll. berücksichtigt wurden und alle unvollständigen Seiten (Gegenbll. und Heftfälze der eingefügten Stücke) unbezeichnet blieben. Gefaltete Bll. z. T. auf der Versoseite foliiert. Von *221* bis *290* schließt sich die übliche Tintenfoliierung der Palatini latini an, auch das zunächst wohl nicht bezeichnete Bl. 218 wurde so foliiert (Rom, 17. Jh.). Die Bezeichnung der nicht foliierten Bll. folgt dem Digitalisat (1a–9a, 9b–c, 10a–10i, 12a–12e, 31a, 56a, 67a, 80a–80b, 94a, 95a, 105a, 117a–117c, 122a, 125a, 128a, 134a–134b, 146a, 168a, 178a, 204a, 291*–292*) ebenso die entsprechenden Ergänzungen bei doppelt vergebenen Zahlen (2bis, 3[abis], 4bis–9bis, 9[bis]a–9[bis]b, 10bis, 12bis, 12[bis]a, 14bis–15bis). 220r–281r liegt eine Lagenzählung vor (*A–F*, jeweils erste Rectoseite unten rechts). Dieser Abschnitt dürfte ursprünglich zu Pal. lat. 775 gehört haben, wo die Lagenzählung ꝛr mit *G* beginnt.

Zustand: sauber und stabil.

Wasserzeichen: Aufgrund des kleinen Formats der Hs. zumeist nicht aufgenommen. Wzz. größerer, gefaltet eingebundener Bll.: Bl. 1a Bär um 90° gedreht, mit Zunge, mit Halskontur, Pranken (vergleichbar WZIS: DE2610-PO-84137). Bl. 31, 80, 145 Wappen, Buchstabe G und Kreuz (einkonturig), darüber Buchstabe: Minuskel-r (ähnlich WZIS: DE8085-PO-27910). Bl. 44, 95 Ochsenkopf ohne Gesichtsmerkmale, darauf Sichel (WZIS: DE2610-PO-63419, Beschriftung belegt für 1531, Speyer). Bl. 67, 117a Bügelkrone zweikonturig, Bügel mit Perle und Blatt, Bogen ohne Perlen (ähnlich WZIS: DE5400-PO-52002). Bl. 134r Bär um 90° gedreht, mit Zunge, Pranken (ähnlich WZIS: DE8085-PO-83982).

Schriftraum: 20,6 × 16 cm.

Spaltenanzahl: 1 Spalte.

Zeilenanzahl: zumeist 17–27 Zeilen.

Angaben zu Schrift / Schreibern: Humanistica cursiva in wechselnder Ausprägung und von mehreren Händen. 122ar, 219rv Bastarda cursiva von der Hand Johannes Adlers d. Ä. (wie Pal. lat. 775, 149rv).

Buchgestaltung: Ohne erkennbare Textraumbegrenzungen und Zeilenlinien. Die Urkundenabschriften kopieren oftmals Gestaltungselemente von Originalurkunden (z. B. 236r, 257v, 258v). Eingefügte Originale wurden oftmals gestürzt und gegebenenfalls gefaltet eingebunden.

Buchschmuck: Die Titelbll. der thematischen Abschnitte zuweilen mit kalligraphischem Schmuck (z. B. 290r). Gelegentlich wurden Schmuckelemente der kopierten Schreiben in vereinfachter Form wiedergegeben (z. B. 360r). 8ar und 221r finden sich kleine figürliche

Zeichnungen. Die Stadtansicht mit Stadtmauer und einer Kirche mit spitz bekröntem Turm 221r erinnert etwas an Motive in den Stadtansichten von Speyer von der Rheinseite, wie sie sich etwa in den publizierten Ansichten von Sebastian Münster und Matthäus Merian dem Älteren finden.

Nachträge und Benutzungsspuren: Die zahlreichen leeren Seiten sollten offenbar zur Aufnahme weiterer Mustertexte dienen. Ob die eingetragenen Texte in einem Arbeitsgang zusammengefügt wurden oder sukzessive, ist nicht ersichtlich. Das heute direkt nach dem Vorderspiegel befestigte Bl. 1a war lose zwischen Bll. 120 und 121 vorgefunden worden und wurde hier gesichert (Vorderspiegel: *trovato tra i ff. 120–121*). Das Konzeptbl. mit zahlreichen Streichungen und Einfügungen ist ein Fragment, der Anfang fehlt, 1av datiert: Augsburg, 8. Okt. 1547. Das Schriftstück 128arv, wohl auch ein Konzept, wurde als Einzelbl. eingeheftet und ist ebenfalls *1547* datiert, so wie der Nachtrag 55v–56r. Das Doppelbl. aus Pergament 8–9 trägt die Jahreszahl 1545. Diese Stücke entstanden später als der Großteil der Sammlung, jedoch früher als das nachgetragene Wappen von Johannes Adler 14r (vgl. etwa Heidelberg, UB, Cod. Pal. germ. 494, 12r und Pal. lat. 775, kr). Adler setzte dort unter die Wappenbilder das Jahr 1552 und den Zusatz *Aetatis 42* aus dem sich sein Geburtsjahr 1510 ableiten lässt. An einigen der eingebundenen Originale finden sich Spuren entfernter Siegel (7av, 31v, 95av, 145v).

Einband: Weißes Pergament auf Pappe. Rom, um 1780. Beide Deckel mit Spuren von je zwei textilen Schließenbändern (entfernt). Rücken mit drei erhabenen Doppelbünden. Oben altes Signaturschild der BAV, Kupferstichkartusche, darin in Rot: *776*. Darunter in brauner Tinte *497* (gestrichen), dann die Rückenbeschriftung: *Regulae cancellariae imperialis* (vgl. Rückenbeschriftung Pal. lat. 775). Unten das blaue Signaturschild der BAV. Kapital mit braunen und gelben Seidenfäden umwickelt. Schunke, Einbände 2,2, S. 850, vgl. ebd. Bd. 1, S. 256.

Provenienz: Augsburg / Heidelberg.

Geschichte der Handschrift: Auch diese Formelsammlung wurde von Johannes Adler zusammengestellt (* 1510, s. Nachträge), der ab 1530 am Reichskammergericht in Speyer tätig war (Groh, Personal, S. 9). Von Adler stammen auch das zugehörige Formularbuch Pal. lat. 775, ausserdem Pal. lat. 783 und die deutschsprachigen Sammlungen in Heidelberg, UB, Cod. Pal. germ. 159, Cod. Pal. germ. 178, Cod. Pal. germ. 179, Cod. Pal. germ. 459, Cod. Pal. germ. 460, Cod. Pal. germ. 491, Cod. Pal. germ. 492, Cod. Pal. germ. 493, Cod. Pal. germ. 494, Cod. Pal. germ. 604, Cod. Pal. germ. 783, Cod. Pal. germ. 785, Cod. Pal. germ. 788, Cod. Pal. germ. 824, Cod. Pal. germ. 827, Cod. Pal. germ. 828, Cod. Pal. germ. 829 sowie die kanonistische Sammelhs. Pal. lat. 685. Für einige der Bde. belegen entsprechende Signaturen die Provenienz aus dem Besitz Ulrich Fuggers (Lehmann, Fuggerbibliotheken, Bd. 1, S. 165, Bd. 2, S. 486). Diese Herkunft ist somit auch für Pal. lat. 775 und Pal. lat. 776 anzunehmen. Bei zwei eingefügten Stücken aus dem Jahr 1508 merkte Adler an, dass sie von der Hand seines Vaters geschrieben wurden (122ar *hec scriptura continet literas amantissimi patris*; 219rv *manu et scriptura olim patris*). Von der selben Hand stammt eine auf 1509 datierte Urkunde in Pal. lat. 775 (149rv), die von dem Notar und *clericus coniugatus* der Diözese Würzburg Johannes Adler ausgestellt wurde. Zusammen mit der Unterschrift unter dem Wappen des Titelbl. 14r *1552 aetate sua 42*, ergeben sich somit einige Informationen zur Person des Kammergerichtssekretärs Johannes Adler. Mit der Büchersammlung Ulrich Fuggers in die Heidelberger Palatina überführt. 1623 mit dieser in die vatikanische Bibliothek verbracht. 3ar Capsa-Nummer: *C. 68*. Im Allacci-Register (Pal. lat. 1949, 45v: 1063 *Regulae* *cancelleriae imperialis. 4. C. 68*). Ältere Signaturen der Vaticana: 2ar *732* [gestrichen] darüber die aktuelle Signatur, am unteren Seitenrand: *457*. Auf 4av und 292*v: *855* (jeweils kopfstehend). Besitzstempel der BAV: 1ar, 7av, 8ar, 2r, 19r, 58r, 61v, 68v, 75r, 82r, 96r, 104v, 109r, 111r, 119v, 120r, 121r, 128v, 128ar, 134r, 138r, 146v, 159r, 168r, 170r, 173v, 174r, 178ar, 219r, 232r, 236r, 243r, 245r, 254v, 257r, 273r, 289v, 290r. Die zahlreichen Besitzstempelabdrücke lassen darauf schließen, dass die Hs. bis zum Neueinband (s. o. Einband) aus losen oder doch nicht fest verbundenen Faszikeln und Einzelbll. bestand.

Besonderheiten: Der Bd. ist Teil einer umfangreichen Sammlung von Formularbüchern, zusammengestellt von Johannes Adler (Pal. lat. 775 und Pal. lat. 783; Heidelberg, UB, Cod. Pal. germ. 159, Cod. Pal. germ. 178, Cod. Pal. germ. 179, Cod. Pal. germ. 459, Cod. Pal. germ. 460, Cod. Pal. germ. 491, Cod. Pal. germ. 492, Cod. Pal. germ. 493, Cod. Pal. germ. 494, Cod. Pal. germ. 604, Cod. Pal. germ. 783, Cod. Pal. germ. 785, Cod. Pal. germ. 788, Cod. Pal. germ. 824, Cod. Pal. germ. 827, Cod. Pal. germ. 828, Cod. Pal. germ. 829 sowie die kanonistische Sammelhs. Pal. lat. 685.

Faksimile: https://digi.ub.uni-heidelberg.de/diglit/bav_pal_lat_776

Literatur: Bethmann, Nachrichten, S. 342; Gugumus, Erforschung, S. 137; OVL, Pal.lat. 776; Stevenson, Latini, S. 277.

1) 6ar–1r

Titel: Register.

Angaben zum Text: Die vorgesetzten leeren Bll. sollten sehr wahrscheinlich ein alphabetisches Register zu den gesammelten Schriftstücken aufnehmen (vgl. Pal. lat. 775, ar–ir). Darauf deuten auch die eingetragenen Ordnungsbuchstaben auf 6ar und 8ar hin (das *A* auf 3av ist ein Abklatsch). Es wurden jedoch keine Eintragungen vorgenommen. 7a und 8a sind Versatzstücke, die hier eingebunden wurden: (7arv) Urkunde datiert: Konstanz 1525, genannt: *Wolfgang Schaff*. Spuren eines entfernten Siegels, Federproben. (8ar) *Memento mori et in aeternum non peccabis* [Sir 7,40], *1545 Wor*[matia(?)], darunter in hebräischer Schrift: ברוה אליי. Das Aleph und das Lamed sind wohl als Ligatur geschrieben. Die Zeichen sind vokalisiert: unter dem Beth ein qamats gadol, über dem Vaw ein cholem, über dem He wahrscheinlich ein rafe, unter dem Aleph ein zere. Der Sinn bleibt jedoch unklar.

2) 1v–290r

Beteiligte Personen: Johannes Adler / Niklas Ziegler / Sigismund / Kaspar Schlick / Friedrich II. / Karl IV. / Maximilian I. / Karl V.

Titel: Formularsammlung.

Angaben zum Text: Die Sammlung umfasst vor allem Stücke aus der kaiserlichen Kanzlei. Die datierten Schreiben stammen überwiegend aus der Zeit von 1530 bis 1541. Einzelne Stücke geben jedoch auch Urkunden des 13. bis 15. Jhs. wieder (s. u.), an drei Stellen finden sich die Jahre 1545 und 1547. 55v–56r dürfte ein Nachtrag sein, das Schriftstück 128arv, wohl ein Entwurf, wurde als Einzelbl. eingeheftet. Aufgenommen wurden ausschließlich Schreiben in lateinischer Sprache. Die zahlreichen deutschsprachigen Teile der Adlerschen Formularsammlung finden sich heute unter den Codices Palatini germanici der UB Heidelberg (s. zur Geschichte der Handschrift). Pal. lat. 776 weist eine thematische Ordnung auf, die zumeist an den Zwischenüberschriften ablesbar ist: (1v–12ev) Titulaturen und Anredeformeln für Briefe; (14r) Titelbl. mit Wappenzeichnung (s. zur Geschichte der Hs.). *FORMVLAE et regulae cancelleriae imperialis*; (1r/15r–56v) *Citationes*; (57r–67v) *Inhibitiones*; (68r–

80v) *Compulsoriales, ad aedendum acta et cetera*; (81r–95av) *Commissiones*; (96r–109v) *Executoriales*; (110r–134v) *Mandata poenalia*; (135r–146v) *Promotoriales*; (147r–168v) *LITERAE INDVLTI ET COMPASSVS*; (169r–219v) *LITERAE sententiarum*; (220r–221v) *Literae armorum*; (222r–231v) *Melioratio armorum cum scuto* (unter diesem Titel keine Einträge); (232r–290r) Confirmationes privilegiorum. Bestätigungen von Privilegien für Personen und Institutionen, auch vergangener Jahrhunderte, z. T. mit Nachzeichnung der Monogramme: (245rv) Kaiser Sigismund für seinen Kanzler Kaspar Schlick; (257rv) Kaiser Friedrich II.; (258rv) Kaiser Karl IV.; (259r–260r) Kaiser Karl IV., 1385; (263v–290r) weitere Bestätigungen von Maximilian I. bis Karl V.

Incipit: 1v *Anno domini M.D.XX° die vero XXVII mensis Octobris, illustrissimus ...*

Explicit: 290r ... *ad mandatum domini regis in consilio, Nicelas Ziegler.*

WM

Vatikan, Biblioteca Apostolica Vaticana, Pal. lat. 777

Kanonistische Sammelhandschrift

Papier · 6, 226, 3 Bll. · 30,4 × 21,2 cm · Südwestdeutschland · Mitte 15. Jh.

Entstehungsort: Südwestdeutschland.

Entstehungszeit: Mitte 15. Jh.

Typus (Überlieferungsform): Codex.

Beschreibstoff: Papier.

Umfang: 6, 226, 3 Bll.

Format (Blattgröße): 30,4 × 21,2 cm.

Zusammensetzung (Lagenstruktur): $(I\text{-}1)^{1a}$ + 3^{4a} + I^{6a} + 19 VI^{228*} + $(I\text{-}1)^{229*}$. Bei ungez. Bll. folgt die Zählung dem Digitalisat (1a–6a, 227*–229*). Vorderer Spiegel Gegenbl. von 1a, hinterer Spiegel Gegenbl. von 229*.

Seiten-, Blatt- und Lagenzählung: Vor- und Nachsatzbll. ungez. Römische Foliierung des 17. Jhs. (*1–226*). Durchgängig Reklamanten auf der letzten Versoseite der Lage auf dem Fußsteg rechts. Lagenfoliierung auf Rectoseiten auf dem Fußsteg rechts mit Minuskelbuchstaben und arabischen Ziffern, teilweise durch Beschnitt verloren gegangen.

Zustand: Stockflecken, v. a. am oberen Rand. Lagenmitte im Falz gebräunt. Teile von 226 herausgeschnitten. Wenige Gebrauchsspuren.

Wasserzeichen: Freistehendes, doppelrädriges Mühlrad mit sechs Speichen und Kurbel als Beizeichen, in zwei Varianten, auf Bll. 1, 6, 10, 23–25, 32–34, 40, 44, 48, 53, 57–61, 63–66, 81, 83–87, 92–102, 105, 108–110, 115, 124, 132–139, 143–151, 153, 156–158, 164, 176–179, 181, 187–190, 196, 205–211, 213, 215–217, 224, ähnlich Wzz. von Papieren, die 1459 in Solothurn beschrieben wurden, WZIS CH7740-PO-122918, auf Bll. 2–4, 8, 13–21, 28–31, 35, 43, 46–47, 50, 54, 62, 77, 82, 91, 104, 107, 111–113, 120, 131, 141, 152, 154–155, 160–163, 166–174, 180, 184–185, 195, 198–203, 212, 214, 218, annähernd identisch mit Wzz. von Papieren, die 1450–1455 in Ostschwaben / Nordbayern beschrieben wurden, WZIS DE1935-Mscr_Dresd_M_180_71 .

Schriftraum: 19,3 × 12–17 cm (mit Kommentaren).

Spaltenanzahl: 1 Spalte.
Zeilenanzahl: 43 Zeilen.
Angaben zu Schrift / Schreibern: Alle Texte wurden von einer Hand geschrieben, die sich einer Semitextualis im Derolezschen Sinn bediente (vgl. Derolez, Palaeography, S. 119–122). Dabei sind die Brechungen nicht stark ausgeprägt und es zeigen sich Einflüsse humanistischer Schriften, wie die meist verwendete Capitalis bei Majuskeln. Möglichweise handelt es sich hier um denselben Schreiber, der auch die Texte in Pal. lat. 684 schrieb.
Buchgestaltung: Zeilengerüst mit Silberstift vorgezogen. Jeder Decisio ist auf dem Rand eine durchnummerierte lateinische Ziffer zur Seite gestellt (ab 300 in arabischen Ziffern), jede Decisio beginnt alternierend mit einer blauen oder roten Lombarde, innerhalb der Decisio alternierend blaue oder rote Paragrafenzeichen zur Strukturierung des Texts. Im zweiten Text jeder Decisio alternierend blaues oder rotes Paragrafenzeichen vorangestellt.
Buchschmuck: Rubrik auf 1r beginnt mit roter Lombarde mit Fleuronnéperlenbesatz und Fadenausläufern, im Binnenfeld im Büschel angeordnetes Knospenfleuronné. Incipit grüne Initiale mit Blattranken vorangestellt, mit rotem Knospenfleuronnébesatz und roten Fadenausläufern, im Binnenfeld Knospenfleuronné. Zum Buchschmuck siehe auch heidICON.

Nachträge und Benutzungsspuren: Kurze Inhaltsangaben, Korrekturen, Verweise und Anmerkungen von Schreiberhand auf Rändern. Kaum grafische Verweiszeichen. Teilweise Seitentitel von jüngerer Hand nachgetragen.

Einband: Pappe mit weißem Pergament überzogen, Löcher für Schließbänder noch vorhanden. Auf Rücken rotes Schild und zwei blaue aufgeklebte Schildchen mit aktueller Signatur, sowie die Wappenstempel in Gold von Papst Pius XII. und dem Kardinal und Bibliothekar Giovanni Mercati (1866–1957), gefertigt in Rom zwischen 1939 und 1957 (Schunke, Einbände 2.2, S. 850).
Provenienz: Heidelberg.
Geschichte der Handschrift: Auf Vorderspiegel blaues Schildchen mit aktueller Signatur, darunter ausgeschnittener alter Rückentitel: *Decisiones Bellameræ de anno 74 75. 77.* Auf 2ar neben aktueller Signatur Altsignatur *793* [durchgestrichen], auf 5ar Capsa-Nummer *C. 159*, darunter Allacci-Signatur *1265* (?) [durchgestrichen], ferner Altsignaturen *220* [durchgestrichen] und *494.* Auf 5av Vermerk oder Altsignatur, auf 6ar Altsignatur *47.* Lehmann verortet die Entstehung der Hs. in Italien (Lehmann, Fuggerbibliotheken 2, S. 486). In der Tat lässt der paläografische Befund dies auch als wahrscheinlich erscheinen. Der Buchschmuck wie auch die Wzz. verweisen jedoch auf eine Werkstatt in Südwestdeutschland, in der auch Pal. lat. 684 entstanden sein dürfte. Es ist durchaus möglich, dass sich der Codex später im Besitz des Ulrich Fugger (1526–1584) befand, wie Lehmann mit Verweis auf den Bibliothekskatalog von 1571 (Pal. lat. 1921, 100v) annahm.

Faksimile: https://digi.ub.uni-heidelberg.de/diglit/bav_pal_lat_777
Literatur: Dolezalek, Verbreitung, S. 79, 99; André Fliniaux, Contribution à l'histoire des sources du droit canonique. Les anciennes collections de Decisiones Rotae Romanae, in: Revue historique de droit français et étranger 4 (1925), S. 61–93, 382–410, hier S. 83; Henri Gilles, La vie et les oeuvres de Gilles Bellemère, in: Bibliothèque de l'Ecole des Chartes 124 (1966), S. 30–136, 382–431, hier S. 418f.; Gugumus, Erforschung, S. 128 A. 17a; Lehmann, Fuggerbibliotheken 2, S. 486; OVL, Pal.lat.777; Schunke, Einbände 2.2, S. 850; Stevenson, Latini, S. 277.

1) 1r–200v
Verfasser: Gilles Bellemère.
Titel: Decisiones Rotae Romanae.
Angaben zum Text: 201r–201v leeres Zeilengerüst.
Rubrik: 1r ›*Hec*‹ *sunt decisiones de concilijs Rote dominorum sacri palacij causarum auditorum per venerabilem virum dominum Egidium Bellemere utriusque iuris doctorem eiusdem palacij auditorem de anno septuagesimoquarto et citra de annis septuagesimoquinto et septuagesimo septimo recollecte.*
Incipit: 1r ›*Prima*‹ *conclusio est, quod consuetudo opcionis de qua loquitur c. Cum in tua de consuetudine li. vj. prescribitur in deceni annis ut uidetur notasse glossa in dicto c. Cum in tua …*
Explicit: 200v … *quam differenciam scripsi in regula ignorancia allegata.*
Edition: Der Text liegt in keiner modernen Edition vor, erschien aber bereits 1474 als Wiegendruck (GW 8209–8210).

2) 202r–226r
Verfasser: Johannes de Lovania de Ruremunde.
Titel: Tabula sive summarium conclusionum sive decisionum.
Rubrik: 202r ›*Tabula*‹ *siue summarium conclusionum seu decisionum reuerendi patris domini G. de Bellemere tunc apostolici palacij causarum auditoris postea episcopi Auinionensis iuxta rubricas decreti compilata a me Johanne de Leuania de Ruremunde.*
Incipit: 202r ›*De constitucionibus*‹. *600. Vbi in constitucione exprimitur causa illa cessante cessat constitucio …*
Explicit: 226r … *eciam priuilegio extrauagantium Iohannis xxij. que incipit Matheus.*

TH

Vatikan, Biblioteca Apostolica Vaticana, Pal. lat. 779

Zusammengesetzte Handschrift

Papier · 98, 1 Bll. · 30 × 20,4 cm · Oberdeutschland / Heidelberg (?) / Leipzig (?) · 1430er–1440er Jahre / 1430er Jahre / Mitte 15. Jh.

Typus (Überlieferungsform): Codex.
Beschreibstoff: Papier.
Umfang: 98, 1 Bll.
Format (Blattgröße): 30 × 20,4 cm.
Zusammensetzung (Lagenstruktur): Hs. aus 3 Faszikeln zusammengesetzt (I. Bll. 1–72; II. Bll. 73–84; III. Bll. 85–98). Vorderspiegel + … + (I-1)^{99*}. Hinterspiegel Gegenbl. von 99*.
Seiten-, Blatt- und Lagenzählung: Römische Foliierung des 17. Jhs. (*1–98*). Nachsatzbl. ungez., weshalb hier Zählung des Digitalisats übernommen wird (99*).
Zustand: Am oberen Rand leicht stockfleckig. 15–24 leichter Wasserschaden am unteren Rand. Im ersten Faszikel bis auf das erste Bl. kaum Flecken; im Wesentlichen recht gut erhalten. Der zweite Faszikel mit deutlich gebräunterem Papier, stärker verblasster Tinte und mehr Flecken. Im dritten Faszikel zumindest Tinte wieder besser erhalten.

Einband: Pergamentband über Pappe, nach SCHUNKE, Einbände 2.2, S. 850, um 1780 in Rom entstanden. Löcher für Schließbänder in den Deckeln noch vorhanden. Gelb-kupferfarbenes Kapital. Auf dem Rücken oben aufgeklebt blaues Signaturschild, darunter direkt auf den Rücken der Buchtitel notiert, *Remissorium aureum*, darunter *779*.
Provenienz: Heidelberg.
Geschichte der Handschrift: Modernes blaues Signaturschild der Vaticana *Pal. lat. 779* auf dem vorderen Spiegel, nebst aktueller Signatur. Auf 1r Capsa-Nummer *C. 104.*, darunter Allacci-Signatur *1835*, ferner Altsignaturen *936* [durchgestrichen] und *589* von Hand des 17. Jhs.: *Remissorium aureum et cetera.* Alle drei Faszikel entstanden zwischen den 1430er und 1450er Jahren, wobei Heidelberg und Leipzig als zwei wahrscheinliche Entstehungsorte angenommen werden können. Die Hand, welche den letzten, wohl in Leipzig entstandenen Faszikel schrieb, fertigte auch einen Teil des zweiten, wohl in Heidelberg geschriebenen Faszikels und versah auch den ersten Faszikel mit Anmerkungen. Demnach dürfte es sich bei dieser Hand um den Eigentümer handeln, der die drei Faszikel vereinigte und bei dem es sich um einen Studenten oder Gelehrten handeln dürfte, der sich in Heidelberg und Leipzig aufhielt.

Faksimile: https://digi.ub.uni-heidelberg.de/diglit/bav_pal_lat_779
Literatur: Emil SECKEL, Rezension, in: Zentralblatt für Bibliothekswesen 36 (1919), S. 273–279, hier S. 277, Nr. 21; STEVENSON, Latini, S. 278.

Faszikel I (Bl. 1–72)

Sachtitel / Inhalt: Remissorium aureum utriusque iuris secundum alphabetum.

Entstehungsort: Oberdeutschland.
Entstehungszeit: 1430er–1440er Jahre.

Typus (Überlieferungsform): Faszikel.
Beschreibstoff: Papier.
Umfang: 72 Bll.
Format (Blattgröße): 30 × 20,4 cm.
Zusammensetzung (Lagenstruktur): 6 VI^{72}.
Seiten-, Blatt- und Lagenzählung: s. zum Codex.
Wasserzeichen: Ochsenkopf mit Augen sowie zweikonturiger Stange und sechsblättriger Blume und einkonturigem Stern als Oberzeichen, auf Bll. 2–12, 49–72, ähnlich Wzz. von Papieren, die laut WZIS 1437 in Gufidaun beschrieben wurden, DE5580-Clm6489_271; Ochsenkopf mit Augen sowie zweikonturiger Stange und Kleeblatt / Dreiblatt, auf Bll. 13–44, vergleichbar mit Wzz. von Papieren, die laut WZIS 1445 in Ellwangen verwendet wurden, DE8085-PO-69638.

Schriftraum: 21,5 × 14 cm.
Spaltenanzahl: 2 Spalten.
Zeilenanzahl: 40–43 Zeilen.
Angaben zu Schrift / Schreibern: Von einer Hand in einer flüchtig ausgeführten Bastarda.

Buchgestaltung: Schriftraum mit Tinte vorgezogen. Jeder neue Buchstabe mit Rubrik und roter Lombarde eingeleitet, in der Regel mit Knospenfleuronné im Binnenfeld und ablaufenden Stäben und Fäden. Lemmata rot unterstrichen.
Buchschmuck: s. Buchgestaltung.

Nachträge und Benutzungsspuren: Korrekturen und Anmerkungen von mehreren, wohl zeitgenössischen Händen, darunter auch jene, die das medizinische Rezept auf 83v und den dritten Faszikel ausführte. Wenige grafische Verweiszeichen.

Provenienz: Heidelberg.
Geschichte des Faszikels: Die verwendeten Papiere lassen vermuten, dass der Faszikel in den 1430er oder 1440er Jahren in Oberdeutschland entstand.

1) 1ra–72vb
Verfasser: Arnold Gheyloven.
Titel: Remissorium aureum utriusque iuris secundum alphabetum.
Angaben zum Text: Bricht ab innerhalb des Buchstabens O: (1ra–8rb) Buchstabe A; (8rb–9vb) Buchstabe B; (9vb–19va) Buchstabe C; (19vb–24ra) Buchstabe D; (24ra–38vb) Buchstabe E; (38vb–41vb) Buchstabe F; (41vb–42rb) Buchstabe G; (42rb–44ra) Buchstabe H; (44ra–57rb) Buchstabe I; (57va–62va) Buchstabe L; (62va–69vb) Buchstabe M; (69vb–71va) Buchstabe N; (71va–72vb) Buchstabe O.
Incipit: 1ra ›*Aa*‹: *Aliquando excludit, aliquando includit, ut notat Archidiaconus XXXI. d. Qualiter et deferys* ...
Explicit: 72vb ... ›*Oratorium*‹ *hiis an possit missas* ... [Text bricht ab].

Faszikel II (Bl. 73–84)

Sachtitel / Inhalt: Juristische Texte.

Entstehungsort: Heidelberg (?).
Entstehungszeit: 1430er Jahre.

Typus (Überlieferungsform): Faszikel.
Beschreibstoff: Papier.
Umfang: 12 Bll.
Format (Blattgröße): 30 × 20,4 cm.
Zusammensetzung (Lagenstruktur): VI^{84}.
Seiten-, Blatt- und Lagenzählung: s. zum Codex.
Wasserzeichen: Ochsenkopf mit Augen sowie zweikonturiger Stange (Stangenende zweikonturig) und siebenblättriger Blume, auf Bll. 74–78, 84, ähnlich Wzz. von Papieren, die laut WZIS 1431 in Braunschweig beschrieben wurden, DE1335-PO-70064.

Schriftraum: 22,5 × 14 cm.
Spaltenanzahl: 2 Spalten.
Zeilenanzahl: 44–64 Zeilen.

Angaben zu Schrift / Schreibern: Die Texte wurden von mehreren Händen ausgeführt, wobei sich die erste Hand einer kalligrafisch mit Anspruch behafteten Bastarda bediente (73ra–83va), während die folgenden Texte in einer flüchtig niedergeschriebenen gotischen Gebrauchsschrift gehalten sind. Der Schreiber, welcher für das medizinische Rezept auf 83v verantwortlich zeichnete, führte auch Faszikel III aus.
Buchgestaltung: Schriftraum mit Tinte vorgezogen. Rote Durchstreichungen und Paragrafenzeichen. Auf 84r Quaestiones auf den Seitenrändern in Rot.
Buchschmuck: s. Buchgestaltung.

Nachträge und Benutzungsspuren: Wenige Anmerkungen von anderer zeitgenössischer Hand.

Geschichte des Faszikels: Die Tituli, Beschreibungen der Sammlungen und Rechtssätze des Kanonischen und Römischen Rechts sowie das medizinische Rezept finden sich in ebenjener Abfolge auch in der Freiburger Hs. 163, die zudem einen Bezug zur Universität Heidelberg aufweist (Die lateinischen mittelalterlichen Handschriften der Universitätsbibliothek [Hs. 1–230], beschrieben von Winfried Hagenmaier, Wiesbaden 1974 [Kataloge der Universitätsbibliothek Freiburg im Breisgau 1,1], S. 143–148), weshalb anzunehmen ist, dass auch vorliegender Faszikel in Heidelberg entstanden sein könnte, was entsprechend der Wzz. in den 1430er Jahren geschehen sein dürfte.

2) 73ra–83rb
Titel: Register von Tituli verschiedener Rechtsbücher.
Angaben zum Text: (73ra–75vb) Tituli zum Digestum vetus, Digestum novum und Infortiatum; (75vb–80vb) Tituli zum Codex Iustinianus; (81ra–81rb) Tituli zu den Institutiones Iustiniani; (81va–82vb) Tituli und Collationes zum Authenticum; (83ra–83rb) Tituli zu den Libri feudorum.
Rubrik: 73ra ›*Jncipiunt tituli legum secundum ordinem alphabeti*‹.
Incipit: 73r *Et primo tituli Digestorum ...*
Explicit: 83rb ... *vasallo qui contra constitutionem Lotharii feodum alienatum.*

3) 83rb–83vb
Titel: Beschreibungen der Sammlungen und Rechtssätze des Kanonischen und Römischen Rechts.
Incipit: 83rb *Nota: Ecclesiastica constitutio quando dicitur canon quando Decretum ...*
Explicit: 83vb ... *qui dicitur Clementina.*

4) 83vb
Titel: Initien juristischer Texte.
Rubrik: 83vb ›*Jnjcia liberorum*‹.
Incipit: 83vb *Apparatus Innocencij incipit: Legitur in Ezechahele ...*
Explicit: 83vb ... *Nouella Johannis Andree super Sexto incipit: Cum eram paruulus, loquebar ut paruulus, cum autem factus sum vir evacuaui que erant paruuli, j Ad Chorinthos xiij.*

5) 83vb
Titel: Medizinisches Rezept.
Incipit: 83vb *Si crus est jnflatum et non wlneratum ...*

Explicit: 83vb ... *per noctem et mane continua.*

6) 84ra–84v
Titel: Conclusiones iuridice.
Incipit: 84r ›*Qucstio prima: In ciuitate*‹. *Conclusio prima: Census realis ut in domo ante contractum constitutus ...*
Explicit: 84va ... *seu pecunia.*

Faszikel III (Bl. 85–98)

Sachtitel / Inhalt: Predigten.

Entstehungsort: Leipzig (?).
Entstehungszeit: Mitte 15. Jh.

Typus (Überlieferungsform): Faszikel.
Beschreibstoff: Papier.
Umfang: 14 Bll.
Format (Blattgröße): 30 × 20,4 cm.
Zusammensetzung (Lagenstruktur): $VI^{96} + I^{98}$.
Seiten-, Blatt- und Lagenzählung: Ursprüngliche zeitgenössische Foliierung noch vorhanden (*15–26*), nebst der römischen des 17. Jhs. (s. zum Codex).
Wasserzeichen: Ochsenkopf mit Augen und rundem Kinn sowie zweikonturiger Stange und sechsblättriger Blume, auf Bll. 85–97, vergleichbar mit Wzz. von Papieren, die laut WZIS 1448 in St. Emmeram Verwendung fanden, DE5580-Clm14810_18%2F19.

Schriftraum: 23,5 × 17,5 cm.
Spaltenanzahl: 2 Spalten.
Zeilenanzahl: 55–57 Zeilen.
Angaben zu Schrift / Schreibern: Relativ flüchtig ausgeführte gotische Kursive von einer Hand, die auch das medizinsche Rezept auf 83v und den ersten Faszikel u. a. mit Anmerkungen versah.
Buchgestaltung: Schriftraum mit Tinte vorgezogen. Jede Predigt mit roter Lombarde eingeleitet, in der Regel mit Knospenfleuronné im Binnenfeld und ablaufenden Stäben und Fäden. Ferner rote Paragrafenzeichen und Unterstreichungen, Letztere auch in Schwarz. Einzelne Abschnitte auf den Seitenrändern mit Buchstaben durchgezählt.
Buchschmuck: s. Buchgestaltung.

Provenienz: Heidelberg.
Geschichte des Faszikels: Die nachgetragene Predigt dürfte an der Universität Leipzig gehalten worden sein, so heißt es auf 98r: *alma nostra Lipcensis vniuersitas*, weshalb anzunehmen ist, dass dieser Faszikel auch dort entstand.

7) 85r–98r
Titel: Predigten.

Angaben zum Text: (85r–95v) Predigten (davon nachweisbar bei SCHNEYER: [86v] 9, 405; [86v–87r] 4, 263; [87r–87v] 7, 402; [88r] 4, 264; [89v] 9, 402); (96r–98r) Inhaltsverzeichnis.
Incipit: 85r ... [Anfang verloren] *diligit fratrem suum ...*
Weiteres Initium: 85r *Dico vobis quia plorabitis et flebitis vos mundus autem gaudebit, Iohannes xvi°. Meritum et ...*
Explicit: 95v ... *qui placet deo effugiet eam. Amen.*

8) 98r–98v
Titel: Predigt.
Angaben zum Text: An der Universität Leipzig gehaltene Predigt.
Incipit: 98r *Aue Maria, gratia plena, dominus tecum. Reverendissime pater et domine gratiose auribus nostris audiuimus et celebri fama wlgatum est ...*
Explicit: 98v ... *et vitam conferat sempiternam Ihesus Christus Marie filius, qui est deus in secula benedictus. Amen.*

TH

Vatikan, Biblioteca Apostolica Vaticana, Pal. lat. 780

Wilhelm Durand, Speculum iudiciale

Pergament · 1, 220, 1 Bll. · 44,2 × 27,2 cm · Bologna · 1. Hälfte 14. Jh.

Entstehungsort: Bologna.
Entstehungszeit: 1. Hälfte 14. Jh.

Typus (Überlieferungsform): Codex.
Beschreibstoff: Pergament.
Umfang: 1, 220, 1 Bll.
Format (Blattgröße): 44,2 × 27,2 cm.
Zusammensetzung (Lagenstruktur): $(I-1)^{1a}$ + 3 V^{38} + IV^{46} + 2 V^{66} + II^{70} + 1^{71} + $(V-1)^{81}$ + 5 V^{149} + II^{153} + V^{163} + $(V-1)^{173}$ + $(V-1)^{183}$ + 5 V^{233} + $(V-3)^{243}$ + III^{249} + $(I-1)^{250*}$. Vorderspiegel Gegenbl. von 1a, Hinterspiegel Gegenbl. von 250*. Zählung beginnt mit 9. Zählfehler: 40 kommt vor 39, Buchanfänge 72, 166 und 175 herausgetrennt, 82–99 ausgelassen.
Seiten-, Blatt- und Lagenzählung: Zeitgenössische Foliierung in arabischen Ziffern (*9–249*), die ersten 8 Bll. fehlen demnach. Vor- und Nachsatzbl. ungez., weshalb hier Zählung der Digitalisate übernommen wird (1a, 250*). Verzierte Reklamanten durchgehend auf der letzten Versoseite der Lage auf dem Fußsteg (fehlen auf 149, 153). Größtenteils mit Lagenfoliierung in Form von Minuskel und römischer Ziffer.
Zustand: Pergament verschmutzt und gebräunt, zahlreiche Flecken, Schrift berieben und mitunter etwas verblasst.

Schriftraum: 24,3 × 19,7–21,7 cm.
Spaltenanzahl: 2 Spalten.
Zeilenanzahl: 83–91 Zeilen.

Angaben zu Schrift / Schreibern: Der Text wurde von mehreren Händen geschrieben, wobei mindestens eine Hand auch die für Bologna typische Littera Bononiensis verwendete.
Buchgestaltung: Zeilengerüst mit Metallstift vorgezogen. Lebender Seitentitel in Blau und Rot. An den Anfängen der Kapitel wahlweise Initiale auf einem Feld, in der Regel mit ins Interkolumnium ablaufenden Ranken (ab 173v auch mit figürlichen Darstellungen) oder aber alternierend blaue oder rote Lombarde mit vorgeschaltetem Paragrafenzeichen in Gegenfarbe im Interkolumnium und Fleuronné, wiederum in Gegenfarbe versehen. Ferner Rubriken, alternierend blaue und rote Paragrafenzeichen. Angaben für Rubrikator z. T. noch vorhanden.
Buchschmuck: s. Buchgestaltung. Da die Bll. mit den Buchanfängen herausgetrennt wurden, ist anzunehmen, dass sich auf diesen aufwändiger gestaltete Initialen befanden.

Nachträge und Benutzungsspuren: Korrekturen im Zuge des Entstehungsprozesses im Peciensystem (s. auch Kommentar zur Provenienz) von anderer Hand nachgetragen. Anmerkungen von mehreren Händen, wobei durch späteren Beschnitt manche beeinträchtigt sind. Grafische Verweiszeichen, v. a. in Form von Maniculae.

Einband: Pergamentband über Pappe, nach Schunke, Einbände 2.2, S. 850, um 1780 in Rom entstanden. Löcher für Schließbänder in den Deckeln noch vorhanden. Gelb-kupferfarbenes Kapital. Der Rücken oben und unten mit Pergament restauriert, auf dem Kopf Signatur mit Blei notiert: *P. L. 780.*
Provenienz: Heidelberg.
Geschichte der Handschrift: Modernes blaues Signaturschild der Vaticana *Pal. lat. 780* nebst hellblauem barockem *780* auf dem vorderen Spiegel. Auf Vorsatzbl. 1ar aktuelle Signatur, Altsignatur *755* [durchgestrichen]. Auf 9r Altsignaturen *2068* [durchgestrichen] und *577.* Wie die Schrift und der Buchschmuck suggerieren, entstand die Hs. in der ersten Hälfte des 14. Jhs. in Bologna. Typisch für die juristische Buchproduktion in besagter oberitalienischer Stadt war die Fertigung im Peciensystem. Auch hier sind Pecienvermerke regelmäßig und geradezu idealtypisch zu finden, so auf 9va: *finit iiij*, das Ende der vierten Pecia anzeigend, darüber die Abkürzung *cor* für das ‚correxi' des Korrektors (Korrekturabkürzungen aber nicht nur am Ende der Pecien, sondern auch am Ende der Lagen). Die ersten acht Bll. wurden bereits in vorrömischer Zeit herausgetrennt, wie Capsa-Nummer *C. 173*, darunter Allacci-Signatur *1506*, auf 9r nahelegen.

Faksimile: https://digi.ub.uni-heidelberg.de/diglit/bav_pal_lat_780
Literatur: Manuscripta juridica, Pal.lat.780; OVL, Pal.lat.780; Mario Ascheri, ‚Consilium sapientis', perizia medica e ‚res iudicata': Diritto dei ‚dottori e istituzioni comunali, in: Proceedings of the Fifth International Congress of Medieval Canon Law, Salamanca, 21–25 September 1976, hrsg. von Stephan Kuttner / Kenneth Pennington, Vatikanstadt 1980 (Monumenta iuris canonici, Series C, Subsidia 6), S. 533–579, hier S. 570; Schunke, Einbände 2.2, S. 850; Stevenson, Latini, S. 279.

1) 9ra–249vb
Verfasser: Wilhelm Durand.
Titel: Speculum iudiciale.

Angaben zum Text: Es fehlen die ersten acht Bll., am Anfang von Liber II, III und IV jeweils erstes Bl. herausgeschnitten, Text endet in Liber IV: (9ra–71ra) Liber I; (71v) unvollständiges nachgetragenes Inhaltsverzeichnis; (73ra–165vb) Liber II; (167rb–174vb) Liber III; (176ra–249vb) Liber IV.
Incipit: 9ra ... [Anfang fehlt] *questione omnibus l. i. in fine. Hec uera sunt ...*
Explicit: 249vb ... *uel expectabitur tempus messium ut sci*[atur...Text bricht ab].
Edition: D. G. Dvrandi episc. Mimatensis Specvlvm juris [...], 4 Bde., Frankfurt am Main 1612.

TH

Vatikan, Biblioteca Apostolica Vaticana, Pal. lat. 781

Otto Papiensis, Ordo iudiciorum ‚Olim'

Pergament · 1, 76, 1 Bll. · 30 × 21 cm · Frankreich / Bologna (?) · um 1200

Entstehungsort: Frankreich / Bologna (?).
Entstehungszeit: um 1200.

Typus (Überlieferungsform): Codex.
Beschreibstoff: Pergament.
Umfang: 1, 76, 1 Bll.
Format (Blattgröße): 30 × 21 cm.
Zusammensetzung (Lagenstruktur): $(I-1)^{1a}$ + 9 IV^{72} + II^{76} + $(I-1)^{77^*}$. Vorderspiegel Gegenbl. von 1a, Hinterspiegel Gegenbl. von 77*.
Seiten-, Blatt- und Lagenzählung: Römische Foliierung des 17. Jhs. (*1–76*). Vor- und Nachsatzbl. ungez., weshalb hier Zählung der Digitalisate übernommen wird (1a, 77*).
Zustand: Pergament verschmutzt mit zahlreichen Flecken, v.a. auf den ersten Bll., Tinte berieben. Viele Löcher, die allerdings bereits vor der Niederschrift vorhanden waren.

Schriftraum: 19,5–23,9 × 12 cm.
Spaltenanzahl: 4 Spalten.
Zeilenanzahl: 44–55 Zeilen (Textus inclusus).
Angaben zu Schrift / Schreibern: Textus inclusus und Glosse wurden von mehreren Händen ausgeführt.
Buchgestaltung: Zeilengerüst mit Metallstift vorgezogen. Die für glossierte oberitalienische Rechtshss. entwickelte Seiteneinrichtung mit zweispaltigem Text und umgebender zweispaltiger Klammerglosse, in der Terminologie von Powitz, Textus, S. 84f., Klammerform des Vier-Spalten-Typs, liegt hier zugrunde, wobei diese Form sich gerade erst zu etablieren scheint. Beim ersten Ordo sind die Texte der Glossen noch nicht stringent auf die bereits vorgezeichneten Linien geschrieben, beim zweiten Ordo ist dies bereits wesentlich stärker ausgeprägt. Zuordnung von Textus inclusus und Glosse mittels Verweiszeichen. An den Anfängen rote Lombarden als teilweise eingerückte Initialmajuskeln oder aber als Satzmajuskel mit jeweils vorgeschalteter Rubrik. Im zweiten Ordo nicht mehr konsequent weitergeführt, die farbliche Gestaltung endet mit 67v. Dahingegen sind im zweiten Ordo die Abschnitte mit Buchstaben durchgezählt.

Buchschmuck: s. Buchgestaltung.

Nachträge und Benutzungsspuren: Aufgrund der unterschiedlichen Hände schwer zu entscheiden, ob nachträglich Glossen eingefügt wurden.

Einband: Pergamentband über Pappe, nach Schunke, Einbände 2.2, S. 850, um 1780 in Rom entstanden. Löcher für Schließbänder in den Deckeln noch vorhanden. Aktuelle Signatur in Blau auf Vorderdeckel geschrieben. Gelb-kupferfarbenes Kapital. Auf dem Rücken oben blaues barockes Signaturschild *781*, darunter in Blau *Pal*, schließlich Titel mit Tinte auf Rücken notiert: *Summa de edendo*, unten blaues Signaturschild *Pal. lat. 781*.
Provenienz: Augsburg / Heidelberg.
Geschichte der Handschrift: Modernes blaues Signaturschild der Vaticana *Pal. lat. 781* auf dem vorderen Spiegel. Auf Vorsatzbl. 1ar aktuelle Signatur in Blau und mit schwarzer Tinte nebst Altsignatur *757* [durchgestrichen], weitere, *588*, auf 1r. Der Codex beinhaltet den Ordo iudiciorum ‚Olim' in doppelter Ausführung. Lehmann, Fuggerbibliotheken 2, S. 486 und in der Folge auch Gouron, Sur les formules, S. 49 nahmen Frankreich als Entstehungsraum der Hs. an, was für den Textus inclusus insbesondere aus paläografischer Hinsicht plausibel erscheint. Allerdings hat bereits Fowler-Magerl, Ordo, S. 79 auf die Bologneser Glossen hingewiesen. Darüber hinaus deutet ein weiteres Indiz auf ein Verweilen der Hs. in Bologna hin: Auf 40r werden die beiden Kirchen *Uictoris et Johannis de Monte* genannt und Kirchen mit just diesen Namen stehen in Bologna und erhielten mehrfach von Päpsten gemeinsam ihre Privilegien in einer Urkunde bestätigt (Iter Italicum, Bd. 1, bearb. von Julius Pflugk-Harttung, Stuttgart 1883, Nr. 771, 818, 850), was auf eine Verbindung der beiden Institutionen schließen lässt. Diese beiden Aspekte sprechen dafür, dass die Glossen in Bologna ergänzt wurden. Späterhin ging die Hs. in das Eigentum des Augsburger Bibliophilen Ulrich Fugger (1526–1584) über. Das zeigt die Signatur auf 1av. Sie steht auf einem Teil des alten und nun eingeklebten Vorsatzblatts *pag. 60. F. No. 50* samt dem beigegebenen Titelvermerk *Summa te* [!] *edendo, quae ticitur* [!] *olim. Bis.* Ebendort auch die Capsa-Nummer *C. 166.*, darunter die Allacci-Signatur *737* [durchgestrichen]. Mit dem Ableben des Büchersammlers und gemäß seiner letztwilligen Verfügung ging der Codex in das Eigentum des Pfälzer Kurfürsten über und folglich in die Bibliotheca Palatina ein (s. Einleitung).

Faksimile: https://digi.ub.uni-heidelberg.de/diglit/bav_pal_lat_781
Literatur: Fowler-Magerl, Ordo, S. 73–80, 333; André Gouron, Sur les formules dites de Stintzing, in: André Gouron, Droit et coutume en France aux XIIe et XIIIe siècles, Great Yarmouth 1993, V, S. 39–54, hier S. 49; Lehmann, Fuggerbibliotheken 2, S. 486; Manuscripta juridica, Pal.lat.781; Mirabile, Pal.lat.781, Ordo „Olim edebatur", Rodoicus Modicipassus, Ordo „Olim edebatur"; OVL, Pal.lat.781; Schunke, Einbände 2.2, S. 850; Emil Seckel, Ueber neuere Editionen juristischer Schriften aus dem Mittelalter. I, in: ZRG RA 21 (1900), S. 212–338, hier S. 307; Stevenson, Latini, S. 279; Vernet, L'histoire, S. 307.

1) 1ra–39va
Verfasser: Otto Papiensis.
Titel: Ordo iudiciorum ‚Olim'.
Angaben zum Text: Von André Gouron (André Gouron, Qui a écrit l'ordo „Olim edebatur"?, in: André Gouron, Pionniers du droit occidental au Moyen Âge, Aldershot 2006, XIII, S. 65–84) wurde Rodoicus Modicipassus (um 1200) als möglicher Autor ins Spiel gebracht,

zuletzt aber von Martin Bertram verworfen (Martin Bertram, Rodoicus Modicipassus und der Praecentor von Sens. Wer war der Verfasser der Dekretsummen *Omnis qui iuste iudicat* [Lipsiensis], *Et est sciendum* und des Ordo iudiciarius *Olim edebatur*?, in: Mittelalter. Interdisziplinäre Forschung und Rezeptionsgeschichte 3 (2020), S. 120–153 (https://doi.org/10.26012/mittelalter-25967). Laut Fowler-Magerl, Ordo, S. 78 enthält der Text als Glosse den ‚Libellus conventionalis' aus dem Ordo ‚Si quis de re'.
Rubrik: 1rb ›*Jncipit summa de edendo que dicitur olim*‹.
Incipit: 1rb ›*Olim*‹ *edebat actor et per scripturam et sine scriptura …*
Explicit: 39va … *quando prouocare necesse non est. Cum non eo.*
Edition: Summa Othonis de ordine iudicario, per Iustinum Goblerum LL. Licentiatum nunc primum evulgata, Mainz 1536, auch in: Pilii Medicinensis Questiones sabbatine, Turin 1967 (Corpus glossatorum juris civilis 4). Zur Problematik der Edition s. Fowler-Magerl, Ordo, S. 76.

2) 40rb
Titel: Dekret, die Kirchenzucht der Kanoniker der Kirchen von San Vittore und San Giovanni in Monte betreffend.
Incipit: 40rb *Cum non in ecclesiis sanctorum Uictoris et Johannis de Monte …*
Explicit: 40rb … *diligentiam reformetur.*

3) 40v
Titel: Aufzeichnungen über Zinseinnahmen.

4) 41ra–76ra
Verfasser: Otto Papiensis.
Titel: Ordo iudiciorum ‚Olim'.
Rubrik: 41r ›*De edendo summa*‹.
Incipit: 41rb *Cum sit frequens in cautos quoslibet …*
Weiteres Initium: 41rb Olim edebatur accio et per scripturam et sine scriptura …
Explicit: 76ra … *quando prouocare necesse non est. Cum non eo.*
Edition: s. Text 1.

5) 76rb
Titel: Juristische Kleintexte.

TH

Vatikan, Biblioteca Apostolica Vaticana, Pal. lat. 782

Juristische Sammelhandschrift

Pergament · 1, 60, 1 Bll. · 23 × 15 cm · Westeuropa · 4. Viertel 13. Jh. – 1. Viertel 14. Jh.

Entstehungsort: Westeuropa.
Entstehungszeit: 4. Viertel 13. Jh. – 1. Viertel 14. Jh.

Typus (Überlieferungsform): Codex.

Beschreibstoff: Pergament.
Umfang: 1, 60, 1 Bll.
Format (Blattgröße): 23 × 15 cm.
Zusammensetzung (Lagenstruktur): $(I-1)^{1a}$ + 7 IV^{56} + II^{60} + $(I-1)^{61*}$. Vorderspiegel Gegenbl. von 1a, Hinterspiegel Gegenbl. von 61*.
Seiten-, Blatt- und Lagenzählung: Römische Foliierung des 17. Jhs. (*1–60*). Vor- und Nachsatzbl. ungez., weshalb hier Zählung der Digitalisate übernommen wird (1a, 61*). Reklamanten wohl ursprünglich auf der letzten Versoseite der Lage auf dem Fußsteg mittig, aber durch Beschnitt verloren gegangen (Rest auf 24v).
Zustand: Pergament gelbstichig, mit wenigen Flecken. Tinte berieben und verblasst. Im Wesentlichen gut erhalten.

Schriftraum: 16,5 × 12 cm.
Spaltenanzahl: 2 Spalten.
Zeilenanzahl: 30 Zeilen.
Angaben zu Schrift / Schreibern: Beide Texte wurden von einer Hand in einer kalligrafisch anspruchsvollen Textualis ausgeführt, deren Buchstaben etwas oberhalb der Grundlinie angesetzt sind. Auffallend sind das d aus der Unziale mit der nach links fallenden Oberlänge neben dem d aus der Halbunziale und das oben über das Mittelband hinausragende a.
Buchgestaltung: Zeilengerüst mit Tinte vorgezogen. Anfänge der Tituli mit Rubriken und roten Lombarden als Initialmajuskeln, teilweise eingerückt.
Buchschmuck: s. Buchgestaltung.

Nachträge und Benutzungsspuren: Anfangs ein paar wenige Korrekturen, durchgehend Verweise von jeweils anderer Hand. Grafische Verweiszeichen in Form von Kreuzen.

Einband: Pergamentband über Pappe, auf dem Rücken in Goldprägung die Wappen von Papst Leo XIII. und von Kardinal und Bibliothekar Jean-Baptiste Pitra (1812–1889), dazwischen in rotem Feld die Signatur *PAL. 782.* Nach Schunke, Einbände 2.2, S. 850 in Rom zwischen 1878–89 gefertigt. Oben aufgeklebt auf den Rücken blaues Signaturschild *Pal. lat. 782.* Gelb-kupferfarbenes Kapital.
Provenienz: Augsburg / Heidelberg.
Geschichte der Handschrift: Auf vorderem Spiegel blaues Schildchen mit *Pal. lat. 782.* 1r oben Capsa-Nummer *C. 71.*, darunter Allacci-Signatur *1584* [durchgestrichen], nebst Altsignatur *554* und aktueller Signatur. Wo genau der Codex hergestellt wurde, lässt sich anhand der Schrift nicht exakt bestimmen. Relativ sicher scheint, dass dies nicht in Südeuropa geschah. Zumindest aber kennen wir aus dem Kolophon der zweiten Summe die Zielgruppe, an die sich der zweite Text richtete, nämlich an Brüder des Franziskanerordens. Demnach dürfte der Codex auch in einem Franziskanerkloster oder in dessen Umfeld angefertigt worden sein. Späterhin wurde die Hs. offenbar von Ulrich Fugger (1526–1584) erworben, wie die Signatur auf 1r verrät: *171 seors.* Mit dem Ableben des Augsburger Bibliophilen und gemäß dessen letztwilliger Verfügung ging seine Büchersammlung in das Eigentum des Pfälzer Kurfürsten über und dieser Codex schließlich in die Bibliotheca Palatina ein (s. Einleitung).

Faksimile: https://digi.ub.uni-heidelberg.de/diglit/bav_pal_lat_782

Literatur: Lehmann, Fuggerbibliotheken 2, S. 117, 486; OVL, Pal.lat.782; Schunke, Einbände 2.2, S. 850; Stevenson, Latini, S. 279.

1) 1va–49ra

Titel: Summa de casibus.

Angaben zum Text: (1va–11va) Liber I; (11va–24rb) Liber II; (24rb–49ra) Liber III. – 1r leeres Zeilengerüst, wohl für Inhaltsverzeichnis frei gelassen, wahrscheinlich im 16. Jh. hier nachgetragen: *Summaria tractatio aliquot* und *Titulorum juris canonici.*

Rubrik: 1va ›*Primus liber XVI habet titulos. De symonia*‹.

Incipit: 1va ›*De*‹ *simonia praemittit quia plurimum sapit hoc* [am Rand korrigiert zu: *hec*] *naturam peccati. Peccatum non est auersio a bono incommutabili et conuersio ad bonum commutabile ...*

Explicit: 49ra ... *sermocinatorem potius pertinentis.* ›*Explicit Summa de casibus. Amen*‹.

2) 49ra–60va

Titel: Summa matrimonii.

Rubrik: 49ra ›*Jncipit Summa matrimonij*‹.

Incipit: 60va ›*Quoniam*‹ *de sententijs regrediendum est in fine ...*

Explicit: 60va ... *factas licite deducit voluntarias uero perdit. Hec tibi lectori fratri commodo minori sub breuibus dictis quam pluribus inde relictis. Hic igitur sisto. Sit laus et gloria Christo. Amen.*

TH

Vatikan, Biblioteca Apostolica Vaticana, Pal. lat. 783

Formularsammlung

Papier · 4, 240, 2 Bll. · 28 × 20 cm · Heidelberg · um 1440–1450, 1540

Entstehungsort: Heidelberg.
Entstehungszeit: um 1440–1450, 1540.

Typus (Überlieferungsform): Codex.

Beschreibstoff: Papier (Bll. 1, 12/13, 24, 25, 35/36, 47, 48, 59/60, 71, 72, 83/84, 95, 96, 107/108, 119, 120, 131/132, 143, 144, 155/156, 167, 168, 179/180, 191, 192, 204, 215, 216, 226/227, 238 Pergament).

Umfang: 4, 240, 2 Bll.

Format (Blattgröße): 28 × 20 cm.

Zusammensetzung (Lagenstruktur): $(II-1)^{3a}$ + 1^{4a} + 8 XII^{191} + $(XIII-2)^{215}$ + XII^{238} + 1^{239*} + $(I-1)^{240*}$. 3a bildet mit dem Vorderspiegel ein Doppelbl. Jeweils die äußeren und die inneren Doppelbll. der Lagen aus Pergament. In der 9. Lage wurden 2 Bll. herausgetrennt, eines aus Papier (nach 203) und eines aus Pergament (nach 204), kein Textverlust. 4a und 239* sind ältere Vorsatzbll., 1a–3a und 240* sind die Vorsätze des aktuellen Einbandes. 240* bildet mit dem Hinterspiegel ein Doppelbl.

Seiten-, Blatt- und Lagenzählung: Tintenfoliierungen des 16. Jhs. (*1–31, 31, 33, 33–50*), daran anschließend die Foliierung des 17. Jhs. der Vaticana (*51–69, 69–220, 221–238*). Die

Bezeichnung der unfoliierten Bll. folgt dem Digitalisat (1a–4a, 204a, 220a, 239*–240*), ebenso die Ergänzung bei doppelt vorkommender Blattzahl (31a, 33a, 69a). Textreklamanten überwiegend erhalten (z. B. 119v, 143v, 191v).

Zustand: 4a und 239* etwas fleckig, 239* mit deutlichen Rostflecken von den eisernen Befestigungsnägeln der Beschläge eines früheren Einbandes. Da 238v einen Reklamanten trägt (*ut in processu abbatis ad collonum*) ist davon auszugehen, dass am Schluss etwas fehlt.

Wasserzeichen: Bl. 2a–3a Ochsenkopf mit Augen und Nasenlöchern, darüber Buchstabe T auf einkonturiger Stange (ähnlich WZIS DE2925-PO-72656). Bl. 4a Krone mit Dreiblatt (ähnlich WZIS DE6255-PO-50082). Bl. 3–94 Traube, Stil einkonturig (WZIS DE8085-PO-128792, Beschriftung belegt 1447 Stuttgart). Bl. 98, 104–235 Traube, Stil zweikonturig, zwei Varianten (ähnlich WZIS DE4620-PO-129150). Bl. 240* Stern, sechsstrahlig, zweikonturig (ähnlich WZIS IT1650-PO-41581).

Schriftraum: 21,8 × 14,7 cm.

Spaltenanzahl: 1 Spalte.

Zeilenanzahl: 35–42 Zeilen.

Angaben zu Schrift / Schreibern: Regelmäßig geschriebene Bastarda von einer Hand.

Buchgestaltung: Schriftraumbegrenzungen in Metallstift, oft kaum sichtbar. Die einzelnen Schriftstücke zumeist deutlich voneinander abgesetzt und mit Überschriften bezeichnet. Textbeginn oft mit nur wenig vergrößerten Majuskeln hervorgehoben.

Buchschmuck: 4ar Wappen des Johannes Adler (bzw. Aquila) als Federzeichnung. In Heidelberg, UB, Cod. Pal. germ. 491 (Vorderspiegel) sind die hier weißen Flächen in Gelb bzw. Gold tingiert: Im gevierten Schild in Feld 1 und 2 je ein Adlerkopf mit ausgebreiteter Schwinge wechselseitig in Gold und Schwarz, in 3 und 4 von Schwarz und Gold gespalten.

Nachträge und Benutzungsspuren: 4ar Wappen des zeitweiligen Besitzers der Hs. (s. Buchschmuck, s. Geschichte der Handschrift).

Einband: Weißes Pergament auf Pappe. Rom, um 1780. Beide Deckel mit Spuren von je zwei textilen Schließenbändern (entfernt). Rücken mit drei erhabenen Doppelbünden. Oben altes Signaturschild der BAV, Kupferstichkartusche, darin in Rot: *783.* Rückenbeschriftung: *Formularium procurationum et aliorum instrumentorum.* Von späterer Hand in blauem Farbstift: *Pal. 783.* Unten das blaue Signaturschild der BAV. Kapital mit braunen und gelben Seidenfäden umwickelt. Schunke, Einbände 2,2, S. 850, vgl. ebd. Bd. 1, S. 256. Zu Spuren eines früheren Einbandes s. Zustand.

Provenienz: Speyer / Augsburg / Heidelberg.

Geschichte der Handschrift: Die Hs. entstand um 1440–1450 (vgl. Wasserzeichen) im unmittelbaren Umfeld der Heidelberger Universität (s. Inhalt). Die Mustersammlung von Instrumenten, Verträgen und anderen juristischen Schreiben gelangte dann, wie Wappen und Besitzeintrag 4ar bezeugen, wohl im Jahr 1540 in den Besitz von Johannes Adler in Speyer: *SVM IOANNIS ADLERI nec muto possessorem.* Darunter das Wappen Johannes Adlers mit der Jahreszahl *Anno M° DXL* und der Ortsangabe *SPIRA* (s. Buchschmuck). Adler (* 1510, vgl. Pal. lat. 776, 14r) war ab 1530 am Reichskammergericht in Speyer tätig (Groh, Personal, S. 9). Aus seinem Buchbesitz stammen auch die zusammengehörigen Formularbücher Pal. lat. 775 und Pal. lat. 776, die entsprechenden deutschsprachigen Sammlungen in Heidelberg, UB, Cod. Pal. germ. 159, Cod. Pal. germ. 178, Cod. Pal. germ. 179, Cod. Pal. germ. 459, Cod. Pal. germ. 460, Cod. Pal. germ. 491, Cod. Pal. germ. 492, Cod. Pal. germ. 493,

Cod. Pal. germ. 494, Cod. Pal. germ. 604, Cod. Pal. germ. 783, Cod. Pal. germ. 785, Cod. Pal. germ. 788, Cod. Pal. germ. 824, Cod. Pal. germ. 827, Cod. Pal. germ. 828, Cod. Pal. germ. 829 sowie die kanonistische Sammelhs. Pal. lat. 685. Während es sich bei den Formularbüchern jedoch weit überwiegend um Abschriften von und für Adler sowie einzelne Originale handelt, ist Pal. lat. 783 älter und in seinem Aufbau und Erscheinungsbild einheitlicher. Für einige der Bde. Adlers aus der Palatina belegen entsprechende Signaturen die Provenienz aus dem Besitz Ulrich Fuggers. Diese Herkunft ist für Pal. lat. 783 auch durch das Inventar in Pal. lat. 1921 belegt, dort 101r: *Formularium contractuum et instrumentorum* (LEHMANN, Fuggerbibliotheken, Bd. 1, S. 164 f., Bd. 2, S. 486). Mit der Büchersammlung Ulrich Fuggers in die Heidelberger Palatina überführt. 1623 mit dieser in die vatikanische Bibliothek verbracht. 4ar Capsa-Nummer: *C. 93/1721.* Entsprechend im Allacci-Register nachweisbar (Pal. lat. 1949, 21v: *1721 Formularium instrumentorum. fol. C. 93.*). Ältere Signaturen: 1ar: *762* (gestrichen); 4ar: *69.* Besitzstempel der BAV: 1r, 238v.

Besonderheiten: Der Bd. ist Teil einer umfangreichen Sammlung von Formularbüchern, zusammengestellt von Johannes Adler (Pal. lat. 775, Pal. lat. 776 sowie die kanonistische Sammelhs. Pal. lat. 685; Heidelberg, UB, Cod. Pal. germ. 159, Cod. Pal. germ. 178, Cod. Pal. germ. 179, Cod. Pal. germ. 459, Cod. Pal. germ. 460, Cod. Pal. germ. 491, Pal. germ. 492, Cod. Pal. germ. 493, Cod. Pal. germ. 494, Cod. Pal. germ. 604, Cod. Pal. germ. 783, Cod. Pal. germ. 785, Cod. Pal. germ. 788, Cod. Pal. germ. 824, Cod. Pal. germ. 827, Cod. Pal. germ. 828, Cod. Pal. germ. 829).

Faksimile: https://digi.ub.uni-heidelberg.de/diglit/bav_pal_lat_783
Literatur: BETHMANN, Nachrichten, S. 342; OVL, Pal.lat. 783; STEVENSON, Latini, S. 279.

1) 1r–238v
Beteiligte Personen: EUGEN IV. / JOHANNES ADLER.
Titel: Formularsammlung.
Angaben zum Text: Formularsammlung, hauptsächlich Verträge und Instrumente. *In nomine domini. Amen et cetera. Constitutus honorabilis vir talis citra revocacionem aliorum suorum procuratorum ... – ... Processus de prioratu vacante. Venerabili in Christo patri domino dei gracia abbati et religiosis ... monasterii eidem diocesis Scholinen etc.* – Darin als Einschub: (9v–11r) Auszug aus der ‚Ars notariatus'. [N]*otariatus est ars scribendi et dictandi per quem humane fragilitatis negocia roborantur ... – ... et impubes postquam factus est vii annorum potest stipulari.* Der Text erschien ab etwa 1474 mehrfach als Inkunabeldruck (GW 2636–2662), er endet hier unvollständig mit Kapitel 12 der Druckausgabe. Vgl. auch Pal. lat. 685, 36r–37v. - Die gesammelten Schriftstücke sind überwiegend anonymisierte und teilweise anonymisierte Abschriften von Vorlagen der Jahre um 1430–1440. Als amtierender Papst wird häufig Eugen IV. genannt. Dazu kommen immer wieder auch ältere Stücke aus dem späteren 14. Jh. (z. B. 213rv). Ein erheblicher Teil der Vorlagen war offenbar im Umkreis der Heidelberger Universität entstanden, so geht es häufig um Pfründen von Universitätsangehörigen. Genannt werden etwa Otto de Lapide (DRÜLL, Gelehrtenlexikon, S. 427 f.), Wilhelm Marquardi von Wallstadt (DRÜLL, Gelehrtenlexikon, S. 556) und Konrad Degen (DRÜLL, Gelehrtenlexikon, S. 97 f.). Die Sammlung dürfte zum Gebrauch durch einen Notar (s. 9v–11r) oder eine Kanzlei angelegt worden sein. – 4ar Besitzeintrag mit Wappen: *SVM IOANNIS ADLERI nec muto possessorem.* Darunter das Wappen Johannes Adlers mit der Jahreszahl *Anno M° DXL* und der Ortsangabe *SPIRA.* Speyer 1540 (s. o. zum Buchschmuck).

Incipit: 1r *In nomine domini. Amen et cetera. Constitutus honorabilis vir talis citra revocacionem aliorum suorum procuratorum* ...
Weiteres Initium: 9v Notariatus est ars scribendi et dictandi per quam humanae fragilitatis negotia roborantur ...
Explicit: 238v ... *monasterii eidem diocesis Scholinensis et cetera.*

WM

Vatikan, Biblioteca Apostolica Vaticana, Pal. lat. 784

Prosdocimo Conti, Lectura in secundum librum decretalium

Papier · 3, 274, 1 Bll. · 33,8 × 24 cm · Padua (?) / San Floriano · 1447

Entstehungsort: Padua (?) / San Floriano.
Entstehungszeit: 1447.

Typus (Überlieferungsform): Codex.
Beschreibstoff: Papier.
Umfang: 3, 274, 1 Bll.
Format (Blattgröße): 33,8 × 24 cm.
Zusammensetzung (Lagenstruktur): $(I-1)^{1a}$ + I^{3a} + 8 V^{80} + IV^{88} + II^{92} + 9 V^{182} + VI^{194} + 8 V^{274^*} + $(I-1)^{275^*}$. Vorderspiegel Gegenbl. von 1a, Hinterspiegel Gegenbl. von 275*.
Seiten-, Blatt- und Lagenzählung: Römische Foliierung des 17. Jhs. (*1–273*). Vor- und Nachsatzbll. wie auch letztes Bl. der letzten Lage ungez., weshalb hier Zählung der Digitalisate übernommen wird (1a–3a, 274*–275*), Reklamanten auf der letzten Versoseite der Lage auf dem Fußsteg rechts, ebenso wie die Lagenfoliierung mit Minuskeln und lateinischen oder arabischen Ziffern meist durch Beschnitt verloren gegangen.
Zustand: Leicht stockfleckig, v. a. an den Rändern, Wurmlöcher auf den ersten und letzten Bll. (nicht im römischen Vor- und Nachsatzbl. 1a und 275*), Papier im Schriftraum leicht gebräunt, Tinte leicht verblasst, wenige Flecken, im Wesentlichen gut erhalten.
Wasserzeichen: Dreiberg, als Beizeichen einkonturige Stange in einem Kreuz endend, in zwei Varianten, auf Bl. 2–189, 196–200, 204, 210, 222, 232, 239, 267–268, annähernd identisch mit Wzz. von Papieren, die laut WZIS im 2. Drittel des 15. Jhs. in Oberitalien, womöglich Padua, Verwendung fanden, DE5580-Clm6718_58; auf Bl. 194, 201, 205–207, 211–221, 223–229, 234–235, 242–263, 270–273, annähernd identisch mit Wzz. von Papieren, die laut WZIS 1444 in Padua beschrieben wurden, DE5580-Clm6572_284; Dreiberg ohne Beizeichen, Grundlinie einfach, auf Bl. 274*, ähnlich Wzz. von Papieren, die laut WZIS zwischen 1439 und 1444 in Italien verwendet wurden, DE5580-Clm184_161b.

Schriftraum: 25 × 14 cm.
Spaltenanzahl: 1 Spalte.
Zeilenanzahl: 50–55 Zeilen.
Angaben zu Schrift / Schreibern: Beide Texte von der Hand des Adam Nicolai Wannemacher, entsprechend der Systematik des Albert Derolez in einer italienischen Semitextualis (Derolez, Palaeography, S. 119–121).

Buchgestaltung: Schriftraum mit Metallstift vorgezogen. Tituli in einer Rotunda als vergrößerte Auszeichnungsschrift über die gesamte Breite des Schriftraums gezogen, zudem mit roten Strichen ober- und unterhalb hervorgehoben. Capituli beginnen mit einer roten Lombarde mit Fleuronnéverzierungen, ebenfalls in einer Rotunda als vergrößerte Auszeichnungsschrift mit roter Umrandung. Ferner zur Strukturierung des Texts rote Paragrafenzeichen.

Buchschmuck: Auf 2r rote Lombarde mit türkisfarbener Umrandung und braunem, symmetrisch angelegtem Knospenfleuronné im Binnenfeld, zudem Perlenbesatz, mit und ohne Kerne, am oberen ablaufenden Ende Lanzettblätter in Türkis, ansonsten ablaufende Fäden mit Rosetten in Türkis und Braun.

Nachträge und Benutzungsspuren: Korrekturen von Schreiberhand auf den Rändern. Wenige Anmerkungen von anderen Händen, wobei das Gros von einer Hand in einer Bastarda gehalten ist, die ebenfalls von Adam Nicolai Wannemacher stammen könnte, so auch der eingelegte Zettel auf 61r. Kaum grafische Verweiszeichen.

Einband: Pergamentband über Pappe, nach Schunke, Einbände 2.2, S. 850, um 1780 in Rom entstanden. Löcher für Schließbänder in den Deckeln noch vorhanden. Gelb-kupferfarbenes Kapital. Auf dem Rücken oben blaues barockes Signaturschild 784, darunter blaues Signaturschild *Pal. lat. 784*, schließlich Titel mit Tinte auf Rücken notiert: *LECTVRÆ IVDICALES*, darunter in Blau *Pal.*

Provenienz: Mainz / Heidelberg.

Geschichte der Handschrift: Modernes blaues Signaturschild der Vaticana *Pal. lat. 784* auf dem vorderen Spiegel. Auf Vorsatzbl. 1ar aktuelle Signatur, *Pal.* in Blau, Altsignaturen *787* und *4* [beide durchgestrichen], auf 2ar Capsa-Nummer *C. 121.*, darunter Allacci-Signatur *1486* [durchgestrichen], nebst Altsignatur *583.* Auf 274*v kopfständige Signatur *1596* [durchgestrichen]. Wie der Besitzeintrag auf 1r ausweist, wurde die Hs. von Adam Nicolai Wannemacher aus Arheilgen bei Darmstadt geschaffen (*Adam Wannemecher de Arhelgen*). Dieser studierte ab 1437 in Erfurt, wo er zum Bakkalar promoviert wurde (laut 1r 1436: *Anno domini millesimo quadringentesimo credit trigesimo sexto prope festum* [durchgestrichen: *sancti*] *natiuitatis virginis gloriose Marie transtulit se ad studium Erfordensem et factus baccalarius*) und das er 1438 wieder verließ (1r: *recessit ab Erfordia anno domini et cetera trigesimo octavo in quadragesima*). Womöglich studierte er ab 1440 in Heidelberg (auf 1r ist davon nicht die Rede, bei Toepke, Matr. Heidelberg, S. 229 immatrikulierte sich in besagtem Jahr ein *Adam de Arheylligen cler. Mogunt. Dyoc.*). 1442 nahm er das Studium in Padua auf (1r: *Jtem postea anno domini Mccccxlij°* [durchgestrichen: *trans*] *circa festum sancti Michaelis* [zwei weitere durchgestrichene Wörter] *transtulit se ad Ytaliam ad studium Paduanum*), wo er 1450 zum Lizentiaten im Kanonischen Recht promoviert wurde, ehe er erneut die Alpen überquerte und bis zum Dekan der Kirche St. Mauritius zu Mainz aufstieg, wo er zwischen 1466 und 1472 gestorben sein dürfte (zu allen über 1r hinausgehenden Angaben s. RAG, Adam Nicolai). Unseren Codex dürfte er während seines Studiums in Padua geschrieben haben, laut Kolophon auf 270v vollendete er zumindest den Haupttext 1447 in San Floriano (Gem. San Pietro in Cariano bei Verona), wohin er sich aufgrund der grassierenden Pest zurückgezogen hatte. Dafür, dass die Hs. später über Ulrich Fugger (1526–1584) in die Bestände der Bibliotheca Palatina gelangt sei, wie Lehmann, Fuggerbibliotheken 2, S. 486 vermutet, gibt es im Codex keinerlei Hinweise. Wahrscheinlicher ist dann doch, dass die Hs. über die persönlichen Verbindungen des Adam Nicolai Wannemacher an die Heidelberger Universität gelangte. So könnte er den Heidelberger Gelehrten Johannes von Albig († 1451/52) gekannt haben, in dessen Bücherlegat zugunsten der Alma Mater aus dem Januar 1452 eine *pars Prodogotsmi* [!] *super 2º* genannt wird (Jeudy, Handschriften, S. 9), die sich mit der *pars Prodogotsmi* [!] *super secundo decreta in papiro* gleichsetzen lässt, die sich im Katalog der Heidelberger Bibliotheken von 1466 und hier im Teil zu den oberen Fakultäten befindet (Heidelberg, UB, Heid. Hs. 47, 13r).

Faksimile: https://digi.ub.uni-heidelberg.de/diglit/bav_pal_lat_784
Literatur: Lehmann, Fuggerbibliotheken 2, S. 486; OVL, Pal.lat.784; Schunke, Einbände 2.2, S. 850; Stevenson, Latini, S. 279.

1) 1r–270v
Verfasser: Prosdocimo Conti.
Titel: Lectura in secundum librum decretalium.
Angaben zum Text: 271r–271v leerer Schriftraum.
Rubrik: 1r ›*De iudicijs. Rubrica*‹.
Incipit: 1r *Continuatur ad totum librum precedentem secundum Goffridum* [expungiert: *ex*]. *Expeditis preparatoriis iudiciorum ad iudicia ueniendum erat …*
Explicit: 270v … *quia non est periurus iurans falsum credens probabiliter id uerum esse xxii. q. ii Per totum. Prosdocimus de Comitibus.* ›*Amen*‹. *Gracias refero deo qui regnat trinus Olimpo. Finita per me Adam Arhelgen in uilla sancti Floriani prope Veronam* [durchgestrichen: *quo tempore ibi*] *anno domini Mºccccxlvij* [durchgestrichen: *q*] *in* [durchgestrichen: *autp*] *autumpno, quo tempore ibi morabar ad certum tempus,* [durchgestrichen: *j*] *quia uiguit tunc pestilencia in ciuitate Paduana.*

2) 272r–273v
Verfasser: Thomas von Aquin.
Titel: Summa contra gentiles (Auszüge aus Liber 3).
Angaben zum Text: (272r) Caput 63 [ed.: Corpus Thomisticum, Thomas de Aquino, Summa contra Gentiles, lib. 3 cap. 1–63 (corpusthomisticum.org)]; (272v–273v) Caput 159–162 [ed.: Corpus Thomisticum, Thomas de Aquino, Summa contra Gentiles, lib. 3 cap. 111–163 (corpusthomisticum.org)]. – 274*r–274*v leerer Schriftraum.
Rubrik: 272r ›*Jhesus, Maria. Qualiter in illa vltima felicitate completur hominis desiderium. Capitulum* [durchgestrichen: *xl*] *lxi*^{m}‹.
Incipit: 272r *Ex premissis apparet quod in illa felicitate …*
Explicit: 273v … *sequitur nunc capitulum clx et ultimum 3*^{ij} *libri de predestinacione, reprobacione et eleccione diuina.*
Edition: s. o.

TH

Vatikan, Biblioteca Apostolica Vaticana, Pal. lat. 785

Sebald Münsterer, Lectura Institutionum

Papier · 1, 63, 1 Bll. · 22,2 × 17,5 cm · Wittenberg · 1529

Entstehungsort: Wittenberg.
Entstehungszeit: 1529.

Typus (Überlieferungsform): Codex.
Beschreibstoff: Papier.
Umfang: 1, 63, 1 Bll.
Format (Blattgröße): 22,2 × 17,5 cm.
Zusammensetzung (Lagenstruktur): $(I-1)^{1a}$ + 7 IV^{56} + $(IV-2)^{62}$ + 1^{63} + $(I-1)^{64*}$. Vorderspiegel Gegenbl. von 1a, Hinterspiegel Gegenbl. von 64*.
Seiten-, Blatt- und Lagenzählung: Römische Foliierung des 17. Jhs. (*1–62*). *63* später nachgetragen. Vor- und Nachsatzbl. ungez., weshalb hier Zählung der Digitalisate übernommen wird (1a, 64*).
Zustand: Auf Vorder- und Hinterspiegel Schimmelspuren, auf den letzten Bll. Fraßlöcher. Sämtliche Bll. mit Falzverstärkung, wahrscheinlich bei der Neubindung um 1940 eingefügt (s. Einband). Leicht stockfleckig. Tinte schlägt durch, z. T. etwas verblasst.
Wasserzeichen: Nicht vorhanden.

Schriftraum: 17,5 × 11–15,5 cm (mit Marginalschlagwörtern).
Spaltenanzahl: 1 Spalte.
Zeilenanzahl: 20–29 Zeilen.
Angaben zu Schrift / Schreibern: Stark ausgeschriebene gotische Kursive von einer Hand, unter Verwendung von Elementen der humanistischen Kursive wie auch der Deutschen Kurrent.
Buchgestaltung: Tituli und Paragrafen als Zwischenüberschriften. Auf dem linken Rand Schlagwörter.

Nachträge und Benutzungsspuren: Von jüngerer Hand Schlagwörter in humanistischer Kursive nachgetragen. Nachträglich eingefügt wurde ebenfalls das Epigramm auf 63r.

Einband: Pergamentband über Pappe, auf dem Rücken in rotem Feld die Signatur *PAL. 785.* Nach Schunke, Einbände 2.2, S. 850 um 1940 in Rom gefertigt. Oben aufgeklebt auf den Rücken blaues Signaturschild *Pal. lat. 785.* Gelb-kupferfarbenes Kapital.
Provenienz: Heidelberg.
Geschichte der Handschrift: Auf vorderem Spiegel blaues Schildchen mit *Pal. lat. 785.* Auf 1r aktuelle Signatur nebst Altsignaturen *1805* und *452* [beide durchgestrichen]. Auf 63v kopfständige Altsignatur *1936*? Die Rubrik auf 2r gibt uns genaueren Aufschluss über das vor uns liegende Werk: *In Institutionum libros licenciatii Munsteri Nurembergensis adnotata anno 1529.* Es handelt sich dabei um eine 1529 gehaltene Vorlesung über die Institutiones Iustiniani von einem aus Nürnberg stammenden Lizentiaten namens Munster / Münster / Münsterer. In Anbetracht dieser Datenlage, kann es sich nur um den Wittenberger Hochschullehrer Sebald Münsterer handeln, der nachweislich 1529 die Institutionen las (s. RAG,

Sebald Münsterer). Dass es sich bei dem Schreiber um einen deutschsprachigen Studenten handeln muss, zeigt ein auf Deutsch geschriebener Halbsatz auf 31r. Wie bereits LEHMANN, Fuggerbibliotheken 2, S. 486 annahm, dürfte die Hs. Ulrich Fugger (1526–1584) gehört haben. Dafür spricht der Name des Humanisten Achille Bocchi (1488–1562) auf 62v, der in der Art seiner Darstellung an die Inhaltsangaben gemahnt, wie sie sich in den griechischsprachigen Hss. des Augsburger Büchersammlers finden (vgl. Pal. gr. 83, Ir). In diesem Fall wäre die Hs. mit dem Ableben des Bibliophilen und gemäß dessen letzter Verfügung in das Eigentum des Pfälzer Kurfürsten und schließlich in die Bibliotheca Palatina übergegangen (s. Einleitung).

Faksimile: https://digi.ub.uni-heidelberg.de/diglit/bav_pal_lat_785

Literatur: Klaus HEITMANN, Die Sprache, mit der Gott Adam aus dem Paradies vertrieb. Bemerkungen über Deutschland in Giovanni Battista Pacichellis ‚Memorie de' viaggi per l'Europa christiana' (1685), in: Italica et Romanica. Festschrift für Max Pfister zum 65. Geburtstag, Bd. 3, hrsg. von Günter HOLTUS / Johannes KRAMER / Wolfgang SCHWEICKARD, Tübingen 1997, S. 277–292, hier S. 284 A. 12; LEHMANN, Fuggerbibliotheken 2, S. 486; Manuscripta juridica, Pal.lat.785; SCHUNKE, Einbände 2.2, S. 850; STEVENSON, Latini, S. 279; Hans WALTHER, Scherz und Ernst in der Völker- und Stämme-Charakteristik mittellateinischer Verse, in: Archiv für Kulturgeschichte 41 (1959), S. 263–301, hier S. 274.

1) 1v–62r

Verfasser: SEBALD MÜNSTERER.

Titel: Lectura Institutionum.

Angaben zum Text: 1529 von Sebald Münsterer in Wittenberg gehaltene Vorlesung zu den Institutiones Iustiniani, die in Liber II endet, wobei gegen Ende entweder die Reihenfolge der Tituli nicht mehr konsequent eingehalten wurde oder Bll. beim Binden durcheinander geraten sind: (1v) Vorrede; (2r–31r) Liber I; (31v–32r) leer; (32v) Distinctiones; (33r–62r) Liber II (scheint in Titulus 9 zu enden).

Rubrik: 2r ›*In Institutionum libros licenciatii Munsteri Nurembergensis adnotata anno 1529. De origine iuris ciuilis*‹.

Incipit: 2r *In initio vrbis Romane ...*

Explicit: 62r ... *L. Numquam ff. De usucapionibus.*

2) 62v

Titel: Notizen: Nennung des Achille Bocchi sowie Zahlen.

3) 63r

Titel: Epigramm.

Angaben zum Text: 63v Alter Hinterdeckel, Teil des barocken blauen Signaturschilds der Bibliotheca Vaticana noch zu erkennen.

Rubrik: 63r ›*In quendam Italum*‹.

Incipit: 63r *Germanos dicis stolide ebrietate teneri...*

Explicit: 63r ... *te scelerata Venus.*

Edition: WALTHER, Scherz, S. 274.

TH

Vatikan, Biblioteca Apostolica Vaticana, Pal. lat. 786

Summen des Azo zum Corpus iuris civilis

Pergament · 2, 241, 2 Bll. · 42,2–42,3 × 26,5–26,8 cm · Südfrankreich (?) · 2. Hälfte 13. Jh.

Entstehungsort: Südfrankreich (?).
Entstehungszeit: 2. Hälfte 13. Jh.

Typus (Überlieferungsform): Codex.
Beschreibstoff: Pergament.
Umfang: 2, 241, 2 Bll.
Format (Blattgröße): 42,2–42,3 × 26,5–26,8 cm.
Zusammensetzung (Lagenstruktur): $(I-1)^{1a}$ + 1^{2a} + 11 V^{110} + IV^{118} + 5 V^{168} + VI^{180} + $(V-1)^{189}$ + 4 V^{229} + VI^{241} + 1^{242} + $(I-1)^{243*}$. Vorderspiegel Gegenbl. von 1a, Hinterspiegel Gegenbl. von 243*.
Seiten-, Blatt- und Lagenzählung: Römische Foliierung des 17. Jhs. (*1–242*). Vorsatzbll. und letztes Nachsatzbl. ungez., weshalb hier Zählung der Digitalisate übernommen wird (1a–2a, 243*). Durchgehend auf der letzten Versoseite der Lage Lagenzählung in lateinischen Ziffern auf dem Fußsteg in der Mitte, Reklamanten auf dem Fußsteg rechts. Ab 130r Lagenfoliierung in Rot auf den Rectoseiten.
Zustand: Pergament verschmutzt, Haarseite mit Gelbstich, wenige Flecken, Tinte berieben, mitunter etwas verblasst, schlägt zuweilen leicht durch. 239v–240r Wasserschaden mit geringem Textverlust.

Schriftraum: 26,5–30,2 × 17,7–19 cm.
Spaltenanzahl: 2 Spalten.
Zeilenanzahl: 53–59 Zeilen.
Angaben zu Schrift / Schreibern: Die erste Hand schrieb bis 227r in einer Textualis mit relativ vielen Brechungen, während der zweiten Hand ein deutlich runderer und breiterer Duktus zu eigen ist.
Buchgestaltung: Zeilengerüst mit Metallstift vorgezogen. Ziffern der Bücher in lateinischen Zahlen als lebender Seitentitel. Abschnitte (bis 117v mit arabischen Ziffern nummeriert) beginnen mit Rubriken und alternierend blauer oder roter Lombarde mit Fleuronnéverzierung in Gegenfarbe. Ferner alternierend blaue und rote Paragrafenzeichen mit Verzierung in Gegenfarbe zur Unterteilung der Sinnabschnitte. Zuordnung der Glossen, die erste Tendenzen in Richtung Klammerglosse aufweisen, zum Textus inclusus mittels Verweiszeichen. Angaben für Rubrikator vorhanden.
Buchschmuck: 1r Blau-rote Initiale mit Schaftaussparungen, Palmettenfleuronné als Besatz, im Binnenfeld Wappen mit drei blauen Spindeln und einem Querbalken oder Faden (?), flankiert von zwei sich gegenseitig ansehenden Adlerköpfen.

Nachträge und Benutzungsspuren: Wenige Glossen von der Hand des Schreibers, der auch den Textus inclusus ausführte, das Gros an Glossen und Anmerkungen von mehreren Händen, bis ins 15. Jh. reichend, darunter auch die Hand des Francesco Angiolello. Zahlreiche grafische Verweiszeichen. Von den später hinzugefügten Glossen auffallend viele mit der Sigle *Od.*, die mit Odofredo († 1265) (Sella, Sigle, S. 197) aufzulösen ist. Auch die häufig auftauchende Sigle *Oldo.* dürfte mit Odofredo gleichgesetzt werden, denn auf 206r endet die Glosse mit der Nennung des Autors wie folgt: *Oldofredus summus doctor*, wobei eine kleine Lücke zwischen *Oldo* und *fredus* erscheint, als ob der Schreiber zuerst die Sigle schrieb und schließlich noch den Rest hinzufügte (bei SELLA, Nuove Sigle, S. 171 *Oldo.* genannt, aber nicht aufgelöst). Ebenso finden sich häufig die Siglen *Old.* und *C.P.* (zu letzterer s. CORTESE, Per la storia, S. 128). Auf 34r–34v längerer Kommentar von Alberto da Pavia (belegt 1211–1240).

Einband: Pergamentband über Pappe, nach SCHUNKE, Einbände 2.2, S. 851, um 1780 in Rom entstanden. Löcher für Schließbänder in den Deckeln noch vorhanden. Gelb-kupferfarbenes Kapital. Auf dem Rücken oben blaues barockes Signaturschild *786*, darunter blaues Signaturschild *Pal. lat. 786*, schließlich Titel mit Tinte auf Rücken notiert: *Azonis Summa*, darunter in Blau *P.*
Provenienz: Padua / Augsburg / Heidelberg.
Geschichte der Handschrift: Modernes blaues Signaturschild der Vaticana *Pal. lat. 786* auf dem vorderen Spiegel. Auf Vorsatzbl. 2ar aktuelle Signatur und nicht eindeutig zu identifizierende durchgestrichene Altsignatur, auf 1r weitere Altsignatur *509.* LEHMANN, Fuggerbibliotheken 2, S. 487 sah zwar die Entstehung vorliegender Hs. im Italien des 14. und 15. Jh., die Schrift lässt aber annehmen, dass sie in der zweiten Hälfte des 13. Jhs. in Südfrankreich entstanden sein könnte. Dafür sprechen nicht zuletzt auch die hier gebrauchten Verweiszeichen, deren Verwendung im 14. und 15. Jh. in Italien eher unüblich gewesen wären. Mit Sicherheit gelangte sie 1431 nach Padua, wie der Vermerk auf 1r *Mccccxxxj die xvij Octobris Filippus subscripsi* zeigt, bei dem es sich um einen Paduaner Zollvermerk handelt, war es Studenten doch erlaubt, zollfrei Bücher in die Stadt einzuführen. Dort wurde sie von Francesco Angiolello erworben, wie die von ihm eingetragenen Glossen und Anmerkungen nahelegen (s. auch CAPRIOLI, Tre capitoli, S. 296f.; SPECIALE, La memoria, S. 136 A. 51). Er studierte in den 1450er Jahren in der oberitalienischen Universitätsstadt, wo er auch Pal. lat. 745, Pal. lat. 760 und vielleicht auch Pal. lat. 732 erwarb (s. die entsprechenden Beschreibungen). Späterhin gelangte die Hs. in das Eigentum des Augsburger Bibliophilen Ulrich Fugger (1526–1584), wie die Signatur *195. seors.* auf 1r nahelegt. Mit dem Ableben des Büchersammlers und gemäß seinem letzten Willen gingen seine Hss. in das Eigentum des Pfälzer Kurfürsten über und schließlich auf diesem Weg in die Bibliotheca Palatina ein (s. Einleitung).

Faksimile: https://digi.ub.uni-heidelberg.de/diglit/bav_pal_lat_786
Literatur: CAPRIOLI, Tre capitoli, S. 296f., 299 A. 342; Emanuele CONTE, Coloni e manentes tra servitù e libertà. Spunti canonistici, in: Proceedings of the Ninth International Congress of Medieval Canon Law, Munich, 13–18 July 1992, hrsg. von Peter LANDAU, Vatikanstadt 1997 (Monumenta iuris canonici, Series C, Subsidia 10), S. 591–637, hier S. 611ff. (wohl verschrieben zu Pal. lat. 789); Ennio CORTESE, Per la storia di una teoria dell'arcivescovo Mosé di Ravenna (m. 1154) sulla proprietà ecclesiastica, in: Proceedings of the Fifth International Congress of Medieval Canon Law, Salamanca, 21–25 Sept. 1976, hrsg. von Stephan KUTTNER / Kenneth PENNINGTON, Vatikanstadt 1980 (Monumenta iuris canonici, Series C, Subsidia 6), S. 117–155, hier S. 128, 152f.; LEHMANN, Fuggerbibliotheken 2, S. 107, 487; Manuscripta juridica, Pal.lat.786; Mirabile, Pal.lat.786, Azo, Summa; NARDI, Studi, S. 57 A. 107; OVL, Pal.lat.786; Andrea PADOVANI, Il titolo De Summa Trinitate et fide catholica (C. 1. 1) nell'esegesi dei glossatori fino ad Azzone. Con tre interludî su Irnerio, in: Manoscritti, edito-

ria e biblioteche dal medioevo all'età contemporanea, Studi offerti a Domenico Maffei per il suo ottantesimo compleanno, Bd. 3, hrsg. von Mario ASCHERI / Gaetano COLLI / Paola MAFFEI, Rom 2006, S. 1075–1123, hier S. 1090; SCHUNKE, Einbände 2.2, S. 851; Emil SECKEL, Distinctiones Glossatorum: Studien zur Distinktionen-Literatur der romanistischen Glossatorenschule, in: Festschrift der Berliner Juristischen Fakultät für Ferdinand von Martitz zum fünfzigjährigen Doktorjubiläum am 24. Juli 1911, Berlin 1911, S. 277–436, hier S. 427, Nr. 2; SPECIALE, Acursius, S. 112 A. 3, 117f.; SPECIALE, La memoria, S. 136 A. 51; STEVENSON, Latini, S. 280.

1) 1ra–189va
Verfasser: AZO.
Titel: Summa Codicis Iustiniani.
Angaben zum Text: (1ra–1vb) Prooemium; (1vb–11ra) Liber 1; (11ra–33vb) Liber 2; (33vb–57rb) Liber 3; (57rb–97rb) Liber 4; (97rb–118rb) Liber 5; (118v) leer; (119ra–146rb) Liber 6; (146rb–163vb) Liber 7; (163vb–179va) Liber 8; (179va–189va) Liber 9.
Rubrik: 1ra ›*Jncipit prohemium ad Summam Codicis per dominum Açonem componendam. Rubrica*‹.
Incipit: 1ra ›*Cvm*‹ *post inuentionem scientie superuenerit gratie plenitudo et successiuis nature beneficiis ingenium predotetur* ...
Explicit: 189va ... *quia cum officiis debebit eam petere a patre vt infra est t. l. Vltra.*
Edition: Der Text liegt in keiner modernen Edition vor, erschien aber bereits 1482 als Wiegendruck (GW 3144–3148); Glosse auf 2va–b ediert in CORTESE, Mosé di Ravenna, S. 152f.

2) 190ra–211rb
Verfasser: AZO.
Titel: Summa Institutionum.
Angaben zum Text: Auf 211r vermerkte Francesco Angiolello, dass Azo die Summe 1210 verfasst habe: *Explicit Summa super Institutiones composita a.d. Açone anno M.CC.X.* Zur diesbezüglichen Einschätzung Angiolellos s. auch seine Anmerkung auf 1r.
Rubrik: 190ra ›*Jncipit proemium ad Institutionum Summam Açonis. Rubrica*‹.
Incipit: 190ra ›*Quasi*‹ *modo geniti pueri uel adulti lac iuris concupiscite* ...
Explicit: 211rb ... *in lucem erexerim et in consonantiam luculentam.*
Edition: Der Text liegt in keiner modernen Edition vor, erschien aber bereits 1482 als Inkunabel (GW 3144–3148).

3) 211va–224rb
Verfasser: JOHANNES BASSIANUS.
Weitere beteiligte Personen: AZO / HUGOLINUS DE PRESBYTERIS.
Titel: Summa Digestorum.
Angaben zum Text: Die Digestensumme des Johannes Bassianus in der jüngsten Rezension des Azo mit der eingeschobenen Summula des Ugolino Presbiteri zu Dig. 29.2.
Rubrik: 211va ›*Jncipit materia ad Pandectam secundum Iohannem. Rubrica*‹.
Incipit: 211va ›*In*‹ *nomine patris et filii et spiritus sancti. Amen. Principium omnium rerum est deus* ...
Explicit: 224rb ... *siquis diuturno.*
Edition: Es liegt keine moderne Edition vor, der Text erschien aber bereits 1484 als Wiegendruck (GW 3145–3148).

4) 224rb–227rb

Verfasser: Johannes Bassianus / Azo (?).

Titel: Summa Authentici.

Angaben zum Text: Bei Manuscripta juridica wird die von Francesco Angiolello auf 224rb angebrachte Randbemerkung dahingehend interpretiert, dass der Text von Azo stamme und von Accursius (um 1185–1263) überarbeitet worden sei. Übersetzt man den ersten Satz allerdings in dem Sinne, dass die Rubrik bzgl. der Autorschaft unklar bzw. unvollständig sei (erwähnt wird nur Johannes Bassianus), darüber hinaus im Unterschied zum darauffolgenden Text hier nicht der gesamte Inhalt des Authenticum behandelt werden würde (was ein Abgleich des hier gebotenen Texts mit dem Authenticum oder dem von 227rb–241rb geschriebenen Text belegt), dann lassen sich die beiden abschließenden Sätz in dem Sinne interpretieren, dass dieser Text (also 224rb–227rb) von Azo stamme und der darauf folgende (227rb–241rb) von Accursius: *Credo quod ea que hic dicuntur uacent eo quia non plene hic scribitur materia Autenticorum, sed infra omnia plenius traduntur, scilicet in iij. carta proxime sequenti. Nisi dicamus quod id quod scribitur hic fuit dictum ab Azone. Quod uero ibj ab Accursio.* S. auch Caprioli, Tre capitoli, S. 296 f. Zur Verfasserfrage vgl. Hermann Lange, Römisches Recht im Mittelalter, Bd. 1, Die Glossatoren, München 1997, S. 264 f.

Rubrik: 224rb ›*Jncipit materia ad Autenticam secundum Johannem*‹.

Incipit: 224rb *Liber iste quem donante domino lecturi sumus …*

Explicit: 227rb … *vt in summa c. De officio comitis rerum priuatarum.*

Edition: Das Prooemium stimmt mit der in der Accursianischen Überarbeitung gebotenen Version überein (s. u., sowie GW 3145–3148), der Rest weicht deutlich davon ab.

5) 227rb–241rb

Verfasser: Johannes Bassianus.

Weitere beteiligte Personen: Accursius.

Titel: Summa Authentici.

Angaben zum Text: Die Summa des Johannes Bassianus mit Zusätzen des Accursius: (227rb–230ra) Collatio 1; (230ra–231vb) Collatio 2; (231vb–232vb) Collatio 3; (232vb–234ra) Collatio 4; (234ra–235rb) Collatio 5; (235rb–237rb) Collatio 6; (237rb–238rb) Collatio 7; (238rb–239va) Collatio 8; (239va–241rb) Collatio 9. – 241v Notiz.

Rubrik: 227rb ›*Jncipit prohemium ad Summam Autentici secundum Johannem cum additionibus Acursij*‹.

Incipit: 227rb ›*Liber*‹ *iste quem donante domino lecturi sumus …*

Explicit: 241rb … *que est c. Super l. Generaliter. Accursius Florentinus.* [Von anderer Hand:] *Explicit summa Authentici secundum Acursium Florentinum de Certaldo. Laus tibi sit Christe quoniam liber explicit iste.*

Edition: Es liegt keine moderne Edition vor, der Text erschien aber bereits 1484 als Wiegendruck (GW 3145–3148).

TH

Vatikan, Biblioteca Apostolica Vaticana, Pal. lat. 787

Zusammengesetzte Handschrift mit Summen zum Corpus iuris civilis

Pergament · 4, 10, 1, 122, 3 Bll. · 42 × 25,4 cm · Südfrankreich / Oberitalien (?) / Oberitalien · 2. Hälfte 13. Jh.

Typus (Überlieferungsform): Codex.
Beschreibstoff: Pergament.
Umfang: 4, 10, 1, 122, 3 Bll.
Format (Blattgröße): 42 × 25,4 cm.
Zusammensetzung (Lagenstruktur): Hs. aus 2 Faszikeln zusammengesetzt (I. Bll. 1–104; II. Bll. 105–133). $(II\text{-}1)^{2a} + 1^{3a} + 1^{4a} + \ldots + 1^{134^*} + (II\text{-}1)^{136^*}$. Vorderspiegel Gegenbl. von 2a, Hinterspiegel Gegenbl. von 135*.
Seiten-, Blatt- und Lagenzählung: Römische Foliierung des 17. Jhs. (*1–133*). Vor- und Nachsatzbll. ungez., wie auch ein nachträglich eingefügtes Bl., weshalb hier Zählung der Digitalisate übernommen wird (1a–4a, 134*–136*).
Zustand: Pergament verschmutzt, zahlreiche Flecken, einige Löcher und Risse, Wurmlöcher und Schimmel auf den ersten Bll., Tinte berieben und verblasst. Zahlreiche Rasuren.

Einband: Pergamentband über Pappe, nach SCHUNKE, Einbände 2.2, S. 851, um 1780 in Rom entstanden. Löcher für Schließbänder in den Deckeln noch vorhanden. Gelb-kupferfarbenes Kapital. Auf dem Rücken mit leichten Fraßspuren oben blaues barockes Signaturschild *787*, darunter in Blau *P.*, darunter Titel mit Tinte auf Rücken notiert: *AZONIS Summa*, auf dem unten leicht eingerissenen Rücken blaues Signaturschild *Pal. lat. 787.*
Provenienz: Augsburg / Heidelberg.
Geschichte der Handschrift: Modernes blaues Signaturschild der Vaticana *Pal. lat. 787* auf dem vorderen Spiegel. Auf Vorsatzbl. 2ar aktuelle Signatur samt zwei durchgestrichenen Altsignaturen *68* und *714* [?], auf 3ar Capsa-Nummer *C. 86.*, darunter Allacci-Signatur *870*, in Rötel Altsignatur *196* sowie *Summa Azonis in Codice* und ein weiteres Mal *196.* Auf 1r Altsignatur *510.* Auf 3ar womöglich von derselben Hand des 16. Jhs., die auch die Signatur schrieb: *Jn jure.* Nachträglich eingeklebter Zettel mit lateinischer Inhaltsangabe auf 4ar. Die Entstehungsorte der beiden Faszikel sind nicht leicht auszumachen (s. u.). Sie dürften aber in etwa zeitgleich entstanden sein und scheinen auch zueinander in Bezug zu stehen. Das zeigen nicht nur die eher nach Südfrankreich denn nach Oberitalien verweisenden Schriften, sondern auch die später angefertigten Anmerkungen, schließlich annotierte mindestens eine Hand in beiden Faszikeln. Dies legt nahe, dass die Faszikel früh miteinander verbunden wurden. Ungeachtet der Qualität der Faszikel fehlen doch immer wieder Teile, sind Texte unvollständig. Späterhin wurde der Codex von Ulrich Fugger (1526–1584) erworben, wie die auffallend vielen Signaturen aus seiner Bibliothek ausweisen, so auf 3ar *pag. 159. b. F. No. 6.*, auf 1r *196. seors*, auf 14r und 134*v *p. 60. F. No 48*, auf 134*v zudem mit Rötel *48.* Mit dem Ableben des aus Augsburg stammenden Büchersammlers gingen seine Bücher in das Eigentum des Pfälzer Kurfürsten über und darauf in die Bibliotheca Palatina ein (s. Einleitung).

Faksimile: https://digi.ub.uni-heidelberg.de/diglit/bav_pal_lat_787

Literatur: Caprioli, Tre capitoli, S. 299 A. 342; Emanuele Conte, Coloni e manentes tra servitù e libertà. Spunti canonistici, in: Proceedings of the Ninth International Congress of Medieval Canon Law, Munich, 13–18 July 1992, hrsg. von Peter Landau, Vatikanstadt 1997 (Monumenta iuris canonici, Series C, Subsidia 10), S. 591–637, hier S. 611 ff.; Lehmann, Fuggerbibliotheken 2, S. 107, 487; Manuscripta juridica, Pal.lat.787; Nardi, Studi, S. 57 A. 107; OVL, Pal.lat.787; Andrea Padovani, Il titolo De Summa Trinitate et fide catholica (C. 1. 1) nell'esegesi dei glossatori fino ad Azzone. Con tre interludî su Irnerio, in: Manoscritti, editoria e biblioteche dal medioevo all'età contemporanea, Studi offerti a Domenico Maffei per il suo ottantesimo compleanno, Bd. 3, hrsg. von Mario Ascheri / Gaetano Colli / Paola Maffei, Rom 2006, S. 1075–1123, hier S. 1090; Giovanni Santini, Università e società nel XII secolo: Pillio da medicina e lo studio di Modena. Tradizione e innovazione nella scuola dei Glossatori, Modena 1979 (Pubblicazioni della Facoltà di Giurisprudenza della Università di Modena, 143 = N.S. 78), S. 220; Schunke, Einbände 2.2, S. 851; Stevenson, Latini, S. 280.

Faszikel I (Bl. 1–104)

Sachtitel / Inhalt: Summen des Azo zum Corpus iuris civilis.

Entstehungsort: Südfrankreich / Oberitalien (?).
Entstehungszeit: 2. Hälfte 13. Jh.

Typus (Überlieferungsform): Faszikel.
Beschreibstoff: Pergament.
Umfang: 10, 1, 93 Bll.
Format (Blattgröße): 42 × 25,4 cm.
Zusammensetzung (Lagenstruktur): V^{10} + 3^{13} + V^{23} + IV^{31} + 6 V^{91} + $(VII\text{-}1)^{104}$. Bl. 11 aus Papier nachträglich eingefügt .
Seiten-, Blatt- und Lagenzählung: Durchgehend verzierte Reklamanten auf der letzten Versoseite der Lage auf dem Fußsteg rechts.

Schriftraum: 28 × 16 cm.
Spaltenanzahl: 2 Spalten.
Zeilenanzahl: 71–73 Zeilen.
Angaben zu Schrift / Schreibern: Die Texte bis 103v schrieb eine Hand in einer Textualis mit vielen Brechungen und mit einem h, dessen Bogen unter die Grundlinie gezogen ist. Die Schriften des Rubrikators, des Korrektors und desjenigen, der die Additiones des Odofredo hinzufügte, zeichnen sich hingegen durch einen deutlich breiteren und runderen Duktus aus.
Buchgestaltung: Zeilengerüst mit Metallstift vorgezogen. Korrekturen von anderer Hand in den Marginalien nachgetragen. An den Abschnittsanfängen Rubriken und alternierend blaue und rote Lombarden mit Fleuronné in Gegenfarbe. Zur Unterteilung der Sinnabschnitte alternierend blaue und rote Paragrafenzeichen.
Buchschmuck: s. Buchgestaltung.

Nachträge und Benutzungsspuren: Glossen und Anmerkungen von mehreren Händen. Kaum grafische Verweiszeichen, v.a. in Form von Kreuzen. Nachgetragen auch die Quaestiones auf 104v.

Provenienz: Augsburg / Heidelberg.
Geschichte des Faszikels: Eindeutig lässt sich der Entstehungsort des Faszikels kaum ohne tiefergehende Forschungen lokalisieren. Die verschiedenen Hände in ihrer Vielgestaltigkeit geben Anlass, an eine Herkunft aus Südfrankreich zu denken. Möglich wäre auch, dass an ihm in Oberitalien weitergearbeitet wurde, wie die im Duktus runderen Schriften des Korrektors und Rubrikators suggerieren.

1) 1ra–91vb
Verfasser: Azo.
Titel: Summa Codicis Iustiniani.
Angaben zum Text: Die Summa des Azo mit den Additiones des Odofredo († 1265). Es fehlen Liber 2 und 3, der Anfang von Liber 4 und der Schluss von Liber 9: (1ra–1vb) Prooemium; (1vb–10vb) Liber 1; (10vb) Liber 2, Text endet in ‚De edendo'; (11r–11v) leer; (12rb–19va) Liber 4, beginnt in ‚De positi'; (19va–31vb) Liber 5, der Text endet in ‚Qui dare tutores vel curatores et qui dare possunt vel non'; (32rb–55rb) Liber 6, Text beginnt in ‚Si in fraudem patroni alienatio a liberto facta est'; (55rb–71va) Liber 7; (71va–86vb) Liber 8; (86vb–91vb) Liber 9, Text endet in ‚De crimine sacrilegi' (Cod. 9.29).
Rubrik: 1ra ›*Jncipit proemium domini Açonis ad Summam Codicis conponendam. Rubrica. Jn nomine domini nostri Ihesu Christi*‹.
Incipit: 1ra ›*Cvm*‹ [... Text unleserlich] *scientie super* [... Text unleserlich] *successiuis* [... Text unleserlich] ...
Explicit: 91vb ... *hoc est quod dicit lex* ... [Text bricht ab].
Edition: Der Text liegt in keiner modernen Edition vor, erschien aber bereits 1482 als Wiegendruck (GW 3144–3148).

2) 92ra–95vb
Verfasser: Azo.
Titel: Summa Institutionum.
Angaben zum Text: Beginnt in ‚De actionibus' und endet in ‚De publicis iudiciis'.
Incipit: 92ra ... *uel in mistum tollatur* ...
Explicit: 95vb ... *per singulos tres* ... [Text bricht ab].
Edition: Der Text liegt in keiner modernen Edition vor, erschien aber bereits 1482 als Inkunabel (GW 3144–3148).

3) 96ra–103vb
Verfasser: Azo.
Titel: Summa Digestorum.
Angaben zum Text: Beginnt in ‚De statu hominum'. – 104r leer.
Incipit: 96ra ... *dic ut jnfra, eodem, libertini sunt. Nec distinguimus* ...
Explicit: 103vb ... *et sine mero imperio, ut dixi in Summa Codicis De officio comitis rerum priuatorum.*
Edition: Es liegt keine moderne Edition vor, der Text erschien aber bereits 1484 als Wiegendruck (GW 3145–3148).

4) 104va
Verfasser: Hubertus de Bobbio.
Titel: Quaestio.
Incipit: 104va *Pone: Sententia lata est die dominico …*
Explicit: 104va … *sed ex ui pacti, ff. De pactis l. Si unus § ultimo. Ubertus de Bobio.*

5) 104va
Verfasser: Guido da Suzzara.
Titel: Quaestio.
Incipit: 104va *Questio talis est: Duo litigabant ad inuicem coram aliquo judice …*
Explicit: 104va … *non excludit suum genus, ff. De manumissis testamento l. Si peculium. Guido de Suzaria.*

Faszikel II (Bl. 105–133)

Sachtitel / Inhalt: Summen zum ‚Corpus iuris civilis'.

Entstehungsort: Oberitalien.
Entstehungszeit: 2. Hälfte 13. Jh.

Typus (Überlieferungsform): Faszikel.
Beschreibstoff: Pergament.
Umfang: 29 Bll.
Format (Blattgröße): 42 × 25,4 cm.
Zusammensetzung (Lagenstruktur): VI^{116} + V^{126} + III^{132} + 1^{133}. 132 und 133 zur Hälfte herausgerissen.
Seiten-, Blatt- und Lagenzählung: Durchgehend verzierte Reklamanten auf der letzten Versoseite der Lage auf dem Fußsteg rechts.

Schriftraum: 27 × 16 cm.
Spaltenanzahl: 2 Spalten.
Zeilenanzahl: 57–59 Zeilen.
Angaben zu Schrift / Schreibern: Von einer Hand, die im Duktus an die Rotunda gemahnt, allerdings diverse Elemente der südfranzösischen Textualis aufweist, wie das unter die Grundlinie gezogene runde r oder die con-Abkürzung in Form einer 9 auf der Grundlinie stehend (vgl. Derolez, Palaeography, S. 116 f.).
Buchgestaltung: Zeilengerüst mit Metallstift vorgezogen. Korrekturen in den Marginalien nachgetragen. An den Abschnittsanfängen Rubriken und alternierend blaue und rote Lombarden mit Fleuronné in Gegenfarbe. Zur Unterteilung der Sinnabschnitte alternierend blaue und rote Paragrafenzeichen.
Buchschmuck: s. Buchgestaltung.

Nachträge und Benutzungsspuren: Glossen und Anmerkungen von mehreren Händen. Kaum grafische Verweiszeichen, v. a. in Form von Kreuzen.

Provenienz: Augsburg / Heidelberg.

Geschichte des Faszikels: Wie die Pecienvermerke, so z. B. auf 109vb *finit ij.*, nahelegen, dürfte der Faszikel in einer oberitalienischen Universitätsstadt entstanden sein, dem angewandten System nach wahrscheinlich in Bologna.

6) 105ra–118rb
Verfasser: Johannes Bassianus.
Weitere beteiligte Personen: Accursius.
Titel: Summa Authentici.
Angaben zum Text: Die Summa des Johannes Bassianus mit Zusätzen des Accursius.
Rubrik: 105ra ›*Incipit prohemium ad Summam Autenticorum domini Açonis*‹.
Incipit: 105ra ›*Liber*‹ *iste quem donante domino lecturi sumus ...*
Explicit: 118rb ... *quod est c. Super l. Generali.*
Edition: Es liegt keine moderne Edition vor, der Text erschien aber bereits 1484 als Wiegendruck (GW 3145–3148).

7) 118rb–119vb
Verfasser: Placentinus.
Titel: Summa trium librorum Codicis Iustiniani.
Angaben zum Text: Nach Manuscripta juridica unvollständig. Die von Placentinus vorgenommene Summa zu den Büchern 10–12 des Codex Iustinianus blieb unvollendet und wurde von Pillius de Medicina fortgeführt, s. u. (vgl. Hermann Lange, Römisches Recht im Mittelalter, Bd. 1, Die Glossatoren, München 1997, S. 212).
Rubrik: 118rb ›*Incipit proemium super Summa trium librorum. Rubrica*‹.
Incipit: 118rb ›*Credidi*‹ *quondam debere sufficere Codicis summas a Frogerio initiatas ...*
Explicit: 119vb ... *que non est, ueritatem nature perimit.*
Edition: Es liegt keine moderne Edition vor, der Text erschien aber bereits 1484 als Wiegendruck (GW 3145–3148).

8) 119vb–131va
Verfasser: Pillius de Medicina.
Titel: Summa trium librorum Codicis Iustiniani.
Angaben zum Text: Die Fortsetzung der obigen Summa des Placentinus.
Rubrik: 119vb ›*Jncipit prohemium Pilleij*‹.
Incipit: 119vb ›*Cum*‹ *essem Bononie, ibique iuris precepta ...*
Explicit: 131va ... *ff. De administratione rerum ad ciuitates pertinentium ultima l.*
Edition: Es liegt keine moderne Edition vor, der Text erschien aber bereits 1484 als Wiegendruck (GW 3145–3148).

9) 131vb–132rb
Verfasser: Azo.
Titel: Kommentar zu Dig. 24.3 aus der Summa Digestorum.
Angaben zum Text: Kommentar zu Dig. 24.3 ‚Soluto matrimonio quemadmodum dos petatur'. – 132v Notizen.
Rubrik: 131vb ›*ff. Soluto matrimonio l. i. Nota quod sequitur*‹.
Incipit: 131vb ›*Dotis*‹ *causa: Quia dotis repetitione est tra*[expungiert: *di*]*ctaturus ...*
Explicit: 132rb ... *quod dic ut notauimus c.* ... [Text fehlt aufgrund des ausgerissenen Blattteils. In der folgenden Zeile, wohl als Beginn eines Kolophons, noch zu lesen:] *Deus ...*

Edition: s. o. Text 3.

10) 133r–133v
Verfasser: PATERIUS / GREGOR I.
Titel: Genesiskommentar, Kap. 43–44; Homiliarum in evangelia libri duo, Homilia 15, 4–5 (Fragmente).
Angaben zum Text: Geschrieben in karolingischer Minuskel. 133r aus dem Genesiskommentar des Paterius, Kap. 43–44, MIGNE PL 79, Sp. 700–701; 133v aus Gregor des Großen Homiliarum in evangelia libri duo, Homilia 15, 4–5, MIGNE PL 76, Sp. 1133 f.

TH

Vatikan, Biblioteca Apostolica Vaticana, Pal. lat. 788

Juristische Sammelhandschrift

Papier · 1, 303, 4 Bll. · 38,2 × 28 cm · Pavia (?) · 1461

Entstehungsort: Pavia (?).
Entstehungszeit: 1461.

Typus (Überlieferungsform): Codex.
Beschreibstoff: Papier.
Umfang: 1, 303, 4 Bll.
Format (Blattgröße): 38,2 × 28 cm.
Zusammensetzung (Lagenstruktur): $(I-1)^{1a}$ + 13 V^{130} + II^{134} + 2 V^{154} + III^{160} + 14 V^{296} + III^{302*} + $(I-1)^{303*}$. Vorderer Spiegel Gegenbl. von 1a, hinterer von 303*. Zählfehler: 203, 209, 261, 289 doppelt gez.
Seiten-, Blatt- und Lagenzählung: Römische Foliierung des 17. Jhs. (*1–299*, *300* durchgestrichen). Bei ungez. Bll. richtet sich die Beschreibung nach dem Digitalisat (1a, 203a, 209a, 261a, 289a, 300*–303*). Verzierte Reklamanten durchgängig auf der letzten Versoseite der Lage am Ende des Texts im rechten Winkel zu diesem geschrieben (ab 70v auf Fußsteg mittig, fehlen auf 60v, 134v, 154v, 160v, 190v, 200v).
Zustand: Leicht stockfleckig, v. a. an den Blatträndern, insbesondere an den oberen. Einige weitere Flecken. Text schlägt hin und wieder durch, Textblock mitunter ein wenig gebräunt. 1 oben eingerissen.
Wasserzeichen: Blumenblüte mit Stempel, acht Blütenblätter, in neun Varianten, Bll. 1, 5, 14, 20, 25, 30, 34–35, 39–40, 61, 63, 76, 78–79, 84, 123, 126, Bll. 4, 42–43, 47, 77, 92, 94, 96, 98, 103, 106, 110–112, 116, 121, 157, Bll. 8–9, 13, 15, 19, 22, 27–28, 38, 41, 58–60, 69, 71, 86, 127, 129, 131, Bll. 46, 54, 56, 64, 91, 104, 109, 117–118, 133, 159–160, alle vier Varianten ähnlich Wzz. von Papieren, die laut WZIS 1480 in Wien Verwendung fanden, DE2730-PO-126674, Bll. 202, 203a, 205, 209a, 211–212, 220, 224, 226, 229–231, 234, vergleichbar mit Wzz. von Papieren, die laut WZIS 1451 in Como beschrieben wurden, IT1650-PO-126722, Bll. 207, 209, 214, 222, 228, 235, ähnlich Wzz. von Papieren, die laut WZIS zwischen 1460 und 1480 in Italien verwendet wurden, DE4860-Ms1208_1, Bll. 217, 242, 257–258, ähnlich Wzz. von Papieren, die laut WZIS zwischen 1460 und 1480 in Italien Verwendung fanden, DE4860-Ms1208_1, Bll. 239, 244, 246, 259, 261a, 268, 272, 276, 278, 282, vergleichbar mit Wzz. von

Papieren, die laut WZIS zwischen 1460 und 1480 in Italien beschrieben wurden, DE4860-Ms1208_1, Bll. 247, 254–255, 260, 263, 265, 270, 274, 279–281, vergleichbar mit Wzz. von Papieren, die laut WZIS 1437 in Pavia verwendet wurden, IT6810-PO-126719; Blumenstempel, neun rundlappige Blütenbll., in zwei Varianten, Bll. 135–136, 145, 149, Bll. 140–142, 147, 153, beide vergleichbar mit Wzz. von Papieren, die laut WZIS im 3. Viertel des 15. Jhs. wahrscheinlich in Deutschland Verwendung fanden, DE4860-Ms1436_115; Blumenblüte mit Stempel, acht Blütenbll., Buchstabe M als Beizeichen auf Stempel, in drei Varianten, Bll. 162, 164–165, 170, 176–177, 179, 183, 187, ähnlich Wzz. von Papieren, die laut WZIS 1466 beschrieben wurden, DE4200-StGeorgen49_88, Bll. 163, 171, 173, 181, 189, ähnlich Wzz. von Papieren, die laut WZIS im 15. Jh. verwendet wurden, DE4200-StGeorgen48_83, Bl. 185, ähnlich Wzz. von Papieren, die laut WZIS 1466 Verwendung fanden, DE4200-StGeorgen49_88, Buchstabe S, um 90° gedreht, nur Mittelteil zweikonturig, in zwei Varianten, Bll. 192, 194, 198, 292, 294–295, 299, 302*, Bll. 195, 200, 288, 290, 298, beide ähnlich Wzz. von Papieren, die laut WZIS 1460 in Pavia beschrieben wurden, IT6810-PO-29589.

Schriftraum: 26,2 × 18 cm.
Spaltenanzahl: 2 Spalten.
Zeilenanzahl: 59 Zeilen.
Angaben zu Schrift / Schreibern: Mehrere Hände, die im Umfeld der Brüder Ruprecht (1437–1465), Albrecht (1440–1506) und Johann von Pfalz-Mosbach (1443–1486) wirkten, kopierten die hier versammelten Texte in Schriften, die zwischen der italienischen Semitextualis im Derolezschen Sinne (vgl. DEROLEZ, Palaeography, S. 119–121) und einer schleifenlosen Bastarda oszillieren, zuweilen auch, so besonders zwischen 61r und 132v, humanistische Einflüsse aufweisen. 1r–58v wurden wohl von derselben Hand ausgeführt wie auch Pal. lat. 657 (1r–317v), 662, 665, 666 (11r–77v, 167r–192v), 807 (101r–220v, 275r–293v). 58v–59r stammt von Ulrich Part, der sich einer gewöhnlichen Bastarda bediente. 61r–132r in einer italienischen Semitextualis. 161r–200v stammen von Bartholomäus von Maastricht. Zu weiteren möglichen Schreibern s. Geschichte der Handschrift von Pal. lat. 662.
Buchgestaltung: Zeilengerüst mit Silberstift und Tinte vorgezogen. Zu Beginn eines jeden Kapitels Initialmajuskel, teils mit Schaftaussparungen, über vier bis sieben Zeilen, die übrigen Buchstaben der Kapitelanfänge in gotischer Minuskel vergrößert dargestellt, über eine Zeile bzw. zwei Zeilen. Zwischen 135r und 151v Kapitel mit Rubriken in Rot eingeleitet. Abschnitte innerhalb eines Kapitels selten mit Paragrafenzeichen und vergrößerten gotischen Minuskeln hervorgehoben. Alternierend blaue und rote Paragrafenzeichen zur Unterteilung der Sinnabschnitte.
Buchschmuck: s. Buchgestaltung.

Nachträge und Benutzungsspuren: Wenige Anmerkungen von mehreren Händen, darunter eine, die Ruprecht oder Johann von Pfalz-Mosbach gehören dürfte, wenige Passagen mit Marginalglossen versehen. Wenige grafische Verweiszeichen.

Einband: Römischer Einband, Pappe mit weißem Pergament überzogen, in Rom um 1780 gefertigt (SCHUNKE, Einbände 2.2, S. 851). Gelb-kupferfarbenes Kapital. Auf dem Rücken zwei blaue Schildchen mit aktueller Signatur. Rückentitel: *Repetitiones Zabarellæ*, darunter in Blau aktuelle Signatur.
Provenienz: Neumarkt (?) / Heidelberg.

Geschichte der Handschrift: Auf Vorderspiegel blaues aufgeklebtes Schildchen mit aktueller Signatur, auf 1ar neben der aktuellen Signatur Altsignatur *665* [durchgestrichen], auf 1r Capsa-Nummer *C. 116.*, darunter Allacci-Signatur *1456.* [durchgestrichen], nebst Altsignatur *574.* Von Hand des 17. Jhs.: *Repetitiones cum certis tractatibus.* Wie das Layout und die Schrift nahelegen, muss die Hs. im Umfeld der Söhne Ottos I. von Pfalz-Mosbach (1390–1461) namens Ruprecht, Albrecht und Johann entstanden sein, als diese 1460/61 in Pavia weilten. Dafür spricht auch der Kolophon auf 179v: *Explicit tractatus de ecclesiastico interdicto domini Johannis de Caldarinis excellentissimi doctoris qui est scriptus et finitus per me Bartholomeum de Traiecto Superiori 1461 die 13. mensis jamuarij* [!] *et cetera.* Ebenjener Bartholomäus aus Maastricht nennt sich in zwei weiteren Kolophonen auf 190v und 200v zudem *de Bavaria*, was ihn als illegitimes Mitglied des Hauses Wittelsbach kennzeichnen könnte. Einen weiteren Text steuerte der Regensburger Domherr Ulrich Part († 1487) bei (s. DI 74, Inschriften des Regensburger Doms [I], Nr. 286 [Walburga Knorr, Werner Mayer], in: www.inschriften.net, urn:nbn:de:0238-di074m013k0028600), der eine Verbindung zu Ruprecht von Pfalz-Mosbach darstellen dürfte, der zu dem Zeitpunkt seines Italienaufenthalts designierter Bischof des Regensburger Bistums war. Welcher der drei Brüder nun diese Hs. besaß, wird sich kaum entscheiden lassen. Zur Provenienz s. auch die Einleitung.

Faksimile: https://digi.ub.uni-heidelberg.de/diglit/bav_pal_lat_788

Literatur: A Catalogue of Canon and Roman Law Manuscripts in the Vatican Library, Bd. 1, Codices Vaticani latini 541–2299, hrsg. von Stephan Kuttner in Zusammenarbeit mit Reinhard Elze, Vatikanstadt 1986 (Studi e testi 322), S. 282; BioBib Jurists, Laurentius de Ridolfis (r404); Adriana Campitelli, Il tractatus de cicatricibus di Francesco Albergotti attribuito a Bartolo da Sassoferrato, in: Annali di storia del diritto 8 (1964), S. 269–288, hier S. 273 A. 19; Orazio Condorelli, Dalle ‚Quaestiones Mercuriales' alla ‚Novella in titulum de regulis iuris', in: Rivista internazionale di diritto comune 3 (1992), S. 125–171, hier S. 127; Mario Conetti, Un testimone ignoto del De Maleficiis di Angelo Gambiglioni in una raccolta cinquecentesca lombarda di diritto penale e statutario, in: Manoscritti, editoria e biblioteche dal medioevo all'età contemporanea, Studi offerti a Domenico Maffei per il suo ottantesimo compleanno, Bd. 1, hrsg. von Paola Maffei, Rom 2006, S. 245–257, hier S. 250; Thomas M. Izbicki, Problems of Attribution in the „Tractatus Universi Iuris" (Venice 1584), in: Studi senesi 92 (1980), S. 479–493, hier S. 488; Julius Kirshner, „Ars imitatur naturam": A Consilium of Baldus on Naturalization in Florence, in: Viator. Medieval and Renaissance Studies 5 (1974), S. 289–332, hier S. 319 A. 91 und 94; Angela Lanconelli, Manoscritti statutari romani. Contributo per una bibliografia delle fonti statutarie dell'età medievale, in: Scrittura, biblioteche e stampa a Roma nel Quattrocento, hrsg. von Massimo Miglio, Vatikanstadt 1983, S. 305–321, hier S. 309 A. 6; Lehmann, Fuggerbibliotheken 2, S. 487; Paola Maffei, Donations Made to Sacred Images in Private Locations: Angelus de Ubaldis and the Quaestio Disputata „In refulgenti delitiarum palatio", in: Sacri canones editandi. Studies on Medieval Canon Law in Memory of Jiří Kejř, hrsg. von Pavel Otmar Krafl, Brünn 2017 (Ius canonicum medii aevi 1), S. 212–229, hier S. 224; Manuscripta juridica, Pal.lat.788; Wolfgang P. Müller, Signorolus de Homodeis and the Medieval Interpretation of Statutory Law, in: Rivista internazionale di diritto comune 6 (1995), S. 217–232, hier S. 230; OVL, Pal.lat.788; Schunke, Einbände 2.2, S. 851; Seckel, Beiträge, S. 48 A. 188; Stevenson, Latini S. 280 f.; Otto Vervaart, Vita brevis, opera multa: Ludovicus Pontanus de Roma (1409–1439), a Prolific Writer, in: Rechtsgeschichte(n)? Europäisches Forum Junger Rechtshistorikerinnen und Rechtshistoriker, Zürich, 28.–30. Mai 1999, hrsg. vom Verein junger RechtshistorikerInnen

Zürich, Frankfurt a. M. u. a. 2000 (Rechtshistorische Reihe 220), S. 165–175, hier S. 167 A. 9; WALZ, Kat. UB Heidelberg 3, S. 8; Thomas WOELKI, Ludovico Pontano (ca. 1409–1439). Eine Juristenkarriere an Universität, Fürstenhof, Kurie und Konzil, Leiden u. a. 2011 (Education and Society in the Middle Ages and Renaissance 38), S. 130, 798.

1) 1ra–14rb
Verfasser: FRANCESCO ZABARELLA.
Titel: Repetitio in capitulo ‚Perpendimus' de sententia excommunicationis.
Angaben zum Text: Kommentar zu X. 5.39.23. – 14r–14v Register zu 43 Quaestionen.
Incipit: 1ra ›*Perpendimus*‹: *Difficilis est decretalis in textu et quo ad casus posicionem difficillima et intricantissima in materia quo ad inicium excommunicacionis et soluciones varias per doctores hactenus leuiter decisas sed deo fautore patesce*[n]*t* ...
Explicit: 14rb ... *Plura ergo hic queri possent sed per premissa aperitur via ad viam ergo sufficiant. Explicit repeticio domini Francisci de Zaberellis.*
Edition: Francesco ZABARELLA, Super IIII et V decretalium, subtilissima commentaria, Venedig 1602, f. 129v–137r.

2) 15r–17v
Verfasser: ANGELO DEGLI UBALDI.
Titel: In refulgenti delitiarum palatio.
Incipit: 15ra ›*In*‹ *refulgenti deliciarum palacio magnifici et excelsi domini Paduani in ruralibus constituto* ...
Explicit: 17vb ... *et tunc remanet solucio uera et ab omnibus defensata. Deo gratias.*
Edition: Der Text liegt in keiner modernen Edition vor, ist aber bereits in einem Wiegendruck überliefert (GW M48406).

3) 17vb–41va
Verfasser: LODOVICO PONTANO.
Titel: Repetitio ad Authenticam ‚Similiter'.
Angaben zum Text: Kommentar zu Cod. 6.50 = Nov. 131.12.
Rubrik: 17vb ›*Repeticio domini Liuduici Pontani de vrbe facta sub anno domini M.cccc*^{o} *xxxij*^{o} *in ecclesia sancti Eustachij. Authentica Similiter c. ad l. Falcidiam*‹.
Incipit: 17vb ›*Similiter*‹: *De Relictis ad pias causas falcidia non detrahitur* ...
Explicit: 41va ... *et cum in hac questione omnes valenciores doctores Ytalie essent per medium diuisi vno excepto qui non consuluerat ad illum transmissum fuit qui nostram sentenciam confirmauit et iste fuit Paulus de Castro et cetera.*
Edition: Der Text liegt in keiner modernen Edition vor, ist aber bereits in Wiegendrucken seit 1483 überliefert (GW M34948–M34950).

4) 41vb–52rb
Verfasser: PIETRO D'ANCARANO.
Titel: Repetitio super regula ‚Possessor male fidei'.
Rubrik: 41vb ›*Repetita per Petrum de Ancharano vtriusque iuris doctorem famosissimum*‹.
Incipit: ›*Possessor male*‹: *In repeticione huius regule utilis et famose in sua materia retinebo ordinem alias consuetum* ...

Explicit: 52rb ... *repetitum fuit istud capitulum per doctorem Petrum de Ancharano iuris vtriusque doctorem in hac felicissima ciuitate Bononie studiorum matre 1396 jn Januario. Ad laudem omnipotentem dei et tocius celestis curie triumphantis. Amen.*

Edition: Der Text liegt in keiner modernen Edition vor, ist aber bereits in Wiegendrucken überliefert, so z. B. GW 1629, 62v–73v.

5) 52va–54r

Titel: Repetitio super capitulo ‚Ut animarum'.

Angaben zum Text: Kommentar zu VI 1.2.2.

Incipit: 52va ›*Ut animarum*‹: *Ignorancia statuti ignorantem excusat nisi sit in lata culpa ...*

Explicit: 54ra ... *Raymundus dicit verum in populo collegio et vniuersitate, Bartolus dicit verum in magistratu.*

6) 54rb–56r

Verfasser: Baldo degli Ubaldi.

Titel: Repetitio super capitulo ‚Ut animarum'.

Angaben zum Text: Kommentar zu VI 1.2.2.

Incipit: 54rb ›*Ut animarum*‹: *Sententia constitucionis non ligat probabiliter ignorantem nec scientem extra territorium delinquentem huiusmodi.*

Explicit: 56rb ... *Extraneus vero archiepiscopus bene ligaretur ut nota Pandectis de manumissionibus lege apud eum quia episcopus in suo territorio maior est illo extraneo. Baldus de Perusio.*

7) 56va–58v

Verfasser: Signorolo Omodei.

Titel: Consilium ad Cons. 5.

Rubrik: 56va ›*Questio domini Segoroli de Homedeis de Mediolano*‹.

Incipit: 56va ›*Cvm*‹ *inter Gabrielem de Sasso ex vna parte et dominum Petrum de Puteo ex alia facta essent certa arbitramenta sub pena duorum millum florenum per dominum Guilelmum de Pellamuncio ...*

Explicit: 58va ... *et hec puto esse vera saluo saniori consilio. Segnorolus de Homodeis de Mediolano.*

Edition: Signorolus de Homodeis, Consilia et quaestiones, Lyon 1549, f. 4v–5v.

8) 58vb–59rb

Verfasser: Ulrich Part.

Titel: Kommentar zu Mandaten Martin V.

Angaben zum Text: Kommentar zu Mandaten Martin V., die ‚Karolina de ecclesiastica libertate' bestätigend. – 59v–60v leeres Zeilengerüst.

Incipit: 58vb *Jn nomine domini. Amen. Dicitur reuocari in dubium vtrum dominus abbas sancti Egidij executor datus in litteris domini Martinj pape, quas vulgo Karolinam vocant possit ...*

Explicit: 59rab ... *jta videtur mihi Vlrico Part, canonico ecclesie Ratisponensis inter decretorum licenciatos minimo, de jure esse seciendum* [!] *saluo semper iudicio saniori et in testimonium huius secretum meum hys allegacionibus apposui paratus ab anniculo melius informari et doceri, sicut Johannes Andree de se ipso dicit in prohemio Sexti.*

9) 61ra–115r

Verfasser: Lorenzo Ridolfi.

Titel: Tractatus de usuris.

Angaben zum Text: (61r–63r) Inhaltsverzeichnis; (63v–115r) Text.

Rubrik: 63va ›*Incipit*‹ *tractus* [!] *continens materiam usurarum editus ab egregio decretorum doctore domino Laurentio de Rodulphis et in hoc felici studio Florentino anno domini m.cccc.iiij. dum ipse chatedram ordinariam legeret et hoc totum quod scribitur in prima parte cadit sub rubrica*‹.

Incipit: 63va ›*Consuluit*‹: *Plurimorum aures crebro pulsatas eloquio ...*

Explicit: 115vb ... *hoc enim est de natura emptionis quod in perpetuum rem habeat emptor et pecunia venditor et cetera. Laus deo. Explicit tractatus super vsurarijs condictus per dominum Laurentium de Rodulphis de Florentia et cetera et cetera, cetera.*

Edition: Lawrin Armstrong, Usury and Public Debt in Early Renaissance Florence: Lorenzo Ridolfi on the monte comune (Pontifical Institute of Mediaeval Studies, Studies and Texts 144) Toronto 2003, S. 129–260.

10) 115vb–118rb

Titel: Inhaltsangaben zu den ‚Quaestiones mercuriales super regulis iuris' des Johannes Andreae.

Rubrik: 115vb ›*Infrascripte sunt questiones disputate posite super regulis iuris per Johannem Andreem quas regullas prosequitur secundum litteras alphabeti et cetera et cetera, cetera*‹.

Incipit: 115vb *Artat statutum doctores legentes ut questiones disputatas ...*

Explicit: 118rb ... *magistri compositores librorum uel scriptorum nomina debeant in illis inscribere et cetera. Deo gratias. Amen. Laus deo.*

11) 118rb–132r

Titel: Quaestionen zu den Dekretalen Papst Bonifaz VIII.

Angaben zum Text: Quaestionen zu den Dekretalen Papst Bonifaz VIII. – 132v–134v leeres Zeilengerüst.

Incipit: 118rb *Quid sint sponsalia? 2º: Vnde dicantur sponsalia ...*

Explicit: 132rb ... *et summa proxima questione. Deo. Amen. Gratias. Amen.*

12) 135ra–151v

Verfasser: Bagarotto dei Corradi.

Titel: Libellus fugitivus.

Angaben zum Text: Prozessrechtlicher Traktat, in dieser Version Bagarotto dei Corradi zugeschrieben (Giovanna Murano, Ricerche sul Libellus fugitivus, in: Aevum 79 (2005), S. 417–460, hier S. 428, 436). – 152r–160v leeres Zeilengerüst.

Incipit: 135ra ›*Cvm plures*‹ *libelli super causarum exerciciis a predecessoribus nostris facti fuerint ...*

Explicit: 151vb ... *exceptione l. i. § Ad hec in fine et cetera. Deo gratias.*

Edition: Prolog ediert in: Murano, Ricerche, S. 453–455, Textausgaben des 16. Jhs. ebenda S. 431–434.

13) 161ra–179va

Verfasser: Johannes Calderinus.

Titel: Tractatus de interdicto ecclesiastico.

Angaben zum Text: (161r–179v) Text; (179v) Inhaltsverzeichnis.

Rubrik: 161ra ›*Jhesvs*‹.

Incipit: 161ra *Dubia plura circa materiam ecclesiastici interdicti que pocius papalem quam integralem disposicionem exposcant ...*

Explicit: 179va ... *cum inter vos concessi ipsi ecclesie a Christo. Cui est honor et gloria per infinita secula seculorum. Amen.* [Es folgt der oben zitierte Kolophon, s. Geschichte der Handschrift].

Edition: Der Text liegt in keiner modernen Edition vor, wurde aber erstmals um 1472/74 als Inkunabel gedruckt (GW 5902–5903).

14) 180ra–190vb

Verfasser: Gaspare Rossi.

Titel: Tractatus de reservationibus beneficiorum.

Incipit: 180ra *Tractaturus subsequenter annectam materiam de potestate reseruancium ...*

Explicit: 190vb ... *et de jure patro cum dilectus et cetera. Et hic est finis huius operis. Laus deo gracias et cetera. Scriptum per me Bartholomeum de Traiecto Superiori de Bauaria Leodiensis dyocesis.*

15) 191ra–200vb

Verfasser: Baldo degli Ubaldi.

Titel: Repetitio in capitulo ‚Si pater'.

Angaben zum Text: Repetitio zum Kapitel ‚Si pater' (VI 3.11.1); auch Giovanni da Legnano (um 1320–1383) ist als Autor überliefert, so in Dillingen, Studienbibliothek, XV 93, Die mittelalterlichen Handschriften der Studienbibliothek Dillingen, beschr. von Elisabeth Wunderle, Wiesbaden 2006, S. 209.

Rubrik: 191ra ›*Jhesvs*‹. ›*Repetitio* [Rest durch Beschnitt verloren gegangen]‹.

Incipit: 191ra ›*Si pater*‹: *Juxta repeticionem huius capituli more solito volens procedere ...*

Explicit: 200vb ... *Ideo debet intelligi quod notatur supra de testamentis c. Raynucius jn glossa Ymmo et cetera. Amen. Explicit repeticio c. Si pater extra de testamentis facta per Baldum et scriptum per me Bartolomeum de Bauaria.*

16) 201ra–292ra

Verfasser: Angelo Gambiglioni.

Titel: Tractatus de maleficiis.

Incipit: 201ra [Anfang fehlt] ... *ciuilis studiosus et qui in eo administrando versari cum dignitate cuperent ...*

Explicit: 292ra ... *Dic quod non argumento tituli in l. Ne. ap. pen. et Ymola in dicta l. Si qui*[s] *separatim. Et cetera.* ›*Finis. Amen*‹. *Expliciti* [letztes i durchgestrichen] *tractatus maleficiorum editus per dominum Angelum de Gambignonibus de Arecio actu legentem Bononie legum doctorem bene meritum. Amen.*

Edition: Der Text liegt in keiner modernen Edition vor, ist aber bereits in zahlreichen Wiegendrucken seit 1472 überliefert (GW 10517–10533).

17) 292rb–299va

Titel: Forma inquisitionis generalis maleficiorum urbis Papie.

Angaben zum Text: Womöglich Parallelüberlieferung in Dillingen, Studienbibliothek, XV 79, Die mittelalterlichen Handschriften, S. 159. – 300*r–302*v leeres Zeilengerüst.

Incipit: 292rb ›*Forma inquisicionis generalis*‹ *quo ad delicta et quo ad personas que fit per potestatem in principio sui regiminis et cetera ...*

Explicit: 299va ... *et sic a dicta jnquisicione et contentis in ea se defendendus et excusandus alioquin et cetera.*

TH

Vatikan, Biblioteca Apostolica Vaticana, Pal. lat. 789

Lectura Digestorum

Papier · 3, 225, 3 Bll. · 30,7 × 20,5 cm · Oberdeutschland / Oberitalien · 1470er Jahre

Entstehungsort: Oberdeutschland / Oberitalien.
Entstehungszeit: 1470er Jahre.

Typus (Überlieferungsform): Codex.
Beschreibstoff: Papier.
Umfang: 3, 225, 3 Bll.
Format (Blattgröße): 30,7 × 20,5 cm.
Zusammensetzung (Lagenstruktur): (II-1)^{3a} + VI^{11} + V^{21} + 2 VI^{45} + IV^{53} + VI^{65} + 13 V^{195} + VI^{207} + V^{217} + IV^{225} + (II-1)^{228*}. Erste Lage beginnt mit 4a. Vorderspiegel Gegenbl. von 3a, Hinterspiegel Gegenbl. von 226*.
Seiten-, Blatt- und Lagenzählung: Römische Foliierung des 17. Jhs. (*1–225*). Vor- und Nachsatzbll. ungez., weshalb hier Zählung der Digitalisate übernommen wird (1a–4a, 226*–228*).
Zustand: Stockfleckig, v. a. am oberen Rand. Am oberen Rand und der unteren äußeren Ecke Wasserschaden ohne Schriftverlust. Erstes Bl. und letzte Bll. an den Ecken Fehlstellen mit Textverlust. Erste und letzte Bll. mit Wurmfraß (neue Vor- und Nachsatzbll. davon nicht betroffen). Tinte verblasst.
Wasserzeichen: Frei stehender Ochsenkopf mit Augen, als Oberzeichen lateinisches Kreuz mit zweikonturiger Stange und einkonturigem Stern darüber, auf Bll. 4a-74, 177–215, 225, vergleichbar mit Wzz. von Papieren, die laut WZIS zwischen 1460 und 1475 in Paris, Leipzig und andernorts Verwendung fanden, WZIS DE5580-Clm14090_177; Ochsenkopf mit Augen, als Oberzeichen einkonturige Stange mit Blume, als Unterzeichen an einkonturiger Stange Dreieck mit Schragen, drei Punkten und zwei Kreuzsprossen, auf Bll. 89–112, 157–174, 220–224, annähernd identisch mit Wzz. von Papieren, die gemäß WZIS 1475 in Innsbruck beschrieben wurden, WZIS AT3800-PO-66293; Ochsenkopf mit Augen, als Oberzeichen einkonturige Stange mit Krone und Blume darüber, auf Bll. 117–155, ähnlich Wzz. von Papieren, die laut WZIS wahrscheinlich 1474–1476 in Oberitalien verwendet wurden, WZIS DE4200-StGeorgen59_43. Krone mit zweikonturigem Bügel mit Perle, Kreuz und Reichsapfel, Bogen mit Perlen außen, Reif mit Perlen, auf Bll. 76–84, ähnlich Wzz. von Papieren, die laut WZIS um 1473/1482 Verwendung fanden, WZIS DE8310-Mc103_70.

Schriftraum: 24,6 × 11,5–14 cm.
Spaltenanzahl: 1 Spalte.
Zeilenanzahl: 42–61 Zeilen.

Angaben zu Schrift / Schreibern: Flüchtig geschriebene Kursive von mehreren Händen mit vielen Abkürzungen, wobei die Oberlängen bei b, d, h und l immer wieder ohne Schleifen auskommen.
Buchgestaltung: Lebender Seitentitel auf der Rectoseite in der oberen äußeren Ecke. Raum für Initialgruppe freigehalten, ab 94v zuweilen in gotischer Minuskel als Zierschrift ausgeführt. Schlagwörter auf dem Außenrand (mitunter durch Beschnitt beeinträchtigt). Unterstreichungen als Mittel des Verweises. 22r Rubrik.
Buchschmuck: s. Buchgestaltung.

Nachträge und Benutzungsspuren: Anmerkungen und zahlreiche grafische Verweiszeichen, wohl von den ausführenden Händen.

Einband: Pergamentband über Pappe, nach SCHUNKE, Einbände 2.2, S. 851, um 1780 in Rom entstanden. Löcher für Schließbänder in den Deckeln noch vorhanden. Gelb-kupferfarbenes Kapital. Auf dem an Kopf und Schwanz wurmstichigen Rücken oben blaues barockes Signaturschild *789*, darunter Titel mit Tinte auf Rücken notiert: *Lectura in textu de iustitia et iure*, unten blaues Signaturschild *Pal. lat. 789*.
Provenienz: Heidelberg.
Geschichte der Handschrift: Modernes blaues Signaturschild der Vaticana *Pal. lat. 789* auf dem vorderen Spiegel. Auf Vorsatzbl. 1ar aktuelle Signatur nebst Altsignaturen *686* [durchgestrichen, weitere nicht mehr leserlich] und *474*, auf 4ar Capsa-Nummer *C. 86.* sowie Altsignaturen *294* [durchgestrichen]. Wie die Wzz. der beschriebenen Papiere und die verwendete Schrift nahelegen, wurde die Lectura Digestorum in den 1470er Jahren entweder im oberdeutschen Raum oder in Oberitalien geschrieben. Etwas jüngeren Datums dürfte die Niederschrift der Predigten des Bernardino Busti ausfallen. LEHMANN, Fuggerbibliotheken 2, S. 487 nahm an, dass die Hs. aus der Bibliothek des Ulrich Fugger (1526–1584) stammen könnte, anhand von Signaturen oder anderer Indizien im äußeren Erscheinungsbild der Hs. lässt sich dies allerdings nicht belegen.

Faksimile: https://digi.ub.uni-heidelberg.de/diglit/bav_pal_lat_789
Literatur: LEHMANN, Fuggerbibliotheken 2, S. 487; Manuscripta juridica, Pal.lat.789; OVL, Pal.lat.789; SCHUNKE, Einbände 2.2, S. 851; STEVENSON, Latini, S. 281.

1) 1r–67v
Titel: Lectura Digestorum.
Angaben zum Text: Die Lectura Digestorum wird auf 76r weitergeführt.
Incipit: 1r *Hec rubrica secundum Baldum, Bulgarum et Bartolum ...*
Explicit: 67v ... *usque ad litis contestationem.*

2) 67v–75v
Verfasser: BERNARDINO BUSTI.
Titel: Rosarium sermonum, Pars 2, Sermo 15.
Angaben zum Text: Beginnt mit der 15. Predigt aus dem zweiten Teil der Predigtsammlung, bricht auf 75v ab und wird auf 224v weitergeführt (s. u.).
Rubrik: 67v ›*Feria 6ta jn parasceuem de lacrimosa passione domini. Sermo decimus quintus in secunda parte Rosarij Bernhardini de Bustis*‹.

Incipit: 67v *O vos omnes qui transitis per viam attendite et videte si est dolor sicut dolor meus ...*
Explicit: 75v ... *Ego video te totaliter sangwine aspersum. + Respice signum in fine libri invenies +.*
Edition: Der Text liegt in keiner modernen Edition vor, erschien aber bereits 1498 als Wiegendruck (GW 5807–5808).

3) 76r–218v
Titel: Lectura Digestorum.
Angaben zum Text: Fortsetzung obiger Lectura Digestorum.
Incipit: 76r *Hec rubrica diuiditur in duas partes ...*
Explicit: 218v ... *ff lege j°* v[er]*bi communiter per doctores.*

4) 219r–223r
Verfasser: Bernardino Busti.
Titel: Rosarium sermonum, Pars 2, Sermo 13.
Angaben zum Text: 223r Kleintext zur Eucharistie.
Rubrik: 219r ›*Ex volumine secunde partis Rosarij Bernhardinj de Bustis. Sequuntur pauca ex sermone xiij. quarte ferie in hebdomada sancta et cetera*‹.
Incipit: 219r *Hoc est corpus meum, Lucas xxij. Et in missa occurrentis ferie ...*
Explicit: 223r ... *in hoc seculo et gloriam in futuro.*
Edition: Der Text liegt in keiner modernen Edition vor, erschien aber bereits 1498 als Wiegendruck (GW 5807–5808).

5) 223v–224r
Beteiligte Personen: Bernardino Busti.
Titel: Exzerpt aus Rosarium sermonum, Pars 1, Sermo 26.
Incipit: 223v *Item hic describitur symonia que est studiosa voluntas emendi ...*
Explicit: 224r ... *talis symoniacus aliqua predictarum penarum.*

6) 224r–224v
Titel: Verse und Anmerkungen juristischer Natur.
Rubrik: 224r ›*Iustus veridicus discretus elequosus* [!]. *Cantus causabilis debet judex fore talis*‹.
Incipit: 224r *Primo reum citat post hoc ille liber fertur ...*
Explicit: 224v ... *vel alius vel sibi et alius simul.*

7) 224v–225v
Verfasser: Bernardino Busti.
Titel: Rosarium sermonum, Pars 2, Sermo 15.
Angaben zum Text: Ende obiger Predigt, wobei der Text im letzten Abschnitt der Predigt abbricht.
Incipit: 224v *+ Jbi jnvenies signum. Et jncipies vt dimiseris de passione Iesu Christi ibi. Et hi*[i]*s dictis defecit ...*
Explicit: 225v ... *Me flagellasti asperis* [catenis ... Text bricht ab].
Edition: Der Text liegt in keiner modernen Edition vor, erschien aber bereits 1498 als Wiegendruck (GW 5807–5808).

TH

Vatikan, Biblioteca Apostolica Vaticana, Pal. lat. 790

Éguiner-François Baron, Lectura Digestorum

Papier · 1, 174, 3 Bll. · 21,3 × 16 cm · Bourges · 1546

Entstehungsort: Bourges.
Entstehungszeit: 1546.

Typus (Überlieferungsform): Codex.
Beschreibstoff: Papier.
Umfang: 1, 174, 3 Bll.
Format (Blattgröße): 21,3 × 16 cm.
Zusammensetzung (Lagenstruktur): $(I-1)^{a}$ + 4 IV^{20} + III^{34} + 17 IV^{170} + $(II-1)^{173^{*}}$. Vorderspiegel Gegenbl. von a, Hinterspiegel Gegenbl. von 171*. Die dritte und die vierte Lage wurden vertauscht: auf 12 folgt 21, auf 28 folgt 13, auf 20 folgt 29.
Seiten-, Blatt- und Lagenzählung: Zeitgenössische Foliierung (*1–170*). Vorsatzbll. und Index von moderner Hand gez. (*a-e*). Nachsatzbll. ungez., weshalb hier Zählung der Digitalisate übernommen wird (171*–173*). Reklamanten auf jeder Seite auf dem Fußsteg.
Zustand: Leicht stockfleckig, wenige Flecken, Tinte etwas verblasst.
Wasserzeichen: Aufgrund zu geringer Größe nicht aufgenommen.

Schriftraum: 19,7 × 11,5 cm.
Spaltenanzahl: 1 Spalte.
Zeilenanzahl: 21–27 Zeilen.
Angaben zu Schrift / Schreibern: Von einer Hand in einer humanistischen Kursive, die von Éguiner-François Baron stammen könnte, wie die Nachträge auf den Rändern von derselben Hand nahelegen, die konkrete Termine der gehaltenen Vorlesungen nennen.
Buchgestaltung: Einspaltiger Fließtext, lediglich von Überschriften mit abgesetzten, eingezogenen und vergrößerten Buchstaben unterbrochen.

Nachträge und Benutzungsspuren: Kaum Korrekturen und Anmerkungen von Hand des Schreibers, von diesem auch Termine der jeweiligen Vorlesung auf den Rändern, auf 88r Anmerkung auf Französisch.

Einband: Steifbroschur aus Pergament, nach Schunke, Einbände 2.2, S. 851, um 1780 in Rom gefertigt. Gelb-kupferfarbenes Kapital. Auf dem Rücken oben aufgeklebt barockes helles Signaturschild *790*, darunter direkt auf den Rücken der Buchtitel notiert, *In Pandectarum libris*, unten blaues Schildchen mit aktueller Signatur.
Provenienz: Augsburg / Heidelberg.
Geschichte der Handschrift: Modernes blaues Signaturschild der Vaticana *Pal. lat. 790* auf dem vorderen Spiegel. Auf Vorsatzbl. br aktuelle Signatur nebst Altsignaturen *676* und *87* [?, beide durchgestrichen], auf dr Capsa-Nummer *C. 86.*, darunter Allacci-Signatur *895*, weiter unten Altsignatur *849* [durchgestrichen] und *454*, auf dv aktuelle Signatur in Blei. Bei vorliegender Hs. handelt es sich um eine Digestenvorlesung des Éguiner-François Baron (um 1495–1550), die derselbe, den Randbemerkungen zufolge in den Jahren 1546–1548, in Bourges hielt. Dass es sich hier um das Autograf des Verfassers handeln könnte, dafür spre-

chen nicht nur die in den Marginalien erhaltenen Vorlesungstermine, sondern auch die Freundschaft, die den Verfasser mit dem Büchersammler Ulrich Fugger (1526–1584) verband (Signaturen, die auf eine Fuggerprovenienz schließen lassen, sind freilich nicht nachweisbar). Beide hatten sich wohl in den frühen 1540er Jahren in Bourges kennengelernt, als der Augsburger Kaufmannssohn dort seine juristischen Studien vorangetrieben hatte. Ob Fugger bereits zu seinen Studienzeiten Hss. und Bücher von Baron erwarb, bleibt unklar. Die Digestenvorlesung scheint erst mit jenem Fonds 1555/56 nach Augsburg gelangt zu sein, den er von der Witwe Barons erwerben konnte (Lehmann, Fuggerbibliotheken 1, S. 75 f.), da der Codex mindestens bis 1548 im Rechtsunterricht Verwendung fand. Mit dem Ableben des Augsburger Büchersammlers ging gemäß seiner letztwilligen Verfügung seine Bibliothek in die Hände des Pfälzer Kurfürsten über und damit schließlich in die Bibliotheca Palatina ein (s. Einleitung).

Faksimile: https://digi.ub.uni-heidelberg.de/diglit/bav_pal_lat_790
Literatur: Lehmann, Fuggerbibliotheken, Bd. 1, S. 75 f., Bd. 2, S. 487; Manuscripta juridica, Pal.lat.790; Schunke, Einbände 2.2, S. 851; Stevenson, Latini, S. 281.

1) 1r–170r
Verfasser: Éguiner-François Baron.
Titel: Lectura Digestorum.
Angaben zum Text: dv-er Index der Tituli. – ev leer. – Von Éguiner-François Baron in Bourges gehaltene Vorlesung: (1r–71r) Liber 4, Tituli 1–9; (71v–93v) Liber 5, Tituli 1–3; (94r–109v) Liber 28, Tituli 1–8; (110r–113r) Liber 29, Tituli 1–2; (113v–135r) Liber 37, Tituli 1–4; (135r–148r) Liber 39, Titulus 1; (148v–170r) Liber 43, Tituli 1–5.
Rubrik: 1r ›*Dictata in nonnullos librorum Pandectarum titulos a domino Eguinario Barone jureconsulto clarissimo apud Bituriges ordinario, excepta anno salutis 1546, quinto jdus Octobris. De restitutione in jntegrum. Titulus jus libri IIII Digestorum. Ad rubricam*‹.
Incipit: 1r *Integri restitutio est reintegrandæ rej uel causæ actio …*
Explicit: 170r … *quando ciuilis actio criminalj praeiudicet.*

TH

Vatikan, Biblioteca Apostolica Vaticana, Pal. lat. 791

Iacopo Alvarotti, Lectura Librorum feudorum

Papier · 1, 370, 1 Bll. · 43,4 × 29 cm · Oberitalien · Mitte 15. Jh.

Entstehungsort: Oberitalien.
Entstehungszeit: Mitte 15. Jh.

Typus (Überlieferungsform): Codex.
Beschreibstoff: Papier.
Umfang: 1, 370, 1 Bll.
Format (Blattgröße): 43,4 × 29 cm.
Zusammensetzung (Lagenstruktur): $(I-1)^{1a}$ + 37 V^{370} + $(I-1)^{371*}$. Vorderspiegel Gegenbl. von 1a, Hinterspiegel Gegenbl. von 371*.

Seiten-, Blatt- und Lagenzählung: Römische Foliierung des 17. Jhs. (*1–370*). Vor- und Nachsatzbl. ungez., weshalb hier Zählung der Digitalisate übernommen wird (1a, 371*). Durchgängig Reklamanten, meist verziert, auf der letzten Versoseite der Lage auf dem Fußsteg mittig. Lagenfoliierung mit Buchstabe und arabischer Ziffer auf der ersten Hälfte der Rectoseiten einer Lage in der unteren Ecke.
Zustand: Stockfleckig, v. a. am oberen Rand. Tinte verblasst, schlägt zuweilen durch. Einige Flecken. Auf den letzten Bll. Wasserschaden auf dem äußeren Rand, ohne Schriftverlust. Falzverstärkungen in der Mitte der Lagen.
Wasserzeichen: Dreiberg im Kreis, als Beizeichen einkonturige Stange mit senkrechtem, einkonturigem Kreuz, vergleichbar mit Wzz. von Papieren, die laut WZIS 1387 in Perugia Verwendung fanden, IT6900-PO-153600.

Schriftraum: 27 × 18 cm.
Spaltenanzahl: 2 Spalte.
Zeilenanzahl: 60 Zeilen.
Angaben zu Schrift / Schreibern: Der Schreiber bediente sich einer Semitextualias im Derolezschen Sinn (Derolez, Palaeography, S. 118–122).
Buchgestaltung: Zeilengerüst mit Metallstift vorgezogen. Zu Beginn eines jeden Titulus alternierend blaue oder rote Lombarde mit flüchtig angelegtem Fleuronné in Purpur und folgend Rubrik, nach dem einleitenden Text alternierend größere blaue oder rote Initialmajuskel mit ebensolchem Fleuronné, die übrigen Buchstaben der Titulusanfänge in Rotunda und schwarzer Tinte als Auszeichnungsschrift vergrößert dargestellt, über zwei Zeilen reichend. Anfänge eines jeden Capitulus mit alternierend blauem oder rotem Paragrafenzeichen und vergrößerten Anfangsworten in Rotunda als Auszeichnungsschrift hervorgehoben. Alternierend blaue und rote Paragrafenzeichen zur Unterteilung der Sinnabschnitte. Im Sinne eines lebenden Seitentitels bis 256v Titel auf der Versoseite auf dem Fußsteg links.
Buchschmuck: s. Buchgestaltung.

Nachträge und Benutzungsspuren: Anmerkungen von mehreren Händen, v. a. anfänglich Schlagwörter und mitunter Seitentitel von einer Hand in humanistischer Kursive des 16. Jhs. Kaum grafische Verweiszeichen.

Einband: Pergamentband über Pappe, nach Schunke, Einbände 2.2, S. 851, um 1780 in Rom entstanden. Löcher für Schließbänder in den Deckeln noch vorhanden. Gelb-kupferfarbenes Kapital. Auf dem Rücken oben blaues barockes Signaturschild *791*, darunter blaues Signaturschild *Pal. lat. 791*, darunter Titel mit Tinte auf Rücken notiert: *IACOBVS DE ALVAROTTIS DE FEVDIS*, darunter in Blau *Pal.* Auf dem Unterschnitt: *ALVEROT.*
Provenienz: Heidelberg.
Geschichte der Handschrift: Auf dem vorderen Spiegel modernes blaues Signaturschild der Vaticana *Pal. lat. 791* und zwischen 316 und 317 aufgefundener Zettel mit Liste an Geldbeträgen in deutscher Kurrent aus dem 16. Jh. (u. a. Geldsumme mit dem zwischen 1498 und 1571 geprägten Schreckenberger). Auf Vorsatzbl. 1ar aktuelle Signatur mit Altsignaturen *688* [durchgestrichen] und weiterer unleserlicher, auf 1r Capsa-Nummer *C. 133*, darunter Allacci-Signatur *1590* [durchgestrichen], nebst Altsignaturen *455* und *576*. Lehmann, Fuggerbibliotheken 2, S. 487 wähnte die Hs. im 16. Jh. im Eigentum des Ulrich Fugger (1526–1584). Als Begründung führt er den auf 1r befindlichen Schild an, den er für jenen der Fugger hält, wobei die Lilien nicht ausgeführt worden seien. Aber selbst mit Lilien lässt sich

aus dem goldenen Balken auf blauem Grund nicht das Wappen des Ulrich Fugger oder eines seiner Fuggerschen Verwandten konstruieren (vgl. Das Ehrenbuch der Fugger, Bd. 2, Die Babenhausener Handschrift [Veröffentlichungen der Schwäbischen Forschungsgemeinschaft bei der Kommission für Bayerische Landesgeschichte, Reihe 4, 30,2; Studien zur Fugger-Geschichte 39,2], Augsburg 2004, v. a. S. 116). Es muss sich also um das Wappen einer anderen Person handeln. Eine Möglichkeit wäre ein Mitglied des Hauses der Grafen von St. Omer / Fauquembergues. So führte es beispielsweise Rudolf von Fauquembergues, der im Jahr 1504 Marie, die Tochter des Anton, Bastard von Burgund (1421–1504) ehelichte (Armorial Charolais, Paris, BnF, Bibliothèque de l'Arsenal, Ms–4150, 8v: *Le Conte de Foucamberg, en 1504 Rodolphe espousa damoiselle Marie de Bourgogne, fille de m^{r} Antoine Batar de Bourgogne*, ark:/12148/btv1b52502619r; s. auch die Edition L'armorial Charolais, d'après le manuscrit B.N. Arsenal 4150, hrsg. von Michel Popoff, Paris 2003), von dem eine Hs. in der Bibliotheca Palatina erhalten geblieben ist, die womöglich über denselben, bisher noch unbekannten Weg in den Bestand gelangte (vgl. Pal. lat. 1995).

Faksimile: https://digi.ub.uni-heidelberg.de/diglit/bav_pal_lat_791
Literatur: Lehmann, Fuggerbibliotheken 2, S. 487; Manuscripta juridica, Pal.lat.791; OVL, Pal.lat.791; Schunke, Einbände 2.2, S. 851; Stevenson, Latini, S. 281.

1) 1ra–334va
Verfasser: Iacopo Alvarotti.
Titel: Lectura Librorum feudorum.
Rubrik: 1ra ›*Jn nomine sancte et indiuidue trinitatis, patris et filij et spiritus sancti, gloriose virginis Marie, utriusque apostoli tociusque curie celestis. Amen*‹.
Incipit: 1ra [A]*nimaduerti et sepe mecum cogitaui, spectabilis rector, reuerendi patres fratres dilectissimi et vniuersitas veneranda, vos non parum admirari quod ego, qui presenti tempore neque officio lecture apud vos fungi* ...
Explicit: 334va ... *proficiscantur ad castra.*
Edition: Der Text liegt in keiner modernen Edition vor, erschien aber bereits 1477 als Wiegendruck (GW 1589–1592).

2) 334va–369vb
Verfasser: Iacopo Alvarotti.
Titel: Repertorium Lecturae.
Incipit: 334va ›*Explicitis*‹ *ammodo per dei graciam spectabilis rector et vniuersitas veneranda* ...
Explicit: 369vb ... *et vide in littera Dominus.*
Edition: s. Text 1 (GW 1589–1592).

3) 369vb–370v
Verfasser: Iacopo Alvarotti.
Titel: Index repertorii.
Incipit: 369vb ›*Abbas*‹, *absencia, abstinere* ...
Explicit: 370vd ›*Completum*‹ *atque perfectum est presens opus per me Iacobum Aluarottum, civem Patauum, die lune sexto Octobris in vigilia gloriose virginis et matris sancte Justine, olim Patauine urbis regine, currentibus annis domini a natiuitate eiusdem 1438.* ›*Summas grates deo habeo ac refero*‹.

Pal. lat. 792

Edition: s. Text 1 (GW 1589–1592).

TH

Vatikan, Biblioteca Apostolica Vaticana, Pal. lat. 792

Wilhelm Durand, Speculum iudiciale

Pergament · 2, 304, 2 Bll. · 40,1–40,2 × 25,2–25,5 cm · Bologna · Mitte 14. Jh.

Entstehungsort: Bologna.
Entstehungszeit: Mitte 14. Jh.

Typus (Überlieferungsform): Codex.
Beschreibstoff: Pergament.
Umfang: 2, 304, 2 Bll.
Format (Blattgröße): 40,1–40,2 × 25,2–25,5 cm.
Zusammensetzung (Lagenstruktur): $(I-1)^{1a}$ + 1^{2a} + 28 V^{279} + VI^{291} + V^{301} + I^{303} + 1^{304*} + $(I-1)^{305*}$. Vorderspiegel Gegenbl. von 1a, Hinterspiegel Gegenbl. von 305*. Zählfehler: nach 87 ungez. Bl.
Seiten-, Blatt- und Lagenzählung: Römische Foliierung des 17. Jhs. (*1–303*), zuweilen noch lateinische Ziffern einer zeitgenössischen Foliierung sichtbar, die meist durch Beschnitt verlustig ging. Bei ungez. Bll. folgt die Beschreibung dem Digitalisat (1a-2a, 87a, 305*). Durchgängig verzierte Reklamanten auf der letzten Versoseite der Lage auf dem Fußsteg rechts, teilweise durch Beschnitt beeinträchtigt oder verloren gegangen.
Zustand: Haar- und Fleischseite des Pergaments deutlich zu erkennen. Zuweilen Schrift etwas verblasst. Auf 1r zudem auch Buchillustration an einigen Stellen etwas verblasst und abgerieben. Mehrere genähte Risse. Wenige Benutzungsspuren.

Schriftraum: 32–33 × 19,1–20,5 cm.
Spaltenanzahl: 2 Spalten.
Zeilenanzahl: 78 Zeilen.
Angaben zu Schrift / Schreibern: Die Schrift ist ein typisches Beispiel der in Bologna gepflegten Littera Bononiensis. Aufgrund ihrer Standardisierung sind Aussagen über verschiedene Hände kaum möglich. Die Schrift ist entsprechend dem anspruchsvollen Buchschmuck kalligrafisch aufwändig gestaltet. Korrekturen trug der Schreiber auf den Rändern nach.
Buchgestaltung: Zeilengerüst mit Silberstift vorgezogen. Auf jeder Versoseite ein rotes *L* als Abkürzung für ‚Liber' als Seitentitel, auf der Rectoseite dem jeweiligen Buch zugeordnete lateinische Ziffer in Blau und Rot. Rubriken innerhalb des Fließtexts in Rot (Angaben für den Rubrikator auf Rändern erhalten), ferner Anfänge mit Bildeinschluss- oder Figureninitiale hervorgehoben, in denen Ranken, menschliche Köpfe, Drachen und fabelhafte Tiere erscheinen, zuweilen mit Ranken oder anderen Verzierungen, die ins Interkolumnium ablaufen. Innerhalb der Kapitel Anfänge mit alternierend blauen und roten Lombarden mit Fleuronnéleisten, Froschlaichmotiv als Besatz und Fadenausläufern. Zur inhaltlichen Unterteilung alternierend blaue und rote Paragrafenzeichen.

Buchschmuck: Auf 1r historisierte Eingangsinitiale, im blauen Feld Majuskel-R mit Darstellung eines Bischofs, der ein Buch in Händen hält, Ranken in Altrosa, Blau, Gold und Rot auf Kopf-, Bund- und Fußsteg ablaufend. Auf Letzterem von einem Drachen gehaltenes, unkenntliches Wappen, daneben Darstellung einer bekrönten Frau mit goldenem Umhang, die einem Mann mit Kopfbedeckung und altrosa Gewand eine Fahne überreicht, darauf goldener Helmwulst / Kranz mit Ranken (?) auf blau-rot gespaltenem Grund. Auf 291v rotes Stemma zur Darstellung von Verwandtschaftsverhältnissen (s. auch die Bildbeschreibung in heidICON.

Nachträge und Benutzungsspuren: Nur wenige Anmerkungen in jüngeren, gotischen kursiven Schriften, v. a. auf die Glossa ordinaria des Johannes Andreae (um 1270–1348) Bezug nehmend. Die beeinträchtigte Anmerkung auf dem Seitensteg von 42v in jüngerer gotischer Kursive legt einen jüngeren Beschnitt der Bll. nahe. Einige grafische Verweiszeichen, v. a. in Form von Zeigehänden.

Einband: Römischer Einband, Pappe mit weißem Pergament überzogen, in Rom um 1780 gefertigt (Schunke, Einbände 2.2, S. 851). Auf Buchrücken zwei blaue aufgeklebte Schildchen mit aktueller Signatur, darunter Rückentitel: *DVRANTI Speculum iudiciale*, darunter in Blau: *Pal.* Kopf und Schwanz leicht ausgerissen.
Provenienz: Heidelberg.
Geschichte der Handschrift: Auf Vorderspiegel blaues Schildchen mit aktueller Signatur. Auf 1ar neben aktueller Signatur Altsignaturen *689* [?] und *707* [?] [beide durchgestrichen]. Auf 1r Capsa-Nummer *C. 182*, darunter Allacci-Signatur *1164*, sowie Altsignatur *506*. Bildschmuck und Herstellung deuten auf die Universität Bologna als Entstehungsort hin. Durchgängig finden sich Pecienvermerke, beispielsweise auf 6v *finit ij pecia*, darunter mit anderer Tinte der Vermerk des Korrektors *correxi*. Auch die Verbesserungen des Korrektors sind noch nachzuverfolgen, so auf 21v *de* auf dem Seitensteg sowie *michi*, *potest* und *hinc* auf dem Bundsteg. Einen Hinweis auf einen Besitzer gibt der Vermerk auf 303v (Name auf Rasur?): *Liber iste est mei Paulli* [es folgen durchgestrichene Buchstaben]. Lehmann sieht in jenem Paullus den Stationar, dem auch Pal. lat. 938 gehörte. Zudem wäre dieser Codex schließlich im Besitz von Ulrich Fugger (1526–1584) gewesen und mit seiner Sammlung in die Bibliotheca Palatina übergegangen. Für beide Annahmen lassen sich auf den Digitalisaten der Hs. keine Belege finden. Ebenso könnte die Hs. auch aus einem Bücherlegat der zahlreichen Gelehrten zugunsten der Universität Heidelberg stammen, in denen Hss. mit einem Speculum iudiciale / Speculum iuris erwähnt werden.

Faksimile: https://digi.ub.uni-heidelberg.de/diglit/bav_pal_lat_792
Literatur: Ausst.-Kat. Palatina, S. 50 f.; Lehmann, Fuggerbibliotheken 2, S. 487; OVL, Pal.lat.792; Schunke, Einbände 2.2, S. 851; Stevenson, Latini, S. 282.

1) 1ra–303rb
Verfasser: Wilhelm Durand.
Titel: Speculum iudiciale.
Angaben zum Text: (1ra–84rb) Liber I; (84va–196rb) Liber II; (196rb–208va) Liber III; (208va–303rb) Liber IV.
Rubrik: 1ra ›*Jn nomine domini et gloriose uirginis matris eius speculum iuditiale a magistro Guliellmo Duranti compositum incipit*‹.

Incipit: 1ra ›*Reuerendo*‹ *in Christo patri suo domino Octobono, dei gratia sancti Adriani diacono cardinali* ...
Explicit: 303rb ... *sed ministerii effectum fauorem profecto non querentis humanum sed solum brauium sempiternum ad quos nos perducat qui sine fine viuit et regnat. Amen. Explicit Speculum iudiciale magistri Guilli Duranti. Deo gratias. Amen.*
Edition: D. G. Dvrandi episc. Mimatensis Specvlvm juris [...], 4 Bde., Frankfurt am Main 1612.

TH

Vatikan, Biblioteca Apostolica Vaticana, Pal. lat. 793

Zusammengesetzte juristische Handschrift

Papier, Pergament · 1, 173, 1 Bll. · Speyer / Mittel- / Westeuropa · 1350er Jahre / 4. Viertel 13. Jh.–1. Viertel 14. Jh.

Typus (Überlieferungsform): Codex.
Beschreibstoff: Papier (Faszikel I), Pergament (Faszikel II).
Umfang: 1, 173, 1 Bll.
Format (Blattgröße):
Zusammensetzung (Lagenstruktur): Hs. aus zwei Faszikeln zusammengesetzt (I. Bll. 1–159; II. Bll. 161–174). $(I-1)^{1a}$ + ... + $(I-1)^{160}$. Vorderspiegel Gegenbl. von 1a, Hinterspiegel Gegenbl. von 160. Zwischen hinterem Nachsatzbl. und Hinterspiegel befinden sich Bll. mit beschriebenem Pergament (161–174), die nicht zum Lagenverbund gehören, hier dennoch als Faszikel II beschrieben werden.
Seiten-, Blatt- und Lagenzählung: Römische Foliierung des 17. Jhs. (*1–158*), sowie jüngere in Blei (*161–174*), von 14r bis 155r zeitgenössische Foliierung (*I–CXLJ*). Bei ungez. Bl (1a) folgt die Beschreibung dem Digitalisat. Ab 22r Kustoden in römischen Ziffern auf der ersten Rectoseite der Lage mittig auf dem Fußsteg (fehlt 30r und 139r. Zusätzlicher Kustode auf 128r).
Zustand: Papier gebräunt, leicht stockfleckig, immer wieder leichte Wasserschäden, zahlreiche Flecken.

Einband: Römischer Einband, Pappe mit weißem Pergament überzogen, in Rom um 1780 gefertigt (Schunke, Einbände 2.2, S. 851). Auf Buchrücken blaues aufgeklebtes Schildchen mit aktueller Signatur, darüber ein weiteres Schildchen abgelöst, darunter Rückentitel: *DVRANTI Speculum iudiciale*, darunter in Blau: *Pal*, auf dem Schwanz: *739*.
Provenienz: Heidelberg.
Geschichte der Handschrift: Auf Vorderspiegel blaues Schildchen mit aktueller Signatur, ferner beschrifteter Streifen, der zwischen 31 und 32 gefunden wurde. Auf 1a neben aktueller Signatur Altsignatur *690* [durchgestrichen]. Auf 1r Capsa-Nummer *C. 37*, darunter Allacci-Signatur *1920* [durchgestrichen], auf dem Fußsteg Altsignatur *587*. Die Hs. besteht im Grunde aus einem Faszikel, welcher in den 1350er Jahren in Speyer entstanden sein dürfte, wahrscheinlich am dortigen Domstift. Beigelegt ist ein Konvolut aus 14 Pergamentbll., die hier als weiterer Faszikel beschrieben werden. Wann dieser zweite Faszikel dem ersten beigegeben wurde, bleibt unklar, ebenso, wie diese Hs. nach Heidelberg

gelangte. LEHMANN vermutete, dass die Hs. aus der Sammlung Ulrich Fuggers (1526–1584) stammen könnte, was aufgrund der Speyerer Herkunft als eher unwahrscheinlich einzuschätzen ist. Wahrscheinlicher ist wohl die Herkunft der Hs. aus dem Vermächtnis eines Gelehrten, von denen Bücherlegate für die Universität Heidelberg mit Erwähnungen eines Speculum iudiciale / Speculum iuris erhalten sind, da einige Heidelberger Universitätslehrer Kanonikate am Speyerer Domstift innehatten.

Faksimile: https://digi.ub.uni-heidelberg.de/diglit/bav_pal_lat_793
Literatur: LEHMANN, Fuggerbibliotheken 2, S. 487 f.; Manuscripta juridica, Pal.lat.793; OVL, Pal.lat.793; SCHUNKE, Einbände 2.2, S. 851; STEVENSON, Latini, S. 282.

Faszikel I (Bl. 1–159)

Sachtitel / Inhalt: Wilhelm Durand, Speculum iudiciale.

Entstehungsort: Speyer.
Entstehungszeit: 1350er Jahre.

Typus (Überlieferungsform): Faszikel.
Beschreibstoff: Papier.
Umfang: 158 Bll.
Format (Blattgröße): 29,7 × 21 cm.
Zusammensetzung (Lagenstruktur): 1^{1} + IV^{9} + II^{13} + 5 IV^{53} + VI^{65} + 4 IV^{97} + III^{103} + $(IV\text{-}1)^{110}$ + 2 IV^{126} + $(VIII\text{-}4)^{138}$ + $(V+2)^{150}$ + IV^{158} + 1^{159}. Das Fragment 159 war, als LEHMANN die Hs. untersuchte, noch zwischen 65 und 66 eingelegt.
Wasserzeichen: Glocke, Glockenkörper mit Schulter, Glockenmund einkonturig, mit Klöppel, drei Glockenhenkel, vergleichbar mit Wzz. von Papieren, die laut WZIS 1318 in Bologna Verwendung fanden, IT1185-PO-40562.

Schriftraum: 24,5 × 19,4 cm.
Spaltenanzahl: 1 Spalte (2r–13r: 3 Spalten).
Zeilenanzahl: 48–66 Zeilen.
Angaben zu Schrift / Schreibern: Die Hand, welche die Gesamtheit der Texte ausführte, bediente sich einer älteren gotischen Kursive, die durch die Verwendung vieler Abkürzungen gekennzeichnet ist. Dieselbe Hand schrieb auch Pal. lat. 671. Im Unterschied zu jener Hs. versieht der Schreiber hier das t zuweilen mit einem Bogen.
Buchgestaltung: Im Haupttext Raum für Initialen freigelassen, die allerdings nicht ausgeführt wurden. Angaben für Rubrikator noch vorhanden. Rubriken erst im Fließtext, dann auf Seitenrand nachgetragen.

Nachträge und Benutzungsspuren: Zahlreiche Anmerkungen und Verweise von der Hand, die den Haupttext ausführte, auch wenn meist die Buchstaben in den Marginalien nicht so stark ligiert sind. Ferner mannigfache grafische Verweiszeichen, v. a. in Form von menschlichen Köpfen im Profil.

Provenienz: Speyer / Heidelberg.

Geschichte des Faszikels: Die Schrift des ausführenden Schreibers entspricht jener, welche für Pal. lat. 671 verantwortlich zeichnete, weshalb entsprechend dem dort befindlichen Kolophon eine Entstehung des Faszikels in Speyer während der 1350er Jahre angenommen werden kann. Dafür spricht auch ein Hinweis auf dem beigelegten Fragment auf 159v: *Institutiones domini de Kageneck super censu.* In Frage kommt dafür in erster Linie Nikolaus von Kageneck, der 1312 als Student in Bologna nachweisbar ist und zwischen 1343 und 1364 Domherr in Speyer war. Weniger wahrscheinlich ist, dass damit Erhard von Kageneck gemeint ist, Speyerer Domherr von 1381–1399 (Gerhard FOUQUET, Das Speyerer Domkapitel im späten Mittelalter [ca. 1350–1540]. Adlige Freundschaft, fürstliche Patronage und päpstliche Klientel, Bd. 2, Mainz 1987 [Quellen und Abhandlungen zur mittelrheinischen Kirchengeschichte 57], Nr. 52, 53). Über einen Besitzer kann der in Bezug zur Herstellung etwas jüngere Kaufvermerk auf 158v Rückschluss geben: *Concessi super isto libro magistro Johanni Bagmult* [?] *ij Florenis per Johannem Lewe.*

1) 1r–1v
Titel: Quaestio de iniuria.
Incipit: 1r *Ad illud quesitum questio queritur an dicens alicui verbum non contumeliosum ...*
Explicit: 1v *... opinio modernorum et presertim domini Aldradi.*

2) 2r–13r
Titel: Inhaltsverzeichnis zum Speculum iudiciale.
Angaben zum Text: 13v leer.
Incipit: 2r *De judicibus rubrica.* [durchgestrichen: *Jd*] *Jn primo folio: Quid sit delegatus, quid subdelegatus ...*
Explicit: 13r *... pacta sunt seruanda fallit hoc jn casibus hic contentis.*

3) 14r–158r
Verfasser: WILHELM DURAND.
Titel: Speculum iudiciale.
Angaben zum Text: Text stark gekürzt, endet auf 155r in Liber IV, particulus 1 (Dvrandi Specvlvm, 3–4, S. 107): (14r–72r) Liber I; (72r–142r) Liber II; (142r–145r) Liber III; (145r–155r) Liber IV (154v leer); (155v) leer; (156r–158r) Nachträge zu Liber I, particulus 1 (Dvrandi Specvlvm, 1–2, S. 136–139, 144–148). – 158v Register nach Rubriken von derselben Hand. – 159r–159v Fragment, juristischen Inhalts, von derselben Hand.
Rubrik: 14r ›*Jn nomine domini. Amen. Jncipit Speculum iudiciale magistri Gwilhelmi Duranti lumen juris venerabilis videtur* [durchgestrichene Buchstaben] *vnde Speculum juris liber optimus absque figuris*‹.
Incipit: 14r *Reuerendo in Christo patri suo domino Octobono dei gratia sancti Adriani dyocono* [!] *cardinali ...*
Explicit: 155r *... et pro hac solutione facit l. ff. De donationibus* [Text bricht ab].
Edition: D. G. Dvrandi episc. Mimatensis Specvlvm juris [...], 4 Bde., Frankfurt am Main 1612.

Faszikel II (Bl. 161–174)

Sachtitel / Inhalt: Bernhard von Clairvaux, Liber de praecepto et dispensatione.

Entstehungsort: Mittel- / Westeuropa.
Entstehungszeit: 4. Viertel 13. Jh.–1. Viertel 14. Jh.

Typus (Überlieferungsform): Faszikel.
Beschreibstoff: Pergament.
Umfang: 14 Bll.
Format (Blattgröße): 14,5 × 10,5 cm.
Zusammensetzung (Lagenstruktur): Besteht aus einer VII–Lage oder aus 14 Bll. Lagenmitte nicht festzustellen.
Seiten-, Blatt- und Lagenzählung: Foliierung (*161–174*) in Blei.

Schriftraum: 10,1 × 7 cm.
Spaltenanzahl: 2 Spalten.
Zeilenanzahl: 41 Zeilen.
Angaben zu Schrift / Schreibern: Die Hand, welche für den Text verantwortlich zeichnete, schrieb eine relativ ebenmäßige Schrift, die nur wenige Aussagen hinsichtlich der Herkunft des Schreibers zulässt. Die Grundlinie der Buchstaben befindet sich ein wenig oberhalb der vorgezogenen Zeile.
Buchgestaltung: Zeilengerüst mit Silberstift vorgezogen. Platz für Initialen freigelassen, dieselben wurden allerdings nicht ausgeführt.

Nachträge und Benutzungsspuren: Wenige Korrekturen und Verweise von einer in etwa zeitgleich schreibenden Hand. Kaum Benutzungsspuren.

Provenienz: Heidelberg.
Geschichte des Faszikels: Wo der Faszikel entstand, lässt sich anhand der Schrift nur grob umreißen. Dass dieser sich jedoch um die Mitte des 14. Jhs. in Mitteleuropa befunden haben muss, suggeriert der volkssprachliche Eintrag auf 174r: *Disen lib han ich gewanten*, da für seine Niederschrift die ältere gotische Kursive Verwendung fand.

4) 161ra–172rb
Verfasser: Bernhard von Clairvaux.
Titel: Liber de praecepto et dispensatione.
Incipit: 161ra [D]*omno abbati Columbensi frater Bernardus abbas dictus de Claraualle* ...
Explicit: 172rb ... *debui quod et studuj satisfacere uoluntatj. Explicit Liber de precepto et dispensacione. Amen.*
Edition: Sancti Bernardi opera, Bd. 3, Tractatus et opuscula, hrsg. von J. Leclercq / H.M. Rochais, Rom 1963, S. 253–294.

5) 172rb–174r
Titel: Traktat über die Dispens.
Incipit: 172rb [D]*ispensatio est iuris relaxatio, ideo dicendum de dispensatione domini pape* ...
Explicit: 174r ... *Jtem in talj casu, siquis laicus non habens filios contu* ... [Text bricht ab].

TH

Vatikan, Biblioteca Apostolica Vaticana, Pal. lat. 794

Zusammengesetzte Handschrift

Papier · 1, 212, 1 Bll. · 19,7 × 15 cm · Mitteleuropa / Oberdeutschland · 15. Jh. / 1. Hälfte 15. Jh.

Typus (Überlieferungsform): Codex.
Beschreibstoff: Papier.
Umfang: 1, 212, 1 Bll.
Format (Blattgröße): 19,7 × 15 cm.
Zusammensetzung (Lagenstruktur): Hs. aus 3 Faszikeln zusammengesetzt (I. Bll. 1–67; II. Bll. 68–83; III. Bll. 84–198). $(I\text{-}1)^{1a}$ + ... + $(I\text{-}1)^{199^*}$. Vorderspiegel Gegenbl. von 1a, Hinterspiegel Gegenbl. von 199*.
Seiten-, Blatt- und Lagenzählung: Römische Foliierung des 17. Jhs. (*1–198*). Zählfehler: Auf 67 folgen 67a und 67b, auf 76 folgen 76a und 76b, auf 151 folgt 151a, auf 167 folgt 167a, auf 183 folgen 183a und 183b, auf 197 folgen 197a-g. Zählung leerer Bll. von jüngerer Hand mit Blei nachgetragen (*67a–b, 76a–b, 183a–b*), Vor- und Nachsatzbl. wie auch leere Bll. ungez., weshalb hier Zählung der Digitalisate übernommen wird (1a, 197a–197 g, 199*).
Zustand: Stockfleckig, Tinte mitunter verblasst und schlägt durch, einige Flecken. Schriftverlust an den Rändern durch jüngeren Beschnitt.
Wasserzeichen: Aufgrund geringer Größe nicht aufgenommen.

Einband: Pergamentband über Pappe, auf dem Rücken in Goldprägung die Wappen von Papst Leo XIII. und von Kardinal und Bibliothekar Jean-Baptiste Pitra (1812–1889), dazwischen in rotem Feld die Signatur *PAL. 794*, darunter blaues Signaturschild *Pal. lat. 794*. Gelbkupferfarbenes Kapital. Nach SCHUNKE, Einbände 2.2, S. 851 in Rom zwischen 1878–89 gefertigt.
Provenienz: Heidelberg.
Geschichte der Handschrift: Auf vorderem Spiegel blaues Schildchen mit *Pal. lat. 794*. Auf 1r oben Titel der einzelnen Texte von Hand des 17. Jhs., *Summula iuris, Exorcismus confessorum* [?], *De interdicto, De poenitentia, Authoritates iuris, Casus papales, Casus episcopales et cetera*, unten aktuelle Signatur. Gemein ist den drei hier versammelten Faszikeln, dass sie im 15. Jh. wohl im deutschen Sprachgebiet entstanden. Unklar bleibt, wann sie zu einem Codex vereint wurden.

Faksimile: https://digi.ub.uni-heidelberg.de/diglit/bav_pal_lat_794
Literatur: BARTSCH, Handschriften, S. 191, Nr. 370; Florence CHAVE-MAHIR / Julien VÉRONÈSE, Rituel d'exorcisme ou manuel de magie? Le manuscrit Clm 10085 de la Bayerische Staatsbibliothek de Munich (début du XVe siècle), Florenz 2015 (Micrologus Library 73, Salomon Latinus 3), S. 55 A. 185; Karl CHRIST, Beschreibung von Pal. lat. 794, in: Deutsche Hss. in Italien, Bl. 15, Berlin-Brandenburgische Akademie der Wissenschaften; Nancy CACIOLA, Breath, Heart, Guts. The Body and the Spirits in the Middle Ages, in: Communicating with the Spirits, Bd. 1, Christian Demonology and Popular Mythology, hrsg. von Gábor KLANICZAY / Éva PÓCS / Eszter CSONKA-TAKÁCS, Budapest / New York 2005, S. 21–39, hier S. 36 A. 1; Nancy CACIOLA, Discerning Spirits. Divine and Demonic Possession in the Middle Ages, Ithaca 2006, S. 238ff.; Lucie DOLEŽALOVÁ, Pains and Pleasures of Interpreting

and Appropriating Obscurity. The Versus maligni angeli in the Twelfth to Fifteenth Century, in: Acta universitatis Carolinae, Philologica 2 (2020), S. 109–156, S. 115 A. 28; Mirabile, Pal.lat.794; OVL, Pal.lat.794; SCHUNKE, Einbände 2.2, S. 851; STEVENSON, Latini, S. 282.

Faszikel I (Bl. 1–67)

Sachtitel / Inhalt: Casus in summam Henrici Merseburgensis.

Entstehungsort: Mitteleuropa.
Entstehungszeit: 15. Jh.

Typus (Überlieferungsform): Faszikel.
Beschreibstoff: Papier.
Umfang: 69 Bll.
Format (Blattgröße): 19,7 × 15 cm.
Zusammensetzung (Lagenstruktur): 5 VI^{60} + $(VI-3)^{67b}$.
Seiten-, Blatt- und Lagenzählung: s. zum Codex.

Schriftraum: 14,5 × 11,5 cm.
Spaltenanzahl: 1 Spalte.
Zeilenanzahl: 29–32 Zeilen.
Angaben zu Schrift / Schreibern: Der Text mit den Casus, von einer Hand mit vielen Abkürzungen geschrieben, bewegt sich zwischen einer Bastarda und einer reinen Kursiven. Die beiden nachgetragenen Texte wurden von weiteren Händen jeweils in gotischer Kursive ausgeführt.
Buchgestaltung: Schriftraum mit Metallstift vorgezogen. Fließtext mit Absätzen, an deren Anfang Platz für eine Initiale ausgespart wurde.
Buchschmuck: s. Buchgestaltung.

Nachträge und Benutzungsspuren: Kaum Anmerkungen von womöglich anderer, aber wohl zeitgenössischer Hand. Zwei kleine Texte wurden nachgetragen.

Provenienz: Heidelberg.
Geschichte des Faszikels: Aufgrund des geografischen Raums, in welchem die Casus Verbreitung fanden, und der genannten Namen im Nekrolog – die sich allerdings ohne tiefergehende Forschungen kaum einem konkreten Ort zuweisen lassen – dürfte der Faszikel im deutschsprachigen und mitteleuropäischen Raum entstanden sein. Sollte es sich auf 67v bei dem Namenseintrag *Francisci de Schellindorff* tatsächlich um einen Exponenten des schlesischen Adelsgeschlechts derer von Schellendorf handeln, wäre ein mitteldeutscher Herstellungsort nicht unwahrscheinlich.

1) 1r–66r
Beteiligte Personen: HEINRICH VON MERSEBURG.
Titel: Casus in summam Henrici Merseburgensis.

Angaben zum Text: Die Summe des Heinrich von Merseburg zum Liber extra, entstanden um 1240, mit den um 1290 anonym hinzugefügten Casus (vgl. Werner JÜRGENSEN, Heinrich von Merseburg, Verfasser-Datenbank, Berlin / New York 2012).
Incipit: 1r [L]*abia sacerdotis custodiunt scienciam ...*
Explicit: 66r ... *Explicit liber qui est excerptus de jure per quemdam Johannem qui fuit Mersebink in ordine Minorum. Et est finitus anno domini M° cccc° nono ante dominicam in quadragesima qui nuncupatur domine ne longe feria quarta et cetera.*

2) 66v–67r
Titel: Beschreibung von Grundlagenwerken beider Rechte.
Incipit: 66v *Ad agnicionem librorum legalium uel legis et canonis sciendum quod libri legales continent ...*
Explicit: 67r ... *minus competens prebens exemplum ruine spirituale.*

3) 67v
Titel: Nekrolog.
Angaben zum Text: Erste Zeile durch Beschnitt verloren gegangen. – 67ar–67bv leer.
Incipit: 67v *Primus anniversarius domini Johannis Lobdaw ...*
Explicit: 67v ... *in hac sillaba Thomas.*

Faszikel II (Bl. 68–83)

Sachtitel / Inhalt: Handbuch und Formeln zum Exorzismus.

Entstehungsort: Mitteleuropa.
Entstehungszeit: 15. Jh.

Typus (Überlieferungsform): Faszikel.
Beschreibstoff: Papier.
Umfang: 18 Bll.
Format (Blattgröße): 19,7 × 15 cm.
Zusammensetzung (Lagenstruktur): (VI+6)^{83}.
Seiten-, Blatt- und Lagenzählung: s. zum Codex.

Schriftraum: 16 × 10,5 cm.
Spaltenanzahl: 1 Spalte.
Zeilenanzahl: 21–51 Zeilen.
Angaben zu Schrift / Schreibern: Während die erste Hand, bis 71v schreibend, sich einer gut lesbaren Bastarda bediente, tendieren die beiden anderen Hände stärker zu einer reinen Kursiven.
Buchgestaltung: Schriftraum von 68r–73v und 78r–83v mit Metallstift vorgezogen. Fließtext mit Abschnitten, an deren Anfängen Rubrik sowie Raum für Initialen freigelassen sind, auf 68r mit roter Lombarde ausgeführt, darauf vom Rubrikator lediglich mit roter Majuskel versehen.
Buchschmuck: s. Buchgestaltung.

Nachträge und Benutzungsspuren: Texte ineinander verschränkt. Grafische Verweiszeichen.

Provenienz: Heidelberg.
Geschichte des Faszikels: Das vom ersten Schreiber verwendete x-förmige r spricht für eine oberdeutsche Sozialisierung desselben (Schneider, Paläographie, S. 76 f.), weshalb anzunehmen ist, dass dieser Faszikel in ebenjenem Raum geschaffen sein könnte.

4) 68r–83v
Titel: Handbuch und Formeln zum Exorzismus.
Angaben zum Text: Verschiedene Texte von mehreren Händen, ineinander verschränkt.
Rubrik: 68r ›*Incipiunt expulsiones dyabulorum et cetera. Statim cum obsessus venerit ad ecclesiam … si tale in veneris officium et cetera*‹.
Incipit: 68r *Salus populi ego sum, dicit dominus …*
Explicit: 83v … *conclusit per Christum dominum nostrum.*

Faszikel III (Bl. 84–198)

Sachtitel / Inhalt: Juristische Texte.

Entstehungsort: Oberdeutschland.
Entstehungszeit: 1. Hälfte 15. Jh.

Typus (Überlieferungsform): Faszikel.
Beschreibstoff: Papier.
Umfang: 125 Bll.
Format (Blattgröße): 19,7 × 15 cm.
Zusammensetzung (Lagenstruktur): 2 VI^{107} + IV^{115} + 7 VI^{195} + V^{198}.
Seiten-, Blatt- und Lagenzählung: s. zum Codex. Lagenfoliierung in lateinischen Ziffern bis 111r.

Schriftraum: 18 × 12 cm.
Spaltenanzahl: 2 Spalten (113r–198v: 1 Spalte).
Zeilenanzahl: 28–30 Zeilen.
Angaben zu Schrift / Schreibern: Von einer Hand in einer gut lesbaren Bastarda, die zwar nicht konsequent, aber dennoch das x-förmige r verwendete, was für einen oberdeutschen Schreiber sprechen könnte (Schneider, Paläographie, S. 76 f.). Die Verse von 113v–115r wurden in einer schleifenlosen Bastarda nachgetragen.
Buchgestaltung: Schriftraum über weite Strecken mit Metallstift vorgezogen. Von 84r–113r Textanfänge mit roter Initiale und vergrößerten Auszeichnungsbuchstaben in Textualis auf roten Zeilen. Die Anfänge der Kapitel mit roten, eingerückten Lombarden hervorgehoben. Rote Zeilenfüller am Ende der Abschnitte. Von 116r–139v, 184r–195v Rubriken, rote Paragrafenzeichen an den Anfängen, ferner rote Strichelungen zur Markierung von Satzanfängen. 140r–183r, 196r–197v auf Rubrizierung verzichtet.
Buchschmuck: s. Buchgestaltung.

Nachträge und Benutzungsspuren: Verse von 113v–115r und Rezepte auf 198v nachgetragen. Zeigehand auf 102v.

Provenienz: Heidelberg.
Geschichte des Faszikels: Die Schrift des Schreibers lässt eine Entstehung des Faszikels im oberdeutschen Sprachraum als wahrscheinlich erscheinen. Die nachgetragenen Verse in einer schleifenlosen Bastarda legen nahe, dass zumindest dieser Nachtrag nicht vor den 20er Jahren des 15. Jhs. geschaffen wurde.

5) 84ra–92vb
Titel: Summula de interdicto.
Angaben zum Text: Unterschiedlichen Autoren zugeschrieben, so Johannes Calvanus, Giovanni da Legnano (um 1320–1383), Galvano Becchini († vor 1395) oder Christianus de Opiter (15. Jh.).
Incipit: 84ra ›*Ad honorem dei et gloriose*‹ *virginis matris sue, ut extra de usu per alij* [!] *ad honorem* [!], *incipit summula breuis edicionis de iis que tempore interdicti prohibentur uel concedentur* ...
Explicit: 92vb ... *et censura ecclesiastice potestatis concessa Christi ecclesie cui est honor et gloria in secula seculorum. Amen. Explicit tractatus domini Johannis Caluani doctoris decretorum.*

6) 92vb–113rb
Titel: De officio sacerdotis.
Angaben zum Text: Verschiedentlich Thomas von Aquin zugeschrieben.
Incipit: 92vb ›*Quia sacerdotis officium circa*‹ *tria principaliter uersatur scilicet diuinorum officium celebracionem ecclesiasticorum sacramentorum collacionem* ...
Explicit: 113rb ... *de que ipsis presbiteris et cetera.*
Edition: Corpus Thomisticum, http://www.corpusthomisticum.org/xso.html.

7) 113vb–115r
Titel: Moralische Ermahnungen in Versform.
Angaben zum Text: s. Walther, IC, S. 234, Nr. 4650. – 115v leer.
Incipit: 113vb *Dixi fratres serui dei vos non turbant verba mei* ...
Explicit: 115r ... *deus eius miseretur.*
Edition: AH 33, S. 269–273, Nr. 246.

8) 116r–183r
Titel: Alphabetisch geordnete Rechtssätze.
Angaben zum Text: (116r–129v) Buchstabe A; (129v–132v) Buchstabe B; (133r–141r) Buchstabe C; (141v–144v) Buchstabe D; (144v–148r) Buchstabe E; (148v–150r) Buchstabe F; (150v–151r) Buchstabe G; (151r–151v) Buchstabe H; (151v–156v) Buchstabe I; (157r–158v) Buchstabe L; (158v–161r) Buchstabe M; (161r–165r) Buchstabe N; (165r–166r) Buchstabe O; (166v–169v) Buchstabe P; (169v–173v) Buchstabe Q; (174r–174v) Buchstabe R; (175r–178r) Buchstabe S; (178v–180r) Buchstabe T; (180r–183r) Buchstabe U / V. – 183v–183bv leer.
Rubrik: 116r ›*Jncipiunt juris auctoritates secundum alphabeti ordinem*‹.
Incipit: 116r [A]*ctus extensus ad diuersas personas* ...
Explicit: 183r ... *ff. De sepulchro violato l. ij § Non perpetue.*

9) 184r–197v
Verfasser: Heinrich Fleckel von Kitzbühel.
Titel: Casus papales, episcopales et prohibentes a communione.
Angaben zum Text: 197ar–198r leer.
Rubrik: 184r ›*Hic annotantur singuli casus papales cum juris allegacionibus et auctoritatibus. Litterarum falsatores*‹.
Incipit: 184r *Primo falsi*[fi]*catores litterarum papalium tam principales quam fautores ...*
Explicit: 197v ... *in terrorem tenere tenerem temere* [!] *peccancium introductam. Sit laus et gloria in Christo. Amen et cetera.*

10) 198v
Titel: Rezepte.
Angaben zum Text: Zwei Rezepte in deutscher Sprache.
Incipit: 198v *Ad pocionem faciendam neym salben eyn hant vol ...*
Explicit: 198v ... *ouch mag man i. fyrdung czucker dorczu nemen.*

TH

Vatikan, Biblioteca Apostolica Vaticana, Pal. lat. 795

Henning Göde, Processus iudiciarius

Pergament · 4, 105, 3 Bll. · 30,9 × 20,5 cm · Wittenberg · um 1516

Entstehungsort: Wittenberg.
Entstehungszeit: um 1516.

Typus (Überlieferungsform): Codex.
Beschreibstoff: Papier.
Umfang: 4, 105, 3 Bll.
Format (Blattgröße): 30,9 × 20,5 cm.
Zusammensetzung (Lagenstruktur): $(II-1)^{3a}$ + 1^{4a} + 7 IV^{55} + III^{61} + IV^{69} + III^{75} + 3 IV^{100} + $(III-1)^{103}$ + $(II-1)^{106*}$. Erste Lage beginnt mit A. Zählfehler: 77 ausgelassen, auf 101 folgen zwei ungez. Bll. Vorderspiegel Gegenbl. von 3a, Hinterspiegel Gegenbl. von 104*.
Seiten-, Blatt- und Lagenzählung: Zeitgenössische Foliierung (*1–101*). *A, 102* und *103* später nachgetragen. Vor- und Nachsatzbll. wie auch unbeschriebene Bll. teilweise ungez., weshalb hier Zählung der Digitalisate übernommen wird (1a–4a, 101a–101b, 104*–105*). Lagenfoliierung mit Buchstaben und lateinischer Ziffer bis *h iiii* auf 59r, auf 63r weiter mit *a ij* bis 73r *b iiij*, womit die Lagenfoliierung endet.
Zustand: 4a nur noch fragmentarisch erhalten. Auf den ersten Bll. eingerissene Stellen mit Japanpapier angefasert. Wasserschaden im gesamten Codex, ohne Textverlust, wobei die Tinte im hinteren Teil etwas verblasst ist. Zahlreiche Flecken.
Wasserzeichen: Ochsenkopf mit Augen, Nasenlöchern und Schleimfaden am Maul, als Oberzeichen um Stange mit Kreuz windende Schlange. Bei WZIS und Briquet, Les filigranes, keine Entsprechung.

Schriftraum: 23 × 18,5 cm.

Spaltenanzahl: 1 Spalte.
Zeilenanzahl: 31–43 Zeilen.
Angaben zu Schrift / Schreibern: Von einer Hand in Kurrent, bis auf 76r. Letztere Hand schrieb in der Folge auch die Überschriften, vorausgesetzt die erste Hand übte sich hier nicht in einer Kanzleikursiven.
Buchgestaltung: Äußerer und innerer Rand des Schriftraums vorgefaltet. Fließtext unterbrochen von eingerückten Überschriften mit etwas gegenüber dem Haupttext vergrößerten Buchstaben. Zwischendurch Überschriften rubriziert.
Buchschmuck: s. Buchgestaltung.

Nachträge und Benutzungsspuren: Anmerkungen, Unterstreichungen und grafische Verweiszeichen von mehreren Händen. Rätsel auf 102v und Notizen auf 103v von anderen Händen nachgetragen.

Einband: Pergamentband über Pappe, nach Schunke, Einbände 2.2, S. 851, um 1780 in Rom entstanden. Löcher für Schließbänder in den Deckeln noch vorhanden. Gelb-kupferfarbenes Kapital. Auf dem Rücken oben blaues barockes Signaturschild *795*, darunter blaues Signaturschild *Pal. lat. 795*, darunter Titel mit Tinte auf Rücken notiert: *Processus iudiciarius utriusque fori.*
Provenienz: Wittenberg / Heidelberg.
Geschichte der Handschrift: Auf dem vorderen Spiegel modernes blaues Signaturschild der Vaticana *Pal. lat. 795.* Auf Vorsatzbl. 1ar aktuelle Signatur, samt Altsignaturen *69* und einer weiteren unleserlichen, da beide durchgestrichen, auf 4ar Altsignaturen *187* [durchgestrichen] und *480*, auf Ar Capsa-Nummer *C. 128*, auf 1r weitere Altsignatur *480* [?]. Den im Titel schwierig aufzulösenden Namen des Autors glossierte eine andere Hand auf dem Rand mit dem Verweis auf Konrad Gessners (1516–1565) Bibliografie: *Gesnerus in Bibliotheca universalis Henningum Goeden Hauelbergensem.* Auch aus dem Text geht eindeutig hervor, dass es sich um den ‚Processus iudiciarius' des Henning Göde handeln muss, der 1538 erstmals im Druck auf Grundlage eines Kollegienhefts erschien. Wenn hier im Titel das Publikationsdatum 1516 genannt wird, könnte dies dafür sprechen, dass der Text in diesem Jahr in dieser Form als Vorlesung an der Universität Wittenberg gehalten wurde und vorliegende Hs. entweder als Vorlesungsmanuskript diente oder ein von einem Studenten geführtes Kollegienheft darstellt. Dass der Codex von Gelehrten deutscher Zunge verwendet wurde, zeigt nicht nur der Verweis *Conpaß brieff* auf 98r, sondern auch die dem Text vorgestellten und angefügten Notizen. Lehmann, Fuggerbibliotheken 2, S. 488 mutmaßt, dass die Hs. aus dem Eigentum des Augsburger Bibliophilen Ulrich Fugger (1526–1584) stammen könnte, wobei er zu bedenken gibt, dass der Codex keinerlei „Fuggermerkmale" aufweise. Diese Vermutung ist keinesfalls abwegig, da Pal. lat. 785, von ähnlicher inhaltlicher Ausrichtung und formaler Gestaltung, zur annähernd selben Zeit in Wittenberg entstand und später wahrscheinlich die Bibliothek Fuggers zierte. In diesem Fall wäre vorliegende Hs. späterhin mit dem Tod des Büchersammlers und gemäß dessen letztwilliger Verfügung in das Eigentum des Pfälzer Kurfürsten und schließlich in die Bibliotheca Palatina übergegangen (s. Einleitung).

Faksimile: https://digi.ub.uni-heidelberg.de/diglit/bav_pal_lat_795
Literatur: Lehmann, Fuggerbibliotheken 2, S. 488; Schunke, Einbände 2.2, S. 851; Stevenson, Latini, S. 283.

1) 1r–101v
Verfasser: Henning Göde.
Titel: Processus iudiciarius.
Angaben zum Text: In Wortlaut und auch Aufbau nicht immer übereinstimmend mit der ersten Druckausgabe von 1538, die auf Basis eines Kollegienhefts Gödes angefertigt worden sein soll (vgl. Heiner Lück, Der Erfurter und Wittenberger Kirchenrechtslehrer Henning Goeden [um 1450–1521] und die Lehre des kanonischen Rechts in Wittenberg. Ein Beitrag anlässlich seines 500. Todestags, in: ZRG KA 107 (2021), S. 300–332, hier S. 309 f.): (1r–41v) Pars 1; (41v–44v) Pars 2; (45r–51r) Pars 3; (51v–59v) Pars 4; (60r–61v) leer; (62r) Titel (*Processus judiciarius secundum stilum judicij camere jmperialis*); (62v) leer; (63r–75r) Processus iudiciarius secundum stilum camerae imperialis (im Corpus juris cameralis, hrsg. von Georg Melchior von Ludolff, Frankfurt 1724, nicht enthalten); (75v) leer; (76r–101v) Anhang zum Processus iudiciarius (Fortsetzung von 59v). – 4ar Notizen, darunter Begriffe auf Deutsch. – Ar Titel (*Processus judicarius vtriusque fori tam ecclesiasticj quam secularj coram delegatis et ordinarjs judicibus* [unleserlich]*nandus excellentissimj* [durchgestrichen: *dominj*] *virj dominj Henningj Gode vtriusque juris doctoris ecclesie collegiate exempte omnium sanctorum jn* [durchgestrichen: *Wyttenbergk*, darübergeschrieben:] *Erdtfurdt prepositi ac in glorentissimo gimnasio jbidem ordinarij. Publicatus anno dominj mdxvjo.*) und Inhaltsverzeichnis. – Av leer. – 101ar–102r leer. – 102v Enigma. – 103r leer. – 103v Notizen, darunter Ausschnitt aus einem Reisebericht auf Deutsch.
Rubrik: 1r ›*Quomodo judex jn judicando se habeat. Caput I*‹.
Incipit: 1r *Judex in extensio judicandi in causis que pronuntiandis, que vertuntur coram eo …*
Explicit: 101v … *exceptio propositj per et cetera.*
Edition: Processus Henningi preclarissimi ivreconsulti famatissimiq[ue] practici & utriusq[ue] iuris doct. D. Henningi Goden […], Wittenberg 1538.

TH

Vatikan, Biblioteca Apostolica Vaticana, Pal. lat. 796

Zusammengesetzte Handschrift zum Prozessrecht

Pergament · 3, 119, 3 Bll. · 27,7 × 19,3 cm · Südeuropa / Südfrankreich (?) / Mittel- / Westeuropa · 13. Jh. / Mitte 13. Jh. / 2. Hälfte 13. Jh.

Typus (Überlieferungsform): Codex.
Beschreibstoff: Pergament.
Umfang: 3, 119, 3 Bll.
Format (Blattgröße): 27,7 × 19,3 cm.
Zusammensetzung (Lagenstruktur): Hs. aus zwei Faszikeln und einem Fragment zusammengesetzt (I. Bll. A–B, 117; II. Bll. 1–68; III. Bll. 69–116). $(II-1)^{3a}$ + … + $(II-1)^{120*}$. Vorderspiegel Gegenbl. von 3a, Hinterspiegel Gegenbl. von 118*.
Seiten-, Blatt- und Lagenzählung: Römische Foliierung des 17. Jhs. (*A, B, 1–117*). Vor- und Nachsatzbll. ungez., weshalb hier Zählung der Digitalisate übernommen wird (1a–3a, 118*–120*).
Zustand: Pergament verschmutzt, Wurmlöcher auf den ersten und letzten Bll., zahlreiche Löcher und Flecken, Tinte berieben und verblasst. Einige Rasuren.

Einband: Pergamentband über Pappe, nach Schunke, Einbände 2.2, S. 851, um 1780 in Rom entstanden. Löcher für Schließbänder in den Deckeln noch vorhanden. Gelb-kupferfarbenes Kapital. Auf dem Rücken oben blaues barockes Signaturschild *796*, darunter blaues Signaturschild *Pal. lat. 796*, darunter Titel mit Tinte auf Rücken notiert: *Summa aurea aduocandi et Brixiensis Quaestiones dominicales.*
Provenienz: Heidelberg.
Geschichte der Handschrift: Auf dem vorderen Spiegel modernes blaues Signaturschild der Vaticana *Pal. lat. 796*. Auf Vorsatzbl. 1ar aktuelle Signatur, samt Altsignaturen *694* [durchgestrichen, darunter weitere unleserliche], auf Ar Capsa-Nummer *C. 74.* und Altsignatur *478* [durchgestrichen], auf 1r erneut *478*, auf 117v kopfständige Signatur *2049*. Der Codex beinhaltet zwei Faszikel, die beide aus dem 13. Jh. stammen. Vor- und nachgestellt sind zwei Fragmente aus einer anderen Hs., die aber aus demselben Jh. stammen dürften, die wie der erste Faszikel in Südfrankreich entstanden sein könnten. Da hier diese zusammengestellten Teile alle aus demselben Jh. stammen, ist anzunehmen, dass sie recht zeitnah vereinigt wurden. Womöglich handelt es sich dabei um die im Katalog der Heidelberger Bibliotheken von 1466 in der Bibliothek der oberen Fakultäten befindliche *Summa aurea de arte aduocandi in pergameno* (Heidelberg, UB, Heid. Hs. 47, 12v).

Faksimile: https://digi.ub.uni-heidelberg.de/diglit/bav_pal_lat_796
Literatur: Bertram, Kanonisten, S. 547 f.; BioBib Jurists, Guillelmus de Drogheda (a573); Die Summa aurea des Wilhelmus de Drokeda, hrsg. von Ludwig Wahrmund, Innsbruck 1914 (ND Aalen 1962) (Quellen zur Geschichte des römisch-kanonischen Prozesses im Mittelalter 2,2), S. 10, passim; Manuscripta juridica, Pal. lat. 796; Enzo Mecacci, Un manoscritto senese delle „Quaestiones" di Bartolomeo da Brescia e dei „Brocarda" di Damaso. Ipotesi di descrizione globale di un manoscritto giuridico, in: Scritti di storia del diritto offerti dagli allievi a Domenico Maffei, hrsg. von Mario Ascheri, Padua 1991 (Medioevo e Umanesimo 78), S. 27–65, hier S. 45–51, 61; Montuschi, Le biblioteche, S. 304; OVL, Pal.lat.796; Stanislav Petr, Quaestiones dominicales et veneriales Bartoloměje z Brescie v rukopise knihovny piaristické koleje v Příboře, in: Studie o Rukopisech 34 (2001), S. 169–213, hier S. 174; Jane E. Sayers, William of Drogheda and the English Canonists, in: Proceedings of the Seventh International Congress of Medieval Canon Law, Cambridge 23–27 July 1984, hrsg. von Peter Linehan, Cambridge 1988 (Monumenta iuris canonici, Series C, Subsidia 8), S. 205–222, hier S. 205 A. 2, 216 A. 47, 219 A. 53; Schunke, Einbände 2.2, S. 851; Stevenson, Latini, S. 283.

Fragment I (Bl. A–B; 117)

Sachtitel / Inhalt: Glosse eines unbekannten Autors zum Codex Iustinianus.

Entstehungsort: Südeuropa.
Entstehungszeit: 13. Jh.

Typus (Überlieferungsform): Faszikel.
Beschreibstoff: Pergament.
Umfang: 3 Bll.
Format (Blattgröße): 27,7 × 19,3 cm.

Zusammensetzung (Lagenstruktur): I^{B} + ... + 1^{117} .
Seiten-, Blatt- und Lagenzählung: s. zum Codex.

Schriftraum: 24,5 × 19,3 cm.
Spaltenanzahl: 2 Spalten.
Zeilenanzahl: mindestens 60 Zeilen (Textverlust).
Angaben zu Schrift / Schreibern: Von einer Hand in einer Textura, die in ihrem breiten Duktus und den kaum gebrochenen Schäften nach Südeuropa verweist.
Buchgestaltung: Kapitel mit Rubrik eingeleitet. Zu kommentierende Begriffe unterstrichen. Verweise in Form von Buchstaben in den Marginalien. Korrekturen von Hand des Schreibers auf den Rändern.
Buchschmuck: s. Buchgestaltung.

Nachträge und Benutzungsspuren: Kaum nennenswerte grafische Verweiszeichen.

Provenienz: Heidelberg.
Geschichte des Fragments: A, B und 117 gehörten wohl zu einer Hs., die einen Kommentar zum Codex Iustinianus enthielt und wahrscheinlich in Südfrankreich oder Italien hergestellt wurde. Bl. A könnte vor einer neuen Bindung als Vorderspiegel gedient haben.

1) Ar–Bv
Titel: Glosse zum Codex Iustinianus.
Angaben zum Text: Kommentar eines unbekannten Autors zu Cod. 4.21.20–4.24.11 (Ara unleserlich, der Kommentar zu 4.21.20 setzt auf Arb ein).
Incipit: Arb *In semet ipsum. Id est aduersus se* ...
Explicit: Bv ... *id est condicio* ... [Text bricht ab].

2) 117ra–117vb
Titel: Glosse zum Codex Iustinianus.
Angaben zum Text: Kommentar eines unbekannten Autors zu Cod. 4.21.3–4.21.19.
Incipit: 117ra *Si adversarius: Reuocaretur: Quid si scriptura aduersarii in dubium non reuocabatur* ...
Explicit: 117rb ... *repetere volebant eum dicebant se tantum* ... [Text bricht ab].

Faszikel II (Bl. 1–68)

Sachtitel / Inhalt: Wilhelm von Drogheda, Summa aurea.

Entstehungsort: Südfrankreich (?).
Entstehungszeit: Mitte 13. Jh.

Typus (Überlieferungsform): Faszikel.
Beschreibstoff: Pergament.
Umfang: 68 Bll.
Format (Blattgröße): 27,7 × 19,3 cm.
Zusammensetzung (Lagenstruktur): 5 VI^{60} + IV^{68} .

Seiten-, Blatt- und Lagenzählung: s. zum Codex. Bis 60v Reklamanten auf der letzten Versoseite der Lage auf dem Fußsteg rechts.

Schriftraum: 20,5 × 13,5 cm.
Spaltenanzahl: 2 Spalten.
Zeilenanzahl: 45–47 Zeilen.
Angaben zu Schrift / Schreibern: Womöglich von einer Hand, die Elemente der in den mediterranen Ländern gebräuchlichen Textualis aufweist, wie die ungebrochen auf der Grundlinie stehenden Schäfte oder der auf der Grundlinie aufsetzende Bogen des h, gleichzeitig aber auch Elemente der weiter nördlich gebräuchlichen Textura verinnerlicht hat, so das h mit dem unter die Grundlinie geführten Bogen oder das lange s am Ende der Wörter, das in seiner c-Form an jenes der Littera Parisiensis erinnert, was nahelegt, dass der Schreiber in Südfrankreich gewirkt haben könnte.
Buchgestaltung: Zeilengerüst mit Metallstift vorgezogen. Rubriken, auf 1v–2r rote Lombarden in Zeilenhöhe, ansonsten rote Paragrafenzeichen zur Strukturierung des Texts. Angaben für Rubrikator teilweise noch vorhanden.
Buchschmuck: s. Buchgestaltung.

Nachträge und Benutzungsspuren: Korrekturen, wohl von Hand des Schreibers.

Provenienz: Heidelberg.
Geschichte des Faszikels: Der paläografische Befund spricht für eine Entstehung des Faszikels im 13. Jh. in Südfrankreich. Nach Auffassung von Jane E. Sayers handelt es sich um die am besten erhaltene Hs. der Summa aurea, wobei sie hinsichtlich der Überlieferung der ältesten bekannten am nächsten steht, die einer wohl in Worcester entstandenen und auf 1231 datierbaren ähnlich zu sein scheint (Sayers, William of Drogheda, S. 205 A. 2, S. 216 A. 47; Andrew G. Watson, Catalogue of Dated and Datable Manuscripts. C. 700–1600 in the Department of Manuscripts, London 1979, Bd. 1, S. 153, Nr. 882, Bd. 2, plate 135), weshalb eine Datierung in die Mitte des 13. Jhs. als wahrscheinlich erscheint.

3) 1ra–68rb
Verfasser: Wilhelm von Drogheda.
Titel: Summa aurea.
Angaben zum Text: 68v leer.
Rubrik: 1r ›*Jncipit Summa aurea continens artem aduocandi, resspondendi* [!] *et conponendi, consulendi et intelligendi et discernendi et distinguendi uerum a falso, a magistro Guilielmo de Drofeda* [!] *Oxonie conposita*‹.
Incipit: 1r *Cum omne artificium per exercicium …*
Explicit: 68r *… et dixi supra in q. viii.* ›*Dextra scriptoris petit promissa laboris. Explicit Summa aurea. Scripturam corrige, lector*‹.
Edition: Die Summa aurea, hrsg. von Wahrmund. Ediert u. a. nach vorliegender Hs.

Faszikel III (Bl. 69–116)

Sachtitel / Inhalt: Bartholomäus von Brescia, Quaestiones dominicales et veneriales.

Entstehungsort: Mittel- / Westeuropa.
Entstehungszeit: 2. Hälfte 13. Jh.

Typus (Überlieferungsform): Faszikel.
Beschreibstoff: Pergament.
Umfang: 48 Bll.
Format (Blattgröße): 27,7 × 19,3 cm.
Zusammensetzung (Lagenstruktur): V^{78} + 3 IV^{102} + V^{112} + II^{116} .
Seiten-, Blatt- und Lagenzählung: In erster Lage auf den Versoseiten Lagenfoliierung in roten Minuskeln. 87r und 95r Kustoden in römischen Ziffern auf der ersten Seite der Lage auf dem Unterrand mittig.

Schriftraum: 21,5 × 13,5 cm.
Spaltenanzahl: 2 Spalten.
Zeilenanzahl: 48–54 Zeilen.
Angaben zu Schrift / Schreibern: Textualis von womöglich mehreren Händen.
Buchgestaltung: Zeilengerüst mit Metallstift vorgezogen. An den Anfängen einer jeden Quaestio alternierend blaue und rote Lombarden mit Fleuronné in Gegenfarbe. Rote und schwarze Paragrafenzeichen wie auch rote Strichelungen zur Strukturierung des Texts.
Buchschmuck: s. Buchgestaltung.

Nachträge und Benutzungsspuren: Korrekturen vielleicht von anderer Hand nachgetragen, wie auch Schlagworte in den Marginalien.

Provenienz: Heidelberg.
Geschichte des Faszikels: Der paläografische Befund spricht für eine Entstehung des Faszikels im 13. Jh. Ohne weitere Forschungen lässt sich über eine nähere Eingrenzung der Herkunftsregion allerdings nur mutmaßen.

4) 69ra–116ra
Verfasser: Bartholomäus von Brescia.
Titel: Quaestiones dominicales et veneriales.
Angaben zum Text: Vom Autor selbst als ‚Brevis summula quaestionum dominicalium et brevior veneralium' bezeichnet. Ein Verzeichnis der Quaestionen mit Incipits, wobei auch vorliegende Hs. für den kritischen Apparat kollationiert wurde, bietet Petr, Quaestiones, S. 177–205.
Incipit: 69ra ›*Ad*‹ *honorem omnipotentis dei et ecclesie Romane, cui presidet Gregorius XI.* [!] …
Weiteres Initium: 69ra Quidam habens uxorem condemnatus est de crimine capitali.
Explicit: 116ra … *per iura superius allegata. Expliciunt Questiones Bartolomei* [von anderer Hand nachgetragen:] *Brixiensis dominicales.*
Edition: Volumen XVII tractatuum ex variis iuris interpretibus collectorum […], Lyon 1549, 31v–60v. Edition des Prologs bei Bertram, Kanonisten, S. 547 f.; s. Angaben zum Text.

TH

Vatikan, Biblioteca Apostolica Vaticana, Pal. lat. 797

Juristische Sammelhandschrift

Papier · 2, 269, 2 Bll. · 29,5 × 21 cm · Oberdeutschland · um 1427

Entstehungsort: Oberdeutschland.
Entstehungszeit: um 1427.

Typus (Überlieferungsform): Codex.
Beschreibstoff: Papier.
Umfang: 2, 269, 2 Bll.
Format (Blattgröße): 29,5 × 21 cm.
Zusammensetzung (Lagenstruktur): $(I-1)^{1a}$ + 1^{2a} + VI^{12} + $(VII-1)^{25}$ + 5 VI^{85} + $(VI+2)^{98}$ + $(V+2)^{108}$ + VI^{120} + $(VI-4)^{128}$ + VI^{140} + $(V-5)^{145}$ + 9 VI^{253} + $(VII-1)^{266}$ + 1^{267^*} + $(I-1)^{268^*}$. Vorderspiegel Gegenbl. von 1a, Hinterspiegel Gegenbl. von 268*. 94, 97bis, 99bis, 101bis von kleinerem Format und wahrscheinlich nachträglich hinzugefügt.
Seiten-, Blatt- und Lagenzählung: Römische Foliierung des 17. Jhs. (*1–266*). Von 26–146 weitere Zählung, *1–94* scheint zeitgenössisch zu sein, *95–103, 113, 120* später nachgetragen. Vor- und Nachsatzbll. ungez., weshalb hier Zählung der Digitalisate übernommen wird (1a–2a, 267*–268*). Ab 146r durchgängig Kustoden in der Mitte des Fußstegs mit roter Tinte in arabischen Ziffern, durch Beschnitt beeinträchtigt oder verloren gegangen.
Zustand: Leicht stockfleckig, zahlreiche Flecken, Tinte mitunter leicht verblasst, schlägt durch.
Wasserzeichen: Ochsenkopf ohne Gesichtsmerkmale, mit einkonturiger Stange als Oberzeichen, auf Bl. 2a, in WZIS keine Entsprechung; Ochsenkopf mit Augen, mit einkonturiger Stange, Blume mit sieben Blütenblättern als Oberzeichen, auf Bll. 148–191, 198–204, 209–252, annähernd ähnlich Wzz. von Papieren, die laut WZIS 1446 und 1475 in Schwaben Verwendung fanden, DE0510-CodII12_182_223; Ochsenkopf mit Augen, mit einkonturiger Stange, Blume mit sechs Blütenblättern als Oberzeichen, auf Bll. 28–37, 63–96, 109, 122, 127–128, annähernd ähnlich Wzz. von Papieren, die laut WZIS 1436 in Ellwangen beschrieben wurden, DE8085-PO-65507; Ochsenkopf mit Augen, mit zweikonturiger Stange und griechischem Kreuz als Oberzeichen, auf Bll. 114–119, annähernd identisch mit Wzz. von Papieren, die laut WZIS 1419 wohl in Bayern verwendet wurden, DE5580-Clm6602_265; Ochsenkopf mit Augen, mit einkonturiger Stange und Blume mit zwei Blättern sowie sieben Blütenblättern als Oberzeichen, auf Bll. 14, 25, 39–59, annähernd identisch mit Wzz. von Papieren, die laut WZIS 1427 in München Verwendung fanden, DE5910-PO-66584; Ochsenkopf mit Augen und Nasenlöchern, mit einkonturiger Stange und Blume mit sieben Blütenblättern als Oberzeichen, auf Bll. 6–8, 13, 16–22, 129, 135–144, 192–194, annähernd ähnlich Wzz. von Papieren, die laut WZIS 1427 in Innsbruck beschrieben wurden, AT3800-PO-71691; Ochsenkopf mit Augen, mit zweikonturiger Stange und Blume mit sieben Blütenblättern als Oberzeichen, seitlich ein Kreis, auf Bll. 2–4, 10–12, vergleichbar mit Wzz. von Papieren, die gemäß WZIS 1430 in Ellwangen verwendet wurden, DE5040-PO-70294; Ochsenkopf mit Augen, mit zweikonturiger Stange und einkonturigem Stangenende, Blume mit sieben Blütenblättern als Oberzeichen, auf Bll. 100–106, 254–264, annähernd ähnlich Wzz. von Papieren, die gemäß WZIS 1428 Verwendung fanden, DE6255-PO-69400.

Schriftraum: 23,1 × 15,5–18,1 cm.
Spaltenanzahl: 2 Spalten; 264v–266v: 4 Spalten.
Zeilenanzahl: 33–51 Zeilen.
Angaben zu Schrift / Schreibern: Womöglich von einer Hand in einer Bastarda. Der Duktus der Schrift ist durchaus unterschiedlich, aber die Formen der Buchstaben sind doch vergleichbar. Womöglich wurden die einzelnen Texte über einen längeren Zeitraum hinweg kopiert.
Buchgestaltung: Schriftraum mit Metallstift oder Tinte vorgezogen. Rote Lombarden an den Anfängen. Ferner Rubriken, rote Strichelungen und Paragrafenzeichen zur Strukturierung der Texte, rote Unterstreichungen und Zeilenfüller. Verweise und Schlagwörter in den Marginalien, mitunter rot hervorgehoben. In den Tabulae ab 146r Anfänge zu den Buchstaben mit roter Lombarde hervorgehoben (nicht immer zur Gänze ausgeführt, mitunter nur die Umrisse in Rot), Lemmata, größer geschrieben und rot unterstrichen, mit rotem Paragrafenzeichen, selten mit kleiner roter Lombarde, eingeleitet. Ferner rote Strichelungen zur Gliederung der Texte und rote Zeilenfüller. Auf den Rändern bis 242v Zählung, wohl die Bll. der Vorlage wiedergebend, auf die sich auch das Register bezieht.

Nachträge und Benutzungsspuren: Wenige Schlagwörter in den Marginalien, Notizen und Korrekturen von anderer Hand. Einige grafische Verweiszeichen. Auf 14r Skizze eines Bischofs mit Mitra und Pendilienbändern im Schulterstück, 63r Zeichnung eines vierbeinigen Tiers.

Einband: Pergamentband über Pappe, nach Schunke, Einbände 2.2, S. 851, um 1780 in Rom entstanden. Löcher für Schließbänder in den Deckeln noch vorhanden. Gelb-kupferfarbenes Kapital. Auf dem Rücken oben blaues barockes Signaturschild *797*, unten blaues Signaturschild *Pal. lat. 797*, dazwischen in Blau ein weiteres Mal die Signatur sowie Titel mit Tinte: *DE APPELLATIO.*
Provenienz: Heidelberg.
Geschichte der Handschrift: Auf dem vorderen Spiegel modernes blaues Signaturschild der Vaticana *Pal. lat. 797.* Auf Vorsatzbl. 1ar aktuelle Signatur mit Tinte und in Blau, samt Altsignatur *695* [durchgestrichen], auf 2ar Capsa-Nummer *C. 62.*, darunter Allacci-Signatur *1665* [durchgestrichen] und Altsignatur *1673* [durchgestrichen], weitere Altsignatur auf 1r mit *590.* Auf den ersten Blick erscheint der Codex als zusammengesetzte Hs., beginnt doch auf 26r eine eigene zeitgenössische Foliierung. Bei genauerem Hinsehen fällt allerdings auf, dass es sich um eine Schreiberhand handeln könnte, zudem lässt sich dasselbe Wz. über die vermeintlichen Teile hinweg nachweisen. Die Wzz. geben darüber hinaus auch den Hinweis, dass die Hs. in Süddeutschland entstanden sein dürfte. Für die Bestimmung der Entstehungszeit können wir auf einen Eintrag auf 237rb zurückgreifen, *Anno 1427 quarta feria angaria Lucie proxima et cetera*, wobei der Eindruck entsteht, dass die Zusammenstellung der Texte wohl über einen längeren Zeitraum hinweg vollzogen wurde. Eine enge Verwandtschaft besteht zu zwei Hss., die nur wenig später entstanden: Einzelne Texte finden sich in ähnlicher Zusammenstellung im Codex Pal. lat. 667, der um 1433 kopiert wurde (s. die entsprechende Beschreibung), sowie in Berlin, SB, Codices electorales 828 (Verzeichniss der lateinischen Handschriften der königlichen Bibliothek zu Berlin, Bd. 2, Abt. 1, beschr. von Valentin Rose, Berlin 1901, S. 911 f.), der in etwa zeitgleich geschrieben sein dürfte.

Faksimile: https://digi.ub.uni-heidelberg.de/diglit/bav_pal_lat_797

Literatur: Peter D. CLARKE, The Records of the Papal Penitentiary as a Source for the Ecclesiastical Interdict, in: Päpste, Pilger, Pönitentiarie. Festschrift für Ludwig SCHMUGGE zum 65. Geburstag, hrsg. von Andreas MEYER / Constanze RENDTEL / Maria WITTMER-BUTSCH, Tübingen 2004, S. 411–433, hier S. 431 A. 70; Thomas M. IZBICKI, Problems of Attribution in the Tractatus Universi Iuris (Venice 1584), in: Studi senesi 92 (1980), S. 479–493, hier S. 488; OVL, Pal.lat.797; PETR, Soupis 1, S. 392–399; SCHUNKE, Einbände 2.2, S. 851; STEVENSON, Latini, S. 283; WALTHER, IC, S. 238, Nr. 4734, S. 384, Nr. 7616.

1) 1ra–5va
Verfasser: JOHANNES CALDERINUS.
Titel: Tractatus de appellationibus.
Rubrik: 1ra ›*Tractatus de appellacionibus et recusationibus Johannis Kalderini et cetera*‹.
Incipit: 1ra ›*Viso*‹ *de hys que fiunt in iudicio et tandem de sentencia videndum est nunc de remedys quibus litigantes in iudicio releuantur* ...
Explicit: 5v ... *ij. q. vj. Biduum in fine et § Sufficit et cetera. Et sic est finis illius tractatus. Deo laus in secula seculorum. Amen. Explicit tractatus de appellacionibus recusacionibus et cetera Johannis Kalderini doctoris eximy et cetera.*

2) 5va–10va
Verfasser: JOHANNES ANDREAE.
Titel: De modo observandi interdictum.
Rubrik: 5va ›*Distinctio interdicti abbatis*‹.
Incipit: 5va–b ›*De*‹ *modo obseruandi interdictum memoriale quoddam simplicibus colligendo* ...
Explicit: 10va ... *veniant mortale. Et sic est finis libelli de interdicto Johannis Andreae et cetera.*
Edition: Der Text liegt in keiner modernen Edition vor, erschien aber bereits 1483 als Wiegendruck (GW 1728).

3) 10va–10vb
Titel: Distinctio interdicti abbatis.
Rubrik: 10va ›*Sequitur distinctio interdicti abbatis et cetera*‹.
Incipit: 10va *Nota: Abbas in c. Quesiuit de hys* ...
Explicit: 10vb ... *non fuit subiecta, Johannes non tenuit et cetera. Et sic est finis distinctionis interdicti secundum abbatem et cetera.*

4) 11ra–16ra
Titel: Tractatus de censura ecclesiastica.
Angaben zum Text: Hier Johannes, in Berlin, SB, Codices electorales 828 seinem Sohn Gaspare Calderini (1345–1399) zugeschrieben (Verzeichniss, beschr. von ROSE, S. 911), wobei es sich hier nicht um ‚De ecclesiastico interdicto' des Johannes Calderinus handelt.
Rubrik: 11ra ›*Tractatus Johannis Kalderini de censura ecclesiastica*‹.
Incipit: 11ra ›*Qvia*‹ *per interdictum sacrorum canonicum censura ecclesiastica* ...
Explicit: 16ra ... *que incipit ex frequentibus prelatorum. Et sic est finis et cetera.*

5) 16ra–25va
Verfasser: JEAN DE BOURBON.
Titel: De materia irregularitatis.

Angaben zum Text: Geht spätestens auf 22v mit Minor excommunicatio in den Kommentar Innozenz IV. zum ‚Liber extra' über. 25va–25vb Kleintexte (darunter einer des Federico Petrucci [um 1330]).
Rubrik: 16ra ›*Materia suspensionis tractata*‹.
Incipit: 16ra *Tractaturus de materia suspensionis et irregularitatis. Primo premitto diffinicionem irregularitatis ...*
Explicit: 25va ... *c. ii. li. vj. in Nouella et cetera.*
Edition: Der Kommentar Innozenz IV.: Innocentii quarti pontificis maximi in Quinque libros decretalium apparatus seu commentaria, Lyon 1578.

6) 26ra–108ra
Verfasser: Johannes Urbach.
Titel: Processus iudicii.
Rubrik: 26ra ›*Processus Vrbach*‹.
Incipit: 26ra ›*In*‹ *nomine domini. Amen. Rex pacificus cunctorum causa effectiua et finalis ...*
Explicit: 108ra ... *de eo qui mittitur in possessionem liber vj et cetera et cetera.* ›*Explicit processus Vrbach*‹.
Edition: Ioannis Vrbach. Processvs ivdicii qui Panormitani ordo ivdiciarivs a mvltis dicitvr, hrsg. von Theodor Muther, Halle 1873 (ohne Berücksichtigung vorliegender Hs.).

7) 108rb–115va
Titel: Juristische Kleintexte.
Angaben zum Text: Titel nach Stevenson bzw. den Rubriken aufgenommen: (108rb–108va) De diversis generibus poenarum (Incipit: *Nota quod sicud* [!] *lator legis ciuilis diuersa genera penarum infligit sic et lator canonum ...*); (108vb–109ra) De materia interesse (*Quero quid sit interesse reis? Quod est utilitas estimandi lucri ...*); (109rb–109va) Quaestio ‚An quis possit cognoscere de iure proprio vel suae ecclesiae vel de iniuria propria vel suae ecclesiae' (*Quidam non recognoscunt superiorem ...*); (109va–110ra) Quaestio ‚De denuntiatione quadruplici, notatur et ibi et qui agere non possunt' (*Quotuplex est denunctiacio R. quod ...*); (110rb–110vb) De praesumptione quadruplici (*Presumpcio est quadruplex, temeraria ...*); (110vb–111ra) De sententiae nullitate (*Sentencia dicitur nulla multis modis ...*); (111rb–111va) De feudis (*Feudum est beneficium gaudium ...*); (111va–112ra) De commodato c. 1; (*Dolus secundum Ostiensem et Abbatem est studiosa machinacio ...*); (112ra–112rb) De institoribus et procuratoribus negotiationum (*Institores uel procuratores negociacionum qui sunt dati ad lucrandum ...*); (112va–113ra) Circa c. Vestra de locatione et conductione (*Pone quod dominus ...*); (113rb–113vb) De testamento c. Raynaldus computato (*In c. Raynaldus pro intellectu notatur pone quod tota hereditas ...*); (113vb) Versus de testamento (*Donat in extremis ...; Hec tibi sint cure, quarta dat ius geniture ...*); (113vb–114rb) De successione (*Lex hereditatem ascendencium primo loco dat descendentibus ...*).

8) 114rb–115va
Verfasser: Jakob Radewitz.
Titel: De cognatione spirituali.
Rubrik: 114rb ›*Sequitur de cognacione spirituali. De cognacione spirituali*‹.
Incipit: 114rb *Quid sit cognacio spiritualis, est quidam propinquitas uel attinencia ...*
Explicit: 115va ... *Collecta sunt hec per egregium iuris canonici doctorem Jacobum Radewicz ac arcium magistrum reverendum.*

9) 115va–120rb
Verfasser: JOHANNES ANDREAE.
Titel: Summa de sponsalibus et matrimonio.
Rubrik: 115va ›*Summa Iohannis Andreae super quarto*‹. *Sequitur summula domini Iohannis Andreae super quarto vtilis et bona.*
Incipit: 115va *Cristi nomine invocans ad honorem ipsius et reuerendissimi patris mei Bononiensis archidiaconi ...*
Explicit: 120rb ... *et non ad propositum vnde quod dicant vide per te ipsum. Et sic est finis summule Iohannis Andreae et cetera.*
Edition: Der Text liegt in keiner modernen Edition vor, erschien aber bereits 1473 als Wiegendruck (GW 1742–1757).

10) 120rb–124vb
Titel: Ordo iudiciarius ‚Antequam'.
Rubrik: 120rb ›*Sequitur processus iudiciarius Antequam*‹. *Processus iudiciarius Antequam.*
Incipit: 120rb *Antequam dicatur de processu judicij ...*
Explicit: 124vb ... *sub compendio dicta sufficiant et cetera.* ›*Explicit judiciarius Antequam*‹.
Edition: Otto RIEDNER, Die geistlichen Gerichtshöfe zu Speier im Mittelalter, Bd. 2, Paderborn 1915, S. 5–48.

11) 124vb–128vb
Verfasser: WILHELM HORBORCH.
Titel: Repetitio zu ‚Debitores' (X 2.24.6).
Rubrik: 124vb ›*Repeticio c. Debitores de iure iurando*‹.
Incipit: 124vb *Reuerendi patres et domini mei, premissa invocacione domini ...*
Explicit: 128vb ... *quia lucrum non capit licet dampnum euitet. Et sic est finis et cetera et cetera.* ›*Cinge caput lauro, gemmis preciosis et auro et cetera*‹.

12) 129ra–138va
Verfasser: MATTHÄUS VON KRAKAU.
Titel: Dialogus rationis et conscientiae.
Rubrik: 129ra ›*Tractatus de communione magistri Mathei de Cracouia multum notabilis et cetera*‹.
Incipit: 129ra ›*Multorum*‹ *tam clericorum quam laycorum querela non est modica occupacio ...*
Explicit: 138va ... *pro viatico datum est nobis corpus domini nostri Ihesu Christi. Qui cum patre et sancto spiritu viuit et regnat in secula seculorum benedictus. Amen.*
Edition: Mateusza z Krakowa. Opuscula theologica dotyczace spowiedzi i komunii, hrsg. von Władysław SEŃKO / A. L. SZAFRAŃSKI, Warschau 1974 (Materiały do historii teologii średniowiecznej w polsce 1, Textus et studia historiam theologiae in Polonia excultae spectantia 2,1), S. 367–409.

13) 138vb–140rb
Verfasser: HUGO VON SAINT-CHER.
Titel: Commentarius in primum librum Sententiarum, Prologus.
Angaben zum Text: 140va Kurze Aufzeichnungen über die neun Töchter des Teufels, die elf Missstände der Welt und die sieben Stufen der Demut.
Rubrik: 138vb ›*De proprietatibus personarum in diuinis et cetera*‹.

Incipit: 138vb *Iuxta sanctorum tradicionem quedam, que vnum sunt, tria esse ...*
Explicit: 140rb ... *Essencia est trina, id est trium communis et vna, singularitate sue essencie et sue ipsius. Et sic est finis. Deo gracias et cetera.*
Edition: Friedrich Stegmüller, Analecta Upsaliensia, Bd. 1, Opera systematica, Uppsala 1953 (Uppsala universitets årsskrift 7), S. 35–42.

14) 140va–142ra
Titel: Repetitio zu ‚Omnis utriusque' (X 5.38.12).
Angaben zum Text: vgl. auch Beschreibung von Pal. lat. 667.
Incipit: 140va *Circa c. Omnis, De penitenciis et remissionibus, nota quod peccatum actuale est quod in penitencia deletur uel quod actu nostre voluntatis committitur ...*
Explicit: 142ra ... *olim alia pena inponebatur de penitenca di. vj Si sacerdos et cetera et cetera.*

15) 142rb–145vb
Titel: Juristische Kleintexte.
Angaben zum Text: (142rb–144ra) De sortilegis (*Queritur vtrum carminatores et carminatrices qui carminant infirmos uel pueros uel animalia peccent mortaliter* ...); (144ra–144rb) Exzerpt von einem Text des Bonaventura (*Nota: Sacerdos volens digne celebrare* ...); (144rb–144vb) De successione (derselbe Text wie auf 113vb–114rb, *Lex hereditatem ascendencium primo loco dat descendentibus* ...); (144vb–145ra) De simoniace religionem intrantibus (*Nota: Cyrillus patriarcha venerabilis et sanctus, qui scripsit vitam beati Ieronimi, dicit* ...); (145ra) Adnotationes de passione Christi (*Nota: De Christo passura* ...); (145ra–145vb) De orationibus servandis (*In c. De hijs di. xij dicitur et cauetur, quod clericus tenetur diuinum officium seruare* ...).

16) 146ra–266vc
Verfasser: Nicolaus de Anesiaco.
Titel: Tabulae super Decretum, Decretales, Sextum et Clementinas.
Angaben zum Text: In veränderter Reihung, mit dem Decretum Gratiani am Ende anstatt wie üblich am Anfang, dabei entsprechend dem Lehrprogramm im Kanonischen Recht, wie es beispielsweise die Statuten der Juristischen Fakultät an der Universität Heidelberg vorsahen (vgl. Urkundenbuch der Universitaet Heidelberg, Bd. 1, Urkunden, hrsg. von Eduard Winkelmann, Heidelberg 1886, S. 24), anders bei Kaeppeli, Scriptores OP 3, Nr. 3031, S. 142: (146ra–146rb) Vorrede; (146rb–220rb) Tabulae super Decretales et Sextum; (220rb–237rb) Register zum Liber extra und Liber sextus; (237va–243ra) Tabula super Clementinas; (243ra–244ra) Register zu den Clementinen; (244rb–264va) Tabula super Decretum; (264va–266vc) Register zum Decretum Gratiani.
Incipit: 146ra ›*Sicud*‹ [!] *spiritualia* [durchgestrichen: *differunt*] *et temporalia differunt extra de renunciacione inter corporalia ...*
Explicit: 264va ... *in quinta de confirmacione et ieiunio. Et sic terminatur liber in tribus capitulis de sancto spiritu et cetera.*

TH

Vatikan, Biblioteca Apostolica Vaticana, Pal. lat. 798

Zusammengesetzte Handschrift zum Prozessrecht

Papier · 1, 138, 1 Bll. · 41,2 × 28,4 cm · Mainz · 1360er Jahre

Typus (Überlieferungsform): Codex.
Beschreibstoff: Papier.
Umfang: 1, 138, 1 Bll.
Format (Blattgröße): 41,2 × 28,4 cm.
Zusammensetzung (Lagenstruktur): Hs. aus 2 Faszikeln zusammengesetzt (I. Bll. 15–130; II. Bll. 131–142). $(I\text{-}1)^{1a}$ + ... + $(I\text{-}1)^{143^*}$. Vorderspiegel Gegenbl. von 1a, Hinterspiegel Gegenbl. von 143*.
Seiten-, Blatt- und Lagenzählung: Zeitgenössische Foliierung (*XV–CXXXVJ*), wobei zuweilen Zählung durch Beschnitt beeinträchtigt oder verloren, zudem wurde die 10. Lage nachträglich eingefügt, sodass die alte Zählung nach *CXXIIIJ* eine Lücke aufwies, die in Rom im 17. Jh. mit einer neuen Foliierung versehen wurde, die auch über den zweiten Faszikel ausgestreckt wurde (*125–142*). Vor- und Nachsatzbl. ungez., weshalb hier Zählung der Digitalisate übernommen wird (1a, 143*).
Zustand: Papier verschmutzt und gebräunt, zahlreiche Flecken, zerlöcherte Ränder teilweise zeitgenössisch mit Pergamentband überklebt, Schriftraum gebräunt, Tinte mitunter verblasst. Zahlreiche Falzverstärkungen.

Einband: Pergamentband über Pappe, nach Schunke, Einbände 2.2, S. 851, um 1780 in Rom entstanden. Löcher für Schließbänder in den Deckeln noch vorhanden. Gelb-kupferfarbenes Kapital. Auf dem Rücken oben blaues barockes Signaturschild *798*, darunter blaues Signaturschild *Pal. lat. 798*, in Tinte auf den Rücken notiert: *Summa libellorum à diuersis*, ein weiteres Mal *798* sowie in Blau: *Pal.*
Provenienz: Heidelberg.
Geschichte der Handschrift: Auf dem vorderen Spiegel modernes blaues Signaturschild der Vaticana *Pal. lat. 798* und kleiner Zettel, der sich zwischen 52 und 53 befand. Auf Vorsatzbl. 1ar aktuelle Signatur mit Tinte und *Pal.* in Blau, samt Altsignatur *696* [durchgestrichen], samt weiterer, nicht mehr klar zu erkennender. Auf 15r Capsa-Nummer *C. 121.*, darunter Allacci-Signatur 1480 [durchgestrichen], weiter unten Altsignaturen *1625* und *572*. Die beiden hier versammelten Faszikel dürften in den 1360er Jahren entstanden sein. Wie die zeitgenössische Foliierung nahelegt, wurden zeitnah die Practica aurea libellorum und der Libellus fugitivus geschrieben und daraufhin mit dem zweiten Faszikel verbunden, ehe – ebenfalls zeitnah – am Ende des ersten Faszikels noch ein Ternio eingebunden wurde, um Anmerkungen und Kommentare zur Practica aurea libellorum aufzunehmen. Angesichts der hier versammelten Texte dürfte es sich um einen Codex handeln, der entweder einem Kleriker am Mainzer erzbischöflichen Gericht oder dem Gericht selbst als Arbeitsgrundlage diente. Denn dass die Hs. nicht nur in Mainz geschaffen wurde, wie es die beiden Faszikel nahelegen, sondern dort auch in der Dombibliothek aufbewahrt wurde, zeigt der Eintrag des Syndikus Makarius von Buseck († 1482, zur Person und zu seinem Amt s. Franz Falk, Die ehemalige Dombibliothek zu Mainz. Ihre Entstehung, Verschleppung und Vernichtung, nach gedruckten und ungedruckten Quellen, Leipzig 1897 [Zentralblatt für Bibliothekswesen, Beiheft 18], S. 25) auf 15r: *Iste liber pertinet ad librariam Sanctj Martinj ecclesie Magunti-*

nensis. Macarius sindicus subscripsit. Anno 1479. Dort dürfte das Buch bis 1552/1553 gelegen haben, ehe es wahrscheinlich im Zuge von Plünderungen im Zweiten Markgrafenkrieg (1552–1554) über den kriegstreibenden Albrecht II. Alcibiades (1522–1557) an den bibliophilen Pfälzer Kurfürsten Ottheinrich gelangte (s. Einleitung) und auf diesem Weg schließlich in die Bibliotheca Palatina.

Faksimile: https://digi.ub.uni-heidelberg.de/diglit/bav_pal_lat_798
Literatur: Bartsch, Handschriften, S. 191, Nr. 371; Manuscripta juridica, Pal.lat.798; Mirabile, Pal.lat.798; Murano, Ricerche sul Libellus fugitivus, in: Aevum. Rassegna di scienze storiche, linguistiche e filologiche 79 (2005), S. 417–460, hier S. 428, 430, 436, 453, 455; OVL, Pal.lat.798; Schunke, Einbände 2.2, S. 851; Stevenson, Latini, S. 284f.

Faszikel I (Bl. 15–130)

Sachtitel / Inhalt: Texte zum Prozessrecht.

Entstehungsort: Mainz.
Entstehungszeit: 1360er Jahre.

Typus (Überlieferungsform): Faszikel.
Beschreibstoff: Papier.
Umfang: 116 Bll.
Format (Blattgröße): 33,5 × 19 cm.
Zusammensetzung (Lagenstruktur): 8 VI^{110} + VII^{124} + III^{130}. Zählung beginnt mit *XV*. Bei 52a handelt es sich lediglich um einen kleinen Zettel.
Seiten-, Blatt- und Lagenzählung: s. zum Codex. Durchgehend Kustoden auf der ersten Rectoseite der Lage, beispielsweise auf 75r *quaternus sextus*. 62v–98v Reklamanten auf letzter Versoseite der Lage auf dem Fußsteg rechts. Lagenfoliierung in römischen Ziffern.
Wasserzeichen: Frei stehender Ochsenkopf mit Augen, mit einkonturiger Stange und sechsstrahligem Stern als Oberzeichen, ab Bl. 16, vergleichbar mit Wzz. von Papieren, die laut WZIS 1370 in Bologna Verwendung fanden, IT1185-PO-67696.

Schriftraum: 32,2 × 22 cm.
Spaltenanzahl: 2 Spalten.
Zeilenanzahl: 59–67 Zeilen.
Angaben zu Schrift / Schreibern: Mehrere Hände schrieben diesen Faszikel, wobei alle zwischen den Polen einer gotischen Minuskel und einer älteren gotischen Kursive oszillieren. Auffallend dabei ist die Hand, welche von 38vb bis 44va übernahm und deren Schrift in den segelhaften Ausformungen der Oberlängen den Kanzleibastarden nahesteht.
Buchgestaltung: Schriftraum mit Tinte vorgezogen. Rubriken, an den Anfängen rote Lombarden, zuweilen mit Aussparungen, ferner rote Paragrafenzeichen zur Strukturierung der Texte. Auf 122r Text gestrichen.
Buchschmuck: Auf 56r und 56v jeweils Schema, Verwandtschaftsverhältnisse darstellend.

Nachträge und Benutzungsspuren: Korrekturen und Anmerkungen von mehreren zeitgenössischen Händen, darunter dürften auch jene sein, welche die eigentlichen Texte ausführten. Zahlreiche grafische Verweiszeichen, auch in Form von Vögeln oder im Profil dargestellten Köpfen. Anmerkungen und Kommentare zur Practica aurea libellorum später nachgetragen, wofür wohl eigens nachträglich ein Ternio eingebunden wurde.

Provenienz: Heidelberg.

Geschichte des Faszikels: Wie das Schriftbild vermuten lässt, muss der Text in der Mitte des 14. Jhs. kopiert worden sein. Dies könnte in Mainz geschehen sein, wofür nicht zuletzt eine über den Text geschriebene Glosse auf 31v in rheinhessischem Dialekt spricht: *id est: ergangen hayt vuyr geyrychte.*

1) 15ra–104rb

Verfasser: Pierre Jame d'Aurillac.

Titel: Practica aurea libellorum.

Angaben zum Text: (15ra–103vb) Text; (103vb–104rb) Inhaltsverzeichnis.

Rubrik: 15ra ›*Jncipit Summa libellorum a Petro Jacobi composita. Rubrica*‹.

Incipit: 15ra ›*Jn*‹ *nomine domini nostri Ihesu Christi, qui cum patre et spiritu sanctu vnus est domnus et vnus omnipotens dominus, qui, ut ait primas, scienciarum est dominus et omnia in sapiencia fecit …*

Explicit: 104rb … *ipsum ad finem per me optatum deduxi. Benedictum sit nomen domini nostri Ihesu Christi. Amen.*

Edition: Der Text liegt in keiner modernen Edition vor, erschien aber bereits 1492/1493 als Wiegendruck (GW 13803).

2) 104rb–104vb

Titel: Anmerkungen und Kommentare zur ‚Practica aurea libellorum'.

Incipit: 104rb *A. Notatur in xxviij. folio quando quis agere potest …*

3) 105ra–124ra

Verfasser: Bagarotto dei Corradi.

Weitere beteiligte Personen: Nepos de la Divina.

Titel: Libellus fugitivus.

Angaben zum Text: Prozessrechtlicher Traktat, in dieser Version zuletzt Bagarotto zugeschrieben (Murano, Ricerche, S. 441–452), in der Redaktion des Nepos de la Divinia (um 1220–um 1284). Vgl. Murano, Ricerche, S. 441, s. zuletzt auch Jörg Feuchter, Nepos of Montauban, Assistant to Inquisition and Defender of the Accused, in: Inquisition and Knowledge, hrsg. von Peter Biller / Lucy J. Sackville, New York 2022, S. 72–109.

Incipit: 105ra ›*Cvm*‹ *plures libelli super causarum exerciciis a predecessoribus nostris facti fuerint …*

Explicit: 124ra … *contra scilicet insidiantes et emulos dignentur ipsum libellum sustinere et cetera, et cetera, et cetera.* ›*Explicit libellus fugitiuus compositus a magistro Nycolao* [!] *de Monte Albano. Deo gracias et cetera*‹.

Edition: Prolog ediert in: Murano, Ricerche, S. 453–455, Textausgaben des 16. Jhs. ebenda S. 431–434.

4) 124ra–130vb

Titel: Anmerkungen und Kommentare zur ‚Practica aurea libellorum'.

Incipit: 124ra *A. Nota: In l. folio de accionibus cumulatis et de accionibus accumulatis …*

Explicit: 130vb ... *consensu causali per collationem substancialiter.*

Faszikel II (Bl. 131–142)

Sachtitel / Inhalt: Kleinere Rechtstexte, v. a. Material zu verschiedenen Gerichtsfällen.

Entstehungsort: Mainz.
Entstehungszeit: 1360er Jahre.

Typus (Überlieferungsform): Faszikel.
Beschreibstoff: Papier.
Umfang: 12 Bll.
Format (Blattgröße): 41,2 × 28,4 cm.
Zusammensetzung (Lagenstruktur): VI^{12} .
Seiten-, Blatt- und Lagenzählung: s. zum Codex.
Wasserzeichen: Ab Bl. 132, Drei Elemente: Kreis – Kreis – Kreuz (einkonturig), Wzz. ähnlich bei Papieren, die laut WZIS 1357 in Lucca beschrieben wurden, IT5025-PO-22419.

Schriftraum: 33 × 24 cm.
Spaltenanzahl: 2 Spalten.
Zeilenanzahl: 39–55 Zeilen.
Angaben zu Schrift / Schreibern: Mehrere Hände schrieben den Faszikel in älteren gotischen Kursiven, wobei durchaus auch Elemente von Kanzleibastarden zu finden sind.
Buchgestaltung: Schriftraum blindliniiert? Überschriften nachgetragen. An den Anfängen Initialmajuskeln, ferner zuweilen Paragrafenzeichen zur Strukturierung der Texte.

Nachträge und Benutzungsspuren: Wenige Anmerkungen von anderen zeitgenössischen Händen. Grafische Verweiszeichen.

Provenienz: Heidelberg.
Geschichte des Faszikels: Wie die Texte aus den 1360er Jahren und auch die verwendete Schrift suggerieren, dürften diese zeitnah kopiert worden sein. Aufgrund der Inhalte ist davon auszugehen, dass dies in Mainz geschah.

5) 131ra–142vb
Beteiligte Personen: Benedikt XII.
Titel: Kleinere Rechtstexte, v. a. Material zu verschiedenen Gerichtsfällen.
Angaben zum Text: Abschriften von Urkunden und weiteren Rechtstexten, auch in deutscher Sprache (131va–132rb), vorwiegend aus den 1360er Jahren. Auffallend dabei sind die zahlreichen Bezüge zu Mainzer Kirchen und deren Klerikern: (131ra–137ra) Material zu verschiedenen Gerichtsfällen; (137rb–138rb) Papst Benedikt XII., Konstitution ‚Vas electionis' (ed. Andreas Meyer, https://www.uni-marburg.de/de/fb06/mag/institut/prof-dr-andreas-meyer/kanzleiregeldateien/benedikt12.pdf, Nr. 49, S. 111–128); (138rb–138va) Papst Benedikt XII. , Konstitution ‚Ex cotidiana' (ed. Andreas Meyer, Nr. 47, S. 104–110); (138vb–142vb) Material zum Prozess des Johannes Rummel von Hetzingen, Kleriker der Kölner

Diözese, gegen Johannes Orth aus Allendorf, Propst der Stiftskirche St. Peter und Paul in Oberdorla und Kanoniker in Mariengraden zu Mainz.

Rubrik: 131ra ›*Hic est de fructis taxacionis, exspectatis et monitionis bene concepta*‹.

Incipit: 131ra *Zu Wolkenburg triginta quinque cum dimidio Florenis auri …*

Explicit: 142vb … *inter ipsum parte ex vna et dictum dominum Johannis Orthonis pendentem discuciat seu diffinire dignetur.*

TH

Vatikan, Biblioteca Apostolica Vaticana, Pal. lat. 799

Johannes Petrus de Ferrariis, Practica aurea

Papier · 3, 311, 2 Bll. · 37,8 × 27 cm · Pavia (?) · um 1460 (?)

Entstehungsort: Pavia (?).
Entstehungszeit: um 1460 (?).

Typus (Überlieferungsform): Codex.
Beschreibstoff: Papier.
Umfang: 3, 311, 2 Bll.
Format (Blattgröße): 37,8 × 27 cm.
Zusammensetzung (Lagenstruktur): $(II\text{-}1)^{2a}$ + 1^{3a} + 21 V^{208} + IV^{216} + VI^{228} + 8 V^{308} + 1^{309*} + $(II\text{-}2)^{311*}$. Vorderspiegel Gegenbl. von 2a, Hinterspiegel Gegenbl. von 310*. Zählfehler: Auf 61 folgt 10, darauf 62; 91 doppelt gez.; 214 als 114 verschrieben.
Seiten-, Blatt- und Lagenzählung: Römische Foliierung des 17. Jhs. (*1–307, 308* durchgestrichen), wobei einzelne Lagen wohl beim Binden durcheinandergeraten sind. Die korrekte Anordnung wäre: 1–98, 259–278, 99–258, 279–307. Vor- und Nachsatzbll. ungez., weshalb hier, wie beim doppelt gez. Bl., einem Blattschnipsel oder dem Bl. mit der gestrichenen Zahl Zählung der Digitalisate übernommen wird (1a–3a, 91a, 119a, 308*–311*). Auf 249r Reste einer alten Foliierung? Durchgängig verzierte Reklamanten auf der letzten Versoseite der Lage auf dem Fußsteg mittig.
Zustand: Papier gebräunt, leicht stockfleckig, v.a. an den Rändern, einige Flecken, Schriftraum leicht gebräunt, Tinte auffallend unterschiedlich stark verblasst.
Wasserzeichen: Blume ohne Stängel, Blüte mit Stempel und acht Blütenbll., in zwei Varianten, Bll. 2–31, 87–107, ähnlich Wzz. von Papieren, die laut WZIS 1452 in Como verwendet wurden, IT1650-PO-126722, Bll. 33–84, 109–306, ähnlich Wzz. von Papieren, die laut WZIS 1465 in Casale Verwendung fanden, IT5235-PO-126659.

Schriftraum: 26,3 × 19 cm.
Spaltenanzahl: 2 Spalten.
Zeilenanzahl: 59 Zeilen.
Angaben zu Schrift / Schreibern: Der Text ist, gemäß der Systematik des Albert Derolez, in einer italienischen Semitextualis (Derolez, Palaeography, S. 119–121) geschrieben, die aufgrund der zahlreichen Ligaturen und den wenigen Brechungen einer schleifenlosen Bastarda nahesteht.

Buchgestaltung: Zeilengerüst mit Metallstift oder Tinte vorgezogen. Übergeordnete Kapitel beginnen mit Rubrik (Angaben für Rubrikator noch vorhanden) und alternierend blauer oder roter Lombarde, teilweise mit Aussparungen, und den Anfangsworten in vergrößerten Buchstaben. Überschriften der untergeordneten Kapitel mit alternierend blauem oder rotem Paragrafenzeichen eingeleitet und mit vergrößerten Buchstaben hervorgehoben. Ferner alternierend blaue und rote Paragrafenzeichen zur inhaltlichen Strukturierung des Texts.
Buchschmuck: Auf 1r purpurfarbene Q-Initiale auf Goldgrund, im blauen Binnenfeld Profilblattornament, umgeben von weißer Fadenranke, ablaufende Profilblattranke in Blau, Grün und Purpur mit gestrahlten Goldtropfen (s. auch die Beschreibung von Margit Krenn heidICON).

Nachträge und Benutzungsspuren: Nachträglich Abschnitte mit Buchstaben auf den Rändern durchgezählt. Im Index Folioangaben nachgetragen. Wenige Anmerkungen und grafische Verweiszeichen von zeitgenössischen Händen, darunter wohl auch eine, die Pal. lat. 788 mit Anmerkungen versah.

Einband: Pergamentband über Pappe, nach Schunke, Einbände 2.2, S. 851, um 1780 in Rom entstanden. Löcher für Schließbänder in den Deckeln noch vorhanden. Gelb-kupferfarbenes Kapital. Auf dem Rücken oben blaues barockes Signaturschild 799, darunter in Tinte auf den Rücken notiert: *Ioannis Petri Practica Papiensis*, weiter unten in Blau: *Pal.*, auf dem Schwanz blaues Signaturschild *Pal. lat. 799.*
Provenienz: Neumarkt (?) / Heidelberg.
Geschichte der Handschrift: Auf dem vorderen Spiegel modernes blaues Signaturschild der Vaticana *Pal. lat. 799.* Auf Vorsatzbl. 1ar aktuelle Signatur mit Tinte, samt Altsignatur *697* [durchgestrichen, weitere nicht mehr lesbar], auf 3ar Capsa-Nummer *C. 95*, Altsignaturen *1600* [durchgestrichen] und *507*, auf 1r von Hand des 17. Jhs. *Practica Joannis Petri*, auf 309* Abklatsch einer kopfständigen Altsignatur *1566.* Blattschnipsel 119a. Das verwendete Format, das Layout, die Schrift (s. Beschreibungen zu Pal. lat. 654, Pal. lat. 657, Pal. lat. 660, Pal. lat. 661, Pal. lat. 662, Pal. lat. 665, Pal. lat. 666, Pal. lat. 788, Pal. lat. 800, Pal. lat. 801 und Pal. lat. 807) und auch das Papier (vgl. die Beschreibung von Pal. lat. 788) lassen vermuten, dass diese Hs. für einen der Söhne Ottos I. von Pfalz-Mosbach (1390–1461), Ruprecht (1437–1465), Albrecht (1440–1506) oder Johann (1443–1486) während ihres Aufenthalts in den Jahren 1458 und 1460/61 an der Universität Pavia angefertigt wurde (s. Einleitung). Eine vergleichbare Überlieferung des Werks mit demselben Motiv als Wz. (achtblättrige Blume), das auch in Pal. lat. 788 Verwendung fand, liegt nun in Würzburg in Form von M. ch. f. 8 (Die Papierhandschriften der ehemaligen Dombibliothek, beschr. von Hans Thurn, Wiesbaden 1981 [Die Handschriften der Universitätsbibliothek Würzburg 3, 2], S. 7 f.), die auf „kurz nach Mitte 15. Jh." datiert wird. Offenbar befand sich der Codex unter jenen Büchern, die unter Ottheinrich aus der Heidelberger Schlossbibliothek in die Heiliggeistkirche verbracht wurden. Im dazugehörigen Katalog von 1555/1560 heißt es: *Joannis Petri Practica, geschrieben auf papir* (Pal. lat. 1944, 134r), im Katalog der Bibliothek in der Heiliggeistkirche von 1581 als: *Practica Joannis Petri de Ferrarijs, geschrieben papir, bretter, schwartz leder, bucklen, median* (Pal. lat. 1945, 8).

Faksimile: https://digi.ub.uni-heidelberg.de/diglit/bav_pal_lat_799
Literatur: Jeudy, Handschriften, S. 8; Manuscripta juridica, Pal.lat.799; Mirabile, Pal.lat.799; OVL, Pal.lat.799; Schunke, Einbände 2.2, S. 851; Stevenson, Latini, S. 285.

1) 1ra–307vb
Verfasser: Johannes Petrus de Ferrariis.
Titel: Practica aurea.
Angaben zum Text: Beim Binden sind wohl einige Lagen durcheinander geraten. Die korrekte Anordnung wäre: 1–98, 259–278, 99–258, 279–307, daraus folgt: (1ra–248vb) Text; (249ra–258vb) Index A–E; (259ra–278vb) Text; (279ra–307vb) Index E–Y. – 308*r–308*v leeres Zeilengerüst.
Incipit: 1ra ›*Qvoniam*‹ *uita breuis ac incerta qua fruimur …*
Explicit: 248vb *… et l. Jmperatores ff. De appellacionibus tum similibus. Deo gracias. Amen.*
Edition: Der Text liegt in keiner modernen Edition vor, erschien aber bereits 1472 als Wiegendruck (GW 9806–9825).

TH

Vatikan, Biblioteca Apostolica Vaticana, Pal. lat. 800

Antonio de Gentilibus, Repertorium alphabeticum iuris, pars I

Papier · 2, 406, 1 Bll. · 37,8 × 26,6 cm · Pavia · um 1460

Entstehungsort: Pavia.
Entstehungszeit: um 1460.

Typus (Überlieferungsform): Codex.
Beschreibstoff: Papier.
Umfang: 2, 406, 1 Bll.
Format (Blattgröße): 37,8 × 26,6 cm.
Zusammensetzung (Lagenstruktur): $(I-1)^{1a}$ $+1^{2a}$ + VI^{12} + 16 V^{172} + III^{178} + 21 V^{367} + IV^{375} + V^{385} + $(I-1)^{386*}$. Vorderspiegel Gegenbl. von 1a, Hinterspiegel Gegenbl. von 386*. Zählfehler: Auf 318 folgt ungez. Bl., auf 329 folgt 320, auf 343 folgt 334, wobei jeweils die verkehrte Zählung weitergeführt wird.
Seiten-, Blatt- und Lagenzählung: Fehlerhafte Römische Foliierung des 17. Jhs. (*1–329, 320–343, 334–385*), Vorsatzbll. und Nachsatzbl. ungez. weshalb hier, wie beim ungez. Bl. nach 318, die Zählung der Digitalisate übernommen wird (1a, 2a, 318a, 386*). Durchgehend verzierte Reklamanten auf der letzten Versoseite der Lage auf dem Fußsteg mittig.
Zustand: Im Wesentlichen gut erhalten. Papier gebräunt und leicht stockfleckig, v. a. am oberen Rand, einige Flecken. Tinte etwas verblasst.
Wasserzeichen: Blume ohne Stängel, Blüte mit Stempel und acht Blütenbll., in zwei Varianten, Bll. 5–149, 231–383, ähnlich Wzz. von Papieren, die laut WZIS 1437 in Pavia Verwendung fanden, IT6810-PO-126719, Bll. 189–247, ähnlich Wzz. von Papieren, die laut WZIS 1471 in der Lombardei, vielleicht in Mailand, beschrieben wurden, DE5580-Clm6651_102.

Schriftraum: 27,9 × 18,5 cm.
Spaltenanzahl: 2 Spalten.
Zeilenanzahl: 59 Zeilen.
Angaben zu Schrift / Schreibern: Bei dem Schreiber handelt es sich um einen gewissen Antonio aus der Familie der Capitani di Villanterio, der sich im Kolophon am Ende des

Werks in Pal. lat. 801 zu erkennen gibt (s. die entsprechende Beschreibung). Dieser schrieb gemäß der Systematik des Albert Derolez in einer italienischen Semitextualis (Derolez, Palaeography, S. 119–121), wobei die zahlreichen Ligaturen an die schleifenlose Bastarda erinnern und zudem auch Elemente der humanistischen Minuskel auffallen, wie das häufig gebrauchte zweistöckige g oder das mitunter verwendete d aus der Halbunziale.

Buchgestaltung: Zeilengerüst mit Metallstift vorgezogen. Raum für Initialen zu Beginn eines neuen Buchstaben ausgespart. Jedes Lemma beginnt mit alternierend blauer oder roter Lombarde. Lemma in vergrößerten Buchstaben in Rotunda hervorgehoben. Unterteilung der Abschnitte mittels schmuckloser Initialmajuskeln.

Buchschmuck: s. Buchgestaltung.

Nachträge und Benutzungsspuren: Lediglich wenige Nota-Hinweise und grafische Verweiszeichen.

Einband: Pergamentband über Pappe, nach Schunke, Einbände 2.2, S. 851, um 1780 in Rom entstanden. Löcher für Schließbänder in den Deckeln noch vorhanden. Gelb-kupferfarbenes Kapital. Auf dem Rücken oben blaues barockes Signaturschild *800*, darunter blaues Signaturschild *Pal. lat. 800*, weiter unten in Tinte auf den Rücken notiert: *REPERTORIVM GENTILIS ad L.*, sowie in Blau: *Pal.*

Provenienz: Neumarkt (?) / Heidelberg.

Geschichte der Handschrift: Auf dem vorderen Spiegel modernes blaues Signaturschild der Vaticana *Pal. lat. 800.* Auf Vorsatzbl. 2ar aktuelle Signatur, nebst Capsa-Nummer *C. 116.* und Altsignaturen *698*, *734* (?), *1628* [alle durchgestrichen] und *578*, auf 1r von Hand des 17. Jhs.: *Repertorium Gentilis usque ad litteram I.* Aufgrund des Kolophons in Pal. lat. 801, der die Fortsetzung zu vorliegendem Codex darstellt, lässt sich mit großer Wahrscheinlichkeit annehmen, dass dieses Repertorium alphabeticum iuris in Pavia geschrieben wurde (vgl. die Beschreibung von Pal. lat. 801). Da die verwendete Schrift, Layout und Format sowie das Papier bei einigen Werken ihre Entsprechung finden, welche die Söhne Ottos I. von Pfalz-Mosbach (1390–1461), namens Ruprecht (1437–1465), Albrecht (1440–1506) und Johann (1443–1486) bei ihren Aufenthalten in den Jahren 1458 und 1460/61 an der Universität Pavia herstellen ließen bzw. erwarben, ist anzunehmen, dass auch dieses Repertorium für einen von ihnen geschaffen oder von einem von ihnen erworben wurde (s. Einleitung). Die Hs. gehörte wohl zu jenen, die unter Ottheinrich von der Heidelberger Schlossbibliothek in die Heiliggeistkirche verbracht wurden. Im dazugehörigen Katalog von 1555/1560 heißt es: *Gentilis Repertorium a litera A vsque ad L, geschrieben auf papir* (Pal. lat. 1944, 126r), im Katalog der Bibliothek in der Heiliggeistkirche von 1581 als: *Repertorium Gentilis usque ad litteram l, median, geschrieben papir, schwartz leder, bucklen* (Pal. lat. 1945, 9).

Faksimile: https://digi.ub.uni-heidelberg.de/diglit/bav_pal_lat_800

Literatur: Bernal Palacios, El profesor, hier S. 34–36, 50; BioBib Jurists, Antonius de Gentilibus (r055); OVL, Pal.lat.800; Schunke, Einbände 2.2, S. 851; Stevenson, Latini, S. 285.

1) 1ra–384vb

Verfasser: Antonio de Gentilibus.

Titel: Repertorium alphabeticum iuris.

Angaben zum Text: (1ra–62vb) Buchstabe A; (63ra–71rb) Buchstabe B; (71rb–160rb) Buchstabe C; (160rb–215rb) Buchstabe D; (215rb–269va) Buchstabe E; (269va–310rb) Buchstabe

F; (310rb–317va) Buchstabe G; (317va–328va) Buchstabe H; (328vb–384vb) Buchstabe I. Die Fortsetzung findest sich in Pal. lat. 801.
Incipit: 1ra *Prepositio: Utrum sumatur inclusiue vel exclusiue vide infra Inclusio omnio, et l. Pater § Lx*[a], *De adulteriis* ...
Explicit: 384vb ... *Kyrieleyson: De hoc vide supra missa.*

TH

Vatikan, Biblioteca Apostolica Vaticana, Pal. lat. 801

Antonio de Gentilibus, Repertorium alphabeticum iuris, pars II

Papier · 2, 344, 1 Bll. · 26,5 × 18,5 cm · Pavia · um 1460

Entstehungsort: Pavia.
Entstehungszeit: um 1460.

Typus (Überlieferungsform): Codex.
Beschreibstoff: Papier.
Umfang: 2, 344, 1 Bll.
Format (Blattgröße): 26,5 × 18,5 cm.
Zusammensetzung (Lagenstruktur): $(I-1)^{2a}$ + 1^{2a} + 12 V^{120} + 2 IV^{136} + 2 V^{156} + 2 IV^{171a} + 2 V^{191} + IV^{199} + VI^{211} + 2 V^{231} + IV^{239} + 4 V^{279} + IV^{287} + VI^{299} + IV^{307} + 3 V^{337} + IV^{345} + $(I-1)^{346*}$. Vorderspiegel Gegenbl. von 1a, Hinterspiegel Gegenbl. von 346*. Zählfehler: 171 doppelt gez.
Seiten-, Blatt- und Lagenzählung: Römische Foliierung des 17. Jhs. (*1–343*). Vorsatzbll. und Nachsatzbl. ungez., weshalb hier, wie bei dem doppelt gezählten Bl. und bei den durchgestrichenen 344 und 345, die Zählung der Digitalisate übernommen wird (1a–2a, 171a, 344*–346*). Durchgängig verzierte Reklamanten auf der letzten Versoseite der Lage auf dem Fußsteg mittig.
Zustand: Im Wesentlichen gut erhalten. Papier gebräunt und leicht stockfleckig, v. a. am oberen Rand, einige Flecken. Schriftraum zuweilen leicht gebräunt. Tinte etwas verblasst.
Wasserzeichen: Blume ohne Stängel, Blüte mit Stempel und acht Blütenbll., auf Bll. 2–206, 222–267, 308–345*, vergleichbar mit Wzz. von Papieren, die laut WZIS 1452 in Como, IT1650-PO-126722, und 1470 in der Lombardei, vielleicht in Mailand, DE5580-Clm6534_41, Verwendung fanden; Blume ohne Stängel, mit sechs Blütenbll., Kreuz als Beizeichen auf Stempel, auf Bll. 212–220, 275–306, ähnlich Wzz. von Papieren, die laut WZIS 1448 in Pavia beschrieben wurden, DE1185-S810_16.

Schriftraum: 26,5 × 18,5 cm.
Spaltenanzahl: 2 Spalten.
Zeilenanzahl: 59–60 Zeilen.
Angaben zu Schrift / Schreibern: Als Schreiber gibt sich ein gewisser *Antonius ex Captaneis de Villanterio, filius comdam domini Bertolini ex Captaneis de Villanterio* zu erkennen. Antonio aus der Familie der Capitani di Villanterio dürfte in einem in Pavia 1457 ausgestellten Brief nachweisbar sein (Documenti per la storia dell'Università di Pavia nella seconda metà del '400, Bd. 2, 1456–1460, hrsg. von Agostino Sottili / Paolo Rosso, Bologna 2002

[Fonti e studi per la storia dell'Università di Pavia 38], Nr. 292, im Text zwar nicht ausdrücklich genannt, aber vom Herausgeber als solcher in das Register aufgenommen). Er bediente sich einer italienischen Semitextualis (s. dazu die Beschreibung zu Pal. lat. 800), wie auch ein womöglich weiterer Schreiber, der 1r–20v und 51r–110v ausführte.
Buchgestaltung: Zeilengerüst mit Tinte oder Metallstift vorgezogen. Raum für Initialen zu Beginn eines neuen Buchstaben ausgespart. Jedes Lemma beginnt mit alternierend blauer oder roter Lombarde. Lemma in vergrößerten Buchstaben in Rotunda hervorgehoben, mitunter als Konturschrift. Unterteilung der Abschnitte mittels schmuckloser Initialmajuskeln.
Buchschmuck: s. Buchgestaltung.

Nachträge und Benutzungsspuren: Lediglich wenige grafische Verweiszeichen.

Einband: Pergamentband über Pappe, nach Schunke, Einbände 2.2, S. 851, um 1780 in Rom entstanden. Löcher für Schließbänder in den Deckeln noch vorhanden. Gelb-kupferfarbenes Kapital. Auf dem Rücken oben blaues barockes Signaturschild *801*, darunter mit Tinte auf den Rücken notiert: *Vocabularius iuris a L. ad Z.*, weiter unten in Blau: *Pal.*, auf dem Schwanz blaues Signaturschild *Pal. lat. 801.*
Provenienz: Pavia / Neumarkt (?) / Heidelberg.
Geschichte der Handschrift: Auf dem vorderen Spiegel modernes blaues Signaturschild der Vaticana *Pal. lat. 801.* Auf Vorsatzbl. 1ar aktuelle Signatur, samt Altsignaturen *699* und *735* (?) [beide durchgestrichen], auf 2ar Capsa-Nummer *C. 138* und Altsignatur *606* (ein weiteres Mal auf 1r), von Hand des 17. Jhs.: *Vocabularius iuris et conclusiones VI. libri.* Zur Provenienz s. Beschreibung zu Pal. lat. 800, deren Fortsetzung vorliegende Hs. darstellt. Die Hs. gehörte wohl zu jenen, die unter Ottheinrich von der Heidelberger Schlossbibliothek in die Heiliggeistkirche verbracht wurden. Im dazugehörigen Katalog von 1555/1560 heißt es: *Gentilis Repertorium a litera L vsque ad finem, auf papir geschrieben* (Pal. lat. 1944, 126r).

Faksimile: https://digi.ub.uni-heidelberg.de/diglit/bav_pal_lat_801
Literatur: Bernal Palacios, El profesor, hier S. 34–36, 39, 42, 50; BioBib Jurists, Antonius de Gentilibus (r055); OVL, Pal.lat.801; Schunke, Einbände 2.2, S. 851; Stevenson, Latini, S. 285.

1) 1ra–343vb
Verfasser: Antonio de Gentilibus.
Titel: Repertorium alphabeticum iuris.
Angaben zum Text: Fortsetzung von Pal. lat. 800: (1ra–27rb) Buchstabe L; (27rb–67vb) Buchstabe M; (67vb–87ra) Buchstabe N; (87ra–104rb) Buchstabe O; (104rb–190vb) Buchstabe P; (190vb–195ra) Buchstabe Q; (195ra–226vb) Buchstabe R; (226vb–284ra) Buchstabe S; (284ra–313ra) Buchstabe T; (313ra–341va) Buchstabe U / V; (341vb) Buchstabe X; (341vb–343rb) Buchstabe Y; (343va–343vb) Buchstabe Z. 344*r–345*v: leeres Zeilengerüst .
Incipit: 1rb [L]*amberintus* [!]*Quid sit uide in c. i. xxix. di. et ibi Archidiaconus Quem uideas.*
Explicit: 343vb ... *Sinenda sunt vtraque crescere vsque ad messem iudicij extremi, et tunc angeli colligent in zinzania* [!] *et fasciculos ad conburendum, xxiij. q. d. Altos § i. ante finem. ›Antonius ex Captaneis de Villanterio, filius comdam domini Bertolini ex Captaneis de Villanterio, hoc opus transcripsit et cetera. Deo gracias. Amen‹.*

TH

Vatikan, Biblioteca Apostolica Vaticana, Pal. lat. 802

Zusammengesetzte juristische Handschrift

Papier · 4, 239, 1 Bll. · 29 × 20,6 cm · Mitteleuropa · 1410 / 1. Drittel 15. Jh.

Typus (Überlieferungsform): Codex.
Beschreibstoff: Papier.
Umfang: 4, 239, 1 Bll.
Format (Blattgröße): 29 × 20,6 cm.
Zusammensetzung (Lagenstruktur): Hs. aus 4 Faszikeln zusammengesetzt (I. Bll. 1–106; II. Bll. 107–188; III. Bll. 189–195; IV. Bll. 196r–228*). $(II-1)^{3a} + 1^{4a} + ... + (I-1)^{229*}$. Vorderspiegel Gegenbl. von 3a, Hinterspiegel Gegenbl. von 229*. Zählfehler: Auf 106 folgen 4 ungez. Bll.
Seiten-, Blatt- und Lagenzählung: Römische Foliierung des 17. Jhs. (*1–226*). Vor- und Nachsatzbll. ungez., weshalb hier Zählung der Digitalisate übernommen wird (1a–4a, 227*–229*).
Zustand: Papier gebräunt. Leicht stockfleckig auf den Rändern. Tinte schlägt durch. Schriftraum mitunter gebräunt. Einige Flecken.

Einband: Pergamentband über Pappe, nach Schunke, Einbände 2.2, S. 851, um 1780 in Rom entstanden. Löcher für Schließbänder in den Deckeln noch vorhanden. Gelb-kupferfarbenes Kapital. Auf dem Rücken oben blaues barockes Signaturschild *802*, darunter blaues Signaturschild *Pal. lat. 802*, weiter unten mit Tinte auf den Rücken notiert: *Repertorium iuris, et alia*, weiter unten in Blau: *Pal.*
Provenienz: Heidelberg.
Geschichte der Handschrift: Auf dem vorderen Spiegel modernes blaues Signaturschild der Vaticana *Pal. lat. 802.* Auf Vorsatzbl. 1ar aktuelle Signatur, samt Altsignaturen *768*, korrigiert zu *700* [beide durchgestrichen], auf 4ar Capsa-Nummer *C. 76.*, nebst Altsignaturen *1732* und *490* [alle durchgestrichen]. Der Kern der Texte scheint um 1410 entstanden zu sein. Faszikel III. dürfte ein wenig jünger sein, ebenso Teile von Faszikel IV, die später nachgetragen wurden. Darüber hinaus haben die Papiere der Faszikel II und IV dieselben Wzz. Dies alles spricht dafür, dass die einzelnen Faszikel in einem gewissen Zusammenhang stehen, wohl auch recht bald vereinigt wurden. Des Weiteren fällt auf, dass zwei Texte von den Dominikanern João de Deus und Johannes von Dambach stammen, wobei in diesen konkrete Belange des Ordens abgehandelt werden, was darauf hindeuten könnte, dass ein Mitglied der Dominikaner die Faszikel zu einem Codex vereinigt haben könnte. Wahrscheinlich in Rom wurde auf 1r von Hand des 17. Jhs. notiert: *Repertorium iuris et alij tractatus qui in priori pagina notantur*, was auf ein projektiertes, aber nicht ausgeführtes Inhaltsverzeichnis hindeuten könnte, da auf den Vorsatzbll. 1a–3a und dem Vorderspiegel bereits ein Schriftraum vorgezeichnet wurde, wobei die Vorsatzbll. noch aus der Mitte des 15. Jhs. stammen dürften (das Wz. von 1a, einen sechsstrahligen Stern darstellend, ist vergleichbar mit solchen von Papieren, die laut WZIS IT1650-PO-41579 1454 in Como beschrieben wurden).

Faksimile: https://digi.ub.uni-heidelberg.de/diglit/bav_pal_lat_802
Literatur: BioBib Jurists, Johannes de Deo (a292); Gotthold Bohne, Die juristische Fakultät der alten Kölner Universität in den beiden ersten Jahrhunderten ihres Bestehens, in: Fest-

schrift zur Erinnerung an die Gründung der alten Universität Köln im Jahre 1388, hrsg. von Hubert GRAVEN, Köln 1938, S. 109–236, hier S. 164 A. 226; Die Handschriften der Stadt- und Universitätsbibliothek Frankfurt am Main, Bd. 1, Die Handschriften des Dominikanerklosters und des Leonhardstifts in Frankfurt am Main, beschr. von Gerhardt POWITZ, Frankfurt am Main 1968 (Kataloge der Stadt- und Universitätsbibliothek Frankfurt am Main 2), S. 315; Die Handschriften des ehem. Fraterherrenstifts St. Markus zu Butzbach in der Universitätsbibliothek Gießen, Teil 2, Die Handschriften aus der Signaturenfolge Hs 761–Hs 1266, beschr. von Joachim OTT, Gießen 2004 (Berichte und Arbeiten aus der Universitätsbibliothek Gießen 52), S. 204; KAEPPELI, Scriptores OP 4, S. 147, Nr. II 403: 2265; Jerzy KALISZUK, Codices deperditi. Średniowieczne rękopisy łacińskie Biblioteki Narodowej utracone w czasie II wojny światowej, Bd. 1, Dzieje i charakterystyka kolekcji, Breslau 2016 (Dziedzictwo Kulturowe po Skasowanych Klasztorach 8, 1), S. 521 A. 1249; Hermann KEUSSEN, Regesten und Auszüge zur Geschichte der Universität Köln 1388–1559, in: Mitteilungen aus dem Stadtarchiv von Köln 36/37 (1918), S. 1–546, hier S. 41, Nr. 274; OVL, Pal.lat.802; SCHUNKE, Einbände 2.2, S. 851; STEVENSON, Latini, S. 285 f.

Faszikel I (Bl. 1–106)

Sachtitel / Inhalt: Arnold Gheyloven, Remissorium aureum utriusque iuris secundum alphabetum.

Entstehungsort: Mitteleuropa.
Entstehungszeit: 1410.

Typus (Überlieferungsform): Faszikel.
Beschreibstoff: Papier.
Umfang: 110 Bll.
Format (Blattgröße): 29 × 20,6 cm.
Zusammensetzung (Lagenstruktur): 2 VI^{24} + VII^{38} + 6 VI^{106d}.
Seiten-, Blatt- und Lagenzählung: s. zum Codex. Zuweilen Reklamanten auf der letzten Versoseite der Lage auf dem Fußsteg rechts, weitere womöglich durch Beschnitt verloren gegangen.
Wasserzeichen: Ab Bl. 2, Glocke, Glockenkörper ohne Schulter, Glockenmund einkonturig, ohne Joch, mit Klöppel, annähernd identisch mit Wzz. von Papieren, die laut WZIS 1410 in Frankfurt Verwendung fanden, DE2730-PO-40868.

Schriftraum: 24 × 15,5 cm.
Spaltenanzahl: 1 Spalte.
Zeilenanzahl: 32–59 Zeilen.
Angaben zu Schrift / Schreibern: Gut lesbare Bastarda von mindestens zwei Händen, wobei eine die Oberlängen mit auffallend großen Schlaufen versah.
Buchgestaltung: Schriftraum mit Tinte vorgezogen. Neuer Buchstabe mit roter Lombarde eingeleitet, neues Lemma mit rotem Paragrafenzeichen.
Buchschmuck: s. Buchgestaltung.

Nachträge und Benutzungsspuren: Nur sehr wenige grafische Verweiszeichen.

Provenienz: Heidelberg.
Geschichte des Faszikels: Wie der Kolophon (s. Explicit) zu erkennen gibt, wurde der Text 1410 vollendet.

1) 1r–106r
Verfasser: Arnold Gheyloven.
Titel: Remissorium aureum utriusque iuris secundum alphabetum .
Angaben zum Text: (1r–7v) Buchstabe A; (7v–9r) Buchstabe B; (9r–23v) Buchstabe C; (23v–30v) Buchstabe D; (30v–46r) Buchstabe E; (46r–48v) Buchstabe F; (48v–49r) Buchstabe G; (49r–50v) Buchstabe H; (50v–60v) Buchstabe I; (60v–65r) Buchstabe L; (65r–71v) Buchstabe M; (71v–73r) Buchstabe N; (73r–75r) Buchstabe O; (75r–88v) Buchstabe P; (88v–89r) Buchstabe Q; (89r–92r) Buchstabe R; (92v–100r) Buchstabe S; (100r–103r) Buchstabe T; (103r–106r) Buchstabe U / V. - 106v-106dv leer.
Incipit: 1r ›*Aliquando*‹ *excludit, aliquando includit, vt notat Archidiaconus XXXI. di. Aliter et De ferijs* ...
Explicit: 106r ... *id est glossa et cetera.* ›*Explicit lieber* [!] *iste anno domini M° CCCC° decimo dominica proxima ante festum sancti Willibaldi*‹.

Faszikel II (Bl. 107–188)

Sachtitel / Inhalt: Repertorium iuris canonici.

Entstehungsort: Mitteleuropa.
Entstehungszeit: um 1410.

Typus (Überlieferungsform): Faszikel.
Beschreibstoff: Papier.
Umfang: 83 Bll.
Format (Blattgröße): 29 × 20,6 cm.
Zusammensetzung (Lagenstruktur): 5 VI^{166} + $(VI-1)^{177}$ + VI^{188}.
Seiten-, Blatt- und Lagenzählung: s. zum Codex. Reklamanten auf der letzten Versoseite der Lage auf dem Fußsteg rechts (auf 118v wohl durch Beschnitt verloren gegangen, Reste noch erkennbar).
Wasserzeichen: Ab Bl. 109, Ochsenkopf mit Augen, mit einkonturiger Stange und einkonturigem sechsstrahligem Stern als Oberzeichen, annähernd identisch mit Wzz. von Papieren, die laut WZIS um 1410 beschrieben wurden, DE5025-tl56_113.

Schriftraum: 23 × 15,5 cm.
Spaltenanzahl: 2 Spalten.
Zeilenanzahl: 47–53 Zeilen.
Angaben zu Schrift / Schreibern: In einer Bastarda von wohl einer Hand, zuweilen mit Cadellen, die auch Teile von Faszikel IV schrieb.
Buchgestaltung: Schriftraum mit Tinte vorgezogen. Buchstaben beginnen mit roter Lombarde, anfangs noch mit Fleuronnébesatz, hin und wieder mit Aussparung, Lemmata mit rotem Paragrafenzeichen. Abschnitte mit roten Rubriken in gotischer Minuskel als Auszeichnungsschrift.

Buchschmuck: s. Buchgestaltung.

Nachträge und Benutzungsspuren: Kaum grafische Verweiszeichen.

Provenienz: Heidelberg.
Geschichte des Faszikels: Aufgrund der Wzz. kann eine Entstehung des Faszikels um 1410 angenommen werden.

2) 107ra–188av
Titel: Repertorium iuris canonici.
Incipit: 107ra ›*Eterna*‹ *celestis memoria terrestrem, infirmam labilemque …*
Explicit: 188av … *nisi cui diuina reuelacione concessum fuit, c. Gaude*[übergeschrieben:*a*]*mus de diuorcijs.* ›*Explicit Registrum juris canonice*‹.

Faszikel III (Bl. 189–195)

Sachtitel / Inhalt: Johannes von Dambach, De reemptionibus.

Entstehungsort: Mitteleuropa.
Entstehungszeit: 1. Drittel 15. Jh.

Typus (Überlieferungsform): Faszikel.
Beschreibstoff: Papier.
Umfang: 12 Bll.
Format (Blattgröße): 29 × 20,6 cm.
Zusammensetzung (Lagenstruktur): VI^{195c} .
Seiten-, Blatt- und Lagenzählung: s. zum Codex.
Wasserzeichen: Ab Bl. 190, Steigendes Einhorn, ohne Striche auf dem Horn, ohne Mähne, ähnlich Wzz. von Papieren, die laut WZIS zwischen 1419 und 1423 Verwendung fanden, DE1710-Hs2202_208.

Schriftraum: 21,5 × 13 cm.
Spaltenanzahl: 2 Spalten.
Zeilenanzahl: 42–45 Zeilen.
Angaben zu Schrift / Schreibern: Bastarda von einer Hand.
Buchgestaltung: Schriftraum mit Tinte vorgezogen. Auf 189r blau-rot gespaltene Lombarde mit Schaftaussparung. Darauf blaue und rote Lombarde zur Kennzeichnung der Abschnittsanfänge, ferner rote Paragrafenzeichen und Strichelungen zur Hervorhebung der Sinnabschnitte sowie Unterstreichungen als Markierungen.
Buchschmuck: s. Buchgestaltung.

Nachträge und Benutzungsspuren: Kaum Anmerkungen und wenige grafische Verweiszeichen von mindestens einer weiteren Hand.

Provenienz: Heidelberg.

Geschichte des Faszikels: Die Wzz. lassen vermuten, dass dieser Faszikel im ersten Drittel des 15. Jhs. entstand.

3) 189ra–195vb
Verfasser: Johannes von Dambach.
Titel: De reemptionibus.
Angaben zum Text: 195ar–195ev leerer Schriftraum.
Incipit: 189ra ›*Cum*‹ *per multos vertatur in dubium vtrum reempciones sint licite* ...
Explicit: 195vb ... *quia eadem ratio est. Et sic de tota questione ista sufficiat et cetera.*

Faszikel IV (Bl. 196–228)

Sachtitel / Inhalt: Sammlung verschiedener Rechtstexte.

Entstehungsort: Mitteleuropa.
Entstehungszeit: 1. Drittel 15. Jh.

Typus (Überlieferungsform): Faszikel.
Beschreibstoff: Papier.
Umfang: 34 Bll.
Format (Blattgröße): 29 × 20,6 cm.
Zusammensetzung (Lagenstruktur): 2 VI^{218} + $(VI\text{-}2)^{228^*}$.
Seiten-, Blatt- und Lagenzählung: s. zum Codex.
Wasserzeichen: Ab Bl. 196, Ochsenkopf mit Augen, mit einkonturiger Stange und einkonturigem sechsstrahligem Stern als Oberzeichen, annähernd identisch mit Wzz. von Papieren, die laut WZIS um 1410 beschrieben wurden, DE5025-tl56_113.

Schriftraum: 23,5 × 15,5 cm.
Spaltenanzahl: 2 Spalten; 1 Spalte: 215r–226r.
Zeilenanzahl: 40–56 Zeilen.
Angaben zu Schrift / Schreibern: In Bastarden von mehreren Händen. Bei einer Hand scheint es sich um jene zu handeln, die Faszikel II ausführte.
Buchgestaltung: Schriftraum mit Tinte bzw. Metallstift vorgezogen. Rubriken und rote Lombarden zur Kennzeichnung der Abschnitte, ferner rote Strichelungen. Von 215r–221v Marginalschlagwörter, mitunter Marginalglossen, die in Klammerform um den Text laufen.
Buchschmuck: In der Lectura des Johannes Andreae Raum für Schemata freigelassen, aber nicht ausgeführt.

Nachträge und Benutzungsspuren: Kaum Anmerkungen oder grafische Verweiszeichen.

Provenienz: Heidelberg.
Geschichte des Faszikels: Die ersten Texte des Faszikels dürften wie der zweite Faszikel um 1410 geschrieben worden sein, da offenbar dasselbe Papier Verwendung fand. Die letzten Texte könnten nachgetragen und demnach etwas jünger sein.

4) 196ra–204vb
Verfasser: João de Deus.
Titel: Liber dispensationum.
Angaben zum Text: (196ra–203ra) Pars 1; (203rb–204vb) Pars 2.
Rubrik: 196ra ›*Liber dispensacionum*‹.
Incipit: 196ra ›*Jncipit*‹ *libellus dispensacionum in quo xiij capitula ponuntur* ...
Explicit: 204vb ... *et partes qualiter se habeant in sentencijs proferendis et cetera.* ›*Explicit summa conposita super dispensacionibus omnium prelatorum et aliorum laycorum qui possunt de jure dispensare et super formandas sentencias tam dispensacionum quam diffinitiuarum et interlocutoriarum a magistro Iohanne de Deo Hyspano doctore decretorum conposita. Deo laus. Amen*‹.

5) 205ra–214vb
Titel: Register zum Corpus iuris civilis und zu den Libri feudorum.
Angaben zum Text: (205ra–207vb) Tituli der Digesta; (207vb–212va) Tituli des Codex Iustinianus; (212va–213ra) Tituli der Institutiones Iustiniani; (213ra–214rb) Rubriken des Authenticum; (214rb–214vb) Tituli der Libri feudorum; (214vb) Kurze Erläuterungen zu den Werken des Corpus iuris civilis und zu den Libri feudorum. 215ar–215av leer.
Rubrik: 205ra ›*Tyttuli* [!] *Digestorum et cetera*‹.
Incipit: 205ra ›*De*‹ *abigeis* ...
Explicit: 214vb ... *Jn omnibus allegatur titulus.* ›*Deo gracias*‹.

6) 215r–218v
Verfasser: Johannes Andreae.
Titel: Summa de sponsalibus et matrimonio.
Incipit: 215r ›*Cristi*‹ *nomen invocans ad honorem ipsius et reuerendissimi patris mei et domini mei domini Bononiensis archidyaconi* ...
Explicit: 218v ... *non sunt ad propositum vnde quid dicunt vide Parte et cetera.*
Edition: Tractatus illustrium in utraque tum pontificii, tum caesarei iuris facultate iurisconsultorum, Bd. 9, Venedig 1584, 2r–3v.

7) 218v–222r
Verfasser: Johannes Andreae.
Titel: Lectura super arboribus consanguinitatis et affinitatis .
Angaben zum Text: Anfang fehlt. Setzt ein mit §5 der Edition. 222v leer.
Incipit: 218v ›*Demum*‹ *specialiter ad arborem consanguinitatis ascendamus* ...
Explicit: 222r ... *sed si alium habeo patrem alium socerum numerosius se karitas protendit in qua vniuersi fideles et precipue studentes continue perseuerent per graciam eius, qui est benedictus in secula seculorum. Amen.*
Edition: Corpus iuris canonici 1, Sp. 1427–1436.

8) 223r–223v
Titel: Quaestio zu einer Belehnungsurkunde.
Incipit: 223r *Prepositus et conuentus cuiusdam monasterij canonicorum regularium receperunt ad mutuum a quodam milite decem millia Florenos* ...
Explicit: 223v ... *saluo iudicio cuiuslibet melius dicentes.*

9) 224r–225r
Titel: Quaestio zu einem Wiederkaufsvertrag.
Rubrik: 224r ›*Questio super eo quod contractus reempc* ...‹ [Rest durch Beschnitt verloren gegangen].
Incipit: 224r *Queritur vtrum redditus vendere, emere et habere sub spe et titulo reempcionis* ...
Explicit: 225r ... *et hec de presente questione ad presentes dicta sufficiant.*

10) 225v–226r
Titel: Decisio de contractibus emptionis reddituum.
Angaben zum Text: Stellungnahmen verschiedener Rechtsgelehrter, wobei die Gutachten zahlreicher Juristen der Universität Köln auffallen. 226v–229*v leer .
Incipit: 225v *Casus quidam domus religiosorum quorum fratres non mendicant* ...
Explicit: 226r ... *fuerit fraus vel non. Et hoc sufficiat eis quia de iure non est dubium. Ardicinus de Nouario.*
Edition: In erweiterter Form bei César-Egasse du Boulay, Historia universitatis Parisiensis, Bd. 5, Paris 1670, S. 362–364.

TH

Vatikan, Biblioteca Apostolica Vaticana, Pal. lat. 803

Johannes Nicolaus de Milis, Repertorium iuris

Papier · 2, 304, 1 Bll. · 28,7 × 20,5 cm · Südwestdeutschland / Schweiz · um 1450

Entstehungsort: Südwestdeutschland / Schweiz.
Entstehungszeit: um 1450.

Typus (Überlieferungsform): Codex.
Beschreibstoff: Papier.
Umfang: 2, 304, 1 Bll.
Format (Blattgröße): 28,7 × 20,5 cm.
Zusammensetzung (Lagenstruktur): $(I\text{-}1)^{1a}$ + 1^{2a} + 25 VI^{310} + 3^{313} (Lagenmitte nicht erkennbar) + $(I\text{-}1)^{314*}$. Vorderspiegel Gegenbl. von 1a, Hinterspiegel Gegenbl. von 314*. Zählfehler: Auf 149 folgt 160, 150–159 ausgelassen.
Seiten-, Blatt- und Lagenzählung: Römische Foliierung des 17. Jhs. (*1–149, 160–313*). Vorsatzbll. und Nachsatzbl. ungez., weshalb hier Zählung der Digitalisate übernommen wird (1a–2a, 314*). Durchgehend Reklamanten auf der letzten Versoseite der Lage auf dem Fußsteg rechts.
Zustand: Im Wesentlichen gut erhalten. Papier gebräunt, leicht stockfleckig, einige weitere Flecken, Tinte etwas verblasst. Falzverstärkungen in den Lagenmitten.
Wasserzeichen: Ochsenkopf mit Augen und Nasenlöchern, anliegenden Augen, einkonturiger Stange und sechsstrahligem Stern als Oberzeichen, annähernd identisch mit Wzz., die laut WZIS bei Papieren um 1450 womöglich in Rostock Verwendung fanden (DE3315-GM23.C.VI._191), sowie 1446 in Basel beschrieben wurden (CH0780-PO-75877 und CH0780-PO-74837).

Schriftraum: 19 × 12,3 cm.
Spaltenanzahl: 1 Spalte.
Zeilenanzahl: 40 Zeilen.
Angaben zu Schrift / Schreibern: Von einer Hand in einer schleifenlosen Bastarda.
Buchgestaltung: Zeilengerüst mit Metallstift vorgezogen. Rubriken vor den Buchstabenanfängen, dieselben mit großer roter Lombarde über meist acht Zeilen hervorgehoben, auf 1r mit Perlenbesatz. Lemmata in vergrößerten Buchstaben in gotischer Minuskel und rot unterstrichen, Lemmata wie auch die einzelnen Abschnitte innerhalb der Lemmata mit rotem Paragrafenzeichen und Strichelung eingeleitet. Ferner rote Strichelungen zur inhaltlichen Strukturierung der Abschnitte.
Buchschmuck: s. Buchgestaltung.

Nachträge und Benutzungsspuren: Wenige grafische Verweiszeichen, kaum Anmerkungen von wohl einer zeitgenössischen Hand.

Einband: Pergamentband über Pappe, nach Schunke, Einbände 2.2, S. 851, um 1780 in Rom entstanden. Löcher für Schließbänder in den Deckeln noch vorhanden. Gelb-kupferfarbenes Kapital. Auf dem Rücken oben blaues barockes Signaturschild *803*, darunter in Tinte auf den Rücken notiert: *Repertorium iuris*, darunter in Blau: *Pal.*, weiter unten blaues Signaturschild *Pal. lat. 803.*
Provenienz: Heidelberg.
Geschichte der Handschrift: Auf dem vorderen Spiegel modernes blaues Signaturschild der Vaticana *Pal. lat. 803* und Zettel mit Namen, darunter *Hans Drewer, Els Drewerin, Claus Drewer, Claus Wedelin, habuit vxorem Appo Clemanj.* Auf Vorsatzbl. 1ar aktuelle Signatur mit Tinte, samt Altsignaturen *701* und *760* [beide durchgestrichen], auf 2ar Capsa-Nummer *C. 13.*, sowie Altsignaturen *1672* und *498* [alle durchgestrichen]. Aufgrund der Wzz. kann eine Entstehung der Hs. im südwestdeutschen Raum oder in der angrenzenden Schweiz in der Mitte des 15. Jhs. angenommen werden.

Faksimile: https://digi.ub.uni-heidelberg.de/diglit/bav_pal_lat_803
Literatur: OVL, Pal.lat.803; Schunke, Einbände 2.2, S. 851; Stevenson, Latini, S. 286.

1) 1r–313r
Verfasser: Johannes Nicolaus de Milis.
Titel: Repertorium iuris.
Incipit: 1r ›*Absenti*‹ *queritur actio ex contractu per patrem celebrato ...*
Explicit: 313r ... ›*Xanctio* ‹ *est constitucio pena vallata et dicit Archidiaconus in c. Statutum de rescriptis li. vi. in verbi Sanccionem et cetera.* ›*Et sic est finis huius repertorij*‹.
Edition: Der Text liegt in keiner modernen Edition vor, erschien aber bereits 1475 als Wiegendruck (GW M23403-M23412, M2340310).

TH

Vatikan, Biblioteca Apostolica Vaticana, Pal. lat. 804

Johannes von Erfurt, Tabula iuris utriusque, pars I

Papier · 3, 348, 1 Bll. · 30,6 × 21 cm · Südwestdeutschland (?) · 3. Viertel 15. Jh.

Entstehungsort: Südwestdeutschland (?).
Entstehungszeit: 3. Viertel 15. Jh.

Typus (Überlieferungsform): Codex.
Beschreibstoff: Papier.
Umfang: 3, 348, 1 Bll.
Format (Blattgröße): 30,6 × 21 cm.
Zusammensetzung (Lagenstruktur): $(I\text{-}1)^{1a} + I^{3a} + 29\ VI^{695/696} + (I\text{-}1)^{697^*/698^*}$. Bl. 1a bildet mit dem Vorderspiegel ein Doppelbl., 697*/698* bildet mit dem Hinterspiegel ein Doppelbl. Das Doppelbl. 2a–3a dürfte ein älteres Vorsatz gewesen sein, das Wz. deutet auf eine Datierung in die 2. Hälfte des 15. Jhs. An einigen Stellen sind jeweils in der Lagenmitte Falzverstärkungen aus beschriftetem Pergament zu erkennen, z. B. 2av/3ar: ... *habent et duas hyemes scilicet sole existente in primis punctis Cancri et Capricorni vel* .... Die Stelle findet sich in: Johannes de Sacrobosco, Tractatus de sphaera (vgl.: Johannes de Sacro Bosco, Sphaera mundi, hrsg. von Petrus Bonus Avogarius, Venedig, Adam von Rottweil, um 1478 [GW M14621], 11v). Die Fragmente zeigen durchgehend eine Bastarda des 14. Jhs., weitere Texte sind nicht identifizierbar.
Seiten-, Blatt- und Lagenzählung: Neuzeitliche Tintenpaginierung, Rom 17. Jh.? (*1–696*). Die Bezeichnung ungez. Bll. folgt dem Digitalisat (1a–3a, 697*–698*). Textreklamanten zumeist angeschnitten oder durch Beschnitt entfallen.
Zustand: Die älteren Vorsatzbll. und die letzten Bll. des Buchblocks (2a–3a, 691–696) weisen Rostflecken auf, die von den Befestigungen von Schließenbändern und Schließenrasten stammen dürften. Die jüngeren Vorsatzbll. (1a, 697*/698*) und die Spiegelbll. zeigen im unteren Bereich Wasserränder. Pergamentüberzug der Einbanddecken etwas berieben.
Wasserzeichen: Bl. 1a (Vorsatzbl.) Wappenschild in Rossstirn-Form, Wappenbild: Dreiberg, darüber Buchstabe F (ähnlich WZIS DE5580-Codgraec170_I; Edward Heawood, Watermarks, Hilversum 1950, S. 122, Nr. 2616; vgl. auch Briquet, Les filigranes 11938); Bl. 2a, S. 697*/698* (älteres Vorsatz des 15. Jhs.) Reichsapfel mit griechischem Kreuz, Kugel mit Dreieck (ähnlich WZIS DE6300-PO-161873, vgl. auch Pal. lat. 805, Bll. 3a, 248–252* sowie Hinterspiegel); S. 5/6–695/696 Turm mit Wulst und drei Zinnen in zwei Varianten (ähnlich WZIS DE2910-PO-100555).

Schriftraum: 22,6 × 15 cm.
Spaltenanzahl: 2 Spalten.
Zeilenanzahl: 40–42 Zeilen.
Angaben zu Schrift / Schreibern: Bastarda cursiva einer Hand, die auch die Rubriken und Seitentitel schrieb. Der zugehörige zweite Bd., Pal. lat. 805, dürfte von der selben Hand stammen.
Buchgestaltung: Textblock- und Spaltenbegrenzungen mit einem stumpfen Metallstift gezogen (bis einschließlich S. 696). Rubriziert. Die roten Unterstreichungen der angeführten Autoren wohl weitestgehend durch den Rubrikator. Weitere rot-violette Unterstreichungen

wurden nachträglich ausgeführt (z. B. S. 1ab). Lemmata als laufende Seitentitel. Zweizeilige rote Lombarden zu den Lemmata. Aussparungen für sechs- bis siebenzeilige Initialen zu den Buchstabenabschnitten (nicht ausgeführt).

Nachträge und Benutzungsspuren: Am Kopf der ersten Seite zwei Zeilen Text mit schwarzer, opaker Tinte überstrichen. Dort rechts außen: *1478º* (Jahreszahl?). Möglicherweise wurde hier ein Besitz- oder Schenkungseintrag unleserlich gemacht (vgl. Pal. lat. 805).

Einband: Weißes Pergament auf Pappe. Rom, um 1780. Beide Deckel mit Spuren von je zwei textilen Schließenbändern (entfernt). Rücken mit vier erhabenen Doppelbünden, oben altes Signaturschild der BAV, Kupferstichkartusche mit roter Schrift: *804.* Darunter Rückenbeschriftung: *Dictionarium ab A. ad L. seu tabula doctorum.* Darunter in blauem Farbstift: *Pal.* Unten das blaue Signaturschild der BAV. Rücken im oberen Bereich und am Fuß mit einigen Wurmlöchern. Kapital mit farbigen Seidenfäden umwickelt (braun-gelb). Schunke, Einbände 2,2, S. 851, vgl. ebd. Bd. 1, S. 256.
Provenienz: Heidelberg.
Geschichte der Handschrift: Wzz. und Erscheinungsbild der Hs. deuten auf eine Entstehung im 3. Viertel des 15. Jhs. Auf welchem Weg sie in die Bibliotheca Palatina gelangte, ist unklar. 1623 mit dieser in die Vatikanische Bibliothek verbracht. 2ar Capsa-Nummer und Allacci-Signatur *C. 166/743*, entsprechend im Allacci-Register (Pal. lat. 1949, 45r: *743 Repertorium in jure canonico fol. C. 166.*). 2ar ältere Signaturen der Vaticana: *.36.* (gestrichen), darunter: *427.* 1ar aktuelle Signatur. Besitzstempel der BAV: 1ra, 249va.
Besonderheiten: Bildet zusammen mit Pal. lat. 805 ein Werk in zwei Bänden (Pal. lat. 804: A–I; Pal. lat. 805: L–V).

Faksimile: https://digi.ub.uni-heidelberg.de/diglit/bav_pal_lat_804
Literatur: OVL, Pal.lat. 804; Stevenson, Latini, S. 286.

1) 1a–678b
Verfasser: Johannes von Erfurt.
Titel: Tabula iuris utriusque, pars I.
Angaben zum Text: Lemmabereich A–I (Aaron – Iustitia dei). Überschrift und Anfang der Rubrik mit schwarzer Tinte überstrichen: ... ›*semper in fine autori. Aaron, abbas, abbatissa, Abel*‹. (S. 678b) *Require: adolescencia. Ergo sequitur de L. in alio volumine. Labor ocium etc.* Enzyklopädie der wichtigsten Namen und Materien sowohl des Kanonischen wie des Römischen Rechts in alphabetischer Ordnung. Zu jedem Lemma werden nach der Worterklärung die Quellen angegeben, am Ende des jeweiligen Absatzes folgen Querverweise (*R*[equire] ...). Der zugehörige zweite Teil des Werkes (Labor bis Voluntas) liegt in Pal. lat. 805 vor (siehe dort). Zum Autor, dem Franziskaner Johannes von Erfurt sowie zum Werk siehe: Norbert Brieskorn / Volker Honemann, Johannes von Erfurt, in: VL 4, Berlin 1983, Sp. 583–589, v. a. Sp. 587 f.; Geoffrey L. Bursill-Hall, A Census of Medieval Latin Grammatical Manuscripts, Stuttgart 1981, S. 211, Nr. 223.4; Valens Heynck, Studien zu Johannes von Erfurt, in: Franziskanische Studien 40 (1958), S. 329–360, hier S. 330; Bertrand Kurtscheid, Die Tabula utriusque iuris des Johannes von Erfurt, in: Franziskanische Studien 1 (1914), S. 269–290; Ludger Meier, Die Barfüßerschule zu Erfurt, Münster in Westfalen 1958, S. 11 f., 42 f., 61, 65 f., 69 u. ä.; Mohan, Initia, S. 277; Bert Roest, Franciscan Literature of Religious Instruction before the Council of Trent, Leiden 2004, S. 325 f.; Johannes Karl Schlageter,

Franziskanische Theologie des Mittelalters in der Saxonia, in: Geschichte der Sächsischen Franziskaner-Provinz, hrsg. von Volker HONEMANN, Bd. 1, Paderborn 2015, S. 415–520, hier S. 452–454; STEGMÜLLER RB, Nr. 4461. - S. 679–696 leer.
Incipit: 1a *Aaron: Quod jubet Aaron in aures demi ab auribus uxorum ...*
Explicit: 678b ... *iusticia dei cogitanda est sed post perpetracionem misericordia.*

WM

Vatikan, Biblioteca Apostolica Vaticana, Pal. lat. 805

Johannes von Erfurt, Tabula iuris utriusque, pars II

Papier · 3, 348, 5 Bll. · 30,2 × 21,2 cm · Südwestdeutschland · 3. Viertel 15. Jh.

Entstehungsort: Südwestdeutschland.
Entstehungszeit: 3. Viertel 15. Jh.

Typus (Überlieferungsform): Codex.
Beschreibstoff: Papier.
Umfang: 3, 348, 5 Bll.
Format (Blattgröße): 30,2 × 21,2 cm.
Zusammensetzung (Lagenstruktur): $(II\text{-}1)^{2a}$ + 1^{3a} + 29 VI^{247} + $(III\text{-}1)^{252^*}$. Bl. 1a bildet mit dem Vorderspiegel ein Doppelbl. Der Hinterspiegel ist Teil der letzten Lage. Das Bl. 3a dürfte ein älteres Vorsatz gewesen sein, das Wz. deutet auf eine Datierung in die 2. Hälfte des 15. Jhs.
Seiten-, Blatt- und Lagenzählung: Tintenfoliierung, Rom 17. Jh. (*1–199, 100, 201–203, 104–151, 151–250*). Die Blattzählung springt mehrfach (keine Störungen im Textablauf), die Zahlen 100 und 104–199 kommen jeweils zweimal vor. Die 151 wiederholt sich zudem und findet sich somit dreimal im Codex. Die Bezeichnung unfoliierter oder aufgrund der Doppelungen nicht eindeutig foliierter Bll. folgt dem Digitalisat (1a–3a, 100a, 104a–151a, 151b, 152a–203a, 251*–252*). Textreklamanten überwiegend durch Beschnitt entfallen (zuweilen Reste erkennbar).
Zustand: Die jüngeren Vorsatzbll. 1a–2a zeigen im unteren Bereich Wasserränder. Pergamentüberzug der Einbanddecken etwas berieben. Hinterer Einbanddeckel mit schwarzem Tintenfleck.
Wasserzeichen: Bl. 1a (Vorsatzbl.) Wappenschild in Rossstirn-Form, Wappenbild: Dreiberg, darüber Buchstabe F (ähnlich WZIS DE5580-Codgraec170_I; Edward HEAWOOD, Watermarks, Hilversum 1950, S. 122, Nr. 2616; vgl. auch BRIQUET, Les filigranes 11938). Bl. 3a, 105a–203a, 204–248, 251*–252* Reichsapfel mit griechischem Kreuz, Kugel mit Dreieck (ähnlich WZIS DE6300-PO-161873. Vgl. Pal. lat. 804, 2a–3a). Bl. 5–132, 183–196, 100a Turm mit Wulst und drei Zinnen in zwei Varianten (ähnlich WZIS DE2910-PO-100555). Bl. 134–178, 198 Säule, darauf Krone, ohne Kapitell (WZIS AT3800-PO-100262, Beschriftung belegt 1457, Götzens bei Innsbruck).

Schriftraum: 23,6 × 15,5 cm.
Spaltenanzahl: 2 Spalten.
Zeilenanzahl: 40–42 Zeilen.

Angaben zu Schrift / Schreibern: Bastarda cursiva einer Hand, die auch die Rubriken und Seitentitel schrieb. Der zugehörige erste Bd., Pal. lat. 804, dürfte von der selben Hand stammen.
Buchgestaltung: Textblock- und Spaltenbegrenzungen mit einem stumpfen Metallstift gezogen (bis einschließlich 249v). Rubriziert. Die roten Unterstreichungen der angeführten Autoren wohl weitestgehend durch den Rubrikator. Weitere rot-violette Unterstreichungen wurden nachträglich ausgeführt (z.B. 1rab). Lemmata als laufende Seitentitel. Zweizeilige rote Lombarden zu den Lemmata. Aussparungen für sechs- bis siebenzeilige Initialen zu den Buchstabenabschnitten (nicht ausgeführt).

Nachträge und Benutzungsspuren: Am Kopf der ersten Seite zwei Zeilen Text mit schwarzer, opaker Tinte überstrichen. Dort rechts außen: *1478º* (Jahreszahl?). Möglicherweise wurde hier ein Besitz- oder Schenkungseintrag unleserlich gemacht (vgl. Pal. lat. 804).

Einband: Weißes Pergament auf Pappe. Rom, um 1780. Beide Deckel mit Spuren von je zwei textilen Schließenbändern (entfernt). Rücken mit vier erhabenen Doppelbünden, oben altes Signaturschild der BAV, Kupferstichkartusche mit roter Schrift: *805.* Darunter Rückenbeschriftung: *Dictionarium seu tabula doctorum ab L. ad V.* Darunter in blauem Farbstift: *Pal.* Unten das blaue Signaturschild der BAV. Kapital mit farbigen Seidenfäden umwickelt (braun-gelb). SCHUNKE, Einbände 2,2, S. 851, vgl. ebd. Bd. 1, S. 256.
Provenienz: Heidelberg.
Geschichte der Handschrift: Wasserzeichen und Erscheinungsbild der Hs. deuten auf eine Entstehung im 3. Viertel des 15. Jhs. Der Band gelangte 1623 mit der Heidelberger Bibliotheca Palatina in die vatikanische Bibliothek. 3ar Capsa-Nummer und Allacci-Signatur *C. 62/1656* (gestrichen). Entsprechend im Allacci-Register (Pal. lat. 1949, 52r: *1656 Tabula doctorum id est dictionarium .fol. C. 62.*). 3ar ältere Signatur: *36* (gestrichen). 1ar aktuelle Signatur und ältere Signatur: *7003* (gestrichen). Besitzstempel der BAV: 1ra, 249va.
Besonderheiten: Bildet zusammen mit Pal. lat. 804 ein Werk in zwei Bänden (Pal. lat. 804: A–I; Pal. lat. 805: L–V).

Faksimile: https://digi.ub.uni-heidelberg.de/diglit/bav_pal_lat_805
Literatur: OVL, Pal.lat. 805; STEVENSON, Latini S. 286.

1) 1ra–249va
Verfasser: JOHANNES VON ERFURT.
Titel: Tabula iuris utriusque, pars II.
Angaben zum Text: Lemmabereich L–V (Labor – Voluntas). ... ›*labor ... ocium et exercicium*‹. Überschrift und Anfang der Rubrik mit schwarzer Tinte überstrichen. Text bricht ohne Raumnot ab: ... ›*per humanum studium*‹ / (identisches Textende in Luzern, Zentral- und Hochschulbibliothek, Msc 36 fol., 298rb, siehe: STEGMÜLLER RB 9,1, Nr. 4461). ›*Et sic est finis*‹. Enzyklopädie der wichtigsten Namen und Materien sowohl des Kanonischen wie des Römischen Rechts in alphabetischer Ordnung. Zu jedem Lemma werden nach der Worterklärung die Quellen angegeben. Der zugehörige erste Teil des Werkes (Aaron bis Iustitia dei) liegt in Pal. lat. 804 vor (siehe dort). Zum Autor, dem Franziskaner Johannes von Erfurt sowie zum Werk siehe: Norbert BRIESKORN / Volker HONEMANN, Johannes von Erfurt, in: VL 4, Berlin 1983, Sp. 583–589, hier v.a. Sp. 587f.; Valens HEYNCK, Studien zu Johannes von Erfurt, in: Franziskanische Studien 40 (1958), S. 329–360, hier S. 330; Bertrand KURTSCHEID,

Die Tabula utriusque iuris des Johannes von Erfurt, in: Franziskanische Studien 1 (1914), S. 269–290; Ludger Meier, Die Barfüßerschule zu Erfurt, Münster in Westfalen 1958, S. 11f., 42f., 61, 65f., 69 u.ä.; Mohan, Initia, S. 2; Bert Roest, Franciscan Literature of Religious Instruction before the Council of Trent, Leiden 2004, S. 325f.; Johannes Karl Schlageter, Franziskanische Theologie des Mittelalters in der Saxonia, in: Geschichte der Sächsischen Franziskaner-Provinz, hrsg. von Volker Honemann, Bd. 1, Paderborn 2015, S. 415–520, hier S. 452–454; Stegmüller RB, Nr. 4461.

Rubrik: 1ra ›*Liber secundus tabule doctorum*‹.

Incipit: 1ra [L]*abor ocium et exercicium qui in labore homini non sunt in labore demonum* ...

Explicit: 249va ... *quia hoc sepe tue disposicioni militat quod ei per humanum studium.*

WM

Vatikan, Biblioteca Apostolica Vaticana, Pal. lat. 806

Pietro del Monte, Repertorium utriusque iuris, pars I

Papier · 2, 128, 1 Bll. · 30,1 × 21,4 cm · Süddeutschland (?) · um 1470–1480

Entstehungsort: Süddeutschland (?).
Entstehungszeit: um 1470–1480.

Typus (Überlieferungsform): Codex.
Beschreibstoff: Papier.
Umfang: 2, 128, 1 Bll.
Format (Blattgröße): 30,1 × 21,4 cm.
Zusammensetzung (Lagenstruktur): $(I\text{-}1)^{1a}$ + $(VII\text{-}1)^{12}$ + 7 VI^{96} + IV^{103} + 2 VI^{127*} + $(I\text{-}1)^{128*}$. 1a bildet mit dem Vorderspiegel ein Doppelbl. 2a ist Teil der ersten Lage. Nach 12 ein Bl. entfernt. 128* bildet mit dem Hinterspiegel ein Doppelbl.
Seiten-, Blatt- und Lagenzählung: Tintenfoliierung, Rom 17. Jh. (*1–100, 101a, 101–126*). Die Bezeichnung ungez. Bll. folgt dem Digitalisat (1a–2a, 127*–128*). Gelegentlich Reste der Textreklamanten erkennbar (z.B. 24v), zumeist durch Beschnitt entfallen. Zählung der Lemmata am linken Rand des Textblockes in arabischen Zahlen, beginnend jeweils am Anfang jedes Buchstabenabschnittes. Lemmata von anderer Hand in anderer Tinte jeweils am Kopf der Seite als laufender Seitentitel vermerkt.
Zustand: Papier im Schriftspiegel durch Tintenfraß verbräunt.
Wasserzeichen: Bl. 1a Wappenschild, darauf ein kniender, nimbierter Heiliger mit griechischem Kreuz (vergleichbar mit WZIS DE4230-FolMsMus54b_999 und Briquet, Les filigranes 7628); Bl. 2a zwei gekreuzte Hämmer, darüber Krone mit Kreuz (ähnlich WZIS DE5580-2Incca354_X5); Bl. 2–26 menschlicher Kopf im Profil, darüber ein sechsstrahliger Stern, einkonturig, in mehreren Varianten (ähnlich WZIS DE8100-CodTheol2281_115); Bl. 27–127* Handschuh, darüber Blume / Stern, sechsblättrig (ähnlich WZIS DE2730-PO-155957); Bl. 128* Anker im Kreis, darüber zwei Ringe (?).

Schriftraum: 27 × 15–19,5 cm.
Spaltenanzahl: 1 Spalte (Tabulae zweispaltig).
Zeilenanzahl: 54–55 Zeilen.

Angaben zu Schrift / Schreibern: Gleichmäßig und routiniert geschriebene Bastarda einer Hand. Seitenränder von mehreren wenig jüngeren Händen genutzt für Einträge (Bastarda, 4. Viertel 15. Jh.).
Buchgestaltung: Schriftraumbegrenzung und Zeilenlinien blind gegriffelt. Einzeilige Lombarden in schwarzer Tinte zu Textabsätzen, fünfzeilig zu den Buchstabenabschnitten. Schwarze Capitula-Zeichen zur Gliederung.

Nachträge und Benutzungsspuren: Zahlreiche Randbetreffe, weitere Stichwörter und Ergänzungen auf den Seitenrändern von anderer Hand. Gelegentlich Zeigehände und einfach skizzierte menschliche Köpfe im Profil (z. B. 37v, 40r).

Einband: Weißes Pergament auf Pappe. Rom, um 1780. Beide Deckel mit Spuren von je zwei textilen Schließenbändern (entfernt). Rücken mit vier erhabenen Doppelbünden, oben altes Signaturschild der BAV, Kupferstichkartusche mit roter Schrift: *806*. Darunter das blaue Signaturschild der BAV. Rückenbeschriftung: *Alphabetum legale*. Darunter in blauem Farbstift: *Pal.* Kapital mit farbigen Seidenfäden umwickelt (braun-gelb). Schunke, Einbände 2,2, S. 851, vgl. ebd. Bd. 1, S. 256.
Provenienz: Heidelberg.
Geschichte der Handschrift: Schrift und Wzz. deuten auf eine Entstehung der Hs. in der 2. H. des 15. Jhs. Die Wzz. Handschuh mit Blume / Stern und gekreuzte Hämmer mit Krone kommen Vergleichsbeispielen der 1470er Jahre sehr nahe. Im Inventar der juristischen Werke der Palatina von 1581 (Pal. lat. 1945, S. 10: *Repertorium juris iuxta alphabetum, geschrieben, papier in fol. bretter rott leder)*. 1623 mit der Bibliotheca Palatina in die vatikanische Bibliothek verbracht. 2ar Capsa-Nummer und Allacci-Signatur *C. 93./1728* (letzte Zahl gestrichen). Entsprechend im Allacci-Register (Pal. lat. 1949, 18r: *1728 Dictionarium. fol. C. 93.*). Ältere Signaturen: 1ar *7001* (? gestrichen); 127*v *928*. Besitzstempel der BAV: 1r, 125v.
Besonderheiten: Das ursprünglich offenbar achtbändige, durchgehend alphabetisch geordnete Werk findet sich heute unter folgenden Signaturen: Pal. lat. 806 (A–B), [C–D fehlt], Pal. lat. 810 (E–G), Pal. lat. 808 (H–K), Pal. lat. 811 (L–O), Pal. lat. 812 (P–Q), Pal. lat. 809 (R–S), Pal. lat. 813 (T–Z).

Faksimile: https://digi.ub.uni-heidelberg.de/diglit/bav_pal_lat_806
Literatur: OVL, Pal.lat. 806; Stevenson, Latini, S. 286.

1) 1r–126r
Verfasser: Pietro del Monte.
Titel: Repertorium utriusque iuris, pars I (A–B).
Angaben zum Text: (1r–5r) Praefatio. (5r–100v) *Littera A. Alphabetum. In alphabeto xxxv. di. Ab exordio et cetera de multiplici significacione huius dictionis ... – ... Auxilium legum non est alicui denegandum, ff. De sen. prefec. preto. l. 1. c. De adul. queris.* (100va–101avb) Tabula A. *1 A prepositio i, 2 A. a. a. ii ... – ... 339 Auxilium cclxxvii.* - 101r–103v leer. (104r–125v) Littera B. *Babilon de hac dictione Babilon nota De pe. di. iii. Salicibus ... – ... Bustum. Bustum dicitur cum res est exuta xxiii. q. ix. Convenior, et ibi plene de materia et cetera.* (125va–126ra) Tabula B. *1 Babataria, 2 Baratrum ... – ... 54 Bustum.* Umfangreiches Repertorium zum kirchlichen und weltlichen Recht anhand von alphabetisch geordneten Stichwörtern. Im vorliegenden Fall umfasste das Werk 8 Bde., von denen heute einer fehlt (C–D), s. o. zu Besonderheiten

(vgl. BERNAL PALACIOS, El profesor, S. 44). Am Ende jedes Buchstabenabschnittes folgt ein Stichwörterverzeichnis (Tabula). Die römischen Zahlen nach den Stichwörtern im Abschnitt A mögen sich auf die Seitenzählung einer (kleinformatigeren) Vorlage bezogen haben, sie wurden im Abschnitt B nicht fortgeführt. BERNAL PALACIOS, El profesor, S. 43f., 50 (diese Hs.); QUAGLIONI, Pietro del Monte; QUAGLIONI, La justice, S. 103–112; Rep. font. 4, S. 155f. (Lit.); SCHULTE, GQ 2, S. 318.

Incipit: 1r *Inter multa preclara atque saluataria* [!] *infirmitatis nostre remedia ...*

Explicit: 125v ... *Bustum dicitur cum res est exuta .xxiii. q. ix. Convenior, et ibi plene de materia et cetera.*

Edition: Mehrere Inkunabeldrucke (GW M25363, M25366, M25368, M25372, M25374). Verglichen wurde: PETRUS DE MONTE, Repertorium iuris, hrsg. von Comes DE ALVAROTIS, Padua, Johann HERBORT, 16.XI.1480 (GW M25372).

WM

Vatikan, Biblioteca Apostolica Vaticana, Pal. lat. 807

Juristische Sammelhandschrift

Papier · 2, 293, 3 Bll. · 30,7 × 22 cm · Pavia (?) · 1460/1461

Entstehungsort: Pavia (?).
Entstehungszeit: 1460/1461.

Typus (Überlieferungsform): Codex.
Beschreibstoff: Papier.
Umfang: 2, 293, 3 Bll.
Format (Blattgröße): 30,7 × 22 cm.
Zusammensetzung (Lagenstruktur): $(I-1)^{1a} + 1^{2a} + 19\ V^{190} + III^{196} + 2\ V^{216} + IV^{224} + 7\ V^{294*} + (II-1)^{296*}$. Vorderspiegel Gegenbl. von 1a, Hinterspiegel Gegenbl. von 295*. Fragment zwischen 117 und 118 eingefügt.
Seiten-, Blatt- und Lagenzählung: Römische Foliierung des 17. Jhs. (*1–293*). Vor- und Nachsatzbll. ungez., weshalb hier Zählung der Digitalisate übernommen wird (1a-2a, 294*-296*). Reklamanten durchgängig auf der letzten Versoseite der Lage im rechten Winkel zum Text geschrieben (fehlen auf 140v, 180v, 196v, 224v, 274v).
Zustand: Stockfleckig, v.a. an den Blatträndern, insbesondere an den oberen. Minuskel-Auszeichnungsbuchstaben schlagen durch, selten auch der Fließtext. Mitunter Textblock leicht gebräunt. Wenige Flecken und Benutzungsspuren. Auf den ersten und letzten Bll. leichte Fraßspuren.
Wasserzeichen: Bl. 1a Wappenschild, darauf ein kniender, nimbierter Heiliger mit griechischem Kreuz (vergleichbar mit WZIS DE4230-FolMsMus54b_999 und BRIQUET, Les filigranes 7628); Blume mit acht Blütenblättern, mit Stempel, ohne Stängel, ab Bl. 2, annähernd identisch mit Wzz. von Papieren, die laut WZIS um 1460/1475 in Bayern beschrieben wurden, DE5580-Clm6522_6 .

Schriftraum: 22,2 × 16,3 cm.
Spaltenanzahl: 2 Spalten.

Zeilenanzahl: 49 Zeilen.

Angaben zu Schrift / Schreibern: 1r–100v und 225r–274v wurden von einer Hand beschrieben, die sich einer italienischen Semitextualis im Derolezschen Sinn (vgl. Derolez, Palaeography, S. 119–121) bediente. Die zweite Hand tendierte auf 101r–220v und 275r–293v eher zu einer schleifenlosen Bastarda und zeichnete auch für den Text von Pal. lat. 657 (1r–317v), Pal. lat. 662, Pal. lat. 665, Pal. lat. 666 (11r–77v, 167r–192v) und Pal. lat. 788 (1r–58v) verantwortlich (zu möglichen Schreibern s. Geschichte der Handschrift von Pal. lat. 662).

Buchgestaltung: Zeilengerüst mit Silberstift und Tinte vorgezogen. Zu Beginn eines jeden Kapitels Raum für Initialmajuskeln freigelassen, die allerdings nicht ausgeführt wurden. Die übrigen Buchstaben der Kapitelanfänge in gotischer Minuskel vergrößert dargestellt, über zwei bis vier Zeilen (fehlen auf 39r–100v). Zuweilen neben den Capitulumsanfängen auf Bund- bzw. Seitensteg zugehöriger Titulus meist abgekürzt wiedergegeben. Kommentare zu Abschnitten innerhalb des Kapitels mit Paragrafenzeichen und vergrößerten gotischen Minuskeln hervorgehoben.

Buchschmuck: Initialen nicht ausgeführt, Angaben für den Rubrikator teilweise noch vorhanden.

Nachträge und Benutzungsspuren: Keinerlei Anmerkungen von jüngerer Hand. Kaum Gebrauchsspuren.

Einband: Römischer Einband, Pappe mit weißem Pergament überzogen, in Rom um 1780 gefertigt (Schunke, Einbände 2.2, S. 851). Gelb-kupferfarbenes Kapital. Auf dem Rücken zwei blaue Schildchen mit aktueller Signatur, dazwischen Rückentitel: *Vocabularium iuris et super VI decretalium.* Darunter in Blau: *Pal.*

Provenienz: Neumarkt (?) / Heidelberg.

Geschichte der Handschrift: Blaues Schildchen mit aktueller Signatur auf Vorderspiegel. Auf 1ar neben aktueller Signatur Altsignatur *765* [durchgestrichen], weitere Altsignaturen auf 2ar *1617* [durchgestrichen], *493* und Capsa-Nummer *C. 75.* Auf 1r von Hand des 17. Jhs.: *Vocabularius iuris et conclusiones VI libri et decretalium*, auf Fragment zwischen 117 und 118 ebenfalls von Hand des 17. Jhs.: *Vocabularium iuris et conclusiones in VI decretalium.* Wie das Layout und die Schrift nahelegen, muss die Hs. im Umfeld der Söhne Ottos I. von Pfalz-Mosbach (1390–1461) namens Ruprecht (1437–1465), Albrecht (1440–1506) und Johann (1443–1486) entstanden sein, als diese 1460/61 in Pavia weilten (s. Einleitung). Die Hs. gehörte wohl zu jenen, die unter Ottheinrich von der Heidelberger Schlossbibliothek in die Heiliggeistkirche verbracht wurden. Im dazugehörigen Katalog von 1555/1560 heißt es: *Vocabularius iuris et* [durchgestrichen:] *vtri conclusiones VI. libri et decretalium, auf papir geschrieben* (Pal. lat. 1944, 177v), im Katalog der Bibliothek in der Heiliggeistkirche von 1581 als: *Vocabularius iuris et conclusiones 6 libri et decretalium, geschrieben papir, bretter, rott leder, bucklen, folio* (Pal. lat. 1945, 9).

Faksimile: https://digi.ub.uni-heidelberg.de/diglit/bav_pal_lat_807

Literatur: Bernal Palacios, El profesor, hier S. 35f., 50; Bertram, Abdankung, S. 74, 98, 101; Caprioli, Tre capitoli, S. 221–374, passim; Gero R. Dolezalek, Lexiques de droit et autres outils pour le ‚ius commune' (XIIe-XIXe siècles), in: Les manuscrits des lexiques et glossaires de l'Antiquité tardive à la fin du Moyen Âge. Actes du Colloque international organisé par le ‚Ettore Majorana Centre for Scientific Culture' (Erice, 23–30 Sept. 1994), hrsg. von Jacqueline Hamesse, Louvain-La-Neuve 1996 (Textes et études du moyen âge 4), S. 353–376, hier S. 375; Schunke, Einbände 2.2, S. 851; Seckel, Beiträge, S. 72–105; Stevenson, Latini, S. 286.

1) 1ra–100vb

Titel: Vocabularius Stuttgardiensis.

Angaben zum Text: Wörterbuch des Römischen Rechts für Studenten des Kanonischen Rechts, auch unter dem Titel ‚Exposicio terminorum magis usitatorum' bekannt (s. Seckel, Beiträge, S. 73f.): (1ra–1va) Vorrede; (1va–16va) Buchstabe A; (16va–19ra) Buchstabe B; (19ra–31ra) Buchstabe C; (31rb–39rb) Buchstabe D; (39rb–45ra) Buchstabe E; (45ra–48vb) Buchstabe F; (48vb–49ra) Buchstabe G; (49rb–51rb) Buchstabe H; (51rb–62vb) Buchstabe I; (62vb) Buchstabe K; (63ra–67ra) Buchstabe L; (67ra–71ra) Buchstabe M; (71ra–73ra) Buchstabe N; (73ra–74rb) Buchstabe O; (74rb–84vb) Buchstabe P; (84vb–85va) Buchstabe Q; (85va–88ra) Buchstabe R; (88ra–94rb) Buchstabe S; (94rb–97rb) Buchstabe T; (97rb–100va) Buchstabe V; (100vab) Buchstabe X; (100vb) Buchstabe Y.

Incipit: 1ra ›[Q]*via omnium liberorum*‹ [!] *habere memoriam et in nullo penitus errare pocius est diuinum quam humanum.*

Explicit: 100vb ... *Zelotes id est zelans et vlciscens de renunciacione nisi cum pridem § Persone vero.*

2) 101ra–274vb

Titel: Conclusiones super Sexto.

Angaben zum Text: Schlussfolgerungen aus Passagen des Liber sextus: (101ra–122vb) VI 1.2.1–1.4.4; (122vb–131vb) VI 1.7.1–1.14.1; (131vb–132rb) VI 1.6.4 (132rb–133ra) VI 1.6.9; (133rab) VI 1.6.32; (133vab) VI 1.6.5; (133vb–134ra) VI 1.6.36; (134rab) VI 1.6.14; (134va) VI 1.6.22; (134vb–135ra) VI 1.6.34–1.6.35; (135rab) VI 1.6.15; (135va) VI 1.6.42; (135va) VI 1.6.21; (135vab) VI 1.6.23; (135vb–136ra) VI 1.6.29; (136ra–136va) VI 1.6.37; (136vab) VI 1.6.30; (136vb–137ra) VI 1.6.24; (137rab) VI 1.6.27–1.6.28; (137rb–137va) VI 1.6.43; (138r–140v) leeres Zeilengerüst; (141ra–155vb) VI 2.1.1–2.10.1; (156r) leeres Zeilengerüst; (156va–158ra) VI 2.10.2–2.10.3; (158ra–158vb) VI 2.11.2–2.11.3; (158vb–159ra) VI 1.9.1; (159ra–160vb) VI 2.12.1; (160vb–163rb) VI 2.13.1–2.14.2; (163rb–164ra) VI 2.14.4–2.14.5; (164rb–165va) VI 2.14.3; (165va–174va) VI 2.15.1–3.4.3 (teilweise Reihenfolge der Kapitel leicht vertauscht); (174vab) VI 3.4.34–3.4.35; (174vb–177vb) VI 3.4.4–3.4.15 (3.4.10 fehlt); (178r–180v) leeres Zeilengerüst; (181ra–186ra) VI 3.7.2–3.10.1 (3.7.5 fehlt); (186ra–186vb) VI 3.11.2; (186vb–187va) VI 3.11.1; (187va–193rb) VI 3.13.1–3.19.1; (193v–196v) leeres Zeilengerüst; (197ra–203va) VI 5.7.1–5.7.12; (203va–209ra) VI 5.5.1–5.5.2; (209ra–220vb) VI 5.8.1–5.11.5; (221r–224v) leeres Zeilengerüst; (225ra–274vb) De regulis iuris, regula I–XLVII.

Incipit: 101ra ›[L]*icet Romanus*:‹ *Prima conclusio constitucio generalis a principe edita reuocat precedentem generalem ...*

Explicit: 274vb ... *sed dubitatur an debeat esse absens a ciuitate.*

3) 275ra–293vb

Titel: Conclusiones super Clementinis.

Angaben zum Text: Schlussfolgerungen aus Passagen der Clementinen: (275ra–280vb) Clem. 2.1.1–2.8.2; (280vb–281rb) Clem. 2.10.1; (281rb–281vb) Clem. 2.9.1; (281vb–283ra) Clem. 2.11.1; (283rb–293vb) Clem. 2.12.2–3.7.1 (3.6.1. fehlt).

Incipit: 275ra ›[D]*udum:*‹ *Citacio duplex est realis et verbalis. Realis dicitur cum quis capitur per personam et nuntiis trahitur ad iudicem ...*
Explicit: 293vb ... *det libertatem libere audiendi et cetera de quo hic per Ymolam et alios.*

TH

Vatikan, Biblioteca Apostolica Vaticana, Pal. lat. 808

Pietro del Monte, Repertorium utriusque iuris, pars IV

Papier · 2, 129, 1 Bll. · 30 × 21,5 cm · Süddeutschland (?) · um 1470–1480

Entstehungsort: Süddeutschland (?).
Entstehungszeit: um 1470–1480.

Typus (Überlieferungsform): Codex.
Beschreibstoff: Papier.
Umfang: 2, 129, 1 Bll.
Format (Blattgröße): 30 × 21,5 cm.
Zusammensetzung (Lagenstruktur): $(I\text{-}1)^{1a}$ + 1^{2a} + VI^{12} + $(V\text{-}1)^{21}$ + 8 VI^{116} + $(VI{+}1)^{129}$ + $(I\text{-}1)^{130^*}$. 1a bildet mit dem Vorderspiegel ein Doppelbl. Bl. 129 wurde hinten an der letzten Lage angefalzt, offenbar um den Rest der Stichwortliste aufzunehmen. 130* bildet mit dem Hinterspiegel ein Doppelbl.
Seiten-, Blatt- und Lagenzählung: Tintenfoliierung, Rom 17. Jh. (*1–73, 74–129*), nach 73 ein Bl. übersprungen. Die Bezeichnung unfoliierter Bll. folgt dem Digitalisat (1a–2a, 130*), ebenso die Ergänzung der fehlenden Blattzahl nach Bl. 73 (73a). Textreklamanten parallel zum Falz geschrieben (z. B. 12v, 33v). Zählung der Lemmata am linken Rand des Textblockes in arabischen Zahlen, beginnend jeweils am Anfang jedes Buchstabenabschnittes. Lemmata von anderer Hand in anderer Tinte jeweils am Kopf der Seite als laufender Seitentitel vermerkt.
Zustand: Papier im Schriftspiegel durch Tintenfraß verbräunt.
Wasserzeichen: Bl. 1–129 Handschuh, darüber Blume / Stern, sechsblättrig (ähnlich WZIS DE2730-PO-155957); Bl. 130* (Vorsatzbl.) Heraldischer Adler im Kreis, darüber Krone mit Kreuz (vergleichbar WZIS DE5580-Clm160_166).

Schriftraum: 24,5–25,6 × 14–19 cm.
Spaltenanzahl: 1 Spalte (Tabulae zweispaltig).
Zeilenanzahl: 54–55 Zeilen.
Angaben zu Schrift / Schreibern: Gleichmäßig und routiniert geschriebene Bastarda einer Hand, wohl identisch mit der Schreiberhand von Pal. lat. 811. Seitenränder von mehreren wenig jüngeren Händen genutzt für Einträge (Bastarda, 4. Viertel 15. Jh.).
Buchgestaltung: Schriftraumbegrenzung und Zeilenlinien blind gegriffelt. Einzeilige Lombarden in schwarzer Tinte zu Textabsätzen, fünfzeilig zu den Buchstabenabschnitten. Schwarze Capitula-Zeichen zur Gliederung.

Nachträge und Benutzungsspuren: Zahlreiche Randbetreffe, weitere Stichwörter und Ergänzungen auf den Seitenrändern von anderer Hand. Gelegentlich Zeigehände und einfach skizzierte menschliche Köpfe im Profil (z. B. 32r, 109v, 112r, 113v).

Einband: Weißes Pergament auf Pappe. Rom, um 1780. Beide Deckel mit Spuren von je zwei textilen Schließenbändern (entfernt). Rücken mit vier erhabenen Doppelbünden, oben altes Signaturschild der BAV, Kupferstichkartusche mit roter Schrift: *808.* Rückenbeschriftung: *Diction. H. I. K.* Unten das blaue Signaturschild der BAV. Kapital mit farbigen Seidenfäden umwickelt (braun-gelb). Schunke, Einbände 2,2, S. 851, vgl. ebd. Bd. 1, S. 256.
Provenienz: Heidelberg.
Geschichte der Handschrift: Schrift und Wzz. deuten auf eine Entstehung der Hs. in der 2. Hälfte des 15. Jhs. Das Handschuh-Wz. mit Blume / Stern kommt Vergleichsbeispielen der 1470er Jahre sehr nahe. Im Inventar der juristischen Werke der Palatina von 1581 (Pal. lat. 1945, S. 10: *Repertorium juris iuxta alphabetum, geschrieben, papier in fol. bretter rott leder*). 1623 mit der Bibliotheca Palatina in die vatikanische Bibliothek verbracht. 2ar Capsa-Nummer und Allacci-Signatur *C. 71./1566.* Im Allacci-Register nachweisbar (Pal. lat. 1949, 55r: *1566 Vocabularium. fol. C. 71.*). 1ar ältere Signatur *1339* (gestrichen), darüber die aktuelle Signatur. Besitzstempel der BAV: 1r, 127v, 129v.
Besonderheiten: Das ursprünglich offenbar achtbändige, durchgehend alphabetisch geordnete Werk findet sich heute unter folgenden Signaturen: Pal. lat. 806 (A–B), [C–D fehlt], Pal. lat. 810 (E–G), Pal. lat. 808 (H–K), Pal. lat. 811 (L–O), Pal. lat. 812 (P–Q), Pal. lat. 809 (R–S), Pal. lat. 813 (T–Z).

Faksimile: https://digi.ub.uni-heidelberg.de/diglit/bav_pal_lat_808
Literatur: OVL, Pal.lat. 808; Stevenson, Latini, S. 286.

1) 1r–129r
Verfasser: Pietro del Monte.
Titel: Repertorium utriusque iuris, pars IV (H–K).
Angaben zum Text: (1r–20v) Litera H. *Habere. Hoc verbum habere importat civilem possessionem ... – ... Humanum, humanitas ... humanitas commendatur ut l. Fi c. De dona*[tionibus] *inter vi*[rum] *et uxo*[rem] *et cetera vide mansuetudo, misericordia, dispensatio.* (21r) Tabula H. *1 Habere i, 2 Habilitas II ... – ... 44 Humanum xliii.* – 21v leer. (22r–127v) Literae I–K. *Iacob. Licet Iacob ex ancilla filios sibi genuerit ... – ... Kyrieleison. De hac dictione vide spec. de sen. § Ut autem versu, porro et in rationali divinorum officiorum l. i. De hac litera K cetera require in litera C ut calendarium et cetera.* (128r–129r) Tabula I–K. *1 Iacob, 2 Jacobus ... 315 Kyrieleison.* Umfangreiches Repertorium zum kirchlichen und weltlichen Recht anhand von alphabetisch geordneten Stichwörtern. Im vorliegenden Fall umfasste das Werk 8 Bde., von denen heute einer fehlt (C–D), s. Besonderheiten (vgl. Bernal, El profesor, s. u., S. 44). Am Ende jedes Buchstabenabschnittes folgt ein Stichwörterverzeichnis (Tabula). Die nur wenigen Stichwörter zu K wurden dabei an den Abschnitt zu I und J angehängt, wobei auch auf C verwiesen wird. Bernal Palacios, El profesor, S. 43 f., 50 (diese Hs.); Quaglioni, Pietro del Monte; Ders., La justice, S. 103–112; Rep. font. 4, S. 155 f. (Lit.); Schulte, GQ 2, S. 318.
Incipit: 1r *Habere: Hoc verbum habere importat civilem possessionem ...*
Explicit: 127v ... *de hac littera K cetera require in littera C ut calendarium et cetera.*

Edition: Mehrere Inkunabeldrucke (GW M25363, M25366, M25368, M25372, M25374). Verglichen wurde: Petrus de Monte, Repertorium iuris, hrsg. von Comes de Alvarotis, Padua, Johann Herbort, 16.XI.1480 (GW M25372).

WM

Vatikan, Biblioteca Apostolica Vaticana, Pal. lat. 809

Pietro del Monte, Repertorium utriusque iuris, pars VII

Papier · 1, 163, 1 Bll. · 29,7 × 21,4 cm · Süddeutschland (?) · um 1470–1480

Entstehungsort: Süddeutschland (?).
Entstehungszeit: um 1470–1480.

Typus (Überlieferungsform): Codex.
Beschreibstoff: Papier.
Umfang: 1, 163, 1 Bll.
Format (Blattgröße): 29,7 × 21,4 cm.
Zusammensetzung (Lagenstruktur): $(I-1)^{1a}$ + 3 VI^{36} + $(IV-1)^{43}$ + 10 VI^{163} + $(I-1)^{164*}$. 1a bildet mit dem Vorderspiegel ein Doppelbl. 164* bildet mit dem Hinterspiegel ein Doppelbl. Am Schluss eine Lage verloren (Textverlust, s. Inhalt).
Seiten-, Blatt- und Lagenzählung: Tintenfoliierung, Rom 17. Jh. (*1–163*). Die Bezeichnung unfoliierter Bll. folgt dem Digitalisat (1a, 164*). Durchgehend Textreklamanten (zum Teil durch Beschnitt entfallen). Zählung der Lemmata am linken Rand des Textblockes in arabischen Zahlen, beginnend jeweils am Anfang jedes Buchstabenabschnittes. Lemmata von anderer Hand in anderer Tinte jeweils am Kopf der Seite als laufender Seitentitel vermerkt.
Zustand: Papier im Schriftspiegel durch Tintenfraß verbräunt. Vorsatzbll. mit Wasserrand. Am Schluss eine Lage verloren (Textverlust, s. Inhalt).
Wasserzeichen: Bl. 1a (Vorsatzbl.) Wappenschild in Rossstirn-Form, Wappenbild: Dreiberg, darüber Buchstabe F (ähnlich WZIS DE5580-Codgraec170_I; Edward Heawood, Watermarks, Hilversum 1950, S. 122, Nr. 2616; vgl. auch Briquet, Les filigranes 11938); Bl. 1–67 Handschuh, darüber Blume / Stern, sechsblättrig, in zwei Varianten (ähnlich WZIS DE2730-PO-155957); Bl. 68–150 Handschuh, darüber Kreuz, einkonturig (ähnlich WZIS DE0960-4Inc409.5_208); Bl. 154–163 zwei gekreuzte Hämmer, darüber Krone mit Kreuz (ähnlich WZIS DE0960-4Inc409.5_52).

Schriftraum: 23,8–27,6 × 14–19 cm.
Spaltenanzahl: 1 Spalte (Tabulae zweispaltig).
Zeilenanzahl: 54–55 Zeilen.
Angaben zu Schrift / Schreibern: Gleichmäßig und routiniert geschriebene Bastarda einer Hand. Seitenränder von mehreren wenig jüngeren Händen genutzt für Einträge (Bastarda, 4. Viertel 15. Jh.).
Buchgestaltung: Schriftraumbegrenzung und Zeilenlinien blind gegriffelt. Ein- bis dreizeilige Lombarden und Kadellen in schwarzer Tinte zu Textabsätzen, dreizeilige schwarze Lombarden zu Buchstabenabschnitten und hervorgehobenen Lemmata. Schwarze Capitula-Zeichen zur Gliederung.

Nachträge und Benutzungsspuren: Zahlreiche Randbetreffe, weitere Stichwörter und Ergänzungen auf den Seitenrändern von anderer Hand. Gelegentlich Zeigehände und einfach skizzierte menschliche Köpfe im Profil (z.B. 44r, 71r, 98r, 158r). Lemmata am Kopf der Seite als laufender Seitentitel nachgetragen.

Einband: Weißes Pergament auf Pappe. Rom, um 1780. Beide Deckel mit Spuren von je zwei textilen Schließenbändern (entfernt). Rücken mit vier erhabenen Doppelbünden, oben altes Signaturschild der BAV, Kupferstichkartusche, darin in Rot: *809*. Darunter Rückenbeschriftung: *Dictionarius R. S.* Unten das blaue Signaturschild der BAV. Kapital mit farbigen Seidenfäden umwickelt (braun-gelb). SCHUNKE, Einbände 2,2, S. 851, vgl. ebd. Bd. 1, S. 256.
Provenienz: Heidelberg.
Geschichte der Handschrift: Schrift und Wzz. deuten auf eine Entstehung der Hs. in der 2. H. des 15. Jhs. Die Wzz. Handschuh mit Blume / Stern und gekreuzte Hämmer mit Krone kommen Vergleichsbeispielen der 1470er Jahre sehr nahe. Im Inventar der juristischen Werke der Palatina von 1581 (Pal. lat. 1945, S. 10: *Repertorium juris iuxta alphabetum, geschrieben, papier in fol. bretter rott leder*). 1623 mit der Bibliotheca Palatina in die vatikanische Bibliothek verbracht. 1r Capsa-Nummer und Allacci-Signatur *C. 70/1412.* Entsprechend im Allacci-Register (Pal. lat. 1949, 55r: *1412 Vocabularii pars ab R. fol. C. 70.*). Ältere Signaturen: 1ar *17* darunter *1340* (beide gestrichen). Darüber die aktuelle Signatur. Besitzstempel der BAV: 1r, 163v.
Besonderheiten: Das ursprünglich offenbar achtbändige, durchgehend alphabetisch geordnete Werk findet sich heute unter folgenden Signaturen: Pal. lat. 806 (A–B), [C–D fehlt], Pal. lat. 810 (E–G), Pal. lat. 808 (H–K), Pal. lat. 811 (L–O), Pal. lat. 812 (P–Q), Pal. lat. 809 (R–S), Pal. lat. 813 (T–Z).

Faksimile: https://digi.ub.uni-heidelberg.de/diglit/bav_pal_lat_809
Literatur: STEVENSON, Latini, S. 286.

1) 1r–163v
Verfasser: PIETRO DEL MONTE.
Titel: Repertorium utriusque iuris, pars VII (R–S).
Angaben zum Text: (1r–42v) Littera R. ›*Sequitur littera R*‹. *Raab: Quamvis meretrix fuerit tamen principi de tribu Juda copulata ... – ... Reus ... An reus condempnatus in personam que erat nulla ... de facto processit c. De accu. l. iiii. facit quod notatur in l. i. in fi ff et /.* Die weiteren Lemmata zu R fehlen (vgl. Druck Padua, Johann Herbort, 1480, s. Edition). (43rv) Tabula R. *1 Raab, 2 Rathel ... – ... 123 Reus.* Das Verzeichnis der Lemmata reicht ebenfalls nur bis ‚Reus'. Zu weiteren Lemmata aus dem fehlenden Teil finden sich Verweise auf 43r am rechten Seitenrand (z.B. *Robatio vide latrocinium*). (44r–163v) Littera S. *Sabbatum. Die sabbati est ieiunandum vel non secundum consuetudinem ... – ... Suspectus ... 24 Qualiter debeat iurari debitorem esse suspectum de fuga ... An processus factus a iudice suspecto valeat, vide Bal. /.* Text bricht am Seiten- und Lagenende (s.o. Lagenstruktur) unvollständig im Satz ab. Umfangreiches Repertorium zum kirchlichen und weltlichen Recht anhand von alphabetisch geordneten Stichwörtern. Im vorliegenden Fall umfasste das Werk 8 Bde., von denen heute einer fehlt (C–D), s. Besonderheiten (vgl. BERNAL PALACIOS, El profesor, s.u., S. 44). Am Ende jedes Buchstabenabschnittes folgt in der Regel ein Stichwörterverzeichnis (Tabula). Arturo BERNAL PALACIOS, El profesor, S. 43f., 50 (diese Hs.); QUAGLIONI, Pietro del

Monte; QUAGLIONI, La justice, S. 103–112, online unter https://doi.org/10.4000/books.psorbonne.19981; Rep. font. 4, S. 155 f. (Lit.); SCHULTE, GQ 2, S. 318.
Rubrik: 1r ›*Sequitur littera R*‹.
Incipit: 1r *Raab: Quamvis meretrix fuerit tamen principi de tribu Juda copulata* ...
Explicit: 163v ... *An processus factus a iudice suspecto valeat, vide Bal.* /.
Edition: mehrere Inkunabeldrucke (GW M25363, M25366, M25368, M25372, M25374). Verglichen wurde: PETRUS DE MONTE, Repertorium iuris, hrsg. von Comes DE ALVAROTIS, Padua, Johann HERBORT, 16.XI.1480 (GW M25372).

WM

Vatikan, Biblioteca Apostolica Vaticana, Pal. lat. 810

Pietro del Monte, Repertorium utriusque iuris, pars III

Papier · 3, 188, 1 Bll. · 29,8 × 21,8 cm · Süddeutschland (?) · um 1470–1480

Entstehungsort: Süddeutschland (?).
Entstehungszeit: um 1470–1480.

Typus (Überlieferungsform): Codex.
Beschreibstoff: Papier.
Umfang: 3, 188, 1 Bll.
Format (Blattgröße): 29,8 × 21,8 cm.
Zusammensetzung (Lagenstruktur): $(II-1)^{3a}$ + 8 VI^{95} + V^{105} + VII^{118} + 5 VI^{178} + IV^{186} + $(I-1)^{187*}$. 3a bildet mit dem Vorderspiegel ein Doppelbl. 187* bildet mit dem Hinterspiegel ein Doppelbl.
Seiten-, Blatt- und Lagenzählung: Tintenfoliierung, Rom 17. Jh. (*1–80, 80–112, 112–186*). Die Bezeichnung unfoliierter Bll. folgt dem Digitalisat (1a–3a, 187*), ebenso die Ergänzung sich wiederholender Blattzahlen (80a, 112a). Durchgehend Textreklamanten. Zählung der Lemmata am linken Rand des Textblockes in arabischen Zahlen, beginnend jeweils am Anfang jedes Buchstabenabschnittes. Lemmata von anderer Hand in anderer Tinte jeweils am Kopf der Seite als laufender Seitentitel vermerkt.
Zustand: Papier im Schriftspiegel durch Tintenfraß verbräunt. Zahlreiche Wurmlöcher, im Rücken oben ein Teil ausgebrochen, altes Signaturschild fragmentiert (s. Einband).
Wasserzeichen: Bl. 2a und Hinterspiegel: Krone, darüber sechsstrahliger Stern, zweikonturig (ähnlich WZIS AT3800-PO-51661); Bl. 2–95, 97–116, 174–184 Handschuh, darüber Blume / Stern, sechsblättrig (ähnlich WZIS DE2730-PO-155957); Bl. 96, 118–171 Handschuh, darüber Kreuz, einkonturig (ähnlich WZIS DE0960-4Inc409.5_208); Bl. 172–173 zwei gekreuzte Hämmer, darüber Krone mit Kreuz (ähnlich WZIS DE0960-4Inc409.5_52); Bl. 102 Anker im Kreis (?).

Schriftraum: 25 × 20 cm.
Spaltenanzahl: 1 Spalte (Tabulae zweispaltig).
Zeilenanzahl: 54–55 Zeilen.

Angaben zu Schrift / Schreibern: Gleichmäßig und routiniert geschriebene Bastarda von zwei Händen (1r–172r, 174r–186r). Seitenränder von mehreren wenig jüngeren Händen genutzt für Einträge (Bastarda, 4. Viertel 15. Jh.).
Buchgestaltung: Schriftraumbegrenzung und Zeilenlinien blind gegriffelt. Einzeilige Lombarden in schwarzer Tinte zu Textabsätzen, fünfzeilig zu den Buchstabenabschnitten. Schwarze Capitula-Zeichen zur Gliederung.

Nachträge und Benutzungsspuren: Zahlreiche Randbetreffe, weitere Stichwörter und Ergänzungen auf den Seitenrändern von anderer Hand. Gelegentlich Zeigehände und einfach skizzierte menschliche Köpfe im Profil (z. B. 152v, 154v).

Einband: Weißes Pergament auf Pappe. Rom, um 1780. Beide Deckel mit Spuren von je zwei textilen Schließenbändern (entfernt). Rücken mit vier erhabenen Doppelbünden, oben altes Signaturschild der BAV, Kupferstichkartusche mit roter Schrift: *81*[0]. Rückenbeschriftung: *Tituli iuris ab E ad G.* Unten das blaue Signaturschild der BAV. Rücken durch zahlreiche Wurmlöcher geschädigt, am Kopf ein Teil ausgebrochen. Kapital mit farbigen Seidenfäden umwickelt (braun-gelb). Schunke, Einbände 2,2, S. 851, vgl. ebd. Bd. 1, S. 256.
Provenienz: Heidelberg.
Geschichte der Handschrift: Schrift und Wzz. deuten auf eine Entstehung der Hs. in der 2. Hälfte des 15. Jhs. Die Wzz. Handschuh mit Blume / Stern und gekreuzte Hämmer mit Krone kommen Vergleichsbeispielen der 1470er Jahre sehr nahe. Im Inventar der Palatina von 1581 (Pal. lat. 1949, S. 10: *Repertorium juris iuxta alphabetum, geschrieben, papier in fol. bretter rott leder*). 1623 mit der Bibliotheca Palatina in die vatikanische Bibliothek verbracht. Keine Allacci-Signatur vorhanden. Ältere Signaturen: 1ar *691, 706* (beide gestrichen); 1r unten *607*; 127* *928*. Besitzstempel der BAV: 1r, 125v.
Besonderheiten: Das ursprünglich offenbar achtbändige, durchgehend alphabetisch geordnete Werk findet sich heute unter folgenden Signaturen: Pal. lat. 806 (A–B), [C–D fehlt], Pal. lat. 810 (E–G), Pal. lat. 808 (H–K), Pal. lat. 811 (L–O), Pal. lat. 812 (P–Q), Pal. lat. 809 (R–S), Pal. lat. 813 (T–Z).

Faksimile: https://digi.ub.uni-heidelberg.de/diglit/bav_pal_lat_810
Literatur: Stevenson, Latini, S. 286.

1) 1r–186r
Verfasser: Pietro del Monte.
Titel: Repertorium utriusque iuris, pars III (E–G).
Angaben zum Text: (1r–104v) Littera E. *Eatenus, iste dictiones eatenus, quatenus sumuntur altero de tribus modis ... – ... extunc ... ibi super verbum ex nunc et cetera.* (105rv) Tabula E. *1 Eatenus ... – ... 153 Ex tunc.* – 106rv leer. (107r–171r) Littera F. *Faber, an et quando faber qui moratur prope scolas seu prope domum doctoris possit expelli ... – ... exemtio ecclesie cum capellis an intelligatur de futuris dic ut ibi et cetera. Sequitur littera g et sic deinceps usque ad finem.* (171r–172r) *1 Faber ... – ... 124 Futurum.* - 172v–173v leer. (174r–185v) Littera G. *Gabonite. Josue servavit promissionem quam fecit ... – ... Guilhelmus Duranti fuit auditor sacri palacii ... nisi quod forte fatigatus a studio dormitavit Omerus.* (186rab). Tabula G. *1 Gracianus ... – ... 54 Guilhelmus.* Umfangreiches Repertorium zum kirchlichen und weltlichen Recht anhand von alphabetisch geordneten Stichwörtern. Im vorliegenden Fall umfasste das Werk 8 Bde., von denen heute einer fehlt (C–D), s. Besonderheiten (vgl.

Bernal Palacios, El profesor, s.u., S. 44). Am Ende jedes Buchstabenabschnittes folgt ein Stichwörterverzeichnis (Tabula). Bernal Palacios, El profesor, S. 43f., 50 (diese Hs.); Quaglioni, Pietro del Monte; Quaglioni, La justice, S. 103–112, online unter https://doi.org/10.4000/books.psorbonne.19981; Rep. font. 4, S. 155f. (Lit.); Schulte, GQ 2, S. 318.
Incipit: 1r *Eatenus, iste dictiones eatenus, quatenus sumuntur altero de tribus modis ...*
Explicit: 185v ... *quod forte fatigatus a studio dormitavit Omerus.*
Edition: Mehrere Inkunabeldrucke (GW M25363, M25366, M25368, M25372, M25374). Verglichen wurde: Petrus de Monte, Repertorium iuris, hrsg. von Comes de Alvarotis, Padua, Johann Herbort, 16.XI.1480 (GW M25372).

WM

Vatikan, Biblioteca Apostolica Vaticana, Pal. lat. 811

Pietro del Monte, Repertorium utriusque iuris, pars V

Papier · 3, 192 Bll. · 29,9 × 22 cm · Süddeutschland (?) · um 1470–1480

Entstehungsort: Süddeutschland (?).
Entstehungszeit: um 1470–1480.

Typus (Überlieferungsform): Codex.
Beschreibstoff: Papier.
Umfang: 3, 192 Bll.
Format (Blattgröße): 29,9 × 22 cm.
Zusammensetzung (Lagenstruktur): $(II-1)^{3a}$ + 12 VI^{144} + $(VI-1)^{155}$ + 2 VII^{183} + $(V-1)^{192*}$. 3a bildet mit dem Vorderspiegel ein Doppelbl. Vor 145 ein Bl. entfernt (kein Textverlust). Der Hinterspiegel ist Teil der letzten Lage.
Seiten-, Blatt- und Lagenzählung: Tintenfoliierung, Rom 17. Jh. (*1–190*). Die Bezeichnung unfoliierter Bll. folgt dem Digitalisat (1a–3a, 191*–192*). Textreklamanten der ersten Schreiberhand parallel zum Falz geschrieben (z.B. 12v, 36v). Zählung der Lemmata am linken Rand des Textblockes in arabischen Zahlen, beginnend jeweils am Anfang jedes Buchstabenabschnittes. Lemmata von anderer Hand in anderer Tinte jeweils am Kopf der Seite als laufender Seitentitel vermerkt.
Zustand: Papier im Schriftspiegel durch Tintenfraß verbräunt. Zahlreiche Wurmlöcher im Rücken, oben ein Teil ausgebrochen, altes Signaturschild fragmentiert (s. Einband).
Wasserzeichen: Bl. 2a Krone, darüber sechsstrahliger Stern, zweikonturig (ähnlich WZIS AT3800-PO-51661); Bl. 1–168 und 170–192* Handschuh, darüber Blume / Stern, sechsblättrig, in zwei Varianten (ähnlich WZIS DE2730-PO-155957); Bl. 169 Mühlrad, mit Kurbel, sechs Speichen (ähnlich WZIS DE0510-CodIII12_33_X).

Schriftraum: 24,3 × 15–20 cm.
Spaltenanzahl: 1 Spalte (Tabulae zweispaltig).
Zeilenanzahl: 54–55 Zeilen.
Angaben zu Schrift / Schreibern: Bastarda mit kursivem Duktus von 5 Händen (1r–48v, 49r–60v, 61r–155r, 157r–169v, 170r–190r). Die Schreiber waren jeweils auch in den anderen,

zugehörigen Bänden des Repertorium utriusque iuris tätig (s. u. Besonderheiten). Seitenränder von mehreren wenig jüngeren Händen genutzt für Einträge (Bastarda, 4. Viertel 15. Jh.).
Buchgestaltung: Schriftraumbegrenzung und Zeilenlinien blind gegriffelt. Ein- bis zweizeilige Lombarden in schwarzer Tinte zu Textabsätzen, zwei- bis vierzeilig zu den Buchstabenabschnitten. Schwarze Capitula-Zeichen zur Gliederung.

Nachträge und Benutzungsspuren: Zahlreiche Randbetreffe, weitere Stichwörter und Ergänzungen auf den Seitenrändern von anderer Hand. Gelegentlich Zeigehände und einfach skizzierte menschliche Köpfe im Profil (z. B. 160r, 178r, 184v, 185v). Lemmata am Kopf der Seite als laufender Seitentitel nachgetragen.

Einband: Weißes Pergament auf Pappe. Rom, um 1780. Beide Deckel mit Spuren von je zwei textilen Schließenbändern (entfernt). Rücken mit vier erhabenen Doppelbünden, oben altes Signaturschild der BAV, Kupferstichkartusche – größtenteils verloren. Rückenbeschriftung: *Tituli iuris L. ad P.* Unten das blaue Signaturschild der BAV. Rücken durch zahlreiche Wurmlöcher geschädigt, am Kopf ein Teil ausgebrochen. Kapital mit farbigen Seidenfäden umwickelt (braun-gelb). Schunke, Einbände 2,2, S. 851, vgl. ebd. Bd. 1, S. 256.
Provenienz: Heidelberg.
Geschichte der Handschrift: Schrift und Wzz. deuten auf eine Entstehung der Hs. in der 2. Hälfte des 15. Jhs. Das Handschuh-Wz. kommt Vergleichsbeispielen der 1470er Jahre sehr nahe. Im Inventar der juristischen Werke der Palatina von 1581 (Pal. lat. 1945, S. 10: *Repertorium juris iuxta alphabetum, geschrieben, papier in fol. bretter rott leder*). 1623 mit der Bibliotheca Palatina in die vatikanische Bibliothek verbracht. 1r *C. 107./459.* Entsprechend im Allacci-Register (Pal. lat. 1949, 17r: *459 Dictionarium, incipit a littera L. fol. C. 107*). Ältere Signaturen: 1ar *107* (gestrichen), 1r *608.* 1ar aktuelle Signatur *Pal. 811.* Besitzstempel der BAV: 1r, 189v, 190v.
Besonderheiten: Das ursprünglich offenbar achtbändige, durchgehend alphabetisch geordnete Werk findet sich heute unter folgenden Signaturen: Pal. lat. 806 (A–B), [C–D fehlt], Pal. lat. 810 (E–G), Pal. lat. 808 (H–K), Pal. lat. 811 (L–O), Pal. lat. 812 (P–Q), Pal. lat. 809 (R–S), Pal. lat. 813 (T–Z).

Faksimile: https://digi.ub.uni-heidelberg.de/diglit/bav_pal_lat_811
Literatur: Stevenson, Latini, S. 286.

1) 1r–190r
Verfasser: Pietro del Monte.
Titel: Repertorium utriusque iuris, pars V (L–O).
Angaben zum Text: (1r–59v) Littera L. *Labor secundum tres qualitates laborum honores et commoda ... – ... Luxuria ... Luxuria aliquando plus habet quam castitas xxxiiii di. Fraternitatis glosa i.* (59v–60v) Tabula L. *1 Labor, 2 Labarum ... – ... C De diversis officiis e. li. fi.* (61r–120v) Littera M. *Macedonius fuit hereticus qui negabat spiritum sanctum ... – ... Munimenta. Que dicantur munimenta cause nota glosa in cle. coram de resti in integ. de electione quamvis in fi. libro sexto.* Die Lemmata ‚munus' bis ‚mutuans' des Druckes sowie die Tabula zu M fehlen. (121r–154v) Littera N. *Nabugodonosor significat duo tempora scilicet primitivum ... – ... Nutus ... fallit tamen in casu illius l. ut ibi nota per eum. ›Explicit N littera‹.* (155r) Tabula N. *1 Nabugodonosor, 2 Nam ... – ... 90 Nutus.* - 155v–156v leer. (157r–189v) Littera O. *O hec littera est ultima Hebreorum et a est prima ... – ... Ovis, ovile ... nota quod ovis non est inter*

pecudes numeranda et cetera. ›*Sequitur littera P*‹. (190r) Tabula O. *1 O, 2 ob, 3 ob causam* … – … *89 ovis, ovile.* Umfangreiches Repertorium zum kirchlichen und weltlichen Recht anhand von alphabetisch geordneten Stichwörtern. Im vorliegenden Fall umfasste das Werk acht Bde., von denen heute einer fehlt (C–D), s. o. zu Besonderheiten (vgl. BERNAL PALACIOS, El profesor, S. 44). Am Ende jedes Buchstabenabschnittes folgt ein Stichwörterverzeichnis (Tabula). Am Ende des Abschnittes zu M scheint hier etwas zu fehlen (s. o.). Arturo BERNAL PALACIOS, El profesor, S. 43 f., 50 (diese Hs.); QUAGLIONI, Pietro del Monte; QUAGLIONI, La justice, S. 103–112, online unter https://doi.org/10.4000/books.psorbonne.19981; Rep. font. 4, S. 155 f. (Lit.); SCHULTE, GQ 2, S. 318.

Incipit: 1r *Labor secundum tres qualitates laborum honores et commoda* …

Explicit: 189v … *nota quod ovis non est inter pecudes numeranda et cetera.*

Edition: Mehrere Inkunabeldrucke (GW M25363, M25366, M25368, M25372, M25374). Verglichen wurde: PETRUS DE MONTE, Repertorium iuris, hrsg. von Comes DE ALVAROTIS, Padua, Johann HERBORT, 16.XI.1480 (GW M25372).

WM

Vatikan, Biblioteca Apostolica Vaticana, Pal. lat. 812

Pietro del Monte, Repertorium utriusque iuris, pars VI

Papier · 2, 196, 1 Bll. · 30 × 21,7 cm · Süddeutschland (?) · um 1470–1480

Entstehungsort: Süddeutschland (?).
Entstehungszeit: um 1470–1480.

Typus (Überlieferungsform): Codex.
Beschreibstoff: Papier.
Umfang: 2, 196, 1 Bll.
Format (Blattgröße): 30 × 21,7 cm.
Zusammensetzung (Lagenstruktur): $(I-1)^{1a} + 1^{2a} + 16\ VI^{192} + II^{196*} + (I-1)^{197*}$. 1a bildet mit dem Vorderspiegel ein Doppelbl. 197* bildet mit dem Hinterspiegel ein Doppelbl.
Seiten-, Blatt- und Lagenzählung: Tintenfoliierung, Rom 17. Jh. (*1–195*). Die Bezeichnung unfoliierter Bll. folgt dem Digitalisat (1a–2a, 196*–197*). Textreklamanten (zum Teil angeschnitten). Zählung der Lemmata am linken Rand des Textblockes in arabischen Zahlen, beginnend jeweils am Anfang jedes Buchstabenabschnittes. Lemmata von anderer Hand in anderer Tinte jeweils am Kopf der Seite als laufender Seitentitel vermerkt.
Zustand: Papier im Schriftspiegel durch Tintenfraß verbräunt. Zahlreiche Wurmlöcher im Rücken, oben und unten Teile ausgebrochen, sonst brüchig, Signaturschilder fragmentiert (s. Einband).
Wasserzeichen: Bl. 3 menschlicher Kopf im Profil, darüber ein sechsstrahliger Stern, einkonturig, in mehreren Varianten (ähnlich WZIS DE8100-CodTheol2281_115); Bl. 4–193 Handschuh, darüber Blume / Stern, sechsblättrig, in zwei Varianten (ähnlich WZIS DE2730-PO-155957); Bl. 194 zwei gekreuzte Hämmer, darüber Krone mit Kreuz (ähnlich WZIS DE5580-2Incca354_X5); Bl. 197* Krone, darüber sechsstrahliger Stern, zweikonturig (ähnlich WZIS AT3800-PO-51661).

Schriftraum: 24,2 × 15,5–20,5 cm.
Spaltenanzahl: 1 Spalte (Tabula zweispaltig).
Zeilenanzahl: 54–55 Zeilen.
Angaben zu Schrift / Schreibern: Bastarda mit kursivem Duktus von vier Händen (1r–36v und 117r oben, 37r–130v und 132r–164r, 131r–131v, 164r–195). Die Schreiber waren jeweils auch in den anderen, zugehörigen Bänden des Repertorium utriusque iuris tätig (s. Besonderheiten). Seitenränder von mehreren wenig jüngeren Händen genutzt für Einträge (Bastarda, 4. Viertel 15. Jh.).
Buchgestaltung: Schriftraumbegrenzung und Zeilenlinien blind gegriffelt. Ein- bis fünfzeilige Lombarden in schwarzer Tinte zu Textabsätzen, sechszeilig zum Beginn des Buchstabenabschnitts P, dort das erste Lemma in vergrößerter Ziermajuskel. Schwarze Capitula-Zeichen zur Gliederung.

Nachträge und Benutzungsspuren: Zahlreiche Randbetreffe, weitere Stichwörter und Ergänzungen auf den Seitenrändern von anderer Hand. Gelegentlich Zeigehände und einfach skizzierte menschliche Köpfe im Profil (z. B. 1v, 9r, 76v, 102v, 156v). Lemmata am Kopf der Seite als laufender Seitentitel nachgetragen.

Einband: Weißes Pergament auf Pappe. Rom, um 1780. Beide Deckel mit Spuren von je zwei textilen Schließenbändern (entfernt). Rücken mit vier erhabenen Doppelbünden, oben altes Signaturschild der BAV (fragmentiert), Kupferstichkartusche, darin in Rot: *812.* Darunter das blaue Signaturschild der BAV (ebenfalls fragmentiert). Rückenbeschriftung: [Tit]*uli iuris ... P. Q.* Rücken durch zahlreiche Wurmlöcher stark geschädigt, mehrere Teile ausgebrochen. Kapital mit farbigen Seidenfäden umwickelt (braun-gelb). Schunke, Einbände 2,2, S. 851, vgl. ebd. Bd. 1, S. 256.
Provenienz: Heidelberg.
Geschichte der Handschrift: Schrift und Wzz. deuten auf eine Entstehung der Hs. in der 2. H. des 15. Jhs. Die Wzz. Handschuh mit Blume / Stern und gekreuzte Hämmer mit Krone kommen Vergleichsbeispielen der 1470er Jahre sehr nahe. Im Inventar der juristischen Werke der Palatina von 1581 (Pal. lat. 1945, S. 10: *Repertorium juris iuxta alphabetum, geschrieben, papier in fol. bretter rott leder*). 1623 mit der Bibliotheca Palatina in die vatikanische Bibliothek verbracht. 2ar Capsa-Nummer und Allacci-Signatur *C. 46./582.* Entsprechend im Allacci-Register (Pal. lat. 1949, 17r: *582 Dictionarium, incipit a littera P. fol. C. 46*). Besitzstempel der BAV: 1r, 195v.
Besonderheiten: Das ursprünglich offenbar achtbändige, durchgehend alphabetisch geordnete Werk findet sich heute unter folgenden Signaturen: Pal. lat. 806 (A–B), [C–D fehlt], Pal. lat. 810 (E–G), Pal. lat. 808 (H–K), Pal. lat. 811 (L–O), Pal. lat. 812 (P–Q), Pal. lat. 809 (R–S), Pal. lat. 813 (T–Z).

Faksimile: https://digi.ub.uni-heidelberg.de/diglit/bav_pal_lat_812
Literatur: Stevenson, Latini, S. 286.

1) 1r–195r
Verfasser: Pietro del Monte.
Titel: Repertorium utriusque iuris, pars VI (P–Q).
Angaben zum Text: (1r–172v) Littera P. *Pabulum, de hoc verbo habes de officiorum ordinatione inter cetera de testa. C. i De sepultura c. i ... – ... Puteus, puteale. ... Puteale est instru-*

mentum quod cooperit puteum ff. De actionibus empti l. Inter eum in fine. (172v–193r) Littera Q. *Quadragesima. Sequitur rubrica quadragesima sed inmediate ponitur quidam tractatus de jeiunio ... – ... Quorum ... An quorum legatorum detur in donacione causa mortis nota Bar. ff. Quorum le. l. i. § Si quis ex mortis.* (193r–195r) Tabulae P–Q. *1 Pabulum, 2 Pacificus ... – ... 67 Quorum.* Umfangreiches Repertorium zum kirchlichen und weltlichen Recht anhand von alphabetisch geordneten Stichwörtern. Im vorliegenden Fall umfasste das Werk acht Bde., von denen heute einer fehlt (C–D), s. Besonderheiten (vgl. Bernal Palacios, El profesor, S. 44). Die Stichwörterverzeichnisse (Tabulae), sonst jeweils am Ende jedes Buchstabenabschnittes, wurden hier für P und Q zusammengefasst am Ende des Abschnittes zu Q. Bernal Palacios, El profesor, S. 33–50, hier S. 43f., 50 (diese Hs.); Quaglioni, Pietro del Monte; Quaglioni, La justice, S. 103–112, online unter https://doi.org/10.4000/books.psorbonne.19981; Rep. font. 4, S. 155f. (Lit.); Schulte, GQ 2, S. 318.

Incipit: 1r *Pabulum, de hoc verbo habes de officiorum ordinatione inter cetera ...*

Explicit: 193r *... in donacione causa mortis nota Bar. ff. Quorum le. l. i. § Si quis ex mortis et cetera. Deo gracias.*

Edition: Mehrere Inkunabeldrucke (GW M25363, M25366, M25368, M25372, M25374). Verglichen wurde: Petrus de Monte, Repertorium iuris, hrsg. von Comes de Alvarotis, Padua, Johann Herbort, 16.XI.1480 (GW M25372).

WM

Vatikan, Biblioteca Apostolica Vaticana, Pal. lat. 813

Pietro del Monte, Repertorium utriusque iuris, pars VIII

Papier · 3, 123 Bll. · 30,5 × 22,3 cm · Süddeutschland (?) · um 1470–1480

Entstehungsort: Süddeutschland (?).
Entstehungszeit: um 1470–1480.

Typus (Überlieferungsform): Codex.
Beschreibstoff: Papier.
Umfang: 3, 123 Bll.
Format (Blattgröße): 30,5 × 22,3 cm.
Zusammensetzung (Lagenstruktur): $(II-1)^{3a}$ + 9 VI^{108} + V^{118} + $(III-1)^{123*}$. 3a bildet mit dem Vorderspiegel ein Doppelbl. Der Hinterspiegel ist Teil der letzten Lage.
Seiten-, Blatt- und Lagenzählung: Tintenfoliierung, Rom 17. Jh. (*1–121*). Die Bezeichnung unfoliierter Bll. folgt dem Digitalisat (1a–3a, 122*–123*). Textreklamanten (zum Teil angeschnitten). Zählung der Lemmata am linken Rand des Textblockes in arabischen Zahlen, beginnend jeweils am Anfang jedes Buchstabenabschnittes. Lemmata von anderer Hand in anderer Tinte jeweils am Kopf der Seite als laufender Seitentitel vermerkt.
Zustand: Papier im Schriftspiegel durch Tintenfraß leicht verbräunt. Rücken am Kopf durch Wurmlöcher geschädigt, Teile ausgebrochen, dadurch älteres Signaturschild fragmentiert (s. Einband).
Wasserzeichen: Bl. 2a Krone, darüber sechsstrahliger Stern, zweikonturig (ähnlich WZIS AT3800-PO-51661); Bl. 1–123* zwei gekreuzte Hämmer, darüber Krone mit Kreuz, in zwei Varianten (ähnlich WZIS DE8100-HBVIII14a_999).

Schriftraum: 24,5 × 15–20 cm.
Spaltenanzahl: 1 Spalte (Tabulae zweispaltig).
Zeilenanzahl: 54–55 Zeilen.
Angaben zu Schrift / Schreibern: Bastarda mit kursivem Duktus von zwei Händen (1r–20r, 20r–121v). Die Schreiber waren jeweils auch in den anderen, zugehörigen Bänden des Repertorium utriusque iuris tätig (s. Besonderheiten). Seitenränder von mehreren wenig späteren Händen genutzt für Einträge (Bastarda, 4. Viertel 15. Jh.).
Buchgestaltung: Schriftraumbegrenzung und Zeilenlinien blind gegriffelt. Ein- bis vierzeilige Lombarden in schwarzer Tinte zu Textabsätzen. Schwarze Capitula-Zeichen zur Gliederung.

Nachträge und Benutzungsspuren: Zahlreiche Randbetreffe, weitere Stichwörter und Ergänzungen auf den Seitenrändern von anderer Hand. Gelegentlich Zeigehände und einfach skizzierte menschliche Köpfe im Profil (z. B. 4r, 40r, 66v, 105v, 115r, 119r). Lemmata am Kopf der Seite als laufender Seitentitel nachgetragen.

Einband: Weißes Pergament auf Pappe. Rom, um 1780. Beide Deckel mit Spuren von je zwei textilen Schließenbändern (entfernt). Rücken mit vier erhabenen Doppelbünden, oben altes Signaturschild der BAV (fragmentiert), Kupferstichkartusche, darin in Rot: [8]*13*. Darunter das blaue Signaturschild der BAV. Rückenbeschriftung: *Tituli iuris T. ad Z.* Rücken am Kopf durch Wurmlöcher geschädigt, ein Stück ausgebrochen. Kapital mit farbigen Seidenfäden umwickelt (braun-gelb). Schunke, Einbände 2,2, S. 851, vgl. ebd. Bd. 1, S. 256.
Provenienz: Heidelberg.
Geschichte der Handschrift: Schrift und Wzz. deuten auf eine Entstehung der Hs. in der 2. Hälfte des 15. Jhs. Die Wzz. Handschuh mit Blume / Stern (vgl. die zugehörigen Bde.) und gekreuzte Hämmer mit Krone kommen Vergleichsbeispielen der 1470er Jahre sehr nahe. Im Inventar der juristischen Werke der Palatina von 1581 (Pal. lat. 1945, S. 10: *Repertorium juris iuxta alphabetum, geschrieben, papier in fol. bretter rott leder*). 1623 mit der Bibliotheca Palatina in die vatikanische Bibliothek verbracht. 1r Capsa-Nummer *C. 38*. Wahrscheinlich im Allacci-Register zu identifizieren (Pal. lat. 1949, 17r: *151 idem* [i. e. dictionarium] *fol. C. 38*). 1a ältere Signatur *709* (gestrichen), darüber die aktuelle Signatur. 123*v ältere Signatur: *827* (kopfstehend). Besitzstempel der BAV: 1r, 120v, 121v.
Besonderheiten: Das ursprünglich offenbar achtbändige, durchgehend alphabetisch geordnete Werk findet sich heute unter folgenden Signaturen: Pal. lat. 806 (A–B), [C–D fehlt], Pal. lat. 810 (E–G), Pal. lat. 808 (H–K), Pal. lat. 811 (L–O), Pal. lat. 812 (P–Q); Pal. lat. 809 (R–S); Pal. lat. 813 (T–Z).

Faksimile: https://digi.ub.uni-heidelberg.de/diglit/bav_pal_lat_813
Literatur: Stevenson, Latini, S. 286.

1) 1r–120v
Verfasser: Pietro del Monte.
Titel: Repertorium utriusque iuris, pars VIII (T–Z).
Angaben zum Text: (1r–56r) Littera T. *Taberna. Que dicatur taberna vide in c. i. circa medium ... – ... Vacatio, vacans. Si papa concedit uni primam vacaturam ... vacaturam quis preferatur vide Bar. in l. Si dominus ff De lege i.* Endet – wohl irrtümlich – nicht mit dem letzten Lemma des Buchstabens T (*tuus, tuum*) sondern mit dem ersten des V, das folglich

51r wiederholt wird. (56rv) Tabula T. *1 Taberna, 2 Tabernaculum ... – ... 124 Tuus.* - 57r–60v leer. (61r–120v) Littera V–Z. *Vacatio, vacans. Si papa concedit uni primam vacaturam quam acceptaverit in dyocesi ... – ... Zona. An appellatione bonorum veniat ... vestis ubi etiam Bar. ff Principio ff De auro et argento lege 2 et cetera.* ›*Explicit deo gratias*‹. (121rv) Tabula V–Z. *1 Vacationes, vacans, 2 Vacillare ... – ... 181 Zona.* Umfangreiches Repertorium zum kirchlichen und weltlichen Recht anhand von alphabetisch geordneten Stichwörtern. Im vorliegenden Fall umfasste das Werk 8 Bde., von denen heute einer fehlt (C–D), s. Besonderheiten (vgl. Bernal Palacios, El profesor, S. 44). Die Stichwörterverzeichnisse (Tabulae), sonst jeweils am Ende jedes Buchstabenabschnittes, wurden hier für V bis Z am Ende des letzten Abschnittes zusammengefasst. Bernal Palacios, El profesor, S. 43f., 50 (diese Hs.); Quaglioni, Pietro del Monte; Quaglioni, La justice, S. 103–112 https://doi.org/10.4000/books.psorbonne.19981; Rep. font. 4, S. 155f. (Lit.); Schulte, GQ 2, S. 318.

Incipit: 1r *Taberna. Que dicatur taberna vide in c. i. circa medium ...*

Explicit: 120v ... *vestis ubi etiam Bar. ff Principio ff De auro et argento lege 2 et cetera.*

Edition: Mehrere Inkunabeldrucke (GW M25363, M25366, M25368, M25372, M25374). Verglichen wurde: Petrus de Monte, Repertorium iuris, hrsg. von Comes de Alvarotis, Padua, Johann Herbort, 16.XI.1480 (GW M25372).

WM

Initienregister

A

B

C

D

E

I

K

L

M

N

O

P

Q

R

S

T

U

V

W

Z

Personen-, Orts- und Sachregister

Siglen

A	Aussteller
Adr.	Adressat
Auf.	Auftraggeber
B	Beiträger
b.P.	beteiligte Person
erw.	erwähnt
Fr.	Fragment
G	Glossator
K	Kommentator
Komp.	Kompilator
M	Miniator
P1	Provenienz 1 (Entstehungsort, Erstbesitzer)
P2	Provenienz 2 (Besitzer)
S	Schreiber
Ü	Übersetzer

A

B

E

F

G

I

J

K

M

N

Q

R

Konkordanz Capsa-Nummer

Handschrift – Capsa-Nummer

Pal. lat. **621**	C. 69
Pal. lat. **622**	C. 47
Pal. lat. **624**	C. 100
Pal. lat. **625**	C. 133
Pal. lat. **626**	C. 182
Pal. lat. **627**	C. 37
Pal. lat. **630**	C. 173
Pal. lat. **631**	C. 100
Pal. lat. **632**	C. 173
Pal. lat. **633**	C. 138
Pal. lat. **634**	C. 173
Pal. lat. **636**	C. 160
Pal. lat. **637**	C. 92
Pal. lat. **638**	C. 109
Pal. lat. **639**	C. 176
Pal. lat. **640**	C. 84
Pal. lat. **641**	C. 64
Pal. lat. **642**	C. 100
Pal. lat. **644**	C. 138
Pal. lat. **645**	C. 11
Pal. lat. **647**	C. 76
Pal. lat. **648**	C. 55
Pal. lat. **649**	C. 116
Pal. lat. **650**	C. 79
Pal. lat. **651**	C. 73
Pal. lat. **652**	C. 78
Pal. lat. **654**	C. 102
Pal. lat. **656**	C. 75
Pal. lat. **657**	C. 102
Pal. lat. **658**	C. 49
Pal. lat. **659**	C. 75
Pal. lat. **660**	C. 11
Pal. lat. **661**	C. 176
Pal. lat. **663**	C. 13
Pal. lat. **664**	C. 173
Pal. lat. **665**	C. 138
Pal. lat. **666**	C. 74
Pal. lat. **667**	C. 77
Pal. lat. **668**	C. 100
Pal. lat. **669**	C. 85
Pal. lat. **670**	C. 58
Pal. lat. **671**	C. 55
Pal. lat. **672**	C. 77
Pal. lat. **673**	C. 177
Pal. lat. **674**	C. 74
Pal. lat. **675**	C. 75
Pal. lat. **676**	C. 128
Pal. lat. **677**	C. 125
Pal. lat. **679,1**	C. 37
Pal. lat. **680**	C. 70
Pal. lat. **681**	C. 55
Pal. lat. **682**	C. 86
Pal. lat. **683**	C. 126
Pal. lat. **684**	C. 84
Pal. lat. **685**	C. 74
Pal. lat. **686**	C. 174
Pal. lat. **687**	C. 64
Pal. lat. **688**	C. 85
Pal. lat. **689**	C. 11
Pal. lat. **690**	C. 128
Pal. lat. **691**	C. 174
Pal. lat. **692**	C. 62
Pal. lat. **693**	C. 180
Pal. lat. **694**	C. 89
Pal. lat. **695**	C. 76
Pal. lat. **697**	C. 64
Pal. lat. **701,1**	C. 63
Pal. lat. **703**	C. 128
Pal. lat. **704**	C. 75
Pal. lat. **705**	C. 75
Pal. lat. **706**	C. 76
Pal. lat. **707**	C. 182
Pal. lat. **708**	C. 78
Pal. lat. **711**	C. 133

Pal. lat. **712** C. 85
Pal. lat. **714** C. 76
Pal. lat. **715** C. 38
Pal. lat. **716** C. 120
Pal. lat. **718** C. 175
Pal. lat. **719** C. 2
Pal. lat. **720** C. 75
Pal. lat. **723** C. 128
Pal. lat. **724** C. 63
Pal. lat. **725** C. 78
Pal. lat. **727** C. 166 [?]
Cod. Pal. lat. **729** C. 81
Pal. lat. **731** C. 81
Pal. lat. **732** C. 89
Pal. lat. **734** C. 44
Pal. lat. **735** C. 84
Pal. lat. **737** C. 84
Pal. lat. **738** C. 89
Pal. lat. **739** C. 39
Pal. lat. **742** C. 81
Pal. lat. **744** C. 86
Pal. lat. **745** C. 80
Pal. lat. **746** C. 123
Pal. lat. **747** C. 62
Pal. lat. **748** C. 70
Pal. lat. **749** C. 182
Pal. lat. **750** C. 48
Pal. lat. **751** C. 121
Pal. lat. **753** C. 193
Pal. lat. **757** C. 48
Pal. lat. **759** C. 173
Pal. lat. **761** C. 116
Pal. lat. **762** C. 100
Pal. lat. **763** C. 86
Pal. lat. **764** C. 92
Pal. lat. **765** C. 173
Pal. lat. **766** C. 88
Pal. lat. **767** C. 138
Pal. lat. **768** C. 78
Pal. lat. **769** C. 92
Pal. lat. **770** C. 69
Pal. lat. **771** C. 64
Pal. lat. **772** C. 61
Pal. lat. **774** C. 52
Pal. lat. **775** C. 74
Pal. lat. **776** C. 68
Pal. lat. **777** C. 159
Pal. lat. **779** C. 104
Pal. lat. **780** C. 173
Pal. lat. **781** C. 166
Pal. lat. **782** C. 71
Pal. lat. **783** C. 93
Pal. lat. **784** C. 121
Pal. lat. **787** C. 86
Pal. lat. **788** C. 116
Pal. lat. **789** C. 86
Pal. lat. **790** C. 86
Pal. lat. **791** C. 133
Pal. lat. **792** C. 182
Pal. lat. **793** C. 37
Pal. lat. **795** C. 128
Pal. lat. **796** C. 74
Pal. lat. **797** C. 62
Pal. lat. **798** C. 121
Pal. lat. **799** C. 95
Pal. lat. **800** C. 116
Pal. lat. **801** C. 138
Pal. lat. **802** C. 76
Pal. lat. **803** C. 13
Pal. lat. **804** C. 166
Pal. lat. **805** C. 62
Pal. lat. **807** C. 75
Pal. lat. **808** C. 71
Pal. lat. **809** C. 70
Pal. lat. **811** C. 107
Pal. lat. **812** C. 46
Pal. lat. **813** C. 38

Capsa-Nummer – Handschrift

C. 2 Pal. lat. **719**
C. 11 Pal. lat. **645**; **660**; **689**
C. 13 Pal. lat. **663**; **803**
C. 37 Pal. lat. **627**; **679,1**; **793**
C. 38 Pal. lat. **715**; **813**
C. 39 Pal. lat. **739**
C. 44 Pal. lat. **734**
C. 46 Pal. lat. **812**
C. 47 Pal. lat. **622**
C. 48 Pal. lat. **750**; **757**
C. 49 Pal. lat. **658**
C. 52 Pal. lat. **774**
C. 55 Pal. lat. **648**; **671**; **681**
C. 58 Pal. lat. **670**
C. 61 Pal. lat. **772**
C. 62 Pal. lat. **692**; **747**; **797**; **805**
C. 63 Pal. lat. **701,1**; **724**
C. 64 Pal. lat. **641**; **687**; **697**; **771**
C. 68 Pal. lat. **776**
C. 69 Pal. lat. **621**; **770**
C. 70 Pal. lat. **680**; **748**; **809**

C. 71 Pal. lat. **782**; **808**
C. 73 Pal. lat. **651**
C. 74 Pal. lat. **666**; **674**; **685**; **775**; **796**
C. 75 Pal. lat. **656**; **659**; **675**; **704–705**; **720**; **807**
C. 76 Pal. lat. **647**; **695**; **706**; **714**; **802**
C. 77 Pal. lat. **667**; **672**
C. 78 Pal. lat. **652**; **708**; **725**; **768**
C. 79 Pal. lat. **650**
C. 80 Pal. lat. **745**
C. 81 Cod. Pal. lat. **729**; **731**; **742**
C. 84 Pal. lat. **640**; **684**; **735**; **737**
C. 85 Pal. lat. **669**; **688**; **712**
C. 86 Pal. lat. **682**; **744**; **763**; **787**; **789–790**
C. 88 Pal. lat. **766**
C. 89 Pal. lat. **694**; **732**; **738**
C. 92 Pal. lat. **637**; **764**; **769**
C. 93 Pal. lat. **783**
C. 95 Pal. lat. **799**
C. 100 Pal. lat. **624**; **631**; **642**; **668**; **762**
C. 102 Pal. lat. **654**; **657**
C. 104 Pal. lat. **779**
C. 107 Pal. lat. **811**
C. 109 Pal. lat. **638**
C. 116 Pal. lat. **649**; **761**; **788**; **800**
C. 120 Pal. lat. **716**
C. 121 Pal. lat. **751**; **784**; **798**
C. 123 Pal. lat. **746**
C. 125 Pal. lat. **677**
C. 126 Pal. lat. **683**
C. 128 Pal. lat. **676**; **690**; **703**; **723**; **795**
C. 133 Pal. lat. **625**; **711**; **791**
C. 138 Pal. lat. **633**; **644**; **665**; **767**; **801**
C. 159 Pal. lat. **777**
C. 160 Pal. lat. **636**
C. 166 Pal. lat. **781**; **804**
C. 166 [?] Pal. lat. **727**
C. 173 Pal. lat. **630**; **632**; **634**; **664**; **759**; **765**; **780**
C. 174 Pal. lat. **686**; **691**
C. 175 Pal. lat. **718**
C. 176 Pal. lat. **639**; **661**
C. 177 Pal. lat. **673**
C. 180 Pal. lat. **693**
C. 182 Pal. lat. **626**; **707**; **749**; **792**
C. 193 Pal. lat. **753**

Konkordanz Allacci-Signatur

Handschrift – Allacci-Nummer

Pal. lat. **624** 1782
Pal. lat. **625** 1591
Pal. lat. **626** 1162
Pal. lat. **627** 1936
Pal. lat. **631** 1777
Pal. lat. **632** 1508
Pal. lat. **633** 412
Pal. lat. **634** 1514
Pal. lat. **636** 1781
Pal. lat. **638** 1836
Pal. lat. **640** 472
Pal. lat. **641** 1679
Pal. lat. **642** 1783
Pal. lat. **644** 414
Pal. lat. **649** 1458
Pal. lat. **650** 1870
Pal. lat. **651** 1634
Pal. lat. **656** 925
Pal. lat. **658** 1104
Pal. lat. **660** 638
Pal. lat. **661** 1739
Pal. lat. **663** 1249
Pal. lat. **668** 1790
Pal. lat. **674** 1829
Pal. lat. **675** 932
Pal. lat. **679,1** 1911
Pal. lat. **680** 1415
Pal. lat. **683** 342
Pal. lat. **687** 1689
Pal. lat. **692** 1655
Pal. lat. **695** 1196
Pal. lat. **701,1** 1845
Pal. lat. **706** 1191
Pal. lat. **707** 1169
Pal. lat. **711** 506
Pal. lat. **712** 1110
Pal. lat. **714** 1205
Pal. lat. **715** 156
Pal. lat. **719** 319
Pal. lat. **724** 1838
Pal. lat. **725** 1638
Pal. lat. **727** [1]466
Cod. Pal. lat. **729** 551
Pal. lat. **731** 536
Pal. lat. **732** 842
Pal. lat. **734** 1533
Pal. lat. **735** 473
Pal. lat. **736** 541
Pal. lat. **738** 843
Pal. lat. **739** 253
Pal. lat. **740** 547
Pal. lat. **744** 871
Pal. lat. **746** 1541
Pal. lat. **747** 647
Pal. lat. **748** 1407
Pal. lat. **750** 1709
Pal. lat. **753** 814
Pal. lat. **757** 1710
Pal. lat. **759** 505
Pal. lat. **763** 372
Pal. lat. **764** 984
Pal. lat. **765** 1507
Pal. lat. **766** 786
Pal. lat. **767** 415
Pal. lat. **768** 1616
Pal. lat. **769** 985
Pal. lat. **771** 1700
Pal. lat. **774** 1247
Pal. lat. **776** 1063
Pal. lat. **779** 1835
Pal. lat. **780** 1506
Pal. lat. **781** 737
Pal. lat. **782** 1584
Pal. lat. **784** 1486

Pal. lat. **788**	1456
Pal. lat. **790**	895
Pal. lat. **791**	1590
Pal. lat. **792**	1164
Pal. lat. **793**	1920
Pal. lat. **797**	1665
Pal. lat. **804**	743
Pal. lat. **805**	1656
Pal. lat. **812**	582
Pal. lat. **813**	151

Allacci-Nummer – Handschrift

151	Pal. lat. **813**
156	Pal. lat. **715**
253	Pal. lat. **739**
319	Pal. lat. **719**
342	Pal. lat. **683**
372	Pal. lat. **763**
412	Pal. lat. **633**
414	Pal. lat. **644**
415	Pal. lat. **767**
472	Pal. lat. **640**
473	Pal. lat. **735**
505	Pal. lat. **759**
506	Pal. lat. **711**
536	Pal. lat. **731**
541	Pal. lat. **736**
547	Pal. lat. **740**
551	Cod. Pal. lat. **729**
582	Pal. lat. **812**
638	Pal. lat. **660**
647	Pal. lat. **747**
737	Pal. lat. **781**
743	Pal. lat. **804**
786	Pal. lat. **766**
814	Pal. lat. **753**
842	Pal. lat. **732**
843	Pal. lat. **738**
871	Pal. lat. **744**
895	Pal. lat. **790**
925	Pal. lat. **656**
932	Pal. lat. **675**
984	Pal. lat. **764**
985	Pal. lat. **769**
1063	Pal. lat. **776**
1104	Pal. lat. **658**
1110	Pal. lat. **712**
1162	Pal. lat. **626**
1164	Pal. lat. **792**
1169	Pal. lat. **707**
1191	Pal. lat. **706**
1196	Pal. lat. **695**
1205	Pal. lat. **714**
1247	Pal. lat. **774**
1249	Pal. lat. **663**
1407	Pal. lat. **748**
1415	Pal. lat. **680**
1456.	Pal. lat. **788**
1458	Pal. lat. **649**
[1]466	Pal. lat. **727**
1486	Pal. lat. **784**
1506	Pal. lat. **780**
1507	Pal. lat. **765**
1508	Pal. lat. **632**
1514	Pal. lat. **634**
1533	Pal. lat. **734**
1541	Pal. lat. **746**
1584	Pal. lat. **782**
1590	Pal. lat. **791**
1591	Pal. lat. **625**
1616	Pal. lat. **768**
1634	Pal. lat. **651**
1638	Pal. lat. **725**
1655	Pal. lat. **692**
1656	Pal. lat. **805**
1665	Pal. lat. **797**
1679	Pal. lat. **641**
1689	Pal. lat. **687**
1700	Pal. lat. **771**
1709	Pal. lat. **750**
1710	Pal. lat. **757**
1739	Pal. lat. **661**
1777	Pal. lat. **631**
1781	Pal. lat. **636**
1782	Pal. lat. **624**
1783	Pal. lat. **642**
1790	Pal. lat. **668**
1829	Pal. lat. **674**
1835	Pal. lat. **779**
1836	Pal. lat. **638**
1838	Pal. lat. **724**
1845	Pal. lat. **701,1**
1870	Pal. lat. **650**
1911	Pal. lat. **679,1**
1920	Pal. lat. **793**
1936	Pal. lat. **627**

Druck und Bindung
Books on Demand GmbH
In de Tarpen 42, 22848 Norderstedt